Basiswoordenboek Engels

eerste druk

PRISMA

Uitgeverij Het Spectrum B.V.
Postbus 2073
3500 GB Utrecht

Samenstellers: mevr. drs. H. J. Demeersseman
drs. R. Dol
mevr. M. Frings-Latour MA
mevr. drs. M. Meijer
mevr. drs. A. van Zanten-Odding
Medewerkers: B.C.A. Drubbel
mevr. drs. A. Gaasbeek
mevr. J.E.A. Maalderink
mevr. drs. M.C. Michel
A.W.G.M. ten Oever
mevr. drs. F. Parlevliet
mevr. drs. K. Wals
Illustraties: Thomas Fehrm, Norstedts Ordbok, Stockholm

Uitgever: A.C.H. Bekkers

Omslagontwerp: Karel van Laar
Zetwerk: PlantijnCasparie Heerhugowaard
Druk: Bercker, Kevelaer

Eerste druk: 2002

ISBN 90 7120 681 5
NUR 627

www.spectrum.nl

Inhoud

Voorwoord

Voor iedereen die op basisniveau Engels leert, op school, in een cursus of bij zelfstudie is er nu dit Prisma Basiswoordenboek Engels. We hebben met dit woordenboek een lastig kenmerk van bestaande tweetalige woordenboeken aangepakt: deze woordenboeken gaan veelal uit van volwassen, ervaren taalgebruikers, die het Engels al enigszins onder de knie hebben en ook weten hoe een woordenboek te gebruiken. Het Basiswoordenboek daarentegen is een voor iedereen toegankelijk, minder complex en aantrekkelijk ogend woordenboek.

Een woordenboek met vooral het alledaagse gebruik van de trefwoorden in eenvoudige voorbeeldzinnen, met juist de regelmatigheden in plaats van de uitzonderingen. Het aantal trefwoorden en betekenisnuances is teruggebracht tot de essentie. Verdere informatie, over uitspraak en grammatica, is beperkt en helder. In de bijlagen achterin worden onder andere een korte, begrijpelijke grammatica gegeven en de onregelmatige werkwoorden opgesomd. De illustraties dragen ertoe bij dat het boek met plezier ter hand genomen zal worden.

We hopen dat dit Prisma Basiswoordenboek zal voorzien in een behoefte van veel beginnende taalgebruikers van het Engels.

Utrecht, juli 2002

De redactie

Hoe gebruik je dit woordenboek?

1. Trefwoorden en vertaling
De woorden waarvan je de vertaling e.d. wilt weten, noemen we *trefwoorden*. Ze staan altijd **vet** gedrukt aan het begin van een nieuwe regel. Alle informatie die je bij een trefwoord vindt, bespreken we hieronder.

Belangrijk om te onthouden is dat we rechte ('romeinse') en schuine ('cursieve') letters gebruiken. Met de **rechte** letters geven we informatie over het **trefwoord** en met de **schuine** letters geven we informatie over de **vertaling** van dat woord:

tandpasta *tooth paste* ★ een tube tandpasta *a tube of toothpaste*

In dit voorbeeld zie je dat het trefwoord en de voorbeeldzin ('een tube tandpasta') in rechte letters zijn gezet en de vertalingen ('*toothpaste*' en '*a tube of toothpaste*') in schuine letters.

toilet /*zeg*: tojlùt/ *toilet* ★ go to the toilet *naar het toilet gaan*

In het Engels-Nederlands deel is het precies hetzelfde: het Engelse trefwoord en de voorbeeldzin ('go to the toilet') zijn in rechte letters en de vertalingen ('*toilet*' en '*naar het toilet gaan*') in schuine letters.

2. Uitspraak
De uitspraak van de Engelse trefwoorden vind je meestal direct na het trefwoord vermeld. De uitspraak staat tussen schuine strepen en er staat '*zeg*:' voor; bv.:
amuse /*zeg*: ùmjoez/
Als je precies uitspreekt wat er staat, kom je goed in de buurt van hoe het Engels klinkt. In dit voorbeeld is *oe* onderstreept. Dat wil zeggen dat de *klemtoon* van het woord op die letters valt.

Als er een accentteken op een letter staat, spreek je die letter kort uit:
een *à* klinkt als de *a* van *kat*
een *ù* klinkt als de *u* van *put* enz.
als er twee achter elkaar staan, houd je dezelfde klank wat langer aan, bv.:
heart /*zeg:* hààt/

Er zijn in het Engels klanken die we in het Nederlands (bijna) niet kennen. Die schrijven we met een hoofdletter:
een *G* klinkt ongeveer als de *g* van *goal*:
goal /*zeg:* Gool/
jetlag /*zeg*: dzjetleG/
een *D* klinkt ongeveer als een *d* met je tong tegen je boventanden:
father /*zeg*: fààDù/
those /*zeg*: Dowz/
een *S* klinkt ongeveer als een *t* met je tong tegen je boventanden:
length /*zeg*: lengS/
thunder /*zeg*: Sandù/

3. Woordsoorten
Veel trefwoorden hebben meer dan één woordsoort. 'Leven' bv. kan zowel een werkwoord als een zelfstandig naamwoord zijn. Als een trefwoord meer dan één woordsoort heeft, worden de woordsoorten vermeld tussen vierkante haken, in een iets kleinere letter.

De zelfstandige naamwoorden worden bijvoorbeeld aangegeven als [**de-woord**] of [**het-woord**] en in het Engels als [**the-woord**].
De werkwoorden worden bijvoorbeeld aangegeven als [**werkwoord**], [**werkwoord + iemand/iets**] (als ze een lijdend voorwerp hebben), [**hulpwerkwoord**], of [**koppelwerkwoord**].

4. Betekenissen
Als een woord meerdere betekenissen heeft, dan worden deze voorafgegaan door een dikke punt en daarachter een korte omschrijving welke betekenis we bedoelen:

dun
• niet dik *thin*
• niet dicht opeen *thin; fine*
• zeer vloeibaar *thin; light;* ‹soep› *watery*

Sommige woorden hebben in één of meer betekenissen een vast voorzetsel. Dan worden trefwoord en voorzetsel vet weergegeven:

• **ache for** *hunkeren naar*
• **involve in** *betrekken in*

5. Gewone voorbeeldzinnen
Vaak vind je een voorbeeldzin bij een trefwoord, waarin je kunt zien hoe je het trefwoord kunt gebruiken in de praktijk. Ze geven extra informatie over hoe je een woord in bepaalde combinaties gebruikt, bv.:

afraid: ⋆ don't be afraid of the dark - trefwoord met voorzetsel
health: ⋆ ill health - trefwoord met bijvoeglijk naamwoord
apologize: ⋆ he apologized to her for his mistake - meerdere voorzetsels

Andere voorbeeldzinnen geven informatie over onregelmatigheden van het trefwoord, bv.:

go by: ⋆ ten years went by - een onregelmatige werkwoordsvorm
enemy: ⋆ he made a lot of enemies - een onregelmatige meervoudsvorm

De voorbeeldzinnen staan na de betekenisomschrijving, daarvan gescheiden door een vijfpuntig sterretje:

arrange
• *regelen* ⋆ she arranged a meeting *ze regelde een ontmoeting*

6. Bijzondere voorbeeldzinnen
Als je een trefwoord in combinatie met andere woorden gebruikt, kan soms de betekenis ervan veranderen. Dan gebruik je ook voor de vertaling andere woorden.
In zo'n geval, dus als een voorbeeldzin niet letterlijk vertaald kan worden, zetten we er geen sterretje voor, maar een ruitje. Bijvoorbeeld: bij het trefwoord **luck** ('geluk', 'toeval', 'succes') vind je de voorbeeldzin 'we had bad luck', dat je met de

gegeven vertalingen letterlijk zou vertalen met '*we hadden slecht geluk*'. Maar de beste vertaling is een andere:

◆ we had bad luck *we hadden pech*

7. Verwijzingen

Sommige trefwoorden geven zelf geen informatie, of heel weinig. Ze zijn alleen bedoeld om te verwijzen naar het trefwoord waar je wél de informatie vindt. Er wordt bv. verwezen van onregelmatige werkwoordsvormen naar het hele werkwoord:

gone [werkwoord (voltooid deelwoord) → **go**]

Er wordt ook verwezen vanuit de samengetrokken vorm naar het hele werkwoord:

I'd [(samentrekking van 'I would') → **will**]

Ook vanuit onregelmatige meervouden wordt verwezen naar het enkelvoud:

elves [meervoud] → **elf**

8. Symbolen

•	betekenis
★	gewone voorbeeldzin
◆	bijzondere voorbeeldzin
‹...›	extra informatie over de betekenis
[...]	grammaticale informatie
/*zeg*: .../	informatie over de uitspraak
/	een schuine streep scheidt woorden die je allebei kunt gebruiken
≈	dit teken geeft aan dat het woord erachter ongeveer hetzelfde betekent; er bestaat geen preciezere vertaling

ENGELS-NEDERLANDS

a /*zeg:* ù, ei/
[**the-woord**] *a* ◆ A as in Abel *de A van Anton*
[**zelfstandig naamwoord**] • *een*
• *een zekere* ★ a Mr Brown *een zekere meneer Brown*

abandon /*zeg:* ùbendùn/ *verlaten* ★ she abandoned her husband *zij verliet haar man*

abbreviate /*zeg:* ùbrievìeet/ *afkorten*

abbreviation /*zeg:* ùbrievìeesjùn/ *afkorting* ★ UN is the abbreviation of United Nations *VN is de afkorting van Verenigde Naties*

abduct /*zeg:* ùbdàkt/ *ontvoeren*

ability /*zeg:* ùbìlùtì/ *bekwaamheid*; *talent* ★ ability in mathematics *talent voor wiskunde*

able /*zeg:* eebl/ *in staat*; *bekwaam* ★ are you able to do that? *ben jij in staat om dat te doen?* ◆ an able driver *een goede chauffeur*

abnormal /*zeg:* ebnòòml/
• *abnormaal*; *afwijkend* ★ abnormal behaviour *afwijkend gedrag*
• *onregelmatig* ★ an abnormal heart rate *een onregelmatige hartslag*

aboard /*zeg:* ùbòòd/ *aan boord (van)* ★ all aboard! *iedereen instappen!* ★ she went aboard the Titanic *zij ging aan boord van de Titanic*

aboriginal /*zeg:* èbùrìdzjìnl/ *oorspronkelijke bewoner (van Australië)*

abort /*zeg:* ùbòòt/ *(vroegtijdig) afbreken* ★ abort a pregnancy *een zwangerschap afbreken*

abortion /*zeg:* ùbòòsjùn/ *abortus*

about /*zeg:* ùbaut/
• *over* ★ tell me all about it *vertel me er alles over*
• *om* ★ it's all about you *het gaat allemaal om jou*
• *ongeveer* ★ about two months ago *ongeveer twee maanden geleden* ◆ the vulcano is about to erupt *de vulkaan staat op het punt uit te barsten*

above /*zeg:* ùbàv/ *boven*; *over* ★ above twenty years *meer dan twintig jaar* ★ above all *vooral, boven alles*

abroad /*zeg:* ùbròòd/ *in/naar het buitenland* ★ she is abroad on business *zij is in het buitenland voor zaken* ★ will you go abroad for the holidays? *gaan jullie op vakantie naar het buitenland?*

abrupt /*zeg:* ùbràpt/ *plotseling* ★ come to an abrupt end *plotseling eindigen*

absence /*zeg:* ebsùns/ *afwezigheid* ★ absence from school *schoolverzuim*

absent /*zeg:* ebsùnt/ *afwezig*

absorb /*zeg:* ùbsòòb/ *absorberen*; *opnemen* ★ towels absorb water *handdoeken nemen water op*

abstract /*zeg:* ebstrekt/
[**the-woord**] *overzicht*; *samenvatting* ★ make an abstract of about 200 words *maak een samenvatting van ongeveer 200 woorden*
[**bijvoeglijk naamwoord**] *abstract*

absurd /*zeg:* ùbsùùd/ *absurd*; *belachelijk*

abuse [**the-woord**] /*zeg:* ùbjoes/ *misbruik* ★ the abuse of human rights *de schending van mensenrechten*
[**werkwoord + iemand/iets**] /*zeg:* ùbjoez/ *misbruiken* ★ he abused John's kindness for over three years *hij maakte ruim drie jaar misbruik van Johns vriendelijkheid*

academy /*zeg:* ùkèdùmì/ *academie*

accent /*zeg:* eksùnt/
• *accent* ★ a French accent *een Frans accent*
• *klemtoon* ★ place the accent on a syllable *de klemtoon leggen op een lettergreep*

accept /*zeg:* ùksept/ *accepteren*; *aannemen* ★ we gladly accept your invitation *wij nemen graag uw uitnodiging aan*

acceptable /*zeg:* ùkseptùbl/ *acceptabel*; *aannemelijk*

A

access /*zeg:* e̲kses/ *toegang* ★ you have no access to this room *je hebt geen toegang tot deze kamer*
accessory /*zeg:* ùksè̲sùrì/
[**the-woord**] *accessoire* ★ matching accessories *bijpassende accessoires*
[**bijvoeglijk naamwoord**] • *bijkomstig*; *bijkomend* ★ accessory costs *bijkomende kosten*
• *medeplichtig* ★ he's accessory to the crime *hij is medeplichtig aan de misdaad*
accident /*zeg:* e̲ksìdnt/
• *toeval* ★ by accident *per ongeluk* ★ it was pure accident that we found the money *het was puur toeval dat we het geld vonden*
• *ongeluk* ★ a road accident *een verkeersongeluk*
accompany /*zeg:* ùkà̲mpùnì/ *vergezellen*; *begeleiden* ★ majesty, may I accompany you to your seat *majesteit, mag ik u vergezellen naar uw troon*
accomplice /*zeg:* ùkà̲mplìs/ *medeplichtige* ★ an accomplice in a crime *een medeplichtige aan een misdaad*
accomplish /*zeg:* ùkà̲mplìsj/ *volbrengen*; *afmaken* ★ accomplish a task *een opdracht afmaken*
accord /*zeg:* ùkò̲ò̲d/ *akkoord*; *overeenstemming*
according to /*zeg:* ùkò̲ò̲dìng/ *volgens* ★ everything went according to plan *alles verliep volgens plan*
accordion /*zeg:* ùkò̲ò̲diùn/ *accordeon*
account /*zeg:* ùka̲u̲nt/
[**the-woord**] • *rekening* ★ an account with a bank *een rekening bij een bank* ★ buy things on account *dingen op rekening kopen*
• *verslag* ★ an account of the events *een verslag van de gebeurtenissen*
• *belang* ★ that is of no account *dat is van geen belang*
[**werkwoord + iemand/iets**] **account for** *verklaren* ★ how do you account for this accident *hoe verklaar je dit ongeluk*
accountant /*zeg:* ùka̲u̲ntùnt/ *boekhouder*
accumulate /*zeg:* ùkjo̲e̲mjoeleet/ *zich ophopen*; *verzamelen* ★ she has accumulated a fortune *zij heeft een fortuin vergaard*
accurate /*zeg:* e̲kjoerùt/ *nauwkeurig*
accusation /*zeg:* ùkjoeze̲e̲sjùn/ *beschuldiging*; *aanklacht* ★ an accusation of murder *een aanklacht wegens moord*
accuse /*zeg:* ùkjo̲e̲z/ *beschuldigen*; *aanklagen* ★ accuse someone of something *iemand ergens van beschuldigen*
ace /*zeg:* ees/
• ⟨van kaarten⟩ *aas*
• ⟨in competitie⟩ *uitblinker*
• ⟨sport⟩ *ace*
ache /*zeg:* eek/
[**the-woord**] *(voortdurende) pijn* ★ a dull ache *een doffe pijn*
[**werkwoord**] • *pijn doen* ★ my feet ache *mijn voeten doen pijn*
• **ache for** *hunkeren naar* ★ my stomach aches for food *mijn maag hunkert naar eten*
achieve /*zeg:* ùtsji̲e̲v/ *volbrengen*; *bereiken* ★ he will achieve his aim *hij zal zijn doel bereiken*
acid /*zeg:* è̲sìd/
[**the-woord**] *zuur*
[**bijvoeglijk naamwoord**] *zuur* ★ acid rain *zure regen*
acne /*zeg:* e̲knì/ *acne*; *jeugdpuistjes*
acoustic(al) /*zeg:* ùko̲e̲stìk(l)/ *akoestisch* ★ an acoustic guitar *een akoestische gitaar (dat is met een gewone klankkast)*
acquaintance /*zeg:* ùkwe̲e̲ntùns/ ⟨persoon⟩ *kennis* ★ friends and acquaintances *vrienden en kennissen*
acquaint with /*zeg:* ùkwe̲e̲nt/ *vertrouwd maken met* ★ we acquainted ourselves with the computer *wij maakten onszelf vertrouwd met de computer*
acquire /*zeg:* ùkwa̲i̲jù/ *krijgen*
acre /*zeg:* e̲e̲kù/ *stuk grond van 4047* m^2
acrobat /*zeg:* e̲krùbet/ *acrobaat*
across /*zeg:* ùkrò̲s/
• *tegenover* ★ she sat across him *ze zat tegenover hem*
• *overheen*; *doorheen* ★ the bridge across the river *de brug over de rivier*
• *aan de andere kant van* ★ the shop across the street *de winkel aan de overkant van de straat*

act /*zeg:* ekt/
[**the-woord**] *handeling*; *daad* ★ an act of war *een oorlogshandeling* ★ catch someone in the act *iemand op heterdaad betrappen*
[**werkwoord**] • *doen*; *handelen* ★ we have to act quickly *we moeten snel handelen*
• *acteren* ★ Pierce acts the part of James Bond *Pierce speelt de rol van James Bond*

action /*zeg:* eksjùn/
• *actie* ★ it's time to take action! *het is tijd om actie te ondernemen!*
• *werking* ★ the factory was put into action last year *de fabriek is vorig jaar in werking gesteld*

active /*zeg:* ektìv/ *actief* ★ she leads an active life *ze leidt een druk leven*

activity /*zeg:* ektìvùti/ *activiteit* ★ outdoor activities *activiteiten in de open lucht*

actor /*zeg:* ektù/ *acteur*

actress /*zeg:* ektrùs/ *actrice*

actual /*zeg:* ektsjoeùl/ *feitelijk* ★ actual size *ware grootte*

actually /*zeg:* ektsjoeùli/ *feitelijk*; *in feite*; *eigenlijk* ★ actually, there were nine, not six robbers *in feite waren er negen, niet zes rovers* ★ I quite liked her, actually *eigenlijk vond ik haar best aardig*

acute /*zeg:* ùkjoet/ *acuut*; *hevig* ★ in acute danger *in groot gevaar*

ad ‹spreektaal› /*zeg:* ed/
[→ **advertisement**]

A.D. [**afkorting**] ★ the year 2002 A.D. *het jaar 2002 na Christus*

adapt /*zeg:* ùdept/ **adapt to** *(zich) aanpassen aan* ★ we quickly adapted to our new environment *we pasten ons snel aan onze nieuwe omgeving aan*

add /*zeg:* ed/
• **add to** *optellen bij*; *toevoegen aan* ★ add six to four *zes bij vier optellen*
• **add up** *kloppen*; *optellen* ★ this doesn't add up *dit klopt niet* ★ add up some numbers *een paar getallen bij elkaar optellen*

addict [**the-woord**] /*zeg:* èdìkt/ *verslaafde* ★ a drug addict *een drugsverslaafde*
[**werkwoord + iemand/iets**] /*zeg:* ùdìkt/ *verslaven* ★ I am hopelessly addicted to chocolate *ik ben hopeloos verslaafd aan chocolade*

addiction /*zeg:* ùdìksjùn/ *verslaving*

addition /*zeg:* ùdìsjùn/ *toevoeging*

additional /*zeg:* ùdìsjùnl/ *toegevoegd*; *extra*

additive /*zeg:* èdùtìv/
[**the-woord**] *toevoeging* ★ artificial additives *kunstmatige toevoegingen*
[**bijvoeglijk naamwoord**] *toegevoegd*; *bijkomend*

address /*zeg:* ùdres/ *adres* ★ my address is 69, Abbey Road *mijn adres is Abbey Road 69*

adequate /*zeg:* edìkwùt/ *geschikt* ★ Jack is adequate to this job *Jack is geschikt voor dit werk*

adhesive /*zeg:* ùdhiesìv/ *plakkend*; *klevend* ★ adhesive tape *plakband*

adjective /*zeg:* edzjìktìv/ *bijvoeglijk naamwoord*

adjust /*zeg:* ùdzjàst/
• *regelen* ★ adjust the volume *het geluid regelen*
• **adjust to** *zich aanpassen aan* ★ adjust to a new environment *zich aanpassen aan een nieuwe omgeving*

administration /*zeg:* ùdmìnìstreesjùn/
• *administratie*
• *regering* ★ the Bush administration *de regering van president Bush*

admiral /*zeg:* edmùrùl/ *admiraal*

admiration /*zeg:* edmìreesjùn/ *bewondering*

admire /*zeg:* ùdmaijù/ *bewonderen* ★ I admire your determination *ik*

A

bewonder jouw vastberadenheid

admission /*zeg:* ùdmisjùn/ **admission (to)** *toegang*; *toelating* ★ admission fee *toegangsprijs* ★ admission to the university *toelating tot de universiteit*

admit /*zeg:* ùdmit/
• *erkennen*; *toegeven* ★ he admitted defeat *hij gaf zich gewonnen* ★ I must admit I had my doubts *ik moet toegeven dat ik mijn twijfels had*
• **admit to** *binnenlaten in* ★ she was admitted to the palace *zij werd binnengelaten in het paleis*

adolescent /*zeg:* èdùlèsùnt/ *puber*; *adolescent*

adopt /*zeg:* ùdòpt/
• *adopteren* ★ Tim was adopted when he was five *Tim werd geadopteerd toen hij vijf was*
• *overnemen* ★ I adopted an old idea *ik heb een oud idee overgenomen*

adoption /*zeg:* ùdòpsjùn/ *adoptie*

adorable /*zeg:* ùdòòrùbl/ *schattig*

adore /*zeg:* ùdòò/ *aanbidden*; *dol zijn op* ★ the girl adores her father *het meisje is dol op haar vader*

adult /*zeg:* èdàlt/ *volwassene* ★ only adults are allowed to drive a car *alleen volwassenen mogen een auto besturen*

advance /*zeg:* ùdvààns/
[**the-woord**] *vooruitgang* ★ advance in technology *vooruitgang in de technologie*
[**werkwoord (+ iemand/iets)**] *vooruitgaan*; *beter worden* ★ an advanced student *een gevorderd student(e)*

advantage /*zeg:* ùdvààntidzj/ *voordeel* ★ the situation was to my advantage *de situatie was in mijn voordeel* ◆ take advantage of something *gebruik/misbruik maken van iets*

adventure /*zeg:* ùdventsjù/ *avontuur*

adverb /*zeg:* edvùùb/ *bijwoord*

advert /*zeg:* edvùùt/ [→ **advertisement**]

advertise /*zeg:* edvùtaiz/
• *adverteren*
• **advertise for** *advertentie plaatsen* ★ we want to advertise for our old car *we willen een advertentie plaatsen voor onze oude auto*

advertisement /*zeg:* ùdvùùtismùnt/ *advertentie*

advice /*zeg:* ùdvais/ *raad*; *advies* ★ I promised to take my mother's advice *ik beloofde het advies van mijn moeder op te volgen* ★ can I give you a word of advice? *mag ik je een goede raad geven?*

advise /*zeg:* ùdvaiz/ *raad geven*; *aanraden* ★ she advised him not to go there *zij raadde hem aan om daar niet heen te gaan*

adviser /*zeg:* ùdvaizù/ *adviseur* ★ adviser to the president *adviseur van de president*

aerobic /*zeg:* èèroowbìk/ ‹sport› *aerobic* ★ aerobic *aerobiccen*

aeroplane /*zeg:* èèrùpleen/ ‹Brits› *vliegtuig*

affair /*zeg:* ùfèè/ *zaak* ★ mind your own affairs, David! *bemoei je met je eigen zaken, David!*

affect /*zeg:* ùfekt/ *(nadelig) beïnvloeden* ◆ smoking affects your health *roken is slecht voor je gezondheid*

affection /*zeg:* ùfeksjùn/ *genegenheid*; *liefde* ★ she felt deep affection for her child *zij voelde diepe liefde voor haar kind*

affectionate /*zeg:* ùfeksjùnùt/ *aanhankelijk* ★ puppies are very affectionate *jonge hondjes zijn erg aanhankelijk*

affirm /*zeg:* ùfùùm/ *bevestigen* ★ the police affirmed the rumours *de politie bevestigde de geruchten*

affix /*zeg:* èfiks/ *achter-/in-/voorvoegsel*

afford /*zeg:* ùfòòd/ *zich veroorloven*; *geld hebben voor* ★ my dad cannot afford a new car *mijn vader heeft geen geld voor een nieuwe auto*

afraid /*zeg:* ùfreed/ **afraid of** *bang* ★ don't be afraid of the dark *wees maar niet bang voor het donker*

Africa /*zeg:* efrìkù/ *Afrika*

African /*zeg:* efrìkùn/ *Afrikaans*

after /*zeg:* ààftù/
[**bijwoord**] • *nadat* ★ the day after you came *de dag nadat je gekomen was*
• *daarna* ★ one minute after *één minuut daarna*
[**voorzetsel**] • *na* ★ after ten years *na*

tien jaar
• *achter* ★ he slammed the door after him *hij gooide de deur achter zich dicht*

afternoon /*zeg:* ààftùnoen/ *namiddag* ★ we have this afternoon off *we hebben vanmiddag vrij*

afters /*zeg:* ààftùz/ [meervoud] *toetje* ★ what's for afters? *wat hebben we als toetje?*

again /*zeg:* ùGeen/ *weer*; *opnieuw* ★ let's do it again *laten we het nog een keer doen* ★ again and again *telkens weer*

against /*zeg:* ùGeenst/ *tegen(over)* ★ a race against time *een race tegen de klok* ★ the Labour party voted against *de Labourpartij stemde tegen*

age /*zeg:* eedzj/
• *leeftijd*
• *tijdperk*; *eeuw* ★ the Middle Ages *de Middeleeuwen* ◆ what age is your sister? *hoe oud is je zus?* ◆ she is twelve years of age *zij is twaalf jaar oud*

agent /*zeg:* eedzjùnt/ *agent* ★ secret agent *geheim agent*

aggression /*zeg:* ùGresjùn/ *agressie*

aggressive /*zeg:* ùGresìv/ *aggressief* ★ he always reacts in such an aggressive way *hij reageert altijd zo aggressief*

ago /*zeg:* ùGoow/ *geleden* ★ long ago *lang geleden* ★ he left a year ago *hij is een jaar geleden vertrokken*

agony /*zeg:* èGùnì/ *(ondraaglijke) pijn* ★ scream in agony *schreeuwen van de pijn*

agree /*zeg:* ùGrie/
• *akkoord gaan*; *het eens zijn* ★ do you agree? *ben je het ermee eens?* ★ I agree with Sarah *ik ben het met Sarah eens* ★ we agreed on what to eat for dinner *we waren het eens over wat te eten bij het diner*
• *afspreken* ★ agreed! *afgesproken!* ★ they agreed to meet a week later *zij spraken af elkaar een week later te zien*

agreeable /*zeg:* ùGrieùbl/ *prettig* ★ an agreeable flight to Spain *een prettige vlucht naar Spanje*

agreement /*zeg:* ùGriemùnt/
• *overeenstemming* ★ reach agreement *overeenstemming bereiken*
• *contract* ★ sign an agreement *een contract tekenen*

agriculture /*zeg:* eGrìkàltsjù/ *landbouw*

ahead /*zeg:* ùhed/
• *vóór* ★ our team was ahead by three points *ons team lag drie punten voor* ★ we are ahead of schedule *we liggen vóór op ons schema*
• *vooruit* ★ straight ahead *recht vooruit*

aid /*zeg:* eed/
[**the-woord**] *hulp* ★ financial aid to developing countries *financiële steun aan ontwikkelingslanden* ★ first aid *EHBO* ◆ hearing aid *gehoorapparaat*
[**werkwoord + iemand/iets**] *helpen* ★ she aided him in his work *zij hielp hem met zijn werk*

Aids /*zeg:* eedz/ Acquired Immune Deficiency Syndrome *aids*

aim /*zeg:* eem/
[**the-woord**] *bedoeling*
[**werkwoord**] **aim at** *mikken op*; *streven naar*

ain't /*zeg:* eent/ [(samentrekking van 'am/are/has/have/is not') → **have**/ **are**] ★ you ain't a friend of mine *jij bent geen vriend van mij* ★ I ain't got no money *ik heb geen geld*

air /*zeg:* èè/ *lucht* ★ fresh air *frisse lucht* ★ in the open air *in de open lucht*

air bag /*zeg:* èè beG/ *airbag*; *luchtkussen*

aircraft /*zeg:* èèkrààft/ *vliegtuig*

airforce /*zeg:* èèfòòs/ *luchtmacht*

airline /*zeg:* èèlain/ *luchtvaartmaatschappij*

airmail /*zeg:* èèmeel/ *luchtpost* ★ send a letter by airmail *een brief per luchtpost*

A

sturen
airplane /*zeg:* èèpleen/ Amerikaans ‹Amerikaans› *vliegtuig*
airport /*zeg:* èèpòòt/ *luchthaven*; *vliegveld*
airsick /*zeg:* èèsìk/ *luchtziek*
airway /*zeg:* èèwee/ *luchtroute*

alarm /*zeg:* ùlààm/
[**the-woord**] • *alarm (signaal)* ★ sound the alarm *alarm slaan*
• *paniek* ★ there is no cause for alarm *er is geen reden tot paniek*
[**werkwoord + iemand/iets**] *alarmeren*; *alarm slaan*
album /*zeg:* elbùm/
• *album*
• *cd*
alcohol /*zeg:* elkùhòl/ *alcohol*
alcoholic /*zeg:* elkùhòlìk/
[**the-woord**] *alcoholist*
[**bijvoeglijk naamwoord**] *alcoholhoudend*; *alcoholisch*
ale /*zeg:* eel/ *soort bier*
alert /*zeg:* ùlùùt/
[**the-woord**] *alarm* ★ false alert *loos alarm*
[**bijvoeglijk naamwoord**] *waakzaam* ★ we must be alert *we moeten op onze hoede zijn*
alien /*zeg:* eeliùn/
[**the-woord**] • *vreemdeling*
• *buitenlander*
• *buitenaards wezen*
[**bijvoeglijk naamwoord**] • *vreemd* ★ mountains are alien to the Dutch landscape *bergen zijn het Nederlandse landschap vreemd*
• *buitenlands*
• *buitenaards*
alike /*zeg:* ùlaik/ *hetzelfde*; *gelijk* ★ the two boys are very much alike *de twee jongens lijken sprekend op elkaar* ★ we treat everyone alike *we behandelen iedereen gelijk*
alive /*zeg:* ùlaiv/ *levend*; *in leven* ◆ alive and kicking *springlevend*
all /*zeg:* òòl/
[**bijvoeglijk naamwoord**] • *al(le)* ★ all people *alle mensen*
• *geheel* ★ all the world *de hele wereld*
[**voornaamwoord**] • *alle(n)* ★ they all left *ze zijn allemaal weg gegaan*
• *alles* ★ all you could wish for *alles wat je je maar wenst*
• *het enige* ★ health is all that matters *gezondheid is het enige dat telt*
[**bijwoord**] *helemaal* ★ I am all for it *ik ben er helemaal voor* ★ all at once *helemaal plotseling*
allergic /*zeg:* ùlùùdzjìk/ *allergisch* ★ I am allergic to birds *ik ben allergisch voor vogels*
allergy /*zeg:* èlùdzjì/ *allergie*
alley /*zeg:* èlì/ *steeg*
alliance /*zeg:* ùlaiùns/ *verbond*
allied /*zeg:* èlaid/ *geallieerd* ★ the allied forces *de geallieerden*
alligator /*zeg:* èlìGeetùù/ *alligator*
all-in /*zeg:* òlin/ *alles inbegrepen*; *totaal* ★ all-in price *all-inprijs*
allow /*zeg:* ùlau/
• *toelaten*; *toestaan* ★ smoking is not allowed *het is niet toegestaan te roken*
• *toegeven* ★ I must allow that she is very smart *ik moet toegeven dat zij erg slim is*
allowance /*zeg:* ùlauwùns/
• *vergoeding*
• *zakgeld* ★ a weekly allowance of five euros *een wekelijks zakgeld van vijf euro* ◆ family allowance *kinderbijslag*
all-round /*zeg:* òl raund/ *veelzijdig*
all-terrain /*zeg:* òltèreen/ *voor elk terrein geschikt* ★ all-terrain bike *terreinfiets*
all-time /*zeg:* òòl'taim/ ★ all-time greatest hits *grootste hits aller tijden*
ally /*zeg:* èlai/ *bondgenoot* ★ our European allies *onze Europese bondgenoten*
almighty /*zeg:* òòlmaùtì/ *almachtig*
almost /*zeg:* òòlmoowst/ *bijna* ★ she is almost twenty *zij is bijna twintig*
alone /*zeg:* ùloown/ *alleen* ★ she is all

alone *zij is helemaal alleen* ◆ leave him alone *laat hem met rust*

along /*zeg:* ùlòng/

[**bijwoord**] ★ get along with a person *met iemand kunnen opschieten* ★ he went along with Susie *hij ging samen met Susie* ★ will you come along? *kom je mee?*

[**voorzetsel**] *langs* ★ the trees along the road *de bomen langs de weg*

aloud /*zeg:* ùlaud/ *hardop* ★ read aloud from a book *hardop voorlezen uit een boek*

alp /*zeg:* elp/ *alp* ★ the Alps *de Alpen*

alphabet /*zeg:* elfùbet/ *alfabet*

alphabetic(al) /*zeg:* elfùbètik(l)/ *alfabetisch* ★ in alphabetic(al) order *in alfabetische volgorde*

already /*zeg:* òòlrèdì/ *al* ★ I have had tea already *ik heb al thee gedronken*

also /*zeg:* òòlsoow/ *ook*; *bovendien* ★ she is not only clever, but also pretty *zij is niet alleen intelligent, maar ook mooi*

altar /*zeg:* òòltù/ *altaar*

alter /*zeg:* òòltù/ *veranderen* ★ we had to alter our plans *we moesten onze plannen veranderen*

alternate [**bijvoeglijk naamwoord**] /*zeg:* òòltùùnùt/

- *(af)wisselend*
- *anders* ★ an alternate version *een andere versie*

[**werkwoord**] /*zeg:* òòltùneet/ *afwisselen* ★ the moon alternates with the sun *de maan en de zon wisselen elkaar af*

alternative /*zeg:* òòltùùnùtìv/

[**the-woord**] *alternatief*; *andere keuze* ★ I have no alternative *ik heb geen keuze*

[**bijvoeglijk naamwoord**] *alternatief* ★ an alternative source of energy *een alternatieve energiebron*

although /*zeg:* òòlDoow/ *hoewel* ★ I love school although I hate learning *ik hou van school, hoewel ik een hekel heb aan leren*

altitude /*zeg:* eltìtjoed/ *hoogte*

altogether /*zeg:* òòltùGèDù/ *helemaal*; *in alle opzichten* ★ that is not altogether true *dat is niet helemáál waar* ◆ twenty people altogether *twintig mensen in totaal*

always /*zeg:* òòlweez/ *altijd* ★ she always arrives early *zij komt altijd vroeg*

am /*zeg:* ùm/ [→ **be**]

a.m. [**afkorting**] *voor de middag*; *'s ochtends* ★ it is 7:20 a.m. *het is 7.20 uur 's ochtends*

amateur /*zeg:* èmùtù/ *amateur*

amaze /*zeg:* ùmeez/ *verbazen* ★ he was amazed at what he saw *hij was verbaasd over wat hij zag*

ambassador /*zeg:* embèsùdù/ *ambassadeur*

ambition /*zeg:* embìsjùn/ *ambitie* ★ it was her ambition to write a novel *haar ambitie was om een roman te schrijven*

ambulance /*zeg:* embjoelùns/ *ambulance*; *ziekenwagen* ★ call (for) an ambulance *bel een ziekenwagen*

ambush /*zeg:* emboesj/ *hinderlaag* ★ fall into an ambush *in een hinderlaag lopen*

amen /*zeg:* eemen/ *amen*

America /*zeg:* ùmèrìkù/ *Amerika*

American /*zeg:* ùmèrìkùn/

[**the-woord**] *Amerikaan*; ‹inwoonster van Amerika› *Amerikaanse*

[**bijvoeglijk naamwoord**] *Amerikaans*

amid(st) /*zeg:* ùmìd(st)/

- *te midden van*
- *tussen*

ammunition /*zeg:* emjoenìsjùn/ *(am)munitie*

amnesty /*zeg:* emnìstì/ *amnestie*; *gratie* ★ the government granted amnesty to the prisoners *de regering verleende amnestie aan de gevangenen*

among(st) /*zeg:* ùmàng(st)/ *te midden van*; *onder* ★ let's keep it among ourselves *laten we het onder ons houden*

amount /*zeg:* ùmaunt/ *hoeveelheid (geld)* ★ to the amount of ten pounds *voor een bedrag van tien pond*

amphibian /*zeg:* emfìbiùn/ *amfibie*

ample /*zeg:* empl/ *ruim*; *uitvoerig* ★ an ample account *een uitvoerig verslag*

amplifier /*zeg:* emplìfaijù/ *versterker*

amputate /*zeg:* empjoeteet/ *amputeren*

amuse /*zeg:* ùmjoez/ *vermaken*; *aangenaam bezig houden* ★ the children kept themselves amused *de kinderen hielden zichzelf bezig*

amusement /*zeg:* ùmjoezmùnt/ *amusement*; *plezier* ★ amusement park *pretpark*

an /*zeg:* ùn/ *een (voor een woord dat begint met een klinker in de uitspraak)* ★ an animal *een dier* ★ twice an hour *twee keer per uur*

analyse /*zeg:* ènùlaiz/ *analyseren*; *onderzoeken* ★ analyse a situation *een situatie onderzoeken*

analysis /*zeg:* ùnèlùsìs/ *analyse*; *onderzoek*

anatomy /*zeg:* ùnètùmì/ *anatomie* ★ human anatomy *menselijke anatomie*

anchor /*zeg:* engkù/ *anker* ★ the ship lies at anchor *het schip ligt voor anker*

ancient /*zeg:* eensjùnt/ *(zeer) oud* ★ ancient civilizations *oude beschavingen* ★ ancient history *de oude geschiedenis*

and /*zeg:* end/ *en* ★ Punch and Judy *Jan Klaassen en Katrijn* ★ and so on *enzovoorts* ★ come and see *kom kijken*

anemone /*zeg:* ùnèmùnì/ *anemoon*

angel /*zeg:* eendzjùl/
• *engel* ★ guardian angel *beschermengel*
• *lieveling*

anger /*zeg:* engGù/ *woede* ★ red with anger *rood van woede*

angle /*zeg:* engGl/
[**the-woord**] *hoek* ★ a right angle *een hoek van 90°*
[**werkwoord**] **angle for** *vissen naar* ★ she angled for compliments *zij viste naar complimentjes*

Anglican /*zeg:* engGlìkùn/ *anglicaan(s)* ★ the Anglican Church *de Anglicaanse Kerk*

Anglican: Toen koning Hendrik VIII in 1534 van de paus geen toestemming kreeg om te scheiden van zijn eerste vrouw, richtte hij gewoon zijn eigen Kerk op: de Anglicaanse Kerk (*the Church of Engeland*). Ongeveer 45% van alle Britten is gedoopt in de Anglicaanse Kerk en de verre opvolgster van Hendrik, koningin Elizabeth II, is er nog steeds het hoofd van.

Anglo- /*zeg:* engGloow/
• *Engels* ★ Anglo-French relations *Engels-Franse betrekkingen*
• *van Engelse oorsprong*

angry /*zeg:* engGrì/
• *boos* ★ are you angry with me? *ben je boos op me?*
• *dreigend* ★ angry words *dreigende woorden* ★ angry clouds *dreigende wolken*

animal /*zeg:* ènìml/
[**the-woord**] *dier* ★ a dog is a domestic animal *een hond is een huisdier*
[**bijvoeglijk naamwoord**] *dierlijk* ★ animal instincts *dierlijke instincten*

ankle /*zeg:* engkl/ *enkel* ★ sprain your ankle *je enkel verstuiken*

anniversary /*zeg:* ènìvùùsùrì/ *verjaardag*; *(jaarlijkse) gedenkdag* ★ today is my fourteenth anniversary *vandaag is het mijn veertiende verjaardag* ◆ wedding anniversary *trouwdag*

announce /*zeg:* ùnauns/ *bekend maken* ★ she announced the winner of the competition *ze maakte de winnaar van de wedstrijd bekend*

annoy /*zeg:* ùnoj/
• *ergeren*; *irriteren* ★ your e-mail annoyed me *je e-mail ergerde me*
• *lastigvallen*

annual /*zeg:* enjoeùl/ *jaarlijks* ★ an annual event *een jaarlijkse gebeurtenis*

anonymous /*zeg:* ùnònìmùs/ *anoniem*

★ an anonymous letter *een anonieme brief*

another /*zeg:* ùnàDù/
• *een ander* ★ Kevin bought another car *Kevin heeft een andere auto gekocht* ★ for one reason or another *om een of andere reden*
• *nog een* ★ I waited another week *ik wachtte nog een week* ◆ we should help one another *we zouden elkaar moeten helpen*

answer /*zeg:* àànsù/
[**the-woord**] *antwoord*
[**werkwoord (+ iemand/iets)**]
• *(be)antwoorden* ★ answer the question! *beantwoord de vraag!*
• **answer for** *je verantwoorden voor* ★ you'll have to answer for that broken vase *je zult je moeten verantwoorden voor die gebroken vaas*

ant /*zeg:* ent/ *mier* ★ ant hill *mierenhoop*

Antarctica /*zeg:* entààktìku/ *Antarctica*; *Zuidpool* ★ penguins live on the Antarctica *pinguïns leven op Antarctica*

antelope /*zeg:* entìloowp/ *antilope*

antenna /*zeg:* entènù/
• *antenne*
• *voelspriet*

anthem /*zeg:* enSùm/ *plechtig lied* ★ national anthem *volkslied*

anti- /*zeg:* entì/ *tegen-*; *anti-*

anticipate /*zeg:* entìsìpeet/
• *verwachten* ★ anticipate difficulties *moeilijkheden verwachten*
• *voorzien* ★ I anticipated that reverse *ik voorzag die tegenslag*

anxiety /*zeg:* engzaijùtì/
• *bezorgdheid*
• *verlangen*

anxious /*zeg:* engksjùs/
• *bezorgd*; *angstig* ★ I am anxious about/for you *ik ben bezorgd over jou* ★ anxious moments *angstige momenten*
• *verlangend* ★ anxious for shelter *verlangend naar een schuilplaats* ◆ he was anxious to leave *hij stond te popelen om te vertrekken*

any /*zeg:* ènì/
• *ieder*; *elk* ★ any child can tell you that *elk kind kan je dat vertellen* ★ at any rate/case *in ieder geval*
• *enig* ◆ she had hardly any money *ze had bijna geen geld* ◆ he doesn't know any better *hij weet niet beter*

anybody /*zeg:* ènìbòdì/
• *iemand* ★ does anybody want coffee? *wil er iemand koffie?*
• *iedereen* ★ anybody can say that *dat kan iedereen wel zeggen*

anyhow /*zeg:* ènìhau/ *hoe dan ook*

anyone /*zeg:* ènìwàn/
• *iemand* ★ if anyone calls, say I will be back later *als er iemand belt, zeg dan dat ik straks terug ben*
• *iedereen* ★ it could happen to anyone *het kan iederéén overkomen*

anyplace /*zeg:* ènìplees/ *waar dan ook*; *ergens* ★ just put it anyplace *leg het maar ergens neer*

anything /*zeg:* ènìSìng/
• *iets* ★ if anything goes wrong, just call me *als er iets misgaat, bel je me maar*
• *alles* ★ anything might happen *er kan van alles gebeuren*

anyway /*zeg:* ènìwee/ *in ieder geval*; *toch* ★ it doesn't matter anyway *het maakt toch niets uit*

anywhere /*zeg:* ènìwèè/
• *ergens* ★ do you see my pen anywhere? *zie jij mijn pen ergens?*
• *overal* ★ I go anywhere you go *ik ga overal heen waar jij ook gaat*

apart /*zeg:* ùpààt/
• *uit elkaar* ★ the cake fell apart *de koek viel uit elkaar* ★ take something apart *iets uit elkaar halen*
• **apart from** *afgezien van* ★ apart from my cold I had a wonderful vacation *afgezien van mijn verkoudheid had ik een heerlijke vakantie*

apartment /*zeg:* ùpààtmùnt/
• *kamer*
• ⟨Amerikaans⟩ *appartement*; *flat*

ape /*zeg:* eep/ *mensaap*

apologize /*zeg:* ùpòlùdzjaiz/ *zich verontschuldigen* ★ he apologized to her for his mistake *hij verontschuldigde zich bij haar voor zijn fout*

apology /*zeg:* ùpòlùdzjì/ *verontschuldiging*

apostle /*zeg:* ùpòsùl/ *apostel*

apostrophe /*zeg:* ùpòstrùfi/ ‹taal› *apostrof*

apparent /*zeg:* ùpèrùnt/
• *duidelijk* ★ for no apparent reason *zonder duidelijke reden*
• *blijkbaar* ★ apparently the baby likes soup *blijkbaar houdt de baby van soep*

appeal /*zeg:* ùpiel/
[**the-woord**] • *aantrekkingskracht*
• *beroep* ★ on appeal *in hoger beroep*
[**werkwoord**] • *aanspreken*
• *verzoeken* ★ appeal for calm *verzoeken om stilte*
• *in beroep gaan* ★ appeal against a decision *in beroep gaan tegen een beslissing*
• **appeal to** *aanspreken*; *aantrekkingskracht uitoefenen op* ★ the idea appeals to me *het idee spreekt me wel aan*
• **appeal to** *beroep doen op*; *smeken* ★ they appealed to us for help *ze smeekten ons om hulp*

appear /*zeg:* ùpìjù/
[**werkwoord**] *verschijnen* ★ the ghost appeared and disappeared within seconds *de geest verscheen en verdween binnen een paar seconden*
[**hulpwerkwoord**] *lijken* ★ he appeared to be gone *hij leek vertrokken te zijn*

append /*zeg:* ùpend/ *bijvoegen*; *aanhechten*

appendix /*zeg:* ùpendìks/
• ‹medisch› *blindedarm*
• *aanhangsel*

appetite /*zeg:* èpìtait/ *eetlust*; *trek* ★ I have no appetite for soup *ik heb geen trek in soep* ★ lack of appetite *gebrek aan eetlust*

applaud /*zeg:* ùplòòd/ *applaudisseren*; *toejuichen* ★ we applaud his decision *we juichen zijn beslissing toe*

applause /*zeg:* ùplòòz/ *applaus*

apple /*zeg:* epl/ *appel* ◆ the Big Apple *New York*

application /*zeg:* eplìkeesjùn/
• *toepassing*
• *computerprogramma* ★ the application quit *het programma is vastgelopen*

apply /*zeg:* ùplai/
• *aanbrengen*; *doen*/*leggen op* ★ he applied a band-aid on the wound *hij bracht een pleister aan op de wond*
• **apply to** *van toepassing zijn op*; *gelden voor* ★ these rules apply to everyone *deze regels gelden voor iedereen*
• **apply for** *solliciteren naar* ★ apply for a job *solliciteren naar een baan*

appoint /*zeg:* ùpojnt/ *aanstellen* ★ appoint a teacher *een leraar aanstellen*

appointment /*zeg:* ùpojntmùnt/ *afspraak* ★ she has an appointment to see the dentist *zij heeft een afspraak bij de tandarts* ★ by appointment *volgens afspraak*

appreciate /*zeg:* ùpriesjìeet/ *waarderen* ★ we appreciate your help *we waarderen je hulp*

apprentice /*zeg:* ùprentìs/ *leerling*

approach /*zeg:* ùproowtsj/
• *(be)naderen* ★ the car is approaching rapidly *de auto komt snel dichterbij*
• *aanpakken* ★ approach a problem *een probleem aanpakken*

appropriate /*zeg:* ùproowprìjùt/ *passend*

approval /*zeg:* ùproevùl/ *goedkeuring*

approve /*zeg:* ùproev/ *akkoord gaan* ★ approve of a proposal *akkoord gaan met een voorstel*

approximate /*zeg:* ùpròksìmùt/ *bij benadering* ★ the approximate amount was 27 dollars *het bedrag was bij benadering 27 dollar*

approximately /*zeg:* ùpròksìmùtlì/ *ongeveer* ★ there were approximately 50 guests *er waren ongeveer 50 gasten*

apricot /*zeg:* eeprìkòt/ *abrikoos*

April /*zeg:* eeprìl/ *april* ★ April 28th/the 28th of April *28 april* ★ April Fools' day *1 april*

apron /*zeg:* eeprùn/ *schort* ★ put on an apron *een schort voordoen*

aquarium /*zeg:* ekwèèrìjùm/ *aquarium*

Aquarius /*zeg:* ekwèèrìjùs/ ‹sterrenbeeld› *Waterman* ★ my sign of the zodiac is Aquarius *mijn teken van de dierenriem is Waterman*

aqueduct /*zeg:* ekwìdàkt/ *aquaduct*

Arab /*zeg:* èrùb/
[**the-woord**] *Arabier*

[**bijvoeglijk naamwoord**] *Arabisch*
Arabia /*zeg:* ùreebìjù/ *Arabië*
Arabian, Arabic /*zeg:* ùreebiùn, ùrèbik/ *Arabisch* ◆ Arabian Nights *Duizend-en-één-nacht*
arcade /*zeg:* ààkeed/
• *galerij*
• *gokhal*
arch /*zeg:* ààtsj/ *boog* ★ triumphal arch *triomfboog*
archaeological /*zeg:* ààkìjùlòdzjìkl/ *archeologisch*; *oudheidkundig*
archaeology /*zeg:* ààkìòlùdzjì/ *archeologie*; *oudheidkunde*
architect /*zeg:* ààkìtekt/ *architect*
archive /*zeg:* ààkaiv/ *archief* ★ the film archive *het filmarchief*
Arctic /*zeg:* ààktìk/
[**the-woord**] *Noordpool*
[**bijvoeglijk naamwoord**] *van de Noordpool* ★ Arctic Ocean *Noordelijke IJszee*
are /*zeg:* àà/ [→ **be**]
area /*zeg:* èèrìjù/ *gebied* ★ large areas were flooded *grote gebieden werden overstroomd*
arena /*zeg:* ùrienù/ *arena*
aren't /*zeg:* àànt/ [(samentrekking van 'are not') → **be**]
argue /*zeg:* ààGjoe/
• *beweren* ★ he argued that he was too sick to go to school *hij beweerde dat hij te ziek was om naar school te gaan*
• *ruzie maken* ★ Jack and Jill are always arguing *Jack en Jill maken altijd ruzie*
argument /*zeg:* ààGjoemùnt/
• *argument*
• *ruzie* ★ they had an argument again *zij hadden weer ruzie*
Aries /*zeg:* èèrìjùs/ ‹sterrenbeeld› *Ram* ★ my sign of the zodiac is Aries *mijn teken van de dierenriem is Ram*
arise /*zeg:* ùraiz/
• *opstaan* ★ he arose to greet her *hij stond op om haar te begroeten*
• *ontstaan* ★ difficulties have arisen *er zijn moeilijkheden ontstaan*
arisen /*zeg:* ùrìzùn/ [(voltooid deelwoord) → **arise**]
arm /*zeg:* ààm/
[**the-woord**] *arm* ★ did you break your arm? *heb je je arm gebroken?*
[**werkwoord + iemand/iets**] *bewapenen*
armchair /*zeg:* ààmtsjèè/ *leunstoel*
armed /*zeg:* ààmd/ [→ **arm**] *gewapend* ★ an armed robbery *een gewapende roofoverval* ★ armed forces *gewapende strijdkrachten*
armpit /*zeg:* ààmpìt/ *oksel*
arms /*zeg:* ààmz/ [meervoud] → **arm** *wapen(en)* ★ the soldiers laid down their arms *de soldaten legden hun wapens neer*
army /*zeg:* ààmì/ *leger* ★ join the army *bij het leger gaan*
aroma /*zeg:* ùroowmù/ *aroma* ★ the aroma of coffee *het koffiearoma*
arose /*zeg:* ùroowz/ [(verleden tijd) → **arise**]
around /*zeg:* ùraund/
• *(rond)om* ★ around the world *de wereld rond* ★ around the corner *om de hoek*
• *in de buurt* ★ stay around *in de buurt blijven*
• *ongeveer* ★ around ten pound *ongeveer tien pond* ◆ the other way around *omgekeerd*
arouse /*zeg:* ùrauz/ *(op)wekken* ★ arouse interest *interesse wekken*
arrange /*zeg:* ùreendzj/
• *regelen* ★ she arranged a meeting *zij regelde een ontmoeting*
• *afspreken* ★ the presidents arranged the terms for the peace treaty *de presidenten spraken de voorwaarden van het vredesverdrag af*
arrangement /*zeg:* ùreendzjmùnt/
• *regeling*
• *afspraak*
arrest /*zeg:* ùrest/
[**the-woord**] *arrest(atie)* ★ you're under arrest! *u staat onder arrest* ★ house arrest *huisarrest*
[**werkwoord + iemand/iets**] *arresteren*
arrival /*zeg:* ùraivùl/ *aankomst* ★ on arrival *bij aankomst*
arrive /*zeg:* ùraiv/ *arriveren*; *aankomen*
arrogant /*zeg:* erùGùnt/ *arrogant*; *verwaand*
arrow /*zeg:* èroow/ *pijl* ★ with bow and

A

arrow *met pijl en boog*
arse /*zeg:* ààs/ *kont*
art /*zeg:* ààt/ *kunst* ★ a work of art *een kunstwerk*
artery /*zeg:* ààtùrì/ *slagader*
article /*zeg:* ààtìkl/
• ⟨product⟩ *artikel* ★ this article costs 14.50 euro *dit artikel kost 14,50 euro*
• ⟨stuk tekst⟩ *artikel* ★ an article in a newspaper *een krantenartikel*
• ⟨taal⟩ *lidwoord* ★ 'a' and 'the' are the English articles *'a' and 'the' zijn de Engelse lidwoorden*
artificial /*zeg:* ààtìfìsjùl/ *kunstmatig* ★ artificial intelligence *kunstmatige intelligentie* ◆ artificially flavoured *met kunstmatige smaakstoffen*

artist /*zeg:* ààtìst/
• *artiest*
• *kunstenaar*
artistic /*zeg:* ààtìstìk/ *artistiek*
as /*zeg:* ez/
[**bijwoord**] • *zo* ★ twice as big *twee keer zo groot*
• *(net) zoals* ★ he is as big as she *hij is net zo groot als zij* ★ as soon as possible *zo snel (als) mogelijk* ◆ as from now *vanaf nu* ◆ as yet *tot nu toe* ◆ as it were *als het ware* ◆ and you as well! *en jij ook!*
[**voegwoord**] • *(zo)als* ★ I'm old, as you know *ik ben oud, zoals je weet* ★ as you please *zoals je wilt*
• *terwijl* ★ as we walked home, it started to rain *terwijl we naar huis liepen, begon het te regenen* ◆ as for you *wat jou betreft* ◆ as if I care! *alsof het mij wat uitmaakt!*
ascend /*zeg:* ùsend/
• *beklimmen* ★ ascend a mountain *een berg beklimmen*
• *bestijgen* ★ Queen Elizabeth II ascended the throne in 1952 *koningin Elizabeth II besteeg de troon in 1952*
ash /*zeg:* esj/
• *as*
• ⟨boom⟩ *es*
ashamed /*zeg:* ùsjeemd/ *beschaamd* ◆ you should be ashamed of yourself! *je moest je schamen!* ◆ I feel ashamed for my crimes *ik schaam me voor mijn misdaden*
ashes /*zeg:* esjìz/ [meervoud] → **ash**
ashore /*zeg:* ùsjòò/ *aan land*
Asia /*zeg:* eesjù/ *Azië*
Asian /*zeg:* eesjùn/ *Aziatisch*
aside /*zeg:* ùsaid/ *opzij* ★ she put the book aside *ze legde het boek opzij* ◆ set aside *geld opzij zetten* ◆ aside from that *afgezien daarvan*
ask /*zeg:* ààsk/
• *vragen*
• **ask for** *vragen om*; *uitlokken* ★ ask for trouble *vragen om moeilijkheden*
• **ask out** *mee uit vragen* ★ ask out to a party *mee uit vragen naar een feestje*
• **ask after** *vragen naar*
asleep /*zeg:* ùsliep/ *in slaap* ★ fast/sound asleep *in een diepe slaap* ★ fall asleep *in slaap vallen* ★ are you asleep already? *slaap je al?*
aspect /*zeg:* espekt/ *aspect*
asphalt /*zeg:* esfelt/ *asfalt*
ass, arse /*zeg:* es, ààs/ *kont*
assassin /*zeg:* ùsèsìn/ *moordenaar*

assassinate /*zeg:* ùsèsìneet/ *vermoorden*
assault /*zeg:* ùsòòlt/
[**the-woord**] *aanval* ★ make an assault

on Berlin *een aanval op Berlijn doen*
[**werkwoord + iemand/iets**] *aanvallen* ★ the hooligans assaulted the police *de vandalen vielen de politie aan*
assemble /*zeg:* ùsembl/
[**werkwoord**] *bijeenkomen*
[**werkwoord + iemand/iets**] • *monteren* • *verzamelen*
assembly /*zeg:* ùsemblì/
• *montage*
• *vergadering* ★ convene an assembly *een vergadering bijeenroepen*
• *verzameling*
asshole /*zeg:* ààshoowl/ *kont(gat)*
assign /*zeg:* ùsain/ *opdragen* ★ they assigned us a difficult task *zij droegen ons een moeilijke taak op*
assignment /*zeg:* ùsainmùnt/
• *opdracht*
• *huiswerk*
assist /*zeg:* ùsìst/ *assisteren*; *helpen* ★ may I assist you? *kan ik u helpen?*
assistance /*zeg:* ùsìstùns/ *assistentie*; *hulp* ★ Daniel was of assistance to Carol *Daniel verleende Carol assistentie*
assistant /*zeg:* ùsìstnt/ *assistent*; *medewerker*
association /*zeg:* ùsoowsìeesjùn/
• *verbinding*; *vereniging*
• *samenwerking* ★ in association with Belgium *in samenwerking met België*
assort /*zeg:* ùsòòt/ *sorteren*
assortment /*zeg:* ùsòòtmùnt/ *assortiment*; *collectie* ★ a wide assortment of shoes *een grote collectie schoenen*
assume /*zeg:* ùsjoem/ *aannemen*; *veronderstellen* ★ I assume that she left *ik neem aan dat zij vertrokken is*
assurance /*zeg:* ùsjòòrùns/
• *zekerheid*
• *verzekering* ★ life assurance *levensverzekering*
assure /*zeg:* ùsjòòù/ *verzekeren* ★ I assure you that I'll be there *ik verzeker je dat ik er zal zijn* ◆ you can rest assured *je kunt gerust zijn*
asthma /*zeg:* esmù/ *astma*
astonish /*zeg:* ùstònìsj/ *verbazen* ★ Angela was astonished by Bill's behaviour *Angela was verbaasd over Bills gedrag*
astound /*zeg:* ùstaund/ *zeer verbazen*; *schokken* ★ we were astounded by the news *we waren geschokt door het nieuws*
astray /*zeg:* ùstree/ *verdwaald* ★ go astray *verdwalen*
astrologic(al) /*zeg:* estrùlòdzjìk(l)/ *astrologisch* ★ my astrological sign is Scorpio *mijn astrologische teken is Schorpioen*
astrology /*zeg:* ùstròlùdzjì/ *astrologie*
astronaut /*zeg:* èstrònòt/ *astronaut*
astronomic(al) /*zeg:* estrùnòmìk(l)/ *astronomisch*
astronomy /*zeg:* ùstrònùmì/ *astronomie*; *sterrenkunde*
at /*zeg:* et/ ◆ are you good at English? *ben je goed in Engels?*
ate /*zeg:* eet/ [(verleden tijd) → **eat**]
athlete /*zeg:* eSliet/ *atleet*
athletic /*zeg:* eSletìk/ *atletisch*
athletics /*zeg:* eSletìks/ [meervoud] *atletiek* ★ the championship athletics *het kampioenschap atletiek*
atlas /*zeg:* ètlùs/ *atlas*
atmosphere /*zeg:* etmùsfìjù/
• *atmosfeer*
• *sfeer* ★ there is an unpleasant atmosphere *er heerst een nare sfeer*
atom /*zeg:* ètùm/ *atoom*
atomic /*zeg:* ùtòmìk/ *atoom-* ★ atomic bomb *atoombom*
attach /*zeg:* ùtetsj/
• *verbinden*; *vastmaken* ★ attach the rope to that post *maak het touw vast aan die paal*
• *vastmaken*
attachment /*zeg:* ùtetsjmùnt/
• *verbinding*
• ‹bij een brief of e-mail› *aanhangsel*
attack /*zeg:* ùtek/
[**the-woord**] *aanval* ★ an attack on the enemy *een aanval op de vijand* ★ heart attack *hartaanval*
[**werkwoord + iemand/iets**] *aanvallen*
attempt /*zeg:* ùtempt/
[**the-woord**] • *poging*
• *moordaanslag* ★ an attempt on the minister's life *een moordaanslag op de minister*
[**werkwoord + iemand/iets**] *proberen* ★ we attempted to save his life *we*

probeerden zijn leven te redden

attend /*zeg:* ùtend/
• *aanwezig zijn; bijwonen* ★ attend at church *een kerkdienst bijwonen*
• **attend to** *zorgen voor; opletten* ★ could you attend to my bag, please? *wil jij even op mijn tasje letten, alsjeblieft?*

attention /*zeg:* ùtensjùn/ *aandacht* ★ pay no attention to him *besteed geen aandacht aan hem*

attest /*zeg:* ùtest/ *plechtig verklaren*

attic /*zeg:* ètìk/ *zolder*

attitude /*zeg:* ètìtjoed/
• *houding* ★ adopt a threatening attitude *een dreigende houding aannemen*
• *standpunt* ★ what's your attitude towards racism? *wat is jouw standpunt over racisme?*

attract /*zeg:* ùtrekt/ *boeien; aantrekken* ★ honey attracts insects *honing trekt insecten aan* ★ she felt attracted to him *zij voelde zich tot hem aangetrokken*

attraction /*zeg:* ùtreksjùn/
• *aantrekkingskracht*
• *aantrekkelijkheid*
• *(kermis)attractie*

attractive /*zeg:* ùtrektiv/ *aantrekkelijk* ★ an attractive girl *een aantrekkelijk meisje*

aubergine ‹Brits› /*zeg:* obùrsjien/ *aubergine*

auction /*zeg:* òòksjùn/
[**the-woord**] *veiling*
[**werkwoord + iemand/iets**] *veilen*

audience /*zeg:* òòdiùns/ *publiek*

audition /*zeg:* òòdìsjùn/ *auditie* ★ Cher did audition for the leading part *Cher deed auditie voor de hoofdrol*

August /*zeg:* òòGùst/ *augustus* ★ August 13th/the 13th of August *13 augustus*

aunt /*zeg:* àànt/ *tante*

Australia /*zeg:* òstreelìjù/ *Australië*

Australian /*zeg:* òstreeliùn/
[**the-woord**] *Australiër; Australische*
[**bijvoeglijk naamwoord**] *Australisch*

Austria /*zeg:* òstrìjù/ *Oostenrijk*

Austrian /*zeg:* òstriùn/
[**the-woord**] • *Oostenrijker; Oostenrijkse*
• taal *Oostenrijks*
[**bijvoeglijk naamwoord**] *Oostenrijks*

author /*zeg:* òòSù/ *schrijver*

authority /*zeg:* òòSòrùti/ *gezag; autoriteit* ★ the local authorities *de plaatselijke autoriteiten*

autograph /*zeg:* òòtùGrààf/ *handtekening*

automatic /*zeg:* òòtùmètìk/ *automatisch* ★ automatic pilot *automatische piloot*

automobile /*zeg:* òòtoowmoobiel/ *auto*

autumn /*zeg:* òòtùm/ *herfst* ★ in autumn *in de herfst* ★ autumn 1936 *in de herfst van 1936*

available /*zeg:* ùveelùbl/ *beschikbaar*

avalanche /*zeg:* èvùlààns j/ *lawine*

Ave. [**afkorting**] *avenue* ★ Pennsylvania Ave. *Pennsylvania avenue*

avenge /*zeg:* ùvendzj/ *wraak nemen* ★ avenge on the enemy *wraak nemen op de vijand*

avenue /*zeg:* èvùnjoe/ ‹Amerikaans› *brede straat; avenue*

average /*zeg:* èvùrìdzj/
[**the-woord**] *gemiddelde* ★ above/below average *boven/onder het gemiddelde* ★ on average *gemiddeld*
[**bijvoeglijk naamwoord**] *gemiddeld; middelmatig* ★ an average pupil *een middelmatige leerling*

avoid /*zeg:* ùvojd/ *vermijden*

await /*zeg:* ùweet/ *(af)wachten; verwachten* ★ are you awaiting someone? *verwacht je iemand?*

awake /*zeg:* ùweek/
[**bijvoeglijk naamwoord**] *wakker* ★ stay awake *wakker blijven* ★ wide awake *klaarwakker*
[**werkwoord**] *wakker worden* ★ June awoke at 8:30 *June werd wakker om 8.30*
[**werkwoord + iemand/iets**] *wekken* ★ she awoke me at seven *ze maakte me om zeven uur wakker*

award /*zeg:* ùwòòd/
[**the-woord**] *prijs* ★ the jury granted the award to Brad Pitt *de jury kende de prijs toe aan Brad Pitt*
[**werkwoord + iemand/iets**] *toekennen* ★ award a price to someone *een prijs toekennen aan iemand*

aware /*zeg:* ùwèè/ *bewust* ★ are you aware of the danger? *ben je je bewust*

van het gevaar?
away /*zeg:* ùwee/ *weg* ★ go away! *ga weg!* ★ far away *ver weg* ◆ right away *onmiddellijk*
awesome /*zeg:* òòsùm/ ⟨spreektaal⟩ *gaaf!*
awful /*zeg:* òòfoel/
• *afschuwelijk* ★ it tastes awful *het smaakt afschuwelijk*
• *ontzettend (veel)* ★ an awful lot of cheese *een heleboel kaas*
awoke /*zeg:* ùwoowk/ [(verleden tijd) → **awake**]
awoken /*zeg:* ùwoowkùn/ [(voltooid deelwoord) → **awake**]
axe /*zeg:* eks/ *bijl*

B

b /*zeg:* bie/ *b* ◆ B as in Benjamin *de B van Bernard*
b. & b. [**afkorting**] bed and breakfast *overnachting met ontbijt*
babble /*zeg:* bebl/ *kletsen* ★ he is babbling like an idiot *hij kletst als een idioot*
babe /*zeg:* beeb/ ‹Amerikaans› ‹vooral meisje› *aantrekkelijk persoon*
baboon /*zeg:* bùboen/ *baviaan*
baby /*zeg:* beebì/
• *baby*
• *liefje*
babysit /*zeg:* beebìsìt/ *babysitten* ★ I had to babysit yesterday *ik moest gisteren babysitten*
bachelor /*zeg:* betsjùlù/ *vrijgezel*
back /*zeg:* bek/
[**the-woord**] • *rug* ★ my back hurts *mijn rug doet pijn*
• *achterkant* ★ the back of the house *de achterkant van het huis*
[**bijvoeglijk naamwoord**] *achterste*; *achter-* ★ the people in the back row couldn't see the movie *de mensen op de achterste rij konden de film niet zien* ★ back door *achterdeur*
[**werkwoord**] *achteruitgaan* ◆ she backed away/out/down *zij deinsde terug*
[**werkwoord + iemand/iets**] *steunen* ★ he backed me when I was accused of shop-lifting *hij steunde me toen ik werd beschuldigd van winkeldiefstal*
[**bijwoord**] • *terug* ★ back to school *terug naar school* ★ back to front *achterstevoren*
• *geleden* ★ some years back *enkele jaren geleden*
backache /*zeg:* bekeek/ *rugpijn*
backbone /*zeg:* bekboown/ *ruggengraat*
background /*zeg:* bekGraund/ *achtergrond*
backing /*zeg:* bèkìng/ *steun* ★ my parents gave me financial backing *mijn ouders gaven mij financiële steun*
backpack /*zeg:* bekpek/ Amerikaans ‹Amerikaans› *rugzak*
backseat /*zeg:* beksiet/ ‹van een auto› *achterbank*
backslash /*zeg:* bekslesj/ *backslash:* \
backstage /*zeg:* beksteedzj/ *achter het toneel*
back-up /*zeg:* bèkàp/
• *steun* ★ she gave me back-up *zij gaf mij steun*
• *reservekopie* ★ save as back-up *als reservekopie opslaan*
backwards /*zeg:* bekwùdz/ *achteruit* ★ walk backwards *achteruit lopen*
backyard /*zeg:* bekjààd/ *achtertuin*
bacon /*zeg:* beekùn/ *spek* ★ a bacon and egg sandwich *een boterham met spek en ei*
bacterium /*zeg:* bekteerìjùm/ *bacterie* ★ harmful bacteria *schadelijke bacteriën*
bad /*zeg:* bed/
• *slecht* ★ bad weather *slecht weer* ★ a bad impression *een slechte indruk* ★ smoking is bad for your health *roken is slecht voor je gezondheid* ★ I feel bad about it *ik voel me er slecht over*
• *erg* ★ she has a bad cold *zij heeft een erge verkoudheid* ◆ the meat has gone bad *het vlees is bedorven* ◆ that's too bad for you *dat is jammer voor je* ◆ bad luck *pech*
badge /*zeg:* bedzj/ *insigne* ★ the policewoman showed her badge *the politieagente liet haar insigne zien*
badly /*zeg:* bedlì/ *erg* ★ I wanted that bike badly *ik wilde die fiets erg graag* ★ did you hurt yourself badly? *heb je je erg pijn gedaan?*
badminton /*zeg:* bedmintùn/ *badminton* ★ let's play badminton *laten we*

badminton spelen

bag /*zeg:* beG/ *zak*; *tas* ★ a bag of apples *een tas met appels*

baggage /*zeg:* bèGìdzj/ *bagage*

bagpipe /*zeg:* beGpaip/ *doedelzak*

bait /*zeg:* beet/ *lokaas*

bake /*zeg:* beek/ *bakken* ★ I was baking a cake *ik was een taart aan het bakken*

baker /*zeg:* beekù/ *bakker*

bakery /*zeg:* beekùrì/ *bakkerij*

balance /*zeg:* bèlùns/
[**the-woord**] • *balans*; *evenwicht* ★ be off balance *uit balans zijn* ★ keep/loose your balance *je evenwicht bewaren/verliezen*
• *weegschaal* ★ the balance registered 120 kilograms *de weegschaal gaf 120 kilo aan*
• *banksaldo* ★ negative/positive balance *negatief/positief banksaldo*
[**werkwoord + iemand/iets**] • *wegen*
• *in evenwicht houden of brengen*

balcony /*zeg:* belkùnì/ *balkon*

bald /*zeg:* bòòld/ *kaal* ★ he's getting bold on his crown *hij wordt kaal op zijn kruin*

ball /*zeg:* bòòl/
• ‹bol› *bal* ★ ball game *balspel*
• ‹dansfeest› *bal* ★ everyone was dancing at the ball *iedereen danste op het bal* ◆ play ball ‹Amerikaans› *honkbal of basketbal spelen*

ballad /*zeg:* bèlùd/ *ballade*; *liedje*

ballet /*zeg:* bèlee/ *ballet* ★ Jamie has got ballet *Jamie heeft nu ballet*

balloon /*zeg:* bùloen/ *ballon* ★ blow up a balloon *een ballon opblazen*

ballroom /*zeg:* bòòlroem/ *balzaal*
◆ ballroom dancing *stijldansen*

balm /*zeg:* bààm/ *balsem*

bamboo /*zeg:* bemboe/ *bamboe*

ban /*zeg:* ben/
[**the-woord**] *ban*; *verbod* ★ a ban on the sale of beer *een verbod op de verkoop van bier*
[**werkwoord + iemand/iets**] *verbieden*

banal /*zeg:* bùnààl/ *saai*

banana /*zeg:* bùnàànù/ *banaan* ★ a bunch of bananas *een tros bananen*
◆ banana split *roomijs met banaan, chocolade en slagroom*

band /*zeg:* bend/
• *band* ★ yellow band *gele band*
• *bende*
• *muziekgroep* ◆ rubber band *elastiekje*

bandage /*zeg:* bendìdzj/
[**the-woord**] *verband*
[**werkwoord + iemand/iets**] *verbinden*

band-aid /*zeg:* bendeed/ *pleister*

bandit /*zeg:* bendìt/ *bandiet*

bang /*zeg:* beng/
[**the-woord**] • *slag*
• *knal*
[**werkwoord (+ iemand/iets)**] • *hard slaan* ★ he banged the door behind him *hij sloeg de deur hard achter zich dicht*
• *knallen* ★ the window banged shut *het raam knalde dicht*
[**tussenwerpsel**] *boem!*

bangle /*zeg:* bengGl/
• *armband*
• *enkelband*

banish /*zeg:* bènìsj/ *verbannen*

banister /*zeg:* bènìstù/ *(trap)leuning*

bank /*zeg:* bengk/
[**the-woord**] • *bank* ★ the bank is bankrupt *de bank is bankroet*
• *oever* ★ the banks of the Thames *de oevers van de Theems*
[**werkwoord (+ iemand/iets)**] • ‹een rivier› *indammen*
• ‹geld› *storten op een bankrekening*

bank account /*zeg:* bengk ùkaunt/ *bankrekening*

banknote /*zeg:* bengknoowt/ *bankbiljet*

bankrupt /*zeg:* bengkràpt/ *bankroet*; *failliet*

banner /*zeg:* bènù/ *spandoek*

baptize /*zeg:* beptaiz/ *dopen*

bar /*zeg:* bàà/

B

B

[**the-woord**] • *balk*; *stang* ★ iron bars *ijzeren stangen*
• ‹chocolade› *reep*; ‹zeep› *stuk* ★ a chocolate bar *een reep chocolade* ★ a bar of soap *een stuk zeep*
• *bar*; *café* ★ I met him in a bar *ik heb hem ontmoet in een bar*
• ‹muziek› *maat(streep)* ★ the orchestra played the first few bars *het orkest speelde de eerste paar maten*
[**werkwoord + iemand/iets**] *versperren* ★ the road was barred by a big tree *de weg werd versperd door een grote boom*

barbaric, barbarous /*zeg:* bààberìk, bààbùrus/ *barbaars* ★ the dictator's conduct was barbaric *het gedrag van de dictator was barbaars*

barbecue /*zeg:* bààbìkjoe/
[**the-woord**] *barbecue* ★ put a sausage on the barbecue *een worstje op de barbecue leggen*
[**werkwoord + iemand/iets**] *barbecuen*

barber /*zeg:* bààbù/ *kapper*

bare /*zeg:* bèè/
[**bijvoeglijk naamwoord**] • ‹lichaam› *bloot* ★ he would strangle you with his bare hands! *hij zou je wurgen met zijn blote handen!*
• ‹boom e.d.› *kaal*
[**werkwoord + iemand/iets**] *blootleggen*; *ontbloten*

barefoot(ed) /*zeg:* bèèfoet(ìd)/ *blootsvoets*

barely /*zeg:* bèèlì/ *nauwelijks* ★ I could barely breathe *ik kon nauwelijks ademhalen*

bark /*zeg:* bààk/
[**the-woord**] • *geblaf* ★ the bark of a dog *het geblaf van een hond*
• *bast* ★ the bark of a tree *de bast van een boom*
[**werkwoord**] *blaffen* ★ that dog barks at any passing car *die hond blaft naar elke passerende auto*

barmaid /*zeg:* bààmeed/ *barmeisje*

barn /*zeg:* bààn/ *schuur*

baron /*zeg:* bèrùn/ *baron*

baroness /*zeg:* bèrùnìs/ *barones*

barrel /*zeg:* bèrùl/
• *vat* ★ a barrel of oil *een vat olie*
• ‹van een geweer› *loop*

barrel-organ /*zeg:* bèrùl-òòGùn/ *draai-orgel*

barren /*zeg:* bèrùn/ *dor* ★ a barren land *een dor land*

barricade /*zeg:* bèrìkeed/
[**the-woord**] *barricade*
[**werkwoord + iemand/iets**] *barricaderen* ★ the rebels have barricaded the roads *de rebellen hebben de wegen gebarricadeerd*

barrier /*zeg:* bèrìjù/
• *barrière*
• *slagboom*

bartender ‹Amerikaans› /*zeg:* bààtendù/ *barkeeper*

base /*zeg:* bees/
[**the-woord**] • *onderste deel* ★ the base of a wall *het onderste deel van een muur*
• ‹chemie› *base*
• ‹sport› *honk*
• ‹kamp› *(militaire) basis*
[**bijvoeglijk naamwoord**] *gemeen* ★ a base remark *een gemene opmerking*
[**werkwoord + iemand/iets**] *baseren* ★ I base myself on newspaper articles *ik baseer me op krantenartikelen*

baseball /*zeg:* beesbòòl/ *honkbal* ★ play baseball *honkbal spelen*

basement /*zeg:* beesmùnt/ *kelder*

bashful /*zeg:* besjfoel/ *bedeesd*; *verlegen* ★ he smiled at her bashfully *hij glimlachte verlegen naar haar*

basic /*zeg:* beesìk/ ‹belangrijkste› *basis-* ★ basic needs *basisbehoeften*

basil /*zeg:* bèzùl/ *basilicum*

basis /*zeg:* beesìs/ *basis* ★ on the basis of trust *op basis van vertrouwen*

basket /*zeg:* bààskìt/ *mand*

basketball /*zeg:* bààskìtbòòl/ *basketbal* ★ a game of basketball *een potje basketbal*

bass [**the-woord**] • /*zeg:* bees/ ‹stem of instrument› *bas* ★ I sing/play bass *ik zing/speel bas*
• /*zeg:* bes/ *(zee)baars*
[**bijvoeglijk naamwoord**] /*zeg:* bees/ ‹van stem of instrument› *bas-* ★ bass guitar *basgitaar*

bastard /*zeg:* bààstùd/ *bastaard*

bat /*zeg:* bet/
• *vleermuis*
• ‹bij honkbal, tafeltennis enz.› *slaghout*

batch /*zeg:* betsj/ *groep* ★ a new batch of tourists has arrived *er is een nieuwe groep toeristen aangekomen*
bath /*zeg:* bààS/ *bad* ★ we took/had a bath *we namen een bad*
bathe /*zeg:* beeD/ *baden*
bathroom /*zeg:* bààSroem/
• *badkamer*
• ⟨Amerikaans⟩ *wc*
battery /*zeg:* bètùrì/ *batterij*; *accu* ★ this radio works on four batteries *deze radio werkt op vier batterijen* ◆ battery hens *kippen in een legbatterij*
battle /*zeg:* betl/
[**the-woord**] *strijd*; *veldslag*
[**werkwoord (+ iemand/iets)**] *strijden* ★ battle for freedom *strijden voor de vrijheid*
battlefield /*zeg:* betlfield/ *slagveld*
bay /*zeg:* bee/
[**the-woord**] *baai*; *golf* ★ the Bay of Biscay *de Golf van Biskaje*
[**werkwoord (+ iemand/iets)**] *blaffen*
bazooka /*zeg:* bùzoekù/ *antitankgeweer*
BBC [**afkorting**] British Broadcasting Corporation *Britse omroep*

BBC: De BBC (*The British Broadcasting Corporation*) is de enige publieke omroep in Groot-Brittannië. Op de BBC worden geen reclamespotjes uitgezonden. Tegenwoordig zijn er ook een paar commerciële zenders.

be /*zeg:* bie/
• *zijn* ★ where are you? *waar ben je?* ★ it's five minutes to three *het is vijf minuten voor drie* ★ have you been to Amsterdam? *ben je naar Amsterdam geweest?*
• *bestaan* ★ to be or not to be. that's the question *bestaan of niet bestaan, dat is de vraag* ◆ - how are you? - I'm fine, thank you! - *hoe gaat het met u? - goed, dank u!* ◆ it's a beautiful day, isn't it? *wat een prachtige dag hè?*
beach /*zeg:* bietsj/ *strand*
beach-ball /*zeg:* bietsj bòòl/ *strandbal*
bead /*zeg:* bied/ *kraal*
beam /*zeg:* biem/
[**the-woord**] • *balk* ★ a beam of iron *een balk van ijzer*
• *straal* ★ a beam of light *een lichtstraal*
[**werkwoord (+ iemand/iets)**] *stralen*
bean /*zeg:* bien/ *boon*
bear /*zeg:* bèè/
[**the-woord**] *beer*
[**werkwoord + iemand/iets**] • *dragen* ★ the remover bore a heavy box *de verhuizer droeg een zware doos*
• *verdragen* ★ I can't bear this smell *ik kan deze geur niet verdragen*
• *baren* ★ bear a child *een kind baren* ◆ bear with me a moment *heb nog even geduld met me*
beard /*zeg:* bìjùd/ *baard*
beast /*zeg:* biest/ ⟨dier⟩ *beest* ★ a lion is a wild beast *een leeuw is een wild beest*

beat /*zeg:* biet/
[**the-woord**] • *slag*; *tik*
• *ritme*
[**werkwoord (+ iemand/iets)**] • *slaan* ★ my heart is beating fast *mijn hart slaat snel* ★ the demonstrater was beaten with a club *de demonstrant werd geslagen met een knuppel*
• *verslaan* ★ Jill beat her father at chess *Jill versloeg haar vader met schaken*
• *kloppen* ★ beat an egg *een eitje kloppen* ◆ beat it! *lazer op!* ◆ I'm dead beat *ik ben doodop*
beautiful /*zeg:* bjoetìfoel/ *prachtig* ★ the most beautiful song I ever heard *het prachtigste lied dat ik ook heb gehoord*
beauty /*zeg:* bjoetì/
• *schoonheid* ★ beauty comes from

within *schoonheid komt van binnen uit*
• *prachtexemplaar* ★ those gems are rare beauties *die edelstenen zijn zeldzame prachtexemplaren*

beaver /*zeg:* bievù/ *bever*

became /*zeg:* bìkeem/ [(verleden tijd) → **become**]

because /*zeg:* bìkòz/
• *omdat* ★ John can't go to school today because he is ill *John kan vandaag niet naar school komen omdat hij ziek is*
• **because of** *vanwege* ★ I don't trust you because of your lies *ik vertrouw je niet vanwege je leugens*

become /*zeg:* bìkàm/
[**werkwoord + iemand/iets**] *goed staan* ★ that colour doesn't become you *die kleur staat jou niet goed*
[**koppelwerkwoord**] *worden* ★ Beethoven became deaf when he got older *Beethoven werd doof toen hij ouder werd*

bed /*zeg:* bed/
• *bed* ★ I went to bed at nine o'clock *ik ging om negen uur naar bed*
• *bedding*; *onderlaag* ◆ make your bed! *maak je bed op!* ◆ go to bed with someone *met iemand vrijen*

bedroom /*zeg:* bedroem/ *slaapkamer*

bee /*zeg:* bie/ *bij* ★ bees don't sting unless they are attacked *bijen steken niet, tenzij ze worden aangevallen*

beech /*zeg:* bietsj/ *beuk*

beef /*zeg:* bief/ *rundvlees*

beefsteak /*zeg:* biefsteek/ *biefstuk*

been /*zeg:* bien/ [(voltooid deelwoord) → **be**]

beep /*zeg:* biep/ *piep(toon)* ★ when the computer says 'beep', you do something wrong *als de computer 'piep' zegt, doe je iets verkeerd*

beer /*zeg:* bìjù/ *bier* ★ a glass of beer *een glas bier*

beet /*zeg:* biet/ *biet*

beetle /*zeg:* bietl/ *kever*

before /*zeg:* bìfòò/
• *eerder* ★ Sandy says she never saw you before *Sandy zegt dat ze jou nog nooit eerder heeft gezien*
• *voordat* ★ you must think before you act *je moet nadenken voordat je handelt*
• ⟨plaats⟩ *voor* ★ bride and groom stood before the altar *bruid en bruidegom stonden voor het altaar* ◆ the day before yesterday *eergisteren*

beforehand /*zeg:* bìfòòhend/ *van tevoren* ★ I should have warned you beforehand *ik had je van tevoren moeten waarschuwen*

beg /*zeg:* beG/ *bedelen*; *smeken* ★ the victim begged for mercy *het slachtoffer smeekte om genade*

began /*zeg:* bìGen/ [(verleden tijd) → **begin**]

beggar /*zeg:* bèGù/ *bedelaar*

begin /*zeg:* bìGìn/ *beginnen* ★ let's begin at the beginning *laten we beginnen bij het begin*

beginning /*zeg:* bìGìnìng/ *begin*

begun /*zeg:* bìGàn/ [(voltooid deelwoord) → **begin**]

behalf /*zeg:* bìhààf/ ◆ on behalf of the president *namens de president*

behave /*zeg:* bìheev/ *zich gedragen* ★ Johan, behave (yourself)! *Johan, gedraag je!*

behaviour /*zeg:* bìheevjù/ *gedrag* ★ foolish behaviour *aanstellerig gedrag*

behind /*zeg:* bìhaind/
[**the-woord**] *achterste* ★ sit down on your behind *op je achterste gaan zitten*
[**voorzetsel**] ⟨plaats⟩ *achter* ★ we hid behind the wall *we verborgen ons achter de muur* ◆ is that clock behind? *loopt die klok achter?*

being /*zeg:* bieìng/
[**the-woord**] *schepsel*; *wezen* ★ a human being *een menselijk wezen*

[**werkwoord (tegenwoordig deelwoord)** → **be**]

Belgian /*zeg:* beldzjùn/
[**the-woord**] *Belg*; ⟨inwoonster van België⟩ *Belgische*
[**bijvoeglijk naamwoord**] *Belgisch*

Belgium /*zeg:* beldzjùm/ *België*

belief /*zeg:* bìlief/ *geloof*

believe /*zeg:* bìliev/ *geloven* ★ do you believe in miracles? *geloof jij in wonderen?* ★ he made us believe that he was a journalist *hij deed ons geloven dat hij journalist was*

believer /*zeg:* bìlievù/ *gelovige*

bell /*zeg:* bel/ *bel*

bellow /*zeg:* bèloow/ *brullen* ★ the coach bellowed instructions *de coach brulde instructies*

belly /*zeg:* bèlì/
[**the-woord**] *buik*
[**werkwoord (+ iemand/iets)**] *bol (laten) staan*

belong /*zeg:* bìlòng/
• *passen*; *horen* ★ a skyscraper doesn't belong in the old town *een wolkenkrabber hoort niet in de oude stad*
• **belong to** *toebehoren aan* ★ does this wallet belong to you? *behoort deze portefeuille toe aan u?*

belongings /*zeg:* bìlòngìngz/ [meervoud] *eigendommen* ★ my belongings have been stolen on the airport *mijn eigendommen zijn gestolen op het vliegveld*

beloved /*zeg:* bìlàvìd/ *geliefd* ★ our beloved grandfather *onze geliefde grootvader*

below /*zeg:* bìloow/
• *onder* ★ it's three degrees below zero *het is drie graden onder nul*
• *(naar) beneden* ★ everyone went below *iedereen ging naar beneden*

belt /*zeg:* belt/
[**the-woord**] *riem*
[**werkwoord + iemand/iets**] *vastgespen*

bench /*zeg:* bentsj/ ⟨meubel⟩ *bank* ★ a bench in the park *een bank in het park*

bend /*zeg:* bend/
[**the-woord**] *bocht* ★ a bend in the river *een bocht in de rivier*
[**werkwoord (+ iemand/iets)**] *(zich) buigen* ★ he bent over and grabbed the rope *hij boog voorover en greep het touw*

beneath /*zeg:* bìnieS/
• *onder* ★ beneath the water surface *onder het wateroppervlak*
• *beneden* ★ that's beneath your dignity *dat is beneden je waardigheid*

benefit /*zeg:* bènìfit/
[**the-woord**] • *voordeel* ★ the benefit of the doubt *het voordeel van de twijfel*
• *uitkering* ★ unemployment benefit *werkeloosheidsuitkering*
[**werkwoord (+ iemand/iets)**] *voordeel hebben* ★ who benefits from this measure? *wie heeft voordeel van deze maatregel?*

bent /*zeg:* bent/
[**the-woord**] *voorliefde* ★ she had a bent for astronomy *ze had een voorliefde voor sterrenkunde*
[**werkwoord (verl tijd + voltooid deelwoord)** → **bend**]

berry /*zeg:* bèrì/ *bes* ★ some berries are poisonous *sommige bessen zijn giftig*

berth /*zeg:* bùùS/ ⟨op een schip of in een trein⟩ *slaapcabine*

beside /*zeg:* bìsaid/ *naast* ★ she was standing right beside me *ze stond vlak naast me* ◆ that's beside the truth *dat is niet de waarheid* ◆ that's beside the point *dat is niet waar het om gaat*

besides /*zeg:* bìsaidz/
[**bijwoord**] *trouwens*; *bovendien* ★ I have no time to watch soaps and besides I don't like them *ik heb geen tijd om soaps te zien en bovendien vind ik ze niet leuk*
[**voorzetsel**] *behalve*; *naast* ★ besides pepper I added salt to the soup *behalve peper voegde ik ook zout toe aan de soep*

best /*zeg:* best/ *best(e)* ★ the best part *het beste deel* ◆ let's hope for the best *laten we er het beste van hopen*

bestial /*zeg:* bestìjùl/ *beestachtig*

best-seller /*zeg:* bestsèlù/ ⟨vooral van boeken⟩ *populair product*

bet /*zeg:* bet/
[**the-woord**] *weddenschap* ★ shall we make a bet? *zullen we een wedden-*

B

schap afsluiten?
[**werkwoord (+ iemand/iets)**] *(ver)wedden* ★ I'm betting on FC Twente *ik wed op FC Twente* ◆ you bet! *nou en of!*
betray /*zeg:* bìtree/ *verraden* ★ I felt betrayed by my own friend *ik voelde me verraden door mijn eigen vriend*
betrayal /*zeg:* bìtreeùl/ *verraad*
better /*zeg:* bètù/
[**bijvoeglijk naamwoord**] *beter* ★ the sooner, the better *hoe eerder, hoe beter* ★ you're better off without her *je bent beter af zonder haar*
[**werkwoord + iemand/iets**] *verbeteren* ★ we will try to better their circumstances *wij zullen proberen om hun omstandigheden te verbeteren*
between /*zeg:* bìtwien/ *tussen* ★ between Calais and Dover *tussen Calais en Dover* ◆ in between *ertussen*; *tussendoor* ◆ they divided the money between them *zij verdeelden het geld onder elkaar*
beware /*zeg:* bìwèè/ *oppassen* ★ beware of the bogeyman! *pas op voor de boeman!*
beyond /*zeg:* bìjònd/
• *verder (dan)*; *voorbij* ★ the village lies beyond that hill *het dorp ligt voorbij die heuvel*
• *boven* ★ this job is beyond my power *deze klus is boven mijn macht*
Bible /*zeg:* baibl/ *bijbel*
bicycle /*zeg:* baisìkl/ *fiets*
bid /*zeg:* bìd/ *bieden* ★ she bid 5000 dollars for the car *ze bood 5000 dollar voor de auto*
big /*zeg:* bìG/ *groot* ★ big, bigger, biggest *groot, groter, grootst* ★ the biggest of them all *de grootste van allemaal*
bike /*zeg:* baik/
[**the-woord**] • *fiets*
• ‹Amerikaans› *motorfiets*
[**werkwoord**] *fietsen*
bikini /*zeg:* bìkienì/ *bikini*
bill /*zeg:* bìl/
[**the-woord**] • *rekening* ★ can we have the bill, please? *mogen wij de rekening, alstublieft?*
• ‹Amerikaans› *bankbiljet* ★ Chris has found a 10 dollar bill *Chris heeft een bankbiljet van 10 dollar gevonden*
[**werkwoord + iemand/iets**] *een rekening sturen* ★ are you going to bill me for the repair? *gaat u mij een rekening sturen voor de reparatie?*
billboard /*zeg:* bìlbòòd/ *aanplakbord*
billiards /*zeg:* bìljùdz/ [meervoud] *biljartspel* ★ let's play billiards *laten we biljart gaan spelen*
billion /*zeg:* bìljùn/
• *biljoen*
• ‹Amerikaans› *miljard*
bind /*zeg:* baind/ *(vast)binden* ★ the dog was bound to a tree *de hond was vastgebonden aan een boom*
biography /*zeg:* baiòGrùfì/ *levensbeschrijving*
biology /*zeg:* baiòlùdzjì/ *biologie*

bird /*zeg:* bùùd/ *vogel* ★ bird of prey *roofvogel* ◆ the birds and the bees *de bloemetjes en de bijtjes*
birth /*zeg:* bùùS/ *geboorte* ★ Ana is Portuguese by birth *Ana is Portugese van afkomst* ◆ she gave birth to a daughter *zij beviel van een dochter*
birthday /*zeg:* bùùSdee/ *verjaardag* ◆ happy birthday to you! *gefeliciteerd met je verjaardag!* ◆ it's my birthday today *ik ben vandaag jarig*
birthmark /*zeg:* bùùSmààk/ *moedervlek*
birthplace /*zeg:* bùùSplees/ *geboorteplaats*
biscuit /*zeg:* bìskìt/ *biscuit*; *beschuit*
bishop /*zeg:* bìsjùp/
• *bisschop*
• ‹van schaakspel› *loper*
bison /*zeg:* bais(ù)n/ *bizon*
bit /*zeg:* bìt/
[**the-woord**] *beetje*; *stukje* ★ can I have a bit of cheese? *mag ik een beetje kaas?*

◆ bit by bit *beetje bij beetje*
[**werkwoord (verleden tijd)** → **bite**]
bitch /*zeg:* bìtsj/
[**the-woord**] *teef* ◆ son of a bitch *klootzak*
[**werkwoord (+ iemand/iets)**] *zeuren* ★ he's always bitching about the weather *hij zeurt altijd over het weer*
bite /*zeg:* bait/
[**the-woord**] *beet*; *hap* ★ take a bite out of the apple *een hap nemen van de appel*
[**werkwoord (+ iemand/iets)**] *bijten* ★ a dog has bitten me *een hond heeft me gebeten*
bitten /*zeg:* bìtn/ [(voltooid deelwoord) → **bite**]
bitter /*zeg:* bìtù/ *bitter* ★ a bitter taste in my mouth *een bittere smaak in mijn mond*
bizarre /*zeg:* bìzàà/ *bizar*
black /*zeg:* blek/
[**the-woord**] *zwarte* ★ blacks in the USA are usually called 'Afro-Americans' *zwarten in de VS worden gewoonlijk 'Afro-Amerikanen' genoemd*
[**bijvoeglijk naamwoord**] *zwart* ★ black magic *zwarte magie* ◆ a black eye *een blauw oog*
blackbird /*zeg:* blekbùùd/ *merel*
blackboard /*zeg:* blekbòòd/ *schoolbord*
blackhead /*zeg:* blekhed/ ⟨op huid⟩ *mee-eter*
blackjack /*zeg:* blekdzjek/ ⟨kaartspel⟩ *eenentwintigen*
blackmail /*zeg:* blekmeel/
[**the-woord**] *chantage*
[**werkwoord + iemand/iets**] *chanteren*
blackout /*zeg:* blekaut/ *black-out* ★ I must have had a blackout: I can't remember I said that *ik moet een black-out hebben gehad: ik kan me niet herinneren dat ik dat heb gezegd*
blade /*zeg:* bleed/
• *halm*
• ⟨van mes/zwaard⟩ *lemmet*
• *(blad van) roeispaan* ◆ razor blade *scheermesje*
blame /*zeg:* bleem/
[**the-woord**] *schuld* ★ Jim took the blame for her deeds *Jim nam de schuld op zich voor haar daden*
[**werkwoord + iemand/iets**] *de schuld geven* ★ don't blame her for that accident *geef haar niet de schuld van dat ongeluk*
blank /*zeg:* blengk/
[**the-woord**] ⟨vooral op formulier⟩ *lege/open ruimte* ★ write your name in the blank *schrijf je naam in de open ruimte*
[**bijvoeglijk naamwoord**] *leeg*; *blanco* ★ a blank sheet of paper *een leeg vel papier*
blanket /*zeg:* blengkìt/ *deken*
blast /*zeg:* blààst/
[**the-woord**] • *windstoot* ★ a blast of cold air *een stoot koude lucht*
• *explosie* ★ many people were injured in the blast *veel mensen raakten gewond bij de explosie*
[**werkwoord + iemand/iets**] ⟨met explosie⟩ *opblazen* ★ the miners blasted a large section of the hill *de mijnwerkers bliezen een groot deel van de heuvel op*
blaze /*zeg:* bleez/
[**the-woord**] • *hevig brandend vuur*
• *schittering*
[**werkwoord**] • *hevig branden*
• *schitteren*
blazer /*zeg:* bleezù/ *sportjasje*; *blazer*
bleach /*zeg:* blietsj/
[**the-woord**] *bleekmiddel*
[**werkwoord (+ iemand/iets)**] *bleken* ★ the bones bleached in the sun *de botten bleekten in de zon*
bled /*zeg:* bled/ [(verleden tijd + voltooid deelwoord) → **bleed**]
bleed /*zeg:* blied/ *bloeden* ★ I played guitar until my fingers bled *ik speelde gitaar tot mijn vingers bloedden*
bleep /*zeg:* bliep/ *bliep*
blemish /*zeg:* blèmìsj/ *bekladden*
bless /*zeg:* bles/ *zegenen* ★ you are blessed with a daughter like that *je bent gezegend met zo'n dochter*
blind /*zeg:* blaind/
[**the-woord**] *rolgordijn* ★ pull down the blinds *de rolgordijnen dichttrekken*
[**bijvoeglijk naamwoord**] • *blind* ★ Bert is blind in both eyes *Bert is blind aan beide ogen*

• *doodlopend* ★ a blind alley *een blinde steeg*
[**werkwoord + iemand/iets**] *verblinden* ★ the flashlight blinded me for a moment *het flitslicht verblindde me een ogenblik*

blindfold /*zeg:* blaindfoowld/
[**the-woord**] *blinddoek*
[**werkwoord + iemand/iets**] *blinddoeken* ★ the kidnappers blindfolded their victim *de ontvoerders blinddoekten hun slachtoffer*

blink /*zeg:* blìngk/
[**the-woord**] *glimp*
[**werkwoord (+ iemand/iets)**] ‹ogen of licht› *knipperen* ★ he didn't blink his eyes *hij knipperde niet met zijn ogen*

bliss /*zeg:* blìs/ *zaligheid*

blister /*zeg:* blìstù/
[**the-woord**] *blaar* ★ I have blisters on my fingers *ik heb blaren op mijn vingers*
[**werkwoord (+ iemand/iets)**] *verschroeien* ★ a blistering heat *een verschroeiende hitte*

block /*zeg:* blòk/
[**the-woord**] • *blok* ★ a block of concrete *een blok beton*
• *huizenblok* ★ Broadway is twelve blocks in that direction *Broadway is twaalf huizenblokken in die richting*
◆ a block of flats *een flatgebouw*
[**werkwoord + iemand/iets**] *blokkeren* ★ five people blocked the entrance *vijf mensen blokkeerden de ingang*

blond, blonde /*zeg:* blònd/ *blond* ★ a blond boy and a blonde girl *een blonde jongen en een blond meisje*

blood /*zeg:* blàd/ *bloed* ★ the patient has lost a lot of blood *de patiënt heeft veel bloed verloren* ★ blood pressure *bloeddruk*

bloodshed /*zeg:* blàdsjed/ *bloedvergieten* ★ we have to prevent further bloodshed *we moeten verder bloedvergieten voorkomen*

bloody /*zeg:* blàdì/
• *bloedig* ★ a bloody war *een bloedige oorlog*
• *vreselijk* ★ his room is a bloody mess *zijn kamer is een vreselijke rotzooi*
◆ bloody nose *bloedneus*

bloom /*zeg:* bloem/
[**the-woord**] • *bloei* ★ my roses are in bloom *mijn rozen staan in bloei*
• *blos* ★ a bloom on her cheeks *een blos op haar wangen*
[**werkwoord**] *bloeien* ★ the fruit trees were blooming *de fruitbomen stonden in bloei*

blooper /*zeg:* bloepù/ *blunder*

blossom /*zeg:* blòsùm/ *bloesem*

blouse /*zeg:* blauz/ *bloes*

blow /*zeg:* bloow/
[**the-woord**] *klap*; *slag* ★ she dealt him a terrible blow on his head *ze gaf hem een vreselijke klap op zijn hoofd*
[**werkwoord (+ iemand/iets)**] • *blazen* ★ carefully Leonard blew out the candle *voorzichtig blies Leonard de kaars uit*
• *waaien* ★ the wind blows over the fields *de wind waait over de velden*
• **blow up** *opblazen* ★ the army will blow up this building *het leger zal dit gebouw opblazen* ★ blow up a balloon *een ballon opblazen*

blue /*zeg:* bloe/ *blauw* ★ blue skies *blauwe luchten* ◆ Jesse was a bit blue *Jesse voelde zich een beetje somber*

blueberry /*zeg:* bloebùrì/ *bosbes*

blues /*zeg:* bloez/ [meervoud] ‹muziek› *blues*

bluff /*zeg:* blàf/
[**the-woord**] *bluf*
[**werkwoord (+ iemand/iets)**] *(over)bluffen* ★ Donald bluffed his way through his exam *Donald blufte zich door het*

examen heen
blunder /*zeg:* blàndù/
[**the-woord**] *stommiteit* ★ make a blunder *een stommiteit begaan*
[**werkwoord**] *blunderen* ★ the police blundered and the thief got away *de politie blunderde en de dief ontsnapte*
blunt /*zeg:* blànt/
• *bot* ★ a blunt knife *een bot mes*
• *ronduit* ★ she bluntly told me she doesn't like me *ze vertelde me ronduit dat ze me niet mag*
blush /*zeg:* blàsj/
[**the-woord**] *blos*
[**werkwoord**] *blozen* ★ blush for/with shame *blozen van schaamte*
board /*zeg:* bòòd/
[**the-woord**] • *boord* ★ go on board the ship *aan boord gaan van het schip*
• *bord* ★ write something on the board *iets op het bord schrijven*
• *plank* ★ the boards of the floor *de planken van de vloer*
• *bestuur* ★ the chairman of the board *de voorzitter van het bestuur*
[**werkwoord + iemand/iets**] • *met planken betimmeren* ★ the windows were boarded up *de ramen waren met planken dichtgetimmerd*
• *aan boord gaan* ★ the president has boarded the airplane *de president is aan boord gegaan van het vliegtuig*
boarding-school /*zeg:* bòòdìngskoel/ *kostschool*
boast /*zeg:* boowst/
[**the-woord**] *trots*; *bluf*
[**werkwoord**] *opscheppen* ★ Adrian boasted about his bike *Adrian schepte op over zijn fiets*
boat /*zeg:* boowt/ *boot*
bob /*zeg:* bòb/
[**the-woord**] *haarstijl*
[**werkwoord**] *dobberen* ★ the boat was bobbing on the water *de boot dobberde op het water*
[**werkwoord + iemand/iets**] *kort knippen* ★ bobbed hair *kort geknipt haar*
bobby /*zeg:* bòbì/ ‹in Londen› *politieagent*
bobsleigh /*zeg:* bòbslee/ *bobslee*
body /*zeg:* bòdì/ *lichaam* ★ the rescue team found ten bodies *de reddingsploeg vond tien lichamen*
bodyguard /*zeg:* bòdìGààd/ *lijfwacht*

boil /*zeg:* bojl/
[**werkwoord**] *koken* ★ the water is boiling *het water kookt*
[**werkwoord + iemand/iets**] *aan de kook brengen* ★ boil water *water aan de kook brengen*
boiler /*zeg:* bojlù/ *boiler*
bold /*zeg:* boowld/ *brutaal* ★ a bold answer *een brutaal antwoord*
bolt /*zeg:* boowlt/
[**the-woord**] *bout*; *pin* ◆ bolt of lightning *bliksemschicht*
[**werkwoord + iemand/iets**] ‹met een bout› *vastmaken*
bomb /*zeg:* bòm/
[**the-woord**] *bom* ★ the bombs didn't explode *de bommen explodeerden niet*
[**werkwoord + iemand/iets**] *bombarderen* ★ the airplane bombed the factories *het vliegtuig bombardeerde de fabrieken*
bomber /*zeg:* bòmù/ *bommenwerper*
bombing /*zeg:* bòmbing/ *bombardement*
bond /*zeg:* bònd/
• *band* ★ bond of friendship *vriendschapsband*
• *contract*
bone /*zeg:* boown/
• *bot* ★ I broke a few bones *ik brak een paar botten*
• *graat* ★ there are still some bones in the fish *er zitten nog wat graten in de vis*
book /*zeg:* boek/
[**the-woord**] *boek*

B

B

[werkwoord + iemand/iets] *boeken; reserveren* ★ book a holiday *een vakantie boeken*
booklet /*zeg:* boeklìt/ *boekje*
bookmark /*zeg:* boekmààk/
• *boekenlegger*
• ‹computer› *markering van een internetpagina*
bookshop /*zeg:* boeksjòp/ *boekhandel*
boom /*zeg:* boem/
[the-woord] • *dreun*
• *stijging*
• *(hef)boom* ◆ baby boom *geboortegolf*
[werkwoord] • *dreunen*
• *stijgen*
boomerang /*zeg:* boemùreng/ *boemerang*
boost /*zeg:* boest/
[the-woord] • *oppepper* ★ this drink gives you a boost *dit drankje geeft je een oppepper*
• *vermeerdering*
[werkwoord + iemand/iets] • *oppeppen*
• *vermeerderen*
boot /*zeg:* boet/
[the-woord] • *laars* ★ shine your boots! *poets je laarzen!*
• ‹van een auto› *laadbak*
[werkwoord + iemand/iets] *trappen* ★ Jim booted me out of the room *Jim trapte me de kamer uit*
booth /*zeg:* boeD/
• *hokje*
• *kraam*
border /*zeg:* bòòdù/
[the-woord] • *grens* ★ cross the border *de grens oversteken*
• *rand* ★ on the border of the city *aan de rand van de stad*
[werkwoord] *grenzen* ★ Belgium borders on France *België grenst aan Frankrijk*
bore /*zeg:* bòò/
[the-woord] *boorgat* ◆ be a bore *vervelend/saai zijn*
[werkwoord (verleden tijd) → **bear**]
[werkwoord + iemand/iets] • *boren*
• *vervelen* ★ you bore me with that nonsense *je verveelt me met die nonsens* ◆ I'm bored to death *ik verveel me dood*
boring /*zeg:* bòòrìng/ *vervelend* ★ a boring subject *een saai onderwerp*
born /*zeg:* bòòn/
[bijvoeglijk naamwoord] *geboren* ★ where were you born? *waar ben je geboren?*
[werkwoord (voltooid deelwoord) → **bear**]
borrow /*zeg:* bòroow/ *lenen* ★ can I borrow a pen from you? *mag ik een pen van je lenen?*
boss /*zeg:* bòs/ *baas*
both /*zeg:* boowS/ *allebei; beide(n)* ★ both answers are correct *allebei de antwoorden zijn goed* ★ both Karin and Sandra like reading *Karin en Sandra houden allebei van lezen*
bother /*zeg:* bòDù/
[werkwoord] *zich druk maken* ★ my aunt bothers about every detail *mijn tante maakt zich druk over elk detail*
[werkwoord + iemand/iets] *lastig vallen* ★ don't bother me! *val me niet lastig!*
bottle /*zeg:* bòtl/ *fles* ★ bottle opener *flessenopener*
bottom /*zeg:* bòtùm/
[the-woord] • *onderkant* ★ the bottom of the box *de onderkant van de doos*
• *bodem* ★ the bottom of the sea *de bodem van de zee*
• *achterwerk* ★ sit down on your bottom *op je achterwerk gaan zitten*
[bijvoeglijk naamwoord] *onderste* ★ the bottom step of the stairs *de onderste trede van de trap*
bought /*zeg:* bòòt/ [(verleden tijd + voltooid deelwoord) → **buy**]
bounce /*zeg:* bauns/
• *stuiteren* ★ the ball bounces across the street *de bal stuitert over de straat*
• *springen* ★ Lucy is bouncing up and down *Lucy springt op en neer*
bound /*zeg:* baund/ [(verleden tijd + voltooid deelwoord) → **bind**] ◆ he is bound to come *hij zal vast en zeker komen*
boundary /*zeg:* baundùrì/ *grens*
bouquet /*zeg:* boekee/ *boeket*
bow [the-woord] • /*zeg:* bau/ *buiging* ★ make a bow *een buiging maken*
• /*zeg:* bau/ *boeg* ★ the bow of a ship *de boeg van een schip*

• /*zeg:* boow/ *boog* ★ shoot with bow and arrow *met pijl en boog schieten*
[**werkwoord (+ iemand/iets)**] /*zeg:* bau/ *buigen* ★ the servant bowed and left *de bediende boog en ging weg*

bowl /*zeg:* boowl/
[**the-woord**] *kom*; *schaal* ★ a bowl of soup *een kom soep*
[**werkwoord (+ iemand/iets)**] *bowlen* ★ let's go bowling *laten we gaan bowlen*

box /*zeg:* bòks/
[**the-woord**] *kist*; *doos* ★ wooden boxes *houten dozen* ★ a box of chocolates *een doos chocolaatjes* ◆ telephone box *telefooncel*
[**werkwoord (+ iemand/iets)**] *boksen* ★ box against/with someone *tegen iemand boksen*

boxer /*zeg:* bòksù/
• ‹persoon› *bokser*
• ‹soort buldog› *boxer* ◆ boxer short *boxer short*

boxing /*zeg:* bòksìng/ *(het) boksen* ★ boxing match *bokswedstrijd*

Boxing Day /*zeg:* bòksìng dee/ *tweede kerstdag*

boy /*zeg:* boj/ *jongen* ◆ boy scout ‹jongen bij de padvinderij› *verkenner*

boycott /*zeg:* bojkòt/
[**the-woord**] *boycot*
[**werkwoord + iemand/iets**] *boycotten*

boyfriend /*zeg:* bojfrend/ *vriend* ★ do you have a steady boyfriend? *heb je een vaste vriend?*

bra /*zeg:* bràà/ *beha*

brace /*zeg:* brees/
[**the-woord**] *beugel* ★ you must wear a brace *je moet een beugel dragen*
[**werkwoord + iemand/iets**] *steunen* ◆ brace yourself *zet je schrap*

bracelet /*zeg:* breeslùt/ *armband*

bracket /*zeg:* brèkìt/
[**the-woord**] *haakje* ★ put your coat on a bracket *je jas aan een haakje hangen* ◆ put a word between brackets *een woord tussen haakjes zetten*
[**werkwoord + iemand/iets**] • *tussen haakjes zetten*
• *in één naam noemen*
• *samenkoppelen*

brain /*zeg:* breen/ *brein*; *verstand* ★ the brain behind the assault *het brein achter de aanslag* ★ use your brain *gebruik je verstand*

brainstorm /*zeg:* breenstòòm/
• *hersenstoring*
• ‹Amerikaans› *geweldig idee*

brainwash /*zeg:* breenwòsj/ *hersenspoelen*

brake /*zeg:* breek/
[**the-woord**] *rem* ★ the brake of a car *de rem van een auto*
[**werkwoord (+ iemand/iets)**] *remmen* ★ Rudolph braked just in time *Rudolph remde nog net op tijd*

branch /*zeg:* brààntsj/
[**the-woord**] • *tak* ★ the branch of a tree *de tak van een boom*
• *vertakking* ★ a branch of the river Thames *een vertakking van de rivier de Theems*
[**werkwoord**] **branch out** *zich vertakken* ★ the main road branches out into lots of small roads *de hoofdweg vertakt zich in heel veel kleine wegen*

brand /*zeg:* brend/
[**the-woord**] *merk* ★ a new brand of cola *een nieuw merk cola*
[**werkwoord + iemand/iets**] *brandmerken* ★ cows used to be branded *koeien werden vroeger gebrandmerkt*

brand-new /*zeg:* brendnjoe/ *gloednieuw*

brass /*zeg:* brààs/
[**the-woord**] *koper* ★ a kettle made of brass *een ketel gemaakt van koper* ◆ brass band *fanfarekorps*
[**bijvoeglijk naamwoord**] *koperen* ★ a brass kettle *een koperen ketel*

brave /*zeg:* breev/
[**bijvoeglijk naamwoord**] *dapper* ★ brave little girl *dapper klein meisje*
[**werkwoord + iemand/iets**] *trotseren* ★ brave the waves *de golven trotseren*

breach /*zeg:* brietsj/ *breuk* ★ breach of contract *contractbreuk*

bread /*zeg:* bred/ *brood* ★ he makes his bread with painting *hij verdient zijn brood met schilderen* ◆ a slice of bread and butter *een boterham*

breadth /*zeg:* bredS/ *breedte* ★ measure the breadth of a room *de breedte van een kamer opmeten*

break /*zeg:* breek/
[**the-woord**] • *breuk* ★ a break with the past *een breuk met het verleden*
• *onderbreking*; *pauze* ★ we will return to you after the break *wij komen bij u terug na de pauze* ★ a five-minute break *een pauze van vijf minuten*
• *kans* ★ that was my big break *dat was mijn grote kans*
[**werkwoord (+ iemand/iets)**] • *breken* ★ who of you broke the vase? *wie van jullie heeft die vaas gebroken?*
• *aanbreken* ★ morning has broken *de ochtend is aangebroken*
• *overtreden* ★ break the law *de wet overtreden*
• **break away** *ontsnappen*; *wegrennen* ★ the kid broke away from her parents *het kind rende weg van haar ouders*
• **break down** *afbreken*; *instorten* ★ in front of the class the teacher broke down *voor de klas stortte de leraar in* ★ break down a building *een gebouw afbreken*
• **break into** *inbreken in* ★ break into a house *inbreken in een huis*
• **break off** *afbreken*; *beëindigen* ★ break off the attack *de aanval afbreken*
• **break out** *uitbreken* ★ war broke out *er brak een oorlog uit*
• **break through** *doordringen*; *ontdekt worden* ★ break through to the other side *doorbreken naar de andere kant*
• **break with** ⟨band⟩ *breken met* ★ break with a friend *breken met een vriend*

breakfast /*zeg:* brekfùst/ *ontbijt* ★ have breakfast *ontbijten*

breakfast: Een typisch Engels ontbijt bestaat uit gebakken eieren met spek, tomaten, gebakken aardappelen, witte bonen in tomatensaus, worstjes en toast met marmelade. Hierbij drinkt men thee.

breast /*zeg:* brest/ *borst* ★ breast pocket *borstzak*

breath /*zeg:* breS/ *adem* ★ the athlete was out of breath *de atleet was buiten adem* ◆ take a deep breath *diep ademhalen*

breathe /*zeg:* brieD/ *ademen* ★ breathe in and out *in- en uitademen*

breathless /*zeg:* breSlùs/ *ademloos* ★ breathless with admiration *ademloos van bewondering*

bred /*zeg:* bred/ [(verleden tijd + voltooid deelwoord) → **breed**]

breed /*zeg:* bried/
[**the-woord**] *ras* ★ a breed of dogs *een hondenras*
[**werkwoord (+ iemand/iets)**] *kweken*; *fokken* ★ they breed yorkshire terriers *zij fokken yorkshire terriërs*

breeze /*zeg:* briez/ *bries* ★ a cool breeze was blowing *er waaide een koele bries*

brew /*zeg:* broe/
[**the-woord**] *brouwsel*
[**werkwoord (+ iemand/iets)**] *brouwen* ★ we brew our own beer *wij brouwen ons eigen bier*

bribe /*zeg:* braib/
[**the-woord**] *smeergeld*
[**werkwoord + iemand/iets**] *omkopen*

bribery /*zeg:* braibùrì/ *omkoperij*

brick /*zeg:* brìk/
[**the-woord**] *baksteen*
[**bijvoeglijk naamwoord**] *van baksteen* ★ a brick building *een gebouw van baksteen*

bride /*zeg:* braid/ *bruid*

bridegroom /*zeg:* braidGroem/ *bruidegom*

bridesmaid /*zeg:* braidzmeed/ *bruids-*

meisje
bridge /*zeg:* brìdzj/ *brug* ★ a bridge across/over the river *een brug over de rivier*
bright /*zeg:* brait/
• *helder* ★ bright colours *heldere kleuren*
• *slim* ★ bright pupils *slimme leerlingen*
brim /*zeg:* brìm/ *rand* ★ the glass was filled to the brim *het glas was gevuld tot aan de rand*
bring /*zeg:* brìng/
• *brengen*; *meenemen* ★ she brought me a cup of tea *ze bracht me een kopje thee* ★ come to the party and bring a friend *kom naar het feest en neem een vriend mee*
• **bring about** *veroorzaken* ★ this decision will bring about a lot of changes *dit besluit zal veel veranderingen veroorzaken*
• **bring along** *meebrengen*; *meenemen* ★ we brought along the CDs *we hebben de cd's meegenomen*
• **bring back** *terugbrengen*
• **bring down** *neerhalen* ★ bring down the flag *de vlag neerhalen*
• **bring in** *binnenbrengen*; *binnenhalen* ★ bring in the harvest *de oogst binnenhalen*
• **bring out** *uitbrengen* ★ bring out a book *een boek uitbrengen*
• **bring round** *overtuigen* ★ we can't bring her round to our view *we kunnen haar niet overtuigen van ons standpunt*
• **bring up** *opvoeden* ★ I wasn't brought up that way *zo ben ik niet opgevoed*
Britain /*zeg:* brìtn/ *Brittannië* ★ Great Britain ‹Engeland, Wales en Schotland› *Groot-Brittannië*
British /*zeg:* brìtìsj/ *Brits*; *van/uit Brittannië*
broad /*zeg:* bròòd/ *breed*; *wijd* ★ a broad river *een brede rivier*
broadcast /*zeg:* bròòdkààst/
[**the-woord**] ‹van radio/tv› *uitzending*
[**werkwoord (+ iemand/iets)**] ‹op radio/tv› *uitzenden* ★ the news was broadcast on the BBC *het nieuws werd uitgezonden op de BBC*
broke /*zeg:* broowk/
[**the-woord**] *blut* ★ Bob was totally broke *Bob was helemaal blut*
[**werkwoord (verleden tijd)** → **break**]
broken /*zeg:* broowkùn/
[**bijvoeglijk naamwoord**] *gebroken* ★ a broken heart/leg *een gebroken hart/been* ◆ broken English *gebrekkig Engels*
[**werkwoord (voltooid deelwoord)** → **break**]
bronchitis /*zeg:* bròngkaitìs/ *bronchitis*
bronze /*zeg:* brònz/
[**the-woord**] *brons* ★ a statue made in bronze *een standbeeld gemaakt van brons*
[**bijvoeglijk naamwoord**] • *bronzen* ★ a bronze statue *een bronzen standbeeld*
• *gebruind* ★ a bronze face *een gebruind gelaat*
broom /*zeg:* broem/ *bezem*
Bros. [**afkorting**] Brothers *gebroeders*
brother /*zeg:* bràDù/ *broer*
brother-in-law /*zeg:* bràDùrìnlòò/ *zwager*
brought /*zeg:* bròòt/ [(verleden tijd + voltooid deelwoord) → **bring**]
brow /*zeg:* brau/
• *wenkbrauw*
• *voorhoofd*
brown /*zeg:* braun/ *bruin*
browse /*zeg:* brauz/
• *rondkijken* ★ browse through a shop *rondkijken in een winkel*
• ‹op het internet› *zoeken*
browser /*zeg:* brauzù/ ‹voor het internet› *zoekprogramma*
bruise /*zeg:* broez/
[**the-woord**] *blauwe plek* ★ he had bruises all over his body *hij had blauwe plekken over heel zijn lichaam*
[**werkwoord + iemand/iets**] *kneuzen* ★ a bruised arm *een gekneusde arm*
brush /*zeg:* bràsj/
[**the-woord**] • *borstel*
• *kwast*
[**werkwoord + iemand/iets**] *borstelen* ★ brush your hair *je haar borstelen* ◆ brush up your English *je Engels opfrissen*
brutal /*zeg:* broetl/ *wreed* ★ a brutal ruler *een wrede heerser*

bubble /*zeg:* bàbl/
[**the-woord**] *bel* ★ blow bubbles *bellen blazen*
[**werkwoord**] *borrelen* ★ the water is bubbling *het water borrelt*

buck /*zeg:* bàk/
[**the-woord**] • ‹bij herten, geiten, hazen en konijnen› *mannetjesdier*
• ‹Amerikaans› *dollar* ★ a few bucks *een paar dollar*
[**werkwoord (+ iemand/iets)**] **buck up** *moed houden* ★ buck up! *houd moed!*

bucket /*zeg:* bàkìt/ *emmer* ★ a bucket with water *een emmer water*

buddy ‹Amerikaans› /*zeg:* bàdì/ ‹goede vriend› *maatje* ★ John and Paul are buddies *John en Paul zijn maatjes*

budget /*zeg:* bàdzjìt/ *budget*

buffet /*zeg:* boefee/ ‹maaltijd› *buffet* ★ dinner was a cold buffet *het diner was een koud buffet*

bug /*zeg:* bàG/
[**the-woord**] • *insect*
• *virus* ★ a flue bug *een griepvirus*
• ‹in computerprogramma› *storing* ★ a bug in the application *een storing in het computerprogramma*
• *verborgen microfoon*
[**werkwoord + iemand/iets**] • ‹stiekem› *afluisteren* ★ bug someone's telephone *iemands telefoon afluisteren*
• *hinderen*; *dwarszitten* ★ what's bugging you? *wat zit jou dwars?*

build /*zeg:* bìld/ *bouwen* ★ the castle was built in the Middle Ages *het kasteel is gebouwd in de Middeleeuwen*

building /*zeg:* bìldìng/ *gebouw* ★ tall buildings *hoge gebouwen* ◆ building-site *bouwterrein*

built /*zeg:* bìlt/ [(verleden tijd + voltooid deelwoord) → **build**]

bulb /*zeg:* bàlb/
• *knol*; *(bloem)bol*
• *gloeilamp*

bulk /*zeg:* bàlk/
• *(grote) omvang*; *(grote) lading* ★ despite his bulk he can run fast *ondanks zijn omvang kan hij hard rennen*
• *het grootste deel* ★ the bulk of the people lives in the capital *het grootste deel van de mensen woont in de hoofdstad*

bull /*zeg:* boel/
[**the-woord**] *stier*
[**werkwoord (+ iemand/iets)**] *à la hausse speculeren*

bullet /*zeg:* boelìt/ *kogel*

bull's-eye /*zeg:* boelzai/ ‹van schietschijf› *roos*

bullshit /*zeg:* boelsjìt/ *nonsens*

bump /*zeg:* bàmp/
[**the-woord**] • *bons* ★ the cupboard fell over with a bump *de kast viel omver met een bons*
• *buil* ★ a bump on the head *een buil op het hoofd*
• *hobbel* ★ a bump in the road *een hobbel in de weg*
[**werkwoord (+ iemand/iets)**] • *bonzen*; *botsen* ★ the trains bumped together *de treinen botsten tegen elkaar*
• *stoten* ★ Annie has bumped her head *Annie heeft haar hoofd gestoten*
• *hobbelen* ★ our car bumped along the road *onze auto hobbelde over de weg*

bumper /*zeg:* bàmpù/ *bumper*

bunch /*zeg:* bàntsj/
• *troep*; *groep* ★ take the whole bunch *neem de hele troep maar mee* ★ a bunch of people *een groep mensen*
• *bos* ★ a bunch of roses *een bos rozen*
• *tros* ★ a bunch of grapes *een tros druiven*

bundle /*zeg:* bàndl/
[**the-woord**] *bundel*
[**werkwoord (+ iemand/iets)**] *(bijeen)pak-*

ken ★ I bundled my things into a big bag and left *ik pakte mijn spullen in een grote tas en ging weg*

bungalow /*zeg:* bàngùlow/ *bungalow*

bunker /*zeg:* bàngkù/ *bunker*

buoy /*zeg:* boj/ *boei*

burden /*zeg:* bùùdn/
[**the-woord**] *last* ★ carry a heavy burden *een zware last dragen*
[**werkwoord + iemand/iets**] *belasten* ★ burden someone with a lot of work *iemand met een boel werk belasten*

burglar /*zeg:* bùùGlù/ *inbreker*

burgle /*zeg:* bùùGl/ *inbreken bij/in* ★ someone burgled my house last night *iemand heeft in mijn huis ingebroken vannacht*

burial /*zeg:* bèrìjùl/ *begrafenis*

burn /*zeg:* bùùn/
[**the-woord**] *brandplek*; *brandwond* ★ a first-degree burn *een eerstegraads brandwond*
[**werkwoord**] • *branden* ★ the candles are burning *de kaarsen branden*
• *in brand staan* ★ the stable is burning *de stal staan in brand*
[**werkwoord + iemand/iets**] *verbranden* ★ Stephen has burnt his thumb last week *Stephen heeft vorige week zijn duim verbrand*

burning /*zeg:* bùùnìng/ *brandend*; *gloeiend* ★ burning hot *gloeiend heet*

burnt /*zeg:* bùùnt/ [(verleden tijd + voltooid deelwoord) → **burn**]

burst /*zeg:* bùùst/
[**the-woord**] • *barst* ★ a burst in a cup *een barst in een kopje*
• *uitbarsting* ★ a burst of anger *een uitbarsting van woede*
[**werkwoord (+ iemand/iets)**]
• *uitbarsten*; *barsten* ★ burst into tears *in tranen uitbarsten*
• *breken* ◆ burst into flames *in brand vliegen*

bury /*zeg:* bèrì/ *begraven* ★ the pirates have buried a treasure there *de piraten hebben daar een schat begraven*

bus /*zeg:* bàs/
[**the-woord**] *bus* ★ catch/miss the bus *de bus halen/missen*
[**werkwoord**] *met de bus gaan*

bush /*zeg:* boesj/
• *bos*; *struik*
• *oerwoud*

business /*zeg:* bìznùs/
• *zaak*; *bedrijf* ★ a business in kitchen utensils *een bedrijf in keukenapparaten*
• *zaken* ★ we do business all over the world *wij doen over de hele wereld zaken* ★ businessman/businesswoman *zakenman/zakenvrouw*
• *kwestie*; *zaak* ★ mind your own business *bemoei je met je eigen zaken*

bus stop /*zeg:* bàs stòp/ *bushalte*

busy /*zeg:* bìzì/
[**bijvoeglijk naamwoord**] *bezig* ★ she was busy fixing the tv *ze was bezig met het repareren van de tv*
[**werkwoord + iemand/iets**] ★ busy yourself *jezelf bezighouden*

but /*zeg:* bàt/
• *maar* ★ I tried to walk away, but I stumbled *ik probeerde weg te lopen, maar ik struikelde*
• *behalve*; *maar niet* ★ I will believe anything but this *ik geloof alles behalve dit*
• *slechts*; *alleen maar* ★ you give me nothing but trouble *je bezorgt me alleen maar problemen* ◆ the last but one *de op één na laatste*

butcher /*zeg:* boetsjù/
[**the-woord**] *slager*
[**werkwoord + iemand/iets**] *slachten*

butler /*zeg:* bàtlù/ *butler*; *bediende*

butter /*zeg:* bàtù/
[**the-woord**] *boter*
[**werkwoord + iemand/iets**] ⟨met boter⟩

B

besmeren ★ can I butter you a sandwich? *zal ik een boterham voor je smeren?*

butterfly /*zeg:* bàtùflai/ *vlinder* ★ butterflies in your stomach *vlinders in je buik*

button /*zeg:* bàtn/
[**the-woord**] • *knoop* ★ buttons on your coat *knopen op je jas*
• *knop* ★ press this button *druk op deze knop*
[**werkwoord (+ iemand/iets)**] **button up** *dichtknopen* ★ button up your coat! *knoop je jas dicht!*

buttonhole /*zeg:* bàtnhoowl/ *knoopsgat*

buy /*zeg:* bai/
[**the-woord**] *aankoop* ★ a good buy *een goede aankoop*
[**werkwoord + iemand/iets**] • *kopen* ★ we bought her a book *we hebben een boek voor haar gekocht*
• *geloven* ★ I don't buy that story *ik geloof dat verhaaltje niet*

buyer /*zeg:* baijù/ *koper*; *klant*

buzz /*zeg:* bàz/
[**the-woord**] *gezoem*
[**werkwoord (+ iemand/iets)**] *zoemen* ★ a buzzing sound *een zoemend geluid*

by /*zeg:* bai/
• *bij* ★ the whole family sat by the house *de hele familie zat bij het huis*
• *door* ★ a painting made by Picasso *een schilderij, gemaakt door Picasso*
• *voorbij*; *langs* ★ the years went by *de jaren gingen voorbij* ★ we drove by Graceland *we reden langs Graceland*
• *volgens* ★ play the game by the rules *speel het spel volgens de regels*
• *door middel van*; *met* ★ have you come by plane or by train? *ben je gekomen met het vliegtuig of met de trein?*
• *per* ★ three euros by the kilo *drie euro per kilo*
• *gedurende* ★ bats sleep by day *vleermuizen slapen gedurende de dag*

bye /*zeg:* bai/ *tot ziens*

bye-bye /*zeg:* baibai/ *tot ziens*

byte /*zeg:* bait/ *byte*

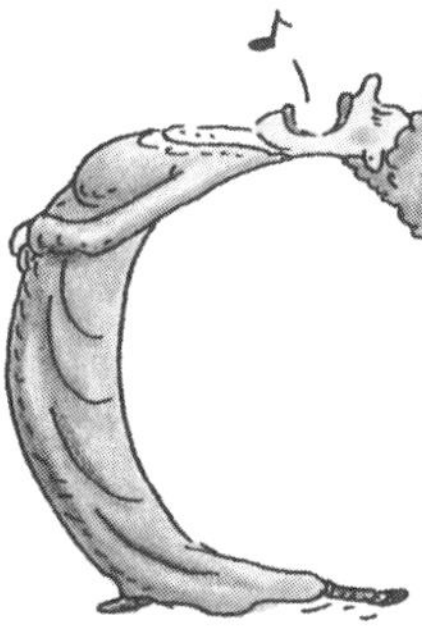

c /*zeg:* zie/ *c* ◆ C as in Charley *de C van Cornelis*
cab /*zeg:* keb/ *taxi*
cabaret /*zeg:* kèbùree/ *variété(show)*
cabin /*zeg:* kèbìn/
• ‹schip› *hut*
• *vliegtuigcabine*
cabinet /*zeg:* kèbìnùt/
• *kabinet*; *kast*
• *ministerraad*
cable /*zeg:* keebl/
[**the-woord**] *kabel*; *(anker)ketting*
★ cable railway *kabelbaan*
[**werkwoord (+ iemand/iets)**] *telegraferen*
cacao /*zeg:* kakau/ *cacaoboon*
cackle /*zeg:* kekl/ *kakelen*
caddie /*zeg:* kèdì/ ‹golf› *caddie*
caddy /*zeg:* kèdì/ *theebusje*
cafe /*zeg:* kèfee/
• *café*
• ‹Amerikaans› *bar*
cafeteria /*zeg:* kèfìteerìjù/ *cafetaria*
cage /*zeg:* keedzj/
[**the-woord**] • *kooi*
• *gevangenis*
[**werkwoord + iemand/iets**] *in een kooi opsluiten*
cake /*zeg:* keek/ *gebak*; *cake*; *taart*
★ chocolate cake *chocoladecake* ◆ a cake of soap *een stuk zeep*
calamity /*zeg:* kùlèmùtì/ *ramp*
calculate /*zeg:* kelkjoeleet/ *berekenen*
calculation /*zeg:* kelkjoeleesjùn/ *berekening*
calculator /*zeg:* kelkjoeleetù/ *rekenmachine*
calendar /*zeg:* kèlùndù/ *kalender*
calf /*zeg:* kàáf/
• ‹koe› *kalf*
• ‹andere dieren› *jong*
calfskin /*zeg:* kàáfskìn/ *kalfsleer*
calibre /*zeg:* kèlìbù/ *kaliber*
call /*zeg:* kòòl/
[**the-woord**] • *kreet*; *roep*
• *telefoongesprek* ◆ will you take the calls? *wil jij de telefoon beantwoorden?*
[**werkwoord + iemand/iets**] • *roepen*
★ she looked up when we called her *ze keek op toen we haar riepen*
★ I called out her name *ik riep haar naam* ★ the situation calls for action *de situatie vraagt om actie*
• *noemen* ★ we call the new cat Bobby *we noemen de nieuwe kat Bobby* ★ I'm called Joe *ik word Joe genoemd/ik heet Joe*
• *bellen* ★ I'll call you (up) later *ik bel je straks (op)*
• **call off** *afgelasten* ★ the game was called off *de wedstrijd werd afgelast*
call girl /*zeg:* kòòlGùùl/ *callgirl*; *prostituee*
calm /*zeg:* kààm/
[**the-woord**] *kalmte*; *stilte*
[**bijvoeglijk naamwoord**] *kalm*
[**werkwoord + iemand/iets**] *kalmeren*
◆ a glass of water calmed her down *een glaasje water kalmeerde haar*
came /*zeg:* keem/ [(verleden tijd) → **come**]
camel /*zeg:* keml/ *kameel*
camera /*zeg:* kemrù/ *camera*
camp /*zeg:* kemp/
[**the-woord**] *kamp*
[**bijvoeglijk naamwoord**] ‹spreektaal› *kitscherig*
[**werkwoord**] • *kamperen*
• *legeren*
campaign /*zeg:* kempeen/
[**the-woord**] • ‹militair› *veldtocht*
• *campagne*
[**werkwoord**] *een campagne voeren*
camper /*zeg:* kempù/
• *kampeerder*
• *kampeerwagen*
can /*zeg:* ken/
[**the-woord**] *blik(je)*
[**werkwoord + iemand/iets**] *inblikken*

⋆ canned meat *ingeblikt vlees*
[**hulpwerkwoord**] • *kunnen* ⋆ I can ski *ik kan skiën*
• *mogen* ⋆ can I go now? *mag ik nu gaan?*
Canada /*zeg:* kènùdà/ *Canada*
Canadian /*zeg:* kùneediùn/
[**the-woord**] *Canadees*; ‹inwoonster van Canada› *Canadese*
[**bijvoeglijk naamwoord**] *Canadees*
canal /*zeg:* kùnel/
• *kanaal*
• *gracht*
cancel /*zeg:* kensùl/
• *afgelasten*; *afzeggen*
• *annuleren*
cancellation /*zeg:* kensùleesjùn/
[→ **cancel**] *annulering*
cancer /*zeg:* kensù/ *kanker*
Cancer /*zeg:* kensù/ ‹sterrenbeeld› *Kreeft* ⋆ my sign of the zodiac is Cancer *mijn teken van de dierenriem is Kreeft*
candid /*zeg:* kendìd/ *oprecht*
candidate /*zeg:* kendìdeet/ *kandidaat*
candle /*zeg:* kendl/ *kaars*
candlelight /*zeg:* kendllait/ *kaarslicht*
candy /*zeg:* kendì/ ‹Amerikaans› *snoep*
⋆ ‹Amerikaans› cotton candy *suikerspin*
⋆ ‹Brits› candy floss *suikerspin*
cane /*zeg:* keen/ *rotan*; *riet* ⋆ cane sugar *suikerriet*
cannibal /*zeg:* kènìbl/ *kannibaal*
cannibalism /*zeg:* kènìbùlìzùm/ *kannibalisme*
cannon /*zeg:* kènùn/ *kanon*
cannot /*zeg:* kènòt/ [(samentrekking van 'can not') → **can**]
can-opener /*zeg:* ken oowpùnù/ *blikopener*
can't /*zeg:* kàànt/ [(samentrekking van 'can not') → **can**]
canteen /*zeg:* kentien/ *kantine*
canvas /*zeg:* kenvùs/
• *canvas*; *tentdoek*; *zeildoek*
• *schilderij*
canvass /*zeg:* kenvùs/
[**the-woord**] ‹van stemmen› *werving*
[**werkwoord (+ iemand/iets)**] ‹van stemmen› *werven*
canyon /*zeg:* kenjùn/ *diep ravijn*
cap /*zeg:* kep/
[**the-woord**] • *pet*
• *dop*
[**werkwoord + iemand/iets**] • *voorzien van een dop*
• *bedekken*
capable /*zeg:* keepùbl/ *bekwaam*; *in staat om* ⋆ he's capable of great things *hij is in staat grootse dingen te doen*
capacity /*zeg:* kùpesùtì/ *capaciteit*
capital /*zeg:* kèpìtl/
[**the-woord**] • *hoofdstad*
• *kapitaal*
[**bijvoeglijk naamwoord**] *voornaamste*; *hoofd-* ⋆ capital letter *hoofdletter*
◆ capital punishment *doodstraf*
capitalism /*zeg:* kèpìtùlìzùm/ *kapitalisme*
Capitol /*zeg:* kèpìtùl/ *Capitool*; *zetel van het Amerikaanse congres*
Capricorn /*zeg:* keprìkòòn/ ‹sterrenbeeld› *Steenbok* ⋆ my sign of the zodiac is Capricorn *mijn teken van de dierenriem is Steenbok*
capsize /*zeg:* kepsaiz/ *kapseizen*
capsule /*zeg:* kepsjoel/ *capsule*
captain /*zeg:* keptìn/
• ‹sport› *aanvoerder*
• ‹schip› *kapitein*
• ‹vliegtuig› *gezagvoerder*
caption /*zeg:* kepsjùn/ *onderschrift*
captivity /*zeg:* keptìvùtì/ *gevangenschap*
capture /*zeg:* keptsjù/
[**the-woord**] *gevangenneming*
[**werkwoord + iemand/iets**] *gevangen nemen*
car /*zeg:* kàà/
• *auto*
• *wagon*
caramel /*zeg:* kèrùmel/ *karamel*
carat /*zeg:* kèrùt/ *karaat* ⋆ 18-carat gold *18-karaats goud*
caravan /*zeg:* kèrùven/
• *caravan*
• *woonwagen*
carbon /*zeg:* kààbùn/ ‹chemie› *koolstof* ⋆ carbon dioxide *kooldioxide*
carcase ‹Brits› /*zeg:* kààkùs/ *karkas*
carcass ‹Amerikaans› /*zeg:* kààkùs/ *karkas*
card /*zeg:* kààd/ *kaart(je)*
cardinal /*zeg:* kààdìnl/ *kardinaal*
care /*zeg:* kèè/
[**the-woord**] *zorg*; *bezorgdheid* ⋆ take

care! *pas op!* ⋆ take care of the young children *zorgen voor de jonge kinderen* ◆ take care of yourself! *hou je taai!*
[**werkwoord**] **care for** *zorgen voor*; *houden van*
career /*zeg:* kùrìjù/ *loopbaan*; *carrière*
carefree /*zeg:* kèèfrie/ *zorgeloos*
careful /*zeg:* kèèfoel/
• *voorzichtig* ⋆ be careful with that porcelain *wees voorzichtig met dat porselein*
• *zorgvuldig*
careless /*zeg:* kèèlùs/
• *onvoorzichtig*
• *nonchalant*
caress /*zeg:* kùres/
[**the-woord**] *liefkozing*
[**werkwoord + iemand/iets**] *liefkozen*; *strelen*
caretaker /*zeg:* kèèteekù/
• ‹Brits› *conciërge*
• ‹Amerikaans› *verzorger*
cargo /*zeg:* kààGoow/
• *vracht*
• *scheepslading*
carnival /*zeg:* kàànìvùl/
• *carnaval*
• ‹Amerikaans› *kermis*
carol /*zeg:* kèrùl/ *(kerst)lied* ⋆ a Christmas Carol *een kerstlied/kerstverhaal*

carpenter /*zeg:* kààpùntù/ *timmerman*
carpet /*zeg:* kààpìt/
[**the-woord**] *tapijt* ⋆ deep-pile carpet *hoogpolig tapijt*
[**werkwoord + iemand/iets**] *tapijt leggen*
carriage /*zeg:* kèrìdzj/
• ‹Brits› *wagon*
• *rijtuig*
carrier /*zeg:* kèrìjù/ *transportbedrijf* ⋆ carrier bag *(plastic) boodschappentas*
carrot /*zeg:* kèrùt/ *wortel*
carry /*zeg:* kèrì/
• *dragen*
• *(ver)voeren*
• **carry on** *doorzetten*; *volhouden*; *uitoefenen*; *(actie) voeren* ⋆ he carried on talking *hij ging door met praten*
• **carry out** *uitvoeren*; *volbrengen*; *vervullen* ⋆ carry out a task *een taak uitvoeren* ◆ he was a bit carried away *hij liet zich een beetje meeslepen*
cart /*zeg:* kààt/
• *kar*
• *winkelwagentje*
carton /*zeg:* kààtn/ *(kartonnen) doos*
cartoon /*zeg:* kààtoen/
• *spotprent*
• *tekenfilm*
cartoonist /*zeg:* kààtoenìst/ *spotprenttekenaar*
cartridge /*zeg:* kààtrìdzj/
• *(inkt)patroon voor printer*
• *cassette*
carve /*zeg:* kààv/
• *beeldhouwen*
• ‹vlees› *snijden* ⋆ carving knife *vleesmes*
car wash ‹Amerikaans› /*zeg:* kàà wòsj/ *autowasplaats*
case /*zeg:* kees/
[**the-woord**] • *geval* ⋆ just in case something happens *voor het geval er iets gebeurt*
• *(rechts)zaak*
[**werkwoord + iemand/iets**] *in een huls of andere verpakking doen*
cash /*zeg:* kesj/
[**the-woord**] *contant geld* ⋆ cash desk *kassa* ⋆ cash register *kassa* ⋆ I'll pay in cash *ik betaal met contant geld*
[**werkwoord + iemand/iets**] *innen* ⋆ cash a cheque *een cheque innen*
cast /*zeg:* kààst/
[**the-woord**] • *afgietsel*
• *rolbezetting*; *cast* ◆ plaster cast ‹botbreuk› *gipsverband*
[**werkwoord**] • *af-/neer-/wegwerpen*
• ‹schaduw, licht› *werpen*
• *verstoten* ⋆ cast out from society *uit*

C

de maatschappij verstoten ◆ cast your vote *je stem uitbrengen*

castle /*zeg:* kààsùl/ *kasteel*

casual /*zeg:* kezjoeùl/
• *nonchalant*
• *makkelijk* ★ casual clothes/casuals *gemakkelijke kleren*

casualty /*zeg:* kezjoeùltì/ *slachtoffer* ★ how many casualties are there? *hoeveel slachtoffers zijn er?*

cat /*zeg:* ket/ *kat* ◆ it's raining cats and dogs *het regent pijpenstelen*

catalogue /*zeg:* kètùlòG/ *catalogus*

catapult /*zeg:* kètùpàlt/ *katapult*

catastrophe /*zeg:* kùtestrùfì/ *ramp*

catch /*zeg:* ketsj/
[**the-woord**] • ‹sport› *het vangen, vang*
• *vangst*
• *valstrik*
[**werkwoord + iemand/iets**] • *(op)vangen*
• *(vast)pakken*
• ‹trein› *halen* ◆ catch cold/fire *kou/vlam vatten* ◆ if you run you can catch up with him *als je rent kun je hem inhalen*

catchy /*zeg:* ketsjì/ ‹melodie› *pakkend*

category /*zeg:* kètìGùrì/ *categorie*

catering /*zeg:* keetùrìng/ *catering*

cathedral /*zeg:* kùSiedra/ *kathedraal*

cathedral: *St. Paul's Cathedral* is de beroemdste kathedraal van Groot-Brittannië. Hij werd vanaf 1675 gebouwd door de architect Sir Christopher Wren. Het duurde ruim 32 jaar voor de kathedraal klaar was. Op dezelfde plaats stonden al sinds 604 houten en stenen kerken waarvan vele door brand zijn verwoest.

Catholic /*zeg:* kèSùlìk/ *katholiek*

cattle /*zeg:* ketl/ *(rund)vee* ★ the cattle are in the pasture *het vee staat in de wei*

catwalk /*zeg:* ketwòòk/ ‹bij modeshows› *catwalk*

caught /*zeg:* kòòt/ [(verleden tijd + voltooid deelwoord) → **catch**]

cause /*zeg:* kòòz/
[**the-woord**] • *oorzaak*; *reden* ★ he is the cause of all this *hij is de oorzaak van dit alles*
• *zaak*; *doel* ★ raise money for a good cause *geld voor het goede doel inzamelen*
[**werkwoord + iemand/iets**] *veroorzaken* ★ the rain caused a lot of trouble *de regen veroorzaakte veel problemen*
[**voegwoord** → **because**]

caution /*zeg:* kòòsjùn/ *voorzichtigheid*

cavalry /*zeg:* kèvùlrì/ *cavalerie*

cave /*zeg:* keev/
[**the-woord**] *grot*
[**werkwoord**] **cave in** *instorten* ★ the roof caved in *het dak stortte in*

cavity /*zeg:* kèvùtì/ ‹gebit› *gaatje*

CD [**afkorting**] *cd*

CD-ROM [**the-woord**] *cd-rom*

cease /*zeg:* sies/
[**the-woord**] *het ophouden* ◆ ceasefire *staakt-het-vuren*
[**werkwoord (+ iemand/iets)**] *ophouden*

ceiling /*zeg:* sielìng/ *plafond* ★ the festoons are hanging from the ceiling *de slingers hangen aan het plafond*

celebrate /*zeg:* sèlùbreet/ *vieren*

celebration /*zeg:* sèlùbreesjùn/ *viering*; *feest*

celebrity /*zeg:* sìlèbrùtì/ ‹persoon› *beroemdheid*

celestial /*zeg:* sìlestìjùl/ *hemels* ★ celestial body *hemellichaam*

celibacy /*zeg:* sèlìbùt/ *celibaat*

cell /*zeg:* sel/ *cel*

cellar /*zeg:* sèlù/ *kelder*

cellist /*zeg:* tsjèlìst/ *cellist*

cello /*zeg:* tsjèloow/ *cello*

cement /*zeg:* sìment/ *cement*

cemetery /*zeg:* sèmìtùrì/ *begraafplaats*

cent /*zeg:* sent/ *cent*

centenary ‹Brits› /*zeg:* sentienùrì/ *eeuw(feest)*

centennial ‹Amerikaans› /*zeg:* sentenìjùl/ *eeuw(feest)*

centigrade /*zeg:* sentìGreed/ *Celcius*

centimetre /*zeg:* sentìmietù/ *centimeter*

central /*zeg:* sentrùl/ *centraal* ★ central heating *centrale verwarming*

centre /*zeg:* sentù/
• *centrum* ★ in the centre of town *in het centrum van de stad*
• *kern*

century /*zeg:* sentsjùrì/ *eeuw*
cereals /*zeg:* seerìjùlz/ [meervoud] *granen*
ceremony /*zeg:* sèrìmùnì/ *ceremonie*
certain /*zeg:* sùùtn/
• *zeker* ★ I'm certain (of it) *ik weet het zeker*
• *zekere* ★ a certain Henry Miller *een zekere Henry Miller*
certainty /*zeg:* sùùtntì/ *zekerheid*
certificate /*zeg:* sùtìfikùt/
• *certificaat*
• *akte* ★ birth certificate *geboorteakte*
chain /*zeg:* tsjeen/
[**the-woord**] *ketting*; *keten* ★ the poor dog has been put on the chain *de arme hond is aan de ketting gelegd*
[**werkwoord + iemand/iets**] *aan de ketting leggen*
chair /*zeg:* tsjèè/
[**the-woord**] • *stoel* ★ sit on a chair *op een stoel zitten*
• *voorzitterschap*
[**werkwoord + iemand/iets**] *voorzitten*; *voorzitter zijn van*
chairman /*zeg:* tsjèèmùn/ *voorzitter*
chalk /*zeg:* tsjòòk/
[**the-woord**] *krijt*
[**werkwoord + iemand/iets**] ⟨met krijt⟩ *tekenen*
challenge /*zeg:* tsjèlìndzj/
[**the-woord**] *uitdaging*
[**werkwoord + iemand/iets**] • *in twijfel trekken*
• *uitdagen*
chamber /*zeg:* tsjeembù/ *kamer*
★ Chamber of Commerce *Kamer van Koophandel*

champion /*zeg:* tsjempiùn/ *kampioen*
championship /*zeg:* tsjempiùnsjìp/ *kampioenschap*
chance /*zeg:* tsjààns/
• *kans*
• *toeval* ★ I saw him by chance *ik zag hem bij toeval* ◆ if you see him by any chance... *als je hem toevallig ziet...*
chancellor /*zeg:* tsjàànsùlù/ *kanselier*
★ ⟨Brits⟩ Chancellor of the Exchequer *Minister van Financiën*
change /*zeg:* tsjeendzj/
[**the-woord**] • *verandering*
• *kleingeld*; *wisselgeld*
• ⟨van kleding⟩ *verwisseling*
[**werkwoord (+ iemand/iets)**]
• *veranderen* ★ he changed his mind *hij veranderde van gedachten*
• *overstappen* ★ I have to change trains half way *halverwege moet ik overstappen*
• *zich verkleden* ★ I'll change after the game *ik verkleed me na de wedstrijd*
channel /*zeg:* tsjenl/
• *kanaal* ★ the Channel *Het Kanaal*
• *vaargeul*
chant /*zeg:* tsjàànt/
• *zingen*
• *roepen van leuzen*
chaos /*zeg:* keeòs/ *chaos*
chaotic /*zeg:* keeòtìk/ *chaotisch*
chap /*zeg:* tsjep/ *kerel*; *knul*
chapel /*zeg:* tsjepl/
• *kapel*
• *kerk*
chapter /*zeg:* tsjeptù/ *hoofdstuk*
character /*zeg:* kèrùktù/
• *karakter*
• *kenmerk*
• *persoon*; *personage*
• *letter*; *teken* ★ the word 'book' has four characters *het woord 'book' heeft vier letters*
characteristic /*zeg:* kùrèktùrìstìk/
[**the-woord**] *kenmerk*
[**bijvoeglijk naamwoord**] *kenmerkend*
★ characteristic of him is his cigar *kenmerkend voor hem is zijn sigaar*
charge /*zeg:* tsjààdzj/
[**the-woord**] • *prijs*; *kosten* ★ free of charge *gratis*
• ⟨rechten⟩ *aanklacht* ★ bring a charge

C

against someone *een aanklacht indienen tegen iemand*
• ‹elektrische› *lading* ◆ I'm in charge of these children *ik ben verantwoordelijk voor deze kinderen*
[**werkwoord (+ iemand/iets)**] • *rekenen*; *in rekening brengen* ★ the hotel charged me 5 euros for one drink *het hotel bracht me 5 euro in rekening voor één drankje*
• ‹batterij› *laden*
• **charge with** *beschuldigen* ★ he is charged with murder *hij wordt beschuldigd van moord*

charity /*zeg:* tsjèrùtì/ *liefdadigheidsinstelling*

charm /*zeg:* tsjààm/
[**the-woord**] • *charme*
• ‹armband› *bedeltje*
[**werkwoord + iemand/iets**] • *bekoren*; *charmeren*
• *betoveren*

charming /*zeg:* tsjààmìng/ *charmant*

chart /*zeg:* tsjààt/ *grafiek*; *tabel*

charter /*zeg:* tsjààtù/
[**the-woord**] • *contract*
• *oorkonde*
[**werkwoord + iemand/iets**] • *octrooi/recht verlenen aan*
• ‹vliegtuig› *charteren* ★ a charter flight *een chartervlucht*

chase /*zeg:* tsjees/
[**the-woord**] *jacht*
[**werkwoord + iemand/iets**] • *jagen*
• *achtervolgen*

chat /*zeg:* tsjet/
[**the-woord**] *praatje* ★ go for a chat *een praatje gaan maken* ★ chat show *praatprogramma*
[**werkwoord (+ iemand/iets)**] • *praten*; *kletsen*
• *chatten op internet*

chatter /*zeg:* tsjètù/
[**the-woord**] *geklets*
[**werkwoord**] • *kwebbelen*
• ‹tanden› *klapperen*

chatterbox /*zeg:* tsjètùbòks/ *kletskous*

chauffeur /*zeg:* sjoowfùr/ *chauffeur*

cheap /*zeg:* tsjiep/ *goedkoop*

cheat /*zeg:* tsjiet/
[**the-woord**] *bedrog*; *zwendel*
[**werkwoord (+ iemand/iets)**] • *vals spelen*
• *bedriegen* ★ her boyfriend cheated on her *haar vriend bedroog haar*

check /*zeg:* tsjek/
[**the-woord**] • *controle*
• *belemmering*
[**werkwoord (+ iemand/iets)**]
• *controleren*
• *tegenhouden*; *afremmen* ★ check the increasing vandalism *het toenemende vandalisme tegenhouden*
• **check in** ‹vliegveld, hotel› *inchecken*

checkpoint /*zeg:* tsjekpojnt/ *controlepost*

check-up /*zeg:* tsjekàp/ ‹arts, tandarts› *controle(beurt)*

cheek /*zeg:* tsjiek/ *wang* ◆ dancing cheek to cheek *dicht tegen elkaar aan dansen*

cheekbone /*zeg:* tsjiekboown/ *jukbeen*

cheeky /*zeg:* tsjiekì/ *brutaal*

cheer /*zeg:* tsjìjù/
[**the-woord**] *hoera(atje)* ◆ cheers *proost*
[**werkwoord (+ iemand/iets)**] *opvrolijken* ★ this party will cheer you up *dit feest zal je opvrolijken*

cheerful /*zeg:* tsìùfoel/ *vrolijk*

cheerio /*zeg:* tsìùrìoow/ *dag*; *tot ziens!*

cheery /*zeg:* tsìùrì/ *vrolijk*

cheese /*zeg:* tsjiez/ *kaas*

chemical /*zeg:* kèmìkl/
[**the-woord**] ★ chemicals *chemicaliën*
[**bijvoeglijk naamwoord**] *chemisch*

chemist /*zeg:* kèmìst/
• *scheikundige*
• *apotheker*

chemistry /*zeg:* kèmìstrì/ *scheikunde*

cheque /*zeg:* tsjek/ *cheque*

cherish /*zeg:* tsjèrìsj/ *koesteren*

cherry /*zeg:* tsjèrì/ *kers*

chess /*zeg:* tsjes/ *schaakspel*; *het schaken*

chest /*zeg:* tsjest/

• *borst*; *borstkas*
• *kist* ◆ it is on my chest *het houdt me bezig* ◆ chest of drawers *ladekast*
chestnut /*zeg:* tsjesnàt/ *kastanje*
chew /*zeg:* tsjoe/ *kauwen* ★ chewing gum *kauwgom*
chicken /*zeg:* tsjìkìn/ *kip*
chief /*zeg:* tsjief/
[**the-woord**] • *stamhoofd*
• *hoofd*; *chef*; *commandant*
[**bijvoeglijk naamwoord**] *voornaamste* ★ ‹Brits› chief constable *(hoofd)commissaris van politie*
child /*zeg:* tsjaild/ *kind* ★ they have four children *ze hebben vier kinderen* ★ child benefit *kinderbijslag* ★ child abuse *kindermishandeling*; *kindermisbruik*
childbirth /*zeg:* tsjaildbùùS/ *bevalling*
childhood /*zeg:* tsjaildhoed/ *jeugd*
childish /*zeg:* tsjaildìsj/ *kinderachtig*
children /*zeg:* tsjìldrùn/ [→ **child**]
[meervoud] → **child**
chill /*zeg:* tsjìl/
[**the-woord**] • *kou*; *kilte* ★ catch a chill *kouvatten*
• *koude rilling*
[**werkwoord (+ iemand/iets)**] *afkoelen*
chilly /*zeg:* tsjìlì/ *koud*; *kil*
chimney /*zeg:* tsjìmnì/ *schoorsteen*
chimpansee, chimp /*zeg:* tsjimpenzie, tsjimp/ *chimpansee*
chin /*zeg:* tsjìn/ *kin*
china /*zeg:* tsjainù/ *porselein*
Chinese /*zeg:* tsjainiez/
[**the-woord**] • *Chinees (inwoner van China)*
• *Chinees (de taal)*
[**bijvoeglijk naamwoord**] *van/uit China*
chip /*zeg:* tsjìp/
[**the-woord**] • *splintertje*; *scherfje*
• *schijfje*; *fiche*
• ‹computer› *chip*
[**werkwoord + iemand/iets**] **chip off** *(af)hakken*; *(af)breken*
chips /*zeg:* tsjìps/ [meervoud] *frieten*; *schijfjes gefrituurde aardappel* ★ fish and chips ‹snack› *vis-met-friet*
chirp /*zeg:* tsjùùp/ *tjilpen* ★ the sparrows are chirping *de mussen tjilpen*
chirr /*zeg:* tsjùù/ ‹van insecten› *sjirpen* ★ the crickets are chirring *de krekels sjirpen*
chocolate /*zeg:* tsjòkùlùt/ *chocola(de)* ★ a bar of chocolate *een reep chocolade*
choice /*zeg:* tsjojs/ *keuze* ★ make your choice *doe je keuze*
choir /*zeg:* kwaijù/ *koor*
choirboy /*zeg:* kwaijùboj/ *koorknaap*
choke /*zeg:* tsjoowk/
[**the-woord**] ‹auto› *choke*
[**werkwoord**] • *zich verslikken*
• *stikken*
• *verstopt raken* ★ the motorway was choked with traffic *de snelweg was verstopt geraakt door het verkeer*
cholesterol /*zeg:* kùlestùrol/ *cholesterol*
choose /*zeg:* tsjoez/ *kiezen*; *uitverkiezen* ★ I've chosen the best man *ik heb de beste man gekozen*
chop /*zeg:* tsjòp/
[**the-woord**] • *slag*; *klap*
• *kotelet*
[**werkwoord (+ iemand/iets)**] *(fijn)hakken*; *afhakken*
chopper /*zeg:* tsjòpù/ *helikopter*
chord /*zeg:* kòòd/ ‹muziek› *akkoord*
chorus /*zeg:* kòòrùs/
• *koor*
• *refrein*
chose /*zeg:* tsjoowz/ [(verleden tijd) → **choose**]
chosen /*zeg:* tsjoowzùn/ [(voltooid deelwoord) → **choose**]
Christ /*zeg:* kraist/ *Christus*
christening /*zeg:* krìsnìng/ *doop*
Christian /*zeg:* krìstiùn/
[**the-woord**] *christen*
[**bijvoeglijk naamwoord**] *christelijk* ★ Christian name *voornaam*
Christianity /*zeg:* krìstiìjènùtì/ *het christendom*
Christmas /*zeg:* krìsmùs/ *Kerstmis* ★ Christmas Eve *kerstavond* ★ Christmas tree *kerstboom* ★ Christmas Day *eerste Kerstdag*
chronicle /*zeg:* krònìkl/ *kroniek*
chronologic /*zeg:* krònùlòdzjìk/ *chronologisch*
chuck /*zeg:* tsjàk/
• *gooien*
• **chuck away** *weggooien*
chum /*zeg:* tsjàm/ *gabber*; *maat*

chunk /*zeg:* tsjàngk/ *brok*; *groot stuk* ★ a chunk of cheese *een brok kaas*
church /*zeg:* tsjùùtsj/ *kerk*
churchyard /*zeg:* tsjùùtsjjààd/ *kerkhof*
CIA [**afkorting**] Central Intelligence Agency ‹Amerikaans› ‹spionagedienst› *CIA*
cigar /*zeg:* sìGàà/ *sigaar*
cigarette /*zeg:* sìGùret/ *sigaret* ★ light a cigarette *een sigaret opsteken*
cinema /*zeg:* sìnìmàà/ *bioscoop*
circle /*zeg:* sùùkl/
[**the-woord**] *cirkel*; *kring*; *ring*
[**werkwoord**] *cirkelen*; *rondcirkelen*
circuit /*zeg:* sùùkìt/ ‹elektriciteit› *stroombaan* ★ short circuit *kortsluiting*
circular /*zeg:* sùùkjoelù/ *cirkelvormig*; *rondgaand*
circulate /*zeg:* sùùkjoeleet/ *circuleren*; *laten circuleren*
circulation /*zeg:* sùùkjoeleesjùn/
• *circulatie*
• *(bloeds)omloop*
circumstance /*zeg:* sùùkùmstns/ *omstandigheid* ★ under these circumstances *onder deze omstandigheden*
circus /*zeg:* sùùkùs/
• *circus*
• ‹Brits› *rond plein*
citizen /*zeg:* sìtìzùn/
• *burger*
• *inwoner*
city /*zeg:* sìtie/ *(grote) stad*
civil /*zeg:* sìvùl/
• *burgerlijk*; *civiel* ★ civil law *burgerlijk recht* ★ civil war *burgeroorlog*
• *beschaafd*
civilian /*zeg:* sìvìliùn/
[**the-woord**] *burger*
[**bijvoeglijk naamwoord**] *burger-*
civilization /*zeg:* sìvìlaizeesjùn/
• *beschaving*
• *beschaafde wereld*
claim /*zeg:* kleem/
[**the-woord**] • *bewering*
• *eis*; *claim*
[**werkwoord + iemand/iets**] • *beweren* ★ he claims to have seen mother Maud *hij beweert moeder Maud te hebben gezien*
• *aanspraak maken op*
clamour /*zeg:* klemù/ *geschreeuw*
clamp /*zeg:* klemp/ *klem*; *wielklem*
clan /*zeg:* klen/ *stam*; *clan*
clap /*zeg:* klep/
[**the-woord**] *klap*
[**werkwoord**] *klappen*; *applaudisseren* ★ clap your hands! *in je handen klappen!*
clarification /*zeg:* klerùfikeesjùn/ *opheldering*
clarify /*zeg:* klèrùfai/ *ophelderen*
clarity /*zeg:* klèrùti/ *helderheid*
clash /*zeg:* klesj/
[**the-woord**] *conflict*
[**werkwoord (+ iemand/iets)**] *slaags raken*; *botsen*
class /*zeg:* klààs/ ‹school› *klas*
classic /*zeg:* klèsìk/
[**the-woord**] *klassiek werk*; *klassieker*
[**bijvoeglijk naamwoord**] *klassiek*
classical /*zeg:* klèsìkl/ *klassiek* ★ classical music *klassieke muziek*
classification /*zeg:* klèsìfikeesjùn/ *classificatie*
classify /*zeg:* klèsìfai/ *classificeren*
classmate /*zeg:* klààsmeet/ *klasgenoot*
classroom /*zeg:* klààsroem/ *klaslokaal*
clause /*zeg:* klòòz/ ‹grammatica› *zin*
claw /*zeg:* klòò/
• *klauw*
• *nagel* ★ the cat withdraws her claws when she is happy *de kat trekt haar nagels|klauwen in als ze zich fijn voelt*
clay /*zeg:* klee/
[**the-woord**] *klei*
[**bijvoeglijk naamwoord**] *van klei*
clay court /*zeg:* klee kòòt/ ‹tennis› *gravelbaan*
clean /*zeg:* klien/
[**the-woord**] ‹Brits› *schoonmaakbeurt*
[**bijvoeglijk naamwoord**] *schoon* ★ keep the beach clean! *houd het strand schoon!* ◆ stay clean *geen alcohol of drugs (meer) gebruiken*
[**werkwoord + iemand/iets**]
• *schoonmaken*
• *opruimen* ★ please, clean up your desk *ruim alsjeblieft je tafel eens op* ◆ cleaning lady *werkster*
[**bijwoord**] *helemaal*; *volkomen* ★ I clean forgot about his birthday *ik was zijn verjaardag helemaal vergeten*

cleaner /*zeg:* klienù/ *schoonmaker*
cleanse /*zeg:* klenz/ *zuiveren*; ⟨huid⟩ *reinigen*
cleanser /*zeg:* klenzù/ ⟨huid⟩ *reinigingsmiddel*
clean-up /*zeg:* klienàp/ *schoonmaakbeurt*
clear /*zeg:* klìjù/
[**bijvoeglijk naamwoord**] • *duidelijk* ⋆ I see it clearly now *ik zie het nu duidelijk*
• *helder*; *transparant* ⋆ we had a clear sight up the hill *we hadden een helder uitzicht bovenop de heuvel*
• *vrij van* ⋆ clear of snow *sneeuwvrij*
[**werkwoord (+ iemand/iets)**] • ⟨weer⟩ *opklaren*; *helder worden*; *ophelderen* ⋆ clear up a misunderstanding *een misverstand ophelderen*
• ⟨iemands naam⟩ *zuiveren*
• **clear up/out** *opruimen*; *leegruimen* ⋆ clearing out the attic *de zolder leegruimen* ⋆ clear up the house *het huis opruimen* ◆ before he spoke he cleared his throat *voordat hij begon te praten, schraapte hij zijn keel*
clergy /*zeg:* klùùdzjì/ *geestelijken*
clergyman /*zeg:* klùùdzjìmùn/
• *priester*
• *dominee*
clerk /*zeg:* klààk/
[**the-woord**] • *kantoorbeambte*
• ⟨Amerikaans⟩ *winkelbediende*
[**werkwoord**] *als klerk/secretaris optreden*
clever /*zeg:* klèvù/ *slim*
cleverness /*zeg:* klèvùnùs/ *slimheid*
click /*zeg:* klìk/
[**the-woord**] *klik*
[**werkwoord (+ iemand/iets)**] *klikken*; *een klikkend geluid maken* ⋆ she clicked with the mouse *ze klikte met de muis*
client /*zeg:* klaiùnt/ *cliënt*; *klant*
climate /*zeg:* klaimìt/ *klimaat*

climate: Groot-Brittannië heeft een zacht, regenachtig en veranderlijk klimaat. Nooit zijn de winters enorm streng of de zomers heel heet. Dit komt vooral doordat het een eiland is: de zee rondom matigt de temperaturen.

climax /*zeg:* klaimeks/
• *climax*
• *orgasme*
climb /*zeg:* klaim/
[**the-woord**] *klim*
[**werkwoord (+ iemand/iets)**] *(be)klimmen* ⋆ climb a high mountain *een hoge berg beklimmen*
climber /*zeg:* klaimù/ *klimmer*; *bergbeklimmer*
clinch /*zeg:* klìntsj/
[**the-woord**] *klinknagel*
[**werkwoord + iemand/iets**] *vastklinken*
cling /*zeg:* klìng/
• *(aan)kleven*
• *nauw aansluiten*
• *(blijven) aanhangen*
• **cling to** *zich vastklampen aan*
clinic /*zeg:* klìnìk/ *kliniek*
clinical /*zeg:* klìnìkl/ *klinisch*
clip /*zeg:* klìp/
[**the-woord**] • *videoclip*
• *klem*
[**werkwoord + iemand/iets**] • *klemmen*; *vastklemmen*
• *knippen*
clipboard /*zeg:* klìpbòòd/ *klembord*
cloak /*zeg:* kloowk/ *mantel*
cloakroom /*zeg:* kloowkroem/ *garderobe*
clock /*zeg:* klòk/
[**the-woord**] *klok* ⋆ six o'clock *6 uur* ⋆ clock radio *wekkerradio*
[**werkwoord + iemand/iets**] **clock up** ⟨van snelheid⟩ *timen*
clockwise /*zeg:* klòkwaiz/ *met de (wijzers van de) klok mee*
close [**bijvoeglijk naamwoord**] /*zeg:* kloows/
• *dichtbij* ⋆ he was shot at close range *hij werd van dichtbij neergeschoten*
• *intiem*; *hecht* ⋆ they are very close *zij hebben een zeer hechte band*
[**werkwoord + iemand/iets**] /*zeg:* kloowz/ *(af)sluiten*; *dichtdoen* ⋆ close the door when you leave! *doe de deur dicht als je weggaat!* ⋆ finally the factory was closed down *uiteindelijk werd de fabriek gesloten*
close-down /*zeg:* kloowzdaun/ ⟨van bedrijf⟩ *sluiting*
closet /*zeg:* klòzìt/ ⟨Brits⟩ *kast*

close-up /*zeg:* kloowsàp/ *(film)opname van dichtbij*; *close-up*
closure /*zeg:* kloowzjù/ *sluiting*
cloth /*zeg:* klòS/
• *stof*
• *doek*; *doekje* ◆ a face/wash cloth *een washandje*
clothe /*zeg:* kloowD/ *kleden*

clothes /*zeg:* kloowDz/ [meervoud] *kleding*; *kleren* ★ clothes hanger *kleerhanger*
clothes peg /*zeg:* kloowDzpeG/ *wasknijper*
clothing /*zeg:* kloowDìng/ *kleding*
cloud /*zeg:* klaud/ *wolk* ★ dark clouds before the sun *donkere wolken voor de zon*
cloudy /*zeg:* klaudì/ *bewolkt*
clove /*zeg:* kloowv/
• *kruidnagel*
• ⟨knoflook⟩ *teen* ★ a clove of garlic *een teentje knoflook*
clown /*zeg:* klaun/
[**the-woord**] *clown*
[**werkwoord**] *de clown spelen*
club /*zeg:* klàb/
[**the-woord**] • *club* ★ join the club *kom bij de club*
• *knuppel*
• *golfstick*
[**werkwoord + iemand/iets**] *met knuppel slaan*; *knuppelen*
clue /*zeg:* kloe/ *aanwijzing*; *idee* ★ I don't have a clue *ik heb géén idee*
clumsiness /*zeg:* klàmzìnùs/ *onhandigheid*
clumsy /*zeg:* klàmzì/ *onhandig*
clung /*zeg:* klàng/ [(verleden tijd + voltooid deelwoord) → **cling**]
coach /*zeg:* koowtsj/
[**the-woord**] • *touringcar*
• ⟨trein⟩ *rijtuig*
• *coach*; *trainer*
[**werkwoord + iemand/iets**] *coachen*
coal /*zeg:* koowl/ *(steen)kool*; *kolen*
coalmine /*zeg:* koowlmain/ *kolenmijn*
coarse /*zeg:* kòòs/ *grof*
coarsen /*zeg:* kòòsùn/
[**werkwoord**] *ruw worden*
[**werkwoord + iemand/iets**] *ruw maken*
coast /*zeg:* koowst/ *kust* ★ travel an island from coast to coast *een eiland doorreizen van kust naar kust*
coaster /*zeg:* koowstù/
• *kustvaarder*
• *onderzetter*; *viltje*
coastline /*zeg:* koowstlain/ *kustlijn*
coat /*zeg:* koowt/
[**the-woord**] • *jas* ★ I'll put on my wintercoat *ik zal mijn winterjas aandoen*
• *pels*
• *laag(je)* ★ a coat of paint *een laagje verf*
[**werkwoord + iemand/iets**] • *bedekken*
• *van een laag(je) voorzien*
cocaine /*zeg:* kùkeen/ *cocaïne* ★ sniff cocaine *cocaïne snuiven*
cock /*zeg:* kòk/
• *haan*
• *lul*
cockney /*zeg:* kòknì/ *Londens dialect*
cockpit /*zeg:* kòkpìt/
• *cockpit*
• *stuurhut*
cockroach /*zeg:* kòkroowtsj/ *kakkerlak*
cocoa /*zeg:* koowkoow/
• *cacao*
• *warme chocolademelk*
coconut /*zeg:* koowkùnàt/ *kokosnoot* ★ coconut palm *kokospalm*
cocoon /*zeg:* kùkoen/
[**the-woord**] ⟨van insect⟩ *cocon*
[**werkwoord**] • *thuis zitten*
• *tv kijken*
code /*zeg:* koowd/
[**the-woord**] *code*
[**werkwoord + iemand/iets**] *coderen*

coexist /*zeg:* koowìGzìst/ *(vreedzaam) naast elkaar leven*
coffee /*zeg:* kòfì/ *koffie* ⋆ coffee bean *koffieboon* ⋆ coffee break *koffiepauze* ⋆ a cup of coffee *een kopje koffie*
coffin /*zeg:* kòfìn/ *doodskist*
cohabit /*zeg:* koowhèbìt/ *samenwonen*
coherence /*zeg:* koowhèrùns/ *samenhang*
coherent /*zeg:* koowhèrùnt/ *samenhangend*; *coherent*
coin /*zeg:* kojn/ *munt*
coincide /*zeg:* koowìnsaid/ *samenvallen*
coincidence /*zeg:* koowìnsìdns/ *toeval*
coke /*zeg:* koowk/ *cocaïne*
cold /*zeg:* koowld/
[**the-woord**] • *kou*
• *verkoudheid* ⋆ catch a cold *een verkoudheid oplopen*
[**bijvoeglijk naamwoord**] *koud*; *koel* ⋆ the cold weather holds *het koude weer houdt aan* ◆ cold turkey *zonder afbouwen afkicken van drugs*
cold-blooded /*zeg:* koowldblàdìd/ *koelbloedig*
cold-hearted /*zeg:* koowldhààtìd/ *ongevoelig*
collaborator /*zeg:* kùlèbùreetù/
• *medewerker*
• *collaborateur*
collapse /*zeg:* kùleps/
[**the-woord**] • *instorting*
• *mislukking*
[**werkwoord**] • *instorten* ⋆ the old man suddenly collapsed on the street *de oude man stortte plots in op straat*
• *mislukken*
collar /*zeg:* kòlù/
• *kraag*; *boord*
• *(hals)band*
collarbone /*zeg:* kòlùboown/ *sleutelbeen*
colleague /*zeg:* kòlieG/ *collega*
collect /*zeg:* kùlekt/
• *ophalen*
• *verzamelen* ◆ collected *beheerst*
collection /*zeg:* kùleksjùn/ *verzameling*
collective /*zeg:* kùlektìv/ *gemeenschappelijk*
collector /*zeg:* kùlektù/
• *verzamelaar*
• *collectant*
college /*zeg:* kòlìdzj/
• *college*
• *universiteit* ⋆ he is going to college *hij gaat naar de universiteit*
collide /*zeg:* kùlaid/ *botsen*
collie /*zeg:* kòlì/ *Schotse herdershond*; *collie*
collision /*zeg:* kùlìzjùn/ *botsing*; *aanrijding* ⋆ a collision between a bike and a car *een botsing tussen een fiets en een auto*
colon /*zeg:* koowlùn/
• *dubbele punt*
• *dikke darm*
colonel /*zeg:* kùùnl/ *kolonel*
colonial /*zeg:* kùloowniјùl/ *koloniaal*
colony /*zeg:* kòlùnì/ *kolonie*
colour /*zeg:* kàlù/
[**the-woord**] *kleur* ⋆ gain colour *weer kleur krijgen* ◆ lose colour *bleek worden*
[**werkwoord + iemand/iets**] *kleuren*
colourblind /*zeg:* kàlùblaind/ *kleurenblind*
coloured /*zeg:* kàlùd/ *gekleurd*
colourful /*zeg:* kàlùfoel/ *kleurrijk*
colours /*zeg:* kàlùz/ [meervoud] *clubkleuren*
column /*zeg:* kòlùm/
• *zuil*; *pilaar*
• *kolom*
comb /*zeg:* koowm/
[**the-woord**] • *kam*
• *honingraat*
[**werkwoord + iemand/iets**] *kammen* ⋆ comb your hair *je haar kammen*
combat /*zeg:* kòmbet/ *gevecht*
combination /*zeg:* kòmbìneesjùn/ *combinatie*
combine /*zeg:* kùmbain/ *combineren*
come /*zeg:* kàm/ *komen*; *aankomen* ⋆ he came back at midnight *hij kwam om middernacht terug* ⋆ can you come over tonight? *kom je vanavond langs?* ⋆ come out of that tent now! *kom nu uit die tent!* ⋆ come on! *kom op!* ◆ come of age *meerderjarig worden* ◆ you can come along with us *je kunt met ons meegaan* ◆ I came across these old photos *ik kwam (toevallig) deze oude foto's tegen* ◆ after a minute she came around *na een minuutje*

kwam ze bij ◆ come to your senses *tot bezinning komen* ◆ the lid won't come off this jar *het deksel gaat niet van dit potje* ◆ he came down the stairs *hij kwam de trap af* ◆ he came up with a great idea *hij kwam met een geweldig idee* ◆ it comes to £5.50 *het bedrag komt op £5.50*

comeback /*zeg:* kàmbek/ *comeback*

comedian /*zeg:* kùmiediùn/ *komiek*

comedienne /*zeg:* kùmiedìen/ *comédienne*

comedy /*zeg:* kòmìdì/ *komedie*

comfort /*zeg:* kàmfùt/
[**the-woord**] • *comfort*; *gemak*
• *troost*
[**werkwoord + iemand/iets**] *troosten*

comfortable /*zeg:* kàmftùbl/ *comfortabel*; *gemakkelijk*

comic /*zeg:* kòmìk/
[**the-woord**] *komiek*
[**bijvoeglijk naamwoord**] *komisch*
★ comic book *stripboek* ★ comic strip *strip(verhaal)*

comical /*zeg:* kòmìkl/ *komisch*

coming /*zeg:* kàmìng/
[**the-woord**] *komst*
[**bijvoeglijk naamwoord**] *komend* ★ in the coming season *in het komende seizoen*

comma /*zeg:* kòmù/ *komma*

command /*zeg:* kùmàànd/
[**the-woord**] *bevel*
[**werkwoord + iemand/iets**] *bevelen*

commander /*zeg:* kùmààndù/ *commandant*

commandment /*zeg:* kùmààndmùnt/ *gebod* ★ the Ten Commandments *de Tien Geboden*

commemorate /*zeg:* kùmèmùreet/ *herdenken*

comment /*zeg:* kòment/
[**the-woord**] *opmerking*; *commentaar*
[**werkwoord**] • *aan- of opmerkingen maken*
• *van commentaar voorzien*

commentary /*zeg:* kòmùntùrì/ *commentaar*

commentate /*zeg:* kòmùnteet/ *een verslag geven van*

commentator /*zeg:* kòmùnteetù/
• *commentator*
• ⟨van radio/tv⟩ *verslaggever*

commercial /*zeg:* kùmùùsjùl/
[**the-woord**] *reclamespot*; *commercial*
[**bijvoeglijk naamwoord**] *commercieel*
◆ a commercial break *een reclameblok*

commission /*zeg:* kùmìsjùn/
• *commissie*
• *opdracht*; *taak*

commit /*zeg:* kùmìt/ *plegen* ★ commit a crime *een misdaad plegen*

commitment /*zeg:* kùmìtmùnt/ *verplichting*

committed /*zeg:* kùmìtìd/ *toegewijd* ★ she is very committed *zij is erg toegewijd*

committee /*zeg:* kùmìtì/
• *commissie* ★ she is on the committee *zij zit in de commissie*
• ⟨vereniging⟩ *bestuur*

common /*zeg:* kòmùn/
• *gewoon*; *algemeen* ★ they are common people *zij zijn gewone mensen* ★ this football is for common use *deze voetbal is voor algemeen gebruik*
• *gemeenschappelijk* ◆ we have much in common *we hebben veel gemeen* ◆ sparrows are common birds *spreeuwen komen algemeen voor* ◆ common sense *gezond verstand*

commonwealth /*zeg:* kòmùnwelS/ *gemenebest* ★ the Commonwealth (of Nations) *het Britse Gemenebest*

commotion /*zeg:* kùmoowsjùn/ *opschudding*

communicate /*zeg:* kùmjoenìkeet/ *communiceren* ◆ the two presidents communicate with each other *de twee presidenten hebben contact met elkaar*

communication /*zeg:* kùmjoenìkeesjùn/
• *communicatie*
• *mededeling*

communism /*zeg:* kòmjoenìzùm/ *communisme*

community /*zeg:* kùmjoenùtì/ *gemeenschap* ◆ community centre *buurthuis*

compact /*zeg:* kùmpekt/
• *compact* ★ compact disc *compact disk*
• *vast*; *stevig*

companion /*zeg:* kùmpenjùn/ *metgezel* ★ he has been my lifelong companion *hij is levenslang mijn metgezel geweest*

companionship /*zeg:* kùmpenjùnsjìp/ *kameraadschap*

company /*zeg:* kàmpùnì/
• *bedrijf* ★ they started a new company *zij hebben een nieuw bedrijf gestart*
• *gezelschap* ★ I'll keep my grandpa company today *ik zal vandaag mijn opa gezelschap houden*

comparable /*zeg:* kòmpùrùbl/ *vergelijkbaar*

compare /*zeg:* kùmpèè/ *vergelijken* ★ compare that film with another *vergelijk die film met een andere (film)* ★ compare the two books, which one is the best? *vergelijk de twee boeken, welke is het beste?*

comparison /*zeg:* kùmperìsùn/ *vergelijking*

compass /*zeg:* kàmpùs/ *kompas* ◆ (a pair of) compasses *passer*

compassion /*zeg:* kùmpesjùn/ *medeleven* ★ compassion for/on the victims *medeleven met de slachtoffers*

compassionate /*zeg:* kùmpesjùnùt/ *meelevend*

compatibility /*zeg:* kùmpètùbìlùtì/
• *verenigbaarheid*
• *uitwisselbaarheid*

compatible /*zeg:* kùmpètùbl/
• ⟨technische apparaten⟩ *aansluitbaar*
• ⟨computer⟩ *compatibel* ★ is this system compatible with your computer? *is dit systeem compatibel met je computer?*

compelling /*zeg:* kùmpèlìng/ *fascinerend*

compensate /*zeg:* kòmpenseet/ *vergoeden*

compete /*zeg:* kùmpiet/ *wedijveren*; *concurreren* ★ I can't compete with her beauty *ik kan niet wedijveren met haar schoonheid*

competent /*zeg:* kòmpìtnt/ *bekwaam* ★ he is very competent in his research work *hij is erg bekwaam in zijn onderzoekswerk*

competition /*zeg:* kòmpùtìsjùn/
• *concurrentie*
• *wedstrijd*

competitive /*zeg:* kùmpètìtìv/
• *concurrerend*
• *prestatiegericht* ★ she is a very competitive student *zij is een zeer prestatiegerichte leerlinge*
◆ competitive prices *scherpe prijzen*

competitor /*zeg:* kùmpetìtù/
• *concurrent*
• ⟨sportwedstrijd⟩ *deelnemer* ★ all competitors ready? go! *alle deelnemers klaar? af!*

compilation /*zeg:* kòmpìleesjùn/ *samenstelling*; *verzameling*

compile /*zeg:* kùmpail/ *samenstellen* ★ compile a collection of poetry *een bundel poëzie samenstellen*

complain /*zeg:* kùmpleen/ *klagen* ★ he complained to me about his headache *hij klaagde tegen mij over zijn hoofdpijn*

complaint /*zeg:* kùmpleent/
• *klacht*
• *kwaal*
• *aanklacht* ★ file a complaint *een aanklacht indienen*

complete /*zeg:* kùmpliet/ [**bijvoeglijk naamwoord**] *compleet*

[**werkwoord + iemand/iets**] • *afmaken*; *voltooien* ★ I have not yet completed my paper *ik heb mijn werkstuk nog niet afgemaakt*
• ‹formulier› *invullen*

complicated /*zeg:* kòmplìkeetìd/ *ingewikkeld*
compliment /*zeg:* kòmplìmùnt/
[**the-woord**] *compliment*
[**werkwoord + iemand/iets**] *complimenteren* ★ compliment someone on something *iemand complimenteren met iets*
compose /*zeg:* kùmpoowz/
• *componeren* ★ Paul McCartney composed hundreds of songs *Paul McCartney componeerde honderden liedjes*
• *samenstellen* ◆ he is always very composed *hij is altijd erg beheerst*
composer /*zeg:* kùmpoowzù/ *componist*
composition /*zeg:* kòmpùzìsjùn/
• *samenstelling*
• *compositie*
compound /*zeg:* kòmpaund/ *samenstelling*; *mengsel*
comprehend /*zeg:* kòmprìhend/ *begrijpen*
comprehensible /*zeg:* kòmprìhensìbl/ *duidelijk*; *begrijpelijk*
comprehensive /*zeg:* kòmprìhensìv/
◆ comprehensive school *scholengemeenschap*
compress [**the-woord**] /*zeg:* kòmpres/ *kompres*
[**werkwoord + iemand/iets**] /*zeg:* kùmpres/
• *samendrukken*
• ‹computer› *comprimeren* ★ send compressed files by e-mail *gecomprimeerde bestanden sturen per e-mail*
compromise /*zeg:* kòmprùmaiz/
[**the-woord**] *compromis* ★ the parties reached a compromise *de partijen bereikten een compromis*
[**werkwoord**] *tot een akkoord komen*; *een compromis sluiten*
compulsive /*zeg:* kùmpàlsìv/ *dwingend*
◆ compulsive habit *dwangmatige gewoonte*; *dwanghandeling*
compute /*zeg:* kùmpjoet/ *berekenen*
computer /*zeg:* kùmpjoetù/ *computer*
◆ computer science *informatica*
computer game /*zeg:* kùmpjoetùGeem/ *computerspelletje*
computerize /*zeg:* kùmpjoetùraiz/ *automatiseren*; *op de computer overgaan* ★ our company has computerized years ago *ons bedrijf is jaren geleden op de computer overgegaan*
comrade /*zeg:* kòmreed/ *kameraad*
conceal /*zeg:* kùnsiel/ *verbergen*; *geheim houden*
conceive /*zeg:* kùnsiev/
• ‹van kind› *verwekken*
• ‹van plan, ontwerp› *bedenken*
concentrate /*zeg:* kònsùntreet/ *zich concentreren* ★ I could barely concentrate on my work *ik kon me nauwelijks concentreren op mijn werk*
concentrated /*zeg:* kònsùntreetìd/ *geconcentreerd*
concentration /*zeg:* kònsùntreesjùn/ *concentratie* ★ concentration camp *concentratiekamp*
concern /*zeg:* kùnsùùn/
[**the-woord**] *bezorgdheid*; *zorg* ★ my concern is your safety *mijn zorg is jouw veiligheid*
[**werkwoord + iemand/iets**] • *betrekking hebben op* ★ the problem concerns a friend *het probleem heeft betrekking op een vriend van me*
• *aangaan* ★ my business doesn't concern you *mijn zaken gaan jou niet aan*
concerned /*zeg:* kùnsùùnd/ *bezorgd*
★ I am concerned about you *ik ben bezorgd om je*
concerning /*zeg:* kùnsùùnìng/ *betreffende*
★ your question concerning the holidays *jouw vraag betreffende de vakantie*
concert /*zeg:* kònsùt/ *concert* ★ see Britney Spears in concert *een concert van Britney Spears zien*
concerto /*zeg:* kùntsjèètoow/ *concert*
★ classical concerto *klassiek concert*
concise /*zeg:* kùnsais/ *beknopt* ★ a concise dictionary *een beknopt woordenboek*
conclude /*zeg:* kùnkloed/
• *afsluiten*; *beëindigen*

• *concluderen*
• **conclude from** *opmaken uit*
conclusion /*zeg:* kùnkloezjùn/
• *besluit*; *slot*
• *conclusie* ★ come to a conclusion *tot een conclusie komen*; *een conclusie trekken*
concrete [**the-woord**] /*zeg:* konkriet/ *beton* ★ houses built of concrete *huizen gebouwd van beton*
[**bijvoeglijk naamwoord**] /*zeg:* kùnkriet/
• *concreet*; *tastbaar*
• *van beton*; *betonnen*
condemn /*zeg:* kùndem/ *veroordelen*
condemnation /*zeg:* kòndemneesjùn/ *veroordeling*
condition /*zeg:* kùndìsjùn/
• *staat*; *toestand*
• *voorwaarde* ★ I agree under one condition *ik ga akkoord, onder één voorwaarde* ◆ conditions *omstandigheden*
conditional /*zeg:* kùndìsjùnl/ *voorwaardelijk*
condolence /*zeg:* kùndoowlùns/ *condoleantie* ◆ my condolences *gecondoleerd*
condom /*zeg:* kondòm/ *condoom*
conduct [**the-woord**] /*zeg:* kondàkt/ *gedrag*; *handelwijze*
[**werkwoord + iemand/iets**] /*zeg:* kùndàkt/
• *(aan)voeren*
• *dirigeren* ★ who conducts the orchestra? *wie dirigeert het orkest?*
conductor /*zeg:* kùndàktù/
• *dirigent*
• *conducteur*
confectionery /*zeg:* kùnfeksjùnùrì/ *zoetigheid*
conference /*zeg:* konfùrùns/ *conferentie*
confess /*zeg:* kùnfes/ *bekennen* ★ I must confess, I really like him *ik moet bekennen dat ik hem echt aardig vind*
confession /*zeg:* kùnfesjùn/
• *bekentenis* ★ make a confession *een bekentenis afleggen*
• *biecht*
confidant /*zeg:* kònfident/ *vertrouweling*
confidence /*zeg:* konfidns/ *vertrouwen*; *zelfvertrouwen* ★ I have no confidence in his work *ik heb geen vertrouwen in zijn werk*
confidential /*zeg:* kònfidensjùl/ *vertrouwelijk* ★ confidential information *vertrouwelijke informatie*
confine /*zeg:* kùnfain/ *beperken* ◆ be confined to bed *het bed moeten houden*
confirm /*zeg:* kùnfùùm/ *bevestigen*
conflict /*zeg:* konflìkt/ *conflict*
conform /*zeg:* kùnfòòm/ *zich aanpassen* ★ he conformed to the new school *hij paste zich aan de nieuwe school aan*
confront /*zeg:* kùnfrànt/ *confronteren*
confrontation /*zeg:* kònfrànteesjùn/ *confrontatie*
confuse /*zeg:* kùnfjoez/ *in de war brengen* ★ his attitude confuses me *zijn houding brengt me in de war*
confused /*zeg:* kùnfjoezd/ *verward*
confusion /*zeg:* kùnfjoezjùn/ *verwarring* ★ confusion of tongues *spraakverwarring*
congested /*zeg:* kùndzjestld/ ⟨van wegen/bloedvaten⟩ *verstopt*
congratulate /*zeg:* kùnGretsjoeleet/ *feliciteren* ★ he congratulated her on her new job *hij feliciteerde haar met haar nieuwe baan*
congratulation /*zeg:* kùnGretsjoeleesjùn/ *felicitatie* ◆ congratulations! *gefeliciteerd!*
congress /*zeg:* kongGres/ *congres* ◆ ⟨politiek⟩ the Congress ⟨Tweede Kamer in de VSA⟩ *het Congres*
conjugate /*zeg:* kondzjoeGeet/ ⟨grammatica⟩ *vervoegen* ★ conjugate a verb *een werkwoord vervoegen*
conjugation /*zeg:* kòndzjoeGeesjùn/ ⟨grammatica⟩ *vervoeging*
connect /*zeg:* kùnekt/ *aansluiten*; *verbinden* ★ is this loudspeaker connected to the radio? *is deze luidspreker aangesloten op de radio?*
connection /*zeg:* kùneksjùn/ *verbinding*; *aansluiting*
conquer /*zeg:* kongkù/ *veroveren*
conqueror /*zeg:* kongkùrù/ *veroveraar* ★ William the Conqueror *Willem de Veroveraar*
conquest /*zeg:* kongkwest/ *verovering*
conscience /*zeg:* konsjùns/ *geweten* ★ a

bad conscience *een slecht geweten*
conscious /*zeg:* konsjùs/ *bij bewustzijn* ◆ be conscious of something *zich bewust zijn van iets*
consciousness /*zeg:* konsjùsnùs/ *bewustzijn* ★ regain consciousness *weer bij bewustzijn komen*
consent /*zeg:* kùnsent/
[**the-woord**] *toestemming*
[**werkwoord**] **consent to** *toestemmen in*
consequence /*zeg:* konsìkwùns/ *gevolg*
consequent /*zeg:* konsìkwùnt/ *consequent*
consequently /*zeg:* konsìkwentlì/ *dus*
conservation /*zeg:* kònsùveesjùn/ ‹van natuur› *behoud*
conservative /*zeg:* kùnsùùvùtìv/
[**the-woord**] *lid van de conservatieve partij*
[**bijvoeglijk naamwoord**] *conservatief*
conserve /*zeg:* kùnsùùv/ *behouden*
conserves /*zeg:* kùnsùùvz/ [meervoud] *jam; ingemaakte groenten/vruchten*
consider /*zeg:* kùnsidù/
• *overwegen* ★ I will consider it *ik zal het overwegen*
• *beschouwen (als)* ★ I consider him to be the best *ik beschouw hem als de beste*
considerable /*zeg:* kùnsidùrùbl/ *aanzienlijk*
considerate /*zeg:* kùnsidùrùt/ *attent*
consideration /*zeg:* kùnsìdùreesjùn/
• *overweging; punt van overweging* ★ I will take it into consideration *ik zal het in overweging nemen*
• *begrip* ★ show consideration *begrip tonen*
consist /*zeg:* kùnsist/ **consist of** *bestaan uit* ★ our department consists of five editors *onze afdeling bestaat uit vijf redacteuren*
consolation /*zeg:* kònsùleesjùn/ *troost*
console /*zeg:* konsoowl/
• *bedieningspaneel*
• *console*
consort [**the-woord**] /*zeg:* konsòòt/ *gemalin; gemaal*
[**werkwoord**] /*zeg:* kùnsòòt/ **consort with** *omgaan met* ★ you chose to consort with those criminals *jij koos ervoor om met deze criminelen om te gaan*
conspiracy /*zeg:* kùnspirùsì/ *samenzwering; complot*
conspire /*zeg:* kùnspaijù/ *samenzweren*
constant /*zeg:* konstnt/ *voortdurend; constant* ★ he is talking constantly *hij praat voortdurend*
constitution /*zeg:* kònstìtjoesjùn/
• *grondwet; staatsbestel*
• *(lichamelijke/geestelijke) gesteldheid*
construct /*zeg:* kùnstrakt/
• *bouwen*
• *aanleggen*
construction /*zeg:* kùnstraksjùn/ *constructie; opbouw; aanleg* ★ under construction *in aanbouw*
consult /*zeg:* kùnsalt/ *raadplegen* ★ I have to consult a doctor *ik moet een dokter raadplegen*
consultant /*zeg:* kùnsaltnt/
• *medisch specialist*
• *adviseur; deskundige*
consultation /*zeg:* kònsùlteesjùn/ ‹bij arts› *consult*
consumer /*zeg:* kùnsjoemù/ *consument* ★ consumer's association *consumentenbond* ★ consumer goods *consumptieartikelen*
contact /*zeg:* kontekt/
[**the-woord**] *contact* ★ I have lost contact with him *ik ben het contact met hem kwijt* ★ contact lens *contactlens*
[**werkwoord + iemand/iets**] *contact opnemen* ★ I'll try to contact him again *ik zal proberen weer contact met hem op te nemen*
contagious /*zeg:* kùnteedzjùs/ ‹ziekte› *besmettelijk*
contain /*zeg:* kùnteen/
• *bevatten* ★ this book contains a few of his articles *dit boek bevat een paar van zijn artikelen*
• *beheersen* ★ contain yourself! *beheers je!*
container /*zeg:* kùnteenù/
• *houder (doosje, bakje, busje)*
• *container*
contemporary /*zeg:* kùntempùrùrì/
[**the-woord**] *tijdgenoot*

[**bijvoeglijk naamwoord**] • *hedendaags* ⋆ contemporary art *hedendaagse kunst* • *huidig*
contempt /*zeg:* kùntempt/ *minachting*
content [**the-woord**] /*zeg:* kòntent/ *inhoud*
[**bijvoeglijk naamwoord**] /*zeg:* kùntent/ *tevreden* ⋆ I'm very content with the result *ik ben erg tevreden met het resultaat*

contest /*zeg:* kòntest/ *wedstrijd* ⋆ the Eurovision Song Contest *het Eurovisie-songfestival*
context /*zeg:* kòntekst/ *context*
continent /*zeg:* kòntìnùnt/ *werelddeel* ⋆ ⟨Brits⟩ the continent *het Europese vasteland*
continental /*zeg:* kòntìnentl/ *continentaal*
continuation /*zeg:* kùntìnjoeweesjùn/ *voortzetting*
continue /*zeg:* kùntìnjoe/
• *doorgaan* ⋆ they continued fighting *ze gingen door met vechten*
• *voortzetten*
contour /*zeg:* kòntoeù/ *contour*; *omtrek*
contraceptive /*zeg:* kòntrùseptìv/ *voorbehoedmiddel*
contract [**the-woord**] /*zeg:* kòntrekt/ *contract* ⋆ he signed a new contract for two years *hij heeft een nieuw contract getekend voor twee jaar*
[**werkwoord**] /*zeg:* kòntrekt/ ⟨spier⟩ *samentrekken*
contraction /*zeg:* kùntreksjùn/
• *samentrekking*
• ⟨bevalling⟩ *wee*
contradict /*zeg:* kòntrùdìkt/ *ontkennen*; *tegenspreken* ⋆ they contradict each other *ze spreken elkaar tegen*
contradiction /*zeg:* kòntrùdìksjùn/ *tegenstrijdigheid* ⋆ there is a contradiction in their statements *er is een tegenstrijdigheid in hun uitspraken*
contrary /*zeg:* kòntrùrì/ ◆ on the contrary *integendeel*
contrast [**the-woord**] /*zeg:* kòntràást/ *contrast*
[**werkwoord**] /*zeg:* kòntràást/ **contrast with** *afsteken tegen*/*bij*
contribute /*zeg:* kùntrìbjoet/ *bijdragen*
contribution /*zeg:* kòntrìbjoesjùn/ *bijdrage*
control /*zeg:* kùntroowl/
[**the-woord**] *controle*; *beheersing* ⋆ control panel *bedieningspaneel* ◆ the situation got out of control *de situatie liep uit de hand*
[**werkwoord + iemand/iets**]
• *controleren*
• *beheersen*
convenience /*zeg:* kùnvieniùns/
[**the-woord**] *gerief*; *gemak* ◆ is it to your convenience? *is het zo naar uw zin?* ◆ public convenience *openbaar toilet* ◆ convenience foods *kant-en-klaarmaaltijden*
[**werkwoord + iemand/iets**] *gerieven*
convenient /*zeg:* kùnvieniùnt/ ⟨moment/plaats/tijdstip⟩ *geschikt* ⋆ will two o'clock be convenient? *is twee uur geschikt?*
convention /*zeg:* kùnvensjùn/
• *conventie*; *afspraak*
• ⟨Amerikaans⟩ *partijcongres* ⋆ the Democratic convention *het partijcongres van de Democraten*
conversation /*zeg:* kònvùseesjùn/ *gesprek* ⋆ have a conversation *een gesprek voeren*
conversion /*zeg:* kùnvùùsjùn/
• *omzetting*
• *bekering*
convert /*zeg:* kùnvùùt/
• *veranderen*
• *bekeren* ⋆ he has been converted to Catholicism *hij is bekeerd tot het katholieke geloof*
convertible /*zeg:* kùnvùùtìbl/
[**the-woord**] *cabriolet*

[**bijvoeglijk naamwoord**] *op- of uitklapbaar* ★ convertible bed *opklapbed*

convict [**the-woord**] /*zeg:* kònvìkt/ *gevangene*

[**werkwoord + iemand/iets**] /*zeg:* kùnvìkt/ *veroordelen* ★ he is convicted for a crime *hij is veroordeeld voor een misdrijf*

conviction /*zeg:* kùnvìksjùn/ *veroordeling*

convince /*zeg:* kùnvìns/ *overtuigen* ★ you have convinced me of your ideas *je hebt me overtuigd van je ideeën*

convincing /*zeg:* kùnvìnsìng/ *overtuigend*

convoy /*zeg:* kònvoj/ *konvooi*

cook /*zeg:* koek/

[**the-woord**] *kok* ★ I'm an excellent cook *ik ben een uitstekende kok*

[**werkwoord (+ iemand/iets)**] *koken*; *eten klaarmaken* ★ she enjoys cooking *ze houdt van koken*

cookie /*zeg:* koekì/ ‹Amerikaans› *koekje*

cool /*zeg:* koel/

[**bijvoeglijk naamwoord**] • *koel*; *fris*

• *kalm*; *rustig*

• *cool*; *hip*

[**werkwoord (+ iemand/iets)**] • *koeler worden*

• **cool down/off** *afkoelen*; *kalmeren* ★ cool down a bit, will you?! *word eens kalmer, zeg!?*

cooperate /*zeg:* koowòpùreet/ *samenwerken*

cooperation /*zeg:* koowòpùreesjùn/ *samenwerking*

cooperative /*zeg:* koowòpùrùtiv/ *meewerkend*

coordinate /*zeg:* koowòòdìneet/ *coördineren*

cop /*zeg:* kòp/ *smeris*; *agent*

cope /*zeg:* koowp/ *aankunnen*; *kunnen omgaan (met)* ★ he couldn't cope with the stress of the exam *hij kon niet omgaan met de stress van het examen*

copier /*zeg:* kòpìjù/ *kopieerapparaat*

copper /*zeg:* kòpù/

• *koper*

• *smeris*; *agent*

copy /*zeg:* kòpì/

[**the-woord**] • *kopie*

• ‹boek/tijdschrift/cd› *exemplaar* ★ the author received the first copy of his book *de auteur kreeg het eerste exemplaar van zijn boek*

[**werkwoord + iemand/iets**] • *kopiëren*

• *nabootsen*

copyright /*zeg:* kòpìrait/ *auteursrecht*

copywriter /*zeg:* kòpìraitù/ *tekstschrijver*

coral reef /*zeg:* kòrùl/ *koraalrif*

cord /*zeg:* kòòd/ *koord*; *snoer* ◆ cords *ribfluwelen broek*

core /*zeg:* kòò/

• *kern*; *belangrijkste* ★ core business *belangrijkste activiteit (in een bedrijf)*

• *klokhuis*

corkscrew /*zeg:* kòòkskroe/ *kurkentrekker*

corn /*zeg:* kòòn/

• ‹Amerikaans› *maïs* ★ corn on the cob ‹gerecht› *maïs op de kolf*

• ‹Brits› *graan*; *koren*

corner /*zeg:* kòònù/

• *hoek* ★ turn a corner *een hoek omgaan*

• *hoekschop*

coronation /*zeg:* kòrùneesjùn/ *kroning*

coroner /*zeg:* kòrùnù/ *lijkschouwer*

corporal /*zeg:* kòòprùl/

[**the-woord**] *korporaal*

[**bijvoeglijk naamwoord**] *lichamelijk* ◆ corporal punishment *lijfstraf*

corporate /*zeg:* kòòpùrùt/ *bedrijfs-* ★ corporate culture *bedrijfscultuur*

corporation /*zeg:* kòòpùreesjùn/ *onderneming*; *bedrijf* ◆ municipal corporation *gemeentebestuur/-raad*

corpse /*zeg:* kòòps/ *lijk*

correct /*zeg:* kùrekt/

[**bijvoeglijk naamwoord**] *correct*; *juist*; *goed*

[**werkwoord + iemand/iets**] • *verbeteren* • *verhelpen*
correction /*zeg:* kùreksjùn/ *correctie*
correspond /*zeg:* kòrìspònd/
• *overeenkomen met* ★ his story does not correspond with the facts *zijn verhaal komt niet overeen met de feiten*
• **correspond to** *beantwoorden aan*
correspondence /*zeg:* kòrìspòndùns/
• *overeenkomst*; *gelijkenis*
• *briefwisseling* ★ they conduct a lively correspondence *zij hebben een drukke briefwisseling*
correspondent /*zeg:* kòrìspòndùnt/
• *correspondent*
• *verslaggever*
corresponding /*zeg:* kòrìspònding/ *corresponderend*; *overeenkomstig*
corridor /*zeg:* kòrìdòò/ *gang*
corrupt /*zeg:* kùràpt/ *corrupt*; *omkoopbaar*
corruption /*zeg:* kùràpsjùn/ *corruptie*
cosmetic /*zeg:* kòzmètik/ *cosmetisch*
★ cosmetic surgery *cosmetische/plastische chirurgie*
cosmic /*zeg:* kòzmìk/ *kosmisch*; *van het heelal*
cosmos /*zeg:* kòzmòz/ *kosmos*; *heelal*
cost /*zeg:* kòst/
[**the-woord**] *prijs* ★ at all costs *tot elke prijs*
[**werkwoord + iemand/iets**] *kosten*
★ what will it cost me? *wat gaat het me kosten?*
costume /*zeg:* kòstjoem/ *kostuum*; *klederdracht*
cosy /*zeg:* koowzì/ *gezellig*; *knus*
cot /*zeg:* kòt/ ‹Brits› *kinderledikantje*
cottage /*zeg:* kòtìdzj/ ‹op platteland› *huisje*
cotton /*zeg:* kòtn/
[**the-woord**] *katoen*
[**bijvoeglijk naamwoord**] *katoenen*
cotton wool /*zeg:* kòtn woel/ ‹Brits› *watten*
couch /*zeg:* kautsj/ *bank*; *sofa* ★ plop down on the couch *op de bank neerploffen*
cough /*zeg:* kòf/
[**the-woord**] *hoest*; *kuch* ★ she has a bad cough *ze heeft een nare hoest*
[**werkwoord**] *hoesten*; *kuchen*
could /*zeg:* kùd/ [(verleden tijd) → **can**]
counsel /*zeg:* kaunsùl/
[**the-woord**] *(deskundig) advies*
[**werkwoord (+ iemand/iets)**] *adviseren*
counselling /*zeg:* kaunsùlìng/ *(psychische) begeleiding*
counsellor /*zeg:* kaunsùlù/
• *adviseur*
• *therapeut*; *begeleider*
count /*zeg:* kaunt/
[**the-woord**] • *tel(ling)*
• *graaf*
[**werkwoord + iemand/iets**] • *tellen*
★ count to ten *tel tot tien*
• *meetellen* ★ that doesn't count *dat telt niet* ◆ you can count on me *op mij kun je rekenen* ◆ you can count me in *ik doe mee*
countable /*zeg:* kauntùbl/ *telbaar*
countdown /*zeg:* kauntdaun/ *het aftellen*
counter /*zeg:* kauntù/
• *toonbank*; *balie*
• ‹voetbal› *counter*
countess /*zeg:* kauntìs/ *gravin*
country /*zeg:* kàntrì/
• *land*; *natie* ★ to how many countries have you travelled? *naar hoeveel landen ben jij al op reis geweest?*
• *platteland* ★ in the country *op het platteland*
countryside /*zeg:* kàntrìsaid/ *platteland*
county /*zeg:* kauntì/
• ‹Amerikaans› *provincie*
• ‹Brits› *graafschap*
couple /*zeg:* kàpl/
[**the-woord**] • *stel*; *(echt)paar* ★ they form a nice couple *ze vormen een mooi paar*
• ‹Amerikaans› *twee(tal)*
[**werkwoord + iemand/iets**] *koppelen*
courage /*zeg:* kàrìdzj/ *moed*
courageous /*zeg:* kùreedzjùs/ *moedig*
course /*zeg:* kòòs/
• *koers*; *route* ★ the ship changed course *het schip veranderde van koers*
• *loop* ★ in the course of this week *in de loop van deze week*
• ‹maaltijd› *gang* ★ a four-course meal *een viergangenmaaltijd*
• *cursus* ★ I'm taking a course in

computer science *ik doe een informaticacursus*

court /*zeg:* kòòt/
• *rechtbank*; *gerechtshof* ★ the matter was decided on in court *over de zaak werd in de rechtbank beslist*
• ‹sport› *baan* ★ let's meet at the tenniscourt *laten we op de tennisbaan afspreken*
• ‹van koning(in)› *hof* ★ the British court *het Britse hof*

courtesy /*zeg:* kùùtùsì/ *beleefdheid*; *hoffelijkheid*

courtroom /*zeg:* kòòtroem/ *rechtszaal*

courtship /*zeg:* kòòtsjìp/ *hofmakerij*

cousin /*zeg:* kàzùn/ ‹zoon van oom/tante› *neef*; ‹dochter van oom/tante› *nicht*

cove /*zeg:* koowv/ *inham*; *baai*

cover /*zeg:* kàvù/
[**the-woord**] • *bedekking*; *deksel*
• *boekomslag*; *cover* ★ she is on the cover of Vogue *zij staat op de omslag van Vogue*
[**werkwoord + iemand/iets**] • *bedekken*
• **cover up** *in de doofpot stoppen*

cow /*zeg:* kau/
[**the-woord**] *koe*
[**werkwoord + iemand/iets**] *intimideren*

coward /*zeg:* kauwùd/ *lafaard*

cowboy /*zeg:* kauboj/ *cowboy*

co-worker /*zeg:* koowwùùkù/ *collega*

crab /*zeg:* kreb/ *krab*

crack /*zeg:* krek/
[**the-woord**] • *barst*; *scheur*
• *kier*; *spleet*
• *zuivere cocaïne*
[**werkwoord**] • *barsten*
• *kraken*

cracker /*zeg:* krèkù/
• *knalbonbon*
• *cracker*

craft /*zeg:* krààft/ *ambacht*

craftsman /*zeg:* kràà̲ftsmùn/
• *ambachtsman*
• *vakman*

cram /*zeg:* krem/ *volgepropt (met)* ★ the bag was crammed with sweets *de zak was volgepropt met snoep*

cramp /*zeg:* kremp/ *kramp* ★ I have cramps in my stomach *ik heb krampen in mijn buik*

crane /*zeg:* kreen/
• *hijskraan*
• *kraanvogel*

cranky /*zeg:* krengkì/ ‹Amerikaans› *chagrijnig*

crap /*zeg:* krep/ *troep*; *rotzooi* ★ that car is just crap! *die auto is rotzooi!*

crash /*zeg:* kresj/
[**the-woord**] • *botsing*
• ‹handel› *krach*
[**werkwoord**] • *botsen* ★ he crashed into the wall at high speed *hij botste met hoge snelheid tegen de muur*
• *neerstorten* ★ the plane crashed *het vliegtuig stortte neer*
• **crash against/into** *botsen tegen*

crash helmet /*zeg:* kresj helmìt/ *(val)helm*

crave /*zeg:* kreev/
• *hunkeren*; *hevig verlangen*
• **crave for** *verlangen naar* ★ she is still craving for his love *zij verlangt nog steeds naar zijn liefde*

craving /*zeg:* kreevìng/ *(onweerstaanbare) trek* ★ a sudden craving for chocolate

een plotselinge trek in chocola
crawl /*zeg:* kròòl/
[**the-woord**] ⟨zwemmen⟩ *crawl*
[**werkwoord**] • *kruipen*; *krioelen* ★ the nest was crawling with ants *het nest krioelde van de mieren*
• ⟨zwemmen⟩ *crawlen*
[**werkwoord + iemand/iets**] *een uitbrander geven*
crazy /*zeg:* kreezì/ *gek* ★ I'm crazy about Susan *ik ben gek op Susan*
cream /*zeg:* kriem/
• *room* ★ I'd love a coffee with cream *ik wil graag een koffie met room*
• *crème*
creamery /*zeg:* kriemùrì/ *zuivelfabriek*; *zuivelwinkel*
creamy /*zeg:* kriemì/
• *romig*
• *smeuïg*
create /*zeg:* kriejeet/ *creëren*; *scheppen*
creative /*zeg:* kriejeetìv/ *creatief*
◆ creative director *artistiek leider*
creativity /*zeg:* kriejeetìvùtì/ *creativiteit*
creature /*zeg:* krietsjù/ *schepsel*; *dier*
credibility /*zeg:* krèdùbìlùtì/ *geloofwaardigheid*
credible /*zeg:* krèdìbl/ *geloofwaardig*
credit /*zeg:* krèdìt/
• ⟨geld⟩ *krediet* ★ I have unlimitable credit *ik heb onbeperkt krediet*
• *verdienste*; *eer* ★ John took the credit *John streek met de eer*
creek /*zeg:* kriek/
• *kreek*
• *riviertje*
creep /*zeg:* kriep/
[**the-woord**] *engerd*; *griezel* ★ we all think the maths teacher is a creep *we vinden allemaal dat de leraar wiskunde een engerd is*
[**werkwoord**] *kruipen*
cremate /*zeg:* krìmeet/ *cremeren*
cremation /*zeg:* krìmeesjùn/ *crematie*
crept /*zeg:* krept/ [(verleden tijd + voltooid deelwoord) → **creep**]
crest /*zeg:* krest/
• ⟨op kop van een dier⟩ *pluim*; *kuif*; *kam*
• ⟨heuvel/berg⟩ *top* ★ the crest of a wave *de top van een golf*
crew /*zeg:* kroe/
[**the-woord**] • *bemanning*
• *personeel*
[**werkwoord (verleden tijd)** → **crow**]
crewman /*zeg:* kroemùn/ *bemanningslid*
cricket /*zeg:* krìkìt/
[**the-woord**] • *krekel*
• *cricket(spel)*
[**werkwoord**] *cricketen*
crime /*zeg:* kraim/ *misdaad* ★ commit a crime *een misdaad plegen*
criminal /*zeg:* krìmìnl/
[**the-woord**] *misdadiger*
[**bijvoeglijk naamwoord**] • *crimineel*
• *misdadig*
crinkle /*zeg:* krìngkl/
[**the-woord**] *kreukel*
[**werkwoord (+ iemand/iets)**] *kreukelen*
cripple /*zeg:* krìpl/
[**the-woord**] *kreupele*
[**werkwoord + iemand/iets**] *verlammen*; *verlamd raken*
crisis /*zeg:* kraisìs/ *crisis*
crisp /*zeg:* krìsp/
[**the-woord**] ⟨snack⟩ *chip(je)* ★ a bag of crisps *een zak chips*
[**bijvoeglijk naamwoord**] • *knapperig* ★ crisp bacon *knapperige bacon*
• *fris* ★ a crisp winter morning *een frisse winterochtend*
crisps ⟨Brits⟩ /*zeg:* krìsps/ [meervoud] *chips*
crispy /*zeg:* krìspì/ *knapperig*
crisscross /*zeg:* krìskròs/
[**the-woord**] *wirwar*
[**bijvoeglijk naamwoord**] *kriskras door elkaar*
critic /*zeg:* krìtìk/ *criticus*
critical /*zeg:* krìtìkl/ *kritisch* ★ she is always so critical on me *zij is altijd zo kritisch tegenover mij*
criticize /*zeg:* krìtìsaiz/ *bekritiseren*
crocodile /*zeg:* kròkùdail/ *krokodil*
crook /*zeg:* kroek/ *oplichter*
crop /*zeg:* kròp/
[**the-woord**] *oogst* ★ get the crops in *de oogst binnenhalen*
[**werkwoord + iemand/iets**] • ⟨haar⟩ *afknippen*
• *oogsten*
croquet /*zeg:* kroowkee/ *croquetspel*
cross /*zeg:* kròs/

C

[**the-woord**] *kruis*
[**bijvoeglijk naamwoord**] *boos* ★ Harry is cross with Ron *Harry is boos op Ron*
[**werkwoord**] • *oversteken* ★ she crossed the street *ze stak de straat over*
• *kruisen* ★ a smaller path crosses the main path here *een smaller paadje kruist het grote pad hier* ◆ he crossed out his name *hij streepte zijn naam door* ◆ keep your fingers crossed! *duimen!*

cross-country /*zeg:* kròs kàntrì/
• ⟨wielrennen⟩ *veldrit*
• ⟨atletiek⟩ *veldloop*

cross-examination /*zeg:* kròs ìGzemìneesjùn/ *kruisverhoor*

crossing /*zeg:* kròsìng/
• *kruising*; *kruispunt*
• *oversteekplaats*

crossroads /*zeg:* kròsroowdz/ *kruising*; *tweesprong*; *driesprong*

crossword /*zeg:* kròswùùd/ *kruiswoordpuzzel*

crouch /*zeg:* krautsj/ **crouch down** *op je hurken gaan zitten*

crow /*zeg:* kroow/
[**the-woord**] ⟨vogel⟩ *kraai*
[**werkwoord**] *kraaien*

crowd /*zeg:* kraud/
[**the-woord**] • *menigte*
• *publiek*; *tribune*
[**werkwoord**] *ergens omheen gaan staan*; *zich verdringen* ★ the people crowded around the casualty *de mensen verdrongen zich om de gewonde heen*

crowded /*zeg:* kraudìd/ *vol*; *volgepakt*

crown /*zeg:* kraun/
[**the-woord**] • *kroon*
• ⟨heuvel/berg⟩ *hoogste punt*
[**werkwoord + iemand/iets**] *kronen*
★ Beatrix was crowned in 1980 *Beatrix werd in 1980 gekroond*

crucial /*zeg:* kroesjùl/ *cruciaal*

crucifix /*zeg:* kroesìfiks/ *kruisbeeld*

crucify /*zeg:* kroesìfai/ *kruisigen*

cruel /*zeg:* kroeùl/ *wreed*

cruelty /*zeg:* kroeùltì/ *wreedheid*

crumble /*zeg:* kràmbl/
• *afbrokkelen*
• *verkruimelen* ★ the dry cake crumbled *de droge cake verkruimelde*

crunch /*zeg:* kràntsj/
[**the-woord**] *geknars*
[**werkwoord + iemand/iets**] *kauwen (op)*; *knauwen (op)* ★ the cat was crunching (on) my glove *de kat zat te knauwen aan mijn handschoen*

crusade /*zeg:* kroeseed/ *kruistocht*

crusader /*zeg:* kroeseedù/ *kruisvaarder*

crush /*zeg:* kràsj/
[**the-woord**] *fuif* ◆ have a crush on someone *verliefd zijn op iemand*
[**werkwoord + iemand/iets**] *verpletteren*; *in elkaar persen* ★ my suitcase was completely crushed under the car *mijn koffer werd totaal verpletterd onder de auto*

cry /*zeg:* krai/
[**the-woord**] • *huilbui*
• *schreeuw*; *kreet*
[**werkwoord (+ iemand/iets)**] • *huilen*
• *schreeuwen*
• **cry out** *(het) uitschreeuwen*; *luid schreeuwen* ★ cry out for help *om hulp schreeuwen*

crystal /*zeg:* krìstl/ *kristal*

cub /*zeg:* kàb/ *welp*

cube /*zeg:* kjoeb/
• *kubus*
• *blok(je)*

cubic /*zeg:* kjoebìk/ *kubieke* ★ 3 cubic meters *3 kubieke meter*

cuckoo /*zeg:* koekoe/ *koekoek*

cucumber /*zeg:* kjoekàmbù/ *komkommer*

cuddle /*zeg:* kàdl/ *knuffelen* ★ I like to cuddle my pet *ik vind het fijn mijn huisdier te knuffelen*

cue /*zeg:* kjoe/ *teken*; *wenk* ★ autocue *afleesapparaat voor nieuwslezers e.d.*
cuff /*zeg:* kàf/ *manchet*
culminate /*zeg:* kàlmìneet/ ‹situatie› *zijn hoogtepunt bereiken*
culprit /*zeg:* kàlprìt/ *dader*
cult /*zeg:* kàlt/ *cultus*; *(gods)verering*
cultivate /*zeg:* kàltìveet/ ‹met gewassen› *bebouwen*
cultural /*zeg:* kàltsjùrùl/ *cultureel*
culture /*zeg:* kàltsjù/ *cultuur*
cunning /*zeg:* kàning/ *listig*; *sluw*
cunt /*zeg:* kànt/ *kut*
cup /*zeg:* kàp/
- *kop(je)*
- *beker*; *cup* ★ cup final *bekerfinale*

cupboard /*zeg:* kàbùd/ *kast*
cupful /*zeg:* kàpfoel/ ‹inhoudsmaat› *kop(je)*
curb /*zeg:* kùùb/ ‹Amerikaans› *stoeprand*
cure /*zeg:* kjoeù/
[**the-woord**] *geneesmiddel* ◆ no cure, no pay *niet goed, geld terug*
[**werkwoord (+ iemand/iets)**] *genezen* ★ the doctor cured me of a bad complaint *de dokter genas me van een lastige kwaal*
curiosity /*zeg:* kjoerìòsùtì/ *nieuwsgierigheid*
curious /*zeg:* kjoerìjùs/
- *nieuwsgierig* ★ I'm curious, tell me! *ik ben nieuwsgierig, zeg het nou!*
- *merkwaardig* ★ a curious purple suit *een merkwaardig paars kostuum*

curl /*zeg:* kùùl/
[**the-woord**] *krul*
[**werkwoord + iemand/iets**] • *(doen) krullen*
• **curl up** *zich oprollen*
curly /*zeg:* kùùlì/ *krullend*
currency /*zeg:* kàrùnsì/ *valuta*; *muntsoort*
current /*zeg:* kàrùnt/
[**the-woord**] ‹water, elektriciteit› *stroom*
[**bijvoeglijk naamwoord**] *actueel*; *huidig*
curry /*zeg:* kàrì/
- *kerrie*
- ‹Indiase schotel› *curry*

curse /*zeg:* kùùs/
[**the-woord**] *vloek* ★ the curse of the pharaohs *de vloek van de farao's*
[**werkwoord + iemand/iets**] • *vloeken*
• *vervloeken*
cursor /*zeg:* kùùsù/ *cursor*
curtain /*zeg:* kùùtn/
- *gordijn* ★ draw the curtains *de gordijnen sluiten*
- ‹toneel› *doek* ★ the curtain fell *het doek ging dicht*

curve /*zeg:* kùùv/ *curve*; *bocht*
cushion /*zeg:* koesjùn/ *kussen*
custody /*zeg:* kàstùdi/
- *voogdij* ★ the father received custody over his children *de vader kreeg de voogdij over zijn kinderen*
- *hechtenis* ★ the thief was taken into custody *de dief werd in hechtenis genomen*

custom /*zeg:* kàstùm/ *gebruik*; *gewoonte*
customer /*zeg:* kàstùmù/ *klant*

cut /*zeg:* kàt/
[**the-woord**] • *snee*; *snijwond*; *(mes)steek*
• ‹haar› *knipbeurt*
• ‹kleding› *snit* ◆ short cut *kortere binnenweg*
[**werkwoord + iemand/iets**] • *(af)snijden* ★ Danny cut off a piece of bread *Danny sneed een stuk brood af*
• *(af)knippen* ★ let me cut your fringe *laat mij je pony knippen* ★ ‹computer› cut and paste *knippen en plakken*
• *uitknippen* ★ Peter cut out a photo in the paper *Peter knipte een foto uit de krant*
• *omhakken* ★ I will cut down that tree *ik zal die boom wel omhakken* ◆ cut it out! *hou op!* ◆ the power supply was cut off *de elektriciteitstoevoer werd stopgezet* ◆ cut down on crisps *de hoeveelheid chips beperken*
cute /*zeg:* kjoet/ *schattig*; *leuk*

C

cyberspace /*zeg:* saibùspees/ *cyberspace*
cycle /*zeg:* saikl/
[**the-woord**] • *cyclus*
• *kringloop*
[**werkwoord**] *fietsen*
cyclist /*zeg:* saiklìst/ *fietser*
cynical /*zeg:* sìnìkl/ *cynisch*

d /*zeg:* die/ *d* ◆ D as in David *de D van Dirk*

'd [**werkwoord** → **will**]
[**werkwoord** → **have**]

dab /*zeg:* deb/ *veeg(je)*; ‹verf› *likje*

daddy /*zeg:* dedì/ *papa*

daffodil /*zeg:* dèfùdìl/ *gele narcis*

dagger /*zeg:* dèGù/ *dolk*

daily /*zeg:* deelì/ *dagelijks* ★ his daily routine *zijn dagelijkse bezigheden* ★ the post is delivered daily *de post wordt dagelijks bezorgd*

dairy /*zeg:* dèèrì/
• *zuivelfabriek*
• *melkwinkel* ★ dairy products *zuivelproducten* ★ dairy cattle *melkvee*

daisy /*zeg:* deezì/ *madeliefje* ★ pick daisies *madeliefjes plukken*

dam /*zeg:* dem/
[**the-woord**] *dam*
[**werkwoord + iemand/iets**] **dam up** *afdammen* ★ dam up a river *een rivier afdammen*

damage /*zeg:* dèmìdzj/
[**the-woord**] *schade* ★ the earthquake caused heavy damage *de aardbeving richtte zware schade aan*
[**werkwoord + iemand/iets**] *beschadigen*

damn /*zeg:* dem/
[**the-woord**] ◆ I don't give a damn *het kan me geen donder schelen*
[**bijvoeglijk naamwoord**] *vervloekt* ★ damn fool! *vervloekte idioot!* ◆ you know damn well that he hates cats *je weet verdomde goed dat hij niet van katten houdt*
[**werkwoord + iemand/iets**] *vervloeken* ★ the witch damned the princess *de heks vervloekte de prinses* ◆ damned!/ damn it! *verdomme!*

damp /*zeg:* demp/
[**the-woord**] *vocht*
[**bijvoeglijk naamwoord**] *vochtig*

dampen /*zeg:* dempùn/
• *bevochtigen*
• *temperen* ★ this event has dampened his enthusiasm *deze gebeurtenis heeft zijn enthousiasme getemperd*

dance /*zeg:* dààns/
[**the-woord**] *dans*
[**werkwoord**] *dansen* ★ dance to music *op muziek dansen* ◆ dancing girl *danseres* ◆ dancing-lesson *dansles*

dancer /*zeg:* dàànsù/ *danser*

dancing /*zeg:* dàànsìng/ *discotheek*

Dane /*zeg:* deen/ *Deen*

danger /*zeg:* deendzjù/ *gevaar* ★ danger threatens *er dreigt gevaar* ★ be in danger *in gevaar zijn*

dangerous /*zeg:* deendzjùrùs/ *gevaarlijk* ★ dangerous play *gevaarlijk spel*

dangle /*zeg:* dengGl/ *bungelen* ◆ she kept him dangling *zij hield hem aan het lijntje*

Danish /*zeg:* deenìsj/
[**the-woord**] taal *Deens*
[**bijvoeglijk naamwoord**] *Deens*
◆ Danish woman ‹inwoonster van Denemarken› *Deense*

dare /*zeg:* dèè/
[**werkwoord**] *iets durven* ★ how dare you say this? *hoe durf je dit te zeggen?*

D

◆ I dare say... *ik veronderstel...*
[werkwoord + iemand/iets] *iemand uitdagen; aandurven* ◆ who dares wins *wie waagt die wint*
daredevil /*zeg:* dèèdèvùl/ *waaghals*
daring /*zeg:* dèèrìng/
[the-woord] *moed*
[bijvoeglijk naamwoord] *gedurfd; gewaagd*
dark /*zeg:* dààk/
[the-woord] *(het) donker* ★ be home before dark *voor het donker thuis zijn*
[bijvoeglijk naamwoord] • *donker*
• *somber*
• *geheim(zinnig)*
darken /*zeg:* dààkùn/ *donker maken/worden*
darkness /*zeg:* dààknùs/ *het donker; duisternis* ★ the city was plunged into darkness by the power failure *de stad was in duisternis gehuld door de stroomstoring*
darling /*zeg:* dààlìng/
[the-woord] *lieveling*
[bijvoeglijk naamwoord] *geliefd; schattig* ★ a darling child *een schattig kind*
dart /*zeg:* dààt/ *pijl(tje)* ◆ shall we play darts tonight? *zullen we vanavond gaan darten?*

dart: Darts ontstond in 1896 in Groot-Brittannië en is tegenwoordig in de hele wereld populair. Het officiële dartbord is verdeeld in 20 'taartpunten' met in het midden een *bull* en daarbinnen een *bull's eye*. Er wordt per beurt met drie pijltjes gegooid, waarbij verschillende aantallen punten kunnen worden behaald.

dash /*zeg:* desj/
[the-woord] *streep*
[werkwoord] • **dash in/out** *naar binnen/buiten stuiven*
• **dash up** *aan komen snellen*
• **dash off/away** *er vandoor gaan*
[werkwoord + iemand/iets]
• *onderstrepen*
• **dash off/down** *afraffelen*
dashboard /*zeg:* desjbòòd/ *dashboard; instrumentenpaneel*
data /*zeg:* deetù/ [meervoud] *gegevens; informatie* ★ collect data *gegevens verzamelen* ◆ data bank *databank*
date /*zeg:* deet/
[the-woord] • *datum; jaartal*
• *afspraak(je)* ◆ at an early date *binnenkort* ◆ out of date *verouderd* ◆ up to date *modern* ◆ bring up to date *bijwerken* ◆ it's a date *afgesproken*
[werkwoord + iemand/iets] • *dateren*
• *verkering hebben met* ★ Susan is dating Jim *Susan heeft verkering met Jim* ◆ dated *ouderwets*
datum /*zeg:* deetùm/ *gegeven; feit*
daughter /*zeg:* dòòtù/ *dochter*
daughter-in-law /*zeg:* dòòtùrìnlòò/ *schoondochter*
dawn /*zeg:* dòòn/
[the-woord] *dageraad* ◆ the crack of dawn *het ochtendgloren*
[werkwoord] • *dagen; licht worden*
• *aanbreken* ★ the day is dawning *de dag breekt aan*
day /*zeg:* dee/ *dag* ★ every other/second day *om de andere dag* ★ all (the) day *de hele dag* ★ one day *op een dag* ◆ the day after tomorrow *overmorgen* ◆ the other day *onlangs* ◆ these days *tegenwoordig* ◆ one of these days *vandaag of morgen* ◆ we called it a day and went home *we zetten er een punt achter en gingen naar huis*
daybreak /*zeg:* deebreek/ *dageraad*
day-dream /*zeg:* deedriem/
[the-woord] *dagdroom*
[werkwoord] *dagdromen*
daylight /*zeg:* deelait/
• *daglicht*
• *publiciteit* ◆ in broad daylight *op klaarlichte dag* ◆ daylight saving time *zomertijd*
daytime /*zeg:* deetaim/ *dag* ◆ in the daytime *overdag*
daze /*zeg:* deez/
[the-woord] *verbijstering* ◆ the day went by in a daze *de dag ging als een waas aan me voorbij*
[werkwoord + iemand/iets]

• *verbijsteren*; *doen duizelen*
• *verblinden* ◆ he was dazed at the thought *hij duizelde bij de gedachte*
dazzle /*zeg:* dèzùl/
[**the-woord**] *schittering*; *pracht* ◆ in a dazzle *verblind*
[**werkwoord + iemand/iets**]
• *verbijsteren*
• *verblinden* ★ she was dazzled by the sunlight *zij werd verblind door de zon*
D-day /*zeg:* diedee/ Decision-day *D-day*
dead /*zeg:* ded/
[**the-woord**] ★ the dead *de doden*
[**bijvoeglijk naamwoord**] • *dood* ★ dead or alive *dood of levend* ★ the fly is as good as dead *de vlieg is op sterven na dood*
• *leeg*; *uitgedoofd*; *dof* ★ dead battery *lege accu* ◆ in dead earnest *doodserieus* ◆ over my dead body *over mijn lijk*
[**bijwoord**] • *dodelijk*; *dood*
• *uiterst*; *volkomen* ◆ dead drunk *stomdronken* ◆ dead slow *zeer langzaam*
dead end /*zeg:* ded end/
[**the-woord**] • *doodlopende straat*
• *dood punt*
[**bijvoeglijk naamwoord**] *doodlopend* ◆ a dead-end job *een uitzichtloze baan*
deadline /*zeg:* dedlain/ *uiterste datum* ◆ I must meet the deadline for this article *ik moet dit artikel op tijd inleveren*
deadly /*zeg:* dedlì/ *dodelijk* ★ this poison is deadly to man *dit vergif is dodelijk voor mensen*
deaf /*zeg:* def/ **deaf to** *doof (voor)* ★ a school for the deaf *een school voor doven*
deaf-aid /*zeg:* def eed/ *gehoorapparaat*
deafen /*zeg:* defùn/
• *doof maken*
• *overstemmen*
• *geluiddicht maken* ◆ the noise was deafening *het lawaai was oorverdovend*
deal /*zeg:* diel/
[**the-woord**] • *transactie*; *zaak* ★ fair/square deal *eerlijke transactie* ★ that is a good deal *dat is een goede zaak*
• *(vuil) zaakje*
• ‹kaartspel› *gift* ◆ a great/good deal of cars *heel/aardig wat auto's* ◆ it means a great deal to her *het betekent heel veel voor haar* ◆ big deal! *nou en?*
[**werkwoord + iemand/iets**] • *handelen*
• *uitdelen*; ‹kaartspel› *geven*
• **deal with** *behandelen*; *kopen bij*; *omgaan met* ★ deal with a subject *een onderwerp behandelen* ★ deal with a problem *met een probleem omgaan*
dealer /*zeg:* dielù/ *handelaar*
dealt /*zeg:* delt/ [(verleden tijd + voltooid deelwoord) → **deal**]
dear /*zeg:* dìjù/
[**the-woord**] *liefste*; *schat*
[**bijvoeglijk naamwoord**] • *kostbaar*
• *lief* ★ my dear daughter *mijn lieve dochter* ◆ Dear Sir *geachte heer* ◆ oh dear! *lieve hemel!* ◆ her dearest wish was to become a pilot *haar vurigste wens was piloot te worden*
death /*zeg:* deS/
• *sterfgeval*
• *dood* ★ death by accident *dood door een ongeluk* ◆ I am sick to death of those kids *ik word doodziek van die kinderen* ◆ scared to death *doodsbang*
debate /*zeg:* dìbeet/
[**the-woord**] *debat*; *discussie* ★ that is under debate *dat staat ter discussie*
[**werkwoord + iemand/iets**] *bespreken*; *overwegen* ★ they are still debating about the subject *zij bespreken nog steeds (het onderwerp)*
debt /*zeg:* det/ ‹van lening› *schuld* ★ settle your debts *je schulden afbetalen* ★ run into/up debts *schulden maken*
debut /*zeg:* deebjoe/ *debuut* ★ he made his debut as an actor *hij maakte zijn debuut als acteur*
decade /*zeg:* dèkeed/
• *decennium*
• *tiental*
decay /*zeg:* dìkee/
[**the-woord**] • *bederf* ★ dental decay *tandbederf*
• *verval* ★ fall into decay *in verval raken*
[**werkwoord**] *vervallen*; *bederven*; *rotten* ★ decaying teeth *rottende tanden* ★ those buildings are decayed *die huizen zijn vervallen*
decease /*zeg:* dìsies/ *overlijden* ★ the

D

deceased *de overledene*
deceit /*zeg:* dìsiet/ *bedrog*; *misleiding*
deceive /*zeg:* dìsiev/ *bedriegen*
December /*zeg:* dìsembù/ *december* ★ December 12th/the 12th of December *12 december*

D

decent /*zeg:* diesùnt/
• *behoorlijk*; *fatsoenlijk*
• ⟨spreektaal⟩ *geschikt*; *aardig* ★ it was decent of her to help us *het was aardig van haar om ons te helpen*
deception /*zeg:* dìsepsjùn/ *bedrog*; *misleiding*
decide /*zeg:* dìsaid/ *beslissen* ★ the matter has been decided *de zaak is beslist* ★ she decided against the proposal *ze besliste tegen het voorstel*
decision /*zeg:* dìsìzjùn/ *beslissing*; *besluit* ★ take a decision *een besluit vormen/nemen*
deck /*zeg:* dek/
• *(scheeps)dek*
• *spel kaarten*
declaration /*zeg:* deklùreesjùn/ *verklaring* ★ declaration of war *oorlogsverklaring*
declare /*zeg:* dìklèè/ *verklaren* ★ America declared war on Japan in 1941 *in 1941 verklaarde Amerika de oorlog aan Japan*
decorate /*zeg:* dèkùreet/
• *versieren*
• *schilderen*; *behangen* ★ decorate a room *een kamer behangen*
decoration /*zeg:* dèkùreesjùn/ *versiering* ★ Christmas decoration *kerstversiering*
decorator /*zeg:* dèkùreetù/ *schilder*; *behanger* ◆ interior decorator *binnenhuisarchitect*
decrease [**the-woord**] /*zeg:* diekries/ *vermindering*
[**werkwoord**] /*zeg:* diekries/ *afnemen*; *dalen* ★ the number of visitors is decreasing *het bezoekersaantal daalt*
dedicate /*zeg:* dèdìkeet/ **dedicate to** *opdragen aan*; *wijden aan* ★ this song I dedicate to my parents *ik draag dit lied op aan mijn ouders*
deed /*zeg:* died/ *daad* ★ do a good deed *een goede daad verrichten*
deep /*zeg:* diep/
[**the-woord**] *diepte*
[**bijvoeglijk naamwoord**] • *diep*; *diepliggend* ★ the water is not deep here *het water is hier niet diep*
• *verdiept* ★ Karen was deep in a book *Karen was verdiept in een boek*
deepen /*zeg:* diepùn/ *dieper maken/worden*
deep freeze /*zeg:* diepfriez/
[**the-woord**] *diepvries*
[**werkwoord + iemand/iets**] *diepvriezen*
deer /*zeg:* dìjù/ *hert(en)*
defeat /*zeg:* dìfiet/
[**the-woord**] *nederlaag*
[**werkwoord + iemand/iets**] • *verslaan* ★ they were defeated by three goals to one *ze werden met 3-1 verslagen*
• *verwerpen*
defect /*zeg:* diefekt/ *gebrek*
defence, defense /*zeg:* dìfens/ *de verdedigers*; *de verdediging* ★ Ajax's defence is very strong *de verdediging van Ajax is erg sterk*
defend /*zeg:* dìfend/ *verdedigen*; *beschermen* ★ I learned karate to defend myself *ik leerde karate om mezelf te verdedigen*
defender /*zeg:* dìfendù/ *verdediger*
defensive /*zeg:* dìfensìv/ *verdedigend*
defiant /*zeg:* dìfaiùnt/ *opstandig*
deficiency /*zeg:* dìfisjùnsì/ *tekort* ★ deficiency of food *voedseltekort*
deficient /*zeg:* dìfisjùnt/ *gebrekkig*; *zwakzinnig*
define /*zeg:* dìfain/ *bepalen*; *beschrijven* ★ define the borders *de grenzen bepalen*
definite /*zeg:* dèfinìt/
• *bepaald* ★ ⟨taal⟩ definite article *bepaald lidwoord*
• *precies* ◆ definitely! *absoluut!*; *beslist!*
definition /*zeg:* dèfinìsjùn/ *definitie*; *omschrijving* ★ give a definition of that word *geef een omschrijving van dat woord*
definitive /*zeg:* dìfinìtiv/ *beslissend*; *definitief*
defrost /*zeg:* diefròst/ *ontdooien*
defy /*zeg:* dìfai/ *trotseren*; *uitdagen (tot)* ★ she defied him to disprove it *she daagde hem uit het tegendeel te bewijzen*

degree /*zeg:* dìGrie/
• *mate* ★ to some/a high degree *in zekere/hoge mate*
• *graad* ★ ten degrees above zero *tien graden boven nul* ◆ she has taken her degree *zij is afgestudeerd*

delay /*zeg:* dìlee/
[**the-woord**] *vertraging* ★ the train has a delay of 5 minutes *de trein heeft 5 minuten vertraging*
[**werkwoord + iemand/iets**] *uitstellen* ★ they delayed their trip a few days *ze stelden hun tochtje enkele dagen uit*

delete /*zeg:* dìliet/ *wissen*; *weggooien*

deliberate /*zeg:* dìlìbùrùt/ *opzettelijk*

delicate /*zeg:* dèlìkùt/
• *fijn(gevoelig)*; *teer* ★ an orchid is a delicate flower *een orchidee is een tere bloem*
• *netelig* ★ a delicate matter *een netelige zaak*

delicious /*zeg:* dìlìsjùs/ *lekker*; *heerlijk*

delight /*zeg:* dìlait/ *genot*; *genoegen*; *lust* ◆ I shall be delighted *het zal mij een waar genoegen zijn* ◆ Turkish delight *Turks fruit*

deliver /*zeg:* dìlìvù/ *overdragen*; *(af)leveren*; *uitdelen* ★ deliver flowers *bloemen afleveren* ★ deliver a blow *een klap uitdelen* ◆ be delivered of a baby *bevallen van een baby* ◆ deliver a speech *een toespraak houden* ◆ deliver up the fortress to the enemy *het fort aan de vijand overgeven*

delivery /*zeg:* dìlìvùrì/
• *bestelling*; *bezorging* ★ pizza delivery service *pizza bezorgdienst*
• *verlossing* ★ delivery room *verloskamer*

demand /*zeg:* dìmàànd/
[**the-woord**] *verlangen*; *vraag* ★ there is a great demand for teachers *er is grote vraag naar leraren*
[**werkwoord + iemand/iets**] *eisen*; *verlangen* ★ the teacher demanded an explanation *de leraar eiste een verklaring*

democracy /*zeg:* dìmòkrùsì/ *democratie*

democrat /*zeg:* dèmùkret/ *democraat* ◆ ⟨Amerikaans⟩ Democrat ⟨lid van de Democratische Partij⟩ *Democraat*

democratic /*zeg:* dèmùkrètìk/ *democratisch*

demolish /*zeg:* dìmòlìsj/ *slopen* ★ these houses will be demolished *deze huizen worden gesloopt*

demon /*zeg:* diemùn/ *boze geest*; *duivel*

demonstrate /*zeg:* dèmùnstreet/
[**werkwoord**] *demonstreren*; *betoging houden* ★ the students demonstrated against the government *de studenten demonstreerden tegen de regering*
[**werkwoord + iemand/iets**] *aantonen* ★ research demonstrated *onderzoek heeft aangetoond*

demonstration /*zeg:* dèmùnstreesjùn/ *demonstratie*; *betoging* ★ a peaceful demonstration *een vreedzame demonstratie*

demonstrative /*zeg:* dìmònstrùtìv/
[**the-woord**] *aanwijzend voornaamwoord*
[**bijvoeglijk naamwoord**] • *aanwijzend*; *aantonend*
• *demonstratief*

den /*zeg:* den/ *hol*

denial /*zeg:* dìnaijùl/ *ontkenning*

denim /*zeg:* dènìm/ *spijkerstof*

Denmark /*zeg:* denmààk/ *Denemarken*

denominator /*zeg:* dìnòmìneetù/ ⟨wiskunde⟩ ⟨in breuk⟩ *noemer*

denote /*zeg:* dìnoowt/ *aanduiden*; *wijzen op*

dense /*zeg:* dens/
• *dicht* ★ dense fog *dichte mist* ★ densely populated *dichtbevolkt*
• *dom*

dentifrice /*zeg:* dentìfrìs/ *tandpasta*

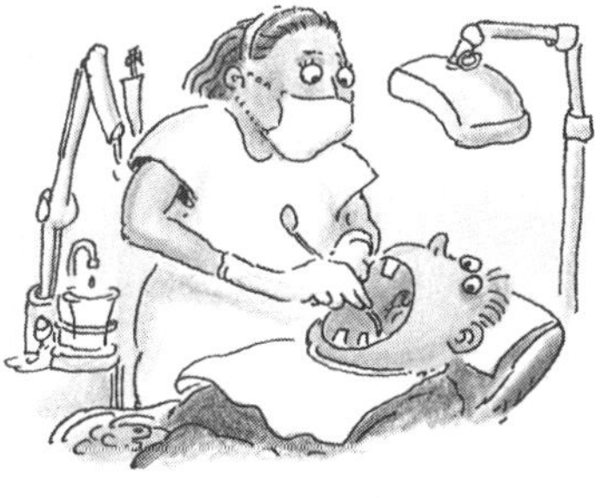

dentist /*zeg:* dentìst/ *tandarts*

deny /*zeg:* dìnai/
• *ontkennen*; *(ver)loochenen* ⋆ she denied that she had been there *ze ontkende dat ze daar was geweest*
• *ontzeggen*; *weigeren* ⋆ she denied me a kiss *ze weigerde me een kus*

deodorant /*zeg:* dieoowdùrùnt/ *deodorant*

depart /*zeg:* dìpààt/
• *vertrekken* ⋆ the train departs at 6:30 a.m. *de trein vertrekt om half zeven 's ochtends*
• **depart from** *afwijken van*; *doodgaan*

department /*zeg:* dìpààtmùnt/ *afdeling*
◆ department store *warenhuis*

departure /*zeg:* dìpààtsjù/ *vertrek*

depend /*zeg:* dìpend/
• *vertrouwen*
• **depend (up)on** *afhangen van* ◆ you can depend on it *daar kun je van op aan* ◆ that depends... *dat ligt eraan...*

dependence /*zeg:* dìpendùns/ *afhankelijkheid*

dependent /*zeg:* dìpendùnt/ *afhankelijk*; *onzelfstandig* ⋆ dependent on your parents *afhankelijk van je ouders*

deport /*zeg:* dìpòòt/
• *verbannen*
• *deporteren*

deposit /*zeg:* dìpòzìt/
[**the-woord**] *waarborgsom*; *statiegeld*
[**werkwoord + iemand/iets**]
• *(neer)leggen*
• ‹geld› *storten* ⋆ deposit money in a savings account *geld op een spaarrekening storten*

depress /*zeg:* dìpres/ *neerslachtig maken* ⋆ I don't like sad books, they depress me *ik houd niet van treurige boeken, die maken me neerslachtig*

depression /*zeg:* dìpresjùn/
• *moedeloosheid*
• *lagedrukgebied*

depth /*zeg:* depS/
• *diepte*
• *intensiteit* ◆ in the depths of the night *in het holst van de nacht* ◆ in depth *diepgaand*

deputy /*zeg:* depjoetì/ *plaatsvervanger*

derby /*zeg:* dààbì/ ‹sport› *wedstrijd tussen ploegen uit dezelfde stad*

descend /*zeg:* dìsend/
• *(af)dalen*
• **descend from** *uitstappen*; *afstappen* ⋆ descend from a car *uit een auto stappen*
• **descend to** *overgaan op* ⋆ descend to the next subject *overgaan op het volgende onderwerp* ◆ man descends from the apes *de mens stamt af van de aap* ◆ descend upon your parents *bij je ouders binnenvallen*

descent /*zeg:* dìsent/ *afkomst*; *afdaling* ⋆ he is of Spanish descent *hij is van Spaanse afkomst*

describe /*zeg:* dìskraib/ *beschrijven*

description /*zeg:* dìskrìpsjùn/ *beschrijving* ⋆ this man answers the description *deze man beantwoordt aan de beschrijving* ◆ cars of every description *auto's van elk soort*

desert [**the-woord**] /*zeg:* dèzùt/ *woestijn*
[**bijvoeglijk naamwoord**] /*zeg:* dèzùt/ *onbewoond*; *verlaten* ⋆ desert island *onbewoond eiland*
[**werkwoord + iemand/iets**] /*zeg:* dìzùùt/ *in de steek laten*; *verlaten*

deserve /*zeg:* dìzùùv/ *verdienen* ⋆ she deserves to win *zij verdient het om te winnen*

design /*zeg:* dìzain/
[**the-woord**] • *schets*; *plan*
• *vormgeving*
[**werkwoord + iemand/iets**] • *ontwerpen*
• *bedenken*; *plannen*

designer /*zeg:* dìzainù/ *ontwerper*

desire /*zeg:* dìzaijù/
[**the-woord**] *verlangen*; *wens* ⋆ express a desire *een wens uitspreken*
[**werkwoord + iemand/iets**] *wensen*; *begeren* ⋆ his work left much to be desired *zijn werk liet veel te wensen over*

desk /*zeg:* desk/
• *bureau*
• *balie* ⋆ ask at the information desk *vraag bij de informatiebalie*

desktop /*zeg:* desktòp/ ‹computer› *bureaublad*

despair /*zeg:* dìspèè/
[**the-woord**] *wanhoop* ⋆ her pupils drive her to despair *haar leerlingen drijven haar tot wanhoop*

D

[**werkwoord**] *wanhopen*

desperate /*zeg:* despùrùt/ *hopeloos*; *wanhopig* ★ the situation is desperate *de situatie is hopeloos* ◆ I'm desperate for a piece of chocolate *ik doe een moord voor een stukje chocolade*

despise /*zeg:* dìspaiz/ *verachten*

despite /*zeg:* dìspait/ *ondanks*

dessert /*zeg:* dìzùùt/ *dessert*; *toetje*

destination /*zeg:* destìneesjùn/ *bestemming*

destiny /*zeg:* destìnì/ *(nood)lot* ★ she accepted her destiny *zij schikte zich in haar lot*

destroy /*zeg:* dìstroj/
• *vernietigen*; *vernielen* ★ the hurricane destroyed the city *de orkaan vernietigde de stad*
• ‹van dier› *afmaken*

destruction /*zeg:* dìstràksjùn/
• *ondergang*
• *vernieling*; *vernietiging* ★ war has left a trail of destruction *de oorlog heeft een spoor van vernieling achtergelaten*

detail /*zeg:* dieteel/ *bijzonderheid*; *detail* ◆ a matter of detail *een bijzaak* ◆ in detail *uitvoerig*

detect /*zeg:* dìtekt/ *betrappen*; *bespeuren*

detective: Sherlock Holmes is 's werelds bekendste detective. Hij is de hoofdpersoon in de verhalen van schrijver Arthur Conan Doyle. Sherlock lost samen met zijn hulpje Watson alle moorden op. In Londen is een museum aan hem gewijd, te vinden in Baker Street.

detective /*zeg:* dìtektìv/
• *detective*
• *(politie)rechercheur*

detention /*zeg:* dìtensjùn/
• *opsluiting*; *hechtenis*
• *het nablijven op school* ◆ House of Detention *Huis van Bewaring* ◆ detention centre *jeugdgevangenis* ◆ the teacher kept me in detention *de leraar liet me nablijven*

detergent /*zeg:* dìtùùdzjùnt/ *schoonmaakmiddel*; *(af)wasmiddel*

deteriorate /*zeg:* dìtijùrìjùreet/ *slechter worden*; *bederven* ★ her condition deteriorates *haar gezondheid wordt steeds slechter*

determine /*zeg:* dìtùùmìn/
• *besluiten*; *beslissen*
• *vaststellen*; *bepalen*

detest /*zeg:* dìtest/ *verafschuwen*; *haten*

detour /*zeg:* dietoeù/ *omweg*; *omleiding*

deuce /*zeg:* djoes/ ‹tennis› *40 gelijk*

develop /*zeg:* dìvèlùp/
[**werkwoord**] • *zich ontwikkelen* ★ developing country *ontwikkelingsland*
• *ontstaan*
[**werkwoord + iemand/iets**] *ontwikkelen* ★ develop photographs *foto's ontwikkelen* ◆ she developed pneumonia *zij kreeg longontsteking*

development /*zeg:* dìvèlùpmùnt/ *ontwikkeling* ★ development aid *ontwikkelingshulp*

deviant /*zeg:* dieviùnt/ *afwijkend*; *abnormaal* ★ deviant behaviour *afwijkend gedrag*

deviate /*zeg:* dievìeet/
• *afwijken*
• *afdwalen*

device /*zeg:* dìvais/ *(hulp)middel*; *apparaat* ◆ leave someone to his own devices *iemand aan zijn lot over laten*

devil /*zeg:* dèvùl/ *duivel*

devilish /*zeg:* dèvùlìsj/
• *duivels*
• *buitensporig*

devious /*zeg:* dievìjùs/
• *sluw*
• *onbetrouwbaar*

devote /*zeg:* dìvoowt/ ‹van tijd, aandacht›

besteden; *(toe)wijden* ★ devoted to *toegewijd aan* ★ he devoted himself to his studies *hij wijdde zich aan zijn studie*

devotion /*zeg:* dìvoowsjùn/ *toewijding*

devour /*zeg:* dìvauwù/ *verslinden* ★ Jack devoured the sandwich *Jack verslond de boterham*

dew /*zeg:* djoe/ *dauw*

diabetes /*zeg:* daijùbietiez/ *suikerziekte*; *diabetes*

diagnosis /*zeg:* daijùGnoowsìs/ *diagnose* ★ the doctor made a diagnosis *de arts stelde een diagnose*

diagonal /*zeg:* daijèGùnl/
[**the-woord**] *diagonaal*
[**bijvoeglijk naamwoord**] *diagonaal*

diagram /*zeg:* daijùGrem/
• *diagram*
• *grafiek*

dial /*zeg:* daijùl/ ‹telecommunicatie› *draaien*; *kiezen*; *bellen* ★ she picked up the phone and dialled the number *ze nam de telefoon op en draaide het nummer* ◆ dialling code *kengetal* ◆ dialling tone *kiestoon*

dialect /*zeg:* daijùlekt/ *dialect*

dialogue /*zeg:* daijùlòG/ *dialoog*; *gesprek*

diameter /*zeg:* daijèmìtù/ *diameter*

diamond /*zeg:* daijùmùnd/
• *diamant*
• *ruit* ★ diamonds ‹speelkaart› *ruiten*

diaper /*zeg:* daijùpù/ *luier*

diary /*zeg:* daijùrì/
• *dagboek*
• *agenda*

dice /*zeg:* dais/ *dobbelspel*; *dobbelstenen* ★ throw the dice *met de dobbelsteen gooien*

dick /*zeg:* dìk/
• *politieagent*; *smeris*
• *lul*

dictate /*zeg:* dìkteet/
• *dicteren*
• *voorschrijven*

dictator /*zeg:* dìkteetù/ *dictator*

dictionary /*zeg:* dìksjùnrì/ *woordenboek* ★ look the word up in a dictionary *zoek het woord op in een woordenboek*

did /*zeg:* dìd/ [(verleden tijd) → **do**]

die /*zeg:* dai/ *sterven*; *doodgaan* ★ my grandfather died in his bed *mijn opa stierf een natuurlijke dood* ★ she died of cancer *ze stierf aan kanker* ◆ the wind dies down *de wind gaat liggen* ◆ I'm dying for chocolate *ik verlang hevig naar chocolade*

diesel /*zeg:* diez(ù)l/ *diesel*

diet /*zeg:* daijùt/
[**the-woord**] *dieet* ★ my aunt is on a diet *mijn tante is op dieet*
[**werkwoord + iemand/iets**] *op dieet stellen*

differ /*zeg:* dìfù/ *verschillen*

difference /*zeg:* dìfrùns/ *verschil* ◆ it makes no difference to me *het maakt mij niet uit*

different /*zeg:* dìfrùnt/ *ander*; *anders*; *verschillend* ★ a different city *een andere stad* ★ he is so different from/to his father *hij is zo anders dan zijn vader* ★ we have different opinions *wij hebben verschillende meningen*

difficult /*zeg:* dìfikùlt/ *moeilijk*; *lastig*

difficulty /*zeg:* dìfikùltì/
• *probleem*
• *moeite* ★ with difficulty *met moeite*

dig /*zeg:* dìG/
• *uitgraven*; *opgraven*
• **dig up** *opgraven* ◆ dig your feet in *je schrap zetten* ◆ dig yourself in *je positie versterken*

digest /*zeg:* daidzjest/ *verteren*

digestion /*zeg:* daidzjestsjùn/ *spijsvertering* ★ his digestion has always been poor *hij heeft altijd een slechte spijsvertering gehad*

digit /*zeg:* dìdzjìt/

- *vinger*
- *teen*
- *getal onder de tien*

digital /*zeg:* dìdzjìtl/ *digitaal*
dignified /*zeg:* dìGnìfaid/ *deftig*; *waardig*
dignity /*zeg:* dìGnùtì/ *waardigheid*
dike /*zeg:* daik/ *dijk*
dilemma /*zeg:* dìlèmù/ *dilemma*; *probleem*
dim /*zeg:* dìm/
[**bijvoeglijk naamwoord**] • *flauw*; *vaag*
• *somber*; *schemerig* ★ dim prospects *sombere vooruitzichten*
• *flauw*; *vaag*
[**werkwoord + iemand/iets**] *verduisteren*; *dofmaken* ◆ dim the lights *de lichten dimmen*
dime /*zeg:* daim/ ‹Amerikaans› ‹muntstuk› *tien dollarcent*
dimension /*zeg:* daimensjùn/ *dimensie*; *afmeting*
diminish /*zeg:* dìmìnìsj/ *verminderen*
dine /*zeg:* dain/
• *dineren*
• **dine out** *uit eten gaan*
diner /*zeg:* dainù/
• ‹Amerikaans› *klein (weg)restaurant*
• *restauratiewagen*
dining room /*zeg:* dainingroem/ *eetkamer*; *eetzaal*
dinner /*zeg:* dìnù/ *diner* ★ dinner party *dineetje* ◆ I haven't had dinner yet *ik heb nog niet gegeten* ◆ what do we have for dinner? *wat eten we?*
dinosaur /*zeg:* dainùsòò/ *dinosaurus*
dip /*zeg:* dìp/
[**the-woord**] • *duik* ★ Peter takes a dip in the pool *Peter neemt een duik in het zwembad*
• *(dip)saus*
[**werkwoord**] **dip in/into** *duiken*
[**werkwoord + iemand/iets**] *onderdompelen*
diploma /*zeg:* dìploowmù/
• *diploma*
• *oorkonde*
diplomat /*zeg:* dìplùmet/ *diplomaat*
direct /*zeg:* dairekt/
[**bijvoeglijk naamwoord**] • *rechtstreeks*
• *oprecht*
[**werkwoord + iemand/iets**] • *regisseren* ★ direct a play *een toneelstuk regisseren*
• *richten* ★ direct your questions at me *richt je vragen tot mij*
• *(aan)wijzen* ★ can you direct me to the station? *kunt u mij de weg naar het station wijzen?*
direction /*zeg:* daireksjùn/
• *richting* ★ we drive in the wrong direction *we rijden in de verkeerde richting*
• *leiding*
• *regie* ◆ follow the directions *volg de instructies*
directly /*zeg:* dairektlì/
• *rechtstreeks*
• *meteen*
director /*zeg:* dairektù/
• *regisseur*
• *directeur*; ‹van afdeling› *hoofd*
directory /*zeg:* dairektùrì/
• *gids*; *adresboek*
• ‹computer› *map/folder met files*
dirt /*zeg:* dùùt/
• *vuil*
• *modder* ◆ dirt road *onverharde weg*
dirty /*zeg:* dùùtì/ *vuil*; *smerig* ◆ she played a dirty trick on me *zij leverde mij een gemene streek*
disability /*zeg:* dìsùbìlùtì/
• *onbekwaamheid*
• *invaliditeit* ◆ learning disability *leerstoornis*
disable /*zeg:* dìseebl/
• *ongeschikt maken*
• *diskwalificeren*
disabled /*zeg:* dìseebld/ *invalide*; *gehandicapt*
disadvantage /*zeg:* dìsùdvààntìdzj/
[**the-woord**] *nadeel* ★ at a disadvantage *in het nadeel*
[**werkwoord + iemand/iets**] *benadelen*
disagree /*zeg:* dìsùGrie/
• *het oneens zijn* ★ I disagree *ik ben het er niet mee eens*
• *verschillen*
disappear /*zeg:* dìsùpìjù/ *verdwijnen*
disappoint /*zeg:* dìsùpojnt/ *teleurstellen*
★ you disappoint me *je stelt me teleur*
★ a disappointing result *een teleurstellend resultaat*
disappointment /*zeg:* dìsùpojntmùnt/

D

D

teleurstelling
disapproval /*zeg:* dìsùproevùl/ *afkeuring*
disapprove /*zeg:* dìsùproev/
• *afkeuren*; *afwijzen* ★ my parents disapprove of my ideas *mijn ouders keuren mijn ideeën af*
• **disapprove of** *afkeuren*
disarm /*zeg:* dìsààm/
[**werkwoord + iemand/iets**] *ontmantelen*
[**werkwoord (+ iemand/iets)**] *ontwapenen*
disaster /*zeg:* dìzààstù/
• *ramp* ★ disaster area *rampgebied*
• *onheil*
disastrous /*zeg:* dìzààstrùs/ *rampzalig*
disc /*zeg:* dìsk/ [→ **disk**] *schijf* ★ compact disc *cd*
discard /*zeg:* dìskààd/
• *weggooien*
• *afdanken*
discipline /*zeg:* dìsìplìn/ *discipline*; *zelfbeheersing*
discjockey /*zeg:* dìskdzjòkì/ *diskjockey*
disclaim /*zeg:* dìskleem/ *ontkennen*; *afwijzen* ★ disclaim the responsibility *de verantwoordelijkheid afwijzen*
disclaimer /*zeg:* dìskleemù/ *ontkenning*; *afwijzing*
disclose /*zeg:* dìskloowz/ *onthullen* ★ disclose a secret *een geheim onthullen*
disco /*zeg:* dìskoow/
• *discomuziek*
• *discotheek*
discomfort /*zeg:* dìskàmfùt/ *ongemak*
disconnect /*zeg:* dìskùnekt/
• *verbinding verbreken*
• *uitschakelen* ◆ a disconnected story *een onsamenhangend verhaal*
discotheque /*zeg:* dìskùtek/ *disco(theek)*
discount [**the-woord**] /*zeg:* dìskaunt/ *korting* ★ at a 10% discount *met een korting van 10%*
[**werkwoord + iemand/iets**] /*zeg:* dìskaunt/ *korting geven*
discourage /*zeg:* dìskàrìdzj/
• *ontmoedigen*
• *afschrikken*
discover /*zeg:* dìskàvù/ *ontdekken* ★ Columbus discovered America in 1492 *Columbus ontdekte Amerika in 1492*
discovery /*zeg:* dìskàvùrì/ *ontdekking*
discreet /*zeg:* dìskriet/
• *tactvol*
• *diskreet*
discretion /*zeg:* dìskresjùn/
• *geheimhouding*
• *tact*
discriminate /*zeg:* dìskrìmìneet/ *onderscheid maken*; *discrimineren* ★ discriminate against someone *iemand discrimineren*
discrimination /*zeg:* dìskrìmìneesjùn/
• *onderscheid*
• *discriminatie* ★ racial discrimination *rassendiscriminatie*
discus /*zeg:* dìskùs/ *discus*
discuss /*zeg:* dìskàs/ *bespreken*
discussion /*zeg:* dìskàsjùn/ *discussie*; *bespreking*
disease /*zeg:* dìziez/
• *ziekte*
• *kwaal* ◆ foot and mouth disease *mond- en klauwzeer*
disembark /*zeg:* dìsìmbààk/ *van boord gaan*
disgrace /*zeg:* dìsGrees/
[**the-woord**] *schande*
[**werkwoord + iemand/iets**] *te schande maken*
disguise /*zeg:* dìsGaiz/
[**the-woord**] *vermomming*
[**werkwoord + iemand/iets**] *vermommen*; *onherkenbaar maken* ★ disguise your feelings *je gevoelens verbergen*
disgust /*zeg:* dìsGàst/
[**the-woord**] *afschuw*; *afkeer* ★ he couldn't hide his disgust *hij kon zijn afkeer niet verbergen*
[**werkwoord + iemand/iets**] *doen walgen*
disgusting /*zeg:* dìsGàstìng/ *weerzinwekkend*
dish /*zeg:* dìsj/
[**the-woord**] • *schaal*
• *schotelantenne*
• *gerecht*
[**werkwoord + iemand/iets**] • *opdienen*; *opscheppen* ★ he dished (up) the main course *hij diende het hoofdgerecht op*

• **dish up** *opdienen* ◆ dish out punishment *straf uitdelen*
dishes /*zeg:* dìsjìz/ [meervoud] *de afwas*; *tafelgerei* ◆ Jim is doing the dishes *Jim wast af*
dishonest /*zeg:* dìsònìst/ *oneerlijk*
dish towel /*zeg:* dìsjtauwùl/ *theedoek*
disillusion /*zeg:* dìsìloezjùn/
[**the-woord**] *teleurstelling* ★ the party turned out to be a big disillusion *het feest bleek een grote teleurstelling te zijn*
[**werkwoord + iemand/iets**] *ontgoochelen* ★ my father was disillusioned with my results *mijn vader was teleurgesteld over mijn resultaten*
disinfect /*zeg:* dìsìnfekt/ *ontsmetten*
disintegrate /*zeg:* dìsìntìGreet/ *uiteenvallen*; *ontbinden*
disk ⟨Amerikaans⟩ /*zeg:* dìsk/ [→ **disc**] *schijf* ★ ⟨computer⟩ hard disk *harde schijf* ◆ floppy disk *diskette*
dislike /*zeg:* dìslaik/
[**the-woord**] *afkeer*; *hekel* ★ take a dislike to something *een hekel krijgen aan iets*
[**werkwoord + iemand/iets**] *een hekel hebben aan*; *niet houden van* ★ Jane dislikes dogs *Jane heeft een hekel aan honden*

dislocate /*zeg:* dìslùkeet/
• *verplaatsen*
• *ontwrichten* ★ she dislocated her ankle when she fell *ze ontwrichtte haar enkel toen ze viel*
dismal /*zeg:* dìzml/ *somber*; *triest*
dismay /*zeg:* dìsmee/
[**the-woord**] *wanhoop*; *verslagenheid*
[**werkwoord + iemand/iets**] *totaal ontmoedigen*
dismiss /*zeg:* dìsmìs/ *wegsturen*
dismount /*zeg:* dìsmaunt/ *afstappen* ★ Pam dismounted from her bicycle *Pam stapte van haar fiets af*
disobedient /*zeg:* dìsùbiediùnt/ *ongehoorzaam*
disobey /*zeg:* dìsùbee/ *ongehoorzaam zijn*
disorder /*zeg:* dìsòòdù/
• *wanorde*
• *stoornis* ★ eating disorder *eetstoornis*
dispatch /*zeg:* dìspetsj/ *afhandelen*; *versturen*
dispense /*zeg:* dìspens/
• *uitdelen*; *verdelen*
• **dispense from** *vrijstellen van*
disperse /*zeg:* dìspùùs/
[**werkwoord**] *uiteengaan* ★ the group dispersed *de groep ging uiteen*
[**werkwoord + iemand/iets**] *verspreiden* ★ the police dispersed the demonstrators *de politie verspreidde de demonstranten*

display /*zeg:* dìsplee/
[**the-woord**] • *vertoning*; *uitstalling* • *beeld(scherm)* ◆ what is on display? *wat is er te zien?*
[**werkwoord + iemand/iets**] *(ver)tonen*; *uitstallen*
displease /*zeg:* dìspliez/ *ergeren*
displeased /*zeg:* dìspliezd/ *ontevreden*; *boos*
disposable /*zeg:* dìspoowzùbl/
• *beschikbaar*

D

D

• *wegwerp-* ★ disposable camera *wegwerpcamera*

disposal /*zeg:* dìspoowzùl/
• *afhandeling*
• *verwijdering* ◆ waste disposal *afvalverwerking* ◆ at your disposal *tot uw beschikking*

dispute /*zeg:* dìspjoet/ *geschil* ★ have a dispute about/over/with *een geschil hebben over/om/met*

disqualification /*zeg:* dìskwòlìfikeesjùn/ *diskwalificatie*

disqualify /*zeg:* dìskwòlìfai/ *diskwalificeren*

disregard /*zeg:* dìsrìGààd/ *negeren* ◆ disregard a warning *een waarschuwing in de wind slaan*

dissolve /*zeg:* dìzòlv/
[**werkwoord**] *oplossen*
[**werkwoord + iemand/iets**] • *oplossen* ★ dissolve a problem *een probleem oplossen*
• *opheffen*

distance /*zeg:* dìstns/
• *verte* ★ in the distance *in de verte*
• *afstand* ★ at a distance *op een afstand*

distant /*zeg:* dìstnt/ *ver (weg)* ★ a distant journey *een verre reis*

distaste /*zeg:* dìsteest/ *afkeer*

distasteful /*zeg:* dìsteestfoel/ *onsmakelijk*

distinct /*zeg:* dìstìngkt/
• *duidelijk*; *beslist* ★ I heard it distinctly *ik hoorde het duidelijk*
• *verschillend*; *apart* ★ three distinct models *drie verschillende modellen* ◆ these pictures are distinct from each other *deze foto's verschillen van elkaar*

distinction /*zeg:* dìstìngksjùn/
• *onderscheid(ing)* ★ draw a distinction between *een onderscheid maken tussen*
• *aanzien* ★ a writer of high distinction *een schrijver van groot aanzien*

distinguish /*zeg:* dìstìngGwìsj/
[**werkwoord**] **distinguish among/between** *onderscheid maken tussen*
[**werkwoord + iemand/iets**]
• *onderscheiden*
• **distinguish from** *onderscheiden van* ★ distinguish Madonna from Marilyn Monroe *Madonna van Marilyn Monroe onderscheiden*

distort /*zeg:* dìstòòt/
• *vervormen*
• *verdraaien* ★ she distorted the truth *ze verdraaide de waarheid* ◆ distorting mirror *lachspiegel*

distortion /*zeg:* dìstòòsjùn/ *vervorming*

distract /*zeg:* dìstrekt/
• *afleiden* ★ Peter is easily distracted *Peter is snel afgeleid*
• *verwarren*; *verbijsteren*

distress /*zeg:* dìstres/
[**the-woord**] • *verdriet*
• *zorg*
• *nood* ★ distress signal *noodsignaal*
[**werkwoord + iemand/iets**]
• *beangstigen*
• *pijn doen*

distressing /*zeg:* dìstresìng/
• *pijn/angst veroorzakend*
• *verontrustend* ★ a distressing report *een verontrustend bericht*

distribute /*zeg:* dìstrìbjoet/ *uitdelen*; *distribueren*

distribution /*zeg:* dìstrìbjoesjùn/ *distributie*; *verspreiding* ★ distribution of food *voedselverspreiding*

distributor /*zeg:* dìstrìbjoetù/ *groothandelaar*; *distributeur*

district /*zeg:* dìstrìkt/
• *streek*; *gebied*
• *wijk* ★ residential district *woonwijk*

distrust /*zeg:* dìstràst/
[**the-woord**] *wantrouwen*
[**werkwoord + iemand/iets**] *wantrouwen* ★ Lady Di distrusted journalists *Lady Di wantrouwde journalisten*

disturb /*zeg:* dìstùùb/ *(ver)storen* ★ please, do not disturb! *niet storen a.u.b.!* ★ mentally disturbed *geestelijk gestoord*

disturbance /*zeg:* dìstùùbùns/ *verstoring*

ditch /*zeg:* dìtsj/
[**the-woord**] *sloot*; *greppel*
[**werkwoord + iemand/iets**] • *in de steek laten*
• *afdanken* ★ mum has ditched her old car *mama heeft haar oude auto afbedankt*

dive /*zeg:* daiv/
[**the-woord**] *duik* ★ ‹sport› make a dive

for the ball *naar de bal duiken*
[**werkwoord**] *duiken* ★ when Tom is diving he sees beautiful fishes *als Tom gaat duiken, ziet hij mooie vissen*
diverse /*zeg:* daivùùs/ *verschillend*
divert /*zeg:* daivùùt/ *omleiden*; *afleiden* ★ divert the traffic *het verkeer omleiden*
divide /*zeg:* dìvaid/
[**werkwoord**] *zich splitsen*
[**werkwoord + iemand/iets**] • *verdelen*; *delen* ★ 15 divided by 3 is 5 *15 gedeeld door 3 is 5*
• *scheiden* ★ the house is divided from the village by a river *het huis is van het dorp gescheiden door een rivier*
divine /*zeg:* dìvain/
[**bijvoeglijk naamwoord**] *goddelijk*
[**werkwoord + iemand/iets**] • *raden*
• *voorspellen* ★ divine the future *de toekomst voorspellen*
diving-board /*zeg:* daiving bòd/ *duikplank*
division /*zeg:* dìvìzjùn/
• *verdeling* ★ how is the division of the day? *hoe ziet de verdeling van de dag eruit?*
• *afdeling*; *divisie*
• *divisie*; *afdeling* ★ our club is in the second division *onze club speelt in de tweede divisie*
divorce /*zeg:* dìvòòs/
[**the-woord**] *echtscheiding*
[**werkwoord + iemand/iets**] • *scheiden van* ★ my parents are divorced *mijn ouders zijn gescheiden*
• *zich laten scheiden van*
dizzy /*zeg:* dìzì/ *duizelig*
DJ [**afkorting**] Disk Jockey *dj*
do /*zeg:* doe/
[**werkwoord**] *doen* ◆ how do you do? *hoe gaat het ermee?* ◆ that skirt will do for Sandra *die rok staat Sandra best* ◆ he does with almost nothing *hij heeft bijna niets nodig* ◆ that will do *het is wel goed zo*
[**werkwoord + iemand/iets**] • *doen* ★ do your best *je best doen* ★ do something well/wrong *iets goed/verkeerd doen*
• *maken* ★ Janet does her homework *Janet maakt haar huiswerk* ◆ the party was done *het feestje was over* ◆ I'm done *ik ben klaar*
[**hulpwerkwoord**] ★ do you know him? *ken je hem?* ★ did you see that? *zag je dat?* ◆ I do ⟨als je trouwt⟩ *ja ik wil* ◆ and so do I *en ik ook*
dock /*zeg:* dòk/
• *(droog)dok*
• *haven*
docker /*zeg:* dòkù/ *dokwerker*; *havenarbeider*
doctor /*zeg:* dòktù/
• *dokter*; *arts* ★ family doctor *huisarts*
• *doctor*; *geleerde*
document /*zeg:* dòkjoemùnt/ *document*; *bewijsstuk*
documentary /*zeg:* dòkjoementùrì/ *documentaire*
dodge /*zeg:* dòdzj/ *ontwijken* ★ he dodges the question *hij ontwijkt de vraag*
does /*zeg:* dàz/ [→ **do**]
dog /*zeg:* dòG/ *hond* ◆ it's raining cats and dogs *het regent pijpenstelen*
doghouse /*zeg:* dòGhaus/
• *hondenhok*
• *kennel*
doings /*zeg:* doeìngz/ [meervoud] *daden* ◆ someone's doings *iemands doen en laten*
dole /*zeg:* doowl/ *uitkering*; *steun* ★ be on the dole *een uitkering hebben*
doll /*zeg:* dòl/ *pop*
dollar /*zeg:* dòlù/ *dollar*
dolphin /*zeg:* dòlfìn/ *dolfijn*
domain /*zeg:* dùmeen/ *gebied*; *domein*
domestic /*zeg:* dùmestìk/
• *huiselijk*
• *binnenlands* ★ domestic affairs *binnenlandse zaken*
• *tam* ◆ domestic animal *huisdier*
dominate /*zeg:* dòmìneet/ *beheersen*; *overheersen*
domino /*zeg:* dòmìnoow/ *domino(steen)* ★ set of domino's *dominospel*
donate /*zeg:* doowneet/ *schenken*; *geven* ★ I donate money to Greenpeace *ik geef geld aan Greenpeace*
donation /*zeg:* doowneesjùn/ *schenking*; *gift* ★ due to a donation of the European Union *dankzij een gift van*

D

D

de Europese Unie
done /*zeg:* dàn/ [(voltooid deelwoord) → **do**]
donkey /*zeg:* dòngkì/ *ezel*
donor /*zeg:* doownù/
• *donor* ★ blood donor *bloeddonor*
• *donateur* ★ free entry for sponsors and donors *vrij entree voor sponsors en donateurs*
don't /*zeg:* doownt/ [(samentrekking van 'do not') → **do**]
doom /*zeg:* doem/
[**the-woord**] *ondergang*; *noodlot*
[**werkwoord + iemand/iets**] *verdoemen*
◆ we are doomed! *we zijn verloren!*
door /*zeg:* dòò/ *deur* ★ show someone the door *iemand de deur wijzen*
★ answer the door *de deur opendoen*
◆ she lives next door *ze woont hiernaast*
doorbell /*zeg:* dòòbel/ *huisbel*
doorknob /*zeg:* dòònòb/ *deurknop*
doorway /*zeg:* dòòwee/
• *deuropening*
• *ingang*
dope /*zeg:* doowp/
• *drugs*
• *doping*
• *sufferd*
dose /*zeg:* doows/
[**the-woord**] *dosis* ★ a lethal dose of medicine *een fatale dosis medicijnen*
[**werkwoord + iemand/iets**] • *doseren*
• *een dosis geven*
dot /*zeg:* dòt/
[**the-woord**] *stip*; *punt* ◆ on the dot of 3 *precies om 3 uur*
[**werkwoord + iemand/iets**] *stippelen*
◆ dot the i's *de puntjes op de i zetten*
◆ dotted line *stippellijn*
double /*zeg:* dàbl/
[**the-woord**] • *het dubbele*
• *dubbelganger*; *duplicaat* ◆ at the double *onmiddellijk* ◆ on the double *in looppas*
[**bijvoeglijk naamwoord**] *dubbel*; *twee keer* ★ double zien *dubbel zien* ★ the boy was double the size of his sister *de jongen was twee keer zo groot als zijn zusje* ◆ double bed *tweepersoonsbed* ◆ double Dutch *koeterwaals*
[**werkwoord + iemand/iets**]
• *verdubbelen*
• *dubbelvouwen*
double-bass /*zeg:* dàbl bees/ *contrabas*
double-check /*zeg:* dàbl tsjek/ *tweemaal controleren*
double-cross /*zeg:* dàbl kròs/ *bedriegen*
★ I realized that I had been double-crossed *ik realiseerde me dat ik was bedrogen*
double-decker /*zeg:* dàbl-dèkù/ *dubbeldekker*
doubt /*zeg:* daut/
[**the-woord**] • *twijfel* ★ no/without doubt *geen twijfel aan* ★ the benefit of the doubt *het voordeel van de twijfel*
• *onzekerheid* ◆ beyond doubt *ongetwijfeld*
[**werkwoord (+ iemand/iets)**] *twijfelen aan*; *betwijfelen* ★ she doubted his good intentions *zij twijfelde aan zijn goede bedoelingen* ★ I doubt if that's a good idea *ik betwijfel of dat een goed idee is*
doubtful /*zeg:* dautfoel/ *twijfelachtig*
dough /*zeg:* doow/ *deeg*
doughnut /*zeg:* doownàt/ *donut*
dove /*zeg:* dàv/ *duif*
down /*zeg:* daun/
[**bijwoord**] *(naar) beneden*; *neer* ★ I am going down *ik ga naar beneden* ★ up and down *op en neer* ◆ it's a long way down *het is een heel eind weg*
[**voorzetsel**] *van ... af*; *langs*; *(naar beneden) in*; *uit* ★ you walk down the road and at the end turn right *je loopt de straat langs/uit en aan het eind sla je rechts af* ◆ from A down to Z *van A tot Z*
downfall /*zeg:* daunfòòl/
• *ondergang*
• *stortbui*
downhill /*zeg:* daunhìl/ *bergafwaarts*
★ look downhill *kijk eens bergafwaarts*
Downing /*zeg:* dauning/ ◆ Downing Street 10 *(ambtswoning van) de Britse premier*
downstairs /*zeg:* daunstèèz/ *(naar) beneden*; *de trap af* ★ she walks downstairs *zij loopt de trap af*
downtown /*zeg:* dauntaun/

[the-woord] *binnenstad*
[bijvoeglijk naamwoord] *binnenstads*; *in de binnenstad* ◆ shall we eat downtown tonight? *zullen we vanavond in de stad eten?*

downward /*zeg:* daunwùd/ *naar beneden* ★ don't look downward *kijk niet naar beneden*

doze /*zeg:* doowz/
[the-woord] *dutje*
[werkwoord] **doze off** *indutten* ★ grandma dozed off immediately *oma dutte meteen in*

dozen /*zeg:* dàzùn/ *dozijn* ★ half a dozen books *een half dozijn boeken*

Dr. [afkorting] • doctor *doctor* • drive *straat*

draft /*zeg:* drààft/
[the-woord] *ontwerp*; *klad* ★ Donald made a draft for the new townhall *Donald maakte een ontwerp voor een nieuw stadhuis* ★ write your paper in draft first *schrijf je opstel eerst in het klad*
[werkwoord + iemand/iets] *ontwerpen*; *opstellen*; *schetsen* ★ draft a letter *een brief opstellen*

drag /*zeg:* dreG/
[the-woord] *vervelend persoon*; *saaie toestand*
[werkwoord + iemand/iets] *trekken*; *slepen* ★ we dragged the trunk up from the basement *we sleepten de koffer omhoog uit de kelder*

dragon /*zeg:* drèGùn/ *draak* ★ dragons spit fire *draken spuwen vuur*

drain /*zeg:* dreen/
[the-woord] *afvoer*; *riool* ★ a stopped-up drain *een verstopte afvoer*
[werkwoord + iemand/iets] *afgieten* ★ drain vegetables *groente afgieten* ◆ draining board *afdruiprek*

drama /*zeg:* dràày/
• *drama*
• *toneelstuk*

dramatic /*zeg:* drùmètìk/ *dramatisch*

drank /*zeg:* drengk/ [(verleden tijd) → **drink**]

drastic /*zeg:* drestìk/ *drastisch* ★ take drastic measures *drastische maatregelen nemen*

draught /*zeg:* drààft/
[the-woord] • ‹wind› *tocht* • *slok* ◆ there is a draught here *het tocht hier* ◆ he emptied the glass at a draught *hij leegde het glas in één teug*
[werkwoord + iemand/iets] *ontwerpen*; *schetsen*

draughtboard /*zeg:* dràáftbòòd/ *dambord*

draughts ‹Brits› /*zeg:* drààfts/ [meervoud] *damspel* ◆ shall we play draughts? *zullen we dammen?*

draughty /*zeg:* dràáftì/ *tochtig*

draw /*zeg:* dròò/
[the-woord] *gelijkspel* ★ shall we call it a draw? *zullen we het gelijkspel noemen?*
[werkwoord (+ iemand/iets)] • *trekken* ★ draw me up! *trek me omhoog!* ★ the accident drew a lot of attention *het ongeluk trok veel aandacht* • *tekenen* ★ the child drew a pink horse *het kind tekende een roze paard* • **draw (up)on** *gebruik maken van* ★ draw upon your experience *gebruik maken van je ervaring* ◆ draw the curtains *de gordijnen dichttrekken* ◆ draw a deep breath *diep ademhalen*

drawback /*zeg:* dròòbek/ *nadeel*

drawer /*zeg:* dròòù/ *lade*

drawers /*zeg:* dròòz/ [meervoud] *ladekast*

drawing /*zeg:* dròòwìng/ *tekening* ★ you have made a pretty drawing *je hebt een mooie tekening gemaakt*

drawing-board /*zeg:* dròòwìng bòòd/ *tekenbord*

drawn /*zeg:* dròòn/ [(voltooid deelwoord) → **draw**]

dread /*zeg:* dred/
[the-woord] *angst*
[werkwoord + iemand/iets] • *bang zijn voor* ★ I dread the day that you will leave *ik ben bang voor de dag dat jij zult vertrekken* • *opzien tegen* ★ Andrea dreaded her exam *Andrea zag erg op tegen haar examen*

dreadful /*zeg:* dredfoel/ *vreselijk* ★ a dreadful mess *een vreselijke rotzooi*

dream /*zeg:* driem/
[the-woord] *droom* ★ it's my dream to

become a doctor *het is mijn droom om dokter te worden*
[**werkwoord (+ iemand/iets)**] *dromen*
★ I dreamed about mice last night *ik heb vannacht over muizen gedroomd*

dreamy /*zeg:* driemì/ *dromerig*

dreary /*zeg:* drìjù(rì)/ *somber*; *akelig*

drench /*zeg:* drentsj/
• *doordrenken* ★ the shower of rain drenched me completely *de regenbui doordrenkte me compleet*
• ‹een dier› *te drinken geven* ★ you must drench a horse after a ride *je moet een paard te drinken geven na een rit*

dress /*zeg:* dres/
[**the-woord**] *jurk* ★ she wore a black dress *ze droeg een zwarte jurk*
[**werkwoord + iemand/iets**] • *aankleden* ★ get dressed *je aankleden* ★ father dressed the children *vader kleedde de kinderen aan*
• **dress up** *opsieren* ★ I'm going to dress you up with jewels *ik ga je opsieren met juwelen* ◆ dress a wound *een wond verbinden*

dressing /*zeg:* drèsìng/ *(sla)saus*

dressing-gown /*zeg:* drèsìngGaun/ *peignoir*; *kamerjas*

dressing-room /*zeg:* drèsìngroem/ *kleedkamer*

drew /*zeg:* droe/ [(verleden tijd) → **draw**]

dribble /*zeg:* drìbl/
• *druppelen*
• *kwijlen*
• ‹bij voetbal› *dribbelen*

dried /*zeg:* draid/
[**bijvoeglijk naamwoord**] *gedroogd* ◆ dried milk *melkpoeder*
[**werkwoord (voltooid deelwoord)** → **dry**]

drier /*zeg:* draijù/
[**the-woord**] *wasdroger*; *haardroger*
[**bijvoeglijk naamwoord (vergrotende trap)** → **dry**]

drift /*zeg:* drìft/ *drijven* ★ the raft drifts away *het vlot drijft weg* ◆ married people sometimes drift apart *getrouwde mensen vervreemden soms van elkaar*

drill /*zeg:* drìl/
[**the-woord**] • *oefening*
• *drilboor*
[**werkwoord**] *boren* ★ drill for oil *naar olie boren*
[**werkwoord + iemand/iets**] *drillen*; *trainen*

drink /*zeg:* drìngk/
[**the-woord**] *drank*; *drankje* ◆ soft drink *frisdrank* ◆ can I have a drink of water? *mag ik een glas water hebben?*
[**werkwoord + iemand/iets**] *drinken* ★ have you been drinking beer? *heb jij bier gedronken?* ◆ drink up, we have to go *drink je glas leeg, we moeten gaan*

drip /*zeg:* drìp/
[**the-woord**] *druppel* ★ a drip of paint *een druppel verf*
[**werkwoord**] *druppelen* ★ the tap is dripping *de kraan druppelt*

drive /*zeg:* draiv/
[**the-woord**] • *rit*; *tocht* ★ it's a long drive to Liverpool *het is een lange rit naar Liverpool*
• *weg* ★ 54, Roosevelt Drive ‹adres› *Roosevelt Drive 54* ◆ let's go for a drive

laten we een tochtje maken
[**werkwoord**] • *rijden* ★ that car is driving too fast *die auto rijdt te hard*
• **drive at** *bedoelen* ★ what are you driving at? *wat bedoel je?*
[**werkwoord + iemand/iets**] • *(be)sturen*; *autorijden* ★ can you drive a car? *kun jij een auto besturen?*
• *aandrijven* ★ this car is driven by solar energy *deze auto wordt aangedreven door zonne-energie*
• *brengen tot* ★ he drove her to madness *hij bracht haar tot woede*

driven /*zeg:* drìvùn/ [(voltooid deelwoord) → **drive**]

driver /*zeg:* draivù/ *chauffeur*; *bestuurder*

driving licence /*zeg:* draivìnglaisùns/ *rijbewijs*

drizzle /*zeg:* drìzùl/
[**the-woord**] *motregen*
[**het-werkwoord**] *motregenen* ★ it's drizzling *het motregent*

dromedary /*zeg:* dròmìdùrì/ *dromedaris*

drone /*zeg:* droown/
[**the-woord**] *gedreun*
[**werkwoord**] *dreunen* ★ the drums were droning on *de drums dreunden door*

drool ⟨Amerikaans⟩ /*zeg:* droel/ *kwijlen*

droop /*zeg:* droep/ *kwijnen*

drop /*zeg:* dròp/
[**the-woord**] • *druppel* ★ a drop of water *een druppel water*
• *daling* ★ a drop in the temperature *een daling van de temperatuur*
[**werkwoord**] • *druppelen* ★ rain drops on the floor *regen druppelt op de vloer*
• *vallen*
• **drop by** *even langskomen*; *op visite komen* ★ the neighbours dropped by every day *de buren kwamen elke dag even op visite* ◆ drop in any time! *kom gerust langs!* ◆ drop out of school *je opleiding niet afmaken* ◆ drop behind in your work *achterlopen met je werk*
[**werkwoord + iemand/iets**] • *druppelen*
• *laten vallen* ★ Joni dropped her luggage on the floor *Joni liet haar bagage op de grond vallen* ★ drop a remark *een opmerking laten vallen*
• *ophouden met* ★ you should drop that habit *je zou eens moeten ophouden met die gewoonte* ◆ let's drop the subject *laten we het hier niet over hebben* ◆ drop it! *schei uit!*

drop-out /*zeg:* dròp aut/
• *uitval*
• *uitvaller*

drove /*zeg:* droowv/ [(verleden tijd) → **drive**]

drown /*zeg:* draun/
[**werkwoord**] • *verdrinken* ★ help: someone is drowning! *help: er is iemand aan het verdrinken!*
• *overstromen*
[**werkwoord + iemand/iets**] • ⟨laten⟩ *verdrinken* ★ all kittens were drowned by the farmer *alle katjes werden verdronken door de boer*
• *overstromen* ★ the sea has drowned large parts of the country *de zee heeft grote delen van het land overstroomd*

drowsy /*zeg:* drauzì/
• *slaperig*
• *slaapverwekkend*

drug /*zeg:* dràG/
[**the-woord**] • *medicijn* ★ prescribe a drug *een medicijn voorschrijven*
• *drug*; *bedwelmend middel* ★ are you on drugs? *gebruik jij drugs?* ★ drug addict *drugsverslaafde*
[**werkwoord + iemand/iets**] ⟨met drugs⟩ *verdoven*

drugstore /*zeg:* dràGstòò/ Amerikaans ⟨Amerikaans⟩ ⟨soort supermarkt/kruidenier⟩ *drugstore*

drum /*zeg:* dràm/
[**the-woord**] • *(metalen) vat*
• *trom*; *drum* ★ I play drums *ik speel drums* ◆ drumset *drumstel*
[**werkwoord**] *drummen*; *trommelen*

drunk /*zeg:* dràngk/
[**the-woord**] *dronkelap* ★ the drunk fell on the floor *de dronkaard viel op de grond*
[**bijvoeglijk naamwoord**] *dronken* ★ when you're drunk, you can't drive *als je dronken bent, kun je niet autorijden*
[**werkwoord (voltooid deelwoord)** → **drink**]

drunken /*zeg:* dràngkùn/ *dronken* ★ what

D

shall we do with the drunken sailor? *wat zullen we doen met de dronken zeeman*

dry /*zeg:* drai/
[**bijvoeglijk naamwoord**] *droog* ★ dry, drier, driest *droog, droger, droogst*
[**werkwoord**] *drogen* ★ he dried his wet trousers *hij droogde zijn natte broek*

dry-clean /*zeg:* drai klien/ *chemisch reinigen*

dryer /*zeg:* draijù/ *wasdroger*; *haardroger*

dub /*zeg:* dàb/ ‹bij ander geluid, muziek of film› *geluid toevoegen*

duchess /*zeg:* dàtsjìs/ *hertogin*

duck /*zeg:* dàk/
[**the-woord**] *eend* ★ Donald is the most famous duck in the world *Donald is de beroemdste eend ter wereld*
[**werkwoord**] *duiken*; *bukken* ★ the children ducked under the table *de kinderen doken onder de tafel*

duckling /*zeg:* dàklìng/ *jonge eend* ★ the ugly duckling *het lelijke jonge eendje*

dude /*zeg:* doed/ Amerikaans ‹Amerikaans› *kerel*

duel /*zeg:* djoeùl/ *duel*

duet /*zeg:* djoewet/ *duet*

dug /*zeg:* dàG/ [(verleden tijd + voltooid deelwoord) → **dig**]

duke /*zeg:* djoek/ *hertog*

dull /*zeg:* dàl/ *saai* ★ never a dull moment *nooit een saai moment*

dumb /*zeg:* dàm/
• *sprakeloos*; *stom* ★ deaf and dumb *doof en stom*
• *dom* ★ that's the dumbest answer I ever heard *dat is het domste antwoord dat ik ooit heb gehoord*

dumbbell /*zeg:* dàmbel/ *halter*

dummy /*zeg:* dàmì/
• *dummy*
• *stommerd*

dump /*zeg:* dàmp/
[**the-woord**] • *opslagplaats*
• *vuilnisbelt*
[**werkwoord + iemand/iets**] • *neergooien* ★ Bill came in and dumped his bags on the bed *Bill kwam binnen en gooide zijn tassen op het bed*
• ‹van vuil› *storten* ★ dump toxic waste in the sea *giftig afval in zee storten*
• *dumpen*
• ‹vriend/vriendin› *dumpen*

dune /*zeg:* djoen/ *duin*

dung /*zeg:* dàng/ *mest*

dungeon /*zeg:* dàndzjùn/ *kerker*

dunk /*zeg:* dàngk/
• *dopen* ★ dunk a biscuit in the tea *een koekje in de thee dopen*
• ‹bij basketbal› *dunken* ★ Jordan dunked the ball in the basket *Jordan dunkte de bal in de basket*

dunno /*zeg:* dùnoow/ [(samentrekking van 'do not know') → **know**]

duo /*zeg:* djoeoow/ *duo*

duplicate [**the-woord**] /*zeg:* djoeplìkùt/ *duplicaat*; *kopie* ★ make a duplicate of your paper *maak een kopie van je opstel*
[**werkwoord + iemand/iets**] /*zeg:* djoeplìkeet/ *kopiëren*; *dupliceren* ★ duplicate a book *een boek dupliceren*

during /*zeg:* djoeùrìng/ *gedurende*; *tijdens* ★ I'll be in Spain during the winter *ik ben in Spanje gedurende de winter* ★ we talked a lot during our lunch break *we praatten veel tijdens onze lunchpauze*

dusk /*zeg:* dàsk/ *schemering* ◆ from dusk till dawn *van zonsondergang tot zonsopgang*

dust /*zeg:* dàst/
• *stof* ★ wipe the dust away *het stof wegvegen*
• *vuilnis* ★ collect dust *vuilnis ophalen*

dustbin /*zeg:* dàstbìn/ *vuilnisbak*

dustman ‹Brits› /*zeg:* dàstmùn/ *vuilnisman*

dusty /*zeg:* dàstì/ *stoffig*

Dutch /*zeg:* dàtsj/
[**zelfstandig naamwoord**] taal *Nederlands*
[**bijvoeglijk naamwoord**] *Nederlands*
Dutchman /*zeg:* dàtsjmùn/ *Nederlander*
Dutchwoman /*zeg:* dàtsj'woemùn/ ‹inwoonster van Nederland› *Nederlandse*
duty /*zeg:* djoetì/
• *plicht* ★ have you neglected your duties? *heb jij je plichten verzaakt?*
• *functie*; *dienst* ★ the duty as the president of a company *de functie van directeur van een bedrijf*
• *belasting* ★ duty-free *belastingvrij*
◆ in/off duty *in/buiten dienst*
dwarf /*zeg:* dwòòf/ *dwerg*
dwell /*zeg:* dwel/ *verblijven* ★ she dwelt in Africa for a long time *ze verbleef lange tijd in Afrika*
dwelt /*zeg:* dwelt/ [(verleden tijd + voltooid deelwoord) → **dwell**]
dye /*zeg:* dai/
[**the-woord**] • *kleur*
• *verf(stof)*
[**werkwoord + iemand/iets**] *verven* ★ Esther has dyed her hair *Esther heeft haar haar geverfd*
dying /*zeg:* daiìng/ *stervend*
dynamite /*zeg:* dainùmait/
[**the-woord**] *dynamiet*
[**werkwoord + iemand/iets**] *met dynamiet opblazen*

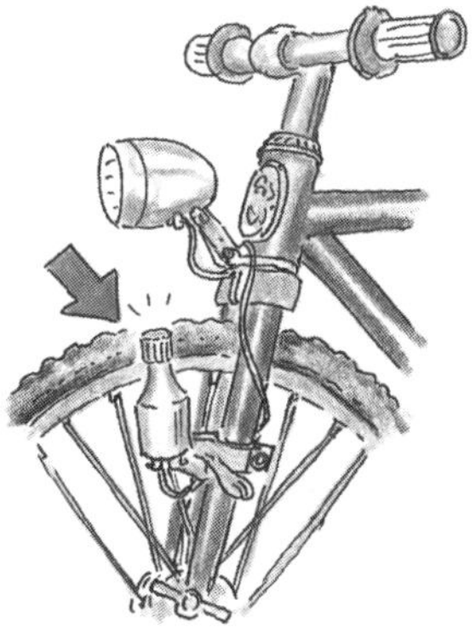

dynamo /*zeg:* dainùmoow/ *dynamo*

dynasty /*zeg:* dìnùstì/ *dynastie* ★ the dynasty of the Windsors *de dynastie van de Windsors*

D

E

e /*zeg:* ie/ *e* ◆ E as in Edward *de E van Eduard*
each /*zeg:* ietsj/
• *elk* ★ each time we meet *elke keer dat we elkaar zien*
• *per stuk* ★ the melons are one pound each *de meloenen zijn één pond per stuk* ◆ each other *elkaar* ◆ they are in love with each other *zij zijn verliefd op elkaar*
eager /*zeg:* ieGù/ *begerig* ★ eagerly he dug for gold *begerig groef hij naar goud*
eagle /*zeg:* ieGl/ *arend*
ear /*zeg:* ìjù/
• *oor* ★ ear
• *gehoor* ★ she has a well-trained ear *zij heeft een goed geoefend gehoor*
earache /*zeg:* ìjùreek/ *oorpijn*
eardrum /*zeg:* ìjùdràm/ *trommelvlies*
earl /*zeg:* ùùl/ *graaf* ★ the Earl of Northumberland *de graaf van Northumberland*
early /*zeg:* ùùlì/
• *vroeg* ★ early in the morning *vroeg in de morgen* ★ early, earlier, earliest *vroeg, vroeger, vroegst*
• *te vroeg* ★ she was five minutes early *ze was vijf minuten te vroeg*
earn /*zeg:* ùùn/ *verdienen* ★ she earns nine euros an hour *zij verdient negen euro per uur*
earnest /*zeg:* ùùnìst/ *ernstig* ★ an earnest expression on her face *een ernstige uitdrukking op haar gezicht* ◆ are you in earnest? *meen je het echt?*
earnings /*zeg:* ùùnìngz/ [meervoud] *verdiensten*
earphones /*zeg:* ìjùfoownz/ [meervoud] *koptelefoon* ★ my earphones are broken *mijn koptelefoon is kapot*
earring /*zeg:* ìjùrìng/ *oorbel* ★ golden earrings *gouden oorbellen*
earth /*zeg:* ùùS/
• ⟨planeet⟩ *aarde*
• ⟨grond⟩ *aarde* ◆ why on earth did you do that? *waarom in godsnaam deed je dat?*
earthquake /*zeg:* ùùSkweek/ *aardbeving*
ease /*zeg:* iez/
[**the-woord**] *gemak* ★ we'll pass the exam with ease *we zullen het examen met gemak halen* ★ ease of use *bedieningsgemak*
[**werkwoord + iemand/iets**] *verlichten* ★ this pill will ease the pain *deze pil zal de pijn verlichten*
easily /*zeg:* iezùlì/ [→ **easy**] *gemakkelijk; met gemak* ★ Steven won the price easily *Steven won de prijs met gemak*
east /*zeg:* iest/
[**the-woord**] *het oosten* ★ to the east of Utrecht *ten oosten van Utrecht* ◆ the Middle East *het Midden-Oosten* ◆ the Far East *het Verre Oosten*
[**bijvoeglijk naamwoord**] *oost-; oostelijk* ★ East-Asia *Oost-Azië*
Easter /*zeg:* iestù/ *Pasen*
eastern /*zeg:* iestn/
• *oosters* ★ eastern civilization *oosterse beschaving*
• *oostelijk* ★ in eastern direction *in oostelijke richting*
easy /*zeg:* iezì/
• *(ge)makkelijk* ★ I gave you an easy question *ik gaf jou een makkelijke vraag* ★ easy, easier, easiest *makkelijk, makkelijker, makkelijkst*
• *comfortabel* ★ an easy chair *een comfortabele stoel* ◆ take it easy! *maak je niet druk!; doe eens rustig!*
eat /*zeg:* iet/ *(op)eten* ★ the cat has eaten all of the fish *de kat heeft de hele vis opgegeten*
eaten /*zeg:* ietn/ [(voltooid deelwoord) → **eat**]
ebb /*zeg:* eb/
[**the-woord**] *eb*

[werkwoord] **ebb away** *wegebben* ★ the noise ebbs away *het lawaai ebt weg*

echo /*zeg:* èkoow/
[**the-woord**] *echo* ★ echoes of the past *echo's uit het verleden*
[**werkwoord (+ iemand/iets)**] *echoën; galmen* ★ the bell echoed in the big church *de klok galmde in de grote kerk*

eclipse /*zeg:* ìklìps/ *verduistering* ★ solar eclipse *zonsverduistering*

ecological /*zeg:* iekùlòdzjìkl/ *ecologisch* ★ ecologically grown vegetables *ecologisch gekweekte groente*

ecology /*zeg:* ìkòlùdzjì/ *ecologie*

economic /*zeg:* iekùnòmìk/ *economisch* ★ economic growth *economische groei*

economical /*zeg:* iekùnòmikl/ *zuinig; voordelig* ★ an economical car *een zuinige auto*

economy /*zeg:* ìkònùmì/
• *economie*
• *zuinigheid* ◆ economy pack *voordeelverpakking* ◆ economy class ‹in vliegtuigen› *goedkope klasse*

ecstasy /*zeg:* ekstùsì/ *extase* ★ the fans will be in ecstasy when their team wins *de fans zullen in extase zijn als hun ploeg wint*

eczema /*zeg:* eksìmù/ *eczeem*

edge /*zeg:* edzj/
• *rand* ★ the edge of the table *de rand van de tafel*
• *scherpe kant* ★ the sharp edge of a knife *de scherpe kant van een mes*

edible /*zeg:* èdìbl/ *eetbaar* ★ are these mushrooms edible? *zijn deze paddestoelen eetbaar?*

edit /*zeg:* èdìt/
• ‹vooral tekst› *bewerken* ★ he edited the text carefully *hij bewerkte de tekst zorgvuldig*
• ‹van film of geluid› *monteren* ★ the movie has been edited in Amsterdam *de film is gemonteerd in Amsterdam*

educate /*zeg:* edjoekeet/ *onderwijzen* ★ educate someone about the dangers of drugs *iemand onderwijzen over de gevaren van drugs*

education /*zeg:* edjoekeesjùn/ *onderwijs*

educational /*zeg:* edjoekeesjùnl/ *leerzaam* ★ an educational programme *een leerzaam programma*

eel /*zeg:* iel/ *paling*

eerie /*zeg:* ìjùrì/ *griezelig*

effect /*zeg:* ìfekt/ *effect* ★ his words had no effect on the situation *zijn woorden hadden geen effect op de situatie*

effective /*zeg:* ìfektìv/
• *doeltreffend* ★ an effective remedy *een doeltreffend geneesmiddel*
• *in werking; van kracht* ★ the law will be effective as from today *de wet is vanaf vandaag van kracht*

efficient /*zeg:* ìfìsjùnt/ *doelmatig; efficiënt* ★ she is very efficient and never wastes time *zij is erg doelmatig en verspilt nooit tijd*

effort /*zeg:* èfùt/
• *poging* ★ we made an effort to climb the mountain *we deden een poging om de berg te beklimmen*
• *prestatie* ★ her musical efforts lead to international success *haar muzikale prestaties leidden tot internationaal succes*

egg /*zeg:* eG/ *ei* ★ the hen laid an egg *de kip legde een ei*

eggplant /*zeg:* eGplàànt/ ‹Amerikaans› *aubergine*

egoist /*zeg:* ieGoowìst/ *egoïst*

eight /*zeg:* eet/ *acht*

eighteen /*zeg:* eetien/ *achttien*

eighteenth /*zeg:* eetienS/ *achttiende*

eighth /*zeg:* eetS/ *achtste*

eightieth /*zeg:* eetìjùS/ *tachtigste*

eighty /*zeg:* eetì/ *tachtig*

Eire /*zeg:* èèrù/ *Ierland*

either /*zeg:* aiDù/

- *elk (van beide)* ★ on either side of the road *aan elke kant van de weg*
- *één (van beide)* ★ choose either of these two sweaters *kies één van deze twee sweaters* ◆ you are either mad or a hero *je bent ofwel gek ofwel een held* ◆ if you don't go, I will not go either *als jij niet gaat, ga ik ook niet*

eject /*zeg:* ìdzjekt/ *uitgooien* ★ the drunk was ejected from the pub *de dronkaard werd de pub uitgegooid*
elaborate /*zeg:* ìlèbùrùt/
- *gedetailleerd* ★ an elaborate plan
- *uitgebreid* ★ an elaborate meal *een uitgebreide maaltijd*

elapse /*zeg:* ìleps/ ‹van tijd› *verstrijken* ★ a lot of time has elapsed *veel tijd is verstreken*
elastic /*zeg:* ìlestìk/
[**the-woord**] *elastiek* ★ a piece of elastic *een stuk elastiek*
[**bijvoeglijk naamwoord**] *elastisch* ◆ elastic band *elastiekje*
elbow /*zeg:* elboow/ *elleboog*
elder /*zeg:* eldù/
[**the-woord**] *oudere* ★ the elder of two sisters *de oudere van twee zussen*
[**bijvoeglijk naamwoord**] *ouder* ★ the elder brother *de oudere broer*
elderly /*zeg:* eldùlì/ *bejaard* ★ an elderly lady *een bejaarde dame*
eldest /*zeg:* eldìst/ *oudste* ★ the eldest sister *de oudste zus*
elect /*zeg:* ìlekt/ *kiezen*; *verkiezen tot* ★ the British have elected a new parliament *de Britten hebben een nieuw parlement gekozen* ★ Bush was elected president *Bush werd tot president gekozen*
election /*zeg:* ìleksjùn/ *verkiezing* ★ hold elections *verkiezingen houden*
electric /*zeg:* ìlektrìk/ *elektrisch* ★ electric guitar *elektrische gitaar*
electrician /*zeg:* ìlektrìsjùn/ *elektricien*
electricity /*zeg:* ìlektrìsùtì/ *elektriciteit*
electronic /*zeg:* ìlektrònìk/ *elektronisch*
elegant /*zeg:* èlìGùnt/ *elegant* ★ she wore an elegant dress *ze droeg een elegante jurk*
element /*zeg:* èlìmùnt/ *element*
elementary /*zeg:* èlìmentùrì/ *elementair*; *eenvoudig* ★ elementary exercises *eenvoudige oefeningen* ◆ elementary school *basisschool*
elephant /*zeg:* èlìfùnt/ *olifant*
elevate /*zeg:* èlìveet/ *(op-/ver)heffen* ★ an elevated position *een verheven positie*
elevator /*zeg:* èlìveetù/ ‹Amerikaans› *lift*
eleven /*zeg:* ìlèvùn/ *elf*
eleventh /*zeg:* ìlèvùnS/ *elfde*
elf /*zeg:* elf/ *elf* ★ elves are fairytale creatures *elven zijn sprookjesfiguren*
eliminate /*zeg:* ìlìmìneet/ *elimineren*; *uitschakelen* ★ the Dutch team was eliminated in the first round *de Nederlandse ploeg werd uitgeschakeld in de eerste ronde*
else /*zeg:* els/ *anders* ★ go to someone else *naar iemand anders gaan*
elsewhere /*zeg:* elswèè/ *ergens anders* ★ London, Belfast or elsewhere *Londen, Belfast of ergens anders*
elude /*zeg:* ìloed/ *ontwijken*; *ontgaan* ★ his reasons elude me *zijn redenen ontgaan me*
elves /*zeg:* elvz/ [meervoud] → **elf**
e-mail /*zeg:* iemeel/
[**the-woord**] *e-mail* ★ send someone an e-mail *iemand een e-mail sturen*
[**werkwoord + iemand/iets**] *e-mailen* ★ I e-mailed you a picture *ik heb je een foto geë-maild*
emancipation /*zeg:* ìmensìpeesjùn/ *emancipatie*
embark /*zeg:* ìmbààk/ *aan boord gaan* ★ passengers can embark now *passagiers kunnen nu aan boord gaan*
embarrass /*zeg:* ìmbèrùs/ *in verlegenheid brengen* ★ the hickey in his neck embarrassed him *de zuigzoen in zijn nek bracht hem in verlegenheid*
embassy /*zeg:* embùsì/ *ambassade* ★ the embassy of Australia *de ambassade van Australië*
embrace /*zeg:* ìmbrees/
[**the-woord**] *omhelzing* ★ a tender embrace *een tedere omhelzing*
[**werkwoord + iemand/iets**] *(elkaar) omhelzen* ★ they embraced for the last time *zij omhelsden elkaar voor de laatste keer*
embryo /*zeg:* embrìoow/ *embryo*

emerge /*zeg:* ìmùùdzj/ *opduiken* ★ the submarine emerged at last *de onderzeeër dook eindelijk op* ★ the painting emerged years after it had been stolen *het schilderij dook op jaren nadat het was gestolen*

emergency /*zeg:* ìmùùdzjùnsì/ *nood(geval)* ★ in case of emergency *in geval van nood* ★ this is an emergency *dit is een noodgeval* ★ declare the state of emergency *de noodtoestand uitroepen*

emigrant /*zeg:* èmìGrùnt/ *emigrant*

emigrate /*zeg:* èmìGreet/ *emigreren* ★ she emigrated to Germany *ze emigreerde naar Duitsland*

emigration /*zeg:* èmìGreesjùn/ *emigratie*

emission /*zeg:* ìmìsjùn/
- ‹van licht e.d.› *uitstraling*
- ‹van gassen› *uitstoot*

emit /*zeg:* ìmìt/ *uitstralen*

emotion /*zeg:* ìmoowsjùn/ *emotie*; *gevoel* ★ mixed emotions *gemengde gevoelens*

emotional /*zeg:* ìmoowsjùnl/ *emotioneel* ★ emotional moods *emotionele buien*

emperor /*zeg:* empùrù/ *keizer*

emphasis /*zeg:* emfùsìs/
- *nadruk* ★ lay the emphasis on the first syllable *de nadruk leggen op de eerste lettergreep*
- *overwicht*

empire /*zeg:* empaijù/ ‹van keizer› *rijk*; ‹uitgestrekt› *rijk* ★ the Roman Empire *het Romeinse Rijk* ★ the British Empire *het Britse Rijk*

employ /*zeg:* imploj/
- *gebruiken* ★ we employ marble for the statue *we gebruiken marmer voor het standbeeld*
- *in dienst hebben* ★ this company employs lots of people *dit bedrijf heeft veel mensen in dienst*

employee /*zeg:* emplojie/ *werknemer*

employer /*zeg:* ìmplòjù/ *werkgever*

employment /*zeg:* ìmplojmùnt/ *baan*; *dienstbetrekking*

empress /*zeg:* emprìs/ *keizerin*

empty /*zeg:* emptì/
[**bijvoeglijk naamwoord**] *leeg* ★ an empty box *een lege doos*
[**werkwoord + iemand/iets**] *leeg maken*; *legen* ★ Marco emptied his glass *Marco leegde zijn glas*

enable /*zeg:* ìneebl/ *in staat stellen* ★ technology enables us to save the earth *technologie stelt ons in staat om de aarde te redden*

enclose /*zeg:* ìnkloowz/
- *omheinen* ★ the farmers enclosed their land *de boeren omheinden hun land*
- ‹in brief› *insluiten* ★ enclosed you will find a map *ingesloten vindt u een kaart*

encounter /*zeg:* ìnkauntù/
[**the-woord**] *ontmoeting*
[**werkwoord + iemand/iets**] *ontmoeten*

encourage /*zeg:* ìnkàrìdzj/ *aanmoedigen* ★ she encouraged her daughter to go to college *zij moedigde haar dochter aan om te gaan studeren*

encyclopaedia /*zeg:* ensaiklùpiedìjù/ *encyclopedie*

end /*zeg:* end/
[**the-woord**] *eind(e)* ★ the end of the road *het einde van de weg* ◆ in the end *uiteindelijk*
[**werkwoord**] *eindigen* ★ the parade ended on the square *de parade eindigde op het plein*
[**werkwoord + iemand/iets**] *beëindigen*; *een einde maken aan* ★ he ended the relationship *hij maakte een einde aan de relatie* ◆ Orson ended up in prison *Orson kwam uiteindelijk in de gevangenis terecht* ◆ we both ended up crying *op het laatst gingen we allebei huilen*

endive /*zeg:* endaiv/ *andijvie*

endless /*zeg:* endlùs/ *eindeloos* ★ he could bore us endlessly with his stories *hij kon ons eindeloos vervelen met zijn verhalen*

E

enemy /*zeg:* ènùmì/
[**the-woord**] *vijand* ★ he made a lot of enemies with that remark *hij maakte een hoop vijanden met die opmerking*
[**bijvoeglijk naamwoord**] *vijandelijk*
★ behind enemy lines *achter vijandelijke linies*

energy /*zeg:* ènùdzjì/ *energie* ★ wind energy *windenergie*

engage /*zeg:* ìnGeedzj/
[**werkwoord**] • *zich verloven* ★ when will Paul and Melanie engage? *wanneer gaan Paul en Melanie zich verloven?*
• **engage in(to)** *zich begeven in*
★ engage into a fight *zich in een gevecht begeven*
[**werkwoord + iemand/iets**] • *in dienst nemen* ★ engage a butler *een bediende in dienst nemen*
• *bezetten* ★ the line is engaged ‹telefoon› *de lijn is bezet* ★ the toilet is engaged *het toilet is bezet*

engaged /*zeg:* ìnGeedzjd/ *verloofd*

engagement /*zeg:* ìnGeedzjmùnt/ *verloving* ★ break off an engagement *een verloving verbreken*

engine /*zeg:* endzjìn/ *machine*; *motor*
★ switch on an engine *een machine aanzetten*

engineer /*zeg:* endzjìnìjù/
[**the-woord**] • *ingenieur*
• *technicus*
[**werkwoord + iemand/iets**] *construeren*
★ engineer a bridge *een brug construeren*

England /*zeg:* inglùnd/ *Engeland*

England: Engeland vormt het grootste en belangrijkste gedeelte van Groot-Brittannië, waarvan verder Wales, Noord-Ierland en Schotland deel uitmaken. Het is ongeveer 130.400 km^2 groot en er wonen ca. 48 miljoen mensen.

English /*zeg:* ìngGlìsj/
[**the-woord**] taal *Engels*
[**bijvoeglijk naamwoord**] *Engels*

Englishman /*zeg:* ìngGlìsjmùn/ *Engelsman*

Englishwoman /*zeg:* inglìsjwoemùn/ ‹inwoonster van Engeland› *Engelse*

enjoy /*zeg:* ìndzjoj/ *genieten (van)* ★ he enjoys her company *hij geniet van haar gezelschap* ◆ enjoy yourself! *vermaak jezelf!*; *heb het naar je zin!*

enlarge /*zeg:* ìnlààdzj/ *vergroten* ★ could you enlarge this picture? *kunt u deze foto vergroten?*

enormous /*zeg:* ìnòòmùs/ *enorm* ★ an enormous mouth *een enorme mond*

enough /*zeg:* ìnàf/ *genoeg* ★ do you have enough food? *heb je genoeg eten?*

enslave /*zeg:* ìnsleev/ *tot slaaf maken*; *verslaven* ★ people are enslaved to television *mensen zijn verslaafd aan televisie*

enter /*zeg:* entù/
[**werkwoord**] • *binnenkomen* ★ Jean entered through the backdoor *Jean kwam binnen door de achterdeur*
• *(zich laten) inschrijven* ★ enter for an exam *zich inschrijven voor een examen*
[**werkwoord + iemand/iets**] ‹computer› *invoeren* ★ enter your name *voer uw naam in*

enterprise /*zeg:* entùpraiz/ *onderneming*
★ I run a small enterprise *ik leid een kleine onderneming*

entertain /*zeg:* entùteen/ *amuseren*
★ Tommy entertained his guests with jokes *Tommy amuseerde zijn gasten met grappen*

entertainment /*zeg:* entùteenmùnt/ *amusement*

enthusiasm /*zeg:* ìnSjoezìjèzùm/ *enthousiasme*

enthusiastic /*zeg:* ìnSjoezìjèstìk/ *enthousiast*
entire /*zeg:* ìntaijù/ *(ge)heel* ★ the entire day *de hele dag*
entirely /*zeg:* ìntaijùlì/ *helemaal* ★ I entirely forgot to clean the floor *ik ben helemaal vergeten de vloer schoon te maken*
entity /*zeg:* entùtì/ *wezen* ★ strange entities *vreemde wezens*
entrance /*zeg:* entrùns/
• *ingang*; *toegang* ★ the entrance to the castle *de ingang van het kasteel*; *de toegang tot het kasteel*
• *intrede*; *binnenkomst* ★ her sudden entrance shocked me *haar plotselinge binnenkomst schokte me*
entry /*zeg:* entrì/
• *ingang*; *toegang*
• *intrede*; *binnenkomst* ★ a triumphant entry *een triomfantelijke binnenkomst*
• *inschrijving* ★ closing date for entries *sluitingsdatum voor inschrijvingen* ◆ no entry! *verboden toegang!*
entwine /*zeg:* ìntwain/ *ineenvlechten*; *verstrengelen*
envelope /*zeg:* envùloowp/ *enveloppe*
envious /*zeg:* envìjùs/ *jaloers* ★ are you envious of me? *ben je jaloers op mij?*
environment /*zeg:* ìnvaijrùnmùnt/
• *omgeving* ★ a rural environment *een landelijke omgeving*
• *milieu* ★ pollution of the environment *vervuiling van het milieu*
environmental /*zeg:* ìnvaijrùnmentl/ *milieu-* ★ environmentally safe *veilig voor het milieu*
envy /*zeg:* envì/ *jaloers zijn op* ★ do you envy me? *ben je jaloers op me?*
epic /*zeg:* èpìk/ *epos*; *heldendicht*
epidemic /*zeg:* èpìdèmìk/
[**the-woord**] *epidemie* ★ an large epidemic of the flu *een grote griepepidemie*
[**bijvoeglijk naamwoord**] *epidemisch* ★ an epidemic disease *een epidemische ziekte*
epilepsy /*zeg:* èpìlepsì/ *epilepsie*
episode /*zeg:* èpìsoowd/ *episode*; ⟨van een serie⟩ *aflevering* ★ I missed three episodes from 'Star Trek' *ik heb drie afleveringen van 'Star Trek' gemist*
equal /*zeg:* iekwùl/
[**bijvoeglijk naamwoord**] *gelijk* ★ equal chances for everybody *gelijke kansen voor iedereen* ★ you are equal to him in age *jij bent gelijk aan hem in leeftijd* ◆ equal sign *isgelijkteken*
[**werkwoord + iemand/iets**] *gelijk zijn aan* ★ three minus one equals two *drie min één is gelijk aan twee*
equalize /*zeg:* iekwùlaiz/ *gelijk maken/stellen* ★ the British team equalized the score in the last minute *de Britse ploeg maakte de stand gelijk in de laatste minuut*
equally /*zeg:* iekwùlì/ *even* ★ all our dogs are equally sweet *al onze honden zijn even lief*
equation /*zeg:* ìkweezjùn/ ⟨wiskunde⟩ *vergelijking*
equator /*zeg:* ìkweetù/ *evenaar*
equilibrium /*zeg:* iekwìlìbrìjùm/ *evenwicht*
equip /*zeg:* ìkwìp/ *uit-/toerusten* ★ the Indians were equipped with guns *de indianen waren toegerust met geweren*
equipment /*zeg:* ìkwìpmùnt/ *uitrusting* ★ the equipment of a studio *de uitrusting van een studio*
erase /*zeg:* ìreez/ *uitwissen* ★ erase the words on a blackboard *de woorden op een schoolbord uitwissen*
eraser /*zeg:* ìreezù/
• *gum*
• *bordenwisser*
erect /*zeg:* ìrekt/ *oprichten* ★ erect a statue *een standbeeld oprichten*
erection /*zeg:* ìreksjùn/
• *erectie*
• *oprichting*
erosion /*zeg:* ìroowzjùn/ *erosie*
erotic /*zeg:* ìròtìk/ *erotisch*
err /*zeg:* ùù/ *zich vergissen*
error /*zeg:* èrù/ *fout*; *vergissing* ★ computers don't make errors *computers maken geen fouten*
erupt /*zeg:* ìràpt/ *uitbarsten* ★ the volcano has erupted *de vulkaan is uitgebarsten*
eruption /*zeg:* ìràpsjùn/ *uitbarsting*
escalate /*zeg:* eskùleet/ *escaleren*; *heviger worden* ★ the argument escalated into

a fight *de ruzie escaleerde tot een gevecht*
escalator /*zeg:* eskùleetù/ *roltrap*
escape /*zeg:* ìskeep/
[**the-woord**] *ontsnapping* ★ a miraculous escape *een wonderbaarlijke ontsnapping*
[**werkwoord**] *ontsnappen*; *ontkomen* ★ we escaped from the noisy city *we ontsnapten aan de lawaaierige stad*
escort /*zeg:* ìskòòt/ *begeleiden* ★ shall I escort you to the train? *zal ik je begeleiden naar de trein?*
especially /*zeg:* ìspesjli/ *vooral* ★ I like icecream, especially on a hot day *ik houd van ijs, vooral op een warme dag*
espionage /*zeg:* espiùnààzj/ *spionage*
essay /*zeg:* èsee/ *essay*; *opstel* ★ you must write an essay on Shakespeare *jullie moeten een opstel schrijven over Shakespeare*
essence /*zeg:* èsùns/ *wezen*; *essentie* ★ in essence she is right *in wezen heeft zij gelijk*
essential /*zeg:* ìsensjùl/ *essentieel*; *belangrijk* ★ an essential part of my life *een belangrijk deel van mijn leven*
establish /*zeg:* ìsteblìsj/
• *oprichten* ★ establish a political party *een politieke partij oprichten*
• *vestigen* ★ establish an office *een kantoor vestigen*
• *vaststellen* ★ the police established that I was innocent *de politie stelde vast dat ik onschuldig was*
estate /*zeg:* ìsteet/ *landgoed* ★ the estate of Elvis is called Graceland *het landgoed van Elvis heet Graceland* ◆ real estate *onroerend goed*
esteem /*zeg:* ìstiem/ *achting*; *waardering*
estimate [**the-woord**] /*zeg:* estìmùt/ *schatting* ★ a rough estimate *een ruwe schatting*
[**werkwoord + iemand/iets**] /*zeg:* estìmeet/ *schatten* ★ we estimate the number of casualties at 500 or more *we schatten het aantal slachtoffers op 500 of meer*
estimation /*zeg:* estìmeesjùn/ *achting*
etch /*zeg:* etsj/ *etsen*
eternal /*zeg:* ìtùùnl/ *eeuwig* ★ the eternal flame *de eeuwige vlam* ◆ eternal life *het eeuwige leven*
eternity /*zeg:* ìtùùnùtì/ *eeuwigheid*
ethnic /*zeg:* eSnìk/ *etnisch* ★ ethnic conflicts *etnische conflicten*
Eucharist /*zeg:* joekùrìst/ *eucharistie*
euro /*zeg:* joeroow/ *euro* ★ that will cost you seven euros... *dat kost je zeven euro...*

euro: In 2002 werd in het overgrote deel van Europa de euro ingevoerd. Groot-Brittannië doet echter niet mee met de euro. Dus moet er in Engeland, Schotland, Wales en Noord-Ierland nog steeds betaald worden met de Britse munt, de *pound sterling* (£).

eurocent /*zeg:* joeroowsent/ *eurocent* ★ ... and ten eurocents ... *en tien eurocent*
Europe /*zeg:* joerùp/ *Europa*
European /*zeg:* joerùpiùn/ *Europees*
euthanasia /*zeg:* joeSùneezìjù/ *euthanasie*
evacuate /*zeg:* ìvekjoeweet/
• *evacueren* ★ the people have to be evacuated from the building *de mensen moeten worden geëvacueerd uit het gebouw*
• *ontruimen* ★ the building has to be evacuated *het gebouw moet ontruimd worden*
evacuation /*zeg:* ìvekjoeweesjùn/
• *evacuatie*
• *ontruiming*
evade /*zeg:* ìveed/ *ontduiken*; *ontwijken*
evangelist /*zeg:* ìvendzjùlìst/ *evangelist*
evasion /*zeg:* ìveezjùn/ *ontwijking*
eve /*zeg:* iev/ *vooravond* ★ on the eve of a new war *aan de vooravond van een nieuwe oorlog* ◆ Christmas Eve *kerstavond* ◆ New Year's Eve *oudejaarsavond*
even /*zeg:* ievùn/
[**bijvoeglijk naamwoord**] • *gelijkmatig* ★ an even surface *een gelijkmatig oppervlak*
• *even* ★ 2, 4 and 8 are even numbers *2, 4 en 8 zijn even getallen*
[**werkwoord + iemand/iets**] • *gelijk*

maken ★ the Irish team evened the score *het Ierse team maakte de stand gelijk*
• **even up** *gelijk maken*
[**bijwoord**] *zelfs* ★ even John showed up *zelfs John kwam opdagen*

evening /*zeg:* ievning/ *avond* ★ in the evening *'s avonds* ◆ this evening *vanavond* ◆ good evening! *goedenavond!*

event /*zeg:* ìvent/
• *gebeurtenis* ★ a historical event *een historische gebeurtenis*
• *geval*
• *geval* ★ in the event of a fire ... *in het geval van brand ...*

eventual /*zeg:* ìventsjoeùl/ *uiteindelijk* ★ the eventual outcome *de uiteindelijke uitkomst*

eventually /*zeg:* ìventsjoeùlì/ *uiteindelijk* ★ eventually we decided to give up *uiteindelijk hebben we besloten op te geven*

ever /*zeg:* èvù/ *ooit* ★ have you ever drunk goat milk? *heb je ooit geitenmelk gedronken?* ◆ for ever *voor altijd* ◆ never ever! *nooit ofte nimmer!* ◆ ever since he saw her, he is in love with her *sinds hij haar zag, is hij verliefd op haar*

everlasting /*zeg:* èvùlààstìng/ *eeuwig(durend)* ★ everlasting fame *eeuwige roem*

evermore /*zeg:* èvùmòò/ ◆ for evermore *voor eeuwig*

every /*zeg:* evrì/ *ieder*

everybody /*zeg:* evrìbòdì/ *iedereen; allemaal* ★ everybody can say that! *dat kan iedereen wel zeggen* ★ hello everybody *hallo, allemaal*

everyday /*zeg:* evrìdee/ *alledaags; dagelijks* ★ everyday events *alledaagse gebeurtenissen*

everyone /*zeg:* evrìwàn/ *ieder(een)* ★ everyone is invited *iedereen is uitgenodigd*

everything /*zeg:* evrìSìng/ *alles* ★ they lost everything in the fire *zij zijn alles kwijtgeraakt in de brand*

everywhere /*zeg:* evrìwèè/ *overal (waar)* ★ everywhere you go, I will go with you *overal waar je heen gaat, zal ik met je meegaan* ★ we looked for your glasses everywhere *we hebben overal naar je bril gezocht*

evict /*zeg:* ìvìkt/ ‹het huis, land e.d.› *uitzetten* ★ if you don't pay the rent, you will be evicted *als je de huur niet betaald, word je je huis uitgezet*

evidence /*zeg:* èvìdns/
[**the-woord**] *aanwijzing; bewijs* ★ there's little evidence of the existence of ufo's *er is weinig bewijs voor het bestaan van ufo's* ◆ ‹rechten› piece of evidence *bewijsstuk*
[**werkwoord + iemand/iets**] • *bewijzen*
• *tonen*
• *getuigen (van)*

evident /*zeg:* èvìdnt/ *duidelijk* ★ evident signs of decay *duidelijke tekenen van verval*

evidently /*zeg:* èvìdntlì/ *blijkbaar; kennelijk* ★ evidently she doesn't want to see me anymore *blijkbaar wil ze me niet meer zien*

evil /*zeg:* ievùl/
[**the-woord**] *het kwade* ★ a necessary evil *een noodzakelijk kwaad*
[**bijvoeglijk naamwoord**] *slecht; boos(aardig)* ★ the president is an evil man *de president is een boosaardige man*

evolution /*zeg:* ievùloesjùn/ *evolutie*

evolve /*zeg:* ìvòlv/ *zich ontwikkelen* ★ the young boy has evolved into a grown man *de jonge jongen heeft zich ontwikkeld tot een volwassen man*

ex /*zeg:* eks/
[**the-woord**] ‹vroegere partner› *ex* ★ her ex had found a new partner *haar ex had een nieuwe partner gevonden*
[**bijvoeglijk naamwoord**] *ex-; voormalig* ★ the ex-chairman of the board *de voormalige voorzitter van het bestuur*

exact /*zeg:* ìGzekt/ *exact; precies* ★ do you know the exact quantity? *weet u de exacte hoeveelheid?*

exactly /*zeg:* ìGzektlì/ *exact; precies* ★ I know exactly what you're up to *ik weet precies wat je van plan bent*

exaggerate /*zeg:* ìGzedzjùreet/ *overdrijven* ★ now you're exaggerating *nu ben je aan het overdrijven*

examination, exam /*zeg:* ìGzèmìneesjùn, iGzem/
• *examen* ★ tomorrow we will take our examination *morgen doen we examen*
• *onderzoek* ★ physical examination *lichamelijk onderzoek*
examine /*zeg:* ìGzèmìn/
• *examineren*; *een examen afnemen* ★ examine a student *een student een examen afnemen*
• *onderzoeken* ★ the doctor examines the patient *de dokter onderzoekt de patiënt*
example /*zeg:* ìGzààmpl/ *voorbeeld* ★ another example of your greed *weer een voorbeeld van jouw hebzucht* ◆ for example *bijvoorbeeld*
exceed /*zeg:* ìksied/ *overschrijden* ★ the costs may not exceed the budget *de kosten mogen het budget niet overschrijden*
excel /*zeg:* ìksel/ *uitmunten* ★ she excels in all subjects *ze blinkt uit in alle schoolvakken*
excellent /*zeg:* eksùlùnt/ *uitstekend* ★ the service in this restaurant is excellent *de bediening in dit restaurant is uitstekend*
except /*zeg:* ìksept/ *uitgezonderd*; *behalve* ★ everybody except my sister *iedereen behalve mijn zus* ◆ I'm alright, except for some bruises *ik ben in orde, op wat kneuzingen na*
exception /*zeg:* ìksepsjùn/ *uitzondering* ★ everybody, with the exception of my sister *iedereen, met uitzondering van mijn zus* ★ the exception to the rule *de uitzondering op de regel*
exceptional /*zeg:* ìksepsjùnl/ *uitzonderlijk* ★ the castle is exceptionally well built *het kasteel is uitzonderlijk goed gebouwd*
excerpt /*zeg:* eksùùpt/ *uittreksel* ★ make an excerpt from a book *een uittreksel maken van een boek*
excessive /*zeg:* ìksèsìv/ *extreem (veel)* ★ use excessive force *extreem veel geweld gebruiken*
exchange /*zeg:* ìkstsjeendzj/
[**the-woord**] *uitwisseling* ★ an exchange of thoughts *een uitwisseling van gedachten*
[**werkwoord + iemand/iets**]
• *(uit)wisselen* ★ the scientists exchanged ideas *de geleerden wisselden ideeën uit*
• *ruilen* ★ can I exchange this shirt for a bigger one? *kan ik dit hemd tegen een groter ruilen?*
excite /*zeg:* ìksait/ *opwinden* ★ his speech excited the people *zijn redevoering wond de mensen op*
excitement /*zeg:* ìksaitmùnt/ *opwinding* ★ the children shouted with excitement *de kinderen schreeuwden van opwinding*
exciting /*zeg:* ìksaitìng/ *opwindend*; *spannend* ★ exciting new ideas *opwindende nieuwe ideeën*
exclaim /*zeg:* ìkskleem/ *uitroepen* ★ 'look, there's a troll!', she exclaimed *'kijk, daar is een trol!', riep ze uit*
exclamation /*zeg:* eksklùmeesjùn/ *uitroep* ★ exclamation of surprise *uitroep van verbazing* ◆ exclamation mark *uitroepteken*
exclude /*zeg:* ìkskloed/ *uitsluiten* ★ he was excluded from the trip *hij werd uitgesloten van het reisje* ◆ everybody went along, excluding Peter *iedereen ging mee, Peter uitgezonderd*
exclusion /*zeg:* ìkskloezjùn/ *uitsluiting*
exclusive /*zeg:* ìkskloesìv/
• *exclusief* ★ an exclusive interview *een exclusief interview* ★ we live in an exclusive part of town *we wonen in een exclusief deel van de stad*
• *kieskeurig*
exclusively /*zeg:* ìkskloesìvlì/ *uitsluitend* ★ this part of the beach is exclusively for hotel guests *dit deel van het strand is uitsluitend voor hotelgasten*
excuse /*zeg:* ìkskjoez/
[**the-woord**] • *excuus*; *verontschuldiging* ★ I made her my excuses for my behaviour *ik maakte haar mijn excuses voor mijn gedrag*
• *uitvlucht*; *smoes* ★ that's the lamest excuse I ever heard *dat is de sufste smoes die ik ooit heb gehoord*
[**werkwoord + iemand/iets**] • *excuseren*; *verontschuldigen* ★ excuse me for my bad manners *excuseer me voor mijn*

E

slechte manieren
• *vrijstellen* ★ you're excused from class today *je wordt vrijgesteld van school vandaag*
execute /*zeg:* eksìkjoet/
• *uitvoeren* ★ the plan will be executed today *het plan wordt vandaag uitgevoerd*
• *executeren*; *ter dood brengen* ★ the prisoners were all executed *de gevangenen werden allemaal geëxecuteerd*
execution /*zeg:* eksìkjoesjùn/
• *uitvoering*
• *executie*; *doding*
executioner /*zeg:* eksìkjoesjùnù/ *beul*
executive /*zeg:* ìGzekjoetìv/
[**the-woord**] *directeur*; *bestuurslid*
★ she's an executive in a computer firm *ze is bestuurslid van een computerbedrijf*
[**bijvoeglijk naamwoord**] *uitvoerend*
★ the executive power of the president *de uitvoerende macht van de president*
exercise /*zeg:* eksùsaiz/
[**the-woord**] • *oefening* ★ do the exercises on page 10 *doe de oefeningen op pagina 10*
• *(lichaams)beweging* ★ you need more exercise *je hebt meer lichaamsbeweging nodig* ◆ exercise book *schrift*
[**werkwoord + iemand/iets**]
• *(be)oefenen* ★ we always exercise to music *we oefenen altijd op muziek*
• *uitoefenen* ★ the president exercises his authority *de president oefent zijn gezag uit*
exhale /*zeg:* eksheel/ *uitademen* ★ he exhaled smoke in my direction *hij ademde rook uit in mijn richting*
exhaust /*zeg:* ìGzòòst/
[**the-woord**] ◆ exhaust fumes *uitlaatgassen* ◆ exhaust-pipe *uitlaatpijp*
[**werkwoord + iemand/iets**] • *uitputten*
• *verbruiken*
• *uitstoten*
exhibit /*zeg:* ìGzìbìt/
• *(ver)tonen* ★ exhibit interest *interesse vertonen*
• *tentoonstellen* ★ exhibit a collection of paintings *een collectie schilderijen tentoonstellen*
exhibition /*zeg:* eksìbìsjùn/ *tentoonstelling*
exile /*zeg:* eksail/
[**the-woord**] *verbanning*; *ballingschap*
★ live in exile *in ballingschap leven*; *verbannen zijn*
[**werkwoord + iemand/iets**] *verbannen*
★ Napoleon was exiled to Elba *Napoleon werd verbannen naar Elba*
exist /*zeg:* ìGzìst/ *bestaan*; *leven* ★ the earth has existed for about five billion years *de aarde bestaat ongeveer vijf miljard jaar* ★ we existed on bread and water for three weeks *we leefden drie weken op brood en water*
existence /*zeg:* ìGzìstns/ *het bestaan* ★ do you believe in the existence of a god? *geloof jij in het bestaan van een god?*
exit /*zeg:* eksìt/ *uitgang* ★ emergency exit *nooduitgang* ◆ she made her exit *zij vertrok*
exotic /*zeg:* ìGzòtìk/ *exotisch* ★ exotic flowers *exotische bloemen*
expand /*zeg:* ìkspend/
[**werkwoord**] • *toenemen* ★ the number of pupils has expanded *het aantal leerlingen is toegenomen*
• *uitzetten* ★ metal expands when it gets hot *metaal zet uit als het heet wordt*
[**werkwoord + iemand/iets**] *uitbreiden*
★ the fire has expanded to the other woods *de brand heeft zich uitgebreid naar de andere bossen*
expansion /*zeg:* ìkspensjn/ *uitbreiding*
expect /*zeg:* ìkspekt/ *verwachten* ★ what do you expect from him? *wat*

E

verwacht je van hem? ◆ she is expecting a baby *zij is in verwachting*

expectation /*zeg:* ekspekteesjùn/ *vooruitzicht*

expedition /*zeg:* ekspìdìsjùn/ *expeditie* ⋆ Stanley undertook an expedition to Africa *Stanley ondernam een expeditie naar Afrika*

expend /*zeg:* ìkspend/ *besteden*; *uitgeven*

expense /*zeg:* ìkspens/ *uitgave(n)*; *(on)kosten* ⋆ the expenses are high *de onkosten zijn hoog* ◆ a joke at the expense of me *een mop ten koste van mij*

expensive /*zeg:* ìkspensìv/ *duur* ⋆ expensive clothes *dure kleren*

experience /*zeg:* ìkspeeriùns/ [**the-woord**] *ervaring* ⋆ these technicians have a lot of experience with electricity *deze technici hebben veel ervaring met elektriciteit* [**werkwoord + iemand/iets**] *ervaren* ⋆ we experienced a drop in the temperature *we ervoeren een daling van de temperatuur*

experiment [**the-woord**] /*zeg:* ìkspèrìmùnt/ *proef*; *experiment* ⋆ they have performed experiments on animals *zij hebben experimenten uitgevoerd op dieren* [**werkwoord**] /*zeg:* ìkspèrìment/ *experimenteren*; *proeven nemen* ⋆ and they experimented on people too *en ze hebben ook geëxperimenteerd met mensen*

expert /*zeg:* ekspùùt/ *expert*; *deskundige*

expiration /*zeg:* ekspìreesjùn/ *afloop*; *eind* ⋆ date of expiration *einddatum*

expire /*zeg:* ìkspaijù/ *aflopen*; *vervallen*; *verlopen* ⋆ when will the contract expire? *wanneer loopt het contract af?* ⋆ your licence has expired *uw vergunning is verlopen*

explain /*zeg:* ìkspleen/ *uitleggen* ⋆ can you explain to me why you are late? *kun je me uitleggen waarom je te laat bent?* ◆ explain yourself *verklaar je nader*

explanation /*zeg:* eksplùneesjùn/ *uitleg*; *verklaring*

explode /*zeg:* ìksploowd/ *ontploffen*

exploit /*zeg:* ìksplojt/
• *benutten* ⋆ exploit the natural resources *de natuurlijke bronnen benutten*
• *uitbuiten* ⋆ these people were exploited like slaves *deze mensen werden uitgebuit als slaven*

exploration /*zeg:* eksplùreesjùn/ *verkenning*

explore /*zeg:* ìksplòò/ *verkennen* ⋆ Anneke was exploring a cave *Anneke was een grot aan het verkennen*

explorer /*zeg:* ìksplòòrù/ *verkenner*; *ontdekkingsreiziger*

explosion /*zeg:* ìksploowzjùn/ *explosie*

explosive /*zeg:* ìksploowsìv/ [**the-woord**] *springstof* ⋆ dynamite is an effective explosive *dynamiet is een effectieve springstof* [**bijvoeglijk naamwoord**] • *explosief* • *explosief* ⋆ explosive materials *explosieve materialen*

export [**the-woord**] /*zeg:* ekspòòt/ *export* ⋆ the export of wine *de export van wijn* [**werkwoord + iemand/iets**] /*zeg:* ìkspòòt/ *exporteren* ⋆ France exports a lot of wine to other countries *Frankrijk exporteert veel wijn naar andere landen*

expose /*zeg:* ìkspoowz/
• *tentoonstellen* ⋆ expose new paintings *nieuwe schilderijen tentoonstellen*
• *ontmaskeren* ⋆ the traitor was exposed *de verrader werd ontmaskerd*
• *uiteenzetten* ⋆ shall I expose my plans? *zal ik mijn plannen uiteenzet-*

ten?
• **expose to** *blootstellen aan* ★ soldiers were exposed to harmful radiation *soldaten werden blootgesteld aan schadelijke straling*
express /*zeg:* ìksprES/
[**the-woord**] • *sneltrein* ★ the London express *de sneltrein naar Londen*
• *sneltrein*
• ★ send a package by express *een pakje per expresse versturen*
[**bijvoeglijk naamwoord**] • ‹post› *expres* ★ express letter *expresbrief*
• *uitdrukkelijk* ★ she expressly told him to stop smoking *ze gebood hem uitdrukkelijk te stoppen met roken*
[**werkwoord + iemand/iets**] *uitdrukken* ★ his face expresses happiness *zijn gezicht drukt blijdschap uit* ◆ express your sympathy ‹als iemand gestorven is› *je medeleven betuigen*
expression /*zeg:* ìksprEsjùn/ ‹van gevoel› *uitdrukking*; ‹gezegde› *uitdrukking* ★ an expression of surprise *een uitdrukking van verbazing* ★ a famous English expression *een beroemde Engelse uitdrukking*
expressive /*zeg:* ìksprEsìv/ *expressief* ★ the actress had an expressive face *de actrice had expressieve ogen*
extend /*zeg:* ìkstEnd/
• *uitbreiden*; *uitstrekken* ★ my land extends as far as the river *mijn land strekt zich uit tot aan de rivier*
• *uitsteken*
• *rekken*; *verlengen* ★ extend your visit *je bezoek verlengen*
• ‹hand of vlag› *uitsteken*
extension /*zeg:* ìkstEnsjùn/
• *uitbreiding* ★ the extension to a building *de uitbreiding van een gebouw*
• *verlenging* ★ extension of a visa *verlenging van een visum* ◆ extension ladder *uitschuifladder* ◆ extension telephone *extra telefoontoestel*
extensive /*zeg:* ìkstEnsìv/ *omvangrijk*; *uitvoerig* ★ extensive research *uitvoerig onderzoek*
extent /*zeg:* ìkstEnt/
• *omvang*; *mate* ★ the full extent of the disaster *de volle omvang van de ramp* ★ to a certain extent *in zekere mate*
• *schatting*; *beslaglegging*
exterior /*zeg:* ìkstIjùrìjù/
[**the-woord**] *buitenkant* ★ on the exterior of the boat *aan de buitenkant van de boot*
[**bijvoeglijk naamwoord**] *uitwendig* ★ exterior parts of the machine *uitwendige delen van de machine*
exterminate /*zeg:* ìkstÙÙmìneet/ *uitroeien* ★ exterminate cockroaches *kakkerlakken uitroeien*
extermination /*zeg:* ìkstùùmìnEEsjùn/ *uitroeiing*
extinct /*zeg:* ìkstIngkt/ *uitgestorven* ★ all dinosaurs are extinct *alle dinosaurussen zijn uitgestorven*
extinguish /*zeg:* ìkstIngGwìsj/ *(uit)blussen*; *(uit)doven* ★ the rain extinguished the fire *de regen bluste het vuur*
extinguisher /*zeg:* ìkstIngGwìsjù/ *blusapparaat*
extra /*zeg:* Ekstrù/ *extra* ★ the weather was an extra reason to stay in *het weer was een extra reden om binnen te blijven* ◆ I gave my grandson a little extra for his birthday *ik gaf mijn kleinzoon een extraatje voor zijn verjaardag*
extract /*zeg:* ìkstrEkt/
• *(uit)trekken* ★ the dentist had to extract a tooth *de tandarts moest een tand uittrekken*
• *uitpersen* ★ extract juice from fruit *sap uit vruchten persen*
extraction /*zeg:* ìkstrEksjùn/ ‹bijv. van een kies› *het trekken*
extraordinary /*zeg:* ìkstrÒÒdìnùrì/ *bijzonder* ★ an extraordinary person *een bijzonder persoon*
extraterrestrial /*zeg:* ekstrùtìrEstrìjùl/ *buitenaards* ★ extraterrestrial beings *buitenaardse wezens*
extreme /*zeg:* ìkstrIEm/
• *extreem* ★ the extreme heat caused a fire *de extreme hitte veroorzaakte brand*
• *uiterst* ★ the extreme edge *de uiterste rand*

E

extremely /*zeg:* ìkstr<u>ie</u>mlì/ *bijzonder* ⋆ this will be an extremely cold winter *dit wordt een extreem koude winter*

extremist /*zeg:* ìkstr<u>ie</u>mìst/ [**the-woord**] *extremist* [**bijvoeglijk naamwoord**] *extremistisch*

eye /*zeg:* ai/ *oog* ⋆ are your eyes blue or grey? *zijn jouw ogen blauw of grijs?* ⋆ the eye of a needle *het oog van een naald* ♦ keep an eye on the child, will you? *houd het kind in het oog, wil je?*

eyebrow /*zeg:* <u>ai</u>brau/ *wenkbrauw*

eyelid /*zeg:* <u>ai</u>lìd/ *ooglid*

eyewitness /*zeg:* <u>ai</u>wìtnìs/ *ooggetuige*

f /*zeg:* ef/ *f* ◆ F as in Frederic *de F van Ferdinand*
F /*zeg:* ef/ *Fahrenheit*
fable /*zeg:* feebul/ *fabel*
fabricate /*zeg:* febriekeet/ *verzinnen* ★ he is good in fabricating stories *hij is goed in het verzinnen van leugens*
fabulous /*zeg:* febjoelus/ *fantastisch*
face /*zeg:* fees/
[**the-woord**] • *gezicht*
• *voorkant*
[**werkwoord + iemand/iets**] • *onder ogen zien* ★ you will have to face the facts *je zult de feiten onder ogen moeten zien*
• *gekeerd zijn naar*; *liggen op* ★ the room faces north *de kamer ligt op het noorden*
facecloth /*zeg:* feesklosj/ *washandje*
fact /*zeg:* fekt/ *feit* ◆ as a matter of fact, I'm only fourteen *eigenlijk ben ik pas veertien* ◆ in fact, I don't care *eigenlijk kan het me niks schelen*
factor /*zeg:* fektù/ *factor*
factory /*zeg:* fektùrie/ *fabriek*
fade /*zeg:* feed/ *steeds minder worden*; *(langzaam) verdwijnen* ★ her enthousiasm faded (away) *haar enthousiasme verdween*
fag /*zeg:* feG/
• ‹spreektaal› *sigaret*; *peuk*
• ‹spreektaal› *homo*
fail /*zeg:* feel/
• *niet slagen*; *zakken* ★ he failed his exams *hij zakte voor zijn examens*
• *falen*; *mislukken* ★ the whole plan failed *het hele plan mislukte*
failure /*zeg:* feeljù/ *mislukking*; *mislukkeling* ★ the party was a complete failure *het feest was een totale mislukking*
faint /*zeg:* feent/
[**bijvoeglijk naamwoord**] *vaag*; *flauw* ★ I haven't got the faintest idea *ik heb geen flauw idee*
[**werkwoord**] *flauwvallen*
fair /*zeg:* fèè/
[**the-woord**] • *kermis*
• *jaarmarkt*
[**bijvoeglijk naamwoord**] • *eerlijk* ★ give me a fair chance *geef me een eerlijke kans*
• *blond* ★ a boy with fair hair *een jongen met blond haar*
fairly /*zeg:* fèèlie/ *tamelijk*
fairy /*zeg:* fèèrie/ *fee*
fairy tale /*zeg:* fèèrie teel/ *sprookje*
faith /*zeg:* feeS/ *vertrouwen* ★ I have faith in you *ik heb vertrouwen in jou*
faithful /*zeg:* feeSfoel/ *trouw* ★ he has been a faithful employee *hij is een trouwe werknemer geweest*
faithfully /*zeg:* feeSfoelie/ *eerlijk*; *oprecht* ★ Yours faithfully ‹in brief› *Hoogachtend*
fake /*zeg:* feek/
[**the-woord**] *vervalsing*
[**bijvoeglijk naamwoord**] *vals*; *nep* ★ a fake painting *een vals schilderij* ★ a fake doctor *een nepdokter*
[**werkwoord + iemand/iets**] • *vervalsen*
• *doen alsof* ★ she faked being ill *ze deed alsof ze ziek was*
falcon /*zeg:* folkun/ *valk*

fall /*zeg:* fol/

F

[**the-woord**] • *het vallen*
• ⟨Amerikaans⟩ *herfst* ★ in fall *in de herfst* ★ fall 1966 *in de herfst van 1966*
◆ Niagara Falls *Niagara waterval*
[**werkwoord**] • *vallen* ★ grandmother fell and broke her hip *oma viel en brak haar heup* ★ fall asleep *in slaap vallen*
• *worden* ★ fall ill *ziek worden* ★ fall in love *verliefd worden*
• **fall back** *terugvallen*; *achterop raken* ★ two cyclists fell back *twee wielrenners raakten achterop*
• **fall behind** *achterop raken*
• **fall off** *vanaf vallen* ★ the cat fell off the roof *de kat viel van het dak*
• **fall through** *in duigen vallen*; *mislukken* ★ our big plan fell through *ons grote plan mislukte*
• **fall into** *raken in*; *vallen in* ★ this package must not fall into the wrong hands *dit pakje moet niet in de verkeerde handen vallen* ◆ she fell apart when she heard the news *ze stortte in toen ze het nieuws hoorde*

fallen /*zeg:* follun/ [(voltooid deelwoord) → **fall**]
fallout /*zeg:* folout/ *radioactieve neerslag*
false /*zeg:* fols/
• *onjuist* ★ is it true or false? *is het juist of niet juist?*
• *vals*
falsify /*zeg:* folsifaai/ *vervalsen*
fame /*zeg:* feem/ *roem*
familiar /*zeg:* fùmiljù/ *vertrouwd*; *bekend* ★ you look familiar to me *je komt me bekend voor*
family /*zeg:* fèmmilie/ *familie*; *gezin*
famous /*zeg:* feemùs/ *beroemd*
fan /*zeg:* fen/
[**the-woord**] • *ventilator*
• *fan*; *bewonderaar*
[**werkwoord + iemand/iets**] *koelte toewaaien* ★ she fanned herself with a newspaper *ze waaide zich koelte toe met een krant*
fanatic /*zeg:* fùnètìk/ *fanatiekeling*
fanatical /*zeg:* fùnètìkl/ *fanatiek*
fancy /*zeg:* fensì/
[**the-woord**] *voorliefde* ★ I've taken a fancy to fishing *ik heb een voorliefde gekregen voor vissen*
[**bijvoeglijk naamwoord**] *chic* ★ a fancy dress ball *een gekostumeerd bal*

[**werkwoord + iemand/iets**] • *zin hebben in* ★ do you fancy a coke? *heb je zin in een colaatje?*
• *zich voorstellen* ★ fancy that! *stel je eens voor!*
• *leuk vinden, vallen op* ★ he knows I fancy him *hij weet wel dat ik hem leuk vind*
fancy-free /*zeg:* fensìfrie/ *ongebonden*
fantastic /*zeg:* fentestìk/ *fantastisch*
fantasy /*zeg:* fentùsì/ *fantasie*
far /*zeg:* fàà/ *ver*; *veel* ★ it is not far away from here *het is niet ver weg van hier* ★ the Far East *het Verre Oosten* ★ we have far too many apples *we hebben veel te veel appels* ★ we will walk as far as the hills *we lopen zo ver als de heuvels* ◆ we are far from winning this match *we zijn deze wedstrijd allesbehalve aan het winnen* ◆ so far so good! *tot nu toe gaat het goed!* ◆ Henry is by far our best player *Henry is verreweg onze beste speler*
faraway /*zeg:* fààrùwee/
• *afgelegen* ★ faraway countries *afgelegen landen*
• *afwezig* ★ she had a faraway look in her eyes *ze had een afwezige blik in haar ogen*
farewell /*zeg:* fèèwel/ *vaarwel*
farm /*zeg:* fààm/
[**the-woord**] *landerijen*; *boerderij*
[**werkwoord**] *boer zijn*
farmer /*zeg:* fààmù/ *boer*
farmhouse /*zeg:* fààmhaus/ *boerderij*
farther /*zeg:* fààDù/ [(vergrotende trap)

→ **far**] *verder (weg)*
farthest /*zeg:* fààDìst/ [(overtreffende trap) → **far**] *verst* ◆ at (the) farthest *op zijn hoogst*
fascinate /*zeg:* fèsìneet/ *fascineren*
fascinating /*zeg:* fèsìneeting/ *fascinerend*
fascism /*zeg:* fesjìzùm/ *fascisme*
fashion /*zeg:* fesjùn/
• *mode* ★ he is always dressed according to the latest fashion *hij gaat altijd volgens de laatste mode gekleed*
• *manier*; *wijze* ★ she skied downhill in a casual fashion *ze skiede op een nonchalante manier de heuvel af*
fast /*zeg:* fààst/
[**bijvoeglijk naamwoord**] • *snel* ★ a fast car *een snelle auto* ★ he runs fast *hij rent snel*
• *vast* ★ he is fast asleep *hij slaapt vast*
• ‹van klok› *vóór* ★ my watch is five minutes fast *mijn horloge loopt vijf minuten vóór*
[**werkwoord**] *vasten*
fasten /*zeg:* fààsùn/ *vastmaken*; *sluiten* ★ the door will not fasten *de deur gaat niet dicht*
fat /*zeg:* fet/
[**the-woord**] *vet*
[**bijvoeglijk naamwoord**] *vet*; *dik* ★ he has grown fat *hij is dik geworden*
fatal /*zeg:* feetl/ *fataal*; *dodelijk* ★ a fatal car crash *een dodelijk auto-ongeluk*
fate /*zeg:* feet/ *(nood)lot*
fateful /*zeg:* feetfoel/ *noodlottig*
father /*zeg:* fààDù/
• *vader* ★ he is the father of my friend *hij is de vader van mijn vriend*
• *pater*; *biechtvader* ★ father Johnson is our priest *vader Johnson is onze priester*
father-in-law /*zeg:* fààDùrìnlòò/ *schoonvader*
fatigue /*zeg:* fùtieG/
[**the-woord**] *(extreme) vermoeidheid*
[**werkwoord + iemand/iets**] *vermoeien*
fault /*zeg:* fòòlt/
• *fout* ★ find fault (with) *aanmerking maken (op)*
• ‹tennis› *verkeerd geserveerde bal*
favour /*zeg:* feevù/
[**the-woord**] *gunst* ★ can you do me a favour? *kun je me een plezier doen?* ★ in favour of *ten gunste van*
[**werkwoord + iemand/iets**] • *een voorstander zijn van* ★ many people favour environmental protection *veel mensen zijn voorstander van natuurbescherming*
• *voortrekken* ★ teachers shouldn't favour certain students *leraren moeten niet bepaalde leerlingen voortrekken*
favourite /*zeg:* feevùrìt/
[**the-woord**] *lieveling*
[**bijvoeglijk naamwoord**] *lievelings-* ★ that is my favourite CD *dat is mijn lievelings cd*
FBI [**afkorting**] Federal Bureau of Investigation ‹Amerikaans› *Federale Recherche*
F.C. [**afkorting**] Football Club ‹voetbalvereniging› *FC*
fear /*zeg:* fijù/
[**the-woord**] *vrees*; *angst*
[**werkwoord + iemand/iets**] *vrezen*; *bang zijn voor* ★ she has a great fear of mice *ze heeft een grote angst voor muizen*
fearful /*zeg:* fijùfoel/
• *bang* ★ Susan was fearful of telling her parents *Susan was bang om het haar ouders te vertellen*
• *vreselijk* ★ a fearful accident *een vreselijk ongeluk*
fearless /*zeg:* fijùlùs/ *zonder angst*; *onbevreesd*
feast /*zeg:* fiest/
[**the-woord**] *feestmaal*
[**werkwoord**] **feast on** *zich te goed*

doen aan ★ they feasted on hamburgers and French fries *ze deden zich te goed aan hamburgers en frietjes*
feather /*zeg:* fèDù/ *veer*
feature /*zeg:* fietsjù/ *kenmerk*
features /*zeg:* fietsjùz/ [meervoud] *gelaatstrekken*
February /*zeg:* febroeùrì/ *februari* ★ February 25th, the 25th of February *25 februari*

F

fed /*zeg:* fed/ [(verleden tijd + voltooid deelwoord) → **feed**]
federal /*zeg:* fèdùrùl/ *federaal*
federation /*zeg:* fèdùreesjùn/ *statenbond*
fee /*zeg:* fie/
• *honorarium*
• *schoolgeld*
feed /*zeg:* fied/ ‹baby› *voeden*; ‹dieren› *voederen*; ‹computer› *invoeren* ◆ I'm fed up with it! *ik heb er genoeg van!*
feedback /*zeg:* fiedbek/ *feedback*; *reactie*
feel /*zeg:* fiel/
[**werkwoord**] *(zich) voelen* ★ I feel really dreadful *ik voel me erg naar* ★ your hands feel cold *je handen voelen koud aan* ◆ do you feel like a walk? *heb je zin in een eindje lopen?*
[**werkwoord + iemand/iets**] *voelen* ★ she felt someone tap her shoulder *ze voelde iemand op haar schouder tikken*
feeling /*zeg:* fieling/ *gevoel(en)* ★ show your feelings *je gevoelens tonen*
feet /*zeg:* fiet/ [meervoud] → **foot**
feign /*zeg:* feen/ *doen alsof* ★ he feigned sleep *hij deed alsof hij sliep*
feline /*zeg:* fielain/ *katachtige* ★ the cougar is a feline *de poema is een katachtige*
fell /*zeg:* fel/
[**werkwoord (verleden tijd)** → **fall**]
[**werkwoord + iemand/iets**] *omhakken* ★ fell all the trees in the garden *alle bomen in de tuin omhakken*
fellow /*zeg:* fèloow/
[**the-woord**] *kerel*; *vent* ★ he's a nice fellow *hij is een aardige vent*
[**bijvoeglijk naamwoord**] *mede-* ★ fellow citizens of The Netherlands *medeburgers van Nederland* ★ a fellow creature *een medemens*

felt /*zeg:* felt/
[**the-woord**] *vilt*
[**bijvoeglijk naamwoord**] *vilten* ★ a felt hat *een vilten hoed* ★ a felt-tip *een viltstift*
[**werkwoord (verleden tijd + volt. deel)** → **feel**]
female /*zeg:* fiemeel/ *vrouwelijk*; *vrouwtjes-* ★ a female wolf *een vrouwtjeswolf* ★ a baby of the female sex *een baby van het vrouwelijk geslacht*
feminine /*zeg:* fèminin/ *vrouwelijk* ★ a feminine jacket *een vrouwelijk jasje*
fence /*zeg:* fens/
[**the-woord**] *hek*; *omheining* ★ climb over a fence *over een hek klimmen*
[**werkwoord**] ‹sport› *schermen*
ferment /*zeg:* fùment/ *gisten*
fermentation /*zeg:* fùùmenteesjùn/ *gisting*
ferocious /*zeg:* fùroowsjùs/ *woest*; *wild* ★ ferocious animals *wilde dieren*
ferry /*zeg:* fèrì/ *veerboot*
fertile /*zeg:* fùùtail/ *vruchtbaar*
festive /*zeg:* festiv/ *feestelijk*
festivity /*zeg:* festivùtì/ *feestelijkheid*; *feestvreugde*
fetch /*zeg:* fetsj/ *halen* ★ he fetched me a cup of tea *hij haalde een kopje thee voor me*
fever /*zeg:* fievù/ *koorts* ★ he is in bed with a high fever *hij ligt in bed met hoge koorts*
few /*zeg:* fjoe/ *weinig*; *een paar* ★ I have few spare hours *ik heb weinig vrije uren* ★ only a few students showed up *slechts een paar leerlingen kwamen*

opdagen

fibre /*zeg:* faibù/
• ‹Amerikaans› *vezel(s)*
• *stof* ★ synthetic fibres *kunststoffen*

fiction /*zeg:* fiksjùn/ *fictie*

fiddle /*zeg:* fidl/
[**the-woord**] *viool*
[**werkwoord**] • *vioolspelen* ★ she can fiddle very well *ze kan heel goed viool spelen*
• *friemelen* ★ she felt nervous and fiddled with her buttons *ze voelde zich nerveus en friemelde aan haar knopen*

fidelity /*zeg:* fidèlùti/ *trouw*

field /*zeg:* field/
• *veld* ★ a football field *een voetbalveld*
• *akker* ★ a wheat field *een tarweveld*

fieldwork /*zeg:* fieldwùùk/ *veldwerk*

fifteen /*zeg:* fiftien/ *vijftien*

fifteenth /*zeg:* fiftienS/ *vijftiende*

fifth /*zeg:* fifS/ *vijfde*

fiftieth /*zeg:* fiftiùS/ *vijftigste*

fifty /*zeg:* fifti/ *vijftig*

fig /*zeg:* fiG/ *vijg*

fight /*zeg:* fait/
[**the-woord**] *gevecht*; *ruzie*
[**werkwoord + iemand/iets**] *vechten* ★ fight a battle *een slag leveren* ★ he has been fighting his illness for some years now *hij vecht al een paar jaar tegen zijn ziekte*

figure /*zeg:* fiGù/
[**the-woord**] • *figuur*
• *cijfer*; *hoeveelheid*
[**werkwoord + iemand/iets**] • *geloven*; *denken* ★ he figured that sweatpants would look stupid *hij dacht dat een trainingsbroek er stom uit zou zien*
• **figure out** *uitrekenen*; *oplossen* ★ he tried to figure out the problem *hij probeerde het probleem op te lossen*

file /*zeg:* fail/
[**the-woord**] • *dossier* ★ can you hand me Mr Brown's file? *kan je me het dossier van meneer Brown aangeven?*
• ‹in computer› *bestand* ★ don't forget to save the file *vergeet niet het bestand op te slaan*
• *vijl* ★ I need a file for my nails *ik heb een vijl nodig voor mijn nagels*
[**werkwoord + iemand/iets**] • ‹van eis/klacht/verzoek› *indienen* ★ she filed for divorce *ze heeft een aanvraag voor scheiding ingediend*
• *in archief opbergen*

fill /*zeg:* fil/
• *vullen* ★ the glass was filled to the brim *het glas was tot de rand toe gevuld*
• **fill in** *de plaats innemen/vervangen*; *invullen* ★ fill in this form, please *vult u dit formulier in, alstublieft*

F

film /*zeg:* film/
[**the-woord**] *film*
[**werkwoord + iemand/iets**] *(ver)filmen*

filter /*zeg:* filtù/
[**the-woord**] *filter*
[**werkwoord + iemand/iets**] *filteren*; *zuiveren*

filth /*zeg:* filS/ *vuiligheid*

filthy /*zeg:* filSi/ *vuil* ◆ filthy rich *stinkend rijk*

fin /*zeg:* fin/ *vin* ★ fishes and airplanes have fins *vissen en vliegtuigen hebben vinnen*

final /*zeg:* fainl/
[**the-woord**] *finale*
[**bijvoeglijk naamwoord**] • *definitief* ★ the final answer *het definitieve antwoord*
• *eind-*; *slot-* ★ this is the final version of my paper *dit is de eindversie van mijn werkstuk*

finally /*zeg:* fainùli/ *ten slotte*

finance /*zeg:* fainens/
[**the-woord**] *financiën*
[**werkwoord + iemand/iets**] *financieren*

financial /*zeg:* fainensjùl/ *financieel*

find /*zeg:* faind/
[**the-woord**] *vondst*
[**werkwoord + iemand/iets**] • *vinden* ★ I cannot find my socks *ik kan mijn sokken niet vinden*
• *denken*; *vinden* ★ I found his explanation rather strange *ik vond zijn uitleg nogal vreemd*
• **find out** *merken* ★ you will find out later *dat merk je later wel*

finding /*zeg:* faindìng/ *vondst*

fine /*zeg:* fain/
[**the-woord**] *geldboete*
[**bijvoeglijk naamwoord**] • *fijn*; *mooi* ★ fine weather *mooi weer*
• *goed* ★ a fine wine *een goede wijn* ★ I'm just fine *met mij gaat het goed*
[**bijwoord**] *goed*; *in orde* ★ it suits me fine *ik vind het goed|prima*

finesse /*zeg:* fines/ *handigheid*

finger /*zeg:* fingGù/ *vinger* ★ little finger *pink*

fingerprint /*zeg:* fingGùprìnt/ *vingeraf-druk*

fingertip /*zeg:* fingGùtip/ *vingertop*

finish /*zeg:* finìsj/
[**the-woord**] *finish*; *einde*
[**werkwoord (+ iemand/iets)**] • *eindigen* ★ this programme finishes at eight *dit programma eindigt om acht uur*
• *af maken* ★ I will finish my homework later *ik maak mijn huiswerk later wel af*

finishing /*zeg:* finìsjìng/ ★ the finishing touch *de laatste hand*

finite /*zeg:* fainait/ *eindig*

Finland /*zeg:* finlùnd/ *Finland*

Finn /*zeg:* fin/ *Fin*; ‹inwoonster van Finland› *Finse*

Finnish /*zeg:* finìsj/
[**the-woord**] taal *Fins*
[**bijvoeglijk naamwoord**] *Fins*

fire /*zeg:* faijù/
[**the-woord**] *vuur*; *brand* ★ the house is on fire *het huis staat in brand* ★ a tree caught fire too *een boom vatte ook vlam* ★ he set fire to the pile of wood *hij stak de stapel hout in brand*
[**werkwoord + iemand/iets**] • *afvuren*; *schieten* ★ they fired three torpedoes *ze vuurden drie torpedo's af*
• *ontslaan* ★ Leo has been fired yesterday *Leo is gisteren ontslagen*

fire escape /*zeg:* faijùrìskeep/ *brandtrap*

fireman /*zeg:* faijùmùn/ *brandweerman*

fireplace /*zeg:* faijùplees/ *open haard*

firework /*zeg:* faijùrwork/ *vuurwerk* ★ let off some firework *wat vuurwerk afsteken*

firm /*zeg:* fùùm/
[**the-woord**] *firma*
[**bijvoeglijk naamwoord**] • *vast*; *stevig* ★ he grabbed my hand firmly *hij greep mijn hand stevig vast*
• *vastberaden*

first /*zeg:* fùùst/
[**bijwoord**] *voor het eerst* ★ when did you see her first? *wanneer heb je haar voor het eerst gezien?* ◆ first of all *allereerst, ten eerste* ◆ at first *in het begin*
[**telwoord**] *eerste* ★ you are the first to know *jij bent de eerste die het hoort* ◆ my first name is Tawnee *mijn voornaam is Tawnee*

first-class /*zeg:* fùùstklààs/ *eersteklas*

first-hand /*zeg:* fùùsthend/ *uit de eerste hand* ★ I got the news first-hand *ik kreeg het nieuws uit de eerste hand*

fish /*zeg:* fisj/
[**the-woord**] *vis* ★ fish and chips *gebakken vis met patat* ★ a fishbone *een visgraat*
[**werkwoord (+ iemand/iets)**] *vissen* ★ fish for salmon *op zalm vissen*

fish: Een populaire lekkernij in Engeland is *fish and chips*. Dit gerecht bestaat uit gebakken stukjes vis in zure saus met frieten. Je kan het kopen bij kraampjes langs de weg. De fish and chips wordt dan opgediend in een krant.

fisherman /*zeg:* fisjùmùn/
• *visser*
• *vissersschuit*

fishy /*zeg:* fisjì/
• *visachtig*; *vissig* ★ a fishy smell *een vissige geur*
• ⟨spreektaal⟩ *ongeloofwaardig* ★ a fishy story *een ongeloofwaardig verhaal*

fist /*zeg:* fist/ *vuist*

fistful /*zeg:* fistfoel/ *een handvol*

fit /*zeg:* fit/
[**the-woord**] *aanval* ★ a coughing fit *een hoestaanval*
[**bijvoeglijk naamwoord**] • *geschikt*; *gepast* ★ these old crisps are not fit for consumption *deze oude chips zijn niet geschikt om op te eten*
• *gezond*; *in goede conditie*
[**werkwoord (+ iemand/iets)**] • *passen* ★ these trainers fit me perfectly *deze gympen passen me perfect*
• *monteren* ★ I will fit a new light on my bike *ik zal een nieuw licht op mijn fiets monteren*

fitness /*zeg:* fitnùs/ *fitness*; *conditie*

five /*zeg:* faiv/ *vijf*

fix /*zeg:* fiks/
• *vastmaken*
• ⟨tijd, plaats, prijs⟩ *vaststellen* ★ we have fixed a date for our wedding *we hebben een datum vastgesteld voor onze trouwerij*
• *repareren* ★ can you fix my computer? *kun jij mijn computer repareren?*

fixed /*zeg:* fikst/ *vaststaand* ★ fixed prices *vaststaande prijzen*

flag /*zeg:* fleG/ *vlag*

flake /*zeg:* fleek/ *vlok* ★ snowflakes *sneeuwvlokken*

flame /*zeg:* fleem/ *vlam* ◆ the shed burst into flames *de schuur vloog in brand*

flaming /*zeg:* fleemìng/ *(hevig) brandend*

Flanders /*zeg:* flààndùz/
[**the-woord**] *Vlaanderen*
[**bijvoeglijk naamwoord**] *Vlaams*

flank /*zeg:* flengk/ *zijde*; *flank*

flannel /*zeg:* flenl/
[**the-woord**] • ⟨soort stof⟩ *flanel*
• *washandje*
[**bijvoeglijk naamwoord**] *flanellen* ★ flannel underpants *flanellen onderbroeken*

flap /*zeg:* flep/
[**the-woord**] *klep* ★ my bag has a flap on either side *mijn tas heeft aan beide kanten een klep*
[**werkwoord (+ iemand/iets)**] *flapperen* ★ the flag is flapping *de vlag flappert*

flash /*zeg:* flesj/
[**the-woord**] • ⟨licht⟩ *flits* ★ a flash of lightning *een bliksemflits*
• *oogwenk*; *tel* ★ she was back in a flash *ze was in een tel terug* ◆ news flash *nieuwsflits*
[**werkwoord**] *flitsen*
[**werkwoord + iemand/iets**] *doen flitsen*; *laten schijnen* ★ John flashed his torch in my face *John scheen met zijn zaklantaarn in mijn gezicht*

flashback /*zeg:* flesjbek/ *flashback*

flashlight /*zeg:* flesjlait/
• *flitslicht*
• *zaklantaarn*

flat /*zeg:* flet/
[**the-woord**] *flat(gebouw)*; *appartement*
[**bijvoeglijk naamwoord**] *vlak*; *plat* ★ pancakes are flat *pannenkoeken zijn plat*

flatten /*zeg:* fletn/ *plat maken* ★ the steamroller flattens the new asphalt *de wals plet het nieuwe asfalt*

flatter /*zeg:* flètù/ *vleien*

flattering /*zeg:* flètùrìng/ *vleiend* ★ that remark is not very flattering *die opmerking is niet echt vleiend*

flaunt /*zeg:* flòònt/ *pronken (met)* ★ he was flaunting his new girlfriend *hij pronkte met zijn nieuwe vriendin*

flavour /*zeg:* fleevù/
[**the-woord**] *aroma*; *smaak en geur* ★ ice-cream in strawberry flavour *ijs in aardbeiensmaak*
[**werkwoord + iemand/iets**] *op smaak brengen*

flaw /*zeg:* flòò/ *fout*

flawless /*zeg:* flòòlùs/ *onberispelijk*; *smetteloos*

flea /*zeg:* flie/ *vlo*

fled /*zeg:* fled/ [(verleden tijd + voltooid deelwoord) → **flee**]

flee /*zeg:* flie/ *vluchten* ★ he was forced

F

to flee *hij werd gedwongen te vluchten*
fleece /*zeg:* flies/ ‹schaap› *vacht*
fleet /*zeg:* fliet/ *vloot*
flesh /*zeg:* flesj/ *vlees*
flew /*zeg:* floe/ [(verleden tijd) → **fly**]
flexible /*zeg:* fleksìbl/ *buigzaam*; *flexibel*
flick /*zeg:* flìk/
[**the-woord**] *tik(je)*
[**werkwoord + iemand/iets**] *(weg)tikken*; ‹met vingers› *knippen* ★ he flicked a crumb off his sleeve *hij tikte een kruimel van zijn mouw*
flicker /*zeg:* flìkù/ *trillen*; *flakkeren* ★ the candle flame is flickering *de kaarsvlam flakkert*
flight /*zeg:* flait/
• *vlucht* ★ he is on a flight to Los Angeles *hij zit op een vlucht naar Los Angeles*
• *zwerm* ★ a flight of starlings *een zwerm spreeuwen*
fling /*zeg:* flìng/ *smijten* ★ he flung his bag in a corner *hij smeet zijn tas in een hoek*
flip /*zeg:* flìp/
• **flip through** *bladeren door* ★ flip through a magazine *door een tijdschrift bladeren*
• **flip over** *omdraaien* ★ now flip over the pancake *draai de pannenkoek nu om*
flipper /*zeg:* flìpù/
• *zwemvlies*
• *vin*
• *zwempoot*
flirt /*zeg:* flùùt/ *flirten* ★ he is flirting with every girl he meets *hij flirt met ieder meisje dat hij ontmoet*
float /*zeg:* floowt/
[**the-woord**] *dobber*
[**werkwoord**] *drijven*; *zweven* ★ she let herself float in the pool *ze liet zich in het zwembad drijven* ★ you could see jellyfish floating in the clear water *je kon kwallen zien zweven in het heldere water*
floating /*zeg:* floowtìng/ *drijvend*
flock /*zeg:* flok/ *zwerm*; *kudde* ★ a flock of birds *een zwerm vogels* ★ a flock of sheep *een kudde schapen*
flood /*zeg:* flàd/
[**the-woord**] *overstroming*
[**werkwoord + iemand/iets**] *(doen) overstromen* ★ the bathroom was flooded with water *de badkamer was overstroomd met water*
floodlight /*zeg:* flàdlait/ *schijnwerper*; *licht van schijnwerpers* ★ the building stood in the floodlight *het gebouw stond in het licht van schijnwerpers*
floor /*zeg:* flòò/
• *vloer* ★ we have parquet on the floor *we hebben parket op de vloer*
• *verdieping* ★ the first floor ‹Brits› *de eerste verdieping*; ‹Amerikaans› *de parterre* ★ the second floor ‹Brits› *de tweede verdieping*; ‹Amerikaans› *de eerste verdieping*
flop /*zeg:* flòp/ ‹spreektaal› *flop*
floppy /*zeg:* flòpì/ *flodderig*; *slap* ★ a dog with big floppy ears *een hond met grote, slappe oren*
floss /*zeg:* flòs/ *vlaszijde* ★ dental floss *tandzijde om mee te flossen*
flour /*zeg:* flauwù/ *bloem*; *meel*
flourish /*zeg:* flàrìsj/ *bloeien* ★ daffodils flourished on the riverbank *narcissen bloeiden op de rivieroever*
flow /*zeg:* floow/
[**the-woord**] *vloed*; *stroom*
[**werkwoord**] *stromen* ★ the Thames flows through London *de Theems stroomt door Londen*
flower /*zeg:* flauwù/
[**the-woord**] *bloem* ★ a bunch of flowers *een bos bloemen*
[**werkwoord**] *bloeien*
flowerbed /*zeg:* flauwùbed/ *perk met bloemen*
flown /*zeg:* floown/ [(voltooid deelwoord) → **fly**]
flu ‹spreektaal› /*zeg:* floe/ *griep* ★ Marc has caught the flu *Marc heeft griep gekregen*
fluff /*zeg:* flàf/
[**the-woord**] *pluis*; *donzig spul*
[**werkwoord + iemand/iets**] **fluff up** ‹kussen› *opschudden*
fluffy /*zeg:* flàfì/ *donzig*; *zacht*
fluid /*zeg:* floeìd/
[**the-woord**] *vloeistof*
[**bijvoeglijk naamwoord**] *vloeibaar*

flung /*zeg:* flàng/ [(verleden tijd + voltooid deelwoord) → **fling**]
flunk ⟨spreektaal⟩ /*zeg:* flàngk/ ⟨Amerikaans⟩ ⟨bij examen⟩ *zakken*
flush /*zeg:* flàsj/ ⟨wc⟩ *doorspoelen*
flute /*zeg:* floet/ *fluit*
flutter /*zeg:* flàtù/ *fladderen* ★ butterflies flutter through the air *vlinders fladderen door de lucht*
flux /*zeg:* flàks/ *stroom* ★ the flux of people going in and out *de stroom mensen die naar binnen en naar buiten gaan*
fly /*zeg:* flai/
[**the-woord**] • *vlieg*
• *gulp* ★ a pair of trousers with a zip fly *een broek met een rits in de gulp*
[**werkwoord**] • *vliegen* ★ birds fly *vogels vliegen*
• *vliegen over* ★ the ball flew over the fence *de bal vloog over het hek*
flyer /*zeg:* flaijù/ *folder* ★ he brings flyers round *hij brengt folders rond*
foam /*zeg:* foowm/
[**the-woord**] *schuim* ★ foam rubber *schuimrubber*
[**werkwoord**] *schuimen* ★ this shower gel foams tremendously *deze douchegel schuimt ontzettend*
focus /*zeg:* foowkùs/
[**the-woord**] *scherpte* ★ this photo is out of focus *deze foto is niet scherp*
[**werkwoord (+ iemand/iets)**] **focus on** *zich concentreren op* ★ I'm focussing on my exams *ik concentreer me op mijn examen*
fog /*zeg:* fòG/ *mist* ★ the fog's lifting *de mist trekt op*
foggy /*zeg:* fòGì/ *mistig*
foil /*zeg:* fojl/ *zilverpapier*; *aluminiumfolie*
fold /*zeg:* foowld/
[**the-woord**] *vouw*; *plooi*
[**werkwoord + iemand/iets**] *vouwen* ★ fold up your clothes *je kleren opvouwen*
folder /*zeg:* foowldù/
• *folder*
• *map*; *directory*
folk, folks /*zeg:* foowk(s)/ ⟨spreektaal⟩ *mensen*; *jongens*; *ouders* ★ I get along well with his folks *ik kan het goed vinden met zijn ouders* ★ hi folks, let's have a drink *dag mensen, laten we een drankje nemen*
follow /*zeg:* fòloow/
• ⟨van ambacht⟩ *(achter)volgen* ★ when Ben left his dog followed him *toen Ben wegging, volgde zijn hond hem* ★ the following day *de volgende dag*
• *begrijpen* ★ I can't follow you *ik begrijp je niet*
follow-up /*zeg:* fòloow-àp/ *vervolg*; *voortzetting*
fond /*zeg:* fònd/
• *dierbaar* ★ fond memories *dierbare herinneringen*
• **fond of** *dol op*; *gek op* ★ I am fond of chocolate *ik ben dol op chocola*
food /*zeg:* foed/ *voedsel*; *eten*
fool /*zeg:* foel/
[**the-woord**] *dwaas*; *gek*
[**werkwoord**] • *klungelen*; *lummelen*
• **fool about/around** *rondhangen* ★ stop fooling around and do something useful! *stop met rondhangen en ga eens wat nuttigs doen!*
[**werkwoord + iemand/iets**] *voor de gek houden* ★ you fooled me with that fake beard *je hield me voor de gek met die valse baard*
foolish /*zeg:* foelìsj/
• *dom* ★ do a foolish thing *een domme streek uithalen*
• *dwaas*
foot /*zeg:* foet/
• ⟨van mensen⟩ *voet* ★ we'll go on foot *we gaan lopend* ★ my feet are killing me *mijn voeten doen zeer*
• ⟨van dieren⟩ *poot*
• ⟨± 30 1/2 cm⟩ *lengtemaat voet*
football /*zeg:* foetbòòl/
• *voetbal*
• ⟨Amerikaans⟩ *Amerikaans voetbal*
footballer /*zeg:* foetbòòlù/ *(prof)voetballer*
footstep /*zeg:* foetstep/ *voetstap*; *voetspoor* ★ take a footstep *een voetstap zetten* ★ follow someone in his footsteps *iemand in zijn voetsporen volgen*
for /*zeg:* fò/
• *voor*; *om* ★ I work hard for a living *ik*

F

werk hard voor mijn levensonderhoud ★ the kids screamed for joy *de kinderen krijsten van plezier* ★ it's for your own good *het is voor je eigen bestwil*
• *naar* ★ what are you looking for? *waar zoek je naar?* ★ we're heading for Liverpool *we zijn onderweg naar Liverpool*
• ‹tijd› ... *lang* ★ we'll stay there for a week *we zullen daar een week lang blijven*

forbade /*zeg:* fùbeed/ [(verleden tijd) → **forbid**]

forbid /*zeg:* fùbìd/ *verbieden* ★ I forbid you to leave now *ik verbied je om nu weg te gaan*

forbidden /*zeg:* fùbìdn/
[**bijvoeglijk naamwoord**] *verboden*
[**werkwoord (voltooid deelwoord)** → **forbid**]

force /*zeg:* fòòs/
[**the-woord**] • *kracht* ★ the force of the earthquake was immense *de kracht van de aardbeving was immens*
• *(strijd)macht* ★ the Allied Forces *de Geallieerden*
• *geweld* ★ by force *met geweld*
[**werkwoord + iemand/iets**] • *forceren* ★ the police forced the door *de politie forceerde de deur*
• *dwingen* ★ the attacker forced her to lie down *de aanvaller dwong haar te gaan liggen*

forecast /*zeg:* fòòkààst/ *voorspelling*; *verwachting* ★ the weather forecast *de weersverwachting*

foreground /*zeg:* fòòGraund/ *voorgrond*

forehand /*zeg:* fòòhend/ *forehand*

foreign /*zeg:* fòrìn/ *buitenlands* ★ a foreign language *een buitenlandse taal*

foreigner /*zeg:* fòrìnù/ *buitenlander*

foremost /*zeg:* fòòmoowst/ *voornaamste*

forename /*zeg:* fòòneem/ *voornaam*

foresee /*zeg:* fòòsie/ *voorzien* ★ I don't foresee any difficulties *ik voorzie geen moeilijkheden*

forest /*zeg:* fòrìst/ *woud*

forever /*zeg:* fùrèvù/ *voor eeuwig*; *altijd* ★ forever and ever *voor altijd en eeuwig*

foreword /*zeg:* fòòwùùd/ *voorwoord*

forgave /*zeg:* fùGeev/ [(verleden tijd) → **forgive**]

forge /*zeg:* fòòdzj/
[**the-woord**] • *smederij*
• *vervalsing*
[**werkwoord (+ iemand/iets)**] • *smeden* ★ forge two pieces of iron together *twee stukken ijzer aan elkaar smeden*
• *verzinnen*; *vervalsen* ★ forge a passport *een paspoort vervalsen*

forget /*zeg:* fùGet/ *vergeten* ★ I had forgotten his name *ik was zijn naam vergeten*

forgive /*zeg:* fùGìv/ *vergeven*

forgiven /*zeg:* fùGìvùn/ [(voltooid deelwoord) → **forgive**]

form /*zeg:* fòòm/
[**the-woord**] • *formulier* ★ fill in this form, please *vult u dit formulier maar in, alstublieft*
• ‹sport› *conditie* ★ I am in good form *ik ben in goede conditie*
• *schoolklas* ★ I'm in the first form *ik zit in de eerste klas*
[**werkwoord + iemand/iets**] *vormen* ★ together they formed a new company *samen vormden ze een nieuw bedrijf*

format /*zeg:* fòòmet/
[**the-woord**] • ‹computer› *formaat*
• ‹computer› *opmaak*; *bestandstype*
[**werkwoord + iemand/iets**] ‹computer› *klaarmaken om beschreven te worden*

former /*zeg:* fòòmù/
• *vroeger*; *voormalig* ★ her former boyfriend still loves her *haar voormalige vriend houdt nog steeds van haar*
• *eerstgenoemde* ★ the former solution is the best *de eerstgenoemde oplossing is de beste*

formula /*zeg:* fòòmjoelù/ *formule*

forsake /*zeg:* fùseek/ *in de steek laten*

forsaken /*zeg:* fùseekùn/ [(voltooid deelwoord) → **forsake**]

forsook /*zeg:* fùsoek/ [(verleden tijd) → **forsake**]

forth /*zeg:* fòòS/ ★ and so forth *enzovoorts* ★ from that day forth we were friends *vanaf die dag waren we vrienden*

forthcoming /*zeg:* fòòSkàmìng/ *komend* ⋆ the forthcoming football season *het komende voetbalseizoen*
fortieth /*zeg:* fòòtìjùS/ *veertigste*
fortnight /*zeg:* fòòtnait/ *twee weken* ⋆ in a fortnight *over twee weken*
fortunately /*zeg:* fòòtsjùnùt/ *gelukkig* ⋆ fortunately, I caught my train just in time *gelukkig haalde ik mijn trein net op tijd*
fortune /*zeg:* fòòtsjùn/ *geluk*; *lot*; *veel geld* ⋆ they have sought their fortune abroad *zij hebben hun geluk in het buitenland gezocht* ⋆ in the lottery I won a small fortune *in de loterij heb ik behoorlijk veel geld gewonnen*
forty /*zeg:* fòòtì/ *veertig*
forward /*zeg:* fòòwùd/
[**bijvoeglijk naamwoord**] *vroegrijp*; *vroegtijdig* ⋆ a forward girl *een vroegrijp meisje*
[**werkwoord + iemand/iets**] *doorsturen* ⋆ I forwarded the e-mail to you *ik heb de e-mail naar je doorgestuurd*
[**bijwoord**] *vooruit*; *naar voren* ⋆ will you step forward, please? *wil je een stap naar voren doen, alsjeblieft?*
fossil /*zeg:* fòsùl/ *fossiel*
fought /*zeg:* fòòt/ [(verleden tijd + voltooid deelwoord) → **fight**]
foul /*zeg:* faul/
[**bijvoeglijk naamwoord**] *gemeen*; *onsportief* ⋆ a foul tackle *een gemene tackle*
[**werkwoord**] *een overtreding maken*
found /*zeg:* faund/
[**werkwoord (verleden tijd + voltooid deelwoord) → find**]
[**werkwoord + iemand/iets**] *stichten* ⋆ this church was founded in 1732 *deze kerk werd in 1732 gesticht*
foundation /*zeg:* faundeesjùn/
• *fundering*
• *fonds*; *stichting* ⋆ the foundation helped us with the finances *de stichting heeft ons geholpen met de financiering*
fountain /*zeg:* fauntìn/ *fontein*
four /*zeg:* fòò/ *vier*
fourteen /*zeg:* fòòtien/ *veertien*
fourteenth /*zeg:* fòòtienS/ *veertiende*
fourth /*zeg:* fòòS/ *vierde*
fowl /*zeg:* faul/ *gevogelte*

fox /*zeg:* fòks/ *vos*
foxy /*zeg:* fòksì/ *sluw*
fraction /*zeg:* freksjùn/ ‹van getal› *breuk*
fracture /*zeg:* frektsjù/
[**the-woord**] *botbreuk*
[**werkwoord + iemand/iets**] *breken* ⋆ your wrist is fractured *je pols is gebroken*
fragile /*zeg:* fredzjail/
• *breekbaar*
• ‹gezondheid› *zwak*
fragment /*zeg:* freGmùnt/ *fragment*; *stukje*
fragrance /*zeg:* freeGrùns/ *geur*
frail /*zeg:* freel/ *broos*; *zwak*
frame /*zeg:* freem/ ‹van bril› *montuur*; ‹schilderij› *lijst*; *raam*
framework /*zeg:* freemwùùk/ *geraamte*; *omlijsting*; *kader*
France /*zeg:* frààns/ *Frankrijk*
frank /*zeg:* frengk/ *openhartig*
frankly /*zeg:* frengklì/
• *eerlijk gezegd* ⋆ frankly, he didn't play well *eerlijk gezegd speelde hij niet goed*
• *openhartig* ⋆ she spoke very frankly *ze sprak zeer openhartig*
fraternal /*zeg:* frùtùùnl/ *broederlijk*
fraternity /*zeg:* frùtùùnùtì/ *broederschap*
fraud /*zeg:* fròòd/
• *fraude*; *bedrog* ⋆ commit fraud *fraude plegen*
• *bedrieger* ⋆ I think he's a fraud *ik denk dat hij een bedrieger is*
freak /*zeg:* friek/
• *fanaat*; *freak* ⋆ he is a real computer

F

freak *hij is een echte computerfreak*
• *gekkerd*

freaky /*zeg:* friekì/ *raar*; *extreem*

free /*zeg:* frie/
[**bijvoeglijk naamwoord**] • *vrij* ★ the prisoners were set free *de gevangenen werden vrij gelaten*
• *gratis* ★ the concert is free *het concert is gratis*
[**werkwoord + iemand/iets**] *bevrijden*; *los/vrij maken* ★ the prisoners were freed *de gevangenen werden bevrijd*

freedom /*zeg:* friedùm/ *vrijheid*

freestyle /*zeg:* friestail/ *vrije slag/stijl*

freeway ‹Amerikaans› /*zeg:* friewee/ *(auto)snelweg*

freewheel /*zeg:* friewiel/ *rustig aan doen*

freeze /*zeg:* friez/
• *bevriezen* ★ in the winter our pond froze *in de winter bevroor onze vijver*
• *vriezen* ★ it froze last night *vannacht vroor het*
• **freeze over** *dichtvriezen* ★ the pond is frozen over *de vijver is dichtgevroren*

freezer /*zeg:* friezù/ *diepvries*

freezing /*zeg:* friezìng/ *ijskoud* ★ it's freezing (cold) out there *het is ijskoud buiten*

freight /*zeg:* freet/
[**the-woord**] *vracht*; *lading*
[**werkwoord + iemand/iets**] *laden*; *bevrachten*

French /*zeg:* frentsj/
[**the-woord**] taal *Frans*
[**bijvoeglijk naamwoord**] *Frans*
★ French fries *Franse frietjes*

Frenchman /*zeg:* frentsjmùn/ *Fransman*

Frenchwoman /*zeg:* frentsjwoemùn/ ‹inwoonster van Frankrijk› *Française*

frequency /*zeg:* friekwùnsì/ *frequentie*

frequent [**bijvoeglijk naamwoord**] /*zeg:* friekwùnt/ *vaak*
[**werkwoord + iemand/iets**] /*zeg:* frìkwent/ *regelmatig bezoeken*

frequently /*zeg:* friekwùntlì/ *herhaaldelijk*

fresh /*zeg:* fresj/
• *vers* ★ fresh vegetables *verse groenten*
• ‹water› *zoet* ★ fresh water *zoet drinkwater*

freshen /*zeg:* fresjùn/ **freshen up** *(zich) opfrissen*

fret /*zeg:* fret/ **fret about** *zich zorgen maken over*; *zich ergeren aan* ★ she frets about the noise of her neighbours *ze ergert zich aan het lawaai van de buren*

Friday /*zeg:* fraidee/ *vrijdag* ★ on Friday *op vrijdag*

fridge /*zeg:* frìdzj/ *koelkast*

fried /*zeg:* fraid/ [(verleden tijd + voltooid deelwoord) → **fry**]

friend /*zeg:* frend/ *vriend(in)* ★ they have become friends immediately *ze zijn meteen vrienden geworden*

friendly /*zeg:* frendlì/
• *vriendelijk* ★ you are the friendliest person I have ever met *je bent de vriendelijkste persoon die ik ooit heb ontmoet*
• *vriendschappelijk*

friendship /*zeg:* frendsjìp/ *vriendschap* ★ friendship between people *vriendschap tussen mensen*

fright /*zeg:* frait/ *schrik* ◆ you gave me a fright *je liet me schrikken*

frighten /*zeg:* fraitn/
• *laten schrikken*
• *bang maken* ◆ be frightened to death *doodsbang*

frightening /*zeg:* fraitnìng/ *angstaanjagend*

frightful /*zeg:* fraitfoel/ *afschuwelijk* ★ it was a frightful accident *het was een afschuwelijk ongeluk*

fringe /*zeg:* frìndzj/
• *franje*

• ⟨op voorhoofd⟩ *pony*
frisk /*zeg:* frìsk/ *dartelen* ★ little lambs frisk in the meadow *lammetjes dartelen in de wei*
frog /*zeg:* fròG/ *kikker*
frogman /*zeg:* fròGmùn/ *kikvorsman*
from /*zeg:* frùm/
• *van* ★ the show is from 10 to 11 *de show duurt van 10 tot 11 uur* ★ from above/below *van boven/onderen*
• *vandaan* ★ he began to walk away from her *hij begon van haar vandaan te lopen* ★ it's about 200 metres from here *het is ongeveer 200 meter hiervandaan*
• *uit* ★ I'm from Manchester *ik kom uit Manchester*
front /*zeg:* frànt/
[**the-woord**] • *front*
• *voorkant* ★ the front of a house *de voorkant van een huis* ◆ he walked in front of me *hij wandelde voor me*
[**bijvoeglijk naamwoord**] *voorste; voor-* ★ she sits in the front row *ze zit op de voorste/eerste rij* ★ front door *voordeur*
frontal /*zeg:* fràntl/ *aan de voorkant; frontaal* ★ a frontal crash *een frontale botsing*
frontier /*zeg:* fràntìjù/ *grens* ★ the frontiers in science *de grenzen aan de wetenschap*

frost /*zeg:* fròst/
[**the-woord**] *vorst* ★ ten degrees of frost *tien graden vorst*
[**werkwoord + iemand/iets**] *doen bevriezen; met rijp bedekken* ★ the plants were frosted over *de planten waren bedekt met rijp*
frown /*zeg:* fraun/
[**the-woord**] *frons; afkeurende blik*
[**werkwoord**] *het voorhoofd fronsen* ★ the teacher frowned at him *de leraar fronste tegen hem*
froze /*zeg:* froowz/ [(verleden tijd) → **freeze**]
frozen /*zeg:* froowzùn/
[**bijvoeglijk naamwoord**] *bevroren; ijzig* ★ frozen food *diepvrieseten*
[**werkwoord (voltooid deelwoord)** → **freeze**]
fruit /*zeg:* froet/ *fruit; vrucht(en)*
fruitful /*zeg:* froetfoel/ *vruchtbaar; resultaat gevend* ★ it were fruitful negotiations *het waren vruchtbare onderhandelingen*
frustration /*zeg:* fràstreesjùn/ *frustratie*
fry /*zeg:* frai/ *braden; bakken* ★ fry a chicken *een kip braden* ★ fried potatoes *gebakken aardappeltjes*
fuck /*zeg:* fàk/ *neuken* ◆ fuck off! *rot op!*
fudge /*zeg:* fàdzj/ ⟨snoep⟩ *zachte karamel*
fuel /*zeg:* fjoeùl/ *brandstof*
fugitive /*zeg:* fjoedzjùtìv/
[**the-woord**] • *vluchteling*
• *voortvluchtige*
[**bijvoeglijk naamwoord**] • *kortstondig*
• *voortvluchtig*
fulfil /*zeg:* foelfil/
• *vervullen* ★ that fulfils my dreams *dat vervult mijn dromen/wensen*
• *uitvoeren* ★ fulfil a command *een bevel uitvoeren*
fulfilment /*zeg:* foelfilmùnt/ *bevrediging*
full /*zeg:* foel/
[**the-woord**] ★ she lived her life to the full *ze leefde haar leven ten volle*
[**bijvoeglijk naamwoord**] *vol* ★ a full jar of sweets *een volle pot snoep* ★ no dessert for me, please, I'm full *geen toetje voor mij, alstublieft, ik zit vol* ★ the room was full of people *de kamer was vol met mensen* ★ full of expectations *vol verwachting*
full stop /*zeg:* foel stòp/ ⟨leesteken⟩ *punt*
fully /*zeg:* foelì/ *volledig* ★ I fully agree with you *ik ben het volledig met je eens*
fumes /*zeg:* fjoem/ [meervoud] *gassen* ★ exhaust fumes *uitlaatgassen*
fun /*zeg:* fàn/ *grap; pret* ★ are you having

fun? *vermaken jullie je?* ★ he is just making fun *hij maakt maar een grapje* ◆ it was a fun party *het was een leuk feest*

function /*zeg:* fàngksjùn/
[**the-woord**] *functie*; *beroep*
[**werkwoord**] *functioneren*

functional /*zeg:* fàngksjùnl/ *doelmatig*; *functioneel*

fund /*zeg:* fànd/ *fonds* ★ World Wildlife Fund *Wereld Natuur Fonds*

fundamental /*zeg:* fàndùmentl/ *grond-*; *fundamenteel* ★ all people have fundamental rights *alle mensen hebben grondrechten*

funeral /*zeg:* fjoenùrùl/ *begrafenis* ★ will you attend the funeral? *ga jij naar de begrafenis?*

funfair /*zeg:* fànfèè/ *kermis*

funk /*zeg:* fàngk/ ‹muziek› *funk*

funky /*zeg:* fàngkì/ ‹muziek› *funky*

funny /*zeg:* fànì/ *grappig*; *raar* ★ how funny! *wat grappig!*

fur /*zeg:* fùù/
[**the-woord**] *bont*; *vacht* ★ the cat has a soft fur *de kat heeft een zachte vacht*
[**bijvoeglijk naamwoord**] *bont-* ★ a fur coat *een bontjas*

furious /*zeg:* fjoeùrìjùs/ *woedend* ★ he became furious *hij werd woedend*

furnish /*zeg:* fùùnìsj/
• *meubileren* ★ furnish the bedroom *de slaapkamer meubileren*
• **furnish with** *voorzien van* ★ he furnished me with important information *hij voorzag me van belangrijke informatie*

furniture /*zeg:* fùùnìtsjù/ *meubilair* ★ a piece of furniture *een meubelstuk*

further /*zeg:* fùùDù/ *verder* ★ before we go any further *voor we verder gaan*

furthermore /*zeg:* fùùDùmòò/ *bovendien*

fury /*zeg:* fjoeùrì/ *woede* ★ he was beside himself with fury *hij was buiten zichzelf van woede*

fuse /*zeg:* fjoez/
• ‹van elektra› *zekering*
• *lont* ★ light the fuse *steek het lontje aan*

fuss /*zeg:* fàs/
[**the-woord**] *drukte*; *ophef* ★ don't make a fuss of it *maak er niet zo'n drukte van* ★ much fuss about nothing *drukte om niets*
[**werkwoord**] **fuss over** *zich druk maken over* ★ she fusses over these visits *ze maakt zich druk over deze bezoekjes*

fussy /*zeg:* fàsì/ *pietluttig*; *zeurderig* ★ he was very fussy about his food *hij was erg zeurderig over zijn eten*

futile /*zeg:* fjoetail/ *(te)vergeefs* ★ a futile attempt *een vergeefse poging*

future /*zeg:* fjoetsjù/
[**the-woord**] *toekomst* ★ in the near future *in de nabije toekomst*
[**bijvoeglijk naamwoord**] *toekomstig*; *aanstaand* ★ future generations *toekomstige generaties* ★ ‹taal› the future tense *de toekomende tijd* ★ my future wife *mijn aanstaande vrouw*

fuzzy /*zeg:* fàzì/ *vaag*; *wazig* ★ a fuzzy picture *een wazige foto*

g /*zeg:* dzjie/ *g* ◆ G as in George *de G van Gerard*
gadfly /*zeg:* Gedflai/ *horzel*
gadget /*zeg:* Gedzjìt/ *instrument(je)*
gag /*zeg:* GeG/
[**the-woord**] • *prop*
• *grap* ★ she did it for a gag *ze deed het voor de grap*
[**werkwoord**] • *kokhalzen*
• *een grap uithalen*
gaggle /*zeg:* GeGl/ *snateren*
gain /*zeg:* Geen/
[**the-woord**] *winst*; *voordeel*
[**werkwoord + iemand/iets**] • *winnen*; *behalen*
• *toenemen*
• **gain (up)on** *inhalen* ★ the police were gaining on the bankrobbers *de politie was de bankrovers aan het inhalen* ◆ when he stopped smoking he immediately gained weight *toen hij stopte met roken, werd hij onmiddellijk zwaarder*
gala /*zeg:* Gààlù/ *gala*
galaxy /*zeg:* Gelùksì/ *de Melkweg*
gall /*zeg:* Gòòl/
[**the-woord**] *gal(blaas)*
[**werkwoord + iemand/iets**] *kwetsen*; *pijn doen* ★ it galled her that she was not invited *het deed haar pijn dat ze niet werd uitgenodigd*
gallant /*zeg:* Gàlùnt/ *dapper* ★ a gallant knight *een dappere ridder*
gall-bladder /*zeg:* Gòòlblèdù/ *galblaas*
gallery /*zeg:* Gèlùrì/
• *galerij*
• *kunstgalerie*
• *museum*
• *schellinkje*
• ⟨Amerikaans⟩ *veranda*
gallon /*zeg:* Gèlùn/
• ⟨Brits⟩ *4,5 liter*
• ⟨Amerikaans⟩ *3,7 liter*
gallop /*zeg:* Gèlùp/
[**the-woord**] *galop* ★ at a gallop *in gallop*
[**werkwoord (+ iemand/iets)**] *(laten) galopperen* ★ a galloping horse *een galopperend paard*
gamble /*zeg:* Gembl/
[**the-woord**] *gok*
[**werkwoord (+ iemand/iets)**] *gokken* ★ my uncle gambles on horses *mijn oom gokt op paarden*
gambler /*zeg:* Gemblù/ *gokker*
game /*zeg:* Geem/
[**the-woord**] *spel* ★ computer games *computerspelletjes* ★ the Olympic Games *de Olympische Spelen* ★ the game is over *het spel is uit/voorbij*
[**bijvoeglijk naamwoord**] *moedig* ★ I'm game! *ik doe mee!*
gang /*zeg:* Geng/ *groep*; *bende* ★ a gang of thieves *een bende dieven*
gangster /*zeg:* Gengstù/ *gangster*; *bendelid*
gangway /*zeg:* Gengwee/
• *doorgang*
• *gangpad*
gantry /*zeg:* Gentrì/ *stellage*
gap /*zeg:* Gep/
• *opening*
• *kloof* ★ the gap between rich and poor *de kloof tussen arm en rijk*
gape /*zeg:* Geep/
[**the-woord**] *geeuw*
[**werkwoord**] *gapen*; *geeuwen*
garage /*zeg:* Gùrààdzj/ *garage*
garbage /*zeg:* Gààbìdzj/ *afval*; *vuilnis* ★ garbage can ⟨Amerikaans⟩ *vuilnisemmer*
garden /*zeg:* Gààdn/
[**the-woord**] *tuin* ★ a garden party *tuinfeest* ★ this house has much garden *dit huis heeft een grote tuin*
[**werkwoord**] *tuinieren*

> **garden**: De *cottage garden* is een typisch Engelse tuin: bloemen, fruit en groente groeien er dicht op elkaar. De kleuren van de verschillende planten worden op elkaar afgestemd, maar belangrijker is dat alles wat er groeit en bloeit in huis gebruikt kan worden.

gardener /*zeg:* Gààdnù/ *tuinman*
garland /*zeg:* Gààlùnd/ *bloemenkrans*
garlic /*zeg:* Gààlìk/ *knoflook* ★ a clove of garlic *een teentje knoflook*
garnish /*zeg:* Gàànìsj/
[**the-woord**] *garnering*; *versiering*
[**werkwoord + iemand/iets**] *garneren*; *versieren*
garniture /*zeg:* Gàànìtsjù/ *garnituur*
garret /*zeg:* Gèrìt/ *zolderkamer(tje)*
gas /*zeg:* Ges/
[**the-woord**] • *gas* ★ step on the gas *gas geven*
• ‹Amerikaans› *benzine* ★ gas station *benzinepompstation*
[**werkwoord (+ iemand/iets) ‹Amerikaans›**] *tanken* ★ he gasses up his car *hij tankt zijn auto vol*
gasmask /*zeg:* Gesmààsk/ *gasmasker*
gasoline ‹Amerikaans› /*zeg:* Gèsùlin/ *benzine*
gasp /*zeg:* Gààsp/
[**the-woord**] *snik* ★ at his last gasp *bij zijn laatste snik*
[**werkwoord + iemand/iets**] **gasp out** *hijgend zeggen* ★ he gasped out a few words *hijgend zei hij een paar woorden*
gate /*zeg:* Geet/
• *poort*
• *hek* ★ we entered the garden through a wooden gate *we gingen door een houten hek de tuin binnen*
gatekeeper /*zeg:* Geetkiepù/ *portier*
gateway /*zeg:* Geetwee/ *poort*
gather /*zeg:* GèDù/
• *(zich) verzamelen* ★ the pupils gathered around their teacher *de leerlingen verzamelden zich om hun leraar heen*
• *oogsten*; *plukken* ★ yesterday we gathered strawberries *gisteren hebben we aardbeien geplukt* ◆ gather speed *vaart krijgen*
gathering /*zeg:* GèDùrìng/
• *vergadering*
• *bijeenkomst*
gauge /*zeg:* Geedzj/
[**the-woord**] • *(standaard)maat*
• *graadmeter*
[**werkwoord + iemand/iets**] *meten*
gauntlet /*zeg:* Gòòntlìt/ *motorhandschoen*; *sporthandschoen*
gave /*zeg:* Geev/ [(verleden tijd) → **give**]
gay /*zeg:* Gee/ *homo(seksueel)*; *lesbisch* ★ John and Paul are gay *John en Paul zijn homoseksueel*
gaze /*zeg:* Geez/
[**the-woord**] *starende blik*
[**werkwoord**] *staren* ★ she gazed into the distance *ze staarde in de verte*
GB [**afkorting**] Great Britain *Groot-Brittannië*
gear /*zeg:* Gìjù/
[**the-woord**] • *uitrusting* ★ camping gear *kampeeruitrusting*
• *versnelling* ★ he drove in third gear *hij reed in de derde versnelling*
★ bottom/top gear *laagste/hoogste versnelling*
[**werkwoord + iemand/iets**] *in een versnelling zetten*
geese /*zeg:* Gies/ [meervoud] → **goose**
gem /*zeg:* dzjem/ *edelsteen*

Gemini /*zeg:* dzjèmìnai/ ‹sterrenbeeld› *Tweelingen* ★ my sign of the zodiac is Gemini *mijn teken van de dierenriem is Tweelingen*
gender /*zeg:* dzjendù/ *geslacht*

gene /*zeg:* dzjien/ *gen*
general /*zeg:* dzjènùrùl/
[**the-woord**] *generaal* ★ my uncle is general of the army *mijn oom is generaal in het leger*
[**bijvoeglijk naamwoord**] *algemeen*; *gewoon(lijk)* ★ general knowledge *algemene ontwikkeling* ★ in general, he leaves at noon *gewoonlijk vertrekt hij om 12 uur*
generally /*zeg:* dzjènùrùlì/
• *in het algemeen* ★ the books of Roald Dahl are generally known *de boeken van Roald Dahl zijn algemeen bekend*
• *gewoonlijk* ★ generally we agree *gewoonlijk zijn we het met elkaar eens*
generous /*zeg:* dzjènùrùs/
• *rijk*; *overvloedig* ★ a generous meal *een rijke maaltijd*
• *gul* ★ a generous gift *een gulle gift*
genie /*zeg:* dzjienì/ *geest* ★ genie in a bottle *geest in de fles*
genitals /*zeg:* dzjènìtlz/ *geslachtsdelen*
genius /*zeg:* dzjienìjùs/ *genie*
genocide /*zeg:* dzjènùsaid/ *volkerenmoord*; *genocide*
gentle /*zeg:* dzjentl/
• *zacht* ★ she greeted me with a gentle voice *zij begroette mij met een zachte stem*
• *vriendelijk* ★ be gentle with her *wees vriendelijk tegen haar* ◆ gently does it! *rustig aan!*
gentleman /*zeg:* dzjentlmùn/ *heer*
★ Harry is a real gentleman *Harry is een echte heer*
genuine /*zeg:* dzjenjoewìn/
• *echt* ★ my bag is made of genuine leather *mijn tas is gemaakt van echt leer*
• *oprecht* ★ a very genuine answer *een zeer oprecht antwoord*
geography /*zeg:* dzjìòGrùfì/ *aardrijkskunde*
geology /*zeg:* dzjìòlùdzjì/ *geologie*
geometry /*zeg:* dzjìòmùtrì/ *meetkunde*
germ /*zeg:* dzjùùm/ *bacterie*
German /*zeg:* dzjùùmùn/
[**the-woord**] • *Duitser*
• taal *Duits*
[**bijvoeglijk naamwoord**] *Duits*
◆ German woman ‹inwoonster van Duitsland› *Duitse*
Germany /*zeg:* dzjùùmùnì/ *Duitsland*
gesture /*zeg:* dzjestsjù/
[**the-woord**] *gebaar*
[**werkwoord**] *gebaren maken* ★ he gestured me to be quiet *hij gebaarde me stil te zijn*
get /*zeg:* Get/
[**werkwoord**] • *raken* ★ get there *er komen/raken*
• *worden* ★ I got really worried *ik werd erg ongerust*
• **get down** *naar beneden komen*
• **get up** *opstaan*; ‹van wind› *opsteken* ★ you must get up at eight *je moet om acht uur opstaan*
• **get together** *bijeenkomen*
• **get on** *vooruitkomen*; *opschieten* ★ do you get on with your homework? *schiet je op met je werk?*
• **get off** *er afkomen*; *uitstappen* ★ he got off the bus *hij stapte uit de bus*
• **get back** *terugkomen*
• **get away** *wegkomen*; *er onderuit komen*
• **get along** *overweg kunnen met*; *opschieten met* ★ I get along very well with him *ik kan goed met hem opschieten* ◆ he got down on his knees *hij ging op zijn knieën zitten*
[**werkwoord + iemand/iets**] • *krijgen* ★ get your way *je zin krijgen* ★ get something under control *iets onder controle krijgen*
• *(be)halen*
• *ertoe brengen* ★ I'll get him to do that *ik zal hem ertoe brengen het te doen*
• *snappen* ★ got it? *heb je het begrepen?*
• **get down** *ontmoedigen* ★ don't let it get you down *laat het je niet ontmoedigen*
• **get in** *instappen* ★ get in the car *de auto instappen*
• **get back** *terugkrijgen* ★ he wants to get his girlfriend back *hij wil zijn vriendin terugkrijgen* ◆ let's get it over with *laten we het afmaken* ◆ I haven't got a penny *ik heb geen cent* ◆ what have you got to say? *wat heb je te*

G

zeggen? ◆ he got his arm broken *hij brak zijn arm*

getaway /*zeg:* Gètùwee/ *ontsnapping* ★ the criminals made their getaway *de criminelen gingen er vandoor*

geyser /*zeg:* Gaizù/ *natuurlijke hete bron*; *geiser*

ghetto /*zeg:* Gètoow/ *getto*

ghost /*zeg:* Goowst/
[**the-woord**] *geest*; *spook* ★ ghost town *spookstad*
[**werkwoord + iemand/iets**] *werk doen voor een ander*

G

giant /*zeg:* dzjaiùnt/
[**the-woord**] *reus*
[**bijvoeglijk naamwoord**] *reusachtig*

gift /*zeg:* Gìft/
[**the-woord**] *geschenk*
[**werkwoord + iemand/iets**] *schenken*

giggle /*zeg:* GìGl/
[**the-woord**] *gegiechel*
[**werkwoord**] *giechelen*

gimme /*zeg:* Gìmì/ [(samentrekking van 'give me')] *geef me*

gin /*zeg:* dzjìn/ *jenever*

ginger /*zeg:* dzjìndzjù/
[**the-woord**] *gember* ★ ginger-ale *gemberbier*
[**bijvoeglijk naamwoord**] ⟨van haarkleur⟩ *rood*

gipsy /*zeg:* dzjìpsì/
• *zigeuner(in)*
• *zigeunertaal*

giraffe /*zeg:* dzjùràaf/ *giraffe*

girdle /*zeg:* Gùùdl/ *gordel*; *riem*

girl /*zeg:* Gùùl/ *meisje* ◆ girl scout *padvindster*

girlfriend /*zeg:* Gùùlfrend/ *vriendin* ★ is Willeke your girlfriend? *is Willeke jouw vriendin?*

give /*zeg:* Gìv/
[**werkwoord**] • **give in** *toegeven*; *zwichten voor* ★ give in to a request *toegeven aan een verzoek*
• **give onto/to** *uitkomen op* ★ the window gives onto the garden *het raam kijkt uit op de tuin*
[**werkwoord + iemand/iets**] • *geven* ★ the kids gave me a lot of trouble *de kinderen gaven/bezorgden me veel last* ★ give him my regards *geef hem mijn groeten/doe hem de groeten van mij* ★ give way to traffic from the right *voorrang geven aan verkeer van rechts*
• **give back** *teruggeven*
• **give up** *opgeven*; *ophouden met* ★ I have given up smoking last week *ik ben vorige week opgehouden met roken* ◆ give birth to *bevallen van*

give-and-take /*zeg:* Gìventeek/ *geven en nemen*

giveaway /*zeg:* Gìvùwee/ *cadeautje*; *geschenk*

given /*zeg:* Gìvùn/
[**the-woord**] *gegeven*
[**bijvoeglijk naamwoord**] *bepaald* ★ at a given time *op een bepaald ogenblik* ★ given name *voornaam*
[**werkwoord (voltooid deelwoord)** → **give**]

glad /*zeg:* Gled/ *blij* ★ I'm glad (that) you're coming *ik ben blij dat je komt*

gladly /*zeg:* Gledlì/ *graag*; *met alle plezier*

glamorous /*zeg:* Glemrùs/ *zeer aantrekkelijk*; *aanlokkelijk*

glamour /*zeg:* Glemù/
[**the-woord**] *betovering*
[**werkwoord + iemand/iets**] *betoveren*

glance /*zeg:* Glààns/
[**the-woord**] *(vluchtige) blik* ★ I recognized him in a glance *ik herkende hem in één oogopslag*
[**werkwoord**] • *(vluchtig) kijken*
• *blinken*
• **glance at** *een blik werpen op* ★ he glanced at his watch *hij wierp een blik op zijn horloge*

gland /*zeg:* Glend/ *klier*

glare /*zeg:* Glèè/
[**the-woord**] • *fel licht* ★ the glare of the headlights *het felle licht van de koplampen*
• *woeste blik*
[**werkwoord**] • *wild/woest kijken* ★ they glared at each other *ze keken elkaar woedend aan*
• *zinderen*; *fel schijnen of stralen*

glass /*zeg:* Glààs/
• *glas* ★ dad drinks a glass of beer *pap drinkt een glas bier* ★ glass fibre *glasvezel*

- *raam*
- *lens*

glasses /*zeg:* Glààsìz/ [meervoud] *bril* ★ I had to wear glasses when I was eleven *ik moest een bril dragen toen ik elf was*

glaze /*zeg:* Gleez/
- *glans*; *glazuur*
- *waas*

glazed /*zeg:* Gleezd/
- *glazig* ★ they stared with glazed eyes *ze staarden met glazige ogen*
- *glazen* ★ glazed doors *glazen deuren*

glide /*zeg:* Glaid/
[the-woord] *glijvlucht*
[werkwoord] *glijden* ★ the plane glides through the air *het vliegtuig glijdt door de lucht*

glider /*zeg:* Glaidù/ *zweefvliegtuig*

gliding /*zeg:* Glaidìng/ *het zweefvliegen*

glimmer /*zeg:* Glìmù/
[the-woord] *zwak licht* ★ a glimmer of hope *sprankje hoop*
[werkwoord] *(zwak) schijnen*; *schitteren* ★ the sky glimmers with stars *de hemel schittert van de sterren*

glimpse /*zeg:* Glìmps/
[the-woord] • *glimp*; *vluchtige blik*
• *schijn(sel)* ★ catch a glimpse of someone/something *een glimp opvangen van iemand/iets*
[werkwoord (+ iemand/iets)] *even vluchtig zien/kijken*

glitter /*zeg:* Glìtù/
[the-woord] *glans*
[werkwoord] *schitteren*; *blinken* ★ stars glittered in the sky *sterren schitterden aan de hemel*

global /*zeg:* Gloowbl/ *globaal*; *wereldomvattend*

globe /*zeg:* Gloowb/
- *aarde*
- *globe*
- *wereldbol*

gloom /*zeg:* Gloem/
[the-woord] • *duisternis*
• *somberheid*
[werkwoord (+ iemand/iets)] • *donker maken/worden/zijn*; *somber maken/worden/zijn* ★ she gloomed about her marks *ze was somber over haar cijfers*
• ⟨van lucht⟩ *betrekken*

glorious /*zeg:* Glòòrìjùs/ *heerlijk*; *prachtig*
◆ glorious weather *stralend weer*

glory /*zeg:* Glòòrì/
[the-woord] *glorie*; *roem*
[werkwoord] • *roemen*
• **glory in** *trots zijn op* ★ he glories in his victory *hij is trots op zijn overwinning*

gloss /*zeg:* Glòs/
[the-woord] • *glans*
• *kanttekening*
[werkwoord + iemand/iets] • *glanzend maken*
• *aantekeningen maken bij*

glossary /*zeg:* Glòsùrì/ *verklarende woordenlijst*

glossy /*zeg:* Glòsì/ *glanzend* ★ glossy magazine *duur tijdschrift met veel foto's op glanzend papier*

glove /*zeg:* Glàv/ *handschoen* ◆ your dress fits like a glove *je jurk zit als gegoten*

glow /*zeg:* Gloow/
[the-woord] *gloed* ★ the warm glow of the fire *de warme gloed van het vuur*
[werkwoord] *gloeien*; *stralen* ★ her face was glowing with excitement *haar gezicht straalde van opwinding*

glue /*zeg:* Gloe/
[the-woord] *lijm*
[werkwoord + iemand/iets] *lijmen* ★ he glued the pieces together *hij lijmde de stukken aan elkaar*

GMT [afkorting] Greenwich Mean Time *nultijd op de aarde*

G

GMT: De aardbol is verdeeld in 24 tijdvakken. De 'nultijd' ligt in het plaatsje Greenwich bij Londen. Alle andere tijden op de wereld zijn van deze GMT afgeleid. Zo heeft New York bijvoorbeeld GMT -5 uur, en Amsterdam +1uur.

gnome /*zeg:* noowm/ *kabouter* ★ garden gnome *tuinkabouter*

gnu /*zeg:* noe/ *gnoe*; *wildebeest*

go /*zeg:* Goow/
[**werkwoord**] • *gaan* ★ go for a walk *een wandeling (gaan) maken* ★ where are you going? *waar ga je heen?*
• **go up** *naar boven gaan*; *stijgen* ★ we can go up in the elevator *we kunnen met de lift naar boven*
• **go against** *tegenin gaan*; *niet gelijk zijn met* ★ that goes against father's wishes *dat gaat in tegen de wensen van vader*
• **go along** *doorgaan*; *het eens zijn met* ★ I go along with the decision *ik ben het eens met de beslissing*
• **go together** *(bij elkaar) passen*; *bij elkaar horen* ★ that blouse and trousers go well together *die blouse en broek passen goed bij elkaar*
• **go by** *voorbijgaan* ★ ten years went by *tien jaar zijn voorbijgegaan*
• **go at** *aanvallen*; *aanpakken*
• **go ahead** *vooruitgaan*; *beginnen* ★ go ahead! *vooruit, begin maar!*
• **go through** *nakijken*; *doorzoeken* ★ go through your paper again *je werkstuk nog een keer nakijken*
• **go out** *uitgaan* ★ the fire has gone out *het vuur is uitgegaan*
• **go on** *doorgaan (met)*; *volhouden*
• **go off** *weggaan*; *ontploffen* ★ Paddy goes off to school *Paddy gaat weg naar school* ★ the bomb went off *de bom ontplofte*
• **go in for** *gaan) doen aan*; *doen in* ★ I go in for tennis *ik doe aan tennis*
• **go for** *te lijf gaan*; *halen*; *gelden voor* ★ he went for me with a knife *hij ging me te lijf met een mes* ★ that goes for half of the pupils *dat geldt voor de helft van de leerlingen* ◆ what's going on here? *wat is er hier aan de hand?* ◆ it goes without saying *het spreekt vanzelf*
[**koppelwerkwoord**] *worden* ★ go mad *gek worden*

goal /*zeg:* Goowl/
• *doel*
• *doelpunt*

goat /*zeg:* Goowt/ *geit*; *bok* ◆ it gets my goat *het maakt me kwaad* ◆ act/play the goat *gek doen*

goblin /*zeg:* Gòblìn/ *kabouter*; *plaaggeest*

god /*zeg:* Gòd/ *god* ◆ God save the Queen ‹Engelse volkslied› *God behoede de Koningin*

godchild /*zeg:* Gòdtsjaild/ *petekind*

goddess /*zeg:* Gòdìs/ *godin*

godfather /*zeg:* GòdfààDù/ *peter*; *peetoom*

godmother /*zeg:* GòdmàDù/ *peettante*; *meter*

goggles /*zeg:* GòGlz/ [meervoud] *duikbril*; *stofbril* ★ my goggles are dirty *mijn duikbril is vies*

gold /*zeg:* Goowld/
[**the-woord**] *goud* ★ a necklace made of gold *een halssnoer van goud*
[**bijvoeglijk naamwoord**] *gouden* ★ a gold medal *een gouden medaille*

golden /*zeg:* Goowldn/ *gouden* ★ golden wedding *gouden bruiloft*

goldfish /*zeg:* Goowldfìsj/ *goudvis*

golf /*zeg:* Gòlf/
[**the-woord**] *golf(spel)* ★ golf club *golfclub*

[**werkwoord**] *golfen*

gone |*zeg:* Gòn|
[**bijvoeglijk naamwoord**] *weg*; *vertrokken* ★ the neighbours have been gone for a year now *de buren zijn nu al een jaar weg* ◆ it is just gone twelve *het is net 12 uur geweest*
[**werkwoord (voltooid deelwoord)** → **go**]

gonna |*zeg:* Gònù| [(samentrekking van 'going to') → **go**]

goo |*zeg:* Goe| *slijmerig spul*

good |*zeg:* Goed|
[**the-woord**] • *goed*
• *voordeel*; *nut* ★ no good *van geen nut*
[**bijvoeglijk naamwoord**] • *goed* ★ good morning! *goeiemorgen!* ★ good at English *goed in Engels* ★ exercise is good for you *beweging is goed voor je* ★ as good as new *zo goed als nieuw*
• *braaf*
• *vriendelijk*; *aardig* ★ would you be so good to help me out? *zou je zo vriendelijk willen zijn om me te helpen?* ◆ he has good looks *hij ziet er aantrekklijk uit*

goodbye |*zeg:* Goedbai| *tot ziens*; *(goeden)dag*

good-looking |*zeg:* Goedloekìng| ⟨van uiterlijk⟩ *knap*

goods |*zeg:* Goedz| [meervoud] *goederen* ★ goodstrain *goederentrein*

goodwill |*zeg:* Goedwìl| *welwillendheid*; *goodwill*

goody |*zeg:* Goedì|
[**the-woord**] *bonbon*; *snoepje* ★ a bag of goodies *een zak snoepjes*
[**bijvoeglijk naamwoord**] • *sullig*
• *braaf*

goofy |*zeg:* Goefì| *niet goed wijs*

goose |*zeg:* Goes| *gans* ★ a flock of geese *een zwerm ganzen* ★ he thought her a silly goose *hij vond haar een domme gans*

gooseberry |*zeg:* Goezbùrì| *kruisbes*

gorgeous |*zeg:* Gòòdzjùs| *prachtig*; *schitterend*

gospel |*zeg:* Gòspl|
• ⟨Amerikaans⟩ *gospelmuziek*
• *evangelie*

gossip |*zeg:* Gòsìp|
[**the-woord**] • *kletskous* ★ she is a terrible gossip *zij is een vreselijke kletskous*
• *kletspraat*; *geroddel* ★ I don't listen to gossip *ik luister niet naar geroddel*
[**werkwoord**] *roddelen*

got |*zeg:* Gòt| [(verleden tijd + voltooid deelwoord) → **get**]

gotta |*zeg:* Gòtù| [(samentrekking van 'got to') → **get**]

gotten ⟨Amerikaans⟩
[**werkwoord (voltooid deelwoord)** → **get**]

government |*zeg:* Gàvùnmùnt| *regering* ★ we have a democratically chosen government *wij hebben een democratisch gekozen regering*

governor |*zeg:* Gàvùnù| *gouverneur* ★ Bill Clinton was governor of Arkansas *Bill Clinton was gouverneur van Arkansas*

gown |*zeg:* Gaun|
[**the-woord**] • *japon*
• *toga*
[**werkwoord + iemand/iets**] *kleden* ★ gowned *in toga gekleed*

grab |*zeg:* Greb|
[**the-woord**] • *greep*
• *roof* ◆ up for grabs *voor het grijpen*
[**werkwoord**] **grab at** *grijpen naar* ★ he grabbed at the bannisters *hij greep naar de trapleuning*
[**werkwoord + iemand/iets**] • *grijpen*; *pakken* ★ he grabbed a sandwich *hij pakte een boterham*
• *inpikken*

grace |*zeg:* Grees|
[**the-woord**] • *genade*
• *gratie*; *elegantie* ★ with grace the princess stepped out of the car *met gratie stapte de prinses uit de auto*
[**werkwoord + iemand/iets**] • *(ver)sieren*
• **grace with** *vereren met* ★ she graced us with her presence *ze vereerde ons met haar aanwezigheid*

graceful |*zeg:* Greesfoel| *elegant*; *sierlijk*

grade |*zeg:* Greed|
[**the-woord**] • *graad*
• ⟨Amerikaans⟩ *klas*
• ⟨op school⟩ *cijfer* ★ she got good grades in her tests *ze kreeg goede cijfers voor haar proefwerken*
[**werkwoord + iemand/iets**] • *sorteren*; *rangschikken* ★ graded eggs

gesorteerde eieren
• ‹Amerikaans› *beoordelen met cijfer*
• **grade up** *verbeteren*; *verhogen*
★ grade up the quality *de kwaliteit verbeteren*

gradual /*zeg:* Gredzjoeùl/ *geleidelijk*

gradually /*zeg:* Gredzjoeùlì/ *geleidelijk*; *langzamerhand* ★ my English is gradually improving *mijn Engels wordt geleidelijk aan beter*

graduate [**the-woord**] /*zeg:* Gredzjoeùt/
• *afgestudeerde* ★ my brother is a law graduate *mijn broer is meester in de rechten*
• *gediplomeerde*
[**werkwoord**] /*zeg:* Gredzjoeweet/
• *diploma halen*
• *afstuderen* ★ Tom has graduated in psychology *Tom is afgestudeerd in de psychologie*
[**werkwoord + iemand/iets**] /*zeg:* Gredzjoeweet/ *graad verlenen*

grain /*zeg:* Green/
[**the-woord**] • *korrel* ★ a grain of sand *een zandkorrel*
• *graan*
[**werkwoord + iemand/iets**] *(tot) korrels maken*; *korrelen*

grammar /*zeg:* Grèmù/ *grammatica*
★ ‹Brits› grammar school *gymnasium*; *middelbare school*

grammatical /*zeg:* Grùmètikl/ *grammaticaal*

gramophone /*zeg:* Grèmùfoown/ *platenspeler*

grand /*zeg:* Grend/
• *imposant*
• *prachtig* ★ we had a grand view of the mountains *we hadden een prachtig uitzicht op de bergen* ◆ grand total *eindtotaal* ◆ grand aunt *oudtante*

grandchild /*zeg:* Grentsjaild/ *kleinkind*

granddad /*zeg:* Grended/ *opa*

grandfather /*zeg:* GrenfààDù/ *grootvader*

grandmother /*zeg:* GrenmàDù/ *grootmoeder*

grandparents /*zeg:* Grenpèèrùnts/
[meervoud] *grootouders*

grandson /*zeg:* Grensàn/ *kleinzoon*

granny /*zeg:* Grènì/ *oma*; *(groot)moedertje*

grant /*zeg:* Gràànt/
[**the-woord**] *subsidie*; *studiebeurs*
★ I applied for a grant *ik heb een studiebeurs aangevraagd*
[**werkwoord + iemand/iets**] *toekennen*; *verlenen* ◆ take it for granted *iets als vanzelfsprekend aannemen*

graphic /*zeg:* Grèfik/ *grafisch*

grasp /*zeg:* Gràásp/
[**the-woord**] *greep*; *houvast*
[**werkwoord + iemand/iets**] • *grijpen*; *vasthouden* ★ Marc grasped Vera's arm *Marc greep Vera's arm*
• *begrijpen* ★ this text is difficult to grasp *deze tekst is moeilijk te begrijpen*

grass /*zeg:* Gràás/
• *gras* ★ cut the grass *het gras maaien*
★ grass cutter *grasmaaimachine*
• *weiland*
• *wiet*

grasshopper /*zeg:* Gràáshòpù/ *sprinkhaan*

grateful /*zeg:* Greetfoel/ *dankbaar* ★ I am grateful to you for your help *ik ben je dankbaar voor je hulp*

gratify /*zeg:* Grètìfai/ *voldoening schenken*; *voldoen* ◆ we are gratified at the outcome *we zijn tevreden met het resultaat*

grave /*zeg:* Greev/
[**the-woord**] *graf* ★ he prayed at his mother's grave *hij bad aan het graf van zijn moeder*
[**bijvoeglijk naamwoord**] *ernstig*; *somber* ★ his father has a grave illness *zijn vader is ernstig ziek*

gravel /*zeg:* Grevùl/ *grind*; *kiezel*

graveyard /*zeg:* Greevjààd/ *kerkhof*

gravity /*zeg:* Grèvùtì/
• *ernst*
• *zwaartekracht*

graze /*zeg:* Greez/
[**the-woord**] *schaafwond*; *schram*
[**werkwoord (+ iemand/iets)**] • *grazen*
★ the cattle are grazing at the pasture *het vee stond te grazen in de wei*
• *schaven*; *schampen* ★ he grazed his knee *hij heeft zijn knie geschaafd*

grease /*zeg:* Gries/
[**the-woord**] *vet*
[**werkwoord + iemand/iets**] *smeren*; *invetten*

greasy /*zeg:* Griesì/ *vettig* ★ greasy hair/ food *vettig haar/eten*
great /*zeg:* Greet/
• *great; belangrijk* ★ one of the greatest poets of all time *een van de grootste dichters aller tijden*
• *prachtig; prima* ★ that's great! *prima!* ◆ great friends *dikke vrienden* ◆ the Great War *de Eerste Wereldoorlog*
great-grandfather /*zeg:* GreetGrenfààDù/ *overgrootvader*
great-grandson /*zeg:* GreetGrensàn/ *achterkleinzoon*
Greece /*zeg:* Gries/ *Griekenland*
Greek /*zeg:* Griek/
[**the-woord**] • *Griek*; ‹inwoonster van Griekenland› *Griekse*
• taal *Grieks*
[**bijvoeglijk naamwoord**] *Grieks*
green /*zeg:* Grien/
[**the-woord**] *grasveld* ★ we sat on the green in the middle of the village *we zaten op het grasveldje in het midden van het dorp*
[**bijvoeglijk naamwoord**] • *groen* ★ the traffic light turns green *het verkeerslicht springt op groen*
• *onrijp* ◆ green with envy *groen en geel van jaloezie*
greet /*zeg:* Griet/ *(be)groeten* ★ he greeted us with a friendly hello *hij begroette ons met een vriendelijk hallo*
greeting /*zeg:* Grieting/ *groet*
grenade /*zeg:* Grìneed/ *handgranaat*
grew /*zeg:* Groe/ [(verleden tijd) → **grow**]
grey /*zeg:* Gree/
• *grijs*
• *somber* ★ the weather is grey *het is somber weer*
grey-haired /*zeg:* Greehèèd/ *grijs; met grijs haar* ★ go grey-haired over something *ergens grijze haren van krijgen*
greyhound /*zeg:* Greehaund/ *hazewind*
◆ ‹Amerikaans› greyhound *zilverkleurige bus voor lange afstanden*
grief /*zeg:* Grief/ *verdriet* ★ in grief *met verdriet*
grieve /*zeg:* Griev/ **grieve at/for/over** *treuren om/over; verdriet hebben* ★ he grieves over his wife's death *hij treurt om de dood van zijn vrouw*

grill /*zeg:* Grìl/
[**the-woord**] • *rooster*
• *grill*
[**werkwoord (+ iemand/iets)**] *grillen; roosteren* ★ grill a few sausages *een paar worstjes grillen*
grip /*zeg:* Grìp/
[**the-woord**] • *greep* ★ the teacher lost grip of his pupils *de leraar verloor de greep op zijn leerlingen/verloor hun aandacht*
• *handvat*
[**werkwoord (+ iemand/iets)**] *grijpen; pakken* ★ he gripped my wrist *hij pakte mijn pols*
grit /*zeg:* Grìt/
[**the-woord**] • *zand*
• *gruis*
[**werkwoord + iemand/iets**] *met zand bestrooien*
[**werkwoord (+ iemand/iets)**] *knarsen* ★ I gritted my teeth in anger *ik knarsetandde van woede*
grizzly /*zeg:* Grìzlì/
[**the-woord**] *grijsbruine beer*
[**bijvoeglijk naamwoord**] *grijs*
groan /*zeg:* Groown/
[**the-woord**] *gekreun*
[**werkwoord**] *kreunen* ★ the injured man groaned in pain *de gewonde man kreunde van de pijn*
groceries /*zeg:* Groowsùrìz/ [meervoud] *kruidenierswaren*
grocery /*zeg:* Groowsùrì/ *kruideniersvinkel*
groom /*zeg:* Groem/ *bruidegom* ★ bride and groom *bruid en bruidegom*
groove /*zeg:* Groev/
• *gleuf; groef*

G

• ‹spreektaal› *ritme van de muziek* ◆ let's get in the groove *laten we gaan dansen*

groovy ‹spreektaal› /*zeg:* Groevì/ *gaaf*; *tof*

gross /*zeg:* Groows/ *walgelijk*; *monsterlijk*

grotto /*zeg:* Gròtoow/ *grot*

ground /*zeg:* Graund/
• *terrein*; *grond* ★ the vase fell to the ground *de vaas viel op de grond*
• *reden* ★ on religious grounds *om religieuze redenen* ◆ ground floor *benedenverdieping*

G

grounds /*zeg:* Graundz/ [meervoud] *terrein*; *park*

group /*zeg:* Groep/
[**the-woord**] *groep* ★ a group of demonstrators began plundering *een groep demonstranten begon te plunderen*
[**werkwoord (+ iemand/iets)**] *(zich) groeperen* ★ we grouped around the teacher *we gingen in een groep om de leraar heen staan*

groupie /*zeg:* Groepì/ ‹iemand die met een popgroep meetrekt› *groupie*

grow /*zeg:* Groow/
[**werkwoord**] • *groeien*
• *worden* ★ granddad is growing old *opa wordt oud*
• **grow up** *opgroeien*; *volwassen worden*
[**werkwoord + iemand/iets**] • *laten groeien* ★ grow your beard *je baard laten groeien*
• *verbouwen*; *kweken* ★ Susie grows tomatoes on her balcony *Susie kweekt tomaten op haar balkon*

grown /*zeg:* Groown/ [(voltooid deelwoord) → **grow**]

growth /*zeg:* GroowS/ *groei* ★ growth hormone *groeihormoon*

grub /*zeg:* Gràb/
[**the-woord**] • *larve*
• *sloddervos*
[**werkwoord + iemand/iets**] *opgraven*; *uitgraven* ★ the dog has grubbed up a bone *de hond heeft een kluif opgegraven*

gruesome /*zeg:* Groesùm/ *afschuwelijk*; *akelig* ★ a gruesome story *een afschuwelijk verhaal*

grumble /*zeg:* Gràmbl/
[**the-woord**] *gemopper*
[**werkwoord**] *mopperen* ★ grumble about/at/over something/someone *over iets/iemand mopperen*

guarantee /*zeg:* Gèrùntie/
[**the-woord**] *garantie*
[**werkwoord + iemand/iets**] *garanderen*; *beloven* ★ the student guaranteed he would work harder *de leerling beloofde dat hij harder zou werken*

guard /*zeg:* Gààd/
[**the-woord**] • *bescherming*; *wacht* ★ be on guard *op wacht staan* ★ changing of the guard *wissel van de wacht*
• *beschermer*; *bewaker* ★ guard dog *waakhond*
[**werkwoord + iemand/iets**] *beschermen*; *bewaken* ★ the prisoner was guarded night and day *de gevangene werd dag en nacht bewaakt*

guardian /*zeg:* Gààdiùn/
• *beschermer* ★ a guardian angel *een beschermengel*
• *voogd*

guess /*zeg:* Ges/
[**the-woord**] *gissing*; *vermoeden*; *schatting* ★ at a guess *naar schatting* ★ have a guess at something *ergens naar gissen*
[**werkwoord + iemand/iets**] *veronderstellen* ◆ I guess you're right *je zult wel gelijk hebben*

guest /*zeg:* Gest/ *gast*

guest-house /*zeg:* Gesthaus/ *pension*

guidance /*zeg:* Gaidns/
• *(bege)leiding*
• *voorlichting*

guide /*zeg:* Gaid/

[**the-woord**] • *gids*
• *reisleider*
[**werkwoord + iemand/iets**]
• *(bege)leiden*
• *besturen* ◆ a guided tour through London *een rondleiding met gids door Londen*
guideline /*zeg:* Gaidlain/ *richtlijn*
guildhall /*zeg:* Gìldhòòl/ *stadhuis*
guilt /*zeg:* Gìlt/ *schuld*
guilty /*zeg:* Gìltì/ *schuldig* ★ guilty of a crime *schuldig aan een misdaad*
guitar /*zeg:* Gìtàà/ *gitaar*
guitarist /*zeg:* Gìtààrìst/ *gitarist*
gulf /*zeg:* Gàlf/
[**the-woord**] • *golf*
• *afgrond*
[**werkwoord + iemand/iets**] *(mee)sleuren*
gulp /*zeg:* Gàlp/
[**the-woord**] *slok*
[**werkwoord (+ iemand/iets)**] **gulp down** *opslokken*; *in één keer inslikken/ opdrinken* ★ he gulped down his drink *hij dronk zijn drankje in één keer op*
gum /*zeg:* Gàm/
[**the-woord**] • *gom*; *lijm*
• *kauwgom*
[**werkwoord (+ iemand/iets)**] **gum down** *vastplakken* ★ gum down a sticker on something *een sticker vastplakken op iets*
gun /*zeg:* Gàn/
[**the-woord**] • *geweer*
• *kanon*
• *revolver*; *pistool*
[**werkwoord + iemand/iets**] **gun down** *dood-/neerschieten* ★ the man had been gunned down *de man was neergeschoten*
gunfire /*zeg:* Gànfaijù/ *kanonvuur*; *kanonschot(en)*
gunman /*zeg:* Gànmùn/ *gewapende man*
gunpowder /*zeg:* Gànpaudù/ *buskruit*
gunshot /*zeg:* Gànsjòt/ *geweer-/pistoolschot* ★ he fired two gunshots *hij vuurde twee geweerschoten*
gurgle /*zeg:* Gùùgl/
[**the-woord**] • *gekraai*
• *gemurmel*
[**werkwoord**] • *kraaien* ★ the baby gurgles with pleasure *de baby kraait van plezier*
• *rochelen*
• *murmelen*
gush /*zeg:* Gàsj/
[**the-woord**] *stroom*
[**werkwoord**] *gutsen*; *stromen* ★ tears were gushing down her cheeks *tranen stroomden over haar wangen*
guts /*zeg:* Gàts/ [meervoud] ◆ have the guts to do something *de moed hebben om iets te doen* ◆ he worked his guts out *hij werkte zich een ongeluk*
gutter /*zeg:* Gàtù/ *goot* ◆ end up in the gutter *in de goot terechtkomen*
guy /*zeg:* Gai/ ‹Amerikaans› *vent*; *kerel* ★ he is a nice guy *hij is een aardige vent*
gym /*zeg:* dzjìm/ *gymzaal*; *sportschool*
gymnastics /*zeg:* dzjìmnestìks/ [meervoud] *gymnastiek*
gypsy /*zeg:* dzjìpsì/ *zigeuner*

G

h /*zeg:* eedzj/ *h* ◆ H as in Harry *de H van Hendrik*
h. [**afkorting**]
habit /*zeg:* hèbìt/ *gewoonte* ★ make a habit of something *iets tot een gewoonte maken*
hack /*zeg:* hek/
[**werkwoord**] *computerkraken*
[**werkwoord + iemand/iets**] *tot vervelens toe herhalen* ◆ a hacking cough *een droge hoest*
[**werkwoord (+ iemand/iets)**] *(om/ fijn)hakken* ★ hack down a tree *een boom omhakken*
hacker /*zeg:* hèkù/ *computerkraker*; *hacker*
had /*zeg:* hed/ [(verleden tijd + voltooid deelwoord) → **have**]
haddock /*zeg:* hèdùk/ *schelvis*
hadn't /*zeg:* hednt/ [(samentrekking van 'had not') → **have**]
hail /*zeg:* heel/
[**the-woord**] *hagel* ◆ a hail of bullets *een regen van kogels*
[**werkwoord**] *hagelen* ★ it's hailing/it hails *het hagelt*
[**werkwoord + iemand/iets**] *begroeten* ◆ hail a taxi *een taxi aanhouden*
hailstone /*zeg:* heelstoowǹ/ *hagelsteen*
hair /*zeg:* hèè/ *haar*; *haren* ★ grandpa is losing his hair *opa raakt zijn haar kwijt* ★ escape by a hair's breadth *het scheelde maar een haartje* ★ comb your hair *je haar kammen*
hairbrush /*zeg:* hèèbràsj/ *haarborstel*
hairdresser /*zeg:* hèèdrèsù/ *kapper*
hairpin /*zeg:* hèèpìn/
• *haarspeld*
• *scherpe bocht* ★ hairpin bend *haarspeldbocht*
hairspray /*zeg:* hèèspree/ *haarlak*
hairy /*zeg:* hèèrì/ *harig* ★ hairy chest *behaarde borst*
half /*zeg:* hààf/
[**the-woord**] • *de helft* ★ half of ten is five *de helft van tien is vijf*
• *een halve*
[**bijvoeglijk naamwoord**] *half* ★ two and a half pounds *tweeënhalf pond*
[**bijwoord**] *half* ◆ half (past) three *half vier*
halfway /*zeg:* hààfwee/ *halfweg*; *halverwege* ★ meet someone halfway *iemand halverwege ontmoeten*
hall /*zeg:* hòòl/
• *hal*; *zaal*
• *gang* ◆ Town hall *stadhuis* ◆ hall of fame *eregalerij*
hallmark /*zeg:* hòòlmààk/ *stempel*; *kenmerk*
hallow /*zeg:* hèloow/ *heiligen*; *wijden* ★ hallowed be thy name *uw naam worde geheiligd*
Halloween /*zeg:* hèloowien/ *avond voor Allerheiligen (31 okt)*
hallway /*zeg:* hòòlwee/ *hal*
halves /*zeg:* hààvz/ [meervoud] → **half**
ham /*zeg:* hem/ *ham*; *dij*
hammer /*zeg:* hèmù/ *hamer*

hammock /*zeg:* hèmùk/ *hangmat*
hamstring /*zeg:* hemstrìng/
• *kniepees*
• ⟨van paard⟩ *achillespees*
hand /*zeg:* hend/

[the-woord] • *hand* ⋆ shake hands *handen schudden* ⋆ Susan has her hands full of work *Susan heeft handenvol werk* ⋆ hands up! *handen omhoog!*
• *handschrift*
• ‹van klok› *wijzer* ⋆ seconds hand *secondewijzer* ◆ it got out of hand *het liep uit de hand* ◆ on the one/other hand *aan de ene/andere kant* ◆ all hands on deck *alle hens aan dek*
◆ second hand suit *tweedehands pak*
◆ hands off! *niet aankomen!*
[werkwoord + iemand/iets] • **hand over** *overhandigen*; *overdragen* ⋆ the burglar was handed over to the police *de inbreker werd aan de politie overgedragen*
• **hand out** *aanreiken*; *uitdelen*
• **hand in** *inleveren*; *aanbieden* ⋆ hand in your homework *je huiswerk inleveren*

handbag /*zeg:* hendbeG/ *handtas(je)*

handbook /*zeg:* hendboek/ *handboek*; *handleiding*

handbrake /*zeg:* hendbreek/ *handrem*

handcuff /*zeg:* hendkàf/
[the-woord] *handboei*
[werkwoord + iemand/iets] *de handboeien aandoen*

handful /*zeg:* hendfoel/ *hand(je)vol* ⋆ a handful of sweets *een handvol snoepjes*

handicap /*zeg:* hendìkep/
• *handicap*
• *belemmering*

handicapped /*zeg:* hendìkept/ *gehandicapt* ⋆ physically/mentally handicapped *lichamelijk/geestelijk gehandicapt*

handkerchief /*zeg:* hengkùtsjìf/ *zakdoek* ⋆ paper handkerchief *papieren zakdoekje*

handle /*zeg:* hendl/
[the-woord] • *handgreep*; *handvat*
• *knop*; *kruk*
• *oor*; *hengsel*
[werkwoord + iemand/iets] • *hanteren* ⋆ can he handle the situation? *kan hij de situatie aan?*
• *onder handen nemen*
• *behandelen*

hand-luggage /*zeg:* hendlàGìdzj/ *handbagage*

handmade /*zeg:* hendmeed/ *met de hand gemaakt*

handshake /*zeg:* hendsjeek/ *handdruk*

handsome /*zeg:* hensùm/
• *knap* ⋆ a handsome woman *een knappe vrouw*
• *flink* ⋆ a handsome ransom *een bom duiten*

handwriting /*zeg:* hendraitìng/ *handschrift* ⋆ David's handwriting is difficult to read *Davids handschrift is moeilijk te lezen*

handy /*zeg:* hendì/ *handig* ⋆ that comes in handy! *dat is handig!* ◆ he always has a handy excuse *hij heeft altijd een uitvlucht klaar*

hang /*zeg:* heng/
[werkwoord] • **hang up** *(telefoon) ophangen* ⋆ she hung up on me *ze gooide de hoorn op de haak*
• **hang out** *uithangen*
• **hang on** *hangen aan*; *met aandacht luisteren naar*; *volhouden* ⋆ hang on! *wacht even, blijf even aan de lijn!*
• **hang about/around** *(doelloos) rondhangen* ⋆ the kids hang around at the schoolyard *de kinderen hangen rond op het schoolplein*
[werkwoord + iemand/iets] • *hangen*; *ophangen*; *behangen* ⋆ hang your head *het hoofd laten hangen*
• **hang out** *uithangen* ⋆ hang out the flag *de vlag uithangen*

hanger /*zeg:* hengù/
• *haak*
• *kleerhanger*

hangglider /*zeg:* hengGlaidù/ *deltavlieger*

hangover /*zeg:* hengoowvù/ ‹na alcohol› *kater* ⋆ have a hangover *een kater hebben*

hanky ‹spreektaal› /*zeg:* hengkì/ *zakdoek*

hanky-panky ‹spreektaal› /*zeg:* hengkìpengkì/ *oplichterij*

happen /*zeg:* hèpùn/ *gebeuren* ⋆ anything might happen *er kan van alles gebeuren* ⋆ what happened to your coat? *wat is er met je jas gebeurd?* ◆ I happened to meet him *ik kwam hem toevallig tegen*

happily /*zeg:* hèpùlie/ *gelukkig* ⋆ happily

H

I was on time *gelukkig was ik op tijd*
happiness /*zeg:* hèpìnùs/ *geluk*
happy /*zeg:* hèpì/
• *gelukkig* ★ a happy childhood *een gelukkige jeugd*
• *tevreden* ★ the teacher was not happy about/with his work *de leraar was niet tevreden over/met zijn werk*
• *blij*
harass /*zeg:* hèrùs/ *irriteren*; *lastig vallen* ★ stop harassing me! *val me niet lastig!*
harbour /*zeg:* hààbù/
• *haven*
• *(veilige) schuilplaats*
hard /*zeg:* hààd/
• *hard* ★ hard cash *muntgeld*
• *moeilijk* ★ I can hardly believe it *ik kan het moeilijk geloven* ★ he has a hard time *hij heeft het moeilijk*
• *streng* ★ be hard on someone *streng voor iemand zijn*
hardback /*zeg:* hààdbek/ *gebonden boek*
hard-boiled /*zeg:* hààdbojld/ *hardgekookt* ★ hard-boiled egg *hardgekookt ei*
hardware /*zeg:* hààdwèè/
• *(computer)apparatuur*
• *uitrusting* ★ military hardware *militaire uitrusting*
hare /*zeg:* hèè/ *haas*
harm /*zeg:* hààm/
[**the-woord**] *kwaad*; *letsel* ◆ the boys had meant no harm *de jongens hadden het niet verkeerd bedoeld*
[**werkwoord + iemand/iets**] *kwaad doen* ★ he doesn't harm a fly *hij doet geen vlieg kwaad*
harmful /*zeg:* hààmfoel/ *schadelijk*; *nadelig* ★ these chemicals are harmful to people *deze chemische stoffen zijn schadelijk voor mensen*
harmless /*zeg:* hààmlùs/ *onschadelijk* ★ harmless insects *onschadelijke insecten*
harmonic /*zeg:* hààmònìk/ *harmonisch*
harmony /*zeg:* hààmùnì/
• *harmonie* ★ work together in great harmony *in grote harmonie samenwerken*
• *overeenstemming* ★ in harmony with *in overeenstemming met*
harp /*zeg:* hààp/ *harp*
harsh /*zeg:* hààsj/
• *hard(vochtig)*
• *ruw* ★ a harsh voice *een ruwe/krassende stem* ◆ a harsh winter *een strenge winter*
harvest /*zeg:* hààvìst/
[**the-woord**] *oogst* ★ reap the harvest *oogsten wat je gezaaid hebt*
[**werkwoord + iemand/iets**] • *oogsten*
• *bijeenbrengen*
has /*zeg:* hez,ùz/ [→ **have**]
hashish /*zeg:* hesjiesj/ *hasj(iesj)*
hasp /*zeg:* hààsp/
[**the-woord**] • *knip*; ⟨van hangslot⟩ *beugel*
• *grendel*
[**werkwoord + iemand/iets**] *op de knip doen*; *vergrendelen*
haste /*zeg:* heest/
[**the-woord**] *haast* ★ in great haste *met grote spoed*
[**werkwoord + iemand/iets**] *zich haasten*; *versnellen* ★ haste yourself, you must catch the train *haast je, je moet de trein halen*
hasty /*zeg:* heestì/
• *haastig*
• *overhaast* ★ a hasty decision *een overhaast besluit*
hat /*zeg:* het/ *hoed* ★ top hat *hoge hoed*
hatch /*zeg:* hetsj/
[**the-woord**] • *onderdeur*
• ⟨van auto⟩ *vijfde (of derde) deur*
[**werkwoord + iemand/iets**] **hatch out** *(uit)broeden* ★ hatch an egg *een ei uitbroeden* ◆ hatch up a plan *een plan smeden*
hatchback /*zeg:* hetsjbek/ *auto met vijfde (of derde) deur*
hate /*zeg:* heet/
[**the-woord**] *haat*
[**werkwoord + iemand/iets**] • *een hekel hebben aan* ★ I hate football *ik heb een hekel aan voetbal*
• *haten*
hatred /*zeg:* heetrìd/ *haat* ★ hatred for someone *haat jegens iemand*
haul /*zeg:* hòòl/
[**werkwoord**] ⟨scheepvaart⟩ *wenden*
[**werkwoord + iemand/iets**] *(op)halen*; *slepen*

haunt /*zeg:* hòònt/
• *(veelvuldig) bezoeken*; *achtervolgen* ★ haunted by memories *achtervolgd door herinneringen*
• *rondspoken in/om* ◆ a haunted look *een gekwelde blik*

have /*zeg:* hev/
[**the-woord**] *iemand met veel geld* ★ the haves and the have-nots *de rijken en de armen*
[**werkwoord + iemand/iets / onregelmatig**] • *hebben* ★ she has two brothers *ze heeft twee broers* ★ she had her car stolen last week *vorige week werd haar auto gestolen* ★ I have had it with you *ik heb het wel gehad met je*
• **have on** *aanhebben* ★ he had on his best suit *hij had zijn beste pak aan*
[**hulpwerkwoord / onregelmatig**]
• *hebben* ★ have you seen the popstar? *heb je de popster gezien?*
• *moeten* ★ you have to go now *je moet nu gaan* ★ you had better go *je moest maar gaan nu*

haven't /*zeg:* hèvùnt/ [(samentrekking van 'have not') → **have**]

hawk /*zeg:* hòòk/ ‹ook figuurlijk› *havik*; *valk* ★ I watched him like a hawk *ik hield hem goed in de gaten*

hay /*zeg:* hee/ *hooi* ★ hay fever *hooikoorts*

hazard /*zeg:* hèzùd/ *gevaar* ★ a health hazard *een gevaar voor de gezondheid* ★ at hazard *in gevaar*

haze /*zeg:* heez/
[**the-woord**] *nevel*; *waas* ★ Esther got a haze before her eyes *Esther kreeg een waas voor haar ogen*
[**werkwoord + iemand/iets**] *benevelen*; *in nevel hullen*

hazelnut /*zeg:* heezùlnàt/ *hazelnoot*

he /*zeg:* hie/ *hij* ◆ is her canary a he or a she? *is haar kanarie een mannetje of een vrouwtje?*

head /*zeg:* hed/
[**the-woord**] • *hoofd*; *kop* ★ a head for mathematics *een wiskundeknobbel* ★ that is over my head *dat gaat boven mijn pet*
• *top*; *bovenste deel*
• *chef*; *directeur* ★ head of state *staatshoofd* ◆ head over heels *halsoverkop*
[**werkwoord**] • *gaan* ★ we head back *we gaan terug*
• **head for** *onderweg zijn naar* ★ we head for home *we gaan terug naar huis*
[**werkwoord + iemand/iets**] • *de leiding geven/nemen/hebben*
• *vóór-/bovenaan staan* ★ Madonna heads the Top 10 *Madonna staat bovenaan de top-tien*

headache /*zeg:* hèdeek/ *hoofdpijn* ★ a splitting headache *een barstende hoofdpijn*

headlight, headlamp /*zeg:* hedlait, headlamp/ *koplamp*

headline /*zeg:* hedlain/ *krantenkop*; *voornaamste nieuws* ★ the murder hit the headlines in the whole world *de moord kwam over de hele wereld in het nieuws*

headmaster /*zeg:* hedmààstù/
• *directeur*
• *rector*
• *hoofd van een school*

headmistress /*zeg:* hedmìstrùs/
• *directrice*
• *rectrix*

headphones /*zeg:* hedfoownz/ [meervoud] *koptelefoon*

headquarters /*zeg:* hedkwòòtùz/ [meervoud] *hoofdkantoor*; *hoofdkwartier* ★ the company's headquarters are in Amsterdam *het hoofdkantoor van het bedrijf is in Amsterdam*

headwind /*zeg:* hedwìnd/ *tegenwind*

heal /*zeg:* hiel/ *genezen* ★ the wound is healing *de wond geneest*

healer /*zeg:* hielù/ *genezer*

health /*zeg:* helS/ *gezondheid* ★ be in good health *een goede gezondheid hebben* ★ ill health *zwakke gezondheid*
health care /*zeg:* he̲lS kèè/ *gezondheidszorg*
health insurance /*zeg:* he̲lS ìnsjoerùns/ *ziektekostenverzekering*
healthy, healthful /*zeg:* he̲lSì, he̲lSfoel/ *gezond*; *heilzaam* ★ healthy food *gezond voedsel*
hear /*zeg:* hìjù/
• *horen*; *vernemen* ★ we haven't heard from her for ages *we hebben al tijden niets meer van haar gehoord*
• *luisteren naar*; *overhoren*; *verhoren*
• **hear of** *horen over* ★ I won't hear of ... *ik wil niets horen over ...*
hearing /*zeg:* hìjùrìng/
• *hoorzitting* ★ a public hearing *een openbare hoorzitting*
• *publiek*
• *gehoor* ★ out of hearing *buiten gehoorsafstand* ★ hard of hearing *hardhorend*
heart /*zeg:* hààt/
• *hart* ★ with heart and soul *met hart en ziel* ★ heart attack *hartaanval* ★ from the bottom of his heart *uit de grond van zijn hart*
• *gemoed*
• *kern* ★ the heart of the matter *de kern van de zaak*
heartache /*zeg:* h̲à̲àteek/ *liefdesverdriet*
heartbeat /*zeg:* h̲à̲àtbiet/ *hartslag*
heartbreak /*zeg:* h̲à̲àtbreek/ *liefdesverdriet* ◆ heartbreaking *hartverscheurend*
heartbroken /*zeg:* h̲à̲àtbroowkùn/ *diepbedroefd*; *met gebroken hart* ★ Bill is heartbroken over his friend's death *Bill is diepbedroefd over de dood van zijn vriend*
heartless /*zeg:* h̲à̲àtlùs/
• *harteloos*
• *flauw* ★ it was heartless of her to say that *het was flauw van haar om dat te zeggen*
• *moedeloos*
heat /*zeg:* hiet/
[**the-woord**] • *hitte*; *warmte* ★ in the heat of the battle *in de hitte van de strijd*
• *onderdeel van wedstrijd*
• *koorts*; *loopsheid*; *krolsheid* ★ our cat is in/on heat *onze poes is krols*
[**werkwoord**] *heet/warm maken/worden*; *warmlopen*
[**werkwoord + iemand/iets**]
• *verwarmen*
• *verhitten*; *opwarmen* ★ I'll heat (up) your meal *ik zal je eten even opwarmen*
heated /*zeg:* hi̲e̲tìd/ *verhit*; *razend*; *woest* ★ feelings became heated *de gemoederen raakten verhit*
heater /*zeg:* hi̲e̲tù/
• *verwarming*
• *kacheltje* ★ water heater *boiler*
heath /*zeg:* hieS/ *heide*
heather /*zeg:* he̲Dù/ *heide(struik)* ★ the heather blooms *de heide bloeit*
heating /*zeg:* hi̲e̲tìng/ *verwarming(sinstallatie)* ★ turn up/down the heating *de verwarming hoger/lager zetten*
heatspot /*zeg:* hi̲e̲tspòt/ *zomersproet*; *hitteblaasje*
heave /*zeg:* hiev/
[**the-woord**] *hijs*; *ruk* ★ he gave a great heave *hij gaf een flinke ruk*
[**werkwoord**] • *op (en neer) gaan*; *deinen*
• **heave up** *moeizaam omhoog brengen*; *overgeven*
[**werkwoord + iemand/iets**] • *(op)heffen*; *optillen*
• *ophijsen* ★ heave anchor *het anker lichten*
heaven /*zeg:* hè̲vùn/ *hemel* ★ thank heaven *goddank/gelukkig* ★ good heavens! *lieve hemel!*

heavy /*zeg:* hè̲vì/

H

• *zwaar* ★ heavy work on the fields *zwaar werk op het land*
• *moeilijk* ★ find something heavy going *iets moeilijk vinden*
• *somber*; *zwaarmoedig* ★ with a heavy heart *droevig*
heavyweight /*zeg:* hèvìweet/ *zwaargewicht*; *belangrijk persoon* ★ Mike Tyson was heavyweight champion *Mike Tyson was kampioen zwaargewicht*; ★ a political heavyweight *een politiek zwaargewicht*
hectare /*zeg:* hektèè/ *hectare*
hectic /*zeg:* hektìk/ *koortsachtig*; *opgewonden*; *hectisch* ★ a hectic week *een hectische, drukke week* ★ hectic fever *teringkoorts*
he'd /*zeg:* hied/ [(samentrekking van 'he would') → **will**] [(samentrekking van 'he had') → **have**]
hedge /*zeg:* hedzj/
[**the-woord**] *heg*; *haag*; *omheining* ★ the fields are divided by hedges *de velden zijn gescheiden door heggen*
[**werkwoord**] • *zich gedekt houden*
• *zich dekken* ◆ stop hedging *draai er niet omheen*
[**werkwoord + iemand/iets**] • *omheinen*
• *belemmeren*
height /*zeg:* hait/ *hoogte(punt)*; *toppunt* ★ at the height of his power *op het toppunt van zijn macht*
heir /*zeg:* èè/ *erfgenaam* ★ heir to the throne *troonopvolger*
heiress /*zeg:* èèrìs/ *erfgename*
held /*zeg:* held/ [(verleden tijd + voltooid deelwoord) → **hold**]
hell /*zeg:* hel/
• *hel*; *onderwereld* ★ living there was hell on earth *het was een hel om daar te wonen*
• *speelhol* ◆ one hell of a dirty trick *een smerige streek* ◆ go to hell! *donder op!*
he'll /*zeg:* hiel/ [(samentrekking van 'he will') → **will**]
hello /*zeg:* hùloow/ *hallo*
helmet /*zeg:* helmìt/ *helm*
help /*zeg:* help/
[**the-woord**] *hulp* ★ can we be of any help? *kunnen we ergens mee helpen?* ★ yell for help *om hulp roepen*
[**werkwoord (+ iemand/iets)**] • *helpen*; *bijstaan* ★ help yourself *ga je gang*
• *(be)dienen*
• **help out** *uit de brand helpen* ◆ I couldn't help it *ik kon er niets aan doen*
helpful /*zeg:* helpfoel/
• *behulpzaam*
• *handig*; *nuttig*
helpless /*zeg:* helplùs/ *hulpeloos*; *machteloos* ★ helpless anger *machteloze woede*
he-man /*zeg:* hiemen/ *stoere kerel*; *bink*; *macho*
hen /*zeg:* hen/ *kip*; *hen* ★ my aunt keeps one cock and a few hens in her backyard *mijn tante houdt een haan en een paar kippen in haar achtertuin*
hence /*zeg:* hens/
• *van hier*; *vandaar*; *van nu af* ★ ten years hence *over tien jaar* ★ hence with! *weg ermee!*
• *daarom*
henceforth /*zeg:* hensfòòS/ *voortaan*; *van nu af aan*
henpecked /*zeg:* henpekt/ *onder de plak zittend*
her /*zeg:* hùù/ *haar* ★ Joan and her mother *Joan en haar moeder*
herb /*zeg:* hùùb/ *kruid* ★ dried herbs and spices *gedroogde kruiden en specerijen*
herbal /*zeg:* hùùbl/ *kruiden-* ★ herbal tea *kruidenthee*
here /*zeg:* hìjù/ *hier(heen)* ★ here or there? *hier of daar?* ◆ here you are *alstublieft* ◆ get out of here *maak dat je wegkomt* ◆ where do we go from here? *hoe gaan we verder?*
hereabout(s) /*zeg:* hìjùrùbaut(s)/ *hier in de buurt*
hereafter /*zeg:* hìjùrààftù/
[**the-woord**] *hiernamaals*; *toekomst*
[**bijwoord**] *hierna*; *in het hiernamaals*
hereby /*zeg:* hìjùbai/ *hierdoor*; *hierbij*
herein /*zeg:* hìjùrìn/ *hierin*
heresy /*zeg:* hèrùsì/ *ketterij* ★ he was tried for heresy *hij stond terecht wegens ketterij*
herewith /*zeg:* hìjùwìD/ *hiermee*; *bij deze*
heritage /*zeg:* hèrìtìdzj/ *erfenis*; *erfgoed*; *erfdeel* ★ our cultural heritage *ons*

H

culturele erfgoed
hermit /*zeg:* hùùmìt/ *kluizenaar* ★ he leads the life of a hermit *hij leeft het leven van een kluizenaar*
hero /*zeg:* heeroow/
• *held* ★ David Beckham is my football hero *David Beckham is mijn voetbalheld*
• *hoofdpersoon*
heroic /*zeg:* heeroowìk/ *heldhaftig* ★ heroic deeds during the war *heldhaftige daden in de oorlog*
heroin /*zeg:* hèroowìn/ *heroïne* ★ a heroin addict *een heroïneverslaafde*
heron /*zeg:* hèrùn/ *reiger*
herring /*zeg:* hèrìng/ *haring* ◆ red herring *vals spoor*; *afleidingsmanoeuvre*
hers /*zeg:* hùùz/
• *van haar*
• *het/de hare*
herself /*zeg:* hùself/ *haar(zelf)*; *zich(zelf)*
he's /*zeg:* hiez/ [(samentrekking van 'he is') → **be**]
hesitate /*zeg:* hèzìteet/
• *aarzelen* ★ hesitate about doing something *aarzelen iets te doen*
• *weifelen*
hew /*zeg:* hjoe/
• *kappen*; *houwen*
• *hakken* ★ hew to pieces *aan mootjes hakken*
• **hew off** *afhakken* ★ hew off a branch *een tak afhakken*
• **hew down** *omhakken*; *vellen* ★ hew down a tree *een boom omhakken*
hewn /*zeg:* hjoen/ [(voltooid deelwoord) → **hew**]
hey /*zeg:* hee/ *hé*; *hoera* ★ hey there! *hé, jij daar!*
hi /*zeg:* hai/
• *hé*
• *hallo*
hiccough, hiccup /*zeg:* hìkaf, hìkap/
[**the-woord**]
[**werkwoord (+ iemand/iets)**] *hikken*; *de hik hebben*
hickey /*zeg:* hìkì/ ‹Amerikaans› *zuigzoen*
hid /*zeg:* hìd/ [(verleden tijd) → **hide**]
hide /*zeg:* haid/
• *verbergen* ★ hide the truth *niet de waarheid spreken* ★ hide yourself behind a tree *je verschuilen achter een boom*
• **hide from** *verbergen voor* ★ do not hide your tears from me *verberg je tranen maar niet voor mij*
hide-and-seek /*zeg:* haid end siek/ *verstoppertje*
hiding /*zeg:* haidìng/ *pak rammel* ★ a good hiding *flink pak slaag*
hiding-place /*zeg:* haidìngplees/ *schuilplaats*
high /*zeg:* hai/
• *hoog* ★ it is high time you went to school *het is hoog tijd dat je naar school gaat* ★ high society *de hogere kringen* ★ she walks on high heels *ze loopt op hoge hakken*
• *verheven* ★ de tower raises high above the town *de toren steekt verheven boven de stad uit*
• *bedwelmd* ◆ search high and low *alles afzoeken* ◆ high spirits *opgewektheid* ◆ high school ‹ongeveer havo/mavo› *middelbare school*
highlights /*zeg:* hailaits/ [meervoud] *hoogtepunten*
highly /*zeg:* hailì/
• *zeer*; *hoogst* ★ he is a highly appreciated colleague *hij is een zeer gewaardeerde collega*
• *met waardering* ◆ think highly of someone *een hoge dunk van iemand hebben*
highness /*zeg:* hainùs/
• *hoogheid*
• *hoogte*
high tech /*zeg:* hai tek/
highway /*zeg:* haiwee/ *grote weg*; *autosnelweg* ★ we drove along the highway to Amsterdam *we reden over de autosnelweg naar Amsterdam*
hijacker /*zeg:* haidzjèkù/ *kaper*
hike /*zeg:* haik/
[**the-woord**] • *trektocht*; *voetreis* ★ go on a hike *een lange wandeling maken*
• *stijging* ★ a hike in prices *een stijging van de prijzen*
[**werkwoord**] *rondtrekken*; *wandelen*
[**werkwoord + iemand/iets**] *ophijsen*
hill /*zeg:* hìl/
• *heuvel* ★ a house on the hill *een huis*

bovenop de heuvel ★ a steep hill *een steile helling*
• *hoop* ◆ over the hill *op zijn retour*

him /*zeg:* hìm/ *hem*

himself /*zeg:* hìmself/
• *zich(zelf)* ★ he's quite himself again *hij is weer helemaal zichzelf*
• *zelf* ★ all by himself *helemaal alleen*

hinge /*zeg:* hìndzj/
[**the-woord**] • *scharnier* ★ the door hangs in its hinges *de deur hangt in zijn scharnieren*
• ‹figuurlijk› *spil* ◆ of the hinges *in de war*
[**werkwoord**] **hinge on** *rusten op*; *afhangen van*

hint /*zeg:* hìnt/
[**the-woord**] • *hint*; *aanwijzing* ★ drop a hint *een hint geven*
• *zinspeling*
[**werkwoord**] **hint at** *zinspelen op*

hip /*zeg:* hìp/
[**the-woord**] *heup* ★ that dress is too tight on the hips *de jurk zit te strak om de heupen*
[**bijvoeglijk naamwoord**] *hip*
[**tussenwerpsel**] *hiep!* ★ hip, hip, hurrah! *hiep, hiep, hoera!*

hippodrome /*zeg:* hìpùdroowm/
• *renbaan*
• *circus*

hippopotamus /*zeg:* hìpùpòtùmùs/ *nijlpaard*

hire /*zeg:* haijù/
[**the-woord**] • *huur* ★ on hire purchase *op afbetaling*
• *loon*
[**werkwoord + iemand/iets**] • *huren*; *in dienst nemen* ★ he hired a chauffeur *hij nam een chauffeur in dienst*
• **hire out** *verhuren*; *uitlenen*

his /*zeg:* hìz/ *het zijne*; *zijn*; *van hem* ★ these books are his *deze boeken zijn van hem* ★ it is his own fault *het is zijn eigen schuld*

historic(al) /*zeg:* hìstòrìk(l)/
• *historisch* ★ historic(al) events *historische gebeurtenissen*
• *beroemd*

history /*zeg:* hìstùrì/ *geschiedenis*; *verleden* ★ the history of the United States *de geschiedenis van de Verenigde Staten* ★ make history *geschiedenis maken/schrijven*

hit /*zeg:* hìt/
[**the-woord**] • *klap*
• *hit*
• *treffer*
[**werkwoord (+ iemand/iets)**] • *raken* ★ the bullet hit him in the leg *de kogel raakte hem in zijn been*
• *slaan* ★ don't hit me! *sla me niet!*
• **hit back** *terugslaan* ◆ hit the road *op weg gaan* ◆ hit-and-run *iemand/iets aanrijden en doorrijden*

hitch-hike /*zeg:* hìtsjhaik/ *liften*; *liftend trekken door* ★ we intend to hitch-hike to Spain *we willen naar Spanje gaan liften*

H.M. [**afkorting**] His/Her Majesty *Zijne/Hare Majesteit*

hoarse /*zeg:* hòòs/ *schor*; *hees* ★ a hoarse voice *een schorre stem* ★ shout yourself hoarse *je hees schreeuwen*

hoax /*zeg:* hoowks/
[**the-woord**] *grap*; *bedrog* ◆ the computervirus turned out to be a hoax virus *het computervirus bleek een nepvirus te zijn*
[**werkwoord + iemand/iets**] *foppen* ★ we've been hoaxed *we zijn gefopt*

hobby /*zeg:* hòbì/ *liefhebberij*; *hobby* ★ my hobby is playing the piano *pianospelen is mijn hobby*

hobo ‹Amerikaans› /*zeg:* hoowboow/ *zwerver*; *landloper*

hold /*zeg:* hoowld/
[**the-woord**] *houvast*; *vat*; *greep* ★ Jack

took hold of my wrist *Jack pakte mijn pols vast* ★ I have been trying to get hold of you by phone *ik heb geprobeerd je telefonisch te bereiken*
[**werkwoord**] • *van kracht zijn* ★ the offer still holds *het aanbod geldt nog steeds*
• *aanhouden* ★ the good weather will hold for days *het goede blijft voor dagen aanhouden*
• **hold on to** *vasthouden aan*; *niet loslaten* ★ they hold on to their dream *ze laten hun droom niet los*
• **hold on** *zich vasthouden*; *doorgaan*; *aanblijven* ★ the rain held on *het bleef maar regenen* ◆ hold on a minute! *wacht even!*
[**werkwoord + iemand/iets**] • *in-/tegen-/vasthouden* ★ how long can you hold your breath *hoe lang kun jjij je adem inhouden?* ★ hold tight *hou je goed vast*
• ⟨Amerikaans⟩ *gevangen houden* ★ he has been held in prison for ten years *hij is tien jaar in de gevangenis gevangen gehouden*
• *(kunnen) bevatten* ★ that cupboard holds a lot *die kast bevat heel veel*
• **hold back** *achterhouden*; *verzwijgen* ★ don't hold back the truth *houd niet de waarheid achter*
• **hold against** *kwalijk nemen*; *verwijten* ★ would you hold it against me? *zou je het me kwalijk nemen?*
• **hold up** *ophouden*; *omhooghouden* ◆ hold your horses! *rustig aan!* ◆ hold it! *stop!*

hold-up /*zeg:* hoowld àp/
• *stremming*; *vertraging*
• *overval*

hole /*zeg:* hoowl/
[**the-woord**] • *gat*; *holte*; *kuil* ★ dig a hole *een kuil/gat graven*
• ⟨golf⟩ *hole* ◆ need something like a hole in the head *iets kunnen missen als kiespijn*
[**werkwoord**] **hole up** *zich verbergen* ★ the murderer holed up in the bushes *de moordenaar verborg zich in de bosjes*
[**werkwoord + iemand/iets**] • *gaten maken in* ★ a torpedo holed the ship *een torpedo sloeg een gat in het schip*
• *graven*
• ⟨bij golf⟩ *in hole plaatsen*

holiday /*zeg:* hòlùdee/ *vakantie(dag)* ★ go on holiday *op vakantie gaan* ★ be on holiday *op vakantie zijn* ◆ national holiday *nationale feestdag*

Holland /*zeg:* hòlùnd/
• *Nederland*
• *Holland*

hollow /*zeg:* hòloow/
[**the-woord**] • *holte*
• *dal*; *laagte*
[**bijvoeglijk naamwoord**] • *hol* ★ a hollow sound *een holle klank*
• *waardeloos*; *slap*; *geveinsd* ★ this advice is hollow *dit advies is waardeloos*
[**werkwoord + iemand/iets**] *(uit)hollen*; *hol maken*

holy /*zeg:* hoowlì/ *heilig* ★ Holy Father *Heilige Vader*; *de paus*

homage /*zeg:* hòmìdzj/
[**the-woord**] *hulde* ★ pay/do homage to *hulde betuigen aan*
[**werkwoord + iemand/iets**] *huldigen*

home /*zeg:* hoowm/
[**the-woord**] • *t(e)huis* ★ make yourself at home *do of je thuis bent* ★ feel at home *zich thuis voelen* ★ home sweet home *oost, west, thuis best*
• *huis* ★ I would like to see your home *ik zou graag je huis willen zien*
• *geboortegrond*; *vaderland* ★ Australia is the home of the kangaroo *Australië is het thuisland/woongebied van de kangoeroe*
[**bijwoord**] *naar huis*; *thuis* ★ I think I shall go home now *ik denk dat ik nu maar naar huis ga*

homework /*zeg:* hoowmwùùk/ *huiswerk* ⋆ do your homework *je huiswerk maken*
homicide /*zeg:* hòmìsaid/ *doodslag*; *moord*
honest /*zeg:* ònìst/
• *eerlijk* ⋆ to be honest, I don't really know *om eerlijk te zijn, ik weet het echt niet*
• *onvervalst*; *deugdelijk*
honesty /*zeg:* ònìstì/ *eerlijkheid*; *oprechtheid*
honey /*zeg:* hànì/
• *honing* ⋆ as sweet as honey *zo zoet als honing*
• *schat*; *liefje*
honeybee /*zeg:* hànìbie/ *honingbij*
honeymoon /*zeg:* hànìmoen/ *huwelijksreis*; *wittebroodsweken* ⋆ we spent our honeymoon in Italy *we waren op huwelijksreis in Italië*
honour /*zeg:* ònù/
[**the-woord**] • *eer*; *eergevoel* ⋆ in honour of ... *ter ere van ...*
• *eerbewijs*; *woord van eer* ⋆ do someone the honour of ... *iemand vereren met ....* ◆ Your Honour *Edelachtbare*
[**werkwoord + iemand/iets**] • *eren*
• *honoreren*
honourable /*zeg:* ònùrùbl/
• *eervol* ⋆ honourable mention *eervolle vermelding*
• *deugdzaam* ⋆ honourable intentions *eerbare bedoelingen*
hook /*zeg:* hoek/
[**the-woord**] • *haak*; *vishaak*
• *sikkel*; *snoeimes* ◆ by hook or by crook *hoe dan ook*
[**werkwoord**] *blijven haken*
[**werkwoord + iemand/iets**] • *(zich) vasthaken*; *aanhaken*
• *aan de haak slaan* ⋆ hook a fish *een vis aan de haak slaan*
• **hook on** *aanhaken*; *in elkaar haken*
hooligan /*zeg:* hoelìGùn/ *relschopper*; *vandaal*
hoot /*zeg:* hoet/
• *toeteren*; *claxonneren*
• *(hard) lachen* ⋆ Bill hooted with laughter *Bill schaterde van het lachen*
• *loeien*
• **hoot down** *wegfluiten*
• **hoot at** *na-/uitjouwen*
hoover /*zeg:* hoevù/
[**the-woord**] *stofzuiger*
[**werkwoord (+ iemand/iets)**] *stofzuigen*
hope /*zeg:* hoowp/
[**the-woord**] *hoop* ⋆ give up hope *de hoop opgeven* ◆ there was little hope *er was maar een kleine kans*
[**werkwoord (+ iemand/iets)**] • *hopen*
• **hope for** *hopen op* ⋆ hope for the best *er het beste van hopen*
hopeful /*zeg:* hoowpfoel/ *hoopvol* ⋆ I am hopeful about the future *ik ben optimistisch over de toekomst*
hopeless /*zeg:* hoowplùs/ *hopeloos* ⋆ a hopeless situation *een hopeloze situatie* ◆ I am hopeless at maths *ik ben hopeloos slecht in wiskunde*
horizon /*zeg:* hùraizùn/ *horizon* ⋆ the sun disappears below the horizon *de zon verdwijnt achter de horizon*
horizontal /*zeg:* hòrìzòntl/
[**the-woord**] *horizontale lijn*; *rekstok*
[**bijvoeglijk naamwoord**] *horizontaal*
hormone /*zeg:* hòòmoown/ *hormoon* ⋆ hormone treatment *hormoonbehandeling*
horn /*zeg:* hòòn/
• *hoorn*
• *horen*; *voelhoorn*
• *trompet*
• *claxon* ⋆ the car sounded its horn *de auto toeterde* ◆ blow your own horn *opscheppen*
hornet /*zeg:* hòònìt/ *horzel* ⋆ a hornet's nest
horrible, horrid /*zeg:* hòrìbl, hòrid/ *afschuwelijk* ⋆ this is a horrible colour *dit is een afschuwelijke kleur*
horrific /*zeg:* hùrìfik/ *afschuwelijk*; *weerzinwekkend* ⋆ a horrific experience *een afschuwelijke ervaring*
horror /*zeg:* hòrù/ *afgrijzen*; *schrik* ⋆ filled with horror *van angst vervuld* ◆ Carol has a horror of spiders *Carol is doodsbang voor spinnen*
horse /*zeg:* hòòs/
• *paard* ⋆ horse track *ruiterpad* ⋆ Peter works like a horse *Peter werkt als een*

paard ★ Brian loves to ride a horse *Brian houdt van paardrijden*
• *gymnastiekpaard*

hospital /*zeg:* hòspìtl/ *ziekenhuis* ★ he is in hospital with a broken leg *hij ligt in het ziekenhuis met een gebroken been*

hospitality /*zeg:* hòspìtèlùtì/ *gastvrijheid* ★ enjoy hospitality *gastvrijheid genieten*

host /*zeg:* hoowst/
[**the-woord**] • *gastheer* ★ we thanked our host for the nice party *we bedankten onze gastheer voor het gezellige feest*
• *hostie*
• *computerserver*
[**werkwoord + iemand/iets**] *gastheer of gastvrouw zijn*; *ontvangen*

hostage /*zeg:* hòstìdzj/ *gijzelaar* ◆ he was taken hostage by terrorists *hij werd door terroristen gegijzeld*

hostess /*zeg:* hoowstìs/
• *gastvrouw* ★ act as a hostess *als gastvrouw optreden*
• *stewardess*

hostile /*zeg:* hòstail/ *vijandig*; *vijandelijk* ★ a hostile environment *een vijandige omgeving*

hot /*zeg:* hòt/
[**bijvoeglijk naamwoord**] • *heet*; *warm* ★ it is getting hot today *het wordt warm vandaag*
• *driftig*; *heftig* ★ have a hot temper *snel kwaad zijn*
• *pikant*; *pittig* ★ hot spicy food *pikant gekruid eten*
• *kersvers*; *gloednieuw* ★ hot news *laatste nieuws*
[**werkwoord + iemand/iets**] **hot up** ⟨van motor⟩ *opvoeren*; *op laten lopen* ★ hot up a car *een auto opvoeren*

hotline /*zeg:* hòtlain/ *hotline*; *directe telefoonverbinding tussen staatshoofden*

hound /*zeg:* haund/
[**the-woord**] • *(jacht)hond*
• *hond van een vent*
[**werkwoord + iemand/iets**]
• *achtervolgen* ★ he was hounded by reporters *hij werd door journalisten achtervolgd*
• *opjagen*
• **hound out** *verjagen*; *wegjagen*

hour /*zeg:* auwù/ *uur* ★ my train leaves in an hour *mijn trein vertrekt over een uur* ★ he pays his workers by the hour *hij betaalt zijn werknemers per uur* ★ the test lasted two hours *het proefwerk duurde twee uur*

house [**the-woord**] /*zeg:* haus/
• *huis* ★ collapse like a house of cards *instorten als een kaartenhuis* ★ the House of Windsor *Britse koningshuis, de Britse koninklijke familie* ★ he owns three houses *hij bezit drie huizen*
• *firma* ◆ drinks are on the house *rondje van de zaak*
[**werkwoord + iemand/iets**] /*zeg:* hauz/
• *huisvesten*
• *herbergen* ★ the school houses a library *de school herbergt een bibliotheek*

household /*zeg:* haushoowld/
[**the-woord**] *gezin*; *huishouden* ★ household appliances *huishoudelijke apparaten*
[**bijvoeglijk naamwoord**] *huis(elijk)*

housekeeper /*zeg:* hauskiepù/ *huishoudster*

housework /*zeg:* hauswùùk/ *huishoudelijk werk*

hove /*zeg:* hoowv/ [(verleden tijd + voltooid deelwoord) → **heave**]

hovercraft /*zeg:* hòvùkrààft/ *hovercraft*; *(snel) luchtkussenvaartuig*

how /*zeg:* hau/
• *hoe* ★ how are you? *hoe gaat het?* ★ how do you do *aangenaam* ★ how

come? *hoe komt dat?* ★ how about having a drink *wat zeg je van ergens wat drinken?*
• *wat* ★ how much he smokes *wat rookt hij veel*

however /*zeg:* hauèvù/
• *echter* ★ I wanted to come, however, my mother needed me more *ik wilde komen, echter, mijn moeder had me meer nodig*
• *hoe ... ook* ★ however short, our vacation was impressive *hoe kort ook, onze vakantie was indrukwekkend*

howl /*zeg:* haul/
[**the-woord**] *gehuil*; *brul* ★ the howls of the wolves *het gehuil van de wolven*
[**werkwoord**] *brullen*; *huilen*; *janken*; *gieren* ★ howl with pain *huilen van de pijn* ★ they howled with laughter *ze gierden van het lachen*

H.R.H. [**afkorting**] His/Her Royal Highness *Zijne/Hare Koninklijke Hoogheid*

huckleberry /*zeg:* hàkùlbùrì/ *bosbes*

hug /*zeg:* hàG/
[**the-woord**] *omhelzing*; *knuffel* ★ he greeted his mother with a hug *hij begroette zijn moeder met een knuffel*
[**werkwoord + iemand/iets**] • *omhelzen*
• *knuffelen* ★ I love to hug my little cats *ik vind het heerlijk om te knuffelen met mijn kleine poesjes*

huge /*zeg:* hjoedzj/ *reusachtig*; *geweldig* ★ a huge success *een geweldig succes* ★ we are faced with a huge problem *we hebben een enorm probleem*

hum /*zeg:* hàm/
[**the-woord**] *gezoem*; *gebrom* ★ the hum in the classroom *het geroezemoes in de klas*
[**werkwoord**] • *zoemen*; *brommen*
• *stinken* ◆ make things hum *leven in de brouwerij brengen*
[**werkwoord (+ iemand/iets)**] *neuriën*
[**tussenwerpsel**] *tja*; *hm*

human /*zeg:* hjoemùn/ *menselijk* ★ I am only human *ik ben ook maar een mens*

humanity /*zeg:* hjoemènùtì/
• *menselijkheid*
• *mensdom*
• *het mens zijn*
• *menslievendheid*

humankind /*zeg:* hjoemùnkaind/ *(de) mensheid*

humble /*zeg:* hàmbl/
[**bijvoeglijk naamwoord**] • *nederig*; *onderdanig* ★ your humble servant *uw nederige dienaar*
• *bescheiden* ★ in my humble opinion *volgens mijn bescheiden mening*
[**werkwoord + iemand/iets**] *vernederen* ★ the world champion was humbled by his opponent *de wereldkampioen werd vernederd door zijn tegenstander*

humbug /*zeg:* hàmbàG/
• *bedrog*
• *kouwe drukte*
• *nonsens* ★ talk humbug *onzin verkopen*
• *oplichter*

humid /*zeg:* hjoemìd/ *vochtig* ★ a humid climate *een vochtig klimaat*

humiliate /*zeg:* hjoemilìeet/ *vernederen* ★ he has really humiliated me with his remarks *hij heeft me echt vernederd met zijn opmerkingen*

humour /*zeg:* hjoemù/
• *humeur* ★ out of humour *uit zijn humeur*
• *humor* ★ sense of humour *gevoel voor humor*
• *stemming*

hunchback /*zeg:* hàntsjbek/ *gebocheld*

hundred /*zeg:* hàndrùd/ *honderd* ★ a hundred cats *honderd katten* ★ hundreds of people *honderden mensen*

hundredth /*zeg:* hàndrùdS/ *honderdste*

hung /*zeg:* hàng/ [(verleden tijd + voltooid deelwoord) → **hang**]

hungry /*zeg:* hàngGrì/ *hongerig* ★ be/feel hungry *honger hebben* ★ I am getting hungry *ik begin honger te krijgen* ★ swimming made me hungry *van het zwemmen heb ik honger gekregen*

hunt /*zeg:* hànt/
[**the-woord**] • *jacht*
• *zoektocht* ★ hunt for food *zoektocht naar voedsel*
[**werkwoord**] • ⟨met honden/paard⟩ *jagen*
• *zoeken* ★ I have hunted high and low

H

for that CD *ik heb overal gezocht naar die cd*
[**werkwoord + iemand/iets**] • *najagen*
• *jagen op* ★ hunt foxes *jagen op vossen*
★ owls hunt at night *uilen gaan 's nachts op jacht*

hunt: Een omstreden hobby van de rijke Engelsen is de vossenjacht: *foxhunting*. Bij deze 'sport' wordt een vos door honden opgejaagd, terwijl de jagers zelf op paarden deze achtervolging volgen. Gelukkig weet de vos driekwart van de tijd te ontkomen.

hunter /*zeg:* hàntù/ ⟨ook figuurlijk⟩ *jager*
★ bargain hunters *koopjesjagers*
hurdle /*zeg:* hùùdl/ *horde*; *hindernis*
★ take a hurdle *een hindernis nemen*
★ hurdles *hordenloop*
hurray, hurrah /*zeg:* hùree, hoeràà/
[**the-woord**] *hoera(atje)*
[**tussenwerpsel**] *hoera!*

hurricane /*zeg:* hàrìkùn/ *orkaan*
★ hurricane force *orkaankracht*
hurry /*zeg:* hàrì/
[**the-woord**] *haast* ★ be in a hurry *haast hebben*
[**werkwoord**] • *zich haasten* ★ we will have to hurry *we moeten ons haasten*
• **hurry up** *haast maken* ★ hurry up! *schiet eens op!*
[**werkwoord + iemand/iets**] • *tot haast aanzetten*; *ophaasten* ★ you must not hurry those kids *je moet die kinderen niet ophaasten*
• **hurry up** *versnellen*; *aanporren* ★ we will be able to hurry up some things *we zullen wel sommige dingen wat kunnen versnellen*
hurt /*zeg:* hùùt/
[**the-woord**] • *pijn*
• *letsel*
• *krenking*
[**werkwoord + iemand/iets**]
• *beschadigen*; *bezeren* ★ I hurt my arm *ik heb mijn arm bezeerd*
• *kwetsen* ★ hurt someone's feelings *iemand kwetsen*
[**werkwoord (+ iemand/iets)**] *pijn doen*
★ it hurts so bad *het doet zo'n pijn*
husband /*zeg:* hàzbùnd/ *man*; *echtgenoot*
★ they are now husband and wife *ze zijn nu man en vrouw*
hush /*zeg:* hàsj/
[**the-woord**] • *stilte* ★ a deadly hush *een dodelijke stilte*
• *gesus*
[**werkwoord**] *zwijgen*
[**werkwoord + iemand/iets**] • *sussen*
★ hush to sleep *in slaap sussen*
• *tot zwijgen brengen* ★ hush money *zwijggeld*
• **hush up** *in de doofpot stoppen*; *verzwijgen*
[**tussenwerpsel**] *sst!*
husky /*zeg:* hàskì/
[**the-woord**] • *poolhond*
• ⟨Amerikaans⟩ *potige vent*
[**bijvoeglijk naamwoord**] • *schor* ★ a husky voice *een schorre/hese stem*
• *potig*
hustle /*zeg:* hàsùl/
[**the-woord**] *gedrang*; *drukte* ★ hustle and bustle *bedrijvigheid*
[**werkwoord + iemand/iets**] • *door elkaar schudden*
• *haastig verwerken* ★ I hustle through the pile of papers *ik werk me hard door de stapel papieren heen*
hyaena /*zeg:* hajienù/ *hyena*
hydrophobia /*zeg:* haidrùfoowbìjù/
• *watervrees*
• *hondsdolheid*
hymn /*zeg:* hìm/ *lofzang*; *hymne* ★ a hymn to freedom *een lofzang op de vrijheid*

hype /*zeg:* haip/
[**the-woord**] • *drugsgebruiker; injectie*
• *truc; foefje*
• *opgeklopte zaak*
• *mode*
[**werkwoord + iemand/iets**] **hype up** *opzwepen; opjutten* ⋆ hype up an audience *een publiek opzwepen*
hyphen /*zeg:* haifùn/ *verbindingsstreepje*
hypnotize /*zeg:* hìpnùtaiz/ *hypnotiseren*
hypocrite /*zeg:* hìpùkrìt/ *huichelaar; hypocriet*
hysterical /*zeg:* hìstèrìkl/
[**the-woord**] *hysterisch persoon*
[**bijvoeglijk naamwoord**] *hysterisch* ⋆ don't get hysterical *doe niet zo hysterisch*

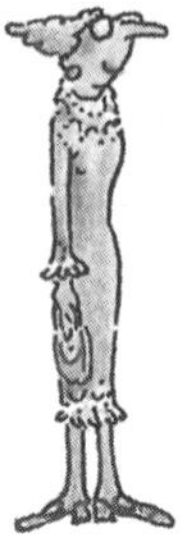

i /*zeg:* ai/ *i* ◆ I as in Isaac *de I van Izaak*
I /*zeg:* ai/ *ik*
ice /*zeg:* ais/ *ijs*
iceberg /*zeg:* aisbùùG/ *ijsberg*
ice-cream /*zeg:* ais kriem/ ‹om te eten› *ijs*; ‹portie› *ijsje* ⋆ strawberry ice-cream *aardbeienijs*
ice-cube /*zeg:* ais kjoeb/ *ijsblokje*
ice-skate /*zeg:* ais skeet/
[**the-woord**] *schaats*
[**werkwoord**] *schaatsen*
icon /*zeg:* aikòn/ *icoon*
icy /*zeg:* aisì/
• *bevroren*; *met ijs bedekt*
• *ijzig* ⋆ icy wind *ijzige wind* ◆ icy roads *gladde wegen*
I'd /*zeg:* aid/ [(samentrekking van 'I would') → **will**] [(samentrekking van 'I had') → **have**]
idea /*zeg:* aidìjù/ *idee*; *plan* ⋆ hit upon an idea *op een idee komen*
ideal /*zeg:* aidieùl/
[**the-woord**] *ideaal* ⋆ my ideals will never become reality *mijn idealen zullen nooit werkelijkheid worden*
[**bijvoeglijk naamwoord**] *ideaal* ⋆ an ideal place to put up your tent *een ideale plaats om je tent op te zetten*
identic(al) /*zeg:* aidentìk(l)/ *identiek* ◆ they are identic(al) twins *ze zijn een eeneiige tweeling*
identification /*zeg:* aidentìfikeesjùn/ *identificatie* ⋆ means of identification *legitimatiebewijs*
identify /*zeg:* aidentìfai/ *identificeren* ⋆ she could identify her attacker *ze kon haar aanrander identificeren*
identity /*zeg:* aidentùtì/ *identiteit* ⋆ identity card *persoonsbewijs* ⋆ establish the identity of a person *de identiteit van een persoon vaststellen*
idiot /*zeg:* ìdìjùt/ *idioot*
idiotic(al) /*zeg:* ìdìòtìk(l)/ *idioot* ⋆ stop that idiotic(al) behaviour *houd op met dat idiote gedrag*
idle /*zeg:* aidl/
[**bijvoeglijk naamwoord**] • *lui* ⋆ an idle student *een luie student*
• *nutteloos* ⋆ idle talk *nutteloos geklets*
[**werkwoord**] *luieren* ⋆ idle during the weekend *luieren tijdens het weekend*
[**werkwoord + iemand/iets**] **idle away** *verluieren* ⋆ idle away your time *je tijd verluieren*
idol /*zeg:* aidl/ *idool* ⋆ that tennisplayer is my idol *die tennisser is mijn idool*
i.e. [**afkorting**] i.e. *dat betekent ...*; *dat wil zeggen ...*
if /*zeg:* ìf/
• *als* ⋆ if it rains we stay in *als het regent, blijven we thuis* ⋆ if only he would come *als hij nou maar kwam*
• *of* ⋆ he asked me if I could help *hij vroeg me of ik kon helpen* ⋆ as if he didn't know *alsof hij het niet wist*
ignition /*zeg:* ìGnìsjùn/ ‹motor› *ontsteking*; *contact* ⋆ ignition key *contactsleuteltje*
ignorant /*zeg:* ìGnùrùnt/
• *onwetend* ⋆ be ignorant of someting *onwetend zijn van iets*
• *onderontwikkeld* ⋆ ignorant people in poor countries *onderontwikkelde mensen in een arm land*
ignore /*zeg:* ìGnòò/ *negeren* ⋆ he ignores me *hij negeert me*
ill /*zeg:* ìl/
[**bijvoeglijk naamwoord**] • *ziek* ⋆ during holiday he was taken ill *tijdens de vakantie werd hij ziek* ⋆ she suddenly fell ill *plots werd ze ziek*
• *slecht* ⋆ have an ill health *een slechte gezondheid hebben*
[**bijwoord**] *slecht* ⋆ they were ill at ease *zij voelden zich slecht op hun gemak*
I'll /*zeg:* ail/ [(samentrekking van 'I shall') → **shall**] [(samentrekking van 'I will') → **will**]
illegal /*zeg:* ìlieGl/ *onwettig*; *illegaal*; *verboden* ⋆ selling drugs is illegal

drugs verkopen is verboden

illegitimate /*zeg:* ìlìdzjìtìmìt/ *onwettig*; *onecht* ★ illegitimate child *onwettig kind*

illness /*zeg:* ìlnùs/ *ziekte*

illuminate /*zeg:* ìloemìneet/ *verlichten* ★ the stadium was illuminated by floodlights *het stadion werd verlicht door schijnwerpers*

illusion /*zeg:* ìloezjùn/ *illusie* ★ have no illusion about something *je geen illusies maken over iets* ★ optical illusion *gezichtsbedrog*

illustrate /*zeg:* ìlùstreet/
• *illustreren* ★ an illustrated magazine *een geïllustreerd blad*
• *verduidelijken*

illustration /*zeg:* ìlùstreesjùn/ *illustratie*

I'm /*zeg:* aim/ [(samentrekking van 'I am') → **be**]

image /*zeg:* ìmìdzj/
• *beeld*; *beeltenis* ★ I remember the image of my grandmother *ik herinner me de beeltenis van mijn grootmoeder*
• *gelijkenis*
• *image* ★ image is important in the movie world *image is belangrijk in de filmwereld* ◆ she is the spitting image of her mother *ze lijkt sprekend op haar moeder*

imagine /*zeg:* ìmedzjìn/ *zich voorstellen* ★ can you imagine that? *kan jij het je voorstellen?*

imitate /*zeg:* ìmìteet/ *nadoen*; *imiteren*

imitation /*zeg:* ìmìteesjùn/ *imitatie*; *namaak* ★ imitation leather *namaakleer*

imitator /*zeg:* ìmìteetù/ *imitator*

immature /*zeg:* ìmùtjoeù/ *onvolwassen*; *onrijp* ★ she is immature for her age *ze is onvolwassen voor haar leeftijd*

immeasurable /*zeg:* ìmezjùrùbl/ *onmetelijk*

immediate /*zeg:* ìmiedìjùt/ *onmiddellijk* ◆ immediate future *nabije toekomst*

immediately /*zeg:* ìmiedìjùtlì/
• *onmiddellijk*
• *rechtstreeks*

immense /*zeg:* ìmens/ *onmetelijk* ★ an immense number of people *een onmetelijk aantal mensen*

immensely /*zeg:* ìmenslì/ *immens*; *heel erg* ★ I enjoyed myself immensely *ik heb me heel erg vermaakt*

immerse /*zeg:* ìmùùz/ *onderdompelen* ★ immerse something in water *iets in water onderdompelen* ◆ be immersed in your work *verdiept zijn in je werk*

immigrant /*zeg:* ìmìGrùnt/ *immigrant*

immigrate /*zeg:* ìmìGreet/ *immigreren*

immigration /*zeg:* ìmìGreesjùn/ *immigratie*

immoral /*zeg:* ìmòrùl/
• *immoreel*
• *onzedelijk*

immortal /*zeg:* ìmòòtl/ *onsterfelijk* ★ some people believe that the soul is immortal *sommige mensen geloven dat de ziel onsterfelijk is*

immortality /*zeg:* ìmòòtèlùtì/ *onsterfelijkheid*

immune /*zeg:* ìmjoen/ *immuun* ★ be immune against/to/from *immuun zijn voor iets*

impact /*zeg:* ìmpekt/
• *inslag*; *botsing* ★ the impact of a meteorite on earth *de inslag van een meteoriet op aarde*
• *indruk*; *effect* ★ the impact of his speech on the audience *het effect van zijn speech bij het publiek*

impatience /*zeg:* ìmpeesjùns/ *ongeduld* ★ bursting of impatience *vol ongeduld*

impatient /*zeg:* ìmpeesjùnt/
• *ongeduldig*
• *verlangend* ★ impatient to leave *verlangend om te vertrekken*

imperfect /*zeg:* ìmpùùfìkt/ *gebrekkig*; *onvolmaakt*

impersonal /*zeg:* ìmpùùsùnl/ *onpersoonlijk*

implant /*zeg:* ìmplàànt/ ⟨medisch⟩ *implanteren* ★ implant an artificial heart *een kunsthart implanteren*

implement [**the-woord**] /*zeg:* ìmplìmùnt/ *werktuig*; *gereedschap* ★ agricultural implement *landbouwwerktuig*
[**werkwoord + iemand/iets**] /*zeg:* ìmplìment/ *ten uitvoer brengen* ★ implement your plans *je plannen ten uitvoer brengen*

implicate /*zeg:* ímplíkeet/

• *inhouden*; *impliceren* ★ his answer implicates he knows of the matter *zijn antwoord houdt in dat hij van de zaak weet*
• **implicate in** *betrekken bij* ★ be implicated in a scandal *betrokken zijn bij een schandaal*
implication /*zeg:* ìmplìkeesjùn/
• *gevolgtrekking*
• *betrokkenheid*
implicit /*zeg:* ìmplìsìt/
• *onuitgesproken*; *impliciet* ★ his kind words were an implicit declaration of love *zijn aardige woorden waren een onuitgesproken liefdesverklaring*
• *onvoorwaardelijk* ★ implicit trust in someone *onvoorwaardelijk vertrouwen in iemand*

I

imply /*zeg:* ìmplai/
• *betekenen*; *inhouden* ★ your smile implies that you're happy with it *je lach betekent dat je er gelukkig mee bent*
• *laten blijken* ★ he implied he would be willing to help *hij liet blijken dat hij zou willen helpen*
impolite /*zeg:* ìmpùlait/ *onbeleefd*
import [**the-woord**] /*zeg:* ìmpòòt/ *invoer*; *import*
[**werkwoord + iemand/iets**] /*zeg:* ìmpòòt/ *invoeren*; *importeren*
importance /*zeg:* ìmpòòtns/ *belang* ★ of the greatest importance *van het hoogste belang*
important /*zeg:* ìmpòòtnt/ *belangrijk*
impose /*zeg:* ìmpoowz/
• **impose on** *opleggen* ★ impose your will on somebody *iemand je wil opleggen*
• **impose on** *heffen* ★ impose taxes on goods *belastingen heffen op goederen*
• **impose on** *misbruik maken van* ★ impose on somebody's hospitality *misbruik maken van iemands gastvrijheid*
imposing /*zeg:* ìmpoowzìng/ *indrukwekkend*; *imposant* ★ an imposing cathedral *een indrukwekkende kathedraal*
impossible /*zeg:* ìmpòsìbl/ *onmogelijk*
impractical /*zeg:* ìmprektìkl/ *onpraktisch*
impress /*zeg:* ìmpres/
• *indruk maken op* ★ impress your friends *indruk maken op je vrienden*
• *inprenten* ★ impress something on somebody's mind *iemand iets inprenten*
impression /*zeg:* ìmpresjùn/ *indruk* ★ make a good impression on the teacher *een goede indruk maken op de leraar*
impressive /*zeg:* ìmprèsìv/ *indrukwekkend*
improper /*zeg:* ìmpròpù/
• *onjuist* ★ improper use of medicines *onjuist gebruik van medicijnen*
• *ongepast* ★ improper manner *ongepast gedrag*
improve /*zeg:* ìmproev/ *verbeteren*; *ontwikkelen* ★ you have improved your English *je hebt je Engels verbeterd*
improvement /*zeg:* ìmproevmùnt/ *verbetering* ★ quite an improvement *een hele verbetering*
improvise /*zeg:* ìmprùvaiz/ *onvoorbereid (iets) doen of maken* ★ improvise a speech *onvoorbereid een toespraak houden*
impulse /*zeg:* ìmpàls/ *opwelling*; *impuls* ★ he bought the house on an impulse *hij kocht het huis in een opwelling*
impulsive /*zeg:* ìmpàlsìv/ *impulsief* ★ he buys things very impulsively *hij koopt dingen erg impulsief*
in /*zeg:* ìn/
[**bijwoord**] • *(naar) binnen* ★ let's go in *laten we naar binnen gaan*
• *thuis* ★ is dad in? *is papa thuis?*
◆ black clothes are in *zwarte kleding is in (de mode)*
[**voorzetsel**] • *in* ★ swim in the river *zwemmen in de rivier* ★ dressed in yellow *in het geel gekleed*
• *op* ★ my sisters were playing in the street *mijn zusjes speelden op straat*
• *over* ★ in a few days *over een paar dagen* ◆ in the morning *'s ochtends*
◆ 10 in 100 *10 op de 100*
inaccurate /*zeg:* ìnekjoerùt/ *onnauwkeurig*
inadequate /*zeg:* ìnèdìkwùt/ *ontoereikend*; *ongeschikt* ★ be inadequate as a

teacher *ongeschikt zijn als leraar*

incapable /*zeg:* ìnkeepùbl/ *onbekwaam*; *niet in staat* ★ be incapable of doing it *niet in staat zijn om het te doen*

inch /*zeg:* ìntsj/
[**the-woord**] ⟨2,54 cm⟩ *Engelse duim*
[**werkwoord**] *zich langzaam bewegen*

incident /*zeg:* ìnsìdnt/ *incident*; *voorval*

incision /*zeg:* ìnsìzjùn/ *snee, snede*
★ surgeons make incisions *chirurgen maken sneden*

inclination /*zeg:* ìnklìneesjùn/
• *neiging*
• *aanleg* ★ have an inclination to get fat *aanleg hebben om dik te worden*

inclined /*zeg:* ìnklaind/ *geneigd* ★ I am inclined to spoil him *ik ben geneigd hem te verwennen*

include /*zeg:* ìnkloed/
• *inhouden*; *behelzen* ★ the trip includes a visit to the Royal Palace *het tochtje behelst ook een bezoek aan het koninklijk paleis*
• *bijsluiten* ★ please, include a stamp in your letter *graag een postzegel bijsluiten in uw brief* ◆ everything included *alles inbegrepen*

inclusive /*zeg:* ìnkloesìv/ *inclusief* ★ all prices are inclusive of VAT *alle prijzen zijn inclusief BTW*

income /*zeg:* ìnkàm/ *inkomsten*; *inkomen*
★ low/high income *laag/hoog inkomen*
★ income tax *inkomstenbelasting*

incoming /*zeg:* ìnkàmìng/
• *binnenkomend* ★ incoming flights *binnenkomende vluchten*
• ⟨van getij⟩ *opkomend* ★ incoming tide *opkomend water*

incomparable /*zeg:* ìnkòmpùrùbl/ *onvergelijkbaar*

incompatible /*zeg:* ìnkùmpètìbl/ *onverenigbaar* ★ their characters are incompatible *hun karakters zijn onverenigbaar*

incompetence /*zeg:* ìnkòmpìtns/ *onkunde*; *incompetentie* ★ his incompetence caused the firm's bankruptcy *zijn onkunde veroorzaakte het faillissement van het bedrijf*

incompetent /*zeg:* ìnkòmpìtnt/ *onkundig*; *incompetent*; *onbekwaam*
★ incompetent politicians *onbekwame politici*

incomplete /*zeg:* ìnkùmpliet/
• *onvolledig*
• *niet compleet* ★ that service was incomplete *dat servies was niet compleet*

incomprehensible /*zeg:* ìnkòmprìhensìbl/ *onbegrijpelijk*

inconsistent /*zeg:* ìnkùnsìstnt/
inconsistent with *tegenstrijdig aan*; *in tegenspraak met* ★ his words are inconsistent with his deeds *zijn woorden zijn in tegenspraak met zijn daden*

inconvenient /*zeg:* ìnkùnvieniùnt/ *ongelegen* ★ he came at a very inconvenient time *hij kwam op een zeer ongelegen moment*

incorporate /*zeg:* ìnkòòpùreet/
• *opnemen* ★ incorporate somebody's suggestions in a paper *iemands suggesties in een werkstuk opnemen*
• *omvatten*
• **incorporate in(to)/with** *inlijven bij*; *opnemen in* ★ incorporate a family business into a multinational *een familiebedrijf opnemen in een multinational*

incorporation /*zeg:* ìnkòòpùreesjùn/
• *inlijving*
• *naamloze vennootschap, NV*

incorrect /*zeg:* ìnkùrekt/ *onjuist*

increase [**the-woord**] /*zeg:* ìngkries/ *groei*; *toename* ★ increase of crime *toename van misdaad* ★ increase in wages *loonsverhoging*
[**werkwoord (+ iemand/iets)**] /*zeg:* ìngkries/

• *(doen) toenemen*; *vermeerderen* ★ the population has increased *de bevolking is toegenomen*
• *vergroten*; *verhogen*; *versterken* ★ increase prices *prijzen verhogen*

increasingly /*zeg:* inkriesingli/ *steeds meer* ★ she annoys me increasingly *ze irriteert me steeds meer*

incredible /*zeg:* inkrèdìbl/ *ongelofelijk* ★ incredible story *ongelofelijk verhaal*

incurable /*zeg:* inkjoerùbl/ *ongeneeslijk*

indecent /*zeg:* indiesùnt/ *ongepast*; *onfatsoenlijk*; *onbehoorlijk* ★ indecent proposal *onfatsoenlijk voorstel*

indeed /*zeg:* indied/
• *inderdaad* ★ indeed, you're right *inderdaad, je hebt gelijk*
• *in feite*; *sterker nog* ★ I don't mind, indeed, I would like it *ik heb geen bezwaar, sterker nog, ik zou het leuk vinden* ◆ thank you very much, indeed *heel veel dank*

I

independence /*zeg:* indìpendùns/ *onafhankelijkheid* ★ ‹Amerikaans› Independence Day *Onafhankelijkheidsdag, 4 juli*

independent /*zeg:* indìpendùnt/ *onafhankelijk* ★ of independent means *financieel onafhankelijk* ★ independent of other people *onafhankelijk van andere mensen*

indescribable /*zeg:* indìskraibùbl/ *onbeschrijfelijk*; *niet te beschrijven* ★ a lot of indescribable filth *veel onbeschrijfelijke vuiligheid*

index /*zeg:* indeks/
• ‹van kosten, prijzen› *index(cijfer)* ★ cost-of-living index *index van de kosten van levensonderhoud*
• ‹op instrument› *wijzertje*
• *alfabetisch register*; *index* ★ look it up in the index *zoek het op in het alfabetisch register* ◆ index finger *wijsvinger*

India /*zeg:* indìjù/ *India*; *Indië*

Indian /*zeg:* indiùn/
[**the-woord**] • *Indiër*
• *indiaan*
[**bijvoeglijk naamwoord**] • *indiaans*
• *Indisch* ◆ Indian ink *Oost-Indische inkt* ◆ Indian summer *warme nazomer*

indicate /*zeg:* indìkeet/
• *aanwijzen*; *aantonen* ★ research indicates that people are getting fatter *onderzoek toont aan dat mensen dikker worden*
• *aangeven*; *te kennen geven* ★ he indicated he was tired *hij gaf te kennen dat hij moe was*

indication /*zeg:* indìkeesjùn/ *aanwijzing*; *indicatie* ★ there is no indication that he is involved *er is geen aanwijzing dat hij erbij betrokken is*

indicator /*zeg:* indìkeetù/ *richtingaanwijzer*

indifference /*zeg:* indìfrùns/ *onverschilligheid*; *gebrek aan interesse*

indifferent /*zeg:* indìfrùnt/
• *onverschillig* ★ indifferent to other people's needs *onverschillig tegenover de noden van andere mensen*
• *middelmatig* ★ indifferent performance *middelmatig optreden*
• *om het even* ★ it is all indifferent to me *het is me allemaal om het even*

indirect /*zeg:* indairekt/ *indirect*; *niet rechtstreeks* ★ an indirect route *een niet-rechtstreekse route*

individual /*zeg:* indìvìdzjoeùl/
[**the-woord**] *individu*; *persoon* ★ how many individuals did you see? *hoeveel personen zag je?*
[**bijvoeglijk naamwoord**] *individueel*; *persoonlijk* ★ individual style *persoonlijke stijl*

indoor /*zeg:* indòò/ *binnenshuis*; *overdekt* ★ indoor games *zaalsporten* ★ indoor zwembad *overdekt zwembad*

indoors /*zeg:* indòòz/ *binnenshuis*; *binnen* ★ stay indoors *binnen blijven*

indulge /*zeg:* indàldzj/
[**werkwoord**] **indulge in** *zich te goed doen aan* ★ indulge in a big meal *zich te goed doen aan een grote maaltijd*

[**werkwoord + iemand/iets**] *verwennen* ⋆ I indulged myself with a visit to a beautyfarm *ik verwende mezelf met een bezoek aan een beautyfarm*
indulgence /*zeg:* ìndàldzjùns/ *toegeeflijkheid*; *verwennerij*
industrial /*zeg:* ìndàstrìjùl/
• *industrieel*; *bedrijfs-*
• *geïndustrialiseerd*
industry /*zeg:* ìndùstrì/ *industrie*; *bedrijf*
inefficiency /*zeg:* ìnìfisjùnsì/ *ondoelmatigheid*
inefficient /*zeg:* ìnìfisjùnt/ *ondoelmatig*; *inefficiënt*
inevitable /*zeg:* ìnèvìtùbl/ *onvermijdelijk* ⋆ a war seems to be inevitable *een oorlog lijkt onvermijdelijk*
inexperience /*zeg:* ìnìkspeeriùns/ *onervarenheid*
inexperienced /*zeg:* ìnìkspeeriùnst/ *onervaren*
infancy /*zeg:* ìnfùnsì/ *kindsheid*; *vroege jeugd* ♦ it's still in its infancy *het staat nog in de kinderschoenen*
infant /*zeg:* ìnfùnt/
[**the-woord**] • *zuigeling*
• *jong kind* ⋆ infant school *groep 1 en 2 van de basisschool*
[**bijvoeglijk naamwoord**] *kinder-* ⋆ infant seat *kinderzitje*
infatuate /*zeg:* ìnfetjoeweet/ *verliefd maken*; *verblinden* ⋆ she is infatuated by/with her French teacher *zij is stapelverliefd op haar leraar Frans*
infatuation /*zeg:* ìnfetjoeweesjùn/ *dwaze verliefdheid* ⋆ it is only a passing infatuation *het is alleen maar een voorbijgaande verliefdheid*
infection /*zeg:* ìnfeksjùn/ *ontsteking*; *besmetting* ⋆ eye/ear infection *oog-/oorontsteking*
inferior /*zeg:* ìnfeerìjù/
[**the-woord**] *ondergeschikte* ⋆ the boss always shouts at his inferiors *de baas schreeuwt altijd tegen zijn ondergeschikten*
[**bijvoeglijk naamwoord**]
• *minder(waardig)* ⋆ inferior quality *mindere kwaliteit*
• *lager* ⋆ inferior rank *lagere rang*
inferno /*zeg:* ìnfùùnoow/ *enorme brand* ⋆ an inferno was blazing in the tower *er woedde een enorme brand in de toren*
infinite /*zeg:* ìnfìnìt/ *oneindig*; *zeer veel* ⋆ take infinite pains to help him *oneindig veel moeite doen om hem te helpen*
infinitive /*zeg:* ìnfìnìtìv/ *onbepaalde wijs*; *infinitief* ⋆ 'lopen' is the infinitive form of that verb *'lopen' is de onbepaalde wijs van dat werkwoord*
inflame /*zeg:* ìnfleem/
• *woedend maken* ⋆ inflamed with rage *in woede ontstoken*
• *aanwakkeren* ⋆ his speech inflamed our enthusiasm *zijn toespraak wakkerde ons enthousiasme aan*
• *opwinden*
inflammation /*zeg:* ìnflùmeesjùn/ *ontsteking* ⋆ inflammation of the eyelid *ontsteking van het ooglid*
inflate /*zeg:* ìnfleet/
• *oppompen*; *opblazen* ⋆ inflate a tyre *een band oppompen*
• *opdrijven* ⋆ inflate prices *prijzen opdrijven*
inflation /*zeg:* ìnfleesjùn/
• *het oppompen* ⋆ inflation of a life-jacket *het oppompen van een zwemvest*
• *inflatie*; *het stijgen van de prijzen* ⋆ the government wants to control the inflation *de regering wil de inflatie beheersen*
inflexible /*zeg:* ìnfleksìbl/
• *star*; *inflexibel* ⋆ inflexible opinions *starre meningen*
• *onbuigbaar*; *onbuigzaam*
influence /*zeg:* ìnfloeùns/
[**the-woord**] *invloed* ⋆ foreign influences *buitenlandse invloeden*
[**werkwoord + iemand/iets**] *invloed hebben op*; *beïnvloeden* ⋆ she has been influenced by her girlfriend *zij is beïnvloed door haar vriendin*
influential /*zeg:* ìnfloewensjùl/ *invloedrijk*
influenza /*zeg:* ìnfloewenzù/ *griep*
inform /*zeg:* ìnfòòm/ *meedelen*; *informatie geven*; *informeren* ⋆ the doctor informed us of the death of father *de dokter deelde ons mee dat vader was overleden* ⋆ be informed about the

I

situation *geïnformeerd worden over de situatie* ◆ a well-informed man *een man die goed op de hoogte is*

informal /*zeg:* ìnfòòml/
• *informeel*; *niet officieel* ★ the wedding was an informal affair *de trouwerij was een informele gebeurtenis*
• *zonder veel drukte*

information /*zeg:* ìnfùmeesjùn/ *informatie*; *inlichtingen* ★ information desk *informatiebalie* ★ information about his whereabouts *inlichtingen over zijn verblijfplaats*

information technology /*zeg:* ìnfùmeesjùn teknòlùdzjì/ computer ‹computer› *informatietechnologie*

I

informative /*zeg:* ìnfòòmùtìv/
• *informatief* ★ informative conversation *informatief gesprek*
• *leerzaam*

ingredient /*zeg:* ìnGriediùnt/ *bestanddeel*; *ingrediënt*

inhabitant /*zeg:* ìnhèbìtùnt/ *bewoner*; *inwoner* ★ how many inhabitants has this city? *hoeveel inwoners heeft deze stad?*

inhalation /*zeg:* ìnhùleesjùn/ *inademing*

inhale /*zeg:* ìnheel/ *inademen*; *inhaleren*

inhaler /*zeg:* ìnheelù/ *inhaleerapparaat*

inherit /*zeg:* ìnhèrìt/ *erven* ★ inherit a large sum of money *een groot bedrag aan geld erven*

inheritance /*zeg:* ìnhèrìtns/ *erfenis*

inhuman /*zeg:* ìnhjoemùn/ *onmenselijk* ★ their living conditions are inhuman *hun levensomstandigheden zijn onmenselijk*

inhumane /*zeg:* ìnhjoemeen/ *wreed* ★ inhumane treatment *wrede behandeling*

inhumanity /*zeg:* ìnhjoemènùtì/ *onmenselijkheid*; *wreedheid*

initial /*zeg:* ìnìsjùl/
[**the-woord**] *voorletter* ★ my initials are A.C.H. *mijn initialen zijn A.C.H.*
[**bijvoeglijk naamwoord**] *eerste*; *begin-* ★ an initial attempt *een eerste poging*
[**werkwoord + iemand/iets**] *paraaf zetten op* ★ initial a document *een paraaf zetten op een document*

initially /*zeg:* ìnìsjùlì/ *eerst*; *aanvankelijk* ★ initially he hesitated *aanvankelijk aarzelde hij*

injection /*zeg:* ìndzjeksjùn/ *injectie*

injure /*zeg:* ìndzjù/
• *verwonden*; *bezeren* ★ injure your leg *je been bezeren*
• *schaden*; *benadelen* ★ injure somebody's reputation *iemands reputatie schaden*

injury /*zeg:* ìndzjùrì/
• *verwonding*; *blessure* ★ a leg injury *een verwonding aan je been* ★ injury time *blessuretijd*
• *schade* ★ emotional injury *emotionele schade*

injustice /*zeg:* ìndzjàstìs/ *onrecht(vaardigheid)*

ink /*zeg:* ìngk/ *inkt*

inland /*zeg:* ìnlùnd/
[**the-woord**] *binnenland* ★ the inland of Africa *het binnenland van Afrika*
[**bijvoeglijk naamwoord**] • *binnenlands*
• *naar het binnenland* ★ travel inland *naar het binnenland reizen*

in-law ‹spreektaal› /*zeg:* ìnlòò/ *lid schoonfamilie* ★ tonight I'll meet my in-laws *vanavond ontmoet ik mijn schoonfamilie*

inmate /*zeg:* ìnmeet/ *bewoner van inrichting* ◆ all inmates of a prison *alle gevangenen*

inn /*zeg:* ìn/
• *herberg*
• *hotelletje*

inner /*zeg:* ìnù/ *inwendig*; *innerlijk*; *binnen ...* ★ inner ear *binnenste van het oor* ★ your inner self *je innerlijke zelf* ★ inner tube *binnenband*

inner-city /*zeg:* ìnù sìtie/ *binnenstad*

innocence /*zeg:* ìnùsùns/ *onschuld* ★ he can't prove his innocence *hij kan zijn onschuld niet bewijzen*

innocent /*zeg:* ìnùsùnt/
• *onschuldig* ★ he claims he is innocent of fraud *hij beweert dat hij onschuldig is aan fraude*
• *onschadelijk*

innovate /*zeg:* ìnùveet/ *vernieuwen*; *vernieuwend zijn* ★ in business you have to be innovating *in de zakenwereld moet je vernieuwend zijn*

innovation /*zeg:* inùveesjùn/ *vernieuwing*
input /*zeg:* inpoet/
[**the-woord**] • ‹computer› *invoer; input* ★ input and output *in- en uitvoer* ★ input of data *invoer van gegevens*
• ‹techniek› *ingang*
[**werkwoord + iemand/iets**] ‹computer› *invoeren* ★ input data in a programme *data invoeren in een programma*
inquest /*zeg:* inkwest/ *(gerechtelijk) onderzoek* ★ an inquest is held after a crime *na een misdrijf wordt er een gerechtelijk onderzoek gehouden*
inquire /*zeg:* inkwaijù/
• *navragen; informeren*
• **inquire about/after** *informeren naar* ★ inquire after someone's health *informeren naar iemands gezondheid*
inquiry /*zeg:* inkwaijùrì/
• *enquête* ★ telephone inquiry *telefonische enquête*
• *(na)vraag* ★ make inquiries *navraag doen*
• *onderzoek*
insane /*zeg:* inseen/
• *geestelijk gestoord* ★ the murderer appeared to be insane *de moordenaar bleek geestelijk gestoord te zijn*
• *onzinnig* ★ an insane proposal *een onzinnig voorstel*
inscribe /*zeg:* inskraib/
• *graveren* ★ her name was inscribed on his lighter *haar naam was op zijn aansteker gegraveerd*
• *inschrijven* ★ the writer inscribed his name in the book *de schrijver schreef zijn naam in het boek*
inscription /*zeg:* inskripsjùn/ *inscriptie*
insect /*zeg:* insekt/ *insect*
insecure /*zeg:* insìkjoeù/
• *onveilig; onbetrouwbaar* ★ these locks are very insecure *deze sloten zijn erg onbetrouwbaar*
• *onzeker* ★ I felt insecure when I had to make a speech *ik voelde me onzeker toen ik een speech moest houden*
insecurity /*zeg:* insìkjoerùtì/
• *onveiligheid*
• *onzekerheid*
inseparable /*zeg:* insepùrùbl/ *onafscheidelijk* ★ when they were young they were inseparable *in hun jeugd waren ze onafscheidelijk*
insert /*zeg:* insùùt/
• *invoegen; inzetten* ★ insert a sentence in a text *een zin invoegen in een tekst*
• *insteken* ★ insert coins into a slot *munten in een gleuf doen*
inside [**the-woord**] /*zeg:* insaid/ *binnenkant* ★ inside of a box *binnenkant van een doos* ◆ inside out *binnenste buiten* ◆ my insides were on fire after that spicy soup *mijn ingewanden stonden in brand na die pittige soep*
[**bijvoeglijk naamwoord**] /*zeg:* insaid/ *binnen-; binnenste* ★ an inside wall *een binnenmuur* ◆ inside information *informatie uit de eerste hand*
[**bijwoord**] /*zeg:* insaid/ *naar binnen* ★ go inside *naar binnen gaan*
[**voorzetsel**] /*zeg:* insaid/ *binnen; in* ★ inside the building *in het gebouw* ★ inside an hour *binnen een uur*
insight /*zeg:* insait/ *inzicht*
insist /*zeg:* insist/
• *eisen; erop staan* ★ I insist on accuracy *ik eis nauwkeurigheid* ★ I insist (up)on your going *ik sta er op dat je gaat*
• *volhouden; stellig beweren* ★ she insisted she had seen a ghost *zij hield vol dat ze een spook gezien had*
inspect /*zeg:* inspekt/ *onderzoeken; inspecteren*
inspection /*zeg:* inspeksjùn/ *inspectie; onderzoek* ◆ for inspection *ter inzage*
inspector /*zeg:* inspektù/
• *inspecteur*
• *opzichter*
inspiration /*zeg:* inspìreesjùn/ *inspiratie; ingeving* ★ a sudden inspiration *een plotselinge ingeving* ★ for writing an essay you need inspiration *om een opstel te schrijven heb je inspiratie nodig*
inspire /*zeg:* inspaijù/ *inspireren; bezielen* ★ the cheers of the public inspired the players *het gejuich van het publiek inspireerde de spelers*
install /*zeg:* instòòl/
• ‹van machines› *plaatsen* ★ install your new computer *je nieuwe computer*

I

installeren
• ⟨van personen⟩ *installeren* ★ install somebody as new chairman *iemand als nieuwe voorzitter installeren*

installation /*zeg:* înstùleesjùn/
• *installatie*
• *plaatsing*

instance /*zeg:* instns/
• *voorbeeld* ★ for instance *bijvoorbeeld*
• *geval* ★ instances of abuse *gevallen van mishandeling*

instead /*zeg:* insted/ *in plaats hiervan/daarvan* ★ milk instead of juice *melk in plaats van sap* ★ he couldn't go so I went instead *hij kon niet, dus ik ging in zijn plaats*

I

instinct /*zeg:* instìngkt/
• *instinct*
• *intuïtie*

instinctive /*zeg:* instingktìv/ *instinctief*

institute /*zeg:* instìtjoet/ *instelling*; *instituut* ★ an institute for the blind *een instelling voor blinden*

institution /*zeg:* instìtjoesjùn/
• *instituut*; *instelling* ★ institution for mentally handicapped people *instituut voor geestelijk gehandicapte mensen*
• *gesticht*

instruct /*zeg:* instràkt/
• *instrueren*; *leren* ★ instruct scouts to tie knots *padvinders leren knopen te maken*
• *opdragen* ★ he instructed us to report to the headmaster *hij droeg ons op om ons bij de rector te melden*

instruction /*zeg:* instràksjùn/
• *aanwijzing*; *instructie* ★ folllow the instructions *de instructies opvolgen*
• *opdracht* ★ leave instructions for someone *opdrachten geven aan iemand*

instrument /*zeg:* instrùmùnt/ *instrument*; *werktuig* ★ musical instrument *muziekinstrument* ◆ instrument panel of a car *dashboard van een auto*

instrumental /*zeg:* instrùmentl/ *instrumentaal*

insufficient /*zeg:* insùfisjùnt/ *onvoldoende*

insult [**the-woord**] /*zeg:* insàlt/ *belediging* ★ those insults I find horrible *die beledigingen vind ik walgelijk*
[**werkwoord + iemand/iets**] /*zeg:* insàlt/ *beledigen* ★ the pupil insulted the teacher *de leerling beledigde de leraar*

insurance /*zeg:* insjoerùns/ *verzekering* ★ insurance policy *verzekeringspolis*

insure /*zeg:* insjoeù/ *verzekeren* ★ is your car insured? *is jouw auto verzekerd?*

intact /*zeg:* intekt/ *intact*; *heel*; *ongeschonden* ★ during the earthquake the temple remained intact *tijdens de aardbeving bleef de tempel ongeschonden*

integrate /*zeg:* intùGreet/
• *integreren*
• *één geheel worden* ◆ integrated schools *scholen waar verschillende rassen en culturen goed samengaan*

integration /*zeg:* intìGreesjùn/ *integratie*

intellect /*zeg:* intùlekt/ *intellect*; *verstand*

intellectual /*zeg:* intùlektsjoeùl/
[**the-woord**] *intellectueel* ★ her father is a real intellectual *haar vader is een echte intellectueel*
[**bijvoeglijk naamwoord**] *intellectueel* ★ intellectual development *intellectuele ontwikkeling*

intelligence /*zeg:* intèlìdzjùns/ *verstand*; *intelligentie* ★ high/low intelligence *hoge/lage intelligentie* ◆ secret intelligence department *geheime inlichtingendienst*

intend /*zeg:* intend/ *van plan zijn*; *bedoelen* ★ it was intended as a joke *het was als grap bedoeld* ★ I intend to go to Paris *ik ben van plan naar Parijs te gaan*

intense /*zeg:* intens/ *intens*; *sterk*; *extreem*; *zeer hevig/diep* ★ intense grief *diep verdriet* ★ intense heat *extreme hitte*

intent /*zeg:* intent/
[**the-woord**] *bedoeling* ★ with (the) intent to kill *met de bedoeling om te doden*
[**bijvoeglijk naamwoord**]
• *(in)gespannen*
• *heel aandachtig*
• **intent (up)on** *vastbesloten om* ★ he is intent on going *hij is vastbesloten om te gaan*

intention /*zeg:* intensjùn/
• *voornemen* ★ my intention is to go on a trip around the world *mijn voornemen is om een wereldreis te maken*
• *doel*; *bedoeling* ★ it was not my intention to insult you *het was niet mijn bedoeling je te beledigen*

interaction /*zeg:* intùreksjùn/ *wisselwerking*; *interactie* ★ interaction between parents and children *wisselwerking tussen ouders en kinderen*

interchange [**the-woord**] /*zeg:* intùtsjeendzj/ *ruil*; *uitwisseling* ★ interchange of ideas *uitwisseling van ideeën*
[**werkwoord + iemand/iets**] /*zeg:* intùtsjeendzj/ *(uit)wisselen*; *ruilen* ★ interchange goods for money *goederen voor geld ruilen*

intercourse /*zeg:* intùkòòs/ *sociaal verkeer*; *omgang* ★ sexual intercourse *seksuele omgang*

interest /*zeg:* intrùst/
• *belangstelling*; *belang* ★ show interest in a subject *belangstelling tonen voor een onderwerp* ★ have an interest in something *belang hebben bij iets*
• *rente* ★ at five percent interest *tegen vijf procent rente*

interested /*zeg:* intùrestìd/ *interesse hebben*; *geïntereseerd zijn* ★ he is interested in politics *hij is geïnteresseerd in politiek*

interesting /*zeg:* intrùstìng/ *interessant*; *belangwekkend* ★ how interesting! *wat interessant!*

interfere /*zeg:* intùfijù/
• *zich bemoeien met* ★ don't interfere with my life *bemoei je niet met mijn leven*
• *tussenbeide komen* ★ the teacher interfered when two boys were fighting *de leraar kwam tussenbeide toen twee jongens aan het vechten waren*

interior /*zeg:* inteerìjù/
[**the-woord**] • *binnenkant*; *interieur* ★ the interior of a car *het interieur van een auto*
• *binnenland* ★ the interior of India *het binnenland van India*
[**bijvoeglijk naamwoord**] *binnen-* ★ interior walls of a house *binnenmuren van een huis* ◆ interior decorator *binnenhuisarchitect*

interjection /*zeg:* intùdzjeksjùn/ *uitroep* ★ 'ouch' is an interjection *'au' is een uitroep*

internal /*zeg:* intùùnl/
• *inwendig* ★ internal organs *inwendige organen*
• *binnenlands* ★ internal affairs *binnenlandse zaken*

international /*zeg:* intùnesjùnl/ *internationaal*

interpret /*zeg:* intùùprìt/
[**werkwoord**] *als tolk optreden* ★ he interpreted for the Japanese minister *hij trad op als tolk voor de Japanse minister*
[**werkwoord + iemand/iets**] *verklaren*; *opvatten*; *interpreteren* ★ interpret a poem *een gedicht verklaren* ★ I interpreted her silence as disapproval *ik interpreteerde haar zwijgen als afkeuring*

interpretation /*zeg:* intùùprùteesjùn/ *uitleg*; *verklaring*; *interpretatie*

interrogate /*zeg:* intèrùGeet/ *ondervragen* ★ the police interrogated him for hours *de politie ondervroeg hem uren lang*

interrupt /*zeg:* intùràpt/ *onderbreken*; *in de rede vallen* ★ don't interrupt me when I'm speaking *val me niet in de rede als ik praat*

intervene /*zeg:* intùvien/ *tussenbeide komen* ★ the USA intervened in the war between those countries *de VS kwamen tussenbeide in de oorlog tussen die landen*

intervention /*zeg:* intùvensjùn/ *interventie*; *het tussenbeide komen*

interview /*zeg:* intùvjoe/
[**the-woord**] • *vraaggesprek*; *interview* ★ an interview with an actress *een interview met een actrice*
• *gesprek* ★ a job interview *een sollicitatiegesprek*
[**werkwoord + iemand/iets**] *interviewen*

interviewer /*zeg:* intùvjoeù/

• *interviewer*
• *ondervrager*
intimacy /*zeg:* intimùsì/ *intimiteit*
intimate /*zeg:* intìmùt/ *intiem*; *vertrouwelijk* ★ be intimate with somebody *intiem zijn met iemand/seks hebben met iemand* ◆ intimate secrets *hartsgeheimen*
into /*zeg:* intoe/ *in*; *naar binnen* ★ he ran into the house *hij rende het huis in* ◆ well into the night *tot diep in de nacht*
intolerant /*zeg:* intòlùrùnt/ *onverdraagzaam*; *intolerant*
intoxicate /*zeg:* intòksìkeet/
• *verdoven*
• *dronken maken*

I

intrigue /*zeg:* intrieG/ *intrige*
introduce /*zeg:* intrùdjoes/
• ⟨van persoon⟩ *voorstellen* ★ may I introduce my friend to you? *mag ik je mijn vriend voorstellen?*
• ⟨van onderwerp⟩ *ter sprake brengen* ★ introduce a new topic *een nieuw onderwerp ter sprake brengen*
introduction /*zeg:* intrùdàksjùn/
• *inleiding*; ⟨van boek⟩ *voorwoord*
• *invoering*
intrude /*zeg:* introed/
• *storen* ★ I hope I'm not intruding *ik stoor toch niet, hoop ik*
• *zich opdringen* ◆ intrude into a conversation *zich ongevraagd in een gesprek mengen*
intruder /*zeg:* introedù/ *indringer*; *insluiper*
invade /*zeg:* inveed/
• ⟨van vijand⟩ *binnenvallen* ★ invade a country *een land binnenvallen*
• *bestormen* ★ fans invaded the stage *fans bestormden het podium*
invader /*zeg:* inveedù/ *binnenvaller*; *binnendringer*
invalid [**the-woord**] /*zeg:* invùlied/
• /*zeg:* invèlìd/ *invalide*
• *langdurig zieke*
[**bijvoeglijk naamwoord**] • /*zeg:* invelìd/ *ongeldig* ★ invalid will *ongeldig testament*
• /*zeg:* invùùlìd/ *ziek*
• /*zeg:* invùlied/ *invalide*
invasion /*zeg:* inveezjùn/
• *invasie* ★ the invasion in Normandy on D-Day *de invasie in Normandië op D-Day*
• *inbreuk* ★ invasion of somebody's privacy *inbreuk op iemands privéleven*
invent /*zeg:* invent/
• *uitvinden* ★ who invented the zipper? *wie heeft de ritssluiting uitgevonden?*
• *verzinnen* ★ he invents all kinds of stories *hij verzint allerlei verhalen*
invention /*zeg:* invensjùn/ *uitvinding*
inventor /*zeg:* inventù/ *uitvinder*
invest /*zeg:* invest/
• ⟨van geld⟩ *beleggen*
• *investeren* ★ he invested money in the new company *hij investeerde geld in het nieuwe bedrijf*
investigate /*zeg:* investìGeet/ *onderzoeken*
investigation /*zeg:* investìGeesjùn/ *onderzoek(ing)* ★ police investigation *politieonderzoek*
investment /*zeg:* investmùnt/ *investering*; *geldbelegging*
invincible /*zeg:* invìnsìbl/ *onoverwinnelijk* ★ Napoleon thought his army was invincible *Napoleon dacht dat zijn leger onoverwinnelijk was*
invisible /*zeg:* invìzìbl/ *onzichtbaar*
invitation /*zeg:* invìteesjùn/ *uitnodiging*
invite /*zeg:* invait/ *uitnodigen* ★ have you been invited to the party? *ben jij uitgenodigd voor het feest?*
inviting /*zeg:* invaitìng/ *aanlokkelijk*; *aantrekkelijk* ★ his eyes were very inviting *zijn ogen waren erg aantrekkelijk*
invoice /*zeg:* invojs/
[**the-woord**] *factuur*
[**werkwoord + iemand/iets**] *factureren*
involve /*zeg:* invòlv/
• *betekenen*; *met zich meebrengen* ★ his plans involve a lot of preparation *zijn plannen betekenen veel voorbereiding*
• **involve in/with** *betrekken bij* ★ she is involved in a scandal *zij is betrokken bij een schandaal*
I.R.A. [**afkorting**] Irish Republican Army *Iers Republikeins Leger*
Ireland /*zeg:* aijùlùnd/ *Ierland*

Irish /*zeg:* aijùrìsj/
[**the-woord**] taal *Iers* ◆ the Irish *de Ieren*
[**bijvoeglijk naamwoord**] *Iers* ★ Irish coffee *koffie met whisky en slagroom*
Irishman /*zeg:* aijùrìsjmùn/ *Ier*
Irishwoman /*zeg:* aijùrìsjwoemùn/ ⟨inwoonster van Ierland⟩ *Ierse*
iron /*zeg:* aiùn/
[**the-woord**] • *ijzer*
• *strijkijzer* ★ a steam iron *een stoomstrijkijzer*
[**bijvoeglijk naamwoord**] • *ijzeren* ★ iron bars *ijzeren staven*
• *niet wijkend*; *onbuigzaam* ★ a man of iron will *een onbuigzame man*
• *ijzersterk* ★ iron constitution *ijzersterk gestel*
[**werkwoord + iemand/iets**] *strijken* ★ iron your shirts *je overhemden strijken*
irony /*zeg:* airùnì/ *ironie*; *spot*
irrational /*zeg:* ìresjùnl/
• *irrationeel* ★ irrational fears *irrationele angsten*
• *ongegrond*
irregular /*zeg:* ìreGjoelù/ *onregelmatig* ★ 'give' is an irregular verb in English *'give' is een onregelmatig werkwoord in het Engels*
irresistible /*zeg:* ìrìzìstìbl/ *onweerstaanbaar* ★ an irresistible ice-cream *een onweerstaanbaar ijsje*
irresponsible /*zeg:* ìrìspònsìbl/ *onverantwoordelijk* ★ it is irresponsible to leave a baby alone *het is onverantwoordelijk om een baby alleen te laten*
irrigate /*zeg:* ìrìGeet/ *bevloeien*; *irrigeren*
irrigation /*zeg:* ìrìGeesjùn/ *irrigatie*
irritate /*zeg:* ìrìteet/
• *ergeren*; *irriteren* ★ her silly laugh really irritates me *haar domme lach irriteert me echt*
• ⟨van huid⟩ ⟨medisch⟩ *irriteren* ★ this sweater irritates my skin *deze trui irriteert mijn huid*
irritation /*zeg:* ìrìteesjùn/
• *geprikkeldheid*; *ergernis*
• ⟨van de huid⟩ *irritatie* ★ irritation of the skin *irritatie van de huid*
is /*zeg:* ìz/ [→ **be**]
Islamic /*zeg:* ìzlèmìk/ *islamitisch*
island /*zeg:* ailùnd/ *eiland* ◆ traffic island *vluchtheuvel*
isle /*zeg:* ail/ *eiland* ★ the Isle of Wight *het eiland Wight*
isn't /*zeg:* ìzùnt/ [(samentrekking van 'is not') → **be**]
isolate /*zeg:* aisùleet/ *isoleren*; *afzonderen* ★ isolate an overactive child *een druk kind afzonderen*
isolated /*zeg:* aisùleetìd/
• *afgelegen* ★ that house is very isolated in the woods *dat huis ligt erg afgelegen in het bos*
• *afzonderlijk*; *geïsoleerd*
isolation /*zeg:* aisùleesjùn/
• *afzondering*; *isolement* ★ live in isolation *leven in een isolement*
• *het uitsluiten* ★ isolation of a country from an alliance *het uitsluiten van een land bij het vormen van een bondgenootschap*
issue /*zeg:* ìsjoe/
[**the-woord**] • *belangrijk punt*; *zaak* ★ money is not the issue here *geld is hier niet het punt* ★ a hot issue on the conference *een zeer belangrijk punt op de conferentie*
• ⟨van tijdschrift⟩ *nummer* ★ the latest issue of a magazine *het laatste nummer van een tijdschrift*
[**werkwoord + iemand/iets**] *in circulatie brengen*; *uitgeven* ★ issue a new series of stamps *een nieuwe serie postzegels uitgeven*
it /*zeg:* ìt/ *het* ★ this is it! *dit is het!* ★ I lost my dog, have you seen it? *ik ben mijn hond kwijt, heb jij hem gezien?* ◆ get away from it all *er helemaal uit zijn*
Italian /*zeg:* ìteljùn/
[**the-woord**] • *Italiaan*; ⟨inwoonster van Italië⟩ *Italiaanse*
• taal *Italiaans*
[**bijvoeglijk naamwoord**] *Italiaans*
italic /*zeg:* ìtèlìk/ *cursief* ★ printed in italic *cursief gedrukt*
Italy /*zeg:* ìtùlì/ *Italië*
itch /*zeg:* ìtsj/
[**the-woord**] *jeuk*
[**werkwoord**] • *jeuken* ★ a mosquito bite itches *een muggenbult jeukt*

• *hunkeren* ★ I'm itching to go on holiday *ik hunker ernaar om op vakantie te gaan*

it'd /*zeg:* ìtùd/ [(samentrekking van 'it would') → **have**] [(samentrekking van 'it had') → **it'd**]

item /*zeg:* aitùm/
• *agendapunt* ★ what's the next item? *wat is het volgende agendapunt?*
• *artikel* ★ pay for each item separately *voor elk artikel apart betalen*
• *onderwerp op het nieuws* ★ news item *nieuwsbericht*

it'll /*zeg:* ìtl/ [(samentrekking van 'it shall') → **shall**] [(samentrekking van 'it will') → **will**]

I

its /*zeg:* ìts/ *zijn*; *haar* ★ the dog scratched its wound *de hond krabde aan zijn wond*

it's /*zeg:* ìts/ [(samentrekking van 'it is') → **zijn**] [(samentrekking van 'it has') → **have**]

itself /*zeg:* ìtself/ *zich(zelf)* ★ the baby buggy rode down the slope of itself *de kinderwagen reed vanzelf/uit zichzelf de helling af*

I've /*zeg:* aiv/ [(samentrekking van 'I have') → **have**]

ivory /*zeg:* aivùrì/
[**the-woord**] *ivoor* ◆ Ivory Coast *Ivoorkust*
[**bijvoeglijk naamwoord**] *ivoren*

ivy /*zeg:* aivì/ *klimop*

j /*zeg:* djzee/ *j* ◆ J as in Jack *de J van Johan*

jab /*zeg:* dzjeb/ ⟨ruw⟩ *steken* ★ she jabbed her fork in her potatomash *ze stak haar vork in haar aardappelpuree*

jabber /*zeg:* dzjèbù/ *ratelen*; *snel praten*

jack /*zeg:* dzjek/
- ⟨in kaartspel⟩ *boer*
- *krik*

jackal /*zeg:* dzjekl/ *jakhals*

jackass /*zeg:* dzjèkes/
- *ezel*
- *domoor*

jacket /*zeg:* dzjèkìt/ *jasje*; *colbert*

jack-in-the-box /*zeg:* dzjekìnDùbòks/ *duveltje in een doosje*

jackknife /*zeg:* dzjeknaif/ *groot knipmes*

jackpot /*zeg:* dzjekpòt/ *jackpot* ★ hit the jackpot *groot succes hebben*

jaguar /*zeg:* dzjeGjoeù/ *jaguar*

jail /*zeg:* dzjeel/ *gevangenis* ★ he spent his whole life in jail *hij zat zijn hele leven in de gevangenis*

jam /*zeg:* dzjem/
[**the-woord**] *jam*; *marmelade* ◆ traffic jam *verkeersopstopping*
[**werkwoord + iemand/iets**] *blokkeren* ★ the roads are completely jammed during rush hour *de wegen zijn volledig geblokkeerd tijdens de spits*

January /*zeg:* dzjenjoeùrì/ *januari* ★ January 1st/the 1st of January *1 januari*

Japan /*zeg:* dzjùpen/ *Japan*

Japanese /*zeg:* dzjepùniez/
[**the-woord**] • *Japanner*; ⟨inwoonster van Japan⟩ *Japanse*
• taal *Japans*
[**bijvoeglijk naamwoord**] *Japans*

jar /*zeg:* dzjàà/ *pot* ★ a jar of jam *een jampot*

jargon /*zeg:* dzjààGùn/ *jargon*; *vaktaal*

jasmine /*zeg:* dzjezmìn/ *jasmijn*

javelin /*zeg:* dzjèvùlìn/ ⟨atletiek⟩ *speerwerpen*

jaw /*zeg:* dzjòò/ *kaak*

jaywalk /*zeg:* dzjeewòòk/ *gevaarlijk oversteken*

jazz /*zeg:* dzjez/ *jazz*

jealous /*zeg:* dzjèlùs/ *jaloers* ★ he's jealous of his brother *hij is jaloers op zijn broer*

jealousy /*zeg:* dzjèlùsì/ *jaloezie*

jeans /*zeg:* dzjienz/ [meervoud] *spijkerbroek*

jeep /*zeg:* dzjiep/ *jeep*

jelly /*zeg:* dzjèlì/ *gelatinepudding*

jellyfish /*zeg:* dzjèlìfisj/ *kwal*

jeopardy /*zeg:* dzjèpùdì/ *gevaar*

jerk /*zeg:* dzjùùk/
[**the-woord**] *ruk*; *trek*
[**werkwoord (+ iemand/iets)**] *rukken*; *trekken* ★ he jerked the knife from her hands *hij rukte het mes uit haar handen*

jerrycan /*zeg:* dzjèrìken/ *jerrycan*

jersey /*zeg:* dzjùùzì/ *gebreide wollen trui*

jest /*zeg:* dzjest/
[**the-woord**] *grap* ★ he said it in jest *hij zei het voor de grap*
[**werkwoord**] *grappen maken*

jester /*zeg:* dzjestù/ *nar*

Jesus /*zeg:* dzjiezùs/ *Jezus*

jet /*zeg:* dzjet/
- ⟨water⟩ *straal* ★ a jet of water came down the stairs *een straal water kwam de trap af*
- *straalvliegtuig*

jetlag /*zeg:* dzjetleG/ *jetlag*

jetty /*zeg:* dzjètì/ ⟨voor boten⟩ *steiger*

Jew /*zeg:* dzjoe/ *jood*

jewel /*zeg:* dzjoeùl/ *edelsteen*; *juweel*

jeweller /*zeg:* dzjoeùlù/ *juwelier*

jewellery, jewelry /*zeg:* dzjoeùlrì/ *juwelierszaak*

Jewess /*zeg:* dzjoewes/ *jodin*

Jewish /*zeg:* dzjoeìsj/ *joods*

jigsaw /*zeg:* dzjìGsòò/ *legpuzzel*

jingle /*zeg:* dzjìngGl/ ⟨reclame⟩ *jingle*

jitters /*zeg:* dzjìtùz/ [meervoud] *kriebels*; *zenuwen* ★ he gives me the jitters *ik krijg de zenuwen van hem*
jive /*zeg:* dzjaiv/ ⟨dans⟩ *jive*
Jnr. [**afkorting**] ⟨junior⟩ *jr.*
job /*zeg:* dzjòb/
• *baan*
• *werk* ★ I'm looking for a job *ik zoek werk* ◆ great job! *goed gedaan!*
jobcentre /*zeg:* dzjòbsentù/ *arbeidsbureau*
jockey /*zeg:* dzjòkì/ *jockey*

jog /*zeg:* dzjòG/ *joggen*; *trimmen*
john ⟨Amerikaans⟩ /*zeg:* dzjòn/ *wc* ★ I need to use the john *ik moet naar de wc*
join /*zeg:* dzjojn/
• *(zich) aansluiten bij*; *meedoen met* ★ will you join us? *kom je er bij zitten?*; *ga/eet je mee?* ★ join a footballclub *bij een voetbalclub gaan*
• **join in** *meedoen (met)* ★ he joined in the singing *hij deed mee met zingen*
• *verbinden* ★ join two pieces of wood *twee stukken hout met elkaar verbinden*
joint /*zeg:* dzjojnt/
• *verbinding(sstuk)*; *gewricht* ★ my shoulder is out of joint *mijn schouder is uit de kom*
• *stickie*
jointly /*zeg:* dzjojntlì/ *gezamenlijk*
joke /*zeg:* dzjoowk/
[**the-woord**] *grap*; *mop* ★ a practical joke *een poets, grapje*
[**werkwoord (+ iemand/iets)**] *grappen maken*
joker /*zeg:* dzjoowkù/
• *grappenmaker*
• ⟨in kaartspel⟩ *joker*
jolly /*zeg:* dzjòlì/
[**bijvoeglijk naamwoord**] *vrolijk* ★ my father is a jolly man *mijn vader is een vrolijke man*
[**bijwoord**] ⟨spreektaal⟩ *heel*; *zeer* ★ a jolly good idea! *een heel goed idee!*
jolt /*zeg:* dzjoowlt/
[**the-woord**] *schok*; *stoot*
[**werkwoord**] *schokken*; *stoten* ★ the train jolted into motion *de trein kwam schokkend in beweging*
jot /*zeg:* dzjòt/ **jot down** *vlug opschrijven*
journal /*zeg:* dzjùùnl/
• *tijdschrift*; *dagblad*
• *dagboek*
journalist /*zeg:* dzjùùnùlist/ *journalist*
journey /*zeg:* dzjùùnì/
[**the-woord**] *reis*
[**werkwoord**] *reizen*
joy /*zeg:* dzjoj/ *vreugde*
joyful /*zeg:* dzjojfoel/ *blij*; *vrolijk* ★ joyful music *vrolijke muziek*
joyriding ⟨spreektaal⟩ /*zeg:* dzjojraid/ *rondrijden in gestolen auto*
joystick ⟨spreektaal⟩ /*zeg:* dzjojstìk/ *joystick*; *bedieningsknuppel*
Jr. [**afkorting**] *jr.*; *junior*
jubilee /*zeg:* dzjoebìlie/ *jubileum* ★ the golden jubilee of Queen Elizabeth *het gouden jubileum van Koningin Elizabeth*
judge /*zeg:* dzjàdzj/
[**the-woord**] *rechter*
[**werkwoord + iemand/iets**] *oordelen (over)* ★ don't judge people you don't know *oordeel niet over mensen die je niet kent*
judg(e)ment /*zeg:* dzjàdzjmùnt/ *oordeel* ★ against your better judg(e)ment *tegen beter weten in*
judo /*zeg:* dzjoedoow/ *judo*
jug /*zeg:* dzjàG/ *kan*
juggle /*zeg:* dzjàGl/ *jongleren*
juggler /*zeg:* dzjàGlù/ *jongleur*
juice /*zeg:* dzjoes/ *sap*
juicy /*zeg:* dzjoesì/ *sappig*
July /*zeg:* dzjoelai/ *juli* ★ July 14th/the 14th of July *14 juli*
jumbo /*zeg:* dzjàmboow/ *kolossaal mens, dier of ding* ★ a jumbo jet *een jumbojet*

J

jump /*zeg:* dzjàmp/
[**the-woord**] *sprong*
[**werkwoord**] *opspringen*
[**werkwoord + iemand/iets**] • *springen over* ★ he quickly jumped the fence *hij sprong snel over het hek*
• *overslaan* ★ you can jump chapter 3 *jullie kunnen hoofdstuk 3 overslaan*
jumpy /*zeg:* dzjàmpì/ *zenuwachtig* ★ he's a jumpy guy *hij is een zenuwachtige vent*
junction /*zeg:* dzjàngksjùn/ *kruispunt*
June /*zeg:* dzjoen/ *juni* ★ June 29th/the 29th of June *29 juni*
jungle /*zeg:* dzjàngGl/ *oerwoud*

junior /*zeg:* dzjoenìjù/ *junior* ◆ he is ten years my junior *hij is tien jaar jonger dan ik*
junk /*zeg:* dzjàngk/ *rommel* ★ junk food *ongezond voedsel, snelle hap*
junkie ⟨spreektaal⟩ /*zeg:* dzjàngkì/ *junkie*; *drugverslaafde*
jury /*zeg:* dzjoerì/ *jury*
just /*zeg:* dzjàst/
[**bijvoeglijk naamwoord**] *eerlijk*; *rechtvaardig* ★ a just society *een rechtvaardige maatschappij*
[**bijwoord**] • *precies*; *net* ★ just in time *net op tijd* ★ that is just what I wanted *dat is precies wat ik wilde*
• *alleen maar* ★ they were just interested in the money *ze waren alleen maar geïnteresseerd in het geld*
◆ just a minute! *een minuutje!* ◆ this food is just delicious *dit eten is gewoon heerlijk*
justice /*zeg:* dzjàstìs/ *recht*; *gerechtigheid* ★ Court of Justice *rechtbank*
justify /*zeg:* dzjàstìfai/ *rechtvaardigen* ★ your hard work has justified this good mark *je harde werken rechtvaardigt dit goede cijfer*
juvenile /*zeg:* dzjoevùnail/
[**the-woord**] *jong iemand*
[**bijvoeglijk naamwoord**] *jeugd-* ★ juvenile delinquency *jeugdcriminaliteit*

J

k /*zeg:* kee/ *k* ◆ K as in King *de K van Karel*
kangaroo /*zeg:* kengGùroe/ *kangoeroe*
kart /*zeg:* kààt/ *kart*
keck /*zeg:* kek/ *kokhalzen*
keel /*zeg:* kiel/
[**the-woord**] ⟨van schip⟩ *kiel*
[**werkwoord**] *omslaan*; *kapseizen* ⋆ the boat keeled over in a storm *de boot sloeg om tijdens een storm*

keen /*zeg:* kien/
[**bijvoeglijk naamwoord**] • *scherp*; *hard* ⋆ keen competition *harde concurrentie*
• *enthousiast* ⋆ a keen footballer *een enthousiaste voetballer* ◆ he's keen on sailing *hij is gek op zeilen*
[**werkwoord**] *weeklagen (over)*
[**werkwoord + iemand/iets**] *bewenen*
keep /*zeg:* kiep/
[**werkwoord**] **keep on** *doorgaan*; *blijven praten* ⋆ she just keeps on talking *ze blijft doorgaan met praten*
[**werkwoord + iemand/iets**] • *houden* ⋆ you can keep that CD *je mag die cd houden* ⋆ I will keep you company *ik zal je gezelschap houden* ⋆ keep to the right *rechts houden*
• *bewaren* ⋆ keep one of those cakes for me *bewaar één van die gebakjes voor mij* ⋆ can you keep a secret? *kan je een geheim bewaren?*
• *ophouden* ⋆ I won't keep you any longer *ik houd je niet langer op*
• **keep away** *uit de buurt houden*; *weghouden bij* ⋆ keep your medicines away from children *houd je medicijnen weg bij kinderen*
• **keep from** *verzwijgen voor* ⋆ he kept the truth from her *hij verzweeg de waarheid voor haar* ◆ for keeps *om te houden*
keeper /*zeg:* kiepù/
• *bewaarder*; *suppoost*
• *doelverdediger*; *keeper*
keeping /*zeg:* kiepìng/ *hoede*; *bewaring* ⋆ hold these rings in safe keeping *hou deze ringen in veilige bewaring*
kennel /*zeg:* kenl/ *hondenhok*
kept /*zeg:* kept/ [(verleden tijd + voltooid deelwoord) → **keep**]
kerb, curb /*zeg:* kùùb/ *stoeprand*
kerbstone /*zeg:* kùùbstoown/ *stoeprand*
kernel /*zeg:* kùùnl/ *pit*; ⟨van noot⟩ *kern*
kettle /*zeg:* ketl/ *(fluit)ketel* ⋆ put the kettle on *de ketel op het vuur zetten*
key /*zeg:* kie/
• ⟨ook fig.⟩ *sleutel* ⋆ put the key in the keyhole *de sleutel in het sleutelgat steken*
• ⟨piano, toetsenbord⟩ *toets*
keyboard /*zeg:* kiebòòd/
• *toetsenbord*
• *elektronisch muziekinstrument*
keyhole /*zeg:* kiehoowl/ *sleutelgat*
kick /*zeg:* kìk/
[**the-woord**] *schop*; *trap* ⋆ a free kick *een vrije schop* ◆ I get a kick out of you *ik krijg een kick van je (ik ben stapelgek op je)*
[**werkwoord (+ iemand/iets)**] *trappen*; *schoppen* ⋆ he was kicked out of the pub *hij werd uit de kroeg geschopt* ⋆ they kicked off at three *om drie uur was de aftrap* ⋆ he kicked off his shoes *hij schopte zijn schoenen uit*
kick-off /*zeg:* kìkòf/ *aftrap*
kid /*zeg:* kìd/
[**the-woord**] *kind* ⋆ do you bring your two kids along? *neem je je twee kinderen mee?*
[**bijvoeglijk naamwoord**] *jongere broer of zus* ⋆ my kid brother *mijn kleine broertje*
[**werkwoord (+ iemand/iets)**] ⟨spreektaal⟩ *voor de gek houden* ⋆ I'm just kidding you *ik hou je maar voor de gek* ◆ you're kidding! *je meent het!*
kidnap /*zeg:* kìdnep/ *ontvoeren* ⋆ he has been kidnapped *hij is ontvoerd*

kidney /*zeg:* kidnì/ *nier* ★ humans have two kidneys *mensen hebben twee nieren*

kill /*zeg:* kìl/ *doden* ★ she killed the bird with one shot *zij doodde de vogel met één schot* ◆ he was killed in a car crash *hij kwam om bij een auto-ongeluk*

killer /*zeg:* kìlù/ *moordenaar*

kilometre /*zeg:* kìlùmietù/ *kilometer* ★ a distance of about five kilometres *een afstand van ongeveer 5 kilometer*

kilt /*zeg:* kìlt/ *kilt*; *Schotse rok*

kin /*zeg:* kìn/ *familie* ★ only the next of kin can visit her *alleen de naaste familie mag haar opzoeken*

kind /*zeg:* kaind/
[**the-woord**] *soort*; *aard* ★ what kind of music is this? *wat voor soort muziek is dit?*
[**bijvoeglijk naamwoord**] *aardig* ★ Henry is a kind man *Henry is een aardige man*

kindergarten /*zeg:* kìndùGààtn/ *kleuterschool*

kindness /*zeg:* kaindnùs/
• *vriendelijkheid* ★ his kindness is ever so nice *zijn vriendelijkheid is altijd zeer prettig*
• *iets aardigs*

king /*zeg:* kìng/ *koning*; *vorst* ★ king of spades ‹kaartspel› *schoppenkoning, schoppenheer*

kingdom /*zeg:* kìngdùm/ *koninkrijk*

kinky /*zeg:* kìngkì/ ‹spreektaal› *spannend*; *opwindend*

kiss /*zeg:* kìs/
[**the-woord**] *kus*; *zoen* ★ she gave the teacher a kiss *ze gaf de leraar een zoen* ◆ kiss of life *mond-op-mondbeademing*
[**werkwoord + iemand/iets**] *kussen*; *zoenen*

kit /*zeg:* kìt/ *gereedschap*; *uitrusting* ◆ a first-aid kit *een EHBO-doos* ◆ my football kit *mijn voetbalkleren*

kitchen /*zeg:* kìtsjìn/ *keuken* ★ a kitchen garden *een moestuin*

kite /*zeg:* kait/ *vlieger* ★ fly a kite *vliegeren*

kitten /*zeg:* kìtn/ *katje* ★ have kittens ‹van poes› *jongen krijgen* ★ the nest of kittens was purring loudly *het nest kleine katjes was luid aan het spinnen*

km. [**afkorting**] kilometre(s) *kilometer(s)*

knee /*zeg:* nie/ *knie* ★ fall/go on your knees *op je knieën gaan*

kneel /*zeg:* niel/ *knielen*

knelt /*zeg:* nelt/ [(verleden tijd + voltooid deelwoord) → **kneel**]

knew /*zeg:* njoe/ [(verleden tijd) → **know**]

knickers /*zeg:* nìkùz/ [meervoud] ‹spreektaal› ‹van vrouw› *slipje, onderbroek*

knife /*zeg:* naif/
[**the-woord**] *mes* ★ we have sharpened the knives *we hebben de messen geslepen*
[**werkwoord + iemand/iets**] ‹met mes› *steken*

knight /*zeg:* nait/
[**the-woord**] • *ridder*
• ‹in schaakspel› *paard*
[**werkwoord + iemand/iets**] *ridderen*

knit /*zeg:* nìt/ *breien* ★ a knit jumper *een gebreide trui*

knives /*zeg:* naivz/ [meervoud] → **knife**

knob /*zeg:* nòb/
• *klein beetje* ★ a knob of butter *een beetje/klontje boter*
• *knop*

knock /*zeg:* nòk/
[**the-woord**] *klop* ★ a knock on the door *een klop op de deur*
[**werkwoord**] *kloppen* ★ he knocked on the door *hij klopte op de deur*
[**werkwoord + iemand/iets**] • **knock down** *neerslaan* ★ she was knocked down in the street last night *ze werd*

K

gisteravond op straat neergeslagen
• **knock out** *knock-out slaan* ★ Ali knocked out his opponent *Ali sloeg zijn tegenstander knock-out*

knockout /*zeg:* nòkaut/ ‹sport› *knock-out* ★ the fight ended in a knockout *het gevecht eindigde met een knock-out* ◆ she's a real knockout *ze is oogverblindend mooi*

knot /*zeg:* nòt/
[**the-woord**] • ‹in touw› *knoop* ★ can you untie this knot? *kan jij deze knoop eruit halen?*
• *knoest in hout*
[**werkwoord + iemand/iets**] *knopen*; *een knoop maken* ★ she knotted a scarf around her neck *ze knoopte een sjaal om haar nek*

know /*zeg:* noow/ *(her)kennen*; *weten* ★ I know his address *ik weet zijn adres* ★ I know him, he's a friend of mine *ik ken hem, hij is een vriend van mij* ★ you never know *je weet het maar nooit* ★ for all I know *voorzover ik weet*; *weet ik veel*

know-how /*zeg:* noowhau/ *knowhow*; *vakkennis*

knowledge /*zeg:* nòlìdzj/ *kennis* ★ he has a great knowledge of old paintings *hij heeft een grote kennis van oude schilderijen*

known /*zeg:* noown/
[**bijvoeglijk naamwoord**] *bekend* ★ he's known all over the country *hij is door het hele land bekend*
[**werkwoord (voltooid deelwoord)** → **know**]

knuckle [**the-woord**] *knokkel*

Koran /*zeg:* kòràän/ *koran*

K

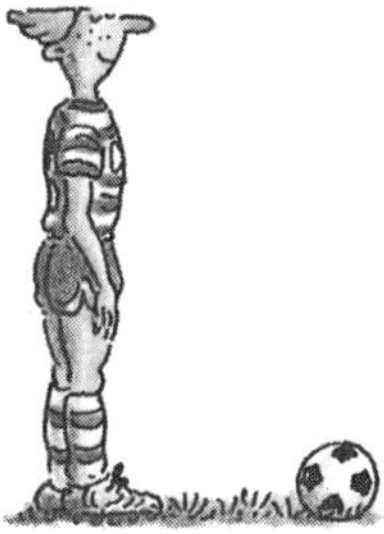

l /*zeg:* el/ *l* ◆ L as in Lucy *de L van Lodewijk*
L.A. [**afkorting**] Los Angeles
label /*zeg:* leebl/
[**the-woord**] *etiket*
[**werkwoord + iemand/iets**] *van etiket voorzien*
laboratory /*zeg:* lùbòrùtùrì/ *laboratorium*
labour /*zeg:* leebù/
• *arbeid*; *werk*
• *barensweeën* ◆ she is in labour *zij is aan het bevallen*
Labour /*zeg:* leebù/ ‹Brits› ‹politieke partij› *Labour*
labourer /*zeg:* leebùrù/ *arbeider*
labyrinth /*zeg:* lèbùrìnS/ *doolhof*
lace /*zeg:* lees/
[**the-woord**] • *veter* ★ shoe laces *schoenveters*
• *kant*; *vitrage* ★ a dress of blue lace *een jurk van blauw kant*
[**bijvoeglijk naamwoord**] *kanten* ★ a lace handkerchief *een kanten handschoen*
[**werkwoord + iemand/iets**] • *borduren*
• *rijgen*
lack /*zeg:* lek/
[**the-woord**] *gebrek* ★ for lack of *bij gebrek aan*
[**werkwoord**] *ontbreken* ★ money is lacking him *geld ontbreekt hem*, = *hij heeft geen geld*
[**werkwoord + iemand/iets**] *gebrek hebben aan* ★ he lacks money *hij heeft gebrek aan geld* ★ she doesn't lack for admirers *ze heeft geen gebrek aan bewonderaars*
lacquer /*zeg:* lèkù/
[**the-woord**] • *vernis*
• *lak*
[**werkwoord + iemand/iets**] *vernissen*; *lakken*
lad /*zeg:* led/ *knaap*; *jongen* ★ Tom is a nice lad *Tom is een aardige knaap*
ladder /*zeg:* lèdù/ *ladder* ★ ladder truck *ladderwagen (van brandweer)* ★ he was up a ladder *hij stond op een ladder*
ladle /*zeg:* leedl/
[**the-woord**] *soeplepel*
[**werkwoord + iemand/iets**] **ladle out** *opscheppen*; *uitscheppen* ★ mum ladled out the soup *mam schepte de soep op*
lady /*zeg:* leedì/ *dame* ★ she is the lady of the house *zij is de vrouw des huizes*
ladybird /*zeg:* leedìbùùd/ *lieveheersbeestje*
lag /*zeg:* leG/ *achterblijven* ★ he lagged behind the others *hij bleef achter bij de anderen*
lager /*zeg:* lààGù/ *soort bier*/*pils*
lagoon /*zeg:* lùGoen/ *lagune*
laid /*zeg:* leed/ [(verleden tijd + voltooid deelwoord) → **lay**]
lain /*zeg:* leen/ [(voltooid deelwoord) → **lie**]
lake /*zeg:* leek/ *meer* ★ a house at the lake *een huis aan het meer*
lamb /*zeg:* lem/ *lam*
lame /*zeg:* leem/ *kreupel* ★ my uncle is lame in one leg *mijn oom is kreupel aan één been*
lament /*zeg:* lùment/
• *(be)treuren*; *klagen*
• **lament for/over** *treuren om* ★ he laments over his father *hij treurt om zijn vader*
lamp /*zeg:* lemp/ *lamp* ★ she turned on the lamp *ze deed de lamp aan*
lamp-post /*zeg:* lemppoowst/ *lantaarnpaal*
lance /*zeg:* lààns/ *lans*; *speer*
land /*zeg:* lend/
[**the-woord**] *land*; *grond* ★ by land *over land* ★ the farmer works the land *de boer bewerkt het land* ★ a free and democratic land *een vrij en democratisch land*
[**werkwoord**] *aan land gaan*; *landen* ★ the plane has landed safely *het vliegtuig is veilig geland*
landing /*zeg:* lendìng/ *landing*

landlady /*zeg:* lendleedì/ *hospita*
landlord /*zeg:* lendlòòd/ *huisbaas*
landmark /*zeg:* lendmààk/
• *grenspaal*
• *mijlpaal*
landscape /*zeg:* lendskeep/ *landschap*
lane /*zeg:* leen/
• *landweg*; *smalle straat*
• *rijstrook*
language /*zeg:* lengGwìdzj/ *taal*; *spraak* ★ French is a difficult language *Frans is een moeilijke taal*
lantern /*zeg:* lentùn/ *lantaarn*
lap /*zeg:* lep/
[**the-woord**] • *schoot* ★ the girl sat on her mother's lap *het meisje zat bij haar moeder op schoot* ★ lap dog *schoothondje*
• ‹bij wedstrijd› *ronde* ★ the race consists of ten laps *de race bestaat uit tien ronden*
[**werkwoord (+ iemand/iets)**] *oplikken*; *opslurpen* ★ the cat lapped up the milk *de poes likte de melk op*
lapse /*zeg:* leps/
[**the-woord**] • *achteruitgang*
• *vergissing*
[**werkwoord**] • *vervallen* ★ he lapsed into his old habit *hij verviel in zijn oude gewoonte*
• *verdwijnen*
laptop /*zeg:* leptòp/ computer ‹computer› *laptop*; *schootcomputer*
larder /*zeg:* lààdù/ *provisiekast*; *provisiekamer* ★ a well-stocked larder *een goed gevulde provisiekast*
large /*zeg:* lààdzj/ *groot*; *uitgebreid* ★ we live in a large house *we wonen in een groot huis* ◆ at large *in het algemeen*
largely /*zeg:* lààdzjlì/
• *grotendeels*
• *voornamelijk*
laser /*zeg:* leezù/ *laser* ★ laser beam *laserstraal*
lash /*zeg:* lesj/
[**the-woord**] • *(zweep)slag*
• *wimper*
[**werkwoord**] • *wild bewegen*
• **lash at** *slaan naar*
• **lash out at** *uitvaren tegen*
[**werkwoord + iemand/iets**] • *geselen*
• *vastbinden*
[**werkwoord (+ iemand/iets)**] • *slaan*
• *zwiepen* ★ the rain lashes against the window *de regen slaat tegen het raam*
lasso /*zeg:* lùsoe/ *lasso*
last /*zeg:* lààst/
[**bijvoeglijk naamwoord**] • *laatste* ★ for the very last time *voor de allerlaatste keer*
• *vorig* ★ I saw him last week/summer *ik zag hem vorige week/zomer*
[**werkwoord (+ iemand/iets)**] • *duren* ★ the play lasted (for) four hours *het toneelstuk duurde vier uur*
• *het volhouden* ★ you wouldn't last one minute in that heat *jij zou het niet één minuut volhouden in die hitte*
• ‹van voedsel› *goed blijven* ★ milk won't last long outside the fridge *melk blijft niet lang goed buiten de koelkast*
[**bijwoord**] *het laatst* ★ who finishes last does the dishes *wie het laatst klaar is, doet de vaat* ◆ at last *eindelijk*
lasting /*zeg:* lààstìng/ *blijvend* ★ a lasting scar *een blijvend litteken*
lastly /*zeg:* lààstlì/ *ten slotte*; *als laatste*
last-minute /*zeg:* lààst mìnìt/ *allerlaatst*; *last-minute* ★ last-minute booking *last-minute boeking*
late /*zeg:* leet/
[**bijvoeglijk naamwoord**] • *laat* ★ we came home late: only after midnight! *we kwamen laat thuis: pas na middernacht!*
• *te laat* ★ the train was 20 minutes late *de trein was 20 minuten te laat*
• *overleden*; *vorig* ★ her late husband *haar overleden man*
[**bijwoord**] *laat* ★ we shall do that later on *we zullen dat later doen*
lately /*zeg:* leetlì/
• *onlangs*
• *de laatste tijd* ★ I haven't seen him lately *ik heb hem de laatste tijd niet gezien*
latest /*zeg:* leetìst/ [(overtreffende trap) → **late**]
Latin /*zeg:* lètìn/
[**the-woord**] *Latijn*
[**bijvoeglijk naamwoord**] *Latijns*
latter /*zeg:* lètù/ ‹van de twee› *laatstge-*

noemde ★ Bob and John are brothers, the latter is my boyfriend *Bob en John zijn broers, de laatstgenoemde is mijn vriend*

laugh /*zeg:* làáf/
[**the-woord**] *(ge)lach* ★ for laughs *voor de lol*
[**werkwoord (+ iemand/iets)**] • *lachen* ★ he makes me laugh *hij maakt me aan het lachen*
• **laugh at** *lachen om/tegen*; *uitlachen* ★ the children laughed at the new teacher *de kinderen lachten de nieuwe leraar uit*

laughter /*zeg:* làáftù/ *gelach*

launch /*zeg:* lòòntsj/
[**the-woord**] *lancering*
[**werkwoord**] • **launch into** *zich storten in*; *zich begeven in* ★ I launched into the study of astronomy *ik heb me gestort op de studie astronomie*
• *met iets beginnen*
[**werkwoord + iemand/iets**] • *lanceren* ★ the missiles were launched *de raketten werden gelanceerd*
• *uitbrengen*; *op de markt brengen* ★ the company has launched a new product *het bedrijf heeft een nieuw product op de markt gebracht*

laundry /*zeg:* lòòndrì/
• *wasserij*
• *was(goed)* ★ the white and coloured laundry *de witte en bonte was*

lava /*zeg:* làvù/ *lava*

lavatory /*zeg:* lèvùtùrì/ *wc*; *toilet* ★ lavatory paper *toiletpapier*

lavender /*zeg:* lèvìndù/ *lavendel*

law /*zeg:* lòò/
• *wet* ★ that is against the law *dat is tegen de wet*
• *recht* ★ study law *rechten studeren*

lawful /*zeg:* lòòfoel/ *rechtmatig*; *wettig*

lawn /*zeg:* lòòn/ *gazon* ◆ lawn tennis *tennis op gras*

lawyer /*zeg:* lòòjù/
• *advocaat*
• *jurist*

lay /*zeg:* lee/
[**the-woord**] • ⟨aardrijkskunde⟩ *ligging*
• ⟨van kip⟩ *leg* ★ our chickens are in lay *onze kippen zijn aan de leg*
[**werkwoord (verleden tijd)** → **lie**]
[**werkwoord + iemand/iets**] • *leggen* ★ I laid the book on your desk *ik heb het boek op je tafel gelegd* ★ lay eggs *eieren leggen*
• *dekken* ★ my sister is laying the table *mijn zuster is de tafel aan het dekken*
• **lay on** *aanleggen* ★ lay on electricity *elektriciteit aanleggen*
• **lay off** *ontslaan* ★ the company has laid off 100 workers *het bedrijf heeft 100 werknemers ontslagen*
• **lay aside/by** *opzij leggen*; *sparen* ★ they lay aside money for later *ze leggen geld opzij voor later*
• **lay down** *neerleggen*

layer /*zeg:* leeù/ *laag* ★ the ozone layer *de ozonlaag*

layout /*zeg:* leeaut/ *lay-out*; *opmaak*

laze /*zeg:* leez/ *luieren*

lazy /*zeg:* leezì/
• *lui*
• *loom*

lead [**the-woord**] • /*zeg:* lied/ *leiding* ★ take the lead *de leiding nemen*
• /*zeg:* led/ *lood*
[**bijvoeglijk naamwoord**] /*zeg:* led/ *loden* ★ lead pipe *loden pijp*
[**werkwoord + iemand/iets**] /*zeg:* lied/ *leiden* ★ he leads a difficult life *hij leidt een moeilijk leven* ◆ lead the way *de weg wijzen*
[**werkwoord (+ iemand/iets)**] /*zeg:* lied/ *aanvoeren*; *leiden* ★ the general leads his troops against the enemy *de generaal voert zijn troepen aan tegen de vijand* ★ Ajax leads by three goals to one *Ajax leidt met 3-1*

leader /*zeg:* liedù/ *leider* ★ Jack is a born

leader *Jack is een geboren leider*

leading /*zeg:* lieding/ *leidend*; *voornaamste*; *hoofd-* ★ leading article *hoofdartikel* ★ she plays the leading part *zij speelt de hoofdrol*

leaf /*zeg:* lief/

[**the-woord**] *blad*

[**werkwoord**] *bladeren krijgen*

[**werkwoord + iemand/iets**] **leaf over/through** *bladeren* ★ he slowly leafed through the book *hij bladerde langzaam door het boek*

league /*zeg:* lieG/

• *(ver)bond*

• *(voetbal)competitie* ★ the Champions League *de Champions League*

leak /*zeg:* liek/

[**the-woord**] *lek(kage)* ★ spring a leak *lek slaan/raken*

[**werkwoord**] • *lek zijn*; *lekken* ★ the water leaked into the basement *het water lekte de kelder in*

• **leak out** *uitlekken* ★ the news leaked out to the press *het nieuws lekte uit naar de pers*

[**werkwoord + iemand/iets**] *laten uitlekken*

lean /*zeg:* lien/

[**bijvoeglijk naamwoord**] *mager* ★ lean meat *mager vlees*

[**werkwoord**] • *leunen*

• *schuin staan* ★ after the storm the tree was leaning *na de storm stond de boom schuin*

• **lean over** *zich buigen naar* ★ lean over to somebody *zich naar iemand toe buigen*

• **lean upon** *steunen op* ★ the old lady leant upon her stick *de oude dame steunde op haar stok*

[**werkwoord + iemand/iets**] *laten steunen* ◆ he leans his bike against the wall *hij zet zijn fiets tegen de muur*

leant /*zeg:* lent/ [(verleden tijd + voltooid deelwoord) → **lean**]

leap /*zeg:* liep/

[**the-woord**] *sprong* ◆ leap year *schrikkeljaar*

[**werkwoord**] *springen* ★ the man leapt over the fence *de man sprong over het hek*

leapt /*zeg:* lept/ [(verleden tijd + voltooid deelwoord) → **leap**]

learn /*zeg:* lùùn/

• *leren* ★ learn by heart *uit je hoofd leren*

• *horen*; *erachter komen* ★ I learned the news yesterday *ik hoorde het nieuws gisteren*

learned [**bijvoeglijk naamwoord**] /*zeg:* lùùnìd/ *geleerd*

[**werkwoord**] /*zeg:* lùùnd/ [(verleden tijd + voltooid deelwoord) → **learn**]

learner /*zeg:* lùùnù/ *leerling* ★ he is a quick learner *hij is een snelle leerling*

learnt /*zeg:* lùùnt/ [(verleden tijd + voltooid deelwoord) → **learn**]

lease /*zeg:* lies/

[**the-woord**] *verhuur*; *huurcontract* ★ put something out to lease *iets verhuren*

[**werkwoord + iemand/iets**] *(ver)huren* ★ I lease a flat in town *ik huur een appartement in de stad*

leash /*zeg:* liesj/

[**the-woord**] *riem*; *band* ★ hold in leash *in bedwang houden* ★ dogs on the leash *honden aan de lijn*

[**werkwoord + iemand/iets**] *aanlijnen*

least /*zeg:* liest/ *kleinst*; *minst* ★ at least *ten minste* ★ at the least *op zijn minst* ◆ I haven't the least idea *ik heb er geen flauw idee van* ◆ least of all *zeker niet*

leather /*zeg:* lèDù/

[**the-woord**] *leer*

[**bijvoeglijk naamwoord**] *leren*

leave /*zeg:* liev/

[**the-woord**] *verlof*; *vakantie* ★ a week's unpaid leave *een week onbetaald verlof*

L

★ he is on leave *hij is op vakantie*
[**werkwoord + iemand/iets**] • *verlaten*; *laten*; *weggaan*; *achterlaten* ★ leave for London *vertrekken naar Londen*
• **leave behind** *achterlaten* ★ I had to leave behind all my friends *ik moest al mijn vrienden achterlaten*
• **leave out** *overslaan* ★ the teacher left him out *de leraar sloeg hem over*
• **leave off** *ophouden (met)* ★ we go on where we left off yesterday *we gaan verder waar we gisteren zijn opgehouden* ◆ Anne has left school *Anne is van school afgegaan*

leaves /*zeg:* lievz/ [meervoud] → **leaf**

lecture /*zeg:* lektsjù/
[**the-woord**] • *lezing*
• *college*
[**werkwoord**] *college geven* ★ he lectures on law *hij geeft colleges in rechten*
[**werkwoord + iemand/iets**] *de les lezen* ★ the boys were lectured for being late *de jongens werd de les gelezen omdat ze te laat waren*

led /*zeg:* led/ [(verleden tijd + voltooid deelwoord) → **lead**]

ledge /*zeg:* ledzj/ *overstekende rand*; *richel*

left /*zeg:* left/
[**the-woord**] *linkerhand*; *linkerkant* ★ the shop is on your left *de winkel ligt aan je linkerhand*
[**bijvoeglijk naamwoord**] *links*; *linker-* ★ show me your left hand *laat me je linkerhand zien*
[**werkwoord (verleden tijd + voltooid deelwoord) → leave**]
[**bijwoord**] *links* ★ turn left after one mile *na één mijl naar links afslaan*

left-hand /*zeg:* left hend/ *links*; *linker-* ★ the left-hand side of the road *de linkerkant van de weg*

left-handed /*zeg:* left hendìd/ *linkshandig*

left-overs /*zeg:* leftoowvùz/ [meervoud] *kliekje*; *restjes* ★ we can warm up the left-overs *we kunnen de restjes opwarmen*

leg /*zeg:* leG/ *been*; *poot* ★ stretch your legs *je benen strekken* ★ he has got on his legs *hij is opgestaan*

legal /*zeg:* lieGl/ *wettelijk*; *wettig* ◆ legal offence *strafbaar feit* ◆ the Dutch legal system *het Nederlandse rechtsstelsel*

legalize /*zeg:* lieGùlaiz/
• *legaliseren* ★ some people want to legalize drugs *sommige mensen willen drugs legaliseren*
• *wettigen*

legend /*zeg:* ledzjùnd/ *legende*

> **legend:** *Robin Hood* is een legendarische Britse rover, die heel goed was met pijl en boog. Hij wordt beschouwd als de weldoener van de armen, omdat hij van rijke mensen stal en hun bezittingen aan de arme mensen gaf. Over Robin Hood zijn veel verhalen geschreven en films gemaakt.

legging /*zeg:* lèGìng/ *legging*

legion /*zeg:* liedzjùn/
• *legioen*
• *enorm aantal*; *legio*

legitimate [**bijvoeglijk naamwoord**] /*zeg:* lìdzjìtùmùt/
• *wettig*; *gerechtvaardigd* ★ he had legitimate reasons for the divorce *hij had gerechtvaardigde redenen voor de scheiding*
• *echt*
[**werkwoord + iemand/iets**] /*zeg:* lìdzjìtùmeet/
• *wettigen*
• *erkennen*

leisure /*zeg:* lezjù/
[**the-woord**] *vrije tijd* ★ leisure clothes *vrijetijdskleding* ◆ do things at leisure *dingen op je gemak doen*
[**bijvoeglijk naamwoord**] *vrij*

lemon /*zeg:* lèmùn/ *citroen* ★ lemon juice *citroensap*

lemonade /*zeg:* lèmùneed/ *limonade*

lend /*zeg:* lend/ *(uit)lenen*; *verlenen* ★ she lent him the money *ze leende hem het geld* ◆ can you lend me a hand? *kun je me even helpen?*

length /*zeg:* lengS/ *lengte*; *duur* ★ the boat is five metres in length *de boot is* *vijf meter in lengte* ◆ she described the event at length *ze vertelde uitvoerig over de gebeurtenis* ◆ keep at arm's length *op een afstand houden*

lengthen /*zeg:* lengSùn/
[**werkwoord**] *langer worden*
[**werkwoord + iemand/iets**] *(ver)lengen; langer maken*

lengthy /*zeg:* lengSì/
• *langdurig*
• *langdradig*

lens /*zeg:* lenz/ *lens*

lent /*zeg:* lent/ [(verleden tijd + voltooid deelwoord) → **lend**]

Leo /*zeg:* lieoow/ ⟨sterrenbeeld⟩ *Leeuw* ★ my sign of the zodiac is Leo *mijn teken van de dierenriem is Leeuw*

leopard /*zeg:* lèpùd/ *luipaard* ◆ American leopard *jaguar*

leopardess /*zeg:* lèpùdùs/ *vrouwtjesluipaard*

L

lesbian /*zeg:* lezbiùn/
[**the-woord**] *lesbienne*
[**bijvoeglijk naamwoord**] *lesbisch*

less /*zeg:* les/
[**bijvoeglijk naamwoord**] *kleiner; minder* ★ we must spend less money *we moeten minder geld uitgeven*
[**voornaamwoord**] *minder; min* ★ more or less *min of meer* ◆ none the less *niettemin* ◆ nothing less *niets liever*
[**voorzetsel**] *min; zonder* ★ six less four is two *zes min vier is twee*

lessen /*zeg:* lèsùn/
[**werkwoord**] *verminderen; afnemen*
[**werkwoord + iemand/iets**] *verminderen*

lesser /*zeg:* lèsù/ *kleiner; minder* ★ to a lesser degree *in mindere mate*

lesson /*zeg:* lèsùn/ *les* ★ I take lessons in English *ik zit op Engelse les*

let /*zeg:* let/
• *laten* ★ let him do what he wants *laat hem maar doen wat hij wil* ★ let us continue for a while *laten we nog even doorgaan*
• *(ver)huren* ★ rooms to let *kamers te huur*
• **let in** *binnenlaten* ★ your dad let me in *je vader heeft me binnengelaten*
• **let down** *neerlaten; teleurstellen* ★ I felt let down when he didn't call *ik was teleurgesteld toen hij niet belde*
• **let out** *uitlaten* ★ he is letting out the dog *hij is de hond aan het uitlaten*

lethal /*zeg:* lietl/ *dodelijk* ★ lethal weapon *dodelijk wapen*

let's [(samentrekking van 'let us') → **let**]

letter /*zeg:* lètù/
• *letter* ★ a small letter *een kleine letter*
• *brief* ★ I received a letter from her *ik ontving een brief van haar*

letterbox /*zeg:* lètùbòks/ *brievenbus*

lettuce /*zeg:* lètis/ *(krop) sla*

level /*zeg:* lèvùl/
[**the-woord**] *peil; niveau* ★ keep something at the good level *iets op het goede niveau houden* ★ at sea level *op zeeniveau*
[**bijvoeglijk naamwoord**] • *horizontaal*
• *vlak*
[**werkwoord**] *een niveau bereiken*
[**werkwoord + iemand/iets**]
• *gelijkmaken*
• *met de grond gelijkmaken* ★ the village was levelled to the ground *het dorp werd met de grond gelijkgemaakt*

lever /*zeg:* lievù/ *hefboom*

lexicon /*zeg:* leksìkùn/ *lexicon; woordenboek*

liable /*zeg:* laijùbl/
• *(wettelijk) verplicht*
• *aansprakelijk* ★ parents are liable for their children's debts *ouders zijn aansprakelijk voor de schulden van hun kinderen* ◆ it is liable to rain *het gaat waarschijnlijk regenen*

liar /*zeg:* laijù/ *leugenaar*

liberal /*zeg:* lìbùrùl/
[**the-woord**] *liberaal*
[**bijvoeglijk naamwoord**] • *liberaal*
• *ruimdenkend; onbevooroordeeld*
◆ liberal education *brede ontwikkeling*
◆ liberal arts *vrije kunsten*

liberate /*zeg:* lìbùreet/ *bevrijden; vrijmaken*

liberty /*zeg:* lìbùtì/ *vrijheid* ★ liberty of speech *vrijheid van meningsuiting* ★ the prisoner was set at liberty *de gevangene werd in vrijheid gesteld*

Libra /*zeg:* liebrù/ ⟨sterrenbeeld⟩ *Weegschaal* ★ my sign of the zodiac is Libra *mijn teken van de dierenriem is*

Weegschaal
library /*zeg:* laibrùrì/ *bibliotheek* ★ public library *openbare bibliotheek*
lice /*zeg:* lais/ [meervoud] → **louse**
licence /*zeg:* laisùns/ *vergunning*
◆ driving licence *rijbewijs* ◆ pilot licence *vliegbrevet*
licence number /*zeg:* laisùns nàmbù/ *kenteken*
licenceplate /*zeg:* laisùns pleet/ ‹Amerikaans› *nummerbord*
license /*zeg:* laisùns/ *vergunning geven*
◆ license act/laws *drankwet*
lick /*zeg:* lìk/
[**the-woord**] • *lik*
• *veeg*
[**werkwoord + iemand/iets**] *likken* ★ he licked his plate clean *hij likte zijn bord schoon*
lid /*zeg:* lìd/
• *deksel* ★ he put the lid on the pan *hij deed de deksel op de pan*
• *ooglid*
lie /*zeg:* lai/
[**the-woord**] *leugen*
[**werkwoord**] • *liegen* ★ you lied to me about the accident *je loog tegen me over het ongeluk*
• *liggen*
• **lie with** *liggen bij*; *zijn aan* ★ the decision lies with you *de beslissing is aan jou*
• **lie about** *rondslingeren* ★ the papers are lying about in the room *de kranten slingeren rond in de kamer*
• **lie back** *achterover (gaan) liggen*
• **lie down** *gaan liggen* ★ lie down in bed *in bed gaan liggen*
lieutenant [**the-woord**] • /*zeg:* leftènùnt/ *luitenant*
• /*zeg:* loetènùnt/ ‹van politie› ‹Amerikaans› *inspecteur*
life /*zeg:* laif/
• *leven* ★ he lost his life in the accident *hij verloor zijn leven bij het ongeluk* ★ my sister leads a busy life *mijn zus leidt een druk leven*
• *levensduur* ◆ life sentence *veroordeling tot levenslang* ◆ I had the time of my life *ik heb de tijd van mijn leven gehad*

lifebelt /*zeg:* laifbelt/ *reddingsgordel*

lifeboat /*zeg:* laifboowt/ *reddingsboot*
lifeguard /*zeg:* laifGààd/ *lijfwacht*; *badmeester*; *strandwacht*
life-jacket /*zeg:* laifd-zjèkit/ *reddingsvest*
lifeline /*zeg:* laiflain/ *reddingslijn*
lifelong /*zeg:* laiflòng/ *levenslang*
lifetime /*zeg:* laiftaim/
• *mensenleven* ★ the chance of your lifetime *de kans van je leven*
• *levensduur*
lift /*zeg:* lìft/
[**the-woord**] • ‹Brits› *lift* ★ we took the lift to the tenth floor *we namen de lift naar de tiende verdieping*
• *het (iemand laten) meerijden* ★ I'll give you a lift *ik zal je een lift geven*
[**werkwoord**] • *stijgen*
• ‹van mist› *optrekken* ★ the fog lifted *de mist trok op*
• **lift off** ‹van vliegtuig› *opstijgen*
[**werkwoord + iemand/iets**] *optillen* ★ will you help me lift this table? *wil je me helpen deze tafel op te tillen?*
lift-off /*zeg:* lìftòf/ *lancering*
light /*zeg:* lait/
[**the-woord**] *licht* ★ she turned on the light *ze deed het licht aan*
[**bijvoeglijk naamwoord**] • *licht*; *verlicht* ★ he wore a light blue shirt *hij droeg een lichtblauw shirt*
• ‹van gewicht› *licht* ★ the bag was very light *de tas was erg licht*
• *luchtig*
[**werkwoord**] • *vlam vatten*
• *aangaan*

L

[**werkwoord + iemand/iets**] • *verlichten* ★ the room was lit by one bulb *de kamer werd verlicht met één gloeilamp*
• *aansteken* ★ dad lights the candles *pap steekt de kaarsen aan*

light-bulb /*zeg:* lait bàlb/ *(gloei)lamp*

lighten /*zeg:* laitn/
[**werkwoord**] • *lichter worden*
• *opklaren* ★ the sky has lightened *de lucht is opgeklaard*
• *bliksemen*; *weerlichten*
[**werkwoord + iemand/iets**] *(ver)lichten*

lighter /*zeg:* laitù/ *aansteker*

lighthouse /*zeg:* laithaus/ *vuurtoren*

lighting /*zeg:* laitìng/ *verlichting*

lightning /*zeg:* laitnìng/ *bliksem* ★ that tree was struck by lightning *die boom werd getroffen door de bliksem*

lightweight /*zeg:* laitweet/ *lichtgewicht*

like /*zeg:* laik/
[**werkwoord + iemand/iets**] • *houden van*; *leuk vinden* ★ I like playing darts but tennis I like best *ik vind darts spelen leuk, maar van tennis houd ik het meest*
• *(graag) willen* ★ I would like two coffees *ik wil graag twee koffie*
[**voorzetsel**] *(zo)als* ★ don't talk like that *praat toch niet zo* ◆ what does she look like? *hoe ziet ze eruit?* ◆ I don't feel like it *ik voel er niet veel voor*
[**voegwoord**] *zoals* ★ he was quiet like usual *hij was stil zoals gebruikelijk*

likely /*zeg:* laiklì/ *waarschijnlijk*; *vermoedelijk* ★ that does not sound very likely *dat klinkt niet erg waarschijnlijk* ★ he is not likely to come *hij komt vermoedelijk niet*

likeness /*zeg:* laiknùs/ *gelijkenis* ★ she bears a likeness to her mother *zij lijkt op haar moeder*

liking /*zeg:* laikìng/ *voorkeur*; *voorliefde* ★ have a liking for *een voorliefde hebben voor*

lily /*zeg:* lìlì/ *lelie* ★ lily of the valley *lelietje-van-dalen*

limb /*zeg:* lìm/ *ledemaat*

lime /*zeg:* laim/
• *kalk*
• *limoen*

limit /*zeg:* lìmìt/
[**the-woord**] • *grens*
• *limiet*; *het uiterste* ★ go to the limit *tot het uiterste gaan* ◆ that is the limit! *zo is het genoeg!*
[**werkwoord + iemand/iets**] *begrenzen*; *beperken* ★ she limited her ration *ze beperkte haar rantsoen*

limited /*zeg:* lìmìtid/ *begrensd*; *beperkt* ★ the choice was limited *de keuze was beperkt*

limousine, limo /*zeg:* lìmùzien, lìmoow/ ‹luxe auto› *limousine*

limp /*zeg:* lìmp/
[**bijvoeglijk naamwoord**] *krachteloos*; *slap*
[**werkwoord**] *kreupel/mank lopen*; *hinken*

line /*zeg:* lain/
[**the-woord**] • *(stuk) touw*
• *telefoonverbinding*; *lijn* ★ hold the line, please *blijft u even aan de lijn, alstublieft*
• *streep* ★ draw a line *een streep trekken*
• *regel* ★ read between the lines *tussen de regels door lezen*
• *lijndienst*
[**werkwoord**] **line up** *zich opstellen*; *in een rij gaan staan* ★ the children lined up in the schoolyard *de kinderen gingen op het schoolplein in de rij staan*

linger /*zeg:* lìngGù/ *treuzelen* ★ don't linger over your food *treuzel niet met eten*

lining /*zeg:* lainìng/ *voeringstof*

link /*zeg:* lìngk/
[**the-woord**] *schakel*; *verbinding*; *band* ★ the missing link *de ontbrekende schakel*
[**werkwoord + iemand/iets**] *schakelen*; *verbinden* ★ this computer is linked (up) to other computers *deze computer is met andere computers verbonden*

linkage /*zeg:* lìngkìdzj/ *verbinding*

lion /*zeg:* laiùn/ *leeuw*

lioness /*zeg:* laiùnùs/ *leeuwin*

lip /*zeg:* lìp/ *lip* ★ he kissed me on the lips *hij kuste me op mijn lippen*

lip-read /*zeg:* lìp ried/ *liplezen*

lipstick /*zeg:* lìpstìk/ *lippenstift*

liquid /*zeg:* lìkwìd/
[**the-woord**] *vloeistof*

L

[**bijvoeglijk naamwoord**] *vloeibaar*
liquor /*zeg:* lìkù/ *(sterke) drank*
liquorice /*zeg:* lìkùrìs/
• *zoethout*
• *drop*
lisp /*zeg:* lìsp/
[**the-woord**] *gelispel*; *slis* ◆ he speaks with a lisp *hij slist als hij praat*
[**werkwoord**] *lispelen*; *slissen*
list /*zeg:* lìst/
[**the-woord**] *lijst*; *catalogus* ★ my dentist has a waiting list *mijn tandarts heeft een wachtlijst*
[**werkwoord + iemand/iets**] *een lijst (op)maken van* ★ list your files on the computer *een lijst van de files op je computer maken*
listen /*zeg:* lìsùn/
• *luisteren*
• **listen to** *luisteren naar* ★ listen carefully to what he has to say *luister goed naar wat hij te zeggen heeft*
• **listen in (to)** *afluisteren* ★ my dad listens in to my phone calls *mijn vader luistert mijn telefoongesprekken af*
lit /*zeg:* lìt/ [(verleden tijd + voltooid deelwoord) → **light**]
literature /*zeg:* lìtùrùtsjù/ *literatuur*

literature: Behalve Shakespeare zijn er nog veel andere beroemde schrijvers. Tolkien bijvoorbeeld schreef *The lord of the Rings* en J.K. Rowling natuurlijk de verhalen van tovenaarsleerling Harry Potter. Veel kinderen en volwassenen smullen ook van de verhalen van Roald Dahl.

litre /*zeg:* lietù/ *liter*
litter /*zeg:* lìtù/
[**the-woord**] • *rommel*
• *afval* ★ throw your litter away *je afval weggooien*
• ⟨van dieren⟩ *worp*; *nest* ★ a litter of puppies *een nest jonge hondjes*
[**werkwoord + iemand/iets**] • *rommel maken*
• **litter about/around/over** *rond laten slingeren*
• *jongen werpen*
little /*zeg:* lìtl/
• *klein* ★ the little children played in the garden *de kleine kinderen speelden in de tuin*
• *weinig*
• *beetje* ★ little by little *beetje bij beetje*; *langzamerhand* ★ he speaks a little French *hij spreekt een beetje Frans*
◆ your little finger *je pink*
liturgy /*zeg:* lìtùdzjì/ *liturgie*
live [**bijvoeglijk naamwoord**] /*zeg:* laiv/
• *levend*; *in leven*
• *levendig*
• ⟨telecommunicatie⟩ *live*; *rechtstreeks* ★ a live broadcast *een live uitzending*
[**werkwoord**] /*zeg:* lìv/
• *leven* ★ they live only for their children *ze leven alleen voor hun kinderen*
• *wonen* ★ they have lived in this house for thirty years *ze wonen al dertig jaar in dit huis*
• **live up to** *nakomen*; *waarmaken* ★ live up to a promise *een belofte waarmaken*
• **live on** *blijven leven*; *leven van* ★ he lives on potatoes *hij leeft van aardappelen*
• **live off** *leven (op kosten) van* ★ he lives off her money *hij leeft van haar geld*
lively /*zeg:* laivlì/
• *levendig*; *krachtig* ★ a class of lively children *een klas met levendige kinderen*
• *vrolijk*; *opgewekt* ★ it was a lively place *het ging er vrolijk aan toe*
liver /*zeg:* lìvù/ *lever* ★ liver paste *leverpastei* ★ liver sausage *leverworst*

lives /*zeg:* laivz/ [meervoud] → **life**
livestock /*zeg:* laivstòk/ *vee*
living /*zeg:* lìvìng/
• *leven*
• *levensonderhoud*; *kost* ★ he earns a living as a carpenter *hij verdient de kost als timmerman*
livingroom /*zeg:* lìvìngroem/ *huiskamer*
lizard /*zeg:* lìzùd/ *hagedis*
'll [werkwoord → **will**]
[werkwoord → **shall**]

load /*zeg:* loowd/
[the-woord] *vracht*; *lading* ★ the ship carries a load of coal *het schip vervoert een lading kolen*
[werkwoord + iemand/iets] • *laden* ★ he loaded the data into his computer *hij laadde de gegevens in zijn computer*
• **load up** *volladen* ★ load up your car with purchases *je auto volladen met aankopen*
loaf /*zeg:* loowf/ *brood*
loan /*zeg:* loown/
[the-woord] *lening* ◆ on loan *te leen*
[werkwoord + iemand/iets] *lenen*; *uitlenen* ★ she loaned me the money *ze leende me het geld*
loathe /*zeg:* loowD/ *een hekel hebben aan*; *walgen van* ★ I loathe doing homework *ik heb een hekel aan huiswerk maken*
lobby /*zeg:* lòbì/
[the-woord] • *(wandel)gang*
• *lobby* ★ our luggage is in the hotel lobby *onze bagage staat in de lobby van het hotel*
[werkwoord (+ iemand/iets)] *lobbyen* ★ they lobbied for better education *ze lobbyden voor beter onderwijs*
lobster /*zeg:* lòbstù/ *zeekreeft*
local /*zeg:* loowkl/
[the-woord] *plaatselijke bewoner* ★ I asked a few locals where we were *ik vroeg een paar plaatselijke bewoners waar we waren*
[bijvoeglijk naamwoord] *plaatselijk* ★ local time *plaatselijke tijd* ★ the police carried out a local investigation *de politie deed een plaatselijk onderzoek*
locate /*zeg:* loowkeet/
• *vestigen*
• *de plaats bepalen van* ◆ our house is located at the end of the street *ons huis ligt aan het einde van de straat*
location /*zeg:* loowkeesjùn/
• *plaats*
• *ligging* ◆ shoot a film on location *een film op locatie opnemen*
loch ⟨Schots⟩ /*zeg:* lòch/ *meer*
lock /*zeg:* lòk/
[the-woord] • *slot* ★ under lock and key *achter slot en grendel*
• *(haar)lok*
• *sluis*
[werkwoord + iemand/iets] • *op slot doen* ★ you must lock the door *je moet de deur op slot doen*
• **lock away** *opbergen*; *opsluiten* ★ that murderer should be locked away *die moordenaar moet worden opgeborgen*
• **lock in** *opsluiten* ★ they locked me in *ze hebben me opgesloten*
• **lock up** *afsluiten*; *op (nacht)slot doen* ★ don't forget to lock up when you leave *vergeet niet af te sluiten als je weggaat*
locker /*zeg:* lòkù/
• *doosje of kastje met slot*
• *bagagekluis*
locomotive /*zeg:* loowkùmoowtìv/ *locomotief*
locust /*zeg:* loowkùst/ *sprinkhaan*
lodge /*zeg:* lòdzj/
[the-woord] • *(schuil)hut*
• *herberg*
[werkwoord] • *logeren*

• **lodge with** *(in)wonen bij* ⋆ he lodges with his grandparents *hij woont bij zijn grootouders*
[**werkwoord + iemand/iets**] • *plaatsen; stoppen* ⋆ she lodged her jewelry in a safe *ze stopte haar juwelen in een safe*
• *onderdak verschaffen; herbergen*

lodger /*zeg:* lòdzjù/ *kamerbewoner*

lodging /*zeg:* lòdzjìng/ *onderdak; verblijf*

loft /*zeg:* lòft/ *vliering; zolder*

log /*zeg:* lòG/
[**the-woord**] • *blok hout* ⋆ log cabin *blokhut*
• *logboek* ⋆ the ship's captain keeps a log *de kapitein van het schip houdt een logboek bij* ◆ he slept like a log *hij sliep als een os*
[**werkwoord + iemand/iets**] • *in blokken hakken*
• *optekenen in het logboek* ◆ log in/out on the computer(system) *inloggen/uitloggen op de computer*

logic /*zeg:* lòdzjìk/ *logica*

logical /*zeg:* lòdzjìkl/ *logisch*

lollipop /*zeg:* lòlìpòp(s)/ *(ijs)lolly*

lone /*zeg:* loown/ *eenzaam; alleen(staand)* ⋆ lone mother *alleenstaande moeder*

loneliness /*zeg:* loownlìnùs/ *eenzaamheid*

lonely /*zeg:* lownli/ *eenzaam; alleen*

loner /*zeg:* loownù/ *eenling; eenzelvig mens*

lonesome /*zeg:* lownsùm/ *eenzaam; alleen*

long /*zeg:* lòng/
[**bijvoeglijk naamwoord**] *lang* ⋆ her jeans are too long *haar spijkerbroek is te lang* ⋆ make a long face *een lang gezicht trekken*
[**werkwoord**] **long for** *verlangen naar* ⋆ I long for home *ik verlang naar huis*
[**bijwoord**] *lang* ⋆ as long as you are here *zo lang als je hier bent* ◆ so long! *tot ziens!* ◆ all day long *de hele dag* ◆ no longer *niet meer*

longing /*zeg:* lòngìng/ *verlangen*

loo /*zeg:* loe/ ‹spreektaal› *wc*

look /*zeg:* loek/
[**the-woord**] • *kijkje* ⋆ let's take a look there *laten we daar eens een kijkje nemen*
• *blik* ⋆ she had a dreamy look in her eyes *ze had een dromerige blik in haar ogen*
• *uiterlijk* ⋆ good looks *knap uiterlijk* ◆ I don't like the look of him *hij staat me niet aan*
[**werkwoord**] • *kijken; zien* ⋆ look there! *kijk daar!*
• **look after** *zorgen voor* ⋆ she looks after the children *ze zorgt voor de kinderen*
• **look at** *kijken naar* ⋆ we looked at the painting *we keken naar het schilderij*
• **look down on** *neerkijken op* ⋆ he looks down on me *hij kijkt op me neer*
• **look for** *zoeken naar* ⋆ he is looking for a job *hij zoekt een baan*
• **look forward to** *(verlangend) uitkijken naar; zich verheugen op* ⋆ I'm looking forward to seeing you *ik kijk ernaar uit om je te zien*
• **look out** *uitkijken* ⋆ look out, a car! *kijk uit, een auto!*
[**werkwoord + iemand/iets**] • **look over** *doorkijken; doorzoeken* ⋆ I shall look over my things *ik zal mijn spullen doorzoeken*
• **look up** *opzoeken* ⋆ look up the word in a dictionary *het woord opzoeken in een woordenboek*
[**koppelwerkwoord**] • *lijken; eruitzien* ⋆ you look good in that new outfit *jij ziet er goed uit in die nieuwe outfit*
• **look like** *eruitzien als; lijken op* ⋆ it looks like we are going to have rain *het lijkt erop dat we regen krijgen*

looking-glass /*zeg:* loekìngGlààs/ *spiegel*

loom /*zeg:* loem/ *opdoemen; verschijnen* ⋆ a ship loomed on the horizon *een schip doemde op aan de horizon*

loop /*zeg:* loep/
[**the-woord**] *lus*
[**werkwoord + iemand/iets**] • *een lus maken in*
• *met een lus vastmaken* ◆ they looped ropes around him *ze bonden hem met touwen vast*

loose /*zeg:* loes/
[**bijvoeglijk naamwoord**] • *los* ⋆ her hair was hanging loose *haar haar hing los* ⋆ cut loose from *losmaken van*

L

- *ruim*; *vrij*
- *onnauwkeurig*

[**werkwoord + iemand/iets**] *losmaken*; *loslaten*

loosen /*zeg:* loesùn/
[**werkwoord**] • *los(ser) worden*
• *losgaan*
• *verslappen* ★ his grip loosened *zijn greep verslapte*
• **loosen up** *een warming-up doen*
[**werkwoord + iemand/iets**] • *los(ser) maken*
• **loosen up** *ontspannen* ★ the soft music loosens him up *de zachte muziek ontspant hem*

loot /*zeg:* loet/
[**the-woord**] *buit*; *plundering* ★ he made off with the loot *hij ging er met de buit vandoor*
[**werkwoord + iemand/iets**] *plunderen*; *(be)roven* ★ the shops were looted *de winkels werden geplunderd*

lord /*zeg:* lòòd/ *heer*; *meester* ◆ Good Lord! *goeie God!*

lose /*zeg:* loez/ *verliezen*; *verlies lijden* ★ lose weight *gewicht verliezen* ★ our team lost (in) the match *ons team verloor de wedstrijd* ◆ I lost sight of my best friend *ik ben mijn beste vriend uit het oog verloren* ◆ lose your temper *je geduld verliezen*

loser /*zeg:* loezù/ *verliezer*

loss /*zeg:* lòs/ *verlies* ★ we are shocked by this great loss *we zijn geschokt door dit grote verlies*

lost /*zeg:* lòst/ [(verleden tijd + voltooid deelwoord) → **lose**] ◆ get lost! *donder op!*

lot /*zeg:* lòt/
• *een heleboel* ★ we have a lot of work to do *we hebben een heleboel werk te doen* ★ lots/a lot of friends *een heleboel vrienden*
• *lot* ★ the lot fell upon me *het lot viel op mij* ◆ lots and lots *ontzettend veel* ◆ Jack is away a lot *Jack is vaak weg*

lottery /*zeg:* lòtùrì/ *loterij*

loud /*zeg:* laud/ *hard*; *luidruchtig* ★ could you speak a little louder? *kan je iets harder praten?*

loudspeaker /*zeg:* laudspiekù/ *luidspreker*

lounge /*zeg:* laundzj/
[**the-woord**] • *lounge* ★ a VIP-lounge *een VIP-lounge*
• ⟨in huis/hotel⟩ *grote hal*
[**werkwoord**] • *slenteren*
• *luieren* ★ she is lounging around the pool *ze ligt aan het zwembad te luieren*

louse /*zeg:* laus/ *luis*

lousy /*zeg:* lauzì/
• *beroerd* ★ I feel lousy *ik voel me beroerd*
• *armzalig*; *waardeloos* ★ yesterday I saw a lousy film *gisteren heb ik een waardeloze film gezien*

love /*zeg:* làv/
[**the-woord**] • *liefde* ★ love affair *liefdes-affaire* ★ love story *liefdesgeschiedenis* ★ she feels love for him *zij voelt liefde voor hem*
• *groet(en)* ★ from Sarah with love *van Sarah, met de groeten*
• *lief(je)*; *schat(je)* ★ hi my love, how are you? *hoi liefje, hoe is het met je?* ◆ make love *vrijen* ◆ be/fall in love with someone *verliefd zijn/worden op iemand*
[**werkwoord + iemand/iets**] • *houden van* ★ I love you *ik houd van je*
• *dol zijn op* ★ I love walking in the fresh snow *ik ben dol op wandelen in de verse sneeuw*

lovely /*zeg:* làvli/ *leuk*; *aardig*; *mooi*

lover /*zeg:* làvù/ *minnaar*; *geliefde* ★ young lovers walk in the park *jonge geliefden lopen in het park*

loving /*zeg:* làvìng/ *liefhebbend*; *teder*

low /*zeg:* loow/

• *laag* ★ he had low grades *hij had lage cijfers* ★ low tide *lage waterstand*; *eb*
• ‹van buiging› *diep*
• *gemeen* ★ a low trick *een gemene streek*

low-budget /*zeg:* loowbàdzjìt/ *economisch*; *goedkoop* ★ a low-budget film *een goedkope film*

lower /*zeg:* loowù/
[**bijvoeglijk naamwoord**] *lager*; *beneden-*; *onder-* ★ lower arm *onderarm* ★ the lower deck of a ship *het benedendek van een schip*
[**werkwoord + iemand/iets**] • *lager maken*; ‹van prijs› *verlagen*
• *neerlaten*; *neerslaan* ★ she lowered the blinds *ze liet de rolgordijnen neer*

loyal /*zeg:* lòòjùl/ *trouw*; *loyaal* ★ Ben is a loyal friend *Ben is een trouwe vriend*

L.P.G. [**afkorting**] liquefied petroleum gas *LPG*; *vloeibaar gas*

lubricate /*zeg:* loebrìkeet/ *smeren*; *vochtig maken* ★ the engine needs to be lubricated with oil *de motor moet met olie gesmeerd worden*

lucid /*zeg:* loesìd/ *helder*; *glanzend*

luck /*zeg:* làk/ *geluk*; *toeval*; *succes* ★ good luck to you! *veel succes!* ◆ we had bad luck *we hadden pech* ◆ you are in luck to find that cd *je boft dat je die cd hebt gevonden*

luckily /*zeg:* làkìlì/
• *toevallig*
• *gelukkig*

lucky /*zeg:* làkì/ *gelukkig* ★ they are the lucky winners *zij zijn de gelukkige winnaars*

luggage /*zeg:* làGìdzj/ *bagage* ★ luggage rack *bagagerek*

lullaby /*zeg:* làlùbai/ *wiegeliedje*

lumber /*zeg:* làmbù/
[**the-woord**] • *rommel* ★ upstairs we have a lumber room *boven hebben we een rommelkamer*
• *gezaagd hout*
[**werkwoord**] *hout hakken*

lump /*zeg:* làmp/
• *brok*; *klont* ★ a lump of sugar *klontje suiker* ★ he has a lump in his throat *hij heeft een brok in zijn keel*
• *knobbel*; *gezwel*; *buil* ★ I have a little lump on my head *ik heb een builtje op mijn hoofd*

lunatic /*zeg:* loenùtìk/
[**the-woord**] *krankzinnige*; *gek*
[**bijvoeglijk naamwoord**] *krankzinnig*; *gestoord*

lunch /*zeg:* làntsj/
[**the-woord**] *lunch* ★ lunch break/hour *lunchpauze*
[**werkwoord**] *lunchen* ★ we lunched with coffee and rolls *we lunchten met koffie en broodjes*

lung /*zeg:* làng/ *long*

lure /*zeg:* ljoeù/
[**the-woord**] *lokaas*
[**werkwoord + iemand/iets**] *lokken* ★ David was lured into a trap *David werd in de val gelokt*

lurk /*zeg:* lùùk/ *zich schuil houden*; *zich verschuilen* ★ who is lurking there in the corner? *wie verschuilt zich daar in de hoek?*

lust /*zeg:* làst/ *lust*; *verlangen* ★ lust for life *levenslust*

lustre /*zeg:* làstù/ *schittering*; *glans*

lustrous /*zeg:* làstrùs/ *glanzend*; *schitterend*

lute /*zeg:* loet/ *luit*

Luxemburg /*zeg:* làksùmbùrG/ *Luxemburg*

Luxemburger /*zeg:* làksùmbùrGù/ *Luxemburger*; ‹inwoonster van Luxemburg› *Luxemburgse*

Luxemburgian /*zeg:* làksùmbùrGiùn/ *Luxemburgs*

luxury /*zeg:* làksjùrì/ *luxe*; *weelde* ★ she has lived her life in luxury *ze heeft haar leven in weelde geleefd*

lymph /*zeg:* lìmf/ *lymf(e)*; *weefselvocht* ★ lymph gland *lymfeklier*

lyrics /*zeg:* lìrìks/ [meervoud] *songtekst* ★ who wrote the lyrics of that song? *wie schreef de tekst van dat liedje?*

m /*zeg:* em/
[**the-woord**] *m* ◆ M as in Mary *de M van Marie*
[**afkorting**] metre *meter* ★ 20 m *20 meter*

ma ⟨spreektaal⟩ /*zeg:* màà/ *mamma*

macaroni /*zeg:* mèkùroownì/ *macaroni*

machine /*zeg:* mùsjien/ *machine*; *apparaat* ★ machine gun *machinegeweer* ★ coffee machine *koffiezetapparaat*

machinery /*zeg:* mùsjienùrì/
• *machinerie*
• *mechanisme*

mad /*zeg:* med/
• *gek* ★ it drives me mad! *het maakt me gek!*
• **mad about/for/on** *dol op*; *gek op* ★ they are mad about each other *ze zijn gek op elkaar* ★ I am mad about ice-cream *ik ben dol op ijs*
• **mad with** *gek van* ★ he is mad with pain *hij wordt gek van de pijn*

madam /*zeg:* mèdùm/ *mevrouw* ★ pardon madam, you lost your scarf *pardon mevrouw, u heeft uw sjaal verloren*

made /*zeg:* meed/ [(verleden tijd + voltooid deelwoord) → **make**]

made-up /*zeg:* meed àp/ *verzonnen* ★ this is a made-up story *dit is een verzonnen verhaal*

madly /*zeg:* medlì/ *verschrikkelijk*; *heel erg* ★ I am madly jealous of her *ik ben verschrikkelijk jaloers op haar*

madman /*zeg:* medmùn/ *gek*

madness /*zeg:* mednùs/ *krankzinnigheid*; *woede*

magazine /*zeg:* mèGùzien/ *tijdschrift* ★ Leonor is reading a magazine about animals *Leonor leest een tijdschrift over dieren*

magic /*zeg:* medzjìk/
[**the-woord**] *toverkunst*; *magie* ★ Merlin knows everything about magic *Merlijn weet alles van toverkunst* ★ black magic *zwarte magie* ◆ I can't work magic! *ik kan niet toveren!* ◆ as if by magic *als bij toverslag*
[**bijvoeglijk naamwoord**] *magisch*; *betoverend* ★ Hermione drank a magic potion *Hermione dronk een magisch drankje*

magical /*zeg:* medzjìkl/ *magisch* ★ a magical sound *een magisch geluid*

magician /*zeg:* mùdzjìsjùn/
• *tovenaar*
• *goochelaar*

magnet /*zeg:* meGnùt/ *magneet*

magnetic /*zeg:* meGnètik/ *magnetisch*

magnificent /*zeg:* meGnìfisùnt/ *prachtig*; *groots* ★ they live in a magnificent apartment *ze wonen in een prachtig appartement* ★ that's magnificent! *dat is prachtig!*

magnify /*zeg:* meGnìfai/ *vergroten* ★ magnifying glass *vergrootglas*

maid /*zeg:* meed/ *hulp in de huishouding*; *werkster*

maiden /*zeg:* meedn/
[**the-woord**] *meisje* ★ maiden name *meisjesnaam*
[**bijvoeglijk naamwoord**] • *maagdelijk*
• *ongetrouwd*

mail /*zeg:* meel/
[**the-woord**] • *post* ★ is there any mail in the mailbox? *ligt er post in de brievenbus?*
• *e-mail* ★ you've got new mail! *je hebt nieuwe e-mail!*
[**werkwoord + iemand/iets**] *per post versturen*; *posten* ★ mail a letter *een brief posten* ◆ I'll mail you *ik zal je schrijven/e-mailen*

mailbox /*zeg:* meelbòks/
• *(elektronische) brievenbus*
• *postbus*

mailing list /*zeg:* meeling list/ *adressenlijst*

main /*zeg:* meen/
[**the-woord**] *belangrijkste deel* ★ in the main *voor het grootste gedeelte*
[**bijvoeglijk naamwoord**] *hoofd-*;

voornaamste ★ main course *hoofdgerecht* ★ my main objection *mijn voornaamste bezwaar*

mainly /*zeg:* meenlì/ *voornamelijk*; *hoofdzakelijk*

maintain /*zeg:* meenteen/
• *beweren*; *handhaven* ★ he maintained that she had left *hij beweerde dat ze was vertrokken* ★ the teacher maintains the rules *de onderwijzer handhaaft de regels*
• *onderhouden* ★ maintain your bike *je fiets onderhouden*

maintenance /*zeg:* meentùnùns/ *onderhoud*; *alimentatie* ★ those houses need a lot of maintenance *die huizen vereisen veel onderhoud*

majesty /*zeg:* medzjùstì/ *Majesteit* ★ Her Majesty the Queen *Hare Majesteit de Koningin*

major /*zeg:* meedzjù/
[**the-woord**] • ⟨militair⟩ *majoor*
• *meerderjarige*
• ⟨muziek⟩ *majeur*
• *hoofdvak* ★ Anne does biology in major *Anne doet biologie als hoofdvak*
[**bijvoeglijk naamwoord**] • *groot(ste)*; *belangrijk*; *hoofd-* ★ that was the major problem *dat was het hoofdprobleem*
• *meerderjarig*
• ⟨muziek⟩ *majeur*

majority /*zeg:* mùdzjòrùtì/
• *meerderheid*; *de meeste* ★ the majority of the pupils likes holidays *de meeste scholieren houden van vakantie*
• *meerderjarigheid*

make /*zeg:* meek/
[**the-woord**] *type*; *model*; *soort* ★ the newest make of computer *het nieuwste model computer*
[**werkwoord**] • *doen*; *gaan*
• **make after** *achterna zitten* ★ the children made after each other *de kinderen zaten elkaar achterna*
• **make for** *gaan naar* ★ he makes for the beach *hij gaat naar het strand*
• **make off** *er vandoor gaan* ★ the thieves made off with all the money *de dieven gingen er vandoor met al het geld* ◆ what makes you ask that? *waarom vraag je dit?*
[**werkwoord + iemand/iets**] • *maken*; *zorgen dat*; *worden* ★ he made a mistake *hij maakte een fout* ★ Tanja makes her sister crying *Tanja maakt haar zusje aan het huilen* ★ they made friends *zij werden vrienden*
• *verdienen* ★ she makes a lot of money *zij verdient veel geld*
• **make out** *begrijpen*; *beweren* ★ I cannot make out this message *ik begrijp dit bericht niet* ◆ make up your mind *besluiten* ◆ three and three makes six *drie plus drie is zes* ◆ he will make it *hij redt het wel* ◆ make a fool of yourself *jezelf voor schut zetten* ◆ they made fun with her *ze hielden haar voor de gek*

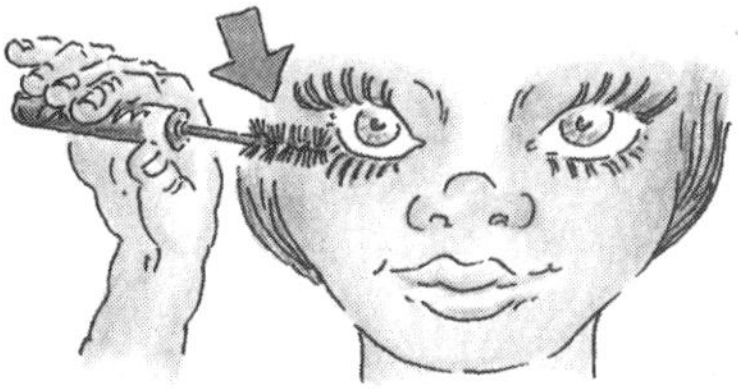

make-up /*zeg:* meekàp/ *make-up*; *grime*

male /*zeg:* meel/
[**the-woord**] • *man*
• ⟨biologie⟩ *mannetje* ★ a male hamster *een mannetjeshamster*
[**bijvoeglijk naamwoord**] *mannelijk*

malfunction /*zeg:* melfàngksjùn/ *storing*; *defect* ★ technical malfunction *technische storing*

malice /*zeg:* mèlìs/ *kwaadwilligheid*; *kwade opzet* ◆ bear malice to someone *iemand haat toedragen*
malicious /*zeg:* mùlìsjùs/
• *boosaardig*
• *opzettelijk*
mall /*zeg:* mol/ *winkelcentrum*
maltreat /*zeg:* meltriet/ *mishandelen* ★ he has been maltreated as a child *hij is als kind mishandeld*
maltreatment /*zeg:* meltrietmùnt/ *mishandeling*
mam /*zeg:* mem/ *mevrouw* ★ may I help you, mam? *kan ik u helpen, mevrouw?*
mama /*zeg:* mùmù/ *mama*
mammal /*zeg:* mèmùl/ *zoogdier* ★ humans are mammals *de mens is een zoogdier*
mammoth /*zeg:* mèmùS/ *mammoet*
man /*zeg:* men/
[**the-woord**] • *man* ★ Jack and Harold are men *Jack en Harold zijn mannen*
• *de mens* ★ man destroys his own natural resources *de mens vernietigt zijn eigen natuurlijke grondstoffen*
◆ best man ⟨bij een huwelijk⟩ *getuige*
[**werkwoord + iemand/iets**] *bemannen* ★ a manned spacecraft *een bemand ruimtevaartuig*
manage /*zeg:* mènìdzj/
[**werkwoord**] *slagen*; *redden* ★ come on, you'll manage! *kop op, je redt het wel!*
[**werkwoord + iemand/iets**] • *beheren*; *leiden* ★ Sarah manages the crew *Sarah leidt de groep*
• *aankunnen* ★ can you manage that task? *kun je die taak aan?*
management /*zeg:* mènìdzjmùnt/
• *management*; *directie*; *bestuur*
• ⟨medisch⟩ *behandeling*
manager /*zeg:* mènìdzjù/ *directeur*; *manager*
mandarin /*zeg:* mendùrìn/ ⟨vrucht⟩ *mandarijntje*
mandatory /*zeg:* mendùtùrì/ *verplicht* ★ it is mandatory to pay this contribution *het is verplicht om deze bijdrage te betalen*
mania /*zeg:* meenìjù/
• *waanzin*; *gekte*
• ⟨medisch⟩ *waanzin* ◆ he has a football mania *hij is voetbalgek*
maniac /*zeg:* meenìjèk/ *maniak*; *gek* ★ Helen drives like a maniac *Helen rijdt als een gek*
manifest /*zeg:* mènìfest/
[**the-woord**] *passagierslijst*
[**bijvoeglijk naamwoord**] *zichtbaar*; *duidelijk* ★ her manifest lack of interest *haar zichtbare gebrek aan belangstelling*
[**werkwoord + iemand/iets**] • *openbaar maken* ★ we must manifest our disapproval *we moeten onze afkeuring openbaar maken*
• *bewijzen*
manifestation /*zeg:* mènìfesteesjùn/
• *uiting* ★ this behaviour is a manifestation of dissatisfaction *dit gedrag is een uiting van onvrede*
• *manifestatie*
manipulate /*zeg:* mùnìpjoeleet/ *manipuleren*; *opzettelijk knoeien met* ★ they manipulated the outcome *ze hebben geknoeid met de uitslag*
manipulation /*zeg:* mùnìpjoeleesjùn/ *manipulatie*; *bedrieglijke beïnvloeding*
mankind /*zeg:* menkaind/ *de mensheid*
manly /*zeg:* menlì/ *mannelijk* ★ the boy behaved already very manly *de jongen gedroeg zich al behoorlijk mannelijk*
manner /*zeg:* mènù/ *manier*; *wijze* ★ you must do it in this manner *je moet het op deze manier doen*
manners /*zeg:* mènùz/ [meervoud]
• *gewoonten*
• *manieren* ★ he has very bad manners *hij heeft erg slechte manieren* ★ where are your manners? *waar zijn je manieren?*
manoeuvre /*zeg:* mùnoevù/
[**the-woord**] *manoeuvre* ★ the troops were on manoeuvres *de troepen waren op manoeuvre*
[**werkwoord (+ iemand/iets)**] *manoeuvreren* ★ the player was manoeuvred out of position *de speler werd uit zijn positie gemanoeuvreerd*
manpower /*zeg:* menpauwù/ *arbeidskracht(en)*; *personeel*
manslaughter /*zeg:* mensloòtù/ *doodslag* ★ the criminal was convicted of

M

manslaughter *de misdadiger werd veroordeeld wegens doodslag*

manual /*zeg:* menjoeùl/
[**the-woord**] *handboek; handleiding* ⋆ read the manual before use *lees de handleiding voor gebruik*
[**bijvoeglijk naamwoord**] *handmatig* ◆ manual alphabet *vingeralfabet*

manufacture /*zeg:* menjoefektsjù/
[**the-woord**] • *fabricage*
• *product*
[**werkwoord + iemand/iets**] *produceren; vervaardigen* ⋆ this company manufactures bicycles *deze fabriek produceert fietsen*

manuscript /*zeg:* menjoeskrìpt/
[**the-woord**] *manuscript* ⋆ he sends his manuscript to a publisher *hij stuurt zijn manuscript naar een uitgever*
[**bijvoeglijk naamwoord**] *handgeschreven* ◆ a letter in manuscript *een handgeschreven brief*

many /*zeg:* mènì/
[**voornaamwoord**] *vele(n)* ⋆ how many fishes do you have? *hoeveel vissen heb jij?* ⋆ there is one too many *er is er één te veel* ◆ I have as many as ten! *ik heb er wel tien!*
[**telwoord**] *veel* ⋆ many people were at the concert *er waren veel mensen op het concert* ◆ that has happened to me many a time *dat is me al vaak overkomen*

map /*zeg:* mep/
[**the-woord**] *(land)kaart* ⋆ a map of London *een kaart van Londen*
[**werkwoord + iemand/iets**] **map out** *in kaart brengen*

marble /*zeg:* mààbl/
[**the-woord**] • *marmer*
• *knikker* ◆ the boys are playing marbles *de jongens zijn aan het knikkeren*
[**bijvoeglijk naamwoord**] *marmeren* ⋆ a marble statue *een marmeren beeld*

march /*zeg:* mààtsj/
[**the-woord**] • *mars; loop* ⋆ a peace march *een vredesmars*
• *marsmuziek*
[**werkwoord**] *marcheren* ⋆ the troops marched into town *de troepen marcheerden de stad in* ◆ quick, march! *voorwaarts, mars!*

March /*zeg:* mààtsj/ *maart* ⋆ March 12th/ the 12th of March *12 maart*

mare /*zeg:* mèè/ *merrie*

margin /*zeg:* mààdzjìn/ *kant(lijn); marge* ⋆ she wrote a comment in the margin *zij schreef een opmerking in de marge*

marine /*zeg:* mùrien/ *marinier; marine*

mark /*zeg:* mààk/
[**the-woord**] • *teken* ⋆ question mark *vraagteken* ⋆ exclamation mark *uitroepteken*
• *cijfer* ⋆ he always gets good marks *hij krijgt altijd goede cijfers*
[**werkwoord + iemand/iets**]
• *(ken)merken*
• *nakijken* ⋆ the teacher is marking the tests *de onderwijzer kijkt de toets na*
• *letten op* ⋆ mark my words! *let op mijn woorden!*

marked /*zeg:* mààkt/
• *duidelijk* ⋆ there was a marked improvement in her mathematics *er was een duidelijke verbetering in haar wiskunde*
• *gemerkt*

marker /*zeg:* mààkù/ *merkstift*

market /*zeg:* mààkìt/
[**the-woord**] • *markt* ⋆ a few years ago mobile phones came into the market *een paar jaar geleden kwamen mobiele telefoons op de markt* ⋆ fruit market *fruitmarkt*
• *handel* ◆ there is no market anymore for LPs *er is geen vraag meer naar lp's*
[**werkwoord + iemand/iets**] *verkopen; verhandelen*

marketing /*zeg:* mààkìtìng/ *marketing*

marriage /*zeg:* mèrìdzj/ *huwelijk* ⋆ Peter asked Susan in marriage *Peter vroeg Susan ten huwelijk*

married /*zeg:* mèrìd/ *gehuwd* ⋆ a married couple *een getrouwd stel*

marry /*zeg:* mèrì/ *trouwen* ⋆ my sister is getting married next week *mijn zus gaat volgende week trouwen*

marshal /*zeg:* mààsjùl/
• *maarschalk*

M

• *politiebeambte*

marvellous /*zeg:* mààvùlùs/ *fantastisch*; *prachtig* ★ it is marvellous weather *het is prachtig weer*

masculin(e) /*zeg:* meskjoelìn/ *mannelijk* ★ 'soleil' is a masculin word in French *'soleil' is een mannelijk woord in het Frans*

mash /*zeg:* mesj/
[**the-woord**] *mengelmoes*; *brij*; *pap*
[**werkwoord + iemand/iets**] *fijnstampen*; *mengen* ◆ mashed potatoes *aardappelpuree*

mask /*zeg:* mààsk/
[**the-woord**] *masker*; *vermomming* ★ the robbers were wearing masks *de rovers droegen maskers*
[**werkwoord + iemand/iets**] *vermommen*; *maskeren* ★ masked bal *gemaskerd bal*

masquerade /*zeg:* mààskùreed/
• *maskerade*
• *vermomming*

mass /*zeg:* mes/
[**the-woord**] • *massa* ★ he disappeared into the mass of people *hij verdween in de mensenmassa* ★ mass media *massamedia*
• *mis* ★ every Sunday she goes to mass *zij gaat elke zondag naar de mis*
[**werkwoord**] *zich verzamelen* ★ the pupils massed at the busstop *de leerlingen verzamelden zich bij de bushalte*
[**werkwoord + iemand/iets**] *verzamelen*

massage /*zeg:* mesààzj, mù'sààzj/
[**the-woord**] *massage*
[**werkwoord + iemand/iets**] *masseren*

massive /*zeg:* mesìv/ *massief*; *enorm* ★ a massive iceberg is floating in the sea *er drijft een enorme ijsberg in de zee*

mast /*zeg:* mààst/ *(vlaggen)mast*

master /*zeg:* mààstù/
[**the-woord**] • *schoolhoofd* ★ she is master of French *zij is leraar Frans*
• *gezagvoerder*; *kapitein* ◆ he made himself master of the tango *hij kreeg de tango onder de knie*
[**werkwoord + iemand/iets**] *beheersen*

masterpiece /*zeg:* mààstùpies/ *meesterwerk*

mat /*zeg:* met/
[**the-woord**] *mat* ★ leave the key under the doormat *laat de sleutel onder de deurmat*
[**bijvoeglijk naamwoord**] *dof*; *mat*
[**werkwoord + iemand/iets**] *verwarren* ★ matted hair *verwarde haren*

match /*zeg:* metsj/
[**the-woord**] • *wedstrijd* ★ when is the next match? *wanneer is de volgende wedstrijd?*
• *combinatie* ★ tea and cookies are a good match *thee en koekjes zijn een goed combinatie*
• *lucifer* ★ light a match *een lucifer aansteken*
[**werkwoord**] *bij elkaar passen* ★ these colours match beautifully *deze kleuren passen goed bij elkaar*
[**werkwoord + iemand/iets**] *opgewassen zijn tegen* ★ you can't match me *je bent niet tegen me opgewassen*

matchbox /*zeg:* metsjbòks/ *lucifersdoosje*

match point /*zeg:* metsjpojnt/ ‹sport› *beslissend punt*

mate /*zeg:* meet/
[**the-woord**] *maatje*; *kameraad* ★ she is my best mate *zij is mijn beste maatje*
[**werkwoord**] • *trouwen*
• *paren*
[**werkwoord + iemand/iets**] • *koppelen*
• *huwen*

material /*zeg:* mùteerìjùl/
[**the-woord**] • *stof* ★ raw material *grondstof*
• *materiaal*; *benodigdheden* ★ writing materials *schrijfbenodigdheden*
[**bijvoeglijk naamwoord**] • *stoffelijk*; *materieel*
• *belangrijk* ◆ material to *van belang voor*

maternal /*zeg:* mùtùùnl/ *moederlijk* ◆ maternal care *zwangerschapszorg*

mathematical /*zeg:* mèSùmètikl/ *wiskundig*

mathematics, maths /*zeg:* mèSùmètiks, mèSs/ [meervoud] *wiskunde*

matrimony /*zeg:* metrìmùnì/ *huwelijk*

matter /*zeg:* mètù/
[**the-woord**] *zaak*; *kwestie* ★ that is an important matter *dat is een belang-*

M

rijke zaak ★ it's a matter of time *het is een kwestie van tijd* ◆ what's the matter? *wat is er aan de hand?*
[**werkwoord**] *van belang zijn* ★ does it really matter? *is het echt van belang?*

mature /*zeg:* mùtjoeù/
[**bijvoeglijk naamwoord**] *volwassen*; *rijp* ★ a mature mango *een rijpe mango* ★ she is mature for her age *zij is volwassen voor haar leeftijd*
[**werkwoord**] *volwassen worden*; *rijpen*

maul /*zeg:* mòòl/ *toetakelen* ★ he had been evilly mauled by the dog *hij werd behoorlijk toegetakeld door de hond*

maximal /*zeg:* meksìml/ *maximaal*

may /*zeg:* mee/
• *misschien* ★ I might call you about this *misschien bel ik je hier nog over* ★ he may be at home *misschien is hij thuis*
• ⟨mogelijkheid⟩ *kunnen* ★ she may still show up *ze kan nog komen* ★ anything might happen *er kan van alles gebeuren*

May /*zeg:* mee/ *mei* ★ May 23rd/the 23rd of May *23 mei*

maybe /*zeg:* meebie/ *misschien*

mayonnaise /*zeg:* meeùneez/ *mayonaise*

mayor /*zeg:* mèè/ *burgemeester*

me /*zeg:* mie/
• *mij* ★ grandma gave me a book *oma gaf mij een boek*
• *ik* ★ it's me *ik ben het*

meadow /*zeg:* mèdoow/ *wei(land)*

meal /*zeg:* miel/
• *maal(tijd)*
• *meel*

mealtime /*zeg:* mieltaim/ *etenstijd*

mean /*zeg:* mien/
[**the-woord**] *gemiddelde* ★ 5 is the mean of 2 and 8 *5 is het gemiddelde van 2 en 8*
[**bijvoeglijk naamwoord**] • *gemiddeld* ★ what is the mean height? *wat is de gemiddelde hoogte?*
• *gemeen* ★ it was mean of him to tell that *het was gemeen van hem om dat te zeggen*
[**werkwoord + iemand/iets**] • *betekenen* ★ what does that mean? *wat betekent dat?*
• *bedoelen*; *menen* ★ how do you mean? *wat bedoel je?* ★ she means what she says *ze meent wat ze zegt* ◆ this remark was meant for you *deze opmerking was voor jou bestemd*

meaning /*zeg:* miening/
• *bedoeling*
• *betekenis* ★ the meaning of a word *de betekenis van een woord*

meaningful /*zeg:* mieningfoel/ *betekenisvol* ★ a meaningful look *een betekenisvolle blik*

meaningless /*zeg:* mieninglùs/
• *nietszeggend*
• *zinloos*

means /*zeg:* mienz/ [meervoud] *middel(en)* ◆ by all means *in ieder geval* ◆ not by any means *in geen geval* ◆ by means of *door middel van*

meant /*zeg:* ment/ [(verleden tijd + voltooid deelwoord) → **mean**]

meantime /*zeg:* mientaim/ [→ **GMT**] ◆ in the meantime *ondertussen*

meanwhile /*zeg:* mienwail/ *ondertussen*

measles /*zeg:* miezùlz/ [meervoud] *mazelen* ◆ German measles *rode hond*

measurable /*zeg:* mezjùrùbl/ *meetbaar*

measure /*zeg:* mezjù/
[**the-woord**] • *maat* ★ in a measure *in zeker mate* ★ within measure *met mate*
• *maatregel* ★ we took measures against copying *we hebben maatregelen genomen tegen spieken*
• *maatregel*
• ⟨muziek⟩ *maat*
[**werkwoord + iemand/iets**] *meten*; *de maat nemen* ★ we measured the size of his feet *we namen de maat van zijn voeten op*

meat /*zeg:* miet/ *vlees* ★ vegetarians do not eat meat *vegetariërs eten geen vlees*

meatball /*zeg:* mietbòòl/ *gehaktbal(letje)*

mechanic /*zeg:* mìkènìk/ *monteur* ★ the mechanic fixed the car *de monteur repareerde de auto* ◆ mechanics *werktuigkunde*

mechanical /*zeg:* mìkènìkl/
• *machinaal*
• *mechanisch*

media /*zeg:* miedìjù/ [→ **medium**]

M

[meervoud] *media*; *kranten, radio en tv*

medical /*zeg:* mèdìkl/ *geneeskundig* ⋆ medical examination *medisch onderzoek* ⋆ she had to undergo a medical treatment *ze moest een medische behandeling ondergaan* ◆ medical care *gezondheidszorg*

medicine /*zeg:* medsùn/
• *geneesmiddelen* ⋆ I need to take my medicine *ik moet mijn medicijnen nemen*
• *geneeskunde* ⋆ my brother studies medicine *mijn broer studeert geneeskunde*

medieval /*zeg:* mediìeevùl/ *middeleeuws*

Mediterranean /*zeg:* meditùreeniùn/
[**the-woord**] *Middellandse Zee*
[**bijvoeglijk naamwoord**] *mediterraan*

medium /*zeg:* miedìjùm/
[**the-woord**] • *middenweg* ⋆ happy medium *gulden middenweg*
• *medium* ◆ through the medium of *door middel van*
[**bijvoeglijk naamwoord**] *gemiddeld*; *middelmatig*; *middel-* ⋆ medium sized *middelgroot* ⋆ medium quality *middelmatige kwaliteit*

medusa /*zeg:* mùdjoezù/ *kwal*

meet /*zeg:* miet/
[**werkwoord**] • *elkaar ontmoeten* ⋆ we will meet sooner or later *we ontmoeten elkaar vroeg of laat*
• **meet up with** *ontmoeten*
[**werkwoord + iemand/iets**]
• *ontmoeten*; *(aan)treffen*; *kennis maken met* ⋆ pleased to meet you *aangenaam kennis te maken* ⋆ I like to meet her brother *ik wil haar broer graag ontmoeten*
• *afhalen* ⋆ she'll meet your train *ze komt je van de trein ophalen*

meeting /*zeg:* mietìng/
• *ontmoeting*
• *vergadering* ⋆ the managers are in a meeting *de managers zijn in vergadering*

megabyte /*zeg:* meGùbait/ *megabyte*; *1 miljoen bytes*

mellow /*zeg:* mèloow/
[**bijvoeglijk naamwoord**] *zacht*; *sappig* ⋆ mellow fruit *zacht fruit*
[**werkwoord (+ iemand/iets)**] *rijpen*; *zacht maken/worden*

melody /*zeg:* mèlùdì/ *melodie* ⋆ I have a melody in my head *ik heb een melodietje in mijn hoofd zitten*

melt /*zeg:* melt/ *(ver)smelten* ⋆ for cheese fondue you need to melt cheese *voor kaasfondue moet je kaas laten smelten* ⋆ the snow is melting already *de sneeuw smelt alweer*

member /*zeg:* membù/ *lid* ⋆ she is a member of that club *zij is lid van die club*

membership /*zeg:* membùsjìp/
• *lidmaatschap*
• *ledental*

memo /*zeg:* mèmoow/ *(korte) notitie* ⋆ memo pad *notitieblok*

memorial /*zeg:* mìmòòrìjùl/
[**the-woord**] *gedenkteken*; *monument* ⋆ they built a memorial to the victims *ze bouwden een monument voor de slachtoffers*
[**bijvoeglijk naamwoord**] *herdenkings-* ⋆ memorial service *herdenkingsdienst*

memorize /*zeg:* mèmùraiz/ *van buiten leren* ⋆ we have to memorize this poem *we moeten dit gedicht van buiten leren*

memory /*zeg:* mèmùrì/ *geheugen* ◆ the date has slipped my memory *ik ben de datum vergeten*

men /*zeg:* men/ [meervoud] → **man**

mend /*zeg:* mend/ *herstellen*; *repareren* ⋆ mend a hole in the tube *een gat in de leiding repareren*

menstruate /*zeg:* menstroeweet/ *menstru-*

M

eren; ongesteld zijn

mental /*zeg:* mentl/ *geestelijk; psychisch* ★ mental health *geestelijke/psychische gezondheid* ◆ mental arithmetic *hoofdrekenen*

mentally /*zeg:* mentùlì/
• *geestelijk*
• *geestelijk; verstandelijk* ★ mentally ill *geestelijk ziek* ★ mentally handicapt/challenged *verstandelijk gehandicapt*

mention /*zeg:* mensjùn/ *noemen; (ver)melden* ★ she mentioned the title of the book *ze noemde de titel van het boek* ◆ don't mention it! *geen dank!*

mentor /*zeg:* mentòò/ *mentor; begeleider*

menu /*zeg:* menjoe/ *menu* ★ what is on the menu today? *wat staat er vandaag op het menu?*

merchandize /*zeg:* mùùtsjùndaiz/ *koopwaar; handelswaar*

merciful /*zeg:* mùùsìfoel/ *barmhartig*

merciless /*zeg:* mùùsìlùs/ *meedogenloos*

mercy /*zeg:* mùùsì/ *genade; barmhartigheid* ★ she has (no) mercy *zij kent (geen) genade*

mere /*zeg:* mìjù/ *alleen maar; (nog) maar* ★ he is a mere child *hij is nog maar een kind*

merely /*zeg:* mìjùlì/ *slechts; enkel* ★ I merely said that I was tired *ik zei alleen dat ik moe was*

merge /*zeg:* mùùdzj/
[**werkwoord**] *samenkomen* ★ the rivers merge over there *de rivieren komen daar samen*
[**werkwoord + iemand/iets**] *samenvoegen* ★ merge two files *twee bestanden samenvoegen*

merit /*zeg:* mèrìt/
[**the-woord**] *verdienste* ★ it is all his merit *het is allemaal zijn verdienste*
[**werkwoord + iemand/iets**] *verdienen* ★ this plan merits our attention *dit plan verdient onze aandacht*

mermaid /*zeg:* mùùmeed/ *(zee)meermin*

merry /*zeg:* mèrì/ *prettig; vrolijk* ★ Merry Christmas! *Vrolijk kerstfeest!*

merry-go-round /*zeg:* mèrìGoowraund/ *draaimolen; carousel*

mess /*zeg:* mes/
[**the-woord**] • *knoeiboel*
• *(vuile) rommel* ★ will you clean up that mess! *wil je die rommel opruimen!*
[**werkwoord**] • **mess about** *knoeien* ★ he always messes about *hij knoeit altijd*
• **mess with** *zich bemoeien met; lastig vallen* ★ don't mess with other people's business *bemoei je niet met andermans zaken* ★ she is messing with my brother *ze valt mijn broer lastig*
[**werkwoord + iemand/iets**] • **mess up** *in de war sturen; vuil maken*
• *zich bemoeien met* ★ don't mess in other people's business *bemoei je niet met andermans zaken* ◆ she is messing things up *ze maakt er een zootje van*

message /*zeg:* mèsìdzj/ *bericht; boodschap* ★ please, leave a message after the bleep *laat a.u.b. na de piep uw bericht achter* ★ can I take a message? *kan ik een boodschap aannemen?* ◆ get the message *begrijpen*

messenger /*zeg:* mèsìndzjù/ *boodschapper* ★ messenger boy *boodschappenjongen*

messy /*zeg:* mèsì/ *vuil; rommelig* ★ she is kind of messy *zij is nogal rommelig*

met /*zeg:* met/ [(verleden tijd + voltooid deelwoord) → **meet**]

metal /*zeg:* metl/
[**the-woord**] *metaal*
[**werkwoord + iemand/iets**] *met metaal bekleden* ◆ metal a road *een weg verharden*

metaphor /*zeg:* mètùfòò/ *beeldspraak* ★ a rose is a metaphor for love *een roos is beeldspraak voor liefde*

meteor /*zeg:* mietìjù/ *meteoor*
meter /*zeg:* mietù/
[**the-woord**] • *meetinstrument* ★ read the gas meter *de gasmeter aflezen*
• ⟨Amerikaans⟩ *meter*
[**werkwoord + iemand/iets**] *meten*
method /*zeg:* mèSùd/ *methode*
metropolis /*zeg:* mùtròpùlìs/ *wereldstad*; *metropool* ★ London is a metropolis *Londen is een wereldstad*
metropolitan /*zeg:* metrùpòlìtn/ *bewoner van een wereldstad* ◆ the Metropolitan Police *de Londense politie*
mezzanine /*zeg:* metsùnien/ *tussenverdieping*
miaow /*zeg:* mìau/ *miauwen* ★ the cat was miaowing outside *de kat miauwde buiten*
mice /*zeg:* mais/ [meervoud] → **mouse**
micro- /*zeg:* maikroow/ *zeer klein*; *micro-* ★ microchip *microchip*
microphone /*zeg:* maikrùfoown/ *microfoon*
microscope /*zeg:* maikrùskoowp/ *microscoop*
microwave /*zeg:* maikroowweev/ *magnetron*
mid /*zeg:* mìd/ *midden* ★ she is in her mid-twenties *zij is midden twintig*
midday /*zeg:* mìddee/ *'s middags*
middle /*zeg:* mìdl/
[**the-woord**] *midden* ★ in de middle of the street *midden op straat* ★ in the middle *in het midden*
[**bijvoeglijk naamwoord**] *midden(-)*; *middel-* ★ the Middle Ages *de Middeleeuwen* ★ middle finger *middelvinger* ★ middle class *middenstand* ★ the Middle East *het Midden-Oosten*
middle-aged /*zeg:* mìdleedzjd/ *van middelbare leeftijd*
midlife /*zeg:* mìdlaif/ *middelbare leeftijd*
midnight /*zeg:* mìdnait/
[**the-woord**] *middernacht*
[**bijvoeglijk naamwoord**] *middernachtelijk*
midsummer /*zeg:* mìdsàmù/ *midzomer*; *zonnewende* ★ Midsummer Day is 21th of June *midzomerdag is 21 juni*
midwinter /*zeg:* mìdwìntù/
• ⟨rond 21 dec⟩ *hartje winter*
• *zonnewende*
might /*zeg:* mait/
[**the-woord**] *kracht*; *macht* ◆ she screamed out with all her might *ze schreeuwde uit alle macht*
[**hulpwerkwoord (verleden tijd)** → **may**]
mighty /*zeg:* maitì/ *machtig*; *geweldig* ★ he was a mighty king *hij was een machtige koning*
migrate /*zeg:* maiGreet/
• *verhuizen* ★ war brings people to migrate *oorlog maakt dat mensen moeten verhuizen*
• *trekken* ◆ migrating birds *trekvogels*
migration /*zeg:* maiGreesjùn/
• *verhuizing*; *migratie*
• *trek*
mild /*zeg:* maild/ *mild*; *zacht* ★ we have a mild winter *we hebben een zachte winter* ★ a mild taste of chocolate *een milde smaak van chocolade*
mile /*zeg:* mail/ ⟨1609 m⟩ *mijl* ★ 60 miles per hour *60 mijl per uur*; *≈100 kilometer per uur*
milepost /*zeg:* mailpoowst/ *mijlpaal* ★ passing his final exams was a milepost in his life *zijn eindexamen halen was een mijlpaal in zijn leven*
military /*zeg:* mìlìtùrì/
[**the-woord**] *soldaten*; *leger*
[**bijvoeglijk naamwoord**] *militair* ★ military service *militaire dienst*
milk /*zeg:* mìlk/
[**the-woord**] *melk* ★ a glas of milk *een glas melk* ★ milk tooth *melktand*
[**werkwoord (+ iemand/iets)**] *melken* ★ the farmer milks (his cows) *de boer melkt (zijn koeien)*
milkman /*zeg:* mìlkmùn/ *melkboer*
milky /*zeg:* mìlkì/ *melkachtig* ◆ the Milky Way *de melkweg*
mill /*zeg:* mìl/
[**the-woord**] • *molen* ★ Holland is known for its mills *Nederland staat bekend om zijn molens*
• *fabriek* ★ that mill produces wooden shoes *die fabriek produceert klompen*
[**werkwoord**] • **mill about/around** *krioelen* ★ people are milling about everywhere *overal krioelt het van de mensen*

• **mill about** *krioelen*; *(ordeloos) rondlopen*
[werkwoord + iemand/iets] *malen* ★ the miller mills the grain *de molenaar maalt het graan*
millennium /*zeg:* mìlènìjùm/ *millennium*; *duizend jaar*
milligram(me) /*zeg:* mìlìGrem/ *milligram*
millimetre /*zeg:* mìlìmietù/ *millimeter*
million /*zeg:* mìljùn/ *miljoen* ★ millions of stars *miljoenen sterren*
mime /*zeg:* maim/ *gebarenspel*; *mime*
mimic /*zeg:* mìmìk/ *nabootsen*; *uitbeelden*
mince /*zeg:* mìns/
[the-woord] ‹vlees› *gehakt* ★ ‹Brits› mince pie *pasteitje met gehakt*
[werkwoord + iemand/iets] *fijnhakken*
mind /*zeg:* maind/
[the-woord] • *mening*; *gedachten* ★ she changes her mind all the time *ze verandert steeds weer van mening*
• *geest*; *verstand* ★ he has lost his mind! *hij heeft zijn verstand verloren!*
• *aandacht* ◆ dad can't make up his mind *papa kan geen beslissing nemen* ◆ will you keep it in mind, please! *kun je er alsjeblieft aan denken!*
[werkwoord] *bezwaren hebben* ★ I don't mind taking the bus *ik heb er geen bezwaar tegen om met de bus te gaan* ◆ never mind *dat hindert niet*
[werkwoord + iemand/iets] • *bemoeien met* ★ mind your own business *bemoei je met je eigen zaken*
• *denken aan*; *letten op* ★ mind the step *denk aan het afstapje*
minded /*zeg:* maindìd/ *geneigd*; *van plan* ★ Ben is minded to get married *Ben is van plan te gaan trouwen* ◆ good-minded *goedgezind* ◆ free-minded *vrijzinnig*
mine /*zeg:* main/
[the-woord] • *mijn* ★ gold mine *goudmijn*
• ‹militair› *mijn* ★ the tank ran over a mine and exploded *vuile was*
[werkwoord] • ‹militair› *mijnen leggen*
• *in een mijn werken* ★ my grandfather was mining *mijn grootvader werkte in een mijn*
[werkwoord + iemand/iets] *delven* ★ this company mines coal *dit bedrijf delft kolen*
[voornaamwoord] *de/het mijne*; *van mij* ★ she is a friend of mine *zij is een vriendin van me*
miner /*zeg:* mainù/ *mijnwerker*
mineral /*zeg:* mìnùrùl/
• *mineraal*
• *mineraalwater met koolzuur* ★ I'll take a mineral *ik wil graag water met prik*
miniature /*zeg:* mìnìtsjù/
[the-woord] *miniatuur* ★ Madurodam shows Holland in miniature *Madurodam laat Nederland in miniatuur zien*
[bijvoeglijk naamwoord] *klein*
minimal /*zeg:* mìnìml/ *minimaal*
minimum /*zeg:* mìnìmùm/ *minimum* ★ minimum wage *minimumloon*
minister /*zeg:* mìnìstù/ *minister* ★ the minister of Foreign Affairs *de minister van Buitenlandse Zaken* ◆ Minister of State *staatssecretaris*
ministry /*zeg:* mìnìstrì/ *ministerie* ★ Ministry of Defence *Ministerie van Defensie*
minor /*zeg:* mainù/
[the-woord] • *minderjarige* ★ she is still a minor *zij is nog minderjarig*
• *bijvak* ★ he does mathematics in minor *hij doet wiskunde als bijvak*
• *mineur*
[bijvoeglijk naamwoord] • *minder*; *klein(er)*; *minderjarig* ★ that is just a minor problem *dat is maar een klein probleem*
• ‹muziek› *mineur*
minority /*zeg:* mainòrùtì/
• *minderheid*
• *minderjarigheid*
mint /*zeg:* mìnt/ ‹planten› *(peper)munt* ◆ a packet of mints *een rolletje pepermuntjes*
minus /*zeg:* mainùs/
[the-woord] *minteken*
[bijvoeglijk naamwoord] *min(us)* ★ 10 minus 3 equals 7 *10 min 3 is 7*
minute [the-woord] /*zeg:* mìnìt/
• *minuut* ★ 3 minutes to 5 *3 minuten voor 5*
• *ogenblik* ★ do you have a minute?

M

heb je een ogenblikje?
[**bijvoeglijk naamwoord**] /*zeg:* mainjoet/ *zeer klein*; *miniem* ★ in minute details *in de kleinste details*
minutes /*zeg:* mìnìts/ [meervoud] *notulen*
miracle /*zeg:* mìrùkl/ *wonder* ★ do you believe in miracles?
miraculous /*zeg:* mìrekjoelùs/ *wonderbaarlijk* ★ miraculous escape *wonderbaarlijke ontsnapping*
mirage /*zeg:* mìrààzj/ *luchtspiegeling*; *fata morgana*

mirror /*zeg:* mìrù/
[**the-woord**] *spiegel* ★ mirror image *spiegelbeeld* ★ rearview mirror *achteruitkijkspiegel*
[**werkwoord + iemand/iets**] *weerkaatsen* ★ the water mirrors the churchtower *het water weerkaatst de kerktoren*
misbehave /*zeg:* mìsbìheev/ *zich misdragen* ★ she was again misbehaving *ze heeft zich weer misdragen*
misbehaviour /*zeg:* mìsbìheevjù/ *wangedrag*
miscarriage /*zeg:* mìskèrìdzj/ *miskraam* ★ my sister had a miscarriage *mijn zus heeft een miskraam gehad*
miscellaneous /*zeg:* mìsùleenìjùs/
• *gemengd*
• *divers* ★ towels of miscellaneous colours *handoeken in diverse kleuren*
mischief /*zeg:* mìstsjìf/ *kattenkwaad* ★ get into mischief *kattenkwaad uithalen* ★ he is full of mischief *hij zit vol kattenkwaad*
miserable /*zeg:* mìzùrùbl/ *ellendig*; *miserabel* ★ grandma feels miserable after the operation *oma voelt zich ellendig na de operatie*
misery /*zeg:* mìzùrì/ *ellende*
misfortune /*zeg:* mìsfòòtsjùn/ *ongeluk*; *tegenslag*
misinterpret /*zeg:* mìsìntùùprìt/ *verkeerd interpreteren*; *verkeerd uitleggen* ★ she misinterpreted almost every word *ze interpreteerde bijna elk woord verkeerd*
misjudge /*zeg:* mìsdzjàdzj/
• *verkeerd (be)oordelen*
• *zich vergissen (in)* ★ he knew that he misjudged her *hij wist dat hij zich in haar had vergist*
mislead /*zeg:* mìslied/ *misleiden* ★ we were misled by the advertisement *we werden misleid door de advertentie*
mismatch /*zeg:* mìsmetsj/
• *verkeerde combinatie*
• *wanverhouding*
misread /*zeg:* mìsried/ *verkeerd lezen* ★ the chemist had misread my prescription *de apotheker had mijn recept verkeerd gelezen*
miss /*zeg:* mìs/
[**the-woord**] • *mevrouw*
• *misser* ◆ a near miss *bijna raak*
[**werkwoord**] *ontbreken* ★ Tim's test is missing *de toets van Tim ontbreekt*
[**werkwoord + iemand/iets**] • *missen* ★ he misses his father *hij mist zijn vader*
• **miss out** *overslaan* ★ they missed her out *ze sloegen haar over*
missile /*zeg:* mìsail/
• *raket* ★ France launched a missile yesterday *Frankrijk lanceerde gisteren een raket*
• *projectiel*
missing /*zeg:* mìsìng/ *ontbrekend* ★ there is one missing part *er is één ontbrekend stuk*
mission /*zeg:* mìsjùn/ *missie*; *opdracht* ★ impossible mission *onmogelijke opdracht*
missionary /*zeg:* mìsjùnùrì/ *missionaris*; *zendeling*
misspell /*zeg:* mìsspel/ *verkeerd spellen* ★ this wrod is misspelled *dit worod is verkeerd gespeld*
mist /*zeg:* mìst/

M

[**the-woord**] *mist* ★ the mist is lifting *de mist trekt op*
[**werkwoord**] • *beslaan* ★ his glasses are misted over/up *zijn bril is beslagen*
• *misten*

mistake /*zeg:* mìsteek/
[**the-woord**] *fout*; *vergissing* ★ that is a mistake *dat is een vergissing* ◆ by mistake *per ongeluk*
[**werkwoord + iemand/iets**] *verkeerd begrijpen* ★ my mum mostly mistakes me *mijn moeder begrijpt mij meestal verkeerd*

mistaken /*zeg:* mìsteekùn/
• *onjuist*
• *misplaatst* ◆ mistaken ideas about foreigners *vooroordelen over buitenlanders* ◆ sorry, I was mistaken about the time *sorry, ik had me vergist in de tijd*

mister /*zeg:* mìstù/ *mijnheer*; *meneer* ★ Mister Brown comes later *mijnheer/meneer Brown komt later*

mistook /*zeg:* mìstoek/ [(verleden tijd) → **mistake**]

mistreat /*zeg:* mìstriet/ *mishandelen* ★ the dog was mistreated *de hond werd mishandeld*

mistress /*zeg:* mìstrùs/
• *vrouw des huizes*
• *maîtresse*
• *lerares* ★ our French mistress is called Mme Jean *onze lerares Frans heet Mme Jean*

mistrust /*zeg:* mìstràst/
[**the-woord**] *wantrouwen* ★ her behaviour arose mistrust *haar gedrag wekte wantrouwen op*
[**werkwoord + iemand/iets**] *wantrouwen* ★ in the end everyone mistrusted her *uiteindelijk wantrouwde iedereen haar*

misunderstand /*zeg:* mìsàndùstend/
• *niet begrijpen* ★ could you repeat it please, I misunderstand? *zou je het nog eens willen herhalen, ik begrijp je niet?*
• *verkeerd begrijpen* ★ she misunderstood my question *ze begreep mijn vraag verkeerd*

misunderstanding /*zeg:* mìsàndùstendìng/ *misverstand* ★ no, that is a misunderstanding! *nee, dat is een misverstand!*

misunderstood /*zeg:* mìsàndùstoed/ [(verleden tijd + voltooid deelwoord) → **misunderstand**]

mix /*zeg:* mìks/
[**the-woord**] *mengsel*; *mix* ★ a fruit mix *een vruchtenmengsel*
[**werkwoord**] *zich (ver)mengen* ◆ his friends don't mix well with mine *zijn vrienden kunnen niet goed overweg met de mijne*
[**werkwoord + iemand/iets**]
• *(ver)mengen*
• **mix up** *verwarren* ◆ no, that's not right, you're mixing things up! *nee, dat klopt niet, je haalt de dingen door elkaar!*

mixed /*zeg:* mìkst/ *gemengd*; *vermengd* ★ mixed salad *gemengde salade* ★ mixed feelings *gemengde gevoelens*

mixer /*zeg:* mìksù/ *(keuken)mixer* ◆ concrete mixer *betonmolen*

mixture /*zeg:* mìkstsjù/ *mengsel*; *mengeling*

moan /*zeg:* moown/
[**the-woord**] *gekreun*
[**werkwoord**] *kreunen*; *jammeren* ◆ stop moaning! *hou op met zeuren!*

mob /*zeg:* mòb/
[**the-woord**] • *gepeupel*
• *menigte* ★ there was an angry mob outside the town hall *er stond een kwade menigte voor het stadhuis*
[**werkwoord + iemand/iets**]
• *omzwermen* ★ Madonna was mobbed by fans *Madonna werd omzwermd door fans*
• *lastig vallen*

mobile [**the-woord**] /*zeg:* moowbiel/ *mobiel(tje)*
[**bijvoeglijk naamwoord**] /*zeg:* moowbail/ *beweeglijk*; *mobiel* ★ mobile phone *mobiele telefoon* ★ mobile library *bibliobus*

mobilize /*zeg:* moowbìlaiz/ *mobiel maken*; *mobiliseren* ★ mobilize troops *troepen mobiliseren*

mock /*zeg:* mòk/
[**the-woord**] • *spot* ★ they always made a mock of Tim *ze dreven altijd de spot met Tim*

M

• *imitatie* ★ mock leather *imitatieleer*
[**bijvoeglijk naamwoord**] *nagemaakt*; *onecht*
[**werkwoord (+ iemand/iets)**] *(be)spotten* ★ Tim was always mocked *Tim werd altijd bespot* ★ don't mock at him anymore *je moet niet meer met hem spotten*

model /*zeg:* mo̱dl/
[**the-woord**] • *type*
• *model* ★ she stood model *ze poseerde als model*
[**bijvoeglijk naamwoord**] *voorbeeldig* ★ Hermione is a model pupil *Hermione is een voorbeeldige leerling*
[**werkwoord**] *model zijn* ★ she is modelling for a magazine *zij is model voor een tijdschrift*
[**werkwoord + iemand/iets**] *vormen* ◆ he modelled himself upon her *hij nam haar tot voorbeeld*

moderate [**bijvoeglijk naamwoord**] /*zeg:* mo̱dùrùt/ *gematigd*; *matig* ★ we have a moderate climate *we hebben een gematigd klimaat*
[**werkwoord**] /*zeg:* mo̱dùreet/ *bedaren*; *(zich) matigen* ★ the storm moderated again *de storm bedaarde weer*

modern /*zeg:* mo̱dn/ *modern*; *nieuw* ★ modern music *moderne muziek*

modernize /*zeg:* mo̱dùnaiz/ *moderniseren* ★ the concern modernizes the computer system *het bedrijf moderniseert het computersysteem*

modest /*zeg:* mo̱dìst/ *bescheiden* ★ Frank is very modest *Frank is erg bescheiden*

modesty /*zeg:* mo̱dìstì/ *bescheidenheid* ★ false modesty *valse bescheidenheid*

modify /*zeg:* mo̱dìfai/ *wijzigen* ★ modified structures *gewijzigde structuren*

moist /*zeg:* mojst/ *vochtig*; *klam* ★ moist with dew *vochtig van de dauw*

moisture /*zeg:* mo̱jstsjù/ *vocht(igheid)* ★ air moisture *vochtigheid van de lucht*

moisturize /*zeg:* mo̱jstsjùraiz/ *bevochtigen* ◆ moisturizing cream *vochtregulerende crème*

mole /*zeg:* moowl/
• *moedervlek*
• *mol* ★ mole hill *molshoop*

molecule /*zeg:* mo̱lìkjoel/ *molecule*

molest /*zeg:* mùle̱st/ *lastig vallen* ★ she was molested by her ex *zij werd lastig gevallen door haar ex*

molten /*zeg:* mo̱o̱wltn/ [(voltooid deelwoord) → **melt**]

moment /*zeg:* mo̱o̱wmùnt/ *ogenblik*; *moment* ★ just a moment, please *ogenblikje, alstublieft* ◆ for the moment *voorlopig* ◆ do it this moment! *doe het onmiddellijk!*

monarch /*zeg:* mo̱nùk/ *monarch*; *vorst*

monarchy /*zeg:* mo̱nùkì/ *monarchie*; *koninkrijk* ★ Holland is a monarchy *Nederland is een koninkrijk*

Monday /*zeg:* ma̱ndee/ *maandag* ★ on Monday *op maandag*

money /*zeg:* ma̱nì/ *geld* ★ she earns/makes a lot of money *zij verdient veel geld*

monitor /*zeg:* mo̱nìtù/
[**the-woord**] *computerscherm*
[**werkwoord + iemand/iets**] *controleren*; *toezicht houden* ★ the nurse monitored the patient closely *de verpleegsters hielden scherp toezicht op de patiënt*

monk /*zeg:* màngk/ *monnik*

monkey /*zeg:* ma̱ngkì/
[**the-woord**] *aap*
[**werkwoord + iemand/iets**] *na-apen* ★ he monkies me all the time *hij aapt mij de hele tijd na*

mono- /*zeg:* mo̱noow-/ *mono-*; *een-*

monologue /*zeg:* mo̱nùlòG/ *monoloog* ★ a play with long monologues *een toneelstuk met lange monologen*

monopoly /*zeg:* mùno̱pùlì/ *monopolie*; *alleenrecht* ★ Italy has the monopoly of selling Parmigiano *Italië heeft het monopolie op de verkoop van Parmezaanse kaas*

monotonous /*zeg:* mùno̱tùnùs/ *eentonig* ★ a monotonous journey *een eentonige reis*

monstrous /*zeg:* mo̱nstrùs/ *monsterlijk*

month /*zeg:* mànS/ *maand*

monthly /*zeg:* ma̱nSlì/
[**the-woord**] *maandblad*
[**bijvoeglijk naamwoord**] *maandelijks* ★ he has to pay the rent monthly *hij moet maandelijks de huur betalen*

M

monument /*zeg:* mo̲njoemùnt/ *monument*
monumental /*zeg:* mònjoeme̲ntl/ • *gedenk-* ★ the president delivered the monumental speech *de president sprak de gedenkrede* • *monumentaal*; *enorm* ★ a monumental building *een monumentaal/enorm gebouw*
mood /*zeg:* moed/ *stemming*; *humeur* ★ she is in a grumpy mood today *ze heeft een slecht humeur vandaag* ◆ he is (not) in the mood for a movie tonight *hij heeft (geen) zin in een film vanavond*
moody /*zeg:* mo̲e̲dì/ *humeurig*
moon /*zeg:* moen/
[**the-woord**] *maan* ★ it will be full moon tomorrow *morgen is het volle maan*
[**werkwoord**] • *rondhangen* ★ he mooned (about) all afternoon *hij hing de hele middag rond*
• **moon over** *dagdromen over* ★ she is mooning over her holidays *ze dagdroomt over haar vakantie*
• **moon about** *rondhangen*; *rondslenteren*
moonboot /*zeg:* mo̲e̲nboet/ *sneeuwlaars*
moonlight /*zeg:* mo̲e̲nlait/ *maanlicht*
moonshine /*zeg:* mo̲e̲nsjain/ *maneschijn*
mop /*zeg:* mòp/
[**the-woord**] *zwabber*
[**werkwoord + iemand/iets**] *zwabberen*; *dweilen* ★ he mopped (up) the water from the floor *hij dweilde het water van de vloer op*
moped /*zeg:* mo̲o̲wped/ *bromfiets*
moral /*zeg:* mo̲rùl/
[**the-woord**] *moraal*; *les* ★ draw your own moral from it *trek er je eigen les maar uit*
[**bijvoeglijk naamwoord**] *moreel* ★ he had moral objections *hij had morele bezwaren*
morality /*zeg:* mùre̲lùtì/
• *ethiek*
• *zedelijk gedrag*
morbid /*zeg:* mo̲ò̲bìd/
• *morbide*; *ziek(elijk)* ★ she has morbid imagination *hij heeft een ziekelijke fantasie*
• *somber*
more /*zeg:* mòò/
[**voornaamwoord**] *meer*; *nog* ★ we have more to do *we hebben nog meer te doen* ★ no more *niets meer*
[**bijwoord**] *meer*; *verder* ★ she had no more apples *ze had geen appels meer* ★ more or less *min of meer* ★ more and more *steeds meer*
moreover /*zeg:* mòòro̲o̲wvù/ *bovendien*
morgue /*zeg:* mòòG/ *lijkenhuis*
morning /*zeg:* mo̲ò̲nìng/ *morgen*; *ochtend* ★ in the morning *'s ochtends* ◆ this morning *vanmorgen* ◆ tomorrow morning *morgen vroeg*
Moroccan /*zeg:* mùro̲kùn/
[**the-woord**] *Marokkaan*; ⟨inwoonster van Marokko⟩ *Marokkaanse*
[**bijvoeglijk naamwoord**] *Marokkaans*
Morocco /*zeg:* mùro̲koow/ *Marokko*
morphine /*zeg:* mo̲ò̲fien/ *morfine* ★ addicted to morphine *verslaafd aan de morfine*
morse /*zeg:* mòòs/ *walrus*
mortal /*zeg:* mo̲ò̲tl/ *sterfelijk*; *dodelijk* ★ mortal accident *dodelijk ongeluk* ◆ mortal remains *stoffelijk overschot*
mortality /*zeg:* mòòte̲lùtì/ *sterfte(cijfer)* ★ infant mortality *kindersterfte*
mortgage /*zeg:* mo̲ò̲Gìdzj/
[**the-woord**] *hypotheek* ★ my parents have paid off our mortgage *mijn ouders hebben onze hypotheek afgelost*
[**werkwoord + iemand/iets**] *een hypotheek nemen op* ★ we mortgaged the house *we namen een hypotheek op het huis*
mortuary /*zeg:* mo̲ò̲tjoeùrì/ *mortuarium*
mosaic /*zeg:* moowze̲e̲ìk/ *mozaïek*
Moslem /*zeg:* mo̲zlùm/ → **Muslim**
mosque /*zeg:* mòsk/ *moskee*
mosquito /*zeg:* mùski̲e̲toow/ *mug* ◆ mosquito net *klamboe*
moss /*zeg:* mòs/ *mos*
most /*zeg:* moowst/
[**voornaamwoord**] *meest*; *grootst*; *best* ★ at the most *op zijn meest/hoogst* ★ she made the most of it *zij maakte er het beste van* ★ most children love Pokémon *de meeste kinderen zijn dol*

M

op Pokémon
[**bijwoord**] *meest*; *hoogst*; *zeer* ★ this is the most complex question *dit is de meest ingewikkelde vraag* ★ most friendly *zeer vriendelijk*

mostly /*zeg:* moowstlì/ *meestal*; *voornamelijk*

moth /*zeg:* mòS/ *mot*; *nachtvlinder* ★ mothball *mottenbal*

mother /*zeg:* màDù/
[**the-woord**] *moeder* ★ mother tongue *moedertaal*
[**werkwoord + iemand/iets**] *bemoederen* ★ you don't have to mother me! *je hoeft mij niet te bemoederen!*

mother-in-law /*zeg:* màDùinlòò/ *schoonmoeder*

motion /*zeg:* moowsjùn/
[**the-woord**] • *beweging* ★ Sheila set the plan in motion *Sheila zette het plan in beweging*
• *gebaar*
• *voorstel*; *aanvraag* ★ Brian makes a motion *Brian dient een voorstel in*
[**werkwoord (+ iemand/iets)**] *wenken*; *gebaren* ★ she motioned me to sit down *zij gebaarde me te gaan zitten*

motivate /*zeg:* moowtìveet/
• *motiveren* ★ she is not motivated for school *ze is niet gemotiveerd op school*
• *onderbouwen* ★ she motivated her decision *zij onderbouwde haar beslissing*

motivation /*zeg:* moowtìveesjùn/ *motivatie*

motive /*zeg:* moowtìv/ *motief*; *beweegreden*

motocross /*zeg:* moowtoowkròs/ *motorcross*

motor /*zeg:* moowtù/ *motor* ★ motor cycle *motorfiets* ◆ motor car *auto*

motorbike /*zeg:* moowtùbaik/ *motorfiets*

motorway /*zeg:* moowtùwee/ *autosnelweg*

mould /*zeg:* moowld/
[**the-woord**] *mal*
[**werkwoord + iemand/iets**] *gieten*; *vormen* ★ she tries to mould the character of her child *ze probeert het karakter van haar kind te vormen*

mount /*zeg:* maunt/
[**the-woord**] *berg*
[**werkwoord + iemand/iets**] *beklimmen*; *bestijgen* ★ Tanya mounts a steep hill *Tanya beklimt een steile heuvel* ◆ mount a horse/bike *op een paard/fiets gaan zitten* ◆ mount the stairs *de trap op lopen*

mountain /*zeg:* mauntìn/ *berg*

mountaineering /*zeg:* mauntìnìrìng/ *bergbeklimmen* ★ he goes mountaineering every summer *hij gaat elke zomer bergbeklimmen*

mourn /*zeg:* mòòn/
[**werkwoord**] *rouwen* ★ Grace mourns for her father *Grace rouwt over haar vader*
[**werkwoord + iemand/iets**] *betreuren* ★ we deeply mourn our loss *we betreuren ons verlies diep*

mouse /*zeg:* maus/
• *muis* ★ we have mice in our basement *we hebben muizen in onze kelder*
• ‹computer› *muis* ★ click the mouse twice *klik twee keer met de muis*

mousetrap /*zeg:* maustrep/ *muizenval*

moustache /*zeg:* mùstààsj/ *snor*

mouth /*zeg:* mauS/ ‹van mens› *mond*; ‹van dier› *bek*; ‹van rivier› *monding* ★ you have a big mouth *je hebt een grote mond* ◆ shut your mouth! *houd je kop!*

movable /*zeg:* moevùbl/ *beweegbaar*

move /*zeg:* moev/
[**the-woord**] • *beweging* ★ a sudden move *een plotselinge beweging*
• *verhuizing* ★ the move to a bigger appartment *de verhuizing naar een groter appartement*
• *zet* ★ it's your turn to make a move

het is jouw beurt om een zet te doen
[**werkwoord**] • *(zich) bewegen* ★ the UFO moved rapidly to the ground *de ufo bewoog snel naar de grond* ★ don't move! *beweeg je niet!*
• *verhuizen* ★ Michel will move to Berlin in three weeks *Michel verhuist over drie weken naar Berlijn*
[**werkwoord + iemand/iets**]
• *verplaatsen* ★ I'm trying to move the cupboard *ik probeer de kast te verplaatsen*
• *verhuizen*; *verzetten*; *vervoeren*
• *aanzetten*; *ontroeren* ★ the movie didn't move me at all *de film ontroerde me helemaal niet* ★ what moved you to say that? *wat zette jou er toe aan om dat te zeggen?*

movement /*zeg:* moevmùnt/
• ‹organisatie› *beweging* ★ the peace movement *de vredesbeweging*
• *beweging* ★ an upward movement *een opwaartse beweging*

movie /*zeg:* moevì/ *film* ★ we watched a dreadful movie *we hebben een vreselijke film gezien* ★ movie star *filmster* ◆ shall we go to the movies tonight? *zullen we vanavond naar de bioscoop gaan?*

moving /*zeg:* moevìng/ *ontroerend* ★ a moving story *een ontroerend verhaal* ◆ moving picture *film*

mow /*zeg:* mow/ *maaien* ★ have you mown the lawn? *heb je het gazon gemaaid?*

mown /*zeg:* moown/ [(voltooid deelwoord) → **mow**]

M.P. [**afkorting**] Member of Parliament *parlementslid*

Mr /*zeg:* mìstù/ Mister ‹de heer› *hr.*

Mrs [**afkorting**] Mistress ‹mevrouw› *mevr.*

Ms [**afkorting**] Miss/Mrs ‹mevrouw› *mevr.*

much /*zeg:* màtsj/
[**voornaamwoord**] *veel* ★ how much did you pay? *hoeveel heb je betaald?* ★ much too much *veel te veel*
[**bijwoord**] *zeer*; *erg* ★ we much enjoyed the show *we hebben zeer genoten van het optreden* ★ thank you very much *heel erg bedankt*

muck /*zeg:* màk/
• *mest* ★ muck heap *mesthoop*
• *troep* ★ there was muck everywhere *overal was troep*

mud /*zeg:* màd/ *modder*

muddle /*zeg:* màdl/
[**the-woord**] *warboel* ★ you've made a muddle of it *je hebt er een warboel van gemaakt*
[**werkwoord + iemand/iets**] *in de war gooien* ★ don't muddle the papers! *gooi de papieren niet in de war!*

muddy /*zeg:* màdì/ *modderig* ★ muddy rivers *modderige rivieren*

muffin /*zeg:* màfin/ ‹gebakje› *muffin*

muffle /*zeg:* màfùl/
• *warm aankleden* ★ muffle yourself up before you go outside *kleed je warm aan voordat je naar buiten gaat*
• ‹geluid› *dempen*

mug /*zeg:* màG/
[**the-woord**] *mok* ★ a mug of coffee *een mok koffie*
[**werkwoord + iemand/iets**] *beroven* ★ I have been mugged in broad daylight *ik ben beroofd op klaarlichte dag*

mule /*zeg:* mjoel/ *muilezel*

mull /*zeg:* màl/ *piekeren*

multicoloured /*zeg:* màltìkàlùd/ *veelkleurig*

multimedia /*zeg:* màltimiediù/ computer ‹computer› *multimedia*

multiple /*zeg:* màltìpl/
[**the-woord**] *veelvoud* ★ 8 is a multiple of 2 *8 is een veelvoud van 2*
[**bijvoeglijk naamwoord**] *meerdere* ★ multiple fractures *meerdere breuken* ◆ multiple choice test *meerkeuzetoets*

multiplication /*zeg:* màltìplìkeesjùn/ *vermenigvuldiging*

multiply /*zeg:* màltìplai/
[**werkwoord**] *zich voortplanten* ★ the rabbits began to multiply very rapidly *de konijnen begonnen zich heel snel voort te planten*
[**werkwoord + iemand/iets**] *vermenigvuldigen* ★ multiply 5 by 10 *5 vermenigvuldigen met 10*

multitude /*zeg:* màltìtjoed/
• *menigte*
• *groot aantal*

M

mum /*zeg:* màm/ *mamma* ◆ ‹Brits› the queen-mum *de moeder van koningin Elizabeth*
mummy /*zeg:* màmì/
• *mummie* ★ Egyptian mummies *Egyptische mummies*
• *mammie*
municipal /*zeg:* mjoenìsìpl/ *gemeente-; gemeentelijk* ★ the municipal council *de gemeenteraad*
munition /*zeg:* mjoenìsjùn/ *munitie*
murder /*zeg:* mùùdù/
[**the-woord**] *moord* ★ who has commited the murder? *wie heeft de moord gepleegd?*
[**werkwoord + iemand/iets**] *vermoorden* ★ Jack murdered at least five women *Jack heeft zeker vijf vrouwen vermoord*
murderer /*zeg:* mùùdùrù/ *moordenaar*
murderess /*zeg:* mùùdùrùs/ *moordenares*
murmur /*zeg:* mùùmù/
[**the-woord**] *gemompel*
[**werkwoord (+ iemand/iets)**]
• *mompelen* ★ she murmured that she wanted to leave *ze mompelde dat ze wilde vertrekken*
• *mompelen*

M

muscle /*zeg:* màsùl/ *spier* ★ he didn't move a muscle *hij vertrok geen spier* ★ muscle power *spierkracht*
muse /*zeg:* mjoez/ *muze*
museum /*zeg:* mjoezieùm/ *museum* ★ shall we visit the museum for modern art? *zullen we het museum voor moderne kunst bezoeken?*
mushroom /*zeg:* màsjroem/ *paddestoel; champignon*

music /*zeg:* mjoezìk/ *muziek* ★ dance to the music of Madonna *dansen op de muziek van Madonna*

> **music**: De Britse popgroep *The Beatles* was immens populair in de jaren '60. Overal waar ze kwamen, werden de fans wild van enthousiasme. Zij hadden hits als *She loves you, Help, All you need is love* en *Let it be*. Bassist Paul McCartney en gitarist John Lennon schreven bijna alle liedjes.

musical /*zeg:* mjoezìkl/
[**the-woord**] *musical* ★ the only musical I like is 'Hair' *de enige musical die ik leuk vindt, is 'Hair'*
[**bijvoeglijk naamwoord**] • *muziek-; muzikaal* ★ musical instruments *muziekinstrumenten* ★ a musical education *een muzikale opvoeding*
• *muziek-*
musician /*zeg:* mjoezìsjùn/ *musicus*
Muslim /*zeg:* moezlìm/
[**the-woord**] *moslim; islamiet*
[**bijvoeglijk naamwoord**] *islamitisch*
must /*zeg:* màst/
[**the-woord**] *must* ★ this movie is a must for everyone who likes soccer *deze film is een must voor iedereen die van voetballen houdt*
[**hulpwerkwoord**] *moeten*; ‹met ontkenning› *mogen* ★ you must go at once *je moet direct vertrekken* ★ you must not go in *je mag niet naar binnen gaan*
mustard /*zeg:* màstùd/ *mosterd*
mustn't /*zeg:* màsùnt/ [(samentrekking van 'must not') → **must**]
mutate /*zeg:* mjoeteet/ *veranderen*
mutation /*zeg:* mjoeteesjùn/ *verandering*
mute /*zeg:* mjoet/
[**bijvoeglijk naamwoord**] *stom; zwijgend; sprakeloos* ★ I was mute with astonishment *ik was sprakeloos van verbazing*
[**werkwoord + iemand/iets**] *dempen* ★ we talked in muted voices *we praatten met gedempte stem*
mutilate /*zeg:* mjoetìleet/ *verminken*
mutilation /*zeg:* mjoetìleesjùn/ *vermin-*

king

mutiny /*zeg:* mjoetìnì/ *muiterij* ★ mutiny broke out on the ship *er brak muiterij uit op het schip*

mutter /*zeg:* màtù/
[**the-woord**] *gemompel*
[**werkwoord (+ iemand/iets)**] *mompelen* ★ what are you muttering at yourself? *wat ben je in jezelf aan het mompelen?*

mutual /*zeg:* mjoetsjoeùl/ *wederzijds*; *wederkerig* ★ mutual respect *wederzijds respect*

muzzle /*zeg:* màzùl/
[**the-woord**] *bek*; *snuit*
[**werkwoord + iemand/iets**] *muilkorven* ★ dangerous dogs should be muzzled *gevaarlijke honden zouden moeten worden gemuilkorfd*

my /*zeg:* mai/ *mijn* ★ I broke my leg *ik heb mijn been gebroken*

myself /*zeg:* maiself/ *mijzelf*; *zelf* ★ I was talking to myself *ik was tegen mijzelf aan het praten* ★ I'm quite a sportsman myself *ik ben zelf nogal een sportman*

mysterious /*zeg:* mìstìrìjùs/ *mysterieus* ◆ the cat mysteriously disappeared *de kat verdween op mysterieuze wijze*

mystery /*zeg:* mìstùrì/ *geheim* ★ the mysteries of life *de geheimen van het leven*

myth /*zeg:* mìS/ *mythe* ★ the myths of Medusa and Apollo *de mythen van Medusa en Apollo*

M

n /*zeg:* en/ *n* ◆ N as in Nelly *de N van Nico*
nag /*zeg:* neG/ *zeuren*; *zaniken* ★ a nagging toothache *een zeurende kiespijn* ★ stop nagging about your exams *zanik niet zo over je examen*
nail /*zeg:* neel/
[**the-woord**] • *nagel*
• *spijker*
[**werkwoord + iemand/iets**] *(vast)spijkeren* ★ nail a birdbox to a tree *een vogelhuisje vastspijkeren aan een boom*
naïve /*zeg:* nààiev/ *naïef*; *eenvoudig*
naked /*zeg:* neekìd/ *naakt*; *bloot*
name /*zeg:* neem/
[**the-woord**] *naam* ★ I only know him by name *ik ken hem alleen van naam* ◆ first/Christian name *voornaam* ◆ last name *achternaam*
[**werkwoord + iemand/iets**] *noemen*; *vernoemen* ★ the baby was named after his father *de baby werd vernoemd naar zijn vader*
namely /*zeg:* neemlì/ *namelijk*; *dat wil zeggen*
nanny /*zeg:* nènì/ *kindermeisje*
nap /*zeg:* nep/
[**the-woord**] *dutje* ★ take a nap *een dutje doen*
[**werkwoord**] *dutten*; *soezen* ★ I have been napping for an hour *ik heb een uur zitten dutten*
napkin /*zeg:* nepkìn/
• *servet*
• *luier*
nappy /*zeg:* nèpì/ [→ **napkin**] *luier* ★ change a baby's nappy *een baby een schone luier geven*

N

narcissus /*zeg:* nààsìsùs/ *narcis*
narcosis /*zeg:* nààkoowsìs/ *narcose*
narcotic /*zeg:* nààkòtìk/
[**the-woord**] *verdovend middel*
[**bijvoeglijk naamwoord**] *verdovend*
narrate /*zeg:* nùreet/ *vertellen*
narrow /*zeg:* nèroow/
[**bijvoeglijk naamwoord**] • *nauw*; *smal* ★ a narrow street *een smalle straat*
• *bekrompen* ★ he is very narrow-minded *hij is erg bekrompen van geest* ◆ have a narrow escape *nog net kunnen ontsnappen*
[**werkwoord (+ iemand/iets)**]
• *vernauwen*; *smaller worden* ★ at that point the river narrows *bij dat punt wordt de rivier smaller*
• *verminderen* ★ the distance between us has narrowed *de afstand tussen ons is verminderd*
narrowly /*zeg:* nèroowlì/ *ternauwernood*; *op een haartje na* ★ the car narrowly missed the tree *de auto miste de boom op een haartje*
nasty /*zeg:* nààstì/
• *akelig*; *naar* ★ nasty weather *akelig weer*
• *gemeen*; *vals* ★ nasty remark *valse opmerking*
• *vies*; *vuil* ★ nasty jokes *vuile moppen*
• *lelijk* ★ a nasty fall *een lelijke val*
nation /*zeg:* neesjùn/ *natie*; *volk*
national /*zeg:* nesjùnl/ *nationaal*; *volks-*; *staats-* ★ the national anthem *het volkslied* ★ National Health Service (NHS) *nationale gezondheidszorg*
nationalism /*zeg:* nesjùnùlìzùm/ *nationalisme*
nationalist /*zeg:* nesjùnùlìst/
[**the-woord**] *nationalist*
[**bijvoeglijk naamwoord**] *nationalistisch*
nationality /*zeg:* nesjùnèlùtì/ *nationaliteit* ★ the French nationality *de Franse nationaliteit*
native /*zeg:* neetìv/
[**the-woord**] • *iem. uit het land of de plaats zelf*
• *inboorling* ◆ he speaks French like a French native *hij spreekt Frans als een echte Fransman*
[**bijvoeglijk naamwoord**] • *inheems*

★ native plants *inheemse planten*
• *geboorte-* ★ native country *geboorteland* ◆ native language *moedertaal*

NATO [**afkorting**] North Atlantic Treaty Organization *NAVO*

natural /*zeg:* netsjùrùl/
• *natuurlijk*; *aangeboren* ★ natural colours *natuurlijke kleuren*
• *gewoon*; *normaal* ★ it's natural to worry about your children *het is normaal om je zorgen te maken over je kinderen*

naturally /*zeg:* netsjùrùlì/
• *natuurlijk* ★ I'll help you, naturally *natuurlijk zal ik je helpen*
• *vanzelfsprekend*

nature /*zeg:* neetsjù/
• *(de) natuur* ★ the laws of nature *de wetten van de natuur*
• *aard*; *soort* ★ he is shy by nature *hij is verlegen van aard*

naughty /*zeg:* nòòtì/ *ondeugend*; *stout* ★ he is a naughty little boy *hij is een stout jongetje*

navel /*zeg:* neevùl/ *navel*

navigate /*zeg:* nevìGeet/
• *bevaren*; *navigeren*
• *besturen*

navigation /*zeg:* nevìGeesjùn/ *navigatie*; *stuurmanskunst*

navy /*zeg:* neevì/
[**the-woord**] *marine* ★ he joined the navy *hij ging bij de marine*
[**bijvoeglijk naamwoord**] *marineblauw* ★ a navy blue shirt *een marineblauw shirt*

near /*zeg:* nìjù/
[**bijvoeglijk naamwoord**] • *nauw (verwant)* ★ near family *nauwe familie*
• *dichtbij zijnd*; *nabij* ★ the near future *de nabije toekomst*
[**bijwoord**] • *dichtbij* ★ his house is very near to ours *zijn huis is heel dicht bij het onze*
• *bijna* ★ she was near to tears *ze was bijna aan het huilen*

nearby /*zeg:* nìjùbai/ *in de buurt*

nearly /*zeg:* nìjùlì/ *bijna*; *haast* ★ I nearly stepped on the cat's tail *ik stapte bijna op de kat zijn staart*

neat /*zeg:* niet/
• *netjes* ★ neat and tidy *keurig netjes*
• *slim*; *handig* ★ a neat trick *een handig trucje*

necessary /*zeg:* nèsùsùrì/ *noodzakelijk*; *nodig* ★ is it really necessary? *is het echt nodig?*

necessity /*zeg:* nìsèsùtì/ *noodzaak*; *noodzakelijkheid* ★ it is an absolute necessity *het is een absolute noodzakelijkheid*

neck /*zeg:* nek/ *nek*; *hals*

necklace /*zeg:* neklùs/ *halsketting*

nectarine /*zeg:* nektùrìn/ *nectarine*

need /*zeg:* nied/
[**the-woord**] • *nood(zaak)* ★ people in need *mensen in nood* ★ the need to be careful *de noodzaak om voorzichtig te zijn*
• *behoefte* ★ there is an urgent need for nurses *er is een dringende behoefte aan verpleegsters*
[**werkwoord**] *nodig zijn* ★ it needs to be done *het moet gebeuren*
[**werkwoord + iemand/iets**] • *nodig hebben*; *vereisen* ★ all you need is love *alles wat je nodig hebt, is liefde*
• *moeten*; *hoeven* ★ all you need to do *alles wat je hoeft te doen*
[**hulpwerkwoord**] *hoeven* ★ you need not go there *je hoeft er niet naartoe te gaan*

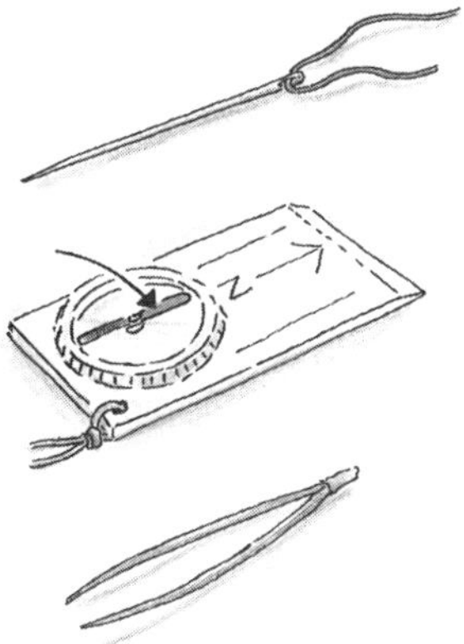

needle /*zeg:* niedl/ *naald*

needless /*zeg:* niedlùs/ *nodeloos*
★ needless suffering *nodeloos lijden*

needn't /*zeg:* niednt/ [(samentrekking van 'need not') → **need**]

negative /*zeg:* nèGùtiv/
[**the-woord**] ⟨foto/film⟩ *negatief*
[**bijvoeglijk naamwoord**] • *ontkennend* ★ a negative answer *een ontkennend antwoord*
• *negatief* ★ the results of the test were negative *de uitslag van het onderzoek was negatief*

neglect /*zeg:* nìGlekt/
[**the-woord**] • *verzuim* ★ neglect of duty *plichtsverzuim*
• *verwaarlozing* ★ after years of neglect the old barn collapsed *na jaren van verwaarlozing stortte de oude schuur in elkaar*
[**werkwoord + iemand/iets**]
• *verwaarlozen* ★ he neglects his family *hij verwaarloost zijn familie*
• *verzuimen*; *nalaten* ★ don't neglect your homework *laat niet na je huiswerk te doen*

negotiate /*zeg:* nìGoowsjìeet/
[**werkwoord**] *onderhandelen*
★ negotiate about pay rise *onderhandelen over loonsverhoging*
[**werkwoord + iemand/iets**] *nemen*
★ negotiate a steep slope *een steile helling nemen*

negotiation /*zeg:* nèGoowsjìeesjùn/ *onderhandeling* ★ peace negotiations *vredesonderhandelingen*

negress /*zeg:* nieGrùs/ *negerin*

negro /*zeg:* nieGroow/
[**the-woord**] *neger*; *zwarte* ★ blacks don't want to be called 'negro' *zwarten willen geen 'neger' genoemd worden*
[**bijvoeglijk naamwoord**] *zwart*

neigh /*zeg:* nee/ *hinniken* ★ horses neigh *paarden hinniken*

neighbour /*zeg:* neebù/ *buurman*; *buurvrouw* ★ my next-door neighbours *mijn naaste buren*

neighbourhood /*zeg:* neebùhoed/ *buurt*
★ in the neighbourhood of *in de buurt van*

neither /*zeg:* naiDù/
[**bijvoeglijk naamwoord**] • *en ... ook niet* ★ I can't swim and neither can my sister *ik kan niet zwemmen en mijn zuster ook niet*
• *geen van beide* ★ neither answer is correct *geen van beide antwoorden is goed*
[**voornaamwoord**] *geen (van alle/beide)*
★ neither of them has a girlfriend *geen van beide heeft een vriendin*
◆ neither Jim nor his wife greeted me *noch Jim noch zijn vrouw groette me*

neon /*zeg:* nieòn/ *neon* ★ neon light *neonlicht/-lamp*

nephew /*zeg:* nefjoe/ ⟨zoon van broer of zuster⟩ *neef*

nerd /*zeg:* nùùd/ *nerd*; *saai ventje*

nerve /*zeg:* nùùv/
• *zenuw* ★ she is getting on my nerves *ze werkt op mijn zenuwen*
• *moed*; *lef* ★ he had the nerve to tell me I was a fool *hij had het lef om te zeggen dat ik gek was* ◆ you have got the nerve! *jij durft!*

nervous /*zeg:* nùùvùs/
• *zenuwachtig* ★ nervous about the exam *zenuwachtig voor het examen*
• *zenuw-* ★ nervous systeem *zenuwstelsel*

nest /*zeg:* nest/
[**the-woord**] *nest* ★ a bird's nest *een vogelnest*
[**werkwoord**] *nestelen*; *nest bouwen*
★ many birds are nesting now *veel vogels bouwen nu hun nest*

net /*zeg:* net/
[**the-woord**] • *net* ★ fishing net *visnet*
• ⟨computer⟩ *netwerk*; *internet* ★ surf the net *op het internet surfen*
[**bijvoeglijk naamwoord**] *netto*; *zuiver*
★ net profit *nettowinst*

Netherlands /*zeg:* nèDùlùndz/
[meervoud] *Nederland*

nettle /*zeg:* netl/
[**the-woord**] *brandnetel*
[**werkwoord + iemand/iets**] *ergeren*; *irriteren* ★ his comment nettled her *zijn commentaar ergerde haar*

network /*zeg:* netwùùk/
• ⟨computers⟩ *netwerk*
• *radio-/tv-station*

neutral /*zeg:* njoetrùl/ *neutraal* ◆ put the gear in neutral *de versnelling in zijn vrij zetten*
never /*zeg:* nèvù/
• *nooit* ★ he never helps *hij helpt nooit*
• *helemaal niet* ★ I never knew you were ill *ik wist helemaal niet dat je ziek was* ◆ never mind! *het doet er niet toe!*; *laat maar zitten!*
never-ending /*zeg:* nèvùending/ *eindeloos*; *onophoudelijk* ★ I hate their never-ending quarrelling *ik haat hun eindeloze geruzie*
nevertheless /*zeg:* nèvùDùles/
• *niettemin*; *desondanks*
• *toch* ★ we knew it beforehand, nevertheless, we were disappointed *we wisten het van tevoren, maar toch waren we teleurgesteld*
new /*zeg:* njoe/ *nieuw*; *onbekend* ★ a new pair of jeans *een nieuwe spijkerbroek* ★ it's all new to me *het is allemaal nieuw voor me* ◆ New Year's Eve *oudejaarsavond*
newborn /*zeg:* njoebòòn/ *pasgeboren* ★ a newborn baby *een pasgeboren baby*
newly /*zeg:* njoelì/
• *onlangs*; *pas* ★ newly wed *pas getrouwd*
• *(op)nieuw*
news /*zeg:* njoez/ [**meervoud**] *nieuws*; *bericht*
newspaper /*zeg:* njoespeepù/ *krant*

newspaper: De eerste Britse krant was *The Observer*. Deze verscheen voor het eerst in 1791. Tegenwoordig zijn er veel verschillende kranten, waarvan sommige heel zakelijk zijn en andere heel veel roddels bevatten. Veel mensen kopen *tabloids*, kranten die half zo groot zijn als de onze, zodat ze makkelijk in de trein of de metro kunnen worden opengeslagen.

news-stand /*zeg:* njoez stend/ *krantenkiosk*
next /*zeg:* nekst/
[**bijvoeglijk naamwoord**] *(eerst)volgende*; *aanstaande*; *komende* ★ next Sunday *aanstaande zondag* ★ who is next? *wie is de volgende?*
[**bijwoord**] • *naast* ★ the woman next to him *de vrouw naast hem*
• *daarna*; *de volgende keer* ★ when we meet next *als we de volgende keer weer bij elkaar komen*
next-door /*zeg:* nekstdòò/ *van hiernaast*; *van de buren* ★ the next-door neighbours *de buren van hiernaast* ★ the girl next-door *het meisje van hiernaast*
nibble /*zeg:* nìbl/
[**the-woord**] *hapje* ★ take a nibble from a chocolate bar *een hapje nemen van een chocoladereep*
[**werkwoord**] *knabbelen* ★ they sat nibbling peanuts *ze zaten pinda's te knabbelen*
nice /*zeg:* nais/ *aardig*; *prettig*; *leuk* ★ have a nice day! *prettige dag!* ★ it was nice seeing you again *het was leuk om je weer te zien* ★ you must ask him nicely *je moet het hem op een aardige manier vragen*
nickel /*zeg:* nìkl/ *nikkel*
nickname /*zeg:* nìkneem/ *bijnaam*
nicotine /*zeg:* nìkoowtien/ *nicotine*
niece /*zeg:* nies/ ‹dochter van broer of zus› *nicht*
night /*zeg:* nait/ *avond*; *nacht* ★ at/by night *'s avonds*; *'s nachts* ★ night shift *nachtploeg* ★ the night is falling *de avond valt* ◆ good night! *welterusten!* ◆ this night *vannacht*
nightclub /*zeg:* naitklàb/ *nachtclub*
nightingale /*zeg:* naitìngGeel/ *nachtegaal*
nightly /*zeg:* naitlì/
[**bijvoeglijk naamwoord**] *nachtelijk*; *avond-* ★ nightly concert of birds *nachtelijk concert van de vogels*
[**bijwoord**] • *elke nacht/avond* ★ this programme is broadcast nightly *dit programma wordt elke avond uitgezonden*
• *'s avonds/nachts*
nightmare /*zeg:* naitmèè/ *nachtmerrie*
nil /*zeg:* nìl/ *nul* ★ three goals to nil *drie-nul*
nine /*zeg:* nain/ *negen*

N

nineteen /*zeg:* naintien/ *negentien*
nineteenth /*zeg:* naintienS/ *negentiende*
ninetieth /*zeg:* naintìjùS/ *negentigste*
ninety /*zeg:* naintì/ *negentig*
ninth /*zeg:* nainS/ *negende*
nip /*zeg:* nìp/
[**the-woord**] • *kneepje* ★ he gave her a nip in the cheek *hij gaf haar een kneepje in de wang*
• *klein beetje*; *slokje* ★ a nip of whisky *een slokje whisky*
[**werkwoord**] *een slokje nemen* ★ nip from your wine *een slokje van je wijn nemen*
nipple /*zeg:* nìpl/
• *tepel*
• ‹van zuigfles› *speen*
nitwit /*zeg:* nìtwìt/ *leeghoofd*
no /*zeg:* noow/
• *nee* ★ oh no, not again? *ach nee, toch niet weer?*
• *geen* ★ there is no time for a rest *we hebben geen tijd voor een rustpauze*
• *niet* ★ you are no better than the rest *je bent niet beter dan de rest* ◆ I won't take no for an answer *ik accepteer geen nee*
noble /*zeg:* noowbl/
• *adellijk*; *van adel* ★ she is of noble birth *zij is van adel*
• *edel*; *grootmoedig* ★ he was a noble and honest man *hij was een edel en eerlijk mens*
nobleman /*zeg:* noowblmùn/ *edelman*
noblewoman /*zeg:* noowblwoemùn/ *vrouw van adel*; *edelvrouw*
nobody /*zeg:* noowbùdì/ *niemand*
nod /*zeg:* nòd/
[**the-woord**] *knikje* ★ he gave me a nod of approval *hij gaf me een goedkeurend knikje*
[**werkwoord**] *knikken*; *knikkebollen*; *slaperig zijn* ★ she nodded yes *ze knikte van ja* ★ gran was nodding in her chair *oma zat te knikkebollen in haar stoel*
Noel /*zeg:* noowel/ ‹op kaarten en in liedjes› *Kerstmis*
noise /*zeg:* nojz/
• *lawaai* ★ don't make that much noise *maak toch niet zo veel lawaai*
• *geluid* ★ I hear a noise downstairs *ik hoor beneden een geluid*
noisy /*zeg:* nojzì/ *luidruchtig*; *druk* ★ a noisy class *een drukke klas*
nomad /*zeg:* noowmed/ *nomade*; *lid van herdersvolk*
nominate /*zeg:* nòmìneet/
• *benoemen* ★ our maths teacher has been nominated as headmaster *onze leraar wiskunde is benoemd tot rector*
• *kandidaat stellen*; *voordragen* ★ nominate a person for president *iemand voordragen als president*
non- /*zeg:* nòn/ *non-*; *niet-*; *-vrij* ★ non-alcoholic *alcoholvrij*
none /*zeg:* nàn/ *geen/niet één*; *niemand*; *niets* ★ none of these mobiles work *geen van deze mobieltjes doet het* ★ none other than the queen *niemand minder dan de koningin* ◆ it's none of my business *ik heb er niets mee te maken*
nonsense /*zeg:* nònsùns/ *onzin*; *flauwekul* ★ no nonsense! *geen flauwekul!*
non-stop /*zeg:* nònstòp/ *doorgaand*; *zonder te stoppen*; *non-stop* ★ non-stop flight *non-stop vlucht*
noodle(s) /*zeg:* noedl/ *soort mie*; *soort vermicelli*; *noedel*
nook /*zeg:* noek/ *(gezellig) hoekje*

noon /*zeg:* noen/ *12 uur 's middags* ★ at noon *om 12 uur*
no-one /*zeg:* nowàn/ *niemand*
nor /*zeg:* nòò/ *noch*; *en ... ook niet* ★ neither he nor she *noch hij, noch zij* ★ he hasn't seen it, nor have I *hij heeft het niet gezien en ik ook niet*

norm /*zeg:* nòòm/ *standaard*; *norm* ★ depart from the norm *afwijken van de norm*
normal /*zeg:* nòòml/ *normaal*; *gewoon* ★ in spite of his handicap he leads a normal life *ondanks zijn handicap leidt hij een gewoon leven*
north /*zeg:* nòòS/
[**the-woord**] *noorden* ★ to the north of Liverpool *ten noorden van Liverpool*
[**bijvoeglijk naamwoord**] *noord-*; *noordelijk* ★ North-Africa *Noord-Afrika*
North-America /*zeg:* nòòS ùmerìkù/ *Noord-Amerika*
North-American /*zeg:* nòòS ùmerìkùn/ *Noord-Amerikaans*
northern /*zeg:* nòòSùn/ *noordelijk* ★ in northern direction *in noordelijke richting*
Norway /*zeg:* nòòwee/ *Noorwegen*
Norwegian /*zeg:* nòòwiedzjùn/
[**the-woord**] *Noor*; ⟨inwoonster van Noorwegen⟩ *Noorse*; ⟨taal⟩ *Noors*
[**bijvoeglijk naamwoord**] *Noors*
nose /*zeg:* noowz/
[**the-woord**] • *neus*; *neusstuk* ★ he blew his nose *hij snoot zijn neus* ★ the nose of a plane *het neusstuk van een vliegtuig*
• *reuk* ◆ she has a good nose for bargains *zij heeft een goede neus voor koopjes*
[**werkwoord + iemand/iets**] *ruiken (aan)*; *(be)snuffelen* ★ police dogs were nosing everywhere *politiehonden besnuffelden alles*
nosebleed /*zeg:* noowzblied/ *bloedneus*
nostalgia /*zeg:* nòsteldzjù/ *nostalgie*; *heimwee*
nostalgic /*zeg:* nòsteldzjìk/ *nostalgisch*; *vol verlangen*
nosy /*zeg:* noowzì/ *nieuwsgierig*
not /*zeg:* nòt/
• *niet* ★ that's not true! *dat is niet waar!* ★ why aren't you friendly to him? *waarom ben je niet vriendelijk tegen hem*
• *geen* ★ this is not a good movie *dit is geen goede film*
notable /*zeg:* noowtùbl/ *merkwaardig*; *opvallend*; *opmerkelijk* ★ a notable change in somebody's behaviour *een opmerkelijke verandering in iemands gedrag*
notarial /*zeg:* noowtèèrìjùl/ *notarieel*
notary /*zeg:* noowtùrì/ *notaris*
notation /*zeg:* noowteesjùn/ *aantekening*; *het opschrijven* ★ she has her own system of notation *zij heeft haar eigen systeem van aantekeningen maken*
notch /*zeg:* nòtsj/
• *inkeping*; *kerf* ★ cut notches in a tree trunk *kerfjes maken in een boomstam*
• *graad*; *peil*; *tandje* ★ turn up the radio a notch *de radio een tandje harder zetten*
note /*zeg:* noowt/
[**the-woord**] • *muzieknoot* ★ the first notes of a tune *de eerste noten van een muziekwijsje*
• *aantekening*; *notitie* ★ take notes *aantekeningen maken*
• *briefje* ★ leave a note for someone *een briefje voor iemand achterlaten*
• *bankbiljet* ★ a 50 euros note *een bankbiljet van 50 euro*
• *ondertoon* ★ there was a note of anger in his voice *er was een ondertoon van woede in zijn stem*
[**werkwoord + iemand/iets**] • *merken*; *opmerken* ★ you may have noted that he has left *je hebt misschien gemerkt dat hij vertrokken is*
• *aantekenen*; *opschrijven* ★ note this down *schrijf dit op*
notebook /*zeg:* noowtboek/
• *schrift*; *aantekenboekje* ★ write it down in your notebook *schrijf het op in je schrift*
• *type schootcomputer*
noted /*zeg:* noowtìd/ *beroemd* ★ he is noted for his voice *hij is beroemd om zijn stem*
nothing /*zeg:* nàSìng/ *niets*; *nul* ◆ there is nothing in it *het is onbelangrijk*; *het is niet waar*
notice /*zeg:* noowtìs/
[**the-woord**] • *aandacht*
• *mededeling* ★ a notice on a board *een mededeling op een bord*
• *bekendmaking*; *aankondiging* ★ notices of births and marriages

geboorte- en huwelijksaankondigingen • ⟨van huur, baan enz.⟩ *het opzeggen* ★ give notice *je baan/de huur opzeggen* ◆ take no notice of him *let maar niet op hem*
[**werkwoord + iemand/iets**] *opmerken; zien* ★ did you notice his pale face? *zag je zijn bleke gezicht?*

notify /*zeg:* noowtìfai/ *op de hoogte stellen* ★ we were notified in advance *wij werden van tevoren op de hoogte gesteld*

notion /*zeg:* noowsjùn/ *idee* ★ I haven't the faintest notion what to do *ik heb geen flauw idee wat ik moet doen*

notorious /*zeg:* noowtòòrìjùs/ *berucht* ★ a notorious bankrobber *een beruchte bankrover*

noun /*zeg:* naun/ *zelfstandig naamwoord*

nourish /*zeg:* nàrìsj/ *voeden* ★ well-nourished children *goed gevoede kinderen*

novel /*zeg:* nòvùl/ *roman*

November /*zeg:* nùvembù/ *november* ★ November 16th/the 16th of November *16 november*

N

novice /*zeg:* nòvìs/ *beginneling* ★ I am a novice at snowboarding *ik ben een beginneling in snowboarden*

now /*zeg:* nau/ *nu; op dit ogenblik* ★ every now and then *nu en dan* ★ now and again *nu en dan* ◆ I've seen him just now *ik heb hem net nog gezien*

nowaday(s) /*zeg:* nauwùdee(z)/ *tegenwoordig; vandaag de dag* ★ lots of students have part-time jobs nowadays *veel scholieren hebben bijbaantjes vandaag de dag*

nowhere /*zeg:* noowwèè/ *nergens* ★ my glasses are nowhere to be found *mijn bril is nergens te vinden*

nozzle /*zeg:* nòzùl/ *mondstuk; tuit* ★ the nozzle of a garden hose *de tuit van een tuinslang*

n't /*zeg:* ùnt/ [(samentrekking van 'not') → **not**] *niet*

nuclear /*zeg:* njoeklìjù/ *nucleair; atoom-; kern-* ★ nuclear weapons *kernwapens* ★ nuclear power *kernenergie*

nude /*zeg:* njoed/ *naakt; bloot* ★ walk around in the nude *naakt rondlopen*

nugget /*zeg:* nàGìt/ • *gepaneerd stukje vlees* ★ chicken nuggets *kipnuggets* • *(goud)klompje*

nuisance /*zeg:* njoesùns/ • *overlast; iets vervelends* • *lastig persoon; lastpak* ★ he can be such a nuisance *hij kan zo'n lastpak zijn* ◆ make a nuisance of yourself *vervelend zijn*

null /*zeg:* nàl/ *niet bindend; ongeldig; nietig* ◆ null and void *van nul en generlei waarde*

numb /*zeg:* nàm/
[**bijvoeglijk naamwoord**] *verdoofd; verstijfd; verkleumd; gevoelloos* ★ numb with cold *verstijfd van de kou*
[**werkwoord + iemand/iets**] • *verdoven* • ⟨figuurlijk⟩ *verlammen* ★ he was numbed with fear *hij was verlamd van angst* • *doen verstijven*

number /*zeg:* nàmbù/
[**the-woord**] • *nummer* ★ number ten *nummer tien* • *aantal* ★ the number of people in the room *het aantal mensen in de kamer*
[**werkwoord + iemand/iets**] *tellen; nummeren* ★ all seats are numbered *alle zitplaatsen zijn genummerd*

number-plate /*zeg:* nàmbù pleet/ *nummerplaat/-bord*

numeral /*zeg:* njoemùrùl/
[**the-woord**] • *telwoord* ★ eight is a numeral *acht is een telwoord* • *nummer*
[**bijvoeglijk naamwoord**] *getal-*

nun /*zeg:* nàn/ *non*

nurse /*zeg:* nùùs/
[**the-woord**] • *verpleegster; verpleger* • *kindermeisje; kinderjuffrouw*
[**werkwoord + iemand/iets**] • *verplegen* ★ nurse a patient *een patiënt verplegen* • *verzorgen* ★ nurse the plants *de planten verzorgen* • *borstvoeding geven* ★ nurse a baby *een baby borstvoeding geven* • *koesteren* • ⟨van zieke⟩ *verzorgen* ◆ nurse a cold

een verkoudheid uitvieren

nursery /*zeg:* nùùsùrì/
• *kinderdagverblijf; crèche*
• *kwekerij* ◆ nursery rhyme *kinderliedje* ◆ nursery school *kleuterschool*

nut /*zeg:* nàt/
• *noot* ★ crack nuts *noten kraken*
• *moer* ★ a nut and a bolt *een moer en een bout*

nutrition /*zeg:* njoetrìsjùn/ *voeding*

nuts ⟨Amerikaans⟩ /*zeg:* nàts/ [meervoud] ◆ ⟨spreektaal⟩ go nuts *gek worden*

nutshell /*zeg:* nàtsjel/ *notendop* ◆ in a nutshell *in een notendop; in enkele woorden*

N.Y.(C.) [**afkorting**] New York (City) *New York (Stad)*

nylon /*zeg:* nailùn/ *nylon*

nymph /*zeg:* nìmf/ *nimf*

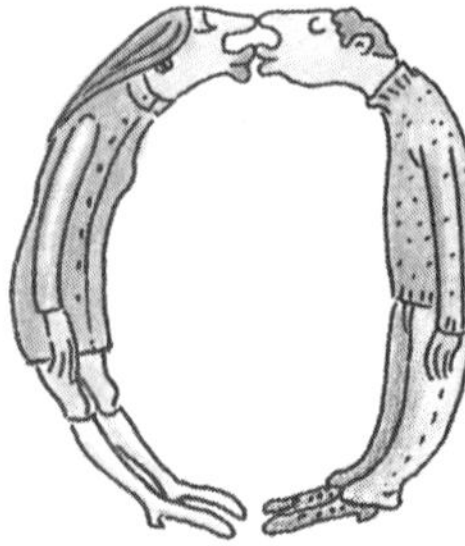

o /*zeg:* oow/ *o* ◆ O as in Oliver *de O van Otto*
o' /*zeg:* ù/ ★ it's ten o'clock *het is tien uur*
oak /*zeg:* oowk/
[**the-woord**] *eik*; *eikenhout*
[**bijvoeglijk naamwoord**] *eikenhouten* ★ these oak beams are very old *deze eikenhouten balken zijn erg oud*
oar /*zeg:* òò/ *roeiriem* ★ oars are used for rowing a boat *roeiriemen worden gebruikt om een boot voort te bewegen*
oasis /*zeg:* ooweesìs/ *oase*
oath /*zeg:* oowS/ *eed* ★ swear/take an oath *een eed afleggen* ★ under oath *onder ede*
obedience /*zeg:* oowbiediùns/ *gehoorzaamheid*
obedient /*zeg:* oowbiediùnt/ *gehoorzaam*
obey /*zeg:* oowbee/ *gehoorzamen (aan)* ★ the dog obeyed when I said: sit! *de hond gehoorzaamde toen ik zei: zit!*
object [**the-woord**] /*zeg:* òbdzjìkt/ *voorwerp*
[**werkwoord**] /*zeg:* ùbdzjekt/ **object to** *bezwaar maken tegen* ★ the pupils objected to all that homework *de leerlingen maakten bezwaar tegen al dat huiswerk*
objection /*zeg:* ùbdzjeksjùn/ *bezwaar* ★ do you have any objections? *heb je bezwaren?*
oblige /*zeg:* ùblaidzj/ **oblige to** *verplichten* ★ parents are obliged to send their children to school *ouders zijn verplicht hun kinderen naar school te sturen*
oboe /*zeg:* oowboow/ *hobo*
obscene /*zeg:* ùbsien/ *schunnig* ★ a very obscene word *een erg schunnig woord*
obscure /*zeg:* ùbskjoeù/
• *duister*
• *onbekend*; *onduidelijk*
observation /*zeg:* òbzùveesjùn/ *waarneming* ★ from our observation post we could see many lions *vanuit onze observatiepost konden we veel leeuwen zien*
observatory /*zeg:* ùbzùùvùtùrì/ *sterrenwacht*
observe /*zeg:* ùbzùùv/ *aandachtig kijken naar* ★ the police officer observed the prisoner carefully *de politieagent keek heel aandachtig naar de gevangene*
obsess /*zeg:* ùbses/ *geheel vervullen* ★ be obsessed by/with something *van iets bezeten zijn*
obsession /*zeg:* ùbsesjùn/ *dwanggedachte*; *obsessie* ★ her weight is an obsession for her *haar gewicht is een obsessie voor haar*
obstacle /*zeg:* òbstùkl/ *hindernis* ★ take/overcome an obstacle *een hindernis nemen*
obstinate /*zeg:* òbstìnùt/ *hardnekkig* ★ she's got an obstinate cold *zij heeft een hardnekkige verkoudheid*
obstruct /*zeg:* ùbstràkt/ *belemmeren*; *blokkeren*; *versperren* ★ the turned-over truck obstructed the road *de gekantelde vrachtwagen versperde de weg*
obstruction /*zeg:* ùbstràksjùn/ *versperring* ★ the sign said 'road obstruction' *op het bord stond 'wegversperring'*
obtain /*zeg:* ùbteen/ *verkrijgen*; *verwerven*; *bemachtigen*
obvious /*zeg:* òbvìjùs/ *duidelijk* ★ it's very obvious (that) he is lying *het is heel duidelijk dat hij liegt*
occasion /*zeg:* ùkeezjùn/ *gelegenheid* ★ the flags were up on the occasion of the royal wedding *de vlaggen hingen uit ter gelegenheid van het koninklijk huwelijk*
occasional /*zeg:* ùkeezjùnl/ *af en toe*; *zo nu en dan* ★ I see her occasionally *ik zie haar af en toe*
occult /*zeg:* òkàlt/ *occult*; *duister* ★ she is interested in magic and other occult things *zij is geïnteresseerd in tovenarij*

O

en andere duistere zaken

occupant /*zeg:* òkjoepùnt/
• *bewoner*; *inzittende* ★ all occupants of the burning building were saved *alle bewoners van het brandende gebouw werden gered*
• *bezitnemer*; *bezetter*

occupation /*zeg:* òkjoepeesjùn/ *beroep*; *bezigheid* ★ he is teacher by occupation *hij is leraar van beroep*

occupy /*zeg:* òkjoepai/ *bezetten* ★ enemy troops occupied the town *vijandelijke troepen bezetten de stad*

occur /*zeg:* ùkùù/ *gebeuren* ★ something terrible has occurred *er is iets vreselijks gebeurd*

ocean /*zeg:* oowsjùn/ *oceaan*

octave /*zeg:* òktìv/ *octaaf*; *achttal*

October /*zeg:* òktoowbù/ *oktober* ★ October 25th/the 25th of October *25 oktober*

octopus /*zeg:* òktùpùz/ *octopus*

odd /*zeg:* òd/
• ‹getal› *oneven* ★ 1 and 3 are odd numbers *1 en 3 zijn oneven getallen*
• *vreemd*; *eigenaardig*

odds /*zeg:* òdz/ *kansen voor of tegen* ◆ long odds *slechte kansen* ◆ against all odds *tegen alle verwachtingen in*

of /*zeg:* ùv/ *van* ★ the colour of that car *de kleur van die auto* ★ the city of Amsterdam *de stad Amsterdam* ★ north/south of *ten noorden/zuiden van*

off /*zeg:* òf/
• *van ... af* ★ jump off a diving board *van een duikplank springen* ★ the salesman took 20% off the price *de verkoper deed 20% van de prijs af*
• *weg* ★ our national team are off for the world championships *onze nationale ploeg gaat naar de wereldkampioenschappen*
• ‹vuur, licht, apparaten› *uit* ★ are you certain that the fire is off? *weet je zeker dat het vuur uit is?* ◆ take a day off *een dagje vrij nemen* ◆ far off *ver weg* ◆ off with you! *maak dat je wegkomt!* ◆ the party is off *het feest gaat niet door*

offence /*zeg:* ùfens/ ‹rechten› *overtreding*; *misdrijf* ★ in this country it is an offence to carry a gun *in dit land is het een vergrijp als je een pistool bij je hebt*

offend /*zeg:* ùfend/ *beledigen* ★ the goalie offended the referee *de keeper beledigde de scheidsrechter*

offender /*zeg:* ùfendù/ *misdadiger*; *overtreder van de wet*

offensive /*zeg:* ùfensìv/
[**the-woord**] *offensief*; *aanval*
[**bijvoeglijk naamwoord**] • *aanvallend*
• *beledigend* ★ what he said was very offensive *wat hij zei was erg beledigend*

offer /*zeg:* òfù/
[**the-woord**] *aanbod*; *aanbieding* ★ these shirts are on offer *deze shirts zijn in de aanbieding*
[**werkwoord + iemand/iets**] *(aan)bieden* ★ he has offered to help me *hij heeft aangeboden me te helpen*

office /*zeg:* òfis/ *kantoor* ◆ which president is in office now? *welke president is nu aan het bewind?* ◆ open during office hours *open tijdens kantooruren*

officer /*zeg:* òfisù/
• *politieagent*
• *officier in leger*

official /*zeg:* ùfisjùl/
[**the-woord**] *ambtenaar*
[**bijvoeglijk naamwoord**] *officieel* ★ graduation is an official occasion *de diploma-uitreiking is een officiële gelegenheid*

offset /*zeg:* òfset/
• *begin*
• *tegenhanger*; *compensatie*

O

offshore /*zeg:* òfsjòò/ *vóór de kust* ★ an offshore oil rig *een booreiland vóór de kust (in zee)*

offspring /*zeg:* òfsprìng/ *nakomelingen*; *afstammelingen*

often /*zeg:* òfùn/ *vaak* ★ I often go there *ik ga daar vaak heen*

oh /*zeg:* oow/ *o!*; *och!*; *ach!*

oil /*zeg:* ojl/

[**the-woord**] *olie* ★ oil paint *olieverf* ★ oil tanker *olietanker*

[**werkwoord + iemand/iets**] *smeren*; *oliën* ★ that engine needs oiling *die machine moet gesmeerd worden*

oil-painting /*zeg:* ojlpeentìng/ *olieverfschilderij*

okay, OK ‹spreektaal› /*zeg:* oowkee/ *in orde* ★ everything is OK/okay *alles is in orde*

old /*zeg:* oowld/ *oud* ★ old age *ouderdom* ★ old age pensioner *AOW'er*

old-fashioned /*zeg:* oowldfesjùnd/ *ouderwets*

old-timer /*zeg:* oowldtaimù/ *oud model auto*; *oud ding of mens* ★ there's going to be a rally of old-timers *er komt een optocht van oude auto's*

olive /*zeg:* òlìv/ *olijf* ★ olive oil *olijfolie*

Olympiad /*zeg:* ùlìmpìjèd/ *olympiade*

Olympic /*zeg:* ùlìmpìk/ *olympisch* ★ Olympic Games *Olympische Spelen* ★ Olympics *Olympische Spelen*

omelet(te) /*zeg:* òmlùt/ *omelet*

omen /*zeg:* oowmùn/ *voorteken* ★ a black cat crossing the road is a bad omen *een overstekende zwarte kat is een slecht voorteken*

ominous /*zeg:* òmìnùs/ *onheilspellend*

omit /*zeg:* ùmìt/ *weglaten* ★ omit a name from a list *een naam uit een lijst weglaten*

on /*zeg:* òn/

• *aan* ★ a picture on the wall *een foto aan de muur*

• *op* ★ the child is riding on the rocking horse *het kind zit op het hobbelpaard* ★ I met him on the train *ik ontmoette hem op/in de trein* ★ just on time *net op tijd*

• *over* ★ it is a book on trolls *het is een boek over trollen*

• ‹vuur, licht, apparaten› *aan* ★ she fell asleep with the light still on *ze viel in slaap met het licht nog aan* ◆ on his arrival *bij zijn aankomst* ◆ it's on me *ik trakteer* ◆ and so on *en zo verder* ◆ the house is on fire *het huis staat in brand* ◆ on and on *zonder ophouden*

once /*zeg:* wàns/ *eens*; *een keer* ★ it happened just once *het gebeurde maar één keer* ★ once more *nog eens* ★ once upon a time *er was eens* ◆ all at once I saw my mum in the crowd *plotseling zag ik mijn moeder in de menigte* ◆ I want you to do that at once *ik wil dat je dat meteen doet* ◆ once or twice *een enkele keer*

one /*zeg:* wàn/

[**voornaamwoord**] • *iemand* ★ if one should tell you this... *als iemand je dit zou vertellen...*

• *men* ★ one should do what one has promised *men moet doen wat men beloofd heeft* ◆ the little ones were put to bed *de kleintjes werden naar bed gebracht* ◆ no one, no-one *niemand*

[**telwoord**] • *één*; *enige* ★ one, two, three, ... *een, twee, drie, ...* ★ at one (o'clock) *om één uur* ★ one by one *één voor één*

• *enige*; *beste* ★ you're the one person who can do this *jij bent de enige die dit kan doen* ◆ we must help one another *we moeten elkaar helpen* ◆ one day *op een dag*

one-way /*zeg:* wànwee/ ★ a one-way road *een straat met éénrichtingsverkeer*

onion /*zeg:* ànjùn/ *ui*

only /*zeg:* oownlì/

[**bijvoeglijk naamwoord**] *enig* ★ he's an only child *hij is enig kind*

[**bijwoord**] *alleen* ★ he works only in the morning *hij werkt alleen 's morgens*

[**voegwoord**] *maar*; *alleen* ★ I like to go with you, only I have a date allready *ik ga graag met je mee, maar ik heb al een afspraakje*

ooze /*zeg:* oez/

[**the-woord**] *slib*; *slijk*

[**werkwoord**] *druppelen*; *doorsijpelen* ★ blood oozed out of the scratch on his cheek *bloed druppelde uit de kras*

op zijn wang
open /*zeg:* oowpùn/
[**bijvoeglijk naamwoord**] *open* ★ in the open air *in de open lucht*
[**werkwoord**] • *openen*; *openmaken* ★ will you open the door for me? *wil je de deur voor me openen?*
• *beginnen met* ★ the riflemen opened fire *de schutters openden het vuur/begonnen te schieten*
opener /*zeg:* oowpùnù/ *blik-/flesopener* ★ a tin opener *een blikopener*
opening /*zeg:* oowpùnìng/ *opening*; *begin* ★ the Queen attended the opening of the exhibition *de koningin was bij de opening van de tentoonstelling*
openly /*zeg:* oowpùnlì/
• *openlijk*
• *openhartig* ★ I want to talk openly with you *ik wil openhartig met je praten*
open-minded /*zeg:* oowpùnmaindìd/ *onbevooroordeeld* ★ he's open-minded and listens to all our arguments *hij is onbevooroordeeld en luistert naar al onze argumenten*
opera /*zeg:* òprù/ *opera*
operate /*zeg:* òpùreet/
[**werkwoord**] • *in werking zijn* ★ how does this machine operate? *hoe werkt deze machine?*
• **operate on** *opereren* ★ the surgeon operates on him for appendicitis *de chirurg opereert hem aan blindedarmontsteking*
[**werkwoord + iemand/iets**] ‹van machines› *bedienen*
operation /*zeg:* òpùreesjùn/ *operatie*
operator /*zeg:* òpùreetù/
• *(be)werker*
• *telefonist* ★ I'll ask the operator for the number *ik zal de telefonist vragen om het nummer*
opinion /*zeg:* ùpìnjùn/ *opinie*; *mening* ★ in my opinion he is right *naar mijn mening heeft hij gelijk* ★ opinion poll *opiniepeiling/enquête*
opponent /*zeg:* ùpoowmùnt/ *tegenstander* ★ who are our team's opponents? *wie zijn de tegenstanders van ons team?*
opportunity /*zeg:* òpùtjoenùtì/ *(gunstige) gelegenheid*; *kans* ★ the tour was a good opportunity to interview the popstar *de tournee was een goede gelegenheid de popster te interviewen*
oppose /*zeg:* ùpoowz/ **oppose to** *zich verzetten (tegen)*
opposite /*zeg:* òpùzìt/
[**the-woord**] *tegen(over)gestelde* ★ black and white are opposites *zwart en wit zijn tegengestelden*
[**voorzetsel**] • *tegenover*
• *aan de overkant* ★ the house opposite ours *het huis tegenover dat van ons*
opposition /*zeg:* òpùzìsjùn/ *verzet*; ‹ook politiek› *oppositie* ★ there was a lot of opposition against the plan *er was veel verzet tegen het plan*
oppress /*zeg:* ùpres/ *onderdrukken* ★ Amnesty International fights for oppressed people *Amnesty International vecht voor onderdrukte mensen*
oppression /*zeg:* ùpresjùn/ *verdrukking*; *onderdrukking*
oppressor /*zeg:* ùpresù/ *onderdrukker*; *tiran*
optician /*zeg:* òptìsjùn/ *opticien*
optimism /*zeg:* òptìmìzùm/ *optimisme*
option /*zeg:* òpsjùn/ *keus* ★ I have no option but to go *ik heb geen andere keus dan te gaan*
or /*zeg:* òò/ *of*
oral /*zeg:* òòrùl/ ‹spreektaal› *mondeling (examen)*
orange /*zeg:* òrìndzj/
[**the-woord**] *sinaasappel* ★ orange juice *sinaasappelsap*
[**bijvoeglijk naamwoord**] *oranje*
orbit /*zeg:* òòbìt/ *baan van hemellichaam* ★ the earth's orbit around the sun *de baan van de aarde om de zon*
orchestra /*zeg:* òòkìstrù/ *orkest*
orchid /*zeg:* òòkìd/ *orchidee*
order /*zeg:* òòdù/
[**the-woord**] • *volgorde* ★ in alphabetical order *in alfabetische volgorde*
• *order*; *bevel* ★ by order of the general the soldiers were given a day-off *op bevel van de generaal kregen de soldaten een vrije dag*
• *bestelling* ★ fill in your order form *je*

O

moet je bestelformulier invullen ◆ my bike is out of order *mijn fiets is kapot* ◆ I called him in order to invite him *ik belde hem om hem uit te nodigen*
[**werkwoord + iemand/iets**] • *bestellen* ★ he ordered three beers *hij bestelde drie biertjes*
• *verordenen*; *bevelen* ★ the headmaster ordered the students to leave *de rector beval de leerlingen (om) weg te gaan*

order-form /*zeg:* òòdùfòòm/ *bestelformulier*

ordinary /*zeg:* òòdìnùrì/ *alledaags*; *gewoon* ★ he is an ordinary boy *hij is een gewone jongen*

organ /*zeg:* òòGùn/
• *orgaan* ★ there's a shortage of organ donors *er is een tekort aan orgaandonoren*
• *orgel*

organic /*zeg:* òòGènìk/ *organisch*

organism /*zeg:* òòGùnìzùm/ *organisme*

organization /*zeg:* òòGùnaizeesjùn/ *organisatie*

organize /*zeg:* òòGùnaiz/ *organiseren*

organizer /*zeg:* òòGùnaizù/
• *elektronische agenda*
• *organisator*

orgasm /*zeg:* òòGèzùm/ *orgasme*

oriental /*zeg:* òòrìentl/ *oosters* ★ oriental countries include the countries of eastern Asia *oosterse landen zijn de landen in Oost-Azië*

orientate /*zeg:* òòriùnteet/ *zich oriënteren* ★ it's difficult to orientate in this fog *het is moeilijk om je te oriënteren in deze mist*

origin /*zeg:* òrìdzjìn/ *afkomst*; *oorsprong* ★ what's his country of origin? *wat is zijn land van afkomst?*

origin: De Britse bevolking stamt af van verschillende volken, onder andere de Kelten, Romeinen, Angelen, Saksen, Juten, Noormannen en Normandiërs. Die kwamen door de eeuwen heen als veroveraars of kolonisten naar de Britse eilanden.

original /*zeg:* ùrìdzjìnl/ *oorspronkelijk*; *origineel* ★ she's is always full of funny and original ideas *ze heeft altijd heel leuke en originele ideeën*

ornament /*zeg:* òònùmùnt/
[**the-woord**] *sieraad*; *versiersel* ★ a Christmas tree ornament *een kerstboomversiersel*
[**werkwoord + iemand/iets**] *versieren*; *tooien* ★ a nicely ornamented party hall *een mooi versierde feesthal*

orphan /*zeg:* òòfùn/ *wees*

ostrich /*zeg:* òstrìtsj/ *struisvogel*

other /*zeg:* àDù/ *ander*; *verschillend* ★ I've got other things to do *ik heb nog andere dingen te doen* ◆ every other day *om de andere dag* ◆ on the other hand *daarentegen* ◆ the other day *onlangs*

otherwise /*zeg:* àDùwaiz/ *(of) anders* ★ go, otherwise you'll be late *ga, (of) anders ben je te laat*

otter /*zeg:* òtù/ *otter*

ouch /*zeg:* autsj/ *au!* ★ ouch, you're hurting me *au, je doet me pijn*

ought /*zeg:* òòt/ **ought to** *eigenlijk moeten* ★ you ought to know better *je zou beter moeten weten*

ounce /*zeg:* auns/ *28,3 gram*

our /*zeg:* auwù/ *ons*

ours /*zeg:* auwùz/ *van ons*; *de onze(n)/het onze* ★ this is your book and that one is ours *dit is jouw boek en dat is het onze*

ourselves /*zeg:* auwùselvz/ *ons(zelf)*; *wij(zelf)*; *zelf* ★ we enjoyed ourselves enormously *we vermaakten ons geweldig*

out /*zeg:* aut/
• *uit*; *buiten*; *weg* ★ the cat walked out the door *de kat liep de deur uit* ★ George is not here; he is out *George is niet hier: hij is weg* ★ shall we eat out tonight? *zullen we uit gaan eten vanavond?*
• ⟨van vuur, licht e.d.⟩ *uit* ★ the fire is out *het vuur is uit*
• *uit de mode* ★ fashion is out *mode is uit de mode*
• ⟨boeken, platen, films⟩ *uit* ★ their new CD is out *hun nieuwe cd is uit*

O

• **out of** ‹weg van iets› *uit*; *zonder*; ‹reden› *uit*; ‹materiaal› *van* ★ at last he came out of the shop *eindelijk kwam hij uit de winkel* ★ we're out of money *we zitten zonder geld* ★ he helped me out of pity *hij hielp me uit medelijden* ★ a ship made out of plastic *een schip gemaakt van kunststof*

outboard /*zeg:* autbòòd/ *buitenboord* ★ outboard engine *buitenboordmotor*

outbreak /*zeg:* autbreek/
• ‹van oorlog› *het uitbreken*
• *uitbraak* ★ there is an outbreak of the flu *er is een uitbraak van de griep*

outburst /*zeg:* autbùùst/ *uitbarsting* ★ an outburst of anger *een uitbarsting van woede*

outcome /*zeg:* autkàm/ *uitkomst*; *resultaat* ★ he's awaiting the outcome of the exams *hij wacht op de examenresultaten*

outdated /*zeg:* autdeetìd/ *ouderwets*

outdoor /*zeg:* autdòò/ *openlucht-*; *buiten(shuis)* ★ outdoor activities *buitenactiviteiten* ◆ outdoor department *polikliniek*

outdoors /*zeg:* autdòòz/
[**the-woord**] *openlucht*
[**bijwoord**] *buiten(shuis)* ★ my little brother loves to play outdoors *mijn kleine broertje vindt het heerlijk om buiten te spelen*

outer /*zeg:* autù/ *buiten-* ◆ outer space *de ruimte/het heelal*

outfit /*zeg:* autfit/ *kleding* ★ she loves eccentric outfits *zij houdt van excentrieke kleding*

outgrow /*zeg:* autGroow/ *ontgroeien (aan)*; ‹kleren› *groeien uit* ★ I've outgrown all my clothes *ik ben uit al mijn kleren gegroeid*

outlaw /*zeg:* autlòò/ *bandiet*

outlet /*zeg:* autlet/
• *uitgang*
• *afvoer(buis)*
• ‹Amerikaans› *stopcontact*

outline /*zeg:* autlain/ *(om)trek*; *contouren* ★ in the dark I saw the outline of a castle *in het donker zag ik de omtrek van een kasteel*

outlive /*zeg:* autliv/ *langer leven dan*; ‹iem. anders› *overleven* ★ he outlived all his children *hij overleefde al zijn kinderen*

outlook /*zeg:* autloek/ *uitkijk*; *uitzicht*; *vooruitzicht* ★ the outlook for the weather seems great *de weersvooruitzichten lijken prima*

outnumber /*zeg:* autnàmbù/ *overtreffen in aantal*

output /*zeg:* autpoet/
• *opbrengst*; *productie* ★ what is the output of that factory? *hoeveel produceert die fabriek?*
• ‹computer› *uitvoer*

outrage /*zeg:* autreedzj/ *gewelddaad* ★ the attack was an outrage *de aanval was een gewelddaad*

outrageous /*zeg:* autreedzjùs/
• *grof* ★ the graffiti on the wall was outrageous *de graffiti op de muur was grof*
• *verschrikkelijk*
• *beledigend*

outside [**the-woord**] /*zeg:* autsaid/ *buiten(kant)*; *uiterlijk* ★ on the outside the house looks fine *aan de buitenkant ziet het huis er goed uit*
[**bijwoord**] /*zeg:* autsaid/ *naar buiten* ★ can you take the dog outside? *kan jij de hond naar buiten nemen?*

outsider /*zeg:* autsaidù/ *buitenstaander*

outsmart /*zeg:* autsmààt/ *te slim af zijn*

outstanding /*zeg:* autstendìng/ *uitstekend*; *geweldig* ★ an outstanding performance of that actor *een uitstekend optreden van die acteur*

outward /*zeg:* autwùd/ *uiterlijk*; *uitwendig* ★ he gave no outward signs of fear

O

uiterlijk gaf hij geen tekenen van angst ◆ that ship is on outward bound *dat schip is op de heenreis*

oval /*zeg:* oowvùl/ *ovaal*

ovary /*zeg:* oowvùrì/ *eierstok*

oven /*zeg:* àvùn/ *oven*; *fornuis* ⋆ the cake is in the oven *de cake staat in de oven* ◆ like an oven *snikheet*

over /*zeg:* oowvù/
[**bijwoord**] *voorbij*; *uit* ⋆ it's over between them *het is uit tussen hen* ◆ over and over again *telkens weer* ◆ over again *opnieuw* ◆ over there *daarginds*
[**voorzetsel**] *over*; *boven* ⋆ the clouds over our heads *de wolken boven ons hoofd* ◆ all over the world *over de hele wereld*

overall /*zeg:* oowvùròòl/ /*zeg:* oowvùròòl/ *totaal-* ⋆ an overall view *een totaalbeeld*

overboard /*zeg:* oowvùbòòd/ *overboord* ⋆ the passenger jumped overboard *de passagier sprong overboord*

overcome /*zeg:* oowvùkàm/ *te boven komen*; *eroverheen komen* ⋆ we shall overcome these problems *we zullen deze problemen te boven komen*

overdo /*zeg:* oowvùdoe/ *overdrijven* ⋆ don't overdo it! *overdrijf nou niet!*

overdose /*zeg:* oowvùdoows/ *overdosis* ⋆ an overdose of drugs *een overdosis drugs*

overflow /*zeg:* oowvùfloow/ *overstromen*

overgrow /*zeg:* oowvùGroow/ *begroeien* ⋆ the garden was overgrown with weed *de tuin was begroeid met onkruid*

overhear /*zeg:* oowvùhìjù/
• *toevallig horen* ⋆ I overheard their conversation *ik hoorde toevallig hun gesprek*
• *afluisteren*

overlap /*zeg:* oowvùlep/
[**the-woord**] *overlap*
[**werkwoord + iemand/iets**] *overlappen*

overleaf /*zeg:* oowvùlief/ *aan de andere kant van de bladzijde* ⋆ look overleaf *kijk op de achterkant*

overload [**the-woord**] /*zeg:* oowvùloowd/ *te zware last*
[**werkwoord + iemand/iets**] /*zeg:* oowvùloowd/ *te zwaar (be)laden* ⋆ don't overload this car *belaad die auto niet te zwaar*

overlook /*zeg:* oowvùloek/
• *uitzien op* ⋆ from this window we can overlook the sea *vanuit dit raam kunnen we uitzien op de zee*
• *over het hoofd zien* ⋆ I overlooked the misspelt word *ik zag het verkeerd gespelde woord over het hoofd*
• *door de vingers zien* ⋆ for this time I'll overlook your behaviour *voor deze keer zal ik je gedrag door de vingers zien*

overpass /*zeg:* oowvùpààs/ *viaduct*

overpower /*zeg:* oowvùpauwù/ *overweldigen*

overseas /*zeg:* oowvùsiez/ *overzee(s)*

oversize(d) /*zeg:* oowvùsaiz(d)/ *te groot*; *extra groot* ⋆ that dress is really oversize(d) *die jurk is echt te groot*

oversleep /*zeg:* oowvùsliep/ *te lang doorslapen*; *zich verslapen* ⋆ I'm sorry I overslept *sorry dat ik me heb verslapen*

overtake /*zeg:* oowvùteek/ ‹in het verkeer› *inhalen* ⋆ we were overtaken by a police car *we werden door een politieauto ingehaald*

overthrow [**the-woord**] /*zeg:* oowvùSroow/ *nederlaag*; *val*
[**werkwoord + iemand/iets**] /*zeg:* oowvùSroow/ *omverwerpen*; *ten val brengen* ⋆ they finally overthrew the corrupt government *eindelijk brachten ze de corrupte regering ten val*

overturn /*zeg:* oowvùtùùn/
[**werkwoord**] *kantelen*; *omslaan* ⋆ the boat overturned *de boot sloeg om*
[**werkwoord + iemand/iets**] *doen omslaan*; *omgooien*; *omverwerpen*

overview /*zeg:* oowvùvjoe/ *overzicht*

overweight [**the-woord**] /*zeg:* oowvùweet/ *over(ge)wicht*
[**bijvoeglijk naamwoord**] /*zeg:* oowvùweet/ ‹in lichaamsgewicht› *te zwaar* ⋆ an overweight man *een te zware/dikke man*

overwhelm /*zeg:* oowvùwelm/ *overstelpen*; *overweldigen* ◆ she was overwhelmed with grief *ze werd overmand door verdriet*

overwork [**the-woord**] /*zeg:* oowvùwùùk/ *overwerk*
[**werkwoord + iemand/iets**] /*zeg:* oowvùwùùk/
• *te hard (laten) werken* ★ you look tired, have you been overworking? *je ziet er moe uit, heb je te hard gewerkt?*
• *uitputten*

ow /*zeg:* au/ *au*

owe /*zeg:* oow/
• *schuldig/verschuldigd zijn*
• *te danken hebben* ★ I owe him a lot *ik heb veel aan hem te danken*

owl /*zeg:* aul/ *uil*

own /*zeg:* oown/
[**the-woord**] ◆ do something on your own *iets zelf doen* ◆ a house of my own *mijn eigen huis*
[**bijvoeglijk naamwoord**] *eigen* ★ my own room *mijn eigen kamer*
[**werkwoord + iemand/iets**] *bezitten; hebben* ★ he owns two horses *hij heeft twee paarden*

owner /*zeg:* oownù/ *eigenaar*

ox /*zeg:* òks/ *os*

oxtail /*zeg:* òksteel/ *ossenstaart* ★ oxtail soup *ossenstaartsoep*

oxygen /*zeg:* òksìdzjùn/ *zuurstof*

oyster /*zeg:* ojstù/ *oester*

oz [**afkorting**] ounce(s) ‹28,35 gram› *ounce*

ozone /*zeg:* oowzoown/ *ozon* ★ people worry about the ozone layer *mensen maken zich zorgen over de ozonlaag*

O

p /*zeg:* pie/ *p* ◆ P as in Peter *de P van Pieter*

pace /*zeg:* pees/
[**the-woord**] • *stap*; *pas*
• *gang*; *tempo* ◆ at a slow pace *langzaam* ◆ they keep pace with him *ze houden hem bij*
[**werkwoord (+ iemand/iets)**] *stappen*; *ijsberen* ★ he was pacing up and down the room *hij liep te ijsberen in de kamer*

pacemaker /*zeg:* peesmeekù/ *pacemaker*

pacific /*zeg:* pùsìfik/ *vreedzaam*; *vredelievend*

Pacific (Ocean) /*zeg:* pùsìfik/ *Stille Oceaan*

pack /*zeg:* pek/
[**the-woord**] • *pak(je)*
• *rugzak*
• *stel(letje)*; *partij* ★ a pack of fools *een stelletje idioten*
[**werkwoord + iemand/iets**] *inpakken*; *verpakken* ★ pack your clothes *je kleren inpakken*

package /*zeg:* pèkìdzj/
• *pakket*
• *pak(je)*
• ‹computer› *programmatuur*; *standaardpakket* ★ package tour *geheel verzorgde reis*

packed /*zeg:* pekt/
• *opeengepakt*; *ingepakt*
• *volgepropt*; *vol* ★ a packed house *een volle zaal* ◆ packed lunch *lunchpakket*

packet /*zeg:* pèkìt/
• ‹spreektaal› *pakje* ★ packet of cigarettes *pakje sigaretten*
• ‹vnl. van sigaretten› *pakje*

pact /*zeg:* pekt/ *verbond*; *verdrag* ★ non-agression pact between two countries *niet-aanvalsverdrag tussen twee landen*

pad /*zeg:* ped/
[**the-woord**] • *rondje of bolletje watten* ★ cleansing pads *watjes om schoon te maken*
• *vulsel*; *vulling* ★ shoulder pads *schoudervullingen*
• *kussentje*
• *kladblok*; *blocnote* ★ writing pad *blocnote*
[**werkwoord + iemand/iets**] • *bekleden* ★ pad a cradle *een wiegje bekleden*
• *opvullen*; *watteren* ★ padded jacket *gewatteerde jas*

paddle /*zeg:* pedl/
[**the-woord**] • *peddel*
• *schoep*
[**werkwoord**] • ‹van kind› *peddelen* ★ paddle downstream *stroomafwaarts peddelen*
• *pootje baden* ★ paddle in a shallow water *pootje baden in ondiep water*

pagan /*zeg:* peeGùn/ *heiden*

page /*zeg:* peedzj/
[**the-woord**] *bladzijde*; *pagina* ★ turn the page *sla de bladzijde om*
[**werkwoord + iemand/iets**] *oproepen*; *omroepen* ★ page the doctor *de dokter oproepen op zijn pieper*

pager /*zeg:* peedzjù/ ‹oproepapparaatje› *pieper*

paid /*zeg:* peed/ [(verleden tijd + voltooid deelwoord) → **pay**]

pain /*zeg:* peen/
• *pijn*
• *moeite* ★ he took great pains to help me *hij deed heel veel moeite om me te helpen*

painful /*zeg:* peenfoel/
• *pijnlijk* ★ a painful knee *een pijnlijke knie*
• *moeizaam* ★ painful process *moeizaam proces*

painkiller /*zeg:* peenkìlù/ *pijnstiller*

painless /*zeg:* peenlùs/ *pijnloos*

paint /*zeg:* peent/
[**the-woord**] *verf*
[**werkwoord + iemand/iets**] *(be)schilderen*; *verven*

paintbrush /*zeg:* peentbràsj/ *verfkwast*;

P

penseel

painter /*zeg:* peentù/ *schilder*

painting /*zeg:* peenting/ *schilderij* ◆ art of painting *schilderkunst*

pair /*zeg:* pèè/
[**the-woord**] *paar* ★ a new pair of shoes *een nieuw paar schoenen* ◆ a pair of scissors *een schaar* ◆ up two pairs (of stairs) *twee hoog*
[**werkwoord (+ iemand/iets)**] *paren vormen* ★ the guests paired off when the dancing started *de gasten vormden paren toen het dansen begon*

pal ⟨spreektaal⟩ /*zeg:* pel/ *(goeie) vriend*; *makker* ★ pen pal *correspondentie-vriend*

palace /*zeg:* pèlùs/ *paleis*

> **palace**: *Buckingham Palace* is het koninklijk paleis in Londen. Koningin Elizabeth II woont in een gedeelte van het paleis en een ander gedeelte is toegankelijk voor toeristen. Er zijn in totaal 600 kamers, waarvan 52 slaapkamers voor koninklijke familie en gasten, 188 kamers voor personeel en 78 badkamers.

pale /*zeg:* peel/ *bleek*; *mat* ★ his face turned pale *zijn gezicht werd bleek* ★ pale light *mat licht*

pallet /*zeg:* pèlùt/
• *pallet*; *planken om lading te vervoeren* ★ they delivered 20 pallets of bricks *er werden 20 pallets bakstenen gebracht*
• *strozak*; *stromatras* ★ the soldiers slept on pallets *de soldaten sliepen op stromatrassen*
• *schilderspalet*

palm /*zeg:* pààm/
• *palm* ★ palm trees *palmbomen*
• ⟨ook als maat⟩ *handpalm* ★ the palm of your hand *je handpalm*

palmer /*zeg:* pààmù/
• *pelgrim*
• *bedelmonnik*

pamper /*zeg:* pempù/ *vertroetelen*; *verwennen* ★ a pampered child *een verwend kind*

pan /*zeg:* pen/ *pan* ★ frying-pan *koekenpan*

pancake /*zeg:* penkeek/ *pannenkoek*

pane /*zeg:* peen/ *ruit*; *raam* ★ look through the window pane *door het raam kijken*

panel /*zeg:* penl/
• *paneel*; *schakelbord* ★ operating panel *bedieningspaneel*
• *panel*; *forum* ★ a panel of experts *een forum van deskundigen*

pang /*zeg:* peng/ *pijnscheut*; *steek* ★ a pang of pain in my stomach *een pijnscheut in mijn maag*

panic /*zeg:* pènik/
[**the-woord**] *paniek*
[**werkwoord**] *in paniek raken* ◆ don't panic! *geen paniek!*

panicky ⟨spreektaal⟩ /*zeg:* pèniki/ *paniekerig* ★ they made some panicky decisions *ze namen een paar paniekerige besluiten*

pant /*zeg:* pent/
• *hijgen* ★ pant from running all the way *hijgen omdat je de hele weg hebt gerend*
• **pant after/for** *hunkeren naar* ★ we're panting for our holidays *we hunkeren naar onze vakanties*

panther /*zeg:* penSù/ *panter*

panties ⟨spreektaal⟩ /*zeg:* pentiz/ [meervoud] *onderbroekje*; *slipje*

pants ⟨spreektaal⟩ /*zeg:* pents/ [meervoud] ⟨Amerikaans⟩ *broek* ★ his pants were wet with rain *zijn broek was nat van de regen*

panty hose /*zeg:* pentiehoowz/ *panty*; *maillot*

papa /*zeg:* pàpù/ *papa*

paparazzo /*zeg:* papùratsoow/ *paparazzo*; *journalist* ★ paparazzi followed the princess everywhere *paparazzi volgden de prinses overal*

paper /*zeg:* peepù/
[**the-woord**] • *papier* ★ paper mill *papierfabriek* ★ paper money *papiergeld*
• *vel papier* ★ lots of papers on a desk *veel papieren op een bureau*
• *krant*
• *examenopgave*

P

• *werkstuk*; *opstel*; *scriptie* ⋆ write a paper on protected animals *een opstel schrijven over beschermde dieren* ◆ wall paper *behang*
[**werkwoord + iemand/iets**] *behangen* ⋆ paper the walls *de muren behangen*

paperback /*zeg:* peepùbek/ *pocket(boek)*; *paperback*

paperwork /*zeg:* peepùwùùk/ *papierwerk*; *administratief werk*

parachute /*zeg:* pèrùsjoet/
[**the-woord**] *parachute*
[**werkwoord**] *parachutespringen* ⋆ she loves parachuting *ze is gek op parachutespringen*
[**werkwoord + iemand/iets**] *met parachute neerlaten*; *droppen* ⋆ they parachuted foodpackages *ze dropten voedselpakketten*

parade /*zeg:* pùreed/
[**the-woord**] *parade*; *optocht*; *stoet* ⋆ military parade *militaire parade*
[**werkwoord (+ iemand/iets)**] *paraderen*; *optocht houden*

paradise /*zeg:* pèrùdais/ *paradijs*

paragraph /*zeg:* pèrùGrààf/
[**the-woord**] • *krantenartikeltje*
• *alinea*
[**werkwoord + iemand/iets**] • *in alinea's verdelen*
• *krantenberichtje schrijven over*

parallel /*zeg:* pèrùlel/
[**the-woord**] • *parallel*; *overeenkomst* ⋆ there is a parallel between their experiences *er is een overeenkomst in hun ervaringen*
• *evenwijdige lijn*
[**bijvoeglijk naamwoord**] • *evenwijdig* ⋆ parallel roads *evenwijdige straten*
• *gelijk*

paralyse /*zeg:* pèrùlaiz/ *verlammen* ⋆ paralysed from the waist down *vanaf het middel verlamd*

parasite /*zeg:* pèrùsait/
• *parasiet*
• *klaploper*; *profiteur*

parcel /*zeg:* pààsùl/
[**the-woord**] • ⟨van goederen⟩ *pakje*; *pakketje*
• *perceel* ⋆ a parcel of land *een perceel land*
• *perceel*; *kaveling*
[**werkwoord + iemand/iets**] **parcel up** *inpakken* ⋆ she parcelled up the toys to send to her grandson *ze pakte het speelgoed in om naar haar kleinzoon te sturen*

pardon /*zeg:* pààdn/
[**the-woord**] • *vergeving*; *gratie*; *pardon*
• *kwijtschelding van straf* ◆ I beg your pardon? *pardon?*
[**werkwoord + iemand/iets**] • *vergeven*
• *kwijtschelden van straf* ◆ many political prisoners were pardoned *veel politieke gevangenen kregen kwijtschelding van straf*

pare /*zeg:* pèè/
• *schillen* ⋆ a paring knife *een schilmesje|aardappelmesje* ⋆ pare a potato *een aardappel schillen*
• *afknippen*; *afsnijden*

parent /*zeg:* pèèrùnt/
• *ouder* ⋆ I like my parents-in-law *ik mag mijn schoonouders graag*
• *vader*; *moeder*

parish /*zeg:* pèrìsj/ *parochie*; *kerkelijke gemeente* ⋆ parish priest *de parochie-pastoor|-dominee* ◆ parish register *kerkregister*

park /*zeg:* pààk/
[**the-woord**] • *park* ⋆ take a stroll in the park *een wandeling maken in het park*
• *parkeerterrein* ⋆ I met him on the car park *ik ontmoette hem op het parkeerterrein*
[**werkwoord + iemand/iets**] *parkeren* ⋆ he parked his car wrongly *hij*

parkeerde zijn auto verkeerd
parking /*zeg:* pààking/ *(het) parkeren*; *parkeergelegenheid* ★ no parking! *parkeren verboden!* ★ ‹Amerikaans› parking meter *parkeermeter* ★ parkingticket *parkeerbon*
parliament /*zeg:* pààlùmùnt/ *parlement*
parody /*zeg:* pèrùdì/ *parodie*
parole /*zeg:* pùroowl/
• *parool*; *erewoord*
• *wachtwoord*
• ‹Amerikaans› *voorwaardelijke invrijheidstelling* ★ be released on parole *voorwaardelijk vrijgelaten worden*
parrot /*zeg:* pèrùt/
[the-woord] *papegaai*
[werkwoord + iemand/iets] *napraten* ★ he's only parroting his brother *hij praat alleen maar zijn broer na*
part /*zeg:* pààt/
[the-woord] • *deel*; *gedeelte* ★ the greater part of the population *het grootste deel van de bevolking* ★ parts of the body *lichaamsdelen*
• *onderdeel*
• *aflevering* ★ part one of a new tv series *eerste aflevering van een nieuwe tv-serie*
• *(toneel)rol* ★ she plays the part of Snowwhite *ze speelt de rol van Sneeuwwitje* ◆ take part in a demonstration *deelnemen aan een demonstratie*
[werkwoord] *uit elkaar gaan*; *scheiden*; *afscheid nemen van* ★ they parted as friends *ze gingen als vrienden uit elkaar* ★ I hate to part from you *ik vind het naar van jou afscheid te moeten nemen*
[werkwoord + iemand/iets] *scheiding maken in* ★ part your hair *een scheidng in je haar maken*
partial /*zeg:* pààsjùl/
• *gedeeltelijk* ★ a partial eclipse of the sun *een gedeeltelijke zonsverduistering*
• *partijdig* ★ a partial referee *een partijdige scheidsrechter*
partially /*zeg:* pààsjùlì/ *gedeeltelijk* ★ she is partially blind *zij is gedeeltelijk blind*
participant /*zeg:* pààtìsìpùnt/ *deelnemer* ★ participants in a quiz *deelnemers aan een kwis*
participate /*zeg:* pààtìsìpeet/ *deelnemen aan* ★ participate in a discussion *deelnemen aan een discussie*
particular /*zeg:* pùtìkjoelù/
• *speciaal* ★ every student has his particular problems *elke student heeft zijn speciale problemen*
• *bijzonder* ★ in particular *in het bijzonder* ★ nothing particular *niets bijzonders*
• *kieskeurig* ★ he is very particular about his clothes *hij is erg kieskeurig wat betreft zijn kleren*
parting /*zeg:* pààting/
• *afscheid* ★ an emotional parting *een emotioneel afscheid*
• ‹van haar› *scheiding* ★ centre parting *scheiding in het midden*
partition /*zeg:* pààtìsjùn/
[the-woord] • *tussenschot*; *scheidingswand* ★ a glass partition *een glazen scheidingswand*
• *afscheiding*; *verdeling*; *het opdelen* ★ partition of a country *het opdelen van een land*
[werkwoord + iemand/iets] **partition off** *afscheiden* ★ partition off part of a room *een gedeelte van een kamer afscheiden*
partly /*zeg:* pààtlì/ *gedeeltelijk* ★ he's partly right *hij heeft gedeeltelijk gelijk*
partner /*zeg:* pààtnù/ *partner*
parts /*zeg:* pààts/ [meervoud] *gebied*; *streek* ★ are you from these parts? *kom je uit deze streek?*
part-time /*zeg:* pààttaim/ *in deeltijd*; *parttime* ★ part-time worker *parttime medewerker*
party /*zeg:* pààtì/
• *partij* ★ political party *politieke partij*
• *feest* ★ will you come to my birthday party? *kom je op mijn verjaardagsfeest?*
• *gezelschap* ★ a party of 50 tourists *een gezelschap van 50 toeristen*
pass /*zeg:* pààs/
[the-woord] • *het slagen voor een examen* ★ three passes and one fail *voor drie vakken geslaagd en voor één gezakt*
• *pas(je)* ★ show your pass at the entrance *je pasje laten zien bij de*

P

ingang
• *bergpas* ★ we crossed the pass *we staken de bergpas over*
• ⟨sport⟩ *pass* ★ make a forward pass *een pass naar voren geven*
[**werkwoord**] • *overgaan* ★ the pain soon passed *de pijn ging snel over*
• **pass away** *overlijden*; *sterven* ★ Gran has passed away *oma is overleden*
• **pass by** *voorbijgaan* ★ he passed by without saying a word *hij ging voorbij zonder een woord te zeggen*
• **pass for** *doorgaan voor* ★ you could pass for a Frenchman *je zou voor een Fransman door kunnen gaan*
• **pass out** *weggaan*; *verlaten*; *flauwvallen* ★ she passed out when she saw the blood *ze viel flauw toen ze het bloed zag*
• **pass over** *overlijden*
[**werkwoord + iemand/iets**] • *inhalen*; *passeren*; *voorbijgaan* ★ several people passed but no one stopped *er kwamen een aantal mensen langs maar niemand stopte* ★ cars can't pass here *auto's kunnen hier niet inhalen*
• *doorgeven*; *aangeven* ★ pass the milk, please? *wil je de melk even aangeven?*
• *slagen voor* ★ pass your driving test *slagen voor je rijexamen*
• *doorbrengen* ★ how did you pass the weekend? *hoe heb je het weekend doorgebracht?*
• *slagen voor*
• *een pass geven* ★ he passed the ball to the goalie *hij gaf een pass naar de keeper*
• **pass on** *doorgeven*; *verder vertellen* ★ pass on a piece of news *een nieuwtje doorvertellen*
• **pass over** *overslaan*; *negeren* ★ pass over somebody's stupid mistake *iemands stomme fout negeren*
• **pass down** *doorgeven*; *aflopen*

passable /*zeg:* pààsùbl/
• *redelijk*; *vrij goed* ★ a passable imitation of a painting *een vrij goede imitatie van een schilderij*
• *begaanbaar* ★ passable roads *begaanbare wegen*

passage /*zeg:* pèsìdzj/
• *passage*; *doorgang* ★ narrow passage *smalle doorgang*
• *overtocht* ★ a smooth passage *een rustige overtocht*
• ⟨in boek⟩ *passage* ◆ bird of passage *trekvogel*

passenger /*zeg:* pèsìndzjù/ *passagier*

passer-by /*zeg:* pààsùbai/ *voorbijganger* ★ a lot of passers-by watched full interest *veel voorbijgangers keken geïnteresseerd toe*

passing /*zeg:* pààsìng/
[**the-woord**] *het voorbijgaan* ★ the passing of the seasons *het voorbijgaan van de seizoenen*
[**bijvoeglijk naamwoord**] • *voorbijgaand* ★ passing fashion *voorbijgaande mode*
• *terloops* ★ passing glance *terloopse blik* ◆ passing lane *inhaalstrook*

passion /*zeg:* pesjùn/
• *hartstocht*; *passie*
• *grote liefde* ★ a passion for classical music *een grote liefde voor klassieke muziek*

passionate /*zeg:* pesjùnùt/ *hartstochtelijk*

passive /*zeg:* pèsìv/
[**the-woord**] ⟨taal⟩ *lijdende vorm*
[**bijvoeglijk naamwoord**] *passief* ★ active and passive children *actieve en passieve kinderen*

passport /*zeg:* pààspòòt/ *paspoort*

password /*zeg:* pààswùùd/ *wachtwoord*

past /*zeg:* pààst/
[**the-woord**] *verleden (tijd)*
[**bijvoeglijk naamwoord**] • *afgelopen*; *vorige* ★ the past month *de afgelopen maand*
• *verleden* ★ ⟨taal⟩ past tense *verleden tijd*
[**voorzetsel**] • *langs*; *voorbij* ★ they ran past me *ze renden me voorbij*
• *over* ★ ten past two *tien over twee* ◆ half past one *half twee*

paste /*zeg:* peest/
[**the-woord**] • ⟨van gebak⟩ *deeg*
• *plaksel* ★ wall paper paste *behangplaksel*
[**werkwoord + iemand/iets**] *(be)plakken*

pastime /*zeg:* pààstaim/ *tijdverdrijf*; *hobby* ★ painting is my favorite pastime *schilderen is mijn favoriete*

tijdverdrijf
pastry /*zeg:* peestrì/ *gebak(jes)*; *bladerdeeg*
pastry-cook /*zeg:* peestrì koek/ *banketbakker*
pasture /*zeg:* pààstsjù/
• *gras*
• *weide*; *weiland*
pasty [**the-woord**] /*zeg:* pestì/ *vleespastei*
[**bijvoeglijk naamwoord**] /*zeg:* peestì/ *vaal bleek* ★ pasty face *vaal bleek gezicht*
pat /*zeg:* pet/
[**the-woord**] *tikje*; *klopje* ★ a pat on the shoulder *een schouderklopje*
[**werkwoord + iemand/iets**] *tikken*
patch /*zeg:* petsj/
[**the-woord**] • *lap*; *stuk textiel* ★ jacket with patches on the elbows *jasje met stukken op de ellebogen*
• *plekje*; *vlek* ★ a white dog with black patches *een witte hond met zwarte vlekken*
• *stukje grond* ★ patch of land *stukje grond*
[**werkwoord + iemand/iets**]
• *opknappen*; *oplappen* ★ patch up an old cottage *een oud huisje opknappen*
• **patch up** ⟨van ruzie⟩ *bijleggen* ★ patch up a quarrel *een ruzie bijleggen*
patent /*zeg:* peetnt/ *patent*; *octrooi* ★ have a patent on an invention *patent hebben op een uitvinding*
paternal /*zeg:* pùtùùnl/
• *vaderlijk*
• *van vaderskant* ★ paternal grandparents *grootouders van vaderskant*
path /*zeg:* pààS/ *pad*; *weg* ★ footpath *voetpad*
patience /*zeg:* peesjùns/ *geduld* ★ lose your patience *je geduld verliezen*
patient /*zeg:* peesjùnt/
[**the-woord**] *patiënt*; *zieke*
[**bijvoeglijk naamwoord**] *geduldig* ★ a patient teacher *een geduldige leraar*
patriot /*zeg:* peetrìjùt/
[**the-woord**] *patriot*; *iemand die veel van zijn vaderland houdt*
[**bijvoeglijk naamwoord**] *patriottisch*
patriotism /*zeg:* peetrìjùtìzùm/ *patriottisme*; *vaderlandsliefde*
patrol /*zeg:* pùtroowl/
[**the-woord**] *patrouille*; *ronde* ◆ school crossing patrol *klaar-over* ◆ patrol car *politieauto*
[**werkwoord (+ iemand/iets)**] *patrouilleren*; *de ronde doen*
patron /*zeg:* peetrùn/ *beschermheer* ★ the king was a patron of the arts *de koning was een patroon van de kunsten* ◆ patron saint *beschermheilige*
patroness /*zeg:* peetrùnes/ *beschermvrouw*
patronize /*zeg:* petrùnaiz/
• *beschermen*
• *kleineren*; *hooghartig behandelen* ★ patronizing smile *kleinerende glimlach*
patter /*zeg:* petù/
[**the-woord**] • *taaltje*; *vlotte babbel*
• *getrippel*; *gekletter* ★ patter of little feet *getrippel van kleine voetjes* ★ patter of rain on the roof *gekletter van regen op het dak*
[**werkwoord**] • *trippelen*
• *kletteren*
pattern /*zeg:* petn/ *patroon* ★ carpet with a nice pattern *tapijt met een mooi patroon* ★ pattern for a dress *patroon voor een jurk*
pause /*zeg:* pòòz/
[**the-woord**] *pauze*; *onderbreking*; *rust*
[**werkwoord**] *even ophouden*; *pauzeren*
pave /*zeg:* peev/ *bestraten* ★ pave a terrace *een terras bestraten*
pavement /*zeg:* peevmùnt/ *bestrating*; *stoep* ★ don't park on the pavement *niet parkeren op de stoep*
paw /*zeg:* pòò/
[**the-woord**] *poot* ★ dog's paws *hondenpoten*
[**werkwoord + iemand/iets ⟨spreektaal⟩**] *met een poot krabben* ★ the dog pawed the door *de hond krabde aan de deur*
pawn /*zeg:* pòòn/
[**the-woord**] • *onderpand*
• *pion*
[**werkwoord + iemand/iets**] *verpanden*
pay /*zeg:* pee/
[**the-woord**] *loon*
[**werkwoord + iemand/iets**]
• *(uit)betalen*

• *schenken*; *geven* ★ the students paid attention to the teacher *de leerlingen schonken de leraar aandacht*
• **pay for** *boeten voor* ★ you have to pay for that *je zult ervoor moeten boeten*
• **pay back** *terugbetalen* ★ he didn't pay me back the money he borrowed *hij betaalde me niet het geld terug dat hij geleend had*
• **pay out** *(uit)betalen*; *betaald zetten*
◆ they will pay me a visit *ze zullen me bezoeken* ◆ it's pay day *het is vandaag de dag waarop je je loon krijgt*

payment /*zeg:* peemùnt/ *betaling* ★ cash payment *contante betaling*

payroll /*zeg:* peeroowl/ *loonlijst*

P.C. [**afkorting**] Personal Computer *pc*

P.D. [**afkorting**] Police Department *politie* ★ O.P.D. *Ontario Police Department*

peace /*zeg:* pies/
• *vrede* ★ make peace *vrede sluiten*
★ rest in peace *rust in vrede*
• *rust* ★ find peace in your heart *rust in je hart vinden*

peaceful /*zeg:* piesfoel/ *vredig*

peach /*zeg:* pietsj/ *perzik*

peacock /*zeg:* piekòk/ *(mannetjes)pauw* ★ as proud as a peacock *zo trots als een pauw*

peak /*zeg:* piek/
[**the-woord**] • *piek*; *spits*; *top* ★ climb to the peak of the mountain *naar de top van de berg klimmen*
• *hoogtepunt* ★ the peak of your career *het hoogtepunt van je carrière*
• ‹van pet› *klep* ★ peak of a cap *klep van een pet*
• ‹scheepvaart› *piek*
[**bijvoeglijk naamwoord**] *hoogste*
◆ peak hour *spitsuur* ◆ peak year *topjaar*

peal /*zeg:* piel/
[**the-woord**] • ‹van klokken› *gelui*
• ‹van de donder› *gerommel*; *donderslag*
★ peal of thunder *donderslag*
• *geschater*
[**werkwoord**] • *klinken*; *weergalmen*; *luiden* ★ bells are pealing in the distance *klokken luiden in de verte*
• ‹van de donder› *rollen* ◆ peal with laughter *schateren van het lachen*

peanut /*zeg:* pienàt/ *pinda* ★ peanut butter *pindakaas* ◆ this problem is peanuts *dit probleem stelt niets voor*

pear /*zeg:* pèè/ *peer*

pearl /*zeg:* pùùl/ *parel*

peasant /*zeg:* pezùnt/ ‹klein bedrijf› *boer*

pebble /*zeg:* pebl/ *kiezelsteen*

peck /*zeg:* pek/
[**the-woord**] • ‹met snavel› *pik*
• *vluchtige kus* ★ peck on the cheek *kusje op de wang*
[**werkwoord + iemand/iets**] • ‹met snavel› *pikken* ★ chickens pecking at grains of corn *kippen die graankorrels pikken*
• *kusje geven* ★ peck someone on the cheek *iemand een kusje op de wang geven*

peculiar /*zeg:* pìkjoelìjù/
• *eigenaardig*; *vreemd* ★ a peculiar smell *een vreemde geur*
• *bijzonder*; *speciaal* ★ the peculiar habits of cats *de speciale gewoontes van katten*

pedagogic(al) /*zeg:* pèdùGòdzjìk(l)/ *pedagogisch*; *opvoedkundig*

pedagogue /*zeg:* pèdùGòG/ *pedagoog*

pedagogy /*zeg:* pèdùGòdzjì/ *pedagogie*

pedal /*zeg:* pedl/
[**the-woord**] *pedaal* ★ pedal bin *pedaalemmer*
[**werkwoord (+ iemand/iets)**] *peddelen*; *fietsen*

peddle /*zeg:* pedl/ *venten*; *verkopen aan deur* ★ a door-to-door salesman peddles his goods *een huis-aan-huis verkoper vent zijn waren*

pedestal /*zeg:* pèdìstl/ *voetstuk*; *basis* ★ pedestal of a statue *voetstuk van een standbeeld* ★ put someone on a pedestal *iemand op een voetstuk plaatsen*

pedestrian /*zeg:* pìdestriùn/
[**the-woord**] *voetganger* ★ pedestrian crossings *oversteekplaats voor voetgangers*
[**bijvoeglijk naamwoord**] *wandel-*; *voetgangers-* ★ pedestrian area *voetgangersgebied*

P

pedigree /*zeg:* pèdìGrie/ *stamboom*
◆ pedigree dog *rashond*
peek /*zeg:* piek/ *gluren*; *stiekem kijken*
★ no peeking! *geen gegluur!*
peel /*zeg:* piel/
[**the-woord**] *schil*
[**werkwoord + iemand/iets**] *(af)schillen*
★ peel potatoes *aardappels schillen*
peelings /*zeg:* pielìngz/ [meervoud] *schillen*
peep /*zeg:* piep/
[**the-woord**] *kijkje*; *steelse blik*
[**werkwoord**] • *gluren*; *stiekem kijken*
★ peep through the keyhole *door het sleutelgat gluren*
• *piepen boven/tussen uit*; *net tevoorschijn komen* ★ crocuses peeping through the grass *krokussen die boven het gras uit piepen* ◆ peeping Tom *gluurder*
peer /*zeg:* pìjù/
[**the-woord**] • *gelijke* ★ peer group *groep van gelijken*
• ‹Brits› *iemand van adel* ◆ peers of the realm/the United Kingdom *degenen die zitting mogen hebben in het Hogerhuis*
[**werkwoord**] *turen* ★ peer in the distance *turen in de verte*
peg /*zeg:* peG/
[**the-woord**] • ‹voor kleren› *knop*; *haak*
• *houten pin*; *wasknijper*
• ‹van tent› *haring*
[**werkwoord + iemand/iets**] • *pennen/bouten slaan in*
• *met pennen vastmaken/steunen*
pelican /*zeg:* pèlìkùn/ *pelikaan*
pelt /*zeg:* pelt/
[**the-woord**] *vacht*; *vel*
[**werkwoord**] • *kletteren* ★ the rain was pelting down on the roof *de regen kletterde neer op het dak*
• *rennen*
• *rennen*; *stuiven* ★ he pelted out of the room *hij stoof de kamer uit*
[**werkwoord + iemand/iets**] *bekogelen*
★ pelt somebody with snowballs *iemand bekogelen met sneeuwballen*
pelvis /*zeg:* pelvìs/ *bekken*
pen /*zeg:* pen/
[**the-woord**] • *pen*
• *schaapskooi* ★ sheep pen *schaapskooi*
• *pen*
[**werkwoord + iemand/iets**] *opsluiten*
★ pen cattle for the night *vee opsluiten voor de nacht*

penal /*zeg:* pienl/ *straf(baar)*; *straf-*
★ penal offence *strafbare overtreding*
penalty /*zeg:* pènùltì/
• *straf*; *boete* ★ on penalty of *op straffe van*
• *strafschop* ★ penalty area *strafschopgebied*
pencil /*zeg:* pensìl/
[**the-woord**] *potlood*
[**werkwoord + iemand/iets**] *met potlood (op)schrijven* ★ pencil a name in a book *met potlood een naam in een boek schrijven*
pencil-case /*zeg:* pensìlkees/
• *potlooddoos*
• *schooletui*
pencil-sharpener /*zeg:* pensìl sjààpùnù/ *puntenslijper*
pendant /*zeg:* pendùnt/
• *hanger* ★ a pendant on a gold chain *een hanger aan een gouden ketting*
• ‹scheepvaart› *hanger*
penetrate /*zeg:* pènùtreet/ *doordringen*; *penetreren*; *binnendringen*
★ penetrating look *doordringende blik*
★ penetrate a terrorist group *binnendringen in een terroristische groepering*
penetration /*zeg:* pènùtreesjùn/ *penetratie*; *indringing*
pen-friend /*zeg:* penfrend/ *penvriend(in)*
penguin /*zeg:* pengGwìn/ *pinguïn*
penicillin /*zeg:* pènìsìlìn/ *penicilline*
penis /*zeg:* pienìs/ *penis*
pen name /*zeg:* pen neem/ *schrijvers-*

naam; pseudoniem

penniless /*zeg:* pènìlìs/ *arm; zonder geld; blut*

penny /*zeg:* pènì/ ‹een honderdste van een Engels pond› *penny* ◆ a penny for your thoughts *waar zit je aan te denken?*

pension /*zeg:* pensj(ù)n/
[**the-woord**] • *pensioen* ⋆ old age pension *ouderdomspensioen, AOW*
• *pension*
[**werkwoord + iemand/iets**] **pension off** *pensioneren; met pensioen laten gaan* ⋆ he was pensioned off *hij werd gepensioneerd*

pensioner /*zeg:* pensjùnù/ *gepensioneerde*

pentagon /*zeg:* pentùGùn/ *vijfhoek* ◆ The Pentagon *vijfhoekig gebouw van het Ministerie van Defensie in de VS*

penthouse /*zeg:* penthaus/ *penthouse; luxe appartement op de bovenste verdieping van een flatgebouw*

people /*zeg:* piepl/
[**the-woord**] • *mensen* ⋆ people all over the world *mensen over de hele wereld*
• *men* ⋆ people say he has died *men zegt dat hij gestorven is*
• *volk* ⋆ the French people *het Franse volk*
[**werkwoord + iemand/iets**] *bevolken* ⋆ a small town peopled by miners *een klein stadje bevolkt door mijnwerkers*

pep ‹spreektaal› /*zeg:* pep/
[**the-woord**] *pep; energie* ◆ pep talk *praatje om iemand op te peppen* ◆ pep pill *stimulerend middel*
[**werkwoord + iemand/iets**] **pep up** *oppeppen; opkikkeren* ⋆ a walk will pep you up *een wandeling zal je oppeppen*

pepper /*zeg:* pèpù/
[**the-woord**] • *peper* ⋆ salt and pepper pots *peper- en zoutstel* ⋆ hot peppers *Spaanse pepers*
• *paprika* ⋆ green peppers *groene paprika's*
[**werkwoord + iemand/iets**] *peperen* ⋆ pepper meat *vlees peperen*

peppermint /*zeg:* pèpùmìnt/ *pepermunt* ⋆ peppermint drop *pepermuntje*

per /*zeg:* pùù/ *per* ⋆ 100 euros per person/per night *100 euro per persoon/per nacht*

perceive /*zeg:* pùsiev/ *(op)merken; waarnemen*

percent /*zeg:* pùsent/ *procent*

percentage /*zeg:* pùsentìdzj/ *percentage*

perception /*zeg:* pùsepsjùn/
• *waarneming*
• *gewaarwording*

perch /*zeg:* pùùtsj/
[**the-woord**] • ‹van vogel› *stok* ⋆ a canary on his perch *een kanarie op zijn stok*
• ‹van vogel› *hoge plaats* ⋆ from his perch he looked down on us *vanaf zijn hoge plaats keek hij op ons neer*
• *baars* ⋆ a perch is a fresh water fish *een baars is een zoetwatervis*
[**werkwoord**] • *neerstrijken* ⋆ a bird perched on the window-sill *een vogel streek neer op de vensterbank*
• *op het randje zitten* ⋆ he perched on my desk *hij ging op het randje van mijn bureau zitten*
• *hoog tegen of op iets liggen* ⋆ a town perched on a hill *een stad tegen een heuvel gelegen*

percussion /*zeg:* pùkàsjùn/ *slagwerk* ⋆ percussion instrument *slaginstrument*

perfect [**the-woord**] /*zeg:* pùùfikt/ *voltooid tegenwoordige tijd*
[**bijvoeglijk naamwoord**] /*zeg:* pùùfikt/ *volmaakt; perfect*
[**werkwoord + iemand/iets**] /*zeg:* pùfekt/ *perfectioneren; verbeteren*

perfection /*zeg:* pùfeksjùn/ *volmaaktheid; perfectie*

perforate /*zeg:* pùùfùreet/ *perforeren; doorboren*

perforation /*zeg:* pùùfùreesjùn/ *perforatie; gaatje*

perform /*zeg:* pùfòòm/
[**werkwoord**] *functioneren* ⋆ a well-performing machine *een goed functionerende machine*
[**werkwoord + iemand/iets**] • *uitvoeren* ⋆ have they performed experiments on animals? *hebben zij experimenten uitgevoerd op dieren?*
• ‹van toneelstuk› *opvoeren* ⋆ perform a play? *een toneelstuk opvoeren*

performance /*zeg:* pùfòòmùns/

• *(toneel)voorstelling*; *optreden* ★ live performance of a popgroup *een live optreden van een popgroep*
• *prestatie* ★ he has to improve his poor performance *hij moet zijn slechte prestatie verbeteren*

performer /*zeg:* pùfòòmù/
• *iemand die iets presteert* ★ a poor performer at school *iemand die slecht presteert op school*
• *artiest* ★ street performer *straatartiest*

perfume /*zeg:* pùùfjoem/
[**the-woord**] *geur*; *parfum*
[**werkwoord + iemand/iets**] *parfumeren*

perhaps /*zeg:* pùheps/ *misschien*

period /*zeg:* peerìjùd/
• *periode* ★ a period of two years *een periode van twee jaar*
• *les(uur)* ★ - what do you have next period? - English! - *wat heb je het volgende lesuur? - Engels!*
• *menstruatie*; *ongesteldheid* ★ when was your last period? *wanneer was je laatste ongesteldheid?*
• ‹leesteken› *punt*

periodic /*zeg:* peerìòdìk/ *periodiek*; *regelmatig*; *geregeld* ★ periodic check-up *geregeld onderzoek*

periodical /*zeg:* peerìòdìkl/
[**the-woord**] *periodiek*; *tijdschrift* ★ medical periodicals *medische tijdschriften*
[**bijvoeglijk naamwoord**] *periodiek*; *regelmatig*; *geregeld*

periscope /*zeg:* pèrìskoowp/ *periscoop*

perishable /*zeg:* pèrìsjùbl/ ‹voedsel› *bederfelijk*; *beperkt houdbaar*

perk /*zeg:* pùùk/
[**the-woord**] *extraatje*; *voordeel* ★ one of the perks of my job is a company car *een van de voordelen van mijn baan is een auto van de zaak*
[**werkwoord**] **perk up** *opleven*; *opfleuren* ★ he perked up when he heard the good news *hij leefde op toen hij het goede nieuws hoorde*
[**werkwoord + iemand/iets**] **perk up** *opvrolijken* ★ perk up a room with flowers *een kamer opvrolijken met bloemen*

perky /*zeg:* pùùkì/ *levendig*; *vrolijk* ★ a perky girl *een levendig meisje*

perm /*zeg:* pùùm/ ‹in haar› *permanent*

permanent /*zeg:* pùùmùnùnt/ *blijvend*; *duurzaam*; *permanent* ◆ permanent job *vaste baan*

permanently /*zeg:* pùùmùnùntlì/ *voorgoed*; *blijvend* ★ permanently handicapped *blijvend gehandicapt*

permission /*zeg:* pùmìsjùn/ *toestemming*; *vergunning*

permit [**the-woord**] /*zeg:* pùùmìt/ *vergunning* ★ fishing permit *visvergunning*
[**werkwoord (+ iemand/iets)**] /*zeg:* pùmìt/ *toestaan*; *toestemming geven* ★ he permitted her to leave the classroom *hij gaf haar toestemming de klas uit te gaan*

perpetrate /*zeg:* pùùpìtreet/ *bedrijven*; *begaan* ★ perpetrate a crime *een misdaad begaan*

perpetrator /*zeg:* pùùpùtreetù/ *dader*

perpetual /*zeg:* pùpètsjoeùl/ *eeuwig*; *onophoudelijk* ★ I hate your perpetual arguments *ik haat jullie onophoudelijk geruzie*

persecute /*zeg:* pùùsìkjoet/
• *vervolgen* ★ persecute a minority group *een minderheidsgroep vervolgen*
• *lastig vallen* ★ journalists are persecuting the prince *journalisten vallen de prins lastig*

persist /*zeg:* pùsìst/
• **persist in** *volharden in* ★ he persists in that he is innocent *hij volhardt erin dat hij onschuldig is*
• *voortduren*; *aanhouden* ★ the rain persisted all day *de regen hield de hele dag aan*

persistent /*zeg:* pùsìstnt/

P

• *hardnekkig* ★ persistent cough *hardnekkige hoest*
• *blijvend*

person /*zeg:* pùùsùn/
• *persoon*
• *iemand* ◆ in person *in levende lijve*

personal /*zeg:* pùùsùnl/ *persoonlijk* ★ 'I', 'you' and 'he' are personal pronouns *'ik', 'jij' en 'hij' zijn persoonlijke voornaamwoorden* ◆ personal computer *thuiscomputer*; *pc*

personality /*zeg:* pùùsùnèlùtì/ *persoonlijkheid*; *beroemdheid* ★ she is a sparkling personality *zij is een sprankelende persoonlijkheid*

personally /*zeg:* pùùsùnùlì/ *persoonlijk*; *wat mij betreft* ★ personally, I disagree *persoonlijk ben ik het er niet mee eens*

personnel /*zeg:* pùùsùnel/
• *personeel* ★ personnel manager *personeelsmanager* ★ skilled personnel *geschoold personeel*
• *manschappen*

perspective /*zeg:* pùspektìv/
• *perspectief*
• *vooruitzicht*

perspiration /*zeg:* pùùspìreesjùn/ *zweet*; *transpiratie*

perspire /*zeg:* pùspaijù/ *transpireren*; *zweten*

P

persuade /*zeg:* pùsweed/ *overreden*; *overtuigen*

persuasion /*zeg:* pùsweezjùn/
• *overreding(skracht)* ★ power of persuasion *overredingskracht*
• *overtuiging*; *geloof* ★ people of the same persuasion *mensen van dezelfde overtuiging*

persuasive /*zeg:* pùsweesìv/ *overredend*; *overtuigend* ★ a persuasive argument *een overtuigend argument*

perverse /*zeg:* pùvùùs/ *pervers*; *verdorven*

pervert /*zeg:* pùùvuùt/ *viezerik*

pessimist /*zeg:* pèsìmìst/ *pessimist*

pest /*zeg:* pest/
• *schadelijk dier*; *schadelijke plant*
• *lastpak* ★ that girl is a real pest *dat meisje is een echte lastpak*
• *pest* ◆ pests *ongedierte*

pester /*zeg:* pestù/
• *plagen*; *lastig vallen*
• **pester for** *lastig vallen om*; *blijven zeuren om* ★ pester your mum for money *bij je moeder blijven zeuren om geld*

pet /*zeg:* pet/
[**the-woord**] • *huisdier* ★ pet shop *dierenwinkel* ★ John owns a pet rabbit *John houdt een konijn als huisdier*
• *lieveling* ★ the teacher's pet *het lievelingetje van de leraar*
[**bijvoeglijk naamwoord**] *lievelings-*; *geliefd* ★ his pet subject *zijn lievelingsonderwerp* ◆ pet name *troetelnaam*
[**werkwoord + iemand/iets**] • ⟨van een huisdier⟩ *aaien*
• *liefkozen*

petal /*zeg:* petl/ *bloemblad* ★ a bowl of dried petals *een schaal met gedroogde bloemblaadjes*

petition /*zeg:* pìtìsjùn/
[**the-woord**] *verzoek(schrift)*; *smeekschrift*
[**werkwoord (+ iemand/iets)**] *een formeel verzoek richten tot* ★ petition the government for a change of the law *een verzoek bij de regering indienen om een wetswijziging*

petrol /*zeg:* petrùl/ *benzine* ★ petrol gauge *benzinemeter* ★ petrol station *benzinestation*

petroleum /*zeg:* pùtroowlìjùm/ *petroleum*

petty /*zeg:* pètì/
• *onbelangrijk*
• *kleinzielig* ★ don't be so petty *doe*

niet zo kleinzielig ◆ petty thief *kruimeldief*

pewter /*zeg:* pjoetù/
[**the-woord**] *tin*
[**bijvoeglijk naamwoord**] *tinnen*
★ pewter ashtray *tinnen asbak*

phantom /*zeg:* fentùm/
[**the-woord**] *spook*; *geestverschijning*
★ I saw the phantom of my greatgrandfather *ik zag de geest van mijn overgrootvader*
[**bijvoeglijk naamwoord**] *spook-*
★ phantom ship *spookschip*

pharmacist /*zeg:* fààmùsìst/ *apotheker*

pharmacy /*zeg:* fààmùsì/ *apotheek*

phase /*zeg:* feez/
[**the-woord**] *stadium*; *fase*
[**werkwoord + iemand/iets**] **phase in** *geleidelijk invoeren* ★ phase in a new law *een nieuwe wet geleidelijk invoeren*

Ph.D. [**afkorting**] *doctorsgraad*

pheasant /*zeg:* fezùnt/ *fazant*

phenomenon /*zeg:* fùnòmìnùn/
• *verschijnsel*
• *fenomeen*

philosopher /*zeg:* filòsùfù/ *wijsgeer*; *filosoof*

philosophic(al) /*zeg:* filùsòfik(l)/ *wijsgerig*; *filosofisch*

philosophy /*zeg:* filòsùfi/
• *wijsbegeerte*
• *levensbeschouwing*

phobia /*zeg:* foowbìjù/ *ziekelijke vrees*; *fobie* ★ he has a phobia about spiders *hij heeft een fobie voor spinnen*

phone /*zeg:* foown/ *telefoon* ★ phone booth *telefoon cel* ★ phone number *telefoonnummer*

phone-in /*zeg:* fownin/ *radio-/tv-programma, waarbij luisteraars/kijkers deelnemen via de telefoon*

photo /*zeg:* foowtoow/ *foto*

photocopy /*zeg:* foowtoowkòpì/ *fotokopie*

photograph /*zeg:* foowtùGrààf/
[**the-woord**] *foto*; *portret* ★ I have had my photograph taken *ik heb me laten fotograferen*
[**werkwoord (+ iemand/iets)**] *fotograferen*

photographer /*zeg:* fùtòGrùfù/ *fotograaf*

photographic /*zeg:* foowtùGrèfik/ *fotografisch*; *fotografie-*

photography /*zeg:* fùtòGrùfi/ *fotografie*

phrase /*zeg:* freez/
[**the-woord**] • *uitdrukking*; *gezegde*
• *bewoording*; *frase*
[**werkwoord + iemand/iets**] *onder woorden brengen*; *formuleren* ★ phrase an idea *een idee formuleren*

physical /*zeg:* fizìkl/
• *lichamelijk* ★ physical education (P.E.) *gym(nastiek)*
• *materieel*; *stoffelijk* ★ the physical world *de materiële wereld*
• *natuurkundig* ★ physical laws *natuurkundige wetten*
• *lichamelijk*

physician /*zeg:* fizìsjùn/ *dokter*

physicist /*zeg:* fizìsìst/ *natuurkundige*
★ Albert Einstein was a great physicist *Albert Einstein was een groot natuurkundige*

physics /*zeg:* fizìks/ [**meervoud**] *natuurkunde*

physiotherapy /*zeg:* fizìoowSèrùpì/ *fysiotherapie*

piano /*zeg:* pijènow/ *piano* ★ piano music *pianomuziek*

pick /*zeg:* pìk/
[**the-woord**] • *keuze*
• *het beste* ★ the pick of this year's movies *de beste films van dit jaar*
• *pikhouweel* ★ pick ax *pikhouweel*
◆ take your pick *zoek maar uit*
[**werkwoord + iemand/iets**] • *uitkiezen*
★ pick and choose *zorgvuldig uitkiezen*
• *plukken*; *peuteren* ★ pick cherries *kersen plukken* ★ pick your nose *in je neus peuteren*
• *schoonmaken*; ‹van gevogelte› *plukken*
[**werkwoord (+ iemand/iets)**] • **pick at** *kleine hapjes nemen*; *peuteren* ★ she picked at her food *ze nam kleine hapjes van haar eten* ★ pick at a knot *peuteren aan een knoop*
• *plukken*
• **pick on** *vitten op* ★ he's constantly picking on me *hij zit steeds op me te vitten*
• **pick out** *uitkiezen*; *halen uit*
• **pick up** *oprapen*; *oppakken* ★ he has been picked up by the police *hij is*

P

opgepakt door de politie
• **pick up** *toenemen* ★ the wind is picking up *de wind neemt toe*
• **pick up** *ophalen*; *afhalen* ★ I'll pick you up at the station *ik haal je bij het station af*

pickle /*zeg:* pi̱kl/
[**the-woord**] • *pekel*; *zuur* ★ pickled herring *zure haring*
• *moeilijke situatie* ★ I'm in a pickle *ik zit in de puree*
[**werkwoord + iemand/iets**] • *pekelen*
• *inmaken*

pickpocket /*zeg:* pi̱kpòkìt/ *zakkenroller*

pick-up /*zeg:* pi̱kàp/ *open bestelwagen*

picky /*zeg:* pi̱kì/ *kieskeurig* ★ a picky eater *een kieskeurige eter*

picnic /*zeg:* pi̱knìk/
[**the-woord**] *picknick*
[**werkwoord**] *picknicken*

picture /*zeg:* pi̱ktsjù/
[**the-woord**] • *beeld*; *voorstelling* ★ when did she come in the picture? *wanneer kwam zij in beeld?*
• *schilderij* ★ hang a picture on the wall *een schilderij aan de muur hangen*
• *plaatje*; *foto* ★ take a picture *een foto nemen* ★ pictures book *plaatjesboek*
◆ I'll put you in the picture *ik zal je op de hoogte houden* ◆ picture postcard *ansichtkaart* ◆ go to the pictures *naar de bioscoop gaan*
[**werkwoord + iemand/iets**] • *afbeelden*; *schilderen*
• *zich voorstellen*; *voor de geest halen* ★ I can still picture my first boyfriend *ik kan me nog steeds mijn eerste vriendje voor de geest halen*

picture-gallery /*zeg:* pi̱ktsjù Gèlùrì/ *schilderijenmuseum*

pie /*zeg:* pai/
• *pastei(tje)* ★ meat pie *vleespasteitje*
• *taart*; *gebak* ★ bake an applepie *een appeltaart bakken*

piece /*zeg:* pies/
[**the-woord**] *stuk(je)*; *hoeveelheid* ★ a piece of rope *een stuk touw* ★ one euro a piece *een euro per stuk* ★ piece by piece *stuk voor stuk* ◆ give a piece of advice *raad geven* ◆ piece of news *nieuwtje*
[**werkwoord + iemand/iets**] *samenvoegen*; *in elkaar zetten*

pierce /*zeg:* pi̱jùs/
• *doorprikken*
• *doordringen in*
• *doorboren* ◆ pierced ears *gaatjes in je oren*

piercing /*zeg:* pi̱jùsìng/
[**the-woord**] *piercing* ★ she wants a navel piercing *ze wil een navelpiercing*
[**bijvoeglijk naamwoord**] *doordringend* ★ piercing blue eyes *doordringende blauwe ogen*

pig /*zeg:* pìG/
• *varken*; *varkensvlees* ★ he eats like a pig *hij eet als een varken*
• *(wild) zwijn*

pigeon /*zeg:* pi̱dzjìn/ *duif* ★ clay pigeon *kleiduif*

piggy /*zeg:* pi̱Gì/
[**the-woord**] *varkentje* ◆ piggy bank *spaarvarken*
[**bijvoeglijk naamwoord**] *varkens-*

pigment /*zeg:* pi̱Gmùnt/ *pigment*

pile /*zeg:* pail/
[**the-woord**] • *hoop*; *stapel* ★ pile of books *stapel boeken* ★ pile of sand *zandhoop*
• *heipaal* ★ piles support a house *heipalen ondersteunen een huis*
• ⟨spreektaal⟩ *fortuin* ★ he's made a pile *hij heeft een fortuin verdiend*
• ⟨spreektaal⟩ *fortuin*; *geld*
[**werkwoord + iemand/iets**] • **pile up** *opstapelen*

pilgrim /*zeg:* pi̱lGrìm/ *pelgrim* ◆ Pilgrim Fathers *Engelse puriteinen die in 1620*

P

Plymouth stichtten in Massachusetts in de VS

pilgrimage /*zeg:* pi̲lGrìmìdzj/ *bedevaart*; *pelgrimstocht*

pill /*zeg:* pìl/ *pil*

pillar /*zeg:* pi̲lù/ *(steun)pilaar*; *zuil*

pillow /*zeg:* pi̲loow/ *hoofdkussen*
★ pillowcase *kussensloop*

pilot /*zeg:* pa̲ilùt/
[**the-woord**] • *piloot*
• *loods* ◆ pilot flame/burner *waakvlam*
[**werkwoord + iemand/iets**] • *besturen*; *loodsen*
• *geleiden*

pimp /*zeg:* pìmp/ *pooier*

pimple /*zeg:* pi̲mpl/ *puistje*

pin /*zeg:* pìn/
[**the-woord**] • *speld* ★ safety pin *veiligheidsspeld*
• *pen* ★ ‹medisch› a steel pin in a bone *een stalen pen in een bot* ★ wooden pin *houten pin*
• ‹bij bowlen› *kegel*
[**werkwoord + iemand/iets**] • **pin up** *(op)prikken*
• *vastspelden*

PIN /*zeg:* pìn/ personal identification number *pincode*

pinch /*zeg:* pìntsj/
[**the-woord**] • *kneep*
• *snufje*; *een klein beetje* ★ a pinch of salt *een snufje zout* ◆ take something with a pinch of salt *iets met een korreltje zout nemen*
[**werkwoord + iemand/iets**] • *knijpen* ★ pinch somebody in the arm *iemand in zijn arm knijpen*
• *knellen* ★ pinching shoes *knellende schoenen*
• *pikken* ★ pinch some sweets *een paar snoepjes pikken*

pine /*zeg:* pain/
[**the-woord**] *grenenhout*; *vurenhout*
◆ pine tree *pijnboom*
[**werkwoord**] • **pine away** *wegkwijnen* ★ she pined away after his death *ze kwijnde weg na zijn dood*
• **pine after/for** *smachten naar* ★ pine for a cup of coffee *smachten naar een kop koffie*

pineapple /*zeg:* pa̲inepl/ *ananas*

ping-pong /*zeg:* pi̲ngpòng/
[**the-woord**] *tafeltennis*
[**werkwoord**] *tafeltennissen*

pink /*zeg:* pìngk/
[**the-woord**] • *roze* ★ dressed in pink *in roze gekleed*
• *anjelier*
[**bijvoeglijk naamwoord**] *roze*

pinpoint /*zeg:* pi̲npojnt/
[**the-woord**] • *speldenpunt*
• *stipje*
[**werkwoord + iemand/iets**] *precies aanwijzen* ★ pinpoint the cause of trouble *de oorzaak van een probleem precies aanwijzen*

pint /*zeg:* paint/
• ‹ca. 0,6 liter› *pint*; ‹ca. 0,47 liter› *pint*
• *glas bier*

pioneer /*zeg:* paijùni̲jù/
[**the-woord**] *pionier*; *baanbreker*
[**werkwoord**] *pionierswerk doen*; *de weg bereiden*

pip /*zeg:* pìp/
• *pit* ★ orange pip *sinaasappelpit*
• *pit*

pipe /*zeg:* paip/
[**the-woord**] • *pijp*
• *buis*
• *gepiep*
[**werkwoord + iemand/iets**] • *door buizen laten lopen* ★ pipe water from a spring *bronwater door buizen laten lopen*
• *buizen aanleggen*
• *piepen* ★ a piping voice *een piepend stemmetje*

pipeline /*zeg:* pa̲iplain/ *pijpleiding*

pipes /*zeg:* paips/ [meervoud] *doedelzak*

pirate /*zeg:* pa̲ijrùt/
[**the-woord**] *zeerover*; *piraat* ★ pirate radio station *piratenzender*
[**werkwoord + iemand/iets**] *ongeoorloofd boeken e.d. nadrukken*

Pisces /*zeg:* pi̲skùs/ [meervoud] ‹sterrenbeeld› *Vissen* ★ my sign of the zodiac is Pisces *mijn teken van de dierenriem is Vissen*

pistol /*zeg:* pi̲stl/ *pistool*

pit /*zeg:* pìt/
[**the-woord**] • *kuil* ★ dig a deep pit *een diepe kuil graven*

P

• *putje* ★ pits in the skin of the face *putjes in de gezichtshuid*
• *mijnschacht*
[**werkwoord + iemand/iets**] *putjes maken in*

pitch /*zeg:* pìtsj/
[**the-woord**] • *veld(sport)* ★ football pitch *voetbalveld*
• *graad*
• *toonhoogte*; *hoogte* ★ pitch of a sound *toonhoogte*
• *pek*
• *standplaats*
• *standplaats* ◆ pitch-dark *pikkedonder*
[**werkwoord**] *voorover vallen*; *zich storten* ★ she pitched from the cliff *ze stortte zich van de klif af*
[**werkwoord + iemand/iets**] • *opzetten* ★ pitch a tent *een tent opzetten*
• *gooien*; *werpen* ★ pitch the baseball ‹honkbal› *de bal werpen naar de slagman*
• *gooien*; *werpen*

pitcher /*zeg:* pìtsjù/
• *kruik*; *kan* ★ an earthenware pitcher *een aardewerk kruik*
• ‹bij honkbal› *werper*

pitfall /*zeg:* pìtfòòl/
• *valkuil*
• *valstrik*

P

pitiful /*zeg:* pìtìfoel/ *zielig*

pity /*zeg:* pùtì/
[**the-woord**] *medelijden*; *iets dat jammer is* ★ feel pity for somebody *medelijden hebben met iemand* ◆ what a pity! *wat jammer!*
[**werkwoord + iemand/iets**] *medelijden hebben met*; *beklagen* ★ she pitied me for my illness *ze had medelijden met me vanwege mijn ziekte*

placard /*zeg:* plèkààd/ *aanplakbiljet*

place /*zeg:* plees/
[**the-woord**] • *plaats* ★ the place of the accident *de plaats van het ongeluk*
• *zitplaats* ★ change places *van zitplaats wisselen*
• *huis* ★ the meeting is at my place *de vergadering is in mijn huis*
• *pleintje*; *hofje*
• *plek*; *rang*
• *ruimte*
• *betrekking*; *positie* ◆ take place *plaatsvinden*
[**werkwoord + iemand/iets**] • *plaatsen*
• *zetten*
• ‹van order› *plaatsen*; *verkopen*

plague /*zeg:* pleeG/
[**the-woord**] • *plaag* ★ plague of rats *rattenplaag*
• *pest*
[**werkwoord + iemand/iets**] *kwellen*; *lastigvallen* ★ plagued by jealousy *gekweld door jaloezie* ★ plague somebody with your questions *iemand lastigvallen met je vragen*

plaid /*zeg:* pled/
• *(geruite) reisdeken*; *plaid*
• *(geruite) wollen stof*

plain /*zeg:* pleen/
[**the-woord**] *vlakte*
[**bijvoeglijk naamwoord**] • *duidelijk* ★ plain language *duidelijke taal*
• *eenvoudig* ★ plain people *eenvoudige mensen* ★ plain cooking *eenvoudig eten*
• *onversierd* ◆ in plain clothes *in burger*

plaintiff /*zeg:* pleentìf/ ‹rechten› *eiser*; *aanklager*

plan /*zeg:* plen/
[**the-woord**] • *plan* ★ plans for the holiday *vakantieplannen*
• *plattegrond* ★ plan of a city *plattegrond van een stad*
• *ontwerp* ★ plan of a building *ontwerp van een gebouw*
• *tekening*; *schets*
[**werkwoord + iemand/iets**] • *plannen* ★ plan a meeting *een bijeenkomst plannen*
• *schetsen*; *ontwerpen*

plane /*zeg:* pleen/
[**the-woord**] • *vliegtuig*
• *vlak*
• *schaaf*
• *plataan*
[**bijvoeglijk naamwoord**] *vlak*
[**werkwoord + iemand/iets**] *schaven*

planet /*zeg:* plènìt/ *planeet*

plant /*zeg:* plàànt/
[**the-woord**] • *plant*
• ‹Amerikaans› *fabriek*

• *installatie*; *materieel*
[**werkwoord + iemand/iets**] • *planten*; *poten*
• *plaatsen* ★ plant a bomb *een bom plaatsen*

plaque /*zeg:* plek/
• *(gedenk)plaat* ★ bronze plaque *bronzen gedenkplaat*
• *tandplak* ★ brush your teeth to prevent plaque *je tanden poetsen om tandplak te voorkomen*

plaster /*zeg:* plààstù/
[**the-woord**] • *pleister*
• *gips* ★ her leg is in plaster *haar been zit in het gips*
[**werkwoord + iemand/iets**] *bepleisteren*

plastic /*zeg:* plestìk/
[**the-woord**] *plastic*
[**bijvoeglijk naamwoord**] • *plastic*
• *kneedbaar* ★ plastic bomb *kneedbom* ◆ plastic surgery *plastische chirurgie*

plasticine /*zeg:* plestùsien/ *boetseerklei*

plate /*zeg:* pleet/
[**the-woord**] • *naamplaat*; *plaat(je)*
• *bord*
• *tafelzilver*; *verzilverd bestek*
[**werkwoord + iemand/iets**] *verzilveren*; *vergulden*; *met een laagje goud/zilver bedekken*

platform /*zeg:* pletfòòm/
• *perron*
• *podium*
• *platform*
• *verhoging*
• *perron*

plausible /*zeg:* plòòzùbl/ *aannemelijk*; *geloofwaardig* ★ plausible excuses *aannemelijke excuses*

play /*zeg:* plee/
[**the-woord**] • *spel*
• *toneelstuk* ★ a Shakespeare play *een toneelstuk van Shakespeare*
• *manier van spelen* ★ fair play *eerlijke manier van spelen* ★ foul play *valse manier van spelen* ◆ children at play *spelende kinderen*
[**werkwoord + iemand/iets**] • *spelen*; *bespelen* ★ play cards *kaartspelen* ★ play the piano *pianospelen*
• *afspelen* ★ play a CD *een cd afspelen*

playback /*zeg:* pleebek/
• *het playbacken*
• *het afspelen van een band in opnameapparatuur*

player /*zeg:* pleeù/ *(beroeps)speler*

playful /*zeg:* pleefoel/ *speels*; *schertsend*

playground /*zeg:* pleeGraund/ *speelplaats*

playing-card /*zeg:* pleejingkààd/ *speelkaart*

playmate /*zeg:* pleemeet/ *speelmakker*

play-off /*zeg:* pleeòf/ *beslissende wedstrijd*

plaything /*zeg:* pleeSìng/ *stuk speelgoed*; *speeltje* ★ she is just a plaything for him *zij is alleen maar een speeltje voor hem*

plea /*zeg:* plie/
• *pleidooi*; *betoog*
• *smeekbede*

plead /*zeg:* plied/
[**werkwoord**] • *pleiten*
• *smeken (om)* ★ plead for mercy *om genade smeken*
[**werkwoord + iemand/iets**] *bepleiten*; *verdedigen* ◆ he pleaded guilty/not guilty *hij bekende/ontkende schuld*

pleasant /*zeg:* plèzùnt/ *aangenaam*; *prettig*

please /*zeg:* pliez/
[**werkwoord (+ iemand/iets)**] • *het naar de zin maken* ★ you can't please everybody *je kunt het niet iedereen naar de zin maken*
• *wensen*
• *blij zijn/maken met* ★ we're very pleased with it *we zijn er erg blij mee* ◆ if you please *alstublieft* ◆ please yourself! *je gaat je gang maar!*

[tussenwerpsel] *alstublieft*; *alsjeblieft*; *graag* ★ please, help me *alsjeblieft, help me* ★ yes, please *ja, graag*

please: In Engeland gaat men heel beleefd met elkaar om. Ze zeggen bijvoorbeeld heel vaak *please* (alstublieft), ook als wij dat niet doen: *What's the time, please?*

pleasing /*zeg:* pliezìng/
• *aangenaam* ★ pleasing to the eye *aangenaam voor het oog*
• *behaaglijk*

pleasure /*zeg:* plezjù/ *plezier*; *genoegen* ★ - will you come? - with pleasure - *kom je? - met plezier* ★ take pleasure in something *plezier hebben in iets*

pledge /*zeg:* pledzj/
[the-woord] • *onderpand*
• *belofte*
[werkwoord + iemand/iets] • *plechtig beloven* ★ pledge yourself to secrecy *plechtig beloven iets geheim te houden*
• *verpanden*; *in onderpand geven*
• *drinken op* ★ pledge somebody's health *op iemands gezondheid drinken*

P

plenty /*zeg:* plentì/
• *overvloed* ★ times of plenty *tijden van overvloed*
• *meer dan genoeg*; *voldoende* ★ plenty of money/time *meer dan genoeg geld/tijd*

plight /*zeg:* plait/ *(hopeloze) toestand*; *(onaangename) situatie* ★ they were in a sorry plight *zij zaten in een onaangename situatie*

plod /*zeg:* plòd/ **plod at** *zwoegen aan*; *ploeteren aan*

plot /*zeg:* plòt/
[the-woord] • *plot*; *intrige*; *complot* ★ the plot in a novel *de plot in een roman* ★ the plot against the president *het complot tegen de president*
• *stukje grond* ★ a small plot of land *een klein stukje grond*
[werkwoord + iemand/iets]
• *samenzweren*
• *in kaart brengen* ★ plot a new sea route *een nieuwe zeeroute in kaart brengen*

plough /*zeg:* plau/
[the-woord] *ploeg* ★ snow plough *sneeuwploeg*
[werkwoord + iemand/iets] *(door)ploegen*

pluck /*zeg:* plàk/
[the-woord] *durf*; *moed*; *lef* ★ he had the pluck to insult me *hij had het lef om me te beledigen*
[werkwoord + iemand/iets] • *plukken*; *trekken (aan)*; *epileren* ★ pluck your eyebrows *je wenkbrauwen epileren* ★ pluck a chicken *een kip plukken*
• *tokkelen* ★ pluck the strings of a guitar *op een gitaar tokkelen*

plug /*zeg:* plàG/
[the-woord] • *stekker* ★ plug and socket *stekker en stopcontact*
• *stop in bad/wasbak* ★ pull out the plug of the bath *de stop uit het bad trekken*
• *plug* ★ screws and plugs *schroeven en pluggen*
• *vulling*; *stop*; *plug*; *stekker*
[werkwoord + iemand/iets] **plug in** *contact maken*; *de stekker insteken* ★ plug in a lamp *de stekker van een lamp in het stopcontact steken*

plum /*zeg:* plàm/ *pruim*

plumber /*zeg:* plàmù/ *loodgieter*

plume /*zeg:* ploem/ *pluim*

plump /*zeg:* plàmp/
[bijvoeglijk naamwoord] *mollig*; *dik* ★ a plump girl *een mollig meisje*
[werkwoord] • *neerploffen* ★ he plumped down on the coach *hij plofte neer op de bank*
• **plump down** *neerploffen*
[werkwoord + iemand/iets] *opschudden* ★ plump a pillow *een kussen opschudden*

plunder /*zeg:* plàndù/
[the-woord] • *plundering*
• *roof*
[werkwoord + iemand/iets] *plunderen*; *(be)roven*

plunge /*zeg:* plàndzj/
[the-woord] ★ take the plunge *de*

sprong wagen
[**werkwoord**] • *naar beneden storten* ★ the bus plunged into the ravine *de bus stortte in het ravijn*
• *duiken*; *plonzen* ★ he plunged into the ice-cold water *hij plonsde in het ijskoude water*
• ‹van prijzen› *kelderen* ◆ plunged in thought *in gedachten verzonken*

plural /*zeg:* ploerùl/ *meervoudig*; *meervoud(s)-*

plus /*zeg:* plàs/
[**the-woord**] • *plusteken*; *plus*
• *voordeel*
[**voorzetsel**] *plus* ★ two plus two is four *twee plus twee is vier*

ply /*zeg:* plai/
• *(krachtig) hanteren* ★ ply an axe *een bijl hanteren*
• *volstoppen* ★ ply somebody with food *iemand volstoppen met eten*
• *lastig vallen met*; *overstelpen met* ★ ply somebody with questions *iemand overstelpen met vragen*

p.m. [**afkorting**] post meridiem *na de middag*; *'s middags* ★ 4 p.m. *16.00 uur*

P.M. [**afkorting**] Prime Minister *premier*

pneumonia /*zeg:* njoemoownìjù/ *longontsteking*

pocket /*zeg:* pòkìt/
[**the-woord**] • *zak* ★ pocket money *zakgeld*
• *pocketboek*
[**bijvoeglijk naamwoord**] *in zakformaat* ★ pocket handkerchief *zakdoek* ★ pocket calculator *zakrekenmachine*
[**werkwoord + iemand/iets**] • *in de (eigen) zak steken*; *zich toe-eigenen* ★ pocket the profits *de winst in eigen zak steken*
• *inpalmen*

pod /*zeg:* pòd/ *dop*; *peul* ★ peas in a pod *erwten in een dop*

poem /*zeg:* poowìm/ *gedicht*

poet /*zeg:* poowìt/ *dichter*

poetic(al) /*zeg:* poowètìk(l)/ *dichterlijk*

poetry /*zeg:* poowùtrì/ *dichtkunst*; *poëzie*

point /*zeg:* pojnt/
[**the-woord**] • ‹plek› *punt* ★ draw a line between two points *een lijn tekenen tussen twee punten*
• ‹kwestie› *punt* ★ the point is that we're out of time *het punt is dat we geen tijd meer hebben*
• *nut* ★ what's the point of fighting? *wat is het nut van vechten?*
• *decimaalteken* ★ your mark is a 3 point 7 *je cijfer is een 3 komma 7 (3,7)*
◆ point of view *uitzicht*; *mening*
◆ beside/off the point *niet van belang*
◆ make your point *je mening geven*
[**werkwoord + iemand/iets**] • *wijzen*
• **point at** *richten op* ★ he pointed the gun at her *hij richtte zijn geweer op haar*
• **point out** *wijzen op* ★ he pointed out to me that I was wrong *hij wees me erop dat ik ongelijk had*

pointer /*zeg:* pojntù/
• *wijzer*
• *aanwijsstok*

poise /*zeg:* pojz/
[**the-woord**] • *evenwicht* ★ at poise *in evenwicht*
• *zelfvertrouwen*
• ‹van houding› *waardigheid*
[**werkwoord**] *in evenwicht zijn*; *balanceren* ★ the balance is poised *de weegschaal is in evenwicht*

poison /*zeg:* pojzùn/
[**the-woord**] *vergif*; *gif* ★ poison gas *gifgas*
[**werkwoord + iemand/iets**] • *vergiftigen*
• *verpesten*; *bederven* ★ poison the atmosphere *de sfeer verpesten*

poisonous /*zeg:* pojzùnùs/ *giftig*

poke /*zeg:* poowk/
[**the-woord**] *stoot*; *duw*; *por*
[**werkwoord**] *boven iets uitsteken*

P

★ snowdrops are poking through the snow *sneeuwklokjes steken boven de sneeuw uit*
[**werkwoord + iemand/iets**] *porren*; *steken*; *oppoken* ★ poke your nose into something *je neus ergens in steken* ★ poke somebody in the ribs *iemand een por in de ribben geven* ★ poke your head around the corner *je hoofd om een hoek steken*

poker /*zeg:* poowkù/
[**the-woord**] • *pook*
• ⟨kaartspel⟩ *poker* ◆ a poker face *pokergezicht, onbewogen gezicht*
[**werkwoord + iemand/iets**] *versieren met brandwerk*

pole /*zeg:* poowl/
• *paal*; *stok*; *staak* ★ wooden poles *houten palen* ★ iron pole *ijzeren staak*
• *pool* ★ the North Pole *de noordpool*

police /*zeg:* pùlies/ *politie* ★ the police have caught the murderer *de politie heeft de moordenaar opgepakt* ★ police office *politiebureau* ★ police constable *politieagent* ★ police force *politie*

policeman /*zeg:* pùliesmùn/ *politieagent*

policy /*zeg:* pòlùsì/
• *beleid*; *politiek* ★ the government's policy *het beleid van de regering*
• *polis* ★ insurance policy *verzekeringspolis*

polish /*zeg:* pòlìsj/
[**the-woord**] *glans*; *poets* ◆ give it a polish *poets het wat op*
[**werkwoord + iemand/iets**] *polijsten*; *poetsen* ◆ polished *beschaafd*

polite /*zeg:* pùlait/ *beleefd*

politeness /*zeg:* pùlaitnùs/ *beleefdheid*

political /*zeg:* pùlìtikl/ *politiek*; *staatkundig* ★ political science *politicologie*

politician /*zeg:* pòlìtisjùn/ *politicus*

politics /*zeg:* pòlìtiks/ [meervoud] *politiek*; *staatkunde*

poll /*zeg:* poowl/
[**the-woord**] • *opiniepeiling*
• *het stemmen*; *verkiezingen* ★ the result of the poll *verkiezingsresultaat*
• *stembus* ★ go to the polls *naar de stembus(sen) gaan*
• *opiniepeiling* ◆ he was at the head of the poll *hij behaalde de meeste stemmen*
[**werkwoord**] *zijn stem uitbrengen* ★ polling station *stembureau* ★ polling booth *stemhokje*
[**werkwoord + iemand/iets**] • *stemmen behalen* ★ poll 30% of the votes *30% van de stemmen behalen*
• *ondervragen* ★ poll people about a political issue *mensen ondervragen over een politiek onderwerp*

pollen /*zeg:* pòlùn/ *stuifmeel*

pollute /*zeg:* pùloet/ *verontreinigen*

pollution /*zeg:* pùloesjùn/ *verontreiniging*; *vervuiling* ★ environmental pollution *milieuverontreiniging*

polo /*zeg:* poowloow/ *polo*

> **polo**: *Polo* is een populaire sport in Engeland. Het is een soort hockey; elk team heeft vier spelers, die op paarden zitten; met een polostick proberen zij de bal in het doel van de tegenstander te spelen. Er breekt nog wel eens een arm of been, als een speler van het paard valt.

pompous /*zeg:* pòmpùs/
• *hoogdravend*; *pompeus*
• *gewichtig*

pond /*zeg:* pònd/ *vijver*

ponytail /*zeg:* poownìteel/ ⟨haardracht⟩ *paardenstaart*

pool /*zeg:* poel/
[**the-woord**] • *zwembad*

P

• *poel*; *plas* ★ a pool of blood *een plas bloed*
• *gezamelijke inzet*; *poel* ◆ win on the pools *de voetbaltoto winnen*
[**werkwoord + iemand/iets**] *samenvoegen*; *bij elkaar leggen* ◆ Jake and Caroline are carpooling *Jake en Caroline carpoolen*

poor /*zeg:* pòò/
[**the-woord**] ★ the poor *de armen*
[**bijvoeglijk naamwoord**] • *behoeftig*; *arm* ★ poor people *arme mensen*
• *slecht* ★ poor quality *selchte kwaliteit* ★ poor health *slechte gezondheid*

pop /*zeg:* pòp/
[**the-woord**] • *popmuziek* ★ pop group *popgroep* ★ pop music *popmuziek*
• *knal*; *plof*
• *popmuziek*
[**werkwoord**] • *knallen*; *klappen*; *ploffen* ★ the balloon popped *de ballon knapte* ★ champagne corks popped *champagnekurken knalden*
• **pop in/over/round** *even aanwippen*; *even binnenlopen* ★ my neighbour pops in every day *mijn buurvrouw loopt elke dag even binnen*
• **pop on/out** ⟨van lamp⟩ *aan-/uitfloepen*
• **pop over/round** *even aanwippen*; *even binnenlopen*
• **pop up** *weer boven water komen*; *opduiken* ★ he suddenly popped up again *plots dook hij weer op*
• **pop off** *wegglippen*; *de pijp uit gaan*
• **pop up** *weer boven water komen*; *opduiken*
[**werkwoord + iemand/iets**] • *iets snel doen*
• **pop on** *haastig aantrekken* ★ I popped on some clothes *ik trok haastig wat kleren aan*
• **pop down** *gauw opschrijven* ★ pop down some ideas *gauw wat ideeën opschrijven*

popcorn /*zeg:* pòpkòòn/ *gepofte maïs*; *popcorn*
pope /*zeg:* poowp/ *paus*
popular /*zeg:* pòpjoelù/ *populair*
popularity /*zeg:* pòpjoelèrùtì/ *populariteit*
population /*zeg:* pòpjoeleesjùn/ *bevolking*
porch /*zeg:* pòòtsj/ *portiek*
pore /*zeg:* pòò/ *porie*
pork /*zeg:* pòòk/ *varkensvlees*
porn(o) /*zeg:* pòòn(oow)/ *porno* ★ porn(o)-shop *pornowinkel*
pornography /*zeg:* pòònòGrùfì/ *pornografie*
porridge /*zeg:* pòrìdzj/ *pap*
port /*zeg:* pòòt/
• *haven(stad)* ★ Rotterdam is an important port *Rotterdam is een belangrijke haven*
• ⟨drank⟩ *port*
• *bakboord*
portable /*zeg:* pòòtùbl/ *draagbaar*
portal /*zeg:* pòòtl/ *ingang*; *poort*; *portaal*

porter /*zeg:* pòòtù/
• *drager*; *kruier*
• *portier*
portion /*zeg:* pòòsjùn/
[**the-woord**] *(aan)deel*; *portie* ★ a large portion of the people is poor *een groot deel van de bevolking is arm* ★ a portion of fish and chips *een portie vis en patat*
[**werkwoord + iemand/iets**] • *verdelen*; *uitdelen* ★ in the youth hostel they portioned (out) blankets *in de jeugdherberg deelden ze dekens uit*
• *toewijzen*
• **portion off** *afschermen*
portrait /*zeg:* pòòtrìt/ *portret*
Portugal /*zeg:* pòòtjoeGùl/ *Portugal*
Portuguese /*zeg:* pòòtjoeGiez/
[**the-woord**] • *Portugees*; ⟨inwoonster van Portugal⟩ *Portugese*
• taal *Portugees*

P

[**bijvoeglijk naamwoord**] *Portugees*

pose /*zeg:* poowz/
[**the-woord**] *pose*; *houding*; *aanstellerij*
[**werkwoord**] • *poseren* ★ pose for a painter *poseren voor een schilder*
• *zich uitgeven voor* ★ pose as a policeman *zich uitgeven voor politie-agent*
• *poseren*
[**werkwoord + iemand/iets**] • *stellen* ★ pose a question *een vraag stellen*
• *voorleggen*
• *vormen* ★ pose a threat *een bedreiging vormen*

position /*zeg:* pùzìsjùn/
[**the-woord**] • *positie*; *plaats* ★ in position *op zijn plaats*
• *houding* ★ a sitting position *een zittende houding*
• *betrekking*; *functie* ★ position of personnel manager *functie van personeelschef*
• *post*; *betrekking*
[**werkwoord + iemand/iets**] *plaatsen*

positive /*zeg:* pòzùtìv/
[**the-woord**] • *iets positiefs*
• ⟨van foto⟩ *positief*
[**bijvoeglijk naamwoord**] • *positief*
• *volstrekt*
• *beslist*; *zeker* ★ I'm positive about seeing him *ik ben er zeker van dat ik hem gezien heb*

possess /*zeg:* pùzes/ *bezitten*; *hebben* ◆ what possesses you? *wat bezielt je?*

possession /*zeg:* pùzesjùn/ *bezit*; *bezitting* ★ in possession of something *in het bezit van iets*

possibility /*zeg:* pòsìbìlùtì/ *mogelijkheid*

possible /*zeg:* pòsìbl/ *mogelijk* ★ come as quick as possible *kom zo gauw mogelijk* ★ there are two possible reasons *er zijn twee redenen mogelijk*

possibly /*zeg:* pòsìblì/ *mogelijkerwijs* ★ he could not possibly come *hij kon niet mogelijkerwijs komen* ◆ how could you possibly do that? *hoe kon je dat in hemelsnaam doen?*

possum /*zeg:* pòsùm/ *buidelrat*

post /*zeg:* poowst/
[**the-woord**] • *post* ★ open the post *de post openen* ★ post office *postkantoor* ★ by post *per post*
• *betrekking*; *standplaats* ★ military post *militaire standplaats*
• *paal* ★ wooden post *houten paal*
• *post*; *(stand)plaats*
• *betrekking*; *post*
[**werkwoord + iemand/iets**] • *op de post/bus doen*; *posten* ★ post a letter *een brief op de bus doen*
• *(aan)plakken*; *bekend maken* ★ post the test results *resultaten van het proefwerk bekendmaken*
• *stationeren*; *plaatsen* ★ guards were posted around the building *er werden bewakers rond het gebouw gestationeerd* ◆ keep me posted *houd me op de hoogte*
[**voorvoegsel**] *na*; *post-* ★ post-war generation *naoorlogse generatie*

postage /*zeg:* poowstìdzj/ *porto* ★ postage stamp *postzegel*

postal /*zeg:* poowstl/ *post-* ★ postal address *postadres*

postbox /*zeg:* poowstbòks/ *brievenbus*

postcard /*zeg:* poowstkààd/ *briefkaart*

poster /*zeg:* poowstù/ *poster*; *affiche*; *aanplakbiljet*

postman /*zeg:* poowstmùn/ *postbode*

post-mortem /*zeg:* poowstmòòtùm/ *autopsie*; *lijkschouwing* ★ post-mortem examination *lijkschouwing*

postpone /*zeg:* poowstpoown/ *uitstellen*

posture /*zeg:* pòstsjù/
[**the-woord**] • *houding*; *pose* ★ bad posture *slechte houding*
• *postuur*
[**werkwoord**] *zich voordoen als*; *een houding aannemen*

pot /*zeg:* pòt/

[**the-woord**] • *kan*; *pot* ★ pots and pans *potten en pannen* ★ coffee pot *koffiepot* • ‹spreektaal› *marihuana*; *hasj*; *wiet* ★ smoke pot *hasj roken*
[**werkwoord + iemand/iets**] • *inmaken* • ‹van plant› *potten*

potable /*zeg:* poowtùbl/ *drinkbaar* ★ is the water from this well potable? *is het water uit deze bron drinkbaar?*

potato /*zeg:* pùteetoow/ *aardappel* ★ fries are made of potatoes *frietjes worden gemaakt van aardappelen*

potent /*zeg:* poowtnt/ *sterk* ★ a potent medicine *een sterk medicijn*

potential /*zeg:* pùtensjùl/ *mogelijk* ★ have you considered the potential dangers? *heeft u nagedacht over de mogelijke gevaren?*

potion /*zeg:* poowsjùn/ *drankje* ★ Merlin brewed a magic potion *Merlijn brouwde een magisch drankje*

pouch /*zeg:* pautsj/ *zak*; *buidel*

poultry /*zeg:* poowltrì/ *pluimvee*; *gevogelte*

pounce /*zeg:* pauns/ **pounce on** *bespringen* ★ the cat pounced on a mouse *de kat besprong een muis*

pound /*zeg:* paund/
[**the-woord**] • ‹geld› *pond* ★ in Great-Britain you pay with pounds *in Groot-Brittannië betaal je met ponden* ★ this sweater costs twelve pounds *deze trui kost twaalf pond*
• ‹gewicht› *pond* ★ an English pound only weighs 0,453 kilogram *een Engels pond weegt maar 0,453 kilogram*
[**werkwoord**] *bonzen* ★ my heart was pounding *mijn hart bonsde* ★ who's pounding at the door? *wie bonst er op de deur?*

pour /*zeg:* pòò/
[**werkwoord (+ iemand/iets)**] *gieten* ★ pour water into a glass *water in een glas gieten*
[**het-werkwoord**] *stortregenen* ★ it's pouring *het stortregent*

poverty /*zeg:* pòvùti/ *armoe*

powder /*zeg:* paudù/
[**the-woord**] *poeder* ★ milk powder *melkpoeder*
[**werkwoord + iemand/iets**] *bepoederen*

power /*zeg:* pauwù/
[**the-woord**] • *kracht* ★ my powers have expired *mijn krachten zijn uitgeput* • *macht* ★ she'll do anything that lies within her power *ze zal alles doen wat in haar macht ligt* ★ 3 to the power of 3 equals 27 *3 tot de derde macht is gelijk aan 27*
• *energie* ★ electric power *elektrische energie*; *stroom*
• *energie* ◆ power pack *batterij*; *accu*
[**bijvoeglijk naamwoord**] *motor-* ★ power saw *motorzaag*
[**werkwoord + iemand/iets**] ‹aan motor› *aandrijven* ★ this motor can power a small airplane *deze motor kan een klein vliegtuig aandrijven*

powerful /*zeg:* pauwùfoel/
• *krachtig*
• *machtig*

powerless /*zeg:* pauwùlùs/ *machteloos*

P.R. [**afkorting**] Public Relations *pr*

practical /*zeg:* prektìkl/
• *praktisch* ★ practical problems *praktische problemen*
• *praktijk-* ★ practical experience *praktijkervaring* ◆ play a practical joke on someone *een streek met iemand uithalen*

practically /*zeg:* prektìkùli/ *praktisch*; *bijna* ★ practically everyone had already gone *praktisch iedereen was al weggegaan*

practice /*zeg:* prektìs/
• *oefening(en)* ★ piano practice *oefeningen op de piano*
• *praktijk* ★ put something in(to) practice *iets in praktijk brengen* ★ doctor's practice *dokterspraktijk*

practise /*zeg:* prektìs/
• *studeren (op)*; *oefenen (op)* ★ practise your English *studeren op je Engels*
• **practise as** *een praktijk hebben als*; *als beroep uitoefenen* ★ she practises as a lawyer *zij heeft een praktijk als advocaat*

practitioner /*zeg:* prektìsjùnù/ ◆ general practitioner *huisarts*

praise /*zeg:* preez/
[**the-woord**] *eerbewijs*; *lof* ★ all praise to

P

the winner *alle lof aan de winnaar*
[**werkwoord + iemand/iets**] *prijzen*; *loven* ★ we praised our chairman for his hard work *we prezen onze voorzitter voor zijn harde werk*

prawn /*zeg:* pròòn/ *garnaal*

pray /*zeg:* pree/ *bidden* ★ we pray for peace and justice *we bidden om vrede en gerechtigheid*

prayer /*zeg:* prèè/ *gebed* ★ the nun said her prayers *de non zei haar gebeden op*

preach /*zeg:* prietsj/
- *preken*
- **preach at/to** *een preek houden tegen*
- **preach up** *ophemelen*
- **preach down** *afgeven op (iemand)*

precaution /*zeg:* prìkòòsjùn/ *voorzorgsmaatregel* ★ did you take precautions? *heb je voorzorgsmaatregelen genomen?*

precede /*zeg:* prìsied/ *voorafgaan* ★ a flash preceded the explosion *een flits ging vooraf aan de explosie*

precinct /*zeg:* priesìngkt/
- *gebied*
- ⟨Amerikaans⟩ *district*

precious /*zeg:* presjùs/
- *kostbaar* ★ precious gifts *kostbare geschenken*
- *edel* ★ gold and silver are precious metals *goud en zilver zijn edele metalen*
- *geliefd* ★ my precious darling *mijn lieve schatje*

precise /*zeg:* prìsais/ *precies*; *nauwkeurig* ★ repairing a watch is a precise job *een horloge repareren is een nauwkeurig werkje* ◆ - so you want soup? - precisely! *- dus u wilt soep? - precies!*

precision /*zeg:* prìsìzjùn/ *nauwkeurigheid*

predecessor /*zeg:* priedìsèsù/ *voorganger* ★ our new president is much better than her predecessors *onze nieuwe president is veel beter dan haar voorgangers*

predicate /*zeg:* predìkùt/ ⟨taal⟩ *gezegde*

predict /*zeg:* prìdìkt/ *voorspellen* ★ my sister can predict the future *mijn zus kan de toekomst voorspellen*

prediction /*zeg:* prìdìksjùn/ *voorspelling*

preface /*zeg:* prèfùs/
[**the-woord**] *inleiding*; *voorwoord*
[**werkwoord + iemand/iets**] *inleiden*

prefer /*zeg:* prìfùù/ *het verkiezen*; *liever hebben* ★ I prefer to be called by my real name *ik verkies het om bij mijn echte naam genoemd te worden* ★ I prefer soccer to volleyball *ik heb liever voetbal dan volleybal*

preferably /*zeg:* prèfùrùblì/ *bij voorkeur* ★ I'm looking for a new bike, preferably a cheap one *ik ben op zoek naar een nieuwe fiets, bij voorkeur een goedkope*

preference /*zeg:* prèfùrùns/ *voorkeur*

pregnancy /*zeg:* preGnùnsì/ *zwangerschap*

pregnant /*zeg:* preGnùnt/ *zwanger* ★ she is three months pregnant *zij is drie maanden zwanger*

prehistoric /*zeg:* priehìstòrìk/ *prehistorisch*

prejudice /*zeg:* predzjoedìs/ *vooroordeel* ★ there are a lot of prejudices against gay people *er zijn veel vooroordelen tegen homoseksuelen*

preliminary /*zeg:* prìlìmìnùrì/
- *inleidend*
- *voorlopig*

premature /*zeg:* prèmùtjoeù/ *te vroeg (komend)* ★ premature baby *te vroeg geboren baby* ★ his death was premature *zijn dood was te vroeg*

premier /*zeg:* prèmìjù/ *premier*; *eerste minister*

premises /*zeg:* prèmìsìz/ [meervoud] *terrein*; *erf* ★ these premises are for sale *dit terrein staat te koop*

prepaid /*zeg:* priepeed/ *prepaid*; *vooraf betaald*

preparation /*zeg:* prèpùreesjùn/ *voorbereiding* ★ we're making preparations for the wedding *we treffen voorbereidingen voor de bruiloft*

prepare /*zeg:* prìpèè/
- *(zich) voorbereiden* ★ prepare yourself for a shock *bereid je voor op een schok*
- ⟨van voedsel⟩ *klaarmaken* ★ daddy's preparing a meal *papa maakt een maaltijd klaar*

prepay /*zeg:* priepee/ *vooraf betalen*

preposition /*zeg:* prèpùzìsjùn/ ⟨taal⟩ *voorzetsel*

prescribe /*zeg:* prìskraib/ *voorschrijven* ⋆ the doctor prescribed a cure *de dokter schreef een kuur voor*

prescription /*zeg:* prìskrìpsjùn/ ‹van dokter› *recept*

presence /*zeg:* prèzùns/ *aanwezigheid* ⋆ in the presence of my entire family *in aanwezigheid van mijn hele familie*

present [**the-woord**] /*zeg:* prèz(ù)nt/ • *cadeau* ⋆ father gives him a birthday present *vader geeft hem een verjaardagscadeau* • *het heden* ⋆ the past, the present and the future *het verleden, het heden en de toekomst* • ‹taal› *de tegenwoordige tijd* ◆ at present *tegenwoordig* [**werkwoord + iemand/iets**] /*zeg:* prìzent/ • *voorstellen* ⋆ today I'll present my new boyfriend to my parents *vandaag ga ik mijn nieuwe vriend aan mijn ouders voorstellen* • *vertonen*; *opvoeren* ⋆ the theatre group presented a new play *de theatergroep voerde een nieuw toneelstuk op* • **present with** *aanbieden* ⋆ the committee presented her with a prize *het comité bood haar een prijs aan*

presentation /*zeg:* prezùnteesjùn/ *presentatie*

preserve /*zeg:* prìzùùv/ [**the-woord**] *(natuur)reservaat* [**werkwoord + iemand/iets**] • *bewaren* ⋆ the people here have preserved some old habits *de mensen hier hebben sommige oude gebruiken bewaard* • *beschermen* ⋆ the government tries to preserve the wild animals *de regering probeert de wilde dieren te beschermen* • *conserveren* ⋆ preserve fruits and vegetables *fruit en groente conserveren*

president /*zeg:* prèzìdnt/ • *president* ⋆ president of a large republic *president van een grote republiek* • *directeur* ⋆ president of an international company *directeur van een internationaal bedrijf*

press /*zeg:* pres/ [**the-woord**] • *druk* ⋆ one press on the button *één druk op de knop* • ‹toestel› *pers* ⋆ orange press *sinaasappelpers* • ‹journalisten› *pers* ⋆ the press gathered around the movie star *de pers verzamelde zich rond de filmster* [**werkwoord (+ iemand/iets)**] • *drukken (op)* ⋆ she pressed a button and the door opened *ze drukte op een knop en de deur ging open* • *persen* ⋆ he always presses his own trousers *hij perst altijd zijn eigen broek* ◆ we are pressed for time *we komen tijd te kort*

pressure /*zeg:* presjù/ • *druk* ⋆ we are under high pressure to be ready in time *we staan onder hoge druk om op tijd te zijn* • *dwang* ⋆ he resigned under pressure from the board *hij trad af onder dwang van de directie*

prestige /*zeg:* prestiezj/ *prestige*; *aanzien*

presumably /*zeg:* prìzjoemùblì/ *vermoedelijk* ⋆ presumably she will come back in September *vermoedelijk komt ze terug in september*

presume /*zeg:* prìzjoem/ *vermoeden* ⋆ the CIA presumes the suspect is innocent *de CIA denkt dat de verdachte onschuldig is*

pretence /*zeg:* prìtens/ • *voorwendsel* ⋆ false pretences *valse voorwendselen* • *uiterlijk vertoon*

pretend /*zeg:* prìtend/ *doen alsof*; *voorwenden* ⋆ Willy pretended to be the queen *Willy deed alsof ze de koningin was*

pretty /*zeg:* prùtì/ [**bijvoeglijk naamwoord**] *mooi*; *leuk* ⋆ a pretty tune *een aardig deuntje* ⋆ the prettiest dress I've ever seen *de mooiste jurk die ik ooit heb gezien* [**bijwoord**] *nogal* ⋆ her nephew is pretty ugly *haar neef is nogal lelijk*

prevent /*zeg:* prìvent/ *(ver)hinderen*; *beletten* ⋆ Clint prevented me from doing something bad *Clint verhinderde me iets slechts te doen*

preview /*zeg:* prievjoe/ *voorvertoning*

previous /*zeg:* prievìjùs/ *voorafgaand*; *vorig*; *eerder* ★ I cancelled a previous date *ik heb een eerdere afspraak afgezegd*

previously /*zeg:* prievìjùslì/ *vroeger*; *tevoren* ★ she previously stayed home all weekend *zij bleef vroeger het hele weekeinde thuis*

price /*zeg:* prais/
[**the-woord**] *prijs* ★ at a low price *tegen een lage prijs* ★ price tag *prijskaartje*
[**werkwoord + iemand/iets**] • ‹van goederen› *prijzen*
• *prijzen*; ‹waarde› *vaststellen* ★ this item has not been priced correctly *dit artikel is niet juist geprijsd*

prick /*zeg:* prìk/
[**the-woord**] *prik* ★ prick of a needle *prik van een naald*
[**werkwoord + iemand/iets**] *(door)prikken*

pride /*zeg:* praid/ *trots* ★ we take pride in our collection *we zijn trots op onze verzameling*

priest /*zeg:* priest/ *priester*

priestess /*zeg:* priestes/ *priesteres*

primary /*zeg:* praimùrì/
• *belangrijkst* ★ my primary reason is money *mijn belangrijkste reden is geld*
• *primair*; *basis-* ★ primary colours *primaire kleuren* ★ primary education/school *basisonderwijs*

prime /*zeg:* praim/
[**the-woord**] • *bloeitijd*
• *priemgetal*
• *priemgetal*
[**bijvoeglijk naamwoord**] • *belangrijkst*; *hoofd-* ★ prime suspect *hoofdverdachte*
• *uitstekend*; *prima* ★ prime quality *prima kwaliteit* ◆ Prime Minister *minister-president* ◆ prime time *populaire zendtijd*

primitive /*zeg:* prìmìtìv/ *primitief* ★ we made a primitive kind of rocket *we maakten een primitief soort raket*

prince /*zeg:* prìns/ *prins* ★ prince of Wales *prins van Wales* ◆ Prince Charming *droomprins*

princess /*zeg:* prìnses/ *prinses*

principal /*zeg:* prìnsìpl/
[**the-woord**] ‹bv. van school› *directeur*
[**bijvoeglijk naamwoord**] *belangrijkst*; *hoofd-* ★ the principal question is why you did it *de belangrijkste vraag is waarom je het hebt gedaan*

principle /*zeg:* prìnsìpl/
• ‹werking› *principe* ★ the principle of nuclear energy *het principe van kernenergie*
• ‹bedenking› *principe* ★ out of religious principles *vanwege religieuze principes*

print /*zeg:* prìnt/
[**the-woord**] • ‹bv. van een foto› *afdruk* ★ colour print *kleurenafdruk*
• *prent*; *plaatje* ★ Victor collects old prints *Victor verzamelt oude prenten*
• *reproductie*; *gravure*; *plaat*; *prent* ◆ appear in print ‹van boek› *in druk verschijnen*
[**werkwoord + iemand/iets**] • *drukken* ★ print a book *een boek drukken*
• *bedrukken* ★ print textile with red stripes *textiel bedrukken met rode strepen* ◆ printed matter *drukwerk*

printer /*zeg:* prìntù/
• *drukpers*
• *printer*

print-out /*zeg:* prìnt aut/ *uitdraai*

prior /*zeg:* praijù/ ‹in tijd eerder› *voor(-)* ★ have you known him prior to 2001? *kende u hem vóór 2001?* ★ prior knowledge *voorkennis*

priority /*zeg:* praiòrùtì/
• *prioriteit* ★ the preservation of the earth is our highest priority *de redding van de aarde is onze hoogste prioriteit*
• *voorrang* ★ give priority to traffic from the left *voorrang verlenen aan verkeer van links*

prison /*zeg:* prìzùn/ *gevangenis* ★ Cole escaped from prison *Cole ontsnapte uit de gevangenis*

prisoner /*zeg:* prìznù/ *gevangene* ★ prisoner of war *krijgsgevangene* ◆ take/keep someone prisoner *iemand gevangen nemen/houden*

privacy /*zeg:* prìvùsì, praivùsi/ *privacy*; ‹van je privéleven› *geheimhouding* ★ everyone has a right to privacy *iedereen heeft recht op privacy*

P

private /*zeg:* praivùt/
[**the-woord**] *soldaat*
[**bijvoeglijk naamwoord**] • *privé* ★ he intruded in a private conversation *hij stoorde in een privégesprek* ★ can I talk to you in private? *kan ik je even privé spreken?*
• *particulier* ★ this castle is private property *dit kasteel is particulier bezit*
◆ private parts *geslachtsdelen*
privilege /*zeg:* prìvìlìdzj/ *privilege*; *voorrecht* ★ what a privilege to meet you! *wat een voorrecht om u te ontmoeten!*
prize /*zeg:* praiz/ *prijs* ★ Ronald won a prize in the category 'best actor' *Ronald won een prijs in de categorie 'beste acteur'* ★ prize winner *prijswinnaar*
pro /*zeg:* proow/ [(afkorting) → **professional**]
probably /*zeg:* pròbùblì/ *waarschijnlijk*; *wellicht* ★ if you can't measure it, it's probably profound *als je het niet kunt meten, is het waarschijnlijk diep*
probation /*zeg:* prùbeesjùn/ ‹rechten› *proeftijd* ★ the judge set the probation for two years *de rechter bepaalde de proeftijd op twee jaar* ◆ I'm free on probation *ik ben voorwaardelijk vrij*
problem /*zeg:* pròblùm/ *probleem* ★ don't we have a solution to that problem? *hebben we geen oplossing voor dat probleem?*
procedure /*zeg:* prùsiedzjù/ *procedure*
proceed /*zeg:* prùsied/
• *verder gaan (met)* ★ the judge proceeded his speech *de rechter ging verder met zijn toespraak*
• *vorderen* ★ Stella has proceeded to level 4 *Stella is gevorderd tot niveau 4*
proceeding /*zeg:* prùsiedìng/
• *handeling*
• *maatregel* ◆ proceedings *verslag van gebeurtenissen*
process /*zeg:* proowses/
[**the-woord**] *proces* ★ chemical processes *chemische processen* ★ peace process *vredesproces*
[**werkwoord + iemand/iets**]
• ‹materialen› *bewerken*
• ‹van foto, film› *ontwikkelen*
procession /*zeg:* prùsesjùn/ *optocht*; *processie*
processor /*zeg:* proowsèsù/ *computer*
◆ word processor *tekstverwerker*
proclaim /*zeg:* prùkleem/ *afkondigen*; *bekend maken* ★ proclaim the republic *de republiek afkondigen*
proclamation /*zeg:* pròklùmeesjùn/ *proclamatie*; *afkondiging*
prod /*zeg:* pròd/ *porren* ★ prod someone in the ribs *iemand in de ribben porren*
produce [**the-woord**] /*zeg:* pròdjoes/ *product* ★ this wine is a produce of Portugal *deze wijn is een product uit Portugal*
[**werkwoord + iemand/iets**] /*zeg:* prùdjoes/
• *produceren* ★ cows produce milk and dung *koeien produceren melk en mest*
• *te voorschijn halen* ★ Evan produced a gift *Evan haalde een cadeautje te voorschijn*
• *veroorzaken* ★ her remark produced some laughter *haar opmerking veroorzaakte wat gelach*
producer /*zeg:* prùdjoesù/
• *producent* ★ a producer of automobiles *een producent van auto's*
• ‹bv. van film, cd› *producer* ★ a producer leads the process of a recording *een producer leidt het proces van een opname*
product /*zeg:* pròdàkt/ *product*
production /*zeg:* prùdàksjùn/ *productie*
profession /*zeg:* prùfesjùn/ *beroep*
★ Hanny is an editor by profession *Hanny is redacteur van beroep*
professional /*zeg:* prùfesjùnl/
[**the-woord**] *vakman*; *vakvrouw*
[**bijvoeglijk naamwoord**] *beroeps-*; *professioneel* ★ he's a professional dancer *hij is professioneel danser*
professor /*zeg:* prùfèsù/ *professor*
profile /*zeg:* proowfail/ *profiel*
profit /*zeg:* pròfit/
[**the-woord**] *winst*; *voordeel*
[**werkwoord**] *profiteren*; *voordeel hebben van* ★ Dean profited by the situation *Dean profiteerde van de situatie*

profound /*zeg:* prùfaund/
• *diep(zinnig)* ★ a profound poem *een diepzinnig gedicht*
• *grondig*; *groot* ★ a profound knowledge of our language *een grondige kennis van onze taal*

program, programme /*zeg:* proowGrem/
[**the-woord**] *programma* ★ listen to a program on the radio *luisteren naar een programma op de radio*
[**werkwoord + iemand/iets**] *programmeren* ★ program a computer *een computer programmeren*

progress [**the-woord**] /*zeg:* proowGres/ *vooruitgang* ★ are we making any progress? *boeken we enige vooruitgang?* ◆ work in progress *werk in uitvoering*
[**werkwoord**] /*zeg:* prùGres/ *vooruitgaan* ★ yes, we are progressing slowly *ja, we gaan langzaam vooruit*

progression /*zeg:* prùGresjùn/ *vooruitgang*

prohibit /*zeg:* prùhìbìt/ *verbieden* ★ they prohibited smoking in school *ze hebben het roken op school verboden* ◆ parking prohibited *verboden te parkeren*

prohibition /*zeg:* proowhìbìsjùn/ *verbod*

project /*zeg:* pròdzjekt/ *project*

projector /*zeg:* prùdzjektù/ *projector*

P

prologue /*zeg:* proowlòG/ *proloog*; *inleiding*

prolong /*zeg:* prùlòng/ *verlengen* ★ he prolonged his stay in Utrecht *hij verlengde zijn verblijf in Utrecht*

prominent /*zeg:* pròmìnùnt/ *belangrijk* ★ a prominent member of the club *een belangrijk lid van de club*

promise /*zeg:* pròmìs/
[**the-woord**] *belofte* ★ make a promise *een belofte doen* ★ break a promise *een belofte breken*
[**werkwoord (+ iemand/iets)**] *beloven* ★ she promised she would wait for me *ze beloofde dat ze op me zou wachten*

promising /*zeg:* pròmìsìng/ *veelbelovend* ★ Schumacher had a promising start *Schumacher had een veelbelovende start*

promote /*zeg:* prùmoowt/
• *promoveren* ★ I have been promoted to a higher grade *ik ben gepromoveerd naar een hogere klasse*
• *bevorderen* ★ publicity promotes the sale of our product *publiciteit bevordert de verkoop van ons product*

promotion /*zeg:* prùmoowsjùn/
• *promotie*
• *bevordering*

prompt /*zeg:* pròmpt/
[**bijvoeglijk naamwoord**] *onmiddellijk*; *prompt* ★ prompt payment *onmiddellijke betaling*
[**werkwoord + iemand/iets**] *aanzetten*; *aandringen* ★ the bank prompted me to pay *de bank drong er bij mij op aan om te betalen*

pronoun /*zeg:* proownaun/ ‹taal› *voornaamwoord*

pronounce /*zeg:* prùnauns/ *uitspreken* ★ how do you pronounce this word? *hoe spreek je dit woord uit?*

pronunciation /*zeg:* prùnànsìeesjùn/ *uitspraak*

proof /*zeg:* proef/ *bewijs* ★ we know who did it, but we have no proof of it *we weten wie het gedaan heeft, maar we hebben er geen bewijs voor*

proper /*zeg:* pròpù/
• *correct*; *juist* ★ the proper way of repairing this machine *de juiste manier om deze machine te repareren*
• *fatsoenlijk* ★ it's proper to tell him the truth *het is fatsoenlijk om hem de waarheid te zeggen* ◆ proper name *eigennaam*

property /*zeg:* pròpùtì/
• *eigendom* ★ this land is my property *dit land is mijn eigendom*
• *eigenschap* ★ chemical properties of gold *chemische eigenschappen van goud*

prophet /*zeg:* pròfit/ *profeet*

proportion /*zeg:* prùpòòsjùn/ *verhouding*; *proportie* ★ his salary is out of proportion to his job *zijn salaris is niet in verhouding met zijn baan*

proposal /*zeg:* prùpoowzùl/ *voorstel* ★ do a proposal to someone *een voorstel aan iemand doen* ◆ marriage proposal *huwelijksaanzoek*

propose /*zeg:* prùpoowz/
[**werkwoord**] *ten huwelijk vragen* ★ did Saartje propose to Luke? *heeft Saartje*

Luke ten huwelijk gevraagd?
[**werkwoord + iemand/iets**] *voorstellen* ★ he proposed us to go outside *hij stelde ons voor om naar buiten te gaan*

proposition /*zeg:* pròpùzìsjùn/
- *voorstel*
- *bewering*

prose /*zeg:* proowz/ *proza*

prosecute /*zeg:* pròsìkjoet/ ‹rechten› *vervolgen* ★ these war criminals will be prosecuted *deze oorlogsmisdadigers zullen worden vervolgd*

prosecutor /*zeg:* pròsìkjoetù/ ‹rechten› *aanklager*

prospect /*zeg:* pròspekt/ *vooruitzicht* ★ she has a fine new job in prospect *zij heeft een mooie, nieuwe baan in het vooruitzicht*

prosper /*zeg:* pròspù/ *gedijen* ★ roses prosper on manure *rozen gedijen op mest*

prosperity /*zeg:* pròspèrùtì/ *voorspoed*

prostitute /*zeg:* pròstìtjoet/ *prostituee*

protect /*zeg:* prùtekt/ *beschermen* ★ the roof protects us from the rain *het dak beschermt ons tegen regen*

protection /*zeg:* prùteksjùn/ *bescherming* ★ under the protection of the police *onder bescherming van de politie*

protector /*zeg:* prùtektù/ *beschermer*

protest [**the-woord**] /*zeg:* proowtest/ *protest* ★ a firm protest against war *een stevig protest tegen oorlog*
[**werkwoord**] /*zeg:* prùtest/ *protesteren* ★ thousands of people protested against the government *duizenden mensen protesteerden tegen de regering*

protestant /*zeg:* pròtìstùnt/
[**the-woord**] *protestant* ★ in Northern Ireland protestants and catholics fight each other *in Noord-Ierland bevechten protestanten en katholieken elkaar*
[**bijvoeglijk naamwoord**] *protestants* ★ a protestant church *een protestantse kerk*

proud /*zeg:* praud/ *trots* ★ we're very proud of you *we zijn erg trots op jou* ★ we proudly present you our new product *we presenteren u trots ons nieuwe product*

prove /*zeg:* proev/
[**werkwoord**] *blijken (te zijn)* ★ he proved to be a wonderful teacher *hij bleek een geweldige leraar te zijn*
[**werkwoord + iemand/iets**] *bewijzen* ★ this proves my innocence *dit bewijst mijn onschuld* ◆ prove me wrong! *bewijs me het tegendeel maar eens!*

proverb /*zeg:* pròvùùb/ *spreekwoord*

provide /*zeg:* prùvaid/
- ‹bij de wet› *bepalen*
- *bepalen* ★ the law has provided that this is illegal *de wet heeft bepaald dat dit illegaal is*
- **provide for** *zorgen voor* ★ the Red Cross has provided for medicine *het Rode Kruis heeft gezorgd voor medicijnen*
- **provide with** *voorzien van* ★ the army provided us with tents and food *het leger voorzag ons van tenten en voedsel*

provider /*zeg:* prùvaidù/ *leverancier*

province /*zeg:* pròvìns/ *provincie* ★ the province of West-Flanders *de provincie West-Vlaanderen*

provision /*zeg:* prùvìzjùn/
- *voorziening* ★ make provisions *voorzieningen treffen*
- *voorraad*
- *bepaling* ★ provision of the law *wetsbepaling*

provocative /*zeg:* prùvòkùtìv/ *uitdagend*; *provocerend* ★ a provocative attitude *een provocerende houding*

provoke /*zeg:* prùvoowk/ *uitdagen*; *provoceren* ★ the pupils provoked the teacher all the time *de leerlingen daagden de leraar de hele tijd uit*

prowl /*zeg:* praul/ *sluipen* ★ the tiger

P

prowled through the grass *de tijger sloop door het gras*
prudent /*zeg:* proednt/ *voorzichtig*
prune /*zeg:* proen/ ‹gedroogde› *pruim*
psalm /*zeg:* sààm/ *psalm*
pseudonym /*zeg:* sjoedùnìm/ *pseudoniem*; *schuilnaam*
psychiatric /*zeg:* saikìètrìk/ *psychiatrisch*
psychiatrist /*zeg:* saikaijùtrìst/ *psychiater*
psychiatry /*zeg:* saikaijùtrì/ *psychiatrie*
psychological /*zeg:* saikùlòdzjìkl/ *psychologisch*
psychology /*zeg:* saikòlùdzjì/ *psychologie*
psychopath, psycho /*zeg:* saikùpeS, saikoow/ *psychopaat*
psychotherapist /*zeg:* saikoowSèrùpìst/ *psychotherapeut*
psychotherapy /*zeg:* saikoowSèrùpì/ *psychotherapie*
pub ‹spreektaal› /*zeg:* pàb/ *café*; *kroeg*
public /*zeg:* pàblìk/
[**the-woord**] *publiek* ★ Karl addressed the public *Karl sprak het publiek toe* ◆ in public *in het openbaar*
[**bijvoeglijk naamwoord**] • *openbaar* ★ public transport *openbaar vervoer*
• *staats-* ★ public affairs *staatszaken* ◆ public health *volksgezondheid* ◆ public holiday *nationale feestdag*
publication /*zeg:* pàblìkeesjùn/ *publicatie*; *uitgave*
publicity /*zeg:* pàblìsùtì/ *publiciteit*; *reclame* ★ publicity agency *reclamebureau*
publish /*zeg:* pàblìsj/ *publiceren*; *uitgeven* ★ Dirk's poems were never published *Dirks gedichten zijn nooit gepubliceerd*
publisher /*zeg:* pàblìsjù/ *uitgever*; *uitgeverij* ★ Het Spectrum is the publisher of this dictionary *Het Spectrum is de uitgever van dit woordenboek*
pudding /*zeg:* poedìng/
• *pudding*
• *dessert* ◆ black pudding *bloedworst*
puddle /*zeg:* pàdl/ *poel*
puff /*zeg:* pàf/
[**the-woord**] • *gepuf*; *gehijg*
• ‹van sigaret› *trekje*
• ‹wind› *zuchtje*
• *trekje*; *pufje*
[**werkwoord**] • *puffen*; *hijgen*
• *opzwellen*
puffy /*zeg:* pàfì/ *opgezwollen*
pull /*zeg:* poel/
[**the-woord**] *ruk*; *trek*; *teug* ★ Sherlock gave a pull on the rope *Sherlock gaf een ruk aan het touw*
[**werkwoord (+ iemand/iets)**] • *trekken (aan)*; *rukken* ★ Nikki pulled the table toward her *Nikki trok de tafel naar zich toe* ★ don't pull at the cord *trek niet aan het koord* ★ with a shout he pulled back his hand *met een schreeuw trok hij zijn hand terug*
• ‹een spier› *verrekken*
• **pull down** ‹een gebouw› *neerhalen*; *afbreken*
• **pull on/off** ‹kleren› *aan-/uittrekken*
• **pull out** *uittrekken* ★ the dentist pulled out a tooth *de tandarts trok een tand uit*
• **pull over** ‹met auto› *opzij gaan (en stoppen)*
• **pull together** *samenwerken*
• **pull up** *optrekken* ★ she pulled up her socks *ze trok haar sokken op* ◆ he pulled it off *hij heeft het klaargespeeld* ◆ Lance had a difficult time, but he pulled through *Lance heeft een moeilijke tijd gehad, maar hij is er doorheen gekomen* ◆ the train pulls in/out *de trein komt aan/vertrekt* ◆ pull yourself together! *beheers je!*
pullover /*zeg:* poeloowvù/ *pullover*; *trui*
pulp /*zeg:* pàlp/ *pulp*; *moes*
pulse /*zeg:* pàls/ *pols*; *polsslag* ★ take someone's pulse *iemands pols voelen*
puma /*zeg:* pjoemù/ *poema*
pump /*zeg:* pàmp/
[**the-woord**] • *pomp*
• ‹schoen› *pump*
[**werkwoord (+ iemand/iets)**] • *pompen* ★ pump up water *water omhoog pompen*
• ‹van hart› *bonzen*
punch /*zeg:* pàntsj/
[**the-woord**] *stomp* ★ I gave her a punch in the face *ik gaf haar een stomp in het gezicht*
[**werkwoord + iemand/iets**] • *stompen* ★ then she punched me back *toen stompte ze mij terug*

• *toetsen* ★ he punched in a phone number *hij toetste een telefoonnummer in* ◆ punching ball *boksbal*

Punch /*zeg:* pàntsj/ ◆ Punch and Judy *Jan Klaassen en Katrijn*

punctual /*zeg:* pàngktsjoeùl/ *punctueel*; *precies op tijd*

puncture /*zeg:* pàngktsjù/ *gaatje*; *lekke band* ◆ repair a puncture *een band plakken*

punish /*zeg:* pànìsj/ *straffen*

punishment /*zeg:* pànìsjmùnt/ *straf*

pup /*zeg:* pàp/ *jonge hond*; *pup*

pupil /*zeg:* pjoepìl/ *leerling*; *scholier*; *pupil* ★ pupils must have respect for their teacher *leerlingen moeten respect hebben voor hun leraar*

puppet /*zeg:* pàpìt/ *marionet*; *pop*

puppy /*zeg:* pàpì/ → **pup**

purchase /*zeg:* pùùtsjìs/
[**the-woord**] *inkoop*; *aankoop* ★ this ring was an expensive purchase *deze ring is een dure aankoop geweest*
[**werkwoord + iemand/iets**] *(aan)kopen* ★ where did you purchase that? *waar heeft u dat gekocht?*

pure /*zeg:* pjòò/ *puur*; *zuiver* ★ pure silver *puur zilver*

purely /*zeg:* pjoeùlì/ *uitsluitend* ★ this is all purely a coincidence *dit is allemaal uitsluitend toeval*

purge /*zeg:* pùùdzj/ *reinigen*

purify /*zeg:* pjoerìfai/ *zuiveren*

purity /*zeg:* pjoerùtì/ *zuiverheid*

purple /*zeg:* pùùpl/ *paars*

purpose /*zeg:* pùùpùs/
[**the-woord**] • *doel*; *plan*; *opzet* ★ you did that on purpose *je deed dat met opzet*
• *vastberadenheid*
• *strekking*
[**werkwoord + iemand/iets**] *van plan zijn*

purr /*zeg:* pùù/
• ‹van kat› *spinnen*
• *zoemen*

purse /*zeg:* pùùs/ *portemonnee*; *handtas*

purser /*zeg:* pùùsù/ *purser*

pursue /*zeg:* pùsjoe/
• *achtervolgen*; *najagen* ★ the police pursued the burglar *de politie achtervolgde de inbreker* ★ pursue your dreams *je dromen najagen*
• *doorgaan met* ★ pursue your study *doorgaan met je studie*

pursuit /*zeg:* pùsjoet/
• *achtervolging*; *jacht*
• *beoefening*

pus /*zeg:* pàs/ *pus*; *etter*

push /*zeg:* poesj/
[**the-woord**] *duw*; *zetje* ★ give someone a push in the right direction *iemand een zetje in de goede richting geven*
[**werkwoord (+ iemand/iets)**] *duwen*; *stoten* ★ you can easily push him over *je kunt hem makkelijk omver stoten* ★ push (on) the button *op de knop drukken* ◆ pushing and pulling *geduw en getrek* ◆ you must push yourself a little harder *je moet je nog iets meer inspannen*

pussy /*zeg:* poesì/ *poesje*

pussycat /*zeg:* poesìket/ *poes* ★ I thought I saw a pussycat *ik dacht dat ik een poes zag*

put /*zeg:* poet/
[**werkwoord**] • **put about** *draaien*; *wenden*
• **put forth** *uitbotten*; *uitschieten*
• **put in/off** ‹van schip› *binnen-/uitlopen*
• **put out** *vertrekken*
• **put up** *logeren*
• **put up with** *tolereren*; *verdragen* ◆ I can't put up with you anymore! *ik heb het helemaal gehad met jou!*
[**werkwoord + iemand/iets**] • *plaatsen*; *leggen*; *doen*; *zetten* ★ put a vase on the table *een vaas op tafel zetten* ★ put your purse in your bag *doe je portemonnee in je tas*
• *zeggen* ★ if you put it thát way... *als je het zó zegt...*
• **put aside** *aan de kant zetten*; *opzij schuiven* ★ we must put these obstacles aside *we moeten deze obstakels opzij schuiven*
• **put together** *samenstellen*; *in elkaar zetten* ★ how was this machine put together? *hoe is deze machine in elkaar gezet?*
• **put up** *opzetten/-steken*; *ophangen*;

P

opstellen ★ put up a poster *een poster ophangen* ★ he put up an angry letter *hij stelde een boze brief op* ★ we put up the tent in ten minutes *we zetten de tent op in tien minuten*
• **put away** *wegdoen*; *wegleggen*; *opbergen* ★ Roxanne put away her make-up *Roxanne deed haar make-up weg*
• **put back** *uitstellen* ★ the meeting has been put back *de vergadering is uitgesteld*
• **put down** *neerleggen/-zetten* ★ put down your arms! *leg jullie wapens neer!*
• **put forward** *naar voren brengen/zetten* ★ he put one foot forward *hij zette één voet naar voren*
• **put in** *insteken*; *inzetten* ★ put in a new battery *een nieuwe batterij erin doen* ★ we put a lot of work in this book *we hebben een hoop werk gestoken in dit boek*
• **put into** *vertalen naar* ★ put a sentence into Dutch *een zin naar het Nederlands vertalen*
• **put off** *uitstellen*; *afschrikken*; *afzetten* ★ put off a party *een feestje uitstellen* ★ I'll put you off at your house *ik zet je wel af bij je huis* ★ your piercings really put me off *je piercings schrikken me echt af*
• **put on** *aantrekken*; *opzetten*; ‹gewicht› *aankomen* ★ put on your coat! *trek je jas aan!* ★ put on your hat too! *zet ook je hoed op!* ★ my fat aunt has put on another ten kilos *mijn dikke tante is nog eens tien kilo aangekomen*
• **put out** *buiten zetten*; *uitdoen*; *doven*; *uitgeven* ★ Dave put out the trashcan *Dave zette de vuilnisbak buiten* ★ put out the fire/light *het vuur/licht uitdoen* ★ they have put out a new series of stamps *ze hebben een nieuwe serie postzegels uitgegeven*
• **put at** *schatten op* ★ the damage was put at 10.000 pounds *de schade werd geschat op 10.000 pond*
• **put through** *doorverbinden* ★ he put me through to his boss *hij verbond me door met zijn baas*
• **put over** *overzetten*; *overbrengen*; *uitstellen* ◆ put someone to death *iemand ter dood brengen* ◆ put up guests *gasten hebben* ◆ put the clock back/forward *de klok achteruit/vooruit zetten* ◆ put on/off the radio *de radio aan-/uitzetten*

puzzle /*zeg:* pàzùl/
[**the-woord**] *puzzel*; *raadsel*; *probleem* ★ solve a puzzle *een raadsel/probleem oplossen*
[**werkwoord**] *piekeren* ★ I'm still puzzling about what to think of it *ik zit nog steeds te piekeren over wat ik ervan moet vinden*
[**werkwoord + iemand/iets**] *verbijsteren*; *in de war brengen* ★ your attitude puzzles me *jouw houding verbijstert me*

pyjamas /*zeg:* pìdzjààmùz/ [meervoud] *pyjama* ★ your pyjamas are yellow! *jouw pyjama is geel!*

pyramid /*zeg:* pìrùmìd/ *piramide*

python /*zeg:* paiS(ù)n/ *python*

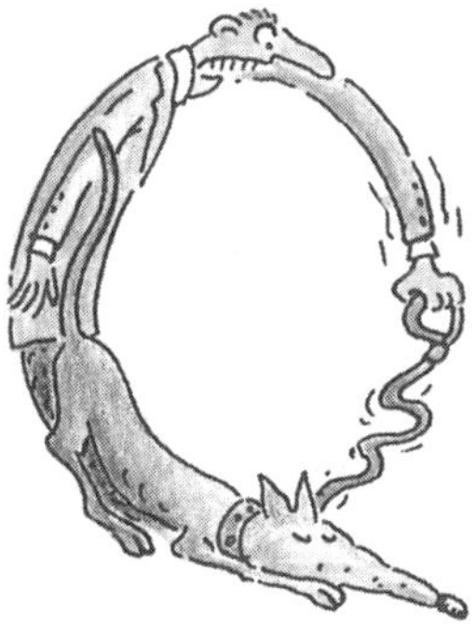

q /*zeg:* kjoew/ *q* ◆ Q as in Queenie *de Q van Quotiënt*

quack /*zeg:* kwek/
[**the-woord**] *gekwaak*
[**werkwoord**] *kwaken*

quadrangle /*zeg:* kwòdrengGl/
• *vierhoek*
• *(vierkant) binnenplein*

quadrate /*zeg:* kwòdreet/ *vierkant*

quaint /*zeg:* kweent/ *curieus*; *bijzonder* ★ a quaint old cottage *een curieus oud huisje*

quake /*zeg:* kweek/
[**the-woord**] *(aard)beving*
[**werkwoord**] *beven*

qualification /*zeg:* kwòlìfikeesjùn/
• *vereiste* ★ what are the qualifications for this job? *wat zijn de vereisten voor deze baan?*
• *kwalificatie* ★ our team needs to win to ensure qualification *ons team moet winnen om de kwalificatie te halen*

qualified /*zeg:* kwòlìfaid/ *bevoegd* ★ a qualified teacher *een bevoegd leraar*

qualify /*zeg:* kwòlìfai/ *zich kwalificeren*

quality /*zeg:* kwòlùtì/ *kwaliteit*; *eigenschap* ★ this is whisky of good quality *dit is whisky van goede kwaliteit* ★ she has many good qualities *zij heeft veel goede eigenschappen*

quantify /*zeg:* kwòntìfai/ *meten*

quantity /*zeg:* kwòntùtì/ *hoeveelheid* ★ a large quantity of junk *een grote hoeveelheid rommel*

quarrel /*zeg:* kwòrùl/
[**the-woord**] *ruzie*
[**werkwoord**] *ruzie hebben*; *ruzie maken* ★ we quarrelled, but we made up *we hadden ruzie, maar we hebben het weer goed gemaakt*

quarter /*zeg:* kwòòtù/
• *kwart* ★ he cut the apple in four quarters *hij sneed de appel in vier kwarten* ★ three quarters *drie kwart*
• *kwartaal* ★ the company made a profit in the first quarter *het bedrijf maakte winst in het eerste kwartaal*
• *kwartje (1/4 dollar)* ★ can you lend me a quarter? *kan ik een kwartje van je lenen* ◆ a quarter of an hour *een kwartier* ◆ three quarters of a mile *driekwart mijl*

quartet /*zeg:* kwòòtet/ *kwartet*; *viertal*

queen /*zeg:* kwien/
• *koningin* ★ ‹Brits› the Queen's Speech *de troonrede*
• ‹in kaartspel› *vrouw*

queen: Sinds 1952 is Elizabeth Alexandra Mary uit het Huis van Windsor (geboren in 1926) koningin van Groot-Brittannië en Noord-Ierland. Elizabeth is getrouwd met Philip Mountbatten, hertog van Edinburgh, en zij hebben vier kinderen: Charles (de kroonprins), Anne, Andrew en Edward.

queer /*zeg:* kwìjù/ *vreemd*; *eigenaardig* ★ that old house gave me a queer feeling *dat oude huis gaf me een eigenaardig gevoel*

query /*zeg:* kwìjùrì/
[**the-woord**] ‹aan officiële instantie› *vraag*
[**werkwoord**] *een vraag stellen*

quest /*zeg:* kwest/ *speurtocht*

question /*zeg:* kwestsjùn/
[**the-woord**] • *vraag* ★ I have a question *ik heb een vraag*
• *kwestie* ★ it's a question of time *het is een kwestie van tijd* ◆ out of the question *geen sprake van*
[**werkwoord + iemand/iets**]
• *(onder)vragen* ★ the police

questioned him for two hours *de politie heeft hem twee uur lang ondervraagd*
• *betwijfelen* ★ she questioned it *zij betwijfelde het*

question mark /*zeg:* kwestsjùn mààk/ *vraagteken*

questionnaire /*zeg:* kwestsjùnèè/ *vragenlijst*

queue /*zeg:* kjoe/
[**the-woord**] *rij* ◆ someone tried to jump the queue *iemand probeerde voor te dringen*
[**werkwoord**] *in de rij gaan staan* ★ we queued for the cinema *we stonden in de rij voor de bioscoop*

Q

queue: Beleefdheid en orde zijn belangrijk voor Engelsen. Zo wachten ze bij bushaltes veelal netjes in een lange rij (*queue*) achter elkaar bij de stoeprand. Iedere nieuwe wachtende sluit zich keurig aan het eind aan.

quiche /*zeg:* kiesj/ *(hartige) taart*

quick /*zeg:* kwìk/
[**bijvoeglijk naamwoord**] • *vlug* ★ she gave the room a quick look *ze keek de kamer vlug rond*
• ‹van geest› *scherp*
[**bijwoord**] *snel* ★ come quick! *kom snel!*

quicken /*zeg:* kwìkùn/ ‹van pas› *versnellen* ★ she quickened her pace *ze versnelde haar pas*

quicksand /*zeg:* kwìksend/ *drijfzand*

quid /*zeg:* kwìd/ ‹spreektaal› *pond sterling* ★ the ticket will only be a few quid *het kaartje kost maar een paar pond*

quiet /*zeg:* kwaijùt/
[**the-woord**] *rust* ◆ quiet, please! *Stilte, a.u.b.!*
[**bijvoeglijk naamwoord**] • *rustig* ★ a quiet hotel *een rustig hotel*
• *stil* ★ be quiet! *stil!* ★ a quiet street *een stille straat*

quill /*zeg:* kwìl/ *ganzenpen*

quilt /*zeg:* kwìlt/
[**the-woord**] *gewatteerde deken*
[**werkwoord + iemand/iets**] • *compileren*
• ‹spreektaal› *afranselen*
• *watteren*; *doorstikken*
• *omwikkelen*

quintessence /*zeg:* kwìntesùns/ *het wezenlijke*; *kern* ★ the quintessence of the whole story *de kern van het hele verhaal*

quintet /*zeg:* kwìntet/ *kwintet*

quit /*zeg:* kwìt/
• *ophouden* ★ quit making that noise! *hou op met dat lawaai!*
• *opgeven* ★ I quit, you win *Ik geef het op, jij hebt gewonnen*
• *ontslag nemen* ★ she quit her job *ze nam ontslag*

quite /*zeg:* kwait/
• *zeer*; *heel* ★ I'm quite certain of it *ik ben er heel zeker van*
• *helemaal* ★ you're quite right *je hebt helemaal gelijk* ★ that's quite impossible *dat is onmogelijk*
• *tamelijk*; *nogal* ★ I'm quite tired *ik ben nogal moe* ★ quite a few people *nogal wat mensen*

quiver /*zeg:* kwìvù/
[**the-woord**] *trilling*
[**werkwoord**] *trillen*

quiz /*zeg:* kwìz/ *quiz*

quizmaster /*zeg:* kwìzmààstù/ *quizmaster*

quotation /*zeg:* kwoowteesjùn/ *citaat* ◆ in quotation marks *tussen aanhalingstekens*

quote /*zeg:* kwoowt/
[**the-woord**] *citaat*
[**werkwoord + iemand/iets**] *citeren* ★ he quoted a line from Hamlet *hij citeerde een regel uit Hamlet*

r /*zeg:* àr/ *r* ◆ R as in Robert *de R van Rudolf*
rabbi /*zeg:* rèbie/ *rabbi*
rabbit /*zeg:* rèbìt/ *konijn*
race /*zeg:* rees/
[**the-woord**] • *race*; *(snelheids)wedstrijd* ★ win the race *de wedstrijd winnen*
• *ras* ★ what's the race of that dog? *wat is het ras van die hond?*
[**werkwoord**] *snellen*; *racen* ★ he raced out the door *hij snelde de deur uit*
racial /*zeg:* reesjùl/ *ras(sen)-* ★ racial discrimination *rassendiscriminatie*
racism /*zeg:* reesìzùm/ *racisme*; *rassenhaat*
racist /*zeg:* reesìst/ *racist*
rack /*zeg:* rek/ ⟨voor bagage e.d.⟩ *rek*
racket /*zeg:* rèkìt/
• *(tennis)racket*
• *herrie*; *lawaai* ★ who's making all this racket? *wie maakt al dat lawaai?*
radar /*zeg:* reedàr/ *radar*
radiate /*zeg:* reedìeet/ *uitstralen* ★ the sun radiates light *de zon straalt licht uit*
radiation /*zeg:* reedìeesjùn/ *straling*
radiator /*zeg:* reedìeetù/ *radiator*
radical /*zeg:* rèdìkl/ *radicaal*; *grondig* ★ a radical change *een radicale verandering*
radio /*zeg:* reedìoow/
[**the-woord**] *radio* ★ they're playing our song on the radio *ze spelen ons liedje op de radio*
[**werkwoord (+ iemand/iets)**] *uitzenden*
radioactive /*zeg:* reedìoowektìv/ *radioactief*
radioactivity /*zeg:* reedìoowektìvùtì/ *radioactiviteit*
radish /*zeg:* rèdìsj/ *radijs*
radius /*zeg:* reedìjùs/ ⟨wiskunde⟩ *straal* ★ the radius of a circle *de straal van een cirkel*
R.A.F. [**afkorting**] Royal Air Force ⟨in Groot-Brittannië⟩ *Koninklijke Luchtmacht*
raft /*zeg:* ràáft/
[**the-woord**] *vlot* ★ a wooden raft *een houten vlot*
[**werkwoord + iemand/iets**] *met een vlot varen* ★ we went rafting in Belgium *we gingen met een vlot varen in België*
rag /*zeg:* reG/ *vod*; *lap* ★ the beggar is dressed in rags *de bedelaar is gekleed in lompen*
rage /*zeg:* reedzj/
[**the-woord**] *woede*; *razernij* ◆ Winston was in a rage when they took his cigar away *Winston was woedend toen ze zijn sigaar afpakten*
[**werkwoord**] • *woeden*; *razen*
• **rage at** *tekeer gaan tegen*
raid /*zeg:* reed/
[**the-woord**] *inval*; *aanval*
[**werkwoord + iemand/iets**] *een inval doen bij* ★ the police raided the suspect firm *de politie deed een inval bij het verdachte bedrijf*
rail /*zeg:* reel/ *staaf*; *balk*; *rail* ★ the rails for a curtain *de rails voor een gordijn* ◆ by rail *per spoor*
railing /*zeg:* reelìng/ *leuning*; *reling*
railway, railroad /*zeg:* reelwee, reelroowd/ *spoorweg* ★ railway station *treinstation*
rain /*zeg:* reen/
[**the-woord**] *regen* ★ the rain forest *het regenwoud*
[**het-werkwoord**] *regenen* ★ it's raining *het regent*
rainbow /*zeg:* reenboow/ *regenboog*
raincoat /*zeg:* reenkoowt/ *regenjas*
rainy /*zeg:* reenì/ *regenachtig* ★ a rainy day *een regenachtige dag*
raise /*zeg:* reez/
[**the-woord**] *loonsverhoging*; *opslag* ★ my boss gave me a raise today *mijn baas heeft me vandaag opslag gegeven*

[**werkwoord + iemand/iets**] • *verhogen* ★ the shops have raised the prices *de winkels hebben de prijzen verhoogd*
• *grootbrengen* ★ Martha raised three children *Martha heeft drie kinderen grootgebracht*
• *kweken*; *fokken* ★ we raise tomatoes and potatoes on our farm *we kweken tomaten en aardappelen op onze boerderij* ★ raise sheep *schapen fokken*
◆ raise a family *een gezin stichten*
◆ raise money *geld verzamelen*

raisin /*zeg:* reezùn/ *rozijn*

rake /*zeg:* reek/
[**the-woord**] *hark*
[**werkwoord + iemand/iets**] *(bijeen)harken* ★ I'm raking the leaves *ik hark de bladeren bijeen*

rally /*zeg:* rèlie/
• *bijeenkomst*
• ‹autosport› *wedstrijd*

ram /*zeg:* rem/
[**the-woord**] *ram*
[**werkwoord + iemand/iets**] • *rammen* ★ ram a wall *een muur rammen*
• *(aan)stampen* ★ ram clothes into a bag *kleren in een tas stampen*

RAM [**afkorting**] Random Access Memory ‹computer› *RAM*

ramble /*zeg:* rembl/ *zwerven*

ramp /*zeg:* remp/
• *drempel*; *helling*
• *oprit*

ran /*zeg:* ren/ [(verleden tijd) → **run**]

ranch ‹Amerikaans› /*zeg:* rààntsj/ *(vee)boerderij*

rancid /*zeg:* rensìd/ *ranzig*

rand /*zeg:* rend/ ‹munt(eenheid) van Zuid-Afrika› *rand*

random /*zeg:* rendùm/ *willekeurig* ★ a random figure *een willekeurige hoeveelheid* ◆ at random *willekeurig*

rang [**werkwoord (verleden tijd)** → **ring**]

range /*zeg:* reendzj/
[**the-woord**] • *rij*; *reeks*; *serie* ★ a range of hair products *een serie haarproducten*
• *bereik*; *reikwijdte* ★ within range *binnen bereik* ★ the range of a missile *de reikwijdte van een raket* ◆ a range of mountains *een bergketen* ◆ price range *prijsklasse*
[**werkwoord**] *zich uitstrekken*; *reiken* ★ the Alps range from France to Austria *de Alpen reiken van Frankrijk tot Oostenrijk*
[**werkwoord + iemand/iets**] *plaatsen*; *ordenen* ★ he ranged the books on the shelf *hij plaatste de boeken op de plank*

ranger /*zeg:* reendzjù/ ‹Amerikaans› *boswachter*

rank /*zeg:* rengk/
[**the-woord**] *rang*
[**werkwoord**] *een plaats hebben* ★ he ranks second in the list *hij heeft de tweede plaats op de lijst*
[**werkwoord + iemand/iets**] **rank among** *rekenen tot* ★ she's being ranked among the best scientists *zij wordt gerekend tot de beste wetenschapsters*

ransom /*zeg:* rensùm/ *losgeld*

rap /*zeg:* rep/
[**the-woord**] ‹muziek› *rap(muziek)*; *tekst op rapmuziek*
[**werkwoord**] ‹muziek› *rappen*

rape /*zeg:* reep/
[**the-woord**] *verkrachting*
[**werkwoord + iemand/iets**] *verkrachten*

rapid /*zeg:* rèpìd/ *snel* ★ he walked rapidly to the door *hij liep snel naar de deur*

rare /*zeg:* rèè/
• *zeldzaam* ★ a rare stamp *een zeldzame postzegel*
• ‹vlees› *kort gebakken* ★ I want my steak rare, please *ik wil mijn biefstuk kort gebakken, alstublieft*

rarely /*zeg:* rèèlì/ *zelden* ★ you will rarely find me in a disco *je zult me zelden in een disco aantreffen*

rash /*zeg:* resj/ *overhaast* ★ a rash conclusion *een overhaaste conclusie*

rasp /*zeg:* rààsp/
[**the-woord**] *rasp*
[**werkwoord**] ‹van stem› *raspen*
[**werkwoord + iemand/iets**] *raspen* ★ rasp an apple *een appel raspen*

raspberry /*zeg:* rààzbùrì/ *framboos*

rat /*zeg:* ret/ *rat*

rate /*zeg:* reet/

[**the-woord**] • *snelheid* ★ at a rate of ten kilometres an hour *met een snelheid van tien kilometer per uur*
• *maatstaf* ★ he has set a high rate for the quality *hij heeft een hoge maatstaf gesteld voor de kwaliteit*
• *tarief* ★ the rates have gone up again *de tarieven zijn weer gestegen* ◆ first rate *eersteklas*
[**werkwoord**] *gerekend worden* ★ she rates among the best skiers *ze wordt gerekend tot de beste skiërs*
[**werkwoord + iemand/iets**] *achten*; *inschatten* ★ I rate this wine very high *ik schat deze wijn zeer hoog in*

rather /*zeg:* rààDù/
• *liever (nog)* ★ I would rather die than to give you a kiss *ik zou nog liever sterven dan jou een kus te geven*
• *nogal* ★ you look rather pale *je ziet nogal bleek*

rating /*zeg:* reeting/ *klasse*; *klassement*

ration /*zeg:* resjùn/ *rantsoen*

rational /*zeg:* resjùnl/ *rationeel*; *verstandelijk*; *logisch* ★ there must be a rational explanation for this *er moet hier een logische verklaring voor zijn*

rattle /*zeg:* retl/
[**the-woord**] • *gerammel*
• *rammelaar*; *ratel*
[**werkwoord + iemand/iets**] *rammelen (met)* ★ the ghost rattled his chains *het spook rammelde met zijn ketenen*

rattlesnake /*zeg:* retlsneek/ *ratelslang*

rave /*zeg:* reev/
[**the-woord**] *housefeest*
[**werkwoord**] *ijlen*

raven /*zeg:* reevn/ *raaf*

ravine /*zeg:* rùvien/ *ravijn*

raw /*zeg:* ròò/ *rauw* ★ raw spinach *rauwe spinazie*

ray /*zeg:* ree/ *straal* ★ ray of light *lichtstraal*

razor /*zeg:* reezù/ *scheermes*

Rd., rd. [**afkorting**] Road *straat*

're [**werkwoord** → **be**]

reach /*zeg:* rietsj/
[**the-woord**] *bereik* ★ within reach *binnen bereik*
[**werkwoord**] *reiken* ★ the monkey reaches for the banana *de aap reikt naar de banaan* ★ she reached forward and fell *ze reikte naar voren en viel*
[**werkwoord + iemand/iets**] • *bereiken* ★ he reached the beach after a long swim *hij bereikte het strand na een lange zwempartij*
• *aanreiken* ★ reach me the sugar, will you? *reik me de suiker even aan, wil je?*

react /*zeg:* rièkt/ *reageren* ★ do you want to react to his letter? *wil je reageren op zijn brief?*

reaction /*zeg:* rièksjùn/ *reactie*

reactor /*zeg:* rièktù/ *reactor*

read /*zeg:* ried/
• *lezen* ★ have you never read a book? *heb je nog nooit een boek gelezen?*
• *voorlezen* ★ I shall read you a fairytale *ik zal je een sprookje voorlezen* ◆ read something out loud *iets hardop voorlezen*

reader /*zeg:* riedù/ ⟨met opstellen⟩ *verzamelbundel*

readily /*zeg:* rèdùlì/ *graag* ★ I readily work on Sundays *ik werk graag op zondag*

ready /*zeg:* rèdì/ *klaar* ★ are you ready to go? *ben je klaar om te gaan?* ★ I'm ready for it *ik ben er klaar voor* ◆ ready, steady, go! *klaar, af!*

real /*zeg:* riel/
[**bijvoeglijk naamwoord**] *echt* ★ are those diamonds real? *zijn die diamanten echt?* ◆ real estate *onroerend goed*
[**bijwoord**] *erg* ★ that's a real cool game *dat is een erg cool spel*

reality /*zeg:* rièlùtì/ *werkelijkheid*; *realiteit*

realize /*zeg:* rìjùlaiz/
• *beseffen*; *zich realiseren* ★ we realized we were on the wrong way *we beseften dat we op de verkeerde weg zaten*
• *verwezenlijken* ★ Melanie worked hard and realized her dream *Melanie werkte hard en verwezenlijkte haar droom*

really /*zeg:* rìjùlì/ *werkelijk*; *echt* ★ you really don't have to apologize *je hoeft je echt niet te verontschuldigen*

reap /*zeg:* riep/ *oogsten*; *maaien*

R

rear /*zeg:* rìjù/
[**bijvoeglijk naamwoord**] *achter-*; *achterste* ⋆ the rear side *de achterkant*
[**werkwoord + iemand/iets**] • *verheffen*; *opheffen* ⋆ I reared my head *ik hief mijn hoofd op*
• *fokken* ⋆ on our farm we rear sheep *op onze boerderij fokken we schapen*

reason /*zeg:* riezùn/
[**the-woord**] • *reden* ⋆ give me one good reason why I should believe you *geef me één goede reden waarom ik je zou geloven*
• *verstand* ⋆ his reason vanished when he fell in love *zijn verstand verdween toen hij verliefd werd*
[**werkwoord (+ iemand/iets)**] *redeneren*; *discussiëren* ⋆ Philipp and Hermione were reasoning about the issue *Philipp en Hermione waren aan het discussiëren over het onderwerp*

reasonable /*zeg:* riezùnùbl/ *redelijk* ⋆ ten dollar is a reasonable price *tien dollar is een redelijke prijs*

reassure /*zeg:* rieùsjòò/ *geruststellen*; *verzekeren* ⋆ I can reassure you that it's safe *ik kan u verzekeren dat het veilig is*

rebel [**the-woord**] /*zeg:* rebl/ *rebel*
[**werkwoord**] /*zeg:* rìbel/ *in opstand komen* ⋆ the soldiers rebelled against the government *de soldaten kwamen in opstand tegen de regering*

recall /*zeg:* rìkòòl/
• *terugroepen* ⋆ the ambassador was recalled to his country *de ambassadeur werd teruggeroepen naar zijn land*
• *zich herinneren* ⋆ I can't recall anything of this *ik kan me hier niets van herinneren*

R

recede /*zeg:* risied/ *achteruitgaan*

receipt /*zeg:* rìsiet/ *(kassa)bon*

receive /*zeg:* rìsiev/ *ontvangen*; *krijgen* ⋆ did you receive my letter? *heb je mijn brief ontvangen?*

recent /*zeg:* riesùnt/ *van kort geleden*; *recent* ⋆ in a recent interview he said the opposite *in een recent interview zei hij het tegenovergestelde*

recently /*zeg:* riesùntlì/ *kort geleden*; *onlangs* ⋆ we have painted the house recently *we hebben het huis kort geleden geschilderd*

reception /*zeg:* rìsepsjùn/
• *ontvangst*
• *receptie*

receptionist /*zeg:* rìsepsj(ù)nìst/ *receptionist*

recess /*zeg:* rìses/ ‹vakantie› *reces* ⋆ the government is on recess until September *de regering is tot september op reces*

recession /*zeg:* rìsesjùn/ *achteruitgang*

recharge /*zeg:* rietsjààdzj/ *herladen*; ‹batterij› *opnieuw opladen*

rechargeable /*zeg:* rietsjààdzjùbl/ *oplaadbaar*

recipe /*zeg:* rèsìpì/ *recept* ⋆ a recipe for baking a cake *een recept voor het bakken van een koek*

recipient /*zeg:* rìsìpiùnt/ *ontvanger*

recital /*zeg:* rìsaitl/ *concert*; *recital*

recite /*zeg:* rìsait/ *voordragen* ⋆ she recited a poem by Vinkenoog *ze droeg een gedicht van Vinkenoog voor*

reckless /*zeg:* reklùs/ *roekeloos*
⋆ recklessly the soldiers jumped over the wall *de soldaten sprongen roekeloos over de muur*

reckon /*zeg:* rèkùn/
• *menen*; *vinden* ⋆ I reckon we must try something else *ik vind dat we iets anders moeten proberen*
• **reckon with** *rekening houden met* ⋆ we reckoned with every detail *we hebben rekening gehouden met elk detail*

recognition /*zeg:* rèkùGnìsjùn/
• *herkenning*
• *erkenning* ⋆ recognition

recognize /*zeg:* rèkùGnaiz/
• *herkennen* ⋆ I didn't recognize you without your glasses *ik herkende je niet zonder je bril*
• *erkennen* ⋆ after her death she was recognized as a great painter *na haar dood werd ze erkend als een groot schilder*

recollect /*zeg:* riekùlekt/ *zich herinneren*

recollection /*zeg:* rèkùleksjùn/ *herinnering*

recommend /*zeg:* rèkùmend/ *aanbevelen*;

adviseren

record [**the-woord**] /*zeg:* rèkòòd/
• *verslag* ★ we have a lot of records on that historical day *we hebben veel verslagen over die historische dag*
• *document* ★ all records have been deleted *alle documenten zijn vernietigd*
• *cd*; *plaat* ★ the DJ put a record on *de dj zette een plaat op*
• *record*; *beste prestatie* ★ world record *wereldrecord*
[**werkwoord (+ iemand/iets)**] /*zeg:* rìkòòd/
• *registreren*; ⟨van mededelingen⟩ *vastleggen* ★ my statement has been recorded *mijn verklaring is vastgelegd*
• ⟨geluid, muziek⟩ *opnemen* ★ The Beatles recorded 'Yesterday' in 1965 *The Beatles namen 'Yesterday' op in 1965*

recorder /*zeg:* rìkòòdù/
• *(geluids)recorder*; *videorecorder*
• *blokfluit*

recording /*zeg:* rìkòòdìng/ *geluidsopname*

recover /*zeg:* rìkàvù/
[**werkwoord**] *genezen*; *zich herstellen* ★ has the patient recovered from his disease? *is de patiënt genezen van zijn ziekte?*
[**werkwoord + iemand/iets**] *(weer) terugkrijgen* ★ we recovered two of the stolen paintings *we kregen twee van de gestolen schilderijen weer terug*

recovery /*zeg:* rìkàvùrì/ *herstel* ◆ soon recovery! *beterschap!*

recreation /*zeg:* rekrìeesjùn/ *ontspanning*; *recreatie*

recruit /*zeg:* rìkroet/
• *rekruut*
• ⟨in het leger⟩ *nieuweling*

rectangle /*zeg:* rektengGl/ *rechthoek*

rectify /*zeg:* rektìfai/ *herstellen* ★ he rectified his fault immediately *hij herstelde zijn fout onmiddellijk*

recur /*zeg:* rìkùù/ *terugkeren* ★ a recurring dream *een terugkerende droom*

recycle /*zeg:* riesaikl/ *opnieuw gebruiken* ★ most glass is recycled nowadays *het meeste glas wordt tegenwoordig opnieuw gebruikt*

red /*zeg:* red/ *rood* ★ the Red Cross *het Rode Kruis*

redo /*zeg:* riedoe/ *opnieuw doen* ★ I redid my work because at first it wasn't good *ik deed mijn werk opnieuw want eerst was het niet goed*

redskin /*zeg:* redskìn/ *roodhuid*

reduce /*zeg:* rìdjoes/ *verlagen*; *verminderen* ★ reduce your speed! *verminder uw snelheid!* ★ the costs were reduced *de kosten werden verlaagd*

reduction /*zeg:* rìdàksjùn/ *verlaging*; *vermindering*

reek /*zeg:* riek/ *stinken* ★ you reek of manure! *je stinkt naar mest!*

reel /*zeg:* riel/
[**the-woord**] *klos(je)*; *haspel*; *spoel*
[**werkwoord + iemand/iets**] • ⟨draad⟩ *opwinden*
• **reel off** ⟨draad⟩ *afrollen*

refer /*zeg:* rìfùù/ **refer to** *raadplegen*; *betrekking hebben op* ★ refer to the manual *de handleiding raadplegen* ★ his remark refers to you *zijn opmerking heeft betrekking op jou*

referee /*zeg:* rèfùrie/ *scheidsrechter*

refill /*zeg:* riefìl/
[**the-woord**] *navulling*
[**werkwoord + iemand/iets**] *opnieuw vullen*

reflect /*zeg:* rìflekt/
[**werkwoord**] **reflect (up)on** *nadenken over* ★ I'm still reflecting upon a solution *ik denk nog steeds na over een oplossing*
[**werkwoord + iemand/iets**] *weerspiegelen* ★ the sun is reflected in the water *de zon wordt weerspiegeld in het water*

reflection, reflexion /*zeg:* rìfleksjùn/ *weerspiegeling*

reflector /*zeg:* rìflektù/ *reflector*

reflex /*zeg:* riefleks/ *reflex* ★ in a reflex I gave her a punch *in een reflex gaf ik haar een stomp*

reform /*zeg:* rìfòòm/
[**the-woord**] *hervorming*
[**werkwoord + iemand/iets**] *hervormen*

reformation /*zeg:* rèfùmeesjùn/
• *hervorming*
• *reformatie*

refrain /*zeg:* rìfreen/

R

[the-woord] *refrein* ⋆ a song with a catchy refrain *een liedje met een pakkend refrein*
[werkwoord] **refrain from** *afzien van* ⋆ the demonstrators have refrained from violence *de betogers hebben afgezien van geweld*

refresh /*zeg:* rìfresj/ *opfrissen* ⋆ shall I refresh your memory a little? *zal ik je geheugen een beetje opfrissen?*

refrigerator /*zeg:* rìfrìdzjùreetù/ *koelkast*

refuge /*zeg:* refjoedzj/ *bescherming*; *redding* ⋆ desperate people take refuge in other countries *wanhopige mensen zoeken bescherming in andere landen*

refugee /*zeg:* refjoedzjie/ *vluchteling*

refund /*zeg:* riefànd/ *terugbetaling*

refusal /*zeg:* rìfjoezùl/ *weigering*

refuse [the-woord] /*zeg:* refjoes/ *afval*; *vuilnis* ⋆ refuse collection *het ophalen van vuilnis*
[werkwoord (+ iemand/iets)] /*zeg:* rìfjoez/ *weigeren* ⋆ my car refused to start *mijn auto weigerde te starten*

regal /*zeg:* rieGl/ *koninklijk* ⋆ regal dignity *koninklijke waardigheid*

regard /*zeg:* rìGààd/
[the-woord] ◆ kind regards ⟨in brief⟩ *met vriendelijke groeten* ◆ give her my regards *doe haar de groeten van mij*
[werkwoord + iemand/iets] *beschouwen* ⋆ she regards me as a friend *ze beschouwt me als een vriend*

regime /*zeg:* reezjiem/
• *regime*
• *dieet*

region /*zeg:* riedzjùn/ *regio*; *gebied* ⋆ the region of South-Wales *de regio Zuid-Wales*

register /*zeg:* redzjìstù/
[the-woord] *register*; *lijst*
[werkwoord + iemand/iets] *(laten) inschrijven*; *registreren* ⋆ registered trademark *geregistreerd handelsmerk*

registration /*zeg:* redzjìstreesjùn/ *registratie*

regret /*zeg:* rìGret/
[the-woord] *spijt*; *berouw* ◆ don't you have any regrets? *heb je geen berouw?*
[werkwoord + iemand/iets] *spijt hebben van* ⋆ I immediately regretted my words *ik had meteen spijt van mijn woorden*

regular /*zeg:* reGjoelù/
[the-woord] *vaste klant* ⋆ most visitors of this museum are regulars *de meeste bezoekers van dit museum zijn vaste klanten*
[bijvoeglijk naamwoord] • *regelmatig* ⋆ regular physical exercise is good for your health *regelmatige lichamelijke oefening is goed voor je gezondheid*
• ⟨Amerikaans⟩ *gewoon*; *normaal* ⋆ XXXXXXL is not a regular size for sweaters *XXXXXXL is geen normale maat voor truien*

regulate /*zeg:* reGjoeleet/ *regelen*; *reguleren*

regulation /*zeg:* reGjoeleesjùn/ *voorschrift*

rehearsal /*zeg:* rìhùùsùl/ *repetitie*; *oefening*

rehearse /*zeg:* rìhùùs/ *repeteren* ⋆ the choir rehearses every Tuesday evening *het koor repeteert elke dinsdagavond*

reign /*zeg:* reen/ *regeren* ⋆ Queen Victoria reigned over England for 64 years *koningin Victoria regeerde 64 jaar over Engeland*

reindeer /*zeg:* reendìjù/ *rendier*

reject /*zeg:* rìdzjekt/ *afwijzen*; *verwerpen*

rejection /*zeg:* rìdzjeksjùn/ *afwijzing*

rejoice /*zeg:* rìdzjojs/ *zich verheugen* ⋆ the people rejoiced at the peace treaty *het volk verheugde zich over het vredesverdrag*

related /*zeg:* rìleetìd/
• *familie* ⋆ we are related *wij zijn familie (van elkaar)*
• *verbonden*; *in verband* ◆ the footprints are related to the burglary *de voetafdrukken staan in verband met de inbraak*

relation /*zeg:* rìleesjùn/ *betrekking*; *verhouding*; *relatie*

relationship /*zeg:* rìleesjùnsjìp/
• *verwantschap*
• *liefdesverhouding*

relative /*zeg:* rèlùtiv/
• *familie(lid)* ⋆ we're relatives: she is my aunt *we zijn familie: zij is mijn*

tante
• ‹taal› *betrekkelijk voornaamwoord*

relax /*zeg:* rìleks/ *(zich) ontspannen* ⋆ after a long walk we relaxed in the pool *na een lange wandeling ontspanden we ons in het zwembad* ⋆ I feel relaxed *ik voel me ontspannen*

release /*zeg:* rìlies/
[**the-woord**] • *bevrijding*; *vrijlating* ⋆ the release of the prisoners was postponed *de vrijlating van de gevangenen werd uitgesteld*
• *(het uitbrengen van een) film of cd*; *release* ⋆ we're waiting for the release of Jackson's new single *we wachten op de release van Jacksons nieuwe single*
[**werkwoord + iemand/iets**] • *bevrijden*; *loslaten*
• ‹film› *voor het eerst vertonen*; *op de markt brengen* ◆ she was released from duty *zij werd ontheven uit haar ambt*

relevant /*zeg:* rèlìvùnt/ *relevant*; *toepasselijk* ⋆ your question is not relevant to this issue *jouw vraag is niet toepasselijk voor deze kwestie*

reliable /*zeg:* rìlaijùbl/ *betrouwbaar*

relief /*zeg:* rìlief/
• *opluchting* ⋆ what a relief that the job is done *wat een opluchting dat de klus af is*
• *hulp* ⋆ relief fund *hulpfonds*

relieve /*zeg:* rìliev/ *opluchten* ⋆ I feel relieved about the result *ik voel me opgelucht over het resultaat*

religion /*zeg:* rìlìdzjùn/ *godsdienst*

religious /*zeg:* rìlìdzjùs/ *religieus*

relocate /*zeg:* rieloowkeet/ *verhuizen*; *verplaatsen* ⋆ the paintings were relocated to a safe place *de schilderijen werden verhuisd naar een veilige plek*

reluctant /*zeg:* rìlàktnt/ *onwillig* ⋆ reluctantly he let go of her hand *onwillig liet hij haar hand los*

rely /*zeg:* rìlai/ **rely (up)on** *vertrouwen op*; *rekenen op* ⋆ he relies completely on his instincts *hij vertrouwt volledig op zijn instincten*

remain /*zeg:* rìmeen/ *(over)blijven*; *nog over zijn* ⋆ nothing will remain the same *niets zal hetzelfde blijven*

remainder /*zeg:* rìmeendù/ *overblijfsel*; *rest(ant)* ⋆ the remainder of his books was thrown away *de rest van zijn boeken werd weggegooid*

remains /*zeg:* rìmeenz/ [meervoud] *overblijfselen*; *stoffelijk overschot*

remark /*zeg:* rìmààk/
[**the-woord**] *opmerking* ⋆ the teacher made a remark about your behaviour *de leraar maakte een opmerking over jouw gedrag*
[**werkwoord (+ iemand/iets)**] *opmerken* ⋆ he has remarked that you always look out of the window *hij heeft opgemerkt dat je altijd uit het raam kijkt*

remarkable /*zeg:* rìmààkùbl/ *opmerkelijk* ⋆ a remarkable achievement *een opmerkelijke prestatie*

remedy /*zeg:* rèmìdì/ *(genees)middel* ⋆ a remedy against AIDS *een geneesmiddel tegen aids*

remember /*zeg:* rìmembù/
• *(zich) herinneren* ⋆ he remembered that he had left the light on *hij herinnerde zich dat hij het licht had aangelaten*
• *onthouden* ⋆ remember every moment! *onthoud elk moment!*

remind /*zeg:* rìmaind/
• *herinneren* ⋆ may I remind you that you haven't paid the bill yet? *mag ik u eraan herinneren dat u de rekening nog niet hebt betaald?*
• **remind of** *doen denken aan* ⋆ you remind me of an old friend *je doet me denken aan een oude vriend*

reminder /*zeg:* rìmaindù/
• *waarschuwing*
• *geheugensteuntje*
remote /*zeg:* rìmoowt/ *ver weg*; *afgelegen* ★ a remote part of the country *een afgelegen deel van het land* ◆ remote control *afstandsbediening*
removal /*zeg:* rìmoevùl/
• *verplaatsing*; *verwijdering*
• *verhuizing*
remove /*zeg:* rìmoev/ *verwijderen* ★ remove stains from the carpet *vlekken verwijderen uit het tapijt*
rename /*zeg:* rieneem/ *hernoemen*
render /*zeg:* rendù/
• *(terug)geven* ★ render someone a blow *iemand een klap geven*
• *maken* ★ render yourself invisible *jezelf onzichtbaar maken*
renew /*zeg:* rìnjoe/ *vernieuwen*; *verlengen*

R

renovate /*zeg:* rènùveet/ *vernieuwen*; *renoveren*
rent /*zeg:* rent/
[**the-woord**] *huur* ★ the house is for rent *het huis staat te huur*
[**werkwoord + iemand/iets**] • *huren* ★ we rented a car in Spain *we huurden een auto in Spanje*
• *verhuren* ★ do you also rent caravans? *verhuurt u ook caravans?*
rental /*zeg:* rentl/ *verhuur*
repair /*zeg:* rìpèè/
[**the-woord**] *reparatie* ★ my boat is under repair *mijn boot is in reparatie*
[**werkwoord + iemand/iets**] *repareren* ★ have you repaired the roof yet? *heb je het dak al gerepareerd?*
reparation /*zeg:* repùreesjùn/ *reparatie*
repay /*zeg:* riepee/ *terugbetalen*
repeat /*zeg:* rìpiet/
[**the-woord**] *herhaling*
[**werkwoord + iemand/iets**] *herhalen* ★ he repeated the question *hij herhaalde de vraag*
repertoire /*zeg:* rèpùtwàà/ *repertoire*
repetition /*zeg:* rèpìtìsjùn/ *herhaling*
replace /*zeg:* rìplees/
• *terugzetten*; *terughangen* ★ replace tools after use! *gereedschappen terughangen na gebruik!*
• *vervangen* ★ you must replace the vase you broke *je moet de vaas vervangen die je hebt gebroken*
replay /*zeg:* rieplee/
[**the-woord**] • ⟨van beeld/geluid⟩ *herhaling*
• *overgespeelde wedstrijd*
[**werkwoord (+ iemand/iets)**] *herhalen* ★ on tv the scene was replayed endlessly *op tv werd de scène eindeloos herhaald*
reply /*zeg:* rìplai/
[**the-woord**] *antwoord* ★ you gave me no reply *je gaf me geen antwoord*
[**werkwoord (+ iemand/iets)**]
• *antwoorden* ★ she replied to me that it was okay *ze antwoordde mij dat het oké was*
• **reply to** *beantwoorden*
report /*zeg:* rìpòòt/
[**the-woord**] *verslag*
[**werkwoord + iemand/iets**] *verslag doen van*; *melden* ★ we reported the accident to the police *we meldden het ongeluk bij de politie*
reporter /*zeg:* rìpòòtù/
• *verslaggever*
• *rapporteur*
represent /*zeg:* reprìzent/
• *voorstellen* ★ this painting represents the Holy Spirit *dit schilderij stelt de Heilige Geest voor*
• *vertegenwoordigen* ★ an ambassador represents his country abroad *een ambassadeur vertegenwoordigt zijn land in het buitenland*
representative /*zeg:* reprìzentùtiv/

(volks)vertegenwoordiger ◆ ‹Amerikaans› House of Representatives ‹soort Tweede Kamer› *Huis van Afgevaardigden*

reproduce /*zeg:* rieprùdjoes/
[**werkwoord**] *zich voortplanten*
⋆ rabbits reproduce in a high speed *konijnen planten zich in een hoog tempo voort*
[**werkwoord + iemand/iets**] *reproduceren* ⋆ the popular painting was reproduced as a poster *het populaire schilderij werd gereproduceerd als een poster*

reptile /*zeg:* reptail/ *reptiel*

republic /*zeg:* rìpàblìk/ *republiek* ⋆ the republic of France *de republiek Frankrijk*

republican /*zeg:* rìpàblìkùn/ *republikein* ◆ ‹Amerikaans› Republican ‹lid van de Republikeinse Partij› *Republikein*

reputation /*zeg:* repjoeteesjùn/ *reputatie*

request /*zeg:* rìkwest/
[**the-woord**] *verzoek* ⋆ at your request *op uw verzoek*
[**werkwoord + iemand/iets**] *verzoeken*; *vragen om* ⋆ we requested permission *we vroegen om toestemming*

require /*zeg:* rìkwaijù/ *nodig hebben*; *vereisen* ⋆ this job requires concentration *deze baan vereist concentratie*

rescue /*zeg:* reskjoe/
[**the-woord**] *redding*; *hulp* ◆ the police came to our rescue *de politie kwam ons te hulp*
[**werkwoord + iemand/iets**] *redden*
⋆ rescue someone from a burning house *iemand redden uit een brandend huis*

research /*zeg:* rìsùùtsj/ *onderzoek* ⋆ she does research on flies *zij doet onderzoek naar vliegen*

resemblance /*zeg:* rìzemblùns/ *gelijkenis*

resemble /*zeg:* rìzembl/ *lijken op* ⋆ Karen and her brother resemble each other *Karen en haar broer lijken op elkaar*

resent /*zeg:* rìzent/ *kwaad zijn over*
⋆ I resent the fact that you lied to me *ik ben kwaad over het feit dat je tegen me gelogen hebt*

reservation /*zeg:* rezùveesjùn/
• *reservering* ⋆ make a reservation for a table in a restaurant *een reservering doen voor een tafel in een restaurant*
• *reservaat* ⋆ a reservation for elephants *een reservaat voor olifanten*

reserve /*zeg:* rìzùùv/
[**the-woord**] • *reserve*
• ‹sport› *reservespeler*
[**werkwoord + iemand/iets**] *reserveren*
⋆ I have reserved four seats for the movie *ik heb vier plaatsen gereserveerd voor de film*

reservoir /*zeg:* rezùvwàà/ *reservoir*

reset /*zeg:* rieset/
• ‹bv. gebroken been› *opnieuw zetten*
• ‹computer› *opnieuw opstarten*

residence /*zeg:* rezìdns/
• *woning* ⋆ the president's residence is the White House *de woning van de president is het Witte Huis*
• *woonplaats* ⋆ my residence is Farmington, Illinois *mijn woonplaats is Farmington, Illinois*

resident /*zeg:* rezìdnt/ ‹woning› *bewoner*; ‹stad› *inwoner*

resign /*zeg:* rìzain/
[**werkwoord**] *ontslag nemen*; *aftreden*
⋆ the entire board has resigned *het hele bestuur is afgetreden*
[**werkwoord + iemand/iets**] *afstand doen van* ⋆ at last Queen Elizabeth resigned the throne *eindelijk deed koningin Elizabeth afstand van de troon*

resignation /*zeg:* rèzìGneesjùn/ *ontslag*
⋆ letter of resignation *ontslagbrief*

resist /*zeg:* rìzist/

• *zich verzetten tegen* ★ we must resist the enemy *we moeten ons verzetten tegen de vijand*
• *weerstaan* ★ I can't resist the temptation *ik kan de verleiding niet weerstaan*

resistance /*zeg:* rìzistns/ *verzet*; *weerstand*

resistant /*zeg:* rìzìstnt/ **resistant to** *bestand tegen* ★ this fabric is resistant to water *deze stof is bestand tegen water*

resolute /*zeg:* rèzùloet/ *resoluut*

resolution /*zeg:* rèzùloesjùn/
• *besluit* ★ we have taken a resolution *we hebben een besluit genomen*
• ‹van beeldscherm› *resolutie*

resolve /*zeg:* rìzolv/
• *besluiten* ★ I resolved to call her up *ik besloot haar op te bellen*
• *oplossen* ★ sugar resolves in hot water *suiker lost op in heet water*

resort /*zeg:* rìzòòt/
[the-woord] *vakantieplaats* ◆ seaside resort *badplaats*
[werkwoord] **resort to** *zijn toevlucht nemen tot* ★ we had to resort to violence *we moesten onze toevlucht nemen tot geweld*

resource /*zeg:* rìzòòs/ *hulpbron* ★ natural resources *natuurlijke hulpbronnen*

respect /*zeg:* rìspekt/
[the-woord] • *respect* ★ don't you have any respect for your teacher? *heb je geen enkel respect voor je leraar?*
• *opzicht* ★ in many respects *in veel opzichten*
[werkwoord + iemand/iets] *respecteren* ★ we must learn to respect each other *we moeten leren elkaar te respecteren*

respiration /*zeg:* respìreesjùn/ *ademhaling*

respond /*zeg:* rìspònd/ *antwoorden* ★ she didn't respond to my question *ze antwoordde niet op mijn vraag*

response /*zeg:* rìspòns/
• *antwoord*
• *reactie* ★ the response to our appeal was enormous *de reactie op onze oproep was enorm*

responsibility /*zeg:* rìspònsìbìlùtì/ *verantwoordelijkheid* ★ he doesn't know his responsibilities *hij kent zijn verantwoordelijkheden niet*

responsible /*zeg:* rìspònsìbl/ *verantwoordelijk* ★ parents are responsible for their children *ouders zijn verantwoordelijk voor hun kinderen*

rest /*zeg:* rest/
[the-woord] • *rest* ★ the rest of you must walk *de rest van jullie moet lopen*
• *rust* ★ we deserve some rest *we verdienen wat rust* ◆ take a rest *een rustpauze nemen*
[werkwoord] *uitrusten* ★ let's rest a while *laten we een tijdje rusten* ◆ rest assured that we will come *u kunt er van op aan dat we komen*

restart /*zeg:* riestààrt/ ‹bv. een computer› *opnieuw starten*

restaurant /*zeg:* restùrònt/ *restaurant*

restore /*zeg:* rìstòò/ *herstellen*; *restaureren* ★ the tower was restored last year *de toren is vorig jaar gerestaureerd*

restrain /*zeg:* rìstreen/ *weerhouden* ★ my friends restrained me from doing something stupid *mijn vrienden weerhielden me ervan iets stoms te doen*

restrict /*zeg:* rìstrìkt/ *beperken*

rest-room /*zeg:* restroem/ ‹Amerikaans› ‹in openbare gelegenheden› *toilet*

result /*zeg:* rìzàlt/
[the-woord] *resultaat* ★ the result was encouraging *het resultaat was bemoedigend*
[werkwoord] • **result from** *volgen uit*; *komen door* ★ his loss resulted from lack of concentration *zijn verlies kwam door gebrek aan concentratie*
• **result in** *uitlopen op* ★ the concert resulted in a big party *het concert liep uit op een groot feest*

resume /*zeg:* rìzjoem/ *weer beginnen*
résumé /*zeg:* rezjoemee/
• *samenvatting*
• *curriculum vitae*
retain /*zeg:* rìteen/
• *behouden* ★ retain your own identity *je eigen identiteit behouden*
• *bewaren*; *vasthouden* ★ the energy is retained in batteries *de energie wordt vastgehouden in batterijen*
retire /*zeg:* rìtaijù/
• *zich terugtrekken*
• *met pensioen gaan*
retirement /*zeg:* rìtaijùmùnt/ *pensioen*
retreat /*zeg:* rìtriet/
[**the-woord**] • *terugtocht*
• *afzondering*
[**werkwoord**] *(zich) terugtrekken*
retrieve /*zeg:* rìtriev/ *(terug)halen*; *ophalen* ★ the dog retrieves the ball from the water *de hond haalt de bal uit het water*
return /*zeg:* rìtùùn/
[**the-woord**] • *terugkomst*
• *retour* ★ we bought a return ticket to Amsterdam *we kochten een retourkaartje naar Amsterdam* ◆ return match *returnwedstrijd* ◆ many happy returns! *nog vele jaren!*
[**werkwoord**] *terugkeren* ★ she'll return to Africa in two months *ze zal over twee maanden naar Afrika terugkeren*
[**werkwoord + iemand/iets**]
• *teruggeven*; *terugdoen* ★ could you return our belongings to us? *zou u ons onze bezittingen kunnen teruggeven?* ★ return a favour to someone *een gunst terugdoen aan iemand*
• *beantwoorden* ★ they returned my letter only yesterday *ze hebben mijn brief pas gisteren beantwoord*
reunion /*zeg:* riejoenjùn/ *reünie*; *hereniging*
reunite /*zeg:* riejoenait/ *herenigen* ★ at last father and daughter were reunited *eindelijk werden vader en dochter herenigd*
reveal /*zeg:* rìviel/ *bekendmaken*; *onthullen*
revelation /*zeg:* revùleesjùn/ *bekendmaking*; *onthulling*
revenge /*zeg:* rìvendzj/
[**the-woord**] *wraak* ★ the maffia took revenge on the traitor *de mafia nam wraak op de verrader*
[**werkwoord + iemand/iets**] *wreken* ★ her death must be revenged *haar dood moet worden gewroken*
revenue /*zeg:* rèvùnjoe/ *inkomsten* ★ revenue tax *inkomstenbelasting*
reverend /*zeg:* rèvùrùnd/ *geestelijke*; *dominee* ★ the Reverend Martin Luther King *dominee Martin Luther King*
reverse /*zeg:* rìvùùs/
[**the-woord**] • *omgekeerde* ★ you always do the reverse of what I want *je doet altijd het omgekeerde van wat ik wil*
• ‹van auto› *achteruit* ★ put the car into reverse *de auto in zijn achteruit zetten*
[**bijvoeglijk naamwoord**] *omgekeerd* ★ a reverse movement *een omgekeerde beweging*
[**werkwoord + iemand/iets**] *omkeren* ★ she tried to reverse the developments *ze probeerde de ontwikkelingen om te keren*
revert /*zeg:* rìvùùt/ *terugkeren*; *terugkomen*
review /*zeg:* rìvjoe/
• *overzicht* ★ a review of the possibilities *een overzicht van de mogelijkheden*
• *recensie* ★ the concert got good reviews *het concert kreeg goede recensies*
revise /*zeg:* rìvaiz/ *herzien* ★ we revised the entire plan *we hebben het hele plan herzien*
revival /*zeg:* rìvaivùl/ *herleving*
revolt /*zeg:* rìvoowlt/ *in opstand komen* ★ revolt against your parents *in opstand komen tegen je ouders*
revolution /*zeg:* rèvùloesjùn/
• *revolutie* ★ start a revolution against the government *een revolutie beginnen tegen de regering*
• *omwenteling* ★ the revolutions of the moon around the earth *de omwentelingen van de maan rond de aarde*
revolver /*zeg:* rìvòlvù/ *revolver*
reward /*zeg:* rìwòòd/
[**the-woord**] *beloning*
[**werkwoord + iemand/iets**] *belonen*
rewind /*zeg:* riewaind/ *opnieuw*

opwinden; *terugspoelen*
rhinoceros /*zeg:* rainòsùrùs/ *neushoorn*
rhubarb /*zeg:* roebààb/ *rabarber*
rhyme /*zeg:* raim/
[**the-woord**] *rijm*; *versje* ◆ nursery rhyme *kinderversje*
[**werkwoord**] *rijmen* ★ 'rhyme' rhymes with 'time' *'rhyme' rijmt op 'time'*
rhythm /*zeg:* rìDùm/ *ritme*
rib /*zeg:* rìb/ *rib*
ribbon /*zeg:* rìbùn/ *lint*; *strook* ★ she tied a green ribbon in her hair *ze bond een groen lint in haar haar*
rice /*zeg:* rais/ *rijst*
rich /*zeg:* rìtsj/ *rijk* ★ the queen is the richest person in the country *de koningin is de rijkste persoon van het land*
rid /*zeg:* rìd/ ◆ get rid of someone *je van iemand ontdoen* ◆ she couldn't get rid of her admirer *ze kon niet van haar bewonderaar afkomen*
ridden /*zeg:* rìdn/ [(voltooid deelwoord) → **ride**]
riddle /*zeg:* rìdl/ *raadsel* ★ solve a riddle *een raadsel oplossen*

ride /*zeg:* raid/
[**the-woord**] *rit(je)* ★ take someone for a ride *een ritje met iemand maken*; ‹spreektaal› *iemand voor de gek houden*
[**werkwoord + iemand/iets**] *rijden (op/in)* ★ he rode a motorcycle *hij reed op een motorfiets*
rider /*zeg:* raidù/ *ruiter*
ridge /*zeg:* rìdzj/ *richel*
ridiculous /*zeg:* rìdìkjoelùs/ *belachelijk* ★ he had a ridiculous plan for robbing the bank *hij had een belachelijk plan om de bank te beroven*
rifle /*zeg:* raifùl/ *geweer*
right /*zeg:* rait/
[**the-woord**] • *recht* ★ you have the right to remain silent *je hebt het recht om te zwijgen* ★ human rights *mensenrechten*
• *rechterkant* ★ keep to the right ‹bv. op de weg› *de rechterkant aanhouden*
[**bijvoeglijk naamwoord**] • *recht(s)*; *rechter-* ★ the right side of my body *de rechterkant van mijn lichaam*
• *juist* ★ the right answer is B *het juiste antwoord is B*
• *in orde* ★ put something right *iets in orde maken* ◆ that's right *dat klopt*
[**bijwoord**] • *rechts* ★ Daisy turned right at the crossing *Daisy sloeg rechtsaf op de kruising*
• *precies* ★ right in the middle *precies in het midden*
• *goed* ★ you've said that right *dat heb je goed gezegd*
• *helemaal*
• *dadelijk* ★ I'll be right back *ik ben dadelijk terug* ◆ you are right *je hebt gelijk* ◆ right now *onmiddellijk*
rightful /*zeg:* raitfoel/ *rechtmatig* ★ the rightful owner *de rechtmatige eigenaar*
right-hand /*zeg:* raithend/ *rechts*; *rechter-* ★ the right-hand side of the road *de rechterkant van de weg*
right-handed /*zeg:* raithendìd/ *rechtshandig*
rightly /*zeg:* raitlì/ *terecht*; *juist* ★ he rightly talked about bad conditions *hij sprak terecht van slechte omstandigheden*
rigid /*zeg:* rìdzjìd/ *stijf*
rim /*zeg:* rìm/
[**the-woord**] *rand* ★ the rim of a teacup *de rand van een theekopje*
[**werkwoord + iemand/iets**] *van een rand voorzien*
ring /*zeg:* rìng/
[**the-woord**] *ring* ★ she wears a golden ring *ze draagt een gouden ring* ◆ I'll give her a ring tonight *ik bel haar vanavond op*
[**werkwoord + iemand/iets**] • *luiden* ★ the servant rings the bell *de*

bediende luidt de bel
• *opbellen* ★ he rung me to cancel our date *hij belde me op om onze afspraak af te zeggen*
[**werkwoord**] ‹van een bel› *rinkelen*
rink /*zeg:* rìngk/ *(ijs)baan*
rinse /*zeg:* rìns/ *(om)spoelen*
riot /*zeg:* raijùt/ *rel*
rip /*zeg:* rìp/
[**the-woord**] *scheur*
[**werkwoord + iemand/iets**] *(ver)scheuren* ★ I ripped my T-shirt *ik verscheurde mijn T-shirt*
ripe /*zeg:* raip/ *rijp*
ripen /*zeg:* raipùn/ *rijpen* ★ have the bananas ripened yet? *zijn de bananen al gerijpt?*
ripple /*zeg:* rìpl/ *rimpeling*
rise /*zeg:* raiz/
[**the-woord**] • *stijging*; *verhoging* ★ the rise of the water level *de stijging van het waterpeil*
• *opslag* ★ my boss gave me a 5% rise *mijn baas gaf me een opslag van 5%*
[**werkwoord**] • *stijgen* ★ at first an airplane rises really quickly *in het begin stijgt een vliegtuig heel snel*
• *zich verheffen* ★ a mountain rose on the horizon *een berg verhief zich aan de horizon*
• ‹van de zon› *opkomen*
• ‹uit bed, stoel› *opstaan*
• *opgroeien*
risen /*zeg:* rìzn/ [(voltooid deelwoord) → **rise**]
risk /*zeg:* rìsk/
[**the-woord**] *risico*; *gevaar* ★ we run the risk of getting caught *we lopen het risico gepakt te worden* ★ are you at risk? *ben je in gevaar?*
[**werkwoord + iemand/iets**] *riskeren*
risky /*zeg:* rìskì/ *gewaagd*
rite /*zeg:* rait/ *rite*
ritual /*zeg:* rìtsjoeùl/ *ritueel*
rival /*zeg:* raivùl/ *rivaal*; *concurrent*
river /*zeg:* rìvù/ *rivier* ★ the river Thames runs through London *de rivier de Theems stroomt door Londen*
road /*zeg:* roowd/ *straat*; *weg* ★ main road *hoofdweg* ◆ hit the road! *donder op!* ◆ we're on the road to the coast *we zijn op weg naar de kust*

roadsign /*zeg:* roowdsain/ *verkeersbord*
roadworks /*zeg:* roowdwùùks/ [meervoud] *werk in uitvoering*
roam /*zeg:* roowm/ *zwerven*
roar /*zeg:* ròò/
[**the-woord**] *brul*; *gebrul*
[**werkwoord**] *brullen*; *loeien*; ‹van donder› *rollen*
roast /*zeg:* roowst/
[**bijvoeglijk naamwoord**] *geroosterd* ★ roast beef *rosbief*
[**werkwoord (+ iemand/iets)**] *roosteren*
rob /*zeg:* ròb/ *(be)roven* ★ the thief robbed me of my money *de dief beroofde me van mijn geld*
robber /*zeg:* ròbù/ *rover*
robbery /*zeg:* ròbùrì/ *roof*
robin /*zeg:* ròbìn/ *roodborstje*
robot /*zeg:* roowbòt/ *robot*
robust /*zeg:* roowbàst/ *robuust*; *krachtig*

R

rock: De Britse popgroep The Rolling Stones was in de jaren '60 met zijn harde en rauwe muziek de tegenhanger van The Beatles. Bekende nummers van deze groep zijn: *I can't get no satisfaction* en *Sympathy for the devil*.

rock /*zeg:* ròk/
[**the-woord**] • *rots(blok)*; *steen*
• *rock(muziek)*
[**werkwoord (+ iemand/iets)**]

• *schommelen*
• *(heen en weer) slingeren* ◆ rock the boat *spelbreker zijn*
rocket /*zeg:* ròkìt/ *raket* ★ rocket to the moon *raket naar de maan*
rocking /*zeg:* ròkìng/ *schommelend*; *hobbelend* ◆ rocking chair *schommelstoel* ◆ rocking horse *hobbelpaard*
rocky /*zeg:* ròkì/ *rotsachtig*
rod /*zeg:* ròd/ *staaf*; *stok* ◆ fishing rod *vishengel*
rode /*zeg:* roowd/ [(verleden tijd) → **ride**]
rodent /*zeg:* roowdnt/ *knaagdier*
roger! ⟨spreektaal⟩ /*zeg:* ròdzjù/ *begrepen!*; *akkoord!*
role /*zeg:* roowl/ ⟨toneel⟩ *rol*
roll /*zeg:* roowl/
[**the-woord**] • *rol*
• *broodje* ★ I'd like a cheese roll *ik zou graag een broodje kaas willen*
[**werkwoord**] • *rollen* ★ tears were rolling down his face *tranen rolden over zijn gezicht*
• ⟨van camera⟩ *lopen*
[**werkwoord + iemand/iets**] *(op)rollen*
roller coaster /*zeg:* rowlù koostù/ *achtbaan*
roller skate /*zeg:* rowlù skeet/ *rolschaatsen*
Roman /*zeg:* roowmùn/
[**the-woord**] *Romein*
[**bijvoeglijk naamwoord**] • *Romeins*
• *rooms(-katholiek)* ★ Roman Catholic *rooms-katholiek* ★ Roman numerals *Romeinse cijfers*
romance /*zeg:* roowmens/
• *romance*
• *het romantische*
• *romantisch verhaal*
romantic /*zeg:* roowmentìk/ *romantisch*
roof /*zeg:* roef/ *dak* ★ the plumber fell off the roof *de loodgieter viel van het dak* ◆ ⟨Brits⟩ roof rack *imperiaal op de auto*
room /*zeg:* roem/
• *kamer*
• *ruimte*; *plaats* ★ there's room here! *hier is nog plaats!* ◆ ladies' room, men's room *damestoilet, herentoilet*
roommate /*zeg:* roemì/ *kamergenoot*
rooster /*zeg:* roestù/ *haan*
root /*zeg:* roet/
• *wortel*
• *afkomst*
• ⟨wiskunde⟩ *wortel* ◆ back to my roots *terug naar mijn afkomst*
rope /*zeg:* roowp/ *touw*; *kabel* ★ she held on to the rope *zij hield het touw vast*
rose /*zeg:* roowz/
[**the-woord**] *roos*
[**bijvoeglijk naamwoord**] ⟨kleur⟩ *roze*
[**werkwoord (verleden tijd)** → **rise**]
rosy /*zeg:* roowzì/ *roze*; *blozend* ★ a rosy baby *een blozende baby*
rot /*zeg:* ròt/ *rotten*; *verrotten*; *bederven*
rotate /*zeg:* roowteet/ ⟨om een as⟩ *draaien*
rotor /*zeg:* roowtù/ *wiek van een helikopter*
rotten /*zeg:* ròtn/
• *rot*
• *ellendig*; *slecht* ★ she felt rotten *ze voelde zich ellendig* ★ rotten weather *slecht weer*
rough /*zeg:* ràf/
• *ruw*; *onbewerkt* ★ a rough sketch *een ruwe schets* ★ rugby is a rough sport *rugby is een ruwe sport*
• *hard* ◆ roughly speaking *zo ongeveer*
round /*zeg:* raund/
[**bijvoeglijk naamwoord**] • *rond* ★ a round table *een ronde tafel*
• *afgerond* ★ round figures *afgeronde getallen*
[**bijwoord**] *in het rond*; *rondom*; *rond* ★ will you show me round? *wil jij me rond leiden?* ★ I'll come round six o'clock *ik kom rond zes uur* ◆ let's ask them round *laten we hen vragen eens langs te komen*
[**voorzetsel**] *rond*; *om...heen*; *om* ★ round the world *de wereld rond* ★ she wore a scarf round her neck *ze droeg een sjaal om haar nek*
roundabout /*zeg:* raundùbaut/
[**the-woord**] • *draaimolen*
• *verkeersrotonde*
[**bijvoeglijk naamwoord**] *omslachtig*
rouse /*zeg:* rauz/
[**werkwoord**] *wakker worden*
[**werkwoord + iemand/iets**] • *prikkelen*
• *wakker maken*; *opwekken* ★ his behaviour rouses suspicion *zijn gedrag*

wekt argwaan

route /*zeg:* raut/ *route*

routine /*zeg:* roetien/ *routine*

rove /*zeg:* roowv/ *rondzwerven (door)*

row [**the-woord**] • /*zeg:* roow/ *rij* ★ a row of houses *een rij huizen*
• /*zeg:* roow/ *roeitochtje*
• /*zeg:* rau/ *herrie*; *ruzie* ★ they had a huge row *ze hadden flinke ruzie*
[**werkwoord**] /*zeg:* rau/ *ruzie hebben*; *opspelen*
[**werkwoord (+ iemand/iets)**] /*zeg:* roow/ *roeien*

royal /*zeg:* roìjùl/ *koninklijk* ★ the Royal Air Force *de Koninklijke Luchtmacht*

royalty /*zeg:* roìjùltì/ *leden van het koninklijk huis* ★ the British royalty *de leden van het Britse koninklijk huis*

RSI [**afkorting**] repetitive strain injury *RSI* ★ a mouse arm is a form of RSI *een muisarm is een vorm van RSI*

rub /*zeg:* ràb/
• *wrijven*
• **rub down** *stevig afdrogen*
• **rub in** *inwrijven* ★ rub in the ointment carefully *voorzichtig de zalf insmeren*
• **rub off** *eraf wrijven* ★ you can rub off the dirt *je kan het vuil eraf wrijven*

rubber /*zeg:* ràbù/
[**the-woord**] *rubber*; *elastiek* ★ a rubber band *een elastiekje*
[**bijvoeglijk naamwoord**] *rubberen*; *elastieken*

rubbish /*zeg:* ràbìsj/
• *rotzooi*
• *onzin* ★ that's complete rubbish *dat is complete onzin* ◆ ‹Brits› rubbish bin *vuilnisbak*

rubble /*zeg:* ràbl/ *puin*

ruby /*zeg:* roebì/ *robijn*

rucksack /*zeg:* ràksek/ *rugzak*

rudder /*zeg:* ràdù/ ‹van een schip› *roer*

rude /*zeg:* roed/ *lomp*; *onbeleefd* ★ he is always so rude to me *hij is altijd zo onbeleefd tegen me*

ruffle /*zeg:* ràfùl/ *verstoren*; *in de war maken* ★ she ruffled his hair *zij maakte zijn haar in de war*

rug /*zeg:* ràG/
• *tapijt*; *kleed*
• ‹Brits› *deken*

rugby /*zeg:* ràGbì/ *rugby*

ruin /*zeg:* roeìn/
[**the-woord**] *ruïne*; *wrak*
[**werkwoord + iemand/iets**] • *vernielen* ★ the storm ruined our beachhut *de storm heeft onze strandhut vernield*
• *verpesten* ★ he ruined the party *hij heeft het feest verpest*

rule /*zeg:* roel/
[**the-woord**] • *regel*; *voorschrift* ★ one expects that you stick to the rules *men verwacht dat je je aan de regels houdt*
• *gebruik*; *gewoonte*
[**werkwoord + iemand/iets**] *heersen over*; *regeren*; *besturen* ★ the dictator ruled the country for several years *de dictator regeerde zijn land verscheidene jaren*

ruler /*zeg:* roelù/
• *heerser*
• *liniaal*

rum /*zeg:* ràm/ *rum*

rumble /*zeg:* ràmbl/
[**the-woord**] *gerommel*
[**werkwoord**] *rommelen*; *rammelen* ★ my stomach is rumbling *mijn maag rammelt*

rumour /*zeg:* roemù/ *gerucht*

run /*zeg:* ràn/
[**the-woord**] • *het lopen*; *het rennen*; *eindje lopen/rennen* ★ I'm going for a run *ik ga een eindje rennen*
• *het vluchten*; *vlucht* ★ the escaped prisoner is still on the run *de*

ontsnapte gevangene is nog steeds op de vlucht
[**werkwoord**] • *hardlopen*; *rennen*; *lopen*; *stromen* ★ running water *stromend water*
• *worden* ★ your coffee runs cold *je koffie wordt koud*
• *zitten*; *zijn* ★ it runs in the family *het zit in de familie*
• **run for** *kandidaat zijn voor* ★ she will run for president *zij zal presidentskandidaat zijn*
• **run into** *in botsing komen met*; *tegenkomen* ★ I ran into an old friend *ik kwam een oude vriend tegen*
• **run out** *op raken* ★ the time runs out *de tijd raakt op* ◆ we ran out of money *ons geld raakte op*
[**werkwoord + iemand/iets**] • *besturen*; *runnen* ★ he runs a videostore *hij runt een videotheek*
• **run over** *overrijden* ★ he was run over by a car *hij werd overreden door een auto*

rung /*zeg:* ràng/ [(voltooid deelwoord) → **ring**]

runner /*zeg:* rànù/ *hardloper*

runway /*zeg:* rànwee/ *startbaan*; *landingsbaan* ★ the plane had to wait on the runway *het vliegtuig moest wachten op de startbaan*

rupture /*zeg:* ràptsjù/ *breuk*; *scheur*

rush /*zeg:* ràsj/
[**the-woord**] • *haast*
• *drukte* ★ rush hour *spitsuur*
[**werkwoord**] • *(zich) haasten* ★ I have to rush now *ik moet me haasten*
• **rush in** *binnenvallen*
[**werkwoord + iemand/iets**] *opjagen*
★ don't rush me *zit me niet op te jagen*

Russia /*zeg:* ràsjù/ *Rusland*

Russian /*zeg:* ràsjùn/
[**the-woord**] • *Rus*; ‹inwoonster van Rusland› *Russin*
• taal *Russisch*
[**bijvoeglijk naamwoord**] *Russisch*

rust /*zeg:* ràst/
[**the-woord**] *roest*
[**werkwoord**] *roesten*

rusty /*zeg:* ràstì/ *roestig*

ruthless /*zeg:* roeSlùs/ *meedogenloos*; *hard*

rye /*zeg:* rai/ *rogge*; *roggeveld* ★ rye bread *roggebrood*

s /*zeg:* es/ *s* ◆ S as in Sugar *de S van Simon*
sabbath /*zeg:* sèbùS/ *sabbat*
sabotage /*zeg:* sèbùtààzj/
[**the-woord**] *sabotage* ★ commit sabotage *sabotage plegen*
[**werkwoord (+ iemand/iets)**] *saboteren* ★ the airplane had been sabotaged *het vliegtuig was gesaboteerd*
sabre /*zeg:* seebù/ *sabel*
sack /*zeg:* sek/
[**the-woord**] *zak* ★ a sack of potatoes *een zak aardappelen* ◆ get the sack *ontslagen worden*
[**werkwoord + iemand/iets**] *ontslaan* ★ Adrian has been sacked by the president *Adrian is ontslagen door de directeur*
sacred /*zeg:* seekrìd/ *heilig*
sacrifice /*zeg:* sekrìfais/
[**the-woord**] *offer*; *opoffering* ★ a sacrifice to the gods *een offer aan de goden*
[**werkwoord + iemand/iets**] *(op)offeren* ★ Sam sacrificed all her money for that guitar *Sam offerde al haar geld op voor die gitaar*
sad /*zeg:* sed/ *verdrietig*; *droevig* ★ sad stories *droevige verhalen*
saddle /*zeg:* sedl/
[**the-woord**] *zadel*
[**werkwoord + iemand/iets**] ‹een paard› *zadelen*
sadist /*zeg:* seedìst/ *sadist*
sadistic /*zeg:* sùdìstìk/ *sadistisch*
sadly /*zeg:* sedlì/ *helaas* ★ sadly I can't come to Rika's birthday *helaas kan ik niet komen op Rika's verjaardag*
sadness /*zeg:* sednùs/ *verdriet*
safari /*zeg:* sàfààrie/ *safari* ★ go on safari *op safari gaan*
safe /*zeg:* seef/
[**the-woord**] *brandkast* ★ blow the safe *de brandkast opblazen*
[**bijvoeglijk naamwoord**] *veilig* ★ a safe place *een veilige plaats* ★ we safely came home *we kwamen veilig thuis*
safety /*zeg:* seeftì/ *veiligheid* ◆ safety pin *veiligheidsspeld* ◆ safety belt *veiligheidsgordel*
saga /*zeg:* sààGù/ *sage*; *lang verhaal*
Sagittarius /*zeg:* sedzjìtèèrìjùs/ ‹sterrenbeeld› *Boogschutter* ★ my sign of the zodiac is Sagittarius *mijn teken van de dierenriem is Boogschutter*
said /*zeg:* sed/ [(verleden tijd + voltooid deelwoord) → **say**]
sail /*zeg:* seel/
[**the-woord**] *zeil* ★ hoist/strike the sails *de zeilen hijsen/strijken*
[**werkwoord**] *zeilen* ★ let's go sailing *laten we gaan zeilen*
sailor /*zeg:* seelù/ *zeeman*; *matroos* ★ what shall we do with the drunken sailor? *wat zullen we doen met de dronken zeeman?*
saint /*zeg:* seent/ *heilige*; *sint* ★ saint George *Sint Joris* ★ saint's day ‹van een heilige› *naamdag*
sake /*zeg:* seek/ *belang* ◆ do it for my sake *doe het voor mij*
salad /*zeg:* sèlùd/ *salade*; *sla*
salary /*zeg:* sèlùrì/ *salaris* ★ the salaries will rise *de salarissen gaan omhoog*
sale /*zeg:* seel/
• *verkoop*
• *uitverkoop* ◆ for sale *te koop* ◆ on sale *in de uitverkoop*
salesman /*zeg:* seelzmùn/ *verkoper*
saleswoman /*zeg:* seelzwoemùn/ *verkoopster*
saliva /*zeg:* sùlaivù/ *speeksel*
salmon /*zeg:* sèmùn/ *zalm*
saloon /*zeg:* sùloen/ *saloon*; *groot café*
salt /*zeg:* sòòlt/
[**the-woord**] *zout* ★ could you pass me the salt, please? *kun je mij het zout even aangeven, alsjeblieft?*

[**bijvoeglijk naamwoord**] *zout* ★ salt water *zout water*
salty /*zeg:* sòòltì/ *zout(ig)* ★ the soup is a bit too salty for me *de soep is een beetje te zout voor mij*
salute /*zeg:* sùloet/
[**the-woord**] *saluut*; *groet*
[**werkwoord + iemand/iets**] *een saluut brengen*; *groeten* ★ we salute you *wij groeten u*
salvage /*zeg:* selvìdzj/ *bergen*; *redden* ★ salvage a ship and her crew *een schip bergen en haar bemanning redden*
salvation /*zeg:* selveesjùn/ *redding* ◆ the Salvation Army *het Leger des Heils*
salvo /*zeg:* selvoow/ *salvo* ★ fire a salvo *een salvo afvuren*
same /*zeg:* seem/ *zelfde* ★ I have the same bag as you *ik heb de zelfde tas als jij* ★ at the same time *het is mij allemaal het zelfde*; *op het zelfde moment* ◆ just the same *toch*
sample /*zeg:* sààmpl/
[**the-woord**] *monster*; *proef* ★ take a sample of the water *een monster van het water nemen*
[**werkwoord + iemand/iets**] • ‹voedsel› *proeven*; *keuren*
• *een monster/proef nemen* ★ we sampled the blood of the patient *we hebben een proef genomen van het bloed van de patiënt*
sand /*zeg:* send/
[**the-woord**] *zand*
[**werkwoord + iemand/iets**] *met zand bedekken* ★ a sanded city *een met zand bedekte stad*
sandal /*zeg:* sendl/ *sandaal*
sandcastle /*zeg:* sendkààsùl/ *zandkasteel*
sandman /*zeg:* sendmen/ *zandmannetje*; *Klaas Vaak*
sandpaper /*zeg:* sendpeepù/
[**the-woord**] *schuurpapier*
[**werkwoord + iemand/iets**] *schuren*
sandwich /*zeg:* senwìdzj/ *dubbele boterham* ★ a ham and egg sandwich *een dubbele boterham met ham en ei*
sandy /*zeg:* sendì/ *zanderig* ★ sandy beaches *zandstranden*
sane /*zeg:* seen/
• *(geestelijk) gezond* ★ the king is not quite sane *de koning is geestelijk niet helemaal gezond*
• *verstandig*; *zinnig* ★ a sane remark *een zinnige opmerking*
sang /*zeg:* seng/ [(verleden tijd) → **sing**]
sanitary /*zeg:* sènìtùrì/ *hygiënisch*; *sanitair* ★ sanitary stop ‹tijdens de reis› *sanitaire stop* ◆ sanitary towel/napkin *maandverband*
sanity /*zeg:* sènùtì/ *geestelijke gezondheid*
sank /*zeg:* sengk/ [(verleden tijd) → **sink**]
Santa Claus /*zeg:* sentù klòòz/ *kerstman*
sapphire /*zeg:* sèfaijù/ *saffier*
sarcasm /*zeg:* sààkèzùm/ *sarcasme*
sardine /*zeg:* sààdien/ *sardientje*
sat /*zeg:* set/ [(verleden tijd + voltooid deelwoord) → **sit**]
Satan /*zeg:* seetùn/ *Satan*
satanic(al) /*zeg:* sùtènìk(l)/ *satanisch*
satellite /*zeg:* sètùlait/ *satelliet* ★ satellites orbit around the world *satellieten draaien rond the aarde* ◆ satellite dish *schotelantenne*
satin /*zeg:* sètìn/
[**the-woord**] *satijn* ★ sheets made of satin *lakens gemaakt van satijn*
[**bijvoeglijk naamwoord**] *satijnen* ★ satin sheets *satijnen lakens*
satire /*zeg:* sètaijù/ *satire*
satisfaction /*zeg:* sètìsfeksjùn/ *voldoening*; *tevredenheid*; *bevrediging* ★ I get no satisfaction out of revenge *ik krijg geen voldoening door wraak*
satisfactory /*zeg:* sètìsfektùrì/ *voldoende* ★ the reward was satisfactory *de beloning was voldoende*
satisfy /*zeg:* sètìsfai/ *tevreden stellen*; *bevredigen* ★ your explanation doesn't quite satisfy me *jouw uitleg bevredigt me niet helemaal* ◆ are you satisfied with that answer? *ben je tevreden met dat antwoord?*
Saturday /*zeg:* sètùdee/ *zaterdag* ★ on Saturday *op zaterdag*
sauce /*zeg:* sòòs/ *saus*
saucer /*zeg:* sòòsù/ *schotel(tje)* ★ cup and saucer *kop en schotel* ◆ a flying saucer *een vliegende schotel*
sauna /*zeg:* sòònù/ *sauna*
sausage /*zeg:* sòsìdzj/ *worst(je)*

savage /*zeg:* sèvìdzj/
[**the-woord**] *wilde* ⋆ the explorer was killed by savages *de ontdekkingsreiziger werd vermoord door wilden*
[**bijvoeglijk naamwoord**] *wild* ⋆ savage beasts *wilde beesten*

save /*zeg:* seev/
[**the-woord**] ‹in sport› *redding* ⋆ nice save! *mooie redding!*
[**werkwoord + iemand/iets**] • *redden* ⋆ the firemen saved my life *de brandweerlieden hebben mijn leven gered*
• *sparen*; *besparen* ⋆ save time and money with this product! *bespaar tijd en geld met dit product!*
• ‹computer› *wegschrijven*; *saven* ⋆ don't forget to save the file *vergeet niet het bestand weg te schrijven*

savings /*zeg:* seevìngz/ [meervoud] *spaargeld* ⋆ she kept her savings in the cupboard *ze bewaarde haar spaargeld in de kast*

saviour /*zeg:* seevjù/ *redder*; *verlosser*

saw /*zeg:* sòò/
[**the-woord**] *zaag* ◆ saw dust *zaagsel*
[**werkwoord (verleden tijd)** → **see**]
[**werkwoord + iemand/iets**] *zagen* ⋆ let's saw off this branch of the tree *laten we deze tak van de boom zagen*

sawn /*zeg:* sòòn/ [(voltooid deelwoord) → **saw**]

saxophone /*zeg:* seksùfoown/ *saxofoon* ⋆ René used to play the saxophone *René speelde vroeger saxofoon*

say /*zeg:* see/
[**the-woord**] ◆ let me have my say *laat mij mijn zegje doen*
[**werkwoord**] *zeggen* ⋆ she said (that) she was ill *ze zei dat ze ziek was* ◆ they say this is a haunted house *men zegt dat dit een spookhuis is* ◆ it says in the papers that you are going to marry *er staat in de krant dat jullie gaan trouwen*

saying /*zeg:* seejìng/ *gezegde*

scale /*zeg:* skeel/
• ‹van een dier› *schaal* ⋆ the scale of a crab *de schaal van een crab*
• ‹getallen› *schaal* ⋆ on a scale of 1 to 10 *op een schaal van 1 tot 10* ⋆ on a large scale *op grote schaal*
• *weegschaal* ⋆ the scale registered 58 kilograms *de weegschaal gaf 58 kilo aan* ◆ (pair of) scales *weegschaal*

scalp /*zeg:* skelp/ *scalp*; *hoofdhuid met haar*

scan /*zeg:* sken/
[**the-woord**] *onderzoek* ⋆ a scan of the brains *een hersenonderzoek*
[**werkwoord + iemand/iets**] *(onder)zoeken* ⋆ this application scans for viruses *dit programma zoekt naar virussen* ◆ scan the paper *snel de krant lezen*

scandal /*zeg:* skendl/ *schandaal*

scandalous /*zeg:* skendùlùs/ *schandalig* ⋆ scandalous remarks *schandalige opmerkingen*

scar /*zeg:* skàà/
[**the-woord**] *litteken* ⋆ scars on your face *littekens in je gezicht*
[**werkwoord + iemand/iets**] ‹ook emotioneel› *littekens achterlaten* ◆ the accident scarred her deeply *het ongeluk liet diepe littekens bij haar achter*

scarce /*zeg:* skèès/ *schaars* ⋆ water is scarce in the desert *water is schaars in de woestijn*

scarcely /*zeg:* skèèslì/ *amper* ⋆ we could scarcely find a grocer *we konden amper een groenteboer vinden*

scare /*zeg:* skèè/
[**the-woord**] *schrik* ◆ the noise gave us a big scare *het lawaai joeg ons flink schrik aan*
[**werkwoord + iemand/iets**] *laten schrikken*; *bang maken* ⋆ you're not scaring me! *je maakt mij niet bang!*

S

scarecrow /*zeg:* skèèkroow/ *vogelver-*

schrikker
scared /*zeg:* skèèd/ *bang* ★ I'm not scared of the dentist *ik ben niet bang voor de tandarts*
scarf /*zeg:* skààf/ *sjaal* ★ put on a scarf *een sjaal omdoen*
scary /*zeg:* skèèrì/ *eng* ★ the scariest movie that I have ever seen *de engste film die ik ooit heb gezien*
scene /*zeg:* sien/
• *scène* ★ we played a scene from 'Romeo and Juliet' *we speelden een scène uit 'Romeo en Julia'*
• *plaats* ★ the scene of the crime *de plaats van het misdrijf*
scent /*zeg:* sent/
[**the-woord**] *geur* ★ a delicious scent *een heerlijke geur*
[**werkwoord + iemand/iets**] *ruiken* ★ the dog scented your fear *de hond rook jouw angst*
sceptic /*zeg:* skeptìk/ *sceptisch*
schedule /*zeg:* sjedjoel/
[**the-woord**] • *schema* ★ the buses drive according to schedule *de bussen rijden volgens schema*
• *programma* ★ we have a busy schedule *we hebben een druk programma*
[**werkwoord + iemand/iets**] *in een tabel, schema zetten* ★ schedule your appointments *je afspraken in een schema zetten*
scheme /*zeg:* skiem/
[**the-woord**] • *schema*
• *plan*; *list*
[**werkwoord + iemand/iets**] ‹een (gemeen) plan› *beramen* ★ the generals scheme a revolution *de generaals beramen een revolutie*
scholar /*zeg:* skòlù/ *geleerde*
school /*zeg:* skoel/ *school* ★ go to school *naar school gaan* ★ leave/quit school *van school weggaan* ★ what school are you at? *op welke school zit jij?*
schoolboy /*zeg:* skoelboj/ *schooljongen*
schoolgirl /*zeg:* skoelGùùl/ *schoolmeisje*
schoolmaster /*zeg:* skoelmààstù/ *leraar*
schoolmistress /*zeg:* skoelmìstrùs/ *lerares*
science /*zeg:* saiùns/ *wetenschap*
◆ science fiction ‹verhalen met veel wetenschap erin› *sciencefiction*
scientific /*zeg:* saiùntìfik/ *wetenschappelijk* ★ scientific research *wetenschappelijk onderzoek*
scientist /*zeg:* saiùntìst/ *wetenschapper*
scissors /*zeg:* sìzùz/ [meervoud] *schaar* ★ these scissors are sharp *deze schaar is scherp* ◆ a pair of scissors *een schaar*
scoop /*zeg:* skoep/ *schep(je)* ★ a scoop of sand *een schep zand*
scooter /*zeg:* skoetù/
• *scooter*
• *step*
scope /*zeg:* skoowp/ *omvang*; *reikwijdte* ★ the scope of such a development *de omvang van zo'n ontwikkeling*
scorch /*zeg:* skòòtsj/ *schroeien*; *verschroeien*
score /*zeg:* skòò/
[**the-woord**] *score*; ‹bij een wedstrijd› *stand* ◆ what is the score? *hoeveel staat het?*
[**werkwoord**] *scoren*; ‹bij een wedstrijd› *een punt halen* ★ Ronaldo scored two times against Germany *Ronaldo scoorde twee keer tegen Duitsland*
Scorpio /*zeg:* skòòpìoow/ ‹sterrenbeeld› *Schorpioen* ★ my sign of the zodiac is Scorpio *mijn teken van de dierenriem is Schorpioen*
scorpion /*zeg:* skòòpiùn/ *schorpioen*
Scotland /*zeg:* skòtlùnd/ *Schotland*
Scotsman /*zeg:* skòtsmùn/ *Schot*
Scotswoman /*zeg:* skòtswoemùn/ ‹inwoonster van Schotland› *Schotse*
Scottish, Scots /*zeg:* skòtìsj, skots/
[**zelfstandig naamwoord**] taal *Schots*
[**bijvoeglijk naamwoord**] *Schots*
scoundrel /*zeg:* skaundrùl/ *schurk*
scout /*zeg:* skaut/
[**the-woord**] • *verkenner*
• *padvinder*
[**werkwoord**] • *verkennen*
• **scout (around) for** *speuren naar* ★ we scout around for new talent *wij speuren naar nieuw talent*
scramble /*zeg:* skrembl/ ◆ scrambled eggs *roereieren*
scrap /*zeg:* skrep/
• *stukje* ★ a scrap of paper *een stukje papier*

S

• *afval*; *schroot* ★ scrap heap *schroothoop*

scrape /*zeg:* skreep/ *schrapen* ★ scrape the dirt off the floor *het vuil van de vloer af schrapen*

scratch /*zeg:* skretsj/
[**the-woord**] • *kras* ★ a scratch on the mirror *een kras op de spiegel*
• *schram* ★ a scratch on my leg *een schram op mijn been* ◆ start from scratch *beginnen zonder voorbereiding*
[**werkwoord + iemand/iets**] • *krabben* ★ dad scratched his head *pa krabte zich op zijn hoofd*
• *krassen* ★ she scratched his name in a tree *ze kraste zijn naam in een boom*

scream /*zeg:* skriem/
[**the-woord**] *gil*
[**werkwoord**] *gillen* ★ scream with fear *gillen van angst*

screen /*zeg:* skrien/
[**the-woord**] *scherm* ★ a screen between the kitchen and the living-room *een scherm tussen de keuken en de woonkamer* ★ the screen of the television *het scherm van de televisie* ◆ the white screen *het witte doek*
[**werkwoord + iemand/iets**] *doorlichten*

screw /*zeg:* skroe/
[**the-woord**] *schroef* ★ tighten/loosen a screw *een schroef vast-/losdraaien*
[**werkwoord + iemand/iets**] *vastschroeven* ★ screw a plank to the wall *een plank aan de muur vastschroeven*

screwdriver /*zeg:* skroedraivù/ *schroevendraaier*

script /*zeg:* skrìpt/
• *geschrift*
• ‹van film› *tekst*

scroll /*zeg:* skroowl/
[**the-woord**] *lijst*
[**werkwoord + iemand/iets**] *een lijst bekijken*

scrub /*zeg:* skràb/
[**the-woord**] *schrobbeurt*
[**werkwoord + iemand/iets**] *schrobben* ★ I was in the kitchen scrubbing *ik was in de keuken aan het schrobben*

scrubby /*zeg:* skràbì/ *klein*; *miezerig*

scuba /*zeg:* skoebù/ ◆ scuba diving *duiken met zuurstofflessen*

sculpt /*zeg:* skàlpt/ *beeldhouwen*

sculptor /*zeg:* skàlptù/ *beeldhouwer*

sculpture /*zeg:* skàlptsjù/
[**the-woord**] *beeld* ★ a sculpture of our king *een beeld van onze koning*
[**werkwoord (+ iemand/iets)**] *beeldhouwen* ★ he sculptured a dog out of marble *hij beeldhouwde een hond uit marmer*

scum /*zeg:* skàm/ *tuig* ★ hooligans and other scum *voetbalvandalen en ander tuig*

sea /*zeg:* sie/ *zee* ★ at sea *op zee* ★ sea mile ‹1854 meter› *zeemijl* ★ sea level ‹waterhoogte› *zeespiegel*

seal /*zeg:* siel/
[**the-woord**] • *zegel* ★ a seal of wax *een zegel van was*
• *zeehond*
[**werkwoord + iemand/iets**] *verzegelen* ★ the letter is sealed *de brief is verzegeld*

seam /*zeg:* siem/ *naad*

seaman /*zeg:* siemùn/ *zeeman* ★ three seamen swam to the shore *drie zeelieden zwommen naar de kust*

search /*zeg:* sùùtsj/
[**the-woord**] *zoekactie* ★ a search for the missing children *een zoekactie naar de vermiste kinderen*
[**werkwoord + iemand/iets**] *zoeken* ★ she searched for her purse *ze zocht naar haar portemonnee*

search engine /*zeg:* sùùtsj endzjìn/ ‹op het internet› *zoekmachine*

seashell /*zeg:* siesjel/ *zeeschelp*

seasick /*zeg:* siesìk/ *zeeziek* ★ I'm getting seasick *ik word zeeziek*

seaside /*zeg:* siesaid/ *kust* ★ seaside resort *badplaats*

season /*zeg:* siezùn/
[**the-woord**] *seizoen* ★ the four seasons *de vier seizoenen*
[**werkwoord + iemand/iets**] ‹met kruiden› *op smaak brengen* ◆ a seasoned salad *een gekruide salade*

seasoning /*zeg:* siezùnìng/ *kruiden*

seat /*zeg:* siet/
[**the-woord**] *zitplaats*; *stoel* ★ is this seat taken? *is deze plaats bezet?* ◆ have a seat! *gaat u zitten!* ◆ keep your seats *blijven zitten*

S

[**werkwoord + iemand/iets**] *doen zitten*; *een zitplaats krijgen* ★ I was seated near the entrance *ik kreeg een zitplaats bij de deur*

seat-belt /*zeg:* sietbelt/ *veiligheidsgordel* ★ put on/ fasten your seat-belt *je veiligheidsgordel vastmaken*

seaweed /*zeg:* siewied/ *zeewier*

seclude /*zeg:* sìkloed/ *afzonderen* ★ a secluded area *een afgezonderd gebied*

seclusion /*zeg:* sìkloezjùn/ *afzondering* ★ these monks live in seclusion *deze monniken leven in afzondering*

second /*zeg:* sèkùnd/

[**the-woord**] *seconde* ★ five seconds from now *vijf seconden na nu* ◆ just a second, please *één moment, alstublieft*

[**werkwoord + iemand/iets**] *steunen* ★ we'll second your plan *we zullen jouw plan steunen*

[**telwoord**] *tweede* ★ they bought a second car *zij hebben een tweede auto gekocht*

secondary /*zeg:* sèkùndùrì/ *bijkomend*; *secundair* ★ a secondary reason *een bijkomende reden* ◆ secondary modern school ‹ongeveer vmbo› *voortgezet onderwijs*

second-class /*zeg:* sèkùnd klààs/ *tweede klas* ★ we always travel second-class *wij reizen altijd tweede klas*

second-hand /*zeg:* sèkùnd hend/ *tweedehands* ★ second-hand clothes *tweedehands kleren*

secondly /*zeg:* sèkùndlì/ *ten tweede* ★ second, I think we should give it a chance *ten tweede vind ik dat we het een kans moeten geven*

secret /*zeg:* siekrìt/

[**the-woord**] *geheim* ★ can you keep a secret? *kun je een geheim bewaren?* ★ they married in secret *zij zijn in het geheim getrouwd* ◆ secret service *inlichtingendienst*

[**bijvoeglijk naamwoord**] *geheim* ★ a secret passage *een geheime doorgang*

secretary /*zeg:* sekrùtùrì/

• *secretaresse* ★ we made the appointment with your secretary *we hebben de afspraak gemaakt met uw secretaresse*

• *minister* ◆ Secretary of State *minister van Buitenlandse Zaken*

secretly /*zeg:* siekrìtlì/ *in het geheim* ★ secretly she moved to Austria *in het geheim verhuisde ze naar Oostenrijk*

sect /*zeg:* sekt/ *sekte* ★ a religious sect *een religieuze sekte*

section /*zeg:* seksjùn/ *sectie*; ‹van tekst, stad e.d.› *gedeelte* ★ the text is divided in eleven sections *de tekst is verdeeld in elf delen* ◆ a section of an orange *een partje van een sinaasappel*

sector /*zeg:* sektù/ *sector*

secure /*zeg:* sìkjoeù/

[**bijvoeglijk naamwoord**] • *veilig* ★ a secure hiding place *een veilige schuilplaats*

• *stevig* ★ a securely built bridge *een stevig gebouwde brug*

[**werkwoord + iemand/iets**] • *beveiligen* • *verstevigen*

security /*zeg:* sìkjoerùtì/

• *veiligheid* ★ the Security Council ‹van de Verenigde Naties› *de Veiligheidsraad*

• *beveiliging* ★ the security of the festival is in the hands of the police *de beveiliging van het festival is in handen van de politie*

seduce /*zeg:* sìdjoes/ *verleiden*

seduction /*zeg:* sìdàksjùn/ *verleiding*

see /*zeg:* sie/

• *zien* ★ I saw her standing there *ik zag haar daar staan*

• *gaan naar*; *afspreken met* ★ when will you go to see your doctor? *wanneer ga je naar de dokter?* ★ can I see you tonight? *kan ik vanavond met je afspreken?*

• **see to** *zorgen voor* ★ I will see to it

that the window will be closed *ik zal ervoor zorgen dat het raam gesloten wordt* ◆ see you (soon/later)! *tot ziens!* ◆ I see! *aha!*

seed /*zeg:* sied/ *zaad*

seek /*zeg:* siek/
• *zoeken*; *proberen te krijgen* ★ a scientist always seeks knowledge *een geleerde zoekt altijd kennis*
• **seek after** *zoeken naar*

seem /*zeg:* siem/ *schijnen*; *lijken* ★ it seems she plays dangerous games *het schijnt dat ze gevaarlijke spelletjes speelt* ★ you seem to be a bit tired *je lijkt een beetje moe te zijn* ◆ we seem to be lost *het lijkt erop dat we verdwaald zijn*

seen /*zeg:* sien/ [(voltooid deelwoord) → **see**]

seesaw /*zeg:* siesòò/ ‹speeltuig› *wip*

segment /*zeg:* seGmùnt/ *segment*; *deel* ★ the area is divided into four segments *het gebied is verdeeld in vier delen*

seize /*zeg:* siez/ *grijpen*; *pakken* ★ Ann seized my hand *Ann greep mijn hand*

seldom /*zeg:* seldùm/ *zelden* ★ we seldom see strangers here *we zien hier zelden vreemdelingen*

select /*zeg:* sìlekt/ *kiezen* ★ select a dish off the menu *een gerecht van het menu kiezen*

self /*zeg:* self/ *-zelf* ★ oneself *zichzelf* ◆ I did it myself *ik deed het zelf* ◆ she wouldn't ask it herself *ze wilde het zelf niet vragen* ◆ can't we try it ourselves? *kunnen we het zelf niet proberen?*

self-control /*zeg:* selfkùntroowl/ *zelfbeheersing*

self-defence, self-defense /*zeg:* selfdìfens/ *zelfverdediging*

selfish /*zeg:* selfisj/ *egoïstisch*

self-service /*zeg:* self sùùvìs/ *zelfbediening*

sell /*zeg:* sel/ *verkopen* ★ we have sold all our things *we hebben al onze spullen verkocht* ★ sold out *uitverkocht*

seller /*zeg:* selù/ *verkoper*

selves /*zeg:* selvz/ [meervoud] → **self**

semifinal /*zeg:* sèmìfainl/ *halve finale*

seminar /*zeg:* sèmìnàà/
• *cursus*; *werkgroep* ★ attend a seminar *een cursus volgen*
• *congres* ★ a seminar on the greenhouse effect *een congres over het broeikaseffect*

senate /*zeg:* sènìt/ *senaat* ★ the senate has voted against the plan *de senaat heeft tegen het plan gestemd*

senator /*zeg:* sènùtù/ *senator*

send /*zeg:* send/
• *verzenden*; *versturen* ★ send a letter *een brief sturen*
• **send off** *wegsturen* ★ the referee sent the player off the field *de scheidsrechter stuurde de speler weg van het veld*
• **send for** *laten komen* ★ send for an ambulance *een ambulance laten komen*

sender /*zeg:* sendù/ *afzender* ◆ return to sender ‹op een brief› *retour afzender*

senile /*zeg:* sienail/ *seniel*

senior /*zeg:* sienìjù/ *oudere*; *senior* ★ John Doe senior *John Doe senior* ◆ senior citizen *bejaarde* ◆ senior partner ‹in een bedrijf› *oudere partner* ◆ he is four years my senior *hij is vier jaar ouder dan ik*

sensation /*zeg:* senseesjùn/
• *sensatie*; *opschudding* ★ his act caused a great sensation *zijn optreden veroorzaakte grote opschudding*
• *gevoel* ★ a sensation of liberty *een gevoel van vrijheid*

sensational /*zeg:* senseesjùnl/ *sensationeel*

sense /*zeg:* sens/
[the-woord] • *zintuig* ★ the five senses *de vijf zintuigen*
• *verstand*
• *zin*; *nut* ★ I don't see the sense of this *ik zie hier het nut niet van*
• *gevoel* ★ have you lost your sense of humour? *ben je je gevoel voor humor kwijtgeraakt?* ◆ common sense *gezond verstand* ◆ my plan makes sense *mijn plan is zinnig/verstandig* ◆ his actions don't make sense *zijn daden slaan nergens op* ◆ I couldn't make sense of this anymore *ik begreep hier niets meer van*
[werkwoord + iemand/iets] *(aan)voelen* ★ he sensed there was danger *hij voelde dat er gevaar was*

S

senseless /*zeg:* senslùs/
- *bewusteloos*
- *zinloos*

sensible /*zeg:* sensìbl/ *verstandig* ★ a sensible decision *een verstandige beslissing*

sensitive /*zeg:* sensùtiv/ *gevoelig* ★ a dog is sensitive to high sounds *een hond is gevoelig voor hoge geluiden*

sent /*zeg:* sent/ [(verleden tijd + voltooid deelwoord) → **send**]

sentence /*zeg:* sentùns/
[**the-woord**] • *zin* ★ can you translate this sentence *kun je deze zin vertalen?*
• *vonnis* ★ the judge will pass sentence on you *de rechter zal het vonnis over u uitspreken* ★ death-sentence *doodvonnis*
[**werkwoord + iemand/iets**] ‹rechten› *veroordelen*; *vonnissen* ★ he was sentenced to the electric chair *hij werd veroordeeld tot de elektrische stoel*

S

sentimental /*zeg:* sentìmentl/ *sentimenteel*; *gevoelig*

separate [**bijvoeglijk naamwoord**] /*zeg:* seprùt/ *afzonderlijk*; *apart* ★ we work separately *we werken apart*
[**werkwoord**] /*zeg:* sèpùreet/ *scheiden* ★ her parents separated when she was only five *haar ouders scheidden toen ze nog maar vijf was*
[**werkwoord + iemand/iets**] /*zeg:* sèpùreet/ *scheiden* ★ separate the boys from the girls *de jongens van de meisjes scheiden*

separation /*zeg:* sèpùreesjùn/ *scheiding*

September /*zeg:* septembù/ *september* ★ September 9th/the 9th of September *9 september*

sequence /*zeg:* siekwùns/
- *reeks* ★ a sequence of events *een serie gebeurtenissen*
- *volgorde* ★ the right sequence *de goede volgorde*

serene /*zeg:* sìrien/ *kalm*; *rustig*

sergeant /*zeg:* sààdzjùnt/
- *sergeant*
- ‹van politie› *brigadier*

serial /*zeg:* seerìjùl/ *serie-* ★ serial number *serienummer*

series /*zeg:* seeriez/ *reeks* ★ this series has been on tv for 23 years *deze serie is al 23 jaar op tv*

serious /*zeg:* seerìjùs/ *serieus*; *ernstig* ★ this is a serious matter *dit is een serieuze zaak* ★ your teacher is seriously ill *jouw leraar is ernstig ziek*

sermon /*zeg:* sùùmùn/ *preek*

serpent /*zeg:* sùùpùnt/ *slang*

servant /*zeg:* sùùvùnt/ *bediende* ◆ public servant *ambtenaar*

serve /*zeg:* sùùv/
[**the-woord**] ‹sport› *service*; *opslag*
[**werkwoord + iemand/iets**] • *bedienen*; ‹in een restaurant› *serveren* ★ serve your country *je land dienen* ★ he serves in that restaurant *hij bedient in een restaurant*
• *helpen*; *van nut zijn* ★ your excuses won't serve you anymore *je excuses zullen je niet meer helpen*
• ‹sport› *serveren* ★ Serena served for matchpoint *Serena serveerde voor matchpoint* ◆ are you being served *wordt u al geholpen?* ◆ serves you right! *net goed!*

server /*zeg:* sùùvù/

• *ober*; *serveerster*
• ⟨computer⟩ *server*

service /*zeg:* sùùvìs/
• ⟨organisatie⟩ *dienst* ★ a spy in the secret service *een spion in de geheime dienst* ★ a civil service *een overheidsdienst*
• ⟨beroep⟩ *dienst* ★ I have been in service here since 1996 *ik ben hier in dienst sinds 1996*
• *bediening*; *hulp* ★ the service in your shop can be better *de bediening in uw winkel kan beter*
• *kerkdienst* ★ there are services on Sundays at 10:00 a.m. *er zijn kerkdiensten op zondagen om 10.00*
• ⟨sport⟩ *service*; *opslag* ◆ at your service *tot uw dienst* ◆ health services *gezondheidszorg*

session /*zeg:* sesjùn/ *sessie*; *bijeenkomst*

set /*zeg:* set/
[**the-woord**] • *stel*; *set* ★ a set of knives *een set messen*
• *apparaat*; *toestel* ★ television set *televisietoestel*
• ⟨tennis⟩ *set* ★ Serena won the third set *Serena won de derde set* ◆ a set of teeth *een gebit*
[**bijvoeglijk naamwoord**] • *vast* ★ a set price *een vaste prijs*
• *klaar* ★ we're all set to go *we zijn helemaal klaar om te gaan*
[**werkwoord**] • ⟨zon, maan⟩ *ondergaan* ★ the sun is setting *de zon gaat onder*
• ⟨van pudding⟩ *vast worden*; *stollen*
• **set about** *beginnen* ★ Rose set about writing a letter *Rose begon een brief te schrijven*
• **set off** *vertrekken* ★ she set off to Berlin *zij vertrok naar Berlijn*
• **set out** *beginnen*; *van plan zijn* ★ set out to do the laundry *beginnen/van plan zijn de was te doen*
[**werkwoord + iemand/iets**] • *zetten*; *stellen* ★ set a trap *een val zetten* ★ set conditions *voorwaarden stellen*
• **set aside** *apart zetten* ★ set aside money for the holidays *geld apart zetten voor de vakantie*
• **set up** *opzetten* ★ set up a competition *een competitie opzetten* ◆ set someone free *iemand bevrijden* ◆ set something on fire *iets in brand steken* ◆ set the clock *de klok gelijk zetten*

setback /*zeg:* setbek/ *tegenslag*

setting /*zeg:* sèting/ *achtergrond*; *omgeving*

settle /*zeg:* setl/
• *regelen*; *oplossen* ★ settle a matter *een zaak regelen* ★ settle an argument *een ruzie oplossen*
• *(zich) vestigen* ★ the colonists settled on the left bank *de kolonisten vestigden zich op de linkeroever* ◆ settle down *het rustig aan gaan doen*

settlement /*zeg:* setlmùnt/
• *regeling* ★ make a settlement *een regeling treffen*
• *nederzetting*

set-up /*zeg:* sètàp/ *opzet*; *structuur*

seven /*zeg:* sèvùn/ *zeven*

seventeen /*zeg:* sèvùntien/ *zeventien*

seventeenth /*zeg:* sèvùntienS/ *zeventiende*

seventh /*zeg:* sèvùnS/ *zevende*

seventieth /*zeg:* sèvùntìjùS/ *zeventigste*

seventy /*zeg:* sèvùntì/ *zeventig*

several /*zeg:* sevrùl/ *verschillende*; *meerdere* ★ I warned him several times *ik heb hem meerdere keren gewaarschuwd*

severe /*zeg:* sìvìjù/
• *streng* ★ severe penalties *strenge straffen*
• *ernstig* ★ the pilot was severely wounded *de piloot was ernstig gewond*
• *hevig* ★ a severe storm *een hevige storm*

sew /*zeg:* soow/ *naaien* ★ sew on a button *een knoop aannaaien*

sewer /*zeg:* soeù/ *riool*

sewn /*zeg:* soown/ [(voltooid deelwoord) → **sew**]

sex /*zeg:* seks/
• *seks*
• *geslacht* ★ the female/male sex *het vrouwelijk/mannelijk geslacht* ◆ have safe sex *veilig vrijen*

sexual /*zeg:* seksjoeùl/ *seksueel* ★ sexual abuse *seksueel misbruik*

sexuality /*zeg:* seksjoeèlùtì/ *seksualiteit*

sexy /*zeg:* seksì/ *sexy* ★ the sexiest actor of all time *de meest sexy acteur aller tijden*

S.F. [**afkorting**] Science Fiction *sciencefiction*

shabby /*zeg:* sjebì/ ‹van uiterlijk› *onverzorgd*

shackle /*zeg:* sjekl/
[**the-woord**] ‹van een keten› *schakel* ◆ put on shackles *boeien omdoen*
[**werkwoord + iemand/iets**] *boeien*

shade /*zeg:* sjeed/
• *schaduw* ★ thirty degrees in the shade *dertig graden in de schaduw*
• *tint* ★ a bright shade of red *een heldere tint rood* ◆ (pair of) shades *zonnebril*

shadow /*zeg:* sjèdoow/
[**the-woord**] *schaduwbeeld* ★ dark shadows on the wall *donkere schaduwen op de muur*
[**werkwoord + iemand/iets**] ‹door detective› *schaduwen*

shady /*zeg:* sjeedì/
• *schaduwrijk* ★ under a shady tree *onder een schaduwrijke boom*
• *duister*

shake /*zeg:* sjeek/
[**the-woord**] *schok*
[**werkwoord (+ iemand/iets)**] • *schudden* ★ the trees shake in the wind *de bomen schudden in de wind*
• *schokken* ★ the disaster shook the world *de ramp schokte de wereld*
• *trillen* ★ shake with fear *trillen van angst* ◆ the presidents shook hands *de presidenten gaven elkaar een hand*

shaken /*zeg:* sjeekùn/ [(voltooid deelwoord) → **shake**]

shall /*zeg:* sjel/ *zullen* ★ shall we go? *zullen we gaan?* ★ why should I? *waarom zou ik?*

shallow /*zeg:* sjèloow/ *ondiep* ★ a shallow river *een ondiepe rivier*

sham /*zeg:* sjem/ *nepperij*; *nep* ★ the whole business was a sham *het hele bedrijf was nep*

shame /*zeg:* sjeem/
• *schaamte* ★ blush with shame *blozen van schaamte*
• *schande* ★ it's a shame! *het is een schande* ◆ shame on you! *schaam je!*

shameful /*zeg:* sjeemfoel/ *schandelijk*

shampoo /*zeg:* sjempoe/
[**the-woord**] *shampoo*
[**werkwoord + iemand/iets**] *het haar wassen*

shan't /*zeg:* sjàànt/ [(samentrekking van 'shall not') → **shall**]

shape /*zeg:* sjeep/ *vorm* ★ different shapes *verschillende vormen* ★ be in shape *in vorm zijn*

share /*zeg:* sjèè/
[**the-woord**] *deel* ★ we do our share of the job *wij doen ons deel van het werk* ◆ I have had my share *ik heb mijn portie wel gehad*
[**werkwoord (+ iemand/iets)**] *(ver)delen* ★ share this apple with your brother *deel deze appel met je broer*

shark /*zeg:* sjààk/ *haai*

sharp /*zeg:* sjààp/
• *scherp* ★ give me the sharpest knife *geef me het scherpste mes*
• *slim* ★ a sharp question *een slimme vraag*

sharpen /*zeg:* sjààpùn/ *scherp maken*; *slijpen* ★ Tom sharpens his pencil *Tom slijpt zijn potlood*

shatter /*zeg:* sjètù/ *kapotmaken* ★ a stone shattered the window *een steen vernielde het raam* ◆ my hope was shattered *mijn hoop was vervlogen*

shave /*zeg:* sjeev/ *scheren*; *zich scheren* ★ shave off your moustache *je snor afscheren* ★ I have shaved yesterday *ik heb me gisteren geschoren*

she /*zeg:* sjie/ *zij* ★ who is she? *wie is zij?*

shed /*zeg:* sjed/
[**the-woord**] *schuur*
[**werkwoord + iemand/iets**] *vergieten* ★ shed blood and tears *bloed en tranen vergieten*

she'd /*zeg:* sjied/ [(samentrekking van 'she had') → **have**] [(samentrekking van 'she would') → **will**]

sheep /*zeg:* sjiep/ *schaap*; *schapen* ★ one sheep here and two sheep near the dog *één schaap hier en twee schapen bij de hond*

sheet /*zeg:* sjiet/
• *vel*; *blad* ★ three sheets of paper *drie*

velletjes papier
• *laken*
shelf /*zeg:* sjelf/ ‹van een kast› *plank* ★ on the top shelf *op de bovenste plank*
shell /*zeg:* sjel/
• *schelp*; *schaal*
• *granaat*
she'll /*zeg:* sjiel/ [(samentrekking van 'she will') → **will**] [(samentrekking van 'she shall') → **shall**]
shelter /*zeg:* sjeltù/
[**the-woord**] *schuilplaats*; *bescherming*
[**werkwoord + iemand/iets**] *beschermen* ★ shelter someone from harm *iemand beschermen tegen onraad*
shelve /*zeg:* sjelv/ ‹in een legkast› *opbergen*
shelves /*zeg:* sjelvz/ [meervoud] → **shelf**
shepherd /*zeg:* sjèpùd/ *herder*
sheriff /*zeg:* sjèrìf/ *sheriff*; *hoofd van politie*
she's /*zeg:* sjiez/ [(samentrekking van 'she is') → **be**]
shield /*zeg:* sjield/
[**the-woord**] *schild*
[**werkwoord + iemand/iets**] *beschermen* ★ the roof shields me from the rain *het dak beschermt me tegen de regen*
shift /*zeg:* sjìft/
[**the-woord**] *verschuiving* ★ a shift in the public opinion *een verschuiving in de publieke opinie*
[**werkwoord (+ iemand/iets)**]
• *(ver)schuiven* ★ the cargo is shifting *de lading is aan het schuiven*
• *veranderen* ★ the driver shifted gears *de chauffeur veranderde van versnelling*

shilling /*zeg:* sjìlìng/ ‹1/20e van een Engels pond› *shilling*
shin /*zeg:* sjìn/ *scheen(been)*
shine /*zeg:* sjain/
[**the-woord**] *zonneschijn*; *glans* ★ rain and shine *regen en zonneschijn*
[**werkwoord**] *schijnen* ★ the sun is shining *de zon schijnt*
[**werkwoord + iemand/iets**] *poetsen* ★ shine your shoes *je schoenen poetsen*
shiny /*zeg:* sjainì/ *glimmend* ★ shiny coins *glimmende munten*
ship /*zeg:* sjìp/
[**the-woord**] *schip*
[**werkwoord + iemand/iets**] ‹per schip› *vervoeren*; *verschepen* ★ Japanese cars are shipped to Europe *Japanse auto's worden verscheept naar Europa*
shipping /*zeg:* sjìpìng/ *scheepvaart*
shipwreck /*zeg:* sjìprek/ *schipbreuk lijden* ★ Robinson was shipwrecked *Robinson leed schipbreuk*
shire /*zeg:* sjaijù/ *graafschap*
shirt /*zeg:* sjùùt/ *hemd*; *overhemd*
shit /*zeg:* sjìt/
[**the-woord**] • *poep*
• *rotzooi*
[**werkwoord**] *poepen*
[**tussenwerpsel**] *verdomme!*
shiver /*zeg:* sjìvù/
[**the-woord**] *rilling*
[**werkwoord**] *rillen* ★ I was shivering with cold *ik rilde van de kou*
shock /*zeg:* sjòk/
[**the-woord**] *schok* ★ her death was a shock to us *haar dood was een schok voor ons*
[**werkwoord + iemand/iets**] *schokken* ★ we were shocked by the events *we waren geschokt door de gebeurtenissen*
shoe /*zeg:* sjoe/ *schoen* ★ a pair of shoes *een paar schoenen*
shoelace /*zeg:* sjoelees/ *schoenveter*
shoeshine /*zeg:* sjoesjain/ ‹Amerikaans› *schoensmeer*
shone /*zeg:* sjòn/ [(verleden tijd) → **shine**]
shook /*zeg:* sjoek/ [(verleden tijd) → **shake**]
shoot /*zeg:* sjoet/
[**the-woord**] • *schietpartij*
• ‹van video of film› *opname*

[**werkwoord**] *schieten* ★ he shot at the demonstrators *hij schoot op de demonstranten*
[**werkwoord + iemand/iets**] • *doodschieten* ★ a madman shot Lennon in 1980 *een gek schoot Lennon dood in 1980*
• *fotograferen*; *filmen*; ‹op video› *opnemen* ★ shoot a video *een video(clip) opnemen*

shooting /*zeg:* sjoeting/ *schietpartij*

shop /*zeg:* sjòp/
[**the-woord**] *winkel* ★ the shops close at six o'clock *de winkels sluiten om zes uur*
[**werkwoord**] *winkelen*; *boodschappen doen*

shopkeeper /*zeg:* sjòpkiepù/ *winkelier*

shoplifter /*zeg:* sjòplìftù/ *winkeldief/ -dievegge*

shopping /*zeg:* sjòpìng/ *boodschappen*; *inkopen* ★ do your shopping *boodschappen doen*

shore /*zeg:* sjòò/ *kust*; *oever*

short /*zeg:* sjòòt/ *kort*; *klein* ★ a short period *een korte periode* ★ short men *kleine mannen* ◆ 'UK' is short for 'United Kingdom' *'UK' is de afkorting van 'United Kingdom'* ◆ we are short of milk *we komen melk te kort* ◆ take a short cut *een kortere weg nemen* ◆ in short *kortom* ◆ short circuit *kortsluiting*

shortage /*zeg:* sjòòtìdzj/ *tekort* ★ there's a shortage of water *er is een tekort aan water*

S

shortly /*zeg:* sjòòtlì/ *binnenkort*; *dadelijk* ★ the police will be here shortly *de politie zal hier dadelijk zijn*

shorts /*zeg:* sjòòts/ [meervoud] *korte broek* ★ my shorts are too big *mijn korte broek is te groot*

shot /*zeg:* sjòt/
[**the-woord**] • *schot*
• ‹van een film› *beeldje*
[**werkwoord (verleden tijd + voltooid deelwoord)** → **shoot**]

should /*zeg:* sjoed/ [(verleden tijd) → **shall**]

shoulder /*zeg:* sjoowldù/ *schouder* ★ shrug your shoulders *je schouders ophalen*

shout /*zeg:* sjaut/
[**the-woord**] *schreeuw*
[**werkwoord (+ iemand/iets)**] *schreeuwen* ★ don't shout at me! *schreeuw niet zo tegen me!*

show /*zeg:* sjoow/
[**the-woord**] • *opvoering*; *show* ★ fashion show *modeshow*
• *tentoonstelling* ★ poodle show *poedeltentoonstelling*
[**werkwoord + iemand/iets**] • *laten zien*; *tonen* ★ I will show you the kitchen *ik zal u de keuken laten zien* ★ the designer showed his new collection *de ontwerper toonde zijn nieuwe collectie*
• *bewijzen* ★ I will show you that I'm right *ik zal je bewijzen dat ik gelijk heb*
• **show off** *pronken met* ★ he showed off his new sneakers *hij pronkte met zijn nieuwe gympen*
• **show up** *verschijnen* ★ she showed up at the last moment *ze verscheen op het laatste moment* ◆ James, will you show in/out those gentlemen *James, laat jij deze heren even binnen/ buiten?*

showbusiness, showbiz /*zeg:* sjoowbìznùs, sjoowbiz/ *amusementsindustrie*

shower /*zeg:* sjauwù/
[**the-woord**] • *regenbui*
• *douche* ★ take a shower *een douche nemen*
[**werkwoord**] • *regenen* ★ it showered for hours *het regende urenlang*
• *douchen*

showery /*zeg:* sjauwùrì/ *regenachtig* ★ showery weather *regenachtig weer*

shown /*zeg:* sjoown/ [(voltooid deelwoord) → **show**]

shrank /*zeg:* sjrengk/ [(verleden tijd) → **shrink**]

shred /*zeg:* sjred/
[**the-woord**] *flard* ★ tear something to shreds *iets aan flarden scheuren*
[**werkwoord + iemand/iets**] *aan flarden scheuren* ★ shredded paper *aan flarden gescheurd papier*

shrimp /*zeg:* sjrìmp/ *garnaal*

shrink /*zeg:* sjrìngk/ *krimpen* ★ my sweater has shrunk in the wash *mijn sweater is gekrompen in de was*
shrunk(en) /*zeg:* sjràngk(ùn)/ [(voltooid deelwoord) → **shrink**]
shuffle /*zeg:* sjàfùl/ *schuiven*; *schuifelend bewegen* ★ grandmother shuffled to the other side *grootmoeder schoof naar de andere kant* ◆ shuffle the cards *de (speel)kaarten schudden*
shut /*zeg:* sjàt/
[**bijvoeglijk naamwoord**] *gesloten* ★ the window was shut *het raam was gesloten*
[**werkwoord + iemand/iets**] • *sluiten* ★ shut the door behind you! *sluit de deur achter je!*
• **shut down** *stopzetten*; ⟨fabriek⟩ *sluiten* ★ shut down a project *een project stopzetten*
• **shut in** *insluiten* ★ the lion was shut in *de leeuw werd ingesloten*
• **shut off** *af-/uitsluiten* ★ shut off electricity *de elektriciteit afsluiten*
• **shut up** *zwijgen* ★ shut up! *zwijg!*; *kop dicht!*
shuttle /*zeg:* sjàtl/
• *pendel* ★ shuttle service *pendeldienst*
• ⟨badminton⟩ *shuttle*
shy /*zeg:* sjai/ *verlegen* ★ a shy boy *een verlegen jongen*
sibling /*zeg:* sìblìng/ *broer*; *zus* ★ Emma and Henry are siblings *Emma en Henry zijn zus en broer*
sick /*zeg:* sìk/
• *misselijk*
• *ziek* ★ I fell sick *ik ben ziek geworden*
◆ I'm gonna be sick *ik moet overgeven*
◆ I'm sick and tired of it *ik ben het spuugzat*
sickbed /*zeg:* sìkbed/ *ziekbed*
sickening /*zeg:* sìkùning/ *walgelijk*; *ziekelijk*
sickness /*zeg:* sìknùs/
• *ziekte*
• *misselijkheid*
side /*zeg:* said/
• *kant*; *zijde* ★ this side up ⟨op dozen⟩ *deze kant boven*
• *zijkant* ★ on the side of the road *aan de zijkant van de weg* ◆ side by side *naast elkaar* ◆ take side with/against someone *partij kiezen voor/tegen iemand* ◆ side effect *bijverschijnsel*
sidewalk /*zeg:* saidwòòk/ ⟨Amerikaans⟩ *trottoir* ★ walk on the sidewalk *op het trottoir lopen*
siege /*zeg:* siedzj/
• *belegering*
• *beleg*
sigh /*zeg:* sai/
[**the-woord**] *zucht*
[**werkwoord**] *zuchten* ★ he sighed with sadness *hij zuchtte van verdriet*
sight /*zeg:* sait/
• *aanblik*; *gezicht* ★ the garden offered a beautiful sight *de tuin bood een prachtige aanblik* ★ love at first sight *liefde op het eerste gezicht*
• *bezienswaardigheid* ★ the sights of New York *de bezienswaardigheden van New York* ◆ catch sight of something *iets in het oog krijgen* ◆ loose sight of something *iets uit het oog verliezen*
sign /*zeg:* sain/
[**the-woord**] • *teken* ★ give me a sign when you're ready *geef me een teken als je klaar bent*
• *bordje* ★ on the sign it says 'no smoking' *op het bord staat 'niet roken'*

S

[**werkwoord (+ iemand/iets)**] ‹met handtekening› *(onder)tekenen*

signal /*zeg:* sìGnl/
[**the-woord**] • *signaal*
• *stoplicht* ★ the signal is red *het stoplicht staat op rood*
[**werkwoord + iemand/iets**] *seinen*

signature /*zeg:* sìGnùtsjù/ *handtekening*

silence /*zeg:* sailùns/
[**the-woord**] *stilte*
[**werkwoord + iemand/iets**] *tot zwijgen brengen* ★ the dictator could not silence the crowd *de dictator kon de menigte niet tot zwijgen brengen*

silent /*zeg:* sailùnt/ *stil* ★ silent night *stille nacht*

silk /*zeg:* sìlk/ *zijde*

silly /*zeg:* sìlì/
[**the-woord**] *mallerd*; *gekkie*
[**bijvoeglijk naamwoord**] • *dwaas*; *dom* ★ a silly decision *een dwaze beslissing*
• *flauw* ★ silly games *flauwe spelletjes*

silver /*zeg:* sìlvù/
[**the-woord**] *zilver* ★ a ring made of silver *een ring van zilver*
[**bijvoeglijk naamwoord**] *zilveren* ★ a silver ring *een zilveren ring*

similar /*zeg:* sìmìlù/ *gelijk* ★ this one is very similar to the other *deze is erg gelijk aan de ander*

similarity /*zeg:* sìmìlèrùtì/ *gelijkenis*; *overeenkomst*

simple /*zeg:* sìmpl/ *simpel*; *eenvoudig* ★ a simple question *een eenvoudige vraag*

simple-minded /*zeg:* sìmplmaindìd/ *argeloos*; *dom*

simplicity /*zeg:* sìmplìsùtì/ *simpelheid*; *eenvoud*

simply /*zeg:* sìmplì/ *simpelweg*; *nou eenmaal* ★ simply the best *simpelweg de beste* ★ that simply doesn't count *dat telt nou eenmaal niet*

sin /*zeg:* sìn/
[**the-woord**] *zonde*
[**werkwoord**] *zondigen*

since /*zeg:* sìns/
[**bijwoord**] • *sindsdien* ★ I haven't been here since *ik ben hier sindsdien niet meer geweest*
• *geleden* ★ it's been a while since we came to Berlin *het is een tijd geleden dat we naar Berlijn zijn gekomen*
[**voorzetsel**] *sinds* ★ we haven't seen her since Friday *we hebben haar sinds vrijdag niet meer gezien*
[**voegwoord**] *omdat* ★ since you are my best friend, you can stay *omdat je mijn beste vriend bent, mag je blijven*

sincere /*zeg:* sìnsìjù/ *oprecht*; *eerlijk*
◆ Yours sincerely, ... ‹eind van een brief› *Met vriendelijke groet, ...*

sincerity /*zeg:* sìnserùtì/ *oprechtheid*; *eerlijkheid*

sing /*zeg:* sìng/ *zingen* ★ we all sang a new song *we zongen allemaal een nieuw liedje*

singer /*zeg:* sìngù/ *zanger*; *zangeres* ★ is she a good singer? *is zij een goede zangeres?*

single /*zeg:* sìngGl/
[**the-woord**] • *single*
• ‹sport› *enkelspel* ★ women's singles *vrouwen-enkelspel*
[**bijvoeglijk naamwoord**] • *enkel*; *enig* ★ give me one single reason *geef me één enkele reden*
• *alleenstaand* ★ single parent *alleenstaande ouder* ◆ single ticket *enkele reis* ◆ single bed *eenpersoonsbed*

singular /*zeg:* sìngGjoelù/ ‹taal› *enkelvoud*

sinister /*zeg:* sìnìstù/ *sinister*

sink /*zeg:* sìngk/
[**the-woord**] *gootsteen*
[**werkwoord**] *zinken* ★ we sank to the bottom *we zonken naar de bodem*
[**werkwoord + iemand/iets**] *tot zinken brengen* ★ the battleship was sunk *het slagschip werd tot zinken gebracht*

sinner /*zeg:* sìnù/ *zondaar*

sip /*zeg:* sìp/
[**the-woord**] *slokje* ★ a tiny sip *een klein slokje*
[**werkwoord (+ iemand/iets)**] *kleine slokjes nemen van* ★ the kids sip their orange juice *de kinderen nemen kleine slokjes van hun sinaasappelsap*

sir /*zeg:* sùù/ *mijnheer* ★ Dear Sir, ... ‹in brief› *Geachte mijnheer, ...*

sire /*zeg:* saijù/ *sire*

siren /*zeg:* saijùrùn/ *sirene* ★ the siren wails *de sirene gaat*

sister /*zeg:* sìstù/ *zus*

sister-in-law /*zeg:* sìstùrìnlòò/ *schoonzus*
sit /*zeg:* sìt/
• *zitten* ★ I sit on the rug *ik zit op het kleed*
• **sit back** *achterover gaan zitten* ★ relaxed he sat back *hij ging ontspannen achterover zitten*
• **sit down** *gaan zitten* ★ sit down and shut up! *ga zitten en houd je stil!*
• **sit up** *rechtop gaan zitten* ★ he sat up straight when she walked in *hij ging rechtop zitten toen zij binnenkwam*
◆ sit for an exam *een examen afleggen*
site /*zeg:* sait/
[**the-woord**] • *terrein* ★ building site *bouwterrein*
• *website*
[**werkwoord + iemand/iets**] *plaatsen*
situation /*zeg:* sìtsjoeweesjùn/ *situatie*
six /*zeg:* sìks/ *zes*
sixteen /*zeg:* sìkstien/ *zestien*
sixteenth /*zeg:* sìkstienS/ *zestiende*
sixth /*zeg:* sìksS/ *zesde*
sixtieth /*zeg:* sìkstìjùS/ *zestigste*
sixty /*zeg:* sìkstì/ *zestig*
size /*zeg:* saiz/
• *grootte* ★ an apple the size of a football *een appel ter grootte van een voetbal*
• *maat* ★ what size do you take? *welke maat heeft u?*
skate /*zeg:* skeet/
[**the-woord**] *schaats*; ‹rolschaats› *skate* ★ a pair of skates *een paar schaatsen/ skates*
[**werkwoord**] *schaatsen* ★ we were skating on thin ice *we schaatsten op dun ijs*

skateboard /*zeg:* skeetbòòd/ *skateboard*
skater /*zeg:* skeetù/ *schaatser*; ‹rolschaatser› *skater*
skeleton /*zeg:* skèlìtn/ *skelet*
sketch /*zeg:* sketsj/
[**the-woord**] • *schets*
• ‹toneel› *sketch*
[**werkwoord (+ iemand/iets)**] *schetsen*
sketchbook /*zeg:* sketsjboek/ *schetsboek*
ski /*zeg:* skie/
[**the-woord**] *ski* ★ a pair of ski's *een paar ski's*
[**werkwoord**] *skiën* ★ ski down the mountain *van de berg af skieën*
skill /*zeg:* skìl/ *vaardigheid*
skin /*zeg:* skìn/
[**the-woord**] • *huid*
• ‹van fruit› *schil* ★ the skin of an apple *de schil van een appel*
[**werkwoord + iemand/iets**] • *villen*
• *schillen*
skinhead /*zeg:* skìnhed/ *kaalkop*
skinny /*zeg:* skìnì/ *broodmager*
skip /*zeg:* skìp/
[**the-woord**] *sprongetje*
[**werkwoord**] *huppelen*
[**werkwoord + iemand/iets**] *overslaan* ★ shall we skip the easy questions? *zullen we de makkelijke vragen overslaan?*
skirt /*zeg:* skùùt/ *rok*
skull /*zeg:* skàl/ *schedel*
sky /*zeg:* skai/ *lucht*; *hemel* ★ blue skies *blauwe luchten*
skyline /*zeg:* skailain/ ‹van een stad› *silhouet* ★ a skyline with a lot of skyscrapers *een silhouet met veel wolkenkrabbers*
skyscraper /*zeg:* skaiskreepù/ *wolkenkrabber*
slam /*zeg:* slem/
[**the-woord**] *harde klap*
[**werkwoord (+ iemand/iets)**] *hard slaan* ★ why are you always slamming the door? *waarom sla je altijd zo hard met deur?*
slang /*zeg:* sleng/ ‹van een groep› *eigen taaltje*
slap /*zeg:* slep/
[**the-woord**] *klap*
[**werkwoord + iemand/iets**] *slaan* ★ the baby slapped me in the face *de baby*

sloeg me in het gezicht
slapstick /*zeg:* slepstik/ *platte humor*
slash /*zeg:* slesj/
[**the-woord**] • *snee*; *houw*
• *schuine streep: /*
[**werkwoord + iemand/iets**] *hakken*
slate /*zeg:* sleet/ *leisteen*; *lei* ⋆ start with a clean slate *beginnen met een schone lei*
slaughter /*zeg:* slòòtù/
[**the-woord**] *slachting*
[**werkwoord + iemand/iets**] *(af)slachten*
slave /*zeg:* sleev/
[**the-woord**] *slaaf*; *slavin*
[**werkwoord**] *zwoegen* ⋆ Alan slaved at the translation for hours *Alan zwoegde urenlang op de vertaling*

slavery /*zeg:* sleevùrì/ *slavernij*
sledge /*zeg:* sledzj/ *slee*
sleep /*zeg:* sliep/
[**the-woord**] *slaap* ◆ go to sleep *gaan slapen*
[**werkwoord**] *slapen* ⋆ I slept for only five hours *ik heb maar vijf uur geslapen* ◆ let me sleep on it *laat me er nog een nachtje over slapen*
sleeping bag /*zeg:* slieping beG/ *slaapzak*
sleepless /*zeg:* slieplùs/ *slapeloos*
sleepwalk /*zeg:* sliepwòòkìng/ *slaapwandelen*
sleepy /*zeg:* sliepì/ *slaperig* ⋆ I'm much sleepier now than before *ik ben nu veel slaperiger dan eerst*
sleeve /*zeg:* sliev/
• *mouw*
• *hoes*
sleigh /*zeg:* slee/ *slee*
slender /*zeg:* slendù/ *slank* ⋆ a slender man *een slanke man*
slept /*zeg:* slept/ [(verleden tijd + voltooid deelwoord) → **sleep**]
slice /*zeg:* slais/
[**the-woord**] *plak*; ‹van brood, pizza, taart e.d.› *snee* ⋆ two slices of bread *twee sneeën brood*
[**werkwoord + iemand/iets**] ‹in plakken› *snijden* ⋆ slice off a piece of the pie *een stuk van de taart afsnijden*
slide /*zeg:* slaid/
[**the-woord**] • *glijbaan*
• *dia*
[**werkwoord**] *glijden*
slight /*zeg:* slait/ *klein*; *onbeduidend*; *licht* ⋆ a slight change *een kleine verandering* ⋆ a slight cold *een lichte verkoudheid*
slightly /*zeg:* slaitlì/ *enigszins*; *een klein beetje* ⋆ slightly bigger *enigszins groter*
slim /*zeg:* slìm/
[**bijvoeglijk naamwoord**] *slank*
[**werkwoord**] *afslanken*
slime /*zeg:* slaim/ *slijm*
sling /*zeg:* slìng/
[**the-woord**] • *lus*
• *mitella*; *draagverband*
[**werkwoord + iemand/iets**] *slingeren* ⋆ David slung a stone at the giant *David slingerde een steen naar de reus*
slip /*zeg:* slìp/
[**the-woord**] • *uitglijder*; *slip* ⋆ get into a slip ‹met een auto› *in een slip raken*
• *stukje* ⋆ a slip of paper *een stukje papier*
• *onderbroek* ◆ a slip of the tongue *een verspreking*
[**werkwoord**] • *losschieten*; *wegglijden* ⋆ the rope slipped through my fingers *het touw gleed weg door mijn vingers*
• **slip away** *sluipen* ⋆ we secretly slipped away through the back door *we slopen stiekem weg via de achterdeur*
slipper /*zeg:* slìpù/ *pantoffel*; *slipper* ⋆ a pair of slippers *een paar slippers*
slippery /*zeg:* slìpùrì/ *glibberig*
slogan /*zeg:* sloowGùn/ *slagzin*
slope /*zeg:* sloowp/
[**the-woord**] *helling* ⋆ roll down a slope

S

van een helling af rollen
[**werkwoord**] *schuin zijn*
sloppy /*zeg:* slòpì/ *slordig* ★ the sloppiest pupil in the class *de slordigste leerling van de klas*
slot /*zeg:* slòt/ ‹bv. voor muntgeld› *gleuf*
slow /*zeg:* sloow/
[**bijvoeglijk naamwoord**] *langzaam*; *traag* ★ a slow start *een traag begin* ★ the car drove by slowly *de auto reed langzaam voorbij* ◆ the clock is slow *de klok loopt achter*
[**werkwoord**] **slow down** *langzamer (laten) gaan*; *vertragen* ★ he slowed down and looked behind *hij vertraagde en keek achterom*
slow-motion /*zeg:* sloowmausjùn/ *vertraging* ◆ in slow-motion *met vertraging*
slumber /*zeg:* slàmbù/
[**the-woord**] *sluimering*
[**werkwoord**] *sluimeren*; *slapen*
slung /*zeg:* slàng/ [(verleden tijd + voltooid deelwoord) → **sling**]
slut /*zeg:* slàt/ *slet*
smack /*zeg:* smek/
[**the-woord**] *klap* ★ a smack in the face *een klap in het gezicht*
[**werkwoord**] *slaan* ★ Joe smacked me on my head *Joe sloeg me op mijn hoofd*
small /*zeg:* smòòl/ *klein* ★ small, smaller, smallest *klein, kleiner, kleinst* ◆ small talk *geleuter* ◆ small change *kleingeld*
smallpox /*zeg:* smòòlpòks/ *pokken*
smart /*zeg:* smààt/
• *slim* ★ a smart remark *een slimme opmerking*
• *stijlvol* ★ he always looks smart *hij ziet er altijd stijlvol uit*
smash /*zeg:* smesj/
[**the-woord**] • *klap*; *slag*
• ‹bij tennis› *smash*
[**werkwoord + iemand/iets**] • *vernielen*; *stukslaan* ★ the bottle was smashed against the table *de fles werd stukgeslagen tegen de tafel*
• ‹bij tennis› *smashen*
smear /*zeg:* smìjù/ *smeren*; *uitsmeren*
smell /*zeg:* smel/
[**the-woord**] *reuk*; *geur* ★ the smell of cheese *de geur van kaas*
[**werkwoord (+ iemand/iets)**] • *ruiken* ★ I smell fish *ik ruik vis* ★ the fish smells bad *de vis ruikt vies*
• **smell of** *ruiken naar* ★ Johan smelt of roses *Johan rook naar rozen*
smelly /*zeg:* smèlì/ *stinkend* ★ a smelly litter bin *een stinkende afvalemmer*
smelt /*zeg:* smelt/ [(verleden tijd + voltooid deelwoord) → **smell**]
smile /*zeg:* smail/
[**the-woord**] *glimlach* ★ throw someone a smile *iemand een glimlach toewerpen*
[**werkwoord**] *glimlachen* ★ she smiled at her mother *ze glimlachte naar haar moeder*
smith /*zeg:* smìS/ *smid*
smog /*zeg:* smòG/ ‹rokerige mist› *smog*
smoke /*zeg:* smoowk/
[**the-woord**] *rook* ★ a thick smoke *een dikke rook* ◆ I had a smoke *ik rookte een sigaret*
[**werkwoord (+ iemand/iets)**] *roken* ★ are you smoking cigarettes? *zijn jullie sigaretten aan het roken?* ★ smoked salmon *gerookte zalm*
smoker /*zeg:* smoowkù/ *roker*
smoking /*zeg:* smoowkìng/ ‹net kostuum› *smoking* ◆ no smoking *verboden te roken*
smooth /*zeg:* smoeD/
[**bijvoeglijk naamwoord**] • *kalm* ★ the sea was smooth *de zee was kalm*
• ‹van smaak› *zacht* ★ a smooth voice *een zachte stem*
• ‹zonder moeilijkheden› *soepel* ★ the exam went smoothly *het examen ging soepel*
[**werkwoord + iemand/iets**] • *glad maken|worden* ★ Leo smoothed the clay *Leo maakte de klei glad*
• **smooth down** *tot rust brengen|komen* ★ her soft voice always smooths me down *haar zachte stem brengt me altijd tot rust* ◆ his help smoothed the way *zijn hulp maakte het gemakkelijker*
smudge /*zeg:* smàdzj/
[**the-woord**] *vlek*
[**werkwoord + iemand/iets**] *vuil maken*
smuggle /*zeg:* smàGl/ *smokkelen* ★ they are smuggling cigarettes *zij zijn sigaretten aan het smokkelen*

snack /*zeg:* snek/ *snack*; *snelle hap*
snail /*zeg:* sneel/ *slak*
snake /*zeg:* sneek/ *slang* ◆ snakes and ladders *soort ganzenbord*
snap /*zeg:* snep/
[**the-woord**] ⟨met vingers of schaar⟩ *knip*; *tik*
[**werkwoord (+ iemand/iets)**] • *happen*; *bijten* ★ the dog snapped at the sausage *de hond hapte naar de worst*
• *breken* ★ the bone snaps *het bot breekt*
• *knippen (met)* ★ Bob snapped his fingers *Bob knipte met zijn vingers*
snappy /*zeg:* snèpì/ ◆ make it snappy! *houd het kort!*
snapshot /*zeg:* snepsjòt/ *fotootje*
snare /*zeg:* snèè/
[**the-woord**] • *valstrik*
• ⟨van trommel⟩ *snaar*
[**werkwoord + iemand/iets**] *vangen*
snatch /*zeg:* snetsj/ *grijpen* ★ he snatched the bag and ran away *hij greep de tas en rende weg*
sneak /*zeg:* sniek/
[**the-woord**] *stiekemerd*
[**werkwoord**] *sluipen* ★ Ellen sneaked out through a hole *Ellen sloop naar buiten door een gat*
sneaker /*zeg:* sniekù/ *gymp* ★ a pair of sneakers *een paar gympen*
sneaky /*zeg:* snieki/ *stiekem*
sneer /*zeg:* snìjù/
[**the-woord**] *spottende opmerking*
[**werkwoord**] *spotten* ★ the teacher sneered at my essay *de leraar spotte over mijn opstel*
sneeze /*zeg:* sniez/ *niezen* ★ the cook sneezed in my face *de kok nieste in mijn gezicht*

S

sniff /*zeg:* snìf/
• *opsnuiven* ★ Heidi sniffed (up) the fresh air *Heidi snoof de frisse lucht op*
• *snuiven*; *snuffelen* ★ the dog sniffs at my leg *de hond snuffelt aan mijn been*
sniper /*zeg:* snaipù/ *sluipschutter*
snooker /*zeg:* snoekù/ ⟨biljartspel⟩ *snooker*
snooze /*zeg:* snoez/ *dutten* ◆ snooze button ⟨op wekker⟩ *sluimerknop*
snore /*zeg:* snòò/ *snurken* ★ she snored all through the night *zij snurkte de hele nacht door*
snow /*zeg:* snoow/
[**the-woord**] *sneeuw*
[**het-werkwoord**] *sneeuwen* ★ it's snowing! *het sneeuwt!*
snowflake /*zeg:* snoowfleek/ *sneeuwvlok*
snowman /*zeg:* snoowmen/ *sneeuwpop*
snowy /*zeg:* snoowie/ *besneeuwd* ★ snowy mountains *besneeuwde bergen*
snuff /*zeg:* snàf/
[**the-woord**] *snufje* ★ a snuff of pepper *een snuifje peper*
[**werkwoord**] *snuiven* ★ the mouse snuffed at the cheese *de muis snoof aan de kaas*
so /*zeg:* soow/
[**bijwoord**] • *zo* ★ don't be so mean to me *doe niet zo gemeen tegen me*
• *zeer*; *erg* ★ that's so kind of you *dat is erg aardig van u*
• *het*; *dat* ★ I hope so *ik hoop het* ◆ so long! *vaarwel!*
[**voegwoord**] • *dus* ★ it rained, so we had to stay in *het regende, dus moesten we binnen blijven*
• *zodat* ★ let's hurry, so we will be in time *laten we ons haasten, zodat we op tijd zijn*
soak /*zeg:* soowk/ *weken*; *doorweken* ★ the rain soaked my clothes *de regen doorweekte mijn kleren*
soap /*zeg:* soowp/
[**the-woord**] • *zeep* ★ soap bubble *zeepbel* ★ a piece of soap *een stuk zeep*
• *soapserie*
[**werkwoord + iemand/iets**] *inzepen* ★ soap your hands *je handen inzepen*
sob /*zeg:* sòb/ *snikken*
sober /*zeg:* soowbù/
[**bijvoeglijk naamwoord**] • *ernstig* ★ a

sober face *een ernstig gezicht*
• ⟨niet dronken⟩ *nuchter* ★ are you sober or have you been drinking? *ben je nuchter of heb je (alcohol) gedronken*
[**werkwoord + iemand/iets**] **sober up** *nuchter maken* ★ a cold shower will sober you up *een koude douche zal jou wel weer nuchter maken*

so-called /*zeg:* soowkòòld/ *zogenaamd* ★ your so-called friend has betrayed you *jouw zogenaamde vriend heeft jou verraden*

soccer /*zeg:* sòkù/ *voetbal* ★ play (a game of) soccer *(een potje) voetbal spelen*

social /*zeg:* soowsjùl/
• *sociaal* ★ social worker *sociaal werker*
• *gezellig* ★ a social gathering *een gezellige bijeenkomst* ◆ social security ⟨uitkering⟩ *bijstand*

socialism /*zeg:* soowsjùlìzùm/ *socialisme*

society /*zeg:* sùsaijùtì/
• *maatschappij*
• *vereniging* ★ a society for the well-being of animals *een vereniging voor het welzijn van dieren*

sock /*zeg:* sòk/ *sok* ★ a pair of socks *een paar sokken*

socket /*zeg:* sòkìt/
• *holte*
• *stopcontact*
• ⟨van een lamp⟩ *fitting* ◆ eye socket *oogkas*

soda /*zeg:* soowdù/
• *soda*
• ⟨koolzuurhoudend⟩ *drankje*

sofa /*zeg:* soowfù/ *sofa*; *zitbank*

soft /*zeg:* sòft/ *zacht* ★ a soft pillow *een zacht kussen* ★ she whispered softly in his ear *ze fluisterde zachtjes in zijn oor*

soften /*zeg:* sòfùn/ *zacht maken/worden* ★ my voice softened *mijn stem werd zachter*

softness /*zeg:* sòftnìs/ *zachtheid*

software /*zeg:* softwèr/ *software*

soil /*zeg:* sojl/
[**the-woord**] • *grond*; *bodem*
• *vuil*
[**werkwoord + iemand/iets**] *vuil maken/worden*

solar /*zeg:* soowlù/ *zonne-*; *zons-* ★ solar energy *zonne-energie*

sold /*zeg:* soowld/ [(verleden tijd + voltooid deelwoord) → **sell**]

soldier /*zeg:* soowldzjù/ *soldaat*

sole /*zeg:* soowl/
[**the-woord**] *zool* ★ worn soles *versleten zolen*
[**bijvoeglijk naamwoord**] *enig*; *enkel* ★ the sole person I trust *de enige persoon die ik vertrouw*

solemn /*zeg:* sòlùm/ *plechtig* ★ a solemn burial *een plechtige begrafenis*

solicitor /*zeg:* sùlìsitù/ *adviseur*

solid /*zeg:* sòlìd/
• *vast* ★ solid and fluid matters *vaste en vloeibare stoffen*
• *massief* ★ solid gold *massief goud*
• *stevig*; *solide* ★ the house has been solidly built *het huis is stevig gebouwd* ◆ solid as a rock *zo vast als een huis*

solidarity /*zeg:* sòlìdèrùtì/ *solidariteit*

solitude /*zeg:* sòlìtjoed/ *het alleen zijn*; *eenzaamheid*

solo /*zeg:* soowloow/ *solo* ★ Frank always plays long solos *Frank speelt altijd lange solo's*

solution /*zeg:* sùloesjùn/ *oplossing* ★ find a solution to a problem *een oplossing vinden voor een probleem*

solve /*zeg:* sòlv/ *oplossen* ★ solve a riddle *een raadseltje oplossen*

some /*zeg:* sàm/
• *sommige*; *sommigen* ★ some paintings are very old *sommige schilderijen zijn erg oud* ★ some (of us) want to stay here *sommigen (van ons) willen hier blijven*
• *een stuk of wat* ★ I have had some grapes *ik heb een paar druiven gehad*

• *een beetje* ★ add some sugar *een beetje suiker toevoegen*
somebody /*zeg:* sàmbùdì/ *iemand*
somehow /*zeg:* sàmhau/
• *op een of andere manier* ★ somehow he survived the accident *op de een of andere manier heeft hij het ongeluk overleefd*
• *om de een of andere reden* ★ somehow she doesn't want to talk about it *om de een of andere reden wil ze er niet over praten*
someone /*zeg:* sàmwàn/ *iemand*
someplace /*zeg:* sàmplees/ *ergens (heen)*
something /*zeg:* sàmSìng/ *iets*; *wat*
sometime /*zeg:* sàmtaim/ *(ooit) eens*; *ergens* ★ come and visit us sometime *kom eens op bezoek bij ons* ★ he arrived in London sometime in 1864 *hij kwam aan in Londen ergens in 1864*
sometimes /*zeg:* sàmtaimz/ *soms* ★ sometimes it snows in April *soms sneeuwt het in april*
somewhat /*zeg:* sàmwòt/ *enigszins*; *een beetje* ★ somewhat shy *enigszins verlegen*
somewhere /*zeg:* sàmwèè/ *ergens*
son /*zeg:* sàn/ *zoon*
song /*zeg:* sòng/ *lied(je)* ★ we all sing a new song *we zingen allemaal een nieuw liedje*
son-in-law /*zeg:* sànìnlòò/ *schoonzoon*
soon /*zeg:* soen/ *gauw*; *spoedig* ★ we will soon be home *we zullen gauw thuis zijn* ◆ as soon as possible *zo snel mogelijk* ◆ as soon as I can *zodra ik kan*
soothe /*zeg:* soeD/ *sussen*; *kalmeren* ★ a soothing voice *een sussende stem*
sophisticated /*zeg:* sùfistìkeetìd/ *verfijnd* ★ a sophisticated tool *een verfijnd stuk gereedschap* ★ sophisticated ladies *verfijnde dames*
sorcery /*zeg:* sòòsùrì/ *toverij*
sore /*zeg:* sòò/
[**the-woord**] *zeer*; *pijn*
[**bijvoeglijk naamwoord**] *zeer*; *pijnlijk* ★ a sore throat *een zere/pijnlijke keel*
sorrow /*zeg:* sòroow/
[**the-woord**] *verdriet* ★ Diana's death caused a lot of sorrow *Diana's dood veroorzaakte veel verdriet*
[**werkwoord**] *treuren* ★ she sorrowed for the loss *zij treurde over het verlies*
sorry /*zeg:* sòrì/ *slecht* ★ a sorry excuse *een slecht excuus* ◆ I'm sorry *het spijt me* ◆ I feel sorry for the victims *ik heb medelijden met de slachtoffers*
sort /*zeg:* sòòt/
[**the-woord**] *soort* ★ different sorts of people *verschillende soorten mensen* ◆ all sorts of things *allerlei dingen* ◆ I'm sort of tired *ik ben een beetje moe*
[**werkwoord + iemand/iets**] • *sorteren* ★ sort apples by size *appels sorteren naar grootte*
• **sort out** *uitzoeken* ★ I don't know, but I will sort it out *ik weet het niet, maar ik zal het uitzoeken*
SOS [**afkorting**] Save Our Souls ⟨noodsignaal: red onze zielen⟩ *SOS*
sought /*zeg:* sòòt/ [(verleden tijd + voltooid deelwoord) → **seek**]
soul /*zeg:* soowl/ *ziel*
sound /*zeg:* saund/
[**the-woord**] *geluid*; *klank* ★ the sound of breaking glass *het geluid van brekend glas* ★ sound barrier *geluidsbarrière*
[**bijvoeglijk naamwoord**] • *gezond* ★ a sound mind in a sound body *een gezonde geest in een gezond lichaam*
• *degelijk* ★ a sound plan *een degelijk plan* ◆ sound asleep *diep in slaap*
[**werkwoord (+ iemand/iets)**] *klinken* ★ it sounds like water *het klinkt als water*
soundtrack /*zeg:* saundtrek/ ⟨geluid en muziek van film⟩ *soundtrack*
soup /*zeg:* soep/ *soep* ★ tomato soup *tomatensoep*
sour /*zeg:* sauwù/
• *zuur* ★ sour cream *zure room*
• ⟨van melk⟩ *bedorven*
source /*zeg:* sòòs/ *bron*
south /*zeg:* sauS/
[**the-woord**] *zuiden* ★ to the south of Blackpool *ten zuiden van Blackpool*
[**bijvoeglijk naamwoord**] *zuid-*; *zuidelijk* ★ South-America *Zuid-Amerika*
South-America /*zeg:* sauS ùmèrìkù/ *Zuid-Amerika*

South-American /*zeg:* sauS ùmèrìkùn/ *Zuid-Amerikaans*
southern /*zeg:* sàdn/ *zuidelijk* ★ the southern states *de zuidelijke staten*

souvenir /*zeg:* soevùnìjù/ *souvenir* ★ souvenir
sow [**the-woord**] /*zeg:* sau/ *zeug* ★ a sow is a female pig *een zeug is een vrouwelijk varken*
[**werkwoord + iemand/iets**] /*zeg:* soow/ *zaaien* ★ the farmer sows the seed *de boer zaait het zaad*
sown /*zeg:* soown/ [(voltooid deelwoord) → **sow**]
soy /*zeg:* soj/ *soja* ★ soy sauce *sojasaus*
space /*zeg:* spees/
[**the-woord**] • *ruimte* ★ a car with a lot of space *een auto met veel ruimte*
• *heelal* ★ the rocket went up into space *de raket ging omhoog, de ruimte in*
• *spatie* ★ these words are divided by a space *deze woorden worden gescheiden door een spatie*
[**werkwoord + iemand/iets**] *spreiden*
spacebar /*zeg:* spees bàà/ *spatiebalk* ★ push the spacebar *op de spatiebalk drukken*
spaceship ⟨spreektaal⟩ /*zeg:* speessjìp/ *ruimteschip*
Spain /*zeg:* speen/ *Spanje*
span /*zeg:* spen/
[**the-woord**] ⟨van vogel of vliegtuig⟩ *spanwijdte*
[**werkwoord + iemand/iets**] *om-/overspannen* ★ this bridge spans a wild river *deze brug overspant een wilde rivier*
Spaniard /*zeg:* spenjùd/ *Spanjaard*; ⟨inwoonster van Spanje⟩ *Spaanse*
spaniel /*zeg:* spenjùl/ *spaniël*
Spanish /*zeg:* spènìsj/
[**zelfstandig naamwoord**] taal *Spaans*
[**bijvoeglijk naamwoord**] *Spaans*
spank /*zeg:* spengk/ ⟨met vlakke hand⟩ *slaan*
spanking /*zeg:* spengkìng/ *billenkoek*
spar /*zeg:* spàà/
[**the-woord**] • *paal*; *mast*
• ⟨als oefening⟩ ⟨sport⟩ *gevecht*
[**werkwoord**] ⟨sport⟩ *sparren*; *oefenboksen* ★ the boxers are sparring outside *de boksers zijn buiten aan het sparren*
spare /*zeg:* spèè/
[**the-woord**] • *reserve(onderdeel)*
• *reservewiel*
[**bijvoeglijk naamwoord**] *reserve-* ★ spare part *reserveonderdeel* ◆ spare time *vrije tijd* ◆ spare room *logeerkamer*
[**werkwoord + iemand/iets**] *(be)sparen* ★ spare me your excuses! *bespaar me je smoesjes!* ◆ can you spare me a dollar? *heb je een dollar voor me over?*
sparerib /*zeg:* spèèrìb/ ⟨voedsel⟩ *sparerib*
spark /*zeg:* spààk/
[**the-woord**] *vonk* ◆ spark plug *bougie*
[**werkwoord**] *vonken*
sparkle /*zeg:* spààkl/
[**the-woord**] ⟨van licht⟩ *sprankeling*
[**werkwoord**] *sprankelen* ★ the water sparkles in the sun *het water sprankelt in de zon*
sparrow /*zeg:* spèroow/ *mus*
spat /*zeg:* spet/ [(verleden tijd + voltooid deelwoord) → **spit**]
speak /*zeg:* spiek/
• *spreken* ★ she speaks with an accent *ze spreekt met een accent*
• **speak up** *harder spreken* ★ could you please speak up? *kunt u wat harder spreken, alstublieft?*
• **speak for** *spreken namens/voor* ★ speak for the majority of the people *spreken namens de meerderheid van het volk*
• **speak of** *spreken over* ★ we spoke of many things *we spraken over vele*

S

dingen
• **speak to** *spreken tegen* ★ are you speaking to me? *spreek je tegen mij?* ◆ this is Alice speaking ‹aan de telefoon› *je spreekt met Alice* ◆ on speaking terms *op vriendschappelijke voet*

speaker /*zeg:* spiekù/ *luidspreker*

spear /*zeg:* spìjù/ *speer*

special /*zeg:* spesjùl/
[**the-woord**] *speciaal exemplaar*
◆ today's special ‹in restaurant› *menu van de dag*
[**bijvoeglijk naamwoord**] *speciaal* ★ a special occasion *een speciale gelegenheid*

speciality /*zeg:* spesjìèlùtì/ *specialiteit* ★ local specialities *plaatselijke specialiteiten*

specialize /*zeg:* spesjùlaiz/ *zich specialiseren* ★ I have specialized in horses *ik heb me gespecialiseerd in paarden*

specially /*zeg:* spesjùlì/ *speciaal* ★ he did that specially for you *hij heeft dat speciaal voor jou gedaan*

species /*zeg:* spiesjìz/ ‹dier of plant› *soort* ★ this is a harmless species *dit is een onschadelijke soort*

specific /*zeg:* spùsìfik/ *bepaald* ★ a specific kind of music *een bepaald soort muziek*

specify /*zeg:* spèsùfai/ *aanduiden*; *aangeven* ★ let me specify what I want *laat me aanduiden wat ik wil*

spectacles /*zeg:* spektùklz/ [meervoud] *bril*

S

spectacular /*zeg:* spektekjoelù/ *spectaculair*; *sensationeel*

spectator /*zeg:* spekteetù/ *toeschouwer* ★ 2.000 spectators attented the show *2000 toeschouwers waren bij de vertoning aanwezig*

speculate /*zeg:* spekjoeleet/ *speculeren*; *nadenken* ★ do you speculate about the future? *speculeer jij over de toekomst?*

sped /*zeg:* sped/ [(verleden tijd + voltooid deelwoord) → **speed**]

speech /*zeg:* spietsj/
• *toespraak* ★ Fidel made a long speech *Fidel gaf een lange toespraak*
• *spraakvermogen* ◆ freedom of speech *vrijheid van meningsuiting*

speed /*zeg:* spied/
[**the-woord**] • *snelheid* ★ at a speed of 50 miles an hour *met een snelheid van 50 mijl per uur*
• *versnelling* ★ a twelve-speed bike *een fiets met twaalf versnellingen* ◆ speed limit *maximumsnelheid*
[**werkwoord**] • *zich spoeden* ★ she sped to the hospital *zij spoedde zich naar het ziekenhuis*
• *(te) snel rijden* ★ a fine for speeding *een boete voor te snel rijden*

speedway /*zeg:* spiedwee/ *motorracebaan*

speedy /*zeg:* spiedì/ *snel*; *spoedig* ★ a speedy action *een snelle actie* ◆ speedy recovery! *van harte beterschap!*

spell /*zeg:* spel/
[**the-woord**] *betovering* ★ break the spell *de betovering verbreken* ◆ put a spell on someone *iemand betoveren* ◆ cold spell *periode met koud weer*
[**werkwoord (+ iemand/iets)**] *spellen* ★ can you spell this word? *kun je dit woord spellen?*

spelt /*zeg:* spelt/ [(verleden tijd + voltooid deelwoord) → **spell**]

spend /*zeg:* spend/
• *uitgeven* ★ how much did you spend on your holidays? *hoeveel heb jij uitgegeven op vakantie?*
• *besteden* ★ I spent hours on my schoolproject *ik heb uren besteed aan mijn schoolproject*

spent /*zeg:* spent/ [(verleden tijd + voltooid deelwoord) → **spend**]

sperm /*zeg:* spùùm/ *sperma*

spice /*zeg:* spais/
[**the-woord**] *specerij* ★ don't forget the Mexican spices *vergeet de Mexicaanse kruiden niet*
[**werkwoord + iemand/iets**] ⟨eten⟩ *kruiden* ★ spice the soup *de soep kruiden*
spick-and-span /*zeg:* spìkènspen/ *keurig netjes*
spicy /*zeg:* spaisì/ *kruidig*; *pikant*
spider /*zeg:* spaidù/ *spin*
spike /*zeg:* spaik/
[**the-woord**] *(scherpe) punt* ◆ spikes *sportschoenen met punten onder de zolen*
[**werkwoord + iemand/iets**] *vastspijkeren*
spill /*zeg:* spìl/ *morsen* ★ he spilt all of the milk *hij heeft alle melk gemorst*
◆ spill blood *bloed vergieten*
spilt /*zeg:* spìlt/ [(voltooid deelwoord) → **spill**]
spin /*zeg:* spìn/
[**the-woord**] *draaiing*
[**werkwoord**] *draaien* ★ a spinning wheel *een draaiend wiel*
[**werkwoord + iemand/iets**] *snel laten draaien* ★ Ronaldo spinned the ball around *Ronaldo liet de bal snel ronddraaien*
spinach /*zeg:* spìnìdzj/ *spinazie*
spine /*zeg:* spain/ *ruggengraat*
spirit /*zeg:* spìrìt/
• *geest*; *spook* ★ the spirits of the dead *de geesten van de doden*
• *(levens)kracht*; *energie* ★ the spirit of enterprising America *de geest van ondernemend Amerika*
spirits /*zeg:* spìrìts/ [meervoud] ⟨sterk⟩ *alcoholische drank(en)*
spiritual /*zeg:* spìrìtsjoeùl/ *spiritueel*; *geestelijk* ★ spiritual leader *geestelijk leider*
spit /*zeg:* spìt/
[**the-woord**] • *(braad)spit*
• *spuug*
[**werkwoord (+ iemand/iets)**] *spugen*
★ spit on the floor *op de vloer spugen*
◆ a spitting image *een treffende gelijkenis*
spite /*zeg:* spait/
[**the-woord**] • *wrok*
• *boosaardigheid* ◆ in spite of my good intentions *ondanks mijn goede bedoelingen*
[**werkwoord + iemand/iets**] • *dwars zitten*
• *kwellen*; *pesten*; *plagen*
splash /*zeg:* splesj/
[**the-woord**] • *plons*
• ⟨hoeveelheid⟩ *kwak*
[**werkwoord (+ iemand/iets)**] *plenzen*; *spatten* ★ she splashed cold water on her face *ze plensde koud water in haar gezicht*
spleen /*zeg:* splien/ *milt*
splendid /*zeg:* splendìd/ *prachtig*; *schitterend*
splendour /*zeg:* splendù/
• *pracht*
• *glorie*
splinter /*zeg:* splìntù/
• *splinter* ★ splinter of wood *houtsplinter*
• *scherf*
split /*zeg:* splìt/
[**the-woord**] *scheur*; *spleet* ◆ splits ⟨bij ballet⟩ *spreidzit*
[**werkwoord (+ iemand/iets)**] • *splijten*; *splitsen* ★ split a rock *een rots splijten*
• **split up** *uit elkaar gaan* ★ my parents split up when I was five *mijn ouders zijn uit elkaar gegaan toen ik vijf was*
• *delen*; *verdelen* ★ split the money by four *het geld in vieren verdelen*
◆ splitting headache *barstende hoofdpijn*
spoil /*zeg:* spojl/
• *bederven* ★ the rain spoiled the picnic *de regen bedierf de picknick*
• *verwennen* ★ he spoils his children *hij verwent zijn kinderen*
spoiled /*zeg:* spojld/ *verwend* ★ Julian is a spoiled brat *Julian is een verwend rot kind*
spoilt /*zeg:* spojlt/ [(voltooid deelwoord) → **spoil**]
spoke /*zeg:* spoowk/
[**the-woord**] *spaak*
[**werkwoord (verleden tijd)** → **speak**]
spoken /*zeg:* spoowkùn/
[**bijvoeglijk naamwoord**] *gesproken*

⋆ spoken English *gesproken Engels* ◆ this seat is spoken for *deze stoel is gereserveerd*
[**werkwoord (voltooid deelwoord)** → **speak**]

spokesman /*zeg:* spoowksmùn/ *woordvoerder*

spokeswoman /*zeg:* spoowkswoemùn/ *woordvoerster*

sponge /*zeg:* spàndzj/
[**the-woord**] *spons*
[**werkwoord + iemand/iets**] • *afsponsen*
• **sponge up** *opzuigen met een spons*
• **sponge out** *uitwissen*

sponsor /*zeg:* spònsù/
[**the-woord**] *sponsor*; *geldschieter*
[**werkwoord + iemand/iets**] *sponsoren*; *steunen met geld*

spontaneous /*zeg:* spònteenijùs/ *spontaan* ⋆ he spontaneously said 'yes' *hij zei spontaan 'ja'*

spool /*zeg:* spoel/ *spoel*; ‹garen› *klos*

spoon /*zeg:* spoen/
[**the-woord**] *lepel*
[**werkwoord + iemand/iets**] *lepelen*; *scheppen* ⋆ I spooned up the soup *ik lepelde de soep op*

spoonful /*zeg:* spoenfùl/ ‹hoeveelheid› *eetlepel* ⋆ a spoonful of vinegar *een eetlepel azijn*

sport /*zeg:* spòòt/ *sport* ⋆ what sort of sport do you play at? *aan wat voor sport doe jij?* ◆ he is a good sport *hij neemt het sportief op*; *hij is een toffe vent*

sportsman /*zeg:* spòòtsmùn/ *sportman*

sportswear /*zeg:* spòòtswèè/ *sportkleding*

sportswoman /*zeg:* spòòtswoemùn/ *sportvrouw*

sporty /*zeg:* spòòti/ *sportief (uitziend)*

spot /*zeg:* spòt/
[**the-woord**] • *plek*; *plaats* ⋆ a lovely spot at the lake *een mooie plek aan het meer* ⋆ on the spot *ter plaatse*
• *vlekje*; *stipje*
[**werkwoord + iemand/iets**]
• *waarnemen*; *zien* ⋆ I just spotted a beautiful house over there *ik zag net een prachtig huis daar*
• *observeren* ⋆ we're spotting birds *we zijn vogels aan het observeren*

spotlight /*zeg:* spòtlait/
[**the-woord**] ‹op toneel› *spotlicht*; *zoeklicht*
[**werkwoord + iemand/iets**] *met zoeklichten beschijnen*; *in het volle licht zetten*

spouse /*zeg:* spauz/ *echtgenoot*; *echtgenote* ⋆ me and my spouse *mijn echtgenoot/echtgenote en ik*

sprang /*zeg:* spreng/ [(verleden tijd) → **spring**]

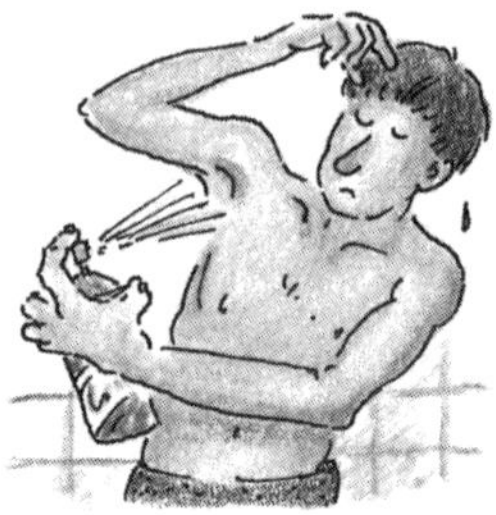

spray /*zeg:* spree/
[**the-woord**] • *stuifwolk*
• *spray*; *verstuiver* ⋆ spray can *spuitbus*
[**werkwoord + iemand/iets**] *sproeien*; *spuiten* ◆ spray on deodorant *deodorant op doen*

spread /*zeg:* spred/
• *(ver)spreiden* ⋆ my aunt always spreads her arms to greet me *mijn tante spreidt altijd haar armen om me te groeten*
• **spread out** *uitspreiden* ⋆ spread out the sheets *de lakens uitspreiden* ◆ the bird spread it's wings *de vogel sloeg zijn vleugels uit*

spring /*zeg:* sprìng/
[**the-woord**] • *lente* ⋆ in spring *in de lente* ⋆ spring 1969 *in de lente van 1969*
• *bron*; *oorsprong* ⋆ the springs of the Nile *de bronnen van de Nijl*
[**werkwoord**] • *springen* ⋆ spring out of bed *uit bed springen*
• ‹van water› *ontspringen* ⋆ the river springs here *de rivier ontspringt hier*
• **spring from** *voortkomen uit* ⋆ the war springs from religious differences

de oorlog komt voort uit religieuze verschillen

springtime /*zeg:* sprìngtaim/ *voorjaar* ★ in springtime *in het voorjaar*

sprinkle /*zeg:* sprìngkl/
[**the-woord**] ◆ chocolate sprinkles *hagelslag*
[**werkwoord + iemand/iets**] *(be)sprenkelen*

sprint /*zeg:* sprìnt/
[**the-woord**] *sprint*
[**werkwoord (+ iemand/iets)**] *sprinten*

sprout /*zeg:* spraut/
[**the-woord**] ◆ (Brussels) sprouts *spruitjes*
[**werkwoord**] *ontspruiten* ★ sprout from a tree *ontspruiten aan een boom*

sprung /*zeg:* spràng/ [(voltooid deelwoord) → **spring**]

spun /*zeg:* spàn/ [(verleden tijd + voltooid deelwoord) → **spin**]

spur /*zeg:* spùù/
[**the-woord**] ⟨bij paardensport⟩ *spoor*
[**werkwoord + iemand/iets**] ⟨een paard⟩ *de sporen geven*

spy /*zeg:* spai/
[**the-woord**] *spion* ★ two spies went over to the enemy *twee spionnen liepen over naar de vijand*
[**werkwoord (+ iemand/iets)**]
• *(be)spioneren* ★ James spies for the British intelligence *James spioneert voor de Britse geheime dienst*
• **spy (up)on** *bespioneren* ★ are you spying on me? *ben je me aan het bespioneren?*

squad /*zeg:* skwòd/ ⟨politie⟩ *patrouille* ★ squad car *patrouillewagen*

squadron /*zeg:* skwòdrùn/ ⟨militair⟩ *eskader*

square /*zeg:* skwèè/
[**the-woord**] • *vierkant* ★ a square of two by two metres *een vierkant van twee bij twee meter*
• *kwadraat* ★ the square of five is twenty-five *het kwadraat van vijf is vijfentwintig*
• *plein* ★ St. Peter's square in Rome *het St.-Pietersplein in Rome*
[**bijvoeglijk naamwoord**] • *vierkant* ★ a square tile *een vierkante tegel* ★ a room of 30 square metres *een kamer van 30 vierkante meter*
• *ouderwets* ★ a square guy *een ouderwetse vent*
• *eerlijk* ★ a square deal *een eerlijke koop* ◆ fair and square *eerlijk*
[**werkwoord + iemand/iets**] ◆ squared paper *ruitjespapier*

squash /*zeg:* skwòsj/
[**the-woord**] *squash* ★ do you play squash? *speel jij squash?*
[**werkwoord + iemand/iets**] *pletten* ★ the fruit got squashed in the basket *het fruit werd geplet in de mand*

squat /*zeg:* skwòt/ ⟨van huis⟩ *kraken*

squeak /*zeg:* skwiek/ *piepen*

squeeze /*zeg:* skwiez/
• *knijpen* ★ squeeze me: am I dreaming? *knijp me: ben ik aan het dromen?*
• ⟨vruchten⟩ *uitpersen* ★ squeeze a lemon *een citroen uitpersen*

squint /*zeg:* skwìnt/ *scheel kijken* ★ she squints terribly *ze kijkt vreselijk scheel* ◆ have a squint *scheel kijken*

squirrel /*zeg:* skwìrùl/ *eekhoorn*

Sr. [**afkorting**] senior *sr.*

st. [**afkorting**] • saint ⟨sint⟩ *st.*
• street *straat*

stab /*zeg:* steb/
[**the-woord**] ⟨met een mes e.d.⟩ *steek*
[**werkwoord (+ iemand/iets)**] ⟨met mes⟩ *steken*

stability /*zeg:* stùbìlùtì/ *evenwicht*

stable /*zeg:* steebl/
[**the-woord**] *stal* ★ a wooden stable *een houten stal*
[**bijvoeglijk naamwoord**] *stabiel* ★ a stable bridge *een stabiele brug*

stack /*zeg:* stek/
[**the-woord**] *stapel*
[**werkwoord + iemand/iets**] *stapelen* ★ stack up boxes *dozen opstapelen*

stadium /*zeg:* steedìjùm/ *stadion* ★ the stadium was filled with people *het stadion was gevuld met mensen*

staff /*zeg:* stààf/
• ⟨staaf⟩ *staf* ★ lean on a staff *leunen op een staf*
• ⟨leidinggevend personeel⟩ *staf* ★ the staff of the hospital *de staf van het*

ziekenhuis

stage /*zeg:* steedzj/
[**the-woord**] • *fase* ★ we can begin with the next stage *we kunnen beginnen met de volgende fase*
• *podium* ★ the singer fell off the stage *de zanger viel van het podium* ◆ stage fright *plankenkoorts*
[**werkwoord + iemand/iets**] *opvoeren* ★ stage a play *een toneelstuk opvoeren*

stagger /*zeg:* stèGù/
• *wankelen* ★ the blow on his head made him stagger *de klap op zijn hoofd deed hem wankelen*
• *waggelen* ★ the baby staggers across the room *de baby waggelt door de kamer*

stain /*zeg:* steen/
[**the-woord**] *vlek* ★ stains on my clothes *vlekken op mijn kleren*
[**werkwoord + iemand/iets**] *bevuilen* ★ the mud stains my shoes *de modder bevuilt mijn schoenen*

stair /*zeg:* stèè/ *traptrede* ★ the staircase has 465 stairs *de trap heeft 465 traptreden* ◆ stairs *trap* ◆ climb the stairs *de trap op klimmen*

staircase, stairway /*zeg:* stèèkees, stèèwee/ *trap* ★ take the staircase to the first floor *de trap naar de eerste verdieping nemen*

stake /*zeg:* steek/
[**the-woord**] *staak* ★ a sharp stake *een scherpe staak* ◆ my life is at stake *mijn leven staat op het spel*
[**werkwoord + iemand/iets**] *met palen afzetten*

stale /*zeg:* steel/ *oud* ★ stale bread *oud brood*

stalk /*zeg:* stòòk/
[**the-woord**] *stengel*; *steel*
[**werkwoord + iemand/iets**] ⟨van prooi⟩ *besluipen*; *hinderlijk volgen*; *stalken* ★ were you stalking him? *was jij hem aan het stalken?*

stall /*zeg:* stòòl/
[**the-woord**] • *stalletje*; *kraampje*
• ⟨voor vee⟩ *stal*
[**werkwoord + iemand/iets**] *stallen* ★ Andrea stalls the car *Andrea stalt de auto*

stallion /*zeg:* steljùn/ *hengst*

stammer /*zeg:* stèmù/ *stotteren*; *stamelen*

stamp /*zeg:* stemp/
[**the-woord**] • *postzegel* ★ self-adhesive stamps *zelfklevende postzegels*
• *stempel*; *merk*
[**werkwoord + iemand/iets**] • *stampen* ★ stop stamping on the floor! *houd op met stampen op de vloer!*
• *(be)stempelen* ★ stamped with a platemark *bestempeld met een keurmerk*
• *frankeren*; *zegelen* ★ Rob, could you stamp these letters, please? *Rob, wil jij alsjeblieft deze brieven frankeren?*

stampede /*zeg:* stempied/
[**the-woord**] ⟨van vee in paniek⟩ *massale vlucht*
[**werkwoord**] *massaal op hol slaan*

stand /*zeg:* stend/
[**the-woord**] *standaard*; *statief* ★ a microphone stand *een microfoonstandaard* ◆ take stand against racism *stelling nemen tegen racisme*
[**werkwoord**] • *staan*; *gaan staan* ★ you're standing in the way *je staat in de weg* ★ stand aside! *ga aan de kant staan!* ★ stand back *naar achteren gaan staan*
• *geldig zijn* ★ my offer still stands *mijn aanbod is nog steeds geldig*
• **stand by** *aanwezig blijven*; *steunen* ★ she stood by her man when it was tough *zij steunde haar man toen het zwaar was*
• **stand for** ⟨betekenen⟩ *staan voor*; ⟨verdragen⟩ *pikken* ★ 'UK' stands for 'United Kingdom' *'UK' staat voor 'United Kingdom'* ★ I'm not gonna stand for it anymore *ik pik het niet langer*
• **stand out** *opvallen* ★ her red hair really stands out *haar rode haar valt echt op*
• **stand up** *opstaan* ◆ stand up for your rights *opkomen voor je rechten*
[**werkwoord + iemand/iets**] • *verdragen* ★ I can't stand injustice *ik kan onrecht niet verdragen*
• *bestand zijn tegen* ★ the glass stands this temperature *het glas is bestand tegen deze temperatuur* ◆ I don't stand

a chance *ik heb geen enkele kans*
standard /*zeg:* stendùd/
[**the-woord**] *standaard* ★ an acceptable standard of living *een aanvaardbare levensstandaard*
[**bijvoeglijk naamwoord**] *standaard*; *normaal* ★ a standard quantity *een normale hoeveelheid*
standby /*zeg:* stendbai/
[**the-woord**] *reserve*
[**bijvoeglijk naamwoord**] *paraat*; *reserve* ◆ we are on standby *we staan paraat*
stand-in /*zeg:* stendìn/ *plaatsvervanger* ★ a stand-in does the stunts in the movie *een plaatsvervanger doet de stunts in de film*
standstill /*zeg:* stendstìl/ *stilstand* ★ the traffic has come to a standstill *het verkeer is tot stilstand gekomen*
stand-up /*zeg:* stendàp/
[**the-woord**] • ‹van hemd of blouse› *staande boord*
• *staande lunch*
[**bijvoeglijk naamwoord**] *staand*
stank /*zeg:* stengk/ [(verleden tijd) → **stink**]
staple /*zeg:* steepl/
[**the-woord**] *nietje*
[**werkwoord + iemand/iets**] *(vast)nieten* ★ staple sheets of paper together *vellen papier aan elkaar nieten*

star /*zeg:* stàà/
[**the-woord**] ‹in het heelal› *ster*; *beroemdheid* ★ millions of stars shine at night *miljoenen sterren schijnen 's nachts* ★ movie star *filmster* ◆ the Stars and Stripes ‹de vlag van de Verenigde Staten van Amerika› *de Sterren en Strepen*
[**werkwoord**] *als ster optreden* ◆ a movie starring Isabelle Huppert *een film met in de hoofdrol Isabelle Huppert*
stare /*zeg:* stèè/ *staren* ★ stare at someone *staren naar iemand*
star-spangled /*zeg:* stààspengGld/ *met sterren bezaaid* ◆ the Star-spangled Banner ‹het volkslied van de Verenigde Staten› *de met sterren bezaaide vlag*
start /*zeg:* stààt/
[**the-woord**] *begin*; *start* ★ repeat something from the start *iets herhalen vanaf het begin*
[**werkwoord (+ iemand/iets)**] • *starten (met)*; *beginnen (met)* ★ today we will start with maths *vandaag beginnen we met wiskunde*
• **start up** *opstarten* ★ start up a computer *een computer opstarten*
◆ you can tidy your room to start with *om te beginnen kun je je kamer opruimen*
starter /*zeg:* stààtù/ *voorgerecht*
starvation /*zeg:* stààveesjùn/ *voedseltekort* ★ die of starvation *sterven aan voedseltekort*
starve /*zeg:* stààv/ *verhongeren*; *honger/trek hebben* ◆ starve to death *sterven van de honger*
state /*zeg:* steet/
[**the-woord**] • ‹land› *staat* ★ the United States of America *de Verenigde Staten van Amerika*
• *toestand*; *staat* ★ state of emergency *noodtoestand* ★ he was in a state of shock *hij was in shocktoestand* ★ the nation is in state of war *de natie is in staat van oorlog*
[**werkwoord + iemand/iets**] *verklaren*; *beweren* ★ the president stated that it was the truth *de president verklaarde dat het de waarheid was*
statement /*zeg:* steetmùnt/ *verklaring*; *bewering* ★ make a statement *een verklaring afleggen*
station /*zeg:* steesjùn/ *station* ★ at the station *op het station* ★ railway station *treinstation* ◆ police station *politiebureau*
statistic /*zeg:* stùtìstìk/
[**the-woord**] *statistiek*

S

[**bijvoeglijk naamwoord**] *statistisch*

statue /*zeg:* stetsjoe/ *standbeeld* ◆ Statue of Liberty ‹in New York› *Vrijheidsbeeld*

status /*zeg:* steetùs/ *status*; *positie*

stay /*zeg:* stee/
[**the-woord**] *verblijf* ★ a long stay abroad *een lang verblijf in het buitenland*
[**werkwoord**] • *blijven* ★ stay here and don't leave *blijf hier en ga niet weg*
• *verblijven*; *logeren* ★ I'm staying with a friend *ik logeer bij een vriend* ◆ stay the night *blijven logeren* ◆ stay in *binnen blijven*

steady /*zeg:* stèdì/ *stevig*; *stabiel* ★ a steady boat *een stevige boot* ◆ do you have a steady boyfriend? *heb je een vast vriendje?* ◆ yes, we are going steady *ja, we hebben vaste verkering* ◆ steady! *rustig aan!*

steak /*zeg:* steek/
• *biefstuk*
• *runderlap*

steal /*zeg:* stiel/ *stelen* ★ they stole my bike *ze hebben mijn fiets gestolen* ◆ Cher was caught stealing *Cher werd betrapt op diefstal*

steam /*zeg:* stiem/
[**the-woord**] *stoom*; *damp* ★ steam engine *stoommachine*
[**werkwoord**] *dampen* ★ a mug of steaming coffee *een mok dampende koffie*

steamer /*zeg:* stiemù/ *stoomboot*

steel /*zeg:* stiel/
[**the-woord**] *staal* ★ a fence made of steel *een hek van staal*
[**bijvoeglijk naamwoord**] *stalen* ★ a steel fence *een stalen hek*

steep /*zeg:* stiep/ *steil* ★ steep slopes *steile hellingen*

steer /*zeg:* stìjù/ *besturen* ★ steer a car *een auto besturen*

stem /*zeg:* stem/
• *stam*
• *stengel*

stench /*zeg:* stentsj/ *stank*

step /*zeg:* step/
[**the-woord**] • *stap*; *pas* ★ take twenty steps north *twintig stappen naar het noorden doen*
• *traptrede* ★ this staircase has 465 steps *deze trap heeft 465 traptreden* ◆ watch your step! *kijk uit waar je loopt!* ◆ step by step *stap voor stap*
[**werkwoord + iemand/iets**] *stappen*; *gaan* ★ we stepped aside *we gingen aan de kant* ◆ step in/out *naar binnen/buiten gaan*

step- /*zeg:* stepbràDù/ *stief-* ★ stepbrother *stiefbroer* ★ stepdaughter *stiefdochter* ★ stepfather *stiefvader* ★ stepmother *stiefmoeder* ★ stepsister *stiefzus* ★ stepson *stiefzoon*

stereo /*zeg:* stèrìoow/
[**the-woord**] *stereo-installatie*
[**bijvoeglijk naamwoord**] *stereo* ★ a stereo recording *een stereo-opname*

sterile /*zeg:* stèrail/ *steriel*

stern /*zeg:* stùùn/ *streng* ★ the teacher gave her a stern look *de leraar gaf haar een strenge blik*

stew /*zeg:* stjoe/
[**the-woord**] *stoofpot*
[**werkwoord (+ iemand/iets)**] *stoven* ★ stewed meat *gestoofd vlees*

steward /*zeg:* stjoeùd/ ‹op schip› *kelner*; ‹in vliegtuig› *steward*

stewardess /*zeg:* stjoeùdes/ *stewardess*

stick /*zeg:* stìk/
[**the-woord**] • *stok*
• *tak*
[**werkwoord**] • *blijven steken* ★ the key sticks in the lock *de sleutel blijft steken in het slot*
• *plakken* ★ this stamp won't stick *deze postzegel wil niet plakken*
• **stick around** *in de buurt blijven*
• **stick out** *naar buiten steken*; *uitsteken* ★ his ears stick out *zijn oren steken uit* ◆ stick up for someone *voor iemand opkomen*
[**werkwoord + iemand/iets**] • *steken* ★ he stuck his finger in the hole *hij stak zijn vinger in het gat*
• *plakken* ★ stick a note to the door *een briefje op de deur plakken*
• **stick out** *naar buiten steken*; *uitsteken* ★ stick out the flag *de vlag uitsteken*
• **stick to** *blijven bij*; *volhouden* ★ he will stick to his opinion *hij zal bij zijn*

mening blijven
sticker /*zeg:* stịkù/ *sticker*; *plakplaatje*; *etiket*

sticky /*zeg:* stịkì/ *kleverig* ◆ a sticky situation *een lastige situatie*
stiff /*zeg:* stìf/
• *stijf* ★ my back is a bit stiff *mijn rug is een beetje stijf*
• *flink* ★ a stiff penalty *een flinke straf*
still /*zeg:* stìl/
[**the-woord**] *stilte* ★ the still of night *de stilte van de nacht*
[**bijvoeglijk naamwoord**] *stil*; *kalm* ★ a still lake *een kalm meer*
[**werkwoord + iemand/iets**] *stillen* ★ the soup stilled my appetite *de soep stilde mijn trek*
[**bijwoord**] • *nog* ★ are you still busy? *ben jij nog bezig?*
• *(maar) toch* ★ he didn't want to go, still he went *hij wilde niet gaan, maar toch ging hij*
stimulate /*zeg:* stịmjoeleet/
• *stimuleren*
• *opwekken*
sting /*zeg:* stìng/
[**the-woord**] • *steek*; *beet*
• ⟨van insect⟩ *angel*
[**werkwoord (+ iemand/iets)**] *steken*; *prikken* ★ he was stung by a bee *hij was gestoken door een bij*
stink /*zeg:* stìngk/
[**the-woord**] *stank*
[**werkwoord**] *stinken* ★ you stink of aftershave *je stinkt naar aftershave*
stir /*zeg:* stùù/
[**the-woord**] *beweging*
[**werkwoord + iemand/iets**] *roeren* ★ she stirred (in) her tea *zij roerde (in) haar thee*
stitch /*zeg:* stìtsj/
[**the-woord**] *hechting*
[**werkwoord (+ iemand/iets)**] • *hechten*; *dichtnaaien* ★ stitch the hem *de zoom hechten*
• **stitch up** *dichtnaaien*; *vastnaaien* ★ stitch up a wound *een wond dichtnaaien*
stock /*zeg:* stòk/
[**the-woord**] • *bouillon* ★ stock cube *bouillonblokje*
• *voorraad* ★ have something in stock *iets op voorraad hebben* ◆ livestock *vee* ◆ this item is out of stock *dit artikel is uitverkocht*
[**werkwoord + iemand/iets**] *in voorraad hebben*
stocking /*zeg:* stọkìng/ *kous*
stole /*zeg:* stoowl/ [(verleden tijd) → **steal**]
stolen /*zeg:* stoowlùn/ [(voltooid deelwoord) → **steal**]
stomach /*zeg:* stạmùk/ *maag* ★ on an empty stomach *op een lege maag* ◆ this rubbish turns my stomach *ik word misselijk van deze rommel*
stone /*zeg:* stoown/
[**the-woord**] • *steen*; *baksteen* ★ they threw stones at the police *ze gooiden stenen naar de politie*
• ⟨van vrucht⟩ *harde pit* ◆ a stone's throw away *op een steenworp afstand* ◆ precious stones *edelstenen* ◆ stone-cold *steenkoud*
[**bijvoeglijk naamwoord**] *stenen* ★ a stone wall *een stenen muur* ★ the Stone Age *het stenen tijdperk*
stood /*zeg:* stoed/ [(verleden tijd + voltooid deelwoord) → **stand**]
stool /*zeg:* stoel/ *kruk* ◆ stools *ontlasting*
stop /*zeg:* stòp/
[**the-woord**] • *stilstand* ★ come to a stop *tot stilstand komen*
• *stopplaats*; *halte* ★ bus stop *bushalte* ◆ full stop ⟨aan het einde van een zin⟩ *punt*
[**werkwoord**] • *stoppen*; *ophouden* ★ the train has stopped *de trein is gestopt*
• **stop by** *langsgaan*; *langskomen*

S

★ stop by for a cup of coffee! *kom eens langs voor een kop koffie!*
[**werkwoord + iemand/iets**] *ophouden met* ★ he stopped working *hij hield op met werken* ★ stop it! *houd daarmee op!* ◆ stop thief! *houd de dief!*
stopwatch /*zeg:* stòpwòtsj/ *stopwatch*
storage /*zeg:* stòòrìdzj/ *opslag*
store /*zeg:* stòò/
[**the-woord**] • *voorraad* ★ have something in store *iets op voorraad hebben*
• *opslagplaats*
• ⟨Amerikaans⟩ *winkel*
[**werkwoord + iemand/iets**] ⟨goederen⟩ *opslaan*
storey /*zeg:* stòòrì/ *verdieping*; *woonlaag* ★ second storey *eerste verdieping* ◆ first storey *begane grond*
storm /*zeg:* stòòm/
[**the-woord**] *storm*
[**werkwoord + iemand/iets**] ⟨militair⟩ *bestormen* ★ storm a city *een stad bestormen*
stormy /*zeg:* stòòmì/ *stormachtig*
story /*zeg:* stòòrì/ *verhaal* ★ she always tells me stories *ze vertelt me altijd verhalen*
stout /*zeg:* staut/
[**the-woord**] *donker bier*
[**bijvoeglijk naamwoord**] *stevig* ★ a stout little guy *een stevige, kleine vent*
stove /*zeg:* stoowv/ *kachel*
stow /*zeg:* stoow/
• *inpakken*
• *laden*
• **stow away** *opbergen*; *wegstoppen* ★ she stowed away her books *zij borg haar boeken op*
stowaway /*zeg:* stoowùwee/ *verstekeling*
straight /*zeg:* street/
[**bijvoeglijk naamwoord**] • *recht* ★ a straight line *een rechte lijn*
• *eerlijk* ★ have you been straight to him? *ben je eerlijk tegen hem geweest?*
[**bijwoord**] • *recht(streeks)* ★ I went straight home *ik ging rechtstreeks naar huis*
• *meteen* ★ she went straight to bed *ze ging meteen naar bed*
• *rechtop* ★ sit up straight! *ga rechtop zitten!* ◆ straight away *meteen*
straighten /*zeg:* streetn/
• *rechtmaken*; *rechten* ★ Sandra straightened her back *Sandra rechtte haar rug*
• *in orde maken* ★ straighten your room *je kamer in orde maken*
straightforward /*zeg:* streetfòòwùd/ *oprecht*; *eerlijk*
strain /*zeg:* streen/
[**the-woord**] • *belasting* ★ walking stairs can be a strain *traplopen kan een belasting zijn*
• *druk*; *spanning* ★ lifting puts a strain on your back *tillen zet een spanning op je rug*
[**werkwoord + iemand/iets**] • *spannen*; *inspannen* ★ she strained herself but it didn't work out *ze spande zich in, maar het lukte niet*
• ⟨een spier⟩ *verrekken*
strainer /*zeg:* streenù/ *zeef*; *vergiet*
strand /*zeg:* strend/ *vastlopen*; *stranden* ★ the ship has stranded on the beach *het schip is gestrand op het strand*
strange /*zeg:* streendzj/ *vreemd*; *raar* ★ a strange story *een vreemd verhaal*
stranger /*zeg:* streendzjù/ *vreemde(ling)*
strangle /*zeg:* strengGl/ *wurgen*
strap /*zeg:* strep/
[**the-woord**] • *riem(pje)*
• *band(je)*
[**werkwoord + iemand/iets**] **strap up** ⟨met riem⟩ *vastmaken*
strategic /*zeg:* strùtiedzjìk/ *strategisch*
strategy /*zeg:* strètùdzjì/ *strategie*
straw /*zeg:* stròò/
• *stro*; *strootje* ★ he is chewing on a straw *hij kauwt op een strootje*
• *rietje* ★ drink milk with a straw *melk drinken door een rietje*
strawberry /*zeg:* stròòbùrì/ *aardbei* ★ ice cream with strawberries *ijs met aardbeien*
stray /*zeg:* stree/ *dwalen*; *zwerven* ★ the princess strayed through the forest *de prinses dwaalde door het bos* ◆ a stray dog *een zwerfhond*
streak /*zeg:* striek/ *streep* ★ a streak of light *een streep licht*
stream /*zeg:* striem/

S

[**the-woord**] *stroom* ★ swim against the stream *tegen de stroom in zwemmen* ◆ downstream *stroomafwaarts* ◆ upstream *stroomopwaarts* [**werkwoord**] *stromen* ★ the mud streamed down *de modder stroomde naar beneden*

street /*zeg:* striet/ *straat* ◆ in the street *op straat*

strength /*zeg:* strengS/ *kracht*

strengthen /*zeg:* strengSùn/ *versterken* ★ the duke strengthened his castle *de hertog versterkte zijn kasteel*

stress /*zeg:* stres/
[**the-woord**] • *druk* ★ the stress of a weight *de druk van een gewicht*
• *spanning* ★ the stress right before a performance *de spanning vlak voor een optreden*
• *nadruk*; *klemtoon* ★ lay stress on the first syllable *de klemtoon leggen op de eerste lettergreep*
[**werkwoord + iemand/iets**] *de nadruk leggen op* ★ the teacher stresses grammar *de leraar legt de nadruk op grammatica*

stretch /*zeg:* stretsj/
[**the-woord**] • *hoeveelheid* ★ a stretch of time *een hoeveelheid tijd*
• *rek*; *elasticiteit* ◆ at a stretch *aan één stuk door*
[**werkwoord**] • *zich (uit)strekken* ★ these mountains stretch to the sea *deze bergen strekken zich uit tot de zee*
• *(zich) uitrekken* ★ he stretched behind his desk *hij rekte zich uit achter zijn bureau*
[**werkwoord + iemand/iets**]
• *(uit)strekken* ★ she stretched out her hand to greet him *ze strekte haar hand uit om hem te groeten*
• *(uit)rekken* ★ mum stretched my jeans when it came out of the laundry *mam rekte mijn jeans uit toen hij uit de was kwam*

stretcher /*zeg:* stretsjù/ *opvouwbaar bed*; *stretcher*

strict /*zeg:* strìkt/ *streng*; *strikt* ★ a strict diet *een streng dieet* ◆ strictly speaking that's not allowed *strikt genomen is dat niet toegestaan*

stride /*zeg:* straid/ *lopen met grote stappen* ★ stride through the forest *met grote stappen door het bos lopen*

strike /*zeg:* straik/
[**the-woord**] • *slag* ★ one more strike and you are out ‹bij honkbal› *nog één slag en dan ben je uit*
• *staking* ★ the miners are on strike *de mijnwerkers zijn in staking*
[**werkwoord + iemand/iets**] • *slaan* ★ she struck him down *ze sloeg hem neer* ★ the clock strikes four *de klok slaat vier uur*
• *treffen* ★ the ball has struck him on the hand *de bal heeft hem op zijn hand getroffen*
• *toeslaan* ★ the army will strike at dawn *het leger zal bij zonsopgang toeslaan*
• *(af)strepen* ★ strike a name from the list *een naam van de lijst afstrepen*
• *opvallen* ★ it struck me that he wore yellow shoes *het viel me op dat hij gele schoenen droeg* ◆ strike a match *een lucifer afsteken*

striker /*zeg:* straikù/
• *staker*
• ‹sport› *aanvaller*

string /*zeg:* strìng/
[**the-woord**] *(stukje) touw*; *snoer*; *draad* ★ a bell on a string *een bel aan een touwtje*
[**werkwoord + iemand/iets**] • ‹een instrument› *besnaren*
• ‹een racket› *bespannen*

strip /*zeg:* strìp/

S

[**the-woord**] • *strook* ★ a strip of paper *een strook papier*
• *reep* ★ a strip of cloth *een reep stof*
[**werkwoord + iemand/iets**] • *ontdoen*; *afhalen* ★ strip the car of its tyres *de auto ontdoen van zijn banden*
• ⟨kleren⟩ *uittrekken*; *zich uitkleden*

stripe /*zeg:* straip/ *streep*

striped /*zeg:* straipt/ *gestreept*

striptease /*zeg:* strìptiez/ *striptease*

strive /*zeg:* straiv/ *streven* ★ he strives for independence *hij streeft naar onafhankelijkheid*

striven /*zeg:* strìvùn/ [(voltooid deelwoord) → **strive**]

strode /*zeg:* stroowd/ [(verleden tijd) → **stride**]

stroke /*zeg:* stroowk/
[**the-woord**] • *klap*
• ⟨bij sport/van een klok⟩ *slag*
• ⟨medisch⟩ *beroerte*
[**werkwoord + iemand/iets**] *aaien* ★ she strokes his back *ze aait zijn rug*

stroll /*zeg:* stroowl/ *wandeling(etje)* ★ shall we go for a stroll? *zullen we een wandelingetje gaan maken?*

strong /*zeg:* stròng/ *sterk*; *krachtig* ★ she is the strongest of us all *zij is de sterkste van ons allemaal* ★ this cheese smells strong *deze kaas ruikt sterk*

strove /*zeg:* stroowv/ [(verleden tijd) → **strive**]

struck /*zeg:* stràk/ [(verleden tijd + voltooid deelwoord) → **strike**]

structural /*zeg:* stràktsjùrùl/ *structureel*

structure /*zeg:* stràktsjù/
• *structuur* ★ the structure of a book *de structuur van een verhaal*
• *bouwwerk* ★ a concrete structure *een betonnen bouwwerk*

struggle /*zeg:* stràGl/
[**the-woord**] *strijd*; *gevecht* ★ the struggle for freedom *de strijd om de vrijheid*
[**werkwoord**] *strijden*; *vechten* ★ he struggled to free himself *hij vocht om los te komen*

strung /*zeg:* stràng/ [(verleden tijd + voltooid deelwoord) → **string**]

stubborn /*zeg:* stàbùn/ *koppig*

stuck /*zeg:* stàk/
[**werkwoord (verleden tijd + voltooid deelwoord) → stick**]
[**bijwoord**] *vast* ★ I'm stuck in the mud *ik zit vast in de modder*

stud /*zeg:* stàd/
• *knop(je)*; *spijker*
• *renstal*

student /*zeg:* stjoednt/
• *student*
• *leerling*

study /*zeg:* stàdì/
[**the-woord**] *studie*
[**werkwoord + iemand/iets**] *(be)studeren* ★ my brother studies Italian *mijn broer studeert Italiaans*

stuff /*zeg:* stàf/
[**the-woord**] • *stof*; *materiaal* ★ what stuff is this coat made of? *van welke stof is deze jas gemaakt?*
• *spul*; *spullen* ★ he took his stuff and left *hij pakte zijn spullen en vertrok*
[**werkwoord + iemand/iets**]
• *(vol)stoppen* ★ he stuffed himself on chocolate *hij stopte zich vol met chocolade*
• *opvullen* ★ stuff a pillow *een kussen opvullen*

stumble /*zeg:* stàmbl/ *struikelen* ★ I tried to walk away, but I stumbled *ik probeerde weg te lopen, maar ik struikelde*

stump /*zeg:* stàmp/
• *stomp(je)*
• *(boom)stronk*

stun /*zeg:* stàn/
• *verdoven* ★ the lion was stunned *de leeuw werd verdoofd*
• ⟨hevig⟩ *verbazen* ★ you stun me with your knowledge *je verbaast me met jouw kennis* ◆ a stunning dress *een prachtige, indrukwekkende jurk*

stung /*zeg:* stàng/ [(verleden tijd + voltooid deelwoord) → **sting**]

stunk /*zeg:* stàngk/ [(verleden tijd + voltooid deelwoord) → **stink**]

stunt /*zeg:* stànt/
[**the-woord**] *stunt*; *kunstje* ★ stunt man/woman *stuntman/-vrouw*
[**werkwoord**] *stunten*

stupid /*zeg:* stjoepìd/
[**the-woord**] *sufferd*; *stommeling* ★ you

stupid! *jij stommeling!*
[**bijvoeglijk naamwoord**] *stom* ★ I made a stupid remark *ik maakte een stomme opmerking*
stupidity /*zeg:* stjoepìdùtì/ *domheid*
style /*zeg:* stail/ *stijl*
subconscious /*zeg:* sàbkònsjùs/
[**the-woord**] *onderbewustzijn*
[**bijvoeglijk naamwoord**] *onderbewust*
subdue /*zeg:* sùbdjoe/ *onderdrukken* ★ he subdued his grief *hij onderdrukte zijn verdriet*
subject [**the-woord**] /*zeg:* sàbdzjekt/
• *onderwerp* ★ the subject of a conversation *het onderwerp van een gesprek*
• *schoolvak* ★ English is my favourite subject *Engels is mijn favoriete schoolvak*
• *onderdaan* ★ the king greets his subjects *de koning groet zijn onderdanen*
[**werkwoord + iemand/iets**] /*zeg:* sùbdzjekt/ **subject to** *blootstellen aan* ★ John was subjected to radiation *John werd blootgesteld aan straling*
sublime /*zeg:* sùblaim/ *subliem*; *prachtig*
submarine /*zeg:* sàbmùrien/ *onderzeeër* ★ nuclear submarine *kernonderzeeër*
submerge /*zeg:* sùbmùùdzj/
[**werkwoord**] *onder water gaan* ★ the divers submerge *de duikers gaan onder water*
[**werkwoord + iemand/iets**] *onder water zetten* ★ the field is being submerged *het veld wordt onder water gezet*
submit /*zeg:* sùbmìt/
• *onderwerpen* ★ the patient was submitted to an examination *de patiënt werd onderworpen aan een onderzoek*
• ⟨een voorstel e.d.⟩ *indienen*
subordinate /*zeg:* sùbòòdinùt/ *ondergeschikte*
subscribe /*zeg:* sùbskraib/ *zich abonneren* ★ are you subscribed to a newspaper? *ben je geabonneerd op een krant?*
subscription /*zeg:* sùbskrìpsjùn/ *abonnement*
subside /*zeg:* sùbsaid/ ⟨in hevigheid⟩ *afnemen*; *bedaren* ★ my anger has subsided *mijn woede is bedaard*
substance /*zeg:* sàbstns/ *substantie*; *stof*
substantial /*zeg:* sùbstensjùl/ *aanzienlijk*; *groot* ★ a substantial part of the world *een aanzienlijk deel van de wereld*
substantive /*zeg:* sàbstùntìv/ *zelfstandig naamwoord*
substitute /*zeg:* sàbstìtjoet/
[**the-woord**] *vervanger*; *vervanging*; *reserve*
[**werkwoord + iemand/iets**] *vervangen* ★ Mr. Jones will be substituted by/with Mrs. Smith *meneer Jones zal worden vervangen door mevrouw Smith*
subtitle /*zeg:* sàbtaitl/
[**the-woord**] *ondertitel*
[**werkwoord + iemand/iets**] *ondertitelen* ★ the movie is subtitled in Dutch *de film wordt ondertiteld in het Nederlands*
subtle /*zeg:* sàtl/ *subtiel*; *fijn* ★ subtle differences *subtiele verschillen*
subtract /*zeg:* sùbtrekt/ ⟨wiskunde⟩ *aftrekken* ★ subtract 12 from 25 *12 aftrekken van 25*
subtraction /*zeg:* sùbtreksjùn/ ⟨wiskunde⟩ *aftrekking*; *vermindering*
suburb /*zeg:* sàbùùb/ *voorstad* ★ the grey suburbs of London *de grijze voorsteden van Londen*
subway /*zeg:* sàbwee/
• ⟨Brits⟩ *tunnel*
• ⟨Amerikaans⟩ *metro*
subzero /*zeg:* sàbzeeroow/ *onder nul* ★ twelve degrees subzero *twaalf graden onder nul*
succeed /*zeg:* sùksied/ *slagen*; *succes hebben* ★ we succeeded in escaping *we slaagden erin om te ontsnappen*
success /*zeg:* sùkses/ *succes*
succession /*zeg:* sùksesjùn/
• *serie*
• *opvolging*
successor /*zeg:* sùksèsù/ *opvolger* ★ Willem-Alexander is the successor of Beatrix *Willem-Alexander is de opvolger van Beatrix*
such /*zeg:* sàtsj/ *zo*; *zulk* ★ such a nice guy *zo'n aardige jongen* ★ she has such long hair *zij heeft zo/zulk lang haar* ◆ great singers such as Jeff and Tim

geweldige zangers (zo)als Jeff en Tim

suck /*zeg:* sàk/ *zuigen* ★ suck (on) a tablet *op een tablet zuigen* ◆ that movie sucks! *die film is klote!*

sudden /*zeg:* sàdn/ *plotseling* ★ sudden death *plotselinge dood*; ‹sport› *einde van een wedstrijd door een beslissend doelpunt* ◆ all of a sudden *volkomen onverwacht*

suddenly /*zeg:* sàdnlì/ *plotseling* ★ suddenly she looked in my direction *plotseling keek ze in mijn richting*

sue /*zeg:* soe/ ‹rechten› *een proces aandoen*

suffer /*zeg:* sàfù/ *lijden* ★ the cargo has suffered damage *de vracht heeft schade geleden* ★ my father suffers from a bad disease *mijn vader lijdt aan een erge ziekte*

suffering /*zeg:* sàfùrìng/ *lijden* ★ the suffering in the third world *het lijden in de derde wereld*

sufficient /*zeg:* sùfisjùnt/ *voldoende*; *genoeg* ★ a kilo will be sufficient *een kilo is genoeg*

suffocate /*zeg:* sàfùkeet/ *stikken*

sugar /*zeg:* sjoeGù/ *suiker* ★ lump of sugar *suikerklontje* ★ sugar beet *suikerbiet*

suggest /*zeg:* sùdzjest/
• ‹een plan of idee› *voorstellen* ★ Mary suggested to take a break *Mary stelde voor om een pauze te nemen*
• *suggereren*; *duiden op* ★ the evidence suggests murder *het bewijs duidt op moord*

S

suggestion /*zeg:* sùdzjestsjùn/
• *suggestie*
• *idee*

suicide /*zeg:* soeìsaid/ *zelfmoord* ★ commit suicide *zelfmoord plegen* ★ suicide attack *zelfmoordaanslag*

suit /*zeg:* soet/
[**the-woord**] • *kostuum*
• ‹rechten› *proces*
[**werkwoord (+ iemand/iets)**] • *passen (bij/voor)*; *geschikt zijn* ★ yellow suits you very well *geel past heel goed bij jou*
• *gelegen komen* ★ when it suits you *als het jou gelegen komt*

suitable /*zeg:* soetùbl/ *geschikt*; *passend* ★ a suitable solution *een geschikte oplossing*

suitcase /*zeg:* soetkees/ *koffer*

sulk /*zeg:* sàlk/ *mokken*

sum /*zeg:* sàm/
[**the-woord**] *som* ★ a large sum of money *een grote som geld* ★ the sum is 66 dollars in total *de som bedraagt in totaal 66 dollar* ★ do your sums *je sommen maken*
[**werkwoord + iemand/iets**] **sum up** *samenvatten* ★ one word sums it all up *één woord vat het allemaal samen*

summarize /*zeg:* sàmùraiz/ *samenvatten*

summary /*zeg:* sàmùrì/ *samenvatting*

summer /*zeg:* sàmù/ *zomer* ★ in summer *in de zomer* ★ summer 2002 *in de zomer van 2002*

summertime /*zeg:* sàmùtaim/ *zomertijd*; *zomer*

summit /*zeg:* sàmìt/ *top*

summon /*zeg:* sàmùn/ *roepen*; *oproepen*

sumptuous /*zeg:* sàmptsjoeùs/ *overvloedig*

sun /*zeg:* sàn/
[**the-woord**] *zon* ★ the sun goes op in the east and sets in the west *de zon komt op in het oosten en gaat onder in het westen*
[**werkwoord**] *zonnebaden*

sunbathe /*zeg:* sànbeeD/ *zonnebaden*

sunburn /*zeg:* sànbùùn/ ‹door de zon› *verbranding* ◆ he had a nasty sunburn *hij was erg verbrand door de zon*

Sunday /*zeg:* sàndee/ *zondag* ★ on Sunday *op zondag*

sunflower /*zeg:* sànflauwù/ *zonnebloem*

sung /*zeg:* sàng/ [(voltooid deelwoord) → **sing**]

sunglasses /*zeg:* sàngläàsìz/ [meervoud]

zonnebril
sunk /*zeg:* sàngk/ [(voltooid deelwoord) → **sink**]
sunny /*zeg:* sànì/ *zonnig* ★ the sunniest place on earth *de zonnigste plek op aarde*
sunrise /*zeg:* sànraiz/ *zonsopgang*
sunscreen /*zeg:* sànskrien/ *zonnebrand-crème*
sunset /*zeg:* sànset/ *zonsondergang*
sunshine /*zeg:* sànsjain/ *zonneschijn*
super /*zeg:* soepù/ *super*; *grandioos*
superb /*zeg:* soepùùb/ *voortreffelijk*
superficial /*zeg:* soepùfisjùl/ *oppervlakkig*
superior /*zeg:* soepìjùrìjù/
[**the-woord**] ‹in rang› *meerdere*
[**bijvoeglijk naamwoord**] *superieur*; *beter* ★ this coffee is superior to all the others *deze koffie is superieur aan alle andere*
supermarket /*zeg:* soepùmààkìt/ *supermarkt*
supernatural /*zeg:* soepùnetsjùrùl/ *bovennatuurlijk*
superstar /*zeg:* soepùstàà/ *superster*
superstition /*zeg:* soepùstisjùn/ *bijgeloof*
superstitious /*zeg:* soepùstisjùs/ *bijgelovig*
supper /*zeg:* sàpù/ *avondmaal(tijd)* ★ the Last Supper ‹van Jezus› *het Laatste Avondmaal* ◆ have supper *het avondmaal gebruiken*
supply /*zeg:* sùplai/
[**the-woord**] *voorraad* ★ large supplies of food and clothing *grote voorraden voedsel en kleding* ◆ in short supply *schaars*
[**werkwoord + iemand/iets**] • *leveren* ★ can you supply wood? *kunt u hout leveren?*
• **supply with** *voorzien van* ★ we supplied them with everything they needed *we voorzagen ze van alles wat ze nodig hadden*
support /*zeg:* sùpòòt/
[**the-woord**] *steun* ★ thanks for your support *bedankt voor je steun*
[**werkwoord + iemand/iets**] *steunen* ★ parents support their children *ouders steunen hun kinderen*
supporter /*zeg:* sùpòòtù/ *supporter*; *aanhanger*
suppose /*zeg:* sùpoowz/ *veronderstellen*; *denken* ★ I suppose she has left *ik veronderstel dat ze is weggegaan* ★ I don't suppose so *ik denk van niet* ◆ you're supposed to go there today *je moet daar vandaag heen gaan*
suppress /*zeg:* sùpres/ *onderdrukken* ★ she suppresses her feelings *zij onderdrukt haar gevoelens*
supreme /*zeg:* soepriem/ *hoogste* ★ the supreme commander *de hoogste bevelhebber*
sure /*zeg:* sjòò/
[**bijvoeglijk naamwoord**] *zeker* ★ are you sure of it? *ben jij er zeker van?* ◆ she is sure to succeed *zij zal zeker succesvol zijn* ◆ make sure you lock the door *wees er zeker van dat je deur op slot doet* ◆ ‹Amerikaans› she sure can play guitar *zij kan geweldig gitaar-spelen*
[**tussenwerpsel**] • *natuurlijk* ★ sure I'm angry! *natuurlijk ben ik kwaad!*
• *graag* ★ - do you want ice-cream? - sure! *- wil jij ijs? - graag!*
surely /*zeg:* sjòòlì/
• *zeker* ★ slowly but surely *langzaam maar zeker*
• *gerust* ★ you can surely say that (again) *dat kun je gerust zeggen* ◆ surely there must be a solution! *er moet toch een oplossing zijn!*
surf /*zeg:* sùùf/ *surfen* ★ surf the internet *surfen op internet*
surface /*zeg:* sùùfis/ *oppervlakte*
surgeon /*zeg:* sùùdzjùn/ *chirurg*

surgery /*zeg:* sùùdzjùrì/

• *chirurgie* ★ heart surgery *hartchirurgie*
• ‹Brits› *spreekkamer* ◆ perform surgery *een operatie uitvoeren*

surname /*zeg:* sùùneem/ *achternaam* ★ her surname is Johnson *haar achternaam is Johnson*

surplus /*zeg:* sùùplùs/ *overschot*

surprise /*zeg:* sùpraiz/
[**the-woord**] *verrassing* ★ what a surprise! *wat een verrassing!* ◆ that question took him by surprise *die vraag verraste hem* ◆ to my surprise he wanted more *tot mijn verbazing wilde hij meer*
[**bijvoeglijk naamwoord**] *verrassings-* ★ surprise attack *verrassingsaanval*
[**werkwoord + iemand/iets**] *verrassen* ★ I would be surprised if he came *ik zou verbaasd zijn als hij kwam*

surprising /*zeg:* sùpraizìng/ *wonderbaarlijk* ★ I ate a surprising amount of spinach *ik at een wonderbaarlijke hoeveelheid spinazie*

surrender /*zeg:* sùrendù/
[**the-woord**] *overgave* ★ unconditional surrender *onvoorwaardelijke overgave*
[**werkwoord + iemand/iets**] • *overgeven* ★ surrender the city and your lives will be spared *geef de stad over en jullie levens zullen gespaard worden*
• *zich overgeven* ★ Napoleon surrendered to his enemies *Napoleon gaf zich over aan zijn vijanden*

S

surround /*zeg:* sùraund/
• *omringen* ★ surrounded by gardens *omringd door tuinen*
• *omsingelen* ★ wild beasts surrounded the boy *wilde beesten omsingelden de jongen*

survey [**the-woord**] /*zeg:* sùùveej/ *onderzoeken*
[**werkwoord + iemand/iets**] /*zeg:* sùveej/ *onderzoeken*

survival /*zeg:* sùvaivùl/
• *het overleven*
• *overlevingstocht*

survive /*zeg:* sùvaiv/ *overleven* ★ few people have survived the disaster *weinig mensen hebben de ramp overleefd*

survivor /*zeg:* sùvaivù/ *overlevende*

suspect [**the-woord**] /*zeg:* sàspekt/ *verdachte* ★ the prime suspect is interrogated *de belangrijkste verdachte wordt ondervraagd*
[**bijvoeglijk naamwoord**] /*zeg:* sàspekt/ *verdacht* ★ a suspect packet *een verdacht pakketje*
[**werkwoord + iemand/iets**] /*zeg:* sùspekt/
• *verdenken* ★ Jim was suspected of theft *Jim werd verdacht van diefstal*
• *vermoeden* ★ I suspected nothing, so I was very surprised *ik vermoedde niets, dus ik was heel erg verbaasd*

suspend /*zeg:* sùspend/
• ‹werk› *uitstellen*
• **suspend from** *ophangen aan* ★ suspend a lamp from the ceiling *een lamp ophangen aan het plafond*
• ‹van werk of school› *schorsen*

suspense /*zeg:* sùspens/ *spanning* ★ the movie lacks suspense *de film ontbeert spanning*

suspension /*zeg:* sùspensjùn/
• *uitstel*
• *schorsing*

suspicion /*zeg:* sùspisjùn/
• *wantrouwen*
• *verdenking*

suspicious /*zeg:* sùspisjùs/
• *verdacht* ★ a suspicious character *een verdacht figuur*
• *achterdochtig* ★ suspicious questions *achterdochtige vragen*

sustain /*zeg:* sùsteen/
[**the-woord**] *steun*
[**werkwoord + iemand/iets**] *steunen*; *dragen* ★ eight columns sustain this bridge *acht zuilen dragen deze brug*

swallow /*zeg:* swòloow/
[**the-woord**] • *slok*
• *zwaluw*
[**werkwoord + iemand/iets**] *slikken*; *in-/doorslikken* ★ swallow your food *je eten doorslikken*

swam /*zeg:* swem/ [(verleden tijd) → **swim**]

swan /*zeg:* swòn/ *zwaan*

swap /*zeg:* swòp/
[**the-woord**] *ruil*

[**werkwoord**] *ruilen (van)*; *wisselen (van)* ★ shall we swap places? *zullen we van plaats ruilen?*
swarm /*zeg:* swòòm/ *zwerm* ★ a swarm of bees *een zwerm bijen*
swastika /*zeg:* swòstìkù/ *swastika*; *hakenkruis*
sway /*zeg:* swee/
[**the-woord**] *zwaai*
[**werkwoord (+ iemand/iets)**] *zwaaien* ★ the lamp sways to and fro *de lamp zwaait heen en weer*
swear /*zeg:* swèè/
• *zweren* ★ I swear to the Bible *ik zweer het op de bijbel*
• *plechtig verklaren* ★ he swore he hadn't done it *hij zwoer dat hij het niet had gedaan*
• *vloeken* ★ stop swearing! *houd op met vloeken!*
swearword /*zeg:* swèèwùùd/ *vloek*
sweat /*zeg:* swet/
[**the-woord**] *zweet* ◆ no sweat! *geen probleem!*
[**werkwoord (+ iemand/iets)**] *zweten* ★ she sweat a lot because of the heat *ze zweette veel vanwege de hitte*

sweater /*zeg:* swètù/ *sweater*; ‹katoenen› *trui*
sweatsuit /*zeg:* swetsoet/ *procent*
Swede /*zeg:* swied/ *Zweed*; ‹inwoonster van Zweden› *Zweedse*
Sweden /*zeg:* swiedn/ *Zweden*
Swedish /*zeg:* swiedìsj/
[**the-woord**] taal *Zweeds*
[**bijvoeglijk naamwoord**] *Zweeds*
sweep /*zeg:* swiep/
[**the-woord**] • *veeg*
• *zwaai* ◆ give the room a sweep *de kamer vegen*
[**werkwoord**] ‹snel› *gaan* ◆ the cat swept out of the room *de kat vloog de kamer uit*
[**werkwoord + iemand/iets**] • *vegen* ★ Yvon sweeps the floor *Yvon veegt de vloer*
• **sweep away** *wegvagen* ★ the storm had swept away an entire house *de storm had een heel huis weggevaagd*
sweet /*zeg:* swiet/
[**the-woord**] • *snoepje*; *zoetigheid*
• *dessert* ◆ sweets *snoepgoed*
[**bijvoeglijk naamwoord**] • *zoet* ★ sweet apples *zoete appels*
• *lief* ★ that's very sweet of you! *dat is erg lief van je!*
• *leuk* ★ a sweet surprise *een leuke verrassing*
sweeten /*zeg:* swietn/
• *zoet maken*
• *aangenaam maken*
sweetheart /*zeg:* swiethààt/ *lieveling* ★ don't worry, sweetheart *maak je geen zorgen, lieveling*
sweety, sweetie /*zeg:* swietì/ *liefje*
swell /*zeg:* swel/
[**the-woord**] *zwelling*
[**werkwoord**] • *zwellen* ★ my feet swell from the heat *mijn voeten zwellen van de hitte*
• ‹van geluid› *aanzwellen* ★ the music swells to a climax *de muziek zwelt aan tot een climax*
swept /*zeg:* swept/ [(verleden tijd + voltooid deelwoord) → **sweep**]
swift /*zeg:* swìft/ *snel*
swim /*zeg:* swìm/
[**the-woord**] ◆ shall we go for a swim? *zullen we gaan zwemmen?*
[**werkwoord**] *zwemmen* ★ he has swum twelve miles *hij heeft twaalf mijl gezwommen*
swimmer /*zeg:* swìmù/ *zwemmer*
swimming /*zeg:* swìmìng/ *zwem-* ★ swimming pool *zwembad*

swim-suit /*zeg:* swi̱msoet/ *zwempak*
swindle /*zeg:* swi̱ndl/
[**the-woord**] *zwendel*; *oplichterij*
[**werkwoord + iemand/iets**] *oplichten*
◆ swindle money out of someone *iemand geld afhandig maken*
swindler /*zeg:* swi̱ndlù/ *zwendelaar*
swine /*zeg:* swain/ *zwijn* ★ we saw two swine *we zagen twee zwijnen*
swing /*zeg:* swìng/
[**the-woord**] • *zwaai* ★ a swing to the left *een zwaai naar links*
• *vaart*; *gang* ★ in full swing
• *schommel*
• ‹muziek› *swing*
[**werkwoord (+ iemand/iets)**] • *zwaaien* ★ the door swings open *de deur zwaait open*
• *schommelen* ★ Paul swung in his hammock *Paul schommelde in zijn hangmat*
Swiss /*zeg:* swìs/
[**the-woord**] • *Zwitser*; ‹inwoonster van Zwitserland› *Zwitserse*
• taal *Zwitsers*
[**bijvoeglijk naamwoord**] *Zwitsers*
switch /*zeg:* swìtsj/
[**the-woord**] *schakelaar* ★ turn the switch *de schakelaar omdraaien*
[**werkwoord (+ iemand/iets)**] • *schakelen* ★ switch on/off the light *het licht aan-/uitschakelen*
• **switch (on/over) to** *overgaan op* ★ the company switched over to wind energy *het bedrijf ging over op windenergie*
• *veranderen (van)* ★ switch direction *van richting veranderen*
Switzerland /*zeg:* swi̱tsùlùnd/ *Zwitserland*
swollen /*zeg:* swo̱o̱wlùn/ [(voltooid deelwoord) → **swell**]
swop /*zeg:* swòp/
[**the-woord**] *ruil*
[**werkwoord (+ iemand/iets)**] *ruilen (van)*; *wisselen (van)* ★ let's swop places *laten we van plaats ruilen*
sword /*zeg:* sòòd/ *zwaard*
swordfish /*zeg:* so̱o̱dfisj/ *zwaardvis*
swore /*zeg:* swòò/ [(verleden tijd) → **swear**]
sworn /*zeg:* swòòn/ [(voltooid deelwoord) → **swear**]
swum /*zeg:* swàm/ [(voltooid deelwoord) → **swim**]
swung /*zeg:* swàng/ [(verleden tijd + voltooid deelwoord) → **swing**]
syllable /*zeg:* si̱lùbl/ *lettergreep* ★ this sentence contains nine syllables *deze zin bevat negen lettergrepen*
symbol /*zeg:* si̱mbl/ *symbool* ★ a heart is the symbol of love *een hart is het symbool van de liefde*
symmetric(al) /*zeg:* sìme̱trìk(l)/ *symmetrisch*
symmetry /*zeg:* si̱mùtrì/ *symmetrie*
sympathetic /*zeg:* sìmpùSe̱tìk/
• *sympathiek* ★ a sympathetic gesture *een sympathiek gebaar*
• *hartelijk* ★ a sympathetic welcome *een hartelijk welkom*
sympathize /*zeg:* si̱mpùSaiz/ *sympathiseren*; *meeleven* ★ I sympathize with you *ik leef met je mee*
sympathy /*zeg:* si̱mpùSì/ *sympathie*; *medeleven*
symphony /*zeg:* si̱mfùnì/ *symfonie*
symptom /*zeg:* si̱mptùm/ *symptoom*; *teken*
synagogue /*zeg:* si̱nùGòG/ *synagoge*
synchronic /*zeg:* sìngkro̱nìk/ *synchroon*; *gelijktijdig*
syndrome /*zeg:* si̱ndroowm/ *syndroom*
synonym /*zeg:* si̱nùnìm/ *synoniem* ★ two words are synonyms, when they mean the same thing *twee woorden zijn synoniemen als ze hetzelfde betekenen*
synthesizer /*zeg:* si̱nSùsaizù/ *synthesizer*
synthetic(al) /*zeg:* sìnSe̱tìk(l)/ *synthetisch*;

kunstmatig gemaakt ⋆ synthetical fabrics *synthetische stoffen*

syringe /*zeg:* sìrìndzj/ *injectiespuit*

syrup /*zeg:* sìrùp/ *stroop*; *siroop* ⋆ Canadian maple syrup *Canadese ahornstroop*

system /*zeg:* sìstùm/
• *systeem* ⋆ the system functions normally *het systeem werkt normaal*
• *stelsel* ⋆ solar system *zonnestelsel*

systematic(al) /*zeg:* sìstùmètìk(l)/ *systematisch* ⋆ he systematically considered his options *hij overwoog systematisch zijn opties*

t /*zeg:* tie/ *t* ◆ T as in Tommy *de T van Theo*
tab /*zeg:* teb/
[**the-woord**] • *etiket*; *label*
• ‹van jas, enz.› *lus*
• ‹computer› *tabulatortoets*
[**werkwoord + iemand/iets**] *van bandje, enz. voorzien*
table /*zeg:* teebl/
• *tafel* ★ Danny, set the table please *Danny wil je de tafel dekken* ★ do you know the table of 6? *ken je de tafel van 6?*
• *tabel* ★ this table shows the temperature of the past year *deze tabel laat de temperatuur in het afgelopen jaar zien*
tablecloth /*zeg:* teeblklòS/ *tafelkleed*
tablemat /*zeg:* teeblmet/ *onderzetter*
tablespoon /*zeg:* teeblspoen/ *eetlepel*
tablet /*zeg:* teblùt/ *tablet*
tabloid /*zeg:* teblojd/ *sensatiekrant*
taboo /*zeg:* tùboe, tè'boe/ *taboe*
tacit /*zeg:* tèsìt/ *stilzwijgend* ★ a tacit agreement *een stilzwijgende overeenkomst*
tack /*zeg:* tek/ *kopspijker*
tackle /*zeg:* tekl/
[**the-woord**] • *tuig*; *gerei* ★ fishing tackle *visgerei*
• ‹sport› *tackle*
[**werkwoord + iemand/iets**] • ‹van probleem› *aanpakken* ★ tackle a problem *een probleem aanpakken*
• ‹sport› *tackelen* ★ he tackled him brutally *hij tackelde hem meedogenloos*
tacky /*zeg:* tèkì/ *smakeloos*; *ordinair*

T

tact /*zeg:* tekt/ *tact*
tactic /*zeg:* tektìk/ *tactiek*
tadpole /*zeg:* tedpoowl/ *kikkervisje*
tag /*zeg:* teG/ *label*; *etiket*
tail /*zeg:* teel/ *staart*
tailor /*zeg:* teelù/ *kleermaker*
tailor-made /*zeg:* teelùmeed/ *op maat gemaakt* ★ a tailor-made suit *een op maat gemaakt pak*
tails /*zeg:* teelz/ [meervoud] ‹tegenover kop› *muntzijde* ★ heads or tails? *kop of munt?*
take /*zeg:* teek/
• *nemen* ★ take a shower *een douche nemen* ★ take the bus *de bus nemen* ★ he ordered a pizza to take away *hij bestelde een pizza om mee te nemen* ★ he called her stupid, but took it back *hij noemde haar dom, maar nam het terug* ★ I will take you out tonight *ik neem je mee uit vanavond* ★ my instincts took over *mijn instinct nam het over*
• *pakken* ★ he took his keys from his pocket *hij pakte zijn sleutels uit zijn zak*
• *nodig zijn* ★ it took four people to lift her *er waren vier mensen nodig om haar op te tillen* ★ it will take some time *het zal enige tijd nodig hebben*
• *aanvaarden* ◆ he can't take a joke *hij kan niet tegen een grapje* ◆ they were taken ill *ze werden ziek* ◆ take it easy! *rustig aan!* ◆ they're taking these flats down *de flats worden afgebroken* ◆ take it from me, you can't trust him *neem het van mij aan, je kunt hem niet vertrouwen* ◆ she takes after her brother *ze lijkt op haar broer* ◆ the plane took off *het vliegtuig steeg op*
taken /*zeg:* teekùn/ [(voltooid deelwoord) → **take**]
take-off /*zeg:* teekòf/ ‹vliegtuig› *start*
takeover /*zeg:* teekoowvù/ ‹van een bedrijf› *overname*
tale /*zeg:* teel/
• *verhaal*
• *sprookje*
talent /*zeg:* tèlùnt/ *talent*
talk /*zeg:* tòòk/
[**the-woord**] • *gesprek*

• *praatje*
[**werkwoord**] *praten* ★ we talked for hours *we hebben uren gepraat* ◆ he talked me into it *hij heeft me overgehaald* ◆ the whole village talks about you *het hele dorp roddelt over je* ◆ let me do the talking *laat mij het woord maar doen*

tall /*zeg:* tòòl/
• *lang* ★ he's a tall guy *hij is een lange vent*
• *hoog* ★ a tall building *een hoog gebouw*

tambourine /*zeg:* tembùrien/ *tamboerijn*

tame /*zeg:* teem/
[**bijvoeglijk naamwoord**] *tam*
[**werkwoord + iemand/iets**] *temmen*

tamper /*zeg:* tempù/ **tamper with** *knoeien aan|met* ★ someone tampered with the engine of my car *iemand heeft met de motor van mijn auto geknoeid*

tampon /*zeg:* tempòn/ *tampon*

tan /*zeg:* ten/
[**the-woord**] ⟨door de zon⟩ *bruine kleur* ★ he has a tan *hij is bruin*
[**werkwoord**] ⟨door de zon⟩ *bruin worden* ★ tanned she came back from holiday *bruin geworden kwam ze terug van vakantie*

tandem /*zeg:* tendùm/ *tandem*

tank /*zeg:* tengk/
• *reservoir; tank*
• *pantserwagen*

tanker /*zeg:* tengkù/ *tankschip; tanker*

tap /*zeg:* tep/
[**the-woord**] • *tikje*
• *kraan* ★ we have a leaking tap *we hebben een lekkende kraan*
[**werkwoord + iemand/iets**] *zacht tikken; zacht kloppen* ★ he tapped her shoulder *hij tikte haar op de schouder* ★ someone tapped the door *er klopte iemand op de deur*

tap-dancing /*zeg:* tepdànsing/ *het tapdansen*

tape /*zeg:* teep/
[**the-woord**] • *plakband*
• *geluidsband|videoband*
[**werkwoord + iemand/iets**] • ⟨van geluid of beeld⟩ *opnemen*
• ⟨met plakband⟩ *vastplakken* ★ she taped the poster on the wall *ze plakte de poster op de muur vast*

tapestry /*zeg:* tèpistrì/ *wandtapijt*

tapeworm /*zeg:* teepwùùm/ *lintworm*

tap water /*zeg:* tep wòòtù/ *kraanwater*

tar /*zeg:* tàà/
[**the-woord**] *teer*
[**werkwoord (+ iemand/iets)**] *teren* ★ tar the roof *het dak teren*

target /*zeg:* tààGìt/ *doel* ★ you missed your target *je hebt je doel gemist*

tart /*zeg:* tààt/
• ⟨vaak met vruchtenvulling⟩ *taart(je)*
• ⟨schuttingtaal⟩ *slet*

tartar /*zeg:* tààtù/ *tandsteen*

task /*zeg:* tààsk/ *taak* ★ perform a task *een taak uitvoeren*

taste /*zeg:* teest/
[**the-woord**] *smaak(je)*
[**werkwoord**] *smaken* ★ this dessert tastes delicious! *dit toetje smaakt heerlijk!*
[**werkwoord + iemand/iets**] *proeven* ★ taste the soup, please *proef de soep eens*

tasteful /*zeg:* teestfoel/ *smaakvol*

tasteless /*zeg:* teestlùs/
• *smakeloos*
• *smaakloos*

tattoo /*zeg:* tùtoe/
[**the-woord**] *tatoeage*
[**werkwoord + iemand/iets**] *(laten) tatoeëren*

taught /*zeg:* tòòt/ [(verleden tijd + voltooid deelwoord) → **teach**]

Taurus /*zeg:* taurùs/ ★ my sign of the zodiac is Taurus *mijn teken van de dierenriem is Stier*

T

tax /*zeg:* teks/
[**the-woord**] *belasting* ★ the taxes have been reduced *de belastingen zijn verlaagd*
[**werkwoord + iemand/iets**] *belasting heffen* ★ petrol is taxed *op benzine wordt belasting geheven*
tax-free /*zeg:* teksfrie/ *belastingvrij*
taxi /*zeg:* teksì/ *taxi*
taxicab /*zeg:* teksìkeb/ *taxi*
taxi driver /*zeg:* teksìdraivù/ *taxichauffeur*
tea /*zeg:* tie/
• *thee* ★ have a cup of tea *neem een kopje thee* ★ come and have tea at four o'clock *kom om vier uur theedrinken*
• ‹Brits› *avondmaaltijd* ★ can we have chips for tea tonight? *mogen we vanavond patat eten?*
tea bag /*zeg:* tie beG/ *theezakje*
tea break /*zeg:* tie breek/ *theepauze*; *koffiepauze*
teach /*zeg:* tietsj/
• *les geven* ★ she teaches geography *zij geeft (les in) aardrijkskunde*
• *leren* ★ François teaches me French *François leert mij Frans*
teacher /*zeg:* tietsjù/ *leraar*
teacup /*zeg:* tiekàp/ *theekopje*
tea leaf /*zeg:* tie lief/
• *blad van theeplant*
• *theeblaadje* ★ the tea leaves in my cup tell me my future *de theeblaadjes in mijn kopje voorspellen mijn toekomst*
team /*zeg:* tiem/ *ploeg*; *team*
teamwork /*zeg:* tiemwùùk/ *samenwerking*
tear [**the-woord**] /*zeg:* tìjù/ *traan* ★ he burst into tears *hij barstte in tranen uit*
[**werkwoord**] /*zeg:* tèè/ **tear along** ‹hard lopen, fietsen, etc.› *vliegen* ★ the boy tore along the path *de jongen vloog over het pad*
[**werkwoord + iemand/iets**] /*zeg:* tèè/ *(ver)scheuren* ★ she tore her skirt *ze scheurde haar rok* ★ she tore up the letter *ze verscheurde de brief* ★ my parents divorce is tearing me apart *de scheiding van mijn ouders verscheurt me* ◆ some old houses need to be torn down *sommige oude huizen moeten worden afgebroken*
teardrop /*zeg:* tìjùdròp/ *traan*
tea room /*zeg:* tie roem/ *lunchroom*
tease /*zeg:* tiez/
[**the-woord**] *plaaggeest*
[**werkwoord + iemand/iets**] *plagen* ★ mum, they are teasing me! *man, ze plagen me!*
teaser /*zeg:* tiezù/ *plager*
teaspoon /*zeg:* tiespoen/ *theelepel*
tea towel /*zeg:* tie tauwùl/ *theedoek*
technical /*zeg:* teknìkl/ *technisch*
technically /*zeg:* teknìklì/ *technisch* ★ a technically brilliant match *een technisch briljante wedstrijd*
technician /*zeg:* teknìsjùn/ *technicus*
technique /*zeg:* tekniek/ *techniek*
technological /*zeg:* teknùlòdzjìkl/ *technologisch*
technology /*zeg:* teknòlùdzjì/ *technologie*
teddybear /*zeg:* tèdìbèè/ *teddybeer*
tedious /*zeg:* tiedìjùs/ *saai* ★ a long tedious speach *een lange, saaie toespraak*
teenage /*zeg:* tieneedzj/ *tiener-* ★ teenage books *tienerboeken*
teenager /*zeg:* tieneedzjù/ *tiener*
teens /*zeg:* tienz/ [meervoud] ◆ he's in his teens *hij is een tiener*
teeth /*zeg:* tieS/ [meervoud] → **tooth**
telecommunication /*zeg:* tèlìkùmjoenìkeesjùn/ *telecommunicatie*
telephone /*zeg:* tèlìfoown/
[**the-woord**] *telefoon* ★ answer the telephone *de telefoon opnemen/aannemen*
[**werkwoord (+ iemand/iets)**] *telefoneren*; *opbellen* ★ I will telephone him immediately *ik zal hem onmiddellijk opbellen*
telephone box ‹Brits› /*zeg:* tèlìfoown bòks/ *telefooncel*
telephone call /*zeg:* tèlìfoown kòòl/ *telefoongesprek*
telephonist /*zeg:* tìlefùnìst/ ‹Brits› *telefonist(e)*
telescope /*zeg:* tèlìskoowp/
• *telescoop*
• *verrekijker*

T

telescopic /*zeg:* tèlìskòpìk/ *telescopisch* ◆ a telescopic lens *een telelens*
television /*zeg:* tèlìvìzjùn/ *televisie* ★ television set *televisietoestel*

television: Sinds in de jaren '40 de televisie in Amerika populair werd, is de invloed van het Engels op de wereld enorm toegenomen. Sommige televisieomroepen, zoals de nieuwszender *CNN* en de muziekzender *MTV*, zenden hun programma's over de hele wereld in het Engels uit.

tell /*zeg:* tel/
• *zeggen* ★ I told him to leave *ik heb hem gezegd te vertrekken*
• *vertellen* ★ who told you that? *wie heeft je dat verteld?*
• *uit elkaar houden* ★ can you tell these twins apart? *kun jij deze tweeling uit elkaar houden?* ◆ you never can tell *je kunt nooit weten* ◆ can she tell time yet? *kan ze al klokkijken?* ◆ I could tell something was wrong *ik wist dat er iets mis was*
telltale /*zeg:* telteel/ *verklikker*
telly ‹Brits› /*zeg:* tèlì/ *tv*
temper /*zeg:* tempù/ *humeur* ★ better not talk to him, he's in a bad temper *praat maar niet tegen hem, hij is in een slecht humeur* ◆ I lost my temper *ik werd kwaad* ◆ he has a temper *hij is opvliegend van aard*
temperament /*zeg:* temprùmùnt/ *temperament*; *aard*
temperature /*zeg:* temprìtsjù/ *temperatuur* ◆ he had a temperature *hij had verhoging*
tempest /*zeg:* tempìst/ *(hevige) storm*
template /*zeg:* templùt/
• *mal*
• *sjabloon*
temple /*zeg:* templ/ *tempel*
tempo /*zeg:* tempoow/ *tempo*
temporary /*zeg:* tempùrùrì/ *tijdelijk* ★ my stay is only temporary *mijn verblijf is slechts tijdelijk*
tempt /*zeg:* tempt/ *verleiden* ★ I was tempted by his good looks *ik werd verleid door zijn knappe uiterlijk*
temptation /*zeg:* tempteesjùn/ *verleiding*
ten /*zeg:* ten/ *tien*
tenant /*zeg:* tènùnt/ *huurder*
tend /*zeg:* tend/ *de neiging hebben* ★ she tends to be too firm *ze heeft de neiging te streng te zijn*
tendency /*zeg:* tendùnsì/ *neiging*
tender /*zeg:* tendù/
• *zacht*; *gevoelig* ★ he was a tender and kind man *hij was een zachte en aardige man*
• ‹vlees› *mals* ★ tender porkchops *malse karbonaadjes*
tenner ‹spreektaal› /*zeg:* tènù/
• *bankbiljet van tien pond*
• ‹Amerikaans› *tiendollarbiljet*
tennis /*zeg:* tènìs/ *tennis*
tennis court /*zeg:* tènìskòòt/ *tennisbaan*
tense /*zeg:* tens/
[**the-woord**] ‹grammatica› *tijd* ★ the present/past tense *de tegenwoordige/ verleden tijd*
[**bijvoeglijk naamwoord**] *gespannen* ★ he's so tense *hij is zo gespannen*
tension /*zeg:* tensjùn/ *spanning* ★ Susan is under a great deal of tension *Susan staat onder grote spanning*
tent /*zeg:* tent/ *tent*
tentacle /*zeg:* tentùkl/ *tentakel*
tenth /*zeg:* tenS/ *tiende*
tepid /*zeg:* tèpìd/ *lauw* ★ tepid water *lauw water*
term /*zeg:* tùùm/
• *woord*; *term* ★ a scientific term *een wetenschappelijke term*
• *termijn* ★ he was imprisoned for the term of 3 years *hij werd gevangen gezet voor de termijn van 3 jaar*
• ‹onderwijs› *trimester*; ‹onderwijs› *semester* ★ I will skip the second term *ik sla het tweede trimester over* ◆ he has come to terms with the loss of his dog *hij heeft het verlies van zijn hond geaccepteerd* ◆ they are not on speaking terms *ze praten niet met elkaar*
terminal /*zeg:* tùùmìnl/
• ‹trein, bus› *eindstation*
• ‹luchthaven› *terminal*

T

termination /*zeg:* tùùmìneesjùn/ *afloop*
termite /*zeg:* tùùmait/ *termiet*
terrace /*zeg:* tèrùs/ *terras* ◆ ‹Brits› a terraced house *een rijtjeshuis*
terrain /*zeg:* tèreen/ *terrein*
terrible /*zeg:* tèrìbl/ *verschrikkelijk* ★ how terrible! *wat verschrikkelijk!*
terribly /*zeg:* tèrìblì/ *verschrikkelijk* ★ he is terribly good at cooking *hij is verschrikkelijk goed in koken*
terrier /*zeg:* tèrìjù/ *terriër*
terrific /*zeg:* tùrìfik/
• *erg*; *verschrikkelijk*
• *ontzettend (goed)*
terrify /*zeg:* tèrìfai/ *doodsbang maken*; *verschrikken* ★ spiders terrify me *spinnen maken me doodsbang* ◆ he's terrified of spiders *hij is doodsbang voor spinnen*
territory /*zeg:* tèrìtùrì/ *territorium*
terror /*zeg:* tèrù/
• *angst*; *paniek* ★ the people fled in terror *de mensen vluchtten in paniek*
• *terreur* ◆ a reign of terror *een schrikbewind*
terrorism /*zeg:* tèrùrìzùm/ *terrorisme*
terrorist /*zeg:* tèrùrìst/ *terrorist*
terrorize /*zeg:* tèrùraiz/ *terroriseren*
test /*zeg:* test/
[**the-woord**] • *proef* ★ we can find out by doing a test *we kunnen erachter komen door een proef te doen*
• *proefwerk* ★ a written test *een schriftelijk proefwerk*
[**werkwoord + iemand/iets**] • *op de proef stellen* ★ my patience was tested *mijn geduld werd op de proef gesteld*
• *testen* ★ this make-up is not tested on animals *deze make-up is niet op dieren getest*
testament /*zeg:* testùmùnt/ *testament*
testicle /*zeg:* testìkl/ *testikel*
testify /*zeg:* testìfai/ *getuigen* ★ he testified against his own brother *hij getuigde tegen zijn eigen broer*
testimony /*zeg:* testìmùnì/ *getuigenverklaring*
test-tube /*zeg:* testtjoeb/ *reageerbuis*
text /*zeg:* tekst/ *tekst*
textbook /*zeg:* tekstboek/ *leerboek*
textile /*zeg:* tekstail/ *textiel*; *weefstof*

Thames /*zeg:* temz/ *Theems*
than /*zeg:* Dèn/ *dan* ★ you are taller than I am *jij bent langer dan ik*
thank /*zeg:* Sengk/ *(be)danken* ★ she thanked me for the flowers *ze bedankte me voor de bloemen* ★ - would you like a cup of tea? - no, thank you - *wilt u een kopje thee? - nee, dank u* ◆ thank God, he's alive *godzijdank leeft hij nog*
thankful /*zeg:* Sengkfoel/ *dankbaar*
thankless /*zeg:* Sengklùs/ *ondankbaar*
thanks /*zeg:* Sengks/ [meervoud] *dank* ◆ thanks a lot! *heel erg bedankt!* ◆ thanks for all your help *bedankt voor al je hulp* ◆ thanks to your stupidity we're in real trouble *dankzij jouw domheid zitten we nu echt in de problemen*
thanksgiving /*zeg:* SengksGìvìng/ *dankzegging* ◆ Thanksgiving ‹feestdag in USA› *vierde donderdag in november*
that /*zeg:* Det/
[**voornaamwoord**] • *die* ★ who is that lady? *wie is die dame?*
• *dat* ★ that's my mother *dat is mijn moeder* ◆ just like that *zomaar* ◆ that's right! *klopt!*
[**voornaamwoord**] *die*; *dat*; *welke*; *wat* ★ the dog that I just saw *de hond die ik net zag* ★ the book that I sent you *het boek dat ik je gestuurd heb*
[**voegwoord**] *dat* ★ that he helped us really surprised me *dat hij ons heeft geholpen, heeft me echt verrast*
thaw /*zeg:* Sòò/
[**the-woord**] *dooi*
[**werkwoord (+ iemand/iets)**] *(ont)dooien*; *smelten* ★ the river thawed *de rivier smolt*
the /*zeg:* Dù, Dì/ *de*; *het* ★ the cats *de katten* ★ the book *het boek* ◆ the sooner the better *hoe eerder hoe beter* ◆ all the better *des te beter*
theatre /*zeg:* Sìjùtù/ *theater*
theft /*zeg:* Seft/ *diefstal*
their /*zeg:* Dèè/ *hun* ★ their cars *hun auto's*
theirs /*zeg:* Dèèz/ *van hen* ★ she is a friend of theirs *zij is een vriendin van hen*

T

them /*zeg:* Dèm/
• *hen*; *hun* ★ I asked them *ik heb het hun gevraagd* ★ I bought them books *ik heb boeken voor hen gekocht*
• *ze* ★ I don't like them *ik mag ze niet*

theme /*zeg:* Siem/
• *onderwerp*; *thema*
• *oefening*

themselves /*zeg:* Dùmselvz/ ⟨meervoud⟩ *zich(zelf)* ★ they amused themselves *ze vermaakten zich* ★ they blamed themselves *ze gaven zichzelf de schuld*

then /*zeg:* Den/
• *dan*; *die tijd* ★ nine o'clock? okay, I will see you then *negen uur? oké, ik zie je dan* ★ by then I will be gone *tegen die tijd ben ik al weg* ★ until then I didn't believe him *tot die tijd geloofde ik hem niet*
• *toen* ★ I lived in Paris then *ik woonde toen in Parijs*
• *daarna* ★ she ate an apple, then a banana *ze at een appel en daarna een banaan* ◆ every now and then *zo nu en dan*

theoretical /*zeg:* Sìjùrètikl/ *theoretisch*

theory /*zeg:* Sìjùrì/ *theorie*

therapeutic /*zeg:* Sèrùpjoetìk/ *genees-krachtig*

therapist /*zeg:* Sèrùpìst/ *therapeut*

therapy /*zeg:* Sèrùpì/ *therapie* ★ I'm in therapy *ik ben in therapie*

there /*zeg:* Dèè/
• *daar*; *er* ★ I went to London and stayed there for a week *ik ging naar Londen en ben daar een week gebleven*
• *daarheen* ★ we go there every year *wij gaan daar elk jaar heen* ◆ there, don't cry! *rustig maar, niet huilen!* ◆ there you are! *zie je wel!*

thereabouts /*zeg:* Dèèrùbauts/ *in de buurt*

thermometer /*zeg:* Sùùmòmìtù/ *thermo-meter*

these /*zeg:* Diez/ *deze* ★ are all these books yours? *zijn al deze boeken van jou?*

they /*zeg:* Dee/ ⟨meervoud⟩ *zij*; *men* ★ they are best friends *zij zijn beste vrienden* ★ they say he killed his wife *men zegt dat hij zijn vrouw vermoord heeft*

they'd /*zeg:* Deed/ [(samentrekking van 'they had') → **have**] [(samentrekking van 'they would') → **will**]

they'll /*zeg:* Deel/ [(samentrekking van 'they shall') → **shall**] [(samentrekking van 'they will') → **will**]

they're /*zeg:* Deer/ [(samentrekking van 'they are') → **be**]

they've /*zeg:* Deev/ [(samentrekking van 'they have') → **have**]

thick /*zeg:* Sìk/ *dik* ★ a thick book *een dik boek* ★ thick fog *dikke/dichte mist*

thicken /*zeg:* Sìkùn/ *dikker maken/ worden* ★ thicken the sauce with flour *de saus dikker maken met bloem*

thickhead /*zeg:* Sìkhed/ *domoor*

thief /*zeg:* Sief/ *dief*

thieve /*zeg:* Siev/ *stelen* ★ they were caught thieving cigarettes *ze werden betrapt toen ze sigaretten stalen*

thigh /*zeg:* Sai/ *dij*

thin /*zeg:* Sìn/
[**bijvoeglijk naamwoord**] *dun*; *mager* ★ a thin slice of cake *een dun plakje cake* ★ she's too thin *zij is te mager*
[**werkwoord (+ iemand/iets)**] *dunner worden* ★ the ozone layer is thinning *de ozonlaag wordt dunner*

thing /*zeg:* Sìng/
• *ding* ★ hand me that plastic thing, will you? *geef dat plastic ding even aan* ★ how can you smoke those things? *hoe kun je die dingen roken?*
• *iets* ★ cleaning the house is a thing I dislike *het huis schoonmaken is iets waar ik een hekel aan heb* ◆ I packed

T

my things and left *ik pakte mijn spullen bij elkaar en vertrok* ◆ how are things? *hoe gaat het?* ◆ that is just the thing you need *dit is precies wat je nodig hebt*

think /*zeg:* Sìngk/
• *denken* ★ we think you're right *we denken dat je gelijk hebt* ★ he thought about/of Nicole *hij dacht aan Nicole*
• *vinden* ★ I think it's a great idea; don't you think? *ik vind het een geweldig idee; vind je niet?* ★ what do you think of it? *wat vind jij ervan?* ★ I don't think much of it *ik vind er niet zo veel aan* ◆ I will think it over *ik zal erover nadenken*

thinker /*zeg:* Sìngkù/ *denker*

third /*zeg:* Sùùd/ *derde*

third-class /*zeg:* Sùdklàs/ *derde klas* ★ a third-class hotel *een derde klas hotel*

third-rate /*zeg:* Sùdreet/ *derderangs*

thirst /*zeg:* Sùùst/ *dorst* ★ quench your thirst with this water *les je dorst met dit water*

thirsty /*zeg:* Sùùstì/ *dorstig* ◆ I'm thirsty *ik heb dorst*

thirteen /*zeg:* Sùùtien/ *dertien*

thirteenth /*zeg:* SùùtienS/ *dertiende*

thirtieth /*zeg:* SùùtìjùS/ *dertigste*

thirty /*zeg:* Sùùtì/ *dertig*

this /*zeg:* Dìs/ *dit*; ‹enkelvoud› *deze* ★ this kitten *dit katje* ★ this dog *deze hond*
◆ this is where I live *hier woon ik*
◆ this afternoon *vanmiddag*

thistle /*zeg:* Sìsùl/ *distel*

thorax /*zeg:* Sòòreks/ *borstkas*

thorn /*zeg:* Sòòn/ *doorn* ★ roses have thorns *rozen hebben doornen*

thorough /*zeg:* Sàrù/ *grondig* ★ the police conducted a thorough search *de politie voerde een grondig onderzoek uit*

those /*zeg:* Doowz/
• *die* ★ I want those CDs *ik wil die cd's*
• *degenen* ★ those who have tickets *degenen die kaartjes hebben*

though /*zeg:* Doow/
[**bijwoord**] *toch* ★ I wish you had told me though *ik wou toch dat je het me gezegd had*
[**voegwoord**] *hoewel* ★ though he's only six, he can run very fast *hoewel hij nog maar zes is, kan hij heel hard rennen*

thought /*zeg:* Sòòt/
[**the-woord**] *gedachte* ★ only the thought of him makes me sick *alleen al de gedachte aan hem maakt me ziek*
◆ on second thought(s) *bij nader inzien*
[**werkwoord (verleden tijd + voltooid deelwoord)** → **think**]

thoughtful /*zeg:* Sòòtfoel/ *attent* ★ that's very thoughtful of you *dat is erg attent van u*

thoughtless /*zeg:* Sòòtlùs/ *onnadenkend*

thousand /*zeg:* Sauzùnd/ *duizend* ★ a thousand years from now *duizend jaar na nu* ★ thousands of bees *duizenden bijen* ◆ ten thousand *tienduizend*
◆ tens of thousands of dollars *tienduizenden dollars*

thousandth /*zeg:* SauzùndS/ *duizendste*

thrash /*zeg:* Sresj/ *slaan* ★ she thrashed the pony to make it obey her *ze sloeg de pony om hem te laten gehoorzamen*

thread /*zeg:* Sred/
[**the-woord**] *garen*; *draad*
[**werkwoord + iemand/iets**] *een draad doen door* ★ thread a needle *een draad door een naald doen*

threat /*zeg:* Sret/ *bedreiging* ★ under threat of *onder bedreiging van*

threaten /*zeg:* Sretn/ *dreigen*

three /*zeg:* Srie/ *drie*

threesome /*zeg:* Sriesùm/ *drietal*

threshold /*zeg:* Sresjoowld/ *drempel*

threw /*zeg:* Sroe/ [(verleden tijd)

→ **throw**] *gooide*; *wierp*
thrill /*zeg:* Srìl/
[**the-woord**] *spanning* ★ the thrill of a bungee jump *de spanning van een bungeejump*
[**werkwoord**] *erg enthousiast zijn* ★ I'm thrilled about my latest computer game *ik ben erg enthousiast over mijn nieuwste computerspel*
thriller /*zeg:* Srìlù/ ⟨boek, film⟩ *thriller*
thrive /*zeg:* Sraiv/ ⟨van baby's, dieren, planten⟩ *goed groeien*; *voorspoed hebben* ★ the puppies are thriving *de puppies groeien goed*
thriven /*zeg:* Srìvùn/ [(voltooid deelwoord) → **thrive**]
throat /*zeg:* Sroowt/ *keel* ★ a sore throat *een zere keel*
throb /*zeg:* Sròb/ ⟨vnl. van het hart⟩ *bonzen* ★ my heart was throbbing with fear *mijn hart bonsde van angst*
throne /*zeg:* Sroown/ *troon* ◆ come to the throne *de troon bestijgen*
through /*zeg:* Sroe/
[**bijwoord**] • *door* ★ the whole day through *de hele dag door*
• *helemaal* ★ he came home soaked through *hij kwam helemaal doorweekt thuis*
[**voorzetsel**] • ⟨personen, instanties, enz.⟩ *via* ★ he found her again through the Red Cross *hij vond haar weer terug via het Rode Kruis*
• *door* ★ she climbed through the window *ze klom door het raam*
throughout /*zeg:* Sroeaut/ *door* ★ throughout the day *de hele dag door*
throve /*zeg:* Sroowv/ [(verleden tijd) → **thrive**]
throw /*zeg:* Sroow/
[**the-woord**] *worp*; *gooi*
[**werkwoord + iemand/iets**] • *gooien* ★ throw a ball *een bal gooien*
• ⟨feest⟩ *geven* ★ throw a party *een feest geven*
• **throw out** *er uitgooien* ★ she threw him out *ze gooide hem eruit*
• **throw away** *weggooien* ★ throw old socks away *oude sokken weggooien*
• **throw off** ⟨kleren⟩ *uitgooien* ★ she threw off her clothes and took a quick shower *ze gooide haar kleren uit en sprong onder de douche*
• **throw up** *overgeven* ★ he threw up *hij moest overgeven*
throwaway /*zeg:* Srowùweej/ *wegwerp-* ★ a throwaway camera *een wegwerpcamera*
thrown /*zeg:* Sroown/ [(voltooid deelwoord) → **throw**]
thrust /*zeg:* Sràst/ *steken* ★ he thrust his hands into his pockets *hij stak zijn handen in zijn zakken* ★ he thrust the knife into the victim's chest *hij stak het mes in de borst van het slachtoffer*
thug /*zeg:* SàG/ *gangster*
thumb /*zeg:* Sàm/ *duim*
thump /*zeg:* Sàmp/ *stompen* ★ he thumped the door angrily *hij stompte kwaad op de deur*
thunder /*zeg:* Sàndù/
[**the-woord**] ⟨bij onweer⟩ *donder*
[**werkwoord**] *donderen*; *onweren*
thunderbolt /*zeg:* Sàndùboowlt/ *bliksemflits*
thunderstorm /*zeg:* Sàndùstòòm/ *onweersbui*
Thursday /*zeg:* Sùùzdee/ *donderdag* ★ on Thursday *op donderdag*
thus /*zeg:* Dàs/ *op die manier*; *zo* ★ thus, I became champion *op die manier werd ik kampioen*
tick /*zeg:* tìk/
[**the-woord**] *(ge)tik*
[**werkwoord**] ⟨van klok⟩ *tikken* ◆ she ticked off their names on the list *ze vinkte hun namen op de lijst af*
ticker-tape /*zeg:* tikùteep/ *serpentine* ◆ ticker-tape parade *feestelijke parade*
ticket /*zeg:* tìkìt/
[**the-woord**] • ⟨toegang of voor openbaar vervoer⟩ *kaartje* ★ tickets please! *kaartjes alstublieft!*
• *bon*; *bekeuring* ★ a speeding ticket *een bekeuring voor te hard rijden*
[**werkwoord + iemand/iets**] • *van etiket voorzien*
• *bekeuren*
tickle /*zeg:* tìkl/ *kietelen*
tidal /*zeg:* taidl/ *m.b.t. het getij* ★ a tidal wave *een vloedgolf*

tide /*zeg:* taid/ *getij* ★ high tide *vloed* ★ low tide *eb*

tidy /*zeg:* taidì/
[**bijvoeglijk naamwoord**] *netjes* ★ it's so tidy in here! *wat is het hier netjes!*
[**werkwoord + iemand/iets**] *opruimen* ★ tidy your room! *ruim je kamer op!*

tie /*zeg:* tai/
[**the-woord**] • *ceintuur* ★ the tie of a robe *de ceintuur van een ochtendjas*
• *stropdas* ★ he wore a striped tie *hij droeg een gestreepte stropdas*
[**werkwoord + iemand/iets**] *(vast)binden*; *vastknopen* ★ Ron had been tied to a chair *Ron was aan een stoel vastgebonden* ★ the robbers tied her up *de overvallers bonden haar vast* ★ tie your shoelace *je schoenveter vastknopen*

tied /*zeg:* taid/ *vast*; *gebonden*

tiger /*zeg:* taiGù/ *tijger*

tight /*zeg:* tait/
• *stevig vast*; *stevig dicht* ★ this jar is closed tightly *dit potje zit stevig dicht*
• *krap* ★ tight trousers *een krappe broek*
• ‹touw of doek› *gespannen* ★ the rope is pulled tight *het touw is strak gespannen*

tighten /*zeg:* taitn/
• ‹van schroef› *aandraaien* ★ tighten a screw *een schroef aandraaien*
• ‹van maatregelen› *verscherpen* ★ the government tightens tax laws *de regering verscherpt de belastingwet*

tightrope /*zeg:* taitroowp/ ‹acrobatiek› *het slappe koord*

tights /*zeg:* taits/ [meervoud] *panty* ★ my tights are torn *mijn panty is gescheurd*

tigress /*zeg:* taiGrùs/ *tijgerin*

tile /*zeg:* tail/
• *tegel*
• *dakpan*

till /*zeg:* tìl/ *tot*; *tot aan* ★ please, wait till I'm back *alsjeblieft, wacht tot ik terug ben*

tilt /*zeg:* tìlt/
[**werkwoord**] *hellen* ★ this floor tilts slightly *deze vloer helt een beetje*
[**werkwoord + iemand/iets**] *kantelen* ★ he tilted his head to listen *hij kantelde zijn hoofd om te luisteren*

timber /*zeg:* tìmbù/ *hout*; *timmerhout*

time /*zeg:* taim/
[**the-woord**] • *tijd* ★ when do you have time? *wanneer heb je tijd?* ★ it's been a long time since we last met *het is lang geleden dat we elkaar voor het laatst ontmoet hebben* ★ ah, you're just in time *ah, je bent net op tijd*
• *keer* ★ time after time *keer op keer* ★ I'm here for the first time *ik ben hier voor de eerste keer* ◆ two at a time *twee tegelijk* ◆ a time out *een pauze*; ‹sport› *een time-out* ◆ for the time being *voorlopig* ◆ I had a great time *het was hartstikke leuk* ◆ I was a teacher at the time *toen was ik leraar* ◆ any time *graag gedaan* ◆ have a good time! *veel plezier!* ◆ what is the time? *hoe laat is het?* ◆ time is up *de tijd is om*
[**werkwoord + iemand/iets**] ‹tijd› *opnemen*; *timen* ◆ I will time your speed *ik zal je tijd opnemen*

timer /*zeg:* taimù/ ‹in videorecorder e.d.› *tijdklok*

timetable /*zeg:* taimteebl/ *dienstregeling*

timid /*zeg:* tìmìd/ *timide*; *verlegen*

timing /*zeg:* taimìng/ *timing*

tin /*zeg:* tìn/
[**the-woord**] • *tin* ★ a soldier made of tin *een soldaatje van tin*
• *blik(je)* ★ a tin of tomatoes *een blik tomaten*
[**bijvoeglijk naamwoord**] *van blik* ★ tin pan *blikken pan* ◆ tin can *blik(je)*

tinfoil /*zeg:* tìnfojl/ *aluminiumfolie*

ting /*zeg:* tìng/

[**the-woord**] *getingel*
[**werkwoord (+ iemand/iets)**] *tingelen*
tinkle /*zeg:* tìngkl/ ‹van bel› *rinkelen*
tin-opener ‹Brits› /*zeg:* tìn oowpùnù/ *blikopener*
tint /*zeg:* tìnt/
[**the-woord**] *tint*
[**werkwoord + iemand/iets**] ‹van haar› *kleuren*
tiny /*zeg:* tainì/ *piepklein*
tip /*zeg:* tìp/
[**the-woord**] • *puntje* ★ it's on the tip of my tongue *het ligt op het puntje van mijn tong*
• ‹van vingers› *topje* ★ he almost cut off the tip of his finger *hij sneed bijna het topje van zijn vinger af*
[**werkwoord**] *kantelen*; *omvallen* ★ the candle tipped over and caused a fire *de kaars viel om en veroorzaakte brand*
[**werkwoord + iemand/iets**] *fooi geven* ★ Sam tipped the waiter *Sam gaf de ober een fooi*
tipsy /*zeg:* tìpsì/ *aangeschoten*
tiptoe /*zeg:* tìptoow/
[**werkwoord**] *op de tenen lopen* ★ he tiptoed to the door *hij liep op zijn tenen naar de deur*
[**bijwoord**] *op de tenen*
tip-top /*zeg:* tìp tòp/ *uitstekend*
tire /*zeg:* taijù/
[**the-woord**] • ‹Amerikaans› *autoband*
• *fietsband* ★ a flat tire *een lekke band*
[**werkwoord + iemand/iets**] *vervelen* ★ he tired me for three hours with his boring stories *hij verveelde me drie uur met zijn saaie verhalen* ◆ I got tired of it *ik was het zat*
tired /*zeg:* taijud, taijùrd/
• *moe*
• *zat* ◆ I am sick and tired of your lies *ik heb meer dan genoeg van jouw leugens*
tireless /*zeg:* taijùlùs/ *onvermoeibaar*
tiresome /*zeg:* taijùsùm/ *vervelend*; *saai*
tissue /*zeg:* tìsjoe/
• ‹van stof of organisme› *weefsel* ★ muscle tissue *spierweefsel*
• *tissue*; *zakdoekje* ★ use a tissue to blow your nose *een tissue gebruiken om je neus te snuiten*
tissue paper /*zeg:* tìsjoe peepù/ *vloeipapier*
tit /*zeg:* tìt/
• *mees*
• ‹schuttingtaal› *tiet*
titanic /*zeg:* taitènìk/ *reusachtig*
title /*zeg:* taitl/ *titel* ★ what's the title of that book? *wat is de titel van dat boek?*
title role /*zeg:* taitl roowl/ *hoofdrol*
T-junction /*zeg:* tiedzjàngksjùn/ *T-kruising*
to /*zeg:* toe/
• ‹vaak niet vertaald› *(om) te* ★ she asked him to stay *ze vroeg hem om te blijven* ★ I have to go *ik moet gaan*
• *naar* ★ it's a short walk to the shop *het is een klein eindje lopen naar de winkel* ★ yes, we will go to the zoo *ja, we gaan naar de dierentuin*
• *aan* ★ give that toy back to your brother *geef dat speelgoed terug aan je broer*
• *tegen* ★ she was very nice to me *ze was erg aardig tegen mij* ★ ten to one he's right *tien tegen één dat hij gelijk heeft*
• *voor* ★ we're open to the public *we zijn open voor publiek* ★ have the house to yourself *het huis voor jezelf hebben* ◆ I told him that to his face *ik heb hem dat recht in zijn gezicht gezegd* ◆ walk to and fro *heen en weer lopen*
toad /*zeg:* toowd/ ‹dier› *pad*
toast /*zeg:* toowst/
[**the-woord**] • *toast* ★ a toast to the bride and groom *een toast op de bruid en bruidegom*
• *geroosterd brood* ★ I'll have toast for breakfast *ik neem geroosterd brood als*

ontbijt
[werkwoord + iemand/iets] • *roosteren* • *toasten op* ★ let's toast to his birthday *laten we toasten op zijn verjaardag*
toaster /*zeg:* toowstù/ *broodrooster*
tobacco /*zeg:* tùbèkoow/ *tabak*
today /*zeg:* tùdee/ *vandaag* ★ it's her birthday today *vandaag is het haar verjaardag*
toddle /*zeg:* tòdl/ ⟨van kind⟩ *waggelen*

toddler /*zeg:* tòdlù/ *peuter*
toe /*zeg:* toow/ *teen* ★ step on someone's toe *op iemands tenen trappen*
toffee /*zeg:* tòfi/ *toffee*
toga /*zeg:* toowGù/ *toga*
together /*zeg:* tùGèDù/ *samen*; *tegelijk* ★ we can go together *we kunnen samen gaan* ★ they spoke together *ze begonnen tegelijk te praten*
toil /*zeg:* tojl/ *hard werken* ★ Richard toiled to pass this test *Richard heeft hard gewerkt om dit proefwerk te halen*
toilet /*zeg:* tojlùt/ *toilet* ★ go to the toilet *naar het toilet gaan*
toilet paper /*zeg:* tojlùt 'peepù/ *wc-papier*
token /*zeg:* toowkùn/ *teken* ★ a token of good luck *een teken van geluk*
told /*zeg:* toowld/ [(verleden tijd + voltooid deelwoord) → **tell**]
tolerance /*zeg:* tòlùrùns/ *verdraagzaamheid*; *tolerantie*
tolerant /*zeg:* tòlùrùnt/ *verdraagzaam*
tolerate /*zeg:* tòlùreet/ *verdragen*
toll /*zeg:* toowl/ *tol(geld)* ★ a toll bridge *een tolbrug*
tomato /*zeg:* tùmààtoow/ *tomaat*
tomb /*zeg:* toem/ *(graf)tombe*
tomboy /*zeg:* tòmboj/ ⟨meisje⟩ *wildebras*
tombstone /*zeg:* toemstoown/ *grafsteen*
tomcat /*zeg:* tòmket/ *kater*
tomorrow /*zeg:* tùmòroow/ *morgen* ★ tomorrow morning *morgenochtend* ◆ the day after tomorrow *overmorgen*
ton /*zeg:* tàn/
• ⟨Amerikaans⟩ *907 kg*
• ⟨Brits⟩ *1016 kg*
• *boel*; *berg* ★ tons of money *bergen geld*
tone /*zeg:* toown/
[the-woord] *klank* ★ a guitar with a warm tone *een gitaar met een warme klank*
[werkwoord + iemand/iets] **tone down** *afzwakken* ★ tone down a protest *een protest afzwakken*
tongue /*zeg:* tàng/
• *tong*
• *taal*; *spraak* ★ confusion of tongues *spraakverwarring*
tonic /*zeg:* tònik/ ⟨frisdrank⟩ *tonic*
tonight /*zeg:* tùnait/
• *vanavond*
• *vannacht*
tonsil /*zeg:* tònsùl/ ⟨klier⟩ *amandel*
too /*zeg:* toe/
• *te* ★ this is too much food for me *dit is te veel eten voor mij*
• *ook* ★ I want to swim too *ik wil ook zwemmen* ◆ too bad *erg jammer* ◆ I'm not too good at this *ik ben hier niet zo goed in*
took /*zeg:* toek/ [(verleden tijd) → **take**]
tool /*zeg:* toel/ *gereedschap*; *hulpmiddel*
toolbar /*zeg:* toelbàà/ ⟨computer⟩ *werkbalk*
toolbox /*zeg:* toelbòks/ *gereedschapskist*
tooth /*zeg:* toeS/ *tand*; *kies*
toothache /*zeg:* toeSeek/ *kiespijn*
toothbrush /*zeg:* toeSbràsj/ *tandenborstel*
toothpaste /*zeg:* toeSpeest/ *tandpasta*
toothpick /*zeg:* toeSpìk/ *tandenstoker*
top /*zeg:* tòp/
[the-woord] • *top* ★ reach the top of the mountain *de top van de berg bereiken* • *truitje*; *topje* ★ she wore a pink top *ze droeg een roze truitje* ◆ scream at the top of your voice *zo hard mogelijk gillen* ◆ on top of it all *tot overmaat*

van ramp
[**bijvoeglijk naamwoord**] • *bovenste* ★ look in the top drawer *kijk in de bovenste la*
• *top-* ★ drive at top speed *op topsnelheid rijden*
[**werkwoord + iemand/iets**] *de top bereiken* ★ top the charts *de top van de hitparade bereiken* ◆ top up a battery *een accu opladen* ◆ top up a cup of coffee *een kopje koffie bijvullen*

topic /*zeg:* tòpìk/ *onderwerp van gesprek*

topmost /*zeg:* tòpmoowst/ *bovenste*

topography /*zeg:* tùpòGrùfì/ *topografie*

top secret /*zeg:* topsiekrùt/ *strikt geheim*

top-up card /*zeg:* topàpkààd/ *prepaid telefoon-kaart*

torch /*zeg:* tòòtsj/
• *fakkel*
• ‹Brits› *zaklantaarn*

tore /*zeg:* tòò/ [(verleden tijd) → **tear**]

torment [**the-woord**] /*zeg:* tòòment/ *kwelling*
[**werkwoord + iemand/iets**] /*zeg:* tòòment/ *kwellen*

torn /*zeg:* tòòn/ [(voltooid deelwoord) → **tear**]

tornado /*zeg:* tòòneedoow/ *wervelstorm*

torpedo /*zeg:* tòòpiedoow/ *torpedo*

tortoise /*zeg:* tòòtùs/ *(land)schildpad*

torture /*zeg:* tòòtsjù/
[**the-woord**] *marteling*
[**werkwoord + iemand/iets**] *martelen*

Tory /*zeg:* tòòrì/ *lid van de Engelse Conservatieve Partij* ★ the Tories *Engelse Conservatieve Partij*

toss /*zeg:* tòs/
• *gooien* ★ she tossed her bag in a corner *ze gooide haar tas in een hoek*
• *tossen* ★ we have to toss for it *we zullen erom moeten tossen*

tot /*zeg:* tòt/ *klein kind*

total /*zeg:* toowtl/
[**the-woord**] *totaal* ★ the total adds up to 400 euros *het totaal komt neer op 400 euro*
[**bijvoeglijk naamwoord**] *totaal*; *volslagen* ★ a total stranger *een volslagen vreemde* ★ we were totally drunk *we waren volslagen dronken*
[**werkwoord**] *bedragen* ★ the costs total to 1000 euros *de kosten bedragen 1000 euro*

touch /*zeg:* tàtsj/
[**the-woord**] • *aanraking* ★ he felt a touch on his shoulder *hij voelde een tikje op zijn schouder*
• *contact* ★ we'll be in touch *we houden contact*
• *vleugje*; *klein beetje* ★ add a touch of salt *voeg een beetje zout toe*
[**werkwoord + iemand/iets**] • *aanraken* ★ he touched her arm *hij raakte haar arm aan*
• *ontroeren* ★ she was touched by your thoughtful present *ze was ontroerd door je attente cadeau*

touchdown /*zeg:* tàtsjdoown/
• ‹bij Amerikaans voetbal› *scoren van punt*
• ‹van vliegtuig, ruimteschip› *landing*

touching /*zeg:* tàtsjìng/ *ontroerend*

touchy /*zeg:* tàtsjì/ *overgevoelig*

tough /*zeg:* tàf/
• *taai*; *hard* ★ tough meat *taai vlees* ★ she'll put through, she's tough *ze haalt het wel, ze is hard*
• ‹van werk, opdracht› *lastig* ★ a tough job *een lastig karwei*

tour /*zeg:* toeù/
[**the-woord**] • *(rond)reis*
• *tournee* ★ Madonna had a tour in Europe last year *Madonna had vorig jaar een tournee door Europa*
[**werkwoord (+ iemand/iets)**] *een rondreis maken (door)* ★ he toured South America *hij heeft een rondreis door Zuid-Amerika gemaakt*

tourism /*zeg:* toerìzùm/ *toerisme*

tourist /*zeg:* toerist/ *toerist* ◆ the tourist office *het VVV-kantoor*
tournament /*zeg:* toeùnùmùnt/ *toernooi*
tow /*zeg:* toow/
[**the-woord**] *(sleep)touw*
[**werkwoord + iemand/iets**] *slepen* ★ my car was towed away *mijn auto werd weggesleept*
towards /*zeg:* tùwòòdz/
• *in de richting van*; *naar* ★ they cycled towards the castle *ze fietsten naar het kasteel*
• *ten opzichte van* ★ our attitude towards religion *onze houding ten opzichte van religie*
towel /*zeg:* tauwùl/ *handdoek*
tower /*zeg:* tauwù/
[**the-woord**] *toren* ◆ tower-block *torenflat*
[**werkwoord**] *hoog uitsteken boven* ★ the skyskrapers tower over the city *de wolkenkrabbers steken hoog boven de stad uit*

tower: De *Tower of London* was bijna 900 jaar lang de Engelse gevangenis. Hij stond lange tijd symbool voor veroordeling, gevangenschap, marteling en doodstraf. Tegenwoordig is er een museum in het gebouw gevestigd, met onder meer de Engelse kroonjuwelen.

town /*zeg:* taun/ *stad* ★ are you going to town? *ga je de stad in?*
township /*zeg:* taunsjìp/ ‹Amerikaans› *gemeente*
toxic /*zeg:* tòksìk/ *giftig* ★ bleach is toxic *bleekwater is giftig*
toxic waste /*zeg:* toksik weest/ *giftig afval*
toy /*zeg:* toj/ *(stuk) speelgoed*
toyshop /*zeg:* tojsjòp/ *speelgoedwinkel*
trace /*zeg:* trees/
[**the-woord**] *spoor* ★ follow a trace *een spoor volgen*
[**werkwoord + iemand/iets**] • *volgen* ★ the men traced the lion *de mannen volgden de leeuw*
• *opsporen* ★ the police are trying to trace the robber *de politie probeert de overvaller op te sporen*
• **trace out** *opsporen*
track /*zeg:* trek/
[**the-woord**] • *spoor* ★ he followed the track of a fox *hij volgde het spoor van een vos*
• *pad* ★ a track through the forest *een pad door het bos*
• *nummer van cd* ★ track two of the CD is my favourite *het tweede nummer op de cd is mijn favoriet* ◆ I lost track of him *ik ben hem uit het oog verloren*
[**werkwoord + iemand/iets**] **track down** *opsporen* ★ the police tracked him down *de politie spoorde hem op*
tractor /*zeg:* trektù/ *tractor*; *trekker*
trade /*zeg:* treed/
[**the-woord**] • *handel*; *zaken* ★ foreign trade *buitenlandse handel*
• *beroep*; *vak*
• *bedrijf*; *zaken*
[**werkwoord + iemand/iets**] *handelen in* ★ Mr Brown trades antiques *meneer Brown handelt in antiek*
trademark /*zeg:* treedmààk/ *handelsmerk*
trader /*zeg:* treedù/ *koopman*
trade union /*zeg:* treed joenjùn/ *vakbond*
trading /*zeg:* treedìng/ *handels-* ★ trading company *handelsonderneming*
tradition /*zeg:* trùdìsjùn/ *traditie*
traditional /*zeg:* trùdìsjùnl/ *traditioneel*
traditionally /*zeg:* trùdìsjùnlì/ *traditioneel*
traffic /*zeg:* trèfik/ *verkeer* ★ traffic jam *verkeersopstopping* ★ traffic light *verkeerslicht* ★ traffic sign *verkeersbord*
tragedy /*zeg:* tredzjùdì/ *treurspel*; *tragedie*
tragic /*zeg:* tredzjìk/ *tragisch* ★ a tragic accident *een tragisch ongeluk*
trail /*zeg:* treel/
[**the-woord**] *spoor* ★ the lion left a trail in the sand *de leeuw liet een spoor achter in het zand*
[**werkwoord**] *slepen* ★ her long dress trailed along the ground *haar lange jurk sleepte over de grond*
trailer /*zeg:* treelù/
• *aanhangwagen*
• ‹Amerikaans› *caravan*
• ‹film› *voorfilmpje*; *trailer*

T

train /*zeg:* treen/
[**the-woord**] *trein* ★ we will go by train *we gaan met de trein* ◆ change trains *overstappen*
[**werkwoord + iemand/iets**] *trainen*; ‹dieren› *dresseren*
trained /*zeg:* treend/ *geschoold* ◆ trained nurse *gediplomeerde verpleegster*
trainee /*zeg:* treenie/ *stagiair(e)*; *trainee*
trainer /*zeg:* treenù/ *trainer*
trainers /*zeg:* treenùz/ [meervoud] *gympen*; *sportschoenen*
training /*zeg:* treenìng/ *training*
training college /*zeg:* treenìng kòlìdzj/ *pedagogische academie*; *PABO*
traitor /*zeg:* treetù/ *verrader*
tram /*zeg:* trem/ *tram*

tramline /*zeg:* tremlain/ *tramlijn*
tramp /*zeg:* tremp/
[**the-woord**] *zwerver*
[**werkwoord (+ iemand/iets)**] *stampen* ★ he tramped about the room *hij stampte door de kamer*
trample /*zeg:* trempl/ *vertrappen* ★ someone trampled on my strawberries *iemand heeft mijn aardbeien vertrapt*
trampoline /*zeg:* trempùlien/ *trampoline*
tramway /*zeg:* tremwee/ ‹Brits› *trambaan*
trance /*zeg:* trààns/ *trance*
transaction /*zeg:* trenzeksjùn/ *transactie*
transfer [**the-woord**] /*zeg:* trensfùù/ *overdracht*; *transfer*
[**werkwoord + iemand/iets**] /*zeg:* trensfùù/
• *overplaatsen* ★ she was transferred to the sales department *ze werd overgeplaatst naar de verkoopafdeling*
• ‹op rekening› *overmaken* ★ I'll transfer the money into your account *ik zal het geld op uw rekening overmaken*
transform /*zeg:* trensfòòm/ *(van gedaante doen) veranderen* ★ the medicines transformed his personality *de medicijnen veranderden zijn persoonlijkheid*
transformation /*zeg:* trensfùmeesjùn/ *gedaanteverandering*
transit /*zeg:* trenzìt/ *vervoer* ★ my crystal vase was broken in transit *mijn kristallen vaas ging stuk tijdens het vervoer*
translate /*zeg:* trensleet/ *vertalen* ★ translate English into French *Engels naar/in het Frans vertalen*
translation /*zeg:* trensleesjùn/ *vertaling*
transmit /*zeg:* trenzmìt/
• ‹ziektes› *overdragen*
• ‹radio/tv› *uitzenden*
transmitter /*zeg:* trensmìtù/ *radiozender*
transparent /*zeg:* trenspèrùnt/ *doorzichtig* ★ transparent fabric *doorzichtige stof*
transpire /*zeg:* trenspaijù/ *uitlekken* ★ it transpired that he'd been bribed *het lekte uit dat hij was omgekocht*
transport [**the-woord**] /*zeg:* trenspòòt/ *transport*
[**werkwoord + iemand/iets**] /*zeg:* trenspòòt/ *vervoeren*
trap /*zeg:* trep/
[**the-woord**] *val*; *valstrik*
[**werkwoord + iemand/iets**] *in een val vangen* ◆ I was trapped in that deserted house for hours *ik zat uren in dat verlaten huis opgesloten*
trapeze /*zeg:* trùpiez/ *trapeze*
trash /*zeg:* tresj/ *afval*
trash can /*zeg:* tresj ken/ ‹Amerikaans› *vuilnisbak*
travel /*zeg:* trèvùl/
[**the-woord**] *reis*
[**werkwoord (+ iemand/iets)**] *reizen* ★ I travel about a lot *ik reis veel naar het buitenland*
traveller /*zeg:* trèvùlù/ *reiziger*
trawler /*zeg:* tròòlù/ *treiler*
tray /*zeg:* tree/ *(dien)blad*
treachery /*zeg:* tretsjùrì/ *verraad*

T

treacle /*zeg:* triekl/ ‹Brits› *(suiker)stroop*
tread /*zeg:* tred/
[**the-woord**] ‹geluid› *voetstap* ★ I heard my father's tread on the stairs *ik hoorde mijn vaders voetstap op de trap*
[**werkwoord (+ iemand/iets)**] *trappen* ★ tread in the mud *in de modder trappen*
treadmill /*zeg:* tredmìl/ *tredmolen*
treason /*zeg:* triezùn/ *verraad*
treasure /*zeg:* trezjù/
[**the-woord**] *schat*
[**werkwoord + iemand/iets**] *koesteren* ★ I treasure that memory *ik koester die herinnering*
treat /*zeg:* triet/
[**the-woord**] *traktatie*
[**werkwoord + iemand/iets**]
• *behandelen* ★ he treats her like a queen *hij behandelt haar als een koningin*
• **treat to** *trakteren op* ★ on your birthday I'll treat you to lunch *op je verjaardag trakteer ik je op een lunch*
treatment /*zeg:* trietmùnt/ *behandeling*
tree /*zeg:* trie/ *boom*
trek /*zeg:* trek/
[**the-woord**] *lange tocht*
[**werkwoord**] ‹vaak te voet› *trekken*
tremble /*zeg:* trembl/ *trillen*; *beven* ★ her voice trembled *haar stem trilde* ★ he trembled with fear *hij beefde van angst*
trench /*zeg:* trentsj/
• *greppel*
• ‹militair› *loopgraaf*
trend /*zeg:* trend/ *trend*
trespass /*zeg:* trespààs/ *op verboden terrein komen* ◆ no trespassing *verboden te betreden*
trial /*zeg:* traijùl/
• *proef*; *test* ★ the first trials of the new medicine are promising *de eerste testen met het nieuwe medicijn zijn veelbelovend*
• *rechtszaak*; *proces* ★ the trial took five years *de rechtszaak duurde vijf jaar* ◆ he had to stand trial for forgery *hij moest terechtstaan wegens vervalsing*
triangle /*zeg:* traiengGl/
• *driehoek*
• ‹muziekinstrument› *triangel*
tribe /*zeg:* traib/ *stam*
tribute /*zeg:* trìbjoet/ *eerbetoon* ★ the concert was a tribute to the famous popstar *het concert was een eerbetoon aan de beroemde popster*
trick /*zeg:* trìk/
[**the-woord**] *truc* ★ he used a low trick to convince her *hij gebruikte een gemene truc om haar te overtuigen* ◆ some poison will do the trick *wat vergif zal het 'm wel doen*
[**werkwoord + iemand/iets**] *oplichten* ★ he has been tricked by a salesman *hij is opgelicht door een verkoper*
trickle /*zeg:* trìkl/ *sijpelen* ★ water trickled down the rock *er sijpelde water langs de rots*
tricky /*zeg:* trìkì/ *lastig*
tried /*zeg:* traid/ [→ **try**] *beproefd* ★ a tried recipe for applepie *een beproefd recept voor appeltaart*
trifle /*zeg:* traifùl/
• *kleinigheid*
• ‹Brits› *toetje met custard en fruit* ★ trifles are not important *kleinigheden zijn niet belangrijk*
trigger /*zeg:* trìGù/ ‹van geweer› *trekker* ★ he pulled the trigger *hij haalde de trekker over*
trim /*zeg:* trìm/
• ‹van haar› *bijknippen* ★ trim someone's hair *iemands haar bijknippen*
• *snoeien* ★ trim the hedge *de heg snoeien*
trinity /*zeg:* trìnùtì/ *drietal*
trio /*zeg:* trieoow/ *trio*; *drietal*
trip /*zeg:* trìp/
[**the-woord**] *reis(je)* ★ we had a great trip *we hebben een geweldige reis gemaakt*
[**werkwoord**] *struikelen* ★ I tripped over a loose stone *ik struikelde over een losse steen*
triple /*zeg:* trìpl/
[**bijvoeglijk naamwoord**] *drievoudig* ★ a triple murder *een drievoudige moord*
[**werkwoord + iemand/iets**] *verdrievoudigen* ★ the price of sweets has been

tripled *de prijs van snoep is verdrievoudigd*
triplets /*zeg:* trìplùts/ [meervoud] *drieling* ⋆ my sisters are triplets *mijn zussen zijn een drieling*
tripper /*zeg:* trìpù/ ‹Brits› *toerist; dagjesmens*
triumph /*zeg:* traijùmf/
[**the-woord**] *triomf*
[**werkwoord**] *overwinnen*
trivial /*zeg:* trìvìjùl/ *onbelangrijk* ⋆ a trivial matter *een onbelangrijke zaak*
trod /*zeg:* tròd/ [(verleden tijd + voltooid deelwoord) → **tread**]
trodden /*zeg:* tròdn/ [(voltooid deelwoord) → **tread**]
troll /*zeg:* troowl/ *trol*
trolley /*zeg:* tròlì/ *winkelwagentje*
trombone /*zeg:* tròmboown/ *trombone*
troop /*zeg:* troep/ *legertroep*
◆ peacekeeping troops *vredesmacht*
trophy /*zeg:* troowfì/ *trofee; beker*
tropic /*zeg:* tròpìk/ *keerkring* ⋆ Tropic of Cancer *kreeftskeerkring* ⋆ Tropic of Capricorn *steenbokskeerkring* ◆ the tropics *de tropen*
tropical /*zeg:* tròpìkl/ *tropisch* ⋆ a tropical rain forest *een tropisch regenwoud*
trot /*zeg:* tròt/ *draven; lopen*
trouble /*zeg:* tràbl/
[**the-woord**] • *probleem* ⋆ the trouble is (that) I lost my key *het probleem is dat ik mijn sleutel verloren ben*
• *zorg* ⋆ the worst of my troubles *de ergste van mijn zorgen*
• *moeite* ⋆ it is no trouble! *het is geen moeite!* ◆ engine trouble *motorpech*
◆ get into trouble *in moeilijkheden raken*
[**werkwoord + iemand/iets**] *storen*
⋆ sorry to trouble you *sorry dat ik u stoor*
troubled /*zeg:* tràbld/ *bezorgd* ⋆ he looks troubled *hij ziet er bezorgd uit*
troublesome /*zeg:* tràblsùm/ *lastig*
⋆ troublesome pupils *lastige leerlingen*
trousers /*zeg:* trauzùs/ [meervoud] *broek*
⋆ her trousers are green *haar broek is groen*
trout /*zeg:* traut/ *forel*
truant /*zeg:* troeùnt/ *spijbelaar* ◆ he played truant *hij spijbelde*
truce /*zeg:* troes/ *wapenstilstand*
truck /*zeg:* tràk/ *vrachtwagen*

trucker /*zeg:* tràkù/ *vrachtwagenchauffeur*
true /*zeg:* troe/
• *waar; echt* ⋆ is that true? *is dat waar?*
• *trouw* ⋆ a true friend *een trouwe vriend*
truly /*zeg:* troelì/ *oprecht* ⋆ he was truly grateful *hij was oprecht dankbaar*
◆ Yours truly ‹bij ondertekening van brieven› *Hoogachtend*
trump /*zeg:* tràmp/ *troef(kaart)*
trumpet /*zeg:* tràmpìt/ *trompet*
trunk /*zeg:* tràngk/
• *boomstam*
• *romp*
• ‹van olifant› *slurf*
• ‹Amerikaans› *kofferbak*
trunks /*zeg:* tràngks/ [meervoud] *zwembroek*
trust /*zeg:* tràst/
[**the-woord**] *vertrouwen* ◆ the children were committed to my trust *de kinderen werden aan mijn zorgen toevertrouwd*
[**werkwoord + iemand/iets**] *vertrouwen (op)* ⋆ I don't trust him *ik vertrouw hem niet* ⋆ we trust in justice *wij vertrouwen op gerechtigheid*
truth /*zeg:* troeS/ *waarheid* ⋆ she was telling the truth *ze vertelde de waarheid*
truthful /*zeg:* troeSfoel/ *eerlijk* ⋆ a

T

truthful answer *een eerlijk antwoord*

try /*zeg:* trai/
[**the-woord**] *poging* ◆ give it a try *waag eens een poging* ◆ let me have a try *laat mij eens proberen*
[**werkwoord**] **try on** ⟨van kleren⟩ *passen*
[**werkwoord + iemand/iets**] • *proberen* ★ I'll try to be on time *ik probeer op tijd te komen*
• **try out** *(uit)proberen*
• **try on** ⟨van kleren⟩ *passen* ★ try on these trousers *pas deze broek eens*
[**werkwoord (+ iemand/iets)**] *proberen*

try-out /*zeg:* traiaut/ ⟨van voorstelling⟩ *try-out*

tsar /*zeg:* zàà/ *tsaar*

tsarina /*zeg:* zààrienù/ *tsarina*

T-shirt /*zeg:* tiesjùùt/ *T-shirt*

tub /*zeg:* tàb/ *badkuip*

tuba /*zeg:* tjoebù/ *tuba*

tubby /*zeg:* tàbì/ *rond*; *dik*

tube /*zeg:* tjoeb/
• *pijp* ★ a steel tube *een stalen pijp*
• *tube* ★ a tube of toothpaste *een tube tandpasta*
• ⟨Brits⟩ *metro* ★ take the tube to Piccadilly Circus *neem de metro naar Piccadilly Circus*

tuck /*zeg:* tàk/
• *instoppen* ★ he tucked his shirt into his trousers *hij stopte zijn hemd in zijn broek*
• **tuck in** *instoppen* ★ tonight dad will tuck you in *vanavond zal papa jullie instoppen*

Tuesday /*zeg:* tjoezdee/ *dinsdag* ★ on Tuesday *op dinsdag*

tug /*zeg:* tàG/
[**the-woord**] *ruk* ★ after a tug it came loose *na een ruk liet het los*
[**werkwoord (+ iemand/iets)**] *rukken (aan)*; *trekken* ★ she tugged at his sleeve *ze trok aan zijn mouw*

tulip /*zeg:* tjoelìp/ *tulp*

tumble /*zeg:* tàmbl/ *tuimelen* ★ they tumbled down from the hill *ze tuimelden de heuvel af*

tumble-dryer /*zeg:* tàmbl-'draijù/ *droogtrommel*

tummy /*zeg:* tàmì/ *buik* ★ tummy ache *buikpijn*

tumour /*zeg:* tjoemù/ *gezwel*; *tumor*

tumult /*zeg:* tjoemàlt/ *tumult*; *opschudding* ★ the whole street was in a state of tumult *de hele straat was in tumult*

tuna /*zeg:* tjoenù/ *tonijn* ★ a tuna sandwich *een broodje tonijn*

tundra /*zeg:* tàndrù/ *toendra*

tune /*zeg:* tjoen/
[**the-woord**] *melodie* ◆ she sang out of tune *ze zong vals*
[**werkwoord + iemand/iets**] • *stemmen* ★ Paul can tune the piano *Paul kan de piano stemmen*
• *afstemmen* ★ tune the radio *de radio afstemmen*
• *afstellen* ★ tune an engine *een motor afstellen*

tuner /*zeg:* tjoenù/ *tuner*; *radio-ontvanger*

tuning fork /*zeg:* tjoenìng fòòk/ *stemvork*

tunnel /*zeg:* tànl/ *tunnel*

turban /*zeg:* tùùbùn/ *tulband*

turbine /*zeg:* tùùbain/ *turbine*

turbo /*zeg:* tùùboow/ ⟨vliegtuig⟩ *turbojet*

turd /*zeg:* tùùd/ *drol* ★ yuck, I stepped in a turd! *jakkes, ik ben in een drol gestapt!*

turf /*zeg:* tùùf/
• *graszode*
• *turf*

Turk /*zeg:* tùùk/ *Turk*; ⟨inwoonster van Turkije⟩ *Turkse*

turkey /*zeg:* tùùkì/ *kalkoen*

Turkey /*zeg:* tùùkì/ *Turkije*

Turkish /*zeg:* tùùkìsj/
[**the-woord**] ⟨taal⟩ *Turks*
[**bijvoeglijk naamwoord**] *Turks*

turn /*zeg:* tùùn/
[**the-woord**] • *draai* ★ the lock opens with one turn of the key *het slot gaat met één draai van de sleutel open*
• *bocht*; *afslag* ★ we took a left turn and got lost *we namen een afslag links en verdwaalden*
• *beurt* ★ Jack, it's your turn *Jack, jij bent aan de beurt* ◆ take turns *om beurten gaan*
[**werkwoord**] • *draaien*; *een bocht maken*; *afslaan* ★ suddenly the plane turned *plotseling maakte het vliegtuig een bocht* ★ the car turned right *de auto sloeg rechtsaf*
• *veranderen*; *worden* ★ today Hannah turns sixteen *vandaag wordt Hannah zestien*
• *zuur worden* ★ the milk turned *de melk werd zuur*
• **turn out** *blijken* ★ it turned out to be a great idea *het bleek een geweldig idee te zijn*
• **turn to** *gaan naar*; *zich wenden tot* ★ she turned to her grandmother for advice *ze wendde zich tot haar oma voor advies*
[**werkwoord + iemand/iets**] • *draaien* ★ he turned the key in the door and snuck out *hij draaide de sleutel in de deur en sloop naar buiten*
• ‹van bladzijde› *omslaan* ★ she turned the page and read on *ze sloeg de bladzijde om en las verder*
• **turn down** *afwijzen* ★ my suggestion was turned down *mijn suggestie werd afgewezen*
• **turn in** *inleveren*; *naar binnen draaien*; *ergens in jagen/sturen*
• **turn off** *uitzetten*; *uitdoen* ★ turn off the telly *zet de tv uit*
• **turn on** *aandoen*; *inschakelen* ★ turn on the light, please *wil je het licht even aandoen?* ◆ he finally turned up at eight o'clock *om acht uur kwam hij eindelijk opdagen* ◆ the boat was turned over *de boot sloeg om*

turnabout /*zeg:* tùùnùbaut/ *ommekeer* ★ his ideas caused a turnabout in politics *zijn ideeën zorgden voor een ommekeer in de politiek*

turning /*zeg:* tùùnìng/ *(zij)straat* ★ take the second turning on the left *neem de tweede straat links* ◆ turning-point *keerpunt*

turntable /*zeg:* tùùnteebl/ *draaischijf*; *platenspeler*

turquoise /*zeg:* tùùkwojz/ *turquoise*

turtle /*zeg:* tùùtl/ *zeeschildpad*

turtleneck /*zeg:* tùùtlnek/ ‹Brits› ‹van een trui› *col*

tusk /*zeg:* tàsk/ *(slag)tand* ★ elephants have tusks *olifanten hebben slagtanden*

tussle /*zeg:* tàsùl/ *worsteling* ★ there was a tussle for the ball *er was een worsteling om de bal*

tutor /*zeg:* tjoetù/
[**the-woord**] *privéleraar*
[**werkwoord + iemand/iets**] *privéles geven* ★ Henry's tutoring now *Henry geeft privéles op het moment*

tutorial /*zeg:* tjoetòòrìjùl/ ‹in kleine groepjes› *college*

tuxedo /*zeg:* tàksiedoow/ ‹Amerikaans› *smoking*

TV [**afkorting**] television *tv*

tweed /*zeg:* twied/ ‹wollen stof› *tweed*

tweet /*zeg:* twiet/ *getjilp*

tweezers /*zeg:* twiezùz/ [meervoud] *pincet* ★ a pair of tweezers *een pincet*

twelfth /*zeg:* twelfS/ *twaalfde*

twelve /*zeg:* twelv/ *twaalf*

twentieth /*zeg:* twentìjùS/ *twintigste*

twenty /*zeg:* twentì/ *twintig*

twenty-first /*zeg:* twentì-fùùst/ *eenentwintigste*

twenty-one /*zeg:* twentìwàn/ *eenentwintig*

twice /*zeg:* twais/ *twee keer* ★ twice a day *twee keer per dag*

twig /*zeg:* twìG/ *twijg*

twilight /*zeg:* twailait/ *schemering*

twin /*zeg:* twìn/
[**the-woord**] • *tweelingbroer/zus*
• *één van een tweeling*
[**bijvoeglijk naamwoord**] *tweeling-* ★ my twin sister *mijn tweelingzus*

twine /*zeg:* twain/ *touwtje*; *streng*

twinkle /*zeg:* twìngkl/ *schitteren*; *fonkelen* ★ her eyes twinkled *haar ogen fonkelden*

T

twins /*zeg:* twìnz/ [meervoud] → **twin**
twirl /*zeg:* twùùl/
[**the-woord**] *(snelle) draai* ★ make a twirl so I can look at that dress *draai eens rond zodat ik die jurk kan bekijken*
[**werkwoord (+ iemand/iets)**] *(rond)draaien*
twist /*zeg:* twìst/
[**the-woord**] *draai* ◆ she gave my arm a twist *ze draaide mijn arm om*
[**werkwoord**] *kronkelen*; *wentelen* ★ a small road twisted up round the hill *een klein weggetje kronkelde langs de heuvel omhoog*
[**werkwoord + iemand/iets**] • *(in elkaar) draaien* ★ he twisted his handkerchief into a knot *hij draaide zijn zakdoek in een knoop*
• ‹van gewricht› *verdraaien* ★ I twisted my ankle *ik heb mijn enkel verdraaid*
twitch /*zeg:* twìtsj/ ‹van spier› *trekken* ★ his mouth twitched slightly *hij trok een beetje met zijn mond*
two /*zeg:* toe/ *twee(tal)* ★ we'll be away for two or three days *we blijven een paar dagen weg*
twofold /*zeg:* toefoowld/ *tweevoudig* ◆ a twofold increase in my allowance *een verdubbeling van mijn zakgeld*
twosome /*zeg:* toesùm/ *tweetal*
type /*zeg:* taip/
[**the-woord**] • *soort*; *type* ★ I like this type of games *ik vind dit soort spellen leuk* ★ she likes the shy type *zij houdt van verlegen types*
• *model* ★ I like a fast type of car *ik hou van een snel model auto*
[**werkwoord (+ iemand/iets)**] *typen* ★ type a letter *een brief typen*
typewriter /*zeg:* taipraitù/ *schrijfmachine*
typhoon /*zeg:* taifoen/ *tyfoon*
typical /*zeg:* tìpìkl/ *typisch*; *kenmerkend* ★ that is typical of him *dat is typisch iets voor hem*
typist /*zeg:* taipìst/ *typist(e)*
tyranny /*zeg:* tìrùnì/ *tirannie*
tyrant /*zeg:* taijùrùnt/ *tiran*
tyre /*zeg:* taijù/ ‹van wiel› *band* ★ I fitted my car with new tyres *ik heb mijn auto van nieuwe banden voorzien*

u /*zeg:* joew/ *u* ◆ U as in Uncle *de U van Utrecht*
udder /*zeg:* àdù/ *uier*
ufo, UFO [**afkorting**] unidentified flying object ⟨onbekend vliegend voorwerp⟩ *vliegende schotel*
ugly /*zeg:* àGlì/ *lelijk* ⋆ that's the ugliest baby I have ever seen *dat is de lelijkste baby die ik ooit heb gezien*
U.K. [**afkorting**] United Kingdom ⟨Groot-Brittannië⟩ *Verenigd Koninkrijk*
ulcer /*zeg:* àlsù/ *zweer*
ultimate /*zeg:* àltìmùt/ *ultiem*; *uiteindelijk* ⋆ the ultimate goal *het uiteindelijke doel*
ultimatum /*zeg:* àltìmeetùm/ *ultimatum*
ultraviolet /*zeg:* àltrùvaijùlùt/ *ultraviolet*
umbrella /*zeg:* àmbrèlù/
• *paraplu*
• *parasol*
umpire /*zeg:* àmpaijù/ *scheidsrechter* ⋆ the umpire decided the ball was out *de scheidsrechter oordeelde dat de bal uit was*
U.N. [**afkorting**] United Nations ⟨Verenigde Naties⟩ *VN*
unable /*zeg:* àneebl/ *niet in staat* ⋆ I was unable to deny my feelings *ik was niet in staat om mijn gevoelens te ontkennen*
unacceptable /*zeg:* ànùkseptùbl/ *onaanvaardbaar* ⋆ your behaviour is unacceptable *je gedrag is onaanvaardbaar*
unaccustomed /*zeg:* ànùkàstùmd/ *niet gewend* ⋆ I'm unaccustomed to spicy food *ik ben niet gewend aan pittig voedsel*
unanimous /*zeg:* joenènìmùs/ *eenstemmig* ⋆ the jury decided unanimously that she was guilty *de jury besliste eenstemmig dat zij schuldig was*
unarmed /*zeg:* ànààmd/ *ongewapend* ⋆ an unarmed soldier *een ongewapende soldaat*
unattractive /*zeg:* ànùtrektìv/ *onaantrekkelijk* ⋆ an unattractive, but gentle person *een onaantrekkelijke, maar vriendelijke persoon*
unavailable /*zeg:* ànùveelùbl/ *niet verkrijgbaar* ⋆ soap was unavailable in the shops *zeep was niet verkrijgbaar in de winkels*
unavoidable /*zeg:* ànùvojdùbl/ *onvermijdelijk* ⋆ the result was unavoidable *het gevolg was onvermijdelijk*
unbearable /*zeg:* ànbèèrùbl/ *ondraaglijk* ⋆ unbearable pain *ondraaglijke pijn*
unbeaten /*zeg:* ànbietn/ *ongeslagen* ⋆ FC Liverpool has been unbeaten so far *tot dusver is FC Liverpool ongeslagen*
unbelievable /*zeg:* ànbìlievùbl/ *ongelofelijk* ⋆ your strength is unbelievable *jouw kracht is ongelofelijk*
unbind /*zeg:* ànbaind/ *losmaken* ⋆ the captive was unbound *de gevangene werd losgemaakt*
unborn /*zeg:* ànbòòn/ *ongeboren* ⋆ unborn children *ongeboren kinderen*
unbound /*zeg:* ànbaund/
[**bijvoeglijk naamwoord**] *niet gebonden*
[**werkwoord (verleden tijd + volt. deel)** → **unbind**]
unbroken /*zeg:* ànbroowkùn/ *ongebroken*
unbutton /*zeg:* ànbàtn/ *losknopen* ⋆ unbutton your coat *je jas losknopen*
uncertain /*zeg:* ànsùùtn/ *onzeker* ⋆ the future is always uncertain *de toekomst is altijd onzeker*
uncertainty /*zeg:* ànsùùtùntì/ *onzekerheid*
unchain /*zeg:* àntsjeen/ *ontketenen* ⋆ Zeus unchained a tempest *Zeus ontketende een storm*
uncivilized /*zeg:* ànsìvùlaizd/ *onbeschaafd*
uncle /*zeg:* àngkl/ *oom* ◆ Uncle Sam *de Verenigde Staten van Amerika*
unclean /*zeg:* ànklien/ *onrein*
unclear /*zeg:* ànklìjù/ *onduidelijk* ⋆ you talk loudly, but the words are unclear

je praat luid, maar de woorden zijn onduidelijk

uncomfortable /*zeg:* ànkàmftùbl/ *ongemakkelijk* ★ they felt uncomfortable in the castle *ze voelden zich ongemakkelijk in het kasteel*

unconditional /*zeg:* ànkùndìsjùnl/ *onvoorwaardelijk* ★ unconditional surrender *onvoorwaardelijke overgave*

unconscious /*zeg:* ànkònsjùs/
• *bewusteloos* ★ you have been unconscious for three hours *je bent drie uur bewusteloos geweest*
• *onbewust*; *niet bewust* ★ he was unconscious of the danger *hij was zich niet bewust van het gevaar*

unconsciousness /*zeg:* ànkònsjùsnùs/ *bewusteloosheid*

uncover /*zeg:* ànkàvù/ *ontbloten* ★ uncover your head *je hoofd ontbloten*

under /*zeg:* àndù/
• *onder* ★ the diver worked under the ship *de duiker werkte onder het schip*
• *(naar) beneden* ★ he has gone under *hij is naar beneden gegaan*
• *lager*/*minder dan* ★ the piano weighs under 200 kilograms *de piano weegt minder dan 200 kilo* ◆ children of nine and under *kinderen van negen en jonger* ◆ under age *minderjarig* ◆ under US laws *volgens Amerikaanse wetten*

underclothes /*zeg:* àndùkloowDz/ [meervoud] *onderkleren*

undercover /*zeg:* àndùkàvù/ *geheim* ★ an undercover operation of the CIA *een geheime operatie van de CIA*

underdog /*zeg:* àndùdòG/ *underdog*; *geboren verliezer*

U

underestimate /*zeg:* àndùrestìmeet/ *onderschatten* ★ don't underestimate the risk! *onderschat het risico niet!*

underfed /*zeg:* àndùfied/ *ondervoed* ★ millions of children in Africa are underfed *miljoenen kinderen in Afrika zijn ondervoed*

undergo /*zeg:* àndùGoow/ *ondergaan* ★ the teacher underwent an operation *de leraar onderging een operatie*

underground /*zeg:* àndùGraund/ [**the-woord**] *metro* ★ the London underground is one of the oldest in the world *de Londense metro is één van de oudste ter wereld*
[**bijvoeglijk naamwoord**] *ondergronds* ★ we visited underground caves *we hebben ondergrondse grotten bezocht* ◆ the criminals went underground after the hold-up *de misdadigers doken onder na de overval*

underline /*zeg:* àndùlain/ *onderstrepen* ★ why is this word underlined? *waarom is dit woord onderstreept?*

undermine /*zeg:* àndùmain/ *ondermijnen*

underneath /*zeg:* àndùnieS/ *(er)onder*; *beneden* ★ underneath the table *onder de tafel* ★ a coat with a sweater underneath *een jas met een sweater eronder*

underpants /*zeg:* àndùpents/ [meervoud] *onderbroek* ★ my underpants are yellow *mijn onderbroek is geel*

underpay /*zeg:* àndùpeej/ *onderbetalen* ★ many holiday workers are underpaid *veel vakantiewerkers worden onderbetaald*

underscore /*zeg:* àndùskòò/ *onderstrepen*

understand /*zeg:* àndùstend/
• *begrijpen* ★ I don't understand a word you're saying *ik begrijp geen woord van wat je zegt*
• *verstaan* ★ do you understand German? *versta jij Duits?*

understanding /*zeg:* àndùstending/ [**the-woord**] *begrip*; *inzicht* ★ Joe has a perfect understanding of maths *Joe heeft een perfect inzicht in wiskunde* ◆ they have an understanding *zij hebben een afspraak gemaakt*
[**bijvoeglijk naamwoord**] *begripvol* ★ Bart and Irene have very understanding parents *Bart en Irene hebben erg begripvolle ouders*

understatement /*zeg:* àndùsteetmùnt/ *understatement*; *te zwakke aanduiding* ★ 'mess' is an understatement for the total chaos we saw *'rommel' is een understatement voor de totale chaos die we zagen*

understood /*zeg:* àndùstoed/ [(verleden tijd + voltooid deelwoord)

→ **understand**]

undertake [**werkwoord**] /*zeg:* àndùteik/ *begrafenissen verzorgen*
[**werkwoord + iemand/iets**] /*zeg:* àndùteik/ *ondernemen* ⋆ the police has not undertaken action yet *de politie heeft nog geen actie ondernomen*

undertaker /*zeg:* àndùteekù/ *begrafenis-ondernemer*

undertook /*zeg:* àndùtoek/ [(verleden tijd) → **undertake**]

underwear /*zeg:* àndùwèè/ *ondergoed* ⋆ a set of clean underwear *een setje schoon ondergoed*

underwent /*zeg:* àndùwent/ [(verleden tijd) → **undergo**]

underworld /*zeg:* àndùwùùld/ *onderwereld*

undid /*zeg:* àndid/ [(verleden tijd) → **undo**]

undo /*zeg:* àndoe/
• *ongedaan maken* ⋆ undo an action on the computer *een handeling op de computer ongedaan maken* ⋆ this damage can't be undone *deze schade kan niet ongedaan worden gemaakt*
• *losmaken* ⋆ undo a knot *een knoop losmaken* ⋆ my shoelace has come undone *mijn schoenveter is los gegaan*

undone /*zeg:* àndàn/ [(voltooid deelwoord) → **undo**]

undress /*zeg:* àndres/
[**werkwoord**] *zich uitkleden* ⋆ she undressed and took a shower *ze kleedde zich uit en nam een douche*
[**werkwoord + iemand/iets**] *uitkleden* ⋆ the nurse undresses a patient *de verpleger kleedt een patiënt uit*

unease /*zeg:* àniez/ *onrust* ⋆ a growing unease *een groeiende onrust*

uneasy /*zeg:* àniezì/ *onrustig* ⋆ I felt uneasy in the dentist's chair *ik voelde me onrustig in de stoel van de tandarts*

unemployed /*zeg:* ànìmplojd/ *werkloos* ⋆ Kim has never been unemployed *Kim is nog nooit werkloos geweest*

unemployment /*zeg:* ànìmplojmùnt/ *werkloosheid* ⋆ unemployment has risen last year *de werkloosheid is gestegen afgelopen jaar*
◆ unemployment benefit *werkloosheidsuitkering*

uneven /*zeg:* ànievùn/ *ongelijk(matig)* ⋆ an uneven surface *een ongelijkmatig oppervlak*

unexpected /*zeg:* ànìkspektìd/ *onverwacht* ⋆ yesterday we had an unexpected visitor *gisteren hadden we een onverwachte bezoeker*

unfair /*zeg:* ànfèè/ *oneerlijk* ⋆ it's so unfair that you get all the food and we get nothing *het is zo oneerlijk dat jij al het eten krijgt en wij niets*

unfaithful /*zeg:* ànfeeSfoel/ *ontrouw* ⋆ an unfaithful husband *een ontrouwe echtgenoot*

unfamiliar /*zeg:* ànfùmìljù/ *onbekend* ⋆ Chakira is unfamiliar with our customs *Chakira is onbekend met onze gewoonten*

unfasten /*zeg:* ànfààsùn/
[**werkwoord**] *losraken*
[**werkwoord + iemand/iets**] *losmaken; openmaken* ⋆ unfasten your belt *je riem losmaken*

unfit /*zeg:* ànfit/ *ongeschikt* ⋆ a hammer is unfit for delicate jobs *een hamer is ongeschikt voor fijne karweitjes*

unfold /*zeg:* ànfoowld/ *uitvouwen* ⋆ unfold a map *een landkaart uitvouwen*

unforgettable /*zeg:* ànfùGètùbl/ *onvergetelijk*

unfortunate /*zeg:* ànfòòtsjùnùt/ *ongelukkig* ⋆ this is an unfortunate misunderstanding *dit is een ongelukkig misverstand*

unfortunately /*zeg:* ànfòòtsjùnùtlì/ *helaas* ⋆ unfortunately we are not able to fly

wij kunnen helaas niet vliegen
unfriendly /*zeg:* ànfrendlì/ *onvriendelijk*
ungrateful /*zeg:* ànGreetfoel/ *ondankbaar*
unhappy /*zeg:* ànhèpì/ *ongelukkig*
unhealthy /*zeg:* ànhelSì/ *ongezond*
unicorn /*zeg:* joenìkòòn/ *eenhoorn*
uniform /*zeg:* joenìfòòm/
[**the-woord**] *uniform* ★ navy personnel is dressed in blue uniforms *marinepersoneel is gekleed in blauwe uniformen*
[**bijvoeglijk naamwoord**] *gelijk*; *(het)zelfde* ★ all pupils are dressed uniformly *alle leerlingen zijn hetzelfde gekleed*
unintentional /*zeg:* ànìntensjùnl/ *onbedoeld* ★ this effect was unintentional, but it's positive *het effect was onbedoeld, maar het is positief*
union /*zeg:* joenjùn/
- *vakbond*
- *vereniging*
- *verbinding*; *verbond* ◆ Union Jack ⟨vlag van Groot-Brittannië⟩ *Union Jack*

unique /*zeg:* joeniek/ *uniek* ★ every person is unique *elk persoon is uniek*
unisex /*zeg:* joenìseks/ *uniseks* ★ unisex clothes can be worn by men and women *uniseks kleren kunnen worden gedragen door mannen en vrouwen*
unit /*zeg:* joenìt/
- *onderdeel* ★ we must replace this unit of the computer *we moeten dit onderdeel van de computer vervangen*
- *afdeling* ★ our unit is part of a bigger company *onze afdeling is deel van een groter bedrijf*
- *eenheid*
- *eenheid* ★ unit of measurement *maateenheid*
- ⟨militair⟩ *afdeling*

unite /*zeg:* joenait/ *verenigen* ★ our goal is to unite the people *ons doel is om het volk te verenigen* ★ United States of America *Verenigde Staten van Amerika*
unity /*zeg:* joenùtì/ *eenheid* ★ the chairman tried to preserve the unity *de voorzitter probeerde de eenheid te bewaren*
universal /*zeg:* joenìvùùsùl/ *algemeen*; *universeel* ★ universal declaration of human rights *universele verklaring van de rechten van de mens* ★ universal rules *algemene regels*
universe /*zeg:* joenìvùùs/ *heelal*
university /*zeg:* joenìvùùsùtì/ *universiteit* ★ Oxford and Harvard are excellent universities *Oxford en Harvard zijn uitstekende universiteiten*
unjust /*zeg:* àndzjàst/ *onrechtvaardig* ★ have I treated you unjustly? *heb ik je onrechtvaardig behandeld?*
unkind /*zeg:* ànkaind/ *onvriendelijk* ★ unkind behaviour *onvriendelijk gedrag*
unknown /*zeg:* ànnoown/ *onbekend* ★ an unknown amount of money is missing *een onbekend bedrag aan geld wordt vermist*
unless /*zeg:* ànles/ *tenzij* ★ I won't go, unless you go *ik ga niet, tenzij jij gaat*
unlike /*zeg:* ànlaik/
- *anders dan* ★ my girlfriend is unlike any other girl *mijn vriendin is anders dan elk ander meisje*
- *anders dan*
- *in tegenstelling tot* ★ unlike her father she loves soccer *in tegenstelling tot haar vader houdt ze van voetbal*

unlikely /*zeg:* ànlaiklì/ *onwaarschijnlijk* ★ it's unlikely that we will ever hear from her again *het is onwaarschijnlijk dat we ooit nog van haar zullen horen*
unlimited /*zeg:* ànlìmìtìd/ *onbeperkt* ★ an unlimited supply of chocolate *een onbeperkte voorraad chocolade*
unload /*zeg:* ànloowd/ *ontladen*; *uitladen* ★ we unloaded the car in the white zone *wij laadden onze auto uit in de witte zone*
unlucky /*zeg:* ànlàkì/ *ongelukkig*
unmarried /*zeg:* ànmèrìd/ *ongetrouwd*
unmask /*zeg:* ànmààsk/ *ontmaskeren*
unnatural /*zeg:* ànnetsjùrùl/ *onnatuurlijk*
unnecessary /*zeg:* ànnèsùsùrì/ *overbodig*; *onnodig*
unnoticed /*zeg:* ànnoowtìst/ *onopgemerkt* ★ James left the room unnoticed *James verliet onopgemerkt de kamer*
unofficial /*zeg:* ànùfìsjùl/ *onofficieel*
unpack /*zeg:* ànpek/ *uitpakken* ★ I will unpack my case tomorrow *ik ga mijn*

U

koffer morgen uitpakken
unpleasant /*zeg:* ànplèzùnt/ *onplezierig*
unprepared /*zeg:* ànprìpèèd/ *onvoorbereid*
unprofessional /*zeg:* ànprùfesjùnl/ *onprofessioneel*
unprotected /*zeg:* ànprùtektìd/ *onbeschermd*
unready /*zeg:* ànrèdì/ *niet klaar*; ‹van eten› *niet gaar*
unreal /*zeg:* ànrìjùl/ *onwerkelijk*
unrealistic /*zeg:* ànrìjùlìstik/ *onrealistisch*
unreasonable /*zeg:* ànriezùnùbl/ *onredelijk*
unreliable /*zeg:* ànrìlaijùbl/ *onbetrouwbaar*
unripe /*zeg:* ànraip/ *onrijp*
unsafe /*zeg:* ànseef/ *onveilig*
unsolicited /*zeg:* ànsùlìsìtìd/ *ongevraagd* ★ unsolicited mail *ongevraagde post*
unspeakable /*zeg:* ànspiekùbl/ *onbeschrijfelijk* ★ unspeakable cruelties *onbeschrijflijke wreedheden*
unstable /*zeg:* ànsteebl/ *instabiel*
unsteady /*zeg:* ànstedì/ *onvast* ★ unsteadily the drunk walked across the street *onvast liep de dronkaard de straat over*
unsuitable /*zeg:* ànsoetùbl/ *ongeschikt* ★ this movie is unsuitable for little children *deze film is ongeschikt voor kleine kinderen*
unsure /*zeg:* ànsjoeù/ *onzeker*
untidy /*zeg:* àntaidì/ *slordig* ★ your hair is very untidy *je haar zit erg slordig*
untie /*zeg:* àntai/ *losmaken* ★ Jamie untied her shoelaces *Jamie maakte haar schoenveters los*
until /*zeg:* ùntil/ *tot (aan)* ★ we worked until half past five today *we hebben tot half zes gewerkt* ★ until the end of the world *tot aan het einde van de wereld*
untrue /*zeg:* àntroe/ *onwaar*
unused /*zeg:* ànjoezd/ *ongebruikt*
unusual /*zeg:* ànjoezjoeùl/ *ongebruikelijk*; *ongewoon* ★ Herman lead an unusual life *Herman leidde een ongewoon leven* ★ he was an unusually talented painter *hij was een ongebruikelijk getalenteerde schilder*
unwell /*zeg:* ànwel/ *onwel* ★ I'm feeling unwell *ik voel me onwel*
unwilling /*zeg:* ànwiling/ *onwillig*; *niet willend/bereid* ★ are you unwilling to help me? *bent u niet bereid mij te helpen?*
unwind /*zeg:* ànwaind/
[**werkwoord**] *zich ontrollen*
[**werkwoord + iemand/iets**] *afrollen* ★ unwind a ball of wool *een bolletje wol afrollen*
unwise /*zeg:* ànwaiz/ *onverstandig*
unwound /*zeg:* ànwaund/ [(verleden tijd + voltooid deelwoord) → **unwind**]
unwrap /*zeg:* ànrep/ *loswikkelen*
unzip /*zeg:* ànzìp/ ‹van ritssluiting› *openritsen*; *losmaken* ★ the actress unzipped her dress *de actrice ritste haar jurk open*
up /*zeg:* àp/
• *op*; *omhoog* ★ the kite goes up and down *de vlieger gaat omhoog en omlaag* ★ Sonny and Bono went up the lake/the hill *Sonny en Bono gingen het meer/de heuvel op*
• *wakker* ★ is the patient up already? *is de patiënt al wakker?*
• *verstreken*; *afgelopen* ★ your time is up *uw tijd is verstreken* ◆ what's up (with you)? *wat is er aan de hand (met jou)?* ◆ it's up to Jim to take action *het is aan Jim om actie te ondernemen* ◆ you are up next *hierna ben jij aan de beurt* ◆ what is Shelley up to? *wat is Shelley van plan?*
upbringing /*zeg:* àpbrìngìng/ *opvoeding*
upcoming /*zeg:* àpkòming/ *aanstaande*; *verwacht* ★ the upcoming championship *het aanstaande kampioenschap*
update [**the-woord**] /*zeg:* àpdeet/ ‹computer› *nieuwe versie*
[**werkwoord + iemand/iets**] /*zeg:* àpdeet/ *moderniseren*
uphold /*zeg:* àphoowld/ *rechthouden*; *handhaven*
upon /*zeg:* ùpòn/ [→ **on**]
upper /*zeg:* àpù/ *hoger*; *boven(ste)* ★ my upper lip trembled *mijn bovenlip trilde* ★ the upper class *de hogere klasse*
upright /*zeg:* àprait/

U

• *recht(op); verticaal* ★ stand upright *rechtop staan*
• *oprecht* ★ that's my upright opinion *dat is mijn oprechte mening*

uprising /*zeg:* àpraizìng/
• *opkomst*
• *opstand*

upset /*zeg:* àpset/
[**bijvoeglijk naamwoord**] *van streek; in de war* ★ everyone was upset after the accident *iedereen was van streek na het ongeluk*
[**werkwoord + iemand/iets**] • *van streek maken* ★ this news will upset quite a few people *dit nieuws zal nogal wat mensen van streek maken*
• *in de war sturen* ★ the rain upset our plans *de regen stuurde onze plannen in de war*
• *omgooien* ★ he choked and upset the whole table *hij verslikte zich en gooide de hele tafel om*
• *omverwerpen* ★ upset a government *een regering omverwerpen*

upside-down /*zeg:* àpsaiddaun/ *ondersteboven* ★ the box was turned upside-down *de doos werd ondersteboven gegooid*

U

upstairs /*zeg:* àpstèèz/
[**bijvoeglijk naamwoord**] *boven(-)* ★ the upstairs bedroom *de slaapkamer boven*
[**bijwoord**] *de trap op; naar boven* ★ I went upstairs *ik ging de trap op; ik ging naar boven*

uptight /*zeg:* àptait/ *erg gespannen; zeer nerveus*

up-to-date /*zeg:* àptùdeet/ *modern* ★ up-to-date computers *moderne computers*

uptown /*zeg:* àptaun/
[**the-woord**] *(rijke) buitenwijk*
[**bijwoord**] *uit/van een (rijke) buitenwijk*
◆ uptown girl *rijkeluismeisje*

upward(s) /*zeg:* àpwùd(z)/ *naar boven; omhoog* ★ we climbed upwards to the roof *we klommen omhoog naar het dak*

uranium /*zeg:* joereenìjùm/ *uranium*

urban /*zeg:* ùùbùn/ *stedelijk; stads-* ★ urban population *stadsbevolking*

urge /*zeg:* ùùdzj/
[**the-woord**] *aandrang; verlangen* ★ he felt the urge to smoke, but he didn't *hij voelde het verlangen om te roken, maar hij deed het niet*
[**werkwoord + iemand/iets**]
• *aandringen op* ★ she urged me to continue *zij drong er bij mij op aan om door te gaan*
• *ernstig verzoeken; aandringen op*
• *verzoeken* ★ I must urge you to make haste *ik moet u verzoeken om haast te maken*

urgent /*zeg:* ùùdzjùnt/ *dringend* ★ we are in urgent need of medicine *wij hebben dringende behoefte aan medicijnen*

urine /*zeg:* joerìn/ *urine*

us /*zeg:* às/ *ons* ★ don't ask us why we did it *vraag ons niet waarom wij het gedaan hebben* ★ give the money to us *geef het geld aan ons*

U.S.(A.) [**afkorting**] United States (of America) ‹Verenigde Staten (van Amerika)› *VS(A)*

use [**the-woord**] /*zeg:* joes/
• *gebruik* ★ this computer is in use by someone else *deze computer is in gebruik door iemand anders*
• *nut; zin* ★ there's no use in holding on *het heeft geen zin om door te gaan*
[**werkwoord + iemand/iets**] /*zeg:* joez/ *gebruiken* ★ you can use anything you need *je kunt alles gebruiken wat je nodig hebt*
[**hulpwerkwoord**] /*zeg:* joez/ ◆ she used to be much friendlier *ze was vroeger veel vriendelijker* ◆ I used to live in Switzerland *vroeger woonde ik in*

Zwitserland

used /*zeg:* joezd/
• *tweedehands*; *gebruikt* ★ I have bought a used car *ik heb een tweedehands auto gekocht*
• *gewend* ★ I'm used to his moods *ik ben gewend aan zijn buien*

useful /*zeg:* joesfoel/ *nuttig*; *bruikbaar* ★ that's useful information *dat is nuttige informatie*

useless /*zeg:* joeslùs/ *nutteloos*; *onbruikbaar* ★ a bike is useless without a saddle *een fiets is onbruikbaar zonder zadel*

user /*zeg:* joezù/ *gebruiker*; *verbruiker*

usual /*zeg:* joezjoeùl/ *gewoon*; *gebruikelijk* ★ the usual mess in his room *de gebruikelijke rotzooi in zijn kamer*

usually /*zeg:* joezjoeùlì/ *gewoonlijk* ★ usually he goes to bed around twelve o'clock *gewoonlijk gaat hij naar bed rond twaalf uur*

utensil /*zeg:* joetensùl/ *gebruiksvoorwerp*; *apparaat* ★ kitchen utensils *keukenapparaten*

utility /*zeg:* joetìlùtì/ *voorziening* ★ public utilities *openbare voorzieningen*

utmost /*zeg:* àtmoowst/ *grootste*; *hoogste* ★ this is of the utmost importance *dit is van het grootste belang* ◆ one meter at the utmost *op zijn hoogst één meter* ◆ we will do our utmost *wij zullen onze uiterste best doen*

utter /*zeg:* àtù/
[**bijvoeglijk naamwoord**] *volslagen* ★ you're talking utter nonsense *je praat volslagen onzin*
[**werkwoord + iemand/iets**] *uiten* ★ he uttered a cry *hij uitte een schreeuw*

U-turn /*zeg:* joetùùn/ *U-bocht* ◆ no U-turn ⟨op wegen⟩ *keren niet toegestaan*

v /*zeg:* vie/ *v* ◆ V as in Victory *de V van Victor*

vacant /*zeg:* veekùnt/
• *leeg(staand)* ★ vacant house *leegstaand huis*
• *onbezet* ★ vacant seats *onbezette zitplaatsen*
• *wezenloos* ★ vacant look *wezenloze blik* ◆ vacant job *vacature*

vacation /*zeg:* vùkeesjùn/ *vakantie* ★ they are on vacation *ze zijn op vakantie*

vaccinate /*zeg:* veksìneet/ *inenten*

vaccine /*zeg:* veksien/ *vaccin; entstof*

vacuum /*zeg:* vekjoeùm/
[**the-woord**] *vacuüm; leegte* ★ her death left a vacuum *haar dood liet een leegte achter* ◆ vacuum cleaner *stofzuiger*
[**werkwoord (+ iemand/iets)**] ⟨spreektaal⟩ *stofzuigen* ★ vacuum the house *het huis stofzuigen*

vagina /*zeg:* vùdzjainù/ *vagina*

vague /*zeg:* veeG/ *vaag; onduidelijk* ★ a vague answer *een onduidelijk antwoord*

vain /*zeg:* veen/
• *vergeefs; nutteloos* ★ make a vain attempt *een vergeefse poging doen*
• *ijdel; verwaand* ★ she is too vain to wear glasses *ze is te ijdel om een bril te dragen*
• *vergeefs; nutteloos*

vainly /*zeg:* veenlì/ *tevergeefs* ★ he was vainly trying to warn them *hij probeerde tevergeefs hen te waarschuwen*

Valentine /*zeg:* vèlùntain/ *Valentijnsdag* ★ February 14th is Valentine's Day *14 februari is Valentijnsdag*

valid /*zeg:* vèlìd/
• *geldig* ★ do you have a valid passport? *heb je een geldig paspoort?*
• *gegrond* ★ valid arguments *gegronde argumenten*

valley /*zeg:* vèlì/ *dal; vallei*

valuable /*zeg:* veljoebl/ *kostbaar; erg waardevol* ★ valuable jewels *kostbare juwelen* ★ my memories of her are very valuable to me *mijn herinneringen aan haar zijn erg waardevol voor mij*

valuables /*zeg:* veljoeblz/ [meervoud] *waardevolle bezittingen; kostbaarheden* ★ thieves took all their valuables *dieven stalen al hun waardevolle bezittingen*

value /*zeg:* veljoe/
[**the-woord**] *waarde* ★ to the value of ten euros *ter waarde van tien euro* ★ value-added tax (VAT) *belasting toegevoegde waarde (btw)*
[**werkwoord + iemand/iets**] • *waarderen* ★ I value your friendship very much *ik waardeer je vriendschap zeer*
• *schatten; taxeren* ★ value an old painting *een oud schilderij taxeren*

valve /*zeg:* velv/ *klep; ventiel* ★ valve of a bike *ventiel van een fiets*

vampire /*zeg:* vempaijù/ *vampier*

van /*zeg:* ven/ *bestelwagen*

vandal /*zeg:* vendl/
[**the-woord**] *vandaal*
[**bijvoeglijk naamwoord**] *vandaals*

vandalism /*zeg:* vendùlìzùm/ *vernielzucht; vandalisme*

vanilla /*zeg:* vùnìlù/ *vanille*

vanish /*zeg:* vènìsj/ *verdwijnen* ★ vanish into thin air *in het niets verdwijnen* ★ all my dreams vanished into smoke *al mijn dromen gingen in rook op*

vanity /*zeg:* vènùtì/ *ijdelheid; verwaandheid* ◆ injured vanity *gekrenkte trots*

vaporize /*zeg:* veepùraiz/
[**werkwoord**] *verdampen*
[**werkwoord + iemand/iets**] *doen verdampen*

vapour /*zeg:* veepù/ *damp* ★ water vapour *waterdamp*

variable /*zeg:* vèèrijùbl/ *veranderlijk; wisselend* ★ variable temperatures

wisselende temperaturen
variation /*zeg:* vèèrìeesjùn/
• *variatie*
• *verandering*
varied /*zeg:* vèèrìd/ *gevarieerd* ★ varied selection of wines *gevarieerde keuze van wijnen*
variety /*zeg:* vùraijùtì/
• *variatie*
• *verscheidenheid*
• *afwisseling* ★ variety in your daily life *afwisseling in je dagelijkse leven*
◆ wide variety of fruit *heel veel verschillende soorten fruit*
various /*zeg:* vèèrìjùs/ *verschillend*; *verscheiden* ★ for various reasons *om verschillende redenen*
varnish /*zeg:* vàànìsj/
[**the-woord**] *vernis*
[**werkwoord + iemand/iets**] *vernissen*
vary /*zeg:* vèèrì/ *variëren*; *veranderen* ★ prices of fresh fish vary every day *de prijs van verse vis verandert elke dag*
vase /*zeg:* vààz/ *vaas*
vast /*zeg:* vààst/ *onmetelijk*; *uitgestrekt*; *enorm groot* ★ vast prairies *onmetelijke prairies* ★ vast number of mice *enorm groot aantal muizen*
V.A.T. [**afkorting**] Value Added Tax *btw*
vault /*zeg:* vòòlt/
• *(graf)kelder*; *gewelf* ★ she is buried in the family vault *ze ligt begraven in de familiegrafkelder*
• *kluis* ★ she keeps her jewels in a bank vault *zij bewaart haar juwelen in een bankkluis*
VCR [**afkorting**] video cassette recorder ⟨videorecorder⟩ *vcr*
've /*zeg:* v/ [→ **have**]
veal /*zeg:* viel/ *kalfsvlees*
vegetable /*zeg:* vedzjìtùbl/
[**the-woord**] • *groente* ★ peas and carrots are vegetables *erwtjes en worteltjes zijn groenten*
• *plant*
[**bijvoeglijk naamwoord**] *plantaardig*; *planten-* ★ vegetable dyes *plantaardige kleurstoffen*
vegetarian /*zeg:* vedzjùtèèrìùn/
[**the-woord**] *vegetariër*
[**bijvoeglijk naamwoord**] *vegetarisch*
vegetation /*zeg:* vedzjìteesjùn/ *plantengroei*; *vegetatie*
vehicle /*zeg:* viejìkl/ *voertuig*
veil /*zeg:* veel/ *sluier*
vein /*zeg:* veen/ *ader* ★ varicose veins *spataderen*
velvet /*zeg:* velvìt/
[**the-woord**] *fluweel*
[**bijvoeglijk naamwoord**] *fluwelen* ★ velvet trousers *fluwelen broek*
Venetian /*zeg:* vìniesjùn/ *Venetiaans*
◆ Venetian blind *rolgordijn*
venom /*zeg:* venùm/
• *(ver)gif* ★ venom of a snake *gif van een slang*
• *venijn* ★ her voice was full of venom *haar stem was vol venijn*
ventilate /*zeg:* ventìleet/ *ventileren*; *luchten*
ventilation /*zeg:* ventìleesjùn/ *ventilatie*
ventilator /*zeg:* ventìleetù/ *ventilator*
venture /*zeg:* ventsjù/
[**the-woord**] *(riskante) onderneming* ★ joint venture *gezamenlijke onderneming*
[**werkwoord (+ iemand/iets)**] *riskeren*; *wagen*; *op het spel zetten*; *aandurven* ★ venture your life *je leven op het spel zetten* ★ she ventured to ask the queen a question *zij durfde het aan de koningin een vraag te stellen*
veranda(h) /*zeg:* vùrendù/ *veranda*
verb /*zeg:* vùùb/ *werkwoord*
verbal /*zeg:* vùùbl/ *verbaal*; *mondeling*; *gesproken* ★ verbal agreement *mondelinge overeenkomst* ★ to get the job you must have good verbal skills *om de baan te krijgen moet je goede verbale vaardigheden hebben*
verdict /*zeg:* vùùdikt/
• ⟨van rechter/jury⟩ *uitspraak* ★ the jury's verdict was 'guilty' *de uitspraak van de jury was: 'schuldig'* ★ deliver/return a verdict *een uitspraak doen*
• *oordeel*; *beslissing*
verify /*zeg:* vèrìfai/
• *verifiëren*; *de juistheid van iets controleren* ★ verify somebody's story *iemands verhaal verifiëren*
• *bevestigen* ★ he verified the witness' statement *hij bevestigde de verklaring*

van de getuige

vermin /*zeg:* vùùmìn/ *ongedierte* ★ the cellar was crawling with vermin *de kelder krioelde van het ongedierte*

versatile /*zeg:* vùùsùtail/ *veelzijdig (ontwikkeld)* ★ she is very versatile: she sings, paints and writes stories *ze is zeer veelzijdig: ze zingt, schildert en schrijft verhalen*

verse /*zeg:* vùùs/
• *vers(regel)*; *versvorm* ★ a story written in verse *een verhaal in versvorm*
• *poëzie*

version /*zeg:* vùùsjùn/ *versie* ★ his version of the truth *zijn versie van de waarheid*

vertical /*zeg:* vùùtìkl/ *verticaal*; *loodrecht* ★ draw vertical lines *verticale lijnen trekken*

very /*zeg:* vèrì/
[**bijvoeglijk naamwoord**] • *heel*; *erg* ★ very easy *erg gemakkelijk* ★ thanks very much *heel erg bedankt*
• *juist*; *precies* ★ you are the very man I want *jij bent precies de man die ik zoek*
• *aller-* ★ the very last drop *de allerlaatste druppel*
[**bijwoord**] • *aller-*
• *zeer*; *heel*; *erg* ★ I was very pleased *ik vond het heel leuk*

vessel /*zeg:* vèsùl/ *vat* ★ blood vessel *bloedvat* ★ the food was stored in vessels *het voedsel werd in vaten opgeslagen*

vest /*zeg:* vest/ ⟨Amerikaans⟩ ⟨van driedelig pak⟩ *vest*

vet /*zeg:* vet/ *dierenarts*

veteran /*zeg:* vètùrùn/ *veteraan*

veterinary /*zeg:* vètùrìnùrì/ *van diergeneeskunde* ◆ veterinary surgeon *dierenarts, veearts*

vexation /*zeg:* vekseesjùn/ *ergernis*; *irritatie* ◆ he kicked the car in vexation *hij schopte geërgerd tegen de auto*

via /*zeg:* vaijù/ *via*

viaduct /*zeg:* vaijùdàkt/ *viaduct*

vibrate /*zeg:* vaibreet/ *vibreren*; *trillen* ★ when the bomb exploded the walls vibrated *toen de bom ontplofte, trilden de muren*

vibration /*zeg:* vaibreesjùn/
• *vibratie*
• *trilling*

vicar /*zeg:* vìkù/ ⟨Anglicaanse Kerk⟩ *predikant*; *dominee*

vice /*zeg:* vais/
[**the-woord**] *slechte eigenschap*; *ondeugd*; *slechtheid* ★ his only vice is that he talks too much *zijn enige slechte eigenschap is dat hij te veel praat* ◆ ⟨Amerikaans⟩ vice squad *zedenpolitie*
[**voorvoegsel**] *vice-* ★ vice-president *vice-president*

vicinity /*zeg:* vìsìnùtì/ *buurt*; *nabijheid* ★ in the vicinity of a big city *in de buurt van een grote stad*

vicious /*zeg:* vìsjùs/
• *slecht* ★ vicious people *slechte mensen*
• *gemeen*; *vals* ★ vicious dog *valse hond*

victim /*zeg:* vìktìm/ *(slacht)offer* ★ fall (a) victim to *het slachtoffer worden van*

victor /*zeg:* vìktù/ *overwinnaar*

Victorian /*zeg:* vìktòòriùn/ *uit de tijd van koningin Victoria*

victory /*zeg:* vìktùrì/ *overwinning* ★ score a victory *een overwinning behalen*

video /*zeg:* vìdìoow/ *videorecorder*; *video(tape)*

view /*zeg:* vjoe/
[**the-woord**] • *(uit)zicht* ★ there is no one in view *er is niemand in zicht*
• *idee*; *denkbeeld* ★ in my view *in mijn idee* ◆ with the view to *met de bedoeling om* ◆ on view *te kijk, op zicht*
[**werkwoord + iemand/iets**] *bekijken*; *bezichtigen* ★ I viewed him with suspicion *ik bekeek hem achterdochtig* ★ view a house *een huis bezichtigen*

vigorous /*zeg:* vìGùrùs/ *krachtig*; *energiek* ★ vigorous young man *energieke jongeman* ★ vigorous campaign against crime *krachtige campagne tegen misdaad*

vigour /*zeg:* vìGù/ *kracht*; *energie*; *vitaliteit*; *activiteit* ★ start a new job with vigour *met energie aan een nieuwe baan beginnen*

vile /*zeg:* vail/ *walgelijk*; *gemeen*; *afschuwelijk* ★ a vile smell *een walgelijke geur* ★ vile weather *afschuwelijk weer*

villa /*zeg:* vìlù/ *villa*

village /*zeg:* vìlìdzj/ *dorp*
villain /*zeg:* vìlùn/ *schurk*; *slechterik* ★ he plays the villain in that movie *hij speelt de schurk in die film*
vinegar /*zeg:* vìnìGù/ *azijn*
viola /*zeg:* vìoowlù/ ‹muziek› *altviool*
violate /*zeg:* vaijùleet/
• *overtreden*; ‹van gelofte› *breken* ★ violate the rules *de regels overtreden*
• *schenden*; *inbreuk maken op* ★ violate somebody's privacy *in breuk maken op iemands privacy* ★ violate a treaty *een verdrag schenden*
• *onteren*; *ontwijden*; *schenden*
violation /*zeg:* vaijùleesjùn/
• *overtreding* ★ violation of the law *wetsovertreding*
• *schending*; *inbreuk* ★ violation of a promise *breken van een belofte*
violence /*zeg:* vaijùlùns/ *geweld(dadigheid)*; *hevigheid* ★ don't use violence against them *gebruik geen geweld tegen hen* ★ violence of somebody's feelings *hevigheid van iemands gevoelens*
violent /*zeg:* vaijùlùnt/
• *hevig*; *heftig* ★ violent storm *heftige storm*
• *gewelddadig* ★ he died a violent death *hij stierf een gewelddadige dood*
violet /*zeg:* vaijùlùt/
[**the-woord**] *viooltje*
[**bijvoeglijk naamwoord**] *violet*; *paars*
violin /*zeg:* vaijùlìn/ *viool*
violoncello /*zeg:* vaijùlùntsjèloow/ *cello*
VIP [**afkorting**] very important person ‹zeer belangrijk persoon› *vip*
viper /*zeg:* vaipù/ *adder*
virgin /*zeg:* vùùdzjìn/
[**the-woord**] *maagd*
[**bijvoeglijk naamwoord**] • *maagdelijk*
• ‹gebied› *onbetreden*; *ongerept* ★ virgin snow *onbetreden sneeuw*
virginal /*zeg:* vùùdzjìnl/ *maagdelijk*
Virgo /*zeg:* vùùGoow/ ‹sterrenbeeld› *Maagd* ★ my sign of the zodiac is Virgo *mijn teken van de dierenriem is Maagd*
virtual /*zeg:* vùùtsjoeùl/
• *feitelijk*; *eigenlijk* ★ he is the virtual ruler of that country *hij is de eigenlijke heerser van dat land*
• *denkbeeldig* ★ virtual reality *denkbeeldige werkelijkheid*
virtue /*zeg:* vùùtsjoe/ *deugd*; *goede eigenschap* ★ being honest is a virtue *eerlijk zijn is een deugd*
virtuoso /*zeg:* vùùtsjoeoowsoow/ *virtuoos*; *iemand die heel goed is in iets* ★ piano virtuoso *pianovirtuoos*
virus /*zeg:* vaijùrùs/ *virus* ★ the flu virus *het griepvirus* ★ computer virus *computervirus*
visa /*zeg:* viezù/ *visum* ★ I need a tourist visa *ik heb een toeristenvisum nodig*
visible /*zeg:* vìzìbl/
• *zichtbaar* ★ the house was hardly visible *het huis was nauwelijks zichtbaar*
• *duidelijk*; *merkbaar* ★ visible changes *merkbare veranderingen*
visibly /*zeg:* vìzìblì/ *zichtbaar* ★ the business visibly declined *de zaak ging zichtbaar achteruit*
vision /*zeg:* vìzjùn/
• *gezicht(svermogen)* ★ his vision is still excellent *zijn gezichtsvermogen is nog uitstekend*
• *inzicht*; *visie* ★ she is a woman of vision *zij is een vrouw met visie*
• *visioen* ★ I had a vision of a world without exams *ik had een visioen van een wereld zonder examens*
visit /*zeg:* vìzìt/
[**the-woord**] *bezoek*
[**werkwoord + iemand/iets**] *bezoeken*
◆ visiting hours *bezoekuren*
visitor /*zeg:* vìzìtù/ *bezoeker*; *gast*
★ visitors' book *gastenboek in hotel*
visual /*zeg:* vìzjoeùl/ *gezichts-*; *visueel*
★ visual memory *visueel geheugen*
◆ visual arts *beeldende kunsten*
vital /*zeg:* vaitl/
• *levens-* ★ ‹medisch› vital signs *levensfuncties als hartslag, bloeddruk*
• *vitaal* ★ of vital importance *van vitaal belang*
• *noodzakelijk*
• ‹verwonding› *levensgevaarlijk* ◆ vital parts *edele delen*
vitality /*zeg:* vaitèlùtì/ *vitaliteit*; *levenskracht*

vitamin /*zeg:* vìtùmìn/ *vitamine*
vivid /*zeg:* vìvìd/ *levendig*; ⟨van kleur of licht⟩ *helder* ⋆ a vivid account *een levendig verslag* ⋆ vivid colours *heldere kleuren*
vivisection /*zeg:* vìvìseksjùn/ *vivisectie*
vocabulary /*zeg:* vùkebjoelùrì/
• *woordenlijst*
• *woordenschat*
vocal /*zeg:* voowkl/
• *mondeling*; *gesproken*
• ⟨muziek⟩ *vocaal* ◆ vocal group *zanggroep* ◆ vocal cords *stembanden*
vodka /*zeg:* vòdkù/ *wodka*
vogue /*zeg:* voowG/ *mode*; *populariteit* ⋆ be in/the vogue *erg in de mode zijn* ⋆ out of vogue *uit de mode*
voice /*zeg:* vojs/
[**the-woord**] • *stem*
• *inspraak* ⋆ we want to have a voice in the negotiations *wij willen inspraak in de onderhandelingen* ◆ they gave voice to their anger *ze gaven uiting aan hun woede* ◆ don't raise your voice *praat niet zo hard* ◆ lower your voice *praat eens wat zachter*
[**werkwoord + iemand/iets**] ⟨gevoelens⟩ *uitdrukking geven aan*; *uiten* ⋆ voice your concern *je bezorgdheid uiten*

volcano /*zeg:* vòlkeenoow/ *vulkaan*
volley /*zeg:* vòlì/
• *salvo* ⋆ volley of gunfire *salvo van geweerschoten*
• ⟨figuurlijk⟩ *stroom*; ⟨van woorden⟩ *stortvloed* ⋆ volley of questions *stortvloed van vragen*
• ⟨bij tennis⟩ *volley*
volleyball /*zeg:* vòlìbòòl/ *volleybal*
volt /*zeg:* voowlt/ *volt*
voltage /*zeg:* voowltìdzj/ *elektrische spanning*; *voltage*
volume /*zeg:* vòljoem/
• ⟨van zaken⟩ *omvang*; *volume* ⋆ the volume of gas *het volume van gas* ⋆ volume of the export *omvang van de export*
• *geluidssterkte* ⋆ turn the volume up/down *zet het geluid harder/zachter*
• *boekdeel* ⋆ the first volume of a series of books *het eerste deel van een reeks boeken*
voluntary /*zeg:* vòlùntùrì/ *vrijwillig*
volunteer /*zeg:* vòlùntìjù/
[**the-woord**] *vrijwilliger*
[**werkwoord**] *vrijwillig iets doen*
vomit /*zeg:* vòmìt/
[**the-woord**] *braaksel*; *kots*
[**werkwoord (+ iemand/iets)**] *braken*; *kotsen*
voodoo /*zeg:* voedoe/ *toverij*; *voodoo*
vote /*zeg:* voowt/
[**the-woord**] • *stem(ming)* ⋆ put something to the vote *iets in stemming brengen* ⋆ cast your vote *je stem uitbrengen*
• *stembriefje*
• *stemrecht* ⋆ in this country people have vote at 18 *mensen hebben in dit land stemrecht vanaf 18 jaar* ◆ let's take a vote on it *laten we erover stemmen*
[**werkwoord (+ iemand/iets)**] • *stemmen*
• *voorstellen* ⋆ I vote that we go *ik stel voor dat we vertrekken*
• **vote for** *stemmen voor*; *stemmen op* ⋆ more than a million people voted for him *meer dan een miljoen mensen stemden op hem*
voter /*zeg:* voowtù/
• *kiezer*
• *stemgerechtigde*
voucher /*zeg:* vautsjù/
• *(waarde)bon*
• *consumptiebon* ⋆ voucher for a free meal *consumptiebon voor een gratis maaltijd*
vow /*zeg:* vau/
[**the-woord**] *eed*; *plechtige belofte* ⋆ take

a vow *plechtig beloven*
[**werkwoord (+ iemand/iets)**] *zweren*
⋆ she vowed she'd never seen him before *ze zwoor dat ze hem nog nooit gezien had*

vowel /*zeg:* vauwùl/ *klinker* ⋆ a and o are vowels *a en o zijn klinkers*

voyage /*zeg:* vojìdzj/ *(zee)reis*

vulgar /*zeg:* vàlGù/ *vulgair; ordinair*
⋆ I thought his jokes vulgar *ik vond zijn grappen vulgair*

vulnerable /*zeg:* vàlnùrùbl/ *kwetsbaar*

vulture /*zeg:* vàltsjù/ *gier*

w /*zeg:* dàbl joew/ *w* ◆ W as in William *de W van Willem*

wade /*zeg:* weed/ *waden* ★ Peter waded through the water *Peter waadde door het water*

wafer /*zeg:* weefù/ *wafel*

waffle /*zeg:* wòfùl/
[**the-woord**] *wafel*
[**werkwoord**] *kletsen*; *zeuren* ★ are you still waffling about the match? *zeur je nog steeds over de wedstrijd?*

wag /*zeg:* weG/
• *heen en weer bewegen*; *schudden*
• *kwispelen* ★ the dog wagged his tail *de hond kwispelde met zijn staart*
• *heen en weer bewegen* ★ the tail wags *de staart beweegt heen en weer*

wage /*zeg:* weedzj/ *loon* ★ earn the minimum wage *het minimum loon verdienen*

wagon /*zeg:* wèGùn/ *wagen*; *vrachtwagen*; *wagon*

waist /*zeg:* weest/ ‹lichaamsdeel› *middel*; *taille*

waistcoat /*zeg:* weestkoowt/ *vest*

wait /*zeg:* weet/
[**the-woord**] ◆ we had a long wait for the bus *we moesten lang wachten op de bus*
[**werkwoord**] *wachten* ★ I'll wait for you here *ik zal hier op je wachten*
◆ wait a minute! *wacht (eens) even!*
◆ wait and see *rustig afwachten*
[**werkwoord + iemand/iets**] *afwachten* ★ you must wait your turn *je moet je beurt afwachten*

waiter /*zeg:* weetù/ *kelner*

waiting-room /*zeg:* weetingroem/ *wachtkamer*

waitress /*zeg:* weetrùs/ *serveerster*

wake /*zeg:* week/
[**werkwoord**] **wake up** *wakker worden* ★ at what time did you wake (up)? *hoe laat werd jij wakker?*
[**werkwoord + iemand/iets**] *wekken*; *wakker maken* ★ she woke me (up) at 8 o'clock *ze maakte me wakker om acht uur*

walk /*zeg:* wòòk/
[**the-woord**] *wandeling* ◆ go for a walk *een wandeling maken* ◆ we took a walk to the park *we wandelden naar het park*
[**werkwoord**] *lopen*; *wandelen* ★ John walked up to me angrily *John liep boos op me af* ★ he's walking about in the garden *hij wandelt rond in de tuin*
[**werkwoord + iemand/iets**] ◆ walk the dog *de hond uitlaten* ◆ he walked her home *hij begeleidde haar naar huis*

walkie-talkie /*zeg:* wòòkìtòòkì/ *walkie-talkie*

wall /*zeg:* wòòl/ *wand*; *muur*

wallet /*zeg:* wòlìt/
• *portefeuille*
• *tas*; *gereedschapstas*

wallpaper /*zeg:* wòòlpeepù/ *behang*

walnut /*zeg:* wòòlnàt/ *walnoot*

walrus /*zeg:* wòòlrùs/ *walrus*

waltz /*zeg:* wòòls/
[**the-woord**] *wals* ★ bride and groom danced the first waltz together *bruid en bruidegom dansten de eerste wals samen*
[**werkwoord**] ‹dans› *walsen* ★ will you waltz with me? *wil je met me walsen?*

wand /*zeg:* wònd/ *(tover)staf* ★ Merlin waved his magic wand *Merlijn zwaaide met zijn magische toverstaf*

wander /*zeg:* wòndù/ *zwerven*

⋆ I wandered around in Portugal last summer *vorige zomer zwierf ik rond in Portugal*
wanderer /*zeg:* wòndùrù/ *zwerver*
want /*zeg:* wònt/ *willen* ⋆ do you want a cup of tea? *wil je een kopje thee?* ⋆ actually she wanted to kiss him *eigenlijk wilde ze hem kussen* ◆ you want to turn left here *je moet hier linksaf slaan*
war /*zeg:* wòò/ *oorlog* ⋆ the Second World War *de tweede wereldoorlog* ◆ the Great War *de eerste wereldoorlog*
ward /*zeg:* wòòd/
[**the-woord**] *zaal*; *afdeling* ⋆ paediatrics ward ‹in ziekenhuis e.d.› *kinderafdeling*
[**werkwoord + iemand/iets**] **ward off** *afweren* ⋆ ward off evil spirits *boze geesten afweren*
wardrobe /*zeg:* wòòdroowb/
• *klerenkast* ⋆ a wardrobe with shelves *een klerenkast met planken*
• *garderobe*; *kledingcollectie* ⋆ Janet has an extensive wardrobe *Janet heeft een uitgebreide garderobe*
warehouse /*zeg:* wèèhaus/ *warenhuis*; *magazijn*
warm /*zeg:* wòòm/
[**bijvoeglijk naamwoord**] *warm* ⋆ are you warm? *heb je het warm?* ◆ a warm welcome *een hartelijk welkom*
[**werkwoord**] **warm up** *warm worden* ⋆ the room is warming up *de kamer is warm aan het worden*
[**werkwoord + iemand/iets**] *warm maken* ⋆ they warmed each others' hands *ze verwarmden elkaars handen*
warmth /*zeg:* wòòmS/ *warmte* ⋆ the warmth of the sun *de warmte van de zon*
warn /*zeg:* wòòn/ *waarschuwen* ⋆ he warned her of the consequences *hij waarschuwde haar voor de gevolgen*
warning /*zeg:* wòònìng/ *waarschuwing* ⋆ this is the last warning I give you *dit is de laatste waarschuwing die ik je geef*
warranty /*zeg:* wòrùntì/ *garantie*
warrior /*zeg:* wòrijù/ *krijger*
warship /*zeg:* wòòsjìp/ *oorlogsschip*
was /*zeg:* wòz, wùz/ [(verleden tijd) → **be**]
wash /*zeg:* wòsj/
[**the-woord**] • *wasgoed* ⋆ dirty wash *vuile was*
• *was* ⋆ every Friday I do the wash *elke vrijdag doe ik de was*
[**werkwoord**] • *wassen*
• *spoelen*; *aanspoelen* ⋆ the whale washed ashore *de walvis spoelde aan land*
[**werkwoord + iemand/iets**] • *wassen* ⋆ wash your hands! *was je handen!*
• **wash away** *wegspoelen* ⋆ the rain washes away the dirt *de regen spoelt het vuil weg*
washcloth ‹Amerikaans› /*zeg:* wòsjklòS/ *washandje*
washer /*zeg:* wòsjù/ *wasmachine* ⋆ dish washer *afwasmachine*
washing /*zeg:* wòsjìng/ *wasgoed* ◆ washing machine *wasmachine*
washroom /*zeg:* wòsjroem/ Amerikaans ‹Amerikaans› *toilet*
wasp /*zeg:* wòsp/ *wesp*
waste /*zeg:* weest/
[**the-woord**] • *verspilling* ⋆ watching tv is a waste of time *tv kijken is tijdverspilling*
• *afval* ⋆ nuclear waste *kernafval* ◆ this day has gone to waste *deze dag is verloren gegaan*
[**werkwoord + iemand/iets**] *verspillen* ⋆ go away, you're wasting my time *ga weg, je verspilt mijn tijd* ⋆ John wasted a lot of money on a car *John verspilde een hoop geld aan een auto*
wastebasket /*zeg:* weestbààskìt/ *prullenmand*

watch /*zeg:* wòtsj/

W

[the-woord] • *wacht* ★ the soldiers are on watch *de soldaten staan op wacht*
• *horloge* ★ my watch is fast/slow *mijn horloge loopt voor/achter*
[werkwoord + iemand/iets] • *kijken (naar)* ★ we watched the sunrise together *we keken samen naar de zonsopgang*
• *in de gaten houden*; *bewaken* ★ he watched his luggage carefully *hij hield zijn bagage zorgvuldig in de gaten*
• *letten op*; *oppassen* ★ I have to watch my weight *ik moet op mijn gewicht letten* ★ watch out for sharks! *pas op voor haaien!*

watchful /*zeg:* wotsjfoel/ *waakzaam*

watchtower /*zeg:* wòtsjtauwù/ *wachttoren*

watchword /*zeg:* wòtsjwùùd/ *wachtwoord*

water /*zeg:* wòòtù/
[the-woord] *water* ★ drinking water *drinkwater*
[werkwoord + iemand/iets] *water geven* ★ my neighbour waters the plants when I'm on holiday *mijn buur geeft de planten water als ik op vakantie ben*

waterfall /*zeg:* wòòtùfòòl/ *waterval*

watermelon /*zeg:* wòòtùmèlùn/ *watermeloen*

waterproof /*zeg:* wòòtùproef/ *waterdicht* ★ is your watch waterproof? *is jouw horloge waterdicht?*

water-ski /*zeg:* wòòtùskie/
[the-woord] *waterski*
[werkwoord] *waterskiën*

waterway /*zeg:* wòòtùwee/ *waterweg*

watery /*zeg:* wòòtùrì/ *waterig*

watt /*zeg:* wòt/ *watt* ★ a lightbulb of 40 watts *een gloeilamp van 40 watt*

wave /*zeg:* weev/
[the-woord] *golf* ★ the passing boat made waves on the water *de passerende boot maakte golven op het water* ★ heat wave *hittegolf*
[werkwoord] • *golven*; *wapperen* ★ the flag waves in the wind *de vlag wappert in de wind*
• *zwaaien*; *wuiven* ★ the queen waved at me *de koningin wuifde naar me*

wax /*zeg:* weks/ *was* ★ you can style your hair with wax *je kunt je haar in model brengen met was* ◆ a wax doll *een wassen beeld*

way /*zeg:* wee/
• *weg* ★ it's a long way home *het is een lange weg naar huis*
• *richting* ★ which way is the railway station? *in welke richting is het treinstation?*
• *manier* ★ the way you handle something *de manier waarop je iets afhandelt* ◆ get out of my way! *ga uit de weg!* ◆ we are on the way to Amsterdam *we zijn onderweg naar Amsterdam* ◆ by the way *tussen twee haakjes* ◆ the other way round *andersom* ◆ one way or another *op de een of andere manier* ◆ no way! *geen sprake van!*

WC [afkorting] water closet *wc*

we /*zeg:* wie/ *wij* ★ we call each other a lot *we bellen elkaar vaak*

weak /*zeg:* wiek/ *zwak* ★ a chain breaks at the weakest link *een ketting breekt bij de zwakste schakel*

weaken /*zeg:* wiekùn/ *verzwakken* ★ my disease has weakened me *mijn ziekte heeft me verzwakt*

weakness /*zeg:* wieknùs/ *zwakheid*

wealth /*zeg:* welS/ *rijkdom*; *weelde*

wealthy /*zeg:* welSì/ *rijk* ★ Paul is the wealthiest pop star on earth *Paul is de rijkste popster ter wereld*

weapon /*zeg:* wèpùn/ *wapen*

wear /*zeg:* wèè/
[the-woord] *kleding* ★ leisure wear *vrijetijdskleding*
[werkwoord] • *slijten*
• **wear away** *slijten*; *omkruipen*; *langzaam om/voorbij gaan*
• **wear down** *slijten*
• **wear out** *slijten*; *uitgeput raken* ◆ my jeans are wearing off/away/down *mijn jeans zijn aan het verslijten*
[werkwoord + iemand/iets] ‹kleren e.d.› *dragen* ★ the singer wore a black dress and yellow earrings *de zangeres droeg een zwarte jurk en gele oorbellen*

weary /*zeg:* wìjùrì/ *moe* ★ you look weary *je ziet er moe uit*

weasel /*zeg:* wiezùl/ *wezel*

weather /*zeg:* wèDù/ *weer* ★ how is the

W

weather with you? *hoe is het weer bij jullie* ★ we had nice weather all week *we hadden de hele week mooi weer* ★ weather forecast *weersvoorspelling* ★ weather report *weerbericht*
weave /*zeg:* wiev/ *weven*; *vlechten* ★ we're weaving curtains *we zijn gordijnen aan het weven*
web /*zeg:* web/ *web* ★ a spider's web *een spinnenweb* ◆ the world-wide web *het internet*
webcam /*zeg:* webkem/ *webcam*
website /*zeg:* websait/ *website*
we'd /*zeg:* wied/ [(samentrekking van 'we should') → **shall**] [(samentrekking van 'we had') → **have**]
wedding /*zeg:* wèdìng/ *bruiloft*
wedding-ring /*zeg:* wèdìng-rìng/ *trouwring*
Wednesday /*zeg:* wenzdee/ *woensdag* ★ on Wednesday *op woensdag*
weed /*zeg:* wied/
[**the-woord**] • *onkruid* • *marihuana*
[**werkwoord + iemand/iets**] *wieden*
week /*zeg:* wiek/ *week* ★ last/this/next week *vorige/deze/volgende week* ★ we will go on holiday in three weeks *we gaan over drie weken op vakantie*
weekday /*zeg:* wiekdee/ *werkdag* ★ on weekdays *door de week*
weekend /*zeg:* wiekend/ *weekeinde* ★ in the weekend *in het weekeinde*
weep /*zeg:* wiep/ *huilen* ★ Simon wept for pain *Simon huilde van de pijn*
weigh /*zeg:* wee/
[**werkwoord**] *wegen* ★ how much does she weigh? *hoeveel weegt zij?*
[**werkwoord + iemand/iets**] *wegen* ★ have you weighed the baby yet? *heb je de baby al gewogen?*
weight /*zeg:* weet/ *gewicht* ★ a weight of 800 kilograms *een gewicht van 800 kilo* ◆ have you put on weight? *ben je aangekomen?* ◆ no, I have lost weight! *nee, ik ben afgevallen!*
weird /*zeg:* wìjùd/ *vreemd*; *bizar* ★ I had such a weird dream last night *ik heb vannacht zo'n rare droom gehad*
welcome /*zeg:* welkùm/
[**the-woord**] *welkom* ★ give someone a warm welcome *iemand een warm welkom geven*
[**bijvoeglijk naamwoord**] *welkom* ★ welcome to my house! *welkom in mijn huis!* ★ he didn't feel welcome at the party *hij voelde zich niet welkom op het feest* ◆ - thank you! - you're welcome - *dank je wel! - graag gedaan* ◆ you're welcome to use my bike *je mag gerust mijn fiets gebruiken*
weld /*zeg:* weld/ *lassen*
welfare /*zeg:* welfèè/ *welvaart* ★ welfare state *welvaartsstaat*
well /*zeg:* wel/
[**the-woord**] *bron* ★ oil well *oliebron*
[**bijvoeglijk naamwoord**] • *goed* ★ it would be well if you got to school *het zou goed zijn als je nu naar school zou gaan* ★ well enough *goed genoeg* • *beter*; *gezond* ★ get well soon! *word gauw beter!* ★ I'm not feeling well *ik voel me niet gezond*
[**bijwoord**] *goed* ★ I don't speak English very well *ik spreek niet heel goed Engels* ★ you may just as well go away *je kunt net zo goed weggaan*
we'll /*zeg:* wiel/ [(samentrekking van 'we will') → **will**] [(samentrekking van 'we shall') → **shall**]
well-being /*zeg:* welbieìng/ *welzijn*
well-done /*zeg:* weldàn/ *goed gaar*; *doorbakken* ★ I would like a steak, well-done please *ik wil graag een biefstuk, doorbakken alstublieft*
well-known /*zeg:* wel noon/ *bekend* ★ Utrecht is well-known for its Domtower *Utrecht staat bekend om zijn Domtoren*

W

well-off /*zeg:* wèlòf/ *rijk*
Welsh /*zeg:* welsj/
[**the-woord**] ‹taal van Wales› *Welsh*
[**bijvoeglijk naamwoord**] *uit/van Wales*
Welshman /*zeg:* welsjmùn/ *bewoner van Wales*
Welshwoman /*zeg:* welsjwoemùn/ *bewoonster van Wales*
went /*zeg:* went/ [(verleden tijd) → **go**]
wept /*zeg:* wept/ [(verleden tijd + voltooid deelwoord) → **weep**]
were /*zeg:* wù/ [(verleden tijd) → **be**]
we're /*zeg:* wìjù/ [(samentrekking van 'we are') → **be**]
weren't /*zeg:* wùùnt/ [(samentrekking van 'were not') → **be**]
west /*zeg:* west/
[**the-woord**] *westen* ★ to the west of Berlin *ten westen van Berlijn* ★ the Wild West *het Wilde Westen*
[**bijvoeglijk naamwoord**] *west-*; *westelijk* ★ West-Flanders *West-Vlaanderen*

western /*zeg:* westn/
[**the-woord**] ‹film/boek over het Wilde Westen› *western*
[**bijvoeglijk naamwoord**] • *westers* ★ western culture *westerse cultuur*
• *westelijk* ★ in western direction *in westelijke richting*

W

wet /*zeg:* wet/
[**bijvoeglijk naamwoord**] *nat* ★ my clothes have become wet in the rain *mijn kleren zijn nat geworden in de regen* ★ a wet sweater *een natte sweater*
[**werkwoord + iemand/iets**] *nat maken* ★ he wetted his forehead *hij maakte zijn voorhoofd nat* ◆ wet the bed *in bed plassen*
we've /*zeg:* wiev/ [(samentrekking van 'we have') → **have**]
whale /*zeg:* weel/ *walvis*
wham /*zeg:* wem/ *dreun*
wharf /*zeg:* wòòf/ *werf*
what /*zeg:* wòt/
[**voornaamwoord**] • *wat* ★ what do you mean? *wat bedoel je?*
• *welk* ★ what cities have you visited? *welke steden heb je bezocht?* ◆ what time is it? *hoe laat is het?* ◆ what's your name? *hoe heet je?* ◆ what's her age? *hoe oud is zij?* ◆ what did you do that for? *waarom deed je dat?*
[**voornaamwoord**] *wat* ★ I do what I can *ik doe wat ik kan*
whatever /*zeg:* wòtèvù/ ◆ whatever! *mij best!*; *boeien!*
wheat /*zeg:* wiet/ *tarwe*
wheel /*zeg:* wiel/
[**the-woord**] • *wiel* ★ a car with only three wheels *een auto met maar drie wielen*
• *stuur* ★ Andrea is behind the wheel *Andrea zit achter het stuur*
[**werkwoord**] *rijden* ★ Lance wheeled up the hill *Lance reed de heuvel op*
[**werkwoord + iemand/iets**] *(laten) rijden* ★ she wheels the kart to the front *zij rijdt de kar naar voren*
wheelchair /*zeg:* wieltsjèè/ *rolstoel*
wheels /*zeg:* wielz/ [meervoud] *auto*
when /*zeg:* wen/
[**voornaamwoord**] *wanneer* ★ when will I see you again? *wanneer zie ik je weer?*
[**voegwoord**] • *wanneer*; *als* ★ I always smile when I think of you *ik glimlach altijd wanneer ik aan jou denk*
• *toen* ★ everybody looked up when he entered the room *iedereen keek op toen hij de kamer binnenkwam*
whenever /*zeg:* wenèvù/
[**bijwoord**] *wanneer dan* ★ whenever did you say that? *wanneer heb ik dat dan gezegd*
[**voegwoord**] *telkens wanneer* ★ I blush whenever I think about it *ik bloos telkens als ik eraan denk*

where /*zeg:* wèè/
[**voornaamwoord**] *waar* ★ where do you come from? *waar kom je vandaan?*
[**voornaamwoord**] *(daar) waar* ★ she knew where I was *ze wist waar ik was*
whereabouts /*zeg:* wèèrùbauts/
[meervoud] *verblijfplaats* ★ his whereabouts are unknown *zijn verblijfplaats is onbekend*
wherever /*zeg:* wèèrevù/
[**bijwoord**] *waar toch (heen)* ★ wherever have you been? *waar ben je toch geweest?*
[**voegwoord**] *waar(heen) ook; overal waar(heen)* ★ wherever you look there are pictures everywhere *waar je ook kijkt, overal staan foto's*
whether /*zeg:* wèDù/ *of* ★ I'm not sure whether she likes it or not *ik weet niet zeker of ze het leuk vindt of niet*
which /*zeg:* wìtsj/
[**voornaamwoord**] *welk* ★ which part of the story do you like best? *welk deel van het verhaal vind je het leukst?*
[**voornaamwoord**] *die; dat* ★ the question which I want to ask you *de vraag die ik je wil stellen*
whichever /*zeg:* wìtsjèvù/ *welk ook* ★ whichever way you do it, it will be hard *op welke manier je het ook doet, het zal moeilijk worden*
while /*zeg:* wail/
[**the-woord**] *tijd(je)* ★ she stayed a little while longer *ze bleef nog een tijdje langer* ★ for a while *voor een tijdje* ◆ every once in a while *zo nu en dan* ◆ is it worth while? *is het de moeite waard?*
[**voegwoord**] *terwijl; hoewel* ★ I made my homework while my brother played guitar *ik deed mijn huiswerk terwijl mijn broer gitaar speelde*
whine /*zeg:* wain/ *janken* ★ stop whining! *houd op met janken!*
whip /*zeg:* wìp/ *zweep*
whiplash /*zeg:* wìplesj/ *zweepslag*
whipped /*zeg:* wìpt/ ◆ whipped cream *slagroom*
whirl /*zeg:* wùùl/ ⟨snel⟩ *(rond)draaien; wervelen* ★ the wind whirled around the house *de wind wervelde om het huis*
whirlpool /*zeg:* wùùlpoel/
• *draaikolk*
• *massagebad; bubbelbad*
whirlwind /*zeg:* wùùlwìnd/ *wervelwind*
whisk /*zeg:* wìsk/
[**the-woord**] *kwast*
[**werkwoord + iemand/iets**] • ⟨staart e.d.⟩ *slaan met*
• ⟨ei⟩ *kloppen*
whisky /*zeg:* wìskì/ *whisky*
whisper /*zeg:* wìspù/
[**the-woord**] *fluistering*
[**werkwoord (+ iemand/iets)**] *fluisteren* ★ John whispered something in her ear *John fluisterde iets in haar oor*
whistle /*zeg:* wìsùl/
[**the-woord**] *fluit* ★ the umpire blew his whistle *de scheidsrechter blies op zijn fluit*
[**werkwoord (+ iemand/iets)**] *fluiten* ★ the birds are whistling *de vogels fluiten*
Whit /*zeg:* wìt/ *pinkster-* ◆ Whit Sunday *eerste pinksterdag* ◆ Whit Monday *tweede pinksterdag*
white /*zeg:* wait/
• *wit* ★ the White House *het Witte Huis*
• *blank* ★ a white male *een blanke man*
Whitsun /*zeg:* wìtsùn/ *Pinksteren*
whiz(z) /*zeg:* wìz/ *slimmerd; whizzkid*
who /*zeg:* hoe/
[**voornaamwoord**] *wie* ★ who is she? *wie is zij?*
[**voornaamwoord**] *die; wie* ★ Annette is someone who knows what to do *Annette is iemand die weet wat te doen*
W.H.O. [**afkorting**] World Health Organization *Wereldgezondheidsorganisatie*
who'd /*zeg:* hoed/ [(samentrekking van 'who would') → **will**] [(samentrekking van 'who had') → **have**]
whoever /*zeg:* hoeèvù/ *wie ook maar* ★ whoever did it *wie het ook maar gedaan heeft*
whole /*zeg:* hoowl/
[**the-woord**] *geheel* ★ as a whole *in zijn geheel* ◆ the whole of England *heel Engeland*

[**bijvoeglijk naamwoord**] *heel* ★ the whole world *de hele wereld* ★ I feel a whole lot better *ik voel me heel wat beter*

wholesome /*zeg:* hoowlsùm/ *gezond*

who'll /*zeg:* hoel/ [(samentrekking van 'who will') → **will**]

whom /*zeg:* hoem/ *aan wie* ★ whom does this belong to? *aan wie behoort dit toe?*

whore /*zeg:* hòò/ *hoer*

who's /*zeg:* hoez/ [(samentrekking van 'who is') → **be**]

whose /*zeg:* hoez/

[**voornaamwoord**] *van wie* ★ whose bag is this? *van wie is deze tas?*

[**voornaamwoord**] *van wie* ★ the boy whose mother was ill *de jongen van wie de moeder ziek was*

who've /*zeg:* hoev/ [(samentrekking van 'who have') → **have**]

why /*zeg:* wai/ *waarom* ★ do you know why they did that? *weet je waarom ze dat gedaan hebben?* ◆ that's why *daarom*

wicked /*zeg:* wikid/ *gemeen* ★ he plays wicked games *hij speelt gemene spelletjes*

wide /*zeg:* waid/

• *wijd*; *breed* ★ the river is half a mile wide here *de rivier is hier een halve mijl breed* ★ the door was open wide *de deur stond wijd open*

• *groot* ★ a wide choice *een grote keus*

widen /*zeg:* waidn/

[**werkwoord**] *breder worden*

[**werkwoord + iemand/iets**] *breder maken* ★ the road has been widened *de weg is breder gemaakt*

widescreen /*zeg:* waidskrien/ *breedbeeld-* ★ widescreen tv *breedbeeld-tv*

widow /*zeg:* widoow/ *weduwe*

widower /*zeg:* widoowù/ *weduwnaar*

width /*zeg:* wìdS/ *wijdte*; *breedte* ★ the width of our garden is five metres *de breedte van onze tuin is vijf meter*

wife /*zeg:* waif/ *vrouw*; *echtgenote* ★ I now declare you husband and wife *ik verklaar u nu tot man en vrouw*

wig /*zeg:* wìG/ *pruik*

wiggle /*zeg:* wiGl/ *wiebelen* ★ the plate wiggles on the edge of the table *het bord wiebelt op de rand van de tafel*

wild /*zeg:* waild/ *wild* ★ wild animals *wilde dieren* ★ bears live in the wild *beren leven in het wild*

wilderness /*zeg:* wìldùnùs/ *wildernis*

wildlife /*zeg:* waildlaif/ *dierenwereld*; *dierenrijk* ◆ World Wildlife Fund *Wereld Natuur Fonds*

will /*zeg:* wìl/

[**the-woord**] • *wil* ★ Tim has a strong will *Tim heeft een sterke wil*

• *testament* ★ the notary read out the will of the deceased *de notaris las het testament van de overledene voor*

[**werkwoord (+ iemand/iets)**] *willen* ★ will you marry me? *wil je met me trouwen?*

[**hulpwerkwoord**] • *zullen* ★ it will be a difficult job *het zal een moeilijk karwei worden*

• *willen* ◆ I'll be back in ten minutes *ik ben over tien minuten terug*

W

willing /*zeg:* wi̱lìng/ *bereid(willig)* ★ the suspect is not willing to cooperate *de verdachte is niet bereid om mee te werken*
willow /*zeg:* wi̱loow/ *wilg*
willpower /*zeg:* wi̱lpauwù/ *wilskracht*
win /*zeg:* wìn/ *winnen* ★ we won the match by 2 to 1 *we hebben de wedstrijd gewonnen met 2 tegen 1*
wind [**the-woord**] /*zeg:* wind/ *wind* ★ the wind comes from the north *de wind komt uit het noorden*
[**werkwoord**] /*zeg:* waind/
• *kronkelen* ★ the river winds through the hills *de rivier kronkelt tussen de heuvels door*
• **wind up** *terechtkomen* ★ one day you will wind up in jail *op een dag kom je nog eens terecht in de gevangenis*
• **wind round** *kronkelen* ◆ a winding road *een bochtige weg*
[**werkwoord + iemand/iets**] /*zeg:* waind/
• *winden* ★ he wound a paper chain around the tree *hij wond een papieren slinger rond de boom*
• /*zeg:* waind/ ⟨horloge e.d.⟩ *opwinden*
• **wind up** ⟨horloge, klok e.d.⟩ *opwinden*
• **wind up** ⟨van mechaniek⟩ *opdraaien*; *ophalen*; *omhoogdraaien*; *op stang jagen*; *beëindigen*; *besluiten*; *opheffen*; *opwinden*
wind instrument /*zeg:* windi̱nstrùmùnt/ *blaasinstrument*
windmill /*zeg:* wi̱ndmìl/ *windmolen*
window /*zeg:* wi̱ndoow/ *raam* ★ open/close the window *het raam openen/sluiten*
window-pane /*zeg:* wi̱ndoowpeen/ *ruit*
window-shopping /*zeg:* wi̱ndoowsjòpìng/ *etalages kijken*
windscreen /*zeg:* wi̱ndskrien/ *voorruit* ◆ windscreen wiper *ruitenwisser*
windsurfing /*zeg:* wi̱ndsùùfìng/ *windsurfen*
windy /*zeg:* wi̱ndì/ *winderig* ★ it will be a windy day *het wordt een winderige dag*
wine /*zeg:* wain/ *wijn* ★ two bottles of red wine *twee flessen rode wijn*
wing /*zeg:* wìng/ *vleugel* ★ the eagle spread its wings *de arend spreidde zijn vleugels uit*
wink /*zeg:* wìngk/
[**the-woord**] ◆ I haven't slept a wink *ik heb geen oog dichtgedaan*
[**werkwoord (+ iemand/iets)**]
• *knipperen* ★ the lights of your car are winking *de lampen van uw auto knipperen*
• *knipogen* ★ that old man winked at me! *die oude man knipoogde naar me!*
winner /*zeg:* wi̱nù/ *winnaar*
winter /*zeg:* wi̱ntù/ *winter* ★ in winter *in de winter* ★ winter 1976 *in de winter van 1976*
wintertime /*zeg:* wi̱ntùtaim/ *wintertijd*; *winter*
wipe /*zeg:* waip/ *(af)vegen* ★ wipe your feet before you come in *veeg je voeten voordat je binnenkomt* ★ she wiped away his tears *ze veegde zijn tranen weg*
wire /*zeg:* wa̱ijù/ *(metaal)draad*; *kabel* ◆ barbed wire *prikkeldraad*
wisdom /*zeg:* wi̱zdùm/ *wijsheid* ◆ a woman of great wisdom *een zeer wijze vrouw*
wise /*zeg:* waiz/ *wijs*; *verstandig* ★ it was wise of you to remain silent *het was wijs van je om te zwijgen*
wisely /*zeg:* wa̱izlì/ *wijselijk* ★ she wisely kept her mouth shut *ze hield wijselijk haar mond dicht*
wish /*zeg:* wìsj/
[**the-woord**] *wens* ★ make a wish *een wens doen*
[**werkwoord (+ iemand/iets)**] • *wensen*; *toewensen* ★ I wish you good luck *ik wens je veel geluk*
• *verlangen*; *willen* ★ do you wish me to come? *wil je dat ik kom?*
• **wish for** *verlangen*; *wensen* ◆ I wish that he was still here *ik wou dat hij nog steeds hier was*
witch /*zeg:* wìtsj/ *heks*
witchcraft /*zeg:* wi̱tsjkràáft/ *hekserij*
witch-doctor /*zeg:* wi̱tsjdòktù/ *tovenaar*; *medicijnman*
with /*zeg:* wìth/
• *met* ★ I like to talk with you *ik praat graag met je*
• *van* ★ I'm trembling with fear *ik tril van angst*

• *bij* ★ she stays with her aunt *ze logeert bij haar tante*

withdraw /*zeg:* wìDdròò/
• ⟨leger⟩ *terugtrekken*
• ⟨belofte, opmerking⟩ *terugnemen*
• ⟨geld⟩ *opnemen*

within /*zeg:* wìDìn/ *binnen (in)* ★ you must stay within this area *je moet binnen dit gebied blijven* ★ within a week *binnen een week* ◆ Angela is not within *Angela is niet thuis*

without /*zeg:* wìDaut/ *zonder* ★ it's no fun without a ball *het is niet leuk zonder een bal* ◆ are you without work? *heeft u geen werk?* ◆ we can't do without you *we kunnen niet zonder je*

witness /*zeg:* wìtnùs/
[**the-woord**] *getuige* ★ a witness to the murder *een getuige van de moord*
[**werkwoord + iemand/iets**] *getuige zijn van* ★ a child witnessed the accident *een kind was getuige van het ongeluk*

wits /*zeg:* wìts/ [meervoud] *verstand* ★ your wits are playing tricks with you *je verstand speelt een spelletje met je*

witty /*zeg:* wìtì/ *geestig* ★ she's the wittiest person I know *zij is de geestigste persoon die ik ken*

wives /*zeg:* waivz/ [meervoud] → **wife**

wizard /*zeg:* wìzùd/ *tovenaar*

wobble /*zeg:* wòbl/ *wiebelen* ★ the table wobbles *de tafel wiebelt*

woke /*zeg:* woowk/ [(verleden tijd + voltooid deelwoord) → **wake**]

woken /*zeg:* woowkùn/ [(voltooid deelwoord) → **wake**]

wolf /*zeg:* woelf/ *wolf* ★ when the fire is out, the wolves come *als het vuur gedoofd is, komen de wolven*

wolves /*zeg:* woelvz/ [meervoud] → **wolf**

woman /*zeg:* woemùn/ *vrouw* ★ of course women are equal to men *natuurlijk zijn vrouwen gelijkwaardig aan mannen* ◆ a woman doctor *een vrouwelijke arts*

W

womb /*zeg:* woem/ *baarmoeder*

women /*zeg:* wìmìn/ [meervoud] → **woman**

won /*zeg:* wàn/ [(verleden tijd) → **win**]

wonder /*zeg:* wàndù/
[**the-woord**] • *wonder* ★ no wonder that it fell apart: no glue *geen wonder dat het uit elkaar viel: geen lijm*
• *verwondering* ★ he looked at me in wonder *hij keek me in verwondering aan*
[**werkwoord**] • *verbaasd zijn* ★ do you wonder at his progress? *ben je verbaasd over zijn vooruitgang?*
• *zich afvragen* ★ I wonder if Pete still lives there *ik vraag me af of Pete daar nog steeds woont*

wonderful /*zeg:* wàndùfoel/ *prachtig* ★ the view is wonderful *het uitzicht is prachtig*

won't /*zeg:* woownt/ [(samentrekking van 'will not') → **will**]

wood /*zeg:* woed/
• *hout* ★ a house made of wood *een huis gemaakt van hout*
• *bos* ★ walk in the wood *wandelen in het bos*

wooden /*zeg:* woedn/ *houten* ★ a wooden doll *een houten pop*

woodpecker /*zeg:* woedpèkù/ *specht*

wool /*zeg:* woel/ *wol* ★ a sweater of wool *een trui van wol*

woollen /*zeg:* woelùn/ *wollen* ★ a pair of woollen socks *een paar wollen sokken*

word /*zeg:* wùùd/ *woord* ★ I don't understand a word of it *ik versta er geen woord van* ◆ upon my word of honour *op mijn woord van eer* ◆ in other words: I love you *met andere woorden: ik hou van je* ◆ can I have a word with you? *kan ik je even spreken?*

wore /*zeg:* wòò/ [(verleden tijd) → **wear**]
work /*zeg:* wùùk/
[**the-woord**] • *werk* ★ he made his hobby his work *hij heeft van zijn hobby zijn werk gemaakt* ★ Petra is at work *Petra is op haar werk*; *Petra is aan het werk*
• *werkstuk* ★ a work of art *een kunstwerk* ◆ out of work *werkloos*
[**werkwoord**] • *werken* ★ I work from nine to five at the zoo *ik werk van negen tot vijf in de dierentuin* ★ the new drill works well *de nieuwe boor werkt goed* ★ did your plan work? *heeft jullie plan gewerkt?*
• **work out** *trainen*; ‹van probleem› *goed komen*
• **work out** *uitkomen*; *trainen*; *lukken*
[**werkwoord + iemand/iets**] **work out** *uitwerken*; ‹een probleem› *oplossen* ★ we have worked out a clever plan *we hebben een slim plan uitgewerkt*
workbench /*zeg:* wùùkbentsj/ *werkbank*
workbook /*zeg:* wùùkboek/ *werkboek*
worker /*zeg:* wùùkù/ *werker*; *arbeider* ★ all of the workers went on strike *alle arbeiders gingen staken*
working /*zeg:* wùùkìng/ *werking* ★ the working of a machine *de werking van een machine* ◆ working day *werkdag* ◆ working class *werkende klasse*

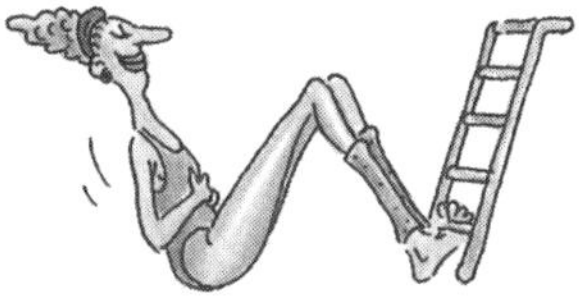

workout /*zeg:* wùùkaut/ *training*
workshop /*zeg:* wùùksjòp/
• *workshop*
• *werkplaats*
• *werkplaats*
world /*zeg:* wùùld/ *wereld* ★ a journey round the world *een reis om de wereld* ★ world record *wereldrecord*
world-famous /*zeg:* wùldfeemùs/ *wereld-beroemd*
world-wide /*zeg:* wùùldwaid/ *over de hele wereld* ◆ world-wide web ‹www› *internet*
worm /*zeg:* wùùm/ *worm*
worn /*zeg:* wòòn/ [(voltooid deelwoord) → **wear**]
worried /*zeg:* wàrìd/ *bezorgd* ★ my parents are worried about me *mijn ouders zijn bezorgd om me*
worry /*zeg:* wàrì/
[**werkwoord**] *piekeren*; *zich zorgen maken* ★ don't worry about it *maak je daar maar geen zorgen over*
[**werkwoord + iemand/iets**] ◆ the war in the Middle East worries me *ik maak me zorgen over de oorlog in het Midden-Oosten*
worse /*zeg:* wùùs/ *slechter*; *erger* ★ worse things can happen *er kunnen slechtere dingen gebeuren* ◆ worse and worse *steeds slechter*
worsen /*zeg:* wùùsùn/ *slechter/erger maken* ★ her anger only worsened the situation *haar woede maakte de situatie alleen maar erger*
worship /*zeg:* wùùsjìp/ *aanbidden* ★ Vera worships her mother *Vera aanbidt haar moeder*
worst /*zeg:* wùùst/ *slechtst*; *ergst* ★ the worst is still to come *het ergste moet nog komen* ★ an award for the worst actor *een prijs voor de slechtste acteur*
worth /*zeg:* wùùS/
[**the-woord**] *waarde* ★ what's the worth of it? *wat is de waarde ervan?*
[**bijvoeglijk naamwoord**] *waard* ★ it's worth a hundred euros *het is honderd euro waard* ★ it's (not) worth it *dat is het (niet) waard*
worthless /*zeg:* wùùSlùs/ *waardeloos*
worthwhile /*zeg:* wùùSwail/ *de moeite waard*
worthy /*zeg:* wùùDì/
• *waardig* ★ justice is a worthy cause *gerechtigheid is een waardige zaak*
• *waard* ★ you're not worthy of her *je bent haar niet waard*
would /*zeg:* woed/ [(verleden tijd) → **will**]
wouldn't /*zeg:* woednt/ [(samentrekking van 'would not') → **will**]
wound [**the-woord**] /*zeg:* woend/ *wond* ★ dress a wound *een wond verbinden*

[**werkwoord**] /*zeg:* waund/ [(verleden tijd + voltooid deelwoord) → **wind**]
[**werkwoord + iemand/iets**] /*zeg:* woend/ *(ver)wonden* ★ the bullet wounded her in the arm *de kogel verwondde haar in haar arm*

wove, woven /*zeg:* woowv, woowvùn/ [(verleden tijd + voltooid deelwoord) → **weave**]

woven /*zeg:* woowvùn/ [(voltooid deelwoord) → **weave**]

wrap /*zeg:* rep/
• *wikkelen* ★ father wrapped a towel around the baby *vader wikkelde een handdoek rond de baby*
• **wrap up** *inpakken* ★ wrap up a gift in yellow paper *een cadeau inpakken in geel papier* ◆ wrapping paper *cadeaupapier*

wreck /*zeg:* rek/
[**the-woord**] *wrak* ★ the wreck of the Titanic *het wrak van de Titanic*
[**werkwoord + iemand/iets**] *vernietigen*; *laten vergaan* ★ the ship was wrecked on the rocks *het schip werd vernietigd op de rotsen*

wrestle /*zeg:* rèsùl/ *worstelen* ★ Luke wrestled with the thief *Luke worstelde met de dief*

wrestler /*zeg:* rèslù/ *worstelaar*

wring /*zeg:* rìng/
• *omdraaien* ★ wring the neck of a chicken *de nek van een kip omdraaien*
• **wring out** *uitwringen* ★ the boy wrung out the wet towel *de jongen wrong de natte handdoek uit* ◆ she wrung my hand *ze schudde mijn hand*

wrinkle /*zeg:* rìngkl/
[**the-woord**] *rimpel* ★ George has wrinkles from laughing *George heeft rimpels van het lachen*
[**werkwoord (+ iemand/iets)**] *rimpelen* ★ a lady with a wrinkled face *een dame met een gerimpeld gezicht*

W

wrist /*zeg:* rìst/ *pols*

wristwatch /*zeg:* rìstwòtsj/ *polshorloge*

write /*zeg:* rait/
• *schrijven* ★ Anaïs was writing a letter *Anaïs was een brief aan het schrijven*
• **write down** *opschrijven* ★ I quickly wrote down her name *ik schreef snel haar naam op*
• **write out** ‹een recept› *uitschrijven*

writer /*zeg:* raitù/ *schrijver* ◆ Angela is a well-known writer *Angela is een bekende schrijfster*

writer: Geoffrey Chaucer (1342-1400) was de eerste Engelse schrijver die in het Engels schreef; tot die tijd schreef iedereen alleen in het Frans of het Latijn. Wereldberoemd werd zijn werk *The Canterbury Tales*, waaraan hij tussen 1387 en 1400 werkte.

writing /*zeg:* raitìng/
[**the-woord**] *geschrift* ★ a writing on English history *een geschrift over Engelse geschiedenis*
[**bijvoeglijk naamwoord**] *schrijf-* ★ writing paper *schrijfpapier*

written /*zeg:* rìtn/
[**bijvoeglijk naamwoord**] *schriftelijk* ★ a written statement *een schriftelijke verklaring*
[**werkwoord (voltooid deelwoord)** → **write**]

wrong /*zeg:* ròng/
[**the-woord**] *kwaad*; *onrecht* ★ has someone done you wrong? *heeft iemand jou kwaad gedaan?*
[**bijvoeglijk naamwoord**] • *verkeerd* ★ B is the wrong answer *B is het verkeerde antwoord* ★ the things are going wrong *de dingen gaan verkeerd*
• *slecht* ★ your friends have a wrong influence on you *je vrienden hebben een slechte invloed op je* ◆ what's wrong? *wat scheelt eraan?* ◆ you're wrong *je hebt het verkeerd*; *je hebt ongelijk*

wrongly /*zeg:* rònglì/ *ten onrechte* ★ I was wrongly accused of cheating *ik ben ten onrechte beschuldigd van valsspelen*

wrote /*zeg:* roowt/ [(verleden tijd) → **write**]

wrung /*zeg:* ràng/ [(verleden tijd + voltooid deelwoord) → **wring**]

x /*zeg:* eks/ *x* ◆ X as in X-mas *de X van Xantippe*
xerox /*zeg:* zìjùròks/ *fotokopie* ⋆ make a xerox of a letter *een fotokopie maken van een brief*
XL [**afkorting**] extra large ⟨extra groot⟩ *XL*
X-mas /*zeg:* krìsmùs/ Christmas *Kerstmis* ⋆ Happy X-mas! *gelukkig kerstfeest*
X-ray /*zeg:* eks-ree/ *röntgenfoto*

y /*zeg:* wai/ *y* ◆ Y as in Yellow *de Y van Ypsilon*
yacht /*zeg:* jòt/ ⟨schip⟩ *jacht* ⋆ sail a yacht across the ocean *met een jacht rond de oceaan zeilen*
yammer /*zeg:* jèmù/ *jammeren*; *mekkeren* ⋆ stop yammering! *hou op met mekkeren!*
Yank(ee) /*zeg:* jengk/
[**the-woord**] ⟨uit het noorden van de VS⟩ *Amerikaan*
[**bijvoeglijk naamwoord**] *Amerikaans*
yard /*zeg:* jààd/
• *yard (= ± 91 cm)* ⋆ three yards of rope *drie yard touw*
• ⟨bij huis⟩ *plaats(je)*; *binnenplaats* ⋆ you can put that old fridge in the yard for now *je kan die oude koelkast voorlopig op de binnenplaats zetten*
• ⟨Amerikaans⟩ *tuin* ⋆ I spend a lot of time on my yard *ik besteed veel tijd aan mijn tuin*
yawn /*zeg:* jòòn/ *gapen* ⋆ he yawned and stretched himself out on the sofa *he gaapte en strekte zich uit op de bank*
yd. [**afkorting**] yard(s) *yard*
yeah /*zeg:* jèè/ *ja*
year /*zeg:* jìjù/ *jaar* ⋆ year after/by year *jaar na jaar* ⋆ it can take years *het kan jaren duren* ⋆ all year round *het hele jaar door* ⋆ last/next year *vorig/volgend jaar*
yearly /*zeg:* jìjùlì/ *jaar-*; *jaarlijks*
yearn /*zeg:* jùùn/ *verlangen naar* ⋆ she yearned to go home *ze verlangde ernaar om naar huis te gaan*
yeast /*zeg:* jiest/ *gist* ⋆ yeast is needed to bake bread *om brood te bakken heb je*

Y

gist nodig
yell /*zeg:* jel/
[**the-woord**] *gil*; *yell*
[**werkwoord**] *schreeuwen*; *gillen* ★ he yelled in fear *hij gilde van angst*
yellow /*zeg:* jèloow/ *geel*
yes /*zeg:* jes/ *ja* ★ please say yes! *zeg alsjeblieft ja!* ★ I saw the play, and yes, I liked it *ik ben naar het toneelstuk gegaan, en ja, ik vond het leuk*
yesterday /*zeg:* jestùdee/ *gisteren* ★ I met him yesterday *ik heb hem gisteren ontmoet* ★ the day before yesterday *eergisteren*
yet /*zeg:* jet/
[**bijwoord**] • *nog* ★ Harry's not here yet *Harry is nog niet hier*
• *al* ★ has Harry arrived yet? *is Harry er al?*
[**voegwoord**] *maar (toch)* ★ it was very dark, yet I found my way *het was erg donker, maar ik kon toch mijn weg vinden*
yield /*zeg:* jield/
[**the-woord**] *opbrengst*; *oogst*
[**werkwoord**] • *toegeven* ★ at last she yielded to the temptation *eindelijk gaf ze toe aan de verleiding*
• ‹in het verkeer› *voorrang verlenen*
[**werkwoord + iemand/iets**] • *opleveren*; *produceren* ★ China yields a lot of rice *China produceert een boel rijst*
• *opleveren*
• **yield up** *opleveren*; *afstaan*
yoga /*zeg:* jooGà/ *yoga*
yogurt, yoghurt, yoghourt /*zeg:* jòGùùt, joowGùùt/ *yoghurt*
yolk /*zeg:* joowk/ ‹van ei› *dooier*
you /*zeg:* joe/
• *jij*; *je*; *u* ★ are you Sarah? *ben jij Sarah?* ★ how are you, Mrs. Jones? *hoe gaat het met u, mevrouw Jones?*
• *jullie* ★ you two are my best friends *jullie tweeën zijn mijn beste vrienden*
◆ poor you! *arme stakker!*
you'd /*zeg:* joed/ [(samentrekking van 'you had') → **have**] [(samentrekking van 'you would') → **will**]
you'll /*zeg:* joel/ [(samentrekking van 'you shall') → **shall**] [(samentrekking van 'you will') → **will**]
young /*zeg:* jàng/ *jong* ★ a young bird *een jong vogeltje* ★ Chris is my youngest brother *Chris is mijn jongste broer*
youngster /*zeg:* jàngstù/ *jong persoon*
your /*zeg:* jòò/
• *uw*; *jouw* ★ is this your book? *is dit jouw/uw boek?*
• ‹bij bezit› *jullie* ★ your bags are missing *jullie tassen zijn zoek*
you're /*zeg:* joeù/ [(samentrekking van 'you are') → **be**]
yours /*zeg:* jòòz/ *jouw/uw*; *van jou/u* ★ is this book yours? *is dit boek van u?* ★ this friend of yours *die vriend van jou/u*
yourself /*zeg:* jòòself/ *je(zelf)*; *u(zelf)* ★ did you enjoy yourself? *heb je je vermaakt?* ★ you said so yourself *dat heb je zelf nog gezegd*
yourselves /*zeg:* jòòselvz/ [meervoud] → **yourself**
youth /*zeg:* joeS/ *jeugd* ★ in my youth I was an excellent footballer *in mijn jeugd was ik een uitstekende voetballer*
you've /*zeg:* joev/ [(samentrekking van 'you have') → **have**]
yuck /*zeg:* jàk/ *jakkes*; *bah*

yummy /*zeg:* jàmmie/ *mmm!*; *lekker*

Y

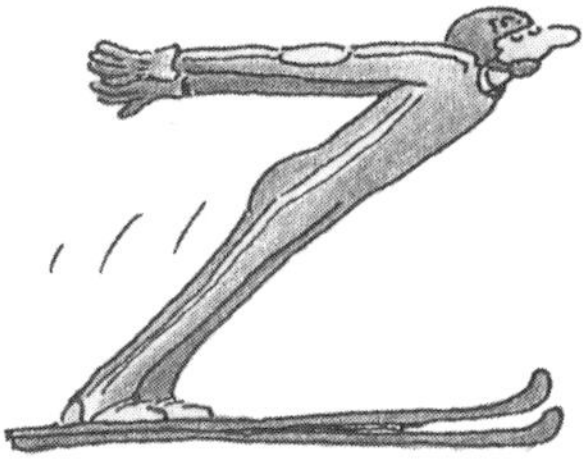

z /*zeg:* zed/ *z* ◆ Z as in Zebra *de Z van Zaandam*

zapper /*zeg:* zeppù/ ‹spreektaal› *afstandsbediening*

zeal /*zeg:* ziel/ *ijver*; *enthousiasme*

zebra /*zeg:* zebrù/ *zebra*

zed ‹Brits› /*zeg:* zed/ *de letter z*

zee ‹Amerikaans› /*zeg:* zie/ *de letter z*

zero /*zeg:* zeeroow/ *nul*; *nulpunt* ★ nine degrees below zero *negen graden onder nul*

zinc /*zeg:* zìngk/ *zink*

zip /*zeg:* zìp/
[**the-woord**] *rits(sluiting)* ◆ zip code ‹op brieven› *postcode*
[**werkwoord + iemand/iets**] **zip up** *dichtritsen* ★ zip up your dress *je jurk dichtritsen*

zipper /*zeg:* zìpù/ ‹Amerikaans› *ritssluiting*

zodiac /*zeg:* zoowdìèk/ *dierenriem* ★ what's your sign of the zodiac? *wat is jouw teken van de dierenriem?*

zoo /*zeg:* zoe/ *dierentuin*

zoo: De bekendste en oudste dierentuin ter wereld is de *Zoo* van Londen. 'Zoo' is de afkorting van 'Zoological Garden' ('dierkundige tuin'). De tuin werd in 1828 opgericht door een aantal wetenschappers die exotische dieren wilden verzamelen. Pas in 1847 gingen de deuren open voor het publiek. In de jaren die volgden, kwamen er het eerste reptielenhuis ter wereld, het eerste aquarium, het eerste insectenhuis enzovoorts.

zoology /*zeg:* zoowòlùdzjì/ *dierkunde*

zoom /*zeg:* zoem/ **zoom in (on)** *inzoomen (op)* ★ the photographer zoomed in on the wound *de fotograaf zoomde in op de wond*

NEDERLANDS-ENGELS

a *a* ★ van a tot z *from A to Z* ★ van a naar b gaan *get/go from A to B* ◆ de A van Anton *A as in Abel*

aaien *stroke*; ⟨dier⟩ *pet*; ⟨romantisch⟩ *caress* ★ iemand over zijn bol aaien *stroke somebody on/over his head*

aal *eel* ★ zo glad als een aal *(as) slippery as an eel*

aan [**bijwoord**] • in werking *on* ★ de verwarming is aan *the heating is on* • aan het lichaam *on* ★ trek je schoenen aan! *put your shoes on!* ◆ hij reed af en aan *he drove back and forth* ◆ het is dik aan tussen hen *they're very close* ◆ er is niets aan ⟨eenvoudig⟩ *there's nothing to it*; ⟨saai⟩ *it's very dull* [**voorzetsel**] • meewerkend voorwerp *to* ★ geef het aan mij *give it to me* • op een (vaste) plaats *on/in/at* ★ aan het strand *on the beach* ★ hij stond aan het raam *he stood at the window* ★ aan het diner *at dinner* • als gevolg van *from/of* ★ aan koorts lijden/sterven *suffer/die from fever* • wat betreft *of* ★ een gebrek aan vitaminen *lack of vitamins*

aanbakken *burn (on)* ★ de aardappelen zijn aangebakken *the potatoes have burnt (on)*

aanbellen *ring (the bell)* ★ bij de buren aanbellen *ring at/on the neighbours' door bell*

aanbidden *adore*; *worship*

aanbidder *admirer* ★ stille aanbidder *secret admirer*

aanbieden *offer*; *give*; ⟨een nota, een petitie⟩ *present* ★ je verontschuldigingen aanbieden *offer your apologies* ★ het eerste exemplaar van het boek werd aan de Koningin aangeboden *the first copy of the book was presented to the Queen*

aanbieding • aanbod *offer* • koopje *bargain*; *special offer* ★ in de aanbieding zijn *be on special offer*

aanbod *offer* ★ een aanbod aannemen *accept an offer* ★ een aanbod afslaan *decline/reject an offer*

aanbranden *burn (on)*; *be burnt (on)* ★ je hebt het eten laten aanbranden *you have burnt (on) the dinner*

aanbreken [**werkwoord**] ⟨dag⟩ *break*; *dawn*; ⟨nacht⟩ *fall* ◆ bij het aanbreken van de dag *at daybreak*; *at dawn* [**werkwoord + iemand/iets**] ⟨een fles⟩ *open* ★ een nieuwe pot pindakaas aanbreken *open a new pot of peanutbutter*

aanbrengen *put in/on*; ⟨veranderingen⟩ *introduce*; ⟨verf⟩ *apply* ★ jodium aanbrengen op een schaafwond *apply some iodine on a graze* ★ veranderingen aanbrengen in een proefwerk *introduce some changes in a test*

aandacht *attention* ★ mag ik uw aandacht voor de volgende spreker? *may I have your attention for the next speaker?* ★ aandacht schenken aan iets *pay attention to something* ★ dat heeft mijn volle aandacht *it has my undivided attention*

aandachtig *attentive* ★ ergens aandachtig naar luisteren *listen attentively to something*

aandeel • bijdrage *part*; *contribution* ★ wat was jouw aandeel in de ruzie? *what was your part in the argument?* • ⟨handel⟩ *share* ★ aandelen op de beurs hebben *have shares on the stock market*

aandenken *souvenir*; *keepsake*

aandoen • aantrekken *put on* ★ ik zou maar een dikke jas aandoen *I would put on a thick coat, if I were you* • aansteken *put/switch/turn on* • berokkenen *cause*; *do to* ★ iemand verdriet aandoen *cause someone grief* • een indruk geven *strike as*

aandoening • kwaal *disorder*; *complaint*

A

⋆ een aandoening aan de nieren *a kidney disorder*
• ontroering *emotion*; *feeling(s)*

aandrang *pressure* ⋆ aandrang uitoefenen op *put pressure on*

aandrijven [werkwoord] *drift to shore* ⋆ er kwam een stuk hout aandrijven *a piece of wood came drifting to shore*
[werkwoord + iemand/iets] ‹techniek› *drive* ⋆ door een benzinemotor aangedreven *driven by a petrol engine*

aandringen *urge*; *insist* ⋆ hij drong er bij mij op aan om ... *he urged me to ...*; *he insisted that I ...*

aanduiden *indicate*; *point out*; ‹met teken› *mark* ⋆ dat duidt aan dat hij niet veel geleerd heeft *that indicates that he hasn't learned much*

aandurven *dare (to)* ⋆ durf je het aan? *do you dare to (do it)?*; *do you feel up to it?*

aaneen *on end* ⋆ uren aaneen *for hours on end*

aangaan [werkwoord] *call in*; *drop in* ⋆ bij iemand aangaan *call in at a person*
[werkwoord + iemand/iets] • betreffen ⋆ wat mij aangaat *as far as I'm concerned*
• beginnen ‹onderhandeling/huwelijk› *enter into*; ‹van verdrag› *conclude* ⋆ een discussie aangaan met iemand *enter into a discussion with someone* ◆ het gaat mij niet aan *it's none of my business* ◆ een weddenschap aangaan *lay/make/take a bet*

aangenaam *pleasant*; *pleasing* ⋆ een aangename verrassing *a pleasant surprise* ◆ aangenaam kennis te maken *pleased to meet you*

aangeschoten *tipsy*

aangeven • aanreiken *give*; *hand*; *pass* ⋆ het zout aangeven *pass the salt*
• aanduiden *indicate*; *register* ⋆ de weegschaal gaf 80 kilo aan *the balance indicated 80 kilograms*
• officieel melden *register*; *declare* ⋆ hebt u iets aan te geven? *have you anything to declare?*
• aanbrengen *turn in*; *report* ⋆ iemand bij de politie aangeven *report someone to the police* ⋆ zichzelf aangeven *turn oneself in*

aangifte ‹van goederen› *declaration*; ‹misdaad› *report*; ‹van belasting› *(tax) return* ◆ aangifte doen van een inbraak *report a burglary*

aangrijpen • vastpakken *seize* ⋆ de gelegenheid aangrijpen om iets te doen *seize an opportunity to do something*
• ontroeren *move* ⋆ dat grijpt je aan *that moves/affects you*

aanhalen • vaster trekken *tighten* ⋆ je broekriem aanhalen *tighten your belt*
• liefkozen ‹van dier› *pet*; ‹van mens› *caress* ⋆ je huisdier aanhalen *pet your pet/animal*
• citeren ‹van tekst› *quote* ⋆ de woorden van iemand aanhalen *quote someone's words*

aanhalingsteken *quote*; *quotation mark* ⋆ aanhalingstekens openen/sluiten *open/close quotation marks*

aanhang *following* ⋆ Ajax heeft een grote aanhang *Ajax has a large following*

aanhanger • volgeling *follower*; *supporter*
• aanhangwagen *trailer*

aanhankelijk *attached*; *devoted*; *affectionate*

aanhef *introduction*; *opening (lines/words)* ⋆ een vriendelijke aanhef van een brief *a friendly greeting/opening of a letter*

aanhoren *listen to*; *hear* ⋆ het was niet om aan te horen *I couldn't bear to hear it*

aanhouden [werkwoord] • voortduren *go on*; *continue*; *hold*; *last* ⋆ ons geluk/het weer houdt aan *our luck/the weather is holding*
• gaan naar ⋆ links/rechts aanhouden *keep to the left/right*
[werkwoord + iemand/iets] • arresteren *arrest* ⋆ een verdachte aanhouden *arrest a suspect*
• tegenhouden *stop* ⋆ ik hield een voorbijganger aan op straat *I stopped a passer-by in the street*

aankijken • kijken naar *look at* ⋆ het aankijken niet waard *not worth*

looking at
• overdenken *wait and see*
• aankijken op *blame for* ★ jij wordt er op aangekeken *you will be blamed for it*

aanklacht *charge* ★ een aanklacht tegen iemand indienen *bring a charge against someone* ★ een aanklacht intrekken *withdraw/drop a charge*

aanklagen *accuse (of)*; *charge (with)*; *bring charges against* ★ zij is aangeklaagd wegens fraude *she has been charged with fraud*

aankleden *dress* ★ zich aankleden *dress*; *get dressed* ◆ een kamer aankleden *decorate a room*

aankloppen • op deur kloppen *knock at the door*
• aankloppen bij *appeal to* ★ bij iemand aankloppen om geld *appeal to someone for money*

aankomen • arriveren *arrive*
• naderen *approach*; *come* ★ een ongeluk zien aankomen *see a crash coming*
• aanraken *touch* ★ niet aankomen! *don't touch!*
• zwaarder worden *put on weight* ★ zij is 10 kilo aangekomen *she has put on 10 kilos* ◆ niet aankomen! *hands off!*

aankomst *arrival* ★ bij aankomst *on arrival*

aankondigen *announce* ★ een huwelijk aankondigen *announce a marriage*

aankoop • het kopen *buying*; *acquisition*
• het gekochte *purchase* ◆ bij aankoop van een cd een tweede cd gratis *a free CD with every cd*

aankruisen *mark*; *tick (off)*; *check* ★ aankruisen wat van toepassing is *tick as/where appropriate*

aankunnen *be up to*; *be able to manage*; *be able to cope with* ★ hij kon het werk niet aan *he wasn't up to the job*

aanleg • constructie *construction*; *building*; ⟨van wegen, spoorwegen, e.d.⟩ *construction* ★ in aanleg *under construction*
• talent *talent* ★ aanleg voor muziek *a talent for music*

aanleggen *make*; ⟨spoorweg⟩ *build*; ⟨weg⟩ *construct*; *lay on* ★ een leiding door de kamer aanleggen *lay on a wire through the room*

aanleiding *reason*; *cause* ★ de directe aanleiding *the immediate cause* ★ zonder enige aanleiding *without any reason*

aanloop • ⟨sport⟩ *run-up* ★ een aanloop nemen *take a run-up*
• bezoek *visitors* ★ veel aanloop hebben *have many visitors*
• inleiding *introduction*; *preamble*

aanlopen • even langsgaan *drop by/in*; *call on* ★ bij iemand aanlopen *drop in on a person*; *call on a person*
• tegen iets aan schuren ★ de rem loopt aan *the brake drags*
• een kleur krijgen *turn*; *become* ★ hij liep rood aan *his face turned red*

aanmaken • aansteken *kindle*; *light* ★ de kachel aanmaken *light the stove*
• klaarmaken ⟨groente⟩ *prepare*; ⟨verf, deeg⟩ *mix* ★ een salade aanmaken *prepare a salade*

aanmelden *announce/present yourself* ★ ik heb me aangemeld voor fitness *I have presented myself for fitness*

aanmelding *entry*; ⟨voor baan⟩ *application*

aanmerken • beschouwen als *consider (as)*; *regard (as)* ★ iets aanmerken als *consider something as*
• afkeurend opmerken *find fault (with)* ★ er valt niets op aan te merken *I can find no fault with it*

aanmerking • beschouwing *consideration* ★ niet in aanmerking komen *deserve/receive no consideration*
• kritiek *(critical) remark*; *comment* ★ aanmerkingen maken op iets *make some remarks on something*; *find fault with* ◆ in aanmerking nemen *take into account*; *consider*; *allow for*

aanmoedigen *encourage*; ⟨sport⟩ *cheer on* ★ het elftal werd aangemoedigd door het publiek *the team was cheered on by the crowd*

aannemen • in ontvangst nemen *accept*; *take (in)* ★ de buren hebben het pakketje voor ons aangenomen *the neighbours took the package in*

for us
• accepteren *accept*; *take* ★ iets als vanzelfsprekend aannemen *take a thing for granted*
• veronderstellen *assume*; *suppose* ★ er werd algemeen aangenomen dat *it was generally assumed that*

aannemer *contractor*; *(master)builder*

aanpak *approach* ★ er is een andere aanpak nodig *we need a different approach*

aanpakken • vastpakken *take hold of*; *seize*
• behandelen *deal with*; *handle*; *tackle* ★ een probleem aanpakken *tackle a problem*

aanpassen [**werkwoord + iemand/iets**] *adapt*; *adjust* ★ een computer aanpassen aan het nieuwe gebruik *adjust a computer to its/the new use*
[**werkwoord + zich**] *adapt/adjust yourself to* ★ ik moet me nog aanpassen aan mijn nieuwe baan *I have yet to adapt myself to my new job*

aanpassing aanpassing aan *adaptation (to)*; *adjustment (to)*

aanraden *advise*; ⟨boek⟩ *recommend*; ⟨plan⟩ *suggest* ★ die film kan ik je zeker aanraden *that movie I can really recommend to you* ◆ op aanraden van *at the suggestion of*; *at/on the advice of*

aanraken *touch* ★ verboden de voorwerpen aan te raken *do not touch the objects*

aanraking *touch*; *contact* ★ in aanraking brengen met *put in touch with*

aanranden *assault* ★ zij werd door een groepje jongens aangerand *she was assaulted by a group of boys*

aanrecht *kitchen sink (unit)*

aanreiken *pass*; *hand*; *reach*

aanrichten *cause*; *bring about* ★ de storm had enorme schade aangericht *the storm had caused huge damage*

aanrijden *collide (with)*; *run into* ★ ik heb een overstekend hert aangereden *I have run into a crossing deer*

aanrijding *collision*; *crash*; *accident* ★ een aanrijding hebben *be involved in an accident*

aanschaffen *purchase*; *acquire*; *buy*

aanschieten • licht verwonden *hit*; ⟨van vogel⟩ *wing*
• gauw aantrekken *slip into* ★ gauw je jas aanschieten *rapidly slip into your coat*
• aanspreken *approach* ★ iemand in de gang even aanschieten *approach someone in the corridor*

aanschrijven *summon*; *order*; *instruct*

aanschuiven • dichterbij brengen *draw/pull up* ★ een stoel aanschuiven *draw up a chair*
• dichterbij komen *shuffle (along)*

aanslaan [**werkwoord**] • starten van motor *start*
• succes hebben *catch on*; *be a success* ★ die nieuwe mode is ontzettend aangeslagen *that new fashion has caught on tremendously*
• beslaan *get blurred*; *haze up* ★ de ruiten slaan aan *the windows haze up*
[**werkwoord + iemand/iets**] ⟨toets⟩ *strike*; ⟨snaar⟩ *touch* ◆ iemand hoog aanslaan *think highly of a person*

aanslag • afzetting *deposit*; ⟨op raam⟩ *moisture* ★ de aanslag op de ruiten wegvegen *wipe the moisture from the windows*
• aanval *attack*; *attempt*; ⟨met bom⟩ *bomb attack* ★ een aanslag op iemands leven plegen *make an attempt on someone's life*
• belastingaanslag *assessment*

aansluiten [**werkwoord**] *correspond*; ⟨van treinen⟩ *connect* ★ haar verhaal sluit goed aan wat jij nu verteld *her story corresponds well with what you're telling now*
[**werkwoord + iemand/iets**] *connect*; *link up*; ⟨telefoon⟩ *connect* ★ we zijn voor radio en televisie aangesloten op de kabel *for radio and television we have been connected to cable radio and television*
[**werkwoord + zich**] • lid worden *join*; *become a member* ★ zich bij een partij aansluiten *join a party*
• het eens zijn *agree with* ★ daar sluit ik me bij aan *I agree with that*

aansluiting • verbinding *connection* ★ de aansluiting missen ⟨trein, e.d.⟩

miss the connection; *miss the boat*
• contact *joining*; *contact* ⋆ aansluiting zoeken bij een groep vrienden *seek contact with a group of friends*

aanspelen ‹in balsport› *pass (to)*; *feed*; *play to*

aanspoelen *be washed ashore* ⋆ er is een lijk aangespoeld *a corpse has been washed ashore*

aansporen ‹van persoon› *urge*; ‹prikkelen› *stimulate*; *spur (on)*
⋆ iemand aansporen om zijn best te doen *urge someone to do his best*

aanspraak • sociaal contact *contact*
• recht *claim*; *title* ⋆ aanspraak maken op een erfenis *lay claim to an heritage*
◆ veel aanspraak hebben *see a good many people*

aansprakelijk *responsible*; *answerable*; ‹rechten› *liable* ⋆ aansprakelijk stellen *hold responsible*

aanspreken • het woord richten tot *address*; *speak to* ⋆ iemand met je/jij aanspreken *address someone with 'je/jij'*
• in de smaak vallen *appeal to* ⋆ het spreekt me niet aan *it doesn't appeal to me*

aanstaan • bevallen *please* ⋆ het staat me helemaal niet aan *it doesn't please me at all*
• in werking zijn ‹van motor› *be running*; ‹tv e.d.› *be (switched) on* ⋆ je hebt de radio aan laten staan *you left the radio on*

aanstaande • eerstkomend *first*; *next*; *coming* ⋆ aanstaande vrijdag *next Friday*
• toekomstig *future* ⋆ mijn aanstaande echtgenoot/echtgenote *my future husband/wife*

aansteken • doen branden ‹een huis› *set fire to*; ‹lamp› *light*; ‹een vuur› *kindle*
⋆ het open haardvuur aansteken *kindle the open fire*
• besmetten *infect* ⋆ hij heeft de hele familie aangestoken *he has infected the whole family*

aansteker *lighter*

aanstellen [**werkwoord + iemand/iets**] *appoint* ⋆ ze is aangesteld voor twee jaar *she has been appointed for two years*
[**werkwoord + zich**] *pose*; *put on airs*

aansteller *show-off*; *poser*

aanstrepen ‹op lijst› *tick (off)*; ‹een passage› *mark* ⋆ in een tekst woorden aanstrepen *mark words in a text*

aantal *number* ⋆ een aantal schrijvers *a number of writers* ⋆ gering in aantal *in small numbers*

aantasten *affect*; *tarnish*; *corrode* ⋆ het metaal van de machine is aangetast *the metal of the machine has been affected*

aantekenen *write down*; *make a note of*
◆ iets aangetekend versturen *send by registered mail*

aantekening *note*; *annotation*
⋆ aantekeningen maken *take notes*

aantikken *tap*; *tip* ⋆ bij tikkertje moet je proberen een ander aan te tikken *in the game of tag you must try to tip someone else*

aantreden *fall in*; *line up* ⋆ alle soldaten traden aan *all soldiers lined up* ◆ Bush is in januari 2001 aangetreden als president *Bush took office as president January 2001*

aantrekkelijk *attractive*; *inviting*; *appealing*

aantrekken [**werkwoord + iemand/iets**]
• aandoen ‹kleren› *put on*; ‹schoeisel› *pull on* ⋆ ik zou maar laarzen aantrekken *I would rather pull on boots*
• vasttrekken *draw tighter*; *tighten* ⋆ je veters strakker aantrekken *tighten your shoelaces*
• naar zich toe trekken *draw*; *attract*
⋆ ik voel me aangetrokken tot hem *I feel attracted to him*
[**werkwoord + zich**] *be concerned (about)*; *take seriously* ⋆ zij trekt het zich erg aan *she takes it very seriously*
◆ trek je maar niets aan van die meiden *don't mind about those girls*

aanvaarden • accepteren *accept*; *agree to* ⋆ zij aanvaarden het voorstel niet *they don't accept the proposition*
• op zich nemen *assume* ⋆ een nieuwe functie aanvaarden *assume a new position/function*

A

aanval • het aanvallen *attack*; *assault*; *charge* ★ een aanval uitvoeren op de vijand *make an attack on the enemy* • uitbarsting *attack*; *fit* ★ een aanval van koorts *an attack of fever*

aanvallen [werkwoord] *fall upon*; *charge* ★ op je eten aanvallen *fall upon your food*
[werkwoord + iemand/iets] *attack*; ‹plotseling en hevig› *assault*; *charge* ★ in de rug aanvallen *attack someone from behind*

aanvang *beginning*; *start* ★ je moet voor de aanvang van de voorstelling aanwezig zijn *you should be present before/at the start of the show*

aanvangen *begin*; *start*; *commence* ★ de film vangt aan om 20.00 uur *the film begins at 20:00 uur*

aanvangstijd *(scheduled) starting time*

aanvegen *sweep (out)*

aanvliegen [werkwoord] *fly (towards)*; *approach* ★ het toestel kwam aanvliegen uit het oosten *the plane approached from the east*
[werkwoord + iemand/iets] *fly at* ★ de poes vloog de hond aan *the cat flew at the dog*

aanvoelen [werkwoord] *feel* ★ het voelt raar aan *it feels strange*
[werkwoord + iemand/iets] *feel*; ‹stemming› *sense* ★ iemands verdriet goed aanvoelen *sense someone's sorrow well*

aanvoer • het aanvoeren *supply*; *delivery* ★ de aanvoer van olie *supply of oil* • het aangevoerde *supply*; ‹import› *arrival(s)* ★ voedselaanvoer *food supplies*

aanvoerder *leader*; ‹sport› *captain*

aanvoeren • leiden *lead*; *captain* ★ een team aanvoeren *captain a team* • ergens heen brengen *supply*; *bring* ★ voedings- en hulpmiddelen aanvoeren *supply foodstuffs and helpresources* • naar voren brengen ‹bezwaren› *raise*; ‹bewijs› *submit* ★ iets als bezwaar aanvoeren *raise something as objection*

aanvraag *application*; *request*; ‹om inlichtingen› *inquiry* ★ een aanvraag indienen *submit an application*

aanvragen *apply/ask for* ★ een studiebeurs aanvragen *apply for a scholarship*

aanvullen • volledig maken *complete*; *fill (up)*; ‹van tekort› *supply* ★ dit boek vult mijn verzameling aan *this book completes my collection* • vol maken *fill up*

aanwakkeren [werkwoord] *strengthen*; *increase* ★ de storm wakkerde aan *the storm strengthened*
[werkwoord + iemand/iets] ‹ongunstig› *stir up*; *fan*; ‹gunstig› *stimulate* ★ een ruzie tussen leerlingen aanwakkeren *stir up a quarrel among students*

aanwezig • ‹dingen› *present* ★ de aanwezigen *those present* • beschikbaar *existing*; *available* ★ er is niet genoeg geld aanwezig *there is not enough money available* ◆ nadrukkelijk aanwezig zijn *make your presence felt*

aanwijzen • laten zien *point out/to*; *indicate*; *show* ★ het horloge wijst half twaalf aan *the watch indicates 11:30* • bestemmen *assign (to)*; *designate* ★ een projectleider aanwijzen *designate a projectmanager*

aanwijzing • inlichting *instruction*; *direction* ★ iemand aanwijzingen geven *give a person instructions/directions* • indicatie *indication*; *sign* ★ er is geen enkele aanwijzing dat *there is no indication whatsoever that*

aanwinst *gain*; *asset* ★ zij is een aanwinst voor de school *she's an asset to the school*

aanzetten [werkwoord] *come up* ★ komen aanzetten met een idee *come up with an idea*
[werkwoord + iemand/iets] • in werking zetten ‹tv› *switch on*; ‹motor› *start* • vastmaken *put on (to)*; *stitch on* ★ een mouw aanzetten *stitch on a sleeve* • aansporen *urge*; *incite* ★ iemand aanzetten tot woede *urge someone to rage* ◆ knopen aanzetten *sew on buttons*

aanzien [het-woord] • het bekijken ★ ten aanzien van *with respect/regard to*

• uiterlijk *look*; *aspect* ★ dat geeft een beter aanzien *that gives a better look*
• achting *esteem*; *prestige* ★ in aanzien zijn *be held in (great) esteem*
[**werkwoord + iemand/iets**] • aanzien voor ★ iemand/iets aanzien voor *take a person/something for* ★ ten onrechte aanzien voor *mistake for*

aanzienlijk *considerable*; *substantial* ★ het aantal computergebruikers is aanzienlijk toegenomen *the number of computerusers has increased substantially*

aanzoek *proposal* ★ een aanzoek afwijzen *reject a proposal* ◆ iemand een aanzoek doen *propose to somebody*

aap ‹mensaap› *monkey*; ‹voornamelijk staartloos› *ape*

aard • gesteldheid *character*; *nature* ★ je ware aard tonen *show your true character* ★ dat ligt niet in mijn aard *it is not my nature*
• soort *kind*; *sort* ★ niets van dien aard *nothing of the sort*

aardappel *potato*

aardbei *strawberry*

aardbeving *earthquake*

aardbol *earth*; *globe*

aarde • grond *soil* ★ een plant in ruimere aarde zetten *put a plant in more soil*
• aardbol *earth* ★ planeet aarde *planet earth*

aardewerk *pottery*; *earthenware* ★ een schaal van Delfts aardewerk *a dish of Delftware/Delft pottery*

aardgas *natural gas*

aardig [**bijvoeglijk naamwoord**] ‹van personen› *nice*; *kind*; ‹van manieren› *pleasant* ★ we hebben een aardige lerares *we have a nice teacher* ★ zij ziet er aardig uit *she looks nice* ★ dat is erg aardig van je *that is most kind of you*
[**bijwoord**] *fairly*; *pretty (good)* ★ het gaat hem aardig goed *he's doing very nicely*

aardolie *petroleum*; *oil*

aardrijkskunde *geography*

aardrijkskundig *geographical*

aartsbisschop *archbishop*

aartshertog *archduke*

aarzelen *hesitate*; *waver*; *dither* ★ zij aarzelt tussen Jack en Peter *she hesitates between Jack and Peter* ★ Jack aarzelt of hij wel mee wil *Jack hesitates whether he wants to go*

aarzeling *hesitation*; *wavering*

aas [**de-woord**] *ace* ★ harten aas *ace of hearts*
[**het-woord**] *bait*

abc *the ABC*; *the alphabet*

abonneren *subscribe to*; *take out a subscription* ★ zich abonneren op een serie concerten *subscribe to a series of concerts*

abortus *abortion* ★ zij heeft besloten om abortus te laten plegen *she decided to have an abortion*

abrikoos *apricot*

absent *absent*

absoluut *absolute* ★ ik ben daar absoluut zeker van *I am absolutely certain about/of it*

absorberen *absorb* ★ dit keukenpapier absorbeert goed *these paper towels absorb very well*

academie *academy*

accelereren *accelerate*

accent • klemtoon *stress*; *emphasis* ★ het accent ligt op de tweede lettergreep *the stress is on the second syllable*
• tongval *accent* ★ een licht/sterk accent *a slight/strong accent*
• leesteken *accent*

accepteren *accept* ★ dat soort gedrag accepteer ik niet *I won't accept that kind of behaviour*

accessoire *accessory*

accolade *brace*; *bracket*

accommodatie *accommodation*

accordeon *accordion*

accountant *accountant*

A

accu *battery* ★ de accu is leeg *the battery is dead*
ace ‹sport› *ace*
ach *ah!*; *oh!* ★ ach, jee! *oh, dear!*
acht [**de-woord**] *attention*; *heed* ★ acht slaan op *pay attention to* ★ jezelf in acht nemen *take care*; *beware* [**telwoord**] *eight* ★ acht min drie is gelijk aan vijf *eight minus three makes five*
achtbaan *roller coaster*

> **achtbaan**: Het pretpark *Pleasure Beach* in Blackpool kun je gerust een paradijs voor achtbaanliefhebbers noemen: ze hebben er maar liefst vijftien.

achten *consider*; *judge* ★ ik acht de verdachte schuldig *I judge the suspect guilty*
achter [**bijwoord**] • aan de achterkant *at/in the back/rear* ★ achter in de auto *in the back of the car* ★ achter in de kamer *at the back of the room* • in achterstand *behind* ★ achter met werk *behind with work* ◆ de klok loopt achter *the clock is slow* ◆ hij is achter in de dertig *he is in his late thirties* [**voorzetsel**] • met iets/iemand voor zich *at*; *behind* ★ achter het stuur/bureau zitten *be at the wheel/desk* • na *behind*; *after* ★ achter elkaar *one after the other*
achteraan *in the rear*; *behind*; *at the back* ★ hij zat achteraan in de zaal *he sat at the back of the hall* ◆ zij ging/holde er achteraan *she ran after it*
achteraf • naderhand *afterwards*; *after the event* ★ achteraf bleken we allemaal een voldoende te hebben *afterwards we all proved to have a sufficient mark* • afgelegen *out of the way* ◆ achteraf wonen *live in backwater*
achterblijven *stay behind*; *lag behind*; ‹bij wedstrijden› *fall behind* ★ het peloton bleef wat achter *the main group fell somewhat behind*
achterbuurt *ghetto*; *slums* ★ in de achterbuurt van Londen *in the slums of London*
achterdochtig *suspicious*; *distrustful*
achtereen *without a pause*; *on end* ★ dagen achtereen *for days on end*
achtereenvolgens *one after the other*; *in succession*
achteren *back*; *farther/further back/backwards* ★ naar achteren doorlopen *move further backwards*
achtergrond *background* ★ met een universitaire achtergrond *with an academic background* ★ tegen een rode achtergrond *against a red background*
achterhalen • te pakken krijgen *catch up with* ★ zij hebben de dief kunnen achterhalen *they've been able to catch up with the thief* • terugvinden *find back*; *retrieve* ★ gestolen goederen achterhalen *recover/retrieve stolen goods* • te weten komen *find out* ★ de waarheid achterhalen *find out/get at the truth*
achterhoofd *back of the head* ◆ iets in je achterhoofd hebben *keep something at the back of your mind*
achterhouden • bij zich houden *hold back* • geheimhouden *withhold*; *conceal*
achterin *in/at the back*
achterkant *back*; *reverse* ★ op de achterkant van het boek *on the back of the book*
achterlaten *leave (behind)* ★ een boodschap voor iemand achterlaten *leave a message for someone*
achterlicht *back/rear-light*
achterliggen *lag behind* ★ je ligt achter op/bij de andere leerlingen *you lag behind the other students*
achterlijk *backward*
achterlopen ‹van persoon› *be behind the times*; ‹van klok› *be slow* ★ de klok loopt vijf minuten achter *the clock is five minutes slow*
achternaam *surname*; *family name*
achterom *round the back* ★ achterom kijken *look back*
achterop • achter *behind* ★ achterop zijn met iets *be behind with something*

• op de achterkant *on/at the back* ★ iemand achterop nemen ‹fiets› *give someone a ride on the back of the bike*

achterover *back(wards)*

achterstaan ‹sport› *be behind/down* ★ Nederland staat met 2-0 achter *the Netherlands are behind/down 2 to zero*

achterstand *arrears* ★ achterstand inhalen in een wedstrijd *make up arrears in a match*

achterstellen *subordinate to; discriminate against* ★ zij voelde zich achtergesteld *she felt discriminated against*

achteruit [de-woord] *reverse* ★ een auto in zijn achteruit zetten *put a car in reverse*
[bijwoord] *backwards; back*

achteruitgaan • naar achteren gaan *move back; go back* ★ ga even achteruit! *just move back!*
• verslechteren *decline* ★ zijn gezondheid is gelukkig niet al te erg achteruitgegaan *his health hasn't happily declined that much*

achteruitkijkspiegel *rearview mirror*

achtervolgen *pursue; run after* ★ door pech achtervolgd *pursued by bad luck*

achterwiel *back/rear wheel*

achting *regard; esteem; respect* ★ in iemands achting dalen/stijgen *fall/rise in someone's respect*

achtste *eighth*

achttien *eighteen*

achttiende *eighteenth*

acne *acne*

acrobaat *acrobat*

acteren *act; perform*

acteur *actor; performer*

actie • handeling *action* ★ in actie komen *go/come into action*
• protestactie ★ actie voeren *agitate for/against; campaign for/against*

actief *active* ★ je moet je wat actiever opstellen *you should act somewhat more actively*

activiteit *activity*

actrice *actress*

actualiteit *topical subject/matter; topic* ◆ actualiteitenprogramma *current affairs programme*

actueel *current; topical* ★ actuele gebeurtenis *topical event*

adder *viper; adder*

adel *nobility* ★ he is van adel *he belongs to the nobility*

adelaar *eagle*

adellijk *noble* ★ adellijke dame *noble lady*

adem *breath* ★ buiten adem raken *get out of breath* ★ je adem inhouden *hold your breath* ★ op adem komen *recover your breath*

ademen *breathe*

ader *vein; blood vessel* ★ bloed stroomt door je aderen *blood streams through your veins*

adieu *goodbye; farewell*

administratie • afdeling *accounts department*
• beheer *administration; management* ★ de administratie voeren *do the administration* ◆ een hoop administratie *a lot of paperwork*

adopteren *adopt* ★ zij is als kleuter geadopteerd *she has been adopted as pre-school child*

adoptie *adoption*

adres *address* ★ per adres *c/o; care of* ★ je adres invullen *fill in your address*

adresseren *address*

advertentie *advertisement;* ‹informeel› *ad* ★ een advertentie in de krant zetten *put an ad in the newspaper*

adverteren *advertise*

advies *advice* ★ ik zal je goede adviezen opvolgen *I shall follow your good advices*

A

advocaat • raadsman *lawyer*; ‹in hoger gerechtshof› *barrister*; ‹in lager gerechtshof› *solicitor*; ‹Amerikaans› *attorney* ★ een advocaat nemen *call in a lawyer* • drank *advocaat*; ≈ *eggnog*
af [**bijvoeglijk naamwoord**] *finished*; *done* ★ het werk is af *the work is finished/done* [**bijwoord**] • vandaan/weg *from* ★ ver van de weg af *far from the road* ★ af en aan lopen *come and go* • naar beneden *off*; *down* ★ hij viel van het dak af *he fell off the roof* ★ de trap af *down the stairs* • bij benadering *to* ★ op de minuut af *to the minute* ◆ er is een poot af van de kip *a leg is missing from the chicken* ◆ af en toe *now and then*; *occasionally*; *off and on* ◆ af! *down!*
afbeelden *portray*; *depict*
afbeelding *picture*; *portrait*; *protrayal*
afblijven *keep your hands off*; *leave alone* ★ afblijven! *hands off!* ★ van de verse broodjes afblijven! *leave the fresh rolls alone*
afbranden *burn down* ★ de kerk brandde af *the church burnt down*
afbreken • eraf-/kapotbreken *break (off)* ★ het dopje van een tube afbreken *break off the little top of a tube* • slopen *pull down*; *tear down*; ‹huis› *demolish* ★ de oude huizen zijn afgebroken *the old houses have been demolished* • beëindigen *sever*; *break off*; *cut short* ★ de onderhandelingen afbreken *break off the negotiations*
afdak *lean-to*; *shelter* ★ onder een afdak gaan staan *go and stand under a lean-to*
afdalen *go down*; *descend*
afdaling *descent*; ‹sport› *downhill*
afdanken • wegdoen *discard*; ‹kleren› *cast off*; ‹machines e.d.› *scrap* ★ een auto afdanken *to scrap a car* • wegsturen *dismiss*; *ditch*
afdeling *department*; *division*; *unit* ★ dat vindt u op de afdeling huishoudelijke artikelen *that you'll find at the household goods department*
afdingen [**werkwoord**] *haggle*; *bargain* ★ op de prijs afdingen *haggle over the price* [**werkwoord + iemand/iets**] *beat/knock down* ★ iets van de prijs afdingen *knock something down off the price* ◆ op zijn prestatie valt niets af te dingen *nothing can be detracted from his achievement*
afdoen • afzetten *take off* ★ je hoed afdoen *take off your hat* • afnemen ★ iets van de prijs afdoen *knock something off the price* • afhandelen *finish* ◆ dat doet niets aan de waarde af *that detracts nothing from the value* ◆ jij hebt voor mij afgedaan *I've finished with you*; *I'm through with you*
afdraaien • door draaien verwijderen *twist off* ★ je moet de dop afdraaien *you must twist off the top* • afspelen ‹film› *show*; ‹bandje› *play* • afraffelen *reel/rattle off* ★ een programma afdraaien *reel off a programme*
afdrogen *dry (up)*; *wipe (off)* ★ help je even met afdrogen? *will you help with drying up?*
afdruk ‹van boek› *copy*; ‹computer› *hard copy*; ‹van vinger, foto› *print* ◆ de dief maakte een afdruk in de aarde *the burglar made an impression in the soil*
afdrukken • een afdruk maken ‹van bestand, foto› *print*; ‹in klei› *impress* • foto maken *press the button*
afgaan • langsgaan *go to see*; *go along* ★ hij ging de rij af *he went along the line* • afgeschoten worden *go off* ★ opeens ging het pistool af *suddenly the pistol*

went off
• blunderen *lose your face*
• afgaan op *rely on* ★ ik ga af op mijn eigen oordeel *I rely on my own judgement*
afgang *defeat*; *flop*; *letdown* ★ wat een afgang! *what a letdown!*
afgelasten *cancel*; *countermand* ★ de sportdag is afgelast wegens het slechte weer *the sports day has been cancelled because of the bad weather*
afgeven [**werkwoord**] • kleurstof loslaten *run* ★ deze jurk geeft af *this dress runs*
• afgeven op ★ op iemand afgeven *run a person down*
[**werkwoord + iemand/iets**] ‹van papieren, telegram› *hand in*; ‹van boodschap, krant› *deliver*; ‹van geld› *hand over* ★ je moet je tas afgeven bij de garderobe *you have to hand in your bag at the cloakroom* ◆ je visitekaartje afgeven *leave your visiting card*
afgezien ★ afgezien van *apart from*; *besides*
afgod *idol*
afgraven *dig away*; *level*
afgrond *abyss* ★ in een afgrond vallen *fall into an abyss*
afgunstig *jealous (of)*; *envious*
afhalen • van iets ontdoen ‹van huis› *strip* ★ bonen afhalen *string beans* ★ bedden afhalen *strip beds*
• meenemen ‹thuis› *call for*; ‹goederen› *collect*; ‹met auto› *pick up* ★ iemand van het station afhalen *pick up someone at the station*
afhangen • naar beneden hangen *hang down*
• afhangen van *depend (on)* ★ dat hangt er vanaf *that depends (on it)*
afhankelijk • niet-zelfstandig *dependent*
• afhankelijk van *dependent on*; *subject to* ★ afhankelijk van goedkeuring *subject to approval*
afhouden • inhouden *hold back*; *withhold* ★ premies van salaris afhouden *hold back premiums of salary*
• weghouden *keep off/from*; ‹sport› *obstruct* ◆ hij kon er zijn ogen niet afhouden *he couldn't keep his eyes off it*
afkeer *aversion (to/from)*; *dislike (of/to)* ★ zij kreeg een afkeer van kinderen *she took an aversion to children*
afkeren *turn away*; *avert* ★ zich afkeren van iemand of iets *turn away from a person or something* ★ de ogen afkeren *avert/turn away the eyes*
afkeuren • ‹militair› *reject*; *declare unfit* ★ de dienstplichtige werd afgekeurd *the conscript was declared unfit*
• niet goedkeuren *condemn*; *disapprove (of)*
afkeuring • het niet goedkeuren *condemnation*; *disapproval* ★ afkeuring uitspreken *express disapproval*
• het ongeschikt verklaren *rejection*
afkijken *copy*; *crib* ★ bij je buurman afkijken *crib from your neighbour*
afkoelen *cool down/off*; *chill (out)*
afkomen • aan iets ontsnappen ★ ergens goed/slecht/goedkoop van afkomen *get off well/badly/cheaply*
• kwijtraken ★ van iemand afkomen *get rid of someone*
• afstammen van ★ dit woord komt van het Latijn af *this word derives from Latin*
• afkomen op *head/make for* ★ het paard kwam recht op haar af *the horse headed straight for her*
afkomst *descent*; ‹afstamming› *origin*; ‹geboorte› *birth* ★ zij was van Ierse afkomst *she was of Irish descent*
afkorten ‹taal› *abbreviate*; *shorten*
afkorting *abbreviation* ★ 'UK' is de afkorting van 'United Kingdom' *'UK' is the abbreviation of 'United Kingdom'*
afkraken *slate*; *run down*
afleiden • op andere gedachten brengen *divert*; *distract* ★ de radio leidt me af *the radio distracts me*
• ‹taal› *derive* ★ 'jealousy' is afgeleid van 'jealous' *'jealousy' has been derived from 'jealous'*
afleiding • verstrooiing *diversion*; *distraction* ★ zij heeft afleiding nodig *she needs some diversion*
• ‹taal› *derivation*
afleren • ★ een gewoonte afleren *unlearn/break a habit* ★ iemand iets

A

afleren *cure a person of a habit*
afleveren *turn out*; *deliver* ★ goederen afleveren *deliver goods* ★ artikelen afleveren *turn out articles*
aflevering *issue*; ‹van tijdschrift› *number*; ‹van tv-serie› *episode*
afloop • einde *end*; ‹van termijn› *expiration*; *close*
• uitslag *result*; *outcome* ★ de afloop van een verhaal *the outcome of a story* ◆ na afloop *afterwards*
aflopen [werkwoord] • eindigen *turn out*; *(come to an) end*; ‹van contract, termijn› *expire* ★ goed/slecht aflopen *turn out well/badly* ★ en daarmee afgelopen! *...and that's the end of it!*
• hellen *slope (down/away)*
• rinkelen ‹van klok› *run down*; ‹van wekker› *go off* ◆ het afgelopen jaar *the past year* ◆ de ruzie liep met een sisser af *the row has blown over*
[werkwoord + iemand/iets] *go/walk down* ★ de hele winkelstraat aflopen *walk down the whole shopping street*
aflossen • afbetalen ‹lening, schuld› *pay off*; *redeem* ★ een schuld in termijnen aflossen *pay off a debt in instalments*
• vervangen *relieve*
afluisteren *eavesdrop (on)*; ‹van telefoon› *listen in to*; *tap* ★ mijn telefoon wordt afgeluisterd *my phone is being tapped*
afmaken [werkwoord + iemand/iets]
• beëindigen *finish*; *complete*
• doden *kill*; *finish off*; *put down* ★ de oude en zieke hond moest worden afgemaakt *the old and sick dog had to be put down*
[werkwoord + zich] afmaken van *dismiss* ★ zich ergens van afmaken *dismiss a matter in a few words*
afmeting *dimension*; *size* ★ de afmetingen van de kamer *the dimensions/size of the room*
afname *decline* ★ een afname in het aantal leerlingen *a decline in the number of students*
afnemen [werkwoord] *decrease*; ‹van wind› *subside* ★ het enthousiasme voor het feest is erg afgenomen *the enthusiasm for the party has decreased a lot*
[werkwoord + iemand/iets] • afzetten *take off* ★ je hoed afnemen *take off your hat*
• afruimen *clear* ★ de tafel afnemen *clear the table*
• laten afleggen *hold*; *administer* ★ examens afnemen *hold exams*
• schoonpoetsen ★ de tafels afnemen *clean/wipe the tables*
afnemer *buyer*; *client*; *customer*
afpakken *take/snatch (away)* ★ iets van iemand afpakken *take something away from someone*
afprijzen *mark down*; *reduce* ★ deze spullen zijn afgeprijsd *these things have been reduced*
afraden *advise against* ★ iemand afraden iets te doen *advise someone against doing something*
afrekenen *pay/settle up with* ★ afrekenen met de taxichauffeur *settle up with the taxi driver*
africhten *train* ★ een hond zo africhten dat hij pootjes geeft *train a dog to give paws*
afrijden • naar beneden rijden *drive down* ★ een heuvel afrijden *ride/drive down a hill*
• rijexamen doen *do your driving test*
Afrika *Africa*
Afrikaans *African*
afroepen *call (out/off)*
afronden • beëindigen *round off*; *wind up* ★ ik moet nog mijn werkstuk afronden *I have to round off my paper yet*
• ‹wiskunde› ★ naar boven/beneden afronden *round up/down*
afruimen *clear* ★ de tafel afruimen *clear the table*
afschaffen *abolish*; ‹een verbod› *lift* ★ de doodstraf afschaffen *abolish capital punishment*
afscheid *parting*; *departure*; *leave* ★ bij het afscheid elkaar een zoen geven *kiss each other while parting* ◆ afscheid nemen van *say goodbye to*; *take leave of*
afschrijven • afboeken *debit*; *withdraw* ★ geld van een rekening afschrijven *withdraw money from an account*
• niet meer rekenen op *write off* ★ wij

hadden jullie bijna afgeschreven *we had nearly written you off*

afschrikken *discourage*; *put/scare off* ★ het slechte weer schrikt mensen af *the bad weather scares people off*

afschudden *shake off* ★ je achtervolgers afschudden *shake off your pursuers*

afschuw *horror* ★ tot mijn afschuw *to my horror*

afschuwelijk *shocking*; *awful*; *horrible* ★ zij droeg een afschuwelijke hoed *she wore an horrible hat* ★ zij droeg een afschuwelijk lelijke jurk *she wore an awfully dreadful dress*

afslaan [**werkwoord**] • van richting veranderen *turn (off)*; ⟨weg⟩ *branch off* ★ links afslaan bij het eerste kruispunt *turn left at the first crossing* • niet meer werken *cut out*; *stall* ★ de motor slaat telkens af *the engine cuts out time and again* [**werkwoord + iemand/iets**] ⟨verzoek⟩ *refuse* ★ dat sla ik niet af *I can't refuse that*

afslachten *massacre*; *slaughter*; *kill off*

afslag *turn*; ⟨van autoweg⟩ *exit* ★ je moet de derde afslag nemen *you must take the third exit*

afslanken • slanker worden *lose weight* ★ hij is flink afgeslankt *he's lost quite a bit of weight* • kleiner worden *slim/trim down*

afsluiten • ontoegankelijk maken *close*; ⟨elektriciteit⟩ *disconnect*; ⟨door gasbedrijf⟩ *cut off*; ⟨weg⟩ *block* ★ de buren zijn van het gas afgesloten *the neighbours have been cut off the gas* • op slot doen *lock* ★ heb je de tuindeur nog afgesloten? *did you lock the gardendoor alright?* • eind maken ⟨de boeken⟩ *balance*; ⟨rekening⟩ *close* ★ een afgesloten tijdperk *a closed era* • overeenkomst sluiten ⟨contract⟩ *conclude*; ⟨verzekering⟩ *effect* ★ een verzekering afsluiten *conclude an insurance*

afsnijden • wegsnijden ⟨bloemen, nagels enz.⟩ *cut*; ⟨papier⟩ *cut off*; ⟨takken⟩ *lop off* ★ een groot stuk taart afsnijden *cut off a big slice of cake* • versperren *cut off* ★ de bochten afsnijden *cut (off) the corners*

afspelen [**werkwoord + iemand/iets**] *play* ★ een cassettebandje afspelen *play a cassette* [**werkwoord + zich**] *happen*; *take place* ★ het speelt zich af in de vorige eeuw *it takes place in the last century*

afsplitsen *split off*

afspoelen *wash*; *rinse*

afspraak • overeenkomst *agreement* ★ je niet aan een afspraak houden *break an agreement* • ontmoeting *appointment*; ⟨voor zaken⟩ *engagement* ◆ een afspraakje hebben *have a date*

afspreken *agree (on)*; *arrange* ★ afgesproken! *agreed!* ★ zoals we over het huiswerk hebben afgesproken *as we agreed on the homework* ★ laten we afspreken dat je morgen op tijd bent *let us agree (on) that you will be on time tomorrow*

afspringen • afketsen *come to nothing* • afspringen op *jump at*; ⟨kat, e.d.⟩ *pounce on* ★ de poes sprong op het eten af *the cat pounce on the food*

afstaan *give (up)*; *hand over* ★ je stoel afstaan aan een oudere meneer *give up your chair to an elderly man*

afstammen *descend (from)*; ⟨van woord⟩ *derive (from)*

afstand • het afstaan ⟨van bezit, recht⟩ *renunciation*; ⟨van troon⟩ *abdication* • lengte tussen twee punten *distance* ★ op een afstand *at a distance*; *aloof*; *reserved* ◆ afstand doen van de troon *renounce the throne*; *abdicate*

afstandelijk *aloof*; *distant*

afstandsbediening *remote control*; *zapper*

afstappen • naar beneden stappen *step down*; ⟨van fiets, paard⟩ *get off* ★ van je fiets afstappen *get off your bike* • afstappen op ★ op iemand/iets afstappen *step up to*

afsteken [**werkwoord**] ◆ gunstig afsteken bij *compare favourably with* [**werkwoord + iemand/iets**] • aansteken *let/set off* ★ vuurwerk afsteken *let off fireworks*

• uitspreken *deliver* ⋆ een speech afsteken *deliver/make a speech*
afstellen *set; adjust (to)* ⋆ het volume goed afstellen *set the volume right*
afstijgen *get off; dismount*
afstoffen *dust*
afstompen [werkwoord] • stomp worden *become blunt*
• ongevoelig worden *become dull/numb*
[werkwoord + iemand/iets] • stomp maken *blunt*
• ongevoelig maken *dull; numb* ⋆ het saaie werk had zijn geest afgestompt *the dull work had numbed his brain*
afstoten [werkwoord] *repel*
[werkwoord + iemand/iets] • wegdoen *cut (off); dispose of* ⋆ arbeidsplaatsen afstoten *cut (off) jobs*
• afkerig maken *repel* ⋆ dit materiaal stoot water af *this tissue is water repelling*
afstuderen *graduate* ⋆ afstuderen aan de universiteit *graduate at university*
aftellen *count down*
aftershave *aftershave*
aftiteling *credit titles; credits*
aftrap *kick-off*
aftrappen *kick off*
aftreden *resign; retire (from office);* ‹van vorst› *abdicate*
aftrek • vraag *sale; demand* ⋆ veel aftrek vinden *be in great demand*
• korting *deduction;* ‹voor kinderen› *allowance* ⋆ aftrek van voorlopige hechtenis *deduction of time already served*
aftrekken • in mindering brengen ‹van geld› *deduct;* ‹van getal› *subtract*
• seksueel bevredigen *jerk/jack off; wank (off)*
afval *waste;* ‹vuilnis› *refuse* ⋆ radioactief afval *radioactive waste*
afvallen • niet meer meetellen *drop out* ⋆ dat plan viel af *that plan was dropped*
• vermageren *lose weight* ⋆ jij bent reuze afgevallen *you have lost a lot of weight*
• ontrouw worden *let down* ⋆ iemand afvallen *let someone down*
afvoer • het afvoeren ‹van goederen› *removal; transport*
• afvoerleiding *drain; waste pipe* ⋆ een verstopte afvoer *a clogged up drain*
afvoeren • wegvoeren ‹van goederen› *remove; transport;* ‹van water› *drain away/off*
• schrappen *remove* ⋆ van de ledenlijst afvoeren *remove from the membership list*
afvragen *wonder; ask yourself* ⋆ ik vraag me af of ik het examen wel haal *I wonder whether I'll pass the exam*
afvuren *fire (off); discharge;* ‹raket› *launch* ⋆ raketten afvuren op een stad *launch missiles at a town*
afwachten *wait (for)* ⋆ we moeten maar afwachten! *we'll have to wait and see!*
afwachting *expectation* ◆ in afwachting van zijn terugkomst *awaiting/pending his return*
afwas • het afwassen *washing-up; doing the dishes* ⋆ wie doet de afwas vandaag? *who is going to do the dishes today?*
• vuil serviesgoed *dishes; washing-up* ⋆ de afwas van gisteren staat er nog *the dishes of yesterday are still there*
afwassen *wash up; do the dishes/the washing-up*
afweer *defence*
afwenden • wegdraaien *turn away;* ‹blik› *avert* ⋆ je blik afwenden van iets engs *avert your eyes from something scary*
• tegenhouden *avert* ⋆ de crisis is afgewend *the crisis has been averted*
afweren • tegenhouden *fend off;* ‹van aanval› *repel;* ‹van aanval, van slag› *parry* ⋆ ze weerde haar aanrander af *she repelled her assaulter*
• op een afstand houden ‹vijand, e.d.› *keep/hold off; fend/ward off*
afwerken *finish (off); complete;* ‹een programma› *get through*
afwerpen *throw off;* ‹van bladeren, bommen› *drop* ⋆ het paard wierp zijn berijder af *the horse threw off its rider*
◆ vruchten afwerpen *yield fruit*
afweten • weten ⋆ afweten van *know of*

★ hij weet veel af van sport *he knows a lot of sport*
• ★ het laten afweten ⟨niet doen⟩ *excuse oneself*; ⟨niet komen⟩ *fail to turn up*

afwezig • absent *absent*; *not in*; *not at home*
• verstrooid *absent (minded)* ★ afwezig voor zich uit staren *stare in front of oneself absently*

afwijken • andere kant opgaan *deviate* ★ de skiërs weken af van de skiroute *the skiers deviated from the skiroute*
• verschillen *deviate*; *differ*

afwijking • het afwijken van een richting *deviation*; ⟨kompas⟩ *declination* ★ het kompas vertoont een lichte afwijking *the compass shows a slight declination*
• het afwijken van een regel ★ in afwijking van *contrary to* ★ in afwijking van de normale werkwijze *contrary to the normal procedure*
• gebrek *defect*; *handicap* ★ lichamelijke afwijking *physical handicap/defect*

afwijzen ⟨van aanklacht⟩ *deny*; ⟨van uitnodiging⟩ *decline*; ⟨van verzoek⟩ *refuse*

afwijzing *refusal*; *denial*; *rejection* ★ een afwijzing op je sollicitatie *a rejection to your application*

afwisselen [**werkwoord**] *vary*; *alternate* ★ bergen wisselen daar af met grote vlakten *mountains alternate with large plains*
[**werkwoord + iemand/iets**] *relieve*; *take turns with (someone)*; ⟨van zaken⟩ *alternate* ★ rood en groen wisselden elkaar af *red and green alternated* ★ zij wisselden elkaar af als klassenvertegenwoordigers *they relieved each other as class captain*

afwisseling • opeenvolging *alternation* ★ afwisseling van warmte en kou *alternation of heat and cold*
• variatie *variety*; *diversity* ◆ voor de afwisseling *for a change*

afzakken • naar beneden zakken *come down*; *sag* ★ je panty is afgezakt *your tights have come down*
• minder worden *fall/tail off*; *fall back* ★ de koploper in de wedstrijd is wat afgezakt *the leader in the race has fallen back a little*

afzeggen *cancel*; *call off* ★ de gasten hebben afgezegd *the guests have called (it) off*

afzender *sender* ★ terug naar de afzender *return to sender*

afzetten • afdoen *take off* ★ je hoed afzetten *take off your hat*
• oplichten *cheat*; *swindle* ★ die winkelier heeft ons afgezet *that shopkeeper cheated us*
• laten uitstappen *drop*; *put down* ★ ik zet je af bij het station *I'll drop you at the station*
• afsluiten *block*; *close off* ★ een weg afzetten *block a road*

afzetter *cheater*; *swindler*

afzien • lijden *have a hard/tough time*
• afzien van ★ van een plan afzien *abandon a plan* ★ ik zal er maar van afzien *I'll give it up* ◆ afgezien van *apart from*

afzonderlijk [**bijvoeglijk naamwoord**] *individual*; *single*; ⟨zonder anderen⟩ *private* ★ iedere afzonderlijke leerling *each individual student*
[**bijwoord**] *apart*; *separately* ★ de leraar sprak elke leerling afzonderlijk toe *the teacher spoke to each student separately*

agenda • boekje *diary* ★ een afspraak in je agenda noteren *note an appointment in your diary*
• bezigheden *agenda* ★ het staat hoog op de agenda *it's high on the agenda*

agent *policeman* [vrouwelijk:

policewoman]; ⟨schrijftaal⟩ *constable*; ⟨spreektaal⟩ *bobby* ◆ een geheim agent *a secret agent*
agressie *aggression*
agressief *aggressive*
aids *AIDS*
akelig • naar *dreary*; *nasty*; *dismal* ★ zij zijn zulke akelige mensen *they are such nasty people*
• onwel *ill*; *sick*; *not well* ★ ik voel me zo akelig *I don't feel well*
akker *field*
akkoord [**het-woord**] *agreement*; *arrangement* ★ een akkoord sluiten *reach agreement*
[**bijvoeglijk naamwoord**] ★ akkoord gaan met iets *agree on/to something*
al [**bijwoord**] *already*; ⟨voornamelijk vragende zinnen⟩ *yet* ★ is hij er al? *is he here yet?* ◆ hij is al lang dood *he has been dead for a long time*
[**voornaamwoord**] *all* ★ al met al *all in all* ★ te allen tijde *at any time*; *at all times* ★ al het mogelijke *all that is possible*
[**telwoord**] *all*; ⟨alle afzonderlijk⟩ *every*; *each* ★ al haar wensen *her every wish* ★ alle vier de leerlingen werden de klas uitgestuurd *all four students were sent out of the classroom*
[**voegwoord**] *(al)though*; *even if*; *even though* ★ al ben je het niet met haar eens ... *even though you disagree with her ...*
alarm • waarschuwing *alarm*; *alert* ★ alarm slaan *give/sound the alarm*
• alarminstallatie *alarm* ★ het alarm ging af toen we de deur openden *the alarm went off when we opened the door*
alarmeren • waarschuwen *alert*; *call out* ★ de brandweer alarmeren *call out the fire-brigade*
• ongerust maken *alarm* ★ wij hoorden allerlei alarmerende berichten *we heard all sorts of alarming messages*
alarmnummer *emergency number*
album • boek *album*; ⟨voor knipsels⟩ *scrapbook*
• cd *album*
alcohol *alcohol* ★ zij gebruikt te veel alcohol *she uses too much alcohol*
alcoholisch *alcoholic*; *intoxicating* ★ alcoholische dranken *alcoholic beverages*; ⟨Amerikaans⟩ *liquors*
alcoholvrij *non-alcoholic* ★ een alcoholvrij drankje *a soft non-alcoholic drink*
alfa • Griekse letter *alpha*
• talenafdeling ≈ *humanities*; *arts*
alfabet *alphabet*
alfabetisch *alphabetic(al)*
algemeen [**het-woord**] ★ in het algemeen *in general*; *on the whole*
[**bijvoeglijk naamwoord**] *general*; *public* ★ het is algemeen bekend dat ... *it is generally known that ...* ◆ Algemeen Beschaafd Nederlands *Standard Dutch*
alibi *alibi*
alinea *paragraph*
allebei *both* ★ ik heb ze allebei gezien *I have seen both of them*
alleen [**bijvoeglijk naamwoord**] • zonder andere(n) *alone*; *single-handed* ★ zij voelde zich eenzaam en alleen *she felt lonely and alone*
• eenzaam *lonely*
[**bijwoord**] *only*; *merely* ★ niet alleen een broek, maar ook een blouse *not only a trousers, but also a blouse* ★ ik wou alleen maar... *I only/merely wanted to...* ◆ de gedachte alleen al *the mere/very thought of it*
allemaal • allen *everybody*; *everyone*; *(one and) all* ★ hebben jullie allemaal je boek bij je? *do you all have your book with you?*
• alles *all*; ⟨spreektaal⟩ *the whole lot* ★ zie je die knikkers, neem ze maar allemaal mee *do you see those marbles, take them all with you*
allen *all*
allergie *allergy*
allergisch *allergic (to)* ★ ik ben allergisch voor aardbeien *I'm allergic to strawberries*
allerlei *all kinds of*; *all sorts of*
alles *all*; *everything*; *anything* ★ dit alles *all this* ★ van alles *all sorts of things*
allesbehalve *anything but*; *far from*
allochtoon [**de-woord**] *immigrant*
[**bijvoeglijk naamwoord**] *allochtonous*
Alpen *Alps*

als • zoals *like*; *(such) as* ★ dieren als paarden, koeien e.d. *animals such as horses, cows, etc.*
• indien *if* ★ als hij het gezien had, was hij boos geweest *if he had seen it, he would have been angry*
• (telkens) wanneer *when* ★ telkens als ik mijn opsteek *whenever I raise my hand*
• in de hoedanigheid van *as* ★ ik praat tegen je als je meerdere *I speak to you as your superior*
alsjeblieft • als je iemand iets aangeeft ⟨ook vaak onvertaald⟩ *here you are* ★ wil je de suiker? alsjeblieft! *do you want the sugar? here you are!*
• bij een verzoek *please* ★ wil je alsjeblieft opschieten? *could you please hurry up?*
alsof *as if*
alstublieft • als je iemand iets aangeeft ⟨bij aanreiken⟩ *here you are* ★ wilt u de suiker? alstublieft! *do you want the sugar? here you are!*
• bij een verzoek *please* ★ wil je alsjeblieft op me wachten? *do you want to wait for me, please?*
altaar *altar*
alternatief *alternative*
althans *at least*; *at any rate*; *anyhow* ★ hij was ziek, althans dat zei hij *he was ill, at least that is what he said*
altijd *always*; *ever* ★ hij was weer vrolijk als altijd *he was cheerful as always|ever* ★ voor altijd *forever*
aluminium *aluminium*; ⟨Amerikaans⟩ *aluminum*
alvast *meanwhile*; *for now*; *to begin with* ★ dit is alvast je eerste cadeautje *this is your first present for now*
alweer *again*; *once more* ★ het is alweer het einde van de maand *it's the end of the month again*
amandel • vrucht *almond*
• klier *tonsil* ★ je amandelen laten knippen *have your tonsils out*
amateur *amateur*
ambassade *embassy*
ambassadeur *ambassador*
ambitie *ambition* ★ zij heeft de ambitie om chirurg te worden *she has the ambition to become a surgeon*
ambt *position*; *office*; *function* ★ iemand uit zijn ambt zetten *discharge someone from office*
ambtenaar *official*; *civil servant* ★ hij is een hoge ambtenaar bij het ministerie *he is a high ranking official in the ministry*

ambulance *ambulance*
Amerika *America*
Amerikaans *American*

> **Amerikaans**: Het Amerikaanse Engels wijkt soms af van het Britse Engels. Bijvoorbeeld: veel woorden die eindigen op *-our* (*humour*) worden in Amerika geschreven met *-or* (*humor*). Amerikanen hebben ook veel eigen uitdrukkingen, zoals *cut it out!* (houd op!).

amfibie *amphibian*
amnestie *amnesty* ★ amnestie verlenen aan iemand *grant amnesty to someone*
amper *hardly*; *scarcely* ★ hij kon maar amper lezen *he could hardly read*
ampère *ampere*
amputeren *amputate*
amusant *amusing*; *entertaining*
amusement *amusement*; *entertainment*
amuseren *amuse*; *entertain* ★ je amuseren *enjoy yourself*; *have a good time*
analoog • overeenkomstig *analogous* ★ jouw verhaal is analoog aan dat van hem *your story is analogous to his*
• niet-digitaal *analogue* ★ een analoog klokje *an analogue watch*
analyse *analysis*
ananas *pineapple*
ander [bijvoeglijk naamwoord] *other*

★ de andere tien kinderen *the other ten children* ★ aan de andere kant *on the other hand*
[**voornaamwoord**] ⟨van persoon⟩ *another (person)* [meervoud: *others*]; ⟨van zaken⟩ *another thing* ★ vraag dat maar aan een ander *just ask somebody else; just ask another*

anderhalf *one and a half*

anders [**bijvoeglijk naamwoord**] *different; else* ★ zij is heel anders dan haar zuster *she is very different from her sister* ★ ik heb wel wat anders te doen *I have something else to do*
[**bijwoord**] • op andere wijze *differently; otherwise* ★ het is anders gegaan dan ik me had voorgesteld *it has turned out differently from what I had expected*
• op andere tijd ★ anders zie je hier altijd kinderen *at any other time you'll see children here*
• zo niet, dan *else; otherwise* ★ en anders ga je maar weg *or else you can go*

andersom *the other way round*

andijvie *endive*

angel *sting* ★ de wesp steekt met zijn angel *the wasp stabs with its angel*

anglicaans *Anglican*

angst *fear (of)*; ⟨hevig⟩ *terror* ★ uit angst voor spinnen *for fear of spiders* ★ van angst verlamd zijn *numb with fear*

angstig • bang *terrified; frightened* ★ zij was erg angstig in het donkere steegje *she was very terrified in the little dark alley*
• angstaanjagend *anxious; fearful* ★ een angstig avontuur beleven *go through an anxious adventure*

anker ⟨scheepvaart⟩ *anchor* ★ het anker lichten *weigh anchor* ★ voor anker liggen *lie/ride at anchor*

anoniem *anonymous; faceless* ★ ik heb anoniem een brief gestuurd *I sent a letter anonymously*

anorexia nervosa *anorexia nervosa*

ansichtkaart *picture postcard*

Antarctica *Antarctica; the Antarctic Continent*

Antarctisch *Antarctic*

antenne ⟨techniek⟩ *aerial*; ⟨Amerikaans⟩ *antenna*

antiek [**het-woord**] *antiques* [meervoud]
[**bijvoeglijk naamwoord**] • oud *antique; ancient* ★ tante heeft een antieke kast in huis *auntie has an antique cupboard at home*
• uit de oudheid *classical; antique*

anti-semiet *anti-Semite*

antwoord *answer; reply* ★ in antwoord op uw vragen *in answer/reply to your questions* ★ als antwoord geven *reply; say in reply; answer*

antwoordapparaat *answering machine*

antwoorden *answer; reply*

anus *anus*

aorta *aorta*

apart • afzonderlijk *separate; apart* ★ gekleurd wasgoed apart wassen *wash coloured laundry separately*
• bijzonder *special; exclusive; unusual* ★ iets heel aparts *something very unusual*

apenstaartje *at-sign; at*

apostel *Apostle*

apostrof *apostrophe*

apotheek *chemist's (shop); pharmacy* ★ alleen bij de apotheek op recept verkrijgbaar *only available at the chemist's on prescription*

apotheker *(dispensing) chemist; pharmacist*

apparaat • toestel *machine; appliance* ★ huishoudelijke apparaten *household appliances*
• organisatie *system; mechanism* ★ het

ambtelijk apparaat *the administrative system*
apparatuur *apparatus*; *equipment*; ‹computer› *hardware*
appartement *flat*; ‹Amerikaans› *apartment*
appel [**de-woord**] *apple* ★ in een appel bijten *take a bite in an apple*
[**het-woord**] *roll call* ★ appel houden *take the roll call*
appelmoes *apple sauce*
appelsap *apple juice*
appeltaart *apple pie* ★ een punt appeltaart *a piece of apple pie*
applaus *applause* ★ het idee werd met applaus begroet *the idea was received with applause*
april *April* ★ op 28 april *on the 28th of April*; *April 28th* ★ 1 april *1st of April*; *April Fools' Day*; *All Fools' Day*
aquaduct *aqueduct*

aquarium *aquarium*
Arabier *Arab*
Arabisch [**het-woord**] *Arab*; *Arabic*
[**bijvoeglijk naamwoord**] *Arab*; *Arabian*
Arabische *Arab*
arbeid *labour*; *work*
arbeider *workman*; *worker* ★ (on)geschoolde arbeider *(un)skilled worker*
archief *archives*; *files* ★ iets uit het archief halen *dig something out of the archive*
architect *architect*
are *are* ★ een are is honderd vierkante meter *one are is a hundred square metres*
arena *arena*; *ring*
arend *eagle*
argument *argument*
argwaan *suspicion*
arm [**de-woord**] *arm* ★ met de armen over elkaar *with folded arms* ★ je arm om iemand heenslaan *throw your arm around someone*
[**bijvoeglijk naamwoord**] • behoeftig *poor* ★ de armen *the poor*
• meelijwekkend *poor*; *wretched* ★ arme man/vrouw *poor man/woman*
armband *bracelet*
armoede *poverty* ★ in armoede moeten leven *have to live in poverty*
armoedig • van armoede blijk gevend *poor*; *paltry* ★ een armoedig loontje *a paltry wage*
• haveloos *poor*; *shabby* ★ die jas ziet er zo armoedig uit *that coat looks so shabby*
armzalig • armoedig *poor* ★ een armzalig leven *a poor life*
• onbeduidend *meagre*; *paltry* ★ een armzalige maaltijd *a meagre meal*
aroma *aroma*; *flavour* ★ de koffie heeft een heerlijk aroma *the coffee is highly flavoured/has a lovely aroma*
arresteren *arrest* ★ iemand laten arresteren *have someone arrested*
arriveren *arrive* ★ zij arriveren op Heathrow morgenochtend *they will arrive at Heathrow tomorrow morning*
arrogant *arrogant*
articuleren *articulate*
artiest *artist*; *entertainer*
artikel • voorwerp *article*
• geschreven stuk *article* ★ er verscheen een lang artikel over hem in de krant *a long article had been published about him in the newspaper*
arts *physician*; *doctor*
as • verbrandingsresten *ash*; *ashes* ★ de as van je sigaret morsen *spil the ash of your cigarette*
• spil ‹van wiel› *axle*; ‹drijfas› *shaft*
• in de wiskunde *axis*
asbak *ashtray*
asfalt *asphalt*
asiel • toevluchtsoord *asylum* ★ asiel verlenen aan iemand *grant asylum to someone*

A

• dierenverblijf *home for lost animals*
asielzoeker *asylum seeker*
asperge *asparagus*
assistent *helper*; *assistant*; *aid*
assortiment *assortment* ★ een groot assortiment aan jassen *a large assortment of coats*
astma *asthma* ★ astma hebben *suffer from asthma*
astrologie *astrology*
astroloog *astrologer*
astronaut *astronaut*
atheneum ≈ ⟨Amerikaans⟩ *high school*; ≈ *grammar school* ★ op het atheneum zitten *be at grammar school*
Atlantisch *Atlantic* ★ de Atlantische Oceaan *the Atlantic Ocean*
atlas *atlas*
atleet *athlete*
atletiek *athletics*
atletisch *athletic*
atmosfeer *atmosphere*
atoom *atom*
atoombom *atom(ic) bomb*
attent • opmerkzaam *attentive* • vriendelijk *considerate* ◆ iemand attent maken op *draw someone's attention to*
attentie *attention* ★ ter attentie van ... *to the attention of ...* ★ attentie: kuilen in de weg *attention: holes in the road*
attractie *attraction*
au *ouch!*; *ow!*
a.u.b. alstublieft *please* ★ sluit de deur, a.u.b. *close the door, please*
auditie *audition* ★ zij moet auditie doen *she has to do an audition*
augurk *gherkin*
augustus *August* ★ op 4 augustus *on the 4th of August*; *August 4th*
aula *auditorium*; *hall*
Australië *Australia*
Australisch *Australian*
auteur *author*
auto *car*
autobus *bus*; *coach*
autochtoon [**de-woord**] *autochthon* [**bijvoeglijk naamwoord**] *indigenous*; *autochthonous* ★ de autochtone bevolking *the autochthonous population*
autogordel *seat belt*; *safety belt* ★ doe je autogordel om! *put on your safety belt!*
automaat *vending machine*; *slot* ★ een kaartje uit de automaat trekken *pull a ticket from the ticket machine/slot*
automatisch *automatic* ★ de deuren gaan automatisch open en dicht *the doors open and close automatically*
automatisering ⟨met computer⟩ *computerisation*
automobilist *motorist*
avond *evening*; *night*; ⟨vooravond⟩ *eve* ★ 's avonds *in the evening*; *at night* ★ de avond doorbrengen met tv kijken *spend the evening watching television*
avondeten *dinner*; *supper*
avondmaal *evening meal*; *supper*; *dinner* ◆ het Laatste Avondmaal *the Last Supper*
avontuur *adventure*
avontuurlijk *full of adventure*; *adventurous* ★ een avontuurlijke geschiedenis *a story full of adventure*
Aziatisch *Asian*
Azië *Asia*
azijn *vinegar*

b *b* ◆ de B van Bernard *B as in Benjamin*

baan • betrekking *job* ★ een goede baan bij een multinational *a good job at a multinational*
• deel weg *lane*
• route ‹van hemellichaam› *orbit*; *path* ★ een raket in een baan om de aarde brengen *put a rocket into orbit around the earth*
• ‹sport› ‹ijsbaan› *ice rink*; ‹zwemmen› *lane*; ‹roeibaan e.d.› *course*; ‹tennisbaan› *court*; ‹wielerbaan› *track* ★ de zwemster start in baan vier *the swimmer starts in lane four*
• startbaan van vliegtuig *runway*
◆ dat is van de baan *that's off*

baard *beard* ★ je baard laten staan *grow a beard*

baarmoeder *womb*; ‹medisch› *uterus*

baas • chef *manager*; *boss*; ‹van hond› *master*; ‹van huisdier› *owner* ★ de hond luisterde naar zijn baas *the dog listened to his master*
• man, jongen *bloke*; *fellow* ◆ over iemand de baas spelen *boss a person around/about*

baat *benefit*; *advantage* ★ ergens baat bij hebben *find benefit in something*

babbelen *chat*; ‹veel› *chatter*

baby *baby*; *infant*

babysitter *babysitter*

bacil *bacillus*

bacterie *bacteria* [meervoud]; *bacterium*

bad • water *bath* ★ een bad nemen *have/take a bath*
• badkuip *bath(tub)* ★ het bad vol laten lopen *fill the bath*

baden • een bad nemen *bathe*
• baden in *be bathed in* ★ het slachtoffer baadde in zijn bloed *the victim was bathed in his blood*

badkamer *bathroom*

badmeester *lifeguard*

badminton *badminton* ◆ badmintonnen *play badminton*

badpak *swimsuit*; *bathing suit*

bagage *luggage*; *baggage* ★ hij heeft weinig bagage bij zich *he has not much luggage with him*

bagagedrager *carrier*

bah *ugh!*; *yech!*

bak • vergaarplaats *bin*; ‹voor water› *tank*; ‹eten› *dish*; ‹ondiep› *tray*
• bajes *jail*; *can* ★ ergens voor de bak indraaien *be locked up (in jail) for something*
• mop *joke*; *lark* ★ dat is een goeie bak! *that is some joke!*

bakboord *port*

bakfiets *carrier bike*

bakkebaard *sideboards*; *(side-)whiskers*

bakken ‹in oven› *bake*; ‹in pan› *fry* ★ vanavond maken we gebakken aardappeltjes *tonight we will make fried potatoes* ◆ er niets van bakken *fail at something*; *make a complete mess of it*

bakker *baker* ★ ik ga even naar de bakker *I'm just going to the baker's*

bakkerij *bakery*

baksteen *brick* ★ een muur van baksteen bouwen *build a wall out of bricks* ◆ zakken als een baksteen *fail utterly*; *flunk*

B

bal [de-woord] • bolvormig voorwerp *ball* ★ de bal gooien/spelen naar iemand *throw/pass the ball to someone*
• testikel *testicle*; *ball*
• bekakte jongen *snob*
• deel van hand *heel*
• deel van voet *ball*
[het-woord] *ball*; *dance* ★ een gekostumeerd bal *a fancy dress ball*

balanceren *balance* ★ balanceren op een hoog touw *balance on a high rope*

balans • ‹handel› *balance sheet* ★ de balans opmaken *draw up the balance*; *strike a balance*
• evenwicht *balance* ★ uit balans zijn *be off balance*

balie *counter* ★ u moet aan de volgende balie vragen om informatie *you should ask for information at the next counter*

balk • stuk hout/metaal *beam*; ‹in dak› *rafter*; ‹in vloer› *joist*
• notenbalk ‹Brits› *staff*; ‹Amerikaans› *stave*

balkon *balcony*

ballade *ballad*

ballerina *ballet dancer*; *ballerina*

ballet *ballet*

ballingschap *banishment*; *exile*

ballon *balloon* ★ ballonnen opblazen *pump up balloons*

balpen *ball-point (pen)*

balsem *balm*

balspel *ball game*

balzak • scrotum *scrotum*
• biljartzak *pocket*

bamboe *bamboo*

bami *Chinese noodle dish*; ‹bami goreng› ≈ *fried noodles*

ban • betovering *spell* ★ in de ban van *under the spell of*
• verbanning *ban* ★ in de ban doen *outlaw*; *ban*

banaan *banana* ★ een tros bananen *a bunch of bananas*

band • luchtband *tyre*; ‹Amerikaans› *tire* ★ een lekke band hebben *have a flat tyre*
• transportband *belt* ★ lopende band *conveyor-belt*; *assembly line* ★ aan de lopende band geproduceerd *produced on the assembly line*
• magneetband *tape* ★ wat je zegt, wordt op (een) band opgenomen *what you say, is being recorded on tape*
• verbondenheid *bond*; *tie* ★ een nauwe band hebben met *have a close bond with*
• muziekgroep *band*; *orchestra*; ‹popmuziek› *group*

band *band*; *group*

bandiet *bandit*

bang • bevreesd *scared*; *frightened* ★ bang worden *become/get scared/frightened* ★ hij is bang voor spinnen *he is afraid/frightened/scared of spiders*
• ongerust *afraid*; *anxious* ★ ik ben bang dat het niet gaat lukken *I'm afraid it won't work*

bangerd *coward*

banjo *banjo*

bank • zitmeubel ‹bekleed› *sofa*; *settee*; *couch*; ‹onbekleed› *bench*
• geldinstelling *bank* ★ hij werkt bij een bank *he works for a bank* ★ geld op de bank hebben *have money in the bank*

bankbiljet *banknote*; ‹Amerikaans› *bill*

banket • feestmaal *banquet*
• gebak *(almond) pastry* ★ een letter van banket *a pastry letter*

banketbakker *pastry cook*; ‹van chocolaatjes e.d.› *confectioner*

banketletter *(almond) pastry letter*

bankpas *bank card*; *cash card*

bankrekening *bank account*

bankroet *bankrupt* ★ bankroet gaan *go bankrupt*

B

bankstel *lounge suite*
bar [**de-woord**] *bar; counter* ★ zij staat elke vrijdag achter de bar *she is behind the bar every Friday*
[**bijvoeglijk naamwoord**] *terrible* ★ de barre werkelijkheid *the stark/terrible reality*
[**bijwoord**] *awfully (bad)* ★ een bar slechte uitvoering *an awfully bad performance*
barak *shed*
barbaars *barbarous; barbarian* ★ mensen barbaars vermoorden *kill people barbarously*
barbecue *barbecue(party)*
barbie(pop) *Barbie (doll)*
barcode *bar code*
baren • ter wereld brengen *bear; give birth to*
• veroorzaken *cause; give* ★ zorgen/opzien baren *cause concern/sensation*
baret *cap; beret*
barok *baroque*
barometer *barometer*
barricade *barricade*
barrière *barrier*
barst [**de-woord**] *crack* ★ er zit een barstje in mijn glas *there is a little crack in my glass* ◆ het kan me geen barst schelen *I don't give a damn*
[**tussenwerpsel**] *get lost; drop dead*
barsten *burst;* ‹van ruit› *crack* ◆ iemand laten barsten *leave a person in the lurch*
bas *bass*
baseren *base; ground (on); found (up)on/in* ★ hij baseert zich op eerdere ervaringen *he bases himself on earlier experiences*
basgitaar *bass (guitar)*
basis • grondslag *basis; foundation* ★ op basis van *on the basis of*
• ‹militair› *base*
basisschool *primary school*
bast *bark* ★ de bast van een boom *the bark of a tree*
bastaard *bastard;* ‹dier› *mongrel*
basterdsuiker ‹bruin› *castor sugar; soft brown sugar*
batterij *battery* ★ op batterijen werken *run on batteries*

> **basisschool:** In Engeland bestaan er twee verschillende soorten basisscholen: *preparatory schools*, die kinderen voorbereiden op *private schools* (privéscholen) en *primary schools*, die kinderen voorbereiden op *state schools* (overheidsscholen).

baviaan *baboon*
bazig *overbearing; domineering* ★ hij gedraagt zich nogal bazig *he acts rather overbearingly*
bazin *mistress*
beademen *breathe upon* ◆ kunstmatig beademen *give artificial respiration*
beambte *official; officer; functionary*
beantwoorden [**werkwoord**] *come up to; meet* ★ beantwoorden aan de verwachtingen *meet the expectations*
[**werkwoord + iemand/iets**] *answer; reply to* ★ lastige examenvragen beantwoorden *answer difficult examination questions* ◆ onbeantwoorde liefde *unrequited love*
bed *bed* ★ naar bed gaan *go to bed*
bedaard *calm; composed*
bedachtzaam *thoughtful; cautious; deliberate* ★ erg bedachtzaam te werk gaan *act very thoughtfully*
bedanken [**werkwoord**] *turn down; decline* ★ voor een uitnodiging bedanken *turn down an invitation*
[**werkwoord + iemand/iets**] *thank* ★ heb je oma al bedankt voor het lekkere eten? *have you thanked grandma yet for the delicious meal?*
bedankt *thanks; thank you* ★ hartelijk bedankt! *thank you very much!; thanks a lot!*
bedaren ‹van personen› *calm down* ★ na al zijn geschreeuw bedaarde hij *after all his yelling he calmed down* ◆ tot bedaren komen *pull yourself together*
beddengoed *bedding; bedclothes*
bedeesd *timid; shy; diffident*
bedekken *cover (up); hide* ★ een laag sneeuw bedekt de straat *a layer of snow covers (up) the street*
bedekt *covered*

bedelaar *beggar*

bedelen *beg* ⋆ om iets bedelen *beg for something*

bedelven *bury* ⋆ de tuinen lagen bedolven onder de sneeuw *the gardens lay burried under the snow* ◆ bedolven onder het werk *snowed under with work*

bedenkelijk • twijfel uitdrukkend *doubtful* ⋆ bedenkelijk kijken *look doubtful*
• zorgelijk ‹van toestand, situatie› *critical*; *serious*; *worrying* ⋆ het ziet er bedenkelijk voor hem uit *things look pretty serious for him*

bedenken [**werkwoord + iemand/iets**] *think up*; *invent* ⋆ ik moet nog een leuk cadeau bedenken voor hem *I have yet to think up a nice present for him*
[**werkwoord + zich**] • van gedachte veranderen *think again*; *change your mind*
• overwegen *think* ⋆ ik bedenk me dat ik nog melk moet kopen *I think that I have to buy some milk*

bederf *decay*; *rot*

bederfelijk *perishable*

bederven [**werkwoord**] *go sour/off*; ‹van eetwaren› *go bad*; *decay*
[**werkwoord + iemand/iets**] *spoil*; *upset* ⋆ de hele boel bederven *spoil the whole thing*

bedevaart *pilgrimage*

bedevaartganger *pilgrim*

bediende *servant*; ‹in winkel› *assistant*; ‹in zaken› *employee*

bedienen [**werkwoord + iemand/iets**]
• helpen ‹in restaurant e.d.› *serve*; *wait on*; ‹in winkel› *serve* ⋆ aan tafel bedienen *wait a table*
• laten functioneren ‹een machine› *operate*
[**werkwoord + zich**] *use*; *make use of* ⋆ zij bediende zich van de gelegenheid *she used the opportunity*

bediening • het helpen *service* ⋆ de bediening in dit restaurant is prima *the service in this restaurant is excellent*
• het laten functioneren *operation*; ‹auto› *controls* ⋆ de bediening van de videorecorder *the operation of the video machine*
• bedienend personeel *crew*

bedoelen *mean*; *have in view/mind* ⋆ wat bedoel je daarmee? *what do you mean by that?*

bedoeling *intention*; *purpose*; *aim* ⋆ met de beste bedoelingen *with the best intentions*

bedonderen *cheat (on)* ◆ ben je bedonderd? *are you mad/crazy?*

bedorven • verknoeid/slechter *upset*; *bad*
• rot *bad*; *off* ⋆ het eten is bedorven *the food is bad/off*

bedrag *amount*; *sum* ⋆ voor een bedrag van *to the amount of*

bedreigen *threaten*

bedreiging *threat* ⋆ onder bedreiging van *under threat of*

bedriegen *cheat*; *deceive*; *swindle* ⋆ hij bedriegt zijn vrouw *he is cheating on his wife*

bedrieger *cheat*; *swindler*; *fraud*

bedrijf • onderneming *enterprise*; *company*; *business* ⋆ zij heeft een bedrijf in machineonderdelen *she runs a company in machine spares*
• deel van toneelstuk *act*
• werking *operation* ⋆ in bedrijf komen *come into operation* ◆ buiten bedrijf ‹defect› *out of order*

bedrijfsleider *(works) manager*

bedrijven *commit* ◆ de liefde bedrijven *make love*

bedrijvig *active*; *busy*; *lively* ⋆ een

bedrijvige stad *a busy town*
bedroefd *sad*; *dejected*; *distressed* ⋆ ergens bedroefd over zijn *be distressed about something*
bedrog *fraud*; *deceit*; *deception* ◆ optisch bedrog *optical illusion*
bedrukt • met inkt bedrukt *printed* • neerslachtig *dejected*; *depressed* ⋆ de lerares zag er zeer bedrukt uit *the teacher looked very depressed*
beduvelen *cheat (on)*; *trick* ⋆ hij zit de hele boel te beduvelen *he is cheating on everyone and everything*
bedwang *restraint*; *control* ⋆ in bedwang hebben/houden *have/keep under control*
bedwingen *suppress*; ⟨lach ook⟩ *contain*; ⟨tranen⟩ *hold/choke back* ⋆ een opstand bedwingen *to suppress a rebellion* ⋆ ik kon nog net mijn tranen bedwingen *I could just hold back my tears*
beëindigen *finish*; *end* ⋆ zij heeft haar relatie beëindigd *she has ended her relationship*
beek *brook*
beeld • afbeelding *image*; *picture* ⋆ zich een beeld vormen van *form a picture of* • beeldhouwwerk *statue*; *sculpture* ⋆ voor hem werd een beeld opgericht *to him a statue is put up* • een mooi exemplaar *picture* ⋆ een beeld van een meisje *a picture of a girl*
beeldhouwer *sculptor* [vrouwelijk: *sculptress*]
beeldig *charming*; *sweet*
beeldscherm *screen*; ⟨computer⟩ *display*
been • ledemaat *leg* ⋆ zitten met je benen over elkaar *sit with your legs crossed* ⋆ goed/slecht ter been zijn *be a good/bad walker* • bot *bone* ◆ op eigen benen staan *stand on your own (two) feet*
beer *bear* ◆ Grote Beer *Great Bear*; ⟨Amerikaans⟩ *Big Dipper* ◆ Kleine Beer *Little Bear*; ⟨Amerikaans⟩ *Little Dipper*
beest *animal*; *beast* ⋆ het arme beest *the poor creature/beast* ⋆ de beest uithangen *behave like a beast/ an animal*
beestachtig [**bijvoeglijk naamwoord**] • als van een beest *bestial* • wreed *brutal* ⋆ een beestachtige moord *a brutal murder* [**bijwoord**] *beastly*; *terribly* ⋆ de slachtoffers waren beestachtig vermoord *the victims had been beastly murdered*
beet *bite* ⋆ de hond heeft een akelige beet achtergelaten *the dog left a nasty bite*
beetje *bit*; *little* ⋆ alle beetjes helpen *every little helps* ⋆ ik heb maar een beetje geld *I only have a little money* ⋆ je moet een beetje beter je best doen *you should do your best a bit better/more*
beetnemen • beetpakken *seize*; *grab*; *take hold of* • ertussen nemen *make a fool of*; *take in* ⋆ Jan is lelijk beetgenomen *John has been badly taken in*
bef • vlek bij dier *chest*; *breast* ⋆ een kat met een witte bef *a cat with a white chest/bib* • kraag *jabot*
begaafd *gifted*; *talented*
begaan [**bijvoeglijk naamwoord**] ⋆ begaan zijn met *pity*; *feel sorry for*; *sympathetic* [**werkwoord + iemand/iets**] *commit*; ⟨vergissing⟩ *make* ⋆ een flater begaan *make a blunder* ⋆ hij heeft al twee moorden begaan *he already committed two murders* ◆ begane grond *ground level*; ⟨van huis⟩ *ground floor*
begeerte *desire (for)*; *wish (for)*; ⟨lichamelijk⟩ *lust*
begeleiden • meegaan met *accompany*; ⟨met politie e.d.⟩ *escort* • ondersteunen *guide*; *coach* ⋆ een leerling begeleiden *coach a pupil* • ⟨muziek⟩ *accompany* ⋆ op de piano begeleid door Mitsuko Uchida *accompanied at the piano by Mitsuko Uchida*
begeleiding • het vergezellen *escort*; *accompanying*; ⟨muziek⟩ *accompaniment* • het ondersteunen *guide*; *support*; ⟨bij studie⟩ *supervision* ⋆ het project is

B

onder begeleiding van ... *the project is under the supervision of ...* ◆ met begeleiding van *accompanied by*
begeren *desire; wish; long for* ★ alles wat je hartje begeert *everything your little heart desires*
begerig • gretig *greedy* ★ begerige blikken werpen op de lekkere hapjes *cast greedy eyes on the nice snacks*
• verlangend *desirous (of); eager (for)*
begeven [**werkwoord + iemand/iets**] *give out; break down* ★ zijn krachten begaven het *his strength gave out*
[**werkwoord + zich**] *proceed; make your way (to)* ★ hij begaf zich weer naar huis *he proceeded home again*
begin *beginning; start* ★ bij het begin van de vakantie werd hij ziek *at the beginning of the holiday he fell ill*
beginnen [**werkwoord**] • aanvangen *start; begin* ★ om te beginnen *to begin with; for a start* ★ kijk, het begint te sneeuwen *look, it starts snowing*
• beginnen over *bring up; broach* ★ beginnen over een onderwerp *bring up/broach a subject* ◆ begin maar! *go ahead!*
[**werkwoord + iemand/iets**] *begin; start*
begluren *spy on; peep at*
begraafplaats *cemetery; graveyard*

begrafenis • plechtigheid *funeral* ★ ben je bij haar begrafenis geweest? *did you attend her funeral?*
• handeling *burial*
begrijpelijk *comprehensible; understandable* ★ het is heel begrijpelijk *it is very understandable*
begrijpen *understand; comprehend* ★ ik begrijp er helemaal niets van *I don't understand it at all*
begrip • het begrijpen *comprehension; understanding* ★ daar heb ik geen begrip voor *for that I have no understanding*
• denkbeeld *idea; notion; concept* ★ het begrip 'liefde' *the concept of 'love'*
begroeten *greet; welcome*
begroeting *greeting; welcome*
beha *bra*
behaard *hairy*
behagen *pleasure* ★ behagen scheppen in *take pleasure in*
behalen *gain;* ‹diploma diploma› *obtain* ★ de overwinning behalen *gain victory*
behalve • uitgezonderd *except (for); but* ★ behalve Marian, hebben ze allemaal hun bord leeggegeten *except Marian, they have all emptied their plates*
• niet alleen *besides*
behandelen • omgaan met *deal with; handle; treat* ★ ze wil met voorzichtigheid behandeld worden *she wants to be handled with care*
• bespreken *discuss; deal with* ★ een onderwerp op een vergadering behandelen *deal with a subject in a meeting*
• ‹medisch› *treat* ★ de dokter behandelt de zieke *the doctor treats the patient*
behandeling *treatment; handling* ★ de behandeling met medicijnen sloeg niet aan *the treatment with medication was not successful*
behang *wallpaper*
beheer • leiding *management*
• bestuur en toezicht *direction;* ‹toezicht› *control; administration* ★ alle computergegevens staan onder zijn beheer *all computerdata are under his control*
beheerder *director; manager; administratior*
beheersen • heersen over *control;* ‹markt› *dominate; rule* ★ zich beheersen *control yourself*
• kennis hebben van *master; be fluent*

in ⋆ beheers jij het Engels al? *are you fluent in English already?*
behendig ‹met de handen› *dexterous* ⋆ ze parkeerde de auto behendig *she parked the car dexterously*
beheren *manage*; ‹geld› *administer* ⋆ zij beheert de kas van de vereniging *she administers the clubs money*
behoefte • gemis *want*; *need (of|for)* ⋆ er bestaat een dringende behoefte aan eten en drinken *there is an urgent need for food and drinks*
• ontlasting *nature's call* ⋆ zijn behoefte doen *answer nature's call*; *relieve oneself*
behoeftig *destitute*; *needy*
behoeve ⋆ ten behoeve van *on behalf of*
behoorlijk • zoals het hoort *proper*; *decent* ⋆ je moet je behoorlijk gedragen *you should behave properly*
• flink *considerable*; *fair* ⋆ dat was een behoorlijk stuk rijden *that was a considerable lot to drive*
behoren • betamen *should*; *ought to* ⋆ dat behoor je niet te zeggen *you shouldn't say that*
• behoren aan *be owned by*; *belong to* ⋆ dat boek behoort aan Peter *that book belongs to Peter*
• behoren tot *belong to*; *be among* ⋆ zij behoort tot de beste dansers *she is among the best dancers*
• behoren bij *go with |together* ⋆ dit kopje behoort bij dat schoteltje *this cup goes with that saucer*
behouden *preserve*; *keep* ⋆ hij heeft zijn vrolijkheid behouden *he kept his cheerfulness*
behulp ⋆ met behulp van vrienden *with the help of friends*
behulpzaam *helpful* ⋆ zij zijn erg behulpzaam *they're very helpful*
beide *both*; *either (one)*; ‹twee› *two* ⋆ een van beiden *one of the two* ⋆ jullie kunnen beiden gaan *both of you can go* ⋆ geen van beide *neither (of them)*
beige *beige*
beïnvloeden *influence (on)* ◆ gunstig/ongunstig beïnvloeden *have a positive|negative influence (on)*
beitel *chisel*
beits *(wood) stain*
bejaarde *elderly man|woman*; *senior citizen*
bejaardentehuis *old people's home*; *home for the elderly*
bek *muzzle*; ‹lange snuit› *snout* ◆ hou je bek! *shut your trap!*; *shut up!*
bekend • niet vreemd *familiar* ⋆ dat komt mij bekend voor *that sounds| looks familiar*
• gekend *(well-)known* ⋆ bekend staan als goede leerling *be known as a good student*
• ervan wetend *familiar (with)*; *acquainted (with)* ⋆ bekend zijn met computers *be familiar with computers*
bekendheid *name*; *reputation* ⋆ met die cd heeft de groep een grote bekendheid gekregen *with that CD the band got a great reputation*
bekennen • toegeven *confess*; *own up* ⋆ ik beken dat ik ongelijk had *I confess I wasn't right*
• schuld bekennen *confess*; *admit*; ‹van beschuldigde› *plead guilty* ⋆ je schuld bekennen *admit your guilt* ◆ geen mens te bekennen *there isn't a (living) soul*
bekentenis *confession*; *admission* ⋆ een bekentenis afleggen *make a confession*; ‹rechten› *plead guilty*
beker • mok *cup*; *mug* ⋆ een beker melk *a cup of milk*
• trofee *cup* ⋆ bekerfinale *cup final*
bekeren *convert*; ‹in gunstige zin› *reform* ⋆ zich bekeren tot het katholicisme ‹tot geloof› *be converted to Catholicism*
bekeuring *fine*; *ticket* ⋆ een bekeuring voor te hard rijden *a ticket for driving (too) fast*
bekijken • overdenken *look at*; *consider* ⋆ de zaak van alle kanten bekijken *look at the matter from every angle*
• kijken naar *look at*; *examine* ⋆ hij bekeek haar van top tot teen *he examined her from top to toe* ◆ bekijk het maar! *suit yourself!*
beklaagde *accused*
bekleden • bedekken *cover*; *hang on*; ‹van stoel› *cover*

B

• vervullen *occupy*; ⟨ambt⟩ *hold* ⋆ een leerstoel bekleden *hold a chair*

bekleding *clothing*; *covering* ⋆ de bekleding is helemaal versleten *the covering is completely threadbare*

beklimmen *climb*; *ascend* ⋆ een heuvel beklimmen *climb a hill*

beknopt *brief*; *concise*; *summarized*

bekogelen *pelt*

bekommeren bekommeren om/over *worry (about)* ⋆ je bekommeren om iemand/iets *worry about someone/something*

bekritiseren *criticize*

bekrompen *narrow-minded*

bekwaam *capable*; *competent*

bel • schel *bell* ⋆ de bel gaat *the bell rings*

• luchtbel *bubble* ◆ belletje trekken *ring and run*

belachelijk *ridiculous* ◆ jezelf belachelijk maken *make a fool of yourself*

belagen *waylay*; *beset* ⋆ de popster werd belaagd door zijn fans *the popstar was beset by his fans*

belanden *land/end up* ⋆ hij is bij een uitgeverij beland *he ended up at a publisher's*

belangrijk *important*; ⟨aanzienlijk⟩ *considerable*

belangstelling *interest*

belasting *tax(es)*; ⟨plaatselijk⟩ *rates* ⋆ moet jij al belasting betalen? *do you have to pay taxes yet?*

belastingaanslag *tax assessment*

belastingdienst *tax authorities*

belazeren *take in* ◆ iemand belazeren *take someone for a ride*

beledigen *insult*; *offend* ⋆ zich beledigd voelen door een opmerking van iemand *feel offended by someone's remark*

belediging *insult*; *offence*

beleefd *civil*; *polite* ⋆ beleefd de deur voor iemand open houden *politely keep the door open for somebody*

beleg • broodbeleg *(sandwich) filling* ⋆ wat wil je als beleg op je brood? *what do you want for filling on your bread?*

• belegering *siege* ⋆ het beleg van Antwerpen *the siege of Antwerp*

belegeren *besiege*

beleggen • bedekken *fill*; ⟨boterham⟩ *put cheese (etc.) on* ⋆ belegd broodje *filled roll*

• investeren *invest*; *investment banking* ⋆ mijn vader belegt *my father is investing*

• bijeenroepen *convene*; *call* ⋆ een vergadering beleggen *call a meeting*

beleid *conduct*; *policy* ⋆ het beleid van de regering *government policy*

belemmeren *hamper*; *hinder* ⋆ dat belemmert me in mijn werk *that hinders me in my work*

beletten *stop*; *obstruct*; *prevent* from ⋆ iemand beletten te spreken *stop someone speaking*

beleven *go through*; *experience* ⋆ zoiets heb ik nog nooit beleefd! *I've never experienced anything like it*

belevenis *experience*; *adventure*

Belg *Belgian*

België *Belgium*

Belgisch *Belgian*

Belgische *Belgian*

belijdenis *confirmation* ◆ belijdenis doen *be confirmed*

bellen [werkwoord] *ring (the bell)* [werkwoord + iemand/iets] *ring*; *call* ⋆ ik zal je bellen *I'll give you a ring*

belofte *promise* ⋆ een belofte houden *keep a promise* ⋆ een belofte doen *make a promise*

beloning ⟨voor werk⟩ *pay*; ⟨voor daad⟩ *reward* ⋆ als beloning voor je inzet *in reward for your effort*

beloven *promise*

beltegoed *calling credit*

beluisteren *listen to*

bemachtigen *get hold of*; *capture* ⋆ ik heb een handtekening kunnen bemachtigen *I have managed to get hold of a signature*

bemanning ‹van schip e.d.› *crew*

bemerken *notice*; *spot* ★ ik heb helemaal niets bemerkt *I didn't notice anything*

bemiddelen *mediate*

beminnelijk ‹passief› *lovable*; ‹actief› *amiable*

beminnen *love*

bemoedigen *encourage*; *cheer up* ★ bemoedigende woorden *encouraging words*

bemoeien *meddle with/in* ★ waar bemoei je je mee? *stop meddling!*; ‹spreektaal› *mind your own business*

bemoeilijken *hamper*; *make more difficult*

bemoeizucht *meddling*; *meddlesomeness*

benadelen *harm*; *injure*

benaderen • dichter komen tot *come close to*; *approximate (to)*; *approach* • aanpakken *approach* ★ hoe zullen we dit probleem aanpakken? *how shall we approach this problem?* • zich wenden tot *approach*; *get in touch with*

benadrukken *emphasize*; *underline*

benauwd • moeilijk ademend *short of breath* • drukkend *close*; ‹van kamer› *stuffy*; ‹van weer› *sultry* • angstig *anxious*; *frightened* ★ ze keek erg benauwd *she had an anxious look on her face*

bende • groep *gang*; ‹dieven› *pack* ★ de opgepakte bende bestond uit vijf jongens *the run in gang consisted of five boys* • wanorde *mess*

beneden [**bijwoord**] *down(stairs)*; *at the bottom* ★ naar beneden gaan/brengen *go/take down(stairs)* ◆ van boven naar beneden *from top to bottom* [**voorzetsel**] *under*; *below*; *beneath* ★ beneden de vijftig *under fifty*

benemen *deprive*; *take away from* ★ hij benam hem het leven *he took away his life*

benieuwd *curious (about)* ★ ik ben zeer benieuwd naar de examenuitslag *I am very curious about the exam results* ★ ik ben benieuwd of ik geslaagd ben *I wonder if I passed*

benijden *envy* ★ ik benijd hem om zijn auto *I envy him his car*

benodigdheden *necessities*; *requisites*; *requirements*

benoemen • naam geven *name* • aanstellen *appoint* ★ Jacob is benoemd tot voorzitter *Jacob has been appointed chairman*

benul *notion*; *inkling* ★ hij heeft er geen benul van *he hasn't got the faintest/foggiest notion of it*

benutten *make the most of*; *utilize* ★ de gelegenheid benutten *make the most of the opportunity*

benzine *petrol*; ‹Amerikaans› *gas(oline)* ★ ik sta zonder benzine *I have run out of petrol*

benzinestation *petrol station*; ‹Amerikaans› *gas(oline) station*

beoefenen *put into practice*; *practise* ★ een vak beoefenen *practise a trade*

beoordelen *judge*; *assess* ★ iets positief beoordelen *judge something positively*

beoordeling *judg(e)ment*; *assessment*

bepaald [**bijvoeglijk naamwoord**] • omschreven *particular*; *specific*; ‹taal› *definite* ★ in dat bepaalde geval *in that particular case* ★ bepaald lidwoord *definite article* • een of ander *certain* ★ bepaalde mensen *certain people* [**bijwoord**] *exactly*; *absolutely* ★ bepaald niet vroeg *not exactly early*

bepaling • voorschrift *provision*; ‹van wet› *regulation* ★ volgens de bepalingen mogen de fietsen hier niet staan *according to the regulations bikes are not permitted here* • ‹taal› *adjunct*; *modifier*

beperken • begrenzen *limit*; *restrict* • inkrimpen *reduce*; *curtail* ★ de school moet zijn uitgaven beperken *the school has to reduce the expenses*

beperkt *limited*; *restricted* ◆ beperkt houdbaar *perishable*

beproeving *trial*; *ordeal* ★ de wandeling was een hele beproeving *that walk was a real ordeal*

beraad *deliberation; consideration* ★ iets in beraad houden *keep something in consideration*

beramen • ontwerpen *devise; plan; plot* ★ een aanslag beramen *plot an attack* • begroten *estimate* ★ de kosten zijn beraamd op een ton *the costs have been estimated at a hundred thousand guilders*

berechten *try*

beredeneren ‹aantonen› *argue*; ‹bespreken› *reason out* ★ hij heeft zijn standpunt niet goed beredeneerd *he has not argued his point of view well*

bereid *ready; willing; prepared* ★ ben jij bereid me te helpen? *are you willing to help me?*

bereiden ‹maaltijd› *prepare*; ‹voedsel› *make* ★ een maaltijd bereiden *prepare a meal*

bereikbaar ‹plaats› *accessible* ★ zijn huis is goed bereikbaar *his house is well accessible*

bereiken • aankomen bij *arrive in/at*; ‹van leeftijd› *reach* ★ opa heeft de 100 bereikt *granddad has reached the age of 100* • komen tot iets *achieve; attain; reach* ★ wat wil je bereiken in je leven? *what do you want to achieve in your life?*

berekenen • uitrekenen *calculate* ★ de kosten zijn berekend op twaalf dollar *the costs are calculated at twelve dollars* • in rekening brengen *charge* ★ iemand tien euro berekenen *charge someone ten euros*

berekening *calculation*

berg • grote heuvel *mountain*; ‹hoog› *peak* ★ een berg beklimmen *climb a mountain* • hoop *pile; load* ★ een berg papieren *a pile of papers*

bergen • onderbrengen *hold; store* ★ de kofferbak kan veel bagage bergen *the boot can hold much luggage* • in veiligheid brengen *rescue*; ‹wrak› *salvage*; ‹lijk› *recover* ★ het scheepswrak werd geborgen *the shipwreck was salvaged*

berging • het bergen *salvage* ★ de berging van de Koersk *the salvage of the Kursk* • bergruimte *storeroom*

bergsport *mountaineering; alpinism*

bergtop *(mountain) top; summit*

bericht *news; message* ★ nagekomen berichten *messages received later*; ‹op journaal› *late news*

berichten *report; inform (a person of something)* ★ de verslaggever bericht uit Londen *the reporter reports from London*

berijden *ride* ★ een oude pony berijden *ride an old pony*

berk *birch*

berm *verge; shoulder* ★ zachte berm *grass verge*

beroemd *famous; celebrated* ★ zij was beroemd om haar benen *she was famous for her legs*

beroep • vak *occupation*; ‹hoger opgeleid› *profession*; ‹ambacht› *trade* ★ van beroep tandarts *by profession dentist* ★ wat is hij van beroep? *what does he do for a living?*; ‹schrijftaal› *what is his occupation?* • verzoek *appeal* ★ een beroep doen op *(make an) appeal to* • ‹rechten› *appeal* ◆ in hoger beroep gaan *appeal to a higher court*

beroepsgeheim *duty of professional confidentiality*

beroepsopleiding *vocational training (course)*

beroerd • naar *rotten; miserable; wretched* ★ ik voel me beroerd *I feel rotten* • slecht *bad*

beroerte *fit; stroke* ★ een beroerte krijgen *have a stroke/fit*

berooid *penniless*; ‹schrijftaal› *destitute* ★ hij laat zijn vrouw berooid achter *he leaves his wife penniless behind*

berouw *remorse; compunction* ★ zij toonde geen berouw over haar streek *she didn't show any remorse for her trick*

beroven • bestelen *rob; plunder* ★ ik ben beroofd door twee jongens *I have been robbed by two boys* • ontdoen van *deprive of; strip*

★ iemand van zijn tas beroven *strip somebody of his bag*
beroving *theft; robbery*
berucht *notorious; infamous*
★ berucht(e) persoon/buurt *infamous person/neighbourhood*
berusten • zich schikken *resign to; acquiesce in/to* ★ zij berusten in hun lot *they resign to their fate*
• berusten op *be based on; rest on*
★ het berust op een misverstand *it is based on a misunderstanding*
bes • vrucht *berry*
• oude vrouw *old woman*
beschaafd • niet barbaars *civilized*
• goed opgevoed *cultivated; educated*
beschadigen *damage*
beschadiging *damage*
beschaving • cultuur *culture; civilization* ★ de Romeinse beschaving *the Roman culture* ★ een hoge trap van beschaving *a high degree of civilization*
• goede manieren *culture; polish*
bescheiden *modest* ★ ze is een heel bescheiden meisje *she is a very modest girl*
beschermen *protect; shield* ★ een zonnebril beschermt je ogen tegen de zon *sunglasses shield your eyes from the sun*
bescherming *protection* ★ de leraar nam de leerling in bescherming *the teacher took the pupil under his protection*
beschikbaar *available* ★ iets beschikbaar stellen voor ... *make something available to/for ...*
beschikking *disposal* ★ ter beschikking stellen van iemand *place/put at someone's disposal* ◆ ter beschikking zijn *be available*
beschilderen *paint* ◆ beschilderde ramen *stained glass windows*
beschouwen • bezien *consider; look at*
★ zij wordt beschouwd als zijn opvolgster *she is considered to be his successor*
• beschouwen als *consider; regard as*
★ ik beschouw hem als een bedrieger *I consider him a cheat*
beschouwing *view; consideration*
★ buiten beschouwing laten *leave out of consideration*
beschrijven • schrijven op *write on (paper)*
• omschrijven *describe* ★ beschrijf eens wat je ziet! *just describe what you see!*
beschuit *Dutch rusk* ★ beschuit met muisjes *rusk with aniseed comfits*
beschuldigen *accuse (of); charge (with)*
★ hij wordt beschuldigd van moord *he is charged with murder*
beschuldiging *accusation; charge* ★ op beschuldiging van moord *on the charge of murder*
beschutting *shelter; protection*
★ beschutting vinden tegen de regen *find shelter from the rain*
besef *understanding; notion*
beseffen *realize* ★ zij besefte plotseling wat ze fout had gedaan *she suddenly realized what she had done wrong*
beslaan [**werkwoord**] *mist over/up; steam up* ★ de ruiten zijn beslagen *the windows are misted/steamed up*
[**werkwoord + iemand/iets**] ⟨ruimte⟩ *cover; take up;* ⟨van tekst⟩ *run to* ★ het bed beslaat de hele kamer *the bed takes up the whole room* ★ de tekst beslaat 20 pagina's *the text runs up to 20 pages*
beslag *batter* ◆ dat neemt veel tijd in beslag *that takes a lot of time*
beslissen • besluiten *decide;* ⟨van voorzitter⟩ *rule* ★ beslissen ten gunste/ten nadele van iemand *decide in for/against someone*
• uitkomst bepalen *decide*
beslissing *decision;* ⟨van voorzitter⟩ *ruling* ★ een beslissing nemen *take a decision*
beslist • zeker *definitely; decidedly*
★ hier heb ik beslist een onvoldoende voor *I definitely get an insufficient mark for this*
• stellig *absolutely*
besluipen *stalk; creep/steal up on* ★ de kat besloop de muis *the cat steals up on the mouse*
besluit • beslissing *decision; resolution*
★ een besluit nemen *take a decision*
★ tot een besluit komen *come to a decision*

B

• einde *conclusion*; *close* ★ tot besluit *in conclusion*

besluiten • een besluit nemen *decide* • eindigen *end*; *finish (up)* ★ hij besloot met te zeggen ... *he ended by saying ...*

besmeren *smear*; *spread* ★ je boterham besmeren met boter *butter your bread*; *spread your piece of bread with butter*

besmettelijk *contagious*; *infectious* ★ een besmettelijke ziekte *a contagious disease*

besmetten *infect*; *contaminate* ★ zij is besmet met het hiv-virus *she is infected with the HIV virus*

besmeuren *smear (on/over)*; *stain*

besnijden • snijden ‹hout› *carve*; ‹stok› *whittle* • besnijdenis toepassen *circumcise* ◆ hij is besneden *he has had a circumcision*

besnijdenis *circumcision*

besparen *save*; *spare* ★ je de moeite besparen *save/spare yourself the trouble*

bespelen • muziek maken op *play* ★ vanavond bespeelt Jack de piano *tonight Jack will play the piano* • beïnvloeden ‹omstandigheden› *manipulate*; ‹gevoelens› *play on*

bespeuren *perceive*; *sense* ★ onraad bespeuren *sense danger*

bespieden *spy on*; *watch*

bespiegelen *reflect on*; *contemplate*

bespioneren *spy on*

bespoedigen *accelerate*; *speed up* ★ herstel van een zieke bespoedigen *speed up the recovery of a patient*

bespottelijk *ridiculous*

bespotten *ridicule*; *mock* ★ die mensen worden altijd bespot *those people are always ridiculed*

bespreken • spreken over *speak/talk about*; *discuss* ★ iets onder vier ogen bespreken *talk about something in private* • reserveren *book* • recenseren *review* ★ zijn boek is in alle kranten besproken *his book has been reviewed in all newspapers*

bespreking • het bespreken *discussion*; *talk*; *meeting* ★ een punt in bespreking brengen *raise/bring up a point in the discussion* ★ zij is net in een bespreking *she has a meeting* • recensie *review*; *write up* ★ een geweldig goede bespreking in de krant *a terrific write up on the papers* • reservering *booking*; *reservation*

besproeien ‹planten› *water*; ‹land› *irrigate*

best [**het-woord**] *best* ★ je best doen *do your best* ★ op je best *at your best* [**bijvoeglijk naamwoord**] • overtreffende trap van goed *best*; *very good*; ‹zeer goed› *excellent* ★ de beste wensen voor het nieuwe jaar *best wishes for the new year* ★ zij is niet erg best in Frans *she isn't much good at French* • aanhef ★ beste Mary *dear Mary* [**bijwoord**] • overtreffende trap van goed *(very) well* ★ het gaat niet erg best met hem *he's not doing very well* • tamelijk *quite* ★ ik ben best gek op hem *I'm quite fond of him* • waarschijnlijk ★ het is best mogelijk *it's highly likely*

bestaan [**het-woord**] *existence* ◆ het honderdjarig bestaan *the hundredth anniversary* [**werkwoord**] • zijn *be*; *exist* ★ er bestaat geen reden tot ongerustheid *there is no cause for alarm* • mogelijk zijn *be possible* ★ dat bestaat niet *that is impossible* • bestaan uit *consist in/of* ★ het servies bestaat uit zes borden en zes bekers *the service consists of six plates and six mugs*

bestand [**het-woord**] • verzameling gegevens *file* ★ een bestand wegschrijven op de harde schijf *save a file on the hard disk* • wapenstilstand *truce* [**bijvoeglijk naamwoord**] bestand tegen *resistant to*; ‹regen› *rainproof*; ‹vuur› *fireproof* ★ die pan is bestand tegen vuur *that pan is fireproof*

bestanddeel *element*; *ingredient*

bestandsnaam *file name*

besteden • uitgeven *spend*; *devote* ★ dat

geld wordt goed besteed *the money is well spent*
• gebruiken, aanwenden ‹tijd› *make use of*; ‹geld› *spend* ⋆ de tijd zo goed mogelijk besteden *make the most of your time*

bestek *cutlery* ◆ in kort bestek *in a nutshell*

bestelauto *(delivery) van*

bestelen *rob*

bestellen *order (from)* ⋆ ik wil graag uit de folder bestellen *I would like to order from the leaflet*

bestemmen *mean*; *intend* ⋆ deze informatie is niet voor jou bestemd *this information is not intended for you*

bestemming *destination* ⋆ deze trein heeft bestemming Utrecht *this train has destination Utrecht*

bestijgen *climb*; ‹ook van troon› *ascend*; ‹paard e.d.› *mount* ⋆ de ridder besteeg zijn paard *the knight mounted his horse*

bestormen *storm*; *attack* ⋆ de gekaapte trein werd bestormd *the hijacked train was stormed*

bestraffen • straffen *punish*
• berispen *reprimand*; *rebuke* ⋆ de giechelende meiden werden bestraft *the giggling girls were reprimanded*

bestraling *radiation therapy*; *radiotherapy*

bestrijden • vechten tegen *fight (against)*
• aanvechten *dispute (a point)*

bestrooien *strew*; ‹met suiker› *sprinkle* ⋆ een graf bestrooid met bloemen *a grave strewn with flowers*

bestseller *best seller*

bestuderen *investigate*; *research* ⋆ de toedracht van het ongeluk wordt bestudeerd *the cause of the accident is being investigated*

besturen • sturen, bedienen ‹auto› *drive*
• leiding geven ‹land› *govern*; *rule*; ‹zaak› *manage*; *run* ⋆ de partij wordt bestuurd door drie mensen *the party is run by three people*

bestuur • bewind ‹van land› *government*; *rule*; ‹bedrijf› *management*; ‹school› *administration*
• college van bestuurders ‹van school› *(board of) governors*; ‹van stad› *council*; ‹van vereniging› *(executive) committee* ⋆ dagelijks bestuur *executive committee* ⋆ in het bestuur zitten *be on the committee/board*

bestwil ◆ leugentje om bestwil *white lie* ◆ voor uw/je eigen bestwil *for your own good*

bèta • Griekse letter *bèta*
• leerling *science student*
• afdeling *science (subjects)* ⋆ veel jongens kiezen bèta *many boys choose science* ⋆ bètafaculteiten *science and medicine*

betaalautomaat *cashpoint*; *cash dispenser*

betaalkaart *cheque/credit card*; ‹Amerikaans› *check*

betaalpas *cheque (guarantee) card*; *bank(er's) card*

betalen ‹goederen› *pay for*; ‹rekening› *pay* ⋆ ik moet mijn rekeningen nog betalen *I still have to pay my bills* ⋆ ik zal het hem betaald zetten *I'll make him pay for it*

betasten *feel*; *finger*; *handle*

betekenen • betekenis hebben *mean*; *signify*; *stand for* ⋆ dat betekent dat we naar huis kunnen *it means we can go home*
• waarde hebben *mean something*; *be of importance* ⋆ zij betekent niets voor hem *she means nothing to him* ⋆ het heeft niets te betekenen *it's of no importance*

betekenis • inhoud, bedoeling *sense*; *meaning* ⋆ wat is de betekenis van dat woord? *what is the meaning of that word?*
• belang *importance*; *significance* ⋆ van doorslaggevende betekenis *of decisive importance*

beter [**bijvoeglijk naamwoord**]
• vergrotende trap van goed *better* ⋆ ik heb wel wat beters te doen *I have better things to do* ⋆ hij is beter in Engels dan ik *he is better in English than I am*
• genezen ⋆ beter worden *get better*; *recover*

[bijwoord] • ★ beter maken *make well/better* ★ dat maakt de zaak niet beter *it doesn't make it better* ★ des te beter *so much the better*; *even better*

beterschap beterschap ⟨gezondheid⟩ *recovery* ◆ beterschap gewenst! *get well soon!*

betoger *demonstrator*

betoging *demonstration* ◆ een betoging houden tegen geweld *demonstrate against violence*

beton *concrete* ★ gewapend beton *reinforced concrete*

betoog *argument* ★ een lang betoog houden *give a long argument*; *argue very long*

betoveren • beheksen *cast a spell on*; *bewitch (a person)*
• bekoren *fascinate*; *ravish* ★ zij is betoverend mooi *she is ravishing beautiful*

betovering • beheksing *spell*; *bewitchment*
• bekoring *fascination*; *enchantment*

betrappen *catch* ★ iemand op heterdaad betrappen *catch a person in the act*

betreden • stappen op *set foot on*; *step onto* ★ het gras niet betreden *do not step onto the grass*
• binnengaan *enter*

betreffen • betrekking hebben op *relate to*; *concern*
• aangaan *concern*; *regard* ★ wat mij betreft kunnen we wel gaan *as far as I am concerned we can leave*

betrekkelijk *relative* ★ betrekkelijk voornaamwoord *relative pronoun*

betrekking • band, verband *relation*
• baan *position*; *job*; *post* ★ een goeie betrekking bij de bank *a good position at the bank* ◆ met betrekking tot *with regard/respect to*

betreuren *regret*; ⟨een verlies⟩ *mourn* ★ wij betreuren de dood van Ien *we mourn the death of Ien*

betrouwbaar *reliable*; *dependable*

betweter *know-all*

betwijfelen *doubt* ★ ik betwijfel of ik het red *I doubt whether I'll make it*

beu ★ ik ben het beu *I am fed up with it*; *I am sick/tired of it*

beugel • tandbeugel *brace* ★ zij draagt al jaren een beugel *she has been wearing a brace for years now*
• stijgbeugel *stirrup*

beuk *beech* ◆ de beuk erin! *let's get cracking/going!*

beuken [bijvoeglijk naamwoord] *beech* [werkwoord + iemand/iets] *batter*; *pound*; *hammer* ★ hij beukte tegen de deur *he battered the door*

beul • scherprechter *executioner*
• wreedaard *brute*; *beast*

beunhaas *bungler*

beurs [de-woord] • studiebeurs *scholarship* ★ van een beurs studeren *be on a scholarship*
• ⟨handel⟩ *stock exchange*; ⟨gebouw⟩ *Exchange* ★ op de beurs *on the stock exchange/market*
• tentoonstelling *fair* ★ de boekenbeurs in Frankfurt *the book fair in Frankfurt*
[bijvoeglijk naamwoord] *over-ripe* ★ die appel is helemaal beurs *that apple is completely over-ripe*

beurt *turn*; ⟨van kamer⟩ *turn-out* ★ wie is aan de beurt? *who is next?*; *whose turn is it?* ★ om beurten *in turn* ★ voor je beurt praten *speak out of your turn* ◆ een grote beurt (auto) *a major service*; *a 30.000 kilometres (etc.) service* ◆ een slechte beurt maken *put up a poor show*

bevallen • in de smaak vallen *please*

★ het beviel hem niets *it didn't please him at all*
• baren *have a baby*; *give birth to* ★ ze moet bevallen *she is going to have a baby*
bevalling *childbirth*; *delivery*
bevatten • inhouden *contain* ★ het pak melk bevat één liter *the carton of milk contains one litre*
• begrijpen *comprehend*; *understand*
bevechten • vechten tegen *fight (against)*
• vechten om *fight for* ◆ de zwaar bevochten vrijheid *the hard-won freedom*
beveiliging *protection*; *security* ★ persoonlijke beveiliging *private security*
bevel • opdracht *order*; *command* ★ op bevel van *by order of*
• hoger gezag *command* ★ onder bevel van *under the command of* ★ het bevel voeren over *be in command of*
bevelen *order*; *command*
bevelhebber *commander*
beven ‹van angst, woede› *tremble*; ‹van angst, kou› *shake*; *shiver* ★ beven als een rietje *tremble like a leaf*; *shake like a leaf*
bever *beaver*
bevestigen • vastmaken *fix*; *fasten*; *attach*
• bekrachtigen *confirm* ★ dit bevestigt mijn voorgevoel *this confirms my foreboding*
bevinden *find yourself*; *be* ★ zich in gevaar bevinden *be in danger*
bevlieging *caprice*; *whim* ★ een kortstondige bevlieging *a brief whim*
bevochtigen *moisten*
bevoegd *authorized*; ‹leraar› *qualified*; ‹gezag, gerechtshof› *competent* ★ hij is bevoegd om les te geven *he is qualified to teach*
bevolken *people*
bevolking *population*
bevoordelen *benefit*; *favour*
bevooroordeeld *prejudiced*; *bias(s)ed*
bevorderen • begunstigen *further*; ‹gezondheid› *benefit*; ‹groei, eetlust› *stimulate* ★ de bloedsomloop bevorderen *stimulate the circulation of the blood*
• doen opklimmen *promote* ★ een werknemer bevorderen *promote an employee*
bevorderlijk *conducive (to)*; *good (for)* ★ dat is niet bevorderlijk voor de gezondheid *that is not good for your health*
bevredigen *satisfy*
bevrediging *satisfaction*
bevriend *friendly* ★ bevriend raken met iemand *become friends with someone*; *become friendly with someone*
bevriezen *freeze (over)*; *freeze up* ★ zijn vingers waren bevroren *his fingers were frozen* ★ doodvriezen *freeze to death*
bevrijden *liberate*; ‹gevangenen› *set free* ★ in 1945 werd Nederland bevrijd *in 1945 the Netherlands were liberated*
bevrijding *liberation*; ‹gevangenen› *release*; ‹uit gevaar› *rescue*
bevruchting *fertilization* ★ de bevruchting van een eitje *the fertilization of an egg*
bewaker *guard*; ‹in gevangenis› *warder*
bewaking *guard*; *watch* ★ onder bewaking stellen *put under guard* ◆ hij ligt aan de hartbewaking *he is on coronary care*
bewapenen *arm*
bewaren • bij zich houden *keep*; *save* ★ ik heb mijn oude schoolschriften bewaard *I kept my old school notebooks*
• in stand houden *keep*; *maintain* ★ je kalmte bewaren *keep calm* ★ je evenwicht bewaren *maintain your balance*
beweegreden *motive*
bewegen [**werkwoord**] *move*; *stir* ★ de bladeren bewegen in de wind *the leafs move in the wind*
[**werkwoord + iemand/iets**] • in beweging brengen ★ hij bewoog met zijn hoofd toen de foto werd genomen *he moved his head just on the moment the picture was taken*
• overhalen ★ iemand bewegen om te... *induce/get a person to...*
[**werkwoord + zich**] *move*; *stir* ★ beweeg

B

B

je niet! *don't move!*
beweging • het bewegen *movement*; *motion*; ⟨lichaamsbeweging⟩ *exercise* ⋆ in beweging brengen *set in motion* • stroming *movement* ⋆ hij zit in de milieubeweging *he is in the environmental movement*
beweren *assert*; *claim* ⋆ zij beweert Elvis gezien te hebben *she claims to have seen Elvis*
bewering *assertion*; ⟨uitspraak⟩ *statement*; ⟨betwistbaar⟩ *claim*

bewerken *treat*; ⟨boek⟩ *edit*; ⟨herzien⟩ *revise*; *work on* ⋆ het boek is bewerkt door de redactie *the book has been revised by the editors*
bewerking • het bewerken *treatment*; ⟨van land⟩ *cultivation*; *preparation* ⋆ in bewerking zijn *to be in preparation* • resultaat ⟨boek, tekst⟩ *adaptation*; ⟨muziekstuk⟩ *arrangement*; ⟨van toneelstuk, film, boek, e.d.⟩ *version*
bewijs *proof*; *evidence* ⋆ het bewijs leveren van iets *provide proof of something*
bewijzen *prove*; *establish*; *demonstrate* ⋆ iemands schuld bewijzen *prove someone's guilt* ◆ de laatste eer bewijzen *pay your last respects*
bewind *government*; *administration* ⋆ tijdens het bewind van Castro *under Castro's government* ◆ aan het bewind zijn ⟨van minister, partij⟩ *be in power*
bewolking *clouds*
bewonderen *admire* ⋆ ik bewonder je om je kookkunst *I admire you for cooking*
bewondering *admiration (of/for)*
bewonen *inhabit*; ⟨huis e.d.⟩ *live in* ⋆ de eerste verdieping wordt niet bewoond *the first floor is not lived in*
bewoner *resident*; *occupant*; ⟨geografie⟩ *inhabitant*
bewust • wetend *aware*; *conscious* ⋆ zich bewust zijn van *be conscious/aware of* ⋆ zich van geen kwaad bewust zijn *be unaware/unconscious of having done any harm* • opzettelijk *intentional*; *deliberate* • betreffende *concerned*; *in question* ⋆ op die bewuste avond *that night in question*
bewusteloos *unconscious*
bewustzijn *consciousness*; *awareness* ⋆ weer tot bewustzijn komen *recover/regain consciousness* ⋆ buiten bewustzijn *unconscious*
bezem *broom*
bezet • gevuld met mensen *occupied*; ⟨van plaats⟩ *taken* ⋆ deze stoel is bezet *this seat is taken* • druk ⟨van persoon⟩ *occupied*; *busy* ⋆ dan ben ik bezet *then I'll be busy*
bezetten *occupy*; *fill*; ⟨ruimte, plaats⟩ *take*
bezetting • het bezetten *occupation* ⋆ de bezetting van Nederland *the occupation of the Netherlands* • spelers *cast*; ⟨van een orkest⟩ *strength* ⋆ de film heeft een beroemde bezetting *the movie has a famous cast*
bezichtigen *visit*; *pay a visit to* ⋆ een kerk bezichtigen *pay a visit to a church*
bezien ⋆ het valt nog te bezien *it remains to be seen*
bezienswaardigheid *sight*; *place of interest* ⋆ de bezienswaardigheden van een stad *the sights of a town*
bezig *busy*; *engaged (in)*; *occupied (with)* ⋆ hij was druk bezig met schrijven *he was busy writing*
bezighouden [**werkwoord + iemand/iets**] *keep busy*; ⟨iemands aandacht⟩ *hold* ⋆ het houdt mij voortdurend bezig *it keeps me busy all of the time* [**werkwoord + zich**] bezighouden met

be engaged in ★ ik houd me bezig met bijles geven *I am engaged in giving coaching*

bezinning • het nadenken *reflection*; *contemplation* ★ een periode van bezinning *a time/period of (self-)reflection*
• besef *reflection*; *sense* ★ tot bezinning komen *come to your senses*

bezit • het bezitten *possession* ★ in het bezit komen van iets *come into possession of something*
• bezitting *possession*; ⟨eigendom⟩ *property* ★ het bezit verdelen onder de erfgenamen *divide the property/possession among the heirs*

bezitten *own*; *possess*

bezitting *property*; *possession*

bezoek • het bezoeken *visit*; *call* ★ een bezoek afleggen *pay a visit to*; *call on* ★ ik ga vaak bij ze op bezoek *I often pay them a visit*
• personen *visitors*; *callers*; *guests*

bezoeker *guest*; *caller*; *visitor* ★ de tentoonstelling trok een recordaantal bezoekers *the exhibition drew a record number of visitors*

bezopen • dronken *sloshed*; *plastered*
• idioot ★ een bezopen idee *a daft/crackpot idea*

bezorgd *anxious*; *worried* ★ ik ben erg bezorgd over hem *I am very worried about him*

bezorgen • afleveren *deliver* ★ zij bezorgt de post in deze wijk *she delivers the post in this district*
• verschaffen *get*; *provide* ★ je bezorgt me hoofdpijn *you get me a headache*

bezuiniging *economy*; *cut back* ★ bezuinigingen tot stand brengen *make cuts*

bezwaar • beletsel *drawback*; *difficulty* ★ bezwaar opleveren *present difficulties*
• bedenking *objection*; ⟨gewetensbezwaar⟩ *scruple* ★ ik heb grote bezwaren daartegen *I have great objections to that*

bezweet *perspiring*; *sweaty* ★ ik ben helemaal bezweet *I'm all sweaty*

bezwijken • niet bestand zijn tegen iets *collapse*; *give way*
• toegeven *succumb*; *give in*; *yield to* ★ voor de verleiding bezwijken *yield to temptation*
• sterven *go under*; *succumb* ★ aan een ziekte bezwijken *succumb to a disease*

bh *bra*

bibberen ⟨van de kou, angst⟩ *shiver*; *tremble*; ⟨van angst⟩ *quiver* ★ ze bibberde van de kou *she shivered with the cold*

bibliotheek *library*

bidden *pray*; ⟨voor/na de maaltijd⟩ *say grace* ★ ik bid tot God *I pray to God*

biecht *confession* ★ te biecht gaan *go to confession* ★ iemand de biecht afnemen *hear a person's confession*

biechten *confess*

bieden • aanbieden ⟨kansen, geld⟩ *offer*; ⟨aanblik⟩ *present* ★ ze boden hem een hoog salaris *they offered him a high salary*
• een bod doen *bid*; *make a bid* ★ meer bieden dan iemand anders *outbid another person*

biefstuk *steak*

bier *beer*; *ale* ★ wij willen graag drie bier *we want three beers, please*

biet *(sugar)beet* ◆ bietjes *beetroot*

big *piglet*

biggelen *trickle* ★ tranen biggelden haar over de wangen *tears trickled down her cheeks*

bij [**de-woord**] *bee* ◆ de bloemetjes en de bijtjes *the birds and the bees*
[**bijwoord**] • slim ★ hij is goed bij *he's clever*
• bij bewustzijn *conscious* ★ zij is nog niet bij *she is not yet conscious*
• zonder achterstand *up-to-date*
[**voorzetsel**] • toegevoegd aan *(to go) with* ★ wil jij er nog iets bij? *do you want anything to go with it?*
• in de omstandigheid van *(present) at* ★ bij het ontbijt *at breakfast* ★ was jij bij die lezing? *were you at the lecture?*
• met *with me/you/him/her* ★ hij had zijn hond bij zich *he had his dog with him*
• door/wegens *by* ★ bij toeval *by chance/accident*

B

B

• in de buurt van *near/close to* ★ hij staat bij de muur *he's close to the wall* ★ bij het station *near the station*
• maal *by* ★ zes bij zes meter *six by six metres*
• aan *by* ★ ze nam hem bij de hand *she took him by the hand* ◆ bij brand *in case of fire* ◆ bij aankomst *on arrival*

bijbel *bible*
bijbels *biblical*
bijbetalen *pay extra*; *make an extra payment*
bijdehand • pienter *bright*; *smart*
• vrijpostig *forward*; *bold*
bijdrage *contribution*
bijdragen *contribute (to)*
bijeen *together*; *assembled*
bijeenkomen *meet*; *come together*; *gather* ★ laten we morgen bijeenkomen *lets come together tomorrow*
bijeenkomst *meeting*; *gathering*; ‹spreektaal› *get-together*
bijenkorf *beehive*; *hive*
bijgeloof *superstition*
bijgelovig *superstitious*
bijhouden • bijblijven *keep up with*; *keep pace with* ★ deze snelheid is niet bij te houden *one can't keep up with this speed*
• blijven werken aan *keep up to date*
bijkomen • bijna raken ★ ik kan er niet bijkomen *I can't reach it/get at it*
• bij bewustzijn komen *come round/to*
• zich herstellen *recover*; *gain breath* ★ na die schok ben ik weer bijgekomen *after that shock I gained breath again*
bijl *axe*; ‹klein› *hatchet* ◆ het bijltje erbij neergooien *chuck it*; *pack it in*
bijles *extra lesson*; *coaching* ★ bijles nemen/hebben *take/have extra lessons*
bijna *nearly*; *almost* ◆ je kan het bijna niet geloven *you can hardly believe it*
bijnaam *nickname*
bijscholen *retrain*
bijsluiter *instructions*
bijstand • hulp *assistance*; *help*; ‹financieel› *financial support* ★ bijstand verlenen *give help*; *render assistance*
• uitkering ★ in de bijstand zitten *be on welfare/social security*; *receive social security*
bijten [werkwoord] • tanden zetten in *bite* ★ op je nagels/lippen bijten *bite your nails/lips*
• scherp zijn *sting*; *be corrosive* ★ een bijtend stofje *a corrosive substance*
[werkwoord + iemand/iets] *bite* ★ de kat heeft me gebeten *the cat has bitten me*
bijtijds • op tijd *in time*
• vroeg *early*
bijvak *subsidiary subject*; *minor subject*
bijvoegen *add*; *enclose* ★ bijgevoegd vindt u mijn rapport *enclosed you'll find my report*
bijvoorbeeld *for example*; *for instance*
bijwerking *side-effect(s)*
bijwonen ‹meemaken› *witness*; ‹bezoeken› *attend* ★ een vergadering bijwonen *attend a meeting* ★ een spektakel bijwonen *witness a spectacle*
bijwoord *adverb*
bijzaak *side issue* ◆ hoofdzaken en bijzaken *essentials and inessentials*
bijziend *short-sighted*
bijzijn *presence* ★ in het bijzijn van *in front of*; *in the presence of*
bijzin *subordinate clause*
bijzonder • speciaal *particular* ★ in het bijzonder *in particular*
• ongewoon *special*; *exceptional* ★ een bijzonder geval *a special case* ◆ niets bijzonders *nothing special*
bijzonderheid • detail *(particular) detail* ★ in bijzonderheden treden *go into detail*
• iets bijzonders *special circumstance*; *special nature* ★ zijn bijzonderheid is dat hij zo mooi kan schrijven *his special nature is that he can write so beautifully*
bikini *bikini*
bil *buttock*; *bottom* ★ een tik op je billen *a slap on your bottom*
biljart *billiards* ★ biljart spelen *play (at) billiards*
biljet • kaartje *ticket*
• bankbiljet *(bank)note* ★ een biljet van 500 euro *a 500 euros note*
binden • vastmaken *bind*; *tie*
• vrijheid beperken *tie (up)* ★ ik ben

erg gebonden door gemaakte afspraken *I am very tied up because of made appointments*
• dik maken *thicken* ★ gebonden soep *thick soup*

bink *tough guy*; *he-man* ◆ de bink uithangen *show off*; *try to impress*

binnen [**bijwoord**] *inside* ★ ze is nog binnen *she's still inside* ★ de deur van binnen sluiten *lock the door on the inside*
[**voorzetsel**] • erin *inside*; *within* ★ binnen de muren van het kasteel *inside the castle walls* ★ binnen bereik *within reach*
• minder dan *within* ★ binnen het budget *within the budget*

binnenband *tube*

binnengaan *go in*; *enter*

binnenin *inside*

binnenkant *inside*

binnenkomen *come in*; *enter*

binnenkort *soon*; *before long*

binnenland *interior* ◆ in binnenland en buitenland *at home and abroad*

binnenlopen *go in(to)*; ‹bij iemand› *drop in (at/on)* ★ bij iemand even binnenlopen *just drop in on someone* ◆ de trein liep het station binnen *the train drew into the station*

binnenstad *town/city centre*

biobak *compost bin*

biologie *biology*

biologisch *biological*

bioscoop *cinema* ★ naar de bioscoop gaan *go to the pictures*; *go to the cinema*

biscuit *biscuit*

bisdom *diocese*; *bishopric*

bisschop *bishop*

bitter [**bijvoeglijk naamwoord**] *bitter* ★ bitter als gal *(as) bitter as gall*
[**bijwoord**] *awfully*; *dreadfully* ★ het is bitter koud *it is dreadfully cold* ◆ bitter weinig *precious little*

bizar *bizarre*

blaar *blister* ★ blaren trekken *raise blisters*

blaas • orgaan *bladder*
• luchtbel *bubble*

blaasinstrument *wind instrument*

blad • deel van plant *leaf* ★ de blaadjes vallen uit *the leaves fall off*
• vel papier *sheet*; ‹bladzijde› *page* ★ het blad omslaan *turn the page*
• tijdschrift *magazine*
• dienblad *tray*

bladeren ★ in een boek bladeren *leaf through a book*

bladgroente *greens*

bladzijde *page*

blaffen *bark* ★ de hond begon te blaffen *the dog started barking*

blanco *open*; *blank* ★ blanco stemmen *give in a blank vote*

blank • ongekleurd *white* ★ blank en zwart *white and black*
• onder water *flooded* ★ de keuken stond blank *the kitchen was flooded*

blauw *blue*

blauwtje ◆ een blauwtje lopen *be turned down/rejected*

blazen [**werkwoord**] *blow*; ‹van kat› *spit*; *hiss* ★ katten blazen als ze bang of kwaad zijn *cats spit when they are frightened or angry* ◆ het is oppassen geblazen *we need to watch out*
[**werkwoord + iemand/iets**]
• vervaardigen *blow* ★ glas blazen *blow glass*
• bespelen ‹van houten blaasinstrument› *blow*; ‹van hoorn› *sound*

bleek *pale* ★ hij zag bleek van de schrik *he looked pale from fright*

bleekselderij *celery*; *blanched celery*

blèren • blaten *bleat* ★ schapen blèren *sheep bleat*
• luid huilen *squall*; *bawl* ★ hun kind

B

blèrt de hele dag *their child is squalling the whole day*

blij *glad*; *happy*; *pleased* ★ ik ben blij met het cadeau *I'm happy with the present*

blijdschap *gladness*; *joy (at)*

blijheid *gladness*; *joy (at)*

blijkbaar *apparently*; *evidently*; *obviously* ★ je hebt blijkbaar niet je best gedaan *apparently, you did not do your best*

blijken *turn out*; *prove* ★ hij blijkt een leugenaar te zijn *he turns out to be a lier*

blijven [werkwoord] • voortduren *remain*; *continue* ★ blijven regenen *continue/keep (on) raining*
• niet weg- of doorgaan *stay* ★ blijven eten *stay to/for dinner* ◆ waar is mijn pen gebleven? *where has my pen got to?*
[koppelwerkwoord] *remain*; *stay* ★ kalm blijven *stay calm* ★ het blijft de vraag of ... *it remains to be seen whether ...*

blik [de-woord] • oogopslag *look*; ‹vluchtig› *glance* ★ in één blik *at a glance*
• kijk op iets *view*; *(out)look* ★ zij heeft altijd een heldere blik op alles *she always has a clear view on everything*
[het-woord] • metaal *tin*
• bus *tin* ★ we openen een blikje bonen *we'll open a tin of beans*

blikopener *tin/can opener*

bliksem *lightning* ★ door de bliksem getroffen *struck by lightning*

bliksemen *lighten* ★ het heeft de hele dag gebliksemd *it has been lightning all day (long)*

blind • zonder zicht *blind* ★ aan één oog blind *blind in one eye* ★ blind voor *blind to*
• zonder opening ★ blinde muur *blind/blank wall*

blinddoek *blindfold*

blinde *blind person*

blindedarm *appendix*

blindengeleidehond *guide dog*; ‹Amerikaans› *seeing-eye dog*

blocnote *(writing) pad*; *notepad*

bloed *blood* ★ het bloed gutste uit de wond *the blood poured from the wound* ★ in koelen bloede *in cold blood*

bloeden *bleed* ★ uit de neus bloeden *bleed from the nose*; *have a nosebleed*

bloeding *bleeding* ★ zij is gestorven aan interne bloedingen *she died of internal bleedings*

bloedneus *bloody nose* ★ iemand een bloedneus slaan *give a person a bloody nose*

bloeduitstorting *bruise*

bloedvat *blood vessel*

bloeien *bloom*; *blossom*; *flower*

bloem • plant *flower*
• meel *flour*

bloembol *bulb*

bloemkool *cauliflower*

bloempot *flowerpot*

bloes *blouse*

blok • stuk *block*; *brick*; ‹hout› *log*
• huizenblok *block* ★ een blokje om lopen *take a walk around the block* ◆ iemand voor het blok zetten *force a person's hand*; *put a person on the spot*

blokfluit *recorder*

blokkeren *blockade*; *block* ★ de actiegroep blokkeerde de weg *the action group blocked the road* ◆ een rekening blokkeren *freeze a bank account*

blond *blond*; *fair*; ‹van vrouw› *blonde* ★ een blonde vrouw *a blonde (woman)*

blonderen *bleach* ★ zij heeft geblondeerd haar *she has bleached hair*

bloot *bare*; *naked* ★ hij liep bloot door zijn huis *he walked naked through his house* ★ met blote handen *with bare hands*

blos *flush*; ‹van gezondheid› *bloom*; ‹verlegenheid› *blush* ★ een blos op je wangen *a flush on your cheeks*

blouse *blouse*

blowen *smoke dope*

blozen ‹van verlegenheid› *blush (with)*; ‹van opwinding› *flush (with)*; ‹van gezondheid› *bloom (with)*

blunder *blunder* ★ een kapitale blunder *a capital blunder*

blussen *extinguish*; *put out* ★ de brand blussen *put out the fire*

blut *broke*; ‹na spel› *cleaned out*

bobbel • blaasje *bubble*
• bultje *lump; bump*
bobslee *bobsleigh; bobsled*
bochel *hump*
bocht [de-woord] *turn; curve; bend* ★ de auto vloog uit de bocht *the car failed to take the bend* ★ een bocht maken *turn; bend; curve*
[de/het-woord] *trash; rubbish*
bod *bid; offer* ★ een bod doen (op) *make a bid (for)* ★ u bent aan bod *it's your bid* ◆ aan bod komen *be given a chance*
bodem • grondvlak *bottom* ★ de Titanic ligt op de bodem van de oceaan *the Titanic is lying on the bottom of the ocean*
• grond *soil* ★ vruchtbare bodem *fertile soil* ★ op Nederlandse bodem *on Dutch soil/territory*
boeddhist *Buddhist*
boef *scoundrel; rascal*
boeg *bow(s)* ◆ voor de boeg hebben *have in front of you*
boei • kluister *fetter; shackle;* ‹handboei› *handcuff* ★ in de boeien slaan *slap the cuffs on someone; put/clap in irons*
• baken *buoy*
boeien • in de boeien slaan *fetter; shackle; handcuff* ★ de overvaller werd geboeid afgevoerd *the raider was carried off handcuffed*
• fascineren *captivate; grip* ★ die muziek kon haar niet boeien *the music failed to keep her captivated*
boek *book* ★ hoeveel boeken lees jij in een maand? *how many books do you read in a month?*
boeken • behalen ‹succes› *score;* ‹vooruitgang› *make; achieve* ★ geen enkele vooruitgang boeken *make no progress whatsoever*
• bespreken *book* ★ ik heb geboekt voor vertrek morgenavond *I booked for leave tomorrow evening*
boekenbon *book token*
boekenkast *bookcase*
boeket *bouquet*
boekhouding • het boekhouden *book-keeping; accounting* ★ enkele/dubbele boekhouding *single/double entry book-keeping*
• boekhoudafdeling *accounts department*
boel • *affair(s); business* ★ een vuile boel *a messy business* ★ een saaie boel *a dull affair*
• een boel *a lot of*
boenen ‹schrobben› *scrub* ★ de badkamervloer boenen *scrub the bathroom floor*
boer • agrariër *farmer*
• speelkaart *jack* ★ schoppen boer *jack of spades*
• oprisping *belch; burp* ★ een boer laten *burp*
boerderij *farm*
boerenkool *curly kale* ★ boerenkool met worst *kale and sausage*
boerin • vrouwelijke boer *woman farmer*
• vrouw van de boer *farmer's wife*
boete *penalty; fine* ★ er staat een hoge boete op te hard rijden *driving too fast carries a heavy fine*
boeten *suffer (for); pay (for)* ★ daar zul je voor boeten *you'll pay for that*
boetseren *model*
boezem *breast* ◆ ze heeft een flinke boezem *she is full-bosomed*
boffen *be lucky*
bok *billy goat; male goat*

B

B

boksen *box*
bokser *boxer*
bol [**de-woord**] • bolvormig voorwerp *ball*; *globe*
• broodje *roll* ★ een bolletje kaas, alstublieft *a roll of cheese, please*
• hoofd *noddle*; *nut* ★ het is hem in zijn bol geslagen *he is off his nut/head*
[**bijvoeglijk naamwoord**] *round*; ‹wangen› *chubby* ◆ bol gezicht *plump face*
bom *bomb* ★ er is een bom ontploft *a bomb has exploded*; *there has been a bomb explosion*
bombarderen ‹met granaten› *shell*; ‹met bommen› *bomb* ★ Rotterdam werd gebombardeerd in de oorlog *Rotterdam was bombed in the war*
bommenwerper *bomber*
bon • betalingsbewijs *receipt* ★ hier is uw bon *here is your receipt*
• waardebon *voucher*; ‹voor cadeau› *token*
• bekeuring *ticket* ★ iemand op de bon slingeren *give someone a ticket*
bonbon *chocolate*; *sweet* ★ een gevulde bonbon *a chocolate cream*
bond *alliance*; *league*; ‹ook vakvereniging› *union*
bondgenoot *ally*
bonken *pound*; *bang* ★ op de deur bonken *pound on the door*
bons *thump* ◆ iemand de bons geven *jilt someone*
bont [**het-woord**] *fur* ★ een jas van bont *a fur coat*
[**bijvoeglijk naamwoord**] • veelkleurig *multi-coloured*; ‹was› *coloured* ★ de bonte was *the coloured laundry*
• afwisselend ‹programma› *varied*; *mixed* ★ een bont gezelschap van leerlingen *a colourfull group of students*
◆ iemand bont en blauw slaan *beat someone black and blue*
boodschap • bericht *message*
• het inkopen *(the) shopping*; *purchase(s)* ★ hij ging boodschappen doen *he went shopping*
boog • kromme lijn *curve* ★ de straal water loopt met een boogje *the trickle of water runs in a curve*
• poort ‹bouwkunde› *arch*; ‹van brug› *span*
• wapen *bow* ★ met pijl en boog *with bow and arrow*
Boogschutter *Sagittarius* ★ mijn teken van de dierenriem is Boogschutter *my sign of the zodiac is Sagittarius*
boom • gewas *tree* ★ nooit onder een boom schuilen! *never shelter under a tree!*
• balk ‹afsluitboom› *bar*; *barrier*
boomgaard *orchard*
boomstam *(tree-)trunk*
boon *bean*; ‹bruine boon› *brown bean*; ‹witte boon› *haricot bean* ◆ een heilig boontje *a goody-goody*
boor *drill*
boord • halskraag *collar* ★ staande/liggende/dubbele boord *stand-up/turn-down/double collar*
• ‹scheepvaart› *board* ★ aan boord gaan *go on board*; *embark* ★ van boord gaan *go ashore*; *disembark* ★ over boord vallen *fall overboard*
booreiland *oil-rig*
boormachine *(power) drill*
boos *angry* ★ boos worden *become angry*; *lose your temper* ★ boos om/over te veel huiswerk *angry at/about too much homework* ★ boos op de leraar *angry with the teacher*
boot *boat*; ‹groot› *steamer*; *ship* ★ de boot vaart in de gracht *the boat sails the channel*
bord • etensbord *plate*
• schoolbord *(black)board* ★ kom jij

maar voor het bord *you come to the blackboard*
• verkeersbord *traffic sign*
borduren *embroider*

boren ‹in metaal, hout enz.› *drill*; ‹van tunnel› *bore* ★ een gat in de muur boren *drill a hole in the wall* ◆ de kogel boorde zich in de muur *the bullet penetrated into the wall*
borgsom ‹huur e.d.› *deposit*; *security (money)*
borst • lichaamsdeel *chest*; ‹van paard› *breast* ★ het op de borst hebben *have a bad chest*; *suffer from asthma*
• boezem van vrouw *breast* [meervoud: *breasts, bosom*] ★ een kind de borst geven *breast-feed a child*
borstel *brush*
borstelen *brush*
borstkas *chest*
bos [**de-woord**] ‹bloemen› *flowers*; ‹hout› *bundle*; ‹sleutels› *bunch* ★ ik heb een bos sleutels gevonden *I found a bunch of keys*
[**het-woord**] *wood(s)*; ‹groot› *forest*
bosbes *bilberry*
bot [**de-woord**] *flounder*
[**het-woord**] *bone* ★ koud tot op het bot *cold to the bone*
[**bijvoeglijk naamwoord**] • stomp *dull*; ‹mes› *blunt*
• lomp *blunt*; ‹weigering› *flat* ★ hij reageerde nogal bot *he reacted rather bluntly*
boter *butter* ★ een klontje boter *a pat of butter*
boterham *(a slice of) bread (and butter)*; ‹met beleg› *sandwich* ★ wat wil je op je boterham? *what do you want on your bread?*
botsing *smash (up)*; *collision*; *crash* ★ een frontale botsing *a head-on collision* ◆ in botsing komen met *collide with*; *clash with*
bouillon *broth*
bouw • het bouwen *building*; *construction* ★ tijdens de bouw is er een ongeluk gebeurd *during the construction there has been an accident*
• constructie ‹van atoom› *structure*; ‹van schip, lijf, e.d.› *build*
• bouwbedrijf *building trade* ★ hij werkt in de bouw *he is in the building trade*
bouwen • maken *build* ★ huizen bouwen *build houses*
• bouwen op *rely on*; *depend on* ◆ een feestje bouwen *throw a party*
bouwpakket *(do-it-yourself) kit* ★ een bouwpakket voor een modelvliegtuig *a model aeroplane kit*
bouwvakker *construction/building worker*
boven [**bijwoord**] • hoger gelegen *above*; *up(stairs)* ★ hij woont boven *he lives upstairs*
• op de hoogste plaats *on top* ★ van boven naar beneden *from top to bottom*; *(from the top) downward(s)*
• erop *on (the) top of* ★ de blauwe ligt onder, de rode boven *the blue one's under, the red one on top*
[**voorzetsel**] • meer dan *over*; *above* ★ kinderen boven de twaalf jaar *children over twelve*
• hoger gelegen/geplaatst *above*; ‹loodrecht› *over* ★ boven het dal *over the valley* ★ boven de wolken *above the clouds*
bovenaan *at the top* ★ bovenaan staan in de hitparade *be in/at the top of the charts*
bovenarm *upper arm*
bovenbeen *upper leg*; *thigh*
bovenbouw *last two or three classes of a secondary school*; *sixth form*
bovendien *besides*; *in addition*; *moreover*

B

bovengronds ‹trein› *overground*; ‹leidingen› *overhead*
bovenin *at the top*
bovenkant *top*
bovenkomen • naar hogere verdieping komen *come up(stairs)* • aan oppervlakte komen *come up*; *rise*; *float to the surface* ★ de zwemmer kwam na een minuut weer boven *the swimmer came up again after one minute* ◆ laat hem maar bovenkomen *send him up*
bovenop *on top* ◆ er weer bovenop komen *pull through*
bowlen *bowl*
box • kinderbox *playpen* • geluidsbox *(loud)speaker* • afgescheiden ruimte *box*
boycot *boycott*
braadpan *frying pan*
braaf *good*; *obedient* ★ een braaf hondje *a good doggy*
braam *blackberry* ★ bramen gaan zoeken *go blackberrying*
braden ‹boven vuur, in oven› *roast*; ‹boven rooster› *broil/grill*; ‹op het fornuis› *fry* ★ gebraden rundvlees *roast beef* ★ gebraden varkenslappen *fried pork/steaks* ◆ in de zon liggen braden *be basking in the sun*
braken *vomit*; *be sick*; *throw up*
brancard *stretcher*
brand *fire*; *blaze* ★ in brand vliegen *catch fire* ★ in brand staan *be on fire*; *be in flames* ★ in brand steken *set on fire* ★ brand stichten *set fire to*
brandbaar *combustible*; *inflammable*
brandblusser *fire extinguisher*
branden [werkwoord] • in brand staan *burn*; *be on fire* ★ de school brandt *the school is on fire* • licht/warmte uitstralen *burn*; *be on* ★ het licht brandt nog *the light is still on*
[werkwoord + iemand/iets] ‹met vuur› *burn*; ‹door heet water e.d.› *scald* ★ ik heb mijn vingers gebrand *I burnt my fingers*
branding *surf*; ‹golven› *breakers*
brandstapel *stake*; *funeral pyre* ★ op de brandstapel sterven *burn at the stake*
brandstichting *arson*
brandstof *fuel*
brandweer *fire brigade*
brandwond *burn*
bravo *well done!*; *hear, hear!*
breed *broad*; *wide* ★ de tuin is drie meter breed *the garden is three metres wide* ◆ het niet breed hebben *be short of money*
breedbeeldtelevisie *wide-screen TV*
breedte *width*; *breath* ★ iets in de breedte opmeten *measure something widthways*
breekbaar *breakable*; *fragile*
breien *knit*
brein • hersenen *brain* • verstand *intellect*; *brain(s)* ★ zij is het brein achter deze operatie *she's the brain behind this operation*
breinaald *knitting needle*
breken [werkwoord] • stuk gaan *break* ★ het kopje brak in stukken *the cup broke into pieces* • breken met ‹gewoonte› *break*; ‹met geliefde› *break up with* ★ ze heeft met Peter gebroken *she has broken up with Peter*
[werkwoord + iemand/iets] *break*; ‹draad› *snap* ★ hij heeft zijn been gebroken *he has broken his leg* ◆ een record breken *break a record*
brengen • vervoeren ‹naar de spreker› *bring*; ‹van de spreker af› *take* ★ wie brengt Kenneth naar school? *who will bring Kenneth to school?* • doen raken *make*; *get*; *bring* ★ iemand in moeilijkheden brengen *get a person into trouble* ◆ iets naar voren brengen *put something forward* ◆ kinderen naar bed brengen *put the children to bed*
breuk • het breken *breaking* • scheur ‹met het verleden› *break*; ‹in glas› *crack*; ‹van been, kabel, metaal› *fracture* ★ hij heeft een dubbele breuk in zijn arm *he has a double fracture in his arm* • ‹wiskunde› *fraction*
brief *letter* ★ per brief *by letter* ★ zij schrijft me elke dag een brief *she writes me a letter every day*

briefkaart *postcard*
brievenbus *mailbox*; ‹aan huis› *letterbox* ★ iets in de brievenbus stoppen *put something in the letterbox*
brigadier ‹in het leger› *brigadier*; ‹bij de politie› *police sergeant*
brij *porridge*; *pulp*
bril • glazen in montuur *(pair of) glasses*; *spectacles* ★ zie je dat meisje met bril? *do you see that girl wearing glasses?*
• wc-bril *(toilet) seat*
briljant [**de-woord**] *diamond* [**bijvoeglijk naamwoord**] *brilliant*
Brit *Briton*
Brits [**het-woord**] *British-English* [**bijvoeglijk naamwoord**] *British*
broche *brooch*
broeden • ei doen uitkomen *brood*; *sit (on eggs)*
• broeden op ★ op iets zitten broeden *brood on something*
broeder • verpleger *male nurse*
• ‹godsdienst› *brother*; *friar*
broeien • heet worden *heat*; *get heated* ★ broeiend hooi *heated hay*
• dreigen *brew* ★ er broeit iets *there is something brewing*
broeikas *hothouse*
broek *pair of trousers*; ‹lang› *trousers* [meervoud]; ‹Amerikaans› *pants* [meervoud]; ‹kort› *shorts* [meervoud] ★ my trousers/pants are dirty *mijn broek is vuil* ◆ het in je broek doen van angst *nearly wet/shit yourself out of/from fear*
broer *brother* ★ dit is mijn oudere broer *this is my older/elder brother*
brok *chunk*; *piece*; ‹groot› *lump* ★ hij had een brok in de keel *he had a lump in his throat* ◆ brokken maken *smash things up*; *mess things up*
brokstuk *fragment*; *piece*
bromfiets *moped*
brommen • geluid maken ‹van motor, radio› *hum*; *whirr*; ‹dier› *growl (at)*
• mopperen *mutter*; *grumble (at/about)* ★ brom niet zo tegen dat kind! *don't grumble that much at the child!*
brommer *moped*
bron • opwellend water *spring*; *well*
• oorsprong *source*; *origin* ★ bron van inkomsten *source of income* ★ uit betrouwbare bron iets vernemen *hear something from a reliable source*
bronchitis *bronchitis*
brons *bronze*
bronwater *mineral water*
brood • eetwaar *bread* ★ een brood *a loaf (of bread)*
• levensonderhoud *living* ★ zijn brood verdienen *earn a living* ★ zijn brood hebben *make a living*
broodbeleg *filling*
broodtrommel • lunchtrommel *lunch box*
• bewaartrommel *bread-bin*
brouwen *brew*
browser ‹computer› *browser*
brug • verbinding *bridge*
• gymnastiektoestel *parallel bars*
• commandobrug *bridge*
brugklas *first class/form (at secondary school)*
bruid *bride*
bruidegom *bridegroom*
bruidsmeisje *bridesmaid*
bruidspaar *bride and (bride)groom*
bruikbaar *usable*; *workable*; ‹nuttig› *useful* ★ dat is geen bruikbaar gereedschap *those are not workable tools*
bruiloft *wedding* ★ zilveren/gouden/diamanten bruiloft *silver/golden/diamond wedding (anniversary)*
bruin *brown*
bruisen ‹van drank› *fizz*; *sparkle* ◆ bruisend van leven *brimming (over)/ bursting with life*

brullen *roar* ⋆ hoor je die leeuw brullen? *do/can you hear that lion roaring?* ⋆ brullen van het lachen *roar with laughter*

brutaal • onbeschoft *cheeky*; ‹grof› *insolent*; ‹vooral kinderen› *impudent* ⋆ een brutale opmerking *an insolent remark*
• stoutmoedig *bold*; ‹vrijpostig› *forward*

brutaliteit *impudence*; *insolence*; *cheek* ⋆ wat een brutaliteit! *of all the cheek!*

bruto *gross*

bruut *coarse*; *brute* ⋆ met bruut geweld *with brute force*

BSE gekke koeienziekte *BSE*; *bovine spongiform encephalopathy*

btw *V.A.T.*; *Value Added Tax*

bubbelbad ‹schuim› *bubble bath*; *whirlpool (bath)*; *jacuzzi*

budget *budget*

buffel *buffalo*

buffet *buffet*; ‹in café› *bar*

bui • neerslag *shower*
• humeur *mood* ⋆ in een goede bui zijn *be in a good mood*

buigen [**werkwoord**] • afbuigen *bend*; *curve* ⋆ de weg buigt daar naar rechts *the road curves to the right there*
• buiging maken *bow*
[**werkwoord + iemand/iets**] *bow*; *bend* ⋆ buig je knie eens een beetje, doet dat pijn? *bend your knee just a little, does that hurt?* ◆ zich over een probleem buigen *tackle a problem*

buiging • het buigen *bow*; ‹eerbetoon› *curtsy* ⋆ een buiging maken *bow/curtsy*
• kromming *bend*; *curve*

buigzaam *flexible*

buiig *showery*

buik *belly*; *stomach* ⋆ ik heb pijn in mijn buik *I have a pain in my stomach*

buikgriep *stomach troubles*

buikpijn *stomach ache*

buil *bump*; *lump*; *swelling* ⋆ zij heeft een buil op haar voorhoofd *she has got a bump on her forehead*

buis • pijp *tube*
• televisie *telly*; *box* ⋆ voor de buis zitten *sit and watch telly*

buit *booty*; *loot* ⋆ de buit verdelen *divide the loot*

buitelen *tumble*

buiten [**bijwoord**] • buitenshuis *outside* ⋆ zij speelt buiten *she's playing outside*
• op het platteland *in the country* ⋆ zij woont buiten *she lives in the country*
• niet betrokken bij *out of* ⋆ laat hem er buiten! *keep him out of it!*
[**voorzetsel**] • niet binnen een plaats *outside* ⋆ buiten Europa *outside Europe*
• iets niet betreffende ⋆ buiten bereik *out of reach* ⋆ buiten mijn vermogen *beyond my power*
• zonder *without*; *out of* ⋆ buiten adem *out of breath* ⋆ buiten mijn weten/toestemming *without my knowledge/consent*
• behalve *except for* ⋆ buiten haar vriendin wist niemand ervan *except for her friend no one knew about it*

buitenband *tyre*; *cover*

buitenkant *outside* ⋆ aan de buitenkant *on the outside*

buitenlander *foreigner*; *immigrant*

buitenlucht ‹op het platteland› *country air*; ‹buitenshuis› *open air*

buitenshuis *outdoors*; *out-of-doors*

buitenspel ‹sport› *offside*

buitenspiegel *outside/wing mirror*

buitenwijk *suburb* ⋆ de buitenwijken *the suburbs*; *the outskirts*

bukken bukken voor *stoop*; ‹snel› *duck* ◆ gebukt gaan onder *be bent down by*

bul *diploma*; *degree certificate* ◆ je bul halen *graduate*

bult *lump*; *bump*

bumper *bumper*

bundel • pak, bosje *bundle*; *sheaf* ⋆ een bundel papieren *a sheaf of papers*
• verzameling, boekje *collection* ⋆ een bundel liefdesgedichten *a collection of love poems*

bundelen *bundle*; ‹artikelen, gedichten› *collect* ◆ krachten bundelen *combine/join forces*

bungeejumpen *bungee jumping*

bunker *bunker*; *pillbox*; ‹schuilplaats› *(air raid) shelter* ⋆ langs de kust staan nog veel oude bunkers *along the seaside there are still many old pillboxes/bunkers*

burcht *castle*
bureau • schrijftafel *writing desk|table*
• afdeling *bureau*; *office* ⋆ bureau gevonden voorwerpen *lost property office*
• politiebureau *police station*
burgemeester *mayor*; ‹in Londen en grote steden› *Lord Mayor*
⋆ Burgemeester en Wethouders *mayor and aldermen*
burger ‹inwoner› *citizen*; ‹tegenover militair› *civilian* ◆ politieman in burger *a plain-clothes policeman*
burgerrecht *civil right(s)*
bus • trommel *tin*; *box*
• autobus *bus*; *coach* ⋆ ik neem de bus naar het station *I'll take the bus to the station*
• brievenbus ‹privé› *letterbox*; ‹Amerikaans› *mailbox*; ‹openbaar› *postbox* ◆ een brief op de bus doen *post a letter* ◆ als winnaar uit de bus komen *turn out to be the winner*

bus: Als je in Londen bent, zullen je beslist de *doubledeckers* opvallen: rode stadsbussen met een extra verdieping. Tegenwoordig reizen vooral toeristen met die dubbeldekkers.

bushalte *bus stop*
buskaart *bus ticket*
buskruit *gunpowder*
buur *neighbour* ⋆ beter een goede buur dan een verre vriend *a good neighbour is worth more than a distant friend*
buurman *(next-door) neighbour*; *man next door*
buurmeisje *girl next door*
buurt • omgeving *neighbourhood*
• wijk *neighbourhood*; *district* ⋆ de rosse buurt *the red-light district* ◆ hier in de buurt *around here*
buurthuis *community centre*
buurvrouw *woman next door*; *neighbour*

C

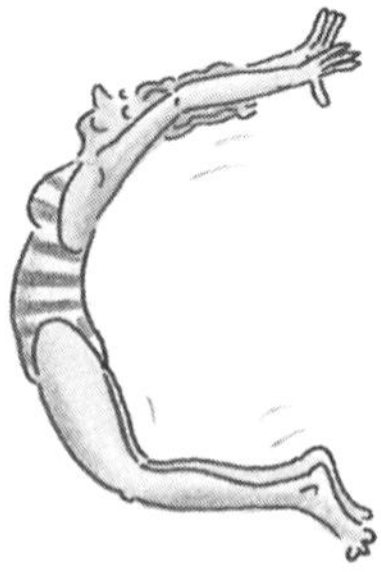

c *c* ◆ de C van Cornelis *C as in Charley*
cabaret *cabaret*
cacao *cocoa*; *cacao* ⋆ een beker hete cacao *a cup of hot cocoa*
cactus *cactus*
cadeau • *present*; *gift* ⋆ iets cadeau krijgen *get something as a present* ⋆ iemand een cadeau geven *give somebody a present* • cadeautje, geschenk, toegift *giveaway*
café *pub*; *bar*; ‹koffiehuis› *café*
cafetaria *cafeteria*

caissière *cashier*; *cash girl*
cake *cake*
calculator *calculator*
calorie *calorie*
camera *camera*
camoufleren *camouflage* ⋆ de soldaten hebben zich gecamoufleerd ⋆ *the soldiers have camouflaged themselves*
camping *camp(ing) site*; ‹voor caravans› *caravan park*; ‹Amerikaans› *trailer park*
capabel *capable*; *competent*; *able* ⋆ zij is zeer capabel voor het werk *she is very capable for the job*
capaciteit *capacity*; ‹van motor e.d.› *power* ⋆ op volle capaciteit werken *work at full capacity*
capsule *capsule*
caravan *caravan*; ‹Amerikaans› *trailer*
carnaval *carnival*

carnaval: Het Caribische carnaval in de wijk Notting Hill in Londen dat elk jaar in augustus gehouden wordt, is het op één na grootste ter wereld, na het carnaval in Rio de Janeiro in Brazilië. Ook in Rotterdam wordt jaarlijks een kleurrijke carnavalsoptocht gehouden.

carrière *career* ⋆ carrière maken in het bedrijfsleven *make a career in business*
casino *casino*; *club*
cassettebandje *cassette (tape)*
castreren *castrate*
catalogus *catalogue*
catastrofe *catastrophe*; *disaster*
categorie *category*
cavia *guinea-pig*
cd compact disc *cd*
cd-rom *CD-ROM*
cd-speler *cd-player*
ceintuur *belt*
cel • hokje ‹telefooncel› *call box*; *telephone booth*; ‹gevangeniscel› *(prison) cell* • ‹biologie› *cell* ◆ hij heeft een paar jaar cel gekregen *he has been given a few years imprisonment*
cello *cello*
Celsius *Celsius*
cement *cement*
censuur *censorship* ⋆ censuur instellen *impose censorship*
cent ‹eurocent› *cent*; ‹1/100 Engelse pond› *penny* ⋆ geen cent op zak hebben *have no penny in your pocket*; *be without a penny*
centraal *central* ⋆ centrale verwarming *central heating*
centrale ‹elektriciteit› *power station*;

〈telefoon〉 *exchange*; *switchboard*; *operator* ★ ik geef u terug aan de centrale *I'll put you back to the operator*
centrifuge 〈techniek〉 *centrifuge*; 〈voor de was〉 *spin-drier*
centrum *centre* ★ zij staat in het centrum van de belangstelling *she is the centre of the attention* ★ het centrum van de stad *the towncentre*
certificaat *certificate*
chagrijnig *miserable*; *chagrined*
champagne *champagne*
champignon *mushroom*
chantage *blackmail* ★ chantage plegen jegens iemand *blackmail a person*
chaos *chaos*; *disorder*; *confusion* ★ orde in de chaos brengen *sort out the chaos*
charme *charm*
chatten *chat*
chauffeur *driver*; 〈beroep〉 *chauffeur*
chef *chief*; *boss*; *head*
chemisch *chemical* ★ chemische wapens *chemical weapons*
cheque *cheque* ★ een cheque uitschrijven *write/draw a cheque*
chimpansee *chimpanzee*; 〈spreektaal〉 *chimp*
China *China*
Chinees [**de-woord**] • persoon *Chinese* [meervoud: *Chinese*] • restaurant *Chinese restaurant* ★ zullen we Chinees halen? *let's get Chinese take-away*
[**het-woord**] *Chinese*
[**bijvoeglijk naamwoord**] *Chinese*
chip *(computer) chip*
chips *crisps*; 〈Amerikaans〉 *(potato) chips* ★ een zak chips *a bag of crisps*
chirurg *surgeon*
chloor *chlorine*
chocolade *chocolate*; 〈drank〉 *cocoa* ★ een reep pure chocolade *a bar of bitter(sweet) chocolate*
chocolademelk *drinking chocolate* ★ warme chocolademelk *hot cocoa/chocolate*
christelijk *Christian*
christen *Christian*
christendom *Christianity*
Christus *Christ* ★ na Christus *after Christ*; *A.D. (= anno domini)* ★ voor Christus *before Christ*; *B.C.*
cijfer • teken *figure*; *digit* ★ een getal van vier cijfers *a four-digit number* • beoordeling *mark*; *grade* ★ een hoog cijfer voor wiskunde *a good/high mark for chemistry* ◆ Romeinse cijfers *Roman numerals*
cijferlijst *list of marks*; *results*
circa *about*; *approximately*; *around*
circuit *circuit*
circus *circus* ★ een rondreizend circus *a travelling circus*
cirkel *circle* ★ in een cirkel staan *stand in a circle*
citroen *lemon*
citrusvrucht *citrusfruit*
claxon *horn* ★ op de claxon drukken *honk your horn*
cliënt *client*; *customer*
climax *climax*
clip • speld *clip*; *pin* • videoclip *(video) clip* ★ heb je de nieuwe clip van haar al gezien? *have you seen her new clip yet?*
clitoris *clitoris*

clown *clown* ★ clown spelen *(play the) clown*
club • vereniging *club*; *society* • groep vrienden *group*; *crowd* • golfstick *club*
coach *coach*; *trainer*
cocaïne *cocaine* ★ cocaïne snuiven *sniff cocaine*
cocktail *cocktail*
codicil *codicil*
cognac *brandy*; *cognac*; *(French) brandy*
cola *coke* ★ een glas cola *a glass of coke*
collecte *collection* ★ een collecte hou-

C

den voor de hartstichting *make a collection for the heart foundation*; *collect on behalf of the heart foundation*

collega *colleague* ⋆ zij is een collega van hem *she is a colleague of his*

college • bestuurslichaam ⟨van instellingen⟩ *college*; ⟨van bedrijven⟩ *board* ⋆ college van bestuur *Board of Directors*
• les *lecture* ⋆ college lopen *attend (the) lectures* ◆ het college van B en W *the town council*

coltrui *rollneck (sweater)*; *turtleneck sweater*

combinatie *combination*

comfortabel *comfortable*

commandant *commander*; *captain*

commando • bevel *command*; *order*; ⟨computer⟩ *command*
• bevelvoering *command* ⋆ het commando overnemen *take over command* ⋆ het commando voeren *be in command of*
• groep soldaten *commando*

commentaar *comment*; ⟨krant, tv enz.⟩ *commentary* ⋆ geen commentaar *no comment* ⋆ commentaar leveren op *make comments upon*

commercieel *commercial*

commissaris • gemachtigde *commissioner* ⋆ commissaris van de politie *Chief Constable* ⋆ commissaris van de Koningin *Royal Commisioner*
• bestuurslid *official*; *supervisory director*; ⟨als toezichthouder⟩ *commissioner* ⋆ raad van commissarissen *board of commissioners*

commissie *committee* ⋆ in een commissie zitten *be on a committee*

commune *commune*

communicatie *communication*

communie *(Holy) Communion* ⋆ je eerste communie doen *make your first Communion* ⋆ te(r) communie gaan *go to Communion*

communisme *communism*

compact *compact*

compact disc *compact disc*

compleet [**bijvoeglijk naamwoord**] *complete*; *full* [**bijwoord**] *completely*; *clean* ⋆ zij is het compleet vergeten *she completely forgot (it)* ⋆ compleet vergeten *clean forgotten*

complex *complex*; *complicated*

compliment *compliment* ⋆ iemand een compliment maken over iets *compliment a person on something*

complot *plot*; *conspiracy* ⋆ een complot smeden *hatch a plot*

componist *composer*

computer *computer* ⋆ het staat op de computer *it's on the computer*

computerspel *computer game*

concentratiekamp *concentration camp*

concentreren *focus*; *concentrate*; *centre* ⋆ zich op een onderwerp concentreren *concentrate on a subject*

concert *concert* ⋆ ik ga vanavond naar een concert *I'll attend a concert tonight* ◆ pianoconcert *concerto*

conciërge *caretaker*; *porter*

conclusie *conclusion*; ⟨bevindingen⟩ *findings* ⋆ voorbarige conclusies trekken *jump to conclusions* ⋆ er was maar één conclusie te trekken *only one conclusion could be drawn*

concurrentie *rivalry*; *competition* ⋆ moordende concurrentie *ruthless competition* ◆ de concurrentie aangaan met iemand *compete with someone*

conditietraining *fitness training*

condoleren *condole* ◆ gecondoleerd met het verlies van je vader *accept my condolences|sympathies on the death of your father*
condoom *condom*; *rubber*
conducteur ‹van trein› *guard*; *conductor*
conflict *conflict*; *dispute* ⋆ in conflict komen met *come into conflict with*
confrontatie *confrontation*
congres *conference*; *congress* ⋆ het Amerikaanse congres *the United States Congress*
conrector *deputy headmaster*; *senior master*
consequentie ‹handelen› *consequence* ⋆ de consequenties aanvaarden *accept|bear the consequences*
constateren *ascertain*; ‹een feit, iemands schuld› *establish*
constructie *structure*; *construction*
consul *consul*
consulaat *consulate*
consument *consumer*
consumptie *refreshment(s)*; ‹in restaurant› *food*; *drinks* ⋆ per persoon zijn er twee consumpties *two drinks for each*
contact • communicatie ⋆ contact krijgen met *make contact with*
• aanraking *touch*; *contact* ⋆ vermijd contact met de ogen *avoid contact with your eyes*
• persoon *connection*; *contact* ⋆ nieuwe contacten opdoen *get new connections*
• elektrische verbinding *contact*; ‹van auto› *ignition* ⋆ het sleuteltje in het contact steken *put the key in the ignition*
contactlens *contact lens*; *contact* ⋆ contactlenzen dragen *wear contact lenses*
container *container*
contant [**bijvoeglijk naamwoord**] *cash* ⋆ contante betaling *cash payment* [**bijwoord**] *in cash* ⋆ u kunt alleen contant betalen *you can only pay in cash*
continent *continent*
contract *contract*; *agreement* ⋆ een contract aangaan *enter|conclude a contract*
contrast *contrast* ⋆ in schril contrast staan met *be in sharp contrast with*
contributie *subscription (fee)*
controle • beheersing *control* ⋆ we hebben de situatie volledig onder controle *we are in full command|control of the situation*
• toezicht *check (on)*; *supervision* ⋆ controle uitoefenen op iets *exercise supervision over something*
• plaats *ticket gate|barrier* ⋆ door de controle gaan *pass through the (ticket-)barrier*
controleur *controller*; *inspector*; ‹kaartjes› *ticket-inspector*
coördineren *co-ordinate*
correct *correct* ⋆ correct handelen *act correctly*; *do the correct|right thing* ⋆ politiek correct *politically correct*
correctie *correction*
correspondentie *correspondence* ⋆ een correspondentie voeren met iemand *conduct a correspondence with someone*
corresponderen • schrijven *correspond (with)*
• overeenstemmen *correspond (with|to)*
corrigeren *correct*; ‹schoolwerk› *mark* ⋆ de leraar moest twintig proefwerken corrigeren *the teacher had to correct|mark twenty tests*
corrupt *corrupt*; *dishonest*
cosmetica *cosmetics* [meervoud]
coupé *compartment* ⋆ dit is een niet-roken coupé *this is a non smoking compartment*
couplet *stanza*; ‹van twee regels› *couplet*
courgette *courgette*; ‹Amerikaans› *zucchini*
crashen *crash*
crawlen *crawl*
creatief *creative* ⋆ creatief taalgebruik *creative use of language*
crèche *day nursery*; *crèche* ⋆ een kind op de crèche doen *place a child in a crèche*
creëren *create*
crème [**de-woord**] *cream* ⋆ vochtinbrengende crème *moisturizing cream*; *moisturizer* [**bijvoeglijk naamwoord**] *cream (-coloured)*

C

cremeren *cremate* ★ hij is gisteren gecremeerd *he has been cremated yesterday*
crimineel [**bijvoeglijk naamwoord**] *criminal*
[**bijwoord**] *horribly; terribly*
crisis *crisis* ★ een crisis doormaken/ doorstaan *pass through a crisis; weather a crisis*
croissant *croissant*
crossfiets *cross-country (racing) bicycle*
cruise *cruise*
cultureel *cultural* ★ cultureel centrum *cultural centre; arts centre*
cultuur *civilization; culture* ★ de westerse cultuur *western civilization*
cursief *italic; in italics*
cursor *cursor*
cursus *course* ★ een cursus volgen *take classes/a course (in)* ★ een vijfjarige cursus *a five year course*
cv *c.h.; central heating*
cycloon *cyclone; hurricane*
cynisch *cynical*

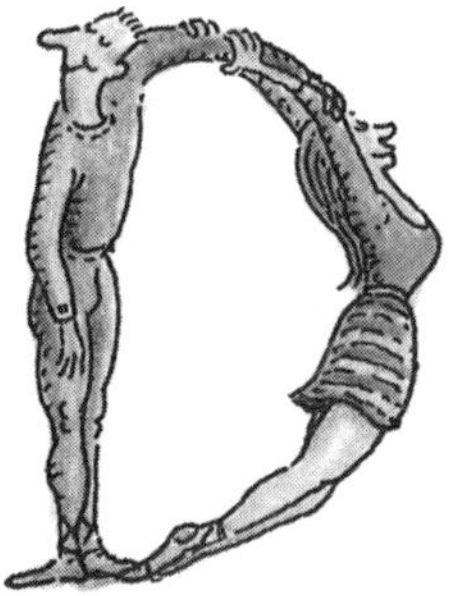

d *d* ◆ de D van Dirk *D as in David*
daad *action*; *act*; *deed* ◆ geen woorden maar daden *actions speak louder than words*
daar *there* ◆ wie zingt daar? *who's that singing?*
daardoor • daar doorheen *through that* • door die oorzaak *therefore*; *that's why*
daarentegen ‹keuze› *on the other hand* ★ hij is blond, zijn broer daarentegen is dat niet *he's blond, his brother on the otherhand is not*
daarheen *there*; *that way*
daarom *therefore* ★ ik ben ziek en kan daarom niet komen *I'm ill and therefore I can't come*
daarvan ‹m.b.t. plaats› *from it|that|there*; ‹m.b.t voedsel e.d.› *of it|that* ★ neem daarvan zoveel je wilt *take as much of it as you like*
daarvoor • voor iets ‹plaats› *in front of it*; ‹tijd› *before that*; ‹ten behoeve van› *for that (purpose)* ★ daar is het voor *that's what it is for* • om die reden *that's why*
dadelijk • meteen *immediately*; *directly*; *at once* • straks *presently*; *in a moment* ★ ik kom zo dadelijk *I'll come in a moment*
dader *offender* ★ de vermoedelijke dader *the suspected offender*
dag [**de-woord**] *day* ★ de hele dag *all day (long)* ★ een dezer dagen *one of these days* ◆ op een goede dag *one (fine) day* ◆ goed voor de dag komen *do well* ◆ dag in, dag uit *day after day* ◆ voor dag en dauw opstaan *rise before daybreak* [**tussenwerpsel**] ‹bij het weggaan› *bye (bye)!*; ‹bij het ontmoeten› *hello!*
dagboek *diary*
dagelijks *daily*; *everyday* ★ in het dagelijkse leven *in everyday life*
dak *roof* ★ onder dak zijn ‹gehuisvest› *be under cover*; *be well provided for* ◆ een auto met een open dak *an open-topped car* ◆ het ging van een leien dakje *it was plain sailing* ◆ uit zijn dak gaan ‹van vreugde› *be crazy about*; ‹van woede› *freak out*
dakloze *homeless person*
dal ‹algemeen› *valley*
dalen • omlaag gaan *descend*; ‹aan grond komen› *land*; ‹zon› *sink* • verminderen ‹prijs, temperatuur› *fall*; *drop* ★ de temperatuur daalde tot onder het vriespunt *the temperature fell to below zero* ★ zijn stem laten dalen *lower one's voice*
daling • het omlaag gaan *descent*; ‹het aan de grond komen› *landing* • vermindering ‹prijs, temperatuur› *fall*; *drop*
dam • waterkering *dam* • dubbele damschijf *king* ★ een dam halen *crown a king|draughtsman*
dame *lady*; ‹schaakspel› *queen* ★ dames en heren! *ladies and gentlemen*
damestoilet *ladies' toilet*; *ladies'*; ‹Amerikaans› *rest room*
dammen ‹Brits› *play draughts*; ‹Amerikaans› *play checkers*
damp *steam*; ‹nevel› *mist* ★ de damp van kokend water *the steam from boiling water*
dampkring *atmosphere*
dan [**bijwoord**] • op die tijd *then* • in dat geval *vaak onvertaald laten* ★ als het regent, dan kom ik niet *if it rains, I won't|shan't come* [**voegwoord**] • na 'niet'/'niemand' *but* • na vergrotende trap *than* ★ groter/ langer dan *bigger|longer than* • na 'anders' ★ anders dan hij heeft gezegd *different from what he said*
dank *thanks* ★ geen dank *not at all!*; *you're welcome!* ★ bij voorbaat dank

D

thanking you in advance
danken [werkwoord] *say grace*
[werkwoord + iemand/iets] *thank*
★ dank je/u ⟨bij aanneming⟩ *thank you*; ⟨bij weigering⟩ *no, thank you* ◆ dat heb ik aan hem te danken *I owe it to him*

D

dankzij *thanks to*
dans *dance* ★ iemand ten dans vragen *ask someone for a dance* ◆ de dans ontspringen *have a lucky escape*; *get off (scot free)*
dansen *dance* ★ ga je mee dansen vanavond? *will you go dancing with me tonight?*
dapper *brave* ★ klein maar dapper! *small but tough!*
darm *intestine*; *gut* ★ dikke darm *large intestine* ★ dunne darm *small intestine*
das • stropdas *tie* ★ vandaag draagt hij een gele das *today he's wearing a yellow tie*
• sjaal *scarf*
dat [voornaamwoord] *that*; *those* [meervoud] ★ dat zijn de wielen *those are the wheels* ★ ben jij dat? *is that you?*
[voornaamwoord] *that*; *which*
[voegwoord] *that*
data • computergegevens ★ data invoeren *enter/input data* ★ data opslaan *save data* ★ data oproepen/opvragen *retrieve data*
dateren [werkwoord] *stammen uit* ★ dat dateert van/uit de vorige eeuw *that dates back to/from the last century*
[werkwoord + iemand/iets] *date* ★ een brief gedateerd 18 juni *a letter dated June 18th*
datum *date* ★ op welke datum ben je jarig? *(on) what date is your birthday?*
★ zonder datum *undated*
dauw *dew*
daverend *thunderous* ★ zijn optreden was een daverend succes *his performance was a thunderous success*
de *the*
dealer *dealer*; *pusher*
december *December* ★ op 10 december *on the 10th of December*; *December 10th*
decimaal *decimal* ★ tot op drie decimalen uitrekenen *calculate to three decimals*
decor *scenery*; ⟨film⟩ *set*; *background*
decoreren *decorate*
deeg *dough*; ⟨van gebak⟩ *paste* ★ het deeg moet nog rijzen *the dough has to rise yet*
deel • gedeelte *part*; *share* ★ voor een deel *partly* ★ voor het grootste deel *for the greater/main part*
• boekdeel *volume*; ⟨groot en dik⟩ *tome*
◆ iemand ten deel vallen *fall to a person's share*
deelnemen *take part in*; ⟨gesprek⟩ *join in*; ⟨vergadering⟩ *attend*
deelnemer *participant*; ⟨wedstrijd⟩ *competitor* ★ alle deelnemers klaar? af! *all competitors ready? go!*
deels *partly*
deelteken ⟨wiskunde⟩ *division sign*
deelwoord *participle* ★ 'gelopen' is een Nederlands voltooid deelwoord *'gelopen' is a Dutch past participle*
★ 'lopend' is een tegenwoordig deelwoord *'lopend' is a present participle*
Deen *Dane*
Deens [het-woord] *Danish*
[bijvoeglijk naamwoord] *Danish*
Deense *Danish woman*
defect *defective*; ⟨opschrift⟩ *out of order*; ⟨auto⟩ *broken-down*
defensie *defence*
definitie *definition* ★ wat is de definitie van dat woord? *what is the definition of that word?*
definitief ⟨antwoord⟩ *definite*; ⟨besluit⟩ *final* ◆ definitief naar het buitenland vertrekken *move abroad permanently*
deftig *distinguished*; *dignified*
degelijk *reliable*; *respectable* ◆ ik heb wel degelijk een spook gezien *I díd see a ghost*
dek • bedekking ⟨algemeen⟩ *cover*; ⟨voor paard, enz⟩ *blanket*
• scheepsvloer *deck* ★ de bemanning stond op het dek *the crew were on deck*
dekbed ⟨donzen⟩ *eiderdown*; *duvet*; *continental quilt*
deken *blanket* ★ lakens en dekens op het bed *sheets and blankets on the bed*

dekken • van tafel *lay* ⋆ er was gedekt voor acht personen *the tabel was laid for eight*
• beschutten *screen someone.*; ‹militair› *take cover*
• ‹sport› ‹tegenstander› *mark*; ‹teamgenoot› *cover*
deksel *lid*; *cover* ⋆ de deksel van de pan nemen *take the lid off the pan*
delen *divide (by)* ⋆ 8 delen door 2 *divide 8 by 2* ⋆ zullen we de zak snoep delen? *shall we share the bag of sweets?* ◆ eerlijk delen! *share and share alike!*
deleten ‹computer› *delete*
deling ‹wiskunde› *division*
dement *demented*
demo *demo*
democratie *democracy*
democratisch *democratic*
demonstratie *demonstration*
demonstreren [**werkwoord**] *demonstrate (for|against)*; *hold a protest march* [**werkwoord + iemand/iets**] *demonstrate*; *show*
dempen • dichtgooien *fill up* ⋆ een gracht dempen *fill in a canal*
• minder maken ‹licht› *dim* ◆ gedempt geluid *muffled sound* ◆ met gedempte stem *in a hushed|subdued voice*
den *fir(-tree)*
denderen *rumble*
Denemarken *Denmark*
denken [**werkwoord**] *think* ⋆ zij kan alleen maar aan kleren denken *all she can think of are clothes* ⋆ denk om het afstapje! *mind the step!* ◆ ik denk er niet aan! *I wouldn't dream of it*; *I won't (even) consider it!*
[**werkwoord + iemand/iets**] *think*; *suppose* ⋆ ik denk dat ik vanavond ga sporten *I think (that) I will practice tonight* ◆ ik weet niet wat ik van hem moet denken *I don't know what to make of him*
denker *thinker*; *philosopher*
deodorant *deodorant*
depot *depot*; *store*
depressie *depression*
depressief *depressive*
derde *third*
dergelijk *such(-like)*; *similar* ⋆ iets dergelijks heb ik nog nooit gezien *I have never seen anything like it*
dertien *thirteen*
dertiende *thirteenth*
dertig *thirty*
dertigste *thirtieth*
desinfecteren *disinfect*
deskundig *expert*; *professional* ⋆ deskundig advies vragen *ask for expert|professional advice*
desnoods *if need be*
desondanks *in spite of*
dessert *dessert*
destilleren *distil* ⋆ gedestilleerd water drinken *drink distilled water*
detail *detail*
deugd *virtue*
deugen ⋆ hij deugt niet voor leraar *he is no good as a teacher* ◆ hij deugt voor geen cent *he is a thoroughly bad lot*
deuk *dent* ⋆ mijn auto zit vol deuken *my car is covered in dents* ◆ in een deuk liggen *be in stitches|fits*
deur *door* ⋆ de deur uitgaan *leave the hous, go out of doors* ⋆ hij deed de deur voor mijn neus dicht *he shut the door in my face* ⋆ wie is er aan de deur/wie staat er voor de deur? *who's at the door?*
deze *this*; *these* [meervoud] ⋆ deze kleur is lelijk *this colour is ugly* ⋆ ken jij deze kinderen? *do you know these children?*
dezelfde *the same*
dia *transparency*; *slide* ⋆ zij vertoonde de dia's van haar vakantie *she showed her holiday slides*
diagonaal *diagonal*
dialect *dialect*

dialect: Net als in Nederland vind je ook in Engeland veel dialecten. Zo spreken veel echte Londenaren *Cockney*, Liverpoolers spreken *Scouse* en Birminghammers *Brummie*.

diamant *diamond*
diarree *diarrhoea* ⋆ ik heb al dagen

diarree *I have had diarrhoea for days now*

dicht [bijvoeglijk naamwoord] • gesloten *closed*; *shut*
• opeen *close*; *dense* ★ dichte mist *dense fog*
[bijwoord] *close* ◆ sta niet zo dicht op elkaar *don't crowd together so much*

dichtbij *close at hand*; *near by* ★ van dichtbij *at close quarters*

dichtdoen *shut*; *close*

dichten *write verses/poetry*

dichter *poet*

dichtgaan *close*; *shut*

dichtmaken *close*; ‹jas› *button up*

dictator *dictator*

dictee *dictation*

dicteren *dictate*

die [voornaamwoord] *that*; *those* [meervoud] ★ ik wil die appel *I want that apple* ★ je moet die boeken lezen *you must read those books* ◆ Jan? die is boven *John? he is upstairs*
[voornaamwoord] ‹personen en zaken› *that*; *who*; ‹zaken› *which*

dieet *diet*; *regimen* ★ dieet houden *to diet*; *be on a diet* ★ een streng dieet volgen *follow a strict diet/regimen*

dief *thief* ★ houdt de dief! *stop thief!* ◆ eens een dief, altijd een dief *once a thief, always a thief*

diefstal ‹algemeen› *theft*; ‹met geweld› *robbery*; ‹met inbraak› *burglary*

dienen [werkwoord] • behoren ★ je dient te gaan *you should go*; *you ought to go*
• als functie hebben ★ dienen als/tot/voor *serve as/for* ★ waarvoor dient deze knop? *what's this button for?*; *what does this button do?*
[werkwoord + iemand/iets] *serve* ★ zij heeft jaren het bedrijf gediend als koffiejuffrouw *she has been serving the company as tea lady for years*

dienst • werkzaamheden *duty* ★ dienst hebben *be on duty*
• werking ★ dienst doen als *serve for/as*; *do duty for/as* ★ deze lift is buiten dienst *this elevator is out of use/order*
• behulpzame daad *service* ★ iemand een dienst bewijzen/doen *do someone a service*
• betrekking ★ iemand in dienst hebben *employ someone*
• godsdienst *service*
• ‹militair› *(military) service* ◆ in dienst gaan *join the army*

diep • ver naar beneden/achteren/binnen *deep* ★ diepe buiging *low bow*
• intens *profound*; *deep* ★ ik heb daar intens spijt van *I regret that very deeply*

diepte *depth*

diepzinnig *profound*

dier *animal*; *beast*

dierbaar *dear*; *beloved* ★ zij die ons het meest dierbaar zijn *our nearest and dearest*

dierenarts *vet(erinary surgeon)*

dierenriem *zodiac*

dierentuin *zoo*

dievegge *thief*

digitaal *digital*

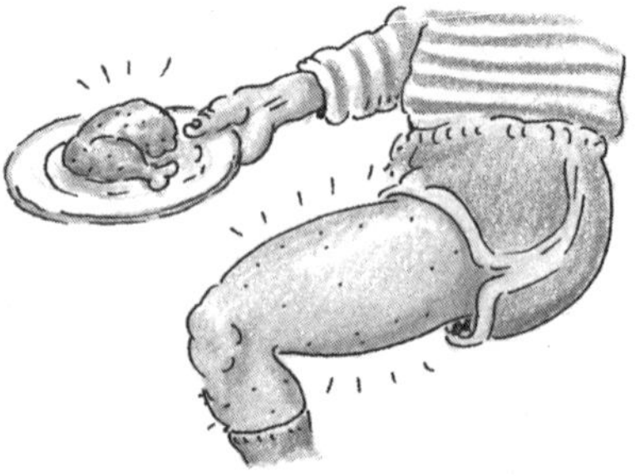

dij *thigh*

dijbeen ‹het been› *thigh*

dijk *dike* ★ de dijken zullen misschien wel doorbreken *the dikes will perhaps burst*

dik ‹boek› *thick*; ‹man, vrouw› *fat*; ‹mollig› *plump* ★ jij bent dik geworden! *you have grown fat!* ◆ dikke vrienden *close/great friends* ◆ het ligt er dik bovenop *it's quite obvious*

dikzak *fatty*; *fatso*

dimmen • licht dempen *dim*; *dip*
• inbinden *cool it*

diner • maaltijd *dinner* ★ bij het diner drink ik graag wijn *at dinner I like to*

drink some wine
• feestmaal *dinner party*
dineren *dine* ★ uit dineren gaan *dine out*
ding *thing*; *object* ★ over die dingen moet je niet praten *you shouldn't talk about such things* ◆ zij is een lekker ding *she is a real cutie*
dinsdag *Tuesday* ★ op dinsdag *on Tuesday*
diploma *certificate*; *diploma* ★ je diploma halen *graduate*
direct *direct*
directeur *director*; ‹fabriek ook› *manager*; ‹school› *head-master*
directie *management*; *board of directors*
directory *directory*
dirigent *conductor*
dirigeren *conduct*
discipline *discipline*
disco *disco*
discriminatie *discrimination* ★ discriminatie is bij de wet strafbaar *discrimination is punishable by law*
discrimineren *discriminate*
discussie *discussion*; *debate*
diskdrive *disk drive*
district *district*
dit *this*; *these* [meervoud] ★ dit zijn jouw schoenen *these are your shoes* ★ dit gedicht is moeilijk *this poem is difficult*
ditmaal *this time*
dj *DJ*
dobbelsteen *die* [meervoud: *dice*] ★ in dit spel moet je met dobbelstenen gooien *in this game you have to throw the dice*
docent *teacher*; *master*
dochter *daughter*
documentaire *documentary (film)*
dode *dead person*; *deceased* ★ er vielen twee doden en tien gewonden *two people were killed en ten were injured*
dodelijk *deadly*; *fatal* ★ bij het ongeluk raakte hij dodelijk gewond *in the accident he got fatally injured*
doden *kill*
doei *bye*; *see you*
doek [**de-woord**] *cloth*
[**het-woord**] • schilderij *painting* • toneelgordijn *curtain* ★ het doek gaat op/valt *the curtain rises/falls*
doel • doeleinde ‹van reis› *destination*; ‹oogmerk› *aim*; *goal*
• doelwit *butt*; ‹ook figuurlijk› *target* ★ een schot op (het) doel *a shot at (the) goal*
• goal *goal* ◆ het is voor een goed doel *it's for a good cause*
doelman *(goal-)keeper*; ‹spreektaal› *goalie*
doelpunt *goal* ★ een doelpunt maken *score a goal*
doeltreffend *effective*; *efficient*
doelwit *target*; *butt* ★ zij is een heerlijk doelwit om te plagen *she makes a wonderful target for teasing*
doen [**het-woord**] ★ zijn doen en laten *(all) his doings*
[**werkwoord**] • doen aan ★ hij doet maar alsof hij ziek is *he pretends he is ill* ★ hoe lang heb je erover gedaan? *how long did it take you?*
• doen aan *go in for* ★ het is goed voor je om aan sport te doen *it's good for you to go in for sport*
[**werkwoord + iemand/iets**] • verrichten *do*; *make*; *take* ★ we moeten er iets aan doen *we must do something about it* ★ zal ik ze halen of wil jij het doen? *shall I fetch them or will you?*
• functioneren ★ de remmen doen het niet *the brakes don't work* ◆ dat doet er niet toe *that does not matter*
dof *dull*; *muffled*; ‹brons, koper, metaal› *tarnished*; ‹goud, kleur› *dull*
dokter *doctor*; *physician*; *medical man* ★ een dokter laten komen *send for the doctor*; *summon the doctor*
dol • gek *mad*; *frantic*; *wild* ★ door het dolle heen zijn *be wild with excitement*
• bezeten (van) dol op *mad (at)* ★ dol op iemand zijn *be mad about someone*
dolfijn *dolphin*
dolk *dagger* ◆ iemand een dolk in de rug steken *stab someone in the back*
dollar *dollar*
dom *stupid*; *silly* ★ ik vind hem zo'n domme jongen *I consider him such a stupid boy*
domein *domain*

D

D

domeinnaam ⟨computer⟩ *domain name*
dominee *reverend*; *minister*; *vicar* ⋆ dominee Martin Luther King *the Reverend Martin Luther King*
domino *dominoes*
dommelen *doze*; *drowse*
dompelen *dip*; *plunge* ⋆ een koekje in je thee dompelen *dip a biscuit in your tea*
donder *thunder* ⋆ onweer geeft donder en bliksem *a thunderstorm gives thunder and lightning* ◆ het kan me geen donder schelen *I don't give a damn about it*
donderdag *Thursday* ⋆ op donderdag *on Thursday*
donderen [**werkwoord**] *tumble* ⋆ hij donderde de trap af *he came tumbling down the stairs*
[**werkwoord + iemand/iets**] *fling*; *chuck*; *hurl* ⋆ de leraar heeft de brutale leerling eruit gedonderd *the teacher chucked out the cheeky student*
[**het-werkwoord**] *thunder*
donker [**het-woord**] *dark*; *darkness*
[**bijvoeglijk naamwoord**] *dark*; *obscure* ⋆ in de herfst wordt het steeds eerder donker *in the autumn it's getting dark earlier more and more*
donker- ⋆ donkerrood *dark red*
donor *donor*
dons *down*
dood [**de-woord**] *death* ⋆ oma is een natuurlijke dood gestorven *grandma died a natural death* ◆ Jack is als de dood voor zijn vader *Jack is scared to death of his father*
[**bijvoeglijk naamwoord**] *dead* ⋆ hij is niet dood, hij is springlevend! *he's not dead, he is alive and kicking!* ◆ ik verveel me dood *I'm bored to tears*
doodgaan *die*
doodlopen ⟨van straat⟩ *come to a dead end* ⋆ een doodlopende straat *a dead end straat*
doodskist *coffin*
doodstraf *capital punishment*; *death penalty*
doof *deaf* ⋆ doof aan één oor *deaf in one ear*
doofstom *deaf and dumb*
dooi *thaw* ⋆ de dooi is ingevallen *thaw set in*
dooien *thaw*
dooier *yolk*
doolhof *labyrinth*; *maze*
doop ⟨godsdienst⟩ *christening*; *baptism* ◆ een baby ten doop houden *baptise a baby*
door [**bijwoord**] ⋆ het hele jaar door *throughout the year* ◆ iemand door en door kennen *know someone through and through*
[**voorzetsel**] *through* ⋆ hij liep door de kamer *he walked through the room* ⋆ de popster werd door zijn fans toegejuicht *the popartist was cheered by his fans* ⋆ de kat is ziek door verkeerd voer *the cat is sick because of wrong feed*
doorbraak • het doorbreken *bursting*; *collapse*
• begin van nieuwe situatie *breakthrough* ⋆ deze vondst betekent een doorbraak in het onderzoek naar kanker *this discovery means a breakthrough in cancer research*
doorbrengen ⟨vakantie⟩ *spend*; ⟨tijd⟩ *pass*
doordat *because*
doordeweeks *weekday* ⋆ een doordeweekse dag *a weekday*
doorgaan • verder gaan met *continue with*; *carry on with* ⋆ als de leraar praat mogen jullie niet doorgaan met praten *when the teacher speaks you are not allowed to keep talking*
• verder gaan *go on* ⋆ doorgaande trein *through (non-stop) train* ⋆ doorgaand verkeer *through traffic*
• toch gebeuren *come off*; *take place* ◆ het hele feest gaat niet door *the whole party is off*
doorgeven • verder geven *hand/pass on*; ⟨zout⟩ *pass*
• verder vertellen *let someone know*; *pass on (to)*
doorhalen *cross out* ◆ doorhalen wat niet van toepassing is *delete where not applicable*
doorkomen • door iets heen komen *come through* ⋆ alle leerlingen zijn goed het examen doorgekomen *all*

students got well through the examination ★ de winter doorkomen *make it through the winter*
• waarneembaar worden *come out*; *show up/through* ◆ die radiozender komt niet goed door *the reception of that radiostation is not good*
doormidden *in two* ◆ iets doormidden scheuren *tear something apart*
doorn *thorn* ◆ dat is me een doorn in het oog ⟨lelijk om te zien⟩ *it is an eyesore*; ⟨vervelend⟩ *it is a thorn in my flesh*
doorsnede • tekening *(cross) section*; *slice*
• diameter *diameter* ★ een boomstam met een doorsnede van 25 cm *a trunk with a diameter of 25 cm*
doorsnee • diameter *diameter* ★ de doorsnee van een cirkel *the diameter of a circle*
• gemiddeld *average* ★ in doorsnee *in average*
dóórsnijden *cut*; *slice*; ⟨in twee stukken⟩ *cut in two*
doorstaan ⟨aanval⟩ *sustain*; ⟨ziekte⟩ *pull through*; ⟨toets, kou⟩ *stand*; ⟨pijn⟩ *endure*; ⟨storm, crisis⟩ *weather*
doorzetten [**werkwoord**] *persevere*; *carry on* ◆ het onweer zette niet door *the thunderstorm did not develop* [**werkwoord + iemand/iets**] *carry through* ★ een plan doorzetten *carry through a plan*
doorzichtig *transparent*; ⟨excuus⟩ *thin*; ⟨leugen⟩ *transparent/obvious* ★ hij had een doorzichtig overhemd aan *he wore a transparent shirt* ★ zijn leugens waren heel doorzichtig *his lies were all too obvious*
doos *box*; *case* ★ de zwarte doos *the black box*
dop • dekseltje *lid*; ⟨van vulpen, flesje⟩ *cap*
• omhulsel ⟨van noot⟩ *shell*; ⟨van zaden⟩ *husk* ◆ kijk uit je doppen! *watch where you're going!*
dopen • de doop toedienen *baptize*; *christen*; ⟨schip⟩ *name* ★ laten we hem William dopen *let us christen him William*
• indompelen *sop*; *dip* ★ de pen in de inkt dopen *dip the pen in the ink*
doperwt *green pea*
doping • middelen *drug(s)* ★ de wielrenners werden betrapt op doping *the cyclists were caught taking drugs*
• het toedienen *doping*
dor ⟨hout⟩ *dry*; ⟨land⟩ *barren*; ⟨bladeren⟩ *withered*
dorp *village*
dorst *thirst* ★ dorst hebben *be thirsty*
dosis *dose* ★ te grote dosis *overdose* ★ te kleine dosis *underdose*
dot • plukje ⟨haar⟩ *knot*
• iets kleins, schattigs ★ een dot van een kindje *a dream of a child*
douane • grenspost *custom-house*; *(the) customs* ★ iets langs/door de douane heen weten te krijgen *smuggle something past the customs*
• beambte *customs officer*
douche *shower* ★ ik neem even lekker een hete douche *I'll take a nice hot shower* ◆ koude douche *cold shower*
douchen *take a shower*
doven *extinguish*; *put out* ★ wil jij de kaarsen even doven? *will you put out/blow out the candles?*
downloaden ⟨computer⟩ *download*
dozijn *dozen*
draad *thread*; ⟨metaal⟩ *wire* ★ een draad in een naald steken *thread a needle*
◆ hij is altijd tegen de draad in *he's always going against the grain*
draagbaar ⟨van radio, telefoon⟩ *portable*; ⟨van kleding⟩ *wearable*
draaideur *revolving door*

draaien [**werkwoord**] • in het rond gaan *turn*; *rotate*; ⟨snel⟩ *spin (round)*; ⟨om as⟩ *revolve* ★ de aarde draait om de zon

D

the earth revolves around the sun
• functioneren *run*; *work* ★ de auto stond met draaiende motor te wachten *the car waited with the engine running*
[werkwoord + iemand/iets] • afspelen ⟨een plaat, cd⟩ *play*; ⟨film⟩ *show*; ⟨computerprogramma⟩ *run*
• telefoneren *dial a (telephone) number*

draaimolen *merry-go-round*; *roundabout*

draak *dragon* ◆ ze is een draak van een mens *she is an odious|hateful person*

> **draak**: Draken spelen een grote rol in de Engelse ridderverhalen uit de Middeleeuwen en zijn het symbool voor kracht en afschrikking. Op de vlag van Wales, een gebied in het westen van Groot-Brittannië, staat een draak afgebeeld.

draf *trot* ★ het op een draf(je) zetten *break into a trot*

dragee *(coated) tablet*

dragen • aan/bij zich hebben *wear*; *carry* ★ kleding dragen *wear clothes*
• ondersteunen *bear* ★ kan je dat gewicht wel dragen? *can you bear that weight?*

drama *drama*; *tragedy*

dramatisch *dramatic*

drammen *go on*; *nag* ★ hou eens op met drammen! *oh (do) stop nagging!*

drang • druk *pressure* ★ onder de drang der omstandigheden *under (the) pressure|stress of circumstances*
• neiging *urge* ★ zij heeft een innerlijke drang om veel te snoepen *she has an inner urge to eat sweats a lot*

drank • vocht *drink*
• alcoholische dranken *strong drinks*; *spirits* ★ aan de drank zijn *drink*; *be an alcoholic*

drankje • glaasje drank *drink*
• geneesmiddel *draught*; *potion*; *medicine* ★ zijn drankje innemen *take one's medicine* ★ je moet je drankje nog innemen *you must take your medicine still*

drassig *marshy*; *swampy*

draven *trot*

dreigen [werkwoord] *look like*; *threaten* ★ er dreigt onweer *it looks like thunder*; *a storm threatens*
[werkwoord + iemand/iets] *threaten* ★ het buurland dreigde met oorlog *the neighbouring country threatened war*

dreiging *threat*; *menace* ★ van het kleine waakhondje ging geen dreiging uit *the little watchdog didn't form a threat*

drempel *threshold*; *doorstep* ★ de ober struikelde over de drempel *the waiter stumbled over the threshold*

drenkeling *drowning person*; *drowned person*

dresseren *train* ★ gedresseerde dieren *trained animals*; *performing animals*

dressing *(salad) dressing*

dreumes *nipper*; *toddler* ★ een kleine dreumes *a tiny nipper|tot*

dreun • het dreunen *boom*; *rumble* ★ met een grote dreun viel de doos op de grond *with a large boom the box fell on the ground*
• eentonig geluid *drone*
• klap *sock*; *smack* ◆ iemand een dreun verkopen *give someone a thick ear*; *sock someone*

dreunen *rumble*; *drone*

dribbelen *trip*; *totter*; ⟨van kind⟩ *toddle*; ⟨voetbal⟩ *dribble*

drie *three*

driehoek *triangle*

driehoekig *triangular*

Driekoningen *(feast of) Epiphany*; *Twelfth Day* ★ driekoningenavond *Twelfth Night*

driekwart *three fourths*; *three quarters* ★ driekwart mijl *three quarters (of a mile)*

driemaal *on three occasions*; *three times* ★ driemaal kopiëren/vermenigvuldigen *triplicate* ◆ driemaal is scheepsrecht *third time lucky*

drift *passion*; *temper*

driftig [bijvoeglijk naamwoord]
• opvliegend *hot-|quick-tempered*
• kwaad ★ driftig worden *fly into a*

passion; *flare up*
[**bijwoord**] *vehement* ★ driftig gebaren *make vehement gestures*

drijven [**werkwoord**] • niet zinken *float* ★ hout blijft drijven op water *wood floats on/in water*
• kletsnat zijn *be soaked*; *be sopping wet* ★ hij dreef van het zweet *he was dripping with perspiration*
[**werkwoord + iemand/iets**] *drive*; *push* ★ de kinderen dreven de oppas tot wanhoop *the children drove the baby-sitter to despair*

dringen [**werkwoord**] *push*; *press* ★ hij drong door de menigte heen *he pushed/elbowed his way through the crowed*
[**werkwoord + iemand/iets**] *push* ★ door de drukte werden mensen tegen de muur gedrongen *through the bustle people got pushed against the wall* ◆ de tijd dringt *time presses*

dringend *pressing*; *urgent* ★ dokter, ik moet u dringend spreken *doctor, I have to speak to you urgently*

drinken *drink*; ⟨met kleine teugjes⟩ *sip* ◆ laten we drinken op iemands gezondheid *lets toast to a person's health*

drinkwater *drinking-water* ★ pas op, dit is geen drinkwater *beware, water unfit for drinking*

droevig • verdrietig *sorrowful*; *sad* ★ haar slechte cijfers maakte haar droevig *her bad marks made her sad*
• bedroevend *depressing*; *miserable*

drogen *dry* ★ ik doe even niets, mijn nagellak moet nog drogen *I don't do anything for a while, my nail polish has to dry yet*

drogist *chemist's*; ⟨Amerikaans⟩ *drugstore*

drol ⟨spreektaal⟩ *turd*

dromedaris *dromedary*

dromen *dream* ★ zij droomt van een lange man met blond haar *she dreams of a tall man with blond hair*

dromer *dreamer*

dronken • bedwelmd ★ een dronken man *a drunken man* ★ hij is dronken *he is drunk*
• dronken van *drunk with* ★ van zoveel biertjes wordt je wel dronken *with so many beers you'll get drunk certainly*

droog *dry*

droogte • het droog zijn *dryness*
• periode *drought* ★ dit jaar hadden we een lange periode van droogte *this year we had a long period of drought*

droom *dream* ★ ik had een nare droom vannacht *I had a bad dream last night* ★ soms komen dromen uit *sometimes dreams come true*

drop *liquorice*; ⟨Amerikaans⟩ *licorice* ★ wil jij een dropje? *do you want a piece of liquorice?*

drug *drug*; *narcotic* ★ aan de drugs zijn *take drugs*; *be on drugs*

druif *grape* ★ een tros druiven *a bunch of grapes*

druipen *drip*; *trickle* ◆ haar kleren dropen van de regen *her clothes were soaking wet with the rain*

druk [**de-woord**] • kracht ★ gebied van hoge/lage druk *high/low pressure area* ★ er staat veel druk op de studenten *there is a lot of pressure on the students*
• het boekdrukken *print(ing)*
• oplage *edition* ★ herziene druk *revised edition*
[**bijvoeglijk naamwoord**] • met veel werk *busy* ★ het druk hebben met leren *be busy learning* ★ hij was te druk bezig met pakken om mij te helpen *he was too busy packing to help me*
• goed bezocht *crowded*; *busy* ★ een drukke disco *a crowded disco* ★ een drukke straat *a busy street*
• opgewonden *excited*; *fussy* ★ zich druk maken *get excited*; *worry* ★ maak je toch niet zo druk! *don't get that excited!*

drukken *press*; *push*; *squeeze* ★ je moet op die knop drukken om het apparaat aan te zetten *you must press that button to turn on the device*

drukte • veel werk *rush/pressure of business*
• leven, bedrijvigheid *excitement*; ⟨straat, winkels⟩ *rush* ★ de kerstdrukte *the Christmas rush*

D

D

• ophef *fuss* ★ maak niet zo'n drukte! *don't make such a fuss!*

drukwerk *printed matter* ★ als drukwerk verzenden *send as printed matter*

drummer *drummer*

drumstel *drum kit*

druppel *drop*; *drip* ★ de dronken man zei: ik heb geen druppel gedronken *the drunken man said: I haven't had a drop to drink*

dubbel *double* ★ vanavond krijgen we een dubbele aflevering van GTST op tv *tonight we'll get a double episode of GTST on tv*

dubbel-cd *double CD*

dubbeltje *ten-cent piece*

dubbelzinnig *ambiguous*; *equivocal*

duel *duel*; *fight* ★ het is een duel tussen Ajax en Feyenoord *it is a duel between Ajax and Feyenoord*

duet *duet*

duf • muf *musty*; *stuffy* ★ een duffe geur kwam van de zolder *a musty smell came off the attic*
• saai *fusty*; *stale*

duidelijk ‹teken› *clear*; ‹taal› *plain*; ‹vergissing› *obvious* ★ iemand iets duidelijk maken *make something clear to a person* ★ hij is duidelijk zeer verliefd op jou *he is obviously very much in love with you*

duif *pigeon*; *dove*

duikboot *submarine*

duiken *dive*; *plunge*; *duck* ★ duiken naar bordjes *dive for little plates* ★ durf jij van de hoge af te duiken? *dare you dive off the high board?*

duim *thumb* ★ iets uit je duim zuigen *make up a story*

duimen • geluk afdwingen ★ ik zal voor je duimen *I'll keep my fingers crossed for you*
• duimzuigen ★ de baby ligt tevreden te duimen *the baby is sucking his thumb in satisfaction*

duin *dune*; *sand hill*

duister • donker ★ een duistere nacht *a dark night*
• onduidelijk *dark*; *dim* ★ duistere toekomst *dim/uncertain future*
• onguur *shady*; *dubious* ★ er stonden een paar duistere figuren bij het station *there were a few dubious characters at the station*

duisternis *dark(ness)*

Duits [**het-woord**] *German*
[**bijvoeglijk naamwoord**] *German*

Duitse *German woman*

Duitser *German*

Duitsland *Germany*

duivel *devil*; ‹spreektaal› *Old Nick*; *Old Harry*

duizelig *dizzy*; *giddy* ★ van die harde muziek word ik duizelig *I grow dizzy with that loud music*

duizend *a/one thousand* ★ duizend dollar *a/one thousand dollar* ★ duizenden mensen *thousands of people*

duizendpoot • dier *centipede*
• iemand die alles kan *jack-of-all-trades*

duizendste *thousandth*

dumpen *dump*

dun • niet dik *thin*; ‹taille› *slender* ★ tante is een stuk dunner geworden na haar dieet *aunt has grown a lot thinner after her diet*
• niet dicht opeen *thin*; *fine*
• zeer vloeibaar *thin*; *light*; ‹soep› *watery*

duo *duo*

duren *last*; *take* ★ hoe lang duurt zo'n doktersbehandeling? *how long does such a doctor's treatment last?* ◆ van A. naar B. fietsen duurt tien minuten *it takes ten minutes to bike from A. to B.*

durven *dare* ★ hoe durf je dat te doen! *how dare you do that!*

dus [**bijwoord**] ⟨bijgevolg⟩ *consequently*; ⟨aldus⟩ *thus*
[**voegwoord**] *therefore*; *so* ★ de trein was laat, ik kon dus niet komen op de afgesproken tijd *the train was late, so I could not come at the agreed time*
dutje ★ opa vindt het fijn om een dutje te doen *grandpa likes to take/have a nap*
dutten *doze*; *snooze*
duur [**de-woord**] *duration*; ⟨van contract⟩ *length* ★ op de duur vond ik school niet meer leuk *in the long run I didn't like school anymore*
[**bijvoeglijk naamwoord**] *dear*; *expensive* ★ hoe duur is dat? *how much is it?*
duurzaam *durable*; *lasting* ★ zij hebben een duurzame relatie opgebouwd *they built up a lasting relationship*
duw *push*; *thrust* ★ iemand een duwtje geven *give someone a push*
duwen *push*; *thrust* ★ niet duwen! *don't push!*; *stop pushing!*
dvd *DVD*
dvd-speler *DVD player*
dwalen *wander*; *stray*; ⟨zonder doel⟩ *roam* ★ we waren de weg kwijt en hebben uren door het bos gedwaald *we lost the road and roamed the forest for hours*
dwang *compulsion*; *coercion*; ⟨rechten⟩ *under duress* ★ onder dwang legde de vrouw een bekentenis af *the woman confessed under duress*
dwarrelen *whirl* ★ sneeuw dwarrelt naar beneden *snow is whirling down*
dwars [**bijvoeglijk naamwoord**] *diagonal*; *transverse* ★ een dwarse doorsnede *a transverse section*
[**bijwoord**] *right*; *straight* ★ dwars door het veld *right across the field*
dwarszitten *hinder, cross, bother* ★ wat zit je dwars? *what's bothering/eating you?*
dweil • lap *(floor)cloth*; ⟨aan stok aan stok⟩ *mop*
• slons *slut*
dweilen *mop*; ⟨vloer⟩ *wash* ★ mam dweilde de keukenvloer *mum was washing the kitchen floor*
dwerg *dwarf*; *pigmy*
dwingen *force*; *coerce*; *compel*
dynamiet *dynamite*
dynamo *dynamo*; *generator*

e *e* ◆ de E van Eduard *E as in Edward*
eb • afnemend tij *ebb*
• laag tij *low tide* ◆ het is eb *the tide is out*
echo *echo*
echt [**bijvoeglijk naamwoord**] *real*; ⟨gevoel⟩ *genuine* ⋆ een echte vriendin *a real friend* ⋆ echt leer *real leather* ⋆ echte gevoelens *genuine feelings*
[**bijwoord**] *really*; *truly*; *genuinely*; *honestly* ⋆ hij heeft het echt niet gedaan *he honestly didn't do it* ◆ meen je dat nou echt? *are you serious?* ◆ echt Engels *typically English*
echter *however*
echtgenoot *husband*
echtgenote *wife*
echtpaar *married couple*
echtscheiding *divorce*
ecologisch *ecological*
economie • van een land *economy*
• studie *economics*
economisch • met betrekking tot economie *economic* ⋆ economische groei *economic growth*
• zuinig *economical*
eczeem *eczema*
edel *noble*
edelman *nobleman*
edelsteen *precious stone*; *gem*
educatie *education*
eed *oath* ⋆ onder ede staan *be under oath* ⋆ een eed doen *swear an oath* ⋆ de eed afleggen *take the oath*
eekhoorn *squirrel*
eelt *callus*; *thick hard skin*
een [**telwoord**] *one* ⋆ één plus één is twee *one plus one equals two*
[**onbepaald lidwoord**] *a*; ⟨voor klinker⟩ *an* ⋆ een appel en een banaan *an apple and a banana*

eend • watervogel *duck*
• auto *2CV*; *deux-chevaux*
eender [**bijvoeglijk naamwoord**] *the same*
[**bijwoord**] *alike*; *equally*
eenentwintig *twenty-one*
eenentwintigste *twenty-first*
eenheid • geheel *unity*
• maat, grootheid *unit*
• afdeling *unit* ◆ eenheid brengen in *unify* ◆ mobiele eenheid *riot police*
eenmaal *once*; *one day* ◆ het is nu eenmaal zo *that's just the way it is*
eens [**bijvoeglijk naamwoord**] *agreed* ⋆ het eens zijn met *agree with* ⋆ het eens worden *come to an agreement*; *come to terms*
[**bijwoord**] • als versterking ⋆ zij antwoordde mij niet eens *she did not even answer me*
• één keer *once* ⋆ eens in de maand *once a month* ⋆ eens en voor altijd *once (and) for all*
• ooit ⟨verleden⟩ *once*; ⟨toekomst⟩ *one day* ⋆ een eens machtig land *a once powerful country* ⋆ er was eens *once upon a time*
eensgezind *unanimous*
eentonig *dull*; *monotonous* ⋆ een eentonig leven *a dull life*
eenvoud *simplicity*
eenvoudig [**bijvoeglijk naamwoord**]
• vol eenvoud *plain*; *simple*; *uncomplicated*
• bescheiden *simple*; *plain* ⋆ een eenvoudige maaltijd *a plain meal*
[**bijwoord**] *simply* ⋆ ik kan het eenvou-

dig niet *I simply can't do it*

eenwording *unification*

eenzaam • alleen *lonely*; *solitary*; ⟨verlaten⟩ *desolate* ★ een eenzaam leven leiden *live a solitary life* ★ ze voelde zich eenzaam en verlaten na zijn dood *she felt desolate after his death*
• stil, afgelegen *solitary*; *isolated*; *secluded* ★ een afgelegen boerderij *a solitary farm*

eenzijdig *one-sided*; *unilateral* ★ eenzijdige ontwapening *unilateral disarmament*

eer *honour*; *credit* ★ ter ere van *in honour of* ★ ik beschouw het als een eer *I consider it an honour* ★ iemand de laatste eer bewijzen *pay the last honours (to a person)*; *pay your last respects to somebody* ★ erewoord! *word of honour!*

eerbied *respect*

eerder • vroeger *before*; *sooner*; *earlier* ★ ik heb haar eerder ontmoet *I have met her before* ★ hoe eerder hoe liever/beter *the sooner the better*
• liever *rather*; *sooner*
• waarschijnlijker *rather*; *more likely*

eergisteren *the day before yesterday*

eerlijk [**bijvoeglijk naamwoord**] *honest*; *sincere*; *fair* ★ eerlijk spel *fair play* ★ fair is fair *eerlijk is eerlijk*
[**bijwoord**] *honestly*; *fairly* ★ eerlijk spelen *play fair* ★ eerlijk gezegd *to be honest*; *frankly speaking* ★ eerlijk waar *honestly*; *really and truly*

eerlijkheid *honesty*; *fairness*; *sincerity*

eerst *first* ★ eerst moet je je handen wassen *first you must wash your hands*

eerste *first* ★ de eerste keer *the first time*
◆ ten eerste *first of all*

eetbaar *eatable*; *edible*

eetkamer *dining-room*

eetlepel *tablespoon*

eetzaal *dining-hall*

eeuw • periode *century* ★ de 20e eeuw *the 20th century* ★ eeuwwisseling *turn of the century*
• tijdperk *age* ★ de Gouden Eeuw *the Golden Age*
• lange tijd ★ ik heb je in geen eeuwen gezien *I have not seen you for ages*

eeuwig *eternal*; *perpetual*; *never-ending* ★ eeuwige sneeuw *perpetual snow*
◆ eeuwige vriendschap *lifelong friendship*

eeuwigheid *eternity* ★ nooit in der eeuwigheid *never for all eternity* ◆ we hadden hem in geen eeuwigheid gezien *we had not seen him for ages*

effect *effect*; *result*; *outcome*

effectief • doeltreffend *effective* ★ effectieve maatregelen *effective measures* ★ de werkelijke leider van een land *the effective leader of a country*
• werkelijk *real*; *actual*; *effective*

effen • vlak *even*; *smooth*; *level* ★ glad oppervlak *even surface*
• eenkleurig *plain*; *unpatterned* ◆ effen blauw *solid/uniform blue*

egaal • vlak *smooth*; *level*
• eenkleurig *uniform*

egaliseren *equalize*; *level*

egel *hedgehog*

egoïst *egoist*

egoïstisch *egoistic(al)*; *selfish*

EHBO *first aid*; ⟨post⟩ *first aid post/station*; ⟨ziekenhuis⟩ *casualty/emergency ward*

ei • *egg* ★ zacht/hard gekookt ei *soft/hard boiled egg* ★ gebakken ei *fried egg*
• doetje *softy*; *wet*

eicel *egg-cell*; *ovum* [meervoud: *ova*]

eierdooier *egg yolk*

eierstok *ovary*

eigen • van iemand of iets *own*; ⟨persoonlijk⟩ *personal* ★ eigen weg *private road* ★ voor eigen gebruik *for private use* ★ mijn eigen geld *my own money* ★ hij heeft een eigen auto *he has a car of his own*
• vertrouwd *familiar* ★ vertrouwde omgeving *familiar surroundings*
• kenmerkend *characteristic*; *peculiar*; *particular* ★ op zijn eigen wijze *in his own (particular) way*

eigenaar *owner*; *proprietor*

eigenaardig [**bijvoeglijk naamwoord**] *peculiar*; *strange*; *odd*
[**bijwoord**] *in a peculiar way*;

strangely; *oddly*
eigendom *property*; *possession*; *belongings* ★ dit gebouw is rijkseigendom *this building is government property* ★ persoonlijke eigendommen *personal belongings*
eigenlijk [bijvoeglijk naamwoord] *real*; *proper*; *actual* ★ de eigenlijke betekenis van het woord *the proper meaning of the word*
[bijwoord] *really*; *in fact*; *actually* ★ eigenlijk wist ze niet wat ze moest doen *actually she did not know what to do*
eigennaam *proper name*
eigenschap ‹van mensen› *quality*; ‹van dingen› *property*
eigenwijs *headstrong*; *self-willed*; *cocky*
eik *oak*
eikel • vrucht *acorn*
• deel van penis *glans*
eiland *island*; ‹vaak als deel van naam› *isle*
eind, einde • slot/afloop *end*; *conclusion*; *finish*; *ending* ★ van het begin tot het einde *from beginning to end*; *from start to finish* ★ er kwam geen einde aan *there was no end to it* ★ op het eind *at/in the end* ★ een eind maken aan *put an end to*; *finish off*
• stuk weg *way* ★ het is een lang eind *it is a long way* ◆ je hebt het bij het juiste eind *you are right* ◆ hij was ten einde raad *he was at his wits' end* ◆ dat is het einde! *that's fantastic/fabulous!* ◆ ze vindt je het einde *she thinks the world of you*
eindelijk *finally*; *at (long) last*
eindexamen *final examination(s)*
eindigen • eind maken aan ‹van werk› *finish*; ‹brief, leven› *end* ★ ik eindig mijn brief met groeten *I end my letter with regards*
• ophouden *end*; *finish* ★ de lessen eindigen om één uur *school finishes at one o'clock*
eindje • uiteinde *end*
• kort stuk *butt*; ‹van potlood› *stub*; ‹van kaars› *stump*; ‹van touw› *piece*; *length*
• korte afstand *short distance* ◆ de eindjes aan elkaar knopen *make ends meet*
eindpunt *end*; ‹van trein, bus› *terminus* ★ eindpunt van een wandeling *end of a walk* ★ eindpunt van lijn 1 *terminus of bus 1*
eis *demand*; ‹voor schade› *claim*; ‹voor examen› *requirement* ★ eisen stellen *make demands* ★ hoge eisen stellen aan iemand *make great demands on somebody*
eisen • *demand (from/off)*; *require (of)*; *claim* ★ de burgeroorlog eiste veel slachtoffers *the civil war claimed many lives*
• ‹rechten› *demand* ★ schadevergoeding eisen *claim damages*
eiwit • wit van ei *eggwhite*
• proteïne *protein*
EK Europees Kampioenschap *European championship(s)*
ekster *magpie*
elastiek *elastic band*; *rubber band*
elastisch *elastic*
elders *elsewhere*
elegant *elegant*
elektra • stroom *electricity*
• apparaten *electrical appliances/equipment*; *electrics*
elektriciteit *electricity*
elektrisch *electric*
elektronisch *electronic*
element • ‹chemie› *element*
• bestanddeel *element*; *component*
elf [de-woord] *elf* ★ elven en trollen *elves and trolls*
[telwoord] *eleven* ★ elf plus twee is dertien *eleven plus two equals thirteen*
elfde *eleventh*
elftal *eleven*
elite *élite*
elk *each*; ‹bijvoeglijk› *every/any*; ‹zelfstandig› *everyone/everybody* ★ elk juist antwoord levert 5 punten op *each correct answer is worth 5 points* ★ elk kind weet dat *every child knows that* ★ ze kunnen elk moment komen *they can be here any moment* ★ elk van hen *everyone of them*
elkaar *each other*; *one another* ◆ uren achter elkaar *for hours on end* ◆ achter

elkaar de klas in/uit gaan *file into/out of the class-room* ◆ in elkaar leggen/zetten *put together* ◆ met elkaar *together* ◆ twee keer na elkaar *twice in a row* ◆ naast elkaar *side by side* ◆ op elkaar *on top of each other* ◆ uit elkaar vallen *fall to pieces* ◆ uit elkaar gaan *seperate*; *split up* ◆ dat is voor elkaar *that is settled*

elleboog *elbow* ★ met de ellebogen werken *use your elbows* ◆ hij heeft ze achter de ellebogen *he is a sneak*

ellende *misery*; *distress*

ellendig *miserable*; *wretched*

els *alder*

e-mail *email*; *e-mail*; *E-mail*

e-mailen *e-mail*; *email*

emanciperen *emancipate*

embleem *emblem*

embryo *embryo*

emigratie *emigration*

emigreren *emigrate*

emmer *pail*; *bucket*

emotie *emotion*

emotioneel *emotional*

employé *employee*; *staff member*

en *and*

encyclopedie *encyclop(a)edia*

energie *energy*; ‹elektrisch› *power*

energiek *energetic*

eng • griezelig *scary*; *creepy* ★ een enge vent *a creepy/scary man*; *a creep* • nauwe ruimte *narrow* ★ een enge doorgang *a narrow passage*

engel *angel*

Engeland *England*

Engels [het-woord] *English* ★ een woord in het Engels vertalen *translate a word into English*
[bijvoeglijk naamwoord] *English* ★ de Engelse taal *the English language*

Engels: Voor meer dan 300 miljoen mensen is Engels de moedertaal. Het wordt gesproken in Groot-Brittannië, Noord-Amerika, het Caribische gebied, Australië, Nieuw-Zeeland, India en in delen van Afrika. Verder is Engels de meest gebruikte taal in de politiek, de wetenschap en de zakenwereld.

Engelse *Englishwoman*

Engelsman *Englishman*

engerd *creep* ★ hij is een engerd *he is a creep*

enig • enkel *only*; *unique*; *sole* ★ het enige dat telt *the only thing that counts* ★ de enige keer *the only time* ★ enig erfgenaam *sole heir* • leuk *lovely*; *wonderful* ★ wat enig! *how wonderful!*

enkel [de-woord] *ankle*
[bijvoeglijk naamwoord] *single* ★ enkele reis *single journey* ★ een enkele reis Londen *one single to London*
[bijwoord] *simply*; *only* ★ enkel en alleen *simply and solely* ★ hij doet het enkel voor het geld *he only does it for the money*
[telwoord] *a few* ★ enkele postzegels *a few stamps* ◆ een enkel foutje *an occasional mistake* ◆ geen enkele kans *not a chance*

enkeltje *single ticket* ★ een enkeltje Tilburg, alstublieft *a single ticket to Tilburg please*

enkelvoud *singular*

enorm *enormous*

enquête *inquiry* ★ een enquête instellen/houden *set up/hold an inquiry (into)*

entertoets ‹computer› *enter (key)*

enthousiasme *enthusiasm*

E

enthousiast [**de-woord**] *enthusiast* [**bijvoeglijk naamwoord**] *enthusiastic* ★ wild enthousiast zijn over iets *be wildly enthusiastic about something; go crazy about something* ◆ enthousiast maken *enthuse (about)*
entrecote *entrecôte*; ⟨Amerikaans⟩ *prime rib*
entree • het naar binnen gaan *entrance; entry* ★ je entree maken in *make your entry (entrance) into* • ingang *entrance* • toegangsprijs *admission fee* ★ vrij entree *admission free* ★ entree betalen *pay for admission*
envelop *envelope*
enzovoort(s) *etcetera*
epidemie *epidemic*
epilepsie *epilepsy*
epileren *depilate; epilate; pluck* ★ geëpileerde wenkbrauwen *plucked eyebrows*
episode *episode*
epos *epic*
equator *equator*
equipe *team*
er ◆ we zijn er *here we are* ◆ wat is er? *what's the matter?* ◆ hoeveel heb je er? *how many do you have?* ◆ hij ziet er moe uit *he looks tired* ◆ er komt regen *it looks like rain* ◆ er werd gezegd dat *it was said that* ◆ er wordt een lied gezongen *a song is sung* ◆ er was eens *once upon a time*
eraan *attached to (it); on (it)* ★ een bos bloemen met een kaartje eraan *a bunch of flowers with a card attached to it* ◆ wat heb ik eraan? *what good will it do me?* ◆ wat kun je eraan doen? *what can you do about it?* ◆ ik kom eraan *I'm on my way* ◆ die kat gaat eraan *that cat's number is up* ◆ het hele park gaat eraan *the entire park is going to be destroyed*
erachter *behind (it|them)* ★ het huis en de tuin erachter *the house and the garden behind it* ◆ erachter zijn *have found out* ◆ ben je erachter? *(have you) got it?*
eraf *off (it)* ★ er is een knoop af *a button has come off* ◆ voor mij is het plezier eraf *for me the fun is over*
erbij ◆ hoe kom je erbij? *whatever on earth makes you think that?; the very idea!* ◆ ik blijf erbij dat het niet goed is *I still think|believe it is not right* ◆ je bent erbij! *the game is up!*
erboven *above|over (it)*
erdoor *through (it|them)* ★ laat me erdoor *let me through* ◆ ik ben erdoor *I passed*
erectie *erection*
erf • grond *(farm)yard* • huis met grond *premises; property*
erfelijk *hereditary*
erfenis *inheritance; legacy*; ⟨voornamelijk figuurlijk⟩ *heritage* ★ culturele erfenis *cultural heritage*
erfgenaam *heir*
erg [**bijvoeglijk naamwoord**] *awful; bad; terrible* ★ wat erg! *how awful!* ★ zo erg is het ook weer niet *it's not that bad* ◆ vind je het erg als ik ga? *do you mind me going?*
[**bijwoord**] *very; much; badly; terribly* ★ een erg groot huis *a very big house* ★ dat doet erg zeer *that hurts badly* ★ ik mis haar ergik mis haar erg *I miss her terribly*
ergens • op een plaats *somewhere; anywhere* ★ ergens anders *somewhere else* • iets *something* ★ zij stond ergens naar te kijken *she was looking at something*

ergeren [**werkwoord + iemand/iets**] *annoy; irritate*
[**werkwoord + zich**] *get annoyed* ★ ik

erger me aan zijn gezeur *I'm getting annoyed at his nagging*
ergerlijk *annoying*; *maddening* ★ het ergerlijke ervan is ... *the annoying part of it is ...*
ergernis *annoyance*; *irritation* ★ tot mijn ergernis besloot hij niet te komen *to my annoyance he decided not to come*
erheen *there* ★ ga je erheen? *are you going (there)?*
erin *in(to) it|them*; *inside* ★ kom erin! *(do) come inside!* ★ staat het erin? *is it in there?*
erkennen *acknowledge*; *admit*; *recognize* ★ hij erkent zijn fouten *he acknowledges his mistakes*
erlangs *past (it|them)*; *alongside (it|them)* ★ er is een stier in de wei, ik durf er niet langs *there's a bull in the meadow, I daren't go past him*
ermee *with it|them* ★ wat doen we ermee? *what shall we do about it?*
erna *after(wards)*
ernaar *to(wards)*; *at it|them*
ernaast *beside it|them*; *next to it|them* ★ er (volledig) naast zitten *be (completely|wide) off the mark*
ernst *seriousness*; *earnest(ness)* ★ het wordt nu ernst *it is getting serious now* ★ het is bittere ernst *it is dead serious*
ernstig [**bijvoeglijk naamwoord**] *serious*; *grave*; *severe* ★ een ernstig ongeluk *a serious accident* ★ een ernstig gezicht *a grave face*
[**bijwoord**] *seriously*; *gravely*; *severely*
eronder *under it|them*
erop *on|onto|up it|them* ★ mijn naam staat erop *my name's on it* ◆ dat zit erop! *that's it then!*; *that's done!* ◆ hoe kwam je erop? *what gave you the idea?* ◆ erop of eronder *all or nothing* ◆ ik sta erop! *I insist on it!*
erosie *erosion*
erotisch *erotic*
ertegen *against it|them*; *at it|them*
erts *ore*
ertussen *(in) between (it|them)*; *in the middle*; *among(st) (it|them)*
eruitzien • *look* ★ er slecht uitzien *look bad|ill* ★ er goed uitzien *look well* ★ het ziet er slecht uit voor je *things look pretty bad for you*; *things are not looking good for you*
• lijken te *look like*; *look as if|though* ★ het ziet ernaar uit dat het gaat regenen *it looks like rain* ◆ wat zie jij eruit! *what a sight you are!*
ervaren [**bijvoeglijk naamwoord**] *experienced*; *skilled*
[**werkwoord + iemand/iets**] *experience*
ervaring *experience* ★ uit ervaring *by|from experience* ★ in mijn ervaring *in my experience*
erven *inherit*
erwt *pea*
erwtensoep *pea-soup*
escorte *escort*
esdoorn *maple (tree)*
eskader *squadron*
eskimo *Eskimo*
espresso *espresso*
estafette *relay (race)*
etage *floor*; *storey* ★ op de eerste etage *on the first floor*
etalage *shop-window*; *display window* ◆ etalages gaan kijken *go window-shopping*
etaleren *display*; ‹voornamelijk van etalage› *dress the windows* ★ speelgoed etaleren *display toys in a shop-window*
etappe *stage*; *lap*; ‹sport› *leg* ★ in etappen *in stages*
eten [**het-woord**] • voedsel *food*
• maaltijd *meal* ◆ het eten is klaar *dinner is ready*
[**werkwoord**] *eat*; *dine* ★ uit eten gaan *eat out* ★ kom bij ons eten! *come and eat|have dinner with us!*
[**werkwoord + iemand/iets**] *eat* ◆ wat eten we? *what are we having for dinner?*; *what's for dinner?*
etenstijd *dinner-time*
etentje *small dinner-party*
eter • iemand die eet *eater* ★ een flinke/slechte eter *a big|poor eater*
• gast *dinner guest* ◆ we krijgen eters *we're having people to dinner*
ethisch *ethical*
etiket *label*
etmaal *twenty-four hours*
etnisch *ethnic*
etter *matter*; *pus*

E

etteren • etter afscheiden *fester* • ⟨figuurlijk⟩ klieren *be a pain in the neck*
etui *container*; *case*
eucharistie *Eucharist*
euro *euro*
eurocent *(euro) cent*
Europa *Europe*

E

Europa: In 1957 richtten Nederland, België, Luxemburg, Italië, Frankrijk en Duitsland de EEG op (Europese Economische Gemeenschap) om hun economie en werkgelegenheid te verbeteren. In 1973 sloot onder andere Groot-Brittannië zich hierbij aan. De EEG heet tegenwoordig de EU (Europese Unie) en er zijn nu in totaal 15 landen bij aangesloten.

Europees *European*
euthanasie *euthanasia*; *mercy killing*
evacueren *evacuate*
evangelie *gospel*
evangelisch *evangelic(al)*
even [**bijvoeglijk naamwoord**] *even* ⋆ even of oneven *even or odd*
[**bijwoord**] • net zo *(just) as* ⋆ hij is even oud als ik *he is just as old as I am* ⋆ even erg *just as bad* • een korte tijd/eventjes *just*; *(for) a moment* ⋆ wacht even *wait a moment/minute* ◆ we blijven maar even *we won't stay long*
evenaar *equator*
evenals *(just) as*; *(just) like*
evenaren *equal*
eveneens *as well*; *too* ⋆ ik wil een cola en zij eveneens *I want a cola and she as well*
evenement *event*
evenredig *proportionate (to)*
eventueel [**bijvoeglijk naamwoord**] *any (possible)* ⋆ eventuele klachten *any possible complaints*
[**bijwoord**] *possibly*; *if necessary* ⋆ eventueel morgen *possibly tomorrow* ⋆ ik zou eventueel kunnen komen *I could come if necessary*
evenwicht *balance* ⋆ het evenwicht bewaren/verliezen *keep/lose one's balance* ⋆ iemand uit zijn evenwicht brengen *throw a person off balance* ⋆ het evenwicht herstellen *restore the balance*
evenwijdig *parallel*
evolutie *evolution*
exact *exact*; *precise* ⋆ exacte wetenschappen *exact sciences*
examen *exam(ination)* ⋆ voor een examen slagen/zakken *pass/fail an exam* ⋆ een examen afleggen/doen *sit (for) an examination*
examinator *examiner*
examineren *examine*
excentriek *eccentric*
exclusief *exclusive*
excursie *excursion*; *trip*
excuseren *excuse* ⋆ excuseert u mij, alstublieft *excuse me, please*
excuus • verontschuldiging *apology* • reden *excuse* ⋆ haar excuus was dat ze de telefoon niet gehoord had *her excuse was that she hadn't heard the phone ring* ◆ je excuses aanbieden *apologize*
executie *execution*
exemplaar *specimen*; *sample*; ⟨van boek⟩ *copy*
expeditie *expedition*
experiment *experiment*
expert *expert*
explosie *explosion*
explosief *explosive*
export *export*
exporteren *export*
expositie *exhibition*; *show*
expres *on purpose*; *deliberately*
expresse *express delivery* ⋆ per expresse sturen *send (something) by express delivery/messenger*
extra [**bijvoeglijk naamwoord**] *extra* ⋆ extra groot T-shirt *extra large T-shirt* ◆ extra kosten *extras*
[**bijwoord**] *extra*
extraatje *bonus* ⋆ als extraatje ontvangt u een gratis radio *as a bonus you'll receive a free radio*
extreem *extreme*
extremist *extremist*

ezel • dier *donkey; ass* • schildersezel *easel* ◆ zo koppig als een ezel *as stubborn as a mule*
ezelsbruggetje *memory aid*

F

f *f* ◆ de F van Ferdinand *F as in Frederic*
fabel • vertelling *fable*
• verzinsel *fable*; *fiction* ◆ ze vertelt alleen maar fabeltjes *she is only telling fairy tales*
fabriceren *manufacture*; *fabricate*
fabriek *factory*; *works*; ⟨katoen, papier⟩ *mill* ⋆ hij werkt in de schoenenfabriek *he is working at the shoe factory*
factuur *invoice* ⋆ wilt u direct betalen na ontvangst van de factuur? *please, pay directly upon receipt of the invoice*
failliet *bankrupt* ⋆ zijn nieuwe bedrijf ging failliet *his company went bankrupt*
faillissement *bankruptcy*
fakkel *torch* ⋆ ze droegen fakkels in de optocht *they carried torches in the procession*
falen *fail*; *be unsuccessful* ⋆ ik heb gefaald in het maken van dat werkstuk *I failed in making that paper*
familie • gezin *family*
• alle verwanten *family*; *relatives* ⋆ de hele familie komt met Kerstmis bij elkaar *the whole family gathers at Christmas* ⋆ het zit in de familie *it runs in the family*
familielid *member of the family*; *relative* ⋆ zij is een ver familielid van me *she is a distant relative of mine*
fanatiek *fanatic(al)*
fanfare *brass band*
fantasie • verbeeldingskracht *imagination*; *fancy* ⋆ in mijn fantasie trouw ik met Harry Potter *in my imagination I marry Harry Potter*
• verzinsel *fantasy*
fantastisch *great*; *fantastic*
fascisme *fascism*
fataal *fatal* ⋆ dat ongeluk werd hem fataal *that accident proved fatal to him*
fatsoen *decency*; *good manners*
fatsoenlijk *decent*; *respectable* ⋆ je moet je fatsoenlijk gedragen *you should behave (yourself)*
fauna *fauna*
favoriet [**de-woord**] *favourite*
[**bijvoeglijk naamwoord**] *favourite*
⋆ mijn favoriete gerecht is pasta met vis en roomsaus *my favourite dish is pasta with fish and cream sauce*
fax *fax*
fazant *pheasant*
februari *February* ⋆ op 25 februari *on the 25th of February*; *February 25th*
fee *fairy*
feest • viering *feast*; *festival*
• partij *party* ⋆ een feestje geven/bouwen voor je verjaardag *have/throw a party for your birthday*
feestvieren *feast*; *celebrate*
feit *fact* ⋆ in feite *in fact*
fel *fierce*; ⟨pijn⟩ *sharp*; ⟨brand/zon⟩ *blazing* ◆ daar ben ik fel tegen *I'm dead against it*
feliciteren *congratulate (on)* ⋆ (wel) gefeliciteerd met het prachtige resultaat! *congratulations on the wonderful result!*
festival *festival*

> **festival**: Elke zomer wordt er in Edinburgh, in Schotland een groot theaterfestival georganiseerd. Een week lang zijn er voorstellingen overal in de stad, op straat en in theaters. Je kunt dan serieuze toneelstukken zien, maar ook straattheater en acrobatiek.

fiasco *flop*; *fiasco* ⋆ het feest liep uit op één groot fiasco *the party turned out to be one total fiasco*
fiets *(bi)cycle*; ⟨spreektaal⟩ *bike* ⋆ we gaan niet lopen, we pakken de fiets *we're not going to walk, we take our*

bikes
fietspad *cycletrack/path*
figuur [**de-woord**] *figure*; *character* ★ die nieuwe leraar is wel een rare figuur *that new teacher is a rather queer character*
[**het-woord**] • gestalte, vorm van lichaam *figure* ★ ze heeft ondanks haar hoge leeftijd, een goed figuur *in spite of her age she has a good figure*
• schematische afbeelding *figure* ★ een meetkundig figuur *a geometric figure* ◆ een goed/slecht figuur slaan *make/cut a good/poor figure*
fijn • prettig *nice*; *lovely* ★ een fijn boek om te lezen *a lovely book to read*
• in kleine deeltjes *fine* ★ fijn zand *fine sand*
• precies, subtiel *fine*; *choice*; *subtle*
• subtiel *subtle*
• kerks *orthodox*; *strict*
fijnschrijver *fineliner*
fikken ⟨spreektaal⟩ *paws* ★ blijf met je fikken van die taart af! *paws off that cake!*
fiks *considerable*; ⟨pak slaag⟩ *sound*; ⟨dosis, wandeling⟩ *stiff* ★ er was een fiks aantal onvoldoendes in onze klas *there was a considerable number of bad marks in our class*
file [**de-woord**] *traffic-jam* ★ er staat op de A2 een file van drie kilometer *there is a three-kilometer traffic-jam on the A2*
[**de/het-woord**] *file*
filet *fillet*
filiaal *branch*
film • fotorolletje *film* ★ een film(pje) in een camera doen *load a film into a camera*
• bewegende beelden *film*; ⟨Amerikaans⟩ *movie* ★ ga je mee naar de film vanavond? *will you go to a movie with me tonight?* ★ er draait een goede film in Tuschinski *there is a good film on at Tuschinski*
filmen *film*; ⟨een scene⟩ *shoot* ★ in de dierentuin heb ik een etende leeuw gefilmd *in the Zoo I shot an eating lion*
filmster *film/movie star*
filosofie *philosophy*
filter *filter*
Fin *Finn*
finale ⟨sport⟩ *final(s)* ★ Rafter en Ivanisevic bereikten de finale op Wimbledon *Rafter and Ivanisevic reached the final(s) at Wimbledon*
financieel *financial*
financiën ⟨geld⟩ *finances*; ⟨geldwezen⟩ *finance* ★ de minister van Financiën *the Minister of Finance*; *the Finance Minister*
Finland *Finland*
Fins [**het-woord**] *Finnish*
[**bijvoeglijk naamwoord**] *Finnish*
Finse *Finn*
firma *firm*; *concern*
fit *fit* ★ zij voelt zich niet fit *she is not feeling fit*
flamingo *flamingo*
flapoor ◆ dat meisje heeft flaporen *that girl's ears stick out*
flat • flatgebouw *block of flats*; ⟨Amerikaans⟩ *apartment building*
• etagewoning *flat*; ⟨Amerikaans⟩ *apartment* ★ ze wonen met zes mensen op een flatje *they are living in a little flat with six people*
flater *blunder*; *howler* ★ een flater slaan *blunder*; *drop a clanger*
flauw • kinderachtig *silly* ★ doe niet zo flauw *don't be so silly*
• niet geestig ⟨grap⟩ *feeble* ★ hij vertelt altijd van die flauwe grappen *he is always telling such feeble jokes* ◆ ik heb geen flauw idee! *I haven't the foggiest (idea)!*; *I haven't got a clue!* ◆ een flauwe bocht in de weg *a gentle/slight*

F

curve|bend in the road
flauwekul *nonsense*; *rubbish* ★ geen flauwekul, alsjeblieft *no nonsense, please*
flauwvallen *faint*; *pass out* ★ hij viel flauw van de schrik *he fainted from shock*
fles *bottle* ★ een fles frisdrank *a bottle of soft drink* ★ een baby de fles geven *bottle-feed a baby*

flesopener *bottle-opener*
flikker • homo *gay*; ‹negatief› *queer* • donder ★ het kan hem geen flikker schelen *he doesn't give a damn about it*
flink [**bijvoeglijk naamwoord**] • stevig *robust*; *sturdy*; *stout* ★ ze beviel van een flinke baby *she gave birth to a robust baby*
• behoorlijk *considerable*; *substantial* ★ een flinke som geld *a considerable sum of money*
• moedig *brave*; *plucky* ★ flink zijn! *be brave!*
[**bijwoord**] *firmly*; *considerably* ★ de leraar trad flink op tegen de vervelende leerlingen *the teacher dealt firmly with the annoying students*

flipperkast *pin-ball machine*
flirten *flirt*
flits *flash*
flop *flop*; *failure* ★ zijn nieuwe cd was een grote flop *his new album was a big failure*
flora *flora*
fluisteren *whisper*
fluit • blaasinstrument *flute*; ‹met de mond of een fluitje› *whistle* ★ in het orkest speelt zij (op de) fluit *in the orchestra she plays the flute*
• fluitsignaal *whistle*
fluiten • fluitgeluid maken *whistle*; ‹van vogel› *sing* ★ op je vingers fluiten *whistle through your fingers*
• op fluit spelen *play the flute*
fluitketel *whistling kettle*
fluor *fluor*
flut- *rubbishy*; *crummy* ★ een flut-cd *a crummy CD*
fluweel *velvet*
fobie *phobia* ★ hij heeft een fobie voor water *he has a phobia about water*
foefje *trick* ★ een foefje uithalen met iemand *play a trick on someone*
foei *shame (on you)!*; ‹tegen kinderen› *naughty, naughty!*
foetus *foetus*; *fetus*
föhn *hair dryer*
fokken *breed*; *rear*
folder *leaflet*; *brochure* ★ ik help de buurman met folders rondbrengen *I assist my neighbour in bringing leaflets around*
fonds • kapitaal *fund*; *capital* ★ fondsen werven voor een goed doel *raise funds for a good cause*
• stichting *fund* ★ het Internationaal Monetair Fonds *the International Monetary Fund*
fonduen *eat|have fondue*
fontein *fountain* ★ de fontein werkt *the fountain is playing|working*
fooi *tip*; *gratuity* ◆ de ober een fooi geven *tip the waiter*
formaat *size*; *format* ★ het wordt een boekje in een handig formaat *it'll be a booklet in handy size*
formeel *formal*; *official* ★ hij deed heel erg formeel tegen mij *he acted very formally towards me*
formule *formula* ★ een scheikundige formule uit je hoofd leren *learn a chemical formula by heart*
formuleren *phrase*; *formulate*; *put (into words)* ★ formuleer je antwoord in je eigen woorden *put your answer in your own words*

formulier *form* ⋆ het formulier van de belastingen moet ik nog invullen *I still have to fill in the form of the tax authorities*
fornuis *cooking-range*; *kitchen-range*; *cooker*
fors • aanzienlijk *substantial*; *considerable* ⋆ de prijzen zijn fors gestegen *the prices have risen considerably*
• krachtig *sturdy*; ‹mens› *robust*
fort *fort(ress)* ⋆ met school zijn we het oude fort gaan bekijken *with school we went to see the old fort*
fortuin *fortune* ⋆ de reis naar China heeft me een fortuin gekost *the trip to China cost me a fortune*
fossiel *fossil*
foto *photograph*; *photo*; *picture*
fotoalbum *photo(graph) album*
fotograaf *photographer*
fotograferen *photograph* ⋆ je laten fotograferen *have your photo taken*
fotokopie *photocopy*
fotomodel *(fashion) model*; *covergirl* ⋆ veel meisjes willen fotomodel worden *many girls want to become a fashion model*
fotorolletje *roll of film*
fototoestel *camera*
fouilleren *(body-)search* ⋆ bij de ingang van het stadion werd iedereen gefouilleerd *at the stadium entrance everyone was body-searched*
fout [**de-woord**] *mistake*; *error* ⋆ in je sommen moet je geen fouten maken *you must not make errors in your sums*
[**bijvoeglijk naamwoord**] *wrong*; *faulty*
fraai *beautiful*; *fine* ⋆ voor het feest had ze zich fraai uitgedost *for the party she had dressed herself up beautifully*
fractie • ‹politiek› *party*; *group*
• onderdeel *fraction* ⋆ in een fractie van een seconde *in a split second*
fragment *fragment*
framboos *raspberry*
Française *Frenchwoman*
franje • versiering *fringe*
• bijzaken *frill(s)* ⋆ overbodige franje *unnecessary frills*
frank *franc*
frankeren ‹met postzegel› *stamp* ⋆ Rob frankeert de brieven *Rob stamps the letters*
Frankrijk *France*
Frans [**het-woord**] *French*
[**bijvoeglijk naamwoord**] *French* ⋆ een Franse zanger *a French singer*
Fransman *Frenchman*
fraude *fraud* ⋆ hij heeft fraude gepleegd *he has committed a fraud*
fret *ferret*
friemelen *fiddle* ⋆ hij zit altijd aan zijn neus te friemelen *he is always fiddling with his nose*
friet *chips* ⋆ een patat friet met mayonaise *a portion chips with mayonnaise*
frikadel *kind of minced-meat sausage*; ‹Amerikaans› *minced-meat hot dog*
fris [**de/het-woord**] *soft drink* ⋆ wil je een glaasje fris? *do you want a soft drink?*
[**bijvoeglijk naamwoord**] • koel *fresh*; *cool*
• zuiver en schoon *clean*; *fresh* ⋆ een frisse wind *a fresh wind* ⋆ met deze tandpasta heb je de hele dag door een frisse adem *with this toothpaste you'll have a fresh breath the whole day through*
frisbee *frisbee®*

frisdrank *soft drink*; ‹spreektaal› *pop*
frites *chips*
frituren *deep-fry* ⋆ houd jij van gefrituurde kippenpootjes? *do you like deep-fried chicken legs?*
fronsen *frown*; ‹boos› *scowl* ⋆ de lerares fronste haar wenkbrauwen *the teacher frowned her brows*

F

frontaal *frontal*; *head-on* ⋆ een frontale botsing tussen twee auto's *a head-on collision between two cars*
fruit *fruit*
frustratie *frustration*
fulltime *full-time* ⋆ een fulltime baan *a full-time job*
functie • werking *function* ⋆ de functie van een knop *the function of a button* • baan *position*; *post* ⋆ een hoge functie bekleden *hold a leading position*
functioneren *function*
fundamentalist *fundamentalist*
fusie *fusion*
fut *spirit* ⋆ de fut is er bij hem uit *there is no spirit left in him*
futloos *spiritless*
fysiek *physical*

fysiotherapie *physiotherapy*

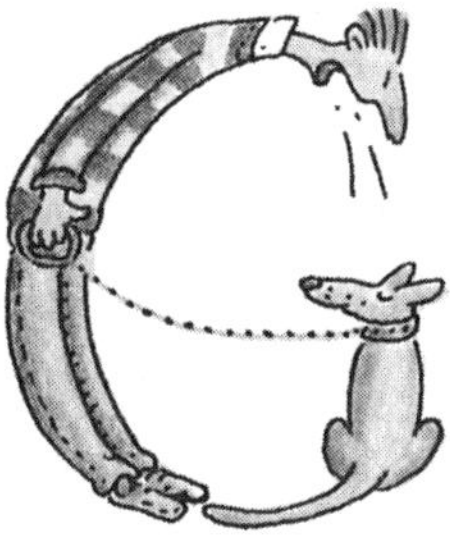

g *g* ◆ de G van Gerard *G as in George*
gaaf • onbeschadigd *undamaged* • prachtig *cool*; *super*; *great*
gaan [werkwoord] • je bewegen *go* ★ laten we gaan *let's go* ★ we gaan met de trein *we'll go by train* • beginnen *go* ★ gaan wandelen *go for a walk* ★ ga je wassen *go and wash yourself* • verkering hebben met gaan met *go out with* ★ Mark gaat met Janet *Mark is going out with Janet* • gaan over *be about* ★ mijn boek gaat over heksen *my book is about witches* ◆ de telefoon gaat *the phone rings*
[het-werkwoord] • eraan toe zijn ★ hoe gaat het? *how are you?*; *how is it going?* ★ het gaat goed ⟨als antwoord⟩ *I'm fine* ★ het gaat goed/slecht met haar *she is doing well/badly* • gaan om ★ het gaat erom of we winnen of verliezen *the question/point is whether we win or loose* ★ daar gaat het (niet) om *that's (not) the point* ◆ het gaat niet *it won't work*
gaar *done*; *cooked* ★ de aardappels zijn gaar *the potatoes are done* ★ te gaar *overdone* ★ goed gaar *well-done* ★ niet gaar *rare*
gaas • stof *gauze*; *net(ting)* • vlechtwerk van metaal *wire netting*
gadsie/gadver/gadverdamme *yuck*
gala *gala*
galblaas *gall bladder*
galerij *gallery*; ⟨van flatgebouw⟩ *walkway*
galg *gallow*
galop *gallop* ★ in galop *at a gallop*
gang • deel van huis ⟨van gebouw⟩ *corridor*; *hall(way)* ★ over de gang naar buiten lopen *walk outside through the corridor* • deel van menu *course* ★ een maaltijd van drie gangen *a three-course dinner* ◆ het feest is in volle gang *the party is in full swing* ◆ hij gaat zijn eigen gang *he goes his own way* ◆ ga je gang *go ahead!*; *do as you please!* ◆ aan de gang blijven *keep on going* ◆ iets aan de gang houden *keep something going*
gans [de-woord] *goose* [meervoud: *geese*] ★ ganzen vliegen 's winters naar het zuiden *geese fly south in the winter*
[bijvoeglijk naamwoord] *whole*; *entire* ★ het ganse land *the entire country*
gapen *yawn* ★ ik gaapte van verveling *I yawned with boredom*
garage • autostalling *garage* • werkplaats *service station*
garantie *guarantee*; *warranty*
garderobe *wardrobe*
garen [het-woord] *thread*; *yarn*
[bijvoeglijk naamwoord] *thread*
garnaal *shrimp*
gas *gas* ◆ gas geven *open the throttle*; ⟨spreektaal⟩ *step on the gas* ◆ een pan op het gas zetten *put a pan on the gas*
gasfornuis *gas cooker*
gast *guest*
gastarbeider *(im)migrant/foreign worker*
gastheer *host*
gastvrij *hospitable*
gastvrouw *hostess*
gat • opening *hole*; *gap* ★ ik heb een gat in mijn hoofd *I have a hole in my head* ★ het gat dichten *close the gap* • kont *bottom*; *bum*; *backside* ★ iemand een schop onder zijn gat geven *kick someone up the backside* ◆ iets in de gaten krijgen *get wind of something* ◆ ik heb hem in de gaten *I've got his measure* ◆ houd haar in de gaten *watch out for her*
gauw • snel *quickly* ★ kom gauw! *come quickly!* • binnenkort *soon* ★ ik bel je gauw *I'll call you soon*

G

geacht ★ geachte heer/mevrouw *Dear Sir/Madam*
gebak *pastry* ◆ een gebakje *a cake*; *a pastry*
gebed *prayer* ★ je gebed doen *say your prayer*
gebergte *mountain range* ◆ in het gebergte *in the mountains*
gebeurtenis *event*; *occurrence*
gebied • terrein *area* ★ het gebied rond Utrecht *the area around Utrecht*
• onderwerp *field* ★ zij is een expert op het gebied van voetbal *she is an expert in the field of soccer*
gebit *teeth* [meervoud] ★ zijn gebit is slecht *his teeth are bad*
geboorte *birth* ★ je woog zes pond bij de geboorte *you weighed six pounds at birth* ★ Amerikaan(se) van geboorte *American by birth*
geboortedatum *birthdate*; *date of birth*
gebouw *building*
gebrek • gemis *want*; *shortage* ★ we hebben gebrek aan eten *we are in want of food* ★ gebrek aan arbeidskrachten *shortage of labourers*
• mankement ‹kwaal› *fault* ★ een gebrek in de vertaling *a fault in the translations*
gebruikelijk *usual* ★ zoals gebruikelijk *as usual*
gebruiken *use* ★ ze gebruikte mijn pen! *she was using my pen!*
gedachte *thought* ★ gedachten zijn vrij *thoughts are free* ◆ in zijn gedachten *in his mind's eye* ◆ in gedachten zijn *be absorbed*; *be (lost) in thought* ◆ van gedachten veranderen *change your mind*
gedeelte *part*; *section* ★ voor een groot gedeelte *largely* ★ voor het grootste gedeelte *for the greater part*
gedeeltelijk [bijvoeglijk naamwoord] *partial* ★ een gedeeltelijk antwoord *a partial answer*
[bijwoord] *partially* ★ wat jij zegt, is gedeeltelijk waar *what you say is partially true*
gedicht *poem*
gedoe ◆ wat een gedoe! *what a fuss!*
gedrag *behaviour* ★ bespottelijk gedrag *foolish behaviour*
geduld *patience* ★ geduld hebben *have patience* ★ mijn geduld is op *my patience is at an end*
geduldig *patient* ★ we wachtten geduldig *we waited patiently*
geel *yellow*
geen • ‹+ zelfstandig naamwoord› *no* ★ ik heb geen idee *I have no idea* ★ zij heeft bijna geen geld *she hardly has any money*
• *none*; *neither* ★ ik heb er geen gevonden *I found none* ★ geen van hen *none of them* ◆ geen van beide(n) *neither of them*
geest • vermogen om te denken, voelen, willen *spirit* ★ ik ben oud, maar mijn geest is nog jong *I am old, but my spirit is still young*
• wezen zonder lichaam *spirit*; *ghost* ★ boze geesten *evil spirits* ★ de Heilige Geest *the Holy Ghost/Spirit*
geestelijk • mentaal *mental* ★ geestelijke gezondheid *mental health*
• godsdienstig *spiritual* ★ geestelijke bijstand *spiritual assistance*
geestig *witty*
gehaktbal *meat ball*
gehandicapt *disabled*; ‹Amerikaans› *challenged* ★ lichamelijk/geestelijk gehandicapt *physically/mentally disabled* ★ de gehandicapten *the disabled*
geheel [het-woord] ◆ over het geheel *on the whole* ◆ in het geheel niet *not at all*
[bijvoeglijk naamwoord] *whole*; *entire* ★ de gehele wereld *the entire world*
[bijwoord] *entirely* ★ die acties waren geheel rechtvaardig *those actions were entirely just*
geheim [het-woord] *secret* ★ een geheim bewaren *keep a secret* ★ in het geheim *in secret*; *secretly*
[bijvoeglijk naamwoord] *secret* ★ geheime politie *secret police*
geheimzinnig *mysterious* ★ het geld verdween op geheimzinnige wijze *the money mysteriously disappeared*
geheugen *memory*

G

gehoor • zintuig *(sense of) hearing* ★ Alan heeft een goed gehoor *Alan has a good sense of hearing*
• publiek *audience*

gehoorzaam *obedient*

gehoorzaamheid *obedience*

geintje *joke*; *prank* ★ een geintje uithalen met iemand *play a joke on someone* ◆ ik maak maar een geintje *just kidding/joking!*

geit *(she)goat*

gejuich *cheer*

gek [de-woord] *fool* ★ iemand voor de gek houden *make a fool of someone*; *kid someone*
[bijvoeglijk naamwoord] • krankzinnig *mad*; *crazy* ★ gek worden *go mad* ★ je maakt me gek! *you drive me crazy!*
• dwaas *foolish*; *silly* ★ hij is niet zo gek als hij er uitziet *he is not as foolish as he looks*
• vreemd *funny* ★ een gekke opmerking *a funny remark*
• gek op *crazy about* ★ Henry was gek op vrouwen *Henry was crazy about women* ◆ doe niet zo gek! *don't act silly!*

gekkenhuis *madhouse*

gel *gel*

geld *money* ★ geld verdienen *earn money* ★ je geld of je leven! *your money or your life!*

geldautomaat *cash dispenser*; *cashomat*

gelden *apply* ★ deze regel geldt ook voor jou *this rule applies to you as well*

geldig *valid* ★ een geldig paspoort *a valid passport*

geleden *ago* ★ lang geleden *long ago* ★ kort geleden *a short time ago*

geleerde ‹betawetenschap› *scientist*

gelegenheid • gebeurtenis *occasion* ★ een feestelijke gelegenheid *a festive occasion*
• kans *opportunity* ★ hij nam de gelegenheid om een toespraak te houden *he took the opportunity to make a speech*

gelijk [het-woord] *right* ★ gelijk hebben *be right* ★ gelijk krijgen *be put in right* ◆ hij geeft mij gelijk *he thinks I am right*
[bijvoeglijk naamwoord] • hetzelfde, dezelfde *same*; ‹op gelijk niveau› *equal* ★ precies gelijk *identical* ★ van gelijke leeftijd *of the same age* ★ alle mensen zijn gelijk *all men are equal*
• tegelijk *at the same time* ★ we kwamen gelijk aan *we arrived at the same time*
• direct *at once* ★ gelijk sprong hij op *at once he jumped up*

gelijkenis *resemblance*

gelijkmaken *equalize*

gelijkspel *draw*; *tie* ★ 1-1 gelijkspel *one-all draw*

gelijktijdig *simultaneous*

geloof *belief*; *faith* ★ geloof in God *belief in God* ★ geloof in de goede afloop *faith in the happy ending*

geloofwaardig ‹van persoon› *reliable*; ‹van verhaal› *credible*

geloven [werkwoord] geloven in *believe in*; *have faith in* ★ in God geloven *believe in god*
[werkwoord + iemand/iets]
• vertrouwen *believe* ★ ik geloof je (niet) *I (don't) believe you*
• menen, aannemen *think* ★ ik geloof dat je gelijk hebt *I think you are right*

gelovig *religious*

geluid *sound* ★ geluid maken *make a sound*

geluk • gunstig toeval *luck* ★ je geluk beproeven *try your luck* ★ geluk hebben *be in luck*
• blijdschap *happiness* ★ Jill straalt van geluk *Jill glows with happiness*

gelukkig • fortuinlijk *lucky* ★ door een gelukkig toeval *by a lucky coincidence* ★ we kwamen gelukkig net op tijd *luckily we were just in time*
• blij *happy* ★ gelukkig, gelukkiger, gelukkigst(e) *happy, happier, happiest* ★ volmaakt gelukkig *perfectly happy* ◆ gelukkig kerstfeest/nieuwjaar *Happy Christmas/New Year*

geluksgetal *lucky number*

gelukwensen *congratulate* ★ ik wens je geluk met je diploma *I congratulate you on your certificate*

gelul *bull(shit)*

gemak • kalmte *ease* ★ op je gemak zijn

be at ease ★ iemand op zijn gemak stellen *put someone at ease*
• comfort *convenience* ★ voor het gemak *fore the sake of convenience*
◆ met gemak *easily*

gemakkelijk • niet moeilijk *easy* ★ het proefwerk was makkelijk *the exam was easy*
• onbezorgd, kalm *easy* ★ een gemakkelijk leventje *an easy life*
• comfortabel *comfortable* ★ het je gemakkelijk maken *make yourself comfortable*

gember *ginger*

gemeen • slecht *nasty* ★ de gemene buurman *the nasty neighbour*
• vals *mean* ★ hij gedroeg zich gemeen *he acted mean*
• gemeenschappelijk *common* ★ iets gemeen hebben met elkaar *have something in common with each other*
★ (grootste) gemene deler *(greatest) common divisor/denominator*
★ (kleinste) gemene veelvoud *(least) common multiple*

gemeenschappelijk *joint*
★ gemeenschappelijke actie *joint action*

gemeentehuis *town hall*

gemengd *mixed* ★ gemengde salade *mixed salad* ★ gemengd dubbel ⟨tennis⟩ *mixed double*

gemiddelde *average* ★ het gemiddelde nemen van iets *take the average of something* ★ onder/boven het gemiddelde *below/above average*

gen *gene*

genaamd *called*; *named* ★ een jongen genaamd Sue *a boy named Sue*

gênant *embarrassing*; *awkward*

geneeskunde *medicine*; *medical science*

geneesmiddel *medicine, drug*

generaal [de-woord] *general*
[bijvoeglijk naamwoord] *general*
★ generale repetitie *dress rehearsal*

generatie *generation*

genezen [werkwoord] *recover*; ⟨van een wond⟩ *heal* ★ hij genas van zijn ziekte *he recoverd from his illness*
[werkwoord + iemand/iets] ⟨iemand⟩ *cure*; ⟨een wond⟩ *heal* ★ de dokter genas hem van kanker *the doctor cured him of cancer*

genie *genius* [meervoud: *geniuses*]

genieten genieten van *enjoy* ★ we genoten van het heerlijke diner *we enjoyed the delicious dinner*

genoeg *enough* ★ er is genoeg voor iedereen *there is enough for everyone*
★ ik heb er genoeg van *I've had enough*

geraamte *skeleton*

gerecht • eten *dish* ★ heerlijke gerechten *wonderful dishes*
• rechtbank *court (of justice)*; *court of law*

gereedschap *tools* [meervoud] ★ een stuk gereedschap *a tool*

gerucht *rumour* ★ het gerucht gaat dat zij ontslagen is *there is a rumour that she got fired*

geruit *checked*; *chequered*

geruststellen *reassure* ★ Eva stelde hem gerust *Eva reassured him*

geschenk *gift*; *present* ★ zij gaf Adam een appel als geschenk *she gave Adam an apple as a present*

geschiedenis *history* ★ een geschiedenisles *a lesson in history*

geschikt *fit*; *suitable* ★ die fiets is niet geschikt voor dit karwei *that bike isn't fit for this job* ◆ geschikt zijn voor verpleegster *make a good nurse*

geslacht • familie *family* ★ een adellijk geslacht *a noble family*
• sekse *sex*
• ⟨biologie⟩ soort *genus* ★ leeuwen behoren tot het geslacht van de katten *lions belong to the genus of cats*

gesp *buckle*; *clasp*

gespierd *muscular*

gesprek *conversation*; *talk* ★ een gesprek voeren *have/hold a conversation* ◆ in gesprek zijn *be in conference* ◆ het telefoonnummer is in gesprek *the line/number is engaged*

gesteente *stone*

gestoord *disturbed* ★ geestelijk gestoord *mentally disturbed*

getal *number*; *figure* ★ een rond getal *a round figure/number*

getikt *crazy*

getrouwd *married*; *wed(ded)* ⋆ een pas getrouwd stel *a newly wed(ded) couple*
getuige • toeschouwer *witness* ⋆ getuige zijn van iets *be a witness to something*
• bij huwelijk ‹man› *best man*; ‹vrouw› *best maid*
geur *scent*; *odour*; *smell* ⋆ een akelige geur *a nasty smell/odour* ⋆ de geur van sigaren *the scent of cigars*
gevaar *danger* ⋆ we zijn in gevaar *we are in danger* ⋆ we zijn buiten gevaar *we are out of danger*
gevaarlijk *dangerous*
geval *case* ⋆ in geen geval *in no case* ⋆ in geval van nood *in case of emergency* ⋆ in elk geval *in any case* ⋆ voor het geval dat je me zoekt: ik ben thuis *in case you're looking for me: I'm at home*
gevangene *captive*; ‹in de gevangenis› *prisoner*
gevangenis *prison*; *jail* ⋆ de gevangenis ingaan *go to jail* ⋆ in de gevangenis zetten *put in prison* ⋆ uit de gevangenis breken *break out of prison*
gevangenisstraf *imprisonment*; *jail sentence* ⋆ Joop werd tot vier jaar gevangenisstraf veroordeeld *Joop was sentenced to four years' imprisonment*
gevecht *fight(ing)* ⋆ een hevig gevecht *fierce fighting*
gevel *façade*; *front*
geven [**werkwoord**] • hinderen *matter* ⋆ het geeft niets *it doesn't matter*
• geven om *care for/about* ⋆ hij geeft veel om haar *he cares a lot for/about her*
[**werkwoord + iemand/iets**] • aanreiken *hand* ⋆ kun je me de suiker even geven? *could you hand me the sugar?*
• aanbieden *give* ⋆ kun je me iets te eten geven? *could you give me something to eat?* ⋆ een kwestie van geven en nemen *a question of give and take* ◆ Engelse les geven *teach English* ◆ dat geeft hoop *that raises hope* ◆ dat geeft moeilijkheden *that causes trouble* ◆ iemand gelijk geven *agree with someone*
gevoel • iets wat je voelt *feeling*; *sensation* ⋆ een pijnlijk gevoel *a painful sensation* ⋆ ik heb het gevoel dat je boos op me bent *I have the feeling that you're mad at me*
• besef *feeling*; *sense* ⋆ gevoel voor humor *sense of humour*
• indruk *feeling*
• emotie *emotion*; *feeling*
• zintuig *touch*; *feeling* ⋆ ik vond het lichtknopje op mijn gevoel *I found the light switch on touch*
gevoelig *sensitive* ⋆ een gevoelige zanger *a sensitive singer* ⋆ gevoelig voor licht *sensitive to light* ◆ gevoelige huid *tender skin* ◆ een gevoelige plek *a sore spot*
gevolg *consequence* ⋆ de gevolgen aanvaarden *take the consequences* ⋆ ten gevolge van het weer *in consequence of the weather*
geweer *rifle*; *gun*
gewei *antlers* [meervoud]
geweld *violence*; *force* ⋆ met geweld *by force* ⋆ zinloos geweld *random violence*
gewelddadig *violent*
geweldig • groot *enormous* ⋆ een geweldige rommel *an enormous mess*
• hevig *tremendous* ⋆ een geweldige schok *a tremendous shock*
• goed *terrific*; ‹spreektaal› *great* ⋆ hij was een geweldige basgitarist *he was a great/terrific bass player*
gewend *used/accustomed* ⋆ ik ben aan al deze luxe gewend *I'm used/accustomed to all this luxury*
gewicht *weight* ⋆ een gewicht van vijf kilo *a weight of five kilograms* ⋆ let jij

op je gewicht? *do you watch your weight?*
gewichtig *important*
gewond *injured*; *wounded*
gewoon [**bijvoeglijk naamwoord**]
• gebruikelijk *usual* ★ het gewone recept *the usual recipe*
• alledaags *ordinary* ★ een gewone buurt met gewone mensen *an ordinary neigbourhood with ordinary people*
• gewend *accustomed/used to* ★ zij was gewoon te gaan vissen *she used to go fisching*
[**bijwoord**] *simply*; *just* ★ ik kan gewoon niet ophouden met praten *I just can't stop talking*
gewoonte *custom*; *habit* ★ uit gewoonte *out of habit* ★ een gewoonte van iets maken *make a habit of something*
gewricht *joint*
gezag • macht *authority* ★ gezag uitoefenen *excercise authority*
• machthebbers *authorities* ★ het bevoegd gezag heeft ingegrepen *the proper authorities have intervened*
gezegde • spreekwoord *saying*
• ‹taal› *predicate* ★ naamwoordelijk gezegde *nominal predicate*
gezellig ‹van gelegenheden› *pleasant*; ‹van sfeer› *cosy*; ‹van personen› *sociable*
gezelschap *company* ★ wil je mij gezelschap houden? *will you keep me company?* ★ in gezelschap van onze familie *in the company of our family*
gezeur *moaning*
gezicht • hoofd *face* ★ rare gezichten trekken *pull faces*
• aanblik *view* ★ een gezicht op Londen *a view of London* ◆ liefde op het eerste gezicht *love at first sight*
gezin *family* ★ in dit huis wonen drie gezinnen *three families live in this house*
gezond *healthy* ★ gezond, gezonder, gezondst *healthy, healthier, healthiest* ◆ gezond verstand *common sense*
gezondheid *health* ◆ gezondheid ‹als proost› *here's to you!*; ‹als iemand niest› *bless you!*
gft-afval *organic waste*
gids *guide* ★ een goede gids verdwaalt nooit *a good guide never gets lost* ◆ de Gouden Gids *the Yellow Pages*
giechelen *giggle* ★ giechelende kinderen *giggling children*
gier *vulture*
gieren ‹van wind› *whistle* ★ de wind giert door de bomen *the wind whistles through the trees* ◆ gieren van het lachen *screem with laughter*
gierig *miserly*
gieten [**werkwoord + iemand/iets**] *pour* ★ John goot water in een glas *John poured water in a glass*
[**het-werkwoord**] *pour* ★ het giet *it's pouring*
gif *poison*
giftig *poisonous* ★ een giftige stof/slang *a poisonous substance/snake* ◆ giftig afval *toxic waste*
gigantisch *gigantic*
gijzelaar *hostage* ★ de gijzelaars werden vrijgelaten *the hostages were set free*
gijzelen *take hostage* ★ de minister werd gegijzeld *the minister was taken hostage*
gil *scream*
gillen *scream* ◆ het is om te gillen *it is a scream*
gips • stof *gypsum*
• gipsverband *plaster* ★ mijn been zit in het gips *my leg is in plaster*
giraffe *giraffe*
giromaat ≈ *cash dispenser*
giropas *giro card*
girorekening *giro account*
gissen *guess* ★ we gisten naar een verklaring *we guessed at an explanation*
gist *yeast*
gisteren *yesterday* ★ ik heb haar gisteren gezien *I saw her yesterday*
gitaar *guitar* ★ akoestische/elektrische gitaar spelen *play acoustic/electric guitar*
glad • effen; vlak *smooth* ★ een glad oppervlak *a smooth surface*
• glibberig *slippery* ★ de weg is glad door sneeuw *the road is slippery because of snow*
glanzen *shine* ★ mijn schoenen glansden toen ik ze had gepoetst *my shoes*

shone after I had polished them ◆ glanzend papier *glossy paper*

glas • materiaal *glass* ⋆ overal lag glas *there was glass everywhere*
• drinkglas *glass* ⋆ een glas water *a glass of water*
• ruit *(window)pane*
• brillenglas *glass*; *lens*

glasbak *bottle bank*
glazenwasser *window-cleaner*
gletsjer *glacier*
glibberig *slippery*
glijbaan *slide*
glijden *slip; slide* ⋆ de stoel gleed weg *the chair slipped away*
glimlachen *smile* ⋆ Peter glimlachte naar Marilyn *Peter smiled at Marilyn*
glimmen *shine* ⋆ het metaal glimt als een spiegel *the metal shines like a mirror*
glinsteren *sparkle* ⋆ glinsterende sterren *sparkling stars*
gloed *glow* ⋆ de gloed van het vuur *the glow of the fire*
gloeien *glow*
gloeilamp *light bulb*
gluren *peep*
gniffelen *chuckle*
goal *goal* ⋆ een goal scoren *score a goal*
god *god* ⋆ in God geloven *believe in God*
goddank *thank goodness* ⋆ goddank zag hij me niet *thank goodness he did not see me*
godsdienst *religion*
godsnaam ◆ in godsnaam *for heaven's sake*
godverdomme *bloody hell*; *damn*
goed [**het-woord**] • het goede *good* ⋆ het goede doen *do the right thing*
• waren *goods* [meervoud] ⋆ gestolen goed *stolen goods* ◆ het zal je goed doen *it will do you good*
[**bijvoeglijk naamwoord**] • uitstekend *good* ⋆ goed, beter, best *good, better, best* ⋆ een goed woordenboek *a good dictionary* ⋆ een goed mens *a good person* ⋆ goed in talen *good in languages* ⋆ het smaakt goed *it tastes good*
• correct *right* ⋆ het goede antwoord *the right answer* ◆ voel je je wel goed? *are you all right?* ◆ laten we het weer goed maken *let's make up* ◆ zo goed als nieuw *as good as new* ◆ net goed! *serves you right!*
[**bijwoord**] • correct *well*; *right* ⋆ heb je het goed gelezen? *did you read it right?* ⋆ goed gedaan! *well done!*
• netjes *properly* ⋆ je goed gedragen *behave properly* ◆ goed dan, jij je zin! *all right, have it your way*
goedemiddag *good afternoon*
goedemorgen *good morning*
goedenavond ⟨als begroeting⟩ *good evening*; ⟨als afscheid⟩ *good night*
goedendag ⟨als begroeting⟩ *good day*; ⟨als afscheid⟩ *hello* ⋆ iemand goedendag zeggen *say hello to someone*
goederen *goods* [meervoud]
goedkeuren *approve* ⋆ ik kan jouw gedrag niet goedkeuren *I can't approve of your behaviour*
goedkoop *cheap*; *inexpensive* ⋆ het goedkoopste horloge *the cheapest watch*
goedmaken *make up for*; *put right* ⋆ zijn beledigingen weer goed maken *make up for his insults* ⋆ hoe kan ik het goedmaken? *how can I put it right?*
gokken • gissen *guess* ⋆ ze gokte drie keer maar alles was fout *she guessed three times but it was all wrong*
• om geld spelen *gamble*
golf [**de-woord**] • *wave* ⋆ hoge golven *high waves*
• baai *gulf*; *bay* ⋆ de Perzische Golf *the*

G

Persian Gulf ★ de Golf van Biskaje *the Bay of Biscay*
[**het-woord**] ⟨sport⟩ *golf* ★ golf spelen *play golf*

golfbaan *golf course*
golfen *play golf*
golven *wave* ★ haar haar golfde in de wind *her hair waved in the wind*
gom *rubber*; ⟨Amerikaans⟩ *eraser*
goochelaar *magician* ★ de goochelaar goochelde met speelkaarten *the magician juggled with playing cards*
gooien *throw* ★ Rob heeft een sneeuwbal naar de politie gegooid *Rob has thrown a snowball at the police* ◆ met de deur gooien *slam the door*
goor • onsmakelijk *revolting* ★ andijvie heeft een gore smaak *endive has a revolting taste*
• vuil *filthy* ★ een goor overhemd *a filthy shirt*
goot *gutter* ★ in de goot liggen *be in the gutter*
gootsteen *(kitchen) sink*
gordijn *curtain* ★ de gordijnen open/dichttrekken *draw the curtains*
gorilla *gorilla* ★ gorilla's lopen soms rechtop *gorillas sometimes walk upright*
goud *gold* ★ 14-karaats goud *14-carat gold*
gouden *gold* ★ een gouden munt *a gold coin*
goudvis *goldfish*
graad *degree* ★ vijf graden onder/boven nul *five degrees below/above zero*
graag [**bijwoord**] *gladly* ★ ik ga graag met je mee *I will gladly go with you* ◆ ik praat graag *I like to talk* ◆ graag gedaan! *you're welcome!*
[**tussenwerpsel**] • als iemand je iets aanbiedt *yes, please*
• als je iets graag wilt doen *I'd love to*
graaien *grab* ★ de doelman graaide naar de bal *the keeper grabbed at the ball*
graan *grain*
graat *fish-bone*
gracht *canal* ★ aan de grachten van Utrecht *along the canals of Utrecht*
graf *grave*
graffiti *graffiti*
grafiek *diagram*
grafsteen *gravestone*
gram *gram* ★ tien gram kaneel *ten grams of cinnamon*
grammatica *grammar*
granaat [**de-woord**] *grenade*
[**het-woord**] *garnet*
grandioos *magnificent* ★ een grandioze show *a magnificent show*
grap • mop *joke* ★ grappen vertellen *tell jokes*
• geintje; streek *(practical) joke*; *prank* ★ een grap uithalen met iemand *play a practical joke on someone* ★ ik kan wel tegen een grap *I can take a joke* ◆ uit/voor de grap *for fun*
grapefruit *grapefruit*
grappig *funny* ★ grappig, grappiger, grappigst *funny, funnier, funniest* ★ ik vind dat niet grappig *I don't think it is funny*
gras *grass*
grasveld *lawn*
gratis [**bijvoeglijk naamwoord**] *free* ★ een gratis sleutelhanger *a free keyring*
[**bijwoord**] *free of charge*; *for free* ★ en dat krijgt u allemaal gratis *and you get all this for free/free of charge*
graven *dig* ★ we groeven een kanaal *we dug a canal*
grazen *graze* ★ schapen graasden in de wei *sheep were grazing in the meadow*
grens *border*; *frontier* ★ de grens tussen Nederland en België *the border between the Netherlands and Belgium*

gretig *eager* ★ gretig greep zij het brood *eagerly she seized the bread*
Griek *Greek*
Griekenland *Greece*
Grieks [**het-woord**] *Greek*
[**bijvoeglijk naamwoord**] *Greek*
★ Griekse wijn *Greek wine*
Griekse *Greek*
griep *influenza*; *(the) flu* ★ hij heeft griep *he has got (the) flu*
griezelig *creepy*; *eerie*
grijnzen *grin* ★ hij grijnsde naar de spiegel *he grinned at the mirror*
grijpen [**werkwoord**] • tastende beweging maken ★ grijpen naar *grab at*; *reach for* ★ het kind greep naar de vlieger *the child reached for the kite*
[**werkwoord + iemand/iets**] *seize*; *catch* ★ de crimineel werd gegrepen *the criminal was caught*
grijs *grey*
grind *gravel*
grinniken *chuckle*
groeien *grow* ★ wat ben jij gegroeid! *how you are grown!* ◆ een baard laten groeien *grow a beard*

groeien: In de 18e eeuw groeide de stad Londen enorm snel. Lang was de stad de grootste ter wereld, twintig keer zo groot als de nummer twee op de lijst.

groen *green*
groente *vegetables* [meervoud]; *greens* [meervoud] ★ de groente is duur tegenwoordig *vegetables are expensive nowadays*
groenteboer *greengrocer*
groentesoep *vegetable soup*
groep *group* ★ twee groepen van tien leerlingen *two groups of ten pupils*
groet *greeting* ★ groetjes! *bye-bye!* ◆ hartelijke groeten *kind regards* ◆ doe haar de groeten *send her my love*
groeten *greet; say hello* ★ Adam groette Maria *Adam said hello to Maria*
grof • niet fijn *rough* ★ grof brood *rough bread*
• ernstig *gross* ★ grof onrecht *gross injustice*
• ongemanierd *rude* ★ grove manieren *rude manners*
grommen *growl*
grond • aardoppervlakte *ground* ★ iemand tegen de grond gooien *throw someone to the ground* ★ onder de grond *underground*
• aarde *earth*; *soil* ★ uit de grond verrijzen *spring out of the ground*
grondig *thorough* ★ een grondig onderzoek *a thorough investigation*
grondstof *material*
grondwet *constitution*
groot • niet klein *big*; *great*; ⟨van persoon⟩ *tall*; ⟨uitgestrekt⟩ *large*; *vast* ★ een groot huis *a big house* ★ een grote man *a tall man* ★ een groot bos *a large/vast wood*
• belangrijk *great* ★ een groot auteur *a great writer* ◆ een grote A ⟨hoofdletter⟩ *a capital A* ◆ 3 cm groot *3 cm in size* ◆ groot worden ⟨van kind⟩ *grow up*
Groot-Brittannië *Great Britain*
grootmoeder *grandmother*
grootouders *grandparents*
grootte ⟨omvang⟩ *size*; *magnitude*; *extent*; ⟨lengte van persoon⟩ *height* ★ een bult ter grootte van een olifant *a bump the size of an elephant* ★ model op ware grootte *life/full-size model*
grootvader *grandfather*

G

grot *cave*
gruwelijk *gruesome*
gsm *cellular phone*
gul *generous* ★ zij gaf gul aan de armen *she gave generously to the poor*
gulden *guilder; Dutch florin* ★ de gulden was vroeger de Nederlandse munteenheid *the guilder used to be the Dutch currency*
gulp *fly* ★ je gulp dichtdoen ‹met knopen› *button up your fly*; ‹met rits› *zip up your fly*

gum ‹Amerikaans› *rubber*
gummen *rub out; erase*
gunnen *grant; allow* ★ de geest gunde haar drie wensen *the ghost granted her three wishes*
gunst *favour* ★ iemand een gunst vragen *ask a favour of someone* ★ iemand een gunst bewijzen *do someone a favour*
gunstig *favourable* ★ gunstige gelegenheid *favourable opportunity* ★ gunstig reageren *react favourably*
guur *bleak*
gym [**de-woord**] *gym*
[**het-woord**] ≈ *grammar school*; ≈ ‹Amerikaans› *high school*
gymnasium ≈ *grammar school*; ≈ ‹Amerikaans› *high school* ★ Susan zit op het gymnasium *Susan is at the grammar school*; ‹Amerikaans› *Susan is in high school*
gymnastiek *physical education*
gymschoen *gym shoe*
gymzaal *gym(nasium)*

h *h* ◆ de H van Hendrik *H as in Harry*
haai *shark*
haaientanden ‹op de weg› *give-way road-markings*
haak • gebogen voorwerp *hook*; ‹van kapstok› *peg*
• leesteken *bracket* ★ iets tussen haakjes zetten *put something between brackets* ◆ de hoorn van de haak nemen *take the phone off the hook* ◆ tussen (twee) haakjes, kom je morgen? *by the way, will you come tomorrow?*
haan *cock*; ‹Amerikaans› *rooster*
haar [**de-woord**] *hair* ★ hij trok een grijze haar uit *he pulled out a grey hair*
[**het-woord**] *hair* ★ haar haar wordt geknipt *her hair is being cut*
[**voornaamwoord**] *her*; *hers* ★ ik gaf haar een kus *I gave her a kiss* ★ de politie arresteerde haar *the police arrested her* ★ de tas is van haar *the bag is hers*
[**voornaamwoord**] *her* ★ haar haar is bruin *her hair is brown*
haard ‹kachel› *stove* ★ open haard *fireplace*
haarlak *hairspray*
haas *hare*
haast [**de-woord**] • spoed *hurry* ★ haast hebben *be in a hurry* ★ er is geen haast bij *there is no hurry*
• snelheid *haste* ★ haast maken om te vertrekken *make haste to leave*
[**bijwoord**] *almost*; *nearly* ★ hij is haast gevallen *he almost fell* ★ er is haast geen geld *there is hardly any money*
haasten *hurry (someone)*; *hasten* ★ haast me niet! *don't hurry me!* ★ hij haast zich met zijn werk *he hurries with his work* ★ haast je! *hurry up!*
haastig [**bijvoeglijk naamwoord**] *hasty*
[**bijwoord**] *hastily* ★ haastig gingen we verder *hastily we carried on*
haat *hate*
hagedis *lizard*
hagel *hail*
hagelen *hail* ★ het hagelt *it's hailing*
hagelslag *chocolate sprinkles*
hak *heel* ★ met hoge of lage hakken? *high-heeled or flat-heeled?*
haken ‹van catch› *be caught* ★ mijn jas bleef haken *my coat was caught*
hakken *cut (up)* ★ de boom werd in stukken gehakt *the tree was cut up in pieces*
hal • bij de ingang *(entrance) hall*
• zaal *hall*
halen • op-/afhalen *get*; *fetch* ★ haal een dokter! *get a doctor!*
• trekken *pull* ★ hij haalde het bord naar zich toe *he pulled the plate towards himself*
• behalen *get*; *receive* ★ een diploma halen *receive a certificate* ★ een 10 halen voor een repetitie *get an A for an exam*
half [**bijvoeglijk naamwoord**] *half*; *semi-* ★ een halve liter *half a litre* ★ de halve finale *the semifinal*
[**bijwoord**] *half* ★ half open *half open*
hallo *hello*; *hi*
hals • lichaamsdeel *neck*
• dun gedeelte *neck* ★ de hals van een fles *the neck of a bottle*
halsband *collar*
halte *stop*
halveren *halve* ★ mijn zakgeld is gehalveerd *my allowance has been halved*
halverwege *halfway* ★ halverwege Delft en Oss *halfway between Delft and Oss* ★ halverwege zijn werk *halfway through his work*
ham *ham* ★ een broodje ham *a ham sandwich*
hamburger *hamburger*
hamer *hammer*
hamster *hamster*
hand *hand* ★ iemand de hand schudden

H

shake hands with someone ★ handen omhoog! *hands up!* ★ hand in hand *hand in hand* ◆ wat is er aan de hand? *what's wrong?; what's the matter?* ◆ die ruzie liep helemaal uit de hand *that quarrel got totally out of hand*

handballen *play handball*

handdoek *towel*

handel *trade; business* ★ handel drijven in soja *do business in soy; trade in soy*

handeling *act*

handenarbeid • werk met de handen *manual labour* • schoolvak *handicraft* ★ leraar handenarbeid *handicraft instructor; woodwork teacher*

handig • vaardig *skilful* ★ een handig meisje *a skilful girl* • gemakkelijk te hanteren *handy* ★ een handig formaat *a handy size* • slim *clever* ★ een handige zet *a clever move*

handleiding *manual*

handrem *handbrake*

handschoen *glove* ★ een paar handschoenen *a pair of gloves*

handschrift *hand; handwriting*

handtekening *signature* ★ een handtekening zetten *sign*

handvat *handle*

hangen [werkwoord] *hang* ★ aan de muur hangen *hang (down) from the wall* ◆ de lucht bleef hangen *the smell lingered* ◆ blijf even hangen! ⟨aan de telefoon⟩ *hang on a bit!*
[werkwoord + iemand/iets] *hang (up)* ★ ze hing haar jas aan de kapstok *she hung her coat on the peg*

hangmat *hammock*

hap *bite* ★ een hap nemen *take a bite*

haperen *stick*; ⟨van stem⟩ *falter*

happen *bite* ★ in een appel happen *take a bite of an apple* ★ de hond hapte naar de baas *the dog snapped at his master*

hard [bijvoeglijk naamwoord] • niet week *hard* ★ hard worden *harden* • luid, schel *loud* ★ met een harde stem *in a loud voice* • meedogenloos *stern; harsh* ★ u bent hard voor hem *you're hard on him* • hevig ⟨regen⟩ *heavy*; ⟨werk⟩ *hard* ★ er staat een harde wind *there's a strong wind (blowing)*
[bijwoord] • snel *fast* ★ hard lopen *run fast* ★ hard rijden *drive fast* ★ hard vooruitgaan *make rapid progress* • luid *loud* ★ hard praten *speak up* • meedogenloos *hard* • hevig *hard* ★ het regent hard *it's raining very hard* ★ hard nodig *badly needed*

hardlopen *run*

hardnekkig *stubborn* ★ hij weigerde hardnekkig *he stubbornly refused*

hardop *(a)loud* ★ hardop lezen *read out (a)loud*

harig *hairy*

haring • vis *herring* • pin van tent *peg*

hark *rake*

harnas *armour*

harp *harp*

harp: De harp is het nationale symbool van Ierland. Dit 'groene eiland' staat bekend om zijn lange traditie van dichters en volksmuziek. Veel Ierse sprookjes en verhalen worden van generatie op generatie doorgegeven. De harp is daarbij een belangrijk instrument en daarom vind je die ook afgebeeld op de Ierse euromunten.

hart *heart* ⋆ (diep) in zijn hart *(deep) in his heart* ◆ van harte gefeliciteerd! *congratulations*
hartaanval *heart attack*
hartelijk *warm* ⋆ een hartelijk welkom *a warm welcome* ◆ met hartelijke groeten *with kind regards; yours sincerely*
hartig *tasty*
hartslag *heartbeat; pulse*
hartstikke *awfully; terribly* ⋆ dat is hartstikke aardig van je *that's terribly nice of you*
hartstocht *passion*
hasj *hashish; pot*
haten *hate*
haven *harbour*; ‹grote haven› *port*
haver *oats*
havik *hawk*
havo *Senior General Secondary Education*
hazelnoot *hazelnut*
hbo *Higher Vocational Education*
hebben [werkwoord + iemand/iets] *have* ⋆ we hebben dat artikel niet *we don't have that article* ⋆ ik heb geen geld *I don't have (any) money* ⋆ ik heb het bij me *I've got it with me* ⋆ hebt u een ogenblikje? *do you have a minute?*
[hulpwerkwoord] *have* ⋆ ik heb vorig jaar griep gehad *I had the flu last year* ⋆ ze heeft hem gisteren gesproken *she talked to him yesterday*
hebberig *greedy*
hectare *hectare*
heden [het-woord] *present*
[bijwoord] *today* ⋆ tot op heden *so far; up till now* ⋆ heden en verleden *past and present*
heel [bijvoeglijk naamwoord] • geheel *entire; whole* ⋆ de hele dag *the whole day; all day* ⋆ de hele wereld *the entire world; all the world*
• niet kapot *whole; intact* ⋆ is het bord nog heel? *is the plate still intact?*
[bijwoord] • zeer, erg *very* ⋆ een heel kleine jongen *a very small boy* ⋆ heel veel water *a lot of water* ⋆ heel veel mensen *a great many people; a lot of people*
• geheel en al *quite; wholly; completely; entirely* ⋆ heel anders *quite different*
heelal *universe*
heengaan • weggaan *go away*
• sterven *pass away* ⋆ mijn oma is vorig jaar heengegaan *my grandmother passed away last year*
heer • man *gentleman* ⋆ de heer Drubbel *mister Drubbel* ⋆ Geachte Heer *Dear Sir*
• figuur in kaartspel *king* ⋆ schoppen heer *king of spades* ◆ onze lieve Heer *our Lord*
heerlijk • smakelijk *delicious* ⋆ een heerlijke soep *a delicious soup*
• prachtig, aangenaam *lovely* ⋆ heerlijk weer *lovely weather*
heersen *rule*; ‹van vorst› *reign* ⋆ wie heerst er over dit land? *who rules this country?*
hees *hoarse* ⋆ een hese keel *a hoarse throat*
heet • warm *hot* ⋆ een lange, hete zomer *a long hot summer*
• scherp gekruid *spicy* ⋆ pas op: die sambal is heet *be careful: that sambal is spicy*
heffen *raise; lift* ⋆ een gewicht heffen *raise a weight* ◆ belastingen heffen *impose taxes*
heftig ‹pijn› *severe; fierce* ⋆ een heftige ruzie *a severe row*
heg *hedge*
heide • plant *heather*
• gebied *heath/moor (land)*
heiden *heathen; pagan*
heien *ram; drive* ⋆ palen in de grond heien *drive piles into the ground*
heilig *holy* ⋆ de heilige Vader *the Holy Father*
heimelijk *secret; furtive*
heimwee *homesickness*; ‹naar verleden› *nostalgia* ⋆ ik heb heimwee naar Canada *I am homesick for Canada*
hek • omheining *fence* ⋆ een hek van twee meter hoog *a fence of two metres in height*
• doorgang *gate* ⋆ sluit het hek achter u *close the gate behind you*
hekel *dislike* ⋆ een hekel hebben aan iemand *dislike someone*

heks *witch*
hel *hell*
helaas *sadly*; *unfortunately* ★ helaas regende het vandaag *unfortunately it rained today*
held *hero* ★ oorlogshelden *heroes of war*
helder [**bijvoeglijk naamwoord**] • licht *bright*; ‹water› *clear* ★ een heldere vlam *a bright flame*
• met lichte klank *clear* ★ een heldere stem *a clear voice*
[**bijwoord**] *clearly* ★ helder verlicht *clearly lit*
heldin *heroine*
helemaal • *entirely*; *completely* ★ helemaal zwart *completely black*
• ‹met een ontkenning› *at all* ★ helemaal niet *not at all* ★ helemaal niet slecht *not bad at all* ★ helemaal niets *nothing at all*
helft *half* ★ de helft van tien is vijf *the half of ten is five* ★ ik wil de helft van het geld *I want half of the money* ★ we zijn op de helft *we are halfway*
helikopter *helicopter*
helling *slope* ★ een steile helling *a steep slope*
helm *helmet* ★ zet je helm op! *put on your helmet!*
helpen • bijstaan *help* ★ iemand een handje helpen *lend someone a hand* ★ elkaar helpen *help each other/one another* ★ help! *help!*
• baten *help* ★ het helpt niets *it doesn't help* ◆ ik kan het niet helpen *I can't help it*
hem ‹persoon, dier› *him*; ‹ding› *it* ★ heb je hem een zoen gegeven? *did you give him a kiss?* ★ ik heb hem per ongeluk geslagen *I hit him by accident* ★ ik heb hem (de brief) gisteren opgestuurd *I posted it yesterday* ★ deze trui is van hem *this jumper is his*; *this is his jumper*
hemd *shirt*
hemel • dampkring *sky*; *heaven* ★ onder de blote hemel *in the open (air)*; *under the open sky* ★ aan de hemel *in the sky* ★ een heldere/bewolkte hemel *a clear/dull sky*
• hiernamaals *heaven* ★ in de hemel *in heaven*
hemellichaam *heavenly body*
Hemelvaart *Ascension day*
hen [**de-woord**] *hen* ★ de hen heeft een ei gelegd *the hen has laid an egg*
[**voornaamwoord**] • meewerkend voorwerp *them* ★ ga je aan hen een kaartje sturen? *will you send them a postcard?*
• lijdend voorwerp *them* ★ de nederlaag maakte hen razend *the defeat made them furious*
hendel *handle*; *lever* ★ de hendel overhalen *pull/throw the handle/lever*
hengel *fishing rod*
hengst *stallion*
herberg *inn*; *tavern*
herdenking *commemoration* ★ ter herdenking van de gevallenen *in commemoration of the fallen*
herder ‹van schapen› *shepherd*; ‹van koeien› *cowherd*
herdershond *sheepdog*
herentoilet *men's toilet*; *Gentlemen's*; ‹spreektaal› *Gents*; ‹Amerikaans› *men's room*
herexamen *re-examination*
herfst *autumn*; ‹Amerikaans› *fall* ★ in de herfst van 1966 *in the autumn of 1966*; *autumn 1966* ★ in de herfst *in autumn*
herfstvakantie *autumn holidays*
herhalen *repeat*
herhaling *repetition*; ‹televisie› *replay* ★ bij herhaling *repeatedly* ★ iets in de herhaling zien *watch something in replay*
herinneren [**werkwoord + iemand/iets**] *remind* ★ je herinnert me aan mijn tante *you remind me of my aunt*
[**werkwoord + zich**] *remember*; *recollect* ★ ik herinner me niets van die avond *I don't remember anything of that night*
herinnering *recollection*; *memory* ★ ter herinnering aan mijn echtgenoot *in memory of my husband*
herkansing *resit*
herkennen *recognize* ★ ik heb je niet herkend *I didn't recognize you*
herkomst *origin* ★ land van herkomst *country of origin*

heroïne *heroin* ★ heroïne gebruiken *do heroin*
herrie • lawaai *noise*; *racket* ★ herrie maken *make a noise*
• ruzie *row* ★ herrie krijgen met iemand *get into a row with a person* ★ herrie schoppen *kick up a row*
herrieschopper *troublemaker*; ⟨voornamelijk bij voetbal⟩ *hooligan*
hersenen *brain* ★ gebruik nou eens je hersenen! *use your brain for once!*
hersenschudding *concussion* ★ een hersenschudding hebben *suffer from concussion*
herstellen [werkwoord] *recover* ★ zij herstelt nog van de ziekte *she is still recovering*
[werkwoord + iemand/iets] • repareren *mend*; *repair* ★ een fiets herstellen *repair a bike*
• goedmaken ⟨van fout⟩ *rectify*
hert *deer* [meervoud: *deer*]; ⟨mannetje⟩ *stag*
hertog *duke*
hertogin *duchess*
hervormd *Reformed* ★ hervormde kerk *Reformed Church*
het [voornaamwoord] *it* ★ ben jij het? *is it you?* ★ ik weet het *I know (it)* ★ hij is het *it's him*
[voornaamwoord] *it* ★ het is jammer *it's a pity* ★ het sneeuwt *it's snowing*
[bepaald] *the* ★ de fiets van het meisje *the bike of the girl*
heten *be called/named* ★ hoe heet hij? *what's his name?* ★ hij heet Jan *he is called John* ★ hoe heet dit? *what is this called?* ★ het heet een woordenboek *it's called a dictionary*
hetzelfde *the same* ★ dit is hetzelfde proefwerk als vorig jaar *this is the same test as last year's* ◆ het is mij hetzelfde *it's the same to me*
heup *hip*
heus *really*; *indeed* ★ het is heus waar *it's true indeed* ★ heus? *really?*
heuvel *hill*
hevig • intens ⟨gevoelens⟩ *intense*; ⟨pijn⟩ *severe* ★ hevige pijn *severe pain*
• heftig *violent*; *vehement* ★ een hevige uitbarsting *a violent eruption*

hiel *heel*
hier • op deze plaats *here* ★ hier ben ik *here I am* ★ hier rust J.S. Bach *here lies J.S. Bach*
• alsjeblieft *here you are* ★ hier heb je je boek *here you are, your book*
hierdoor • om deze reden *because of this* ★ hierdoor raakte hij zijn baan kwijt *because of this he lost his job*
• hier doorheen *through here/this* ★ als u hierdoor gaat, komt u bij de uitgang *if you go through here, you'll reach the exit*
hierheen *here*; *this way* ★ onderweg hierheen *on the way here*
hiernamaals *hereafter*
hierom • om deze reden *for this reason*; *because of this* ★ hierom vind ik haar leuk *for this reason I like her*
• hier omheen *around this* ★ als je hierom loopt, kom je bij een plein *if you walk around this, you'll come to a square*
hiervan *of this* ★ hiervan heb ik nog nooit gehoord *I never heard of this*
hij [de-woord] *he* ★ die hond is een hij *that dog is a he*
[voornaamwoord] ⟨persoon⟩ *he*; ⟨dier, ding⟩ *it* ★ hij heeft het gedaan *he did it* ★ hij (de auto) start niet *it (the car) doesn't start* ★ hij is het *it's him* ★ daar is hij *there he is*
hijgen *gasp*; *breathe heavily*

hijsen *heave* ★ ze hesen het vliegtuig omhoog *they heaved up the airplane*
hik *hiccup* ★ de hik hebben *have the hiccups*

H

hikken *hiccup* ★ hij hikt al de hele dag *he has been hiccuping all day now*

hinderen • belemmeren *hamper* • bezwaarlijk zijn *matter* ★ dat hindert niet *that doesn't matter* • ergeren *annoy*; *bother* ★ hij hindert je toch niet? *he doesn't bother you, does he?*

hinderlaag *ambush* ★ in hinderlaag liggen *lie in ambush*

hindernis *hindrance*

hindoe *Hindu*

hinkelen *hop*; ⟨spel⟩ *play hopscotch*

hinken *limp*

hinniken *neigh* ★ het paard hinnikte *the horse neighed*

hint *hint*; *clue* ★ iemand een hint geven *give a clue/hint*

historisch *historical* ★ een historisch feit *a historical fact*

hit *hit*

hitparade *hit parade*; *charts* [meervoud] ★ hoog in de hitparade *high up in the charts*

hitte *heat*

hittegolf *heat wave*

hiv human immunodeficiency virus *HIV*

hobby *hobby*

hobo *oboe*

hockey *hockey* ★ hoe lang speel jij al hockey? *how long have you been playing hockey?*

hockeyen *play hockey* ★ ik hockey al drie jaar *I've been playing hockey for three years*

hoe • manier *how* ★ hoe spreek je dat uit? *how do you pronounce that?* ★ hoe komt het dat jij dat niet kunt doen? *how is it that you can't do that?* • hoeveelheid *how* ★ hoe oud is hij? *how old is he?* ★ hoe laat is het? *what's the time?* ★ hoe lang is het geleden? *how long has it been?* ★ hoe lang woont u hier al? *how long have you been living here?* ◆ hoe eerder hoe beter *the sooner the better*

hoed *hat* ★ hoge hoed *top hat*

hoek • ruimte ⟨van vertrek, straat⟩ *corner* ★ het huis op de hoek *the house at/on the corner* ★ de hoek omgaan *go around the corner* ★ om de hoek *around the corner* • ⟨wiskunde⟩ *angle* ★ met/onder een hoek van 90° *at an angle of 90 degrees*

hoekschop *corner (kick)* ★ een hoekschop nemen *take a corner*

hoektand *canine tooth*

hoer *whore*; ⟨Amerikaans⟩ *hooker*

hoera *hurray* ◆ drie hoeraatjes voor Hanny *three cheers for Hanny*

hoes *cover*

hoestbui *coughing fit*

hoesten *cough*

hoeveel ⟨niet telbaar⟩ *how much*; ⟨telbaar⟩ *how many* ★ hoeveel boeken? *how many books?* ★ hoeveel water? *how much water?*

hoeveelheid *quantity*

hoeven *be necessary*; *have to* ★ het hoeft niet *it's not necessary* ★ je hoeft niet te gaan *you don't have to go*

hoewel *(al)though* ★ ik moet weg, hoewel ik liever zou blijven *I have to go, although I would rather stay*

hoezo *howcome* ★ hoezo vind je hem zo leuk? *howcome you like him so much?*

hof *court* ★ aan het koninklijk hof *at court* ★ het hof van justitie *the court of law/justice*

hogeschool ⟨algemeen⟩ *school*; ⟨techniek en maatschappij⟩ *college*; ⟨kunst⟩ *academy*

hogesnelheidstrein *high-speed train*

hoi • hallo *hi* • hoera *hurray*

hok • bergplaats ⟨schuurtje⟩ *shed* • dierenhok *pen*

hol [**het-woord**] • holte *hole* ★ een hol in de grond *a hole in the ground* • verblijf van dier *lair*; ⟨van wild dier⟩ *den*
[**bijvoeglijk naamwoord**] • leeg *hollow*; *empty* ★ een holle kokosnoot *a hollow coconut* ★ het klinkt hier hol *it sounds hollow in here* • niet bol ⟨lens⟩ *concave*

Holland • de provincies *Holland* ★ Noord- en Zuid-Holland *North and South Holland* • Nederland *Holland*

Hollander *Dutchman* ★ de Vliegende

Hollander *the Flying Dutchman* ★ de Hollanders waren hier het eerst *the Dutch/Dutchmen were here first*
Hollands *Dutch*
hollen *run* ★ wij holden achter hem aan *we ran after him*
homepage *home page*
hommel *bumblebee*
homo *homo; gay*
homoseksueel *homosexual*
hond *dog* ★ de hond uitlaten *walk the dog* ◆ rode hond is een besmettelijke ziekte *German measles are a contagious disease*
honderd *a/one hundred* ★ honderd pond *one hundred pounds*
★ honderden mensen *hundreds of people*
honderdduizend *a/one hundred thousand* ★ honderdduizenden mensen *hundreds of thousands of people*
honderdste *hundredth*
honger *hunger* ★ heb je al honger? *are you hungry yet?* ★ honger krijgen *get hungry* ★ ik rammel van de honger *I'm starving*
hongerstaking *hunger strike* ★ in hongerstaking gaan *go on a hunger-strike*

honkbal *baseball* ★ honkbal spelen *play (base)ball*
hoofd • lichaamsdeel *head* ★ kun je op je hoofd staan? *can you stand on your head?* ★ ik stootte mijn hoofd tegen de tafel *I knocked my head against the table*
• leiding *head*; ‹van groep, partij› *chief*
★ ik sta aan het hoofd van het bedrijf *I'm the head of the company* ★ hoofd van een school *headmaster*
hoofddoekje *headscarf*
hoofdgerecht *main course*
hoofdletter *capital (letter)* ★ kunst met de hoofdletter K *art with a capital A*
hoofdpijn *headache* ★ ik heb hoofdpijn *I have a headache*
hoofdprijs *first prize* ★ Jenny heeft de hoofdprijs gewonnen *Jenny has won the first prize*
hoofdstad *capital* ★ Brussel is de hoofdstad van België *Brussels is the capital of Belgium*

H

hoofdstad: Londen, de hoofdstad van Groot-Brittannië, is ontstaan in de eerste eeuw na Christus. De Romeinen bouwden toen een dorp langs de rivier de Theems (in het Engels: *the Thames*). In de loop van de tijd is dit dorp de grootste en belangrijkste stad van het land geworden. Er wonen tegenwoordig meer dan 7,5 miljoen mensen en de regering zit er ook.

hoofdstuk *chapter* ★ het staat in hoofdstuk vier uit dit boek *it's in chapter four from this book*
hoofdzin *main clause*
hoog *high*; ‹boom, gebouw› *tall* ★ hoge bergen en hoge gebouwen *high mountains and tall buildings*
hoogachtend *yours sincerely; yours faithfully*
hoogseizoen *high season*
hoogst *highest*; ‹gebouwen› *tallest*
hoogstens *at (the) most* ★ hoogstens 36 *thirty-six at most*
hoogte • afmeting omhoog *height* ★ de hoogte is twee meter *the height is two meter*
• peil *level* ★ de hoogte van het water is zorgwekkend *the level of the water is alarming* ◆ wij zijn goed op de hoogte van het onderwerp *we are well-informed on the matter* ◆ houd je me op de hoogte? *will you keep me informed?*

hoogtepunt *height*; *peak* ★ het hoogtepunt bereiken *reach the peak*
hoogtevrees *fear of heights*
hooguit *at (the) most* ★ het gesprek duurt hooguit een uur *the interview takes an hour at the most*
hooi *hay*
hooikoorts *hay fever*
hoop • verwachting *hope* ★ de hoop opgeven *abandon hope* ★ de hoop op een voldoende *the hope of a pass* ★ goede hoop hebben *have high hopes* • stapel *heap*; *pile* ★ bij hopen *in heaps* • veel *lot of*; *great deal of* ★ een hele hoop mensen *a lot of people* ★ een hele hoop geld *a great deal of money* • drol *muck*
hopelijk *hopefully* ★ hopelijk wel *I hope so*; *let's hope so* ★ hopelijk niet *I hope not*; *let's hope not*
hopeloos *hopeless*
hopen *hope* ★ ik hoop van niet *I hope not* ★ ik hoop van wel *I hope so* ★ het beste (ervan) hopen *hope for the best*
horen *hear*; *listen* ★ hoorde je dat? *did you hear that?* ★ ik heb haar horen zingen *I heard her sing* ★ hoor eens! *listen!*
horizon *horizon* ★ aan/achter de horizon *on/beneath the horizon*
horizontaal *horizontal*
horloge *watch* ★ op je horloge kijken *look at your watch* ★ mijn horloge loopt voor/achter *my watch is fast/slow*
hormoon *hormone*
horoscoop *horoscope* ★ iemands horoscoop trekken *chart a person's horoscope*
hospitaal *hospital* ★ in het hospitaal liggen *be in hospital*
hotel *hotel* ★ we logeren in hotel California *we stay at Hotel California*
houden [**werkwoord**] houden van ‹heel veel› *love*; ‹niet heel veel› *like* ★ ik hou van je *I love you* ★ ik hou niet van zwemmen *I don't like swimming* ★ veel houden van *be fond of*
[**werkwoord + iemand/iets**] • vast-/tegenhouden *hold*; *keep* ★ houd de dief! *stop thief!*
• behouden *keep* ★ houd het wisselgeld maar *keep the change*
• handhaven *keep* ★ zijn woord houden *keep one's word*
• houden aan *keep/adhere to* ★ iemand aan zijn woord houden *keep someone to his word* ★ daar houd ik je aan *I'll hold you to that* ◆ houd je mond! *shut up!* ◆ kun jij ze uit elkaar houden? *can you tell them apart?*
houding • lichaamshouding *position* • gedragslijn *attitude*; *manner* ★ zich een houding geven *strike/adopt an attitude* ★ een arrogante houding *an arrogant manner* ◆ in de houding staan *stand to attention*
hout *wood* ★ we hebben hout nodig voor de haard *we need wood for the fireplace*
huid • vel *skin*
• pels ‹van grote dieren› *hide*
huilbui *fit of crying/weeping*
huilen • wenen *cry* ★ in huilen uitbarsten *burst out crying*
• jankend geluid maken *howl* ★ de wolven huilen in het bos *the wolves are howling in the forest*
huis *house*; ‹van jezelf› *home* ★ ga naar huis! *go home!* ★ een huis van twee verdiepingen *a two storeyed house* ★ er is geen melk in huis *there's no milk in the house* ◆ huis aan huis *door to door*
huisarts *family doctor*; *physician*
huisdier ‹kat, hond e.d.› *pet*; ‹op boerderij, e.d.› *domestic animal* ★ Janet heeft een rat als huisdier *Janet has a rat as a pet*
huishouden • huishouding *housekeeping*
• gezin *household* ★ een tweepersoons huishouden *a two person household* ◆ het huishouden doen *keep house*
huiskamer *living room*
huisvrouw *housewife*
huiswerk *homework*; *school assignment* ★ ik moet nog huiswerk maken *I still have to do my homework* ★ die lerares geeft veel huiswerk op *that teacher assigns a lot of homework*
huiveren *shiver* ★ hij huiverde van de kou *he shivered with cold*
hulp • het helpen *help*; *aid* ★ eerste

hulp *first aid* ★ hulp verlenen *render help* ★ om hulp roepen *cry for help*
• persoon die helpt *help* ◆ iemand te hulp komen *come to the rescue of someone*
hulpwerkwoord *auxiliary*
huls *case*; *cover*
humeur *mood*; *temper* ★ in een goed/slecht humeur zijn *be in a good/bad mood* ★ iemand uit zijn humeur brengen *put a person in a bad temper*
humor *humour* ★ waar is je gevoel voor humor? *where's your sense of humour?*
hun [voornaamwoord] *them* ★ ik gaf hun de bal *I gave them the ball*; *I gave the ball to them*
[voornaamwoord] *their* ★ hun buurvrouw *their neighbour*
hunkeren *yearn for* ★ we hunkerden naar een bad *we yearned for a bath*
huppelen *skip*
huren ⟨zaken⟩ *hire*; ⟨huis⟩ *rent* ★ kan ik hier een fiets huren? *can I hire a bicycle here?* ★ een huisje huren *rent a cottage*
hut • huisje *hut*
• cabine op een schip *cabin*
huur • het huren *lease* ★ te huur *for hire* ★ huis te huur *house for rent*; *house to let*
• huursom *(house) rent* ★ de huur betalen *pay the rent*
huwelijk *wedding*; *marriage* ◆ zij heeft hem ten huwelijk gevraagd *she proposed to him* ◆ wij treden in het huwelijk *we are getting married*
huwelijksreis *honeymoon* ★ het bruidspaar ging op huwelijksreis *the wedding couple went on honeymoon*
hyena *hyena*
hygiëne *hygiene*
hyperlink *hyperlink*
hyperventileren *hyperventilate*
hysterisch *hysterical*

i *i* ◆ de I van Izaak *I as in Isaac*
ideaal [**het-woord**] *ideal* ◆ hoge idealen hebben *have high ambitions* [**bijvoeglijk naamwoord**] *ideal*; *perfect* ★ een ideaal huis vinden *find a perfect house*
idee *idea*; *notion*; *opinion*; *view* ★ naar mijn idee *in my view* ★ ik heb geen idee *I have no idea* ★ hoe ben je op dat idee gekomen? *how did you come up with that idea?*
identiteit *identity*
idioot [**de-woord**] *idiot*; *imbecile* ★ zich als een idioot gedragen *make a perfect idiot of oneself*
[**bijvoeglijk naamwoord**] • zwakzinnig *idiotic*
• onzinnig *silly*; *foolish* ★ een idioot antwoord *a silly answer*
idool *idol*
ieder • zelfstandig gebruikt *everyone*; *everybody*
• bijvoeglijk gebruikt ‹meer dan twee› *every*; *each*; ‹welke dan ook› *any* ★ hij komt iedere dag *he comes every day* ★ aan iedere voet hebben we vijf tenen *on each foot we have five toes* ★ ieder kind dat wil, mag komen *any child that wants, may come*
iedereen *everyone*; *everybody*; *anyone*; *anybody*
iemand *someone*; *somebody* ◆ een aardig iemand *a nice person*; *a nice man/woman*
iep *elm tree*
Ier *Irishman*
Ierland *Ireland*; *Eire*
Iers *Irish*
Ierse *Irishwoman*
iets [**bijwoord**] *a little*; *somewhat* ★ zij is iets te dik *she is somewhat too fat*
[**voornaamwoord**] *something*; *anything* ★ is er iets? *is anything the matter?* ★ ik heb nog nooit zo iets gezien *I've never seen anything like it* ★ zal ik je iets vertellen? *shall I tell you something?*
iglo *igloo*
i-grec *y*; *ypsilon*
ijdel *vain* ★ een vreselijk ijdele man *a terribly vain man*
ijdeltuit *vain creature*

ijs • bevroren water *ice* ★ het ijs is gesmolten *the ice has melted*
• lekkernij *ice-cream*
ijsbeer *polar bear*
ijsberg *iceberg*
ijsblokje *ice cube*
ijscoman *ice-cream vendor*
ijshockey ‹Brits› *ice hockey*; ‹Amerikaans› *hockey*
ijskast *refrigerator*; ‹spreektaal› *fridge* ★ in de ijskast zetten/houden *put in the fridge*
ijskoud • zeer koud *ice cold*
• emotieloos *cold as ice*; *icy*; *frosty* ★ hij deed ijskoud tegen me *he behaved as cold as ice towards me*
IJsland *Iceland*
ijstijd *Ice Age*
ijverig • vlijtig *diligent*; *industrious* ★ een ijverige leerling *a diligent student*
• geestdriftig *zealous*; *ardent* ★ we zijn ijverig gestart met het project *we have started zealously on the project*
ijzel *glazed frost*; *black ice*

ijzer *iron*
ijzersterk *(as) strong as iron* ★ zij heeft een ijzersterke gezondheid *she has an iron health|constitution*
ik *I; me* ★ ik ben het *it's me*
illegaal *illegal*
illustratie *illustration* ★ in dit boek staan veel illustraties *in this book there are a lot of illustrations*
illustreren *illustrate* ★ dit tijdschrift is prachtig geïllustreerd *this magazine has been beautifully illustrated*
imago • image *image*
• insect *imago*
imbeciel [**de-woord**] *imbecile*
[**bijvoeglijk naamwoord**] *imbecile*
imiteren *imitate*
imker *beekeeper*
immers *for; since* ★ hij komt, ik heb hem immers gevraagd *he'll come, since I asked him*

immigrant *immigrant*
immigreren *immigrate*
immuun *immune (from, to)* ★ ik ben immuun geworden voor kritiek/tegen de mazelen *I have become immune to criticism|the measles*
importeren *import*
in [**bijwoord**] • binnen ★ zij loopt het huis in *she's going into the house* ★ er zit niets in *there's nothing inside*
• populair *popular; in* ★ hoeden zijn nu in *hats are in now*
[**voorzetsel**] • op een bepaalde plaats *to; at; in(side)*; ⟨richting⟩ *into* ★ zij woonde in Amsterdam en stierf in Laren *she lived in Amsterdam and died at Laren* ★ ben jij wel eens in Italië geweest? *have you ever been to Italy?* ★ zij woont in de Scheldestraat *she lives in Scheldestraat*
• op/binnen een bepaalde tijd *(with)in; at* ★ in een week of twee *in a week or two* ★ in de zomer *in (the) summer* ★ in het begin *at|in the beginning* ★ in de veertig *in his|her forties*
• per *to; in*
• bezig met/te *in*
inademen *inhale; breathe (in)*
inboedel *furniture; movables; furnishings*
inboorling *aborigine; native; indigene*
inbreker *burglar*
inclusief *including* ★ de tafel kost 500 euro, inclusief vervoer en bezorging *the table costs 500 euros, including transport and delivery*
indeling *classification*
inderdaad *indeed; actually* ★ ik betaal alleen als de tafel inderdaad bezorgd is *I only pay when the table has actually been delivered*
index *index* ★ er zit een index achter in het boek *there is an index at the tail end of the book*
India *India*
indiaan *American Indian; Red Indian*
Indisch *(East) Indian*
individu *individual* ★ elk individu op zich *every individual in itself* ◆ een verdacht individu *a shady character*
indruk *impression* ★ ik kreeg de indruk dat... *I was under the impression that...* ◆ we waren allemaal diep onder de indruk *we were all deeply impressed*
indrukwekkend *impressive*
industrie *industry*
ineens *suddenly; all at once* ★ ik word ineens niet lekker *I'm suddenly not feeling too well*
ineenstorten *collapse* ★ de kerk/de markt stortte in *the church|market collapsed*
inenten *vaccinate*
infectie *infection*

informatie *information*; ‹computer› *data* ★ meer informatie vragen *request further information*
ingang *entrance*; ‹opschrift› *way in* ★ het kantoor heeft twee ingangen *the office has two entrances* ◆ met ingang van vandaag *as of today*
ingenieur *engineer*
ingewanden *entrails*; *entestines*
ingewikkeld *complicated*; *complex*
ingooi *throw in*
ingrijpen ‹handelend optreden› *intervene*; ‹bemoeien› *interfere* ★ moet de VN ingrijpen in het Midden-Oosten? *should the UN intervene in the Middle East?*
inhalen • naar binnen halen *bring in*; ‹oogst› *gather (in)*; ‹vlag› *lower* ★ de was inhalen voor het gaat regenen *bring in the laundry before it starts to rain*
• gelijk komen met *catch up with*
• voorbijgaan *overtake* ★ inhalen is hier verboden *overtaking is prohibited here*
• goedmaken ‹achterstand› *make up (for)*; *catch up (on)* ★ je moet die tentamens nog inhalen *you should catch up on those exams*
inhoud *content* ★ the content of a suitcase *de inhoud van een koffer*
initiatief *initiative* ★ op initiatief van *on/at the initiative of* ★ het initiatief nemen voor iets *take the initiative for something*
injectie *injection* ★ een injectie halen tegen de griep *get an injection against the flu*
inkomen *income*; *wages* ★ zij heeft een vast inkomen *she has a regular income*
inkopen *buy*
inkorten *shorten*; *cut down* ★ je moet je werkstuk wat inkorten *you have to shorten your paper*
inkt *ink*
inktvis *inkfish*; *octopus*
inladen *load* ★ bagage inladen in de kofferbak *load luggage in the boot*
inleiding *introduction* ★ als inleiding op mijn verhaal *as introduction to my story*
inleveren *hand in*; *give up* ★ zij moesten hun wapens inleveren *they had to give up their arms*
inlichting *(piece of) information*; *tip*; *information* ★ inlichtingen verstrekken *give information* ◆ inlichtingen vragen/inwinnen *make inquiries*
inlijsten *frame*
inloggen *log in*
inmiddels *meanwhile*; *in the meantime*
innen ‹huur› *collect*; ‹cheque› *cash*
innerlijk [**het-woord**] *inner self*
[**bijvoeglijk naamwoord**] *inner* ★ een innerlijk gevecht met jezelf *an inner struggle with yourself*
[**bijwoord**] *inner*; *inwardly* ◆ iets innerlijk moeten verwerken *have to deal with something deep down inside*
innig *heartfelt*; *close*; *intimate* ★ een innige vriendschap *a close friendship*
inpakken ‹in koffer› *pack*; ‹in papier e.d.› *wrap up* ★ een cadeautje inpakken *wrap up a little present* ◆ hij kan wel inpakken! *he may as well pack it in!*
in petto *in store*; *in reserve* ★ wat heb je voor mij in petto? *what do you keep in reserve for me?*
inpikken • stiekem pakken *grab*; *snap up*
• stelen *pinch* ★ hij heeft mijn pen ingepikt *he pinched my ballpoint*
inrichting • aankleding *furnishing*; *design*; *layout*
• instelling *institution* ★ hij is opgenomen in een inrichting *he has been admitted to an institution*
inrit *entry*; *entrance*; *driveway* ★ de auto kwam uit een inrit *the car left a driveway*
inruilen *exchange (for)*; ‹van auto e.d.› *trade-in*
inschakelen • in werking stellen *turn/switch on* ★ het alarm is ingeschakeld *the alarm has been turned on*
• doen meewerken ‹advocaat, leger› *call in* ★ ik heb de vakbond ingeschakeld bij mijn problemen *I called in the union for my problems*
inschenken ‹thee› *pour (a cup of tea)*; ‹glas› *fill* ◆ zal ik je nog eens inschenken? *shall I pour you another glass?*

inschrijven • opgeven *register*; *sign up* ⋆ er hebben zich 20 mensen ingeschreven *20 people have signed up* • intekenen op iets *subscribe* ⋆ inschrijven op een mailinglist *subscribe to a mailinglist*

insect *insect*; *bug*

inslapen • in slaap vallen *fall asleep* ⋆ ik heb moeite met inslapen *I have trouble with falling asleep* • sterven *pass away* ⋆ oma is vredig ingeslapen *grandma has passed away peacefully*

inslikken *swallow* ⋆ je moet niet je kauwgom inslikken! *don't swallow your chewing gum!*

insmeren ‹lotion e.d.› *rub with*; ‹met boter, vet› *smear* ⋆ je armen insmeren met zonnebrandcrème *rub your arms with suncrème*

insneeuwen *snow in/up* ⋆ het huis was ingesneeuwd *the house was snowed in/up*

inspanning *effort*; *exertion*; ‹te grote› *strain*

inspecteur *inspector* ⋆ inspecteur van politie *police inspector*

inspiratie *inspiration* ⋆ inspiratie opdoen *find inspiration*

inspraak *say*; *participation* ⋆ inspraak hebben bij een beslissing *have a say in a decision*

inspreken *record* ⋆ u kunt uw boodschap inspreken na de pieptoon *you may record your message after the bleep*

inspuiten *inject*

installeren • opstellen, klaarmaken *install* ⋆ een tekstverwerker installeren op je computer *install a wordprocessor on your computer* • vestigen *settle* ⋆ zij installeerden zich voor de tv *they settled down in front of the tv*

instappen ‹auto, trein› *get in*; ‹bus› *get on* ◆ allemaal instappen! *take your seats, please!*; ‹Amerikaans› *all aboard!*

insteken *put in*

instelling • mentaliteit *mentality*; *attitude* ⋆ een zakelijke instelling *a businesslike attitude* • instituut *institute*; *institution* ⋆ zij werkt bij een liefdadigheidsinstelling *she works at a charitable institution*

instemmen *approve*; *agree/concur (with)*

instinct *instinct*

instituut *institution*; *institute*

instorten • in elkaar vallen *fall/come down*; *collapse*; ‹kuil, gang› *cave-in* ⋆ het gebouw staat op instorten *the building is about to collapse* • afknappen *collapse*; *break down*

instructie *instruction* ⋆ volg de instructies op de gebruiksaanwijzing *follow the instructions in the manual*

instrument *(musical) instrument*

instuderen ‹muziek› *practise*; ‹rol› *study*; ‹stuk› *rehearse*

intact *intact*; *unimpaired*

integendeel *on the contrary*

intekenen [werkwoord] *subscribe (to, for)*; *put one's name down (for)* [werkwoord + iemand/iets] *register*; *enter*; *subscribe* ⋆ ik heb ingetekend op zijn nieuwe boek *I subscribed to his new book*

intelligent *intelligent*

intens *intense*

intensief *intensive*

intensive care *intensive care*

interactief *interactive*

intercity *intercity (train)*

interessant *interesting*

interesse *interest* ⋆ interesse voor iets hebben *have interest in something*

interieur *interior*

intern • inwendig *internal* • binnen organisatie *internal*; ‹aangelegenheden› *domestic* ⋆ interne conflicten in een bedrijf *internal conflicts in a company*

internaat *boarding school*

internationaal *international*

internet *Internet*

internetten *surf (on) the Net*

interpunctie *punctuation*

interview *interview*

intiem *intimate*

intrappen *kick in/down* ⋆ de politie trapte de deur in *the police kicked the door in*

intrekken [werkwoord] • gaan inwonen *move in (with)* ⋆ bij familieleden

intrekken *move in with one's relatives*
• opgezogen worden ★ de inkt zal er intrekken *the ink will soak in*
[**werkwoord + iemand/iets**] • naar binnen trekken *draw in*; ‹klauwen, landingsgestel› *retract* ★ met ingetrokken nagels kwam de poes op schoot *with retracted claws the cat came onto my lap*
• herroepen ‹vergunning, geld, woorden› *withdraw*; ‹een wet› *repeal*; ‹verlof, een opdracht› *cancel* ★ de verloven zijn ingetrokken *all leave has been cancelled*

introduceren *introduce* ★ ik zal jou bij mijn vrienden introduceren *I shall introduce you to my friends*

I

intuïtie *intuition* ★ op je intuïtie afgaan *act on your intuition*

intussen *meanwhile*

intypen *type in*

inval • het binnenvallen ‹van vijand› *invasion*; ‹van politie› *raid* ★ de politie deed een inval in de koffieshop *the police raided the coffeeshop*
• idee *idea*; *brain wave* ★ een goede inval krijgen *get a good idea*

invalide [**de-woord**] *disabled person* [meervoud: *disabled*]; ‹Amerikaans› *challenged person* [meervoud: *challenged*]
[**bijvoeglijk naamwoord**] *handicapped*; *disabled*; ‹Amerikaans› *challenged* ★ bij het ongeluk is hij invalide geworden *at the accident he became disabled*

invaller *substitute*; ‹sport› *reserve*

invloed *influence*; *pull*; ‹uitwerking› *effect* ★ je invloed uitoefenen *use your influence*

invoegen [**werkwoord**] *join the traffic* ★ invoegen op de snelweg *join the traffic onto the motorway*
[**werkwoord + iemand/iets**] *insert*; *put in* ★ een woord invoegen tussen andere woorden *insert a word between other words*

invoer • import ‹handeling› *import*; ‹goederen› *imports*
• ‹computer› input *input*

invriezen *freeze*

invullen ‹naam› *fill in*; ‹formulier› *fill in/up/out*

inwendig *inward*; *interior*; *inner*

inwijding • personen *initiation*
• ingebruikneming *inauguration*

inwoner *resident*; ‹van stad› *inhabitant* ◆ Amsterdam heeft ongeveer 700.000 inwoners *Amsterdam has a population of about 700.000*

inworp ‹sport› *throw-in* ★ een verre inworp doen *do a long throw in*

inwrijven *rub in* ★ de zalf goed inwrijven *rub in the ointment properly*

inzakken *slump*; *collapse*; *give way* ★ de grond van de tuin is ingezakt *the soil of the garden has given way*

inzamelen *collect*

inzegenen *bless*; *consecrate*; *celebrate* ★ het huwelijk kerkelijk inzegenen *consecrate the marriage*

inzet • inspanning *effort*; *devotion*; *dedication*
• bod *upset price*; *starting price*
• wat op het spel staat ‹bij verkiezingen› *main issue*; *stake(s)* ★ de inzet van de ruzie was de televisie *the television was at stake in the quarrel*

inzicht • begrip *insight* ★ een duidelijk inzicht in iets hebben *have a clear insight into something*
• mening *opinion* ★ een verschil van inzicht *a difference of opinion* ◆ tot het inzicht komen *realize that*; *come to see that*

inzien [**het-woord**] ◆ bij nader inzien *on second thoughts*
[**werkwoord + iemand/iets**] • inkijken *have a look at*; *glance over* ★ mag ik het boek even inzien? *may I have a look at the book?*
• beseffen *see*; *realize*
• beoordelen *see*; *take a view of* ★ iets verkeerd/somber inzien *take a wrong/gloomy view of something*

inzinking • achteruitgang *slump*; *collapse*
• geestelijke instorting ‹bij ziekte› *relapse*; ‹psychisch› *breakdown* ◆ een kleine inzinking hebben *have a little off moment*

IQ *IQ*

iris *iris*

irritant *irritating; annoying*
irritatie *irritation*
irriteren *irritate*
ISDN Integrated Service Digital Network *ISDN*
isgelijkteken *equal(s) sign*
islam *Islam*
islamiet *Islamite*
islamitisch *Islamic*
isolatie • muur, huis *insulation* ★ isolatie van de spouwmuur *cavity wall insulation* • afzondering *isolation*
isoleren • afzonderen *isolate* ★ hij leeft geïsoleerd van andere mensen *he lives isolated from other people* • ‹natuurkunde› *insulate*
IT *IT*
Italiaan *Italian*
Italiaans [het-woord] *Italian* [bijvoeglijk naamwoord] *Italian*
Italiaanse *Italian*
Italië *Italy*
IT'er *IT-specialist*
ivoor *ivory*

j *j* ◆ de J van Johan *J as in Jack*
ja *yes* ★ ja knikken *nod (assent)*
jaar *year* ★ vorig jaar *last year* ★ volgend jaar *next year* ★ over een jaar ga ik studeren *in a year's time I'll go to college* ★ ongeveer drie jaar geleden zat ze bij mij in de klas *about a year or three ago she was a classmate of mine* ★ ik zit al vele jaren op volleybal *I've been doing volleyball for many years*
jaarlijks [**bijvoeglijk naamwoord**] *yearly*; *annual*
[**bijwoord**] *every year*; *annually* ★ jaarlijks komen er met Pasen vele toeristen *many tourists are coming at Easter every year*
jacht [**de-woord**] *hunting*; ⟨op klein wild⟩ *shooting* ★ op jacht gaan *go hunting/shooting* ◆ de jacht op rijkdom en roem *the pursuit of wealth and fame*
[**het-woord**] *yacht* ★ hij brengt zijn weekenden door op zijn jacht *he's spending his weekends on his yacht*
jack *jacket*
jagen *hunt*; ⟨herten⟩ *stalk*; ⟨klein wild⟩ *shoot*; ⟨prooi⟩ *chase* ★ onze poes was in de tuin vogels aan het jagen *our cat was chasing birds in the garden*
jaloers *jealous* ★ hij is zeer jaloers op Tim omdat Tim een leuke vriendin heeft *he is very jealous of Tim because Tim has a nice girlfriend*
jam *jam*; *marmelade* ★ een boterham met jam *a slice of bread with jam on*
jammer *a pity* ★ wat jammer dat je niet komt op het feest! *what a pity you can't come to the party!*
Jan *John* ◆ Jan en alleman *every Tom, Dick and Harry* ◆ Jan Klaassen en Katrijn *Punch and Judy*
janken *cry*; ⟨ook van hond⟩ *yelp*; *howl* ★ de wolven huilen in het bos *the wolfs are howling in the woods*
januari *January* ★ op 13 januari *on the 13th of January*; *January 13th*
Japan *Japan*
Japans *Japanese*
jarig ★ wanneer ben je jarig? *when is your birthday?*
jas *coat*
je [**voornaamwoord**] *you* ★ je zou je moeten schamen *you ought to be ashamed of yourself*
[**voornaamwoord**] *yourself* [meervoud: *yourselves*] ★ hebben jullie je vermaakt op de kermis? *did you enjoy yourselves at the fair?*
[**voornaamwoord**] *your*
jeans *(blue) jeans*
jeugd • jonge leeftijd *youth* ★ vanaf mijn jeugd woon ik al in Amsterdam *since my youth I have been living in Amsterdam*
• jonge mensen *youth*; *young people* ★ bij de jeugd is die popgroep zeer populair *that popgroup is very popular with the young people*
jeugdherberg *youth hostel*
jeugdig *youthful*
jeugdloon *juvenile wage* ◆ minimumjeugdloon *minimum youth wage*
jeuk *itch* ◆ jeuk hebben *be itching* ◆ ik heb jeuk aan mijn neus *my nose is itching*
jeuken *itch* ★ onder mijn gips begint het enorm te jeuken *under my plaster it starts to itch very badly*
jezelf [**voornaamwoord**] *yourself* ★ kijk naar jezelf in de spiegel! *look at yourself in the mirror!*
[**voornaamwoord**] *yourself*
Jezus *Jesus*
jij *you* ★ was jij het die belde? *was it you that called?*
job *job*
joch *lad*
jodin *Jewess*
joggen *jog*
jogger *jogger*
joint *joint* ★ een jointje draaien *roll a*

joint

joker *joker* ◆ voor joker staan *look foolish*; *look a fool* ◆ je staat echt voor joker in die gekke jas *you really look foolish in that ridiculous coat*

jokken *fib*; *tell tales/lies*

jong [**het-woord**] ⟨dier⟩ *young one* ◆ onze hond is bezig jongen te werpen *our dog is giving birth*

[**bijvoeglijk naamwoord**] *young* ★ hij is de jongste van de twee *he is the younger one* ★ zij is de jongste van de groep *she is the youngest of the group*

jongen [**de-woord**] • kind *boy* ★ is het een jongen of een meisje? *is it a boy or a girl?*

• jongeman *boy*; *lad* ◆ zeg jongens, zullen we beginnen met de les? *hey, you lot/folks, shall we start the lesson?*

[**werkwoord**] *give birth*; ⟨van hond⟩ *have pups*; ⟨van kat⟩ *have kittens*

jongere *young person; youngsters* ★ werkende jongeren *working youngsters*

jongstleden *last* ★ zaterdag jongstleden *last Saturday*

jood *Jew*

joods *Jewish*

jou *you* ★ jou moet ik net hebben *you're the person I am looking for* ◆ is dit huis van jou? *is this house yours?*

journaal *news* ★ op het nieuws van negen uur zag ik dat de Queen Mum was overleden *at the nine o'clock news I saw the Queen Mum had passed away*

journalist *journalist*; *reporter*

jouw *your* ★ dat is jouw boek *that is your book*

joystick *joy-stick*

jubileum *jubilee*; *anniversary* ★ pap viert zijn zilveren jubileum bij de zaak *dad is celebrating his silver jubilee at the firm*

judo *judo*

judoën *practise judo*

juf *teacher*

juffrouw *Miss* ★ juffrouw Smith *Miss Smith*

juichen *cheer*; *shout with joy* ★ het publiek juichte bij het tweede doelpunt *the crowd cheered at the second goal*

juist [**bijvoeglijk naamwoord**] *right*; *correct* ★ je moet je op de juiste manier gedragen *you should behave in the correct manner*

[**bijwoord**] • correct ★ juist beoordelen *judge correctly* ★ de premier beoordeelde de situatie juist *the prime minister judged the situation correctly*

• precies *just*; *exactly* ★ juist, dat vond ik ook! *exactly, I thought that too!*

juli *July* ★ op 7 juli *on the 7th of July*; *July 7th*

jullie [**voornaamwoord**] *you*; *you people*

[**voornaamwoord**] *your* ★ is dat jullie huis? *is that your house?*

jungle *jungle*

juni *June* ★ op 29 juni *on the 29th of June*; *June 29th*

junk *junkie*

jurist • rechtsgeleerde *jurist*; *lawyer* ★ in deze kwestie heb ik een jurist nodig *in this case I need a lawyer*

• student in de rechten *law student*

jurk *dress*

jury *jury* ★ ik win, want mijn vriend zit in de jury *I'll win, because my friend is on the jury*

jus • vleessaus *gravy* ★ wil je een lepel jus over je aardappels? *do you want a spoonful of gravy on your potatoes?*

• vruchtensap *juice*

justitie • rechterlijke macht *judiciary*; ⟨spreektaal⟩ *the law* ★ aan justitie overleveren *hand (a person) over to the law*

• rechtswezen *justice* ★ hof van justitie *court of justice*; *court of law* ◆ officier van justitie *public prosecutor*

juweel • sieraad *jewel*; *gem*

• prachtexemplaar *treasure*; *gem* ★ ze hebben een juweel van een baby gekregen *they have got a gem of a child*

juwelier *jeweller*

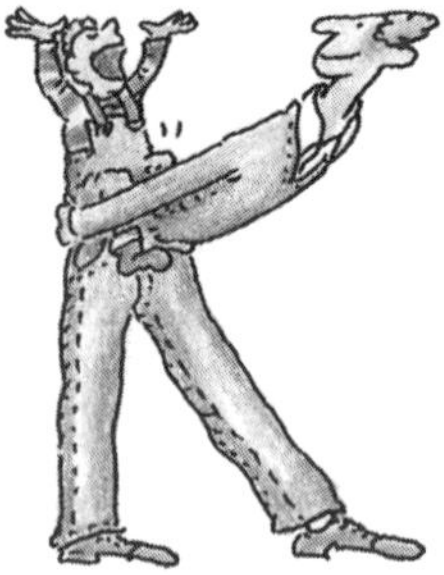

k *k* ◆ de K van Karel *K as in King*
kaak *jaw* ★ haaien hebben sterke kaken *sharks have strong jaws*
kaal • zonder haar *bald*
• onbegroeid *bare* ★ een kaal weiland *a bare meadow* ◆ de bomen worden kaal *the trees are losing their leaves*

K

kaars *candle* ★ de paus stak een kaars aan *the pope lit a candle*
kaart • *card*
• toegangsbewijs *ticket* ★ een kaartje voor een concert *a ticket to a concert*
• landkaart *map*
• plattegrond *plan*

kaarten *play at cards*
kaartspel *pack of cards*; ‹Amerikaans› *deck of cards*
kaas *cheese* ★ jonge/belegen kaas *new/matured cheese*
kaasschaaf *cheese-slicer*
kabaal *racket* ★ kabaal maken *make a racket*
kabel *cable*
kabelbaan *cablecar*
kabeljauw *cod*
kabinet *cabinet*; *government*
kabouter *(hob)goblin*; *gnome*
kachel *heater*
kade *quay*
kaft *cover* ★ een papieren kaft *a paper cover*
kaften *cover*
kak *shit*; *crap*
kalender *calendar*
kalf *calf* ★ de kalveren staan op stal *the calves are in the stable*
kalk *calcium*; *lime*
kalkoen *turkey* ★ gevulde kalkoen *stuffed turkey*
kalm *calm*; *quiet* ★ kalm blijven *stay calm*
kalmeren [**werkwoord**] *calm down* ★ na een paar minuten kalmeerde hij een beetje *after a few minutes he calmed down a little*
[**werkwoord + iemand/iets**] *calm*; *soothe* ★ een kalmerende stem *a soothing voice*
kalverliefde *calf-love*; *puppy love*
kam *comb*
kameel *camel*
kamer • vertrek *room*; *chamber* ★ maak je kamer schoon! *clean (up) your room!*
• ‹politiek› ★ Eerste Kamer *the House of Lords*; ‹Amerikaans› *the Senate* ★ Tweede Kamer *the (House of) Commons*; ‹Amerikaans› *the House of Representatives*
kameraad *pal*; *mate*
kammen *comb* ★ hij kamde zijn haar *he combed his hair*
kamperen *camp* ★ laten we gaan kamperen *let's go camping*
kampioen *champion*
kampioenschap *championship*
kanaal • gegraven water *canal*
• zee-engte *channel* ★ het Kanaal *the English Channel*
kandelaar *candlestick*
kandidaat *candidate* ◆ kandidaat zijn voor het presidentschap *stand/run for the Presidency*
kaneel *cinnamon*
kangoeroe *kangaroo*

kanker *cancer* ⋆ doodgaan aan kanker *die of cancer*
kano *canoe*
kanon *gun*; *cannon*
kanovaren *canoe*
kans • waarschijnlijkheid *chance* ⋆ er is niet veel kans op verbetering *there's not much chance of improvement*
• risico, gok *risk* ⋆ je loopt de kans dat je alles verliest *you run the risk of loosing everything*
• gelegenheid *opportunity* ⋆ de kans waarnemen *take the opportunity*
kant [**de-woord**] • zijde *side* ⋆ aan de kant van de weg *on the side of the road* ⋆ deze kant boven *this side up*
• richting *way*; *direction* ⋆ welke kant ga je op? *which way are you going?*
[**het-woord**] *lace*
kantelen [**werkwoord**] *topple/turn over*; ⟨van schip⟩ *capsize*; *keel over*
[**werkwoord + iemand/iets**] *turn (over)* ⋆ we kantelden de doos *we turned over the box*
kant-en-klaar *ready-made*
kantine *canteen*
kantlijn *margin*
kantoor *office*
kapel *chapel*
kapelaan ⟨hulppriester⟩ *curate*; ⟨in tehuis e.d.⟩ *chaplain*
kaper • rover *raider*
• terrorist *hijacker*
kapitaal *capital*
kapitein *captain*; ⟨op een klein schip⟩ *skipper*
kapot • stuk *broken*; ⟨van auto⟩ *broken down* ⋆ een kapotte tv *a broken tv*
• afgemat *worn out* ⋆ ik ben helemaal kapot na zo'n week *I'm totally worn out after such a week*
kapotgaan *break* ⋆ mijn horloge is kapotgegaan in het water *my watch broke in the water*
kapotmaken *break* ⋆ wie heeft mijn radio kapotgemaakt? *who has broken my radio?*
kappen [**werkwoord**] kappen met *quit* ⋆ zullen we kappen met ruziën? *shall we quit quarreling?* ⋆ ik kap ermee! *I quit!*
[**werkwoord + iemand/iets**] ⟨bomen⟩ *cut down*; ⟨hout⟩ *chop* ◆ iemands haar kappen *do/dress someone's hair*
kapper *hairdresser*; *barber*
kapsel *haircut*
kapstok *hallstand*
karakter *character*; *nature*
karate *karate* ⋆ aan karate doen *practice karate*
karbonade *chop*; *cutlet*
kardinaal *cardinal*
karnemelk *buttermilk*
karton *cardboard* ⋆ een kartonnen doos *a cardboard box*
karwei *job* ⋆ een karweitje doen *do a job*
kas • broeikas *greenhouse*
• geldmiddelen *cash*
• kassa *cash desk*; *counter*
• holte ⟨van oog, edelsteen e.d.⟩ *socket*
• omhulsel *case*
kassa *cash desk*; *counter*
kast • bergmeubel *cupboard*; *closet* ⋆ dingen in een kast opbergen *put things in a cupboard*
• omgebouwd omhulsel *case* ⋆ de kast van een horloge *the case of a watch*
kastanje *chestnut*
kasteel *castle*
kat • huisdier *cat*
• bitse opmerking *sharl*
kater *tomcat*
kathedraal *cathedral*
katholiek [**de-woord**] *(Roman) Catholic*
[**bijvoeglijk naamwoord**] *(Roman) Catholic*
katoen *cotton*
kattenbak • bak voor de kat *cat's box*
• ruimte in auto *dickey seat*
kattig *catty*; *bitchy*

kauwen *chew* ★ de schrijver kauwde op zijn balpen *the writer chewed (on) his ballpoint*
kauwgom *chewing gum*
keel *throat* ◆ het hangt me de keel uit *I'm sick and tired of it*
keelpijn *sore throat*
keeper *goal-keeper*; ⟨spreektaal⟩ *goalie*
keer • maal *time* ★ drie keer *three times* ★ twee keer vier is acht *two times four makes eight* ★ £ 1 per keer *£ 1 a time* • wending *turn*; *change* ◆ één keer/twee keer *once / twice*
keet • schuurtje *shed* • chaos *racket* ★ keet schoppen/trappen *make a racket*
kegel ⟨in kegelspel⟩ *cone*; *pin*
keizer *emperor*
kelder *cellar*
kenmerk *identifying mark*

K

kennelijk *clearly*; *obviously* ★ je bent kennelijk niet geïnteresseerd *obviously you're not interested*
kennen *know* ★ zij kende haar vak *she knew her job* ★ iemand leren kennen *get to know someone* ◆ iets uit het hoofd kennen *know something by heart*
kennis • datgene wat je weet *knowledge* ★ kennis hebben van vliegtuigen *have knowledge of airplanes* • persoon die je kent *acquaintance* ★ een kennis van mij *an acquaintance of mine* • bewustzijn *consciousness* ★ buiten kennis raken *lose consciousness* ★ weer bij kennis komen *regain consciousness* ◆ kennis van zaken *know-how*
kennismaken *meet* ★ hebt u al met hem kennisgemaakt? *have you met him yet?* ◆ aangenaam kennis te maken *pleased to meet you*
kenteken • registratienummer *licence number; license plate (in VS)*
kerel *fellow*
keren [**werkwoord**] *turn (about)* ★ we zijn halverwege gekeerd *we turned halfway*
[**werkwoord + iemand/iets**] *turn* ★ iets ondersteboven keren *turn a thing upside down*
[**werkwoord + zich**] keren tot ★ zich tot iemand keren *turn to someone*
kerk *church* ★ naar de kerk gaan *go to church*
kerkdienst *divine service*; ⟨mis⟩ *mass*
kerkhof *churchyard*; *graveyard*; *cemetery*
kerktoren *church tower*
kermis *fair*; *carnival*
kern *core*
kerncentrale *nuclear power station*
kernenergie *nuclear power*; *atomic energy*
kernwapen *nuclear weapon*
kerrie *curry*
kers *cherry*
kerstboom *Christmas tree*
kerstdag ⟨eerste⟩ *Christmas Day*; ⟨tweede⟩ *Boxing Day* ★ prettige kerstdagen! *Merry Christmas!*
kerstman *Santa Claus*; ⟨Brits⟩ *Father Christmas*
Kerstmis ⟨vooral in liederen⟩ *Christmas*; ⟨vooral op kaarten e.d.⟩ *X-mas*; ⟨vooral in liederen⟩ *Noel*
kerstvakantie *Christmas holidays*
ketel *kettle*
ketter *heretic*
ketting *chain*
kettingkast *gear-case*; *chain guard*
keuken *kitchen*
keukenkastje *kitchen cabinet/cupboard*
keuren *test*; ⟨medisch⟩ *examine*
keurig [**bijvoeglijk naamwoord**] *neat*; *fine* ★ een keurige woonkamer *a neat living room*
[**bijwoord**] *neatly* ★ zij was keurig gekleed *she was neatly dressed*
keuring *test*; ⟨medisch⟩ *examination*
keus, keuze *choice* ★ een keus maken *make a choice* ★ naar keus *at choice* ◆ een ruime keus *a wide choice*
kever *beetle*
kibbelen *squabble* ★ kibbelende kinderen *squabbling children*
kier *chink* ◆ de deur staat op een kier *the door is ajar*
kies *(back) tooth* ★ een kies laten trekken *have a tooth (pulled) out*
kieskeurig *choosy*
kiespijn *toothache* ★ kiespijn hebben

have a toothache
kiesrecht *suffrage*; *right to vote* ⋆ algemeen kiesrecht *universal suffrage*
kietelen *tickle*
kieuw *gill*
kiezen *vote (for)*; ‹parlement e.d.› *elect* ⋆ de Nederlanders hebben een nieuw parlement gekozen *the Dutch have elected a new parliament*
kiezer *voter*; *elector* ⋆ 32% van de kiezers bleef thuis *32% of the voters stayed at home*
kijk *view* ⋆ mijn kijk op de zaak *my view of the matter* ◆ tot kijk! *see you later!*
kijken [**werkwoord**] *look* ⋆ Jeremy keek verbaasd *Jeremy looked surprised* [**werkwoord + iemand/iets**] *look*; *watch* ⋆ kijken naar een schilderij *look at a painting* ⋆ kijken naar een film *watch a film* ⋆ televisie kijken *watch television* ◆ laten we eens kijken *let's have a look* ◆ ga eens kijken wie er is *go and see who is there*
kijker *spectator*; ‹televisie› *viewer*
kikker *frog*
kil *chilly*; ‹weer, temperatuur› *shivery*
kilo(gram) *kilo*; *kilogram(me)* ⋆ acht kilo aardappelen *eight kilogram of potatoes* ⋆ John woog vroeger 108 kilo *John used to weigh 108 kilos*
kilometer *kilometre* ⋆ we reden 90 kilometer per uur *we drove at 90 kilometres an hour*
kin *chin*
kind *child*; ‹spreektaal› *kid*; ‹pasgeboren› *baby* ⋆ ondeugende kinderen *naughty children* ⋆ zij krijgt een kind *she's having a baby*

kind: Kinderen worden in Engeland vaak strikter opgevoed dan in Nederland. Ze dragen bijvoorbeeld op school allemaal hetzelfde uniform. Tot kort geleden mochten leraren de kinderen zelfs slaan, als ze vervelend waren.

kinderachtig *childish* ⋆ doe niet zo kinderachtig *don't be childish*
kinderkleren *children's clothes*
kinderziekte • ziekte *children's disease* • beginmoeilijkheden *growing pains*; *teething troubles*

kip *hen*; *chicken* ⋆ gebraden kip *roast chicken*
kippenhok *hen/chicken house*
kippensoep *chickenbroth*; *chicken soup*
kippenvel *goose bumps* [meervoud] ◆ ik krijg er kippenvel van *it gives me goose bumps*
kist *box*; *case*
kiwi *kiwi*
klaar • af *finished*; *done* ⋆ ben je klaar met eten? *have you done eating?*; *have you finished eating?* • gereed *ready* ⋆ klaar voor gebruik *ready for use* ◆ klaar? af! *ready, steady, go!*
klaarkomen *finish* ⋆ kwam je op tijd klaar met je taak? *did you finish your assignment in time?*
klaarmaken *get ready*; *prepare*; ‹eten› *make* ⋆ de auto klaarmaken voor de reis *get the car ready for the journey* ⋆ het ontbijt klaarmaken *make breakfast*
klacht *complaint* ⋆ ik heb een klacht over uw hond *I have a complaint about your dog*
klad *(rough) draft* ⋆ een brief in het klad schrijven *write a letter out in draft*
kladblok *note pad*
klagen *complain* ⋆ ik heb tegen de beheerder geklaagd over uw gedrag

I have complained to the manager about your behaviour
klank *sound*
klant *customer; client*
klap • slag *blow; slap* ⋆ iemand een klap geven *give/deal someone a blow* ⋆ een klap in het gezicht krijgen *get a slap in the face*
• hard geluid *bang* ⋆ een luide klap *a big bang* ◆ in één klap *at one go*
klappen • uiteenspringen *burst* ⋆ de band is geklapt *the tyre has burst*
• geluid maken ⟨met handen⟩ *clap* ⋆ in je handen klappen *clap your hands* ◆ voor iemand klappen *applaud someone*
klapstoel *folding-chair*
klarinet *clarinet*
klas • groep leerlingen *class* ⋆ Ursula is de beste van de klas *Ursula is the top of the class*
• lokaal *classroom*
• leerjaar *form*; ⟨Amerikaans⟩ *grade* ⋆ Pieter zit in de derde klas *Peter is in third form/grade* ⋆ lagere/hogere klassen *junior/senior forms/grades*
klasse *class* ⋆ eerste/tweede klasse *first/second class*
klassement *ranking*; ⟨sport⟩ *league* ⋆ bovenaan in het klassement *at the top of the league*
klassiek *classic(al)* ⋆ klassieke muziek *classical music*
klassikaal *(in) class* ⋆ iets klassikaal behandelen *deal with something in class*
klauteren *clamber*
klauw *claw*
klavecimbel *harpsichord*
klaver • plant *clover*
• figuur in kaartspel *clubs* [meervoud]
klavertjevier *four-leaf clover*
kleden *dress* ⋆ zich kleden *dress*
kleding *clothing; wear*
kleed ⟨vloerkleed⟩ *rug*
kleedkamer ⟨sport⟩ *changing room*; ⟨theater⟩ *dressing room; cloakroom*
kleerhanger *coat hanger*
klei *clay*
klein *small; little* ⋆ het kleinste huisje van de straat *the smallest house in the street* ⋆ een klein beetje *a little bit* ◆ heel klein *tiny* ◆ klein en groot *great and small*
kleindochter *granddaughter*
kleingeld *(small) change*

kleinkind *grandchild* ⋆ haar kleinkinderen komen nog regelmatig op bezoek *her grandchildren visit her regularly*
kleinzoon *grandson*
klem [**de-woord**] *clip*; ⟨val⟩ *catch* ◆ in de klem zitten *be in a hole*
[**bijvoeglijk naamwoord**] *stuck* ⋆ mijn voet zit klem in het gat *my foot is stuck in the hole*
klemtoon *stress* ⋆ de klemtoon op de eerste lettergreep leggen *lay stress on the first syllable*
klep • sluitstuk *lid*; ⟨van een machine⟩ *valve* ⋆ de klep sluit niet goed *the lid won't shut* ⋆ een motor met zestien kleppen *an engine with sixteen valves*
• flap ⟨van zak, e.d.⟩ *flap*
kleren *clothes*
kletsen • babbelen *chat; have a chat*; ⟨zwammen⟩ *gas; talk rot* ⋆ ze kletsten de hele avond over sport *they chatted about sports the whole night through*
• klinkend klappen *splash* ⋆ het water kletst op de rotsen *the water splashes on the rocks*
kletskous *chatterbox*
kleur *colour* ⋆ alle kleuren van de regenboog *all colours of the rainbow*
kleuren *colour* ⋆ de zon kleurt de hemel rood *the sun colours the sky red*
kleurling *coloured person*

kleurstof *pigment*; ‹verf› *dye*
kleuter *infant*
kleuterschool *infant/nursery school*; ‹Amerikaans› *kindergarten*
kleven *stick* ★ het kleeft aan je vingers *it sticks to your fingers*
kleverig *sticky*
klier • orgaan *gland*
• akelig persoon *pain in the neck*
klikken • geluid maken *click* ★ je moet op OK klikken *you must click OK*
• verklappen *tell tales* ◆ over iemand klikken *tell on someone* ◆ klikt het tussen hen? *do they click with each other?*
klimaat *climate*
klimmen *climb* ★ in een boom klimmen *climb (up) a tree*
kliniek *clinic*
klinken *sound* ★ de violen klinken vals *the violins sound out of tune*
klinker ‹taal› *vowel* ★ a, e, i, o, en u zijn klinkers *a, e, i, o and u are vowels*
klodder *blob* ★ een klodder verf *a blob of paint*
klok • uurwerk *clock* ★ de klok loopt achter/voor *the clock is running slow/fast*
• bel *bell* ★ de klok luiden *ring the bell*

klok: De *Big Ben* is waarschijnlijk 's werelds beroemdste klok. De klepel van de klok alleen al weegt 203 kilogram en de wijzers zijn meters lang. De toren waarin de klok hangt is een symbool voor de Britse regering: als het parlement 's avonds vergadert, brandt er een grote lamp bovenop de toren.

klokhuis *core*
klokkijken *tell the time*
klomp • houten schoen *wooden shoe*
• brok *lump* ★ een klompje aarde *a lump of earth*
klont *lump*
kloof *gap* ★ de kloof tussen rijk en arm *the gap between rich and poor*
klooster *convent*; *monastery*
klootzak *asshole*
kloppen • een klop geven *knock* ★ er klopt iemand op de deur *someone's knocking on the door*
• overeenstemmen *agree* ★ de uitslag klopt met de voorspelling *the outcome agrees with the prediction* ◆ dat klopt (niet)! *that's (not) right!*
klote *bloody awful*
kluis *safe*
kluit *lump* ★ een kluit aarde *a lump of earth*
kluns *moron*
klus *job* ★ een klusje doen *do a job*
knaagdier *rodent*
knaap *lad*; *boy*
knabbelen *nibble*
knagen *gnaw* ★ knagen aan een bot *gnaw at a bone*
knakworst ‹Amerikaans› *frankfurter*
knal • slag *blow*
• geluid *bang*
knallen • geluid maken *bang*
• botsen *crash* ★ tegen de muur knallen *crash against the wall*
knap [**bijvoeglijk naamwoord**] • goed uitziend *handsome*; *good-looking*
• intelligent *clever*
[**bijwoord**] *pretty* ★ dat is een knap moeilijke puzzel *that's a pretty difficult puzzle*
knappen *crack*; ‹van touw› *snap*
knarsetanden *grind your teeth*
knecht *servant*
kneden *mould*
knel ★ we zitten knel *we are stuck*
kneuzen *bruise* ★ Paul kneusde zijn vinger *Paul bruised his finger*
kneuzing *bruise*
knie *knee* ★ tot aan je knieën *up to your knees*
knieholte *hollow of the knee*
kniekous *sports stocking*; *knee stocking*
knielen *kneel*
knieschijf *knee-cap*
knijpen *pinch* ★ ze kneep Astrid in haar wang *she pinched Astrid in the cheek*
knikken [**werkwoord**] *nod* ★ ja knikken *nod yes*
[**werkwoord + iemand/iets**] *bend* ★ de regen heeft alle bloemen geknikt *the rain has bent all flowers*

knikker *marble*
knikkeren *play (at) marbles*
knip • grendeltje *catch* ★ de knip op de deur doen *put the door on the catch* • sluiting ‹tasje, sieraden› *catch*
knipoog *wink* ★ iemand een knipoog geven *give someone a wink*

K

knippen • in-/afknippen *cut* • geluid maken *snip*; ‹met de vingers› *snap* ◆ zich laten knippen *have a haircut*
knipperen *flash*; *blink* ★ met je ogen knipperen *blink your eyes*
knipperlicht *flashing light*
knobbel *knob*; ‹op het hoofd› *bump* ◆ een talenknobbel *a gift for languages*
knoeien *mess (about)* ★ knoeien met je eten *mess with your food*
knoflook *garlic*
knokkel *knuckle*
knokken *fight*
knol • raap *turnip* • paard *nag*
knoop • dichtgetrokken strik *knot* ★ een knoop leggen *tie a knot* • aan kleren *button* ◆ in de knoop zitten *be tangled up*
knoopsgat *buttonhole*
knop • drukknop *button*; ‹schakelaar› *switch* ★ op de knop drukken *push/press the button* • deurknop *knob* • ‹planten› *bud*
knopen *tie*
knorren *grumble* ★ een knorrende maag *a grumbling stomach*
knots *club*
knuffel • liefkozing *hug*; *cuddle* • speelgoedbeest *cuddly toy*
knuffelen *cuddle*; *hug* ★ Lisa knuffelde de puppy *Lisa hugged the puppy*
knul *guy*
knuppel *club*
knus *cosy*
knutselen *tinker* ★ ze knutselt aan haar uitvinding *she tinkers at her invention*
koe *cow*
koek ≈ *cake* ★ een plak koek *a slice of cake*
koekenpan *frying pan*
koekje *biscuit*; ‹Amerikaans› *cookie*
koel • fris *cool* ★ de koelste kamer van het huis *the coolest room of the house* • afstandelijk *cool* ★ een koele ontvangst *a cool reception*
koelbloedig *cold-blooded*
koelkast *refrigerator*; *fridge*
koelte *coolness*
koepel *dome*
koers • richting *course* ★ koers zetten naar Ibiza *set a course for Ibiza* • wisselwaarde *rate* ★ de koersen stijgen *the rates are rising*
koesteren *cherish*
koets *coach*
koetsier *coachman*
koffer *(suit)case* ★ je koffer inpakken/uitpakken *pack/unpack your case*
kofferbak *boot*; ‹Amerikaans› *trunk*
koffie *coffee* ★ koffie zetten *make coffee*
koffiemelk *coffee creamer*
koffieshop *coffee shop*
koffiezetapparaat *coffee machine*
kogel *ball*; ‹geweerkogel› *bullet*
kogelvrij *bulletproof*
kok *cook; chef*
koken [**werkwoord**] *boil* ★ de soep staat te koken *the soup is boiling* [**werkwoord + iemand/iets**] • laten koken *boil* ★ jij kunt nog niet eens een ei koken *you can't even boil an egg* • eten klaarmaken *cook* ★ Jeanne kookt het eten vandaag *Jeanne cooks the meal today*
kokosnoot *coconut*
kolom *column*
kolonie *colony*

kolos *colossus*
kolossaal *colossal*; *huge* ⋆ kolossale bergen *huge mountains*
kom • bak, schaal *bowl*
• gewrichtsholte *socket* ⋆ de arm is uit de kom geschoten *the arm has come out of its socket* ◆ bebouwde kom *built up area*
komedie *comedy*
komeet *comet*
komen • zich begeven *come* ⋆ mijn ouders kwamen naar de voorstelling *my parents came to the show* ⋆ het water kwam tot mijn middel *the water came up to my waist* ⋆ de tijd is gekomen dat we moeten gaan *the time has come that we must go*
• komen tot *come to* ⋆ tot een afspraak komen *come to an agreement*
• komen aan *get (hold of)* ⋆ hoe ben je aan dat geld gekomen? *how did you get hold of that money?* ◆ we komen te laat *we shall be too late* ◆ daar komt niets van in *that's out of the question* ◆ hoe komt dat? *how is that?* ◆ iets te weten komen *find out something* ◆ achter de waarheid komen *find out the truth*
komiek *comedian*
komisch *comical*
komkommer *cucumber*
komma *comma*
kompas *compass*
komst *coming* ⋆ de komst van de paus *the coming of the pope* ◆ op komst zijn *be coming*
konijn *rabbit*
koning *king*
koningin *queen*
koninklijk *royal* ⋆ het Koninklijk Huis *the Royal House(hold)*
koninkrijk *kingdom* ⋆ het Verenigd Koninkrijk ‹Groot-Brittannië› *the United Kingdom*
kont *bottom*; ‹Amerikaans› *ass*
kooi • *cage*
• slaapplaats ‹scheepvaart› *berth*; *bunk*
kool • groente *cabbage* ⋆ witte kool *white cabbage*
• steenkool *coal*
koolzuur *carbonic acid*
koop ◆ te koop zetten *put up for sale* ◆ te koop staan *be for sale* ◆ te koop gevraagd *wanted*
koopje *bargain*
koopwaar *merchandise*
koor *choir*
koord *cord*
koorts *fever* ⋆ koorts hebben/krijgen *have/get a fever*
koortsig *feverish*
kootje *phalanx*
kop • hoofd *head*; ‹spreektaal› *loaf*; *nut* ⋆ onze hond heeft een grote kop *our dog has a large head*
• voorste deel *head* ⋆ de kop van een spijker *the head of a nail*
• kom *cup* ⋆ een kopje thee *a cup of tea*
• opschrift *headline* ⋆ een grote kop in de krant *a big headline in the newspaper* ◆ iemand op zijn kop geven *lick someone*; *give someone a dressing down* ◆ kop dicht! *shut your mouth!* ◆ kop of munt? *heads or tails?*
kopbal *header*
kopen *buy* ⋆ zij heeft een lamp voor hem gekocht *she has bought him a lamp*
koper [**de-woord**] *buyer*
[**het-woord**] *copper*
koperen [**bijvoeglijk naamwoord**] *copper*
[**werkwoord + iemand/iets**] *copper*
kopie *copy* ⋆ wil je twee kopieën van deze foto maken? *do you want to make two copies of this picture?*
kopieerapparaat *copying machine*
kopiëren *copy* ⋆ deze cd is illegaal gekopieerd *this cd has been copied illegally*

K

koplamp *headlight*
koploper *leader*
koppel *couple*
koppelen *couple* ★ de caravan aan de auto koppelen *couple the caravan to the car*
koppeling ‹van een versnelling› *clutch* ★ de koppeling intrappen/op laten komen *let out/let in the clutch*
koppelteken *hyphen* ★ een koppelteken verbindt twee woorden, zoals in part-time *a hyphen connects two words, like in part-time*
koppeltjeduikelen *turn/do somersaults*
koppelwerkwoord *copula*
koppen ◆ een bal koppen *head a ball*
koppig *stubborn*
koran *Koran*
koren *corn*
korfballen *play korfball*
K
korrel *grain* ★ een korreltje zout *a grain of salt*
korst *crust*
kort [bijvoeglijk naamwoord] • niet lang durend *short* ★ het leven is kort *life is short* ★ korte tijd geleden *a short time ago*
• van afmeting *short* ★ de kortste route van A naar B *the shortest way from A to B*
• beknopt *brief* ★ een kort overzicht *a brief overview*
[bijwoord] ◆ er is twee euro te kort *there are two euros short* ◆ we komen tijd te kort *we are short of time*
korting *discount* ★ met 5% korting *less 5% discount* ★ korting geven/krijgen *give/get a discount*
kortom *in short; in brief*
kortsluiting *short-circuit* ★ kortsluiting maken *create a short-circuit*
kosmonaut *cosmonaut*
kosmos *cosmos*
kost *cost; expenses* [meervoud] ★ de kosten zijn hoog *the cost is high/the expenses are high* ◆ kost en inwoning *board and lodging* ◆ werken voor de kost *work for a living*
kostbaar *precious* ★ drinkwater is kostbaarder dan goud *drinking water is more precious than gold*
kosteloos *gratis; free (of charge)*
kosten *cost; be* ★ wat kosten die? *how much are those?* ★ die kosten twee euro per stuk *those cost two euros each* ◆ het zal tijd/moeite kosten *it will take time/trouble*
kostschool *boarding school*

kostuum *suit*
kotsen *throw up; puke*
kou • koude *cold* ★ we staan in de kou *we're in the cold*
• verkoudheid *cold*
koud • niet warm *cold* ★ heb je het koud? *are you cold?* ★ laat het niet koud worden *don't let it go cold*
• zonder gevoel *cold* ★ dat laat me koud *it leaves me cold*
kous *stocking*
kozijn *window frame*
kraag *collar*
kraai • vogel *crow*
• doodbidder *undertaker's man*
kraakbeen *cartilage*
kraal *bead* ★ een snoer kralen *a string of beads*
kraam *booth; stall*
kraan • tap *tap* ★ de kraan open- en dichtdraaien *turn the tap on and off*
• hijskraan *crane*
kraanwater *tap water*
krab • schaaldier *crab*
• schram *scratch*
krabben *scratch* ★ (je) op het hoofd krabben *scratch your head*
kracht *strength;* ‹die je hebt› *force;* ‹die je gebruikt› *power* ★ met al mijn kracht *with all my strength* ★ de kracht waar-

mee de natuur kan toeslaan *the force with which nature can strike* ★ op volle kracht werken *work at full strength* ★ de maatregel is al van kracht *the measure is already in force*

krachtig *powerful*

krachtsport *weight-lifting; power sport*

kraken [**werkwoord**] *crack* ★ een krakend geluid *a cracking noise* [**werkwoord + iemand/iets**] *crack* ★ de aap kraakte een noot met een steen *the monkey cracked a nut with a stone* ◆ een huis kraken *squat in a house* ◆ een computer kraken *hack a computer*

kraker *squatter*

kramp *cramp* ★ kramp krijgen/hebben *get/have cramp*

krankzinnig *insane; mad* ★ krankzinnig worden *become insane; go mad*

krans ⟨van bloemen⟩ *wreath*; ⟨bloemen⟩ *garland*

krant *(news)paper* ★ het staat in de krant *it's in the newspaper*

krantenknipsel *press cutting*

krantenwijk *(news)paper round* ★ Simone loopt een krantenwijk *Simone has a paper round*

krap *tight* ★ deze handschoenen zijn te krap voor me *these gloves are too tight for me*

kras *scratch* ★ krassen maken op het parket *make scratches on the parquet floor*

krassen *scratch* ★ ze kraste zijn naam in het hout *she scratched his name in the wood*

krat *crate* ★ drie kratten appels *three crates of apples*

krater *crater*

krediet *credit*

kreeft *lobster*

Kreeft *Cancer* ★ mijn teken van de dierenriem is Kreeft *my sign of the zodiac is Cancer*

kreet *cry* ★ kreten van woede *cries of anger*

krekel *cricket*

kreng *asshole*

krenken *offend* ★ zijn opmerking heeft me gekrenkt *his remark has offended me*

krentenbol *currant bun*

kreukel *wrinkle*

kreunen *groan; moan* ★ kreunen van de pijn *groan with pain*

kreupel *crippled*

krib *crib*

kribbig *grumpy*

kriebelen [**werkwoord**] *itch* [**werkwoord + iemand/iets**] • kietelen *tickle* • klein schrijven *scribble*

krijgen • ontvangen *get; have* ★ Lian kreeg een ring voor haar verjaardag *Lian got a ring for her birthday* ★ een baby krijgen *have a baby* ★ een ongeluk/ruzie krijgen *have an accident/argument* • grijpen ★ ik zal je nog wel krijgen *I'll get you* ◆ ik krijg het koud *I am getting cold* ◆ hij kreeg er genoeg van *he got tired of it*

krijgertje ★ krijgertje spelen *play tag*

krijgsmacht *(military) force*

krijsen *scream*

krijt *chalk* ★ een krijtje *a stick of chalk*

krimpen • kleiner worden *shrink* ★ mijn broek is gekrompen in de was *my pants have shrunk in the wash*

kring *circle* ★ in een kring ronddraaien *run round in a circle*

kristal ⟨natuurkunde⟩ *crystal*

kritiek [**de-woord**] *criticism* ★ kritiek leveren op het bestuur *pass criticism on the board* [**bijvoeglijk naamwoord**] *critical* ★ zijn toestand is kritiek *his condition is critical*

kritisch *critical*

kroeg *pub*

kroepoek *prawn/shrimp crackers*

kroeshaar *afro hair*

krokant *crispy*

kroket *croquette*

krokodil *crocodile*

krokus *crocus*

krols ★ een krolse kat *a cat in heat*

krom ⟨rug⟩ *bent*; ⟨van een lijn⟩ *curved* ★ een kromme rug *a bent back*

kromming *bend*; ⟨van een lijn⟩ *curve* ★ een kromming van de weg *a bend in*

the road
kronkel *twist*
kronkelen *twist*; *wind* ★ een kronkelende weg *a winding road*
kroon *crown*
krot *hovel*
kruid *herb* ★ geneeskrachtige kruiden *medicinal herbs*
kruidenboter *herb butter*; *garlic butter*
kruidenier *grocer*; *grocery*
kruidkoek *gingerbread*
kruik *jar*
kruimel *crumb*
kruimelen *crumble*
kruipen ⟨van mens, dier⟩ *creep*; *crawl* ★ de hond kroop over de vloer *the dog crept across the floor*
kruis • teken *cross*
• ⟨muziek⟩ ★ kruisen en mollen *sharps and flats*
• lichaamsdeel *groin*
• deel van broek *crotch*
• stuit van dier *croup*; ⟨van paard⟩ *crupper*
• beproeving *cross*; *affliction* ◆ kruis of munt *heads or tails* ◆ het Rode Kruis *the Red Cross*
kruisen • dwars voorbijgaan *cross* ★ onze brieven kruisten elkaar *our letters crossed each other*
• ⟨biologie⟩ *crossbreed*
kruisigen *crucify* ★ Jezus werd veroordeeld en gekruisigd *Jesus was condemned and crucified*
kruisiging *crucifixion*
kruising • kruispunt *crossing*
• bevruchting *crossbreeding*
• gemengde soort *cross* ★ een kruising van twee soorten tulpen *a cross of two kinds of tulips*
kruistocht *crusade*
kruiswoordpuzzel *crossword (puzzle)*
kruit *gunpowder*
kruiwagen *(wheel)barrow*
kruk • stoeltje *stool*
• deurklink *handle*
• steunstok *crutch*
krul *curl*
krullen *curl* ★ mijn haar krult altijd in de zon *my hair always curls in the sun*
kubiek *cubic* ★ zes kubieke meter water *six cubic metres of water*
kubus *cube*
kuchen *cough*
kudde ⟨grote dieren⟩ *herd*; ⟨kleine dieren⟩ *flock* ★ een kudde koeien *a herd of cows* ★ een kudde schapen *a flock of sheep*
kuif *forelock*
kuiken *chicken; fledgling*
kuil *pit*; *hole*
kuis *chaste*
kuit *calf*
kukeleku *cock-a-doodle-doo*
kundig *capable* ★ een kundige vertaler *a capable translator*
kunnen • het vermogen hebben *can* ★ hoe kon je zoiets doen? *how could you do a thing like that?*
• mogelijk zijn *may*; *can* ★ het juiste antwoord kan B zijn *the right answer may be B* ◆ ik kan er niet tegen *I can't stand|take it* ◆ dat kan niet *that's impossible*

kunst *art*
kunstenaar *artist*
kunstgebit *false teeth* [meervoud]; *denture*
kunstmatig *artificial* ★ kunstmatig gekleurd *artificially coloured*
kunstmest *fertilizer*
kunstschaatsen *do figure skating*
kunstschilder *painter*
kunststof [**de-woord**] *synthetic* [**bijvoeglijk naamwoord**] *synthetic*
kunstwerk *work of art* ★ onbetaalbare kunstwerken *priceless works of art*

K

kurk *cork*
kurkentrekker *corkscrew*
kus *kiss* ★ Jo gaf hem een kus *Jo gave him a kiss*
kussen [het-woord] *cushion*; ‹op bed› *pillow* ★ mag ik je kussen opschudden? *may I shake your pillow?*
[werkwoord + iemand/iets] *kiss* ★ bah, mijn tante kuste me op mijn mond! *urgh, my aunt kissed me on the mouth!*
kust *coast*; *shore* ★ aan de kust *on the coast*
kut *cunt*
kwaad [het-woord] *evil*; *wrong* ★ je hebt me kwaad gedaan *you have done me wrong* ★ goed en kwaad *good and evil*
[bijvoeglijk naamwoord] • boos *angry* ★ kwaad zijn op iemand *be angry with someone*
• slecht *bad* ★ kwade bedoelingen *bad intentions*
kwaadspreken *speak ill* ★ Maarten sprak kwaad van jou *Maarten spoke ill of you*
kwaal *disease*
kwadraat *square* ★ in het kwadraat verheffen *(raise to a) square* ★ 5 in het kwadraat is 25 *5 square equals 25*
kwaken ‹van eenden› *quack*; ‹van kikkers› *croak*
kwal *jelly-fish*
kwalijk *ill* ◆ neem me niet kwalijk *I beg your pardon*; *excuse me* ◆ ik neem het hem niet kwalijk *I don't blame him for it*
kwaliteit *quality* ★ goede/slechte kwaliteit *good/poor quality*
kwantiteit *quantity*
kwark *curd cheese*
kwart • vierde deel *quarter*; *fourth (part)* ★ een kwart eeuw *a quarter of a century*
• kwartier ★ kwart voor/over vijf *a quarter to/past five*
kwartet • spel *happy families*
• ‹muziek› *quartet(te)*
kwartier *quarter (of an hour)* ★ drie kwartier *three quarters of an hour*; *45 minutes*
kwast *brush*
kweken *grow* ★ ik heb een nieuw soort roos gekweekt *I've grown a new kind of rose*
kwekerij *nursery*
kwekken *chat*
kwellen *torment* ★ je kwelt me al de hele dag met je stomme vragen *you've been tormenting me all day with your stupid questions*
kwestie *question*; ‹zaak› *matter* ★ een kwestie van vertrouwen *a matter of trust*
kwetsen *hurt* ★ zij heeft zijn gevoelens gekwetst *she hurt his feelings*
kwijlen *drool*

kwijt *lost* ★ mijn sleutels zijn kwijt *my keys are lost* ◆ ik ben mijn tas kwijt *I have lost my bag*
kwijtraken *lose* ★ ik ben in het donker de weg kwijtgeraakt *I lost my way in the dark*
kwik *mercury*
kwispelen *wag*

K

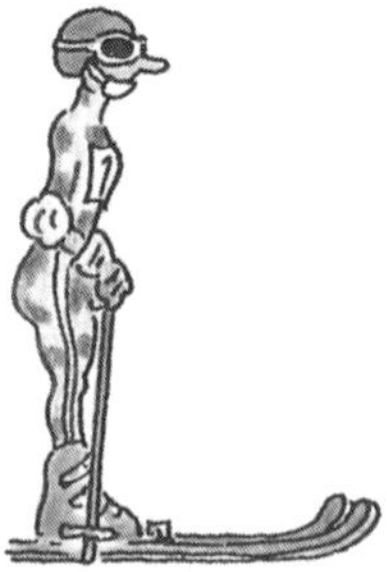

L

l *l* ◆ de L van Lodewijk *L as in Lucy*
la *zie lade*
laag [de-woord] *layer*; ‹dun› *film*; ‹van verf› *coat* ★ Peter deed een dikke laag pindakaas op zijn boterham *Peter put a thick layer of peanut butter on his slice of bread*
[bijvoeglijk naamwoord] • niet hoog *low* ★ laag water *low tide* ★ met een lage stem *in a low voice* ★ het nummer staat laag in de hitparade *the song is low in the charts*
• gemeen *base*; *mean* ★ een lage streek *a mean trick*
laan *avenue* ◆ iemand de laan uitsturen *give someone the sack*
laars *boot* ★ hoge laarzen tot de knie *knee-length boots*
laat *late* ★ de trein was een uur te laat *the train was an hour late/overdue* ★ te laat zijn voor het eten *be late for dinner* ◆ hoe laat is het? *what's the time?*
laatst [bijvoeglijk naamwoord] • in tijd *latest*; *last* ★ John kwam het laatst de klas binnen *John was the last/latest to enter the classroom*
• in volgorde *last* ★ de laatstgenoemde ‹van aantal› *the last mentioned*; ‹van twee› *the latter* ★ ik zag Mary en Jill; de laatste is zwanger *I saw Mary and Jill; the latter is pregnant*
• recent *latest*; *most recent* ★ de laatste mode *the latest fashion*
[bijwoord] *lately*; *the other day*; *recently* ★ ik heb haar laatst nog gezien *I saw her the other day*
laboratorium *laboratory*; ‹spreektaal› *lab*
lach *laugh*; *laughter*; ‹glimlach› *smile* ◆ in de lach schieten *burst out laughing*
lachen *laugh*; *smile* ★ lachen om iemand of iets *laugh at someone or somebody* ★ hij lachte lief naar me *he smiled at me affectiously*
ladder • klimtoestel *ladder*
• in panty *ladder*
lade *drawer*
laden *load* ★ een pistool laden *load a pistol*
lading • last *cargo*
• elektrische lading *charge* ★ de lading van een batterij *the charge of a battery*
laf *cowardly*
lafaard *coward*
lak *varnish*
laken ‹van bed› *sheet*; ‹van tafel› *cloth*
lakken *varnish*; ‹nagels› *polish* ★ mooi gelakte nagels *beautifully polished nails*
lam [het-woord] *lamb*
[bijvoeglijk naamwoord] *paralysed*
lama *llama*
lamp • verlichtingstoestel *lamp*; *light* ★ doe jij de lampen even aan/uit? *will you put on/out the lights?*
• gloeilamp *bulb*
lanceren ‹raket, torpedo e.d.› *launch*; ‹bedrijf, plan, tv-zender› *start*
land • staat *country*
• vaste grond *land* ★ over land *by land*
• grond *land* ★ hij heeft veel land *he owns a great deal of land* ★ vruchtbaar land *fertile land*
• platteland *country* ◆ aan land gaan *go ashore*
landbouw *agriculture*
landelijk • nationaal *national* ★ landelijke dagbladen *national (news)papers*
• plattelands *rural* ★ ik houd graag vakantie in een landelijke omgeving *I like to spend my holidays in a rural environment*
landen *land*; ‹van vliegtuig, raket ook› *touch down*
landgenoot *fellow-countryman*; *compatriot*
landing *landing*; *touchdown* ★ maak u

klaar voor de landing! *prepare for touchdown!*
landkaart *map*
landmacht *land forces*
landschap *landscape*
lang [**bijvoeglijk naamwoord**] • van tijd *long* ★ een lange tijd moeten wachten *having to wait a long time*
• van bepaalde lengte *long*; ⟨gestalte⟩ *tall* ★ mijn broer is langer dan ik *my brother is taller than I am* ◆ een paar maanden lang *for a few months*
[**bijwoord**] *long* ★ je had al lang in bed moeten liggen *you should have been in bed long ago* ◆ hij is lang niet gek *he's far from being a fool*
langdurig *long*; ⟨vriendschap⟩ *lasting*; ⟨zaak⟩ *lengthy*
langlaufen *langlauf*; *cross-country skiing*
langs • via *by*; *via* ★ langs een andere weg *by a different route*
• in de lengte naast *along*; *at* ★ ergens langs de weg *somewhere along the road* ★ de kasten staan langs de muur *the cupboards stand along the wall*
langsrijden *drive past* ★ hij reed met grote vaart langs *he drove past very fast*
languit *(at) full length*
langwerpig *long*; *oblong*
langzaam *slow* ★ langzaam rijden *drive slowly*
langzamerhand *little by little*; *gradually*
lantaarn *streetlamp*
lantaarnpaal *lamp-post*; *electric standard* ★ de auto botste tegen de lantaarnpaal *the car crashed into the lamp-post*
lap • stuk stof *cloth*; ⟨afgescheurd⟩ *rag* ★ oude lap *old rag*
• plat stuk ⟨grond⟩ *patch*; ⟨vlees⟩ *slice* ★ een lapje vlees *a slice of meat*
lappen *clean*; ⟨met zeem⟩ *shammy* ★ de ramen lappen *clean the windows*
laptop *laptop*; *notebook*
larve *larva*; *grub*
las *joint*; *weld*
lassen *weld*
lasso *lasso*; ⟨Amerikaans⟩ *lariat*
last • vracht *load*; *burden* ★ bezwijken onder de last *break down under the burden*
• hinder *trouble*; *nuisance* ◆ heb je last van de muziek? *is the music of any nuisance to you?* ◆ ik heb last van het licht *the light is troubling me*
lastig • moeilijk *difficult*
• hinderlijk ⟨van persoon⟩ *exacting*; *troublesome* ◆ iemand lastig vallen *trouble a person (for something)*
lat • stuk hout *slat*; *lath* ★ houten latten *wooden laths*
• ⟨sport⟩ *crossbar* ★ de bal kwam tegen de lat *the ball hit the crossbar*
laten [**werkwoord + iemand/iets**]
• toestaan *let*; *permit* ★ laat me gaan! *let me go!*
• ertoe brengen *make*; *have*; *get* ★ ik zal het Peter laten doen *I will get Peter to do it* ★ een brug laten bouwen *have a bridge built*
• in toestand laten *leave* ★ zij heeft het op de tafel laten liggen *she left it on the table*
• achterlaten *leave* ◆ in de steek laten *abandon*; *run out on someone* ◆ laat maar *don't bother*; *never mind*
[**hulpwerkwoord**] *let* ★ laten we gaan *let us go*
later [**bijvoeglijk naamwoord**] *later*
[**bijwoord**] *later*; *afterwards*; ⟨naderhand⟩ *later on* ★ ik zie je later nog wel *I'll see you later on again*
Latijn *Latin*
lauw • halfwarm *tepid*
• mat *lukewarm*; *halfhearted* ★ een lauwe reactie *a halfhearted reaction*
lava *lava*
lawaai *noise*; *tumult* ★ maak toch niet zo'n lawaai! *don't make such a noise!*
lawine *avalanche*
ledikant *bedstead*
leed *pain*; *sorrow* ★ het leed verzachten *ease the pain*
leefbaar *fit to live in*; *livable* ★ de toestand in de kampen was niet leefbaar *the situation in the camps was not livable*
leeftijd *age* ★ what's your age? *wat is uw leeftijd?* ◆ een man van middelbare leeftijd *a middle-aged man* ◆ zij bereikte de leeftijd van 101 *she*

lived to be a 101 ◆ op zevenjarige leeftijd *at the age of 7*

leefwijze *manner/style of living; lifestyle*

leeg • zonder inhoud *empty*; ‹bladzijde› *blank* ★ ga niet weg met een lege maag *don't leave on an empty stomach*
• onbezet *idle; empty* ★ is deze plaats nog leeg? *is this seat still empty?*
• onbewoond *vacant; unoccupied*

leeglopen *(become) empty*; ‹van fietsband, accu› *go flat* ★ help, mijn fietsband is leeggelopen *help, my tire has gone flat*

leer [**de-woord**] *science; theory; teachings* ★ de leer van Karl Marx *the teachings of Karl Marx*
[**het-woord**] *leather* ★ een jas van leer *a coat made of leather*

leerboek *textbook*

leerling *pupil; student*

leermeester *leader; master*

leerplicht *compulsory education*

leerzaam *instructive*

leesteken *punctuation mark* ★ leestekens plaatsen in een zin *punctuate a sentence*

leeuw *lion*

Leeuw *Leo* ★ mijn teken van de dierenriem is Leeuw *my sign of the zodiac is Leo*

lef *pluck; guts* ★ daar heb je het lef niet toe *you haven't got the guts for it*

legaal *legal*

legen *empty* ★ de biobakken worden elke week geleegd *the compost bins are emptied every week*

legende *legend*

leger ‹militair› *army* ★ hij zit in het leger *he is in the army* ◆ Leger des Heils *Salvation Army*

leggen • plaatsen *put; place* ★ naast elkaar leggen *put side by side*
• eieren leggen *lay* ★ kippen leggen elke dag een ei *chickens lay an egg every day*
• maken *lay; make* ★ een nieuwe vloer leggen *lay a new floor*

legitimatiebewijs *identity papers/card*

legitimeren *identify yourself; prove your identity*

legpuzzel *(jigsaw-)puzzle*

L

leiden [**werkwoord**] *lead* ★ de weg leidde naar zee *the road led to the sea*
[**werkwoord + iemand/iets**] • doen gaan ★ hij leidde haar bij de hand *he took/led her by the hand*
• aan het hoofd staan van *lead* ★ een onderneming leiden *to lead a company/business*
• voorstaan ★ Oranje leidt met 2-1 *Holland is leading 2-1*

leider • iemand die leidt *leader*; ‹van zaak› *manager* ★ de geestelijke leider *the spiritual leader*
• koploper *leader* ★ de leider in de wedstrijd *the leader in the competition*

leiding • het leiden/besturen *leadership; conduct; guidance* ★ leiding geven aan ‹geestelijke› *give guidance to*; ‹team› *lead*; ‹zaak› *manage* ★ onder leiding van *under the leadership of*
• ‹sport› ★ de leiding hebben *lead* ★ de leiding nemen *take the lead*
• buis, kabel ‹buis binnen› *pipe*; ‹buis buiten› *mains*; ‹draad binnen› *wire*; ‹dikke draad, buiten› *cable* ★ bij werkzaamheden zijn enkele leidingen doorgeknipt *during work a few cables have been cut through*

leidraad • richtsnoer *guide(line); guiding principle*
• handleiding *guide; instructions*

lek [**het-woord**] • gat *leak* ★ een lek dichten *stop a leak*
• verklikker *leak(age)*
[**bijvoeglijk naamwoord**] *leaky*; ‹van band› *flat* ★ zo lek als een mandje/zeef *leaky as a sieve* ★ een lekke band hebben *have a flat tyre*

lekken • lek zijn *leak*; ⟨van schip⟩ *make water* ★ het dak lekt *the roof is leaking* • informatie doorspelen *leak* ◆ een lekkende kraan *a dripping tap*
lekker • smakelijk *good*; *delicious*; *tasty* ★ het smaakt erg lekker *it's very tasty* • aangenaam *nice* ★ dat ruikt lekker *that smells nice* • lichamelijk gezond *well* ★ zij voelt zich niet lekker *she doesn't feel well* ◆ lekker rustig *nice and quiet*
lekkerbek *epicure*; *gourmet*
lekkernij *delicacy*; *tasty morsel*; *titbit*
lelijk • niet mooi *plain*; ⟨afstotend⟩ *ugly* ★ ik vind hem een lelijke jongen *I think he is an ugly boy* • kwalijk *nasty* ★ lelijke dingen over iemand zeggen *say nasty things about someone*
lenen • uitlenen *lend (to)* • te leen krijgen *borrow (from)* ★ mag ik dat boek van je lenen? *may I borrow that book from you?*
lengte • afmeting in lengte *length*; ⟨van personen⟩ *height* ★ in zijn volle lengte *(at) full length* ★ de lengte van de muur is 10 meter *the wall is 10 metres long/in length* • langste kant *length* ◆ doorknippen in de lengte *cut through lengthwise*
lenig *limber*; *loose-limbed*
lening *loan* ★ iemand een lening verstrekken *grant someone a loan*
lens • ooglens *lens* • contactlens *contact lens*; *contact* ★ harde/zachte lenzen in hebben *wear hard/soft contacts* ◆ ik schrok me lens *I was frightened stiff* ◆ ze werkt zich lens *she works as a mule*
lente *spring* ★ in de lente *in spring* ★ in de lente van 1969 *in the spring of 1969*; *spring 1969*
lenzenvloeistof *contact-lens liquid*
lepel *spoon*; ⟨soeplepel⟩ *ladle*; ⟨lepelvol⟩ *spoonful* ★ voeg twee lepels azijn toe *add two spoonfuls of vinegar*
leraar *master*; *teacher*
leren [**bijvoeglijk naamwoord**] *leather* ★ een leren jas *a leather coat* [**werkwoord + iemand/iets**] • kennis verwerven *learn* ★ iets van iemand leren *learn something from someone* • onderrichten *teach* ◆ iemand leren kennen *get to know someone* ◆ iets uit het hoofd leren *learn something by heart*
les • leerstof *lesson* ★ je les voorbereiden *prepare your lesson* • onderricht *lesson*; *class* ★ van 9 tot 11 les hebben *have lessons/class from 9 to 11* ★ les geven *give lessons*; *teach*
lesbisch *lesbian*
lesrooster *school timetable*
letten letten op *pay attention to*; *mind*; ⟨toezien op⟩ *look after* ★ let op het afstapje! *mind the step!* ◆ let op mijn woorden *mark my words*
letter *letter*; ⟨drukletter⟩ *type*; ⟨één letter⟩ *character* ★ grote letter *capital letter*; ⟨druk⟩ *upper case* ★ kleine letter *small letter*; *lower case* ★ de zesentwintig letters van het alfabet *the twenty-six characters of the alphabet*
lettergreep *syllable*
letterlijk [**bijvoeglijk naamwoord**] *literal* ★ een letterlijke vertaling *a litteral translation* [**bijwoord**] *literally*; *verbally* ★ iets heel letterlijk opvatten *take something very literally*
leugen *lie* ★ leugens vertellen *tell lies* ◆ een leugentje om bestwil *a white lie*
leugenaar *liar*
leuk • grappig *amusing*; *funny* ★ ik vind het leuk *I think it's funny*; *I like it* • aantrekkelijk *nice*; *pretty* ★ je haar zit leuk *your hair looks pretty*
leunen *lean (on/against)* ★ tegen de deurpost leunen *lean against the doorpost*
leuning ⟨van trap⟩ *bannisters*; *rail*; ⟨rugleuning⟩ *back*; ⟨armleuning⟩ *arm rest* ★ houd de leuning maar goed vast! *hold on to the bannisters!*
leus *slogan*; *catchword* ★ leuzen op een spandoek schrijven *write slogans on a banner*
leven [**het-woord**] *life* [meervoud: *lives*] ★ je leven hangt ervan af *your life depends on it* ◆ om het leven komen *die*; *be killed* [**werkwoord**] • in leven zijn *live*; *be alive*

L

• leven met ★ met die man is niet te leven *you can't live with that man*
• leven van ★ van de bijstand leven *live on social security*
levend *living*; *alive* ★ alle levende wezens op aarde *all living creatures on earth* ★ hij werd levend begraven *he was buried alive*
levendig *lively*; ‹kleur, beschrijving› *vivid* ★ ik kan het me levendig herinneren *I remember it clearly/vividly*
levenslang *lifelong* ★ een levenslange vriendschap *a lifelong friendship* ◆ levenslang krijgen *be sentenced to life (imprisonment)*
levensmiddelen *food(s)*; *foodstuffs*
lever *liver*
leverbaar *ready for delivery*; *available* ★ die cd is niet meer leverbaar *that CD is no longer available*
leveren • afleveren *supply*; *deliver* ★ deze winkel levert aan de koningin *this shop supplies the queen*
• bezorgen *provide*; *give* ★ commentaar leveren *give comment*
leverworst *liver sausage*
lezen *read* ★ mijn moeder zit een boek te lezen *my mother is reading a book* ◆ iemands gedachten lezen *read someone's mind*
lezer *reader*
liberaal [**de-woord**] *Liberal*
[**bijvoeglijk naamwoord**] *liberal*
libero ‹sport› *sweeper*
lichaam • lijf *body* ★ ik trilde over mijn hele lichaam *I was shaking all over my body*
• vereniging *body*; *corporation* ★ wetgevend lichaam *legislative body*
lichamelijk *bodily; physical* ★ lichamelijk letsel *bodily harm*
licht [**het-woord**] *light* ★ die lamp geeft goed licht *that lamp gives good light* ★ het licht aan/uit doen *turn/put the light on/off*
[**bijvoeglijk naamwoord**] • niet donker *bright*; *light* ★ het wordt al licht buiten *it's getting light already*
• niet zwaar *light* ★ deze tas is lichter dan die andere *this bag is lighter than the other one*
• gemakkelijk *light*; *easy* ★ lichte muziek/lectuur *light music/reading*
• soepel *light*
• onbeduidend *slight*
[**bijwoord**] *slightly*; *easily* ★ licht gezouten chips *slightly salted chips*
lichtjaar *light-year*
lichtnet *(electric) mains* ★ een apparaat op het lichtnet aansluiten *connect an appliance to the mains*
lichtpunt • voor lamp *power point*
• iets fijns *bright spot*; *ray of hope* ★ het enige lichtpuntje *the only ray of hope*
lid • lichaamsdeel *limb*
• persoon *member* ★ lid zijn van een fanclub *be a member of a fan club*
lidmaatschap *membership*
lidwoord *article*
lied *song*; ‹kerklied› *hymn*
lieden *people*; *folk*
lief [**het-woord**] *sweetheart* ◆ lief en leed delen *share life's joys and sorrows*
[**bijvoeglijk naamwoord**] • aardig *sweet*; *nice* ★ een lieve vrouw *a nice woman*
• geliefd *dear* ★ mijn lieve jongen! *my dear boy!*
• dierbaar *dear*; *treasured*; *valued*
• gewenst, graag *fond* ◆ Onze-Lieve-Heer *Our Lord*
[**bijwoord**] *sweet*; *dear* ★ lief doen *be sweet*
liefdadig *charitable*

liefde • genegenheid *love*; *affection* ★ liefde op het eerste gezicht *love at first sight* ★ iets doen uit liefde *do something for love*
• belangstelling *love*; *devotion* ★ mijn

liefde voor katten *my love of cats*
liefdesbrief *love letter*; *billet-doux*
liefdesverdriet *the pangs of love* ◆ hij heeft liefdesverdriet *he is feeling broken-hearted*; *he is crossed in love*
liefhebben *love*
liefhebber *lover*; *devotee* ★ een groot liefhebber van r&b *a devotee of r&b*
liefje • geliefde *sweetheart*; ‹minnares› *mistress*
• aanspreekvorm *darling*
liefkozen *caress*; *fondle*
liegen *lie*; *tell a lie* ★ ze loog tegen haar vriendinnen *she lied to her friends*
lies *groin*
lieveheersbeestje *lady bird*
liever *rather*; *sooner* ★ ik heb liever wat frisdrank dan thee *I'd rather have some softdrink than tea*
lieverd *darling*
lift • hijstoestel *lift*; *elevator* ★ sommige mensen durven niet met de lift *some people dare not go with the elevator*
• het meerijden *lift* ★ een lift vragen *hitch a lift/ride*
liggen • zich bevinden, zijn *lie*; *be situated* ★ de stad ligt in de bergen *the city lies in the mountains*
• uitgestrekt rusten *lie* ★ gaan liggen *lie down* ★ hij lag met griep in bed *he lay in bed with the flu*
• liggen aan *lie with*; *depend (on)* ★ het ligt aan het weer of we gaan of niet *it lies with/depends on the weather whether we go or not* ◆ de kamer ligt op het westen *the room faces West*
ligging *situation*; *position*
light *light*; *low-fat*; *diet* ★ een cola light *a diet coke*
lijden [werkwoord] lijden aan *suffer from* ★ lijden aan een kwaal *suffer from a disease/complaint*
[werkwoord + iemand/iets] *suffer*; *endure*; *bear* ★ pijn lijden *suffer pain* ★ een verlies lijden *sustain/suffer a loss*
lijf • lichaam *body* ★ mijn hele lijf doet pijn *my whole body is aching*
• deel van kledingstuk *bodice* ◆ in levenden lijve *in person*
lijfwacht *body guard*
lijk *corpse*; *dead body* ★ over mijn lijk *over my dead body*
lijken • overeenkomen *resemble*; *look like* ★ hij lijkt op zijn broer *he looks like his brother*
• schijnbaar zijn *seem*; *appear* ★ het lijkt me niet leuk *it appears to me as not being funny*
lijm *gum*; *glue*
lijmen *glue* ★ de scherven aan elkaar lijmen *glue the pieces together*
lijn • touw *line*; ‹van hond› *lead* ★ de hond aan de lijn houden *keep the dog on the lead*
• streep *line* ★ een lijn tekenen/trekken *draw a line* ★ op één lijn liggen/staan met ‹bomen, huizen, e.d.› *be in line with*
• verbinding *line* ◆ iemand aan het lijntje houden *keep someone up in the air*
lijnen *go on a diet*
lijst • opsomming *list* ★ zijn naam staat boven aan de lijst *his name is at the top of the list*
• omlijsting *frame* ★ het schilderij zit in een mooie lijst *the painting is in a nice frame*
lijster *thrush*; ‹grote lijster› *mistle thrush*
likken *lick* ★ aan een ijsje likken *lick an ice-cream* ◆ lik me reet! *bugger off!*; *kiss my ass!*
lila *lilac*
limiet *limit*
limonade *lemonade*; ‹priklimonade› *fizzy/sparkling lemonade*
liniaal *ruler*
linie ‹militair› *line (of defences)* ★ de linie passeren *cross the line*
linker *left*; *left-hand*

links: In Groot-Brittannië rijdt het verkeer aan de linkerkant van de weg. Ook in landen die vroeger kolonies waren van de Britten, zoals India en Zuid-Afrika, wordt nog steeds links gereden, terwijl in de auto's het stuur rechts zit.

links [bijvoeglijk naamwoord] • aan de

L

linkerkant *on the left hand side*
• linkshandig *left handed*
• ⟨politiek⟩ *left-wing*; *leftist* ◆ iemand links laten liggen *ignore a person*
[**bijwoord**] *to/on/at the left* ★ in Engeland rijden ze links *in England they keep left in driving*

linksaf *to the left*

linnen [**het-woord**] *linen*
[**bijvoeglijk naamwoord**] *linen* ★ linnen ondergoed *linen underwear*

lint *ribbon* ◆ de artiest heeft een lintje gekregen *the artist was given a decoration*

lip *lip* ★ geen woord kwam over zijn lippen *not a word passed his lips*

lippenstift *lipstick* ★ lippenstift opdoen *put on lipstick*

list ⟨truc⟩ *trick*; *scheme*; *cunning*

liter *litre* ★ het is goed om 2 liter water per dag te drinken *it's good to drink two litres of water a day*

literatuur *literature*

litteken *scar*

live *live*

locomotief *engine*; *locomotive*

loeien • koeiengeluid maken ⟨van koe⟩ *low*; ⟨van stier⟩ *bellow*
• huilen *howl*; *whine*; ⟨van sirene⟩ *blare* ★ een ambulance met loeiende sirene(s) *an ambulance with blaring siren(s)*

loempia *spring/pancake roll*; ⟨Amerikaans⟩ *egg roll*

loep *magnifying glass*; *loupe* ◆ iemand/iets onder de loep nemen *scrutinize someone/something*

loeren • scherp uitkijken *leer (at)*; *spy*
• loeren op *lie in wait for* ★ de poes loert op het vogeltje *the cat is lying in wait for the little bird*

lof [**de-woord**] • lofbetuiging *praise* ★ boven alle lof verheven *above all praise*
• godsdienstoefening *benediction*
[**de/het-woord**] ⟨groente⟩ *chicory*

log *unwieldy*; ⟨tred⟩ *heavy* ★ een zware, logge man *a heavy, unwieldy man*

logeren *stay* ★ wij hebben vrienden te logeren *we have friends staying with us*

logisch *logical*; *rational* ★ logisch denken *think logically*

lok *lock* ★ mooie rode lokken *nice red locks*

lokaal [**het-woord**] *(class)room* ★ er zijn in onze school tien lokalen *in our school there are ten classrooms*
[**bijvoeglijk naamwoord**] *local* ★ het is nu twee uur lokale tijd *it's now two o'clock local time*

lokatie *location*

loket ⟨van bank⟩ *counter*; ⟨van bioscoop⟩ *booking/box office*; ⟨in station e.d.⟩ *ticket window* ★ een kaartje kopen aan het loket *buy a ticket at the booking office/ticket window*

lokken *entice*; *lure*; *tempt* ★ de taart ziet er lokkend uit *the cake looks tempting*

lol *fun*; *laugh* ★ voor de lol *for fun*; *for a laugh* ★ reuze lol maken/hebben *make/have great fun*

lollig *funny*; *jolly* ◆ de lolligste thuis *the family joker*

lolly *lollipop*

lomp [**de-woord**] *rag*; *tatter* ★ in lompen gekleed *be dressed in rags*
[**bijvoeglijk naamwoord**] *clumsy*; *rude*; *ponderous*

lonen *be worth*; *pay*; *repay*

long *lung*

lont *fuse*; ⟨kaars⟩ *taper* ★ de lont aansteken *light the fuse*

lood • metaal *lead* ★ glas in lood ramen *lead(ed) windows*
• schietlood *plummet*; *plumb (line)* ★ die muur staat niet in het lood *that wall is out of plumb*

loodgieter *plumber*

loods • persoon *pilot*
• keet *shed*; ⟨van vliegtuig⟩ *hangar*

loof *foliage*

loom ⟨traag⟩ *heavy*; ⟨futloos⟩ *languid*; *listless* ★ bij warm weer wordt iedereen een beetje loom *with warm weather everyone becomes a little languid*

loon *wages*; *pay* ★ loon trekken *draw wages* ◆ dat is zijn verdiende loon! *it serves him right!*

loop • het lopen *walk*; ⟨hard⟩ *run* ★ op de loop zijn voor iemand/iets *be on*

the run for someone|something
• voortgang *course*; *development* ★ in de loop der jaren *in the course of years*
• van wapen *barrel* ★ de loop van een geweer *the barrel of a rifle*
loopbaan *career*
looppas *run*; *jog* ★ in looppas *at a jog*
loops *in heat* ★ onze hond is loops *our dog is in heat*
lopen • te voet gaan *walk*; *go*; *run* ★ het is een uur lopen *it is an hour's walk*
• zich uitstrekken *lead*; *go* ★ deze weg loopt naar Oss *this road leads|goes to Oss*
• verlopen, in tijd *turn out* ★ het liep heel anders *it turned out quite differently*
• functioneren *run*; *do* ★ deze auto loopt 1 op 4 *this car does 4 kilometres to the litre* ★ mijn horloge loopt precies op tijd *my watch is running on time precisely* ◆ zij loopt tegen de vijftig *she is getting on for fifty*
loper • boodschapper *runner*; ⟨van bank e.d.⟩ *messenger*
• sleutel *master key*
• tapijt *carpet*
• schaakstuk *bishop*
los • niet strak/vast *loose*; *slack* ★ ze draagt haar lange haar los *she wears her long hair loose*
• apart *apart*; *detachable* ★ los van al het andere *apart from everything else*
• ongedwongen *loose*; ⟨zeden⟩ *lax*; *easy* ★ de sfeer was erg los *there was a very loose atmosphere*
loslaten [**werkwoord**] *come off|unstuck*

★ de lijm heeft weer losgelaten *the glue has come unstuck again*
[**werkwoord + iemand/iets**] *let loose*; *set free*; ⟨iemand of iets⟩ *let go (of)* ★ laat me los! *let go of me!*
losmaken *unfasten*; ⟨van grond⟩ *loosen*; ⟨van knoop⟩ *untie* ★ je veters losmaken *untie your shoelaces*
losraken *get loose*; *come undone*
lossen • uitladen *unload* ★ er staat een vrachtwagen te lossen *there is a truck unloading*
• afschieten *discharge*; *fire* ★ een schot lossen *fire a shot*
lot • lotsbestemming *fate*; *lot* ★ iemand aan zijn lot overlaten *leave someone to his fate*
• loterijbriefje *(lottery) ticket*
loten *draw lots* ★ laten we loten om dit boek *let us draw lots for this book*
loterij *lottery*
lotion *lotion*; *wash*
lotto *lottery*
lozen • ontdoen van *get rid of*; *dump* ★ ik heb eindelijk die nare vriend kunnen lozen *I finally could get rid of that nasty friend*
• afwateren *drain*; *empty*
LPG *LPG*
LSD *LSD*
lucht • atmosfeer *air* ★ een beetje frisse lucht *a heath of fresh air* ★ in de lucht zijn ⟨van radio e.d.⟩ *be on the air*
• adem *air* ★ naar lucht happen *gasp for air*
• geur *smell*
• hemel *sky* ★ een prachtige blauwe lucht *a beautiful blue sky* ◆ er hangt iets in de lucht *there's something in the air*
luchtbed *air-bed*; *Lilo*
luchtdruk *pressure*; *air pressure* ★ een gebied van hoge/lage luchtdruk *an area of high|low air pressure*
luchten • ventileren *air*; *ventilate* ★ het huis luchten *air|ventilate the house*
• uiten *vent* ★ je gevoelens uiten *vent your feelings*
luchtig [**bijvoeglijk naamwoord**] • fris *light*
• licht *light*; *airy*

L

[**bijwoord**] *airy*; *light-hearted* ★ iets luchtig opvatten *take something light-heartedly*
luchtpost *airmail*
luchtvaart *aviation*
luchtverontreiniging *pollution of the air*; *air pollution*
lucifer *match*
lui [**de-woord**] *people*; *folk*
[**bijvoeglijk naamwoord**] *lazy*; *idle*
◆ luie stoel *easy chair*
luid *loud* ★ met luide stem *in a loud voice*
luiden [**werkwoord**] *toll*; *ring*; *peal* ★ de kerkklok luidt *the church bell rings*
[**werkwoord + iemand/iets**] *ring* ★ de kerkklok luiden *ring the church bell*
luidruchtig *noisy*
luidspreker *loudspeaker*
luier *napkin*; ‹Amerikaans› *diaper* ★ John deed de baby een schone luier aan *John changed the baby's napkin*
luieren *be idle/lazy* ◆ lig niet zo te luieren *don't be so lazy*
luik *hatch*; ‹in de vloer› *trap-door* ★ een luik openen/sluiten *open/close a hatch*
luipaard *leopard*
luis *louse* [meervoud: *lice*] ★ luizen uitroeien *exterminate lice*
luisteren *listen* ★ luister naar ze *listen to them*
lukken • ‹bij dingen› *work (out)* ★ het plan is gelukt *the plan worked out*
• ‹van mensen› *manage*; *succeed* ★ het lukte ons om te ontsnappen *we managed to escape*
lul *cock*; *dick*
lunch *lunch(eon)* ★ tijdens de lunch *during lunch*
lunchen *have lunch* ★ we heben nog niet geluncht *we didn't have lunch (yet)*
lus *loop*
lusten *like*; *enjoy* ★ lust jij graag chocola? *do you like/enjoy chocolate?* ◆ ik lust geen andijvie *I don't care for endive*
luthers *Lutheran*
luw *sheltered*

luxe *luxury* ★ in luxe leven *live in luxury*
Luxemburg *Luxemburg*
Luxemburger *Luxemburger*
Luxemburgs *Luxemburgian*
Luxemburgse *Luxemburger*
lyceum ≈ *grammar school*; ≈ ‹Amerikaans› *high school*

L

m *m* ◆ de M van Marie *M as in Mary*
ma *mum*
maag *stomach*; ⟨spreektaal⟩ *tummy* ★ op een nuchtere maag *on an empty stomach*
maagd *virgin*
Maagd *Virgo* ★ mijn teken van de dierenriem is Maagd *my sign of the zodiac is Virgo*

maaien *mow*; *cut*
maal [**de-woord**] *time* ★ twee maal drie is zes *two times three is six*
[**het-woord**] *meal* ★ een stevig maal *a square meal*
maalteken *multiplication sign*
maaltijd *meal* ★ de maaltijd gebruiken *have a meal*
maan *moon* ★ volle maan *full moon* ★ de maan schijnt *the moon is shining*
maand *month* ★ 500 euro per maand *500 euros a month* ★ in de maand april *in the month of April*
maandag *Monday* ★ op maandag *on Monday*
maandverband *sanitary towel|napkin*
maar [**bijwoord**] *only*; *just* ★ wacht maar! *just wait!* ★ deze cd kost maar twee dollar *this cd costs only|just two dollars* ◆ wist ik het maar *if only I knew* ◆ zo maar! *for no reason at all!*; *because!*
[**voegwoord**] *but* ★ groen is mooi, maar blauw is mooier *green is pretty, but blue is prettier*
maart *March* ★ op 12 maart *on the 12th of March*; *March 12th*
maat • afmeting *measure*; ⟨van kleding⟩ *size* ★ van iemand de maat nemen *take someone's measure* ★ kleine/grote maat *small|large size* ★ welke maat heb je? *what's your size?*
• makker *mate*
• ⟨muziek⟩ *bar* ★ de eerste maat *the first bar* ◆ je speelt uit de maat *you play out of time*
maatregel *measure* ★ maatregelen nemen *take measures*
maatschappij • ⟨handel⟩ samenleving *society* ★ de westerse maatschappij *western society*
• ⟨handel⟩ *company* ★ een platenmaatschappij *a record company*
machine *machine* ★ een machine aan-/uitzetten *turn on|off a machine*
machinist *engine driver*
macht • heerschappij *power*; *control* ★ de generaals hebben de macht in handen *the generals are in power|control* ★ hij verloor de macht over het stuur *he lost control of the car*
• leger *force(s)* ★ de gewapende macht *the armed forces*
• ⟨wiskunde⟩ *power* ★ een getal tot de n-de macht verheffen *raise a number to the nth power|degree* ◆ uit alle macht *with might and main*
machthebber *ruler*
machtig • met veel macht *powerful*; *mighty* ★ een machtige godin *a mighty goddess*
• indrukwekkend *enormous* ★ een machtige menigte was op de been *an enormous crowd was milling about*
machtsverheffen *raise a number to a*

higher power
made *maggot*
maf *crazy* ★ zij is de mafste van ons allemaal *she is the craziest of us all*
magazijn • voorraadkamer *stockroom*
• opslagplaats *warehouse; storehouse*
mager • dun *thin; slim* ★ een magere hond *a thin dog* ★ mager worden *get thin*
• niet vet *lean* ★ mager vlees *lean meat*
◆ magere kaas/melk *low fat cheese/milk*
magie *magic*
magneet *magnet*
magnetisch *magnetic*
magnetron *microwave(oven)*
mailen *e-mail*
mailtje *e-mail* ★ ik zal je een mailtje sturen *I will send you an e-mail*
maïs *maize*; ‹Amerikaans› *(sweet) corn*
◆ gepofte maïs *popcorn*
majesteit *majesty* ★ Hare/Zijne/Uwe Majesteit *Her/His/Your Majesty*
majoor *major*
mak *tame; gentle* ★ een mak huisdier *a tame pet*
makelaar *broker*
maken • tot stand brengen *make; produce* ★ een woordenboek maken *make a dictionary*
• veroorzaken *make* ★ je hebt er een zooitje van gemaakt *you made a mess of it* ★ dat maakte me pas echt boos *that really made me mad* ★ iemand aan het lachen maken *make someone laugh*
• herstellen *repair; fix* ★ kunt u dit horloge maken? *can you repair this watch?*
• eraan toe zijn *do* ★ ik hoop dat je het goed maakt *I hope that you're doing fine* ★ hoe maak je het? *how are you doing?* ★ ik maak het goed *I'm (doing) well* ◆ een foto maken *take a photograph* ◆ maak dat je weg komt! *get out!* ◆ je hebt hier niets te maken *you have no business here* ◆ daar heb ik niets mee te maken *I have nothing to do with that*
make-up *make-up* ★ make-up opdoen *put on make-up*

M

makkelijk *easy*
makreel *mackerel*
mal *silly* ★ doe niet zo mal *don't be silly*
malen *grind* ★ koffie malen *grind coffee*
mals *tender*
mama *mama*
man • mannelijk persoon *man* ★ drie mannen en vier vrouwen *three men and four women*
• echtgenoot *husband* ★ mijn man komt zo thuis *my husband will come home soon* ◆ 60 euro per man *60 euros a head*
mand *basket; bin*
mandarijn *mandarin*
manege *riding-school; manège*
manen [**de-woord**] *mane* ★ de manen van dat paard zijn zwart *the mane of that horse is black*
[**werkwoord + iemand/iets**] • aansporen *urge*
• herinneren *dun*
maniak *maniac*
manie *mania*
manier • wijze *manner; way* ★ haar manier van leven *her way of living* ★ op deze manier *in this manner*
• omgangsvormen *manners* ★ slechte manieren *bad manners*
mank *lame* ★ hij loopt mank *he is lame*
mankeren • ontbreken *be missing* ★ er mankeren drie pagina's *there are three pages missing*
• schelen *be the matter* ★ wat mankeert je? *what's the matter with you?*
mannelijk *male* ★ een mannelijk kind *a male child*
mantel *coat*
map *file; folder*
marathon *marathon*
margarine *margarine*
Maria-Hemelvaart *Assumption Day*
marihuana *marihuana*; ‹spreektaal› *grass; pot*
marine *navy*
markeerstift *marker(pen)*
markeren *mark; highlight* ★ de gemarkeerde gebieden op de kaart *the highlighted areas on the map*
markt *market* ★ naar de markt gaan *go to market*

marmer *marble*
marmot *marmot*; ‹cavia› *guinea-pig*
Marokkaan *Moroccan*
Marokkaans *Moroccan*
Marokkaanse *Moroccan*
Marokko *Morocco*
marsepein *marzipan*
martelen *torture*
mascara *mascara* ★ ze deed mascara op *she put on mascara*
masker *mask* ★ wij namen onze maskers af *we took off our masks*
massa ‹natuurkunde› *mass* ★ een massa dingen *a mass of things* ★ een massa water *a mass of water*
masseren *massage*
masseur *masseur*
mast *mast* ★ een zeilschip met twee masten *a sailing ship with two masts*
masturberen *masturbate*
mat [de-woord] • kleed *mat*
• ‹schaakmat› *mate*
[bijvoeglijk naamwoord] *mat*; *dim*
★ een mat beeldscherm *a dim monitor*
materiaal *material*
matig • slecht *mediocre* ★ een matig rapport *a mediocre report*
• sober *moderate* ★ George leidt een matig leven *George leads a moderate life*
matras *mattress*

matroos *sailor*
mavo *General Secondary Education*
maximaal [bijvoeglijk naamwoord] *maximum* ★ de maximale hoeveelheid *the maximum amount*
[bijwoord] *at most* ★ dat kost maximaal 450 euro *that costs 450 euros at most*
maximum *maximum*
mayonaise *mayonnaise*
mazelen *measles* ★ Yvon kreeg de mazelen *Yvon got measles*
mazzel *piece of luck* ◆ (de) mazzel *see you later* ◆ we hadden mazzel *we had a lucky break*
medaille *medal* ★ een medaille halen *win a medal*
mede *also* ★ jij bent er mede schuldig aan *you are also guilty of it*
mededeling *announcement* ★ een mededeling doen *make an announcement*
medeklinker *consonant*
medelijden *pity*; *compassion*
★ medelijden hebben met iemand *have pity on someone*; *feel sorry for someone*
medeplichtig *accessory (to)* ★ is zij medeplichtig aan die moord? *is she accessory to that murder?*
medewerker *employee* ★ gezocht: een tijdelijke medewerker *wanted: a temporal employee*
media *media* ★ de media schonken geen aandacht aan het ongeluk *the media paid no attention to the accident*
medicijn *medicine*; *drug* ★ medicijnen gebruiken tegen kanker *take medicines/drugs against cancer*
medisch *medical*
mee *with* ★ ga je met me mee? *will you come with me?* ★ dat heeft er niets mee te maken *that has got nothing to do with it* ◆ de wind mee hebben *have a tail wind* ◆ het zit ons niet mee *things aren't going our way*
meebrengen *bring (along)* ★ kun je die mooie cd meebrengen? *can you bring along that beautiful CD?*
meedelen *report* ★ de politie deelde mee dat de brand was aangestoken *the police reported that the fire was lit*
meedoen *join (in)* ★ doen jullie mee aan onze actie? *will you join our action?* ★ doe maar mee, als je daar zin in hebt *join in, if you feel like it*
◆ meedoen aan een wedstijd *compete in a game*
mee-eter • gast *fellow-diner*

M

• puistje *blackhead*
meegaan • vergezellen ⋆ ga je met mij mee? *are you going with me?*
• bruikbaar blijven *last (for)* ⋆ deze gloeilamp gaat 10.000 uur mee *this light-bulb lasts for 10.000 hours*
meekomen • bijblijven *keep up* ⋆ hij kan niet meekomen *he can't keep up with the others*
• samen komen *come (along) with* ⋆ Henry kwam mee met zijn ouders *Henry came along with his parents*
meel *flour*
meenemen *take along/with* ⋆ neem die rommel mee *take that rubbish along*
meer [**het-woord**] *lake* ⋆ een meer heet in het Schots een 'loch' *a lake in Scottish is called a 'loch'*
[**bijwoord**] *more* ⋆ hij woont hier niet meer *he doesn't live here any more* ⋆ ik hoop hem meer te zien *I hope to see more of him* ⋆ nooit meer *never more; never again*
[**telwoord**] *more* ⋆ het plan is min of meer mislukt *the plan has failed more or less* ⋆ heb jij meer zakgeld dan ik? *do you have more pocket money than I have?* ◆ steeds meer *more and more*
meerderheid *majority* ⋆ in de meerderheid zijn *be in the majority*
meerderjarig *of age* ⋆ meerderjarig worden *come of age* ⋆ ben jij al meerderjarig? *are you of age yet?*
meervoud *plural* ⋆ het meervoud van 'woman' is 'women' *the plural of 'woman' is 'women'*
mees *titmouse*
meespelen • meedoen *join in (the game); take part (in a game)*
• van belang zijn *play a part*
meest *most* ⋆ op zijn meest *at (the) most* ⋆ ik houd het meeste van ijs *I like ice cream the most* ⋆ de meesten van ons *most of us* ⋆ de meeste auto's *most cars*
meestal *mostly; usually*
meester • baas *master* ⋆ de politie is de toestand meester *the police are master of the situation*
• onderwijzer *teacher* ⋆ de meester stelde de leerling een vraag *the teacher asked the pupil a question*
meesterwerk *masterpiece*
meetellen [**werkwoord**] *count* ⋆ dat telt niet mee *that does not count*
[**werkwoord + iemand/iets**] *count in* ⋆ ik heb de blauwe ook meegeteld *I counted in the blue ones as well*
meetkunde *geometry*
meeuw *(sea-)gull*
meevallen *exceed your expectations* ⋆ het resultaat viel ons mee *the result exceeded our expectations* ◆ de boete valt mee *the penalty isn't so bad* ◆ het resultaat viel ons niet mee *the result was dissapointing to us*
meewerken *cooperate; collaborate* ⋆ Jim werkte niet mee met ons *Jim didn't cooperate with us* ⋆ meewerken aan een project *collaborate on a project*
megabyte *megabyte*
mei *May* ⋆ op 23 mei *on the 23rd of May; May 23rd*
meid *girl*
meisje • jonge vrouw *girl*
• vriendin *girlfriend* ⋆ is Fiona jouw meisje? *is Fiona your girlfriend?*
melden [**werkwoord + iemand/iets**] *report* ⋆ ik zal het aan u melden *I shall report it to you*
[**werkwoord + zich**] *report*
melding *mention; report* ⋆ melding van een inbraak *mention of a burglary*
melk *milk* ⋆ magere/halfvolle melk *low-fat milk*
melkpoeder *milk-powder*
melodie *melody* ⋆ deze twee melodieën lijken erg op elkaar *those two melodies are very much alike*
men *they; people* ⋆ men zegt dat zij ontsnapt is *they/people say (that) she escaped*
meneer *Mister; Sir* ⋆ meneer, mag ik u iets vragen? *Sir, can I ask you something?*
menen • denken *think* ⋆ ik meen dat we hier linksaf moeten *I think (that) we should turn left here*
• bedoelen *mean* ⋆ ik meen het *I mean it* ⋆ hij meent het goed met je *he means well by you*
mengen [**werkwoord + iemand/iets**] *mingle; mix* ⋆ wat krijg je als je geel

mengt met blauw? *what do you get when you mingle/mix yellow with blue?*
[**werkwoord + zich**] mengen in *join in* ★ de chauffeur mengde zich in het gesprek *the driver joined the conversation*
mengsel *mixture*
menigte *crowd*
mening *opinion* ★ wie is van mening dat we rechtsaf moeten? *who is of opinion (that) we should turn right here?* ◆ we verschillen van mening *we disagree*
mens [**de-woord**] • één persoon *human being* ★ drie mensen *three human beings*
• meerdere of alle mensen *man*; *people* ★ de mens stamt af van de apen *man is descended from the apes* ★ veel mensen geloven dat niet *many people don't believe that*
[**het-woord**] *creature*; *soul* ★ het arme mens *the poor soul*
menselijk *human* ★ een menselijk wezen *a human being*
mensenrechten *human rights*
mensheid *humanity*; *mankind*
menstruatie *menstruation*; *period*
menu *menu*
mep *blow* ★ iemand een mep geven *deal someone a blow*
merel *blackbird*
merendeel ★ voor het merendeel *for the greater part*
merk • herkenningsteken *mark*; ‹op kleren› *label* ★ een merk op een bankbiljet *a mark on a banknote* ★ de maat staat op het merkje *the size is on the label*
• handelsnaam *brand* ★ een broek van een goed merk *trousers of a good brand*
merkbaar *noticeable*
merken • bemerken *notice* ★ de leraar merkte dat Jana afkeek *the teacher noticed that Jana was cribbing*
• van een merkteken voorzien *label*; ‹goederen› *mark* ★ gemerkte dozen *labelled boxes* ◆ ik merk het aan je ogen *I can tell by your eyes*
merkwaardig *remarkable*
merrie *mare*
mes *knife* [meervoud: *knives*] ★ messen horen in de keuken *knives belong in the kitchen*
mest *dung*; *manure*
met *with* ★ patat met mayonaise *chips with mayonnaise* ★ zij gaat met hem op vakantie *she's going on holiday with him* ★ met liefde *with love* ◆ wij zijn met zijn zevenen *we're seven* ◆ met kerst *at Christmas* ◆ stoppen met roken *quit smoking*
metaal *metal* ★ van metaal *made of metal*
metalen *metal* ★ metalen voorwerpen *metal objects*
meteen • tegelijk *at the same time*
• direct erna *at once*; *in a bit* ★ ik kom zo meteen *I'm coming in a bit* ◆ kom meteen hier! *come here right now!*

meten *measure* ★ zij maten de afstand met een liniaal *they measured the distance with a ruler*
meter *metre* ★ ik wil graag vijf meter van deze stof *I'd like five metres of this cloth* ★ 60 vierkante/kubieke meter *60 square/cubic metres*
methode *method*
metro *underground (railway)*; *metro*; ‹Amerikaans› *subway* ★ de metro nemen *take the underground*; ‹Amerikaans› *ride the subway*
metselen *lay bricks* ◆ een muur metselen *build a brick wall*
meubel *piece/article of furniture*

M

meubilair *furniture*
mevrouw *Mrs*; ‹bij aanspreken› *Madam* ⋆ aan mevrouw Johnson *to Mrs Johnson* ⋆ Mevrouw, zou u mij kunnen helpen? *Madam, could you help me, please?*
miauwen *miaow*
microfoon *microphone*; *mike*
microscoop *microscope*
middag *afternoon* ⋆ 's middags *in the afternoon*
middel • taille *waist* ⋆ Twiggy heeft een slank middel *Twiggy has a slender waist*
• hulpmiddel *means* ⋆ door middel van concentratie *by means of concentration* ⋆ het is een ongeschikt middel *it is an insufficient means*
• geneesmiddel *medicine* ⋆ een middel tegen hoofdpijn *a medicine against headache*
middelbaar *medium*; *average* ⋆ op middelbare leeftijd *at middle age* ◆ middelbare school *secondary school*
Middeleeuwen *middle ages*
middelpunt *centre*
middelvinger *middle finger* ◆ de middelvinger opsteken naar iemand *give someone the finger*
midden *middle* ⋆ in het midden van de tuin *in the middle of the garden*
middernacht *midnight* ⋆ om middernacht *at midnight*
mier *ant*
mierenhoop *antheap*
migraine *migraine*
mij [**voornaamwoord**] *me* ⋆ je moet me geloven *you have to believe me* ⋆ luister je naar mij? *are you listening to me?* ◆ een vriend van mij *a friend of mine*
[**voornaamwoord**] *myself*
mijden *avoid* ⋆ zij meed hem de hele week *she avoided him for the whole week*
mijl *mile*
mijn [**de-woord**] • delfplaats *mine*
• bom *mine*
[**voornaamwoord**] *my* ⋆ heb je mijn tas gezien? *have you seen my bag?*
mijnheer *mister*; *Sir* ⋆ mijnheer Jansen is afwezig *mister Jansen is absent*
mijzelf *myself*; *me*
mikken *aim* ⋆ zij mikte op de prullenbak *she aimed at the waste-basket*
mild • zachtaardig *mild* ⋆ een milde rechter *a mild judge*
• zacht *gentle* ⋆ een milde regen *a gentle rain*
milieu *environment*
milieuvriendelijk *ecological*
militair [**de-woord**] *military man*; *soldier* [meervoud: *the military*] ⋆ 17 militairen werden gedood *17 soldiers were killed*
[**bijvoeglijk naamwoord**] *military* ⋆ een militaire operatie *a military operation*
miljard ‹Brits› *a thousand million*; ‹Amerikaans› *billion* ⋆ miljarden mensen *billions of people*
miljoen *million* ⋆ miljoenen dollars *millions of dollars*
miljonair *millionaire*
millimeter *millimetre*
milt *spleen*
min • minus ⋆ zes min drie *six minus three* ⋆ min 10 graden Celsius *minus 10 degrees Celsius* ◆ min of meer *more or less*
minachten *despise*
minder [**bijvoeglijk naamwoord**] ◆ minder worden *decrease*; *lessen*
[**voornaamwoord**] *less* ⋆ er is minder tijd dan gisteren *there is less time than yesterday*
[**telwoord**] *fewer* ⋆ ik heb minder woorden nodig dan jij *I need fewer words than you*
minderheid *minority* ⋆ jullie zijn in de minderheid *you are in the minority*

M

minderjarig *under age*
mineraalwater *mineral water*
minimaal *minimal* ★ het minimale bedrag *the minimal amount*
minimum *minimum* ★ met een minimum aan voedsel *with a minimum of food*
minister *minister*; ‹Amerikaans› *secretary* ★ eerste minister *Prime Minister*; *Premier*
ministerie *ministry*; *department*; *office*
minister-president *Premier*; *Prime Minister*
minnaar, minnares *lover*
minst [voornaamwoord] *least* ★ hij heeft het minste tijd *he has the least time* ◆ Will is ten minste 35 jaar oud *Will is at least 35 years old*
[telwoord] *fewest* ★ zij heeft de minste kleren *she has the fewest clothes*
minstens *at least* ★ je hebt minstens 1000 euro nodig *you'll need at least a 1000 euros*
minteken *minus sign*
minuut *minute* ★ drie minuten over twaalf *three minutes past twelve*
mis [de-woord] *mass*
[bijvoeglijk naamwoord] • niet raak *out* ★ het schot was mis *the shot was out* • verkeerd *wrong* ★ je hebt het mis *you've got it wrong* ★ het plan ging mis *the plan went wrong*
misbruik *abuse* ◆ misbruik maken van iemand/iets *abuse someone/something*
misdaad *crime* ★ een misdaad begaan *commit a crime* ★ misdaden tegen de menselijkheid *crimes against humanity*
misdadiger *criminal*
misdragen *misbehave*
misdrijf *criminal offence*
mishandelen *assault*
misleiden *mislead* ★ hij heeft ons allemaal misleid *he misled us all*
mislukken *fail* ★ je plannetje is mislukt *your little scheme has failed*
mislukking *failure*
misschien *perhaps*; *maybe* ★ misschien weet zij het antwoord *maybe she knows the answer* ◆ ken jij hem misschien? *do you know him bij any chance?*
misselijk *sick* ◆ ik ben misselijk *I feel sick*
missen [werkwoord] *miss*; *be missing*
[werkwoord + iemand/iets] • niet treffen *miss* ★ de schutter miste zijn doel *the marksman missed his target* • niet hebben *lack* ★ Kurt mist zelfvertrouwen *Kurt lacks self-confidence* • gemis voelen *miss* ★ ik zal je missen als je weg bent *I'll miss you when you're gone*
mist *fog* ★ een dikke/dichte mist *a thick/dense fog*
misten *be foggy* ★ het mist erg *it is very foggy*
misverstand *misunderstanding*
mits *provided that* ★ we gaan zwemmen, mits het zwembad open is *we go swimming, provided that the swimming pool is open*
mix *mix*
mixer *mixer*
mkz mond- en klauwzeer *foot-and-mouth disease*
mobiel *mobile* ★ mobiele telefoon *mobile phone*
modder *mud*
mode *fashion* ★ uit de mode raken *go out of fashion* ★ in de mode komen *come into fashion* ★ in de mode zijn *be in fashion* ★ de nieuwste mode *the latest fashion*

model *model* ★ het nieuwste model cd-speler *the latest model in CD players*

M

modern *modern* ★ een moderne computer *a modern computer*
modieus *fashionable* ★ modieuze kleren *fashionable clothes*
moe [**de-woord**] *mother*; *mum*
[**bijvoeglijk naamwoord**] *tired* ★ we zijn moe van het rennen *we're tired from running*
moed *courage* ★ de moed verliezen *lose courage*
moeder *mother*
moedertaal *mother tongue*
moedervlek *birthmark*
moedig *courageous*; *brave*
moeilijk *difficult*; *hard* ★ een moeilijke opgave *a difficult task* ★ het is moeilijk te geloven *it's hard to believe*
moeilijkheid *trouble*; *difficulty* ★ we zitten in moeilijkheden *we're in trouble* ★ iemand in moeilijkheden brengen *get someone into trouble*
moeite *trouble* ★ moeite hebben met wiskunde *have trouble with maths* ◆ de moeite waard *worth wile* ◆ doe geen moeite *don't bother*
moeras *swamp*
moeten *must*; *have to* ★ ik moet gaan *I have to go*; *I must go* ◆ ik moest wel lachen, of ik wou of niet *I couldn't help laughing* ◆ je moest je schamen! *you should be ashamed of yourself!*
mogelijk [**bijvoeglijk naamwoord**] *possible* ★ zo snel mogelijk *as soon as possible* ★ op alle mogelijke manieren *in every possible way*
[**bijwoord**] *possibly* ★ mogelijk is het vliegtuig gekaapt *possibly the plane got hijacked*
mogelijkheid *possibility* ★ eindeloze mogelijkheden *infinite possibilities*
mogen [**werkwoord + iemand/iets**] *like* ★ ik mag hem wel *I like him*
[**hulpwerkwoord**] *may*; *can* ★ mag ik een koekje (hebben)? *can I have a cookie?* ◆ je mag niet naar het feest *you're not allowed to go the party*
mol *mole*
molecule *molecule*
molen *mill*
molenaar *miller*
mollig *chubby*

M

moment *moment* ★ één momentje, graag! *just a moment, please!*
momenteel *at the moment*
mompelen *mutter*
monarchie *monarchy*
mond *mouth* ◆ houd je mond! ⟨beleefd⟩ *keep quiet!*; ⟨grof⟩ *shut up!* ◆ ze had een grote mond tegen de leraar *she talked back at the teacher*
mondeling *oral* ★ mondeling examen *oral examination*
monnik *monk*
monster *monster*; *freak*
monteur *mechanic*
montuur *frame*
monument *monument*
mooi [**bijvoeglijk naamwoord**] *nice*; *pretty*; ⟨van persoon⟩ *handsome* ★ Utrecht is een mooie stad *Utrecht is a nice city* ★ mooie kleren *pretty clothes* ★ een mooie jonge man *a handsome young man* ◆ mooi weer *fair weather*
[**bijwoord**] ◆ mooi zo! *good!*; *that's right!* ◆ mooi niet! *no way*
moord *murder*
moordenaar *murderer*; *killer*

> **moordenaar**: *Jack the Ripper* is Engelands meest bekende moordenaar. Rond 1900 vermoordde hij in Londen vijf vrouwen met een mes (*ripper* betekent: iemand die snijdt). Het is de politie nooit gelukt de dader te pakken en pas kort geleden is het dagboek gevonden van de man die waarschijnlijk Jack the Ripper is geweest.

mop *joke* ◆ moppen tappen *crack jokes*
mopperen *grumble* ★ mopperen op iemand *grumble at/about someone* ★ mopperen over iets *grumble at/about something*
moraal *moral*
morgen [**de-woord**] *morning* ★ ik wacht al de hele morgen *I've been waiting all morning* ★ 's morgens *in the morning*
[**bijwoord**] *tomorrow* ★ tot morgen! *till*

tomorrow!
morsen *spill* ★ ze morste ketchup op haar bloes *she spilled ketchup on her blouse*
mos *moss*
moskee *mosque*
moslim *Moslem; Muslim*
mossel *mussel*
mosterd *mustard*
mot • insect *moth*
• ruzie *tiff* ◆ zij hebben mot *they have fallen out with each other*
motief • reden *motive* ★ het motief voor de moord was jaloezie *the motive for the murder was jealousy*
• patroon *pattern* ★ behang met een oosters motief *wallpaper with an eastern pattern*
motivatie *motivation*
motor • machine *motor; engine* ★ de motor van een auto *the engine of a car*
• motorfiets *motorcycle*; ‹Amerikaans› *bike* ★ we gaan op de motor naar Assen *we go to Assen by motorcycle*
motorboot *motorboat*
motregen *drizzle*
motto *device* ★ mijn motto is: 'leven en laten leven' *my device is: 'live and let live'*
mouw *sleeve*
mozaïek *mosaic*
mp3 ‹computer› *MP3* ★ mp3's downloaden en afspelen *download and play MP3's*
muesli ‹Brits› *muesli*
muf ‹geur› *musty*
mug *mosquito*
muis • dier *mouse* [meervoud: *mice*]
★ we hebben muizen in de keuken *we have mice in the kitchen*
• van computer *mouse*
muisarm *mouse arm*
muisjes *aniseed comfits* [meervoud]
muismat *mouse mat*
mummie *mummy* ★ Egyptische mummies *Egyptian mummies*
munitie *munition*
munt • geldstuk *coin* ★ een verzameling munten *a collection of coins*
• munteenheid *currency* ★ de euro is de Europese munt *the euro is the European currency*
muntstuk *coin*
murw *tender; soft* ★ iemand murw maken *soften someone up*
mus *sparrow*
museum *museum; gallery*
musicus *musician*
muts *hat*
muur *wall*
muziek *music* ★ op de muziek dansen *dance to the music*
muziekinstrument *musical instrument*
muziekschool *school of music*
muzikaal *musical*
muzikant *musician*
mvbo middelbaar voorbereidend beroepsonderwijs *Junior Secondary Vocational Education*
mysterie *mystery*
mythe *myth*

n *n* ◆ de N van Nico *N as in Nelly*
na *after* ⋆ na een jaar *after a year* ⋆ na u! *after you!* ⋆ de een na de ander *the one after the other*
naad *seam*
naaien *sew*
naakt [**het-woord**] *nude* [**bijvoeglijk naamwoord**] *bare*; *naked*; ⟨van persoon ook⟩ *nude*
naald ⟨planten⟩ *needle* ⋆ naald en draad *needle and thread*
naaldboom *conifer*
naam *name* ⋆ hoe is je naam? *what is your name?* ◆ uit naam van *on behalf of* ◆ met name *particularly* ◆ een goede/slechte naam hebben *have a good/bad name*
naamval *case*
naamwoord *noun*
na-apen *ape* ⋆ hij aapt me altijd na *he's always aping me*
naar [**bijvoeglijk naamwoord**] *nasty* ⋆ een nare buurt *a nasty neighbourhood*
[**voorzetsel**] • in de richting van *to*; *for* ⋆ naar Frankrijk vertrekken *leave for France* ⋆ naar Londen gaan *go to London*
• volgens *to* ⋆ is alles naar je zin? *is everything to your liking?* ◆ naar huis lopen *walk home* ◆ naar beneden/boven gaan *go down/up* ◆ naar waarheid *in truth*
naast [**bijvoeglijk naamwoord**] *nearest* ◆ naaste familie *next of kin*
[**voorzetsel**] *next (to)* ⋆ de jongen naast haar is John *the boy next to her is John* ⋆ naast het postkantoor *next to the post-office* ◆ naast elkaar *side by side*

N

nabestaanden *the next of kin*
nabestellen *reorder*
nabij [**bijvoeglijk naamwoord**] *near* ⋆ in de nabije toekomst *in the near future* ⋆ het Nabije Oosten *the Near East*
[**voorzetsel**] *near to* ⋆ de kerk ligt nabij het plein *the church is near to the square*
nablijven *stay behind* ⋆ de leerling moest die middag nablijven *the pupil had to stay behind that afternoon*
nacht *night* ⋆ 's nachts *at night* ⋆ de afgelopen nacht *last night* ⋆ de komende nacht *tonight*
nachthemd *nightdress*
nachtmerrie *nightmare*; *bad dream*
nachtzoen *goodnight kiss* ◆ iemand een nachtzoen geven *kiss someone goodnight*
nadat *after* ⋆ hij begon op te ruimen nadat de gasten waren vertrokken *he started cleaning after the last guests had left*
nadeel *disadvantage* ⋆ in het nadeel zijn *be at a disadvantage*
nadelig *adverse* ⋆ nadelige gevolgen *adverse consequences*
nadenken *think* ⋆ Michelle dacht lang na over de vraag *Michelle thought about the question for a long time*
nader [**bijvoeglijk naamwoord**] *closer*; ⟨bijzonderheden⟩ *further* ⋆ nadere details *further details* ◆ bij nader inzien *on second thought*
[**bijwoord**] *nearer*; *closer* ⋆ nader tot jou *nearer to you* ⋆ iets nader bekijken *take a closer look at something*
naderbij *closer*; *nearer*
naderen *approach* ⋆ de trein kwam snel dichterbij *the train approached rapidly*
nadoen *imitate*
nadruk *emphasis*; *stress* ⋆ de nadruk valt op de eerste lettergreep *the stress falls on the first syllable* ⋆ de nadruk leggen op iets *lay (the) emphasis on something*
nagaan • controleren *check (upon)* ⋆ iemands werk nagaan *check (upon) a person's work*
• zich voorstellen *imagine* ⋆ je kunt wel nagaan hoe trots ze was *you can*

imagine how proud she was
nagel • verhoornde huid ⟨van mens⟩ *nail*; ⟨van dier⟩ *claw* ★ op je nagels bijten *bite your nails*
• spijker *nail*
nagelbijten *nail-biting*
nagellak *nail polish*
nagelschaar *(pair of) nail scissors* ★ deze nagelschaar is kapot *this pair of nail scissors is broken*; *these nail scissors are broken*
nagerecht *dessert*
najaar *autumn*; ⟨Amerikaans⟩ *fall* ★ in het najaar van 2002 *autumn 2002*
nakijken • kijken naar *watch go* ★ we keken de vrachtwagen na *we watched the truck go*
• nazien *have a look at* ★ ik zal je tekst eens goed nakijken *I'll have a good look at your text* ◆ een proefwerk nakijken *mark a paper*
nakomen [**werkwoord**] *follow* ★ twee koffers zijn er al, maar de andere komen na *two suitcases are already there, but the others will follow*
[**werkwoord + iemand/iets**] ⟨van belofte⟩ *keep* ★ ze kwam haar belofte na *she kept her promise*
nalaten • achterlaten *leave (behind)* ★ Dagobert liet een fortuin na *Dagobert left (behind) a fortune*
• niet doen *refrain from* ★ wil je alsjeblieft het roken nalaten? *would you please refrain from smoking?*
nalatig *negligent*
nalopen • achternalopen *run after* ★ de hond liep haar overal na *the dog ran after her everywhere*
• controleren *check (upon)* ★ heb je de rookmelders al nagelopen? *did you check (upon) the smoke-detectors?*
namaak • imitatie *imitation* ★ dat is geen echt zijde, maar namaak *that's no real silk, but imitation*
• vervalsing *fake* ★ een namaak-Picasso *a fake Picasso*
namaken • imiteren *imitate*
• bedrieglijk nabootsen *fake*
namelijk • te weten *namely* ★ veel geld, namelijk 5000 euro *a lot of money, namely 5000 euros*
• immers *the fact is* ★ ik heb namelijk geen geld *the fact is, I have no money*
namens *on behalf of* ★ ik spreek ook namens de anderen *I'm also speaking on behalf of the others*
namiddag *afternoon* ★ in de namiddag *in the afternoon*
napraten [**werkwoord**] *stay and talk (over)*
[**werkwoord + iemand/iets**] *repeat*; *echo* ★ hij praatte zijn ouders na *he echoed his parents*
nar *jester*; *fool*
narcose *anaesthesia* ◆ een patiënt onder narcose brengen *anaesthetize a patient*
naseizoen *late season*
nasi ≈ *fried rice with pieces of meat and vegetables*
nat *wet* ★ een natte handdoek *a wet towel*
natie *nation*
nationaal *national*
nationaal-socialisme *national socialism*
nationalisme *nationalism*
nationaliteit *nationality*
naturaliseren *naturalize*
natuur • natuurlijke omgeving *nature*; *environment*
• aard *nature* ◆ in de vrije natuur *in the country* ◆ van nature *by nature*
natuurkunde *physics* ★ natuurkunde is niet mijn sterkste vak *physics is not my strongest subject*
natuurlijk [**bijvoeglijk naamwoord**] *natural* ★ een natuurlijke bron *a natural well*
[**bijwoord**] *of course*; *naturally* ★ je kunt natuurlijk ook een andere keer gaan *of course you can go an other time*
[**tussenwerpsel**] *sure!*
nauw • krap *narrow*; *tight* ★ nauwe straatjes *narrow streets* ★ een nauwe jurk *a tight dress*
• innig *close* ★ nauwe banden *close relations*
nauwelijks *hardly*; *barely* ★ het was nauwelijks genoeg *it was barely enough*
nauwkeurig *accurate*; *precise* ★ een

nauwkeurige schatting *an accurate estimation* ★ nauwkeurig berekenen *calculate precisely*

navel *navel*; *belly button*

navelstreng *navel string*

navigeren *navigate*

NAVO ‹North Atlantic Treaty Organization› *NATO*

navullen *refill*

nazeggen *repeat (after)* ★ zeg mij na *repeat after me*

nazi *Nazi* ★ veel nazi's vluchtten naar Zuid-Amerika *a lot of Nazis fled to South America*

nazomer *late summer*

nederig *humble*

nederlaag *defeat*

Nederland *the Netherlands* [meervoud]; *Holland* ★ Nederland is een klein land *the Netherlands is/are a small country*

> **Nederland**: De Engelsen noemen Nederland (*the Netherlands*) vaak *Holland*. Dit stamt van vroeger, toen Nederland voornamelijk bestond uit de tegenwoordige provincies Noord- en Zuid-Holland, die toen samen het 'graafschap Holland' werden genoemd.
> Wij zeggen zelf trouwens vaak 'Engeland' als we eigenlijk Groot-Brittannië bedoelen.

Nederlander *Dutchman*

Nederlands [**het-woord**] *Dutch* ★ hoe zeg je dit in het Nederlands? *how do you say this in Dutch?*
[**bijvoeglijk naamwoord**] *Dutch* ★ de Nederlandse premier *the Dutch prime minister*

Nederlandse *Dutchwoman*

nederzetting *settlement*

nee *no* ★ nee zeggen *say no* ◆ nee schudden *shake your head*

neef • zoon van oom of tante *cousin* ★ ze zijn neef en nicht *they are cousins*
• zoon van broer of zus *nephew*

neer *down*

neergooien *throw down*

neerhalen • naar beneden halen *take/pull down* ★ de vlag neerhalen *take down the flag*
• neerschieten ★ een vliegtuig neerhalen *bring down a plane*

neerkomen • dalend terechtkomen *come down* ★ stenen kwamen neer op de ME *stones came down on the riot police*
• betekenen neerkomen op *come down to* ★ oorlog, daar komt het wel op neer *war, that's what it comes down to*

neerlaten *lower*

neerleggen *lay/put down* ★ leg jullie wapens neer *lay down your arms*
◆ zich ergens bij neerleggen *put up with something*

neerslag • regen, sneeuw e.d. ‹weerkundig› *precipitation*
• bezinksel *sediment*

neervallen *fall down*; *drop* ★ de acrobaat viel neer op de grond *the acrobat fell down to the ground*

neerzetten *put down* ★ mijn oom zette zijn glas neer *my uncle put down his glass*

negatief [**het-woord**] ‹foto/film› *negative*
[**bijvoeglijk naamwoord**] *negative*

negen *nine*

negende *ninth*

negentien *nineteen*

negentiende *nineteenth*

negentig *ninety*

negentigste *ninetieth*

neger *black person*

negeren *ignore*

neiging *inclination* ★ je hebt de neiging

N

om jezelf te herhalen *you have the inclination to repeat yourself*

nek *neck* ◆ over je nek gaan *puke* ◆ je kletst uit je nek *you talk rubbish*

nemen • pakken *get*; *take* ★ Will nam het laatste chocolaatje *Will took the last chocolate* ★ iemand bij de hand nemen *take someone by the hand*
• maken, doen *take* ★ een foto/besluit nemen *take a picture/decision* ◆ dat neem ik niet *I won't stand for it* ◆ je moet alles niet zo nauw nemen *you should not take things too seriously*
◆ neem het ervan! *go for it!*

nep *fake*

nergens • op geen enkele plaats *nowhere*; *not anywhere* ★ overal en nergens *everywhere and nowhere* ★ ik kan mijn jas nergens vinden *I can't find my coat anywhere*
• niets *nothing* ★ hij geeft nergens om *he cares for nothing*

nerveus *nervous* ★ nerveus beet hij op zijn nagels *nervously he bit his nails*

nest • broedplaats *nest*
• worp *litter* ★ een nest jonge honden *a litter of puppies*
• familie *family* ★ zij komt uit een goed nest *she comes from a good family* ◆ verwend nest *spoilt brat*

net [het-woord] • weefsel met gaten *net* ★ vis vangen met een net *catch fish in a net*
• netwerk *network* ★ een net van wegen *a network of roads*
• televisiezender *channel* ★ een film op het derde net *a movie on channel three* ◆ in het net schrijven *make a fair copy*
[**bijvoeglijk naamwoord**] • keurig *neat*; *proper* ★ nette kleren *proper clothes*
• fatsoenlijk *decent* ★ een nette heer *a decent gentleman*
[**bijwoord**] *just* ★ we kwamen net op tijd aan *we arrived just in time* ★ hij net zo goed als jij *he just as well as you* ★ ik ben net klaar *I have just finished* ◆ net goed! *serves you right!*

netjes • keurig *neat*; *proper* ★ netjes gekleed *neatly dressed*
• fatsoenlijk *decent* ★ zich netjes gedragen *behave decently*

netnummer *dialling code*; ⟨Amerikaans⟩ *area code*

netto *net(t)* ★ netto gewicht *net weight* ★ netto inkomen *net income*

netwerk *network* ★ een netwerk van tunnels *a network of tunnels*

neuken *fuck*

neuriën *hum* ★ een liedje neuriën *hum a song*

neus *nose* ★ een verstopte neus *a stuffed nose* ◆ de neus van een schoen *the toe of a shoe*

neushoorn *rhinoceros*

neutraal *neutral*

nevel • dunne mist *haze*; ⟨dichte nevel⟩ *mist*
• sterrennevel *nebula*

nicht • dochter van oom of tante *cousin*
• dochter van broer of zus *niece*

nicotine *nicotine*

niemand *nobody*; *no one*; *none* ★ helemaal niemand *no one/nobody at all* ★ niemand van hen durfde iets te zeggen *none of them dared to say a thing*

nier *kidney*

niesen *sneeze* ★ zij niest al de hele ochtend *she has been sneezing all morning*

niet *not*; *n't* ★ ik was niet thuis *I was not/wasn't home* ★ ik denk van niet *I think not* ★ niet eens *not even* ★ helemaal niet *not at all*

nieten *staple*

nietje *staple*

niets *nothing* ★ niets nieuws *nothing new* ★ niets dan klachten *nothing but complaints* ★ alles voor niets *all for nothing* ◆ het bevalt mij niets *I don't like it at all* ◆ het is niets voor jou om op te geven *it's not like you to give up*

nieuw *new* ★ nieuwe kleren kopen *buy new clothes* ★ iets nieuws *something new*

nieuwbouw *new estate*

nieuwjaar *New Year* ★ gelukkig nieuwjaar! *Happy New Year!*

nieuws *news* ★ het laatste nieuws *the latest news*

nieuwsbericht *news item/bulletin*

nieuwsgierig *curious*; *nosey* ★ ik ben

nieuwsgierig wat hij zal doen *I'm curious as to what he will do* ★ wees eens niet zo nieuwsgierig *don't be so nosey*
nijdig • boos *angry*; *cross* ★ Maria was nijdig op me *Maria was cross with me* • venijnig *mean* ★ een nijdige blik *a mean look*
nijptang *(pair of) pincers* ★ deze nijptang is te groot *this pair of pincers is too big*; *these pincers are too big*
niveau *level* ★ het hoogste niveau bereiken *come to the highest level*
nobel *noble* ★ nobele ridders *noble knights*
noch *neither*; *nor* ★ (noch) het een, noch het ander *(neither) the one nor the other*
nodig [bijvoeglijk naamwoord] *necessary* ★ is een mobieltje echt nodig? *is a mobile really necessary?* ◆ iets nodig hebben *need/require something* [bijwoord] • noodzakelijk *necessarily*; *needfully* • dringend *necessarily*
noemen *call* ★ hoe noem je dat? *how do you call that?*
noemer *denominator*
nog • tot nu toe ◆ ik ben nog niet klaar *I'm not done yet* ◆ hij houdt nog steeds van haar *he still loves her* ◆ zij kent hem nog niet eens *she doesn't even know him* • vanaf nu ◆ nog maar twee dagen *only two more days* ◆ hoe lang nog? *how much longer?* ◆ hoe veel nog? *how many more?* • bovendien, meer ◆ nog eens *once more* ◆ nog iets *something else* ◆ nog groter *even bigger* ◆ nog iemand *somebody else* ◆ nog iets? *anything else?* ◆ nog vele jaren! *many happy years!*
nogal *rather*
nogmaals *once more/again* ★ ik zal het u nogmaals uitleggen *I will explain it to you once more*
nok *ridge*
nomade *nomad*
nomineren *nominate*
non *nun*
nonchalant *nonchalant*
nonsens *nonsense*; *rubbish*
nood • behoefte *need* • gevaar *distress* ★ in nood verkeren *be in distress* ◆ in geval van nood *in case of emergency*
noodgeval *(case of) emergency*
noodlanding *emergency landing*
noodlot *fate*; *destiny*
noodlottig *fatal* ★ een noodlottige ziekte *a fatal disease*
noodrem *emergency brake*; ⟨in de trein⟩ *communication cord*
nooduitgang *emergency exit*
noodzaak *necessity*
noodzakelijk *necessary*
nooit *never* ★ ik wil je nooit meer zien *I never want to see you again* ◆ je kan nooit weten *you never know* ◆ ik ben bijna nooit thuis *I'm hardly ever at home*
Noor *Norwegian*
noord *north* ★ Noord-Amerika *North America*
Noord-Amerika *North America*
Noord-Amerikaans *North American*
noordelijk *northern*; ⟨van wind⟩ *northerly* ★ de noordelijke provincies *the northern provinces*
noorden *north* ★ ten noorden van Detroit *(to the) north of Detroit*
Noord-Ierland *Northern Ireland*
noordpool *North Pole*
Noors [het-woord] *Norwegian* [bijvoeglijk naamwoord] *Norwegian*
Noorse *Norwegian*
Noorwegen *Norway*
noot • vrucht *nut* ★ een noot kraken *crack a nut* • muzieknoot *note* ★ een hoge noot *a high note* ◆ kun je noten lezen? *can you read music?*
norm *standard* ★ dit opstel voldoet niet aan de norm *this essay does not come up to the standard*
normaal *normal* ★ een normale temperatuur *a normal temperature*
nors *grumpy*
notaris *notary (public)*
notebook *notebook*
notenbalk *staff* [meervoud: *staves*]

noteren *note (down)* ★ heeft u mijn bestelling genoteerd? *did you note down my order?*
notitie *note*
nou [tussenwerpsel] ◆ nou en of! *you bet!* ◆ nou en? *so what?*
november *November* ★ op 16 november *on the 16th of November; November 16th*
nu [bijwoord] *now* ★ het is nu of nooit *it's now or never* ★ nu pas *only now* ★ van nu af (aan) *from now (on)* ◆ tot nu toe *so far* ◆ nu nog niet *not yet* [voegwoord] *now that* ★ nu mijn band lek is, moet ik lopen *now that my tyre is flat, I have to walk*
nuchter • realistisch *sensible* ★ een nuchtere opmerking *a sensible remark* • niet dronken *sober* ★ de chauffeur was niet helemaal nuchter *the driver was not entirely sober* ◆ op de nuchtere maag *on an empty stomach*
nucleair *nuclear* ★ het nucleaire tijdperk *the nuclear age*
nukkig *whimsical*
nul *zero; nil; nought* ★ tien graden onder/boven nul *ten degrees below/above zero*
nummer • cijfer, getal *number* ★ een nummer draaien *dial a number* • persoon, zaak *number*; ‹van tijdschrift› *issue; number* • liedje *number*; ‹op cd e.d.› *track*
nummerbord *number plate*; ‹Amerikaans› *license plate*
nummeren *number*
nut *use* ★ het heeft geen nut erheen te gaan *it is no use going there*
nutteloos • onbruikbaar *useless* ★ nutteloze uitvindingen *useless inventions* • vergeefs *futile* ★ nutteloze pogingen *futile efforts*
nuttig *useful* ★ een nuttige oefening *a useful exercise*

N

o *o* ◆ de O van Otto *O as in Oliver*
oase *oasis*
ober *waiter*
object *object*
objectief *objective* ★ een objectief oordeel *an objective opinion*
obsessie *obsession*
obstakel *obstacle*
occasion • tweedehands auto *used car* • tweedehands artikel *second-hand article*
oceaan *ocean* ★ de Atlantische Oceaan *the Atlantic (Ocean)*
ochtend *morning* ★ 's ochtends *in the morning* ★ ik ben er al de hele ochtend *I've been here all morning*
octaaf *octave*
oefenen *practise* ★ het orkest heeft veel geoefend voor het concert *the orchestra has practised a lot for the concert*
oefening • training *practise* • opgave *exercise* ★ Rob moet nog twee oefeningen doen *Rob has two more exercises to do* ◆ lichamelijke oefening *physical education*
oei ⟨bij pijn⟩ *oh!*; ⟨bij pijn bij pijn⟩ *ouch!*
oertijd *prehistory*
oerwoud *jungle*
oester *oyster*
oever ⟨van zee, meer⟩ *shore*; ⟨van rivier⟩ *bank* ★ de rivier is buiten haar oevers getreden *the river has flooded|burst its banks*
of • bij tegenstelling *or* ★ goed of fout *right or wrong* • bij twijfel *if*; *whether (...or)* ★ hij vroeg of je suiker in je thee wilde *he asked if you wanted sugar in your tea* ★ of je het goed vindt of niet *whether you like it or not* • alsof *as if* ★ hij doet net of hij gek is *he acts as if he is mad* ◆ een minuut of twintig *some twenty minutes*
offer *sacrifice*
officieel *official* ★ een officiële gelegenheid *an official occasion* ◆ officiële feestdag *public holiday*
officier *officer*
ogenblik *moment* ★ in een ogenblik *in a moment* ★ een ogenblik, alstublieft *just a moment, please* ★ op dit ogenblik *at the moment*
oké *o.k.*; *okay*
oksel *armpit*
oktober *October* ★ op 25 oktober *on the 25th of October*; *October 25th*
olie *oil* ★ naar olie boren *drill for oil*
olifant *elephant*
olijf *olive*
olijfolie *olive oil*
olympisch *Olympic* ★ de Olympische Spelen *the Olympic games*
om • met als doel *to* ★ ik heb geen tijd om je te helpen *I've no time to help you* • vanwege *for* ★ om die reden *for that reason* • op die tijd *at* ★ om vier uur *at four (o'clock)* ★ om middernacht *at midnight* • rond(om) *round*; *about* ★ om de tafel zitten *sit round the table* ★ de optocht kwam de hoek om *the parade came round the corner* ◆ om de beurt *by turns* ◆ de tijd is om *the time is up*
oma *grandma*; *granny*
omarmen *embrace*; *hug* ★ zij omarmden elkaar en namen afscheid *they hugged each other and said goodbye*
ombuigen *bend* ★ de lantaarnpaal was helemaal verbogen *the lamp-post was totally bent*
omdat *because* ★ ik deed een kaars aan, omdat het donker was *I lit a candle, because it was dark*
omdoen *put on* ★ doe je sjaal om *put on your scarf*

omdraaien *turn (round, over)* ★ we draaiden de doos om *we turned (over) the box* ★ de hoek omdraaien *turn the corner* ★ zich omdraaien *turn round*
omelet *omelette*
omgaan • rondgaan *go round* ★ opeens ging ze de hoek om *suddenly she went around the corner*
• gebeuren *happen* ★ wat gaat er in jou om? *what's happening with you?*
• verstrijken *pass* ★ sindsdien is er een week omgegaan *since then a week has passed*
• omgaan met ‹mensen› *associate with*; ‹gebeurtenissen e.d.› *deal with* ★ hij ging om met de juiste mensen *he associated with the right people*
omgeven *surround* ★ een kasteel, omgeven door een prachtig bos *a castle, surrounded by a beautiful forest*
omgeving *neighbourhood* ★ is er een disco in de omgeving? *is there a disco in the neighbourhood?*
omgooien • omvergooien *knock over* ★ Sandra gooide acht blikken om *Sandra knocked over eight tins*
• veranderen *change* ★ de plannen omgooien *change plans*
omhelzen *embrace*; *hug* ★ laat me je omhelzen *let me embrace you*
omhoog *up(wards)* ★ handen omhoog! *hands up!* ★ na de start ging het vliegtuig snel omhoog *after the start the plane quickly went up*
omkeren *turn (round, over)* ★ zich omkeren *turn (round)*
omkijken • achter zich kijken *look round*
• omkijken naar ‹zorgen voor› *look after*
omkleden *change (clothing)* ★ ik ben me aan het omkleden *I'm changing*
omkomen • ergens omheen komen *come round* ★ hij kwam de hoek om *he came round the corner*
• sterven *die* ★ Tupac kwam om in een vuurgevecht *Tupac died in a gunfight*
omlaag *below*; *down* ★ omlaag gaan *go down* ★ deze lift gaat omlaag *this elevator goes down*
omleiding *diversion*
omlopen *walk round* ★ we liepen een flink eind om *we walked round a long way*
omrekenen *convert*
omroep *broadcasting corporation* ★ de Britse omroepvereniging *the British Broadcasting Corporation*
omschakelen *change*; *switch over* ★ het bedrijf schakelde om naar een ander netwerk *the company changed to a new network*
omschrijven *describe* ★ hoe zou je je klasgenoten omschrijven? *how would you describe your classmates?*
omslaan [**werkwoord**] • om iets heen gaan *turn* ★ de hoek omslaan *turn (round) the corner*
• kantelen *turn over*; ‹van boot› *capsize*
◆ het weer slaat om *the weather breaks*
◆ de stemming is omgeslagen *the mood has turned*
[**werkwoord + iemand/iets**]
• omdraaien ‹van bladzijde› *turn over*; ‹van broekspijp› *turn up*
• omdoen *put on* ★ een sjaal omslaan *put on a scarf*
omslachtig *roundabout* ★ op een omslachtige manier *in a roundabout way*
omstreeks *round (about)* ★ omstreeks Kerstmis *round about Christmas*
omtrek • contour *outline* ★ de omtrek van je hand *the outline of your hand*
• afmeting ‹van veelhoek› *perimeter*; ‹van cirkel› *circumference*
• omgeving *neighbourhood* ★ in de omtrek *in the neighbourhood*
omvallen *fall over/down* ★ de fietser botste tegen een boom en viel om *the cyclist bumped into a tree and fell over*
omvang *size*; ‹van schade› *extent*; ‹van stem› *range* ★ het gebied is 25 km^2 in omvang *the area is 25 km^2 in size*
omvatten *include*; *comprise*
omver *down*; *over*
omvouwen *fold*
omweg *detour* ★ we hebben een omweg gemaakt *we took a detour*
omwisselen *change* ★ heb jij de borden omgewisseld? *did you change the plates?*

O

omzet *sales* [meervoud] ★ de omzet is gestegen *sales have gone up*
omzetten • veranderen *turn* ★ suiker in alcohol omzetten *turn sugar into alcohol*
• verhandelen *turn over* ★ miljoenen dollars per jaar omzetten *turn over millions of dollars annually*
onaangenaam *unpleasant; disagreeable*
onaardig *unpleasant; unkind* ★ een heel onaardige brief *a very unkind letter*
onafhankelijk *independent* ★ België is sinds 1830 onafhankelijk van Nederland *Belgium is independent of the Netherlands since 1830*
onbegrijpelijk *incomprehensible*
onbegrip *incomprehension*
onbekend • niet bekend *unknown* ★ een onbekende rockband *an unknown rockband*
• niet wetend *ignorant* ★ ik ben onbekend met jullie gewoontes *I'm ignorant of your customs*
onbelangrijk *unimportant*
onbeleefd *impolite*
onbeperkt *unlimited*
onbeschoft *impudent*
onbetrouwbaar *unreliable*
onbewaakt *unguarded* ★ een onbewaakte overweg *an unguarded level crossing*
onbewust *unconscious* ★ onbewust verzette hij zich tegen zijn ouders *unconsciously he resisted his parents*
onbezorgd *carefree*
onbreekbaar *unbreakable*
ondank *ingratitude*
ondankbaar *ungrateful*
ondanks *despite* ★ ondanks alles *despite everything*
onder [bijwoord] *below* ★ is het koud beneden? *is it cold below?* ◆ de zon gaat/is onder *the sun is setting/has set* ◆ ten onder gaan *go down*
[voorzetsel] • beneden *under* ★ onder het huis *under the house*
• minder/lager dan *under* ★ kinderen onder de twaalf *children under twelve*
• tussen personen ⟨twee⟩ *between*; ⟨meer dan twee⟩ *among* ◆ onder ons gezegd *between you and me* ★ niemand onder de toeschouwers durfde te protesteren *no one among the spectators dared to protest*
• tijdens *during* ★ onder een examen mag je niet praten *during an exam you're not allowed to talk* ◆ onder andere *among other things*
onderaan *underneath*
onderarm *forearm*
onderbeen *(lower) leg*
onderbewustzijn *subconscious*
onderbreken *interrupt* ★ een knal doorbrak de stilte *a bang interrupted the silence*
onderbreking *interruption*
onderbroek *underpants* [meervoud]; *shorts* [meervoud] ★ is dat jouw onderbroek? *are those underpants yours?*
onderdaan *subject*
onderdak *shelter*
onderdanig *submissive*
onderdeel • deel van geheel *part* ★ een belangrijk onderdeel *a major part*
• ⟨deel van machine⟩ *component* ★ een onderdeel bestellen *order a component*
onderdoor *under*
onderdrukken • ⟨mensen⟩ *oppress* ★ de tiran onderdrukt zijn volk *the tyrant oppresses his people*
• ⟨gevoelens⟩ *suppress* ★ Ken kon zijn angst niet onderdrukken *Ken could not suppress his fear*
onderduiken *go underground* ★ de leider van de opstand dook onder *the leader of the revolt went underground*
ondergang *(down)fall*
ondergetekende ★ (de) ondergetekende *the undersigned*
ondergoed *underwear*
ondergrond • achtergrond *(back)ground* ★ tegen een witte ondergrond *against a white background*
• basis *foundation* ★ met deze opleiding heb je een goede ondergrond *with this education you have a good foundation*
ondergronds *underground* ★ ondergrondse tunnels *underground tunnels* ◆ het ondergrondse verzet *the resistance movement*

onderhandelen *negotiate* ★ de politici zijn nog aan het onderhandelen *the politicians are still negotiating*

onderhouden • in goede staat houden *maintain* ★ de tuin onderhouden *maintain the garden* • verzorgen *support* ★ een gezin onderhouden *support a family* • naleven *observe* ★ de regels onderhouden *observe the rules* • aangenaam bezighouden *entertain* ★ een onderhoudende film *an entertaining movie*

onderin *at the bottom*

onderkaak *lower jaw*

onderkant *bottom*

onderkin *double chin*

onderlaag *bottom layer*

onderling *mutual* ★ onderling verwisselbaar *mutually exchangeable* ◆ de betogers waren onderling verdeeld *the demonstrators were divided among themselves*

ondermijnen *undermine*

ondernemen *undertake* ★ de politie ondernam meteen actie *the police immediately undertook action*

ondernemer *entrepreneur*

onderneming *business*; *enterprise*

onderonsje *little chat* ★ zullen we even een onderonsje hebben? *shall we have a little chat?*

onderschatten *underestimate*

onderscheiden • de verschillen zien *tell (apart)*; *distinguish* ★ kun jij de een van de ander onderscheiden? *can you distinguish the one from the other?* • een ereteken uitreiken *decorate* ★ zij werd onderscheiden met een medaille *she was decorated with a medal*

onderscheiding *decoration*

onderscheppen *intercept*

onderstaand *below*; *hereunder* ★ graag 10 euro overmaken op onderstaand rekeningnummer *please transfer 10 euros to the account number hereunder*

ondersteunen *support*; *back up* ★ iemand financieel ondersteunen *support someone financially*

onderstrepen *underline* ★ onderstreep het goede antwoord *underline the correct answer*

ondertekenen *sign*

ondertitelen *subtitle* ★ wordt dit programma ondertiteld? *is this program being subtitled?*

ondertussen *meanwhile*

onderuit *down* ★ ik ging onderuit op de ijsbaan *I went down on the skating rink* ◆ ergens onderuit proberen te komen *try to get|wriggle out of something*

ondervinden *experience* ★ we hebben wat problemen ondervonden bij dit project *we experienced some troubles with this experiment*

ondervoeding *malnutrition*; *undernourishment*

ondervragen *question* ★ de verdachte zal morgen worden ondervraagd *the suspect will be questioned tomorrow*

onderweg *on the way* ★ we zijn onderweg naar Denemarken *we are on the way to Denmark*

onderwereld *underworld*

onderwerp *subject*

onderwerpen *subject* ★ half Europa was onderworpen aan de keizer *half of Europe was subjected to the emperor*

onderwijs *education* ★ lager|middelbaar|hoger onderwijs *primary|secondary|higher education*

> **onderwijs**: In Engeland bestaat een scheiding tussen scholen die door de staat worden bekostigd (*state schools*), en scholen waarvoor ouders een flinke bijdrage betalen (*private* of *independent schools*).

onderwijzen *teach* ★ zij heeft ons Engels geleerd *she taught us English*

onderwijzer *(school)teacher*

onderzeeboot *submarine*

onderzetter ‹voor glas, fles› *coaster*; ‹voor pannen› *table-mat*

onderzoek *examination*; *investigation*; ‹rechten› *inquiry*; ‹wetenschappelijk› *research*; ‹medisch› *test* ★ de zaak is in

onderzoek *the matter is under investigation* ★ bij (nader) onderzoek *on (closer) examination*
onderzoeken *examine; investigate* ★ Scotland Yard onderzoekt de aanslag *Scotland Yard is investigating the attack*
ondeugend *naughty* ★ Jasmijn is het ondeugendste kind van de klas *Jasmijn is the naughtiest child in the class*
ondraaglijk *unbearable*
onduidelijk *unclear*
onecht *unreal*
oneens ◆ wij zijn het oneens met elkaar *we disagree with each other*
oneerlijk ‹persoon› *dishonest;* ‹behandeling, enz.› *unfair*
oneindig *infinite* ★ de opera ging oneindig lang door *the opera carried on infinitely*
one-man-show *one-man show*
oneven *odd* ★ oneven en even getallen *odd and even numbers*
ongedierte *vermin*
ongeduld *impatience*
ongeduldig *impatient* ★ de kleuters wachtten ongeduldig *the toddlers waited impatiently*
ongehoorzaam *disobedient*
ongeldig *invalid*
ongelegen *inconvenient* ★ hij kwam op een ongelegen moment *he came at an inconvenient moment*
ongelijk [**de-woord**] ★ wij hebben ongelijk *we are in the wrong*
[**bijvoeglijk naamwoord**] • verschillend ‹van niveau› *unequal* ★ ongelijke kansen *unequal chances*
• niet gelijkend *different* ★ ongelijke vormen *different shapes*
ongeloof *disbelief*
ongelovig *unbelieving*
ongeluk • tegenspoed *bad luck* ★ ik heb vandaag alleen maar ongeluk *I only have bad luck today*
• ongeval *accident* ★ per ongeluk *by accident; accidentally* ★ een ongeluk hebben/krijgen *have an accident*
ongelukkig • niet gelukkig *unhappy* ★ een ongelukkige liefde *an unhappy love-affair*
• jammerlijk *unfortunate* ★ een ongelukkig toeval *an unfortunate coincidence*
ongemak *trouble; inconvenience* ★ ongemak bezorgen *cause inconvenience*
ongemakkelijk *uncomfortable* ★ zich ongemakkelijk voelen *feel uncomfortable*
ongeneeslijk *incurable*
ongerust *uneasy; anxious* ◆ zich ongerust maken over iets *worry about something*
ongesteld ◆ ik ben ongesteld *I have my period*
ongesteldheid *(menstrual) period*
ongetwijfeld *doubtless; no doubt* ★ jij hebt ongetwijfeld een goed cijfer voor wiskunde *no doubt you have a good mark for maths*
ongeval *accident*
ongeveer *about* ★ het is ongeveer even warm als gisteren *it's about as warm as yesterday*
ongewoon *unusual*
ongezellig ‹persoon› *unsociable;* ‹kamer enz.› *cheerless*
ongezond *unhealthy* ★ een ongezond klimaat *an unhealthy climate*
onguur *sinister*
onhandig *clumsy*
onjuist *incorrect*
onkosten *expenses* ★ alle onkosten worden vergoed *all expenses are paid for*
onkruid *weed*
onlangs *recently* ★ ze is onlangs bevallen *recently she gave birth*
onmacht *impotence*
onmenselijk *inhuman*
onmiddellijk [**bijvoeglijk naamwoord**] *immediate* ★ in de onmiddellijke nabij-

heid *in the immediate proximity*
[**bijwoord**] *immediately*; *at once* ★ kom onmiddellijk naar huis! *come home immediately/at once!*
onmogelijk [**bijvoeglijk naamwoord**] *impossible* ★ een onmogelijke opdracht *an impossible assignment*
[**bijwoord**] *not possibly* ★ ik kan dat onmogelijk van haar vragen *I cannot possibly ask her that*
onnozel • argeloos *naïve*
• dom *stupid*
onpersoonlijk *impersonal*
onraad *danger*
onrecht *wrong*; *injustice* ★ je doet me onrecht aan *you do me wrong* ★ ten onrechte *wrongly*
onrechtvaardig *unjust*
onredelijk *unreasonable*; *unfair* ★ dat is een onredelijke eis *that's an unreasonable demand*
onregelmatig *irregular*
onrust *unrest*
onrustig *agitated*; *restless*
ons [**het-woord**] *100 gram(me)s*; *hectogram(me)*
[**voornaamwoord**] *us* ★ bij ons vind je dat niet *you won't find that with us* ★ zij gaven ons een gratis krant *they gave us a free newspaper*
[**voornaamwoord**] *our* ★ onze leraar is aardig *our teacher is nice*
onschadelijk *harmless*
onschuld *innocence*
onschuldig *innocent* ★ was Simpson onschuldig aan moord? *was Simpson innocent of murder?*
onsterfelijk *immortal*
onszelf [**voornaamwoord**] *us*
[**voornaamwoord**] *ourselves* ★ in de spiegel zagen we onszelf *in the mirror we saw ourselves*
ontbijt *breakfast*
ontbinden [**werkwoord**] ‹dood mens of dier› *decompose*
[**werkwoord + iemand/iets**] ‹huwelijk, parlement, enz.› *dissolve* ◆ in factoren ontbinden *resolve into factors*
ontbloten *bare* ★ Martin ontblootte zijn bovenlijf *Martin bared his upper body*
ontbranden *ignite*
ontbreken *be missing* ★ een van onze fietsen ontbreekt! *one of our bicycles is missing!*
ontdekken *discover* ★ Amerika is ontdekt door de Vikingen *America was discovered by the Vikings*
ontdekking *discovery* ★ Da Vinci deed vele ontdekkingen *Da Vinci made a lot of discoveries*
ontdoen *dispose of* ★ zich ontdoen van een vijand *dispose of an enemy*
ontdooien *thaw*; ‹voedsel enz.› *defrost* ★ het veld is ontdooid *the field is thawed* ★ de koelkast ontdooien *defrost the refrigerator*
ontelbaar *countless* ★ ontelbare keren *countless times*
onterecht *unjust*
ontevreden *discontented (with)*; *dissatisfied (with)*
ontgaan *escape* ★ de overwinning is ons ontgaan *the victory has escaped us*
ontginnen ‹van bos› *clear*; ‹van land› *reclaim*
onthalen • ontvangen *welcome*
• onthalen op *treat to* ★ we zullen jullie onthalen op een kopje thee *we'll treat you to a cup of tea*
ontheffing • vrijstelling *exemption*
• ontslag *discharge*
onthoofden *behead*
onthouden • niet vergeten *remember* ★ je hebt mijn naam onthouden! *you remembered my name!*
• achterhouden *deny* ★ ze kon hem het goede nieuws niet onthouden *she couldn't deny him the good news*
onthullen *reveal*
onthulling *revelation*
ontkennen *deny* ★ Britney ontkende dat ze stout was geweest *Britney denied she had been naughty*
ontkenning *denial*
ontknoping *ending*
ontkomen • ontsnappen *escape*; *get away* ★ drie mensen ontkwamen aan het vuur *three people got away from the fire*
• zich onttrekken aan *elude*; *evade*
ontkoppelen *uncouple*; *disconnect*
ontkroezen ‹van haar› *straighten* ★ de

kapper ontkroest haar haar *the barber straightens her hair*

ontkurken *uncork*

ontladen • lading *unload*
• woede/bliksem *discharge*

ontlasten *relieve* ★ zal ik je ontlasten van die krat? *shall I relieve you of that crate*

ontlasting *stools* [meervoud]; *faeces* [meervoud]

ontleden • een stof *analyse*
• mens of dier *dissect*

ontlopen *avoid* ★ je moet je plichten niet ontlopen *you must not avoid your duties*

ontmaagden *deflower*

ontmaskeren *unmask*

ontmoedigen *discourage*

ontmoeten *meet* ★ we ontmoetten elkaar weer in de lente *we met again in spring*

ontmoeting *meeting*

ontnemen *take (away)* ★ ze ontnam hem alle hoop *she took away all hope from him*

ontploffen *explode*

ontploffing *explosion*

ontplooien *develop* ★ al op jonge leeftijd ontplooide Mozart zijn muzikale talent *even at an early age Mozart developed his musical talent*

ontroeren *move*; *touch*

ontroerend *moving*; *touching* ★ een ontroerende film *a moving movie*

ontrouw [de-woord] *disloyalty*
[bijvoeglijk naamwoord] *disloyal*

ontruimen *evacuate*; *clear* ★ is het hele pand ontruimd? *has the entire building been evacuated/cleared?*

ontruiming *evacuation*

ontsieren *disfigure*

ontslaan • ontslag geven *dismiss*; ‹spreektaal› *fire* ★ je bent ontslagen! *you're dismissed/fired!*
• laten gaan ‹uit de gevangenis› *release*; ‹uit het ziekenhuis› *discharge*

ontslag • het ontslaan *dismissal*; *resignation*
• het vrijlaten ‹uit de gevangenis› *release*; ‹uit het ziekenhuis› *discharge*
◆ heb je ontslag genomen? *did you resign?* ◆ nee, ik heb ontslag gekregen *no, I've been dismissed*

ontsluiten *unlock*

ontsmetten *disinfect*

ontsnappen *escape*; *get away* ★ we wisten aan het gevaar te ontsnappen *we managed to get away from the danger* ★ dat is aan mijn aandacht ontsnapt *that escaped my attention*

ontsnapping *escape*; *getaway*

ontspannen [bijvoeglijk naamwoord] *relaxed* ★ een ontspannen houding *a relaxed attitude*
[werkwoord + iemand/iets] • minder strak maken *unbend*; ‹van veer› *release*; ‹van spier› *relax*
• tot rust laten komen *relax* ★ een ontspannend bad *a relaxing bath* ◆ ontspan je eens een beetje *relax a little*

ontspanning *relaxation*

ontsporen *be derailed* ★ de trein is ontspoord *the train has been derailed*

ontstaan [het-woord] *origin* ★ het ontstaan van de mensheid *the origin of man*
[werkwoord] *arise*; *start* ★ de brand ontstond in de keuken *the fire started in the kitchen* ★ er zijn problemen ontstaan *problems have arisen*

ontsteken *light* ★ de zwervers ontstaken een vuurtje *the tramps lit a small fire*

ontsteking • ‹techniek› *ignition*
• infectie *inflammation*

ontstemd • ‹muziek› *out of tune* ★ de gitaar is een beetje ontstemd *the guitar is slightly out of tune*
• geërgerd *displeased* ★ op ontstemde

toon *in a displeased voice*
ontstoken *inflamed*
onttrekken [werkwoord + iemand/iets] *withdraw* ★ een boom onttrekt water aan de aarde *a tree withdraws water from the soil*
[werkwoord + zich] *back out* ★ de tweeling onttrok zich aan het diner *the twins backed out of the dinner*
ontucht *vice* ◆ ontucht plegen *commit a sexual offence*
ontvangen *receive* ★ heb je mijn e-mail ontvangen? *did you receive my e-mail?*
ontvangst *reception* ★ een hartelijke ontvangst *a warm reception*
ontvellen *graze* ★ een ontvelde elleboog *a grazed elbow*
ontvluchten *escape*; *get away* ★ wij zijn de oorlog ontvlucht *we escaped from the war*
ontvoeren *kidnap* ★ onze kinderen zijn ontvoerd *our kids have been kidnapped*
ontwaken *awake*; *wake up* ★ vandaag ontwaakte ik om 9.00 's morgens *today I woke up at 9:00 a.m.*
ontwapenen *disarm*
ontwarren *unravel*
ontwennen *get out of the habit* ★ ik ben het koken van aardappels ontwend *I've got out of the habit of cooking potatoes*
ontwerp *design* ★ twee ontwerpen voor vernieuwing van de binnenstad *two designs for renovation of the inner city*
ontwerpen *design* ★ Sheila ontwierp een nieuw type motor *Sheila designed a new type of motor*
ontwijken *avoid*
ontwikkelen *develop* ★ kunt u deze foto's ontwikkelen? *could you please develop these pictures?* ★ geleerden hebben een andere theorie ontwikkeld *scientists have developed a different theory*
ontwikkeling *development* ★ snelle ontwikkelingen *rapid developments* ◆ algemene ontwikkeling *general knowledge*
ontwrichten ‹medisch› *dislocate* ★ een ontwrichte schouder *a dislocated shoulder*
ontzag *respect* ★ ontzag tonen voor iemand *show respect for someone*
ontzeggen *deny* ★ de autoriteiten ontzegden ons de toegang *the authorities denied us admission*
ontzetten *appal* ★ het nieuws ontzette me *the news appalled me*
ontzettend [bijvoeglijk naamwoord]
• vreselijk *terrible* ★ een vreselijk lawaai *a terrible noise*
• groot *enormous* ★ een ontzettende klus *an enormous job*
[bijwoord] *terribly* ★ we zijn ontzettend boos *we're terribly angry* ◆ ontzettend bedankt! *thanks a lot!*
ontzien *spare* ★ de woesteling ontzag niemand *the hooligan spared no one*
onuitputtelijk *inexhaustible*
onuitstaanbaar *insufferable*
onverantwoordelijk *irresponsible*
onverdraagzaam *intolerant*
onverdraagzaamheid *intolerance*
onvergeeflijk *unforgivable* ★ een onvergeeflijke fout *an unforgivable mistake*
onvergetelijk *unforgettable*
onvermijdelijk *inevitable*
onvermogen *impotence*
onverschillig *indifferent* ★ het bedrijf was onverschillig voor de gevolgen voor het milieu *the company was indifferent to the consequences for the environment*
onverstandig *unwise*
onverwacht *unexpected*
onverwoestbaar *indestructible*
onvoldoende [de-woord] *unsatisfactory mark* ★ heb je een onvoldoende voor biologie gehaald? *did you get an unsatisfactory mark in biology?*
[bijvoeglijk naamwoord] *insufficient(ly)* ★ heb je er onvoldoende voor gestudeerd? *did you study insufficiently for it?*
onvoorstelbaar *inconceivable*
onvoorzichtig *careless*
onvrede *dissatisfaction*; *discontent(ment)* ★ uit onvrede over de situatie *out of discontent with the situation*

onweer *thunderstorm*
onweersbui *thunder-shower*; *thundery rain*
onweerstaanbaar *irresistible*
onwel *unwell* ★ opa is onwel geworden *granddad has become unwell*
onwennig *uncomfortable*
onweren *thunder* ◆ het onweerde *there was a thunderstorm*
onwetend *ignorant*
onwettig *unlawful* ★ onwettige daden *unlawful actions*

O

onwijs [**bijvoeglijk naamwoord**] *unwise*; *foolish*
[**bijwoord**] *extremely* ★ onwijs gaaf *extremely cool*
onzeker *uncertain* ★ hij is onzeker over zijn toekomst *he is uncertain about his future*
Onze-Lieve-Heer *Our Lord*
onzijdig *neutral*
onzin *nonsense* ★ onzin uitkramen *talk nonsense*
onzinnig *absurd*
oog • gezichtsorgaan *eye* ★ blind aan één oog *blind in one eye*
• gat ★ het oog van de naald *the eye of the needle*
• stip op dobbelsteen *dot* ◆ kijk uit je ogen! *look out!* ◆ ga uit mijn ogen! *get out of my sight!* ◆ onder vier ogen/oog in oog *face to face* ◆ ik zag mijn angst onder ogen *I faced (up to) my fears*
ooggetuige *eyewitness*
ooglid *eyelid*
oogpotlood *eyeliner*
oogschaduw *eyeshadow*
oogst *harvest* ★ de oogst binnenhalen *reap the harvest*
oogsten *harvest* ★ we zijn de druiven aan het oogsten *we're harvesting the grapes*
ooievaar *stork*
ooit *ever*; ⟨toekomst⟩ *some day*; ⟨verleden⟩ *once* ★ ben je ooit in Spanje geweest? *have you ever been in Spain?* ★ nee, maar ik hoop er ooit heen te gaan *no, but I hope to go there some day* ★ ik heb er ooit gewoond *I lived there once*
ook • evenzo *also*; *as well*; *too* ★ als je je neefje een snoepje geeft, moet je je nichtje er ook een geven *when you give your nephew a sweat, you should give your niece one as well/too*
• zelfs *even* ★ ook de armste mensen *even the poorest people*
• misschien *by any chance* ★ heeft u ook chocolade? *do you have chocolate by any chance?*
• als versterking *again* ★ hoe heet je ook al weer? *what's your name again?*
oom *uncle*
oor • gehoororgaan *ear* ★ ik ben doof aan mijn linker oor *I'm deaf in my left ear*
• handvat *handle* ★ het oor van een beker *the handle of a mug*
oorbel *earring*
oord *place*
oordeel *judgment* ★ een oordeel vellen over iets *pass judgment on something*
oordelen *judge* ★ daar kan ik niet over oordelen *I can't judge on that*
oorkonde *document*

oorlog *war* ★ oorlog voeren tegen *wage*

war against/on ⋆ de oorlog verklaren aan *declare war on* ⋆ in oorlog zijn met *be at war with*

oorlogsmisdadiger *war criminal*

oorsprong *origin*

oorzaak *cause* ⋆ oorzaak en gevolg *cause and effect*

oost *east* ⋆ Oost-Azië *East Asia*

oostelijk *eastern* ⋆ oostelijke landen *eastern countries*

oosten *east* ⋆ ten oosten van Utrecht *(to the) east of Utrecht*

Oostenrijk *Austria*

Oostenrijker *Austrian*

Oostenrijks *Austrian*

Oostenrijkse *Austrian*

oosters *oriental* ⋆ oosterse gerechten *oriental dishes*

op [**bijwoord**] • omhoog *up* ⋆ op en neer *up and down*
• uitgeput *exhausted* ⋆ zij was helemaal op na de wedstrijd *she was totally exhausted after the match*
• uit bed *up (and about)* ⋆ ben je al op? *are you up (and about) yet?* ◆ het water is op *we've run out of water* ◆ mijn geduld raakte op *my patience ran out*
[**voorzetsel**] • boven(op) *on* ⋆ de kat zit op tafel *the cat is on the table*
• in *in* ⋆ op straat *in the street* ⋆ op zijn kamer *in his room*
• verwijderd van ⋆ op drie kilometer afstand *at three kilometres' distance*
• tijdens *on* ⋆ op maandag *on Monday* ⋆ op 1 augustus *on August 1st* ⋆ op vakantie *on holiday* ⋆ op visite *on a visit*
• volgens een bepaalde manier *at*
• in de richting van *on*; *at* ◆ op dit moment *at this moment* ◆ allemaal op twee na *all but two* ◆ de meeste auto's lopen op benzine *most cars run on petrol*

opa *grandpa*; *gran(d)dad*

opbellen *call/phone (up)*; *give a ring* ⋆ ze belde hem gisteren op *she called him (up) yesterday*

opbergen *put away* ⋆ Dexter heeft al zijn spullen opgeborgen *Dexter put away all his stuff*

opbiechten *confess*

opblaasbaar *inflatable*

opblazen • doen zwellen *blow up* ⋆ een luchtbed opblazen *blow up an airbed*
• doen ontploffen *blow up* ⋆ de vijand blies alle bruggen op *the enemy blew up all of the bridges*

opblijven *stay up*

opbouwen *build up* ⋆ een nog hogere toren werd opgebouwd *an even higher tower was built up*

opbrengen • opleveren *bring in* ⋆ zijn boek bracht een fortuin op *his book brought in a fortune*
• betalen *afford* ⋆ dat kan ik niet opbrengen *I can't afford that*
• aanbrengen *apply* ⋆ de verf met een kwast opbrengen *apply the paint with a brush* ◆ kun je wat begrip opbrengen? *can you show some understanding?*

opbrengst • rendement *yield* ⋆ een hoge opbrengst *a high yield*
• oogst *yield*; *produce*; *crop*

opdienen *serve (up)*

opdoen *put on* ⋆ parfum opdoen *put on perfume* ⋆ hij zette zijn nieuwe hoed op *he put on his new hat* ◆ kennis opdoen *gain knowledge*

opdonderen *beat it*; *get lost*

opdracht • taak *assignment*; *task* ⋆ een opdracht uitvoeren *carry out an assignment*
• bevel *order* ⋆ in opdracht van de koningin *by order of the queen*

opdragen • opdracht geven *assign* ⋆ iemand een taak opdragen *assign a task to someone*
• toewijden *dedicate* ⋆ een roman aan iemand opdragen *dedicate a novel to someone*

opdringen [**werkwoord**] *press forward*
[**werkwoord + iemand/iets**] *force* ⋆ heb ik jou deze keuze opgedrongen? *did I force this choice on you?*
[**werkwoord + zich**] *force yourself* ⋆ hij drong zich aan haar op *he forced himself on her*

opdrukken *press up*

opduiken [**werkwoord**] • boven water komen *emerge*; ‹van onderzeeboot›

surface
• te voorschijn komen *turn up* ⋆ de spion dook op in Oss *the spy turned up in Oss*
[**werkwoord + iemand/iets**] *dive for* ⋆ parels opduiken *dive for pearls*

opeen *together*; ⟨boven op elkaar⟩ *on top of one another*

opeenhoping *accumulation* ⋆ de opeenhoping van rijkdom *the accumulation of wealth*

opeens *all at once*; *suddenly* ⋆ de deur ging opeens dicht *suddenly the door closed*

open • niet dicht *open*; ⟨niet op slot⟩ *unlocked* ⋆ in de open lucht *in the open air* ⋆ de dierentuin is open tot vijf *the zoo is open till five*
• niet bezet *vacant* ⋆ de betrekking is nog open *the job is still vacant* ◆ de winkel gaat om acht uur open *the shop opens at eight*

openbaar *public* ⋆ een openbare weg *a public road* ⋆ in het openbaar *in public* ⋆ openbare school *public school*

openbaren *reveal*

openbreken [**werkwoord**] *burst open*
[**werkwoord + iemand/iets**] *break open*

openen [**werkwoord**] *open* ⋆ de bibliotheek opent pas om 10.00 *the library doesn't open until 10:00 a.m.*
[**werkwoord + iemand/iets**] *open* ⋆ de koningin heeft deze tentoonstelling geopend *the queen has opened this exhibition*

opengaan *open*

openhartig *frank*

opening *opening*

openingstijd *opening hours* [meervoud] ⋆ de openingstijd is van 9 tot 6 *opening hours are from 9 a.m. to 6 p.m.*

openlijk *open*; ⟨in het openbaar⟩ *public*

openmaken ⟨van deur⟩ *open*; ⟨van pakje⟩ *undo* ⋆ kun jij de deur even voor mij openmaken? *could you please open the door for me?*

openstaan • geopend zijn *be open* ⋆ staat het raam nog steeds open? *is the window still open?*
• vacant zijn *be vacant* ⋆ die betrekking is nog open *that job is still vacant*

openstellen *open*

opera *opera*

operatie *operation* ⋆ Cindy ondergaat een operatie aan haar been *Cindy undergoes an operation on her leg*

operatiekamer *operating room*

opereren *operate* ⋆ iemand opereren *operate on someone* ◆ zij is geopereerd aan de blindedarm *she has had an operation on the appendix*

opeten *eat (up)* ⋆ heb je al je boterhammen opgegeten? *did you eat (up) all of your sandwiches?*

opfrissen *freshen up* ⋆ het koude water zal je wel opfrissen *the cold water will freshen you up*

opgaan • omhooggaan *go up* ⋆ Jack en Jill gingen de heuvel op *Jack and Jill went up the hill*
• gaan naar ⋆ ze gaan de verkeerde kant op *they go the wrong way*
• geheel op raken *be finished* ⋆ de wijn was helemaal opgegaan *the wine was all finished* ◆ de zon ging op *the sun rose*

opgave • taak *task* ⋆ een zware opgave *a difficult task*
• vraagstuk *question* ⋆ een moeilijke opgave *a difficult question*
• vermelding *statement* ⋆ opgave doen van de problemen *give a statement of the problems*
• opsomming *return(s)*

opgelaten *embarrassed*

opgeven • prijsgeven *give up*; ⟨van hoop⟩ *abandon* ⋆ ik heb het roken opgegeven *I gave up smoking*
• melden *state* ⋆ kunt u een reden opgeven? *can you state a reason?*
• aanmelden *enter your name*; *apply* ⋆ Iggy gaf zich op voor het bestuur *Iggy applied for the board*
• opdragen *give*; ⟨van raadsel⟩ *ask* ⋆ geeft hij veel huiswerk op? *does he give much homework?*
• braken *bring up* ⋆ de patiënt geeft bloed op *the patient brings up blood*

opgewekt *cheerful*

opgewonden *excited*

opgraven *dig up* ⋆ de hond groef een bot op *the dog dug up a bone*

opgroeien *grow up* ★ opgroeien tot volwassene *grow up into an adult*
ophalen • omhooghalen *raise* ★ haal het anker op! *raise the anchor!* • inzamelen *collect* ★ we halen geld op voor Amnesty *we're collecting money for Amnesty* ◆ kom me bij het station ophalen *meet me at the station*
ophangen [werkwoord] *hang up* [werkwoord + iemand/iets] *hang (up)* ★ zullen we de lamp dáár ophangen? *shall we hang the lamp over there?*
opheffen • optillen *raise* ★ Lucy hief boos haar hand op *Lucy raised her hand angrily* • beëindigen *discontinue* ★ ons project is opgeheven *our project has been discontinued*
ophitsen *provoke* ★ ophitsende taal *provoking language*
ophouden [werkwoord] *stop*; *quit* ★ zonder ophouden *without stopping* ★ houd (daarmee) op! *stop (it)!* ★ mijn moeder is twee weken geleden opgehouden met roken *my mother quit smoking two weeks ago* [werkwoord + iemand/iets] • omhoog houden *hold up* ★ je hand ophouden *hold up your hand* • aanhouden *keep on* ★ opa hield altijd zijn hoed op *grandad always kept on his hat* • tegenhouden *hold up* ◆ zij werd opgehouden door een file *she was delayed by a traffic jam* [werkwoord + zich] *stay*; ‹rondhangen› *hang around*
opjagen • voortjagen ‹van persoon› *hunt*; *chase* ★ een opgejaagde vluchteling *a hunted refugee* • tot haast aanzetten *rush* ★ jaag me niet zo op *don't rush me*
opklaren *clear up* ★ de lucht klaart op *the sky's clearing up*
opknappen [werkwoord] *improve* [werkwoord + iemand/iets] • netjes maken *tidy up* ★ hij knapte zijn kamer op voor de gasten aankwamen *he tidied up his room before the visitors arrived* • verrichten *fix* ★ een karweitje opknappen *fix a job*
opkomen • omhoogkomen *rise* ★ de zon komt om zes uur op *the sun rises at six* • ontstaan *come on* ★ de koorts kwam snel op *the fever came on rapidly* • in gedachten komen *occur* ★ die vraag zou nooit bij haar opgekomen zijn *that question would never have occurred to her* • opkomen voor *stand up for* ★ voor jezelf opkomen *stand up for yourself* ◆ kom maar op! *come on!*
opkomst *rise* ★ de opkomst van extreem-rechts *the rise of extreme right*
oplaadbaar *rechargeable*
opladen *charge*
oplaten *fly* ★ een vlieger oplaten *fly a kite*
opleiden *train*; ‹school› *educate* ★ iemand opleiden tot duiker *train someone to be a diver*
opleiding ‹school› *training*; *education*
opletten *pay attention* ★ Susan zat niet op te letten *Susan wasn't paying attention*
opleveren *bring in* ★ schrijven levert niet veel op *writing doesn't bring in much*
oplichten *swindle* ★ John werd door de verkoper opgelicht *John was swindled by the salesman*
oplichter *swindler*
oplopen [werkwoord] *increase* ★ de spanning is opgelopen *the tension has increased* [werkwoord + iemand/iets] • ongewild krijgen ★ schade oplopen *sustain damage* ★ een verkoudheid oplopen *catch a cold*
oplossen • de uitkomst vinden *solve* ★ een vergelijking/raadsel oplossen *solve an equation/a riddle* • ‹chemie› *dissolve* ★ suiker lost makkelijk op in heet water *sugar easily dissolves in hot water*
oplossing • uitkomst *solution* ★ de oplossing van het mysterie was simpel *the solution of the mystery was simple* • ‹chemie› *solution* ★ een verdunde

O

oplossing *a dilute solution*
opluchten *relieve*
opluchting *relief*
opmaak • lay-out *layout*
• cosmetica *make-up*
opmaken • verbruiken *spend* ★ ik heb al mijn geld opgemaakt aan snoep *I spent all my money on candy*
• opstellen ‹van een contract, plan› *draw up*; ‹van een rekening› *make out* ◆ jezelf opmaken *put on your make-up* ◆ je bed opmaken *make your bed*
opmerkelijk *striking*
opmerken • waarnemen *note*; *notice* ★ de chauffeur merkte de voetganger nog net op tijd op *the driver noted the pedestrian just in time*
• opmerking maken *remark* ★ mag ik even opmerken dat het al half vier is? *may I remark that it's half past three already?*
opmerking *remark* ★ een opmerking die je maakte *a remark you made*
opname • toelating *admission* ★ opname in het ziekenhuis *admission to the hospital*
• geluid, beeld *recording* ★ de opname van een nieuwe plaat *the recording of a new album*
opnemen [werkwoord] *catch on* [werkwoord + iemand/iets] • oppakken *take up* ★ James nam het speelgoed op van de vloer *James took up the toy from the floor*
• telefoon beantwoorden *answer the phone*
• geld van je tegoed halen *take up*; *withdraw*
• absorberen *absorb* ★ dit doekje neemt twee keer zo veel water op *this cloth absorbs twice as much water*
• geluid, beeld *record*; ‹foto, film› *shoot* ★ het concert werd digitaal opgenomen *the concert was recorded digitally* ◆ een patiënt opnemen in het ziekenhuis *admit a patient to the hospital* ◆ een bestelling opnemen *take an order* ◆ de temperatuur van iemand opnemen *take someone's temperature* ◆ contact met iemand opnemen *contact someone*; *get in touch with someone* ◆ ik kan het tegen jou niet opnemen *I'm no match for you*
opnieuw *again*; *once more* ★ wil je het opnieuw proberen? *do you want to try it again?*
opnoemen *name*
opofferen *sacrifice*
oppakken *pick up*
oppas *baby-sitter*
oppassen • opletten *watch out*; *look out* ★ pas op! *watch/look out!* ★ pas goed op jezelf *take care of yourself*
• babysitten *babysit* ◆ pas op voor de hond *beware of the dog*
oppervlak *surface*
oppervlakkig *superficial*
oppoetsen *brush up*
oprapen *pick up*
oprecht *sincere*
oprichten • overeind zetten *set up (right)*; *raise (up)*
• bouwen *erect*
• stichten *establish*
oprichting • stichting *foundation*
• bouw *erection*
oproepen *call up* ★ een getuige/geest oproepen *call up a witness/ghost*
oproer *revolution*
oprollen *roll up*
opruimen *clear* ★ ruim je kamer op! *clear your room!*
opruiming *(clearance) sale* ★ opruiming houden *hold a (clearance) sale*
opscheppen [werkwoord] *brag*; *boast* ★ zij schepte op over haar rapportcijfers *she bragged about her marks* [werkwoord + iemand/iets] *dish up* ★ Mildred schept de aardappels op *Mildred dishes up the potatoes*
opschepper *show-off*
opschieten • zich haasten *hurry up*
• vorderen *make progress*; *get on* ★ we schieten flink op met ons project *we are making good progress with our project* ◆ zij kunnen niet met elkaar opschieten *they do not get along*
opschrijven *write down* ★ wat ben je aan het opschrijven? *what are you writing down?*
opschudden *shake up* ★ Teddy schudde de kussens op *Teddy shook up the*

pillows

opschudding *commotion*
⋆ opschudding veroorzaken *cause a commotion*

opslaan • opbergen *store*; ‹computer› *save*
• openslaan *open* ⋆ ik sloeg het boek op op de goede pagina *I opened the book at the right page*

opslag • (het) opbergen *storage* ⋆ de opslag van computergegevens *the storage of computer data*
• berging ‹plaats› *warehouse*; *depot*
• loonsverhoging *rise*
• ‹sport› *service*

opsluiten *lock up*

opsporen *trace* ⋆ lukt het je om de crimineel op te sporen? *do you succeed in tracing the criminal?*

opsporing *tracing*

opstaan • gaan staan *stand up*; *rise* ⋆ iedereen stond op toen de koningin binnenkwam *everyone stood up when the queen entered*
• uit bed komen *get up*; *rise* ⋆ ik stond vandaag om 10 uur op *I got up at 10 today* ◆ het eten staat op *dinner is on cooking*

opstand *revolution* ◆ de slaven kwamen in opstand tegen de Romeinen *the slaves revolted against the Romans*

opstapelen *pile up* ⋆ de rommel blijft zich maar opstapelen *the trash keeps on piling up*

opsteken [werkwoord] *rise* ⋆ de wind steekt op *the wind is rising*
[werkwoord + iemand/iets]
• omhoogsteken ‹van hand› *put up*; ‹haar› *pin up*
• aansteken *light (up)*

opstel *essay*

opstellen • voor gebruik neerzetten *set up*
• ‹sport› inzetten *line up* ⋆ een nieuwe speler opstellen *line up a new player*
• ontwerpen *draw up* ⋆ een plan opstellen *draw up a plan*

opstelling • plaatsing *set-up*
• houding *attitude*
• samenstelling van een groep *line-up*

opstijgen • omhoogstijgen *rise*; ‹van vliegtuig› *take off* ⋆ hete lucht stijgt op *hot air rises* ⋆ de Concorde steeg een uur te laat op *the Concorde took off an hour late*
• te paard klimmen *mount*

opsturen *send*

optellen *add (up)*

optillen *lift up*

optimist *optimist*

optimistisch *optimistic*

optocht *procession*

optreden [het-woord] • handelwijze *action* ⋆ het krachtige optreden van de politie *the firm action of the police*
• opvoering *performance*; *show* ⋆ de jongensgroep gaf een kort optreden *the boyband gave a short performance*
[werkwoord] • handelen *take action*; *act* ⋆ als gastheer optreden *act as host* ⋆ we zullen flink optreden tegen overtreders *we will take strong action against offenders*
• *perform* ⋆ zij hebben op Pinkpop opgetreden *they performed at Pinkpop*
• een rol spelen *appear* ⋆ in een film optreden *appear in a film*

optrekken [werkwoord] • opstijgen *lift* ⋆ de mist trekt op *the fog is lifting*
• oprukken *march* ⋆ de rebellen trekken op naar de hoofdstad *the rebels are marching on the capital* ◆ we trekken veel met elkaar op *we spend a lot of time together*
[werkwoord + iemand/iets] *pull up*; *raise* ⋆ Jan trok zijn sokken op *Jan pulled up his socks*

optuigen • van tuig voorzien ‹van paard› *harness*
• versieren *decorate* ⋆ de kerstboom optuigen *decorate the Christmas tree*

opvallen *strike* ⋆ het viel hem op dat ze andere schoenen droeg *it struck him that she wore other shoes*

opvallend *striking* ⋆ een opvallende gelijkenis *a striking resemblance*

opvangen • vangen *catch* ⋆ Winston ving de bal op *Winston caught the ball*
• verzamelen *collect* ⋆ water opvangen *collect water*
• helpen ‹kinderen› *take care of*; ‹vluchtelingen› *receive*

opvatting *opinion*; *idea*
opvoeden *bring up*; *raise* ⋆ Joan heeft haar kinderen streng opgevoed *Joan raised her children strictly*
opvoeding *upbringing* ◆ lichamelijke opvoeding *physical education/training*
opvoeren • vertonen *perform*; *present* ⋆ een stuk opvoeren *present a play* • groter/krachtiger maken *increase*; ‹van productie› *raise* ⋆ de capaciteit opvoeren *increase the capacity* ⋆ het peil opvoeren *raise the standard*
opvoering • vertoning *performance* • verhoging *increase*
opvolgen *succeed* ⋆ zij volgde haar vader op *she succeeded her father* ◆ een advies opvolgen *follow an advice* ◆ een bevel opvolgen *obey an order*
opvolger *successor*
opvragen *claim* ⋆ je rechten opvragen *claim your rights* ◆ informatie opvragen *retrieve information*
opvullen *fill up*; ‹van kussen, kalkoen› *stuff*
opwachten *wait for*
opwarmen [werkwoord] *warm up* [werkwoord + iemand/iets] *warm up* ⋆ Joop warmde de soep op *Joop warmed up the soup*
opwinden [werkwoord + iemand/iets] • heftige gevoelens veroorzaken *excite* ⋆ haar nabijheid wond hem op *her nearness excited him* • oprollen *wind (up)* ⋆ een touw opwinden *wind up a rope* [werkwoord + zich] *get excited* ⋆ we wonden ons op over zijn nare streek *we got excited about his dirty trick*
opwindend *exciting*
opwinding *excitement*
opzeggen • voordragen *recite* ⋆ Dylan zei een gedicht op *Dylan recited a poem* • beëindigen ⋆ een contract opzeggen *terminate a contract* ⋆ je baan opzeggen *resign your job* ⋆ je lidmaatschap opzeggen *resign your membership* ⋆ een krant opzeggen *discontinue a paper*
opzet *plan*; *idea* ⋆ de opzet was om haar te ontvoeren *the idea was to kidnap her* ◆ hij deed dat met opzet *he did it on purpose* ◆ zonder opzet *accidentally*
opzetten • overeind zetten *set up*; *put up* ⋆ een tent opzetten *put up a tent* • opdoen *put on* ⋆ Bea zette haar hoed op *Bea put on her hat* • beginnen *start* ⋆ een zaak opzetten *start a business* ◆ water opzetten *put the kettle on* ◆ de wind komt opzetten *the wind is getting up* ◆ mensen tegen elkaar opzetten *set people against each other*
opzicht *respect* ⋆ in ieder opzicht *in every respect*
opzichtig *showy*
opzien [het-woord] *sensation* ⋆ opzien baren *cause a sensation* [werkwoord] • opkijken *look up* ⋆ Heidi zag op naar de hoge bergen *Heidi looked up to the high mountains* • vrezen ⋆ hij zag er tegen op om haar op te bellen *he was reluctant to call her up* ◆ tegen iemand opzien *think highly of someone*
opzoeken • zoeken ‹een woord› *look up* ⋆ Jane zocht het woord 'dictionary' op *Jane looked up the word 'dictionary'* • bezoeken *look up* ⋆ kom me eens opzoeken *look me up some time*
opzuigen • absorberen *absorb* • naar boven zuigen *suck up*; ‹met stofzuiger› *hoover*
oranje *orange*
orde *order* ⋆ orde houden *keep order* ⋆ iemand tot de orde roepen *call someone to order* ⋆ zij stelde orde op zaken *she put things in order* ◆ er is iets niet in orde *there is something wrong* ◆ iets in orde brengen/maken *straighten something out* ◆ in orde! *all right!*
ordelijk [bijvoeglijk naamwoord] *orderly* ⋆ een ordelijke leerling *an orderly pupil* [bijwoord] *in good order* ⋆ de verkiezingen zijn ordelijk verlopen *elections passed off in good order*
ordenen *arrange* ⋆ kun jij deze papieren ordenen? *can you arrange these*

papers?
order *command* ⋆ tot uw orders *at your command*
ordinair *common* ⋆ een ordinaire boef *a common criminal*
orgaan *organ* ⋆ de transplantatie van organen *the transplantation of organs*
organisatie *organization*
organiseren *organize* ⋆ we organiseren een groot feest *we're organizing a big party*
organisme *organism*
organizer *organizer*
orgasme *orgasm*
orgel *organ*
oriënteren ⋆ kun je je oriënteren? *can you orientate yourself?*
origineel • oorspronkelijk *original* ⋆ is deze Van Gogh origineel of namaak? *is this Van Gogh original or fake?*
• apart *original* ⋆ een origineel cadeau *an original gift*
orkaan *hurricane*
orkest *orchestra*
os *ox* [meervoud: *oxen*]
otter *otter*
oud *old* ⋆ onze hond is vijf jaar oud *our dog is five years old* ⋆ ik ben ouder dan jij, maar mijn zus is het oudst *I'm older than you, but my sister is the oldest* ◆ oud worden *grow old* ◆ oud en nieuw *New Year's Eve*
ouder [**de-woord**] *parent* ⋆ mijn ouders *my parents*
[**bijvoeglijk naamwoord**] *older*
ouderdom • leeftijd *age*
• hoge leeftijd *old age*
ouderlijk *parental*
ouderwets • uit de mode *old-fashioned* ⋆ een ouderwetse jurk *an old-fashioned dress*
• degelijk *proper*
oudheid *antiquity*
ouwehoeren *talk nonsense* ⋆ ze zaten te ouwehoeren *they were talking nonsense*
ovaal *oval*
oven *oven*
over • naar een andere plaats *across*; *over* ⋆ dwars over het plein lopen *walk straight across the square*
• bovenlangs *across*; *over* ⋆ over het hek klimmen *climb over the fence*
• afgelopen *over* ⋆ hun vriendschap was over *their friendship was over*
• meer/langer dan *over*; ‹van tijd› *past* ⋆ het is al over tienen *it's past ten (o'clock) already* ⋆ hij is over twee meter lang *he is over two metres in length*
• resterend *left* ⋆ hoeveel hebben we nog over? *how much have we got left?*
• na *in* ⋆ over een minuut ben ik bij je *I'll be with you in a minute*
• opnieuw *again* ⋆ lees die zin nog eens over *read that sentence again*
• betreffende *about* ⋆ de film gaat over een voetbalteam *the movie is about a soccer team* ◆ over en weer *back and forth*
overal *everywhere* ⋆ ik heb overal naar je gezocht *I've been looking for you everywhere*
overall *overall*
overbevolking *overpopulation*
overblijven • resteren *remain*; *be left* ⋆ er is niets overgebleven van jouw taart *nothing has remained of your cake*
• op school blijven *stay over the lunch break*
overbodig *superfluous*
overbrengen • verplaatsen *bring*; *take* ⋆ iemand naar het hospitaal brengen *take someone to hospital*
• overdragen *pass on* ⋆ een boodschap doorgeven aan iemand *pass on a message to someone*
overdaad *excess*
overdag *in the daytime*
overdoen *do (over) again* ⋆ we hebben die puzzel drie keer overgedaan *we did that puzzle again three times*
overdosis *overdose*
overdrijven *exaggerate* ⋆ je overdrijft: het waren er maar vijf *you're exaggerating: there were only five*
overeenkomen [**werkwoord**] *correspond* ⋆ jouw plannen komen niet overeen met de mijne *your plans don't correspond to mine*
[**werkwoord + iemand/iets**] *agree* ⋆ de

leiders kwamen een vredesverdrag overeen *the leaders agreed on a peace treaty*

overeenkomst • gelijkenis *similarity* ★ deze tweelingen vertonen geen enkele overeenkomst *these twins don't show any similarity*
• afspraak *agreement* ★ een overeenkomst treffen *enter into an agreement*

overeind *up*; *upright* ★ overeind zetten *set up* ★ overeind komen *get up* ★ overeind staan *stand up*

overgaan • oversteken *cross* ★ de straat overgaan *cross the street*
• voorbijgaan *pass away* ★ de wolken zijn overgegaan *the clouds have passed away*
• veranderen *pass* ★ het water ging over in ijs *water passed into ice*
• overgaan tot *proceed to* ★ Donald ging tot actie over *Donald proceeded to action*
• bevorderd worden *move up* ★ naar de volgende klas overgaan *move up to the next form/grade* ◆ de telefoon gaat over! *the telephone is ringing!*

overgang • tussenfase *phase*
• oversteekplaats *crossing*

O

overgave • capitulatie *surrender*
• toewijding *devotion*

overgeven [werkwoord] *throw up*; *be sick* ★ ik moet overgeven *I'm going to be sick*
[werkwoord + iemand/iets] *hand over*
[werkwoord + zich] *surrender* ★ de kapers hebben zich overgegeven *the hijackers have surrendered*

overhalen • trekken aan *pull* ★ wie heeft de grendel overgehaald? *who pulled the handle?*
• overreden *persuade* ★ je kunt haar niet overhalen dat te doen *you can't persuade her to do that*

overhandigen *hand over* ★ de atleet overhandigde het stokje *the athlete handed over the stick*

overhebben *have left* ★ hoeveel heb jij nog over? *how much do you have left?*

overheen *over*; *across* ★ ergens overheen stappen *step over something* ◆ zich ergens overheen zetten *get over something*

overheersen *dominate*

overheid *government*; *authorities* [meervoud] ★ plaatselijke overheid *local authorities*

overhemd *shirt*

overhoring *test* ★ een mondelinge/schriftelijke overhoring *an oral/written test*

overhouden *be left with* ★ we hielden elk drie pond over *we were left with three pounds each*

overig *remaining* ★ de overige dagen *the remaining days*

overigens *by the way*

overkant *opposite side* ★ aan de overkant van de rivier *across the river*

overlast *trouble* ★ iemand overlast bezorgen *cause someone trouble*

overlaten • doen overblijven *leave* ★ ze liet niets voor ons over *she left us with nothing*
• toevertrouwen *leave* ★ niets aan het toeval overlaten *leave nothing to chance*

overleden *dead*

overleg *consultation* ★ in overleg met *in consultation with* ◆ overleg plegen over iets *confer on something*

overleven *survive*

overlijden [het-woord] *death*
[werkwoord] *die* ★ mijn oma is vannacht overleden *my grandma passed*

away last night ★ zij overleed aan kanker *she died of cancer*

overlopen • overstromen *run over* ★ de gootsteen loopt over *the sink is running over*
• naar andere partij gaan *desert*
★ overlopen naar de vijand *desert to the enemy*

overmaken *transfer* ★ geld overmaken naar een bankrekening *transfer money to a bank account*

overmeesteren *overpower*

overmoedig *reckless*

overmorgen *the day after tomorrow*

overnachten *stay the night* ★ het kind overnachtte bij haar grootouders *the child stayed the night with her grandparents*

overnemen *take over* ★ de generaal nam de macht over van de president *the general took over the power from the president*

overplaatsen *transfer*

overreden *persuade*

overschatten *overrate* ★ het gemak van een auto wordt altijd overschat *the comfort of a car is always overrated*

overschrijven • naschrijven *copy*
★ Bianca schreef het antwoord over van Eva *Bianca copied the answer from Eva*
• overboeken *transfer*

overslaan [**werkwoord**] *jump over* ★ de vlammen sloegen over op de schuur *the flames jumped over to the barn*
[**werkwoord + iemand/iets**] *leave out*
★ je hebt één woord overgeslagen *you've left out one word*

overspringen *jump over*

overstappen • overgaan op *change over*
★ op een nieuwe shampoo overstappen *change over to a new shampoo*
• van vervoermiddel wisselen *change*
★ voor Schiphol moet je bij Duivendrecht overstappen *for Schiphol you have to change at Duivendrecht*

oversteken *cross* ★ naar Engeland oversteken *cross over to England*

overstroming *flood*

overtreding *offence*; ‹sport› *foul* ★ een overtreding begaan *commit an offence*

overtreffen *exceed* ★ je hebt jezelf overtroffen *you have exceeded yourself*
◆ dat overtreft alles *that beats everything*

overtrek *cover*

overtuigen *convince* ★ overtuigend bewijs *convincing evidence*

overtuiging *conviction*

overval *hold up*; *raid* ★ de maffia pleegde een overval op de bank *the mafia carried out a hold up on the bank*

overvallen • aanvallen *raid* ★ deze winkel is al drie keer overvallen *this shop has been raided three times already*
• verrassen *take by surprise* ★ zijn vraag overviel me *his question took me by surprise*

overvloed *abundance*

overwinnen ‹een vijand› *conquer*; ‹angst, moeilijkheden› *overcome*

overwinning *victory* ★ zeven overwinningen op rij behalen *score seven victories in a row*

overzetten • naar overkant brengen *take across*
• overplaatsen *transfer*

overzicht *survey*

overzichtelijk *clear*

ovulatie *ovulation*

oxide ‹chemie› *oxide*

oxideren *oxidize*

ozon *ozone*

ozonlaag *ozone layer*

p *p* ◆ de P van Pieter *P as in Peter*
pa *dad*
paal *post*; ‹telefoon› *pole* ★ in een paal klimmen *climb a pole* ◆ voor paal staan *look a complete fool*
paar • koppel *couple*; *pair* ★ het jonge paar gaat trouwen *the young couple is getting married*
• klein aantal *couple* ★ een paar dagen/dingen, e.d. *a couple of days/ things, etc.*
paard • dier *horse*
• schaakstuk *knight*
paardenstaart • staart van paard *horsetail*
• haardracht *ponytail*

P

paardrijden *ride (horseback)*
paars *purple*
paasdag *Easter Day*
paashaas *Easter bunny*
pad [de-woord] *toad* ★ een dikke pad *a fat toad*
[het-woord] *path*; ‹van tuin ook› *walk* ★ een pad door het bos volgen *follow a path through the woods*
paddestoel *fungus*; ‹eetbaar› *mushroom* ★ een giftige paddestoel *a poisonous fungus*
padvinderij *scouts*; ‹het werk› *scouting*
pagina *page*
pak • pakket *pack(age)*; ‹klein› *parcel*; *packet*
• kostuum *suit* ★ zijn beste pak *his sunday suit* ◆ een pak sinaasappelsap *a carton of orange juice* ◆ een pak slaag *a beating*
pakken • beetpakken *catch*; *grab*; *pack* ★ hij pakte me bij de arm *he grabbed my arm* ◆ de moordenaar is gepakt *the murderer has been caught*
• te voorschijn halen *get*; *fetch* ★ een schone handdoek uit de kast pakken *get a clean towel from the cupboard*
• boeien *grip*; *hold* ◆ ik moet mijn koffers pakken *I have to pack*
pakpapier *wrapping paper*
paleis *palace*
paling *eel* ★ gestoofde paling *eel stew* ◆ zo glad als een paling *(as) slippery as an eel*
palm *palm*
pan • kookpan *pan* ★ het deksel op de pan doen *put the lid on the pan*
• dakpan *tile* ★ de pannen waaien van het dak *the tiles are blown off the roof*
pand • gebouw *premises*; *property*; *building* ★ een oud pand aan de gracht *an old property on the canal*
• onderpand *pledge*; *pawn* ◆ in pand geven *pawn*
paniek *panic*; *scare* ◆ in paniek raken *panic* ◆ paniek zaaien *spread panic*
pannenkoek *pancake*
panter *panther*
pantoffel *slipper*
panty *tights* [meervoud]; *panty hose*; *stockings* [meervoud] ★ ik heb een ladder in mijn panty *I've got a ladder in my tights*
pap *porridge* ★ een bord pap *a plate of porridge*
papa *dad(dy)*
papegaai *parrot*
paperclip *paperclip*
papier • materiaal *paper* ★ op papier zetten *put on paper*
• document *paper* [meestal meervoud]

★ mag ik uw papieren zien? *may I see your papers?*
pappa *papa; dad(dy)*
paprika *pepper; paprika* ★ een groene/rode paprika *a green/red pepper*
paraaf *initials*
paraat *ready; prepared* ★ parate kennis *ready knowledge*
parachute *parachute*
parade *review; parade* ★ een parade houden *hold a parade*
paradijs *paradise*
paragraaf • deel van een tekst *section* • paragraafteken *paragraph; section mark*
paraplu *umbrella*
parasol *parasol; sunshade*
pardon *pardon me; (I beg your) pardon* ◆ zonder pardon *without mercy*
parel *pearl* ★ een ketting met parels *a necklace with pearls; a string of pearls*
paren [**werkwoord**] *mate with; pair; copulate* ★ we zagen parende kikkers *we saw mating frogs*
[**werkwoord + iemand/iets**] *couple (with); combine (with)* ◆ gepaard gaan met *go hand in hand with*
parfum *perfume;* ‹geur› *scent*
park *park*

parkeren *park* ◆ verboden te parkeren *no parking*
parkiet *parakeet*
parlement *parliament*
parochie *parish*
partij • groep *party* ★ politieke partij *political party*
• deelnemer *party*
• spel *game* ★ een partij schaken *a game of chess*
• feest *party* ★ een partijtje geven *give a party* ◆ partij kiezen/trekken voor iemand *side with a party*
partijdig *partial; bias(s)ed*
pas [**de-woord**] • stap *step; pace* ★ in de pas lopen *walk in step*
• legitimatiebewijs *passport*
• bergpas *pass*
[**bijwoord**] • nog maar net *just* ★ pas getrouwd *newly/just married* ★ pas gekocht *just bought*
• niet meer/eerder/verder dan *just; only* ★ pas twee jaar oud *only two years old*
Pasen *Easter*

> **Pasen**: Tweede Paasdag wordt in Engeland *Pancake Day* genoemd, omdat het traditionele eten die dag bestaat uit pannenkoeken, waarin veel eieren worden verwerkt.

pasfoto *passport photo* ★ ik zal een pasfoto laten maken *I shall have a passport photo taken*
paskamer *fitting room*
paspoort *passport*
passagier *passenger*
passen [**werkwoord**] • op maat zijn *fit*
• passen bij *fit; match; suit* ★ hij past niet bij jou *he doesn't suit you*
• passen op *mind; look after* ★ pas op het opstapje *mind the steps* ★ op kinderen passen *look after the children* ◆ dat past precies *it fits like a glove*
[**werkwoord + iemand/iets**] *try on; fit* ★ ik wil graag deze broek even passen *I would like to try on these trousers*
passer *compass; (pair of) compasses*
passeren • voorbijgaan *pass (by);* ‹inhalen› *overtake* ★ op dit moment passeert de auto ons *at this moment the car is passing us by*
• door-/overtrekken *pass through; cross*
• overslaan *pass over* ★ zij voelt zich

P

gepasseerd *she feels passed over* ◆ hij is de 40 gepasseerd *he has passed 40*

pasta • deegwaar *pasta* • mengsel *paste*

pastei *pie*; *pasty*

pastoor *priest* ★ pastoor Johnson *Father Johnson*

patat *chips*; *French fries* ★ een portie patat met *a portion of chips with mayonnaise*

pater *father*

patiënt *patient*

patroon [**de-woord**] *cartridge* ★ losse patroon *blank cartridge* [**het-woord**] *pattern*; *design*

pauk *kettledrum*

paus *pope*

pauw *peacock* ★ zo trots als een pauw *as proud as a peacock*

pauze *pause*; ‹in schouwburg e.d.› *interval*; ‹op school› *break* ★ ze kregen in de pauze ruzie met elkaar *they had an argument during the break*

pauzeren *pause*; *have a break*

pech • tegenspoed *bad luck* • panne *trouble*; *breakdown* ★ ik heb pech met de auto *I have trouble with the car*

pedaal *pedal*

peen *carrot*

peer *pear*

pees *tendon*; *sinew* ★ zij heeft met gym een pees verrekt *she pulled a tendon during gym*

peetoom *godfather*

peettante *godmother*

peil *level*; *mark*; *standard* ★ beneden peil *not up to the mark* ★ op peil *up to the mark*

pekel *salt* ★ pekel strooien bij vorst *put down salt in case of frost*

pelgrim *pilgrim*

pelikaan *pelican*

pellen *peel*; ‹van noten› *shell* ★ pinda's pellen *shell peanuts*

peloton ‹sport› *pack* ★ de renner werd ingehaald door het peloton *the cyclist was caught up with by the pack*

pels *fur*; *fleece*

pen • lang, puntig voorwerp *pin*; ‹van egel› *quill*; ‹breipen› *knitting needle* • schrijfpen *pen* ★ mag ik je pen even lenen? *may I borrow your pen?* ★ de pen op papier zetten *put pen to paper*

penis *penis*

pennen *pen*; *scribble*

pens *belly*; *paunch* ★ hij heeft een dikke pens *he has a fat belly*

pensioen *retirement pay*; *pension* ★ met pensioen gaan *retire (on pension)*

peper *pepper*

pepermunt *peppermint*

per • vanaf *from* ★ per 1 augustus *from August 1st onwards* • door middel van/met *by* ★ per fiets/boot/trein/vliegtuig *by bike/boat/train/plane* • in/voor *per*; *by* ★ per stuk *by the piece* ★ per vierkante meter *per square metre* ★ per dag *per day* ◆ honderd km per uur *one hundred kilometres an hour*

percentage *percentage*

perfect *perfect*

periode *period*

perkament *parchment*; *vellum* ★ in de Middeleeuwen schreven ze op perkament *in the Middle Ages they wrote on vellum*

permanent [**het-woord**] *permanent (wave)* [**bijvoeglijk naamwoord**] *permanent* ★ ze hebben haar permanent gepest *they permanently ragged her*

perron *platform*

pers • drukpers *(printing) press* ★ ter perse gaan *go to press* • nieuwsbladen en journalisten *press* ★ de pers was ook uitgenodigd *the press had been invited too*

per se *at any price*; *definitely* ★ hij wilde er per se heen *he definitely wanted to*

go there
persen [werkwoord] *push* ★ de kraamvrouw was aan het persen *the woman in childbed was pushing*
[werkwoord + iemand/iets] • iets krachtig drukken *press*
• uitpersen ⟨olijf, druif⟩ *press*; ⟨citrusvruchten⟩ *squeeze* ★ sinaasappels persen *squeeze oranges*
• gladstrijken *press* ★ mijn broek is geperst *my trousers have been pressed*
personage *personage*; *character*
personeel *personnel*; *staff*; ⟨werknemers⟩ *employees* ★ we hebben extra personeel nodig *we need extra personnel*
persoon • individu *person* ★ in (eigen) persoon *in person*; *personally*
• ⟨taal⟩ *person* ★ derde persoon enkelvoud *third person singular*
persoonlijk [bijvoeglijk naamwoord] • van/voor een persoon *personal*; *private* ★ strikt persoonlijk *(strictly) private* ★ persoonlijke lening *personal loan*
• ⟨taal⟩ *personal* ★ persoonlijk voornaamwoord *personal pronoun*
[bijwoord] *personally* ★ iemand persoonlijk kennen *know someone personally*
persoonsvorm *finite form|verb*
perzik *peach*
pest *plague* ◆ de pest in hebben *be in a foul mood*; ⟨spreektaal⟩ *be pissed off*
pesten *rag*; *badger*; *pester* ★ een leraar pesten *rag a teacher*
pet [de-woord] *cap* ★ hij droeg een pet met een klep *he wore a cap with a peak*
[bijvoeglijk naamwoord] *lousy* ★ wat een pet wedstrijd! *what a lousy match!*
petekind *godchild*
petroleum ⟨ruw⟩ *petroleum*; ⟨gezuiverd⟩ *paraffin*; *kerosene*
peuk *butt*; *stub* ★ peukjes in een asbak *little butts in an ashtray*
peuter *little beggar*; *toddler*
peuteren • pulken *niggle*; *pick* ★ in je neus peuteren *pick one's nose*
• friemelen *fumble*; *fiddle*; *tamper (with)* ★ aan een pleister peuteren *fumble with a sticking plaster*
piano *piano*
piek • Nederlandse gulden *guilder*
• spits *peak*; *summit*; *top* ★ een mooie piek in de kerstboom *a nice top in the Chrismas tree*
• haarlok *wisp*
piekeren *puzzle over*; *worry* ★ zich suf piekeren over de toekomst *puzzle one's head off over the future*
pienter *bright*; *clever*; *smart*
piepen ⟨van muizen⟩ *squeak*; ⟨van scharnier⟩ *creak* ★ het raam piept *the window creaks*
pietluttig *niggling*; *petty*; *petty-minded (man)*
pijl *arrow*; ⟨klein⟩ *dart* ★ pijl en boog *bow and arrow(s)*
pijltjestoets *scroll arrow*
pijn • lichamelijk lijden *ache*; *pain* ★ stekende pijn *stabbing|sharp pain*
• verdriet *distress*; *pain*
• moeite *pains*; *effort* ◆ mijn been doet pijn *my leg hurts|aches* ◆ iemand pijn doen *hurt someone*
pijnlijk *painful* ★ pijnlijke voeten *painful feet* ★ een pijnlijk moment *a painful moment*
pijnstiller *painkiller* ★ een pijnstiller innemen *take a painkiller*
pijp • buis *tube*; ⟨van orgel⟩ *pipe*
• broekspijp *leg*
• rookgerei *pipe* ★ hij rookt pijp *he smokes pipe* ◆ een broek met omgeslagen pijpen *a pair of turned up trousers*
pik *prick*; *cock*
pikant *salty*; *racy*; *naughty* ★ een pikant verhaal *a racy story*
pikken • pakken *pinch*; *lift*; *grab* ★ zij pikte zomaar een pen van me *she just pinched a pen of mine*
• dulden *take* ★ dat zou ik niet pikken *I wouldn't take it if I were you*
pil • geneesmiddel *pill*
• anticonceptiepil *(the) pill* ★ de pil slikken *take the pill*; *be on the pill*
• iets diks ⟨boek⟩ *tome* ★ moet ik die dikke pil lezen? *must I read that bulky tome?*
piloot *pilot*
pils *(Pilsener) beer*; *lager* ★ een pilsje

graag *a glass|pint of beer, please*
pinautomaat *cash dispenser*; ‹Amerikaans› *automated teller machine*; *ATM*
pincet *(pair of) tweezers*
pincode *PIN code*
pinda *peanut*
pindakaas *peanut butter*
pinguïn *penguin*
pink *little finger*
Pinksteren *Whitsun(tide)*
pinnen • betalen met pinpas *pay with a switch card*
• geld opnemen met pinpas *withdraw cash from a cash dispenser*
pinpas *switch card*; *cashpoint card*
pion ‹bij schaken› *pawn*
piraat *pirate*
piramide *pyramid*
piste ‹van circus› *ring*; ‹skipiste› *slope*; ‹wielerbaan› *track*
pistool *pistol*
pit • elan *spirit* ★ hij heeft veel pit *he has a lot of spirit*
• kern van vrucht ‹van appel› *pip*; ‹van kers, perzik, e.d.› *stone* ★ zonder pit *stoneless*
• brander *burner* ★ gasstel met drie pitten *gascooker with three burners*
• lont ‹van kaars, olielamp› *wick* ◆ van pitten ontdoen *stone*
pittig • energiek *lively*; ‹van taal› *racy*; ‹van persoon, toespraak› *spirited* ★ een pittig debat *a lively debate*
• kruidig *spicy*
pizza *pizza*
pizzeria *pizzeria*
plaag *plague*; *curse*; *pest*; *nuisance* ★ een plaag van sprinkhanen *a plague of grasshoppers*
plaat • plat, hard stuk ‹van glas, metaal› *plate*; ‹van ijzer› *sheet*
• prent *picture*; *plate*
• grammofoonplaat *record* ★ hij heeft thuis oude platen van The Beatles *he has old records of The Beatles (of: Beatle-records) at home*
• zandbank *sandbank*; *shallow(s)*
plaats • waar iemand/iets zich bevindt *place*; *position* ★ de ploeg is op de derde plaats geëindigd *the team ended in third place*
• ruimte *room*; *space*; ‹zitplaats› *seat* ★ je plaats innemen *take your seat* ★ plaats maken voor *make room for*; *give way to*
• woonplaats *town*; ‹dorp› *village* ★ in welke plaats woont u? *in which town do you live?* ◆ ter plaatse *on the spot* ◆ in plaats van *instead of* ◆ in de eerste plaats *in the first place*; *first of all*; *primarily*
plaatsbewijs *ticket*
plaatsen [**werkwoord + iemand/iets**] *place*; *put*; ‹stationeren› *post* ★ een advertentie plaatsen in de krant *place|put an ad in the paper*
[**werkwoord + zich**] ‹sport› *qualify (for)*
plafond *ceiling* ★ er hing een versiering aan het plafond *there was a decoration hanging from the ceiling*
plagen • pesten *tease*; *nag* ★ hij plaagt maar wat *he's just teasing*
• hinderen *trouble*; *worry* ★ door je schuldgevoel geplaagd *troubled by your sense of guilt*
plak • schijf *slice*; ‹van chocola› *slab* ★ een plak kaas/worst *a slice of cheese|sausage*
• medaille *medal* ★ de gouden plak winnen *win the gold medal*
• tandaanslag *(dental) plaque*
plakband *adhesive, sticky tape*
plakken [**werkwoord**] • kleven *stick* ★ het plakt niet *it won't stick*
• lang blijven *stay on*; *stick around* ★ zij blijft altijd te lang plakken *she always sticks around too long*
[**werkwoord + iemand/iets**] *paste (on|to)*; *stick (on|to)*; *glue (on|to)* ★ een postzegel plakken op een envelop *stick a stamp on an envelope*
plan • voornemen *intentions*; *plan* ★ volgens plan *according to plan* ★ dat ben ik niet van plan *I have no such intention*
• ontwerp *plan*; *design*
planeet *planet*
plank *plank*; *shelf*; ‹dun› *board* ★ zet het maar op de onderste plank *put it on the bottom shelf*
plant *plant*

plantaardig *vegetable*
plantage *plantation*; *estate*
planten *plant*
plantsoen *public garden(s)*
plas • regenplas *pool*; *puddle* ★ in een plas trappen *step in a puddle*
• watervlakte ‹meer› *lake*
• urine *water*; *pee* ◆ een plas doen *have a pee*; ‹spreektaal› *go to the loo*
plassen *make/pass water*; *have a pee*
plastic [**het-woord**] *plastic*
[**bijvoeglijk naamwoord**] *plastic*
★ plastic zak *plastic bag*
plat *flat*; *low*; *shallow* ★ ik drukte me plat tegen de muur *I pushed myself flat against the wall* ◆ plat praten *talk with a broad accent*
plattegrond ‹van stad, straten› *street plan/map*; ‹van gebouw› *floor/ground plan*
platteland *country(side)*
playbacken *lip-sync*; *mime*
plechtig *solemn*; *stately*; *ceremonious*
★ iets plechtig beloven *solemnly promise something*
plechtigheid *solemnity*; *ceremony* ★ een mooie, maar sobere plechtigheid *a nice, but plain ceremony*
plegen *do*; *perform*; *commit*
★ zelfmoord plegen *commit suicide*
◆ over iets overleg plegen *consult on something*
plein *square*; *circus*
pleister [**de-woord**] *(sticking) plaster*; ‹Amerikaans› *band-aid* ★ een pleister op een wond plakken *apply a plaster to a wound*
[**het-woord**] *plaster*
plek *spot*; *place* ★ mijn favoriete plek in de stad *my favourite spot in town*
◆ een blauwe plek *a bruise* ◆ geen plek *no space*
plenzen *pour*; *bucket down* ★ het plenst van de regen *it's pouring (down)*
pletten *flatten*; ‹fruit› *squash*; ‹metaal› *roll*; ‹koolzaad, druiven e.d.› *crush*
plezier *pleasure*; *joy*; *fun* ★ dat deed me veel plezier *that gave me much pleasure*
plezierig *pleasant*
plicht *duty*; *obligation* ★ je plicht doen *do your duty*
ploeg • landbouwwerktuig *plough*
• groep *team*; ‹sport› *side* ★ werken in drie ploegen *work three shifts*
ploeteren *plod*
ploffen • vallen *thud*; *flop* ★ ploffen in een luie stoel *plump down in an easy chair*
• geluid geven *pop*; *bang* ★ ik hoorde een ploffend geluid *I heard a popping sound*
plonzen *splash* ★ ze plonsde in het water *she splashed into the water*
plooi • vouw ‹in stof› *fold*; *pleat*; ‹in broek› *crease* ★ plooien in een rok *folds in a skirt*
• rimpel *wrinkle*; *line* ★ plooien in je huid *wrinkles in your skin*
plotseling [**bijvoeglijk naamwoord**] *sudden*; *unexpected*; *abrupt* ★ een plotselinge dood *a sudden death*
[**bijwoord**] *suddenly* ★ plotseling was hij verdwenen *suddenly he was gone*
pluim *feather*; *plume* ◆ iemand een pluim op zijn hoed steken *stick a feather in someone's cap*
pluis [**de-woord**] *fluff* ★ er zitten pluisjes op je blouse *there are little bits of fluff on your blouse*
[**bijvoeglijk naamwoord**] ◆ het is niet pluis *there is something fishy about it*
plukken • oogsten *gather*; *pick* ★ appels uit de boom plukken *pick apples from the tree*
• grijpen, plukken *pluck* ★ de bal uit de lucht plukken *pluck the ball from the air*
• van veren ontdoen *pluck*
• bezit afpakken *pluck*; *fleece*
plunderen *plunder*; *loot* ★ de winkels werden geplunderd *the shops were plundered*
plus [**de/het-woord**] • plusteken *plus*
• waardering *plus(point)*
[**voorzetsel**] *plus*; *over* ★ drie plus vier is zeven *three plus/and four is seven*
plusminus *approximately*; *about*
podium *platform*; ‹van toneel› *stage*
★ alle acteurs verschenen op het podium *all actors appeared on stage*
poedel *poodle*

poeder *powder* ⋆ tot poeder malen *grind to powder*
poelier *poulterer*; *poulterer's*
poep *dirt*; *crap*; *shit* ⋆ in de poep trappen *step in the (dog)shit*
poepen *(have a) crap|shit*
poes *(pussy)cat* ⋆ de poes zegt miauw *the cat says miaow*
poetsen • glimmend wrijven *polish*; ‹schoenen ook› *shine* ⋆ het koper poetsen *polish the brassware*
• reinigen *clean*; ‹van tanden› *brush* ⋆ je tanden poetsen *brush your teeth*
poëzie *poetry*
poffertje ≈ *tiny puff-pancake*
poging *attempt*; ‹met inspanning› *effort* ⋆ zijn poging het wereldrecord te breken *his attempt to break the world-record* ◆ een poging wagen *have a try*; *have a go*
polder *polder*
Polen *Poland*
polikliniek *polyclinic*; *out-patients' clinic*
politicus *politician*
politie *police* [meervoud] ⋆ hij is bij de politie *he is in the police (force)* ⋆ de politie laten komen *call in the police*
politieagent *policeman*; *constable*
politiebureau *police station*
politiek [**de-woord**] • overheidsbeleid *politics* ⋆ in de politiek gaan/zijn *go into|be in politics*
• tactisch beleid *policy*
[**bijvoeglijk naamwoord**] • met betrekking tot overheidsbeleid *political*; *diplomatic*
• tactisch *politic*
[**bijwoord**] *politically* ⋆ politiek geïnteresseerd *politically interested*
pols • polsgewricht *wrist* ⋆ ze heeft een gebroken pols *she has a fractured wrist*
• polsslag *pulse* ⋆ iemand de pols voelen *feel|take a person's pulse*
pomp • werktuig *pump*
• tankstation *petrol station*; *service station*
pompen *pump*
pond • munteenheid *pound* ⋆ pond sterling *pound sterling* ⋆ het pond is de munteenheid van Groot-Brittannië *the pound is the currency of Great Britain*
• gewichtseenheid *pound*
pont *ferryboat*
pony • dier *pony*
• haardracht *fringe* ⋆ hij heeft een te lange pony *he has too long a fringe*
pool • uiteinde *pole*
• poolstreek *pole* ⋆ gelijke polen stoten elkaar af *like poles repel*
poort • ingang *gate*
• doorgang *gate(way)*; ‹nauw› *alley(way)*
poos *while*; *time*
poot *leg*; ‹van dier› *paw*; *foot* ⋆ een poot geven *give a paw*
pop • speelgoed *doll*; ‹paspop› *dummy*
• marionet *puppet*
• popmuziek *pop*
popelen *be bursting to* ⋆ zij popelen om aan de slag te gaan *they are bursting to get down to work*
popmuziek *popmusic*
poppenhuis *doll's house*
poppenkast *puppet show|theatre*

populair *popular* ⋆ hij was razend populair bij de jeugd *he was madly popular with the young*
porno *porno*
pornografisch *pornographic*
porselein *china*; *porcelain*
port [**de-woord**] *port(-wine)* ⋆ een glaasje port *a glass of port*
[**het-woord**] *postage*
portefeuille • portemonnee *wallet*

P

• taak *portfolio* ★ minister zonder portefeuille *minister without portfolio*
portemonnee *purse*
portie *portion*; ⟨aandeel⟩ *share*; ⟨van eten aan tafel⟩ *helping* ★ wil je nog een portie patat? *do you like another portion of chips?* ◆ een portie ijs *an ice*
portiek *portico*; *porch*
portier [**de-woord**] *doorkeeper*; *gatekeeper*; ⟨hotel⟩ *porter*
[**het-woord**] *door*
portret *portrait*; *photo(graph)* ★ je portret laten maken *have your photo taken*
Portugal *Portugal*
Portugees [**de-woord**] *Portuguese*
[**het-woord**] *Portuguese*
[**bijvoeglijk naamwoord**] *Portuguese*
Portugese *Portuguese*
poseren *sit (for your portrait)*; *pose* ★ poseren voor een schilder *pose for a painter*
positie • ligging, (toe)stand *position*
• betrekking *position*; *post* ★ hij heeft een prima positie bij de bank *he has an excellent position at the bank*
positief • niet negatief *positive* ★ positieve pool *positive pole*
• bevestigend *positive*; ⟨antwoord⟩ *affirmative* ★ zij reageerde zeer positief *she reacted very positively*
post • poststukken *mail*; *post* ★ is er post? *is there any post?*
• postdienst *postal services*; *post* ★ een brief op de post doen *post a letter*
• standplaats *station*; *post* ★ ik ben op mijn post *I'm on my post*
postbode *postman*
postbus *post(office) box*
postcode *postcode*; ⟨Amerikaans⟩ *zip code*
posten *post*
postkantoor *post office*
poststuk *postal packet|parcel*
postzegel *(postage) stamp*
pot • bak, kan *pot*; ⟨van glas⟩ *jar* ★ een pot pindakaas *a jar of peanut butter*
• po *(chamber) pot* ★ de peuter zat op het potje *the toddler sat on the chamber pot*
• kookpot *saucepan*; *cooking pot*
• lesbienne *dike*; *dyke*
potlood *pencil*
praatje • voordracht *talk* ★ een praatje houden over je huisdier *give a talk on your pet*
• gesprekje *talk*; *chat* ★ een praatje maken *have a chat*
• gerucht *rumour*; *story* ★ er gaan rare praatjes rond over jou *there are odd stories going round about you*
prachtig • mooi *splendid*; *magnificent* ★ een prachtig kunstwerk *a splendid work of art*
• goed *fine*; *wonderful* ★ een prachtige gelegenheid *a fine opportunity*
prakken *mash*
praktijk • toepassing *practice* ★ in praktijk brengen *put into practice* ★ de praktijk is heel anders *in practice it's quite different*
• van dokter e.d. *practice* ★ de praktijk neerleggen *retire from practice* ★ onze huisarts legt binnenkort zijn praktijk neer *our family doctor will retire from practice soon*
praktisch [**bijvoeglijk naamwoord**] *practical*
[**bijwoord**] *practically*; *almost* ★ hij zit praktisch dagelijks op internet *he is practically every day on the Internet*
praten *talk* ★ daar is al heel wat over gepraat *there has been a great deal of talk about it*
precies • juist *precise*; *exact*; *just* ★ hij is precies zijn broer *he is just like his brother*
• nauwgezet *precise*; *meticulous* ★ om tien uur precies *at ten o'clock precisely*
predikant ⟨protestant⟩ *clergyman*; ⟨Anglicaans⟩ *vicar*
preek *sermon*; ⟨vermaning⟩ *lecture* ★ een preek houden *deliver a sermon*
prei *leek*
preken *preach*
premie *premium*; ⟨m.b.t. sociale verzekering⟩ *contribution* ★ sociale premie *social security|insurance contribution*
premier *prime minister*
première *first night*; *premiere*; ⟨van toneelstuk⟩ *opening night* ★ de musical is in première gegaan *the musical has*

had its premiere

presentator ⟨van nieuws⟩ *presenter*; ⟨van tv⟩ *host* [vrouwelijk: *hostess*]

presenteren • voorstellen *present*; *introduce* ★ zich presenteren *present oneself*
• aanbieden *present*; ⟨van voedsel e.d.⟩ *offer* ★ wil jij het gebak presenteren aan de visite? *will you offer the cakes to the guests?*
• op tv *host*

president • staatshoofd *President* ★ Bush werd gekozen tot president van de VS *Bush was elected President of the USA*
• voorzitter *president*; *chairman*

prestatie *achievement*; *performance* ★ een goede prestatie leveren *turn in a good performance*

presteren *achieve*; *perform*

pret *fun*; *pleasure* ★ veel pret hebben *have great fun*

pretpark *amusement park*; *funfair*

prettig *pleasant*; *nice* ★ iets prettig vinden *find something pleasant*

preuts *prudish*; *prim*

priemgetal *prime number*

priester *priest* [vrouwelijk: *priestess*]

prijs • koopsom *price*; ⟨prijskaartje⟩ *price (tag)* ★ voor een zacht prijsje *at a low price* ★ tot elke prijs *at any price*; *at all costs*
• beloning *prize*; *award*; ⟨uitgeloofd⟩ *reward* ★ de eerste prijs winnen *win first prize*

prijzen • loven *praise* ★ prijs de Heer *praise the Lord*
• schatten, achten *consider* ★ jezelf gelukkig prijzen *consider yourself fortunate*
• van prijs voorzien *price*; *ticket*

prijzig *expensive*; ⟨spreektaal⟩ *pricey*

prik • steek *prick*; *stab*
• injectie *injection* ★ een prik tegen de griep halen *go for an injection against the flu*

prikbord *pin-board*; *notice board*

prikkeldraad *barbed wire*

prikkelen *stimulate*; *excite* ★ iemand prikkelen om iets te doen *stimulate someone to do something* ◆ prikkelende lectuur *salacious literature*

prikken [**werkwoord**] *tingle* ★ die jodium prikt erg *that iodine tingles awfully*
[**werkwoord + iemand/iets**] • steken *prick* ★ een foto op de deur prikken *stick/pin a photo to the door*
• injectie geven *inject* ◆ een datum prikken *set/fix a date*

pril *early*; *tender* ★ in haar prille jeugd *in her early youth*

prima *excellent*; *great*; *first-rate* ★ dat heb je prima gedaan! *you did that excellently!*

primeur *something new*; ⟨van journalist⟩ *scoop* ★ deze krant had de primeur *this paper got the scoop*

primitief *primitive*

principe *principle*

prins *prince* ◆ de prins op het witte paard *the knight in shining armour*

> **prins**: *Charles Philip Arthur George* (geboren in 1948) is de kroonprins van Groot-Brittannië: als koningin Elizabeth II afstand doet van de troon, zal Charles haar opvolgen. Charles trouwde in 1981 met Lady Diana Spencer en zij kregen twee zoons: William en Harry. Charles en Diana scheidden in 1996. In 1997 kwam Diana om bij een auto-ongeluk in Parijs.

prinses *princess*

print • computeruitdraai *print(-)out*; *hard copy*
• afdruk *print*

printer *printer*
privé *private*; *personal*
proberen • iets beproeven *test*; *try (out)*; ‹van wijn› *sample* ★ je moet deze wijn eens proberen *you must sample this wine*
• een poging doen *try*; *attempt* ★ laat mij het eens proberen *let me have a try (at it)*; *let me try to do it*
probleem *problem*; *trouble* ★ in grote problemen raken *get into great problems|troubles*
procedure *procedure* ★ de juiste procedure *the proper procedure*
procent *per cent* ★ 30 procent van de mensen *30 per cent of the people*
proces • manier waarop iets verloopt *process*
• rechtszaak *action*; ‹strafrecht› *(law)suit*; *trial* ★ in een proces verwikkeld zijn *be involved in a lawsuit*
proces-verbaal *charge*; *ticket* ◆ een proces-verbaal krijgen *be booked*
produceren *produce*; ‹warmte e.d.› *generate*
product *product*
productie *production*; ‹opbrengst› *output*
proef • onderzoek *test* ★ op de proef stellen *put to the test* ★ de proef doorstaan *stand the test*
• experiment *test*; *experiment* ★ proeven doen bij scheikunde *carry out experiments in the chemistry lesson*
proefwerk *test paper*
proesten • niezen *sneeze*
• lachen *snort*; *splutter* ★ proesten van het lachen *snort with laughter*
proeven *taste*; *sample* ★ verschillende soorten kaas proeven *taste different kinds of cheese*
professor *professor*
profiel • zijaanzicht *profile*
• op autoband *tread* ★ er zit bijna geen profiel meer op de band *there's hardly any tread left on the tyre*
profiteren *profit (by|from)*; *benefit (by|from)* ★ zij profiteerde van het werk van haar vriendin *she profited from the work of her friend*
programma • ‹computer› *program(me)* ★ hij heeft leuke programma's op zijn pc *he has funny programs on his pc*
• uitzending *programme*; *broadcast*
programmatuur *software*
programmeren ‹computer› *program* ★ zij heeft dit systeem zelf geprogrammeerd *she has programmed this system herself*
progressief *progressive*; *liberal* ★ de progressieve politieke partijen *the progressive political parties*
project *project*
projectiel *missile*; *projectile*
projector *projector*; ‹van dia's› *slide projector*
promille *per mille*
promotie • bevordering *promotion*; *rise* ★ promotie maken in het bedrijf *get promotion in the company*
• behalen van doctorsgraad *take your Ph.D.|doctor's degree*
prompt *promptly*; *at once* ★ de leraar werd boos en prompt begon ze te huilen *the teacher became angry and promptly she began to cry*
pronken *show (yourself|something) off*; *flaunt (yourself|something)* ★ hij pronkt met zijn nieuwe auto *he shows off his new car*
prooi *prey*; *victim* ★ een makkelijke prooi *an easy prey*
proost ‹bij drinken› *cheers!*; ‹bij niezen› *bless you!*

proosten *toast*
prop *ball*; *wad* ★ de poes speelt met een propje papier *the cat is playing with a little ball of paper*
prostituee *prostitute*
protest *protest* ★ een protest laten

horen *raise a protest* ★ uit protest tegen de beslissing *in protest against the decision*
protestant *Protestant*
protesteren *protest (against)*
provincie *province* ★ de provincie Noord-Holland *the province of North Holland*
provoceren *provoke*
proza *prose*
pruik *wig* ★ draagt ze nou een pruik of niet? *is she wearing a wig or not?*
pruim *plum*
prullenbak *wastepaper basket*; ⟨Amerikaans⟩ *waste-basket*
prutsen *mess about/around*
psalm *psalm*
psychiater *psychiatrist*
psychisch *psychic(al)*
psychologie *psychology*
psycholoog *psychologist*
puber *adolescent*
puberteit *puberty*
publiciteit *publicity* ★ het kreeg veel publiciteit *it got a lot of publicity*
publiek [het-woord] *public*; ⟨van sport⟩ *crowd*; ⟨van culturele gebeurtenis⟩ *audience*
[bijvoeglijk naamwoord] *public* ★ de publieke sector *the public sector*

P

pudding *pudding*
puin *rubbish*; *rubble* ★ puin ruimen *clear up the rubbish* ◆ in puin liggen *lie in ruins*
puinhoop • hoop puin *heap of rubble/ rubbish*
• warboel *mess* ★ je hebt er een puinhoop van gemaakt *you've made a mess of it*
puist *pimple*; *spot*
pukkel *pimple*; *spot*
punaise *drawing pin*; ⟨Amerikaans⟩ *thumbtack* ★ een poster ophangen met punaises *hang up a poster with drawing pins*
punk *punk*
punt [de-woord] • uiteinde *tip*; *point*; ⟨van zakdoek, tafel⟩ *corner*
• stip *dot*; ⟨leesteken⟩ *full stop*; ⟨Amerikaans⟩ *period* ◆ dubbele punt *colon* ◆ ergens een punt achter zetten ⟨m.b.t. werk⟩ *call it a day*
[het-woord] • onderdeel, kwestie *point*; *item* ★ punt voor punt *point by point* ★ een interessant punt om te bespreken *an interesting point to discuss*
• moment *point* ★ op het punt staan om ... *be on the point of ...*; *be about to ...*
• waarderingseenheid *point*; *mark* ★ hij haalde de meeste punten *he scored the most marks*
puntenslijper *pencil sharpener*
puntig *pointed*; *sharp*
puntje • kleine punt *tip*; *dot*
• broodje *roll* ◆ de puntjes op de i zetten *dot the i's and cross the t's*
puntkomma *semicolon*
pupil • oogpupil *pupil* ★ in het donker worden je pupillen groter *in the dark your pupils grow bigger/widen*
• leerling *pupil*; *student*
puree *puree* ◆ aardappelpuree *mashed potatoes*
put ⟨van water, gas, olie⟩ *well*; ⟨kuil⟩ *pit* ★ een put graven *sink a well* ◆ in de put zitten *be down-hearted*
puur *pure*; ⟨van nonsens⟩ *sheer*; ⟨van chocolade⟩ *plain*
puzzel *puzzle*; *jigsaw (puzzle)*
puzzelen *solve/do (crossword/jigsaw etc.) puzzles*
pyjama [meervoud] *pyjamas*

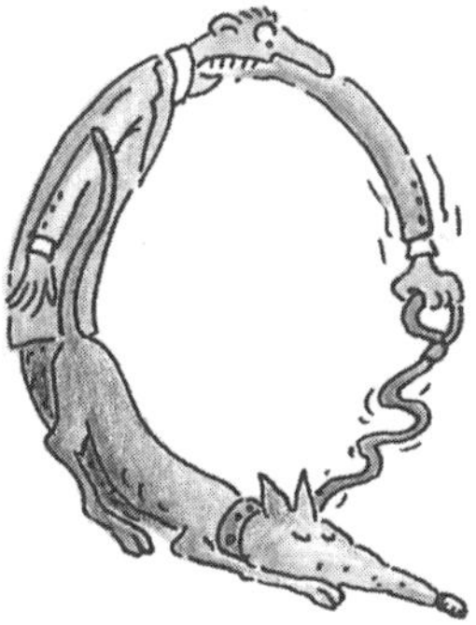

q *q* ◆ de Q van Quotiënt *Q as in Queenie*
quiz *quiz*
quotiënt *quotient*

r *r* ◆ de R van Rudolf *R as in Robert*
raad • advies *advice*; *counsel* ★ iemand raad vragen *ask someone for advice* ★ iemand raad geven *give someone advice*
• adviserend college *council*; ‹vnl. in bedrijf› *board*
raadplegen *consult*; *seek advice* ★ een arts raadplegen *consult a doctor*
raadsel *mystery*; *puzzle* ★ het is voor mij een raadsel *it is a mystery to me*
raaf *raven*
raak ◆ raak schieten *hit the mark* ◆ die opmerking was raak *that remark was to the point*
raam • venster *window* ★ hij stond voor het raam *he stood at the window*
• kader *framework*; *context*; *frame*
raar *strange*; *odd*; *weird*
rabarber *rhubarb*
rabbijn *rabbi*
race *race*
racen • aan een snelheidswedstrijd deelnemen *race*
• zeer snel gaan *speed*
racisme *racialism*; *racism*
racket *racket*
rad *wheel*
radeloos *desperate*
raden *guess* ★ goed/mis raden *guess right/wrong* ★ raden naar *guess at*
radiator *radiator*
radijs *radish*
radio • toestel *radio*; *wireless*
• uitzending *radio* ◆ voor de radio spreken/optreden *speak on the wireless*; *broadcast*

radioactief *radioactive*
rafelig *frayed*; *unravelled*
raffineren *refine*
rage *craze*; *rage*; *trend*
ragout *ragout*; *hash*
rail • roede (voor o.a. gordijnen) *rail* • spoorstaaf *rail* ★ uit de rails lopen *be derailed*; *come off the rails*
raken • aanraken *touch* • treffen *hit* ★ de schijf/het doel raken *hit the target* • ontroeren *affect*; *move*; *touch* ★ het heeft mij diep geraakt *it moved me* • betreffen *touch*; *concern*; *affect* ★ dat raakt me niet *that does not concern me*; *that does not affect me*
raket *rocket*
ram • mannetjesschaap *ram* • klap *whack*; *thump* ★ iemand een ram voor zijn kop geven *thump someone over the head*
Ram *Aries* ★ mijn teken van de dierenriem is Ram *my sign of the zodiac is Aries*
ramadan *Ramadan*
rammelaar • speelgoed *rattle* • mannetjeskonijn *buck rabbit*
rammelen [werkwoord] *rattle*; ⟨van geld⟩ *jingle*
[werkwoord + iemand/iets] *shake*
rammen *ram*
ramp *catastrophe*; *disaster*
rand • omtrek, grens *edge*; ⟨van hoed, diep bord⟩ *brim*; ⟨van bloemen, gras⟩ *border* ★ mijn hoed heeft een brede rand *my hat has a wide brim* ★ tot de rand vol *filled to the brim*; *brimful* • uiterste deel *verge*; ⟨van afgrond⟩ *brink* ★ aan de rand van de afgrond *on the brink of the abyss*
rang *rank*; *position* ★ een hoge rang bekleden *hold high rank*
rangeren ⟨spoorwegen⟩ *shunt*
rangschikken *order*; *arrange* ★ de bloemen rangschikken *arrange the flowers*
rantsoen *ration* ◆ op rantsoen stellen *ration*
rap [de-woord] *rap*
[bijvoeglijk naamwoord] *quick*; *agile*; ⟨van beweging, verstand⟩ *nimble*
rapen • oppakken *pick up* • verzamelen *gather*
rappen *rap*
rapport ⟨ook op school⟩ *report*
rapportcijfer *report-mark*; *mark*; ⟨Amerikaans⟩ *grade*
ras ⟨van mensen⟩ *race*; ⟨van dieren⟩ *breed*; ⟨van planten⟩ *variety*
rasp • keukengereedschap *grater* • vijl *rasp*
rat *rat*

ratelen • geluid maken *rattle* • druk praten *chatter*
rauw • ongekookt *raw* • schor *raucous*
ravijn *ravine*; *gorge*
razen • tekeergaan *rage*; *rave* • snel bewegen *race*
razend *furious*; *raving* ◆ het is om razend van te worden
reactie *reaction* ★ een reactie op de gebeurtenis *a reaction to the event*
reageren *react*; *respond* ★ reageren op *react to* ★ reageren op een oproep *respond to an appeal*
realiseren [werkwoord + iemand/iets] *realize*
[werkwoord + zich] *realize* ★ ik realiseerde me dat ik geen gelijk had *I realized (that) I was wrong*
realiteit *reality*
rebel *rebel*
recensie *review*; *criticism* ★ goede recensies *rave reviews*
recept • keukenrecept *recipe* • doktersrecept *prescription*
receptie • balie *reception (desk)*

R

• ontvangst *reception* ★ een receptie houden *give a reception*
recherche *criminal investigation department*
recht [het-woord]
• overheidsvoorschriften *law* ★ het recht in eigen hand nemen *take the law into one's own hands*
• rechtsgeleerdheid ‹spreektaal› *law*; ‹schrijftaal› *jurisprudence*
• gerechtigheid *right*; *justice*
• bevoegdheid, aanspraak *right*; *claim*; ‹auteursrechten› *copyright* ★ recht hebben op *have a right to* ★ u hebt het recht te zwijgen *you have the right to remain silent* ★ recht geven op *entitle to* ◆ het recht van de sterkste *the law of the jungle*
[bijvoeglijk naamwoord] • niet gebogen *straight* ★ een rechte lijn *a straight line*
• rechtstreeks *straight*; *direct*
[bijwoord] *straight (up)*; *upright*
rechtbank • college van rechters *law court*; *court of justice*
• gerechtsgebouw *court*
rechtdoor • richting *straight on/ahead*
• rechtstreeks *straight (through)* ★ uit school rechtdoor naar huis gaan *go straight home after school*
rechter [de-woord] *judge*; *justice*
[bijvoeglijk naamwoord] *right(-hand)* ★ de rechter voet *the right foot* ★ de rechter kant *the right-hand side*
rechthoek *rectangle*
rechtop *upright*; *erect* ◆ rechtop gaan zitten *sit up* ◆ rechtop zitten *sit straight*
rechts • aan de rechterkant *on/to/at the right* ★ rechts houden *keep to the right* ★ met het stuur rechts *with right-hand drive*
• rechtshandig *right-handed*
• ‹politiek› *right-wing* ◆ rechts inhalen *pass/overtake on the nearside*
rechtsaf *to the right*
rechtshandig *right-handed*
rechtstreeks [bijvoeglijk naamwoord] *direct* ★ rechtstreeks telefoongesprek *direct phonecall*
[bijwoord] *straight* ★ zij ging rechtstreeks naar de kroeg *she went straight to the pub*
rechtszaak *lawsuit*
rechtvaardig *just*; ‹van persoon, actie› *righteous*
reclame • aanprijzing *advertising*; *publicity* ★ reclame maken voor iets *advertise something*
• middel, voorwerp; ‹advertentie› *advertisement*; ‹radio, tv› *spot*
record *record* ★ een record breken/verbeteren *beat/break a record*
recreatie *recreation*
rector • voorzitter *rector*
• hoofd van school *headmaster*
recyclen *recycle*
redactie • het redigeren *editorship*
• de redacteuren *editors*; ‹afdeling› *editorial office*
redden • in veiligheid brengen *save*; *rescue* ★ dat gebouw is niet meer te redden *that building is past saving*
• voor elkaar krijgen *manage* ★ met dat geld kan hij het redden *with that amount of money he can manage*
rede • toespraak *speech*
• verstand *reason*; *sense* ★ iemand tot rede brengen *bring a person to his senses*
• ankerplaats *roadstead* [meervoud: *roads*]
redelijk [bijvoeglijk naamwoord] • met verstand *rational*; ‹verstandig› *sensible*
• billijk *reasonable*; *fair* ★ wees redelijk *be reasonable*
• vrij goed *passable*; *tolerable*
[bijwoord] *rather* ★ het is redelijk ver *it is rather far*
reden *reason*; *motive*; *cause* ★ om die reden *for that reason* ★ er is alle reden om bezorgd te zijn *there is every reason to be concerned* ★ zonder geldige reden *without valid/good reason* ★ geen reden tot klagen hebben *have no reason/cause for complaint*
reëel • werkelijk *real*
• realistisch *realistic*
reep • strook *strip*
• plak chocola *bar*
reet *arse* ◆ lik mijn reet! *fuck off!*
reflecteren *reflect*; *mirror* ★ het water

reflecteert het zonlicht *the water reflects the sun*
reflector *reflector*
refrein *refrain; chorus*
regel • tekstregel *line* ★ op een nieuwe regel beginnen *to start at a new line* ★ tussen de regels *between the lines* • voorschrift *rule*; ‹van spel› *law* ★ zich tot regel stellen *make it a rule (to)* ★ tegen de regels in *contrary to the rules* ★ volgens de regelen der kunst *according to the rules* • gewoonte *rule; habit* ★ in de regel *as a rule*
regelen • in orde brengen *order; arrange; sort out*; ‹klok› *adjust*; ‹verkeer› *regulate* ★ je moet je zaken regelen *you should sort out your affairs* • bepalen *regulate; lay down rules* ★ geregeld bij de wet *provided for by the law*
regeling *regulation; control; arrangement* ★ regelingen treffen *make arrangements*
regelmaat *regularity*
regelmatig *regular*
regen • neerslag *rain* ★ zure regen *acid rain* ★ in de stromende regen *in the pouring rain* • grote hoeveelheid *rain; shower* ★ een regen van kritiek *a shower of criticism*
regenboog *rainbow*
regenbui *rain-shower; shower*
regenen *rain; pour* ★ het regent (dat het giet) *it's raining/pouring*
regeren *rule*; ‹van vorst› *reign (over)*; ‹van ministers› *govern*
regering • het regeren *government*; ‹van vorst› *reign* ★ aan de regering komen *come to the throne*; ‹van partij› *come into power* • landsbestuur *government* ★ onder de regering van ‹van vorst› *in/under the rule/reign of*
regie *direction*
regisseur *director; stage-manager*
registreren *register; notice*
reglement *regulations; rules*
reiger *heron* ★ blauwe reiger *grey heron*
reiken [werkwoord] • zover komen *reach*; ‹van stem› *carry* • hand uitstrekken *reach* ★ reiken naar *reach (out) for* [werkwoord + iemand/iets] *pass; reach* ◆ elkaar de hand reiken *hold out a hand to each other*
reinigen *clean*; ‹wond› *cleanse* ★ chemisch reinigen *dry-clean*
reis *journey*; ‹rondreis› *tour; trip* ★ op reis gaan *go on a journey* ★ goede reis! *have a pleasant journey/trip!* ★ een reis maken *make a journey; take a trip*
reisbureau *tourist office; travel bureau/agency*
reisgids • boek *guide book; (travel) guide* • persoon *guide*
reizen *travel; journey*
reiziger *traveller*
rek [de-woord] *elasticity; flexibility* [het-woord] ‹van bagage, e.d.› *rack*; ‹van kleren› *clothes-horse*; ‹van handdoek› *towel-horse*
rekenen [werkwoord] • cijferen *calculate; work out*; ‹sommen maken› *do sums* ★ goed/slecht in rekenen *good/bad at figures* • rekenen op *depend/count (on)* ★ reken er maar niet op *don't bank/count on it* [werkwoord + iemand/iets] *charge* ★ er niets voor rekenen *make no charge for it*
rekening • nota *account; bill* • bankrekening *account* ★ een bedrag op iemands rekening storten/overmaken *pay an amount into someone's account* ◆ iets in rekening brengen *charge something*

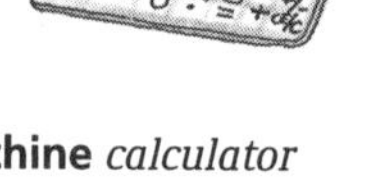

rekenmachine *calculator*
rekken • langer maken *draw out*; ‹linnen, nek› *stretch* ★ zich rekken *stretch o.s.* • lang aanhouden *prolong; spin out* ◆ tijd rekken *play for time*

R

rel *riot*; *row*
relatie • onderlinge betrekking *relation*; *relationship*; *connection* ★ relaties aanknopen met *enter into relations with*
• liefdesverhouding *relationship*; *(love) affair*
relatief *relative*
religie *religion*
religieus *religious*
reling *rail(ing)* ★ over de reling hangen *lean over the rail(ing)*
rem *brake* ★ op de rem(men) gaan staan *slam|jam on the brakes*
remmen *put on the brake(s)*; *brake* ★ hij remde plotseling *he braked suddenly*
rennen *run*; ‹haast hebben› *rush*; ‹hard› *race*
renoveren *renovate*; ‹van gebouw, wijk› *redevelop*
rente *interest* ★ tegen lage/hoge rente *at a low|high rate of interest*
reparatie *repair(s)* ★ reparaties uitvoeren *make|carry out repairs* ◆ onze auto is in reparatie *our car is being repaired*
repareren *fix*; *mend*; *repair* ★ een auto repareren *fix|repair a car*
repeteren [**werkwoord**] *repeat* ★ repeterende breuk *recurring decimal*
[**werkwoord + iemand/iets**] *rehearse* ★ een toneelstuk repeteren *rehearse a play*
repetitie • herhaling *repetition*
• proefwerk *test*
• proefuitvoering *rehearsal* ★ generale repetitie *dress rehearsal*
reportage *report*; *commentary*; *coverage* ★ rechtstreekse reportage *live|running commentary*
reporter *reporter*
reptiel *reptile*
republiek *republic*
reputatie *reputation* ★ je reputatie hoog houden *maintain your reputation*
reserve • noodvoorraad *reserve* ★ in reserve houden *hold in reserve*
• plaatsvervanger *standby*; *substitute*; ‹sport› *reserve|substitute (player)*
reserveren • bespreken *book* ★ reserveer uw plaatsen tijdig! *book your seats early*
• in reserve houden *reserve*; *set aside*
respect *respect*; *regard* ★ respect hebben voor iemand *have respect for someone*
rest *rest* ★ hij nam één hap en gooide de rest weg *he took one bite and threw away the rest*
restaurant *restaurant*
restaureren *restore*; *renovate*
resultaat *result*; *outcome*
retour *return (ticket)* ★ retour tweede klas Arnhem *second class return to Arnhem*
reu *(he-)dog*
reuk • geur *scent*; *smell*; *odour*; ‹van lichaam› *odour*
• zintuig *smell*; ‹van dier› *scent*
reuma *rheumatism*
reus *giant*
reuze [**bijvoeglijk naamwoord**] • zeer groot *smashing*; *great* ★ we hebben reuze lol gehad *we had great fun*
• zeer goed *great*; *smashing* ★ dat is reuze! *that is great!*
[**bijwoord**] *enormously* ★ reuze veel *an awful lot*
revolutie *revolution*
rib *rib* ★ iemand een por tussen de ribben geven *poke someone in the ribs*
ribbenkast *body*; *ribcage*
richel • rand *ledge*; ‹opstekend rand› *ridge*
• lat *lath*
richten [**werkwoord + iemand/iets**]
• sturen *direct*; *address* ★ een vraag richten tot iemand *direct a question to someone*
• instellen op een doel ‹van camera› *point (at)*; ‹van wapen› *aim (at)*
[**werkwoord + zich**] • richten tot *address* ★ zich richten tot iemand *address someone*
• richten naar *conform to* ★ zich richten naar iemands wensen *conform to someone's wishes*
richting • bepaalde kant *direction*; ‹gesprek› *trend* ★ zij ging richting Zwolle *she went in the direction of Zwolle* ★ richting aangeven *signal*; *indicate direction*
• gezindheid *school*; ‹geloof, politiek› *creed* ★ de moderne richting in de muziek *the modern school of music*

ridder *knight* ★ de ridders van de Ronde Tafel *the knights of the Round Table* ◆ iemand tot ridder slaan *knight a person*
riem *strap*; ⟨van hond⟩ *lead*; *leash*; ⟨om middel⟩ *belt*; *girdle*
riet • grassoort *reed*; ⟨suikerriet⟩ *(sugar) cane*
• stengel *reed*; ⟨dik⟩ *cane*
rietje *straw*
rij • reeks ⟨onder elkaar⟩ *column*; ⟨naast elkaar⟩ *row*; *series*
• reeks in rechte lijn ⟨voornamelijk naast elkaar⟩ *row*; ⟨voornamelijk achter elkaar⟩ *line*; ⟨mensen achter elkaar ook⟩ *file*; ⟨achter elkaar wachtend⟩ *queue* ★ in de rij gaan staan *queue up*; ⟨Amerikaans⟩ *stand in line* ◆ in rijen van vijf staan *stand five deep*
rijbaan *roadway*; ⟨rijstrook⟩ *lane*
R
rijbewijs *(driving) licence*; ⟨Amerikaans⟩ *driver's license* ◆ je rijbewijs halen *pass your driving test*
rijden [**werkwoord**] *ride* ★ 100 km per uur rijden *ride a 100 km per/an hour* ★ naar huis rijden *drive home* ◆ op benzine rijden *run on petrol*
[**werkwoord + iemand/iets**] • besturen ⟨auto, bus e.d.⟩ *drive*; ⟨fiets, paard⟩ *ride* ★ op een paard rijden *ride on horseback*
• vervoeren *drive*; ⟨in rolstoel⟩ *wheel*
rijgen • aan een snoer doen *thread*; *string*
• naaien *baste*; *tack*
rijk [**het-woord**] *state*; ⟨internationaal⟩ *empire*; ⟨koninkrijk⟩ *kingdom* ★ het Britse Rijk *the British Empire*
[**bijvoeglijk naamwoord**] *rich*; *wealthy* ★ hij is stinkend rijk *he is filthy rich*
rijkdom *affluence*; *wealth*
rijkspolitie *national/state police (force)*; ⟨Amerikaans⟩ *Federal Police*
rijkswachter *gendarme*; *state policeman*
rijm • het rijmen *rhyme* ★ op rijm zetten *put into verse*
• versregels *verse*
rijmen • rijm hebben *rhyme* ★ rat rijmt op kat *rat rhymes with cat*
• overeenstemmen (met) *be in accordance (with)*; *be consistent (with)*
rijp [**de-woord**] *(white) frost* ★ het is wit van de rijp *it is white with frost*
[**bijvoeglijk naamwoord**] • volwassen *mature*; *adult*
• eetbaar ⟨gewassen, vruchten⟩ *ripe*; ⟨voornamelijk sappig⟩ *mellow*; ⟨kaas, wijn⟩ *mature*
rijst *rice* ★ gepelde rijst *polished rice* ★ zilvervliesrijst *unpolished rice*
rijzen *rise* ★ het deeg laten rijzen *leave the dough to rise*
rillen *shiver*; ⟨van angst ook⟩ *shudder* ★ rillen van de kou/angst *shiver with cold/fear*
rimpel *wrinkle* ★ een gezicht met rimpels *a face lined with wrinkles*
ring *ring*
ringvinger *ring finger*
rinkelen *jingle*; *tinkle*; ⟨van bel, telefoon⟩ *ring*; ⟨glas, metaal⟩ *rattle*
riool *sewer*; ⟨vanaf huis⟩ *drain*
risico *risk* ★ risico lopen/nemen *run a risk*
riskant *risky*
riskeren *risk* ★ zijn leven riskeren *risk one's neck/life*
rit *run*; *ride*; *drive* ★ een ritje maken *go for a ride/drive*
ritme *rhythm*
rits *zip*; ⟨Amerikaans⟩ *zipper* ◆ kun je mijn rits even dichtdoen? *could you zip me up?*
ritueel *ritual*
rivier *river* ★ de rivier op/af varen *go up/down the river* ★ de rivier de Rijn *the River Rhine*

rivier: De rivier *the Thames* was vroeger, toen er nog geen auto's waren, de 'snelweg' door Londen. Men wilde graag aan de bezoekers laten zien hoe rijk Londen was. Daarom bouwden de inwoners van Londen grote en mooie gebouwen langs de rivier.

robijn *ruby*
robot *robot*

rock *rock*
roddelen *gossip* ★ ze roddelen over hun klasgenoten *they gossip about their classmates*
rodekool *red cabbage*
roeiboot *rowing boat*
roeien *row*; ⟨sport⟩ *scull*
roekeloos *reckless*; *rash*
roem *fame*; *glory* ★ eeuwige roem vergaren *achieve everlasting fame*
roepen [werkwoord] *call (out)*; *shout*
[werkwoord + iemand/iets]
• schreeuwen *call (out)*; *shout*
• vragen te komen *call*; *send for* ★ een dokter roepen *send for a doctor*
roeren *stir*; *mix* ★ je koffie/thee roeren *stir your coffee/tea*
roes *intoxication*; ⟨van drank, drugs⟩ *high*
roest *rust*
roesten *rust*
roffelen *roll* ★ op een trommel roffelen *give a roll on the drum*
rogge *rye*
rok *skirt* ★ Schotse rok *kilt*
roken *smoke* ◆ verboden te roken *no smoking*
rol • toneelrol *part*; *role* ★ een rol bezetten/spelen *act a part*
• opgerold iets *roll*; ⟨perkament⟩ *scroll*
rollade *meat roll*
rollen [werkwoord] *roll*
[werkwoord + iemand/iets]
• voortbewegen *roll*
• oprollen *roll* ★ een sjekkie rollen *roll a cigarette*
rolschaatsen *roller-skate*
rolstoel *wheelchair*
roltrap *escalator*
roman *novel*
romantisch *romantic*
rommel • wanorde *mess*; ⟨achtergelaten rommel⟩ *litter*
• waardeloze spullen *rubbish*; *junk*
rommelen • zoeken zonder doel *rummage*
• prutsen *mess about/around*
romp *trunk*
rond [bijvoeglijk naamwoord] • bol-/cirkelvormig *round* ★ een ronde vijver *a round pond*
• afgerond *round* ★ ronde cijfers/getallen *round figures*
[voorzetsel] • om(heen) *(a)round*
• ongeveer, in de buurt van *around* ★ rond een uur of zes *round about six (o'clock)*
rondbrengen *deliver*
ronddraaien [werkwoord] *turn round*; ⟨snel⟩ *spin (round)*
[werkwoord + iemand/iets] *turn round*; *rotate*
rondkijken *look about*
rondkomen *manage* ★ van je salaris rondkomen *manage on your income*
rondleiding *guided/conducted tour*
rondlopen *walk about*
rondom • eromheen *on all sides* ★ een tafel met stoelen rondom *a table with chairs on all sides*
• overal *all around*
ronduit *frankly*; *straightforward* ★ zeg het maar ronduit! *speak frankly!*
rondzwerven • zwerven *wander about*
• rondslingeren *lie around/about*
ronken • ronkend geluid maken ⟨van motor⟩ *throb*; ⟨van vliegtuig⟩ *roar*

R

• snurken *snore*
röntgenfoto *röntgenogram*; *X-ray* ★ een röntgenfoto maken *take an X-ray*
rood *red*
roodborstje *robin (redbreast)*
roodvonk *scarlet fever*
roof *robbery*
roofdier *beast of prey*; *predator*
roofvogel *bird of prey*
rooien *uproot*; ‹van aardappels› *dig (up)*; *lift*
rook *smoke* ★ er staat rook in de kamer *there is smoke in the room*
rookvrij *non-smoking*
room *cream* ★ geklopte room *whipped cream*
roomboter *(full-cream) butter*
rooms-katholiek *Roman Catholic*
roos • bloem *rose*
• middelpunt van schietschijf *bull's eye* ★ in de roos schieten *score a bull's eye*
• huidschilfers *dandruff*
rooster • braadrooster *grill*
• broodrooster *toaster*
• schema ‹lesrooster› *timetable*; ‹werkrooster› *roster*
roosteren *roast*; ‹van vlees› *grill*; ‹van brood› *toast* ◆ geroosterd brood *toast*
rot [**bijvoeglijk naamwoord**] • verrot *rotten*; *bad* ★ rotte tand *bad tooth*
• vervelend *rotten* ★ dat is rot voor je *that's rotten for you*
[**voorvoegsel**] *nasty*; *beastly* ★ rotweer *beastly weather*

R

rotje *(fire) cracker*; *squib*
rotonde *roundabout*
rots *rock*; ‹steil› *crag*; ‹aan zee› *cliff*
rotten *decay*; *go bad*; *rot*
rottig *horrible*; *rotten* ★ tijdens mijn ziekte voelde ik me rottig *during my illness I felt rotten* ★ rottig doen tegen iemand *behave rottenly towards someone*
rotzooi • waardeloze rommel *junk*; *rubbish*
• wanorde *mess*
rouge *rouge*; *blusher*
rouleren • in omloop zijn *circulate*
• afwisselen *take turns*; ‹m.b.t. ploegendienst› *work in shifts*
route *route*; *way*
rouw *mourning* ★ in de rouw zijn *be in mourning*
rouwen *grieve*; *mourn*
roven *rob*
rover *robber*
royaal • gul *generous*
• ruim *ample* ★ een royaal inkomen *an ample income*
roze *pink*
rozijn *raisin*
rubber *rubber*
rug *back*
rugby *rugby (football)*; ‹spreektaal› *rugger*
ruggengraat *backbone*; *spine*
ruggenmerg *spinal cord*
ruggenwervel *dorsal vertebra*
rugslag *backstroke*
rugzak *backpack*; ‹klein, van dagtocht› *rucksack*
ruig *shaggy*; ‹baard› *bushy*
ruiken [**werkwoord**] *smell* ★ hij ruikt naar aftershave *he smells of aftershave*
[**werkwoord + iemand/iets**] *smell*; ‹speurend› *scent* ★ do you smell the flowers? *ruik je de bloemen?*
ruil *exchange*; ‹spreektaal› *swop* ★ in ruil voor *in exchange for*
ruilen *exchange*; ‹spreektaal› *swop* ★ van plaats ruilen *change places* ★ met iemand een boek ruilen voor een cd *exchange a book for a CD with someone*
ruim • wijd *wide*; *large*; *free*
• onbekrompen *broad* ★ ruim van opvatting *broadminded* ★ ruime blik *broad view*
ruimte • plaats *room*; *space*
• heelal *space*

ruimtevaart *space travelling*; *travelling*

in space; space travel
ruïne *ruin*
ruisen ⟨van wind, bladeren, kleren⟩ *rustle*; ⟨van water⟩ *murmur*
ruit • vensterglas *pane*; ⟨van deur⟩ *glass panel*
• figuurtje ⟨van stof⟩ *check*; ⟨van schaakbord⟩ *square*
ruiten *diamonds* ⋆ ruitenaas *ace of diamonds*
ruiter *horseman; rider*
ruk *jerk; pull* ◆ een detective in één ruk uitlezen *read a detective-story at one sitting* ◆ het is een hele ruk naar Berlijn *it's a long haul to Berlin*
rukken *snatch; pull*
rum *rum*
rumoer • lawaai *noise*
• ophef *commotion; uproar*
rund ⟨koe⟩ *cow*; ⟨os⟩ *ox*; ⟨stier⟩ *bull*; ⟨meervoud 'runderen'⟩ *cattle* ⋆ de runderen staan in de wei *the cattle are on the pasture*
rundvlees *beef*
rups *caterpillar*
Rusland *Russia*
Russisch [**het-woord**] *Russian*
[**bijvoeglijk naamwoord**] *Russian*
rust • ontspanning *rest* ⋆ rust nemen *take a rest*
• kalmheid *calm; quiet* ⋆ de rust van het platteland *the quiet of the countryside*
• ⟨sport⟩ *half-time; interval* ◆ iemand met rust laten *leave someone in peace*
rusten *repose; rest*
rustig • in rust *peaceful; quiet*
• kalm *calm* ⋆ zich rustig houden *keep quiet*
ruw • oneffen *rough*; ⟨grof⟩ *rough*; ⟨huid⟩ *coarse*
• onbeschaafd *rough; rude* ⋆ ruw gedrag *rude behaviour*
ruzie *quarrel; row* ⋆ met iemand ruzie hebben/maken over iets *quarrel with someone about something*
ruziën *argue; quarrel*

s *s* ◆ de S van Simon *S as in Sugar*
saai *boring*; *dull*
sabbelen *suck* ★ sabbelen op je ballpoint *suck your ballpoint*
sabotage *sabotage* ★ sabotage plegen *commit sabotage*
sadist *sadist*
sadistisch *sadistic*
safari *safari* ★ op safari gaan *go on safari*
salade *salad*
salaris *salary*; *pay* ★ op een salaris van *at a salary of*
salto *somersault* ★ een salto maken *turn a somersault* ◆ salto mortale *salto mortale*; *death-defying leap*
salvo *salvo*; *volley*
sambal *sambal*
samen • met elkaar *together* ★ samen uit, samen thuis *out together, home together*
• bij elkaar gerekend *in all*; *altogether* ★ alle bijdrages samen maken een mooi bedrag *the contributions altogether make a nice sum of money* ◆ we doen wel samen met dit ene boek *we will share this one book*
samengaan • gepaard gaan, passen bij *go together (with)* ★ twee repetities op één dag, dat gaat niet samen *two tests on one day, that doesn't go together*
• fuseren *amalgamate*; *merge* ★ deze banken zijn samengegaan *these banks have merged/amalgamated*
samenleving *society* ★ in de maatschappij *in society*
samenstellen *put together*; *make up*; *compile* ★ dit boek is samengesteld uit afzonderlijke artikelen *this book has been compiled of single articles*
samenstelling • het samenstellen *compilation*
• manier van samenstellen *composition*; *arrangement*
• ⟨taal⟩ *compound*
samenvatting *summary*
samenwerking *cooperation*
samenwonen *live together*
samenzwering *plot*; *conspiracy* ★ een samenzwering smeden *hatch a plot*
sandaal *sandal*
sap ⟨van plant⟩ *sap*; ⟨vruchtensap⟩ *juice* ★ een glaasje sap, alsjeblieft *a glass of juice, please*
sappig • vol sap ⟨plant⟩ *sappy*; ⟨fruit⟩ *juicy*
• smeuïg *juicy*; *vivid* ★ een sappig verhaal *a juicy story*
sardine *sardine*
saté *satay*; *saté*
satelliet *satellite*
satéstokje *skewer*
saucijzenbroodje *sausage roll*
sauna *sauna*
saus *sauce*; ⟨sla⟩ *dressing*
saxofoon *saxophone*
scène • ⟨toneel⟩ tafereel *scene*
• ophef *scene* ★ een scène maken *make a scene*
schaak *chess* ★ een partij schaak spelen *play a game of chess* ◆ schaak staan *be in check* ◆ iemand schaak zetten *check someone*
schaakbord *chessboard*
schaakmat *checkmate* ★ schaakmat zetten *mate*; *checkmate*
schaakspel • spel *(game of) chess*
• bord met stukken *chess set*
schaakstuk *chessman*; *piece*
schaal • schotel *dish*; *bowl*; *plate* ★ een schaal toastjes met vis *a plate of fish on toast*
• omhulsel *shell* ★ schaal van een ei *eggshell*
• weegschaal *scales* [meervoud]
• grootteverhouding *scale* ★ op grote schaal *on a large scale* ★ op schaal

S

tekenen *draw to scale*
schaamhaar *pubic hair*
schaamte *shame*
schaap • dier *sheep* [meervoud: *sheep*] • onnozel persoon *lamb* ★ dat arme schaap! *the poor lamb!* ◆ het zwarte schaap *the black sheep*
schaar *(pair of) scissors* [meervoud]; ⟨voor schapen, heggen⟩ *shears* [meervoud]
schaats *skate* ◆ een scheve schaats rijden *step over the mark*
schaatsen *skate*
schade • beschadiging *damage*; *injury*; *harm* ★ schade aanrichten *do damage* • nadeel *loss* ★ schade lijden ⟨van persoon⟩ *suffer a loss* ★ de schade inhalen *make up for the loss*
schadelijk *damaging*; *harmful* ★ schadelijk zijn voor iets *be damaging to something*
schaduw *shade*; *shadow* ★ in de schaduw van een boom gaan zitten *go and sit in the shadow of a tree* ◆ in de schaduw stellen *overshadow*
schakelaar *switch*
schakelen *change gears* ★ van één naar twee schakelen *shift from first into second gear*
schaken [**werkwoord**] *play chess* [**werkwoord + iemand/iets**] *abduct*
schamen • ★ zich schamen over/voor *be ashamed of* ◆ schaam je! *shame on you!*
schandaal *scandal*; *outrage* ◆ wat een schandaal! *what a disgrace!*
schande *disgrace*; *shame*
scharrelei *free-range egg*
scharrelvlees *free-range meat*
schat • kostbaar bezit *treasure* • lief persoon *dear*; *darling*; *love* ★ het is een schatje *it's a little darling* • overvloed *treasure*; *wealth* ★ een schat aan informatie *a wealth of information*
schatkist • staatskas *exchequer*; *treasury* • geldkist *treasure chest*
schatten *value*; ⟨ramen, begroten⟩ *estimate* ★ iets op de juiste waarde weten te schatten *rightly estimate the value of something* ★ iets schatten op een waarde van 100 euro *value something at 100 euros*
schattig *sweet*
schedel • hersenpan *skull* • doodshoofd *skull*; *death's head*

scheef • niet recht *crooked*; *leaning*; ⟨oppervlak⟩ *slanting*; *sloping* ★ de scheve toren van Pisa *the leaning tower of Pisa* ★ scheef groeien *grow crooked* ★ je das zit scheef *your tie is crooked* • verkeerd *wrong* ★ de zaak loopt scheef *things are going wrong*
scheel *squinting*; *cross-eyed* ★ hij kijkt scheel *he squints*; *he's cross-eyed*
scheenbeen *shinbone*
scheerapparaat *(electric) shaver*
scheercrème *shaving cream*
scheerkwast *shaving brush*
scheermesje *razor blade*
scheerzeep *shaving cream*
scheet • wind *fart* ◆ een scheet laten *fart* • koosnaam *cutie (pie)*; *darling* ★ ah, wat een scheetje! *oh, isn't (s)he cute!*
scheiden [**werkwoord**] *divorce*; ⟨van tafel en bed⟩ *separate* ★ zij wil zich laten scheiden van haar man *she wants to divorce her husband* [**werkwoord + iemand/iets**] *part*; *separate* ★ het huisvuil wordt gescheiden ingezameld *the household waste is collected separately*
scheiding • splitsing *separation*; *division* ★ scheiding van Kerk en Staat

S

separation of Church and State
• lijn in haar *parting* ★ hij heeft zijn scheiding in het midden *he has a centre parting*
• echtscheiding *divorce* ★ ik heb een scheiding aangevraagd *I applied for divorce* ◆ scheiding van tafel en bed *separation from bed and board*

scheidsrechter ‹tennis› *umpire*; ‹voetbal› *referee*

scheikunde *chemistry*

schelden *curse*; *swear*; *scold* ★ hij schold naar de leraar *he scolded at the teacher*

scheldwoord *term of abuse*; ‹schunnige taal› *obscenity*

schelen • onderling verschillen *make a difference*; *differ* ★ zij schelen niet veel in leeftijd *they don't differ much in age*
• uitmaken *make a difference*; *matter* ★ dat scheelt veel *that makes a big difference*
• mankeren *be the matter* ★ wat scheelt eraan? *what's the matter?* ◆ het kan mij niet schelen *I don't care*; *I don't mind*

schelp *shell*

schema • tijdsplanning *schedule* ★ we liggen precies op schema *we're right on schedule*
• tekening *diagram*

schemering *twilight*; ‹donkerder› *dusk* ★ de schemering viel in *twilight fell*

schenken • geven *give*; *grant*; *make a present of*
• gieten *pour* ★ hij schonk heerlijke wijn *he poured lovely wine* ◆ aandacht schenken *pay attention (to)*

schep • gereedschap *scoop*; *shovel* ★ de kinderen speelden met een schop op het strand *the children were playing with a scoop on the beach*
• een schep vol ‹lepel› *spoonful* ★ een schepje suiker *a (tea)spoonful of sugar*

scheppen • opscheppen *scoop*; ‹sneeuw, kolen› *shovel* ★ sneeuw op een hoop scheppen *shovel snow on a heap*
• omverrijden *knock down* ★ de fietser was geschept door een auto *the cyclist had been knocked down by a car*
• creëren *create* ★ God schiep de hemel en de aarde *God created heaven and earth*

scheren [**werkwoord**] *skim* ★ de steen scheert over het water *the stone skims across the water*
[**werkwoord + iemand/iets**] ‹van haar› *shave* ★ zich scheren *shave* ★ zich laten scheren bij de kapper *have a shave at the barber* ◆ scheer je weg! *buzz off!*

scherf *splinter*; *potsherd*; ‹van glas, granaat› *fragment* ◆ de vaas viel aan scherven *the vase fell to pieces*

scherm • afscheiding *screen*; ‹zonnescherm› *awning*
• beeldscherm *screen*; ‹computer› *display* ◆ achter de schermen *behind the scenes|curtain*

scherp [**het-woord**] ◆ op scherp staan *be on edge* ◆ met scherp schieten *use live ammunition*
[**bijvoeglijk naamwoord**] • puntig *sharp*
• goed snijdend *sharp(-edged)*; *keen* ★ pas op, het mes is erg scherp *be careful, the knife is very sharp*
• hoekig *sharp* ★ scherpe hoek *sharp corner*; ‹wiskunde› *acute angle* ★ scherpe bocht *sharp turn*
• scherpzinnig *sharp*; ‹verstand› *keen*; ‹oordeel› *acute* ★ scherpe ogen hebben *have sharp eyes* ★ scherp gehoor hebben *have sharp|quick ears*
• duidelijk uitkomend *sharp*; *clear-cut*
• van smaak *hot*; *spicy* ★ erg scherp gekruid eten *very hot spiced food* ◆ een beeld scherp stellen *focus an image*

scheuren [**werkwoord**] • een scheur krijgen *tear*; ‹van ijs e.d.› *crack*
• hard rijden *speed* ◆ kijk, de leraar is uit zijn broek gescheurd *look, the teacher burst out of his trousers*
[**werkwoord + iemand/iets**] ‹verscheuren› *tear up*; ‹per ongeluk› *tear* ★ in stukken scheuren *tear to pieces*

schieten [**werkwoord**] • vuren *shoot*; *fire* ★ gaan schieten *open fire*
• plotseling opkomen ★ het schoot mij door het hoofd *it crossed my mind*
• ‹sport› *shoot* ◆ zijn ogen schoten vol tranen *his eyes filled with tears*
[**werkwoord + iemand/iets**] *shoot*; *fire* ★ schieten op *fire at|on* ◆ een touw

S

laten schieten *release a rope* ◆ laat maar schieten *let it go*

schijf • platrond voorwerp *disc*
• plakje *slice* ★ een komkommer in schijfjes snijden *cut a cucumber into slices*
• schietschijf *target*
• damschijf *man*; *piece*
• ‹computer› *disk*

schijn • schijnsel *shine*; *glimmer*
• (valse) indruk *appearance*; *semblance* ◆ schijn bedriegt *appearances are deceptive*
• zweem *shadow*; *ghost* ★ geen schijn van kans hebben *not have the ghost of a chance*

schijnbaar [**bijvoeglijk naamwoord**] *seeming*; *apparent*
[**bijwoord**] *evidently*; *apparently* ★ hij heeft schijnbaar het bestand weggegooid *he apparently has deleted the file*

schijnen • stralen *shine* ★ de zon schijnt *the sun is shining*
• lijken *seem*; *appear* ★ het schijnt waar te zijn *it appears to be true*

schijnwerper *floodlight*; ‹toneel› *spotlight*; ‹zoeklicht› *searchlight* ★ met schijnwerpers verlichten *illuminate with floodlights* ◆ in de schijnwerpers staan *be in the limelight*

schil ‹banaan, sinaasappel› *peel*; ‹van bessen, druiven, bananen› *skin*

schilder • huisschilder *(house) painter*; *(house) decorator*
• kunstschilder *painter*

schilderen *paint*; *decorate* ★ zij schildert het huis groen *she paints the house green*

schilderij *picture*; *painting*

schildpad *tortoise*; ‹zeeschildpad› *turtle*

schillen *peel* ★ aardappels schillen *peel potatoes*

schim *shadow*; *shade*; *ghost*

schimmel • paard *grey*
• uitslag *mould*; *mildew* ★ er zit schimmel op de kaas *there is mould on the cheese*

schip *ship*; *vessel* ◆ schoon schip maken *make a clean sweep*

schipbreuk *shipwreck* ★ schipbreuk lijden *be shipwrecked*

schipper *master*; *skipper*; ‹van kleine boot› *boatman*

schitteren • fel schijnen *shine*; ‹van ogen, diamanten e.d.› *glitter*; *sparkle* ★ de diamanten schitterden in het licht *the diamonds were glittering in the light*
• uitblinken *shine*; *excel*

schitterend *brilliant*; *splendid* ★ een schitterende uitvoering van de vijfde symfonie van Beethoven *a brilliant performance of Beethoven's fifth symphony*

schoen *shoe*; ‹hoge schoen› *boot* ★ je moet je schoenen poetsen *you have to polish your shoes*

schoenmaker *shoemaker* ◆ schoenmaker, blijf bij je leest *every man to his trade*

schoensmeer *shoepolish*

schoft • schurk *scoundrel*; *bastard*
• schouder van dier *withers* ◆ jij, vuile schoft! *you, dirty rat!*

schok • stoot *jerk*; ‹bij botsing› *impact*; ‹aardschok› *earthquake*
• stroomstoot *shock*
• emotionele gebeurtenis *shock* ★ het was een grote schok *it was a great shock*

schokken [**werkwoord**] *shake* ★ het hele huis stond te schokken *the whole house was shaking*
[**werkwoord + iemand/iets**] *shake*; ‹emotioneel› *shock* ★ het heeft mij zeer geschokt *it shocked me very much*

scholengemeenschap *comprehensive school*; *community school*

scholier *pupil*; ‹Amerikaans› *student*

schommel *swing* ★ op een schommel zitten *sit on a swing*

school • onderwijsinstelling *school*; *academy*; ‹grote kostschool› *boarding school* ★ lagere school *elementary school*; ‹Amerikaans› *grade school* ★ middelbare school *secondary school*; *junior high and high school* ★ (naar) school gaan *go to school*
• lessen/gebouw *school* ★ de school is uit *school is over/out*
• vissen *shoal* ★ een school vissen *a shoal of fishes*

S

schoolkrant *school (news)paper*
schoolreis *school excursion*; *class trip*
schoolslag *breaststroke*
schoon • niet vuil *clean* ★ schoon goed *clean underwear/clothes* ★ schone sokken *clean socks*; *change of socks*
• mooi *beautiful* ◆ de schone kunsten *the fine arts*
schoondochter *daughter-in-law*
schoonfamilie *in-laws*; *your wife's/husband's family*
schoonheid *beauty* ★ een schoonheid *a beauty*
schoonmaken *clean*
schoonmoeder *mother-in-law*
schoonouders *parents-in-law*; *in-laws*
schoonvader *father-in-law*
schoonzoon *son-in-law*
schoonzuster *sister-in-law*
schoorsteen *chimney*; ⟨van stoomboot⟩ *funnel*
schoot • bovendijen *lap* ★ hij had twee hondjes op schoot *he had two doggies on his lap*
• boezem *bosom* ★ de schoot van je familie *the bosom of your family*
schop • trap *kick* ★ iemand een schop geven *give someone a kick*; *kick someone*
• spade *shovel*; *spade*
schoppen [**de-woord**] *spades*
★ schoppenaas *ace of spades*
[**werkwoord + iemand/iets**] *kick (at)*
★ hij schopte de bal (het veld) uit *he kicked the ball out* ◆ herrie schoppen *make a row*

S

schor *hoarse* ★ jezelf schor schreeuwen *shout yourself hoarse*
schorpioen *scorpion*
Schorpioen *Scorpio* ★ mijn teken van de dierenriem is Schorpioen *my sign of the zodiac is Scorpio*
schort *apron* ★ een schort voordoen *put on an apron*
schot *shot* ★ een dodelijk schot *a fatal shot* ◆ buiten schot blijven *keep out of range*
Schot *Scot*; *Scotsman*
schotel • schaal *saucer* ★ kop en schotel *cup and saucer*
• gerecht *dish*

Schotland *Scotland*
Schots *Scottish*
schouder *shoulder* ★ je schouders ophalen *shrug your shoulders*
schouwburg *theatre*
schrappen *cancel*; ⟨naam⟩ *strike out/off*; ⟨woord, clausule⟩ *delete* ★ hij werd van de lijst geschrapt *he was struck off the list*
schreeuw *shout*; *cry* ★ een schreeuw geven *give a cry*; *scream*
schreeuwen [**werkwoord**] • hard roepen *shout (out)*; *cry (out)*; *yell (out)*
• schreeuwen om *cry out for* ★ om hulp schreeuwen *cry out for help*
[**werkwoord + iemand/iets**] *shout (out)*; *cry (out)*; *yell (out)* ★ de buren lopen te schreeuwen naar elkaar *the neighbours are yelling at each other*
schrift [**de-woord**] ★ de Heilige Schrift *Holy Writ*; *Holy Scripture*
[**het-woord**] • cahier *notebook*
• het schrijven *writing* ★ iets op schrift stellen *put something into writing*
• handschrift *handwriting*; *script*
schriftelijk [**bijvoeglijk naamwoord**] *written* ★ schriftelijk tentamen *written examination*
[**bijwoord**] *in writing* ★ schriftelijk een afspraak bevestigen *confirm an agreement in writing*
schrijven [**werkwoord**] *write* ★ deze pen schrijft niet lekker *this pen does not write well*
[**werkwoord + iemand/iets**] *write* ★ een recept/een cheque schrijven *write a prescription/a cheque* ★ ze schrijft over haar familie *she writes about her family* ★ ik schrijf dat het huis ver-

kocht is *I am writing (that) the house is sold*
schrijver *writer*; *author* ★ hij is een bekende schrijver *he is a well-known author*
schrik *fright*; *alarm* ★ de schrik van je leven krijgen *get the fright of your life* ★ tot mijn grote schrik kwam zij langs *to my alarm she turned up*
schrikkeljaar *leap year*
schrikken *be frightened*; ‹opschrikken› *start* ★ hij schrok zich dood *he was frightened to death* ◆ wakker schrikken *awake with a start*
schrobben *scrub*
schroef • pin met schroefdraad *screw* ★ de schroeven aandraaien *put the screws on*
• propeller *screw propeller*
schroeien *singe*; *scorch* ★ hij heeft met zijn sigaret zijn overhemd geschroeid *he scorched his shirt with his cigarette*
schroevendraaier *screwdriver*
schudden [**werkwoord**] *shake*; *rock* ★ ze zit te schudden van het lachen *she is shaking with laughter*
[**werkwoord + iemand/iets**] *shake*; ‹kaarten› *shuffle* ★ elkaar de hand schudden *shake hands*
schuifdeur *sliding door*
schuifelen • voortbewegen *shuffle* ★ oma schuifelt voorzichtig door de kamer *grandma is carefully shuffling across the room*
• dansen *smooch*
schuilen *take shelter* ★ schuilen voor de regen *take shelter from the rain*
schuilplaats • verborgen plek *hiding place* ★ hij zit in zijn geheime schuilplaats *he is in his secret hiding place*
• veilige plek *shelter*; *refuge* ★ een schuilplaats zoeken *take shelter/ refuge*
schuim *foam*; ‹op bier e.d.› *froth*; ‹van zeep› *lather* ★ de badkuip stond vol water met schuim *the bathtub was full of water with a lot of lather*
schuin [**bijvoeglijk naamwoord**] • scheef *slanting*; *sloping* ★ onze zolder heeft een schuin dak *our attic has a slanting roof* ★ schuine zijde ‹van driehoek› *hypothenuse*
• dubbelzinnig *smutty*; *dirty* ★ schuine mop *dirty joke*
[**bijwoord**] *obliquely*; *slantwise* ★ schuin afsnijden *cut slantwise* ◆ schuin tegenover ons huis *nearly opposite our house*
schuiven [**werkwoord**] *slide* ★ ze schoven tegen elkaar aan *they slid (up) against each other* ◆ laat hem maar schuiven *he knows what's what*
[**werkwoord + iemand/iets**] *push*; *shove* ★ een nieuwe leider naar voren schuiven *push forward a new leader*
schuld • fout *guilt*; *fault* ★ schuld bekennen *admit/confess your guilt*; *plead guilty*
• verantwoordelijkheid *blame* ★ de schuld krijgen *get the blame* ◆ het is allemaal jouw schuld *you are to blame for everything*
• verplichting *debt* ★ schulden maken *contract/run up debts* ★ bij iemand in de schuld staan *be in a person's debt*
schuldig • schuld hebbend *guilty*; *culpable* ★ schuldig zijn *be guilty* ★ je schuldig maken aan iets *be guilty of something*
• verschuldigd *owing* ◆ je bent me 10 euro schuldig *you owe me 10 euros*
schuren [**werkwoord**] *grate* ★ het zand schuurt tussen mijn tenen *the sand grates between my toes*
[**werkwoord + iemand/iets**] ‹hout, metaal› *sand(paper)*; ‹pan, vloer› *scour* ★ ik zal de deur schuren voordat ik hem verf *I'll sandpaper the door before I'll paint it*
schutting *fence*
schuur *barn*; ‹kleine schuur› *shed*
schuurpapier *sandpaper*
schuurspons *scourer*; ‹Amerikaans› *scouring pad*
schuw *shy*; *timid*
scooter *scooter*
scoren ‹sport› *score*
scouting *Scouts*
screensaver ‹computer› *screensaver*
scriptie *thesis*; *term paper*
seconde *second*

secretaresse *secretary*
secretaris *secretary*
sein *sign*; *signal* ⋆ sein van vertrek *departure-signal* ◆ geef me een seintje als je klaar bent *let me know when you are ready*
seizoen *season* ⋆ midden in het seizoen *at the height of the season* ⋆ buiten het seizoen *in the off-season*
seks *sex* ⋆ seks hebben met iemand *have sex with someone*
seksualiteit *sexuality*
seksueel *sexual*; *sex* ⋆ seksuele voorlichting *sex education*
selecteren *select*; *pick (out)*
selectie • het uitkiezen *selection* ⋆ een selectie maken uit de voorraad *make a selection from the stock*
• ⟨sport⟩ ⋆ nationale selectie *national team*
semester *term of six months*; ⟨Amerikaans⟩ *semester*
senior *senior*
sentiment *sentiment*; *emotion* ⋆ goedkoop sentiment *cheap/sloppy sentiment*
sentimenteel *sentimental*
september *September* ⋆ op 9 september *on the 9th of September*; *September 9th*
serie • reeks ⟨Amerikaans⟩ *series* ⋆ er komt een nieuwe serie vanavond op tv *there'll be a new series on tv tonight*
• ⟨sport⟩ *heat*
serieus *serious*
seropositief *HIV-positive*
servet *(table) napkin*; *serviette* ⋆ zij kan prachtig servetten vouwen *she can fold napkins beautifully*
service ⟨ook sport⟩ *service* ◆ wie is er aan service? *who is serving?*
servies *service*; ⟨theeservies⟩ *tea-set*
sesamzaad *sesame seed(s)*
sfeer *atmosphere*; ⟨m.b.t. plaats⟩ *ambience* ◆ er hing een ontspannen sfeer *the atmosphere was relaxed*
shag *rolling tobacco* ⋆ zware shag roken *smoke strong tobacco*
shampoo *shampoo*
shirt *shirt*
shit *shit*
shoarma ⋆ een broodje shoarma *a kebab sandwich*; *pittah bread sandwich filled with roast lamb*
show • voorstelling *show* ⋆ een show geven *put up a show* ⋆ de show stelen *steal the show*
• vertoning *show*; *display*
shuttle • ⟨sport⟩ *shuttle(cock)*
• ruimteveer *space shuttle*
sidderen *tremble*; *shiver* ⋆ ik sidder voor de leraar Frans *I shiver before the French teacher*
sieraad *jewel*; *(piece of) jewellery* ⋆ al hun sieraden zijn gestolen *all their jewellery has been stolen*
sigaar *cigar*
sigaret *cigarette*
signaal *signal*
signalement *description* ⋆ zij beantwoordt niet aan het signalement *she doesn't answer to the description*
sik *goatee*
simpel • eenvoudig *simple*
• onnozel *silly*; *simple*
sinaasappel *orange*
sinaasappelsap *orange juice*
sinas *orange soda*; *orangeade*
sinds [**voorzetsel**] ⟨vanaf tijdstip⟩ *since*; ⟨gedurende⟩ *for* ⋆ hij is hier sinds zondag niet meer geweest *he hasn't been here since Sunday* ⋆ ik ben hier al sinds jaren niet geweest *I haven't been here for years*
[**voegwoord**] *since* ⋆ sinds zij een vriendje heeft, komt ze niet meer *since she has a boyfriend, she doesn't come anymore*
single • klein plaatje *single*
• alleenstaande *single*

S

• ⟨sport⟩ ⟨tennis⟩ *single(s)* ★ hij speelt in de mannensingle *he plays in the men's singles*
sinterklaas *feast of St. Nicholas*
sip *glum*; *crestfallen* ★ sip kijken *look glum*
sirene *siren* ★ loeiende sirene *wailing sirens*
siroop *treacle*; *syrup* ★ perzikken op lichte siroop *peaches in light syrup*
sissen *hiss* ★ een slang sist *a snake hisses*
site *(internet) site*
situatie *situation*
sjaal *shawl*; *scarf*
sjeik *sheik(h)*
sjoelen ≈ *play (at) shuffleboard/ shovelboard*
sjouwen *drag* ★ sjouwen met dingen *drag things*
skateboard *skateboard*
skaten *skate(board)*
skeeleren *roller blade*
skelet *skeleton*
ski *ski*
skiën *ski*
skinhead *skinhead*
sla • groente *lettuce* ★ een krop sla *a (head of) lettuce*
• gerecht *salad* ★ sla aanmaken *dress a salad*
slaaf *slave*
slaag ★ een pak slaag krijgen *get a beating/licking*
slaan [werkwoord] • een slaande beweging maken *hit out*; *strike out*
• kloppen *beat* ★ mijn hart slaat 70 keer per minuut *my heart beats 70 times per minute*
• slaan op *refer (to)* ★ dat slaat op jou *that refers to you* ◆ met de vuist op tafel slaan *thump the table* ◆ met de deur slaan *slam the door* ◆ dat slaat nergens op *that makes no sense at all* ◆ het sloeg 10 uur *it struck 10*
[werkwoord + iemand/iets] *hit*; *strike*; ⟨herhaaldelijk⟩ *beat* ★ bont en blauw slaan *beat black and blue* ◆ een arm om iemand heen slaan *put an arm around someone* ◆ je armen/benen over elkaar slaan *cross your arms/legs* ◆ munten slaan *strike coins*

slaap • rust *sleep* ★ in slaap vallen/zijn *fall/be asleep*
• moeheid *sleepiness* ★ slaap hebben *be/feel sleepy*
• zijkant van je hoofd *temple* ◆ hij valt om van de slaap *he's asleep on his feet*; *he can't keep his eyes open*
slaapkamer *bedroom*

slaapwandelen [het-woord] *sleepwalking*
[werkwoord] *sleepwalk*
slaapzaal *dormitory*
slaapzak *sleeping bag*
slachten *slaughter*; *kill*
slachtoffer *victim* ★ het slachtoffer worden van *become a victim of*
slag [de-woord] • klap *stroke*; ⟨met hand⟩ *blow*; ⟨om de oren⟩ *box* ★ met één slag *at one/a blow*
• keer dat iets slaat ⟨van hart, pols⟩ *beat*; ⟨van klok⟩ *stroke* ★ op slag van zessen *on the stroke of six*
• veldslag *battle* ★ slag leveren *give battle*
• golving *wave* ★ een slag in je haar *wave in one's hair*
• handigheid *knack* ★ hij heeft er de slag van *he has a knack for that* ◆ aan de slag gaan *get going* ◆ op slag *at once* ◆ je slag slaan *seize the/your opportunity*
[het-woord] *sort*; *kind* ★ een eigenaardig slag mensen *a peculiar kind of people*
slagader *artery*
slagboom *barrier*
slagen • succes hebben *succeed* ★ zij slaagde erin de baan te krijgen *she succeeded in getting the job*

S

• examen halen *pass*; ‹voor bevoegdheid› *qualify* ★ hij is geslaagd voor Engels *he has passed his English*
slager *butcher*
slagerij *butcher's shop*
slagroom ‹voor het kloppen› *whipping cream*; ‹na het kloppen› *whipped cream*
slagzin *slogan*
slak • weekdier ‹zonder huis› *slug*; ‹met huis› *snail*
• traag persoon *slowcoach* ◆ op alle slakken zout leggen *find fault with everything*; *nitpick*
slang • buis *tube*; *hose* ★ ik maak mijn auto schoon met de slang *I clean my car using the (garden)hose*
• reptiel *snake*
slank *slender*; *slim* ◆ aan de slanke lijn doen *be slimming*
slap • niet stijf ‹van boord, hoed› *soft*; ‹lusteloos, slap hangend› *limp*; ‹van touw› *slack* ★ slap neerhangen *hang limp(ly)*
• zwak, niet sterk *weak*; *limp*; ‹van spieren› *flabby*; ‹manier van doen› *lax* ★ zo slap als een vaatdoek *as limp as a rag*
• niet pittig ‹van bier, koffie, thee› *thin*; *watery*
• niet doortastend *lax*; ‹van persoon› *weak*
• inhoudsloos *empty*
• niet druk *slack* ◆ de slappe lach *have the giggles*
slapen • in slaap zijn *sleep* ★ gaan slapen *go to sleep*
• suffen *be half asleep*; *doze*
• tintelen van ledematen ★ mijn been slaapt *my leg has gone to sleep* ◆ slapen als een roos *sleep like a log*
slappeling *weakling*; *softie*
slash *slash*
slavernij *slavery* ★ afschaffing van de slavernij *abolition of slavery*
slavin *(female) slave*
slecht [**bijvoeglijk naamwoord**] • niet goed *bad* ★ een slechte film *a bad film*
• moreel slecht *evil*; *wicked* ◆ zich slecht gedragen *misbehave*; *behave badly*
[**bijwoord**] *badly*; *ill*; *hardly* ★ ik heb de repetitie slecht gemaakt *I've made the test badly*
slee • voertuig *sledge* ★ we hebben met de slee in de sneeuw gespeeld *we played with the sledge in the snow*
• grote auto *big car*; *limousine* ★ mijn oom heeft een slee van een wagen gekocht *my uncle has bought a limousine of a car*
slenteren *saunter*; *stroll* ★ langs de winkels slenteren *stroll along the shops*
slepen [**werkwoord**] • over de grond gaan *drag*
• traag verlopen *drag on* ◆ een slepend conflict *a lingering conflict*; *a long drawn-out conflict*
[**werkwoord + iemand/iets**] *drag*; *haul*; ‹een vaar- of voertuig› *tow* ★ een auto naar de garage slepen *tow a car to the garage*
slet *slut*
sleutel • werktuig dat slot opent *key* ★ een bos sleutels *a bunch of keys*
• gereedschap *wrench*; *spanner* ★ Engelse sleutel *adjustable spanner*
sleutelbeen *collarbone*
sliert *wisp*; *tendril*; *string* ★ een haarsliert *a wisp/tendril of hair*
slijm *phlegm* ★ veel slijm moeten opgeven *raise up a lot of phlegm*
slijmen *butter someone up*; *lick someone's boots*
slijpen • scherp maken *grind*; *sharpen* ★ de messen zijn geslepen *the knives have been ground*
• polijsten *polish*; ‹edelstenen ook› *cut*
slijten [**werkwoord**] *wear out*; *wear off/away* ★ dat bankstel is erg gesleten *that lounge suite has worn out badly*
[**werkwoord + iemand/iets**] • verslijten *wear out*
• verkopen *sell* ★ ik heb dat boek aan hem kunnen slijten *I've been able to sell the book to him*
slikken • doorslikken *swallow*
• aanvaarden *put up with* ★ ik hoef dit niet te slikken *I don't have to put up with that*
slim *cunning*; *clever* ★ een slimme meid *a clever girl* ◆ hij was mij te slim af *he was one too many for me*

slinger • deel van klok *pendulum* • versiering *festoon*; *paper chain*; ‹van bloemen› *garland* ★ de kamer hangt vol slingers *the room is full of paper chains*

slingeren [werkwoord] • zwaaien *swing back and forth*; *oscillate* • kronkelen *wind*; *twist* ★ een slingerend pad *a twisting path* • ordeloos liggen *lie about* ★ laten slingeren *leave lying about* [werkwoord + iemand/iets] *fling*; *hurl* ★ iemand iets naar het hoofd slingeren *fling something at someone's head*

slip • onderbroek *briefs*; ‹dames› *underpants, knickers*; ‹heren› *men's (short) pants* • uitglijding ★ in een slip raken *go into a skid*

slipper *mule*; *flip-flop*; ‹Amerikaans› *thong*

slof *slipper* ◆ uit zijn slof schieten *fly off the handle*; *flare up*

slok • het slikken *swallow*; ‹grote teug› *pull*; ‹kleine teug› *nip* ★ een grote slok nemen *take a pull* • borreltje *drop*; *dram* ★ opa lust graag een slokje *grandpa likes a drop very much* ◆ dat scheelt een slok op een borrel *that makes a world of difference*

slokdarm *gullet*

sloom *slow, listless* ◆ slome duikelaar *a slowcoach*

sloot *ditch*

slopen • afbreken *demolish*; ‹huis› *pull down* • uitputten *sap*; *drain* ★ dit werk heeft me gesloopt *this work has sapped me*

slordig • onverzorgd *slovenly*; *careless*; *untidy*; ‹taal, werk› *slipshod* • onnauwkeurig *careless*; *sloppy* ★ slordig schrijven *write sloppily*

slot • sluiting ‹van boek› *clasp*; ‹van halssnoer› *fastening*; ‹van deur› *lock* ★ de deur op slot doen *lock the door* • einde *end*; *conclusion* ★ aan het slot van het verhaal *at the end of the story* • kasteel *castle*; *manor-house*

sluier *veil*

sluipen • lopen *sneak*; *steal* ★ naar boven sluipen *sneak upstairs* • ongemerkt opkomen *creep* ★ er is een foutje in geslopen *a small mistake has crept in*

sluis *lock*; *floodgate* ★ door een sluis varen *pass through a lock*

sluiten [werkwoord] • dichtgaan *shut*; *close* ★ de treindeuren sloten vlak voor mijn neus *the traindoors closed right in front of me* • ten einde lopen *close* ★ de inschrijving sluit morgen *the entry closes tomorrow* • kloppen ★ de begroting sluit *the budget balances* [werkwoord + iemand/iets] • dichtdoen *shut*; *close*; ‹voorgoed sluiten› *close down* ★ de winkel is op zon- en feestdagen gesloten *the shop is closed on Sundays and holidays* • aangaan *conclude*; *make* ★ vriendschap sluiten met iemand *make friends with someone*

sluiting • het dichtdoen *shutting*; *closing* • iets dat afsluit *fastening*; *clasp*; *lock* ★ de sluiting van de gouden ketting is kapot *the lock of the golden bracelet is broken*

slungel *beanpole*; ‹lomp› *lout* ★ een lange slungel *a huge lout*

slurf • lange snuit ‹van olifant› *trunk* • flexibele buis ‹op vliegveld› *passenger bridge*

smaak • wat men proeft *taste*; *flavour* ★ een zoute smaak *a salty taste* • schoonheidszin *taste* ★ een goede/slechte smaak *a good/bad taste* • voorkeur *taste* ★ naar mijn smaak *to my taste/liking* ★ over smaak valt niet te twisten *there is no accounting for tastes*

smakelijk *savoury*; *tasty* ◆ smakelijk eten! *enjoy your meal!*

smakeloos *tasteless*; *in bad taste*

smaken • smaak hebben *taste* ★ het heeft goed gesmaakt *it tasted good* • smaken naar *taste of* ◆ smaakt het? *do you like it?*

smakken [werkwoord] *smack your lips* [werkwoord + iemand/iets] *fling*; *dash* ★ hij werd op de grond gesmakt *he*

S

was flung to the ground

smal *narrow* ⋆ smaller worden *narrow* ⋆ een broek met smalle pijpen *a pair of narrow trousers*

smeden • bewerken *forge*; ‹aan elkaar› *weld* ⋆ stukken metaal aan elkaar smeden *weld two pieces of metal together* • uitdenken *hatch* ⋆ plannen/een complot smeden *hatch plans/a plot*

smeken *beg* ⋆ de leraar smeken om een zes *beg the teacher for a six*

smelten *melt* ⋆ het ijsje smolt in de zon *the ice-cream melted in the sun* ◆ het deed mijn hart smelten *it made my heart melt*

smeren • uitstrijken *smear*; ‹met boter› *butter* ⋆ (boter op het) brood smeren *butter bread* • invetten *grease*; *rub*; ‹met olie› *oil* ⋆ crème op de huid smeren *rub cream on your skin* ◆ het ging gesmeerd *it went swimmingly*

smerig • vuil *dirty*; *filthy*; ‹van weer› *foul* ⋆ iets smerig maken *dirty something up* • gemeen *dirty* ⋆ een smerige streek *a dirty trick*

smid *blacksmith*

smijten *fling*; *throw* ⋆ iemand eruit smijten *throw someone out*

smoel • gezicht *mug*; *conk* ⋆ dat nare smoel van hem! *that awful conk of his!* • mond ⋆ hou je smoel! *shut your trap!*

smoes *excuse* ⋆ allemaal smoesjes! *all flimsy excuses!*

smoking *dinner jacket*; ‹Amerikaans› *tuxedo*

smokkelen *smuggle* ⋆ drugs het land in/uit smokkelen *smuggle drugs into/out of the country*

sms-bericht *text message*

sms'en *text messaging*

smullen *tuck in*; *feast (upon)*; *lap up* ◆ om van te smullen *finger-licking good*

snaar *string*; *chord* ◆ een gevoelige snaar raken *touch a sensitive chord*

snack *snack*

snackbar *snack bar*

snappen • begrijpen *get* ⋆ snap je het? *do you get it?*; *got it?* • betrappen *catch out*; *nab* ◆ hij snapt er de ballen van *he doesn't even begin to understand*

snauwen *snarl (at)*; *snap (at)* ⋆ tegen iemand snauwen *snarl at someone*

snavel *bill*; ‹krom› *beak* ⋆ de arend had een muis in zijn snavel *the eagle carried a mouse in his beak*

snee • insnijding *cut*; *incision* ⋆ de chirurg maakte een snee van 20 centimeter *the surgeon made an incision of 20 centimetres* ⋆ een diepe snee maken *make a deep cut* • plak ‹brood› *slice*; ‹dik› *slab* ⋆ een dun sneetje brood *a thin slice of bread*

sneeuw *snow* ⋆ een dik pak sneeuw *a thick layer of snow* ◆ als sneeuw voor de zon verdwijnen *disappear like snow in summer*

sneeuwen *snow* ⋆ het sneeuwt de hele dag *it is snowing the whole day*

sneeuwpop *snowman*

snel [**bijvoeglijk naamwoord**] • vlug *quick*; *fast*; *rapid* ⋆ zij was heel snel met het eten brengen *she was very quick in bringing the food* • modern *trendy* ⋆ een snelle jongen *a trendy person* [**bijwoord**] • vlug *rapidly*; *fast*; *quickly* ⋆ snel achteruitgaan *decline rapidly*; ‹van zieke› *sink fast* • spoedig *soon* ⋆ bel je me snel op? *will you call me soon?*

snelheid *speed* ⋆ met een snelheid van *at a speed of* ⋆ snelheid verminderen *reduce speed* ⋆ snelheid over de grond/door de lucht *groundspeed/airspeed*

sneltrein *fast train*; *intercity*

snelweg *motorway*; ‹Amerikaans› *freeway*

snert *pea soup* ◆ snertweer *beastly weather*

sneu *disappointing*; *hard* ⋆ dat is sneu voor haar *that is hard on her*

snijboon *French bean*

snijden • af-/uitsnijden *cut*; ‹in plakken› *slice*; ‹aan stukken› *cut up* ⋆ wil jij even het vlees snijden? *will you cut the meat?* • een snijpunt hebben *cross*; *intersect* ⋆ lijn a snijdt lijn b in c *line a and b*

intersect in point c
• opzijdringen *cut in* ★ kijk uit, die auto snijdt ons *look out, that car cuts in on us*
snik [de-woord] *gasp*; ⟨bij huilen⟩ *sob* ★ in snikken uitbarsten *break out in sobs* [bijvoeglijk naamwoord] ◆ niet goed snik *not all there*; *crackers*
snikken *sob*
snoeien • afknippen ⟨bomen⟩ *prune*; ⟨struik⟩ *trim*
• inkorten *cut (back)* ★ in de uitgaven snoeien *cut back the expenses*
snoep *sweets* [meervoud]; ⟨Amerikaans⟩ *candy*

snoepen [werkwoord] *(have a) nibble* ◆ wie heeft er van de honing gesnoept? *who's been at the honey?* [werkwoord + iemand/iets] *eat sweets/candy*
snoepje *sweet*; ⟨Amerikaans⟩ *candy* ★ wil je een snoepje? *have a sweet?*
snoer • leiding *flex*; *rope*; *cord*
• ketting *string* ★ een parelsnoer *a string of pearls*
snoezig *sweet*; *lovely*
snor • *moustache*
• snorharen *whiskers* ◆ dat zit wel snor *that's fine/all right*
snorkelen *snorkel*
snot *(nasal) mucus/discharge*; ⟨spreektaal⟩ *snot*
snotneus • loopneus *runny nose*
• snotaap *brat*
snotteren • met loopneus *sniffle*
• huilen *snivel*; *blubber*
snowboarden *snowboard*
snuit • deel van kop *snout*; *muzzle* ★ deze hond heeft een smalle snuit *this dog has a narrow snout*
• gezicht *face* ★ zij heeft een lief snuitje *she has a cute little face*
snuiten *blow your nose*
snurken *snore* ★ snurken als een os *snore stertorously*
soa seksueel overdraagbare aandoening *STD*; *sexually transmissible disease(s)*
soap ⟨televisie⟩ *soap*
sober *sober*; *frugal*
sociaal *social* ★ sociale verzekering *social security*; *National Insurance*
socialisme *socialism*
soda *soda*
soep *soup* ★ een kop soep *a cup of soup* ◆ niet veel soeps *not much cop*
soepel • buigzaam *pliable*; ⟨lenig⟩ *supple*
• niet stroef *smooth* ★ de oude naaimachine naait nog heel soepel *the old sewing machine still works very smoothly*
• niet streng *flexible*; *compliant*
sofinummer *National Insurance Number*; ⟨Amerikaans⟩ *Social Security Number*
softbal ⟨sport⟩ *softball*
softdrug *soft drug*; *marijuana*; *hashish*
softijs *soft ice-cream*
software *software*
soja *soy sauce*
sok *sock*
soldaat *soldier*
solide • degelijk *reliable*; *solid*
• vast *solid*; *stable* ★ de tafel staat heel solide *the table stands very solid*
solliciteren *apply (for)* ★ hierbij solliciteer ik naar de baan *herewith I apply for the job*
som • uitkomst *sum* ★ een som maken *do a sum*
• bedrag *sum*; *amount* ★ dat is een flinke som geld *that is a huge amount of money*
somber • donker *dark*; *gloomy*
• bedrukt *gloomy*; *dejected* ★ kijk niet zo somber! *don't look that gloomy!*
sommige *some*; *certain*

soms • nu en dan *sometimes*; *now and then* ★ soms wel, soms niet *sometimes yes, sometimes no*
• misschien *perhaps* ◆ als je Jan soms ziet *if you happen to see John*; *if you see John, perhaps, ...*
soort • groep *sort*; *kind*; ‹merk› *brand* ★ een soort spaghetti *a sort of spaghetti* ★ het beste boek in zijn soort *the best book of its kind*
• ‹biologie› *species*
soortgenoot *one of the same kind*
sop ‹van zeep› *(soap)suds* ◆ iemand in zijn eigen sop laten gaar koken *let someone stew in his own juice*
sorry *sorry*; *excuse me*
sorteren *sort*
SOS *SOS*; *Mayday call* ★ een SOS uitzenden *send an SOS signal*
soundtrack *soundtrack*
souvenir *souvenir*
spa *mineral water*
spaak *spoke* ★ hoeveel spaken zitten er in een wiel? *how many spokes are there in a wheel?*
Spaans [**het-woord**] *Spanish*
[**bijvoeglijk naamwoord**] *Spanish*
Spaanse *Spaniard*
spaargeld *savings*
spaarpot *money-box*
spaghetti *spaghetti* ★ een spaghettisliert *a string of spaghetti*
spandoek *banner*
Spanjaard *Spaniard*
Spanje *Spain*
spannen • strak trekken *tighten*; *stretch*; ‹van spieren› *strain* ★ een draad spannen tussen twee palen *stretch a thread between two posts* ★ gespannen verhouding *strained relationship*
• aanspannen ★ de paarden voor het rijtuig spannen *harness the horses to the carriage* ◆ het zal er om spannen *it will be close*
spannend *exciting*; *thrilling*; ‹van moment› *tense*
spanning • druk *tension*; *stress*; *pressure*
• elektriciteit *charge*; *voltage* ★ netspanning *mains voltage* ★ een spanning van 220 Volt *a 220 Volts charge*
• onrust *tension* ★ de spanning voor het examen was groot *the tension before the examination was high*
sparen • zuinig zijn met *save (up)* ★ geld sparen voor later *save up some money for later*
• verzamelen *collect*
• ontzien *spare*; *save* ★ iemands leven sparen *spare someone's life*
spartelen *flounder*; *thrash*
spat ‹spetter› *drop*; *splash* ★ er zitten spatten verf op mijn bril *there are drops of paint on my glasses*
spatbord *mudguard*; ‹van auto› *wing*
spatie *space*; *blank*
spatiebalk *space bar*
spatten [**werkwoord**] *splash*; *splutter* ★ deze verf spat erg *this paint splutters a lot* ◆ uit elkaar spatten *burst*
[**werkwoord + iemand/iets**] *splatter*; *splash* ★ je spat koffie op mijn jurk *you are splashing coffee on my dress*
specerij *spice*
specht *woodpecker*
speciaal [**bijvoeglijk naamwoord**] *special*; *particular*
[**bijwoord**] *in particular*
spectaculair *spectacular*; *sensational*
speculaas *type of spiced biscuit* ★ gevulde speculaas ≈ *cake filled with almond paste*
speech *speech* ★ een speech houden *make/give a speech*
speeksel *saliva*; *spit(tle)*
speelfilm *(feature) film*; ‹Amerikaans› *movie*
speelgoed *toy(s)*
speelplaats *playground*
speels • dartel *playful*; ‹van dier› *frisky*
• luchtig *playful*; *light*
speeltuin *playground*
speen • op fles *rubber teat*
• fopspeen *dummy*
speer *spear*; ‹sport› *javelin*
spek *bacon*; ‹vers› *pork*
spekkie ≈ *marshmallow*
spektakel *spectacle*; *show*
spel • bezigheid ter ontspanning *game*
• wijze van spelen *performance*; ‹acteren› *acting*; ‹m.b.t. muziek› *playing* ★ zij gaf subliem spel te zien *she gave*

S

a supreme performance
• speelbenodigdheden ‹van kaarten› *pack*; *deck*; ‹van schaken› *set* ★ een spel kaarten *a pack of cards* ◆ op het spel staan *be at stake*
spelcomputer *games computer*
speld • naaigerei *pin*
• haarspeld *hairpin*; *hair clasp*
spelen [werkwoord] • luchtig omgaan met *trifle with* ★ spelen met iemands gevoelens *trifle with someone's feelings*
• zich afspelen *be set (in)*; *take place (in)* ★ het stuk speelt in... *the scene is set in...* ◆ vals spelen ‹bij sport of spel› *cheat*
[werkwoord (+ iemand/iets)] • zich met spel bezighouden *play*; *have a game (of)*; ‹gokken› *gamble* ★ om geld spelen *play for money* ★ een partij spelen ‹competitie› *play a match*; ‹vriendschappelijk› *play a game*
• acteren *play*; *act* ★ de hoofdrol spelen *play the leading part* ★ voor Othello spelen *play Othello*; *act Othello*
• ‹muziek› ★ vals spelen *play out of tune* ★ (de) viool spelen *play (the) violin*
speler *player*; ‹toneel› *actor* [vrouwelijk: *actress*]
spelfout *spelling mistake*
spellen *spell* ★ een woord goed spellen *spell a word correctly* ◆ een woord verkeerd spellen *misspell a word*
spelling *spelling*
spellingchecker *spell-checker*
sperma *sperm*
sperzieboon *French bean*; ‹Amerikaans› *green bean*

speuren *investigate*; *track* ◆ speuren naar een bewijs *hunt for evidence*
speurtocht *search*; *quest*
spiegel *mirror*; *looking-glass* ★ in de spiegel kijken *look (at yourself) in the mirror*
spiegelbeeld ‹omgekeerd beeld› *(mirror) image*; ‹teruggekaatst beeld› *reflection* ★ in spiegelbeeld *in reverse*; *mirror wise*
spiegelei *egg sunny side up*
spiekbriefje ‹Amerikaans› *crib (note)*
spieken *crib*; *copy* ★ spieken bij je buurman *copy from your neighbour*
spier *muscle* ★ geen spier vertrekken *not move a muscle*

spierbal *muscle*
spierpijn *muscular pain*; *aching muscles*
spijbelen *skip school*; *play truant*; ‹Amerikaans› *play hook(e)y*
spijker *nail* ★ een spijker inslaan *knock/hammer in a nail*
spijkerbroek *jeans*
spijs • gerecht *food*
• vulling *paste*
spijsvertering *digestion* ★ slechte spijsvertering *indigestion*
spijt *regret* ★ tot mijn spijt *to my regret* ◆ ik heb er spijt van *I regret it*
spijten *regret*; *be sorry* ★ het spijt me *I'm sorry* ★ het spijt me te moeten zeggen *I'm sorry to say*; *I regret to say*
spin *spider*
spinazie *spinach*
spinnen [werkwoord] *purr* ★ de kat begon te spinnen *the cat began to purr*
[werkwoord + iemand/iets] *spin*

S

spinnenweb *cobweb*
spion *spy*
spits [**de-woord**] • top *point*; ⟨van toren⟩ *spire*; ⟨van berg⟩ *peak*; *top*
• ⟨sport⟩ *forward line*; ⟨speler⟩ *striker*; *forward* ⋆ hij speelt als spits in Ajax 1 *he is playing as striker in Ajax 1*
• spitsuur *rush hour* ⋆ ochtend-/avondspits *morning/evening rush*
[**bijvoeglijk naamwoord**] *pointed*; *sharp*; ⟨spits toelopend⟩ *tapering*
spleet *crack*; *split*
splinter *splinter*; ⟨voornamelijk van glas⟩ *sliver* ⋆ ik heb een splinter in mijn vinger *I have got a splinter in my finger*
splitsen *split*; *divide* ⋆ de weg splitste zich *the road split off*
splitsing • scheuring ⟨partij, organisatie⟩ *split*
• plaats van splitsing *branch(ing)*; *fork* ⋆ bij de splitsing van de weg stond een auto met pech *at the branch of the road there was a broken-down car*
spoed *haste*; *speed* ⋆ met grote spoed *with great haste*
spoedig [**bijvoeglijk naamwoord**] *soon*; *speedy* ⋆ ik wens je een spoedig herstel *I wish you a soon recovery* ⋆ zo spoedig mogelijk (z.s.m.) *as soon as possible (ASAP)*
[**bijwoord**] *soon*; *speedily*
spoelen *wash*; *rinse* ⋆ zeg, ga jij je mond spoelen! *hé, I'd wash your mouth!*
spoken [**werkwoord**] *haunt*; *prowl (about)* ⋆ hij liep al vroeg door het huis te spoken *he was prowling about in the house at an early hour*
[**het-werkwoord**] ⋆ het spookt daar *the house is haunted* ◆ het kan op dat meer erg spoken *that lake can be very rough*
spons *sponge*
sponsor *sponsor*
spontaan *spontaneous*
spook *ghost*; *phantom*
spookhuis *haunted house*
spoor [**de-woord**] *spur* ⋆ een paard de sporen geven *spur (on) a horse*
[**het-woord**] • overblijfsel *sign*; *trace* ⋆ er is geen spoor van te vinden *not a trace of it is to be found* ⋆ sporen achterlaten *leave traces*
• afdruk *track*; *mark*; ⟨geurspoor⟩ *scent*; ⟨van voet⟩ *footprint* ⋆ iets/iemand op het spoor komen *track something/someone down* ⋆ een spoor volgen *follow a track* ⋆ het spoor bijster zijn *be off the scent*
• spoorweg *rail(s)*; *track* ⋆ enkel/dubbel spoor *single/double track* ⋆ er stond een koe op het spoor *there was a cow standing on the rails*
• spoorbedrijf *railway company*; ⟨Amerikaans⟩ *railroad (company)* ◆ op een dood spoor zitten *be up on a blind alley*; *be at a dead end*
spoorlijn *railway line*
spoorweg *railway*
sport • lichaamsoefening *sport* ⋆ aan sport doen *practice a sport*; *go in for sports*
• trede van ladder *rung*; *step* ◆ op de hoogste/laagste sport van de maatschappelijke ladder *at the top/bottom of the social ladder*
sporten *exercise*; *play/practice a sport*
sporter *sportsman* [vrouwelijk: *sportswoman*]
sportief • als van sport *sporty* ⋆ sportieve kleding *sporty outfit*
• eerlijk *sportsmanlike* ⋆ hij nam het erg sportief op *he took it very sportsmanlike*
sportman *sportsman*

sportschool *school for martial arts*; ⟨Amerikaans⟩ *gym*
spot • het spotten *mockery*; *ridicule* ⋆ de spot drijven met iets/iemand

S

mock something|someone
• reclame *commercial*
• lamp *spotlight*
spreekbeurt *speaking engagement; lecture*; ⟨op school⟩ *talk* ★ een spreekbeurt houden *deliver a lecture|talk*
spreekwoord *proverb*
spreeuw *starling*
sprei *bedspread*
spreken [**werkwoord**] • praten *speak; talk* ★ met wie spreek ik? ⟨telefoon⟩ *who is that speaking?* ★ u spreekt met Ria *(this is) Ria speaking* ★ ze spreken niet tegen elkaar *they are not on speaking terms* ★ uit ervaring spreken *speak from experience*
• duidelijk doen uitkomen ★ zijn gezicht spreekt boekdelen *his face speaks volumes* ★ dat spreekt vanzelf *that speaks for itself; that goes without saying*
[**werkwoord + iemand/iets**] • gesprek hebben met ★ kan ik mijnheer Bakker spreken? *can I see Mr Bakker?*
• taal beheersen ★ Marije spreekt heel goed Nederlands, Engels en Duits *Marije speaks Dutch, English and German very well* ◆ ik moet je eens even spreken *I want a word with you*
spreuk *motto; an old saying; proverb*
spriet • halm *blade (of grass)*
• voelhoorn *antenna* [meervoud: *antennae*]; *feeler*
• dun meisje *beanpole*
springen • zich in de lucht verheffen *jump; leap* ★ over een sloot springen *leap a ditch*
• barsten *burst*; ⟨van snaren⟩ *snap*; ⟨van glas⟩ *crack* ★ de band is gesprongen *the tyre has burst*
• ontploffen *explode*; ⟨van ketel⟩ *blow out* ★ de ketel van de cv is gesprongen *the central heating kettle has blown out*
• bankroet gaan *break*
sprinkhaan *grasshopper*
sprinten *sprint; put on a spurt*
sproeien *water; sprinkle*
sproet *freckle*
sprong *jump; leap* ★ een sprong nemen *take a leap*; ⟨met paard⟩ *take a jump* ★ de leerling ging met sprongen vooruit *the student improved by leaps and bounds*
sprookje *fairy tale*
spruit • uitloper *sprout; shoot*
• kind *sprig; sprout*
spruitjes *Brussels sprout*
spugen • speeksel uitspugen *spit*
• braken *throw up; vomit; be sick*
spuitbus *spray (can)*
spuiten • naar buiten persen *spout; squirt* ★ de geisers op IJsland spuiten heet water *the geysers on Iceland spout hot water*
• bespuiten *spray*; ⟨verf⟩ *spray(-paint)*
• injecteren *inject*; ⟨van drugs⟩ *shoot*
spul • goedje *stuff* ★ raar spul *strange stuff*
• benodigdheden *gear; things* ★ heb je al je spullen bij je? *do you have your things with you?*
spuwen • spugen *spit; spew* ★ de draak spuwde vuur *the dragon spit fire*
• uitbraken *vomit; spew*
squash *squash*
staaf *rod*; ⟨als afsluiting e.d.⟩ *bar*
staakt-het-vuren *ceasefire* ★ een staakt-het-vuren afkondigen *declare a ceasefire*
staal *steel*
staan • rechtop staan *stand* ★ gaan staan *stand up* ★ staan te kijken *stand| be looking* ★ naast elkaar gaan staan *stand side by side, line up*
• opgetekend zijn ★ wat staat er in de brief? *what does the letter say?*
• passen *look; suit* ★ die kleur staat jou heel goed *that colour suits you very well*
• aanwijzen *read; show* ★ de teller stond op 100 *the speedometer read 100*
• betekenen *stand for* ★ m staat voor mannelijk *m stands for masculine*
• eisen, erop staan *insist on* ★ zij stond erop te betalen *she insisted on paying*
◆ zeggen waar het op staat *speak plainly* ◆ er staat een gevangenisstraf op *it carries a jail sentence* ◆ hoe staan de zaken? *how's life?* ◆ zijn snor laten staan *grow a moustache* ◆ hij liet zijn eten staan *he did not touch|finish his meal* ◆ de brug staat op instorten *the*

S

bridge is about to collapse ◆ wat sta je nou te lachen? *what are you laughing at?* ◆ hij staat er alleen voor *he is all on his own* ◆ voor een moeilijke opgave staan *be faced with a difficult problem*

staart • ‹biologie› *tail*
• haarstreng *pigtail* ★ ze heeft haar haar in een staart *she wears her hair in a pigtail*

staartdeling *long division*

staat • toestand *condition*; *state* ★ in goede staat zijn *be in good condition*
• rijk *state* ★ de Verenigde Staten van Amerika *the United States of America*
• gelegenheid ★ iemand in staat stellen *enable someone* ★ in/niet in staat zijn te betalen *be able/unable to pay* ★ tot alles/niets in staat zijn *be capable/incapable of anything* ◆ staat van dienst *record (of service)*

staatssecretaris *State Secretary*

stad • woonplaats *town*; ‹grote stad› *city* ★ de stad in gaan *go into town* ★ in de stad *in town*
• stadsbevolking *town* ★ de hele stad weet het *it's the talk of the town*

stadhuis *town hall*

stadion *stadium*

staf • stok *staff*; ‹toverstaf› *wand*; ‹van bisschop› *crosier*
• leiding *staff*

stage *work placement*; ‹school› *teaching practice* ★ stage lopen *do a work placement*

staking *strike* ★ in staking gaan *go on strike*

stal *stable*; ‹van koeien› *cowshed*; ‹van schapen› *(sheep) fold*; ‹van varkens› *pigsty* ★ de koeien staan op stal *the cows are in the shed*

stam • ‹planten› boomstam *trunk* ★ je naam kerven in de stam van een boom *gouge your name in a tree trunk*
• geslacht *stock*
• volksstam *tribe*
• ‹taal› *stem* ★ 'plaats' is de stam van het werkwoord 'plaatsen' *'plaats' is the stem of the verb 'plaatsen'*

stamboom *genealogical/family tree*; *pedigree*

stampen • fijnmaken *pound*; ‹van aardappels› *mash* ★ gestampte aardappelen *mashed potatoes*
• stampvoeten *stamp* ★ klap in je handen en stamp je voeten *clap your hands and stamp your feet*

stamppot *hotchpotch*

stand • houding *posture*; *bearing*; ‹gymnastiek› *position*
• maatschappelijke rang *rank*; *standing* ★ een heer van stand *a man of rank*
• bestaan ★ tot stand brengen *bring about* ★ tot stand komen *come about* ★ in stand houden *maintain*
• toestand *state*; ‹van water, barometer› *height*; ‹van maan› *phase* ★ de stand van zaken *the state of affairs*
• uitkomst, score *score* ★ wat is de stand? *what is the score?* ◆ de burgerlijke stand *registry office*

standaard • houder *stand* ★ je fiets op de standaard zetten *put your bike on the stand*
• maatstaf *standard*; *norm*

standbeeld *statue*

standje • houding *position*
• berisping *scolding*; *talking-to* ★ iemand een standje geven *give someone a talking-to*

stang *rod*; *bar*; ‹van fiets› *crossbar* ◆ iemand op stang jagen *put someone's back up*

stank *stench*; *bad/foul smell*

stap • pas *step*; *footstep* ★ stap voor stap *step by step*; *little by little* ★ een stap

doen *take a step*
• maatregel *step*; *measure* ★ stappen ondernemen tegen iemand *take steps against someone*

stapel [**de-woord**] *pile*; *heap* ★ een stapel kranten *a pile of newspapers*
[**bijvoeglijk naamwoord**] *crazy* ★ ben je stapel? *are you crazy?* ★ stapel zijn op *be crazy about*

stapelbed *bunkbeds*

stappen • lopen *step*; *walk*
• stap zetten ★ uit de auto stappen *get out of the car* ★ op de bus stappen *get on the bus* ★ op de fiets stappen *get on the bicycle*
• uitgaan *go out for a drink* ★ gaan stappen *go out on the town*

staren *stare*; ‹nadenkend staren› *gaze*

start • het vertrekken *start*; ‹van vliegtuig› *take-off* ★ bij de start verloor het vliegtuig een motor *at take-off the plane lost an engine*
• vertrekpunt *start*; *starting point*
• begin *start* ◆ van start gaan *take/be off*

starten [**werkwoord**] *start*; ‹sport› *be off*; ‹van vliegtuig› *take off* ★ de atleten gaan starten voor de 100 meter *the athletes will be off for the 100 metres*
[**werkwoord + iemand/iets**] *start*

statiegeld *deposit*

station • treinen *railwaystation*
• radiozender *station*

steeds • telkens *again and again* ★ de pijn komt steeds terug *the pain returns again and again*
• altijd *always*; *all the time* ★ ik heb steeds gekeken of de deur dicht zat *I checked all the time whether the door was closed or not*
• bij voortduring *increasingly*; *more and more* ★ steeds moeilijker *more and more/increasingly difficult* ◆ nog steeds *still*

steeg *alley(way)*; *lane*

steek • stoot met iets scherps ‹van insect› *sting*; ‹van mes, dolk› *stab* ★ een steek van een wesp *a sting of a wasp*
• hatelijkheid *dig*; *thrust* ★ een steek onder water *sly dig*
• pijnscheut *pang*; ‹in de zij› *stitch*
• lus, maas *stitch* ★ een steek laten vallen *drop a stitch* ◆ iemand in de steek laten *let someone down* ◆ er is een steekje aan hem los *he has a screw loose*

steel • stengel *stem* ★ de stelen van snijbloemen inkorten *shorten the stems of cut flowers*
• handvat *handle*

steen [**de-woord**] • stuk steen *stone*
• bouwsteen *stone*; ‹baksteen› *brick* ★ de eerste steen leggen *lay the first stone*
• speelstuk ‹dobbelsteen› *die* [meervoud: *dice*]; ‹damsteen› *piece*; ‹dominosteen› *domino*
[**het-woord**] *stone*

> **steen**: In *Stonehenge* staat een grote cirkel van gigantische stenen opgesteld. Sommige mensen denken dat hier in de prehistorie religieuze bijeenkomsten werden gehouden, terwijl anderen ervan overtuigd zijn dat het een soort stenen kalender is.

Steenbok *Capricorn* ★ mijn teken van de dierenriem is Steenbok *my sign of the zodiac is Capricorn*

steenkool *coal*

steiger • werkstellage *scaffolding* ★ in de steigers staan *be in scaffolding*
• aanlegplaats *landing stage*

steigeren • op achterste benen gaan staan *rear* ★ het paard steigerde *the horse reared up*
• protesteren *get up on your hind legs*

steil *steep*; ‹erg steil› *sheer* ★ een steile helling *a steep slope* ◆ steil haar hebben *have straight hair*

stek • plantendeel *cutting*
• vaste plek *niche* ★ ik heb mijn stek gevonden *I have found my niche*

steken [**werkwoord**] • pijnlijk zijn ‹wond› *sting*; ‹van zon› *burn*
• vastzitten ★ blijven steken in ... *get stuck in ...*; *get bogged down in ...*
[**werkwoord + iemand/iets**] • treffen ‹met mes› *stab*; ‹van insect› *sting*; ‹met

naald› *prick* ★ hij was tweemaal gestoken met een mes *he had been stabbed twice with a knife*
• grieven *sting* ★ dat steekt me *that stings me*
• in bepaalde plaats/toestand brengen *put* ★ hij stak het bij zich/in zijn zak *he put it in his pocket* ★ de stekker in het stopcontact steken *put the plug into the socket*

stekker *plug* ★ de stekker in het stopcontact steken *put the plug into the socket*

stel • set *set* ★ zij heeft een goed stel hersens *she has a good set of brains*
• paar *couple* ★ een aardig stel *a nice couple*

stelen *steal*; *cloth* ★ hij steelt al wat los en vast is *he steals whatever he can lay his hands on*

stellen • zetten, plaatsen *place*; *put* ★ iemand in het gelijk/ongelijk stellen *put someone in the right/wrong*
• in toestand/positie brengen ★ zich een doel stellen *set oneself an objective/a goal* ★ zich een taak stellen *set oneself a task*
• doen ★ het zonder iets moeten stellen *have to go/do without something*
• veronderstellen *suppose* ★ stel dat hij komt *suppose he will come*
• uiten *put*; *pose* ★ iemand een vraag stellen *put a question to someone*
• vaststellen ★ de prijs stellen op *fix the price at* ★ een diagnose stellen *make a diagnosis*

S

stelling • stellage *rack*
• bewering ‹in proefschrift› *thesis*; ‹wiskunde, logica› *proposition* ◆ stelling nemen tegen iets *make a stand against*

stem • stemgeluid *voice* ★ met luide stem *in a loud voice* ★ je stem verheffen *raise your voice*
• keuze bij stemming *vote* ★ de meeste stemmen gelden *most votes carry the day* ★ je stem uitbrengen op *cast your vote for*; *vote for* ★ met 5 stemmen voor en 3 tegen *by five votes in favour and three against*

stemmen [werkwoord] *vote* ★ stemmen voor/op *vote for/in favour of* [werkwoord + iemand/iets] • in zekere stemming brengen ★ vrolijk stemmen *put in a cheerful mood* ★ optimistisch gestemd zijn *be in an optimistic mood*
• ‹muziek› *tune* ★ een piano stemmen *tune a piano*

stemming • het stemmen *vote* ★ in stemming brengen *put to the vote*
• gemoedstoestand *mood*; *frame of mind* ★ ergens voor in de stemming zijn *be in the mood for something*

stempel • afdruk *stamp*; ‹van post› *postmark* ★ een stempel in je paspoort *a stamp in your passport*
• kenmerk *mark*; *stamp* ★ je stempel drukken op *put your stamp upon*

step • autoped *scooter*
• danspas *step* ★ ik doe aan steps *I go in for steps*

ster • hemellichaam *star* ★ een vallende ster *a shooting star*
• beroemdheid *star*; *celebrity* ★ ze is een grote ster geworden *she has become a great celebrity*

stereo *stereo*

sterfgeval *death* ★ wegens sterfgeval gesloten *due to a death closed*

steriel • onvruchtbaar *barren*
• vrij van ziektekiemen *sterile* ★ instrumenten steriel maken *make instruments sterile*

steriliseren ‹dieren› *sterilize*; *fix*; *spay*

sterk [bijvoeglijk naamwoord] • krachtig *strong*; *powerful* ★ de sterkste man van Nederland *the strongest man in the Netherlands*
• stevig *strong*; *sturdy* ★ een sterk gestel *a strong constitution*
• hevig *sharp*; *strong* ★ sterke daling/toename *sharp fall/increase*
• geconcentreerd *strong* ★ sterke kofie *strong coffee*
• talrijk ★ twintig man sterk *twenty strong* ◆ sterke drank *spirits*; *liquor* [bijwoord] *much*; *strongly*; *highly* ★ sterk verschillend *highly different*

sterkte • kracht *strength*; *power* ★ de sterkte van het materiaal *the strenght of the material*
• intensiteit *intensity*; ‹geluid› *volume*

◆ veel sterkte toegewenst! *wishing you good luck!*

sterrenbeeld • groep sterren *constellation*
• astrologisch teken *sign of the zodiac*

sterretje • kleine ster *little star*
⋆ sterretjes zien na een dreun tegen je hoofd *see stars after a bang to your head*
• teken ⋆ *asterisk*
• vuurwerk *sparkler*

sterveling *mortal* ◆ geen sterveling in de buurt *not a living soul in sight*

sterven [**werkwoord**] • doodgaan *die*; *pass away* ⋆ op sterven liggen *be dying*; *be on your deathbed* ⋆ sterven aan een ziekte *die of an illness*
• creperen ⋆ sterven van de kou *be freezing* ⋆ sterven van de honger *be starving*
[**het-werkwoord**] *be swarming with*
⋆ het sterft er van het ongedierte *the place is swarming with vermin*

steun *help*; *support* ⋆ steun verlenen *lend support* ⋆ bij iemand steun zoeken *turn to someone for support*

steunen [**werkwoord**] • leunen *lean/rest (on)* ⋆ op iets steunen *lean on something*
• zich verlaten op ⋆ hij steunt geheel op zijn vader *he relies entirely on his father*
[**werkwoord + iemand/iets**] *support*; *back (up)* ⋆ mijn familie heeft me aldoor gesteund *my family has been supporting me all along*

stevig • solide *solid*; ⟨van persoon⟩ *sturdy*
⋆ stevig gebouwd *sturdily built*
• krachtig *strong*; *tight*; ⟨van eten⟩ *hearty*; ⟨van wind⟩ *stiff* ⋆ je veters stevig aantrekken *pull your shoelaces tightly* ⋆ houd me stevig vast *hold me tight*

stichten • oprichten *found* ⋆ deze kerk is gesticht in 1760 *this church has been founded in 1760*
• veroorzaken ⋆ vrede stichten *make peace* ⋆ brand stichten *start a fire*

stichting • het oprichten *establishment*
• rechtsvorm *corporation*; *foundation*

stickie *joint*

stiefmoeder *stepmother*

stiefvader *stepfather*

stiekem [**bijvoeglijk naamwoord**] *sneaky*; *sly*
[**bijwoord**] *on the sly* ◆ er stiekem vandoor gaan *sneak off*

stier *bull* ◆ balen als een stier *be fed up to the back teeth*

Stier *Taurus* ⋆ mijn teken van de dierenriem is Stier *my sign of the zodiac is Taurus*

stijf • niet soepel *stiff*; *rigid* ⋆ stijf van de kou *stiff/numb with cold*
• niet spontaan *formal*; *stiff* ⋆ zij zijn erg stijve mensen *they are very formal people*

stijgen • omhooggaan *rise*; ⟨van vliegtuig⟩ *climb*
• toenemen *rise*; *increase*; ⟨van temperatuur, prijs⟩ *raise* ⋆ het aantal brugklassers is weer gestegen *the number of first-formers has increased again*
• stijgen in rangorde *rise*; *go up* ⋆ deze plaat is flink gestegen in de top 100 *this record has gone up well in the top hundred*

stijging • het omhooggaan *rise*; *climb*
• toename *rise*; *increase* ⋆ een scherpe stijging van de lonen *a sharp increase in wages*

stijl • vormgeving/tekst *style*; *tradition*
⋆ een stuk in de stijl van Hamlet *a play in the tradition of Hamlet* ⋆ zij heeft een prachtige stijl van schrijven *she has a wonderful style in writing*
• handelswijze *style* ⋆ hij heeft een geheel eigen stijl *he has a style of his own*

stijldansen *ballroom dancing*

stikken [**werkwoord**] • het benauwd krijgen *suffocate*; *be stifled*
• sterven *suffocate*; *choke* ⋆ stikken van woede/van het lachen *choke with fury/laughter*
• doodvallen *drop dead*; *go to hell*
⋆ ach, stik jij! *you, go to hell!*
• in overvloed hebben ⋆ stikken van het werk *be swamped with work*
[**werkwoord + iemand/iets**] *stitch*
[**het-werkwoord**] ⟨toeristen, ongedierte⟩ *swarm with* ⋆ in de stad stikt het van

de toeristen *the town is swarming with tourists*

stikstof *nitrogen*

stil • zonder geluid, rustig *silent*; *quiet* ★ stil! *quiet!* ★ stil maar! *there, there!*
• zonder beweging *still* ★ stil zitten *sit still*
• verborgen *silent*; *secret* ★ een stille drinker *a secret drinker* ★ een stil verlangen *a secret wish*
• niet geuit *silent* ★ stille wensen *silent wishes*

stilstaan • niet bewegen *stand still*
• niet doorgaan *stagnate*; *stand still*; *stop* ★ de ontwikkeling in die landen staat stil *the development is standing still in those countries* ★ de klok staat stil *the clock has stopped*
• stilstaan bij *dwell on* ★ stilstaan bij een feit *dwell on a fact* ◆ zij heeft er nooit bij stilgestaan dat ... *it has never occurred to her that ...*

stilte • geluidloosheid *silence*; *quiet* ★ in stilte *quietly*; *in private* ★ er heerste een diepe stilte *there was a profound silence*
• beslotenheid *quiet*; *secrecy* ★ hij is in stilte begraven *he has been burried in secrecy* ◆ de stilte voor de storm *the lull|calm before the storm*

stilzwijgen *silence* ★ het stilzwijgen bewaren *keep silence*; *be silent* ★ hij deed er verder het stilzwijgen toe *he fell silent*

stimuleren *stimulate*; *encourage* ★ de leerlingen worden gestimuleerd om verder te studeren *the students are encouraged to take on a further study*

stinken *stink*; *smell* ★ het stinkt naar verbrand rubber *it stinks of burnt rubber*

stip *dot*; *point*; ‹sport› *penalty spot* ★ een stipje op de landkaart *a little dot on the map*

stoeien • ravotten *romp*; *play about|around*
• speels omgaan *play with* ★ stoeien met een idee *play with an idea*

stoel *chair*; *seat* ★ neem een stoel *take a seat*

stoep • trottoir *pavement*; ‹Amerikaans› *sidewalk*
• stenen opstapje *doorstep* ★ hij stond plotseling bij me op de stoep *he turned up on my doorstep*

stoer • flink *tough* ★ stoer doen *show off*; *act tough* ★ een stoere bink *a show-off*
• fors *sturdy*; *stalwart*

stof [**de-woord**] • materie *substance*; *matter* ★ zoutzuur is een erg gevaarlijke, bijtende stof *hydrochloric acid is a very dangerous, biting substance*
• weefsel *material*; *stuff*
• onderwerp *subject matter* ◆ kort van stof *short-tempered* ◆ lang van stof *long-winded*
[**het-woord**] *dust* ★ stof afnemen *dust (a room)* ★ onder het stof zitten *be covered with dust* ★ in het stof bijten *bite the dust*

stofdoek *duster*

stoffer *brush*; *duster* ★ stoffer en blik *dustpan and brush*

stoffig *dusty*

stofzuiger *vacuum cleaner*; *hoover*

stok *stick*; ‹van vlag› *pole* ◆ de kippen gaan op stok *the chickens go to roost*

stokbrood *French bread*; *baguette*

stoken [**werkwoord**] • verwarmen *heat*; *have a fire* ★ vanaf 1 april stoppen we met stoken *April 1st on we stop heating*
• opruien *make trouble*; *stir things up*
[**werkwoord + iemand/iets**] • doen branden *stoke (up)* ★ stoken jullie (de haard) al? *have you stoked up (the fire) yet?*
• aanwakkeren *stir up*; *foment* ★ ruzie stoken *stir up a quarrel*; *foment a quarrel*

stollen *coagulate*; *congeal*; ‹van jus, ei› *set*; ‹van bloed› *clot*

stom • zonder spraakvermogen *dumb*; *mute*
• zonder geluid ★ stomme film *silent film*
• dom *stupid* ★ het is je eigen stomme schuld *it's your own stupid fault*
• vervelend *stupid*; *tedious* ★ het was een stomme vertoning *it was a stupid performance*

S

stomen [werkwoord] *steam*
[werkwoord + iemand/iets] • gaar maken *steam*
• reinigen *dry-clean* ★ je goeie broek laten stomen *have your fine trousers dry-cleaned*
• losweken *steam off* ★ postzegels van een envelop stomen *steam the stamps off an envelope*
stomerij *dry cleaner's*
stommeling *idiot*; *blockhead*
stommiteit *stupidity*; *blunder*
stomp [de-woord] • vuistslag *punch*
• overblijfsel *stump*; *stub* ★ een stompje potlood *a stub of a pencil*
[bijvoeglijk naamwoord] • niet scherp *blunt* ★ een stomp mes *a blunt knife*
• niet puntig ‹van hoek› *obtuse*; ‹van neus› *flat*; *snub*
stoned *stoned*; *high*
stoom *steam* ★ ik heb mijn hand gebrand aan de hete stoom *I burnt my hand on the hot steam*
stoot • duw *push*; *thrust*; ‹bij biljart› *shot*; ‹met vuist› *punch*
• hoeveelheid *load*; *pack* ★ er was een hele stoot mensen *there were loads of people*
stop [de-woord] • oponthoud *stop*; *break* ★ de voetbalcompetitie heeft een stop in de winter en de zomer *the football competition has a stop in the winter and the summer*
• iets dat afsluit ‹van fles› *stopper*; ‹van bad› *plug* ★ doe jij even de stop op de fles? *will you put the stopper on the bottle?*
• zekering *fuse* ★ de stop is doorgeslagen *the fuse has blown*
[tussenwerpsel] • houd op *hold/stop it*
• sta stil *stop*
stopcontact *(plug-)socket*; *power-point* ◆ de stekker uit het stopcontact halen *unplug the plug*
stoplicht *traffic light* ★ stoppen voor het rode stoplicht *stop before the red (traffic) light*
stoppen [werkwoord] • ophouden *stop* ★ stoppen met werk *stop working*
• halt houden *stop*; ‹auto, bus› *draw/pull up* ★ verboden te stoppen *no stopping* ★ de bus stopte net bij de halte *the bus just pulled up at the busstop*
[werkwoord + iemand/iets] • tot stilstand brengen *stop* ★ het verkeer stoppen *stop the traffic* ★ zij was gewoon niet te stoppen *she just couldn't be stopped*
• dichtmaken *fill*; *stop*; ‹gat, lek› *plug*; ‹gat in kous, e.d.› *darn* ★ je sokken stoppen *darn your socks*
• ergens in doen *put to/into/in* ★ een kind in bed stoppen *put a child to bed*
stoptrein *stop(ping) train*; *slow/local train*
storen [werkwoord + iemand/iets] ‹afleiden› *disturb*; ‹onderbreken› *interrupt* ★ stoor ik u? *am I interrupting you?*
[werkwoord + zich] ★ stoor je niet aan hem *don't mind him*; *don't bother about him*
storing • onderbreking *disturbance*; ‹telefoon, spoorverkeer› *interruption*; ‹van tv, radio› *interference*; *jamming*; ‹defect› *trouble* ★ technische storing *technical malfunction/trouble*
• depressie *(weather) depression*
storm *storm*; *gale* ◆ storm in een glas water *storm in a tea cup*
stormachtig • met storm *stormy*
• onstuimig *stormy*; *tempestuous*; *tumultuous*
stormen [werkwoord] *storm*; *rush* ★ naar voren stormen *rush forward* ★ de kinderen stormden de kamer binnen *the children stormed into the room*
[het-werkwoord] • zeer hard waaien ★ het gaat stormen *it is blowing up a storm* ★ het stormt *there is a gale*
stortbui *downpour*
storten [werkwoord] *fall*; *plunge* ★ de auto stortte in het ravijn *the car fell into the ravine*
[werkwoord + iemand/iets] • doen vallen *dump*; ‹van tranen› *shed* ★ radioactief afval in zee storten *dump nuclear waste in the sea*
• geld overmaken *pay*; *deposit* ★ geld op je rekening storten *deposit money into your account*

[**werkwoord + zich**] *throw yourself into* ⋆ je op het huiswerk storten *throw yourself into the homework*

stoten [**werkwoord**] • botsen ⋆ mijn fietsband stootte lek tegen de stoeprand *my bike tyre sprang a leak against the kerb* ⋆ op de vijand stoten *run into the enemy*
[**werkwoord + iemand/iets**] *push*; ‹aanstoten› *nudge* ◆ uit de partij stoten *expel from the party*

stotteren *stutter*; *stammer* ⋆ zonder stotteren *without a stutter*

stout *naughty* ⋆ een stout jongetje *a naughty little boy*

straal [**de-woord**] • stroom vloeistof *jet*; ‹klein› *trickle* ⋆ een straal water *a jet of water*
• lichtbundel *ray*; *beam* ⋆ door de gordijnen kwam een straal zonlicht *through the curtains came a ray of sunlight*
• ‹wiskunde› *radius* ⋆ de straal van een cirkel *the radius of a circle*
[**bijwoord**] *dead*; *clean* ⋆ hij heeft het straal vergeten *he has clean forgotten*

straalvliegtuig *jet*

straat *street* ⋆ op straat spelen *play in the street* ◆ iemand op straat zetten *turn a person into the street*

straatvoetbal *street football*; ‹Amerikaans› *street soccer*

straf *punishment*; ‹boete, e.d.› *penalty* ⋆ voor straf in de hoek moeten staan *having to stand in the corner as a punishment* ◆ straf krijgen *be punished*

straffen *punish*; ‹bij wedstrijd› *penalize* ⋆ ze zullen voor hun daden worden gestraft *they will be punished for their deeds*

strafschop *penalty (kick)* ⋆ ze scoorden uit een strafschop *they scored from a penalty*

strafwerk *lines* ⋆ strafwerk maken *do lines*

strak • gespannen ‹kleding e.d.› *tight* ⋆ ze verscheen in een strakke, zwarte jurk *she appeared in a tight, black dress*
• star, stug *fixed*; ‹onverzettelijk› *rigid*; ‹van gezicht› *stony* ⋆ een strakke blik *a stony stare* ◆ strak aanhalen/aantrekken *tighten*

straks *later*; *soon* ⋆ tot straks *see you later*; *so long* ⋆ ik bel je straks even op *I'll call you later*

stralen • stralen uitzenden *beam*; *radiate*
• er blij uitzien *shine*; *beam* ⋆ haar ogen straalden van blijdschap *her eyes were shining with joy*

strand *beach*; *seaside* ⋆ naar het strand gaan *go to the beach*

strandbal *beach ball*

stranden • aanspoelen *be washed ashore* ⋆ er is een walvis gestrand bij Scheveningen *there has been a whale washed ashore at Scheveningen*
• ‹scheepvaart› *run ashore/aground*

strategie *strategy*

stratenmaker *paver*; *road worker*

streek • haal *stroke*; ‹op viool› *bow* ⋆ met een paar streken dekte de verf al *with a few strokes the paint was already covering*
• gebied *region*; *district* ⋆ kom jij ook uit deze streek? *are you too coming from this region?*
• daad ⋆ streken uithalen *play tricks* ⋆ een handige streek *a clever trick/dodge* ◆ van streek zijn ‹nerveus/van maag› *be upset*; *be put out*; ‹van maag› *be out of order*; ‹onwel› *be out of sorts*

streep • lijn *line*; *mark* ⋆ een rechte streep trekken *draw a straight line*
• strook ‹smal› *stripe* ◆ met strepen *striped*

streepjescode *bar-code*

strekken [**werkwoord**] *last* ⋆ zolang de voorraad strekt *as long as stocks last*
[**werkwoord + iemand/iets**] *stretch*; *extend* ⋆ de benen strekken *stretch your legs*

strelen *caress*; *stroke*

streng [**de-woord**] *twine*; ‹van garen, wol› *skein*; ‹van touw› *strand* ⋆ een streng wol/haar *a skein of wool/hair*
[**bijvoeglijk naamwoord**] • strikt *severe*; *strict* ⋆ de leraar is erg streng voor zijn leerlingen *the teacher is very severe on his pupils* ⋆ streng verboden toegang *strictly private*
• onverbiddelijk *severe*; *hard*;

S

⟨(maat)regel⟩ *rigid* ⋆ streng optreden *take firm/severe action*
• koud *severe*; ⟨winter⟩ *hard* ⋆ strenge winter *hard winter*
stress *stress*; *strain*
streven [het-woord] *pursuit*; *ambition* ⋆ een loffelijk streven *a noble ambition* [werkwoord] *strive after/for*; *aim at* ⋆ ik streef naar een hoog cijfer *I aim at a high mark*
strijd *struggle*; *fight* ⋆ strijd om het bestaan *struggle for life* ◆ de strijd aanbinden met de vijand *engage the enemy (in battle)* ◆ in strijd zijn met *be in conflict with*
strijden • vechten *fight*; *struggle* ⋆ strijden om/voor *fight for* ⋆ strijden tegen *fight against*
• wedijveren *compete*; *contend* ⋆ zij strijden om de titel 'beste leerling' *they compete for the title 'best students'*
strijder *fighter*
strijdmacht *armed force*
strijkbout *flat-iron*
strijken [werkwoord] *brush*; ⟨over water⟩ *skim* ⋆ strijken langs *brush past* [werkwoord + iemand/iets] • aanraken *stroke*; *brush* ⋆ zij streek hem over zijn haar *she stroked his hair*
• gladmaken *iron* ⋆ de was strijken *iron the laundry*
• neerhalen ⟨van boot, vlag, zeil⟩ *lower*; ⟨van mast, zeil⟩ *strike* ⋆ met gestreken zeilen *with lowered sails*
strijkplank *ironing board*
strik *bow* ⋆ een strik in je haar *a bow in your hair*
strikken *tie* ⋆ je veters strikken *tie your shoelaces* ◆ iemand strikken voor een werkje *rope a person in for a job* ◆ een das strikken *knot a tie*
strip • strook *strip* ⋆ een strip op je strippenkaart *a strip on your bus and tram card*
• stripverhaal *comic strip*
strippenkaart ≈ *bus and tram card*
stripverhaal *strip (cartoon)*
stro *straw*
stroef • niet glad *rough*; *uneven*
• moeizaam *difficult*; *awkward* ⋆ de gesprekken verlopen nogal stroef *the talks work out rather difficult*
stromen *pour*; *flow*; *run* ⋆ stromend water *running water*
strompelen *stumble*; *stagger*; *hobble* ⋆ hij strompelde naar binnen *he staggered in*
stront *shit*; *crap*
strooien [bijvoeglijk naamwoord] *straw* ⋆ een strooien hoed *straw hat* [werkwoord + iemand/iets] *scatter*; ⟨zout⟩ *sprinkle* ⋆ zout strooien op gladde wegen *sprinkle salt on icy roads*
strook *strip*; ⟨op weg⟩ *lane*; *slip* ⋆ een strook land *a strip of land*
stroom • stromende vloeistof *stream*; *flow* ⋆ er kwam een stroom zeepwater de trap af *a stream of soap water came off the stairs*
• elektriciteit *(electric) power*; *current* ⋆ de stroom is uitgevallen *there is a power failure*
• toevloed *stream*; *flood* ⋆ een grote stroom van e-mailtjes *a great flood of e-mails* ◆ de draad staat onder stroom *the wire is live*
stroop *syrup*; *treacle* ⋆ een pannenkoek met stroop *a pancake with syrup*
stroopwafel *treacle wafer*
stropdas *(neck)tie*
strot • keel *throat* ⋆ iemand naar de strot vliegen *fly at someone's throat*
• strottenhoofd *larynx* ◆ het komt me de strot uit *I'm sick and tired of it*
strottenhoofd *larynx*
structuur *structure*
struik • plant *bush*; *shrub* ⋆ de dief verstopte zich in de struiken *the thief hid in the bushes*
• krop *bunch*; ⟨andijvie⟩ *head* ⋆ een struik andijvie *a head of endive*
struikelen *trip/stumble (over)* ⋆ over de drempel struikelen *stumble over the doorstep*
struisvogel *ostrich*
studeerkamer *study*
student *student*; ⟨van universiteit⟩ *undergraduate* ⋆ student Engels *student of English*
studeren • studie volgen *study*; ⟨universiteit⟩ *go to college/university*

S

★ medicijnen/rechten studeren *study medicine/law* ★ zij heeft gestudeerd *she's been to university* ★ hij studeert voor notaris *he studies to be a notary*
• oefenen *practise* ★ fluit studeren *practise the flute*

studie • bestudering *study* ★ een studie maken van iets *make a study of something*
• onderzoeksverslag *study*; *paper* ★ zij schreef een studie over een beroemde dichter *she wrote a paper on a famous poet*

studiebeurs ⟨van regering⟩ *study grant*; ⟨als beloning⟩ *scholarship*

studio *studio*

stug • onbuigzaam *stiff*; *tough* ★ die kaft is gemaakt van stug materiaal *that cover has been made of tough material*
• stuurs *surly*; *dour* ★ hij is nogal stug *he is rather surly*
• volhardend, flink *firm* ◆ stug doorwerken aan iets *work away at something* ◆ dat is stug (dat is niet te geloven) *that's steep*

stuifmeel *pollen*

stuiteren *bounce* ★ de bal stuiterde een paar keer *the ball bounced a few times*

stuiver *five cent piece* ◆ daar valt geen stuiver in te verdienen *it won't earn you a penny*

stuk [**het-woord**] • gedeelte *piece*; *part*; *fragment* ★ een stuk hout/steen *a piece of wood/stone* ★ ik heb maar een stuk van de film gezien *I only saw a fragment of the film* ★ aan stukken breken/slaan *break/knock to pieces*
• exemplaar *piece* ★ een stuk gereedschap *a piece of equipment*
• geschrift *document*; ⟨in tijdschrift⟩ *article*
• kunstwerk *piece*; ⟨muziek⟩ *piece of music*; ⟨schilderij⟩ *work* ★ dat is een goed stuk werk *that's a fine piece of work*
• aantrekkelijk persoon ⟨van man⟩ *hunk*; ⟨van vrouw⟩ *piece* ★ hij is een lekker stuk *he is a gorgeous hunk* ◆ aan één stuk door *without stopping*; *non-stop* ◆ 100 euro per stuk *100 euros each* ◆ een stuk of zes *five or six* ◆ hij houdt voet bij stuk *he sticks to his points/his guns*
[**bijvoeglijk naamwoord**] *broken*; ⟨defect⟩ *out of order* ◆ de porseleinen vaas viel stuk op de grond *the china vase fell and broke*

stunt *stunt* ★ een stunt uithalen *perform a stunt*

stuntelen *bungle*

sturen [**werkwoord**] *drive*; *steer* ★ hij stuurt slecht *he drives badly* ◆ mijn vriend stuurde *my friend was at the wheel*
[**werkwoord + iemand/iets**] ⟨van brief⟩ *send*; *post*

stuur ⟨van auto⟩ *wheel*; ⟨van fiets⟩ *handlebars* [meervoud] ◆ hij verloor de macht over het stuur *he lost control over his car*

stuurboord *starboard*

subsidie *subsidy*

substantief *noun* ★ het woord 'tafel' is een substantief *the word 'table' is a noun*

succes *success*; *luck* ★ succes hebben *have succes*; *be succesful* ★ succes met je examen! *good luck with your exam!*

succesvol *successful*

sudderen *simmer*

sudderlap *braising steak*

suède *suede* ★ blauwe suède schoenen *blue suede shoes*

suf *drowsy*; ⟨van zwakte⟩ *groggy* ◆ ik zit me suf te piekeren *I think myself silly*

sufferd *fathead*; *dope*

suggestie • voorstel *suggestion* ★ een

suggestie doen *make a suggestion*
• gewekte indruk *suggestion*; ⟨niet uitgesproken⟩ *implication* ◆ de suggestie wekken dat *suggest|imply that*
suiker • zoetstof *sugar* ★ een klontje suiker *a sugar lump|cube*
• suikerziekte *diabetes*
suikerklontje *cube|lump of sugar*
suikerriet *sugar cane*
suikerziekte *diabetes* ◆ lijder aan suikerziekte *diabetic*
sukkel *mug*; *dope*
sukkelen • sjokken *trudge* ★ hij sukkelde de straat uit *he trudged out of the street*
• ziekelijk zijn *be ailing* ★ mijn vader sukkelt met zijn gezondheid *my father is ailing*
sul • sukkel *mug*; *dope*
• goedzak *softy*
super *super*; *excellent*; *first class*
superbenzine *Super*; *4 star petrol*; ⟨Amerikaans⟩ *high octane gas(oline)*
supermarkt *supermarket*
supporter *supporter*
surfen • over golven glijden *surf*; *go surfing*
• windsurfen *go windsurfing*
surfplank *surfboard*; ⟨met zeil⟩ *sailboard*
Surinaamse *Surinam woman*
Suriname *Surinam*
Surinamer *Surinamer*; *Surinamese*
surveilleren *supervise*; ⟨bij examen⟩ *invigilate*; ⟨leraar, politieman⟩ *be on duty*
sussen ⟨ruzie⟩ *hush up*; ⟨kind⟩ *soothe* ◆ in slaap sussen *lull asleep*
sweater *sweater*
swingen *swing* ◆ het swingt de pan uit *it's cool|groovy*
symbool *symbol*
symfonie *symphony*
symmetrisch *symmetric(al)*
sympathie *sympathy* ★ ik heb veel sympathie voor hem *I have much sympathy for him*
sympathiek *sympathetic*; ⟨van persoon⟩ *nice*
symptoom *symptom*
synagoge *synagogue*
synoniem *synonym*

synthesizer *synthesizer*
synthetisch *synthetic*
systeem *system* ★ volgens een bepaald systeem *according to a certain system*

S

t *t* ◆ de T van Theo *T as in Tommy*
taai • stevig en buigzaam *tough* • volhardend *tough*; *hardy*; *stubborn* ★ mijn opa is een taaie rakker *my grandpa is a tough customer* ◆ hou je taai! *keep your pecker up!*; *never say die!*
taak *task*; *duty*; ⟨spreektaal⟩ *job*; ⟨officieel⟩ *assignment* ★ jij hebt de taak om de planten water te geven *it is your task to water the plants*
taal *language*; ⟨gesproken⟩ *speech* ★ een taal vloeiend spreken *speak a language fluently*
taart • gebak *cake*; *tart*; ⟨Amerikaans⟩ *pie* ★ een stuk taart *a wedge|slice of cake* • vrouw *frump* ★ zij is echt een ouwe taart *she is really an old frump*
tabak *tobacco* ◆ ik heb er tabak van *I'm sick of it*
tabel *table*; *chart*
tablet • plak *tablet*; ⟨van chocola⟩ *bar* ★ een tablet chocolade *a bar of chocolate* • pil *tablet*; ⟨zuigtablet⟩ *lozenge* ★ je tabletten innemen *take your tablets*
taboe [het-woord] *taboo* ★ een taboe doorbreken *break down a taboo* [bijvoeglijk naamwoord] *taboo*
tachtig *eighty*
tachtigste *eightieth*
tactisch *tactical*
tafel • meubel *table* ★ ik zal de tafel dekken *I shall lay the table* • tabel *table* ★ de tafel van acht *the eight times table* ◆ aan tafel gaan *sit down to dinner*; ⟨spreektaal⟩ *sit down and eat*
tak • loot *branch*; ⟨klein⟩ *twig*; *offshoot* ★ de hond liep met een tak in zijn bek *the dog carried a branch in his snout* • afdeling *branch* ★ een tak van sport *a branch of sport*
takelen *hoist (up)* ★ een piano een huis in takelen *hoist a piano into a house*
talent *talent* ★ een vrouw van/met veel talenten *a woman of great talent*; *a very talented|highly gifted woman*
talkpoeder *talcum powder*; *talc*
talmoed *Talmud*
tam *tame*; *domesticated* ★ zij houdt tamme otters *she keeps tame otters*
tamboerijn *tambourine*
tampon *tampon*
tand • gebit *tooth* [meervoud: *teeth*] ★ je tanden knarsen *gnash your teeth*; ⟨in slaap⟩ *grind your teeth* • puntig uitsteeksel ⟨van zaag, tandrad, e.d.⟩ *tooth* ★ de tanden van een kam/zaag *the teeth of a comb|saw*
tandarts *dentist*
tandenborstel *tooth brush*
tandpasta *tooth paste* ★ een tube tandpasta *a tube of toothpaste*
tang *(pair of) tongs*; ⟨nijptang⟩ *pincers* ◆ dat slaat als een tang op een varken *that's neither here nor there*
tank • reservoir *tank*; *container* • pantservoertuig *tank* ◆ een volle tank benzine *a fill of petrol*
tanken *(re)fuel*
tankstation *petrol station*
tante *aunt* ★ ik heb geen ooms en tantes meer *I have no uncles and aunts anymore|left*
tapijt *carpet* ★ wijn op het tapijt morsen *spill wine on the carpet*
tarief • prijs *tariff*; *rate*; ⟨notaris e.d.⟩ *fee*; ⟨vervoer⟩ *fare* ★ tegen verlaagd tarief *at reduced tariff* • invoerrechten *tariff (rates)*
tarwe *wheat*
tas *bag*; ⟨aktetas⟩ *briefcase*; ⟨handtas⟩ *(hand)bag* ★ ik stop het wel in mijn tas *I'll put it in my handbag*
tasten ⟨met hand⟩ *grope*; *fumble for* ★ in het duister tasten *grope in the dark*
tatoeage *tattoo*
taxi *taxi*; *cab*

te [**bijwoord**] *too* ★ te groot *too big|large* ★ te veel *too much* ★ te laat komen *be late*; ‹sterker› *be too late* ◆ des te beter/erger *so much the better|worse*
[**voorzetsel**] • in/op *at*; *in*; *on* ★ te paard/voet *on horseback|foot* ★ te Utrecht *in Utrecht*
• *to* ★ moeilijk te verstaan *difficult to understand* ★ blij je te zien *happy to see you* ◆ zonder iets te zeggen *without saying anything*
techniek *technique*; *skill* ★ de techniek van een violist *the technique of a violinist*
technisch *technical* ◆ hts *college|university of technology* ◆ lts *secondary technical school*
teder *tender* ★ teder strelen over zijn haar *caress his hair tenderly*
teef • dier *bitch*
• ‹beledigend› vrouw *bitch*; *cow*
teen *toe* ★ op de tenen lopen *walk on tiptoe* ★ iemand op zijn tenen trappen *step on someone's toes*
tegel *tile*; *paving stone* ★ de tegels van een trottoir *the paving stones of the pavement*
tegen [**bijwoord**] • anti *against* ★ zij is fel tegen *she's dead against it* ★ tegen stemmen *vote against*
• niet mee *against* ★ wind tegen *against the wind* ◆ zij kan daar niet meer tegen *she can't take any more*
[**voorzetsel**] • in tegengestelde richting *against* ★ tegen de wind (in) *against the wind*
• in aanraking met ★ het staat tegen de muur *it's against the wall*
• ter bestrijding van *against* ★ een vaccin tegen aids *a vaccine against AIDS*
• in strijd met *against, contrary to* ★ tegen de regels *against the rules*
• in ruil voor *against*; *at*; *for* ★ tegen een vergoeding *at|for a reward*
• jegens *to(wards)*; *with* ★ zij is altijd erg aardig tegen mij *she's always kind to me*
• bijna *towards*; *by* ★ tegen middernacht *by midnight* ◆ tegen het licht houden *hold up to the light*
tegendeel *contrary*; *opposite* ★ het tegendeel is waar *the contrary|reverse is true*
tegenhouden • beletten voort te gaan *check*; *arrest*; *stop* ★ de bezoekers werden tegengehouden bij de ingang *the visitors were checked at the entrance*
• verhinderen *prevent*; *stop* ★ ik wil die plannen tegenhouden *I want to stop those plans*
tegenkomen *meet*; *come across* ★ ik kwam op straat John tegen *in the street I came across John*
tegenovergestelde *opposite*
tegenslag *reverse*; *set back*; *hitch*
tegenspoed *adversity*
tegenspreken • ontkennen *deny*; *contradict* ★ Martin sprak tegen dat hij had gespiekt *Martin denied he had been copying*
• betwisten *object*; *protest* ★ dat spreek ik tegen *that I object*
• tegenstrijdig zijn met *contradict*; *conflict with*; *be inconsistent with* ★ die twee dingen spreken elkaar tegen *those two things contradict one another*
tegenstand *resistance*
tegenstander *opponent*; *adversary* ★ wie is de volgende tegenstander van Ajax? *who is the next opponent of Ajax?*
tegenstelling *contrast* ★ in tegenstelling met/tot *in contrast with|to*; *unlike*
tegenvallen *be disappointing* ★ de verkoop viel tegen *the sale was disappointing*
tegenwoordig [**bijvoeglijk naamwoord**]
• huidig *present-day*; *current* ★ deze zin staat in de tegenwoordige tijd *this sentence is in the present tense*
• aanwezig *present*
[**bijwoord**] *at present*; *nowadays* ★ tegenwoordig gebruiken we veel de magnetron *nowadays we often use the microwave*
tegenzin *dislike (of)*; *distarte*; *aversion (to)* ★ met tegenzin *with dislike|distarte*
tegenzitten *be|go against* ★ alles zit hem vandaag tegen *everything is going against him today*
tegoed *balance*; *credit* ◆ een tegoed van 50 euro op je rekening *your*

account is 50 euros in credit

tehuis *home*; ‹voornamelijk daklozen› *shelter*; *refuge* ★ tehuis voor daklozen *shelter for the homeless*

teisteren *afflict*; *ravage*; *harass*; *sweep* ★ de orkaan teisterde het eiland *de hurricane ravaged the island*

tekeergaan *carry on*; *rant and rave* ★ hoor de buren eens tekeer gaan *hear those neighbours carrying on* ◆ tegen iemand tekeergaan *come down on someone*

teken *sign*; *token*; ‹signaal› *signal* ★ als ik een teken geef, rennen jullie weg *when I give a signal, you run off*

tekenen • afbeelden *draw*; *sketch* ★ met potlood een poppetje tekenen *draw a little figure in pencil*
• ondertekenen *sign* ★ (iets) met je naam tekenen *sign your name to (something)*

tekenfilm *cartoon*

tekening *drawing*; *sketch*

tekort *shortage*; *deficiency*; ‹financieel› *deficit* ★ een tekort aan vitamine *a vitamins shortage* ◆ een tekort aan personeel hebben *be short of staff*; *be short-staffed* ◆ tekort aan slaap *lack of sleep*

tekst *text*; ‹bij muziek› *lyrics*; *words*; ‹opera› *libretto*

tekstverwerker *word processor*; *editor*

tel • het tellen *count* ★ de tel kwijtraken *lose count*
• moment *moment*; *second* ★ in één tel zat iedereen aan tafel *in one second everyone sat at the table* ◆ pas op je tellen *be on your guard*; *watch out*

telefoneren *telephone*; *phone* ★ met iemand telefoneren *telephone someone*

telefoon *telephone*; ‹spreektaal› *phone* ★ de telefoon aannemen *answer the (tele)phone* ◆ aan de telefoon blijven *hold the line*; *hold|hang on*

telefoonkaart *phone card*

telefoonnummer *(telephone) number* ★ een telefoonnummer draaien *dial a number* ★ een geheim telefoonnummer *an unlisted number*

telen *grow*; *cultivate*

teletekst *teletext*

teleurstellen *disappoint* ★ teleurgesteld zijn in iemand *be disappointed in someone*

teleurstelling *disappointment*

televisie *television*; ‹spreektaal› *telly* ★ vanavond is er een mooie film op televisie *tonight there is a good movie on telly*

telkens *each|every time* ★ telkens als we gedag zeggen *every time we say goodby*

tellen [werkwoord] • getallen noemen *count* ★ kan jij tot 100 tellen? *can you count up to 100?*
• meetellen *count*; *matter* ★ dat telt niet *that doesn't count|matter*
[werkwoord + iemand/iets] • aantal bepalen *count* ★ je cd's en platen tellen *count your cd's and records*
• aantal hebben *have*; *number* ★ de club telt 500 leden *the club has 500 members*

teller ‹wiskunde› *numerator* ★ de teller en de noemer van een breuk *the numerator and the denominator of a fraction*

telwoord *numeral*

temmen *tame*; *domesticate*; ‹van paard› *break*

tempel *temple*

temperatuur *temperature* ★ zijn temperatuur is weer gezakt/gedaald *his temperature has fallen|dipped again*

tempo • snelheid *tempo*; *pace*; *speed* ★ het tempo niet kunnen bijhouden *not be able to keep up the pace* ★ het

tempo opvoeren *speed up*
• ‹muziek› *tempo*; *time* ★ in langzaam tempo *in slow tempo*

tenminste *at least* ★ op jou kan ik tenminste vertrouwen *at least I can rely on you*

tennis *tennis*; *lawn-tennis*

tennissen *play tennis*

tenslotte *finally*; *at last* ★ tenslotte zijn we maar weggegaan *we finally just left*

tent • dak van doek *ridge tent*; ‹bungalowtent› *frame tent* ★ tent voor vier personen *four-person ridge tent*
• eetgelegenheid *place* ★ een leuk tentje om te eten *a nice little place for a meal*

tentamen *exam* ★ ik kan niet want ik heb morgen tentamen *I won't come, because I'll be sitting an exam tomorrow*

tentoonstellen *exhibit*; *display*

tentoonstelling *exhibition*; *show*

tenzij *unless*

tepel *nipple*; ‹voornamelijk dieren› *teat*

terecht [**bijvoeglijk naamwoord**] *correct*; *appropriate* ★ een terechte opmerking *an appropriate remark*
[**bijwoord**] • met recht *justly*; *rightly* ★ hij werd terecht de klas uitgestuurd *he was rightly sent out of the class*
• teruggevonden *found*; *back* ★ mijn fiets is terecht *my bicycle has been found*

terechtkomen *fall*; *land*; *end up|in|at* ★ tenslotte kwam ze terecht in Londen *she landed|ended up in London* ◆ van al je huiswerk komt niets terecht! *all your homework comes to nothing!*

terechtstellen *execute*

terras *terrace*

terrein • grond *ground*; ‹landschap› *terrain*; ‹om huis als tuin e.d.› *grounds*
• gebied, sfeer *ground*; *field* ★ terrein winnen/verliezen *gain|lose ground* ★ op het terrein van de wetenschap *in the field of science* ◆ eigen terrein *private property*

terreur *terror*

terrorisme *terrorism* ★ de strijd tegen (het) terrorisme *the war against terrorism*

terrorist *terrorist*

terug • naar vorige plaats *back* ★ ik ben zo terug *I'll be right back*
• achteruit *back*; *backward(s)* ★ een stap terug *a step backward(s)*
• geleden *back*; *ago* ★ vier jaar terug *four years back|ago* ◆ hebt u terug van 50 euro? *do you have change for 50 euros?*

terugbrengen • weer op zijn plaats brengen *bring|take back*; *return* ★ breng je de fiets weer terug? *will you return the bike again?*
• reduceren tot *reduce to* ★ het aantal ongelukken terugbrengen tot 50% *reduce the number of accidents to 50 percent*

teruggaan *go back*; *return* ★ Judy gaat nog weleens terug naar haar oude school *Judy sometimes goes back to her old school*

teruggeven *give back*; *restore*; *return*

terugkomen *come back*; *return* ★ kom terug bij mij *return to me* ★ terugkomen op het onderwerp *return|go back to the subject*

terugkrijgen *recover*; *get back*; *get in return* ★ ik heb mijn fiets nooit meer terug gekregen *I have never got back my bike*

terugtrekken [**werkwoord + iemand/iets**] *withdraw*; *pull|draw back* ★ het leger trok de troepen terug *the army pulled back the troops*
[**werkwoord + zich**] • zich afzonderen *retreat*; *retire* ★ je naar je kamer terug

T

trekken *retire to your room* • zijn positie opgeven *retire*; *withdraw (from)* ★ de minister trok zich uit zijn functie terug *the minister withdrew from his position*

terwijl • gedurende *as*; *while* ★ zij huilde terwijl zij het verhaal voorlas *she wept as/while she read the story* • waarbij ook *whereas*; *while* ★ je doet het terwijl je weet dat ik er niet van houd *you do it while you know I don't like it*

test *test* ★ iemand een test afnemen *test someone*

testament *(last) will* ★ je testament maken/opstellen *make your will*

testen *test* ★ iemand testen op doping *drug test someone*

tevoren *before*; *previously* ★ van tevoren *before(hand)*; *in advance* ◆ tevoren betalen *pay in advance*

tevreden *satisfied*; *content* ★ de leraar was erg tevreden over je werkstuk *the teacher was very content with your paper*

textiel *textile*

tezamen *together* ◆ alles tezamen (genomen) *all in all*

thans *nowadays*; *at present*

theater *theatre*

thee *tea* ★ thee zetten *make (the) tea* ◆ thee drinken *have tea*

> **thee**: In Engeland kent men de traditie van *high tea*, de 'namiddagthee', zo rond vijf uur. Hierbij wordt naast de thee een hele maaltijd geserveerd bestaande uit cakes, sandwiches, geroosterde theebiscuits en soms zelfs vis of koud vlees.

theezakje *tea bag*

thema *theme*; *subject (matter)*

theorie *theory* ★ in theorie *in theory*

therapie *therapy*

thermometer *thermometer*

thuis • in huis *at home* ★ zich niet thuis voelen *not feel at home* • op de hoogte *be well read in*; *be well up in* ★ goed thuis zijn in een onderwerp *be well up in a subject* ◆ doe of je thuis bent *make yourself at home*

thuiskomen *come/get home*

thuiswedstrijd *home match*

ticket *ticket*

tien *ten*

tiende *tenth*

tienduizend *ten thousand* ★ tienduizenden mensen *tens of thousands of people*

tiener *teenager*

tiet *tit*

tij *tide*

tijd • duur *time* ★ we hebben alle tijd *we have all the time in the world* ★ ik heb de tijd *I've got plenty of time* • tijdvak *time*; *period*; *season* ★ eens was er een tijd zonder televisie *once there was a time without telly* • tijdstip *time* ★ op tijd *in time* ★ precies op tijd *right on time* ★ ten tijde van *at the time of* ◆ de goede oude tijd *the good old days*

tijdelijk *temporary* ★ ik logeer tijdelijk bij een vriend *I am temporary staying at a friends* ★ tijdelijk personeel *temporary staff*

tijdens *during*

tijdschrift *magazine*

tijger *tiger*

tik *tap*; ‹met zweep› *flick*; ‹harde tik› *rap* ★ tik op het raam geven *give a tap at the window* ◆ tik op de vingers *a rap on/over the knuckles*

tikken • kloppen ‹tegen ruit, deur› *tap/rap* ★ zachtjes tikt de regen op mijn zolderraam *sofly the rain taps at my attic window* • geluid geven ‹van klok, e.d.› *tick*; ‹van breinaalden› *click* ★ de klok tikt *the clock is ticking* • typen *type* ★ een brief tikken *type a letter*

tillen *lift*; *raise* ★ de vader tilde zijn kind op *the father lifted his child* ◆ ergens zwaar aan tillen *feel strongly about something*

timmeren *hammer*

tintelen *tingle*; *prickle* ★ tintelen van de kou *tingle with cold*

T

tip *tip*; *hint* ★ de politie kreeg veel tips over de moordzaak *the police got many tips on the murdercase* ◆ een tip van de sluier oplichten *unveil*

tiran *tyrant*

tissue *tissue*

titel • benaming *title* ★ onder de titel van *under the title of*
• waardigheid *title*; *degree* ★ een universitaire titel *a university degree*

tjilpen *chirp*; *twitter*

tl-buis *neon tube*; *strip light* ★ het koude licht van een tl-buis *the cold light of a neon tube*

toast • heildronk *toast* ★ een toast uitbrengen op *drink a toast to*
• brood *piece of toast*

toch • desondanks *yet*; *still* ★ hij heeft veel succes en toch is hij niet gelukkig *he is very successful, yet he is not happy*
• als bevestiging ★ je bent toch niet doof? *you are not deaf, are you?*
• immers *after all* ★ je kunt niets kopen, de winkels zijn toch dicht *you can't buy anything, after all the shops are closed*
• als nadruk ★ wees toch stil *do be quiet* ★ wat bedoel je toch? *whatever do you mean?*

tocht • luchtstroom *draught* ★ in/op de tocht zitten *sit in a draught*
• reis *journey*; *trip*; *expedition* ★ een tocht ondernemen *undertake a journey*

tochten *be draughty* ◆ het tocht hier *there is a draught here*

toe [bijwoord] • heen *to*; *towards* ★ waar ga je naartoe? *where are you going to?* ★ naar het oosten toe *towards the east*
• erbij ★ wat hebben we toe? *what do we have for afters?* ◆ er slecht aan toe zijn *be in a bad way*
[tussenwerpsel] ★ toe, ga nu! *do go now!*

toegang • mogelijkheid tot ingang *access*; *admittance*; *admission* ★ verboden toegang *no admittance*; *no trespassing* ★ vrije toegang *admission free*
• ingang *entrance*; *entry*; *access* ★ er stonden portiers bij de toegang *there were doorkeepers at the entrance*

toegangsbewijs *entry ticket*

toegeven [werkwoord] *give in*; *yield* ★ vraag het papa maar, die geeft snel toe *ask dad, he'll give in quickly*
[werkwoord + iemand/iets] *admit* ★ ik moet toegeven dat ze erg mooi is *she is very pretty, I have to admit*

toekomst *future* ★ in de nabije toekomst *in the near future* ◆ dat bedrijf heeft geen toekomst meer *this company has no prospects anymore*

toekomstig *future* ★ de toekomstige eigenaar *the future owner* ◆ mijn toekomstige echtgenoot *my husband-to-be*

toelaten • binnenlaten *admit*; *pass* ★ wij werden niet bij de zieke toegelaten *we were not admitted to the patient*
• goedvinden *permit*; *allow*; *tolerate* ★ als de tijd het toelaat *if time permits* ◆ iets oogluikend toelaten *turn a blind eye to something*

toen [bijwoord] • vervolgens *then*; *next* ★ wat gebeurde er toen? *what happened next?*
• in die tijd *then*; *at the time* ★ toen vond ik de leraar aardig *at the time I liked the teacher*
[voegwoord] *when*; *as* ★ toen de politie kwam, was de inbreker al gevlucht *as the police came, the burglar had already fled*

toenemen *increase*; *grow*; *build up* ★ de onrust neemt toe *the agitation increases* ◆ in toenemende mate *increasingly*

toer • omwenteling *turn* ★ 33 toeren per minuut *33 turns a minute*
• reis *trip*; ‹lang› *tour*; ‹auto, fiets, paard› *ride* ★ een toer maken door Engeland *do a tour through England*
• kunstje *feat*; *stunt* ★ dat is een hele toer *that's no mean feat*; *that's no sinecure* ◆ hij is over zijn toeren *he is upset/on edge*

toerisme *tourism*

toerist *tourist*

toernooi *tournament* ★ aan een toernooi meedoen *take part in a tournament*

toeschouwer *spectator*; *viewer*

toeslaan *strike* ★ de bende sloeg weer toe *the gang struck again*
toeslag *allowance*; *bonus* ★ ik krijg een toeslag voor vuil werk *I receive a bonus for dirty work*
toespraak *speech* ★ een toespraak houden *make a speech*
toespreken *speak to*; *address* ★ ik zal hen ernstig toespreken *I shall speak to them seriously*
toestaan *allow*; *permit* ★ roken is hier niet toegestaan *smoking is not permitted here*
toestand *state*; ‹leef-, werksituatie› *condition*; ‹van het ogenblik› *position*; *situation* ★ de gijzelaars werden in een slechte toestand aangetroffen *the hostages were found in poor condition*
toestel • apparaat *apparatus*; ‹radio, tv› *set*
• vliegtuig *plane*; *machine* ★ het toestel vloog in brand na de crash *the plane caught fire after the crash*
toestemmen *agree/consent (to)*; ‹toegeven› *admit*
toestemming *consent*; *permission* ★ met toestemming van de koningin *by permission of the queen*
toeteren *honk*; *hoot*
toetje *sweet*; *dessert* ★ als toetje hadden we ijs met fruit *for dessert we had ice and fruit*
toets • examen *test* ★ een schriftelijke toets afleggen *do a written test*
• druktoets *key* ★ een toets aanslaan *strike a key*
toetsenbord *keyboard*
toeval • omstandigheid *accident*; *chance* ★ by toeval *by chance*
• ‹medisch› *an epileptic fit/seizure* ★ een toeval krijgen *have an epileptic fit/ seizure*
toevallig [**bijvoeglijk naamwoord**] *accidental; coincident* ★ dat is ook toevallig! *well, that is accidental/ coincident!* ◆ een toevallige samenloop van omstandigheden *a coincidence*
[**bijwoord**] *by chance/accident* ★ heb jij toevallig nog een paraplu over? *do you, by any chance, have an umbrella to spare?* ◆ toevallig zag ik hem *I happened to see him*
toevoegen *add*; *join* ★ zout en peper naar smaak toevoegen *add salt and pepper to taste*
toevoeging *addition*; *adding* ★ als toevoeging bij *in addition to*
toezicht *supervision*; *inspection* ★ hij is onder toezicht gesteld *he has been put under supervision* ◆ toezicht houden op *supervise*
toezien *take care*; *see (to)* ★ er op toezien dat... *see to it that...*; *take care that...* ◆ toeziend voogd *joint guardian*
tof *great*; *topping* ★ een toffe vent *a great guy*
toffee *toffee*
toilet *lavatory*; *toilet*; *ladies' room*; *men's room* ★ naar het toilet gaan *go to the toilet*
toiletpapier *toilet paper*
toilettas *toilet bag/kit*
tokkelen *strum* ★ hij begon zachtjes te tokkelen op zijn gitaar *he started strumming softly his guitar*
tol • speelgoed *top*
• tolgeld *toll* ★ tol betalen *pay a toll* ★ zijn tol eisen *take its toll*
tolerant *tolerant*; *broad-minded*
tolk *interpreter*
tomaat *tomato*
ton • vat *cask*; *barrel*
• gewicht *ton (1000 kilogram)*
• geld *a hundred thousand euros/ guilders*
toneel • dramatische kunst *drama*
• podium *stage* ★ op het toneel verschijnen *appear on (the) stage* ◆ aan/ bij het toneel zijn *be/go on the stage*

toneel: *William Shakespeare* is misschien wel de bekendste toneelschrijver ter wereld. Hij leefde van 1564 tot 1616 en schreef zeker 37 toneelstukken waaronder tragedies, komedies en historische toneelstukken, bijna allemaal in rijm. Bekende werken zijn *Hamlet*, *Macbeth* en *Romeo and Juliet*.

T

toneelspeler *actor*
toneelstuk *play* ⋆ een toneelstuk opvoeren *perform a play*
tonen *show*; ‹uitstallen› *display* ⋆ je belangstelling/paspoort tonen *show your interest/passport*
tong • orgaan *tongue* ⋆ je tong uitsteken (naar) *stick out your tongue (at)* • soort vis *sole* ⋆ tongfilet *filleted sole* ◆ een scherpe tong *a sharp tongue*
tongzoen *French kiss* ⋆ een tongzoen geven (aan) *give a French kiss (to)*
tonic *tonic*
toon *sound*; *tone*; *note* ◆ toon houden *stay/keep in tune*
toonbank *counter* ⋆ iets op de toonbank leggen *put something on the counter*
top • (hoogste) punt *top*; ‹van berg› *summit* ⋆ de wielrenners bereikten de top van de berg *the cyclists reached the top of the mountain* • de besten/hoogsten *top* ⋆ aan de top staan *be at the top* ⋆ de top van de Labour partij *the Labour-party top* ◆ van top tot teen *from head to foot*; *from top to toe*
topje • kledingstuk *top* • hoogste punt *tip* ⋆ het topje van de ijsberg *the tip of the iceberg*
topless *topless* ⋆ topless rondlopen/zonnebaden *go topless*
topografie *topography*
toppunt *top*; *height*; *climax* ⋆ hij is op het toppunt van zijn sportcarrière *he is at the height of his sportscareer* ◆ dat is het toppunt! *that's the limit!*
tor *beetle*
toren • bouwwerk *tower* ⋆ de scheve toren van Pisa *the leaning tower of Pisa* • schaakstuk *castle*; *rook*
torenflat *tower block (of flats)*; *high-rise flats*
tornado *tornado*
torpedo *torpedo*
tosti *tosti*; *toasted ham and cheese sandwich*
tot [**voorzetsel**] • zo ver als *to*; *until* ⋆ tot 1 mei *until May the first* ⋆ tot tien tellen *count (up) to ten* • tegen ⋆ hij sprak tot de menigte *he spoke to the crowd* • als/voor *to*; *for* ⋆ hij werd tot chef benoemd *he was appointed manager* ⋆ iemand tot tien jaar veroordelen *sentence someone to ten years' imprisonment* ◆ tot nu toe *up till now*; *so far* ◆ de bus gaat tot Utrecht *the bus goes as far as Utrecht*
[**voegwoord**] *until* ⋆ hij sliep tot het licht werd *he slept until dawn*
totaal [**het-woord**] *total* ⋆ het totaal aan schade bedraagt een miljoen euro *the total in damage comes up to a million euros* ◆ in totaal *in all*
[**bijvoeglijk naamwoord**] *total* ⋆ het totale aantal leerlingen *the total number of students*
[**bijwoord**] *totally*; *completely* ⋆ iets totaal vergeten *completely forget something*
totdat *till*; *until*
toto ‹paardensport› *totalizator*; ‹voetbal› *(football-)pools* ⋆ in de toto iets winnen *win something on the pools*
touringcar *coach*
tournee *tour* ⋆ op tournee *on tour* ◆ een tournee maken door/in de VS *tour the USA*; *go on tour in the USA*
touw ‹dik› *rope*; ‹vrij dik› *cord*; ‹dun› *string* ⋆ iets met een stukje touw vastmaken *tie something with a piece of cord* ◆ er is geen touw aan vast te knopen *there is no rhym or reason in it*
touwtrekken *tug of war* ⋆ het touwtrekken om de macht *the tug of war for power*
tovenaar *magician*
toveren [**werkwoord**] *work magic*
[**werkwoord + iemand/iets**] *conjure (up)* ⋆ een konijn uit een hoed toveren *conjure up a rabbit out of a hat*
toverij *magic*
traag *slow*; *sluggish* ⋆ een trage hartslag *a sluggish pulse*
traan *tear* ⋆ in tranen uitbarsten *burst into tears* ⋆ met tranen in de ogen *with tears in his eyes* ⋆ de tranen sprongen hem in de ogen *his eyes filled with tears*
trachten *attempt*; *try* ⋆ trachten de

plannen te veranderen *attempt to change the plans*

tractor *tractor*
traditie *tradition* ★ volgens de traditie *by tradition* ★ de traditie in ere houden *keep up the tradition*
tragisch *tragic* ★ een tragische gebeurtenis *a tragic event*
trainen [werkwoord] *train*
[werkwoord + iemand/iets] *train*; ‹elftal ook› *coach* ★ hij laat zich trainen door een nieuwe coach *he has himself coached by a new coach*
trainer *trainer*; *coach*
traject *route*; ‹van spoorlijn› *section* ★ op het traject Haarlem-Amsterdam *on the section Haarlem-Amsterdam*
trakteren *treat (to)* ★ je vrienden trakteren op gebakjes *treat your friends to cake*
tralie *bar* ★ achter de tralies *behind bars*
tram *tram(way)* ★ ik ga met de tram naar de stad *I'll go by tram to town*
tranen *water*; *run* ★ tranende ogen *running eyes*
transpireren *perspire*
transplanteren *transplant*
transport *transport* ★ transport van vee *transport of cattle*
transporteren *transport*
trap • schop *kick*
• met treden *stairs*; *staircase* ★ van de trap vallen *fall down the stairs*
• graad *level*; *degree* ★ trappen van vergelijking *degrees of comparison*
◆ de trap op/af gaan *go upstairs/ downstairs*
trapeze *trapeze*
trappelen *trample*; *stamp* ★ met je voeten trappelen *stamp your feet*
trappen [werkwoord] • voet neerzetten *step on/in* ★ in de hondenpoep trappen *step in dog dirt*
• fietsen *pedal*
[werkwoord + iemand/iets] *kick* ★ hij trapte de bal het publiek in *he kicked the ball into the crowd*
trapper *pedal* ★ op de trappers gaan staan *stand on the pedals*
trauma *trauma*
trechter *funnel*
trede ‹van trap› *step* ★ met twee treden tegelijk *two steps at a time*
treden *step* ★ naar voren treden *step/ come forward*; *stand out* ◆ in het huwelijk treden *get married*
treffen • raken *hit*; ‹bliksem› *strike* ★ door de bliksem getroffen worden *be hit/struck by lightning*
• aantreffen *meet*; *come across* ★ ik trof hem bij de buren *I met him at the neighbours*
• tot stand brengen *make*; ‹maatregelen› *take* ★ maatregelen treffen *take measures* ◆ je hebt het goed/ slecht getroffen *you have been lucky/ unlucky*
trein *train* ★ de trein van 2 uur halen *catch the two o'clock train* ★ met de trein gaan *go by train* ◆ iemand van de trein halen *meet someone at the station*
treiteren *nag*
trek • het trekken *pull*; *haul*; *tug*; ‹al rokend› *puff*; ‹van vogels› *migration* ★ mag ik een trekje van je sigaret? *may I have a puff at your cigarette?*
• eigenschap *trait*; *feature* ★ dat is een naar trekje van hem *that is a nasty trait of his*
• eetlust *appetite* ★ ik heb trek in een reep chocolade *I have an appetite for a bar of chocolate*
trekken [werkwoord] *travel*; *move*; ‹te voet› *hike* ★ vele vogels trekken naar het zuiden *many birds move to the south* ◆ eropuit trekken *set out*
[werkwoord + iemand/iets] • naar zich toehalen *draw*; *pull* ★ trekken aan *pull*

T

at/on ★ aan de bel trekken *pull the bell; sound the alarm* ★ gekke gezichten trekken *pull funny/silly faces*
• uittrekken ★ een kies/tand trekken *pull out a tooth*
• aantrekken *attract*; ‹van publiek, klanten› *draw* ★ aandacht trekken *draw attention*

trekker • auto *truck; lorry* ★ trekker met oplegger *truck and trailer*
• onderdeel van vuurwapen *trigger* ★ de trekker overhalen *pull the trigger*

trema *diaeresis; two dots* ★ 'België' heeft een trema op de tweede 'e' *'België' has two dots on the second 'e'*

trend *trend; fashion* ★ de laatste trend *the last trend*

treuren *mourn; grieve* ★ treuren over/om het verlies van een huisdier *mourn for/over the loss of a pet*

treurig *sad; mournful; gloomy* ★ het is een treurige toestand *it is a sad situation*

treuzelen *dawdle (over)* ★ hij treuzelt met zijn huiswerk *he dawdles over his homework*

triangel *triangle*

tribune ‹sport› *(grand)stand*; ‹met afgezonderde plaatsen› *gallery* ★ mijn opa zat ergens op de tribune *my grandpa was somewhere on/in the grandstand*

triest *sad*

trillen *vibrate; tremble; quiver* ★ trillen van emotie *quiver with emotion*

trilling *vibration; trembling* ★ iets in trilling brengen *set into vibration*

trimmen *do keep-fit exercises*; ‹buitenshuis› *jog*; ‹binnenshuis› *work out*

trio *trio*

triomf *triumph* ★ triomfen vieren *score triumphs*

trip • uitstapje *outing; (acid)trip*
• effect van drugs *trip*

troep • rommel *mess* ★ ruim die troep eens op! *just clear away that mess!*
• ‹militair› *troop* ★ alle troepen worden naar huis gehaald *all troops will be pulled back home*

trol *troll*

trom *drum* ★ grote trom *big drum*

trombone *trombone*

trommelen *drum; beat the drum*

trommelvlies *eardrum*

trompet *trumpet*

troon *throne* ★ op de troon komen *come to the throne*

troost *comfort; consolation* ★ dat is een schrale troost *that is cold comfort*

troosten [**werkwoord + iemand/iets**] *comfort; console*
[**werkwoord + zich**] *comfort yourself (with)* ◆ zich troosten met iets *take comfort in something*

tropen *tropics*

tropisch *tropical*

tros • ‹scheepvaart› *hawser*
• bloeiwijze ‹bananen, druiven› *bunch*; ‹bessen› *string* ★ een tros bananen *a bunch of bananas* ◆ de trossen losgooien *cast off*

trots [**de-woord**] *pride* ★ gekrenkte trots *hurt pride* ★ misplaatste trots *false pride* ★ hij was de trots van het dorp *he was the pride of the village*
[**bijvoeglijk naamwoord**] *proud* ★ trots zijn op *be proud of*

trottoir *pavement*

trouw [**de-woord**] *fidelity; loyalty* ◆ te goeder/kwader trouw *in good/bad faith*
[**bijvoeglijk naamwoord**] • getrouw *faithful; loyal; true* ★ iemand trouw blijven *remain loyal to someone*
• precies *conscientious* ◆ een trouwe klant *a regular customer*
[**bijwoord**] ★ zij volgde de instructies trouw op *she followed the instructions conscientiously*

trouwen [**werkwoord**] *get married* ★ trouw jij in het wit? *will you get married in white?*
[**werkwoord + iemand/iets**] • tot echtgenoot nemen *marry* ★ hij trouwde (met) haar *he married her*
• in de echt verbinden *marry; join in marriage* ★ dominee De Vries trouwde het paar *vicar De Vries joined the couple in marriage*

trouwens *for that matter; by the way; besides*

trouwring *wedding ring*

truc *trick* ★ een trucje uithalen *perform*

T

a trick
truck *truck* ◆ een truck met oplegger *articulated vehicle*
trui *sweater*; *jumper*; *jersey*
trut *frump*; *cow* ★ stomme trut! *silly cow!*
T-shirt *T-shirt*; *tee shirt*
tube *tube* ★ een tube lijm/tandpasta *a tube of glue/toothpaste*
tuig *scum*; *rabble* ◆ het is tuig van de richel *it is scum of the earth*
tuin *garden*
tuinbouw *horticulture*
tuinbroek *dungarees*; *overalls*
tuinier *gardener*
tuinman *gardener*
tulband • hoofddeksel *turban* • cake *(fruit)cake*
tulp *tulip*
tumor *tumour* ★ goedaardige/kwaadaardige tumor *benign/malignant tumour*
tunnel *tunnel*; *subway* ★ een tunnel graven *dig a tunnel*
turen *peer (at)*; *gaze (at)* ★ in de verte turen *gaze into the distance*
Turk *Turk*
Turkije *Turkey*
Turks [**het-woord**] *Turkish* [**bijvoeglijk naamwoord**] *Turkish*
Turkse *Turk*
turnen *practise/do gymnastics*
turner *gymnast*
tussen • ingevoegd in *between* ★ tussen nu en 6 uur *between now and six o'clock* • te midden van ‹tussen twee› *between*; ‹tussen meer dan twee› *among* ★ tussen de omstanders *among the bystanders* • beperkt tot *between* ★ een contract tussen twee partijen *a contract between two parties*
tussendoor ‹m.b.t. plaats› *through it/them*; ‹m.b.t. tijd› *in between*
tussendoortje *snack*; *bite to eat*
tussenin *in between*
tussenstand *score so far*; ‹na eerste helft› *half-time score*
tussenwerpsel *interjection*
tv *tv*; *telly* ★ tv kijken *watch tv*
twaalf *twelve*
twaalfde *twelfth*
twee *two*
tweede *second*
tweedehands *secondhand*
tweeling • twee kinderen *(pair of) twins* ★ eeneiige tweeling *identical twins* ★ twee-eiige tweeling *non-identical/fraternal twins* • één van tweeling *twin* ★ zij/hij is er één van een tweeling *she/he is a twin*
Tweelingen *Gemini* m mv ★ mijn teken van de dierenriem is Tweelingen *my sign of the zodiac is Gemini*
twijfel *doubt* ★ het voordeel van de twijfel geven *give the benefit of the doubt* ◆ iets in twijfel trekken *have your doubts about something*
twijfelen • onzeker zijn *doubt*; *be doubtful* ★ ik twijfel eraan of ze wel komt *I doubt whether she will come* • twijfelen aan *doubt*; *question* ★ ik twijfel aan zijn talent *I have doubts about his talent* ★ ik twijfel eraan *I doubt it*
twinkelen *twinkle*; *sparkle* ★ sterren twinkelen aan de hemel *stars twinkle in the sky*
twintig *twenty*
twintigste *twentieth*
twist *quarrel*; *dispute*
twisten *quarrel*; *dispute* ★ over iets twisten *quarrel about something*
type *type* ★ hij is wel een raar type *he is a quite odd figure*
typen *type(write)*
typisch • typerend *typical (of)* ★ dat is typisch voor haar *that is typical of her* • eigenaardig *curious*; *peculiar* ★ wat een typische vrouw! *what a curious woman!*

u [**de-woord**] *u* ◆ de U van Utrecht *U as in Uncle*
[**voornaamwoord**] *you*; ‹onderwerp› ‹in boeken› *thou*; ‹voorwerp› *thee*
[**afkorting**] uranium *U*; *uranium*
ufo *UFO*
ui *onion* ★ uitjes fruiten in boter *fry onions in butter*
uier *udder*
uil *owl*
uit [**bijwoord**] • (naar) buiten *out* ★ hij is met haar uit geweest *he has taken her out* ★ zij liep de kamer uit *she went out of the room*
• beëindigd *out*; *finished* ★ de school is uit *school is out*
• niet populair (meer) *out* ★ deze kleur is uit *this colour is out* ◆ het is uit tussen hen *it's all over between them*
[**voorzetsel**] • (naar) buiten *out (of)* ★ het ligt een kilometer uit het centrum *it's one kilometre out of the centre* ★ iets uit het raam gooien *throw something out of the window*
• van(daan) *from* ★ zij komt uit Suriname *she is from Surinam* ★ uit welk boek heb je dat? *from which book did you get that?*
• vanwege *out of* ★ uit medelijden *out of pity* ◆ uit het hoofd leren *learn by heart*
uitademen *breathe out*
uitbarsten • exploderen *burst out*; ‹van vulkaan› *erupt* ★ de Etna barst af en toe uit *the Etna erupts once in a while*
• zich fel uiten *explode*; *burst out*; ‹van twist› *flare up* ★ in tranen uitbarsten *burst into tears* ★ in lachten uitbarsten *burst out laughing*
uitbarsting • het uitbarsten *outburst*; ‹van oproer e.d.› *outbreak*; ‹van vulkaan› *eruption*
• uiting ‹van gevoelens, gelach› *burst*; ‹gelach› *eruption*; ‹woede› *explosion*
uitbeelden *portray*; *depict* ★ met woorden iets uitbeelden *portray something in words*
uitblazen [**werkwoord**] ★ *take a breather*
[**werkwoord + iemand/iets**]
• uitademen ★ de laatste adem uitblazen *breathe your last*
• doven *blow out* ★ blaas jij de kaarsen uit? *will you blow out the candles?*
uitbraak *escape (from prison)*
uitbreiden [**werkwoord + iemand/iets**]
• vergroten *expand*; *extend* ★ je postzegelverzameling uitbreiden *expand your stamp collection*
• uitspreiden ‹armen› *spread out/open*; *extend*
[**werkwoord + zich**] *expand*; ‹van brand, ziekte, gerucht, e.d.› *spread*; ‹van oppervlakte, lichaam› *extend* ★ de ziekte breidde zich uit over het hele land *the illness spread over the whole country*
uitbreken [**het-woord**] *outbreak* ★ bij het uitbreken van de brand *at the outbreak of the fire*
[**werkwoord**] • ontsnappen *break out*; *escape*
• uitbarsten *break out* ★ het zweet brak me uit *I broke out in sweat*
[**werkwoord + iemand/iets**] *break out/away*
uitbrengen • uiten *say*; *utter* ★ hij kon geen woord uitbrengen *he could not utter a word*
• op de markt brengen *bring out*; ‹film, muziek› *release* ★ de groep heeft een nieuwe cd uitgebracht *the group has released a new album*
uitbroeden • eieren doen uitkomen *hatch (out)* ★ de eieren in het nest zijn uitgebroed *the eggs in the nest have all been hatched out*
• beramen *hatch* ★ een plan uitbroeden *hatch a scheme*
uitbuiten *exploit*; ‹arbeiders› *sweat* ★ de armen uitbuiten *sweat the poor*
uitbundig ‹van vreugde› *exuberant*; ‹applaus, gejuich› *enthusiastic* ★ zijn ver-

U

jaardag werd uitbundig gevierd *his birthday was celebrated exuberantly*
uitdagen *challenge*; ‹tarten› *provoke* ★ ik daag je uit om mee te spelen *I challenge you to play along*
uitdaging *challenge* ★ de uitdaging aannemen *accept/take up the challenge*
uitdelen *distribute*; *deal (out)*; *hand out* ★ klappen uitdelen *deal blows* ★ kaarten uitdelen *deal cards*
uitdoen • uittrekken *take off* ★ doe je jas maar uit *take off your coat* • uitschakelen *turn off*; *switch off*; ‹lamp› *put out* ★ je cd-speler uitdoen *switch off your cd player* • doven *put out* ★ je kunt je sigaret hier uitdoen *you can put out your cigarette here*
uitdraai *print-out*
uitdraaien [werkwoord] *end in*; *come to* ★ op niets uitdraaien *come to nothing* ★ het draaide uit op een mislukking *it ended in failure* [werkwoord + iemand/iets] • uitdoen *turn off*; ‹licht› *put out*; ‹van schroef› *unscrew* ★ het gas onder een pan uitdraaien *turn off the gas under a pan* • printen *print (out)*
uitdrukken • uitknijpen ‹van sigaret› *press out*; *stub out* • uiten *express*; *voice* ★ in woorden uitdrukken *express in words*; *put into words* ◆ en dat is nog zacht uitgedrukt *and that is putting it mildly*
uitdrukking • gelaatsuitdrukking *expression*; *look* ★ de uitdrukking op zijn gezicht was verdrietig *the look on his face was sad* • zegswijze *expression*; *phrase* ◆ een vaste uitdrukking *a set phrase*
uiteengaan *separate*; *part*; ‹in alle richtingen› *disperse* ★ na jaren zijn ze uiteen gegaan *after years they have separated*
uiteinde *extremity*; *(far) end* ★ houd jij het uiteinde van het touw vast? *will you grasp the far end of the rope?*
uiteindelijk *eventually*; *in the end*; *in the long run* ★ uiteindelijk kwam zij toch *eventually she arrived*
uiten [werkwoord + iemand/iets] *express*; ‹klanken, woorden› *utter* ★ heb je je gevoelens geuit? *did you express your feelings?* [werkwoord + zich] *express yourself*
uiteraard *naturally*; *of course*
uiterlijk [het-woord] *(outward) appearance*; *looks* ★ naar zijn uiterlijk te oordelen *by the look of him* [bijwoord] • van buiten *outwardly*; *from the outside* ★ uiterlijk zag je niets aan haar *outwardly she showed nothing* • op zijn laatst *at the latest* ★ uiterlijk woensdag moet je je werkstuk inleveren *Wednesday at the latest you must hand in your paper*
uiterst [bijvoeglijk naamwoord] • het meest verwijderd *out(er)most*; *extreme* ★ het uiterste noorden van het land *the extreme north of the country* • grootst *greatest*; *highest*; *utmost* ★ je uiterste best doen *do your utmost* • laatst *final*; *last* ★ een uiterste poging *final attempt* [bijwoord] *extremely*; *exceedingly* ★ de leraar deed uiterst vriendelijk *the teacher acted extremely kind*
uitgaan • naar buiten gaan *go out*; ‹met betrekking tot ruimte› *leave* ★ het huis/de kamer uitgaan *leave the house/room* • doven *go out* ★ de lampen gingen uit *the lights went out* • naar disco of feest gaan *go out* ★ ga je vanavond met me uit? *will you go out with me tonight?*

uitgang • doorgang *exit*; *way out* • ‹taal› *ending* ★ de uitgang van 'loopt'

U

is een 't' *the ending of 'loopt' is a 't'*

uitgebreid • *extensive*; *comprehensive* ⋆ een uitgebreide kennis van iets hebben *have an extensive knowledge of something*
• uitvoerig *detailed* ⋆ iets erg uitgebreid behandelen *discuss something very detailed*

uitgeput *exhausted*; *worn out* ⋆ ik ben uitgeput *I am exhausted*

uitgestrekt *extensive*; *vast*

uitgeven • publiceren *publish* ⋆ een tijdschrift uitgeven *publish a magazine*
• besteden *spend* ⋆ geld uitgeven aan cd's *spend money on CDs*
• doen alsof ⋆ hij gaf zich uit voor professor *he passed himself off as professor*

uitgezonderd *except*; *apart from* ⋆ iedereen was er uitgezonderd zij *everyone was there, except for her*

uitglijden *slip*; *lose one's footing* ⋆ uitglijden over een bananenschil *slip on a banana peel*

uitgraven *dig out*; *excavate*

uithangen [werkwoord] • breeduit hangen *hang out* ⋆ de vlag hangt uit *the flag is hanging out*
• verblijven *be*; *hang out* ⋆ waar hangt zij uit? *where is she hanging out?*
[werkwoord + iemand/iets] • buiten ophangen *hang out* ⋆ de vlag uithangen *hang out the flag*
• zich gedragen als *play* ◆ de grote meneer uithangen *put on airs*; *play the big shot*

uithoek *far corner* ⋆ tot in de verste uithoeken *to the farthest corners*

uithollen • hol maken *excavate*; *hollow out* ⋆ een boomstam uithollen *hollow out a tree trunk*
• ontkrachten *undermine*; *erode* ⋆ het gezag van de leraar uithollen *undermine the authority of the teacher*

uithoren *question*; *interrogate*; *draw out* ⋆ de politie hoorde de verdachte uit *the police drew out the suspect*

uithouden *bear*; *stand* ⋆ hij kon het niet meer uithouden *he couldn't stand it any longer*

uithuilen *cry your heart out*; *have a good cry*

uiting *utterance*; *expression* ⋆ een uiting van ontevredenheid *an expression of dissatisfaction* ◆ uiting geven aan je gevoelens *express/vent your feelings*

uitje • kleine ui *little onion*
• uitstapje *outing*

uitkering ⟨bij ziekte⟩ *benefit*; *payment* ⋆ recht hebben op een uitkering *be entitled to benefit* ⋆ werkloosheidsuitkering *unemployment benefit*

uitkiezen *choose*; *select* ◆ het voor het uitkiezen hebben *be able to take your pick*

uitkijken • uitzicht geven op *look out over*; *overlook* ⋆ het raam keek uit op de tuin *the window overlooked the garden*
• oppassen *watch*; *look out* ⋆ kijk uit, een auto! *watch out, a car!*
• zoeken *look out (for)*; *be on the lookout (for)* ⋆ uitkijken naar ander werk *look out for a new job*
• verlangen naar *look forward to* ⋆ ik kijk echt uit naar dat feest *I'm really looking forward to that party*

uitkleden *undress* ⋆ kleedt u zich maar uit, zei de dokter *undress yourself please, the doctor said* ⋆ de verpleger kleedde de patiënt uit *the nurse undressed the patient*

uitknijpen *squeeze (out)* ⋆ een puistje uitknijpen *squeeze out a pimple*

uitkomen • uitbotten ⟨deur⟩ *come out*; *sprout* ⋆ de tulpen komen uit *the tulips come out*
• uit ei komen *hatch (out)*
• aan het licht komen *transpire*; *emerge*; *come out* ⋆ zij bedrog kwam nu uit *his deceit came out now*
• in druk verschijnen *appear*; *be published* ⋆ zijn nieuwe roman is net uitgekomen *his new novel has just been published*
• toegang geven tot ⟨deur deur⟩ *open onto*; ⟨pad⟩ *lead to*; *join* ⋆ de straat komt uit op een drukke weg *the street joins a busy road*
• genoemde uitkomst hebben *turn/work out* ⋆ het kwam heel anders/verkeerd uit *it turned out quite*

differently/wrong
• opgaan, kloppen *prove to be correct*; ‹van droom› *come true*; ‹som› *come/work out*
• gelegen komen *suit* ★ dat komt me reuzegoed uit *that suits me admirably* ★ doe zoals het je het beste uitkomt *suit yourself*

uitkomst *result*; *outcome* ★ wat is de uitkomst van deze som? *what is the outcome of this sum?* ◆ een reuze uitkomst! *a prefect godsend!*

uitlaat • opening ‹(uitlaat)gassen› *exhaust (pipe)*
• uitingsmogelijkheid *outlet*

uitlachen *laugh at* ★ lach me niet uit! *don't laugh at me!*

uitladen *unload*; ‹vanaf schip› *land*

uitlaten [**werkwoord + iemand/iets**]
• dier naar buiten laten *take out*
• naar buiten geleiden *show out* ★ de visite uitlaten *show the guests out* ◆ de hond uitlaten *walk the dog*
[**werkwoord + zich**] *speak of*; *express oneself on* ★ zich (goedkeurend) uitlaten over iets *speak (with approval) of something*

uitleg *explanation*; *interpretation* ★ zonder verdere uitleg *without further explanation*

uitleggen *explain*; *interpret*; *expound* ★ de lerares heeft het nog 10 keer moeten uitleggen *the teacher had to explain it for another 10 times*

uitlenen *lend (out)*; *loan*

uitleven *let oneself go*; *live to the full* ★ ik kan me heerlijk uitleven in de speeltuin *I can (wonderfully) let myself go on the play-ground*

uitloggen *log off/out*

uitlokken *provoke*; *invite* ★ kritiek uitlokken *provoke/invite criticism*

uitlopen • uitmonden *end in*; *lead to*; *join* ★ in een punt uitlopen *end in a point* ★ de straat loopt uit op een drukke weg *the streeet runs into/joins a busy road*
• uitbotten *bud*; ‹van aardappelen, takje› *sprout* ★ de bomen lopen uit *the trees are sprouting*
• vlekkerig worden *run/flow out* ★ de inkt is uitgelopen *the ink has run (out)*
• langer duren *overrun*; *last longer* ★ de vergadering liep anderhalf uur uit *the meeting overran by an hour and a half*
• leiden tot *result/end in* ◆ op niets uitlopen *come to nothing*

uitmaken • betekenen *matter*; *be of importance* ★ dat maakt niets uit *that does not matter*
• doen ophouden *finish*; ‹relatie› *break off*; ‹van vuur› *put out* ★ zij heeft het uitgemaakt met Peter *she has broken it off with Peter*

uitnodigen *invite* ★ iemand voor het eten uitnodigen *invite someone for dinner*

uitnodiging *invitation* ★ op uitnodiging van het schoolbestuur *at the invitation of the school commitee*

uitoefenen • bedrijven ‹ambt› *hold*; *occupy*; ‹ambacht, beroep› *practise* ★ mijn oom oefent het beroep uit van bakker *my uncle practises the profession of baker*
• doen gelden *exercise* ★ gezag uitoefenen over de klas *exercise authority over the class* ◆ kritiek uitoefenen op iets/iemand *criticize upon something/someone*

uitpakken [**werkwoord**] *finish*; *turn out* ★ dat zaakje pakte niet goed uit *it did not pan/turn out well*
[**werkwoord + iemand/iets**] *unpack*; *unwrap* ★ een cadeautje uitpakken *unpack a present*

uitpraten [**werkwoord**] *have one's say*; *finish* ★ laat me eens uitpraten *let me finish*
[**werkwoord + iemand/iets**] *talk out/over* ★ laten we de zaak eens uitpraten *let's talk it over*

uitprinten *print (out)*

uitputten • moe maken *exhaust*; *wear out* ★ de examenweken hebben ons uitgeput *the weeks of exams have worn us out*
• opmaken *exhaust*; *deplete*

uitputting *exhaustion*

uitreiken *distribute*; ‹prijs› *present* ★ morgen worden de diploma's uitge-

U

reikt *tomorrow the certificates will be presented*

uitrekenen *figure out*; *calculate* ★ *can you figure that out?* ◆ een som uitrekenen *work out a sum*; *do a sum*

uitrekken *stretch (out)*; ⟨van nek⟩ *crane* ★ je 's ochtends goed uitrekken *stretch yourself out in a good way in the morning*

uitroeien *root out*; *wipe out*; ⟨mens, dier⟩ *exterminate* ★ sommige dieren zijn helaas bijna uitgeroeid *some sorts of animals have almost been exterminated, unfortunately*

uitroepen *announce*; ⟨staking⟩ *declare*; *proclaim* ★ hij is uitgeroepen tot de beste atleet van het jaar *he has been proclaimed best athlete of the year*

uitroepteken *note of exclamation*; *exclamation mark*

uitrukken [**werkwoord**] *march (out)*; ⟨brandweer⟩ *turn out* ★ alle hulpdiensten moesten uitrukken *all emergency services had to turn out*
[**werkwoord + iemand/iets**] *pull/pluck out*

uitrusten *(have a) rest*

uitrusting *equipment*; *fitting out*; ⟨van reiziger⟩ *outfit* ★ in volle uitrusting *in full equipment/outfit*

uitschakelen • afzetten *switch off*; *disconnect* ★ de televisie uitschakelen *switch off the television*
• elimineren *eliminate*; *rule out* ★ een tegenstander uitschakelen *eliminate an opponent*

uitscheiden *stop*; *leave off* ★

uitschelden *call (someone) names*; *abuse* ★ ze scholden elkaar uit *they called each other names*

uitschudden *shake out* ★ dekens uitschudden *shake out blankets*

uitschuiven • naar buiten schuiven *push out*
• vergroten *pull out*; ⟨tafel, e.d.⟩ *draw out* ★ ik heb de eettafel uitgeschoven *I drew out the dinner table*

uitslag • plek ⟨op huid⟩ *rash*; *eruption* ★ zijn handen zitten onder de uitslag *his hands are covered with rash*
• afloop *result* ★ de uitslag bekendmaken *declare the result*

uitslapen *sleep late*; *stay in bed*

uitsloven *put yourself out*; *bend/lean over backwards* ★ je uitsloven voor iemand *bend over backwards for someone*

uitslover • iemand die zich uitslooft *show-off*
• vleier *toady*; *creep*

uitsluiten *exclude*; *rule out* ★ een mogelijkheid uitsluiten *rule out a possibility*

uitsluitend *only*; *exclusively*

uitsmeren *spread (out)* ★ ze smeerde het masker uit over haar gezicht *she spread the face pack out over/on her face*

uitsnijden • wegsnijden *cut out*; ⟨medisch⟩ *excise*
• door snijden vormen *carve* ◆ een laag uitgesneden truitje *a low-cut shirt*

uitspraak • wijze van uitspreken ⟨van woord⟩ *pronunciation*; ⟨van persoon e.d.⟩ *accent* ★ zijn uitspraak van het Engels is prachtig *his pronunciation of English is beautiful*
• bewering *statement* ★ een uitspraak doen *make a statement*
• ⟨rechten⟩ *judg(e)ment*; *sentence* ★ de rechter doet morgen uitspraak *the judge gives judg(e)ment tomorrow*

> **uitspraak**: RP, ook wel Received Pronunciation, is een van de vele accenten die binnen de Engelse taal voorkomen. Het wordt vooral gesproken door de hogere klassen in het gebied rond Londen, en op de BBC. Je kunt het vergelijken met het Standaard Nederlands.

uitspreiden *spread (out)*

uitspreken [**werkwoord + iemand/iets**] *pronounce*; ⟨duidelijk⟩ *articulate*
[**werkwoord + zich**] *speak out*; *give one's opinion* ★ zich uitspreken over iets *give one's opinion on something*

uitstaan *stand*; *endure*; *bear* ★ ik kan hem/het niet uitstaan *I can't stand*

him/it
uitstapje *excursion*; *trip*; *outing* ★ een uitstapje maken *make an excursion*; *go on an outing/a trip*
uitstappen *alight*; ‹van auto› *get off/out* ◆ iedereen uitstappen! *all change (here)!*
uitsteken [**werkwoord**] • naar buiten/vooruit steken *stick out*; *project* • zichtbaar zijn *rise/tower above* ★ de kerk steekt uit boven het dorp *the church rises high above the village* [**werkwoord + iemand/iets**] *extend*; *stick out*; ‹hand, voet› *stretch out*; *hold out* ★ je tong naar iemand uitsteken *stick your tongue out at someone*
uitstekend *excellent* ★ je hebt dat uitstekend gedaan *you did that excellently*
uitstellen ‹verschuiven› *postpone*; *put off*; ‹opschorten› *delay* ★ iets uitstellen tot volgende week *put off something till next week*
uitsterven *die out*; *become extinct* ★ de dodo is uitgestorven *the dodo has died out*
uitstralen *radiate* ★ de radiator straalt warmte uit *the radiator radiates warmth*
uitstrekken *stretch (out)* ★ dat bos strekt zich uit over een paar kilometer *that forest stretches out over a few kilometres*
uittrekken • uitdoen *take off* ★ je schoenen uittrekken *take off you shoes* • verwijderen *pull out*; *extract*
uittreksel *extract*; ‹van boek› *summary*; ‹van burgerlijke stand› *birth certificate*
uitvallen • agressief spreken *burst out* ★ zijn vader viel tegen hem uit *his father burst out against him* • wegvallen *fall out*; ‹sport› *drop out*; ‹van trein› *be cancelled*; ‹verbinding› *break down* ★ mijn tanden/haren vallen uit *my teeth/hairs are falling out* • mee-/tegenvallen *turn/work out* ★ hoe het ook uitvalt *however things turn out* ◆ de stroom is uitgevallen *there's a power failure*
uitverkocht • niet meer te koop *sold out*; ‹van boek› *out of print* • vol *fully booked*; *sold out* ★ alle plaatsen zijn (uit)verkocht *all seats have been booked* ◆ uitverkochte zaal *full house*
uitverkoop *sale*; *clearance sale* ★ ik heb dit rokje in de uitverkoop gekocht *I bought this skirt in the sale/on sale* ◆ het is uitverkoop *the sales are on*
uitvinden • uitdenken *invent* • te weten komen *find out*; *discover*
uitvinder *inventor*
uitvinding *invention* ◆ een uitvinding doen *invent something*
uitvoer • export *export* • ‹computer› *output* • uitvoering ★ ten uitvoer brengen *carry out*; *execute*
uitvoeren • exporteren *export* • volbrengen ‹belofte› *fulfil*; ‹besluit, instructies, plan› *carry out*; ‹functie, plicht, taak› *perform* • vertonen *perform*; *execute* ★ het concert werd uitgevoerd door het filharmonisch orkest *the concert was performed by the philharmonic orchestra* • verrichten *do* ★ hij heeft de hele dag niets uitgevoerd *he has done nothing all day* ◆ de uitvoerende macht *executive (power)*
uitvoerig *ample*; *full*; ‹in details› *detailed*; ‹volledig› *comprehensive* ★ uitvoerig verslag *full/detailed report* ★ zij heeft uitvoerig verteld over haar vakantie *she comprehensively told about her holiday*
uitvoering • het uitvoeren *carrying out*; ‹van taak› *execution*; ‹van wet› *enforcement* • voordracht *performance*; ‹muziek› *execution* ★ een prachtige uitvoering van 'Romeo en Julia' *a wonderful performance of 'Romeo and Juliet'* ◆ uitvoering geven aan een plan *carry a plan into effect*; *carry out a plan*
uitwedstrijd *away game*
uitweg *way out*; *solution*; *answer* ★ hij zag geen uitweg meer *he did not see any way out anymore*
uitwendig *outward*; *external* ★ voor uitwendig gebruik *for external use*
uitwerken [**werkwoord**] *wear off* ★ de

U

verdoving is uitgewerkt *the anaesthetic has worn off*
[**werkwoord + iemand/iets**] ‹plan› *work out*; *elaborate* ★ sommen uitwerken *work out sums*

uitwijken • opzij gaan *turn/step aside*; *get out of the way*; ‹voertuig› *swerve* ★ de auto moest plots uitwijken *the car suddenly had to swerve*
• de wijk nemen *flee*; *leave one's country* ★ de crimineel week uit naar het buitenland *the criminal fled abroad*

uitwijzen • aantonen *show*; *prove* ★ zijn onderzoek wijst het uit *his research proves it*
• verdrijven *expel*; *exile*; ‹van vreemdeling› *deport* ★ sommige asielzoekers worden uitgewezen *some asylum seekers are deported*

uitwringen *wring out*

uitzenden ‹telecommunicatie› *broadcast*; *transmit*; *be on the air* ★ de BBC zond de documentaire uit *the BBC broadcast the documentary* ◆ uitgezonden door de televisie *televised*

uitzending *broadcast*; *transmission*

uitzetten [**werkwoord**] *expand*; *swell* ★ water zet uit wanneer het bevriest *water expands when it freezes up*
[**werkwoord + iemand/iets**] • uitwijzen *deport*
• buiten werking stellen *turn/switch off* ★ zet die radio eens uit! *just turn off that radio!*

uitzetting • lengte-/volumetoename ‹in lengte› *extension*; ‹in volume› *expansion* ★ de uitzetting van het heelal *the expansion of the universe*
• verwijdering *expulsion*; ‹uit huis› *eviction* ★ uitzetting uit het land *expulsion from the country*

uitzicht *view*; *outlook* ★ je beneemt mij het uitzicht *you are obstructing my view* ★ vanaf hier heb je een ver uitzicht *from this point you have a far view*

uitzien uitzien op *overlook*; *look out over* ★ mijn raam ziet uit op het plein *my window looks out over the square*

uitzoeken • kiezen *select*; *pick out* ★ een mooi cadeau uitzoeken *pick out a nice present*
• te weten komen *sort out*; *figure out* ★ ze zoeken het maar uit *let them sort it out for themselves*

uitzondering *exception* ★ zonder uitzondering *without exception* ◆ bij hoge uitzondering *very exceptionally*

uitzonderlijk *exceptional*

uk *tiny tot*; *kiddy*; *toddler*

umlaut *vowel-mutation*; *umlaut*

unie *union* ★ de Europese Unie *the European Union*

uniek *unique*; ‹geweldig› *marvellous* ★ een unieke kans om beroemd te worden *a unique chance to become famous*

uniform *uniform* ★ de politie draagt uniformen *the police wear (a) uniform*

universiteit *university* ★ naar de universiteit gaan *go to university*; ‹Amerikaans› *go to college*

updaten *update*

upgraden ‹computer› *upgrade*

urine *urine*

uur *hour* ★ uren lang *for hours* ★ over een uur *in an hour* ★ om het uur een lepel hoestdrank *a spoonful cough syrup every hour* ★ de vroege/kleine uurtjes *the small hours (of the morning)* ◆ om één uur *at one o'clock*

uw *your*

U

v *v* ◆ de V van Victor *V as in Victory*
vaag *vague*; *hazy*; *dim*
vaak *often*; *frequently*
vaal ‹kleur› *faded* ★ vale kleuren *faded colours*
vaardig *skilled*; *skilful*; *proficient* ★ vaardig in het Spaans *proficient in Spanish*
vaart • snelheid *speed* ★ in volle vaart *(at) full speed* ★ vaart (ver)minderen *reduce speed*; *slow down*
• het varen *navigation*
• kanaal *canal* ◆ grote vaart *ocean-going trade* ◆ kleine vaart *home trade*; *coastal trade*
vaartuig *vessel*; *craft*
vaas *vase*
vaat *washing-up* ★ de vaat doen *do the washing-up*; *do the dishes*
vaatwasser *dishwasher*
vaccineren *vaccinate*
vacht *fur*; ‹van hond› *coat*; ‹van schaap› *fleece*
vacuüm *vacuum*
vader *father*; *dad(dy)* ★ zo vader, zo zoon *like father, like son*
vaderdag *Father's Day*
vaderland *(native) country*; *homeland*
vagina *vagina*
vak • deel van vlak *section*; *space*
• beroep ‹van dokter, advocaat, leraar, enz.› *profession*; *trade*; *job*
• leervak ‹school› *subject*
vakantie *holiday(s)*; *vacation* ★ met vakantie gaan *go on holiday* ★ de grote vakantie *the summer holidays*
vakantiewerk *holiday job/work*
vakkenpakket *subjects chosen for 'O' level or 'A' level*
vakkundig *skilled*; *professional*
val • het vallen *fall* ★ hij maakte een lelijke val *he had a bad fall*
• daling ★ de val van de euro *the fall of the euro*
• ondergang *(down)fall*
• val (dieren) *trap* ★ in de val lopen *get caught in a trap* ◆ ten val brengen *overthrow*; *bring down*
Valentijnsdag *(St) Valentine's Day*
valhelm *crash helmet*
valkuil *pitfall*
vallei *valley*
vallen • (laten) vallen *fall*; *drop* ★ van de trap vallen *fall down the stairs* ★ hij liet een bord vallen *she dropped a plate* ★ (zich) laten vallen *drop (oneself)* ★ de regering is gevallen *the government has fallen*
• vallen op *fancy*; *fall for*; *take (to)* ◆ er zijn veel slachtoffers gevallen *there were a lot of casualties* ◆ het vallen van de avond *nightfall* ◆ er vielen klappen *blows were struck*
vals • onwaar *false*
• onecht/vervalst *false* ★ valse tanden *false teeth*
• verkeerd *false* ★ een valse start *a false start*
• onzuiver van toon *false* ★ een valse noot *a false note*
• boosaardig *vicious*; *nasty* ★ een valse hond *a vicious dog* ◆ valse handtekening *forged signature* ◆ vals paspoort *faked passport* ◆ vals geld *counterfeit money* ◆ vals spel *foul play* ◆ de piano

V

klinkt vals *the piano is out of tune*
◆ vals spelen ‹bij sport of spel› *cheat*
vampier *vampire*
van • bezit *of* ★ de staart van de hond *the tail of the dog*
• door *by*; *of*; *with* ★ een boek van die schrijver *a book by that writer* ★ beven van schrik *tremble with fear*
• (afkomstig) van *from*; *of* ★ ik kreeg een brief van hem *I got a letter from him*
• bestaande uit *of* ★ een hart van goud *a heart of gold* ◆ het huis van John *John's house* ◆ dat geld is van mij *that money is mine* ◆ van wie is die fiets? *whose bike is that?* ◆ een song van de Beatles *a Beatles song* ◆ een briefje van 100 euro *a hundred-euro note* ◆ de Eerste Wereldoorlog duurde van 1914 tot 1918 *the Great War lasted from 1914 till 1918* ◆ van dag tot dag *from day to day* ◆ drie van de vier *three out of four*
vanaf • daarvandaan *from* ★ vanaf daar wordt het moeilijk *from there it's going to be difficult* ★ vanaf het dak *from the roof*
• met ingang van *from*; *as from* ★ vanaf vandaag *as from today*
vanavond *tonight*; *this evening*
vandaag *today* ★ hij is jarig vandaag *it's his birthday today* ◆ vandaag of morgen *sooner or later*
vandaan • van weg *away from*; *from* ★ het is hier niet ver vandaan *it's not far from here*
• van uit *out of*
• van afkomstig *from*; *out of* ★ waar kom je vandaan? *where are you from?*
vangen *catch*; *capture* ★ een vis vangen *catch a fish*
vangst *catch* ★ een goede vangst doen *make a good catch*
vanille *vanilla*
vanmiddag *this afternoon*
vanmorgen *this morning*
vannacht ‹afgelopen nacht› *last night*; ‹komende nacht› *tonight*
vanochtend *this morning*
vanuit *from*
vanwege *because of*; *on account of*
vanzelf *automatically*
vanzelfsprekend [bijvoeglijk naamwoord] *self-evident*
[bijwoord] *naturally*; *as a matter of course* ★ iets als vanzelfsprekend aannemen *take something for granted*
varen [de-woord] *fern*; ‹heidevaren› *bracken*
[werkwoord] *sail*; ‹navigeren› *navigate* ★ een boot varen *sail a boat*
variatie • afwisseling *variation*
• verscheidenheid *variety*
variëren *vary*; *differ* ★ wisselende prijzen *varying/differing prices*
varken *pig* ◆ wild varken *boar*

vast [bijvoeglijk naamwoord] • niet beweegbaar *fixed* ★ vaste wastafel *fixed basin*
• stevig *firm*; *steady*; *fast*; *solid* ★ vaste grond *firm ground* ★ met vaste hand *with a firm/steady hand* ★ vaste overtuiging *firm conviction* ★ vast in slaap *fast asleep* ★ vast voedsel *solid food*
• onveranderlijk *fixed*; *permanent*; *regular*; *steady* ★ vaste baan *permanent job* ★ vaste klant *regular customer* ★ vast vriendje *steady boyfriend* ★ vast werk *regular job* ★ vaste prijs *fixed price* ◆ vaste wal *shore* ◆ vaste vloerbedekking *wall-to-wall carpet(ing)* ◆ dat is vast en zeker *that is dead certain*
[bijwoord] • stevig *firmly*; *tightly* ★ iets stevig vasthouden *fasten something tightly* ★ iemand stevig vasthouden *hold somebody firmly*
• zeker/stellig ★ vast en zeker *certainly*; *definitely*

V

vastbesloten *determined; resolute*
vastbinden *fasten; tie (up)*
vasteland *mainland; continent*
vasten *fast*
vasthouden *hold (fast);* ‹in arrest› *detain* ⋆ zich vasthouden aan *hold on to; cling to* ⋆ de zeelui hielden zich vast aan de mast *the sailors clung to the mast* ◆ vasthouden aan een mening *stick to an opinion*
vastmaken *fasten* ◆ je jas vastmaken *button up your coat* ◆ je veters vastmaken *tie your shoelaces*
vastpakken *grip; grasp*
vaststaan • zeker zijn *be certain* ⋆ het staat vast dat hij niet zal slagen *it's certain that he won't pass (his exam)* • onveranderlijk zijn *be fixed* ⋆ de prijs staat vast *the price is fixed*
vaststellen • bepalen *fix; determine; establish* ⋆ een prijs vaststellen *fix a price* ⋆ de oorzaak van een ongeluk vaststellen *determine the cause of an accident* • constateren *conclude; find* ⋆ ik stelde vast dat hij loog *I concluded that he was lying*
vastzitten • gevangen zitten *be in prison* • klem zitten *be stuck;* ‹van deur, stuur› *be jammed;* ‹van schip› *be aground* ⋆ vastzitten in de file *be stuck in a traffic jam* • gebonden zijn *be tied down; be committed* ⋆ daar zit je aan vast! *you're committed to that!; you can't go out of that!*
vat [**de-woord**] *hold; grip* ⋆ vat hebben op iemand *have a hold over/on somebody* [**het-woord**] • ton *barrel;* ‹van ijzer› *drum* ⋆ olievat *oil drum* • ‹biologie› bloedvat *vessel* ◆ bier uit het vat *draught beer*
vbo *Junior Secondary Vocational Education*
vechten *fight*
vechtpartij *fight*
vee *cattle*
veeg • het vegen *wipe; lick* • vlek/streep *smudge; streak* ⋆ vuile vegen op een papier *dirty smudges/ smudgy streaks on a piece of paper*
veel [**bijwoord**] *much; a lot; a great deal* ⋆ veel ouder *much older* [**voornaamwoord**] ‹voor enkelvoud› *much;* ‹voor meervoud› *many;* ‹enkelvoud+meervoud› *a lot of* ⋆ veel regen *much/a lot of rain* ⋆ veel vragen *many/a lot of questions* ⋆ heel/zeer veel *very much; a great many; a great deal of*
veelzijdig *many-sided; versatile* ⋆ veelzijdige vrouw *many-sided woman* ⋆ veelzijdig acteur *versatile actor*
veer [**de-woord**] • van vogel *feather* • spiraalvormig voorwerp *spring* [**het-woord**] • veerboot *ferry (boat)* • overzetplaats *ferry*
veerboot *ferry(boat)*
veerkracht *elasticity*
veertien *fourteen*
veertiende *fourteenth*
veertig *forty*
veertigste *fortieth*
vegen *brush; sweep; wipe* ⋆ een vloer vegen *brush/sweep a floor* ⋆ de schoorsteen vegen *sweep the chimney* ⋆ voeten vegen! *wipe your feet!*
vegetariër *vegetarian*
vegetarisch *vegetarian*
veilen *put up for auction*
veilig *safe; out of danger; secure* ⋆ veilig en wel *safe and sound* ◆ iets veilig opbergen *put something in a safe place*
veiligheid *safety; security* ⋆ openbare veiligheid *public security* ◆ in veiligheid zijn *be out of danger*
veiligheidsgordel *safety belt; seat belt*
veiligheidsspeld *safety pin*

V

veiling *auction*
vel • huid *skin*; ⟨van dier/afgestroopt⟩ *hide*
• blad papier *sheet*
veld • vlakte *field* ★ in het open veld *in the open field*
• ⟨sport⟩ speelterrein *pitch*; *field* ★ in het veld komen *come into the field* ★ van het veld sturen *order off the field*
• vakje ⟨van schaak-/dambord⟩ *square*
veldslag *battle*
vellen • doen vallen *fell*; *cut down*
• uitspreken ★ een vonnis vellen *pass/pronounce a sentence*
venijnig *venomous*; *vicious*
venster *window*
vent *fellow*; *guy*; ⟨spreektaal⟩ *chap* ★ een aardige vent *a nice guy* ★ een vervelende vent *a nasty guy*
ventiel *valve*
ventilator *ventilator*; *fan*
ver [**bijvoeglijk naamwoord**] *far*; *far away*; *distant*; *remote* ★ ver familielid *distant relative* ★ in het verre verleden *in the distant/remote past* ★ in de verre toekomst *in the far/remote future*
[**bijwoord**] ◆ hoe ver ben je? *how far have you got?* ◆ verre van gemakkelijk *far from easy* ◆ zij heeft het ver gebracht *she has come a long way* ◆ daar kom je niet ver mee *that won't get you very far*
verachten *despise*; *scorn*
verademing *relief*
veraf *far (away/off)* ◆ veraf gelegen *remote*; *distant*
veranderen [**werkwoord**] • anders worden ★ veranderen in *change/turn into*
• wisselen ★ van mening/onderwerp veranderen *change one's mind/the subject*
[**werkwoord + iemand/iets**] *change*; *alter* ◆ daar is niets meer aan te veranderen *nothing can be done about that*
verandering • wijziging *change*; *alteration* ★ voor de verandering *for a change* ★ wijzigingen in een dieet *alterations to a diet*
• afwisseling *variation*
veranderlijk *variable*; *changeable*; ⟨wispelturig⟩ *fickle* ★ veranderlijk weer *variable/unsettled weather*
verantwoord • veilig *safe*; *sound* ★ is dat wel verantwoord? *is that safe/a safe thing to do?*
• weloverwogen/verstandig *sound*; *well-considered*; *sensible* ★ verantwoord advies *sound advice* ★ een verantwoorde maaltijd *a well-balanced/sensible meal*
verantwoordelijk *responsible* ★ verantwoordelijk stellen voor *hold responsible for*
verantwoordelijkheid *responsibility* ★ de verantwoordelijkheid voor iets nemen *take responsibility for something*
verantwoording • rekenschap *account* ★ ter verantwoording roepen *call to account* ★ verantwoording doen van *render an account of*
• verantwoordelijkheid *responsibility*
verbaasd *surprised*; *astonished*; *amazed* ★ verbaasd over *surprised at*
verband • samenhang *connection*; *relation* ★ verband houden met *be connected with* ★ in verband met *in connection with*
• zwachtel *bandage* ★ een verband aanleggen *apply a bandage*
verbannen • uitwijzen *exile*
• uitbannen *banish*
verbazen *surprise*; *astonish* ★ zich over iets verbazen *be surprised at something*
verbazing *surprise*; *astonishment*
verbeelden • zich indenken *fancy*; *imagine* ★ dat verbeeld je je maar *you are just imagining that*
• zich inbeelden ★ hij verbeeldt zich

V

heel wat *he fancies himself; he thinks a lot of himself*
verbeelding • inbeelding *fancy; imagination* ★ levendige verbeelding *vivid imagination*
• verwaandheid *conceit*
verbergen *hide; conceal* ★ verbergen voor *hide from*
verbeteren • beter maken *improve*
• corrigeren *correct*
• overtreffen *beat; improve* ◆ je positie verbeteren *better yourself* ◆ een record verbeteren *break a record*
verbetering • het beter maken *improvement*
• correctie *correction*
verbieden *forbid; prohibit;* ‹film› *ban* ◆ verboden te roken *no smoking*
verbinden • samenvoegen *join; connect; link up (to/with)*
• telefonisch aansluiten *connect (with); put through (to)* ★ ik verbind u door *I'll put you through*
• omzwachtelen *bandage; dress* ★ een verbonden hand *a bandaged hand* ◆ verkeerd verbonden zijn *have the wrong number*
verbinding • samenvoeging *connection; link*
• verkeer ★ directe verbinding *direct connection;* ‹trein› *through train*
• telefoon *connection* ★ de verbinding werd verbroken *the connection was broken; we were cut off* ◆ zich in verbinding stellen met *contact; get in touch with*
verbindingsteken *hyphen*
verblijf • het verblijven *stay*
• verblijfplaats *residence*
verblijfsvergunning *residence permit*
verblijven *stay; remain*
verbod *ban; prohibition* ★ een verbod uitvaardigen/opheffen *impose/lift a ban*
verbond *alliance; pact; treaty* ★ een verbond sluiten *enter into a pact/treaty*
verbouwen • veranderen *renovate* ★ een huis verbouwen *renovate a house*
• telen *grow; cultivate*
verbranden [**werkwoord**] • *be burnt;* ‹van huis› *be burnt down* ★ het huis brandde af *the house was burnt down*
• rood worden *get sunburnt* ★ hij was lelijk verbrand ‹door zon› *he was badly sunburnt;* ‹door vuur› *he was badly burnt*
[**werkwoord + iemand/iets**] *burn*
verbrijzelen *smash; shatter*
verbruiken *use; consume*
verbuigen *bend; twist*
verdacht • verdenking wekkend *suspicious;* ‹dubieus› *suspect; shady* ★ verdachte omstandigheden *suspicious circumstances*
• onder verdenking *suspected* ◆ een verdacht persoon *a suspect* ◆ de verdachte *the suspect;* ‹rechten› *the accused*
verdampen *evaporate; vaporize*
verdedigen • verweren *defend*
• pleiten voor ★ iemands zaak verdedigen *plead a person's cause*
• rechtvaardigen *defend; justify* ★ zijn gedrag is niet te verdedigen *you can't justify his behaviour*
verdediger • *defender*
• ‹rechten› *counsel (for the defence)*
• ‹sport› *defender; back*
verdediging *defence* ★ ter verdediging van *in defence of*
verdelen • splitsen *divide; split up*
• uitdelen ★ verdelen onder *divide/ distribute among* ★ voedsel onder de armen verdelen *distribute food among the poor*
verdelgen *exterminate;* ‹van dier› *destroy*
verdeling • splitsing *division*
• het uitdelen *distribution*
verdenken *suspect*
verdenking *suspicion* ★ boven/buiten verdenking *above/beyond suspicion* ★ onder verdenking van *on suspicion of*
verder [**bijvoeglijk naamwoord**] *further; the rest of* ★ verdere bijzonderheden *further details* ★ zijn verdere leven *the rest of his life*
[**bijwoord**] *farther; further* ◆ verder nog iets? *anything else?* ◆ verder niets *nothing else* ◆ verder eten/lezen/rijden

eat/read/drive on
verderf *ruin; destruction*
verdienen • waard zijn *deserve* ★ waar heb ik dit aan verdiend? *what did I do to deserve this?*
• als loon/winst krijgen *earn; make* ★ een salaris verdienen *earn a salary*
verdieping *floor; storey* ★ tweede verdieping *second floor*; ‹Amerikaans› *third floor*
verdoven *stun; stupefy*; ‹voor operatie› *anaesthetize* ★ verdoofd van verdriet *stunned with grief* ◆ het werd plaatselijk verdoofd *they used a local anaesthetic* ◆ verdovend middel *narcotic; drug*; ‹spreektaal› *dope*
verdoving • ‹medisch› *anaesthesia; anaesthetic*
• gevoelloosheid *stupor*
verdraagzaam *tolerant*
verdraaien *twist*; ‹vervormen› *distort* ★ de waarheid verdraaien *twist the truth*
verdrag *treaty; pact*
verdragen *bear; endure; stand; suffer* ★ hoe kan je dat verdragen? *how can you bear/stand that?* ★ ik kan die gedachte niet verdragen *I can't stand that idea*
verdriet *grief; sorrow; distress* ★ iemand verdriet aandoen *cause someone grief; hurt someone*
verdrietig *sad; grieved*
verdringen [werkwoord + iemand/iets]
• wegduwen *push aside/away*
• plaats innemen *oust; drive out*
• onderdrukken *shut out*; ‹onbewust› *repress*; ‹bewust› *suppress* ★ een herinnering verdringen *shut out a memory* [werkwoord + zich] *crowd (round)* ★ de mensen verdrongen zich om de filmster *people crowded round the filmstar*
verdrinken *drown; be drowned*
verdrogen *dry up*
verdubbelen *double* ◆ je inspanningen verdubbelen *redouble your efforts*
verduidelijken *explain; make (more) clear*
verdwalen *lose your way; get lost*
verdwijnen *disappear*; ‹langzaam› *fade away*; ‹snel, geheel› *vanish* ★ spoorloos verdwenen *vanished without a trace*
vereenvoudigen *simplify*
vereisen *require; demand*
verenigen *combine; join; unite* ★ zich verenigen *unite; join forces*
vereniging *club; association; society; union*
verf *paint*; ‹textiel, haar› *dye*
verfilmen *film*
vergaan • ten onder gaan *perish*; ‹van schip› *be wrecked* ★ vergaan van de kou/honger *perish with cold/hunger*
• verteren *decay; rot* ◆ ik verga van de honger/kou *I'm starving/freezing*
vergaderen *meet; assemble*
vergadering *meeting*
vergassen • in gas omzetten *gasify*
• met gas doden *gas*
vergeefs *idle; vain; futile* ★ al haar pogingen waren vergeefs *all her attempts were in vain*
vergelijken *compare (with/to)* ★ dit is nog niets vergeleken bij mij *this is nothing compared to me* ◆ vergelijk blz. 8 *see p. 8*
vergelijking • *comparison* ★ in vergelijking met *in comparison with*
• ‹wiskunde› *equation*
vergeten *forget*
vergeven *forgive*; ‹schrijftaal› *pardon* ★ iemand iets vergeven *forgive a person something*
vergezellen *accompany; attend*
vergezicht *panorama; vista; wide view*
vergif *poison*; ‹dierlijk› *venom* ★ dodelijk vergif *lethal/deadly poison*
vergiftigen *poison*
vergissen *make a mistake; be mistaken* ★ zich vergissen *make a mistake; be*

mistaken ⋆ als ik me niet vergis *if I am not mistaken*

vergissing *mistake*; *error*; *slip* ⋆ bij vergissing *by/in mistake* ⋆ een vergissing begaan *make a mistake*

vergoeden *compensate*; *refund* ⋆ schade vergoeden *compensate (pay) for the damage* ◆ dat vergoedt veel *that makes up for a lot* ◆ onkosten vergoeden *pay expenses*

vergoeding *compensation*; *allowance* ⋆ vergoeding voor reiskosten *travelling allowance* ◆ vergoeding eisen *claim damages*

vergrijp *offence*; *delinquency* ⋆ licht vergrijp *minor offence*

vergroting • *increase* ⋆ vergroting van de omzet *increase of sales*
• *enlargement*
• foto *blow-up*

vergunning *permission*; *allowance*; ‹machtiging› *permit*; ‹machtiging voor vuurwapen, drank› *licence*

verhaal *story*; *tale*; *narrative*; ‹verslag› *account* ⋆ een verhaal doen *tell a story*

verhalen *tell*; *relate*; *narrate*

verhandelen *deal in*; *sell*; *trade in*

verheffen [**werkwoord + iemand/iets**] *raise*; ‹van hart, geest› *lift*; *elevate* ⋆ je stem verheffen *raise your voice*
[**werkwoord + zich**] *rise* ⋆ de toren verheft zich hoog boven de stad *the tower rises above the city*

verheugen *be pleased/happy*; *be glad* ⋆ zich verheugen over iets *be glad about something* ◆ zich verheugen op iets *look forward to something*

verhinderen *prevent* ⋆ iemand verhinderen te komen *prevent/stop a person from coming* ⋆ ik ben verhinderd (te komen) *I am unable to come*

verhitten • heet maken *heat*
• opwinden *inflame*; *stir up*

verhogen • hoger maken *raise* ⋆ een dijk verhogen *raise a dike*
• versterken *heighten* ⋆ het effect verhogen *heighten the effect*
• vermeerderen *increase*; ‹van prijs, loon› *raise* ⋆ lonen verhogen *raise wages*

verhoging • *heightening*; *raising*
• vermeerdering ‹van prijs, salaris, e.d.› *increase*; *rise*
• verhoogde plaats ‹in terrein› *rise*; ‹podium› *platform*; *elevation*
• lichte koorts *temperature* ⋆ verhoging hebben *have a temperature*

verhongeren *starve (to death)*; *die of starvation* ⋆ erge honger hebben *starve*; *go hungry*

verhoor *interrogation*; *questioning*; *cross-examination* ◆ iemand een verhoor afnemen *question/hear/examine a person*

verhoren • ondervragen *interrogate*; *(cross-)examine*; ‹van getuige› *hear*
• inwilligen ‹van gebed› *hear*; ‹van wens› *grant*

verhouding • relatie *relation(s)* ⋆ gespannen verhouding *strained relations*
• liefdesrelatie *(love) affair* ⋆ een verhouding met iemand hebben *have an affair with someone*
• evenredigheid *proportion*; *ratio* ⋆ in verhouding tot *in proportion to* ⋆ buiten alle verhoudingen *out of all proportions* ⋆ naar verhouding erg goedkoop *comparatively cheap*

verhuizen *move (house)*

verhuizer *remover*

verhuren ‹Brits› *let*; ‹Amerikaans› *rent*; *hire out*

verjaardag *birthday*; ‹van gebeurtenis› *anniversary*

verjaardagsfeest *birthday party*

verjagen *drive/chase away*; *expel*

verkeer • *traffic*
• omgang *association*; ‹maatschappelijk, seksueel› *intercourse* ◆ geen doorgaand verkeer ‹opschrift› *no through road*

verkeerd [**bijvoeglijk naamwoord**]
• *wrong*; *bad*; *false* ⋆ verkeerd antwoord *wrong answer*
• omgekeerd ◆ met de verkeerde kant naar buiten *wrong side out* ◆ je trui zit verkeerd om *you've got your sweater on backwards*
[**bijwoord**] *wrong*; *wrongly* ⋆ alles liep verkeerd *everything went wrong* ◆ verkeerd aflopen *come to a bad end*

◆ verkeerd begrijpen *misunderstand*

verkeersbord *road sign*; *traffic sign*
verkeerslicht *traffic light*
verkennen *survey*; *explore*; ⟨militair⟩ *reconnoitre*
verkering *going steady* ◆ verkering hebben met een meisje *be going out with a girl* ◆ de verkering is uit *they have broken (split) up*
verkiezen *prefer* ★ ik verkies dit boven de rest *I prefer this to the rest*
verkiezing *election* ★ algemene verkiezingen *general elections* ★ tussentijdse verkiezingen *by-elections*
verklappen *give away*; *let out*; ⟨spreektaal⟩ *blab* ★ een geheim verklappen *tell a secret*
verklaren • kenbaar maken *state*; *declare* ★ onder ede verklaren *state on/under oath*
• uitleggen *make clear*; *explain*; *account fo* ★ iemands gedrag verklaren *account for somebody's behaviour* ◆ iedereen verklaarde hem voor gek *everyone said he was crazy*
verklaring • uitleg *explanation*
• mededeling *declaration*; *statement*; ⟨van getuige⟩ *evidence*; ⟨onder ede⟩ *testimony*; ⟨op schrift⟩ *certificate* ★ een verklaring afleggen *make a statement*
verkleden • omkleden *change*; *dress* ★ zich voor het eten verkleden *dress for dinner*
• vermommen *disguise*; *dress up*
verkleuren *lose colour*; *fade* ◆ verkleurt niet *colourfast*
verknoeien • verspillen *waste (away)* ★ tijd verknoeien *waste time*
• verprutsen *mess up*; ⟨van schoonheid⟩ *spoil*; *botch (up)*; ⟨van werk⟩ *bungle* ◆ de zaak bederven *make a mess of things*
verkondigen *proclaim*
verkoop *sale*
verkoopster *saleswoman*
verkopen • *sell*; ⟨van drugs⟩ *push* ★ met verlies verkopen *sell at a loss*
• toedienen ★ iemand een klap verkopen *deal someone a blow*

verkoper ⟨in winkel⟩ *salesman*; ⟨huis aan huis⟩ *door-to-door salesman*
verkouden ◆ verkouden zijn *have a cold* ◆ verkouden worden *catch (a) cold*
verkoudheid *cold* ★ een verkoudheid opdoen *catch (a) cold*
verkrachten *rape*; *(sexually) assault*
verkrachting *rape*; *indecent assault*; *violation*
verlagen ⟨van plafond, prijzen, lonen⟩ *lower*; ⟨van aantal, druk, kosten⟩ *reduce* ★ tegen sterk verlaagde prijs verkopen *sell at greatly reduced prices*
verlammen [werkwoord] *become paralysed*
[werkwoord + iemand/iets] *paralyse* ★ verlamd van angst *paralysed with fear*
verlamming *paralysis*
verlangen [het-woord] *desire*; *longing*; ⟨sterk⟩ *craving* ★ een sterk verlangen naar wat frisse lucht *a craving for some fresh air*

V

[werkwoord] verlangen naar *long (for)*; *look forward to* ★ ik verlang naar de vakantie *I am looking forward to the holidays*
[werkwoord + iemand/iets] • willen *desire*; *want*
• eisen *demand* ★ hij verlangt geld van ons *he demands money from us*
verlaten [bijvoeglijk naamwoord] • in de steek gelaten *abandoned*; *deserted* ★ katjes door hun moeder verlaten *kittens abandoned by their mother*
• afgelegen *deserted*; *lonely* ★ een verlaten boerderij *a deserted farm*
[werkwoord + iemand/iets] • *leave* ★ de school verlaten *leave school*
• in de steek laten *abandon*; *desert* ★ hij heeft zijn gezin in de steek gelaten *he has abandoned his family*
verleden [het-woord] *past* ★ het verre verleden *the distant past*
[bijvoeglijk naamwoord] *past* ★ verleden tijd ‹taal› *past tense* ◆ verleden week *last week*
verlegen *shy*; *timid*; *bashful* ★ iemand verlegen maken *embarrass somebody*
verleiden • *tempt*; *entice* ★ ze verleidden me om een dagje te spijbelen *they enticed me into skipping school for a day*
• vaak met sex *seduce*
verlenen ‹van gunst› *grant*; ‹van toestemming› *give* ★ iemand een gunst verlenen *grant somebody a favour* ★ toestemming geven *give permission*
verlichten • *lighten* ★ een last verlichten *lighten a load*
• beschijnen *light (up)* ◆ pijn verlichten *relieve/ease pain*
verlichting • *lighting*
• opluchting *relief*; *ease* ★ een zucht van verlichting *a sigh of relief*
verliefd *in love (with)* ★ verliefd zijn/worden op *be/fall in love with*
verliefdheid *love*; *being in love*
verlies *loss* ★ met verlies verkopen *sell at a loss* ◆ goed tegen zijn verlies kunnen *be a good loser*
verliezen *lose* ★ met 4-3 verliezen *lose by four goals to three* ★ ik heb mijn portemonnee verloren *I've lost my purse*
verliezer *loser*
verlof • *leave*; *permission*; ‹wegens ziekte› *sick leave* ★ met verlof *on leave* ★ verlof krijgen om te vertrekken *obtain permission to leave*
• vergunning *permission*; ‹tapvergunning› *licence for the sale of beer* ◆ betaald verlof *paid vacation*
verloofde *fiancé* [vrouwelijk: *fiancée*]
verlopen • voortgaan *pass (off)*; *go by*; *work out* ★ alles verliep rustig *everything passed off quietly*
• ongeldig worden *expire* ★ mijn paspoort is verlopen *my passport has expired*
verloren *lost* ★ een verloren zaak *a lost cause* ◆ geen tijd verloren laten gaan *lose/waste no time*
verlossen *deliver/release (from)* ◆ een dier uit zijn lijden verlossen *put an animal out of its misery*
verloten *raffle*
verloven *become/get engaged (to)*
verloving *engagement*; ‹schrijftaal› *betrothal*
vermaak *entertainment*; *pleasure*; *amusement*
vermaken • amuseren *amuse*; *entertain*
• testament *bequeath* ★ geld vermaken aan een goed doel *bequeath your money to a charity*
• veranderen *alter* ★ een jas vermaken *alter a coat* ◆ zich vermaken *enjoy oneself*
vermeerderen *increase*; *grow*; ‹schrijftaal› *augment*
vermelden *mention*; *report*
vermengen *mix*; ‹van thee, koffie› *blend* ★ zich vermengen *mix*; *mingle*
vermenigvuldigen • verveelvoudigen *duplicate*
• ‹wiskunde› *multiply* ★ vemenigvuldigen met *multiply by*
vermijden *avoid*; *keep away from*; ‹sterker› *shun* ★ het ongeluk was niet te vermijden *the accident was unavoidable*
verminderen *decrease*; *diminish*; *reduce* ★ het aantal geboorten vermindert *the number of births decreases* ★ vaart ver-

V

minderen *reduce speed*
vermissen *miss* ◆ vermiste personen *missing persons*
vermoedelijk *presumable*; *probable* ★ de vermoedelijke dader *the suspected offender*
vermoeden [het-woord]
• veronderstelling *assumption*; ‹schrijftaal› *supposition*
• voorgevoel *suspicion* ★ geen flauw vermoeden hebben *have not the faintest idea*
• verdenking *suspicion* ★ ons vermoeden was juist *our suspicion proved/was correct*
[werkwoord + iemand/iets] *suspect*; *suppose* ★ ik vermoed dat hij erachter zit *I suspect he's behind it*
vermoeid *tired*; *weary*
vermogen • capaciteit *power*; *capacity*
• bezit ‹van geld› *fortune*; *property* ★ die auto kost een vermogen *that car costs a fortune* ◆ verstandelijke vermogens *intellectual faculties*
vermommen *disguise*
vermoorden *murder*
vernederen *humiliate*; *humble*
vernemen *hear*; *learn*; *understand*
vernielen *destroy*; *smash (up)*
vernietigen *destroy*; *ruin*; ‹wegvagen› *annihilate*; ‹van vijand› *wipe out*
vernieuwen • vervangen *renew*
• opknappen *renovate*; *restore*
veronderstellen *assume*; *(pre)suppose* ◆ ik veronderstel van wel *I suppose so*
verongelukken ‹van persoon› *have/meet with an accident*; *be killed*; *perish*; ‹van auto, schip, vliegtuig› *be wrecked*; ‹van vliegtuig, auto› *crash*; *be killed* ★ many people perished in the floud *veel mensen kwamen om bij de overstroming* ★ verongelukte auto *wrecked car*
verontreinigen *pollute*; *contaminate* ★ verontreinigd water *contaminated water*
verontrusten *alarm*; *worry*; *disturb*; *upset*
verontschuldigen [werkwoord + iemand/iets] *excuse* ◆ het is niet te verontschuldigen *it's inexcusable*
[werkwoord + zich] *apologize* ◆ zich laten verontschuldigen *ask to be excused*
verontwaardiging *indignation*
veroordelen *condemn*; ‹vonnis› *sentence*; ‹schuldig bevinden› *convict* ★ ter dood veroordelen *sentence to death*
veroordeling • vonnis *sentence*; ‹rechten› *conviction*
• afkeuring *condemnation*
veroorloven *allow*; *permit* ◆ ik kan mij geen auto veroorloven *I can't afford a car*
veroorzaken *cause*; *bring about*
veroveren *conquer*; *capture*; *win* ◆ de eerste plaats veroveren *take the lead*
verovering *conquest*
verpakken *pack/wrap (up)*
verpakking *packing*; *wrapping*
verpesten *spoil* ★ de sfeer verpesten *spoil the atmosphere*
verplaatsen [werkwoord + iemand/iets] *move*; ‹van zaken› *shift*; *transfer*
[werkwoord + zich] *move*; *shift* ◆ verplaats je eens in mijn positie *put yourself in my place*
verpleegkundige *(male/female) nurse* ★ gediplomeerd(e) verpleegkundige *trained/qualified nurse*
verplegen *nurse*; *care for*
verpleging *nursing*
verpletteren *crush*; *smash*; *shatter*
verplicht *compulsory*; *obligatory* ★ een verplicht vak *an obligatory subject* ◆ verplicht zijn op te ruimen *be obliged to clean up*
verraad *treason*; *treachery*; *betrayal*
verraden *betray*; *commit treason* ★ een geheim verraden *betray/let out a secret*
verrader *traitor*; *betrayer*
verrassen • *surprise*
• betrappen *take by surprise* ★ toen hij het huis binnenkwam, verraste hij een inbreker *when he entered the house he took a burglar by surprise* ◆ onaangenaam verrast zijn *be startled* ◆ we werden door een onweer verrast *we were caught in a thunderstorm*

verrassing *surprise*; ‹onplezierig› *shock* ★ tot mijn grote verrassing *much to my surprise*
verrekijker • twee lenzen ‹met twee lenzen› *binoculars*; *field glasses* • een lens *telescope*
verrichten *perform*; *do*; *carry out*
verroesten *rust*; *get rusty*
verrukkelijk *delightful*; *enchanting*; ‹van smaak› *delicious*
vers [**het-woord**] • *verse* • couplet *stanza* • gedicht *poem* [**bijvoeglijk naamwoord**] • nieuw *fresh*; ‹van eieren› *new-laid* ★ vers blijven *keep fresh* • net ontstaan *fresh*; *new*
verscheiden *several*; *various* ★ verscheidene keren *several times* ★ verscheidene mensen *various people*
verscheuren *tear (apart/up)*; *shred* ★ in stukken scheuren *tear to pieces* ★ in kleine stukjes scheuren *shred to pieces*
verschijnen • *appear* • *show up*; *turn up* • uitkomen van boeken, films, enz. *come out*; *be published*; *appear*
verschijning • *appearance*; ‹van boek› *publication* • persoon *figure*; *person*; *presence* ◆ een aardige verschijning *a pleasant personality*
verschil *difference*; *distinction* ★ verschil van mening *difference of opinion* ★ dat maakt een groot verschil *that makes all the difference*
verschillen *differ (from)*
verschillend *different*; *various*; *several* ★ ook al zijn het broers, ze zijn erg verschillend *even though they are brothers, they are very different* ★ op verschillende plaatsen *in various/ several places*
verschonen ‹van bed› *change the sheets*; ‹van baby› *change (the baby's nappy)* ◆ zich verschonen *put on clean clothes*
verschrikkelijk *terrible*; *dreadful*; *awful*
verschuiven • verplaatsen *shift*; *move*; ‹opzij› *shove (away)* • uitstellen *postpone*
versie *version*

V

versieren • *decorate*; *trim* ★ de kerstboom versieren *trim the Christmas tree* • verleiden *pick up* ◆ een meisje versieren *chat up a girl*
versiering *decoration*; *adornment* ★ kerstversieringen *Christmas decorations* ★ een gebouw zonder versieringen *a building without any adornment*
verslaafd *addicted (to)*; ‹spreektaal› *hooked (on)*
verslaafde *addict*; ‹aan verdovende middelen› *drug addict*
verslaan • overwinnen *defeat*; ‹sport ook› *beat* • verslag geven *cover* ★ een wedstrijd verslaan *cover a match*
verslag • rapport *report*; *account* ★ verslag doen van/over *give an account of*; *report on* • reportage *commentary* ★ een rechtstreeks verslag *a running commentary*
verslaggever *reporter*; ‹voor de radio› *commentator*
verslapen *oversleep* ★ zij heeft zich verslapen *she overslept*
verslaving *addiction*
verslechteren [**werkwoord**] *get worse* [**werkwoord + iemand/iets**] *make worse*
verslijten *wear out/away* ★ versleten kleren *worn out clothes*
versnellen *accelerate*; *speed up*
versnelling • het versnellen *acceleration* • mechanisme *gear* ★ hoogste/laagste versnelling *top/bottom gear* ◆ een fiets met drie versnellingen *a three-speed bike*
verspelen • met spelen verliezen *gamble away* ★ al je geld verspelen *gamble away all your money* • door eigen schuld verliezen ‹van recht, leven› *lose*; ‹door schuld› *forfeit*; ‹van kans› ‹spreektaal› *blow* ★ een kans verspelen *blow a chance*
versperren ‹van weg› *block*; *bar*; ‹opzettelijk› *barricade*
verspillen *squander*; *waste*
verspreiden *spread*; *disperse*; *distribute*; *circulate*; *give off/out* ★ spread lies about somebody *leugens over iemand verspreiden* ★ de menigte verspreidde

zich *the crowd dispersed* ★ kranten verspreiden *distribute/circulate newspapers* ★ een vieze geur verspreiden *give off/out a nasty smell*

verspreken *make a slip (of the tongue)*; ‹bij uitspreken› *mispronounce*

verstaan • horen *hear* ★ ik verstond niet wat hij zei *I didn't catch what he said* • begrijpen *understand* ★ verkeerd verstaan *misunderstand* ★ versta me goed! *don't misunderstand me!* • verstaan onder *mean by* ★ wat versta je daaronder? *what do you mean by that?*

verstand • denkvermogen *mind*; *intellect*; *intelligence* • begrip *understanding* ★ tot goed verstand van de zaak *for the right understanding of the matter* ◆ gezond verstand *common sense* ◆ gebruik je verstand *use your brains* ◆ zij heeft een goed verstand *she is intelligent* ◆ geen verstand hebben van *know nothing about* ◆ hij heeft er helemaal geen verstand van *he doesn't know the first thing about it* ◆ dat gaat mijn verstand te boven *that's beyond me*

verstandig *sensible*; *wise*; *intelligent* ★ een verstandig meisje *a sensible girl* ★ hij zou verstandig doen te stoppen *he would be wise to stop* ★ wees verstandig *be sensible*

versterken *strengthen*; ‹van geluid› *amplify*; ‹van licht, geluid› *intensify*; ‹tegen aanvallen› *fortify*

versterker *amplifier*

verstijven *stiffen* ★ verstijven van angst *stiffen with fear*

verstoppen • verbergen *hide*; *conceal* • verstopt raken ‹van buis› *choke (up)*; *stop up*; *clog* ★ verstopt riool *clogged sewer* ◆ verstopte neus *stuffy nose*

verstoppertje ◆ verstoppertje spelen *play hide-and-seek*

verstopping • verstopt zijn *stoppage*; *blockage* • verkeersopstopping *traffic jam* • constipatie *constipation*

verstoren ‹van rust› *disturb*; ‹van evenwicht, plannen› *upset*; *break* ★ de stilte verstoren *break the silence*

verstuiken *sprain* ★ je enkel verstuiken *sprain your ankle*

versturen *send (off)*

vertalen *translate*; ‹tolk› *interpret* ★ letterlijk vertalen *translate word for word* ★ van het Duits in het Engels vertalen *translate from German into English*

vertaling *translation*

verte *distance* ★ uit de verte *from a distance* ★ heel in de verte *in the far distance*

vertegenwoordiger *representative*

vertellen *tell*; *narrate*; *relate* ◆ hij kan goed vertellen *he is a good story-teller*

verteren • vergaan *decay*; *corrode*; *be eaten away* ★ verteerde lichamen *decayed/decomposed bodies* • van voedsel *digest*

verticaal *vertical*

vertonen • laten zien/blijken *show*; *exhibit*; *display* ★ tekenen van ongeduld vertonen *show signs of impatience* ★ hij vertoonde zich niet *he didn't show up* • opvoeren *show*; *present*

vertoning • het vertonen *show(ing)*; *presentation* • voorstelling *show*; *performance* ◆ het was een hele vertoning *it was quite a spectacle/display*

vertragen *slow down*; ‹van ontwikkeling› *be delayed* ★ je gang vertragen *slow down* ★ de trein is vertraagd *the train is delayed* ◆ vertraagde filmopname *slow-motion film scene*

vertraging • het vertragen *slowing down* • oponthoud *delay* ◆ de trein had twintig minuten vertraging *the train*

was twenty minutes late
vertrek • het vertrekken *departure* ★ plaats van vertrek *place of departure* • kamer *room* ★ een huis met veel vertrekken *a house with many rooms*
vertrekken • *leave*; *set off*; ⟨van boot⟩ *sail*; ⟨van vliegtuig⟩ *take off* • gezichtsuitdrukking *distort*; *contort* ★ een van pijn vertrokken gezicht *a face distorted with pain* ◆ hij vertrok geen spier *he didn't flinch*; *he didn't bat an eyelid*
vertrouwd • bekend *familiar (with)* ★ vertrouwd raken met *become familiar with* ★ in zijn bekende omgeving *in his familiar surroundings* • betrouwbaar *reliable*; *trustworthy*; *trusted* ★ een vertrouwde vriend *a trusted friend* ◆ zich vertrouwd maken met de regels *familiarize oneself with the rules*
vertrouwen [het-woord] *confidence*; *faith* ★ vertrouwen hebben in *have/put confidence in* ★ in vertrouwen *in confidence* ★ zij nam hem in vertrouwen *she took him into her confidence*; *she confided in him* [werkwoord + iemand/iets] *trust (in)*; *rely on*; *bank on* ★ ik vertrouw hem volledig *I trust him completely* ★ ik zou die oude auto niet vertrouwen *I wouldn't bank on that old car*
verval *decline*; *deterioration*; *decay* ★ het verval van zijn krachten *the decline in his strength* ◆ het gebouw raakt in verval *the building is falling into disrepair*
vervallen [bijvoeglijk naamwoord] • afgetakeld *ravaged*; *wasted* ★ een vervallen gezicht *a ravaged face* • bouwvallig *dilapidated*; *ramshackle* ★ een vervallen huis *a ramshackle house* • niet meer geldig *expired* ★ een vervallen paspoort *an expired passport* [werkwoord] • achteruitgaan *decay*; *decline* • niet meer gelden *expire* • in eigendom overgaan *fall to* • invorderbaar worden *mature*; *become/be payable*; *fall due*
vervalsen *forge*; *counterfeit* ★ een handtekening vervalsen *forge a signature* ★ geld vervalsen *forge money* ◆ de rekeningen vervalsen *tamper with the accounts*; ⟨spreektaal⟩ *cook the books*
vervalsing *forgery*; *counterfeit*; ⟨spreektaal⟩ *fake* ★ de brief was een vervalsing *the letter was a forgery*
vervangen *replace*; *substitute* ★ ik vervang deze gloeilamp door een nieuwe *I replace this bulb with a new one* ◆ niet te vervangen *irreplaceable*
vervelen [werkwoord + iemand/iets] *bore* ★ hij verveelde me met zijn verhalen *he bored me with his stories* [werkwoord + zich] *be/feel bored* ★ zich dood vervelen *be bored to tears*
vervelend • onaangenaam *tedious*; *annoying* • saai *boring*; *tedious*; *tiresome* ◆ wat vervelend! *what a bore!*; *what a nuisance!* ◆ doe toch niet zo vervelend *don't be such a nuisance* ◆ een vervelend iemand/iets *a bore*
verveling *boredom* ★ uit pure verveling *out of complete/sheer/utter boredom*
vervellen *peel* ★ mijn neus is aan het vervellen *my nose is peeling* ◆ een slang vervelt elk jaar *a snake sheds its skin every year*

verven • schilderen *paint* • kleuren *dye* ★ geverfd haar *dyed hair*
vervloeken *curse*
vervoer *transport*; *transportation* ◆ openbaar vervoer *public transport* ◆ streekvervoer *regional/local*

V

transport

vervoeren *carry*; *transport*

vervoermiddel *means of transport*

vervolg • voortzetting *continuation* • komende tijd ★ in het vervolg *in future* ◆ vervolg op een boek/film *sequel to a book/film*

vervolgen • *continue* ★ wordt vervolgd *to be continued* • achtervolgen *pursue*; ‹wegens geloof, politiek› *persecute*; ‹van gedachte› *haunt* • ‹rechten› *prosecute* ◆ iemand gerechtelijk vervolgen *take legal action against someone*

vervuilen [werkwoord] *become filthy* [werkwoord + iemand/iets] *pollute*; ‹van voedsel/water› *contaminate*

vervuiling *pollution*; ‹voornamelijk van voedsel, water› *contamination*; ‹toestand› *filthiness* ★ de vervuiling van het milieu *environmental pollution*

verwaand *conceited*; *cocky*

verwaarlozen *neglect* ◆ de tuin verwaarlozen *let the garden go*

verwachten • rekenen op *expect*; ‹van gebeurtenis› *anticipate* ★ dat verwacht ik niet van hem *I don't expect that from him* • zwanger zijn *expect* ★ ze verwacht een baby *she is expecting a baby* ◆ lang verwacht *long awaited*

verwachting • *expectation*; *anticipation* ★ tegen alle verwachtingen in won hij de race *against all expectations he won the race* ★ boven verwachting *beyond expectation* ★ aan de verwachting beantwoorden *live/come up to expectations* • wat verwacht wordt *expectation*; ‹van het weer› *outlook*; *forecast* ◆ weersverwachting *weather forecast* ◆ in verwachting zijn *be pregnant*; *be expecting*; *be in the family way*

verwarmen *heat*; *warm*

verwarming *heating (system)*; *heater* ★ centrale verwarming *central heating* ★ elektrische kachel *electric heater*

verwarren • in de war brengen *confuse*; ‹van draden› *tangle (up)* • verwarren met *confuse*; *mistake for* ★ ze verwarren haar altijd met haar zuster *people always mistake her for her sister*

verwarring *confusion*; *muddle* ★ verwarring stichten *cause confusion* ★ er is verwarring over het precieze aantal slachtoffers *there's confusion about the exact number of casualties*

verwelkomen *welcome*

verwend *spoilt*; *pampered*

verwennen *spoil*; *pamper*; *indulge* ★ zichzelf verwennen *indulge oneself*

verwerken • *process*; *incorporate*; *handle*; *digest* ★ gegevens verwerken *incorporate data* ★ mijn maag kon dat voedsel niet verwerken *my stomach couldn't digest that food* • verwerken van verdriet *cope with*; *come to terms with* ★ zij kan het verlies van haar broer niet verwerken *she cannot cope with the loss of her brother*; *she cannot come to terms with her brother's death* ◆ voedsel verwerken *process food*

verwerpen *reject*; *turn down*; *dismiss* ★ een voorstel verwerpen *turn down a proposal*

verwezenlijken *realize*; ‹van droom› *come true*; ‹van hoop, wens› *fulfil*

verwijderen • *remove* ★ vlekken verwijderen *remove stains* • wegsturen ‹van school› *expel*; ‹van sportveld› *send off*; ‹uit huis› *evict* ★ hij is van school verwijderd *he's been expelled* ★ hij is van het veld verwijderd *he's been sent off* ★ ze zijn uit hun huis gezet *they've been evicted*

verwijt *reproach*; *blame* ★ ze keek me vol verwijt aan *she looked at me with reproach*

verwijten *blame*; *reproach* ★ iemand iets verwijten *blame somebody for something*; *put the blame on somebody* ★ je moet jezelf dat niet verwijten *you mustn't blame yourself* ◆ dat verwijten ze mij nog steeds *they still hold that against me*

verwoesten *destroy*; *devastate*; *ruin* ★ de haven was volledig verwoest *the harbour was completely destroyed* ★ iemands leven verwoesten *destroy/ruin someone's life*

verwoesting *destruction; devastation* ⋆ de verwoesting van het centrum van Rotterdam *the destruction of the centre of Rotterdam*

verwonden *injure; hurt;* ‹voornamelijk opzet› *wound*

verwonderen [werkwoord + iemand/iets] *surprise; astonish;* ‹in grote mate› *amaze* ⋆ dat verwondert me *I am surprised at it* ◆ het is niet te verwonderen dat dit gebeurd is *it's no wonder that this has happened*
[werkwoord + zich] *be surprised/astonished/amazed (at)*

verwondering *surprise; wonder; astonishment;* ‹in grote mate› *amazement* ⋆ tot ieders verwondering *to everybody's surprise*

verzamelen [werkwoord] *gather; assemble* ⋆ een grote menigte verzamelde zich voor het stadhuis *a large crowd gathered/assembled in front of the town hall*
[werkwoord + iemand/iets] *collect; gather; assemble; rally round* ⋆ de verzamelde werken van Vondel *the collected works of Vondel* ⋆ postzegels verzamelen *collect stamps* ⋆ informatie verzamelen *gather information* ⋆ fruit oogsten *gather fruit*

verzameling • *collection*
• samenkomst *gathering; assembly*

verzekeren [werkwoord + iemand/iets]
• garanderen *guarantee; assure* ⋆ ik verzeker je dat ik op tijd zal zijn *I assure you I'll be in time*
• verzekering afsluiten *insure* ⋆ zich verzekeren tegen risico's *insure oneself against risks*
[werkwoord + zich] *ensure; secure; make sure/certain if* ⋆ zich van een goed plaatsje verzekeren *secure a good place for oneself* ⋆ hij verzekerde zich ervan dat het alarm aanstond *he made sure that the alarm was switched on*

verzekering • garantie *guarantee; assurance* ⋆ ik geef u de verzekering dat dat voetpad veilig is *I give you the assurance that that footpath is safe*
• assurantie *insurance; assurance* ⋆ levensverzekering *life insurance* ⋆ all-riskverzekering *comprehensive insurance* ⋆ verzekeringsmaatschappij *insurance company* ⋆ verzekeringspolis *insurance policy*

verzenden *send; mail;* ‹per schip› *ship*

verzet • *resistance; opposition* ⋆ in verzet komen tegen *offer resistance to*
• verzetsbeweging *resistance*

verzetten [werkwoord + iemand/iets]
• *shift; move(around)* ⋆ meubels verzetten *move around furniture*
• uitstellen *put off* ⋆ een vergadering verzetten *put off a meeting; change the date of a meeting*
• verrichten *get through* ⋆ veel werk verzetten *get through/take on a lot of work* ◆ ik kan geen stap meer verzetten *I can't walk another step*
[werkwoord + zich] *resist/oppose something; offer resistance*

verziend *long-sighted; far-sighted*

verzinnen • uitdenken *invent; make up; devise; think up* ⋆ nieuwe software verzinnen *invent new software* ⋆ een smoes verzinnen *think up an excuse* ⋆ ik zal er iets op moeten verzinnen *I'll have to think/cook up something; I'll have to work out a way*
• uitvinden *invent; devise; think up;* ‹van drankjes, e.d.› *concoct*

verzinsel *invention* ◆ het was maar een verzinsel van haar *it was just something she made up*

verzoek • *request; appeal* ⋆ op verzoek van *at the request of* ⋆ dringend verzoek *urgent request*
• verzoekschrift *appeal; petition*

verzoeken *request; beg; ask (for)* ⋆ mag ik u verzoeken plaats te nemen? *may I ask you to take your seats, please?*

verzoenen *reconcile* ⋆ zich met iemand verzoenen *be/become reconciled with someone*

verzorgen *look after; take care of; tend* ⋆ een invalide moeder verzorgen *look after an invalid mother* ⋆ de bloembedden verzorgen *tend the flowerbeds*

verzorger *attendant; caretaker*

verzorging *care; nursing; maintenance*

V

★ verzorgingstehuis *nursing home*; *home for the elderly*; *old folk's home*
verzuimen [werkwoord] *be absent* ★ school verzuimen *be absent from school* ◆ een les verzuimen *skip a class* [werkwoord + iemand/iets] *omit*; *neglect*; *fail* ★ verzuimen een rekening te betalen *fail to pay a bill* ★ ze verzuimde ons te vertellen waar het feest was *she omitted to tell us where the party was*
verzwijgen *keep silent (about)*; *conceal*; *suppress* ★ iets voor iemand verzwijgen *conceal/keep something from a person*
verzwikken *sprain*; *twist* ★ je enkel verzwikken *twist your ankle*
vest • deel van pak *waistcoat*; *west* • soort trui *cardigan*
vestigen • richten *focus*; *direct* • opzetten/stichten *set up* ★ een bedrijf vestigen *set up/establish a business* ★ een nieuw record vestigen *set up a new record* • wonen/gevestigd zijn ★ gevestigd zijn te ... *living (residing) at ...* ★ zich ergens vestigen *settle (down)* ★ zich vestigen als huisarts *set up (general) practice* ◆ je hoop vestigen op *place/put your hope(s) on* ◆ aandacht vestigen op *draw/call attention to*
vet [het-woord] ‹smeer› *grease*; ‹vetweefsel› *fat* ★ iets in het vet zetten *grease something* [bijvoeglijk naamwoord] *fat*; ‹van melk› *creamy*; *full-cream*; ‹van druk› *bold* ★ met vette letters *in bold (type)*
veter *lace*; ‹schoenveter› *shoelace*
veulen *foal*; ‹hengst› *colt*; ‹merrie› *filly*
vezel *fibre*; *thread*; *filament*
via *via*; *by way of* ★ de dief kwam via het dak binnen *the thief got in via the roof* ◆ ik hoorde het via een collega *I heard it through/from a colleague*
viaduct *flyover*; *viaduct*
video • *video* ★ zullen we vanavond een video huren? *shall we rent a video this evening?* • videorecorder *video (cassette recorder)*
videocamera *video camera*
videotheek *videotheque*
vier *four*
vierde *fourth*
vieren • gedenken *celebrate* • laten schieten *pay out*; *slacken* ★ een touw laten vieren *pay out a rope* ◆ dat moeten we vieren *that calls for a celebration*
viering *celebration* ★ ter viering van *in celebration of*
vierkant [het-woord] *square* [bijvoeglijk naamwoord] *square* ★ een vierkante tafel *a square table* ★ vijf vierkante meter *five metres square* ◆ daar ben ik vierkant tegen *I am dead against it*
vies • vuil *dirty*; ‹erg vies› *filthy* ★ vuile was *dirty laundry* • onsmakelijk *foul*; *nasty*; *revolting* ★ een vies luchtje *a foul/revolting smell* • onfatsoenlijk *obscene*; *dirty* ★ een vieze mop *a dirty joke* ★ vieze plaatjes *obscene pictures* • slecht *foul*; *filthy*
vijand *enemy*
vijandig *hostile*; *enemy* ★ iemand vijandig gezind zijn *be hostile to a person* ★ vijandige vliegtuigen *enemy aircraft*
vijf *five*
vijfde *fifth*
vijftien *fifteen*
vijftiende *fifteenth*
vijftig *fifty*
vijftigste *fiftieth*
vijl *file*
vijver *pond*
villa *villa*
viltstift *felt-tip (pen)*
vin *fin*; ‹van zeehond› *flipper* ◆ ik kan geen vin verroeren *I can't move a finger*
vinden • aantreffen *find*; *discover*; ‹toevallig› *come across* ★ die foto is nergens te vinden *that picture is nowhere to be found* ★ ik vond het toevallig in de kelder *I happened to come across it in the cellar* • van mening zijn/oordelen *find*; *think*; *like* ★ vind je niet? *don't you think?* ★ iemand aardig vinden *like someone* ★ hoe vind je het? *what do*

you think of it?; how do you like it? ⋆ ik vind het goed/best *that's fine by me; it's all right with me* ⋆ zou je het erg vinden als ... *would you mind if ...* ⋆ ik vind er niets aan *I don't like it at all* ⋆ hij vindt het goed *he approves (of it)* ⋆ zij kunnen het samen heel goed vinden *they get on very well together* ◆ daar ben ik wel voor te vinden *I'm in for it* ◆ ze kunnen het goed met elkaar vinden *they get on very well together*

vinger *finger* ⋆ lange vingers hebben *have sticky fingers* ◆ iets door de vingers zien *overlook something; turn a blind eye to something*

vink • vogel *finch*
• tekentje *check (mark)/tick*

vinnig *sharp; biting; stinging; cutting* ⋆ een vinnig antwoord *a sharp/biting answer* ⋆ een vinnige opmerking *cutting/stinging remark*

violet *violet*

viool *violin*

virus *virus*

vis *fish* ◆ zo gezond als een vis *as fit as a fiddle*

visite • bezoek *visit; call* ⋆ bij iemand op visite gaan *pay someone a visit; call on someone*
• bezoekers *visitors; guests* ⋆ visite hebben *have visitors/guests*

vissen [**werkwoord**] • vis vangen *fish;* ‹sport› *fish; angle*
• trachten te krijgen *fish/angle for* ⋆ op haring vissen *fish for herring* ⋆ naar een complimentje vissen *fish/angle for a compliment*

Vissen *Pisces* ⋆ mijn teken van de dierenriem is Vissen *my sign of the zodiac is Pisces*

V

visser *fisherman;* ‹sport› *angler*

visum *visa*

vitamine *vitamin*

vitten *find fault (with); carp (at)* ⋆ ze zit steeds op me te vitten *she's constantly carping at me*

vla ≈ *custard*

Vlaams [**het-woord**] *Flemish*
[**bijvoeglijk naamwoord**] *Flemish*

Vlaamse *Flemish woman*

Vlaanderen *Flanders*

vlag *flag; colours* ⋆ de vlag hijsen/neerhalen *hoist/lower the flag* ⋆ de vlag uitsteken *put out the flag* ◆ met vlag en wimpel slagen *pass with flying colours*

vlak [**het-woord**] • platte kant *surface;* ‹van hand, zwaard› *face; flat*
• niveau/terrein *field;* ‹niveau› *area; sphere* ⋆ het politieke vlak *the political sphere*
[**bijvoeglijk naamwoord**] *flat; level; even* ⋆ met de vlakke hand *with the flat of the hand* ⋆ vlak maken *level* ⋆ vlak van toon *flat in tone*
[**bijwoord**] *right; just* ⋆ vlak tegenover *directly opposite; right across* ⋆ vlak om de hoek *just around the corner* ⋆ vlak boven *right over* ⋆ tot vlak bij het huis *right up to house* ⋆ vlak voor ons *right in front of us* ◆ vlak bij de deur *close by the door*

vlakte *plain* ◆ zich op de vlakte houden *be non-committal*

vlam *flame* ⋆ in vlammen opgaan *go up in flames* ◆ vlam vatten *catch fire*

Vlaming *Fleming*

vlecht *braid; plait*

vlechten *plait; braid; twine* ⋆ haar vlechten *plait/braid hair* ⋆ touw vlechten *twine rope*

vleermuis *bat*

vlees • weefsel *flesh;* ‹om te eten› *meat*
• vruchtvlees *flesh; pulp*

vleeswaren *meat-products; meats* ⋆ fijne vleeswaren *assorted sliced meat*

vleien *flatter; butter up* ⋆ hij voelde zich gevleid met mijn complimentje *he was flattered by my compliment*

vlek *stain; spot; smear; smudge; blot* ⋆ er zit een vlek op je broek *there is a spot on your trousers*

vleugel • *wing* ⋆ de vleugels uitslaan *spread one's wings* ⋆ vleugels van een vliegtuig *wings of a plane* ⋆ de zuidvleugel van het gebouw *the south wing of the building* ⋆ politieke vleugel *political wing*
• piano *grand piano*

vlieg *fly*

vliegen • door de lucht bewegen *fly*
• snellen *tear; rush; dart* ⋆ hij vloog de

trap af *he rushed/tore/darted down the stairs* ◆ angst om te vliegen *fear of flying*

vlieger • *kite* ⋆ een vlieger oplaten *fly a kite*
• vliegenier *pilot*; *airman*; *flyer*

vliegtuig *(air)plane*; *aircraft*

vliegveld *airfield*; ‹groot› *airport*; ‹klein› *airstrip* ⋆ vliegveld Schiphol *Schiphol Airport*

vlinder *butterfly*

vlo *flea* ⋆ onder de vlooien *flea-ridden*

vloed • hoogtij *flood*; *(high) tide* ⋆ bij vloed *at high tide*
• overweldigende massa *flood*; *torrent* ⋆ vloed van klachten *flood of complaints* ⋆ tranenvloed *flood of tears* ⋆ vloed van scheldwoorden *torrent of abuse*

vloei • sigaret *cigarette paper*
• absorberend papier *tissue (paper)*; *blotting paper*

vloeibaar *liquid*; *fluid* ⋆ vloeibaar voedsel *liquid food*

vloeiend *fluent* ⋆ hij spreekt vloeiend Italiaans *he speaks Italian fluently*

vloeistof *liquid*

vloek *curse*; *swear word*

vloeken • *swear (at)*; *curse (at)*; *use bad language*
• van kleuren *clash (with)* ⋆ deze kleuren vloeken met elkaar *these colours clash with each other*

vloer *floor*

vloot *fleet*; *navy*

vlot [het-woord] *raft*
[bijvoeglijk naamwoord] • zonder oponthoud/meteen *prompt*; *smooth* ⋆ vlotte betaling *prompt payment* ⋆ het interview verliep vlot *the interview went smoothly*
• gemakkelijk *ready*; *fluent*; *smooth* ⋆ een vlotte pen *a ready pen/hand* ⋆ een vlotte spreker *a fluent/an easy speaker*
• ongedwongen *jovial*; *easy-going*
• drijvend *afloat* ⋆ vlot raken *get afloat*

vlucht • het vluchten *flight* ⋆ op de vlucht slaan *take flight*; *flee* ⋆ op de vlucht jagen *put to flight*
• vliegen *flight* ⋆ een vlucht van drie uur *a three hour flight* ◆ op de vlucht zijn voor de politie *be on the run from the police*

vluchteling ‹ontsnapt› *fugitive*; ‹i.v.m. politiek e.d.› *refugee*

vluchten *flee*; *escape*; ‹toevlucht zoeken› *take refuge* ⋆ vluchten naar/uit, voor *flee to/from*

vlug [bijvoeglijk naamwoord] *quick*; *fast*; *rapid* ⋆ vlug achter elkaar *in quick succession* ⋆ iemand te vlug af zijn *be too quick for someone* ⋆ vlug van begrip zijn *be quick(-witted)*
[bijwoord] *quickly*; *fast* ⋆ vlug! *(be) quick!*; *hurry up!* ⋆ vlug lopen *run fast/quickly*

vmbo voorbereidend middelbaar beroepsonderwijs ≈ *Junior Secondary Vocational Education*

VN *UN*; *United Nations*

vocht • vloeistof *liquid*; ‹medisch› *fluid*
• vochtigheid *moisture*; *dampness* ⋆ de muur is zwart van het vocht *the wall is black with moisture* ◆ de hoeveelheid vocht in de lucht *the humidity in the air*

vochtig *moist*; *damp*; ‹klimaat› *humid* ⋆ haar ogen waren vochtig *her eyes were moist* ⋆ vochtig klimaat *humid climate* ⋆ vochtige lakens *damp sheets* ⋆ iets vochtig maken *moisten/dampen something*; *wet something*

voeden *feed*; ‹van baby's› *nurse* ⋆ vogels voeden *feed birds* ⋆ die vogels voeden zich met insecten *these birds feed on* *insects* ⋆ zij voedt haar kind zelf *she breast-feeds her baby*

voedsel *food*; *nourishment* ⋆ naar voedsel zoeken *look for food*
⋆ voedselpakket *food parcel*
⋆ voedselschaarste *food shortage/lack of food*

voegwoord *conjunction*

voelen [**werkwoord + iemand/iets**] • *feel*; *sense* ⋆ iemands pols voelen *feel someone's pulse* ⋆ het voelt warm/koud *it feels hot/cold*
• voelen voor *fancy*; *feel like* ⋆ ik voel wel iets voor dat idee *I rather fancy/like that idea* ⋆ ik voel er niet veel/niets voor *I'm not very/not at all keen about it*
[**werkwoord + zich**] ⋆ zich goed/ziek voelen *feel well/ill* ◆ ik voel me een ander mens *I feel a new man/woman*

voer *feed*; *food*; ‹van vee› *forage* ⋆ voer geven *feed*

voeren • voeden *feed* ⋆ de eendjes voeren *feed the ducks* ◆ iemand dronken voeren *get/make someone drunk*
• van voering voorzien *line*
• hebben/houden ⋆ het woord voeren *be the mouth-piece (for)*; *act as spokesman* ⋆ een titel voeren *bear a title* ⋆ een bepaald merk voeren *carry a particular brand* ⋆ de Nederlandse vlag voeren *fly the Dutch flag*
⋆ onderhandelingen voeren *carry on/conduct negotiations* ⋆ oorlog voeren *wage war*
• op stang jagen *bait* ⋆ zit hem toch niet steeds te voeren *don't bait him all the time*

voertuig *vehicle*

voet • *foot* ⋆ te voet *on foot* ⋆ op blote voeten lopen *walk barefoot/on bare feet* ⋆ voetje voor voetje *foot by foot, inch by inch*
• onderste deel ‹van lamp, pilaar› *base*
⋆ de voet van een glas *the stem/base of a glass* ⋆ aan de voet van de heuvel *at the foot of the hill*
• lengtemaat (30,48 cm) *foot* ◆ op vrije voeten stellen *set free* ◆ op staande voet *on the spot*; *at once*

voetbal • *football*
• spel *football*; *soccer*

voetballen *play football*

voetballer *football player*; *footballer*

voetganger *pedestrian*

voetstap • stap *footstep*
• spoor *footprint*; *footmark*
⋆ voetstappen in de sneeuw *footprints in the snow*

vogel *bird* ⋆ zo vrij als een vogel *as free as a bird* ⋆ een vroege vogel *an early bird* ◆ een vreemde vogel *an odd customer*

vol • geheel gevuld *full (of)*; *filled (with)*
⋆ de trein zit vol *the train is full/crowded* ⋆ een glas vol schenken *fill a glass* ⋆ het werk zit vol fouten *the work is full of/riddled with errors* ⋆ niet met een volle mond praten *don't talk with your mouth full*
• vervuld ⋆ vol zijn van iets *be full of something*
• bedekt *full (of)*; *covered (with)* ⋆ de grond lag vol met kranten en boeken *the ground was covered with books and papers* ◆ helemaal volgebouwd *completely built over*
• rond *full* ⋆ volle maan *full moon*
• volledig *full*; ‹van baan› *full-time*
⋆ volle baan *full-time job* ⋆ volle dag *full day* ⋆ in volle bloei *in full bloom*
◆ volle melk *whole milk* ◆ je hebt het volste recht om ... *you have a perfect right to ...* ◆ een volle neef/nicht *a first cousin* ◆ in het volle daglicht *in broad daylight*

voldoen [**werkwoord**] • bevredigen *be satisfactory*
• voldoen aan *satisfy* ◆ aan de eisen

V

voldoen *meet the requirements*
[**werkwoord + iemand/iets**] *pay*; *settle*; *receipt (a bill)*
voldoende [**de-woord**] *pass* ★ een voldoende hebben/halen voor Engels *pass your English*
[**bijvoeglijk naamwoord**] *sufficient*; *enough*; *adequate* ★ voldoende tijd *sufficient time* ★ voldoende eten *enough food* ★ voldoende kennis *adequate knowledge* ◆ ruim(schoots) voldoende *ample*; *more than enough*
volgen [**werkwoord**] • erna komen *follow*; ‹in reeks› *be next* ★ de reden is als volgt *the reason is as follows*
• volgen uit *follow*; *ensue* ★ hieruit volgt dat .... *(hence) it follows that*
◆ wie volgt? *who's next?*
[**werkwoord + iemand/iets**] • *follow*; *be next* ★ een weg volgen *follow a road*
• handelen naar ★ iemands voorbeeld volgen *follow someone's example*
• bijwonen ‹een cursus, e.d.› *follow*; *attend* ★ een cursus volgen *attend lectures* ★ colleges volgen *attend lectrures*
• begrijpen *follow* ★ ik kan je niet volgen *I can't follow you*
volgend *next* ★ de volgende keer *next time*
volgens • *according to* ★ volgens mij *in my view|opinion*
• overeenkomstig *in accordance with* ★ (niet) volgens de regels *(not) in accordance with the rules*
volgorde *sequence*; ‹min of meer willekeurig› *order*
volhouden • niet opgeven *carry on*; *keep up* ★ de strijd volhouden *carry on|keep up the fight* ★ houd vol! *keep going!*
• blijven beweren *maintain*; *insist* ★ hij hield vol dat het verhaal waar was *he insisted that the story was true* ★ bij hoog en laag volhouden *maintain through thick and thin*
volk *people*; *nation* ★ het Franse volk *the French people* ★ het gewone volk *the common people* ★ een volk van zeevaarders *a seafaring nation|people*
volkomen [**bijvoeglijk naamwoord**] *complete*
[**bijwoord**] *absolutely*; *completely*; *perfectly* ★ volkomen gelijk *absolutely right* ★ hij zat er volkomen naast *he was completely wrong* ★ volkomen gelukkig *perfectly happy*
volkslied • *national anthem* ★ het Nederlandse volkslied *the Dutch national anthem*
• volksliedje *folk-song*
volledig *complete*; *full* ★ volledig bevoegd *fully qualified* ★ volledige baan *full-time job*
volleybal [**de-woord**] *volleyball*
[**het-woord**] *volleyball*
volleyballen *play volleyball*
volmaakt *perfect*
volt *volt*
voltooien *complete*; *finish*
volume • inhoud *volume*; *content*
• geluidssterkte *volume*; *loudness*
volwassen *adult*; *grown*; *grown-up*; *mature* ★ volwassen gedrag *adult behaviour*
volwassene *adult*; *grown-up*
vondeling *abandoned child* ◆ een kind te vondeling leggen *abandon a child*
vondst • ontdekking *invention*; *discovery*
• wat gevonden wordt *find*; *catch* ★ een belangrijke archeologische vondst *an important archeological find*
◆ een gelukkige vondst *a lucky strike*
vonk *spark* ★ vonken schieten *sparkle*; ‹van ogen› *flash* ★ haar ogen schoten vonken *her eyes flashed*
vonnis *judgment*; ‹in strafzaken› *sentence*; ‹van jury› *verdict* ★ vonnis vellen *pass|pronounce judgement|sentence (on)*
voogd *guardian* ★ toeziend voogd *supervising guard*
voor [**het-woord**] *pro* ★ de voors en tegens *the pros and cons*
[**bijwoord**] • voorafgaand aan *before* ★ de week voor de vakantie *the week before the holidays*
• voor aan/in/uit *in front|at the front* ★ kijk eens voor je uit *look in front of you* ★ voor in de zaal *at the front of the hall*

• voorsprong hebben/eerder zijn ★ hij lag voor *he was leading* ★ de klok loopt drie minuten voor *the clock is three minutes fast* ★ A. stond voor met 2-0 *A. was leading by 2-nil* ★ hij was mij voor *he got there before/ahead of me*
• vóór iets zijn *for* ★ ik ben er voor *I am for it* ◆ hij was voor in de dertig *he was in his early thirties* ◆ voor in het boek *in the beginning of the book*
[**voorzetsel**] • eerder dan *before*; *ahead of*
• aan de voorkant van *in front of* ★ voor het huis *in front of the house*
• gedurende *for* ★ ik ben twee weken op reis *I'll be travelling for two weeks*
• horen bij ★ net iets voor hem om niet te komen *just like him not to come* ★ dat is niets voor mij *that's not my kind of thing*
• ten behoeve van *for* ★ ik deed het voor jou *I did it for you* ◆ ik ben voor Ajax *I'm for Ajax* ◆ 5 minuten voor 2 *five minutes to two*

vooraan *in front* ★ vooraan staan *stand in front* ★ vooraan instappen *get in at the front*

vooraf *beforehand*; *in advance* ★ even een woord vooraf *just a word beforehand* ★ vooraf betalen *pay in advance*

vooral *especially*; *particularly* ★ vooral mijn vader was blij *especially my dad was glad*

voorbeeld *example*; *model*; *pattern* ★ het goede voorbeeld geven *set an example* ★ een voorbeeld aan iemand nemen/iemands voorbeeld volgen *follow someone's example* ★ tot voorbeeld stellen *hold up as an example* ★ bijvoorbeeld *for instance*; *for example*; *e.g.*

voorbehoedmiddel *contraceptive*

voorbereiden *prepare*; *be ready* ★ je voorbereiden *prepare yourself*

voorbereiding *preparation* ★ voorbereiding treffen *make preparations*

voorbij [**bijvoeglijk naamwoord**] *past*; *over* ★ die tijden zijn voorbij *those days are over/past*
[**bijwoord**] *past*; *by* ★ hij is ons voorbij gelopen *he passed us by* ★ er ging een politieauto voorbij *a police car went by* ◆ zijn we Almelo al voorbij? *have we passed Almelo yet?*
[**voorzetsel**] *past*; *beyond* ★ hij liep voorbij het huis *he went past the house* ★ voorbij die heuvels is de zee *beyond those hills is the sea*

voorbijgaan • passeren *pass (by)*; *go by* ★ iemand voorbijgaan *pass someone*
• verstrijken *pass/go by* ★ vele jaren gingen voorbij *many years passed/went by* ◆ een kans voorbij laten gaan *miss/pass up a chance*

voordat *before*

voordeel • *advantage*; *benefit*; *profit* ★ in je voordeel *to your advantage* ★ voordeel hebben van *benefit/profit from* ★ het voordeel van de twijfel *the benefit of the doubt* ★ met voordeel *with advantage*; *with profit*
• ⟨sport⟩ *advantage* ◆ hij is in zijn voordeel veranderd *he has changed for the better* ◆ de stand was 2-0 in het voordeel van België *the score was 2-0 in favour of Belgium*

voordelig *economical*; *profitable*; *inexpensive* ★ voordelig in het gebruik *economical in use*

voordeur *front door*

voordoen [**werkwoord + iemand/iets**] *show*; *demonstrate* ★ ik zal het je eens voordoen *I'll show you (how to do it)*
[**werkwoord + zich**] *act*; *pose as* ★ hij deed zich voor als schilder *he posed as a painter*

voordracht • ⟨muziek⟩ *recital*; ⟨gedicht⟩ *recitation*
• lezing *lecture* ★ een voordracht houden (over) *give a lecture (on)*; *read a paper (on)*

voordragen • ⟨van gedicht⟩ *recite*
• aanbevelen *nominate*; *propose* ★ Clinton werd als presidentskandidaat voorgedragen *Clinton was nominated for President*

voordringen *push forward/past*; *jump the queue*

voorgaan *go ahead/before*; *precede*;

V

‹wegwijzen› *lead the way* ◆ gaat u voor! *after you (please)!* ◆ hij liet haar voorgaan *he let her go first* ◆ dames gaan voor *ladies first* ◆ mijn werk gaat voor *my work comes first*

voorganger *predecessor*

voorgoed *for good*; *once and for all*

voorgrond *foreground* ◆ op de voorgrond plaatsen *place/put in the forefront* ◆ op de voorgrond treden *be prominent* ◆ zich op de voorgrond stellen *put oneself forward*

voorhoofd *forehead*

voorhuid *foreskin*

voorin ‹van plaats› *in front*; ‹aan het begin› *at the beginning*

voorjaar *spring* ⋆ in het voorjaar *in spring* ⋆ in het voorjaar van 1973 *in the spring of 1973*; *spring 1973*

voorkant *front*

voorkeur *preference* ◆ bij voorkeur *preferably* ◆ de voorkeur geven aan *prefer*

vóórkomen [het-woord] *appearance*; *looks*
[werkwoord] • gebeuren *happen*; *occur* ⋆ het komt nog regelmatig voor dat ... *it still happens regularly that ...* ⋆ rugklachten komen in mijn familie veel voor *back troubles occur frequently in our family*
• ‹rechten› *appear (in court)* ⋆ zij moet morgen vóórkomen *she has to appear in court tomorrow*

voorkómen *prevent*

voorletter *initial (letter)*

voorlezen ‹aan kinderen› *read (to)*; ‹aankondiging› *read (out)* ⋆ voorlezen uit een boek *read aloud from a book*

voorlichten *inform*

voorlichting *information*; *advice* ◆ seksuele voorlichting *sex education* ◆ iemand seksuele voorlichting geven *tell someone the facts of life*

voorlopen • voorop lopen *walk in front* • te snel gaan *be fast* ⋆ mijn horloge loopt tien minuten voor *my watch is ten minutes fast*

voorlopig [bijvoeglijk naamwoord] *temporary*; *provisional* ◆ voorlopig verslag *interim report*
[bijwoord] *for the time being*; *for now* ◆ voorlopig blijft hij een weekje thuis *to begin with he'll stay home for a week*

voornaam [de-woord] *first/Christian name*
[bijvoeglijk naamwoord] • *distinguished* • *main*; *leading* ⋆ hun voornaamste zorg *their main concern* ⋆ dat is het voornaamste *that is the main/most important thing*

voornaamwoord *pronoun*

voornamelijk *mainly*; *principally*; *chiefly*

voornemen [het-woord] *resolution*; *intention* ⋆ goede voornemens hebben *have good intentions*
[werkwoord + zich] *resolve*; *determine*; *make up one's mind (to)* ⋆ zij had zich vast voorgenomen met roken te stoppen *she had made up her mind to stop smoking*

vooroordeel *prejudice*; *bias*

voorop • *in front*
• *first*; *in the lead* ◆ voorop gaan *lead the way* ◆ voorop het boek *on the front of the book*

voorouder *ancestor*

voorover *head-first*; *headlong*; *forward* ⋆ ze viel voorover de trap af *she fell headlong down the stairs* ◆ voorover liggen *lie face down(ward)*

voorraad *stock*; *supply*; *store* ⋆ in voorraad *in stock*; *on hand* ⋆ uit voorraad leveren *deliver from stock* ⋆ uit voorraad leverbaar *available from stock* ◆ voorraad aanleggen *stock up*

voorrang *right of way*; *priority*; *precedence* ⋆ voorrang verlenen *give (right of) way* ⋆ geen voorrang verlenen *fail to give right of way* ◆ (verkeer van) rechts voorrang geven *give way to the right* ◆ voorrang geven aan betere levensomstandigheden *give preference to better living conditions*

voorrangsweg *major road*; *main road*

voorruit *windscreen*

voorschijn ◆ hij haalde een mes te voorschijn *he produced a knife* ◆ zij kwam plots te voorschijn *she suddenly appeared/showed up/turned up*

voorschot *advance*; *loan* ⋆ iemand een

voorschot geven *give someone an advance/a loan*

voorspellen *predict; forecast* ◆ iemand de toekomst voorspellen *tell someone's future* ◆ ik heb het altijd al voorspeld *I have always told you so*

voorspelling *prediction; prophecy; forecast* ★ weersvoorspelling *weather forecast*

voorspoed *prosperity* ◆ voor- en tegenspoed *ups en downs* ◆ in voor- en tegenspoed *for better and for worse*

voorspoedig • *successful* • *prosperous; flourishing* ◆ alles verliep voorspoedig *everything went well*

voorsprong *(head)start; lead; advantage* ★ een voorsprong hebben op iemand *have a headstart on someone* ★ een goede opleiding geeft je een voorsprong in je carrière *a good education gives you a (head)start in your career*

voorstaan *be in front* ★ de auto staat voor *the car is in front/at the door*

voorstander *advocate; supporter* ★ hij is een voorstander van het verbod op roken *he is an advocate of the ban on smoking*

voorstel *proposal; suggestion* ★ op voorstel van *at the suggestion of* ★ een voorstel doen *make a proposal; offer a suggestion*

voorstellen [**werkwoord + iemand/iets**] • presenteren *introduce* ★ mag ik mij even voorstellen? *may I introduce myself?* • plan voorstellen *propose; suggest; make a suggestion* ★ ik stel voor dat we naar huis gaan *I suggest that we go home* • afbeelden *depict; represent* ★ dit schilderij stelt een jong meisje voor *this painting depicts a young girl* • betekenen ★ wat moet dit voorstellen? *what is this supposed to mean/be?* ★ dat stelt niets voor *that doesn't mean anything/a thing*
[**werkwoord + zich**] • zich voorstellen *imagine; picture; recall* ★ stel je voor! *just imagine!* ★ ik kan me haar gezicht niet meer voorstellen *I can't recall her face anymore* • van plan zijn *intend; mean*

voorstelling • *show; performance;* ‹van toneel› *play* • afbeelding *representation; depiction* • denkbeeld *idea; notion; impression* ◆ zich een voorstelling maken van iets *imagine something* ◆ ik had daar een heel andere voorstelling van *I had imagined something entirely different*

voortaan *from now on; in future*

voortbewegen *drive; propel; move (on)*

voortbrengen *produce; create; bring about; generate* ★ kinderen voortbrengen *produce children* ★ veranderingen voortbrengen *bring about changes*

voortdurend [**bijvoeglijk naamwoord**] *constant; continual; continuous* ★ een voortdurende bron van vreugde *a constant source of joy* ★ ik haat haar voortdurende gezeur *I hate her constant nagging*
[**bijwoord**] *constantly; continually; continuously*

voorteken *omen; sign*

voortkomen • *stem from; follow from; originate from* • afkomstig zijn *stem/originate from* ◆ daar kan niets goeds uit voortkomen *nothing good can come from that*

voortplanten *reproduce; multiply* ★ konijnen planten zich snel voort *rabbits multiply quickly*

voortplanting *reproduction; multiplication*

voortreffelijk *excellent*

voortrekken *favour; give preference to* ★ sommige leerlingen worden duidelijk voorgetrokken *some pupils are clearly favoured above others*

voortzetten *continue; go on with; carry on; proceed with* ★ de vredesonderhandelingen voortzetten *continue (the) peace talks*

vooruit [**bijwoord**] • *ahead; further* ★ recht vooruit *straight ahead* ★ zij was haar tijd ver vooruit *she was far ahead of her time* • van tevoren *in advance; beforehand* ◆ hier kunnen we een poosje mee vooruit *this will keep us going for a*

while ◆ ik kan niet voor- of achteruit *I'm completely stuck*
[**tussenwerpsel**] *come on!*; *go ahead!* ◆ vooruit dan maar! *all right then!*

vooruitgang *progress*; *advance*; ⟨verbetering⟩ *improvement*

vooruitzicht *prospect*; *outlook* ⋆ goede vooruitzichten hebben *have good prospects*

voorval *incident*

voorwaarde *condition*; *provision*; ⟨vereiste⟩ *requirement* ⋆ op voorwaarde dat *on the condition that* ◆ onder geen voorwaarde *on no account*

voorwaarts [**bijvoeglijk naamwoord**] *forward(s)*
[**bijwoord**] *forward(s)* ⋆ een stap voorwaarts maken *take a step forward(s)*

voorwerp • *object*
• ⟨taal⟩ *object* ⋆ lijdend voorwerp *direct object* ⋆ meewerkend voorwerp *indirect object* ◆ gevonden voorwerpen *lost property*

voorwiel *front wheel*

voorzetsel *preposition*

voorzichtig [**bijvoeglijk naamwoord**] *careful*; *cautious*
[**tussenwerpsel**] *watch out!*; *(be) careful!*; *caution!*

voorzien • *foresee*; *anticipate*
• voorzien in *provide (for)*; *see to*; *supply*
• voorzien van *provide|supply with* ⋆ vluchtelingen voorzien van voedsel *provide refugees with food* ◆ dat was te voorzien *that was to be expected* ◆ in een behoefte voorzien *fill a need*

voorziening • *provision*
• *facilities* ⋆ sanitaire voorzieningen *sanitary facilities* ◆ een huis met alle voorzieningen *a house with all conveniences* ◆ sociale voorzieningen *social services*

voorzitter *chairman* [vrouwelijk: *chairwoman*]; *president* ◆ voorzitter zijn *chair a meeting*

voorzorg *precaution* ⋆ iets uit voorzorg doen *do something as a precaution*

vordering • vooruitgang *progress*; *headway* ⋆ vorderingen maken *make headway*
• eis *claim*

voren *front* ⋆ naar voren *to the front* ⋆ van voren *in front* ◆ naar voren brengen *put forward* ◆ van voren af aan *from the beginning*

vorig *previous*; *last*; *earlier*; *former* ⋆ de vorige eigenaar *the previous owner* ⋆ vorige week *last week* ⋆ vorige week zondag *Sunday of last week*

vork *fork*

vorm • *form*; *shape* ⋆ vorm geven aan een idee *give shape to an idea*; *express an idea*
• conditie *shape*; *condition* ⋆ in goede vorm zijn *be in good shape|condition* ◆ de lijdende vorm *the passive voice*

vormen *shape*; *form*; *mould* ⋆ (zich) een oordeel vormen over iets *form an opinion about something*

vorst • koning *sovereign*; *monarch*
• het vriezen *frost* ⋆ zes graden vorst *six degrees of frost* ⋆ er zit vorst in de grond *there's frost in the ground*

vos *fox* [vrouwelijk: *vixen*]

vouw *fold*; ⟨in broek, papier⟩ *crease* ⋆ een scherpe vouw *a sharp crease*

vouwen *fold* ⋆ het papier was in tweeën gevouwen *the paper was folded in two*

vraag • *question*; ⟨verzoek⟩ *request* ⋆ iemand een vraag stellen *ask someone a question* ⋆ de vraag rijst *the question arises*
• behoefte *demand* ⋆ vraag en aanbod *supply and demand* ⋆ er is veel vraag naar *it is in great demand* ◆ dat is nog maar de vraag *that remains to be seen*

vraagstuk *problem*; ⟨opgave⟩ *assignment*

vraagteken *question mark* ◆ ergens vraagtekens bij zetten *have doubts about something*

vracht *load*; ⟨auto, schip, vliegtuig⟩ *cargo*; ⟨schip, trein, vliegtuig⟩ *freight* ⋆ een vracht boeken *a load of books*

vrachtschip *freighter*; *cargo ship*

vrachtwagen *lorry*; *truck*

vragen *ask*; *inquire (after)*; *request* ⋆ iemand de weg vragen *ask someone the way* ⋆ om de rekening vragen *ask for the bill* ⋆ iemand op een feestje vragen *ask|invite a person to a party* ⋆ dat is vragen om moeilijkheden *that's asking for trouble* ⋆ naar iemands gezondheid vragen *inquire after somebody's health* ⋆ ze vroegen om politiek asiel *they requested for political asylum*

vrede • *peace* ⋆ vrede sluiten met *make peace with*
• rust *peace*; *quiet*

vredig *peaceful*; *quiet*

vreedzaam *peace-loving*; *peaceful*; *non-violent*

vreemd • *strange*; *odd*; *unfamiliar*; *unusual* ⋆ het was vreemd hem zonder zijn uniform te zien *it was strange seeing him without his uniform* ⋆ een vreemd kind *an odd child*
• uit een ander land/onbekend *foreign*; *strange*; *alien* ⋆ een vreemde taal *a foreign language* ⋆ vreemd geld *foreign currency* ⋆ het werk was nog wat vreemd voor hem *he was still a little strange to the work*; *he was still unfamiliar with the work* ⋆ vreemde strijdmachten *alien forces* ⋆ zo'n houding is me vreemd *such an attitude is alien to me* ◆ ik ben hier zelf ook vreemd *I'm a stranger here myself* ◆ vreemd gaan *have an affair*; *sleep around*

vreemdeling *foreigner*; *stranger*; *alien* ⋆ illegale buitenlanders inhuren *hire illegal aliens*

vrees *fear*; *fright*; *dread* ⋆ uit vrees voor *for fear of* ⋆ ze dacht met vrees aan de lange winter *she thought with dread of the long winter* ◆ vrees aanjagen *frighten*; ‹sterker› *terrify*

vrek *miser, skinflint*; *Scrooge*

vreselijk *dreadful*; *terrible*; *frightful* ◆ hij had een vreselijke dorst *he was terribly thirsty* ◆ dat was vreselijk aardig *that was awfully kind* ◆ we hebben vreselijk gelachen *we nearly died laughing*

vreten *stuff/cram (oneself)* ⋆ hij eet niet, hij vreet *he doesn't eat, he stuffs himself* ⋆ ze zaten zich vol te vreten *they were busy stuffing themselves*

vreugde *joy*; *delight*; *pleasure* ⋆ tot mijn vreugde zag ik John *I was pleased to see John* ◆ vreugde scheppen in *enjoy*; *take delight in*

vrezen [werkwoord] vrezen voor *fear for* ⋆ men vreest voor zijn leven *they fear for his life*
[werkwoord + iemand/iets] *fear*; *dread*; *be afraid* ⋆ ik vrees van wel *I'm afraid so* ⋆ ik vrees van niet *I'm afraid not*

vriend *friend* ⋆ vrienden en vriendinnen *friends* ⋆ goede vrienden zijn/worden met *make friends with*; *be/become friendly with* ⋆ dikke vrienden zijn *be close friends* ◆ correspondentievriend *pen-pal* ◆ ze heeft een vriend(je) *she's got a boyfriend*

vriendelijk [bijvoeglijk naamwoord] *kind*; *friendly* ⋆ wilt u zo vriendelijk zijn om op te staan? *would you be so kind (as) to stand up?* ⋆ je moet wat vriendelijker zijn *you should be more friendly*
[bijwoord] *kindly*; *in a friendly way/manner*

vriendin *(girl)friend* ⋆ hij stelde zijn vriendin voor aan zijn ouders *he introduced his girlfriend to his parents*

vriendschap *friendship* ⋆ vriendschap sluiten met *make friends with*

vriespunt *freezing (point)*

vriezen *freeze* ⋆ het vroor hard *it was freezing hard* ⋆ het vroor vijf graden *it was five degrees below freezing* ◆ het vriest dat het kraakt *there is a sharp frost*

vriezer *freezer*; *deep freeze*

vrij [bijvoeglijk naamwoord] • *free* ⋆ de vrije markt *the free market* ⋆ een vrij land *a free country* ⋆ vrije keus *free choice* ⋆ vrije schop *free kick* ⋆ vrije slag *free style* ⋆ vrij van zorgen *free from worries* ⋆ vrij uur ‹school› *free period* ⋆ veel vrij hebben *have much leisure/free time*
• onbezet *free*; *vacant* ⋆ is deze plaats nog vrij? *is this seat free?* ⋆ is de wc vrij? *is the lavatory (loo) free/vacant?*
• gratis *free* ⋆ vrije toegang *entrance free* ⋆ een vrijkaartje *a free ticket* ⋆ hij mag vrij reizen *he may travel free of charge* ◆ de weg was vrij *the road was clear* ◆ vrije tijd *spare time*; *leisure (time)* ◆ vrije avond/dag *evening/day*

V

off ◆ vrij krijgen *get time off* ◆ een stoel vrij houden *reserve a seat*
[**bijwoord**] *rather*; *pretty* ★ vrij veel *pretty much*; *quite a lot*

vrijaf *off* ★ een dag vrijaf nemen *take a day off*

vrijdag *Friday* ★ op vrijdag *on Friday* ★ Goede Vrijdag *Good Friday*

vrijen *neck*; *pet*; *make love*; *go to bed with* ★ ze zaten in de auto te vrijen *they were necking|petting in the car*

vrijgevig *liberal*; *generous*

vrijgezel *single*; *unmarried*

vrijheid *freedom*; *liberty* ★ in vrijheid leven *live in freedom* ★ vrijheid van meningsuiting *freedom of speech* ★ vrijheid van godsdienst *freedom of religion* ◆ in vrijheid stellen *release*; *set free*

vrijlaten • *release*; *(set) free* ★ gevangenen vrijlaten *release|set free prisoners*
• open laten/vrijlaten *leave free|clear*; *leave vacant* ★ deze stoelen vrijlaten a.u.b. *please leave these seats free* ★ iemand vrijlaten om te kiezen *leave someone free to choose*
• niet verplichten *leave free*; *put no control|pressure on*

vrijmaken *deliver (from)*; *liberate*; *release*; *set free*; *clear* ★ de weg vrijmaken voor *clear the way for* ◆ tijd vrijmaken voor *make time for* ◆ zich vrijmaken van *free oneself from*; *rid oneself of*

vrijmoedig *frank*; *free*; *candid* ◆ vrijmoedig spreken *speak openly*; *speak your mind*

vrijspreken *acquit (from)*; *clear* ★ hij werd vrijgesproken *he was acquitted|cleared*

vrijwel *almost*; *practically*; *nearly* ★ dat is vrijwel onmogelijk *that is almost|practically impossible*

vrijwillig *voluntary*

vrijwilliger *volunteer*

vroeg *early*; *soon*; *premature* ★ 's morgens vroeg *early in the morning* ★ vroeg of laat *sooner or later* ★ een uur te vroeg *an hour early* ★ vroeg beginnen *make an early start* ★ de baby werd één maand te vroeg geboren *the baby was a month premature*

vroeger [**bijvoeglijk naamwoord**] *earlier*; *former*; *previous* ★ in vroegere tijden *in former times* ★ zijn vroegere vrouw *his former|ex-wife*
[**bijwoord**] *previously*; *formerly* ◆ vroeger ging hij altijd vissen *he used to go fishing* ◆ vroeger geloofden mensen in heksen *in former times people believed in witches*

vrolijk *cheerful*; *merry* ★ een vrolijke bui *a cheerful mood* ★ vrolijk kerstfeest! *merry Christmas!*

vroom *pious*

vrouw • *woman* [meervoud: *women*] ★ een werkende vrouw *a working woman*
• echtgenote *wife* [meervoud: *wives*]
• speelkaart *queen* ★ schoppen vrouw *queen of spades*

vrouwelijk ⟨mbt. geslacht⟩ *female*; *feminine*; *woman* ★ een vrouwelijke dokter *a female|woman docter* ★ het vrouwelijke geslacht *the female sex* ★ vrouwelijke charme *feminine charm* ★ dat woord is vrouwelijk *that word is feminine*

vrucht *fruit* ★ je moet veel fruit eten *you should eat a lot of fruit* ★ vrucht dragen *bear fruit*

vruchtbaar *fertile*; ⟨van grond⟩ *rich* ★ vruchtbare grond *fertile|rich soil* ◆ een vrouw in de vruchtbare leeftijd *a woman of childbearing age* ◆ dat was een vruchtbaar gesprek *that was a fruitful conversation*

vruchtensap *fruit juice*

VSA Verenigde Staten van Amerika *USA*

vuil [**het-woord**] • *dirt*; *filth*; *grime* ★ was het vuil van je gezicht *wash the grime off your face*
• afval *refuse*; *rubbish*; ⟨Amerikaans⟩ *garbage* ★ vuil storten *tip|dump rubbish* ★ grof vuil *bulky rubbish* ★ huisvuil *household refuse|rubbish*
[**bijvoeglijk naamwoord**] • niet schoon *dirty*; ⟨in sterke mate⟩ *filthy*; *grimy*; *grubby* ★ vuile handen *dirty hands* ★ een vuile industriestad *a grimy industrial city* ★ vuil goed *dirty|soiled*

linen ★ vuile was *dirty clothes*
[**bijwoord**] • gemeen *dirty* ★ vuile streek *dirty trick* ★ een vuil zaakje *a dirty business* ★ hij keek me vuil aan *he gave me a dirty/black look*

vuilnis *refuse*; *rubbish*; ‹Amerikaans› *garbage*
vuilnisbak *dust-bin*; *rubbish bin*; ‹Amerikaans› *trashcan*
vuilniszak *rubbish bag*; *refuse bag*; *bin liner*
vuist *fist* ★ gebalde vuisten *clenched fists* ◆ voor de vuist weg *off-hand*
vulkaan *volcano*
vullen *fill up*; ‹met lucht› *inflate*; ‹gevogelte› *stuff* ★ een gat vullen *fill/stop a hole* ★ haar ogen vulden zich met tranen *her eyes filled with tears* ★ een kalkoen vullen *stuff a turkey*
vurig • *fiery*; *red-hot* ★ vurige kolen *fiery/red-hot coals*
• hartstochtelijk *fervent*; *ardent*; *passionate*; *spirited*; *burning* ★ vurige aanhangers *fervent/ardent supporters* ★ vurige minnaar *passionate lover* ★ vurige toespraak *passionate/spirited speech* ★ vurig verlangen *burning desire*
vuur • *fire* ★ vuur maken *make a fire* ★ vuur vatten *catch fire* ★ het vuur openen op *open fire at/on* ★ onder vuur nemen/zijn *take/be under fire*
• geestdrift *fire*; *ardour* ★ haar ogen waren vol vuur *her eyes were full of fire* ◆ vol vuur zijn over *be enthusiastic about* ◆ in vuur en vlam staan *be ablaze*

V

vuur: Op 2 september 1666 brak er in een bakkerij in Londen brand uit. Het vuur sloeg al snel over naar omringende gebouwen en de harde wind van die dag wakkerde het vuur nog verder aan. Doordat veel gebouwen toen nog van hout waren, kon het vuur snel om zich heen grijpen. Na drie dagen was de brand eindelijk geblust: het grootste deel van het centrum, waaronder 13.000 huizen en 87 kerken, was verwoest.

vuurpijl *rocket*
vuurtje *light* ★ iemand een vuurtje geven *give someone a light*

vuurtoren *lighthouse*
vuurwapen *firearm*
vuurwerk *firework(s)*
vwo *pre-university education*

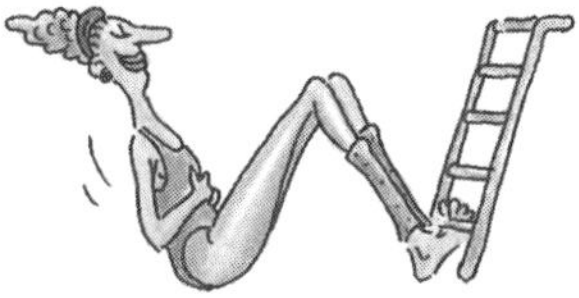

w *w* ◆ de W van Willem *W as in William*
waaien *blow* ⋆ de wind waait uit het oosten *the wind is blowing from the east* ⋆ er waren veel pannen van het dak gewaaid *a great many tiles were blown off the roof*
Waal *Walloon* ⋆ een Waalse *a Walloon woman*
Waals *Walloon*
waan *delusion* ⋆ in de waan verkeren dat ... *be under the delusion|impression that ...*
waanzin • krankzinnigheid *madness*; *insanity* ⋆ oorlog is veelal je reinste waanzin *war is often pure madness*
• onzin *nonsense*
waanzinnig [**bijvoeglijk naamwoord**]
• krankzinnig *insane*; *mad*
• onzinnig *crazy*; *mad* ⋆ een waanzinnig plan/idee *a crazy plan|idea*
[**bijwoord**] ⋆ waanzinnig verliefd zijn op iemand *be madly in love with someone*
waar [**de-woord**] *merchandise*; *goods*
◆ hij kreeg waar voor zijn geld *he got his money's worth*
[**bijvoeglijk naamwoord**]
• waarheidsgetrouw *true* ⋆ dat is niet waar, wat je nu zegt *that is not true, what you're saying now*
• echt *true*; *real*; *genuine* ⋆ zij heeft haar ware liefde gevonden in Jack *she has found her true love in Jack*
[**bijwoord**] • vragend *where*; ‹met voorzetsel› *what* ⋆ waar ben je geboren? *where were you born?* ⋆ waar gaat het om? *what is it about?*
• betrekkelijk *where*; ‹met voorzetsel› *that*; *which* ⋆ dit is het huis waar hij geboren is *this is the house where he was born* ⋆ dit is het boek waar ik het over had *this is the book which|that I talked about*
waard *worth*; *worthy of* ⋆ zijn vriendschap is niets waard *his friendship is worth nothing* ⋆ het is het proberen waard *it's worth trying*
waarde • bezitswaarde *value*; *worth* ⋆ zij hebben een huis gekocht ter waarde van 300.000 euro *they bought a house to the value of 300.000 euro*
• belang *value*; *merit* ⋆ iets op de juiste waarde schatten *rate something at its true value|merit*
waardebon *(gift) coupon*
waarderen *value*; *appreciate* ⋆ je cadeau werd zeer gewaardeerd *your gift was highly appreciated*
waarheen • vragend *where*; *where to* ⋆ waarheen zullen we gaan? *where shall we go to?*
• betrekkelijk *where*; *to which* ⋆ de stad waar zij heen gingen *the city (where) they went (to)*
waarheid *truth* ⋆ de waarheid spreken *tell the truth*
waarnemen *perceive*; *observe*; *notice*
waarnemer *observer*
waarom • vragend *why*; *what*
• betrekkelijk *why*; *that*
waarschijnlijk *probable*; *likely* ⋆ je vriend stuurt je waarschijnlijk een kaart *your friend will probably send you a postcard*
waarschuwen *warn*; *caution (against)* ⋆ ze was gewaarschuwd voor zijn driftbuien *she had been warned about his outbursts of anger*
waarschuwing • het waarschuwen *warning* ⋆ zonder voorafgaande waarschuwing *without previous warning*
• vermaning *warning*; *caution*
waarzegster *fortune-teller*
waas *haze*; ‹voor de ogen› *mist* ⋆ hij kreeg een waas voor zijn ogen *he got a mist before his eyes*
wacht • het waken *watch* ⋆ de wacht hebben/houden *keep watch*; *be on guard (duty)*
• persoon/personen *watchman*; *guard* ⋆ de wisseling van de wacht bij Buckingham Palace *the changing of the guard at Buckingham Palace* ◆ op

wacht staan *stand guard*; *be on duty*
wachten • in afwachting zijn *wait* ⋆ wachten op *wait for* ⋆ mensen laten wachten *keep people waiting*
• nog niet beginnen *wait* ◆ wacht eens even *just a minute (please)*; ‹informeel› *hold on*; ‹telefoon› *hang on a minute*
wachter *watchman*
wachtkamer *waiting room*
wachtlijst *waiting list*
wachtwoord *password*
wafel *wafer*; *waffle*
wagen [**de-woord**] *(motor)car*
[**werkwoord + iemand/iets**] • durven *dare*; *hazard* ⋆ waag het niet! *don't you dare!*
• riskeren *risk*; *venture* ⋆ je leven wagen *risk your life*
wagenziek *carsick*
waggelen *totter*; ‹van eend, dikzak› *waddle*; ‹van klein kind› *toddle*
wagon *carriage*; *wagon*; ‹voor goederen› *van*
wak *hole (in the ice)* ⋆ hij reed een wak in *hij skated into a hole*
waken • wakker blijven *watch*; *stay awake*
• beschermend toezien *(keep) watch*; *guard* ⋆ waken over iemands spullen *watch over somebody's things*
wakker *awake* ⋆ ik word vaak te vroeg wakker *I often wake up too early* ⋆ wakker maken *wake*
wal • vasteland *land*; *shore* ⋆ de bemanning van het schip ging aan wal *the crew of the ship went ashore*
• onder de ogen *bag* ⋆ wallen onder je ogen hebben *have bags under your eyes*
Wales *Wales*
walgen ⋆ ik walg ervan *I find it disgusting*; *it makes me sick*
Wallonië *Walloon provinces*
walm *(dense) smoke*; *smother*
wals • dans *waltz* ⋆ de Engelse/Weense wals *the English/Viennese waltz*
• op de weg *roadroller*
walvis *whale*
wand *wall*; ‹van rots, berg› *face* ⋆ we beklommen de zuidwand van de berg *we climbed the south face of the mountain*

wandelen *walk* ⋆ gaan wandelen *go for a walk* ⋆ laten we gaan wandelen in dit mooie weer *lets go for a walk in this beautiful weather*
wandeling *walk*; *stroll* ⋆ een wandeling maken *take a walk/stroll*
wang *cheek* ⋆ je hebt een rode blos op je wangen *you've got a red flush on your cheeks*
wanhoop *despair* ⋆ uit wanhoop *out of despair*
wanhopig *desperate*; *despairing*
wankel *unsteady*; *unstable*; *shaky* ⋆ de tafel staat op wankele poten *the table stands on shaky legs*
wanneer [**bijwoord**] *when* ⋆ wanneer kom je eens eten bij me? *when will you come and have dinner at my place?*
[**voegwoord**] • op het moment dat *when* ⋆ we zijn er allemaal wanneer hij komt *we shall all be there when he arrives*
• indien *if*
want [**de-woord**] *mitten*
[**voegwoord**] *for*; *because* ⋆ je wordt verkouden want je hebt op de tocht gezeten *you'll catch a cold for you sat in the draught*
wantrouwen [**het-woord**] *distrust*; *mistrust*
[**werkwoord + iemand/iets**] *distrust*; *mistrust*
wapen *weapon*; *arms* [meervoud] ⋆ naar de wapens grijpen *take up*

W

arms ★ biologische/chemische wapens *biological/chemical weapons*

wapperen *wave*; *blow*; ⟨van vlag⟩ *fly* ★ ik houd ervan mijn haar te laten wapperen in de wind *I love to blow my hair in the wind*

war ★ in de war raken ⟨van personen⟩ *get confused/muddled*; ⟨van dingen⟩ *get mixed up*; ⟨van touw⟩ *get entangled/knotted*

warenhuis *department store*

warm • met hoge temperatuur *hot*; *warm* ★ warm eten *hot meal* ★ het warm hebben *be warm* ★ het warm krijgen *get warm*
• hartelijk *warm(-hearted)* ◆ warme bakker *fresh bakery*

warmen *warm*; *heat* ★ je handen warmen aan het vuur *warm your hands at the fire*

warmte *warmth*; *heat* ★ lampen geven vaak veel warmte af *lamps/lights often give off a lot of heat*

was [**de-woord**] • het wassen *wash*; *washing* ★ de was doen *do the wash(ing)/laundry*
• wasgoed *wash*; *laundry* ★ de fijne/bonte was *the delicate/coloured wash* ★ ik kom zo, ik moet nog even de was ophangen *I'll come in a minute, I have to hang out the laundry first*
[**de/het-woord**] *wax* ★ iets in de was zetten *wax something*

wasbak *washbasin*; *sink*

washandje *face cloth/flannel*; ⟨Amerikaans⟩ *wash cloth*

wasmachine *washing machine*

wasmiddel *detergent*

wassen [**bijvoeglijk naamwoord**] *wax(en)* ★ de wassen beelden bij Madame Tussaud *the waxen figures at Madame Tussaud's*
[**werkwoord + iemand/iets**] *wash* ★ oma kan zich niet meer zo goed zelf wassen *grandma can't wash herself properly anymore*

wat [**bijwoord**] *somewhat*; *a little/bit* ★ ik kom wat later *I'll come a little later*
[**voornaamwoord**] *what* ★ wat is er? *what is it?*; *what's the matter?* ★ wat een boeken! *what a lot of books!* ◆ wat dans je goed! *how well you dance!*
[**voornaamwoord**] *what*; *that* ★ je kunt zeggen wat je wil, maar ... *you can say what you like, but ...* ★ het ergste wat je kan overkomen *the worst thing that may happen to you*
[**voornaamwoord**] ⟨zelfstandig gebruikt⟩ *something*; ⟨bijvoeglijk gebruikt⟩ *some* ★ er zit wat in *there is something in it* ★ neem nog wat druiven *have some more grapes* ◆ wat er ook gebeurt *whatever happens*

water • vloeistof *water* ★ een kamer met warm en koud stromend water *a room with hot and cold running water* ★ een glas water *a glass of water* ★ planten water geven *water plants*
• meer, rivier, etc. ⟨algemeen⟩ *water*; ⟨waterweg⟩ *waterway* ◆ internationale wateren *high seas*

Waterman *Aquarius* ★ mijn teken van de dierenriem is Waterman *my sign of the zodiac is Aquarius*

waterpokken *chickenpox*

watersport *water sport(s)*; *aquatic sport(s)*

waterval *waterfall*

watje • propje watten *wad of cotton wool*
• persoon *softy* ★ soms ben je zó een watje! *sometimes you're such a softy!* ◆ watjes in de oren *ear plugs*

wattenstaafje *cotton bud*; ⟨Amerikaans⟩ *Q-Tip*

wazig *hazy*; *foggy*

wc *toilet*; *lavatory*; *WC* ★ naar de wc moeten *have to go to the toilet*

wc-papier *toilet paper*

we *we*

wedden *bet* ★ ik wed dat je morgen

W

weer te laat bent *I'll bet that you'll be late again tomorrow* ★ wedden op een bepaald paard *bet on a particular horse*

weddenschap *bet*; *wager* ★ een weddenschap met iemand aangaan *lay down a bet with someone*

wedstrijd *competition*; *match*; *contest*

weduwe *widow* ★ ze werd weduwe op haar 50ste *she was left|became a widow at the age of 50*

weduwnaar *widower*

wee [de-woord] *labour pain*; *contraction* ★ ze heeft al drie uur weeën *she is having contractions|labour pains for three hours now*
[bijvoeglijk naamwoord] *faint*; *sickly* ★ wee van honger *faint with hunger*
[tussenwerpsel] *woe*

weegschaal *(pair of) scales*; *balance*

Weegschaal *Libra* ★ mijn teken van de dierenriem is Weegschaal *my sign of the zodiac is Libra*

> **week**: De dagen van de week beginnen in het Engels altijd met een hoofdletter, bijvoorbeeld *Tuesday* (dinsdag). Dat geldt trouwens ook voor namen van maanden: *October* (oktober).

week [de-woord] *week* ★ door de week *during the week*; *on weekdays* ★ over een week *in a week's time* ★ verleden/volgende week *last|next week* ★ woensdag over een week *Wednesday week* ★ morgen over drie weken *three weeks from tomorrow*
[bijvoeglijk naamwoord] • zacht *soft* • teer *soft*; *weak* ★ hij is een week jongetje *he is a weak little boy*

weekblad *weekly magazine|journal*

weekeinde *weekend*

weer [het-woord] *weather* ★ het is mooi weer *the weather is fine* ★ in weer en wind *in all weathers* ★ het weer slaat om *the weather is turning|breaking*
[bijwoord] • opnieuw *again*; *once more* • terug *back* ★ heen en weer *there and back*

weerbericht *weather forecast*; ⟨Amerikaans⟩ *weather report*

weergeven • reproduceren *reproduce*; *report*; *reflect* ★ zijn woorden gaven precies weer hoe we ons voelden *his words reflected our feelings precisely* • vertolken ⟨in een taal⟩ *render*; ⟨van gevoel, situatie⟩ *describe*; ⟨van toneelstuk, muziek⟩ *perform*

weerhouden *hold back*; *stop*; *keep* ★ dat zal mij niet weerhouden te gaan *that will not keep me from going*

weerstaan *resist* ★ de verleiding weerstaan *resist the temptation*

weerstand *resistance*; *opposition* ◆ weerstand voelen tegen iets *feel an aversion to something*

weersverwachting *weather forecast*; ⟨Amerikaans⟩ *weather report*

weerzin *reluctance*; *repugnance (to)* ◆ met weerzin zette hij zich aan zijn huiswerk *reluctantly he put himself to his homework*

wees *orphan*

weeshuis *orphanage*

weg [de-woord] • straat *path*; *road* ★ de grote weg *the main road* ★ de openbare weg *the public highway|road* ★ een weg inslaan *take a road* ★ langs de weg *by the wayside*; *along the road* • traject *road*; *way* ★ op weg zijn ergens naartoe *be on the way|road to somewhere* • doortocht *way* ★ in de weg staan *be in the way* ★ uit de weg (gaan) *(get)*

W

out of the way
• manier, middel *way*; *means*
[**bijwoord**] • afwezig *away*; *gone*
★ onze poes is al een paar weken weg *our cat has been gone for a few weeks now*
• weg van *crazy about* ★ ze is er 'weg' van *she was crazy about it* ◆ wegwezen *clear out!*; *get lost!*

wegbrengen • elders brengen *take (away)* ★ ik zal de post wegbrengen (naar het postkantoor) *I'll take the post (to the post offfice)*
• vergezellen *see off* ★ ik breng tante wel weg naar het station *I'll see auntie off to the station*

wegdoen *dispose of*; *get rid of*

wegen [**werkwoord**] *weigh* ★ veel wegen *weigh/be heavy* ★ zij weegt 80 kilo *she weighs 80 kilos* ◆ het zwaarst wegen *preponderate*; *come first*
[**werkwoord + iemand/iets**] *weigh*
★ weigh the cat *de kat wegen*

wegens *because of*; *on account of*; *due to* ★ wegens vakantie gesloten *closed because of holidays*

weggaan *go away*; *leave* ◆ ach, ga weg! *you're kidding!*

weggeven ⟨ook figuurlijk⟩ *give away* ★ ik heb mijn verzameling Pokémon-kaarten weggegeven *I gave away my collection of Pokémon cards*

weggooien *throw/fling away*

weghalen • *remove*; *take away* ★ ik laat die moedervlek weghalen *I will have that birthmark removed*
• stelen *remove*

weglaten *leave/miss out*; *omit* ★ de belangrijkste feiten uit een verhaal weglaten *leave out the most important facts from a story*

wegleggen *put aside/away*

weglopen • wegvloeien *run off/out*
★ water laten weglopen uit de badkuip *drain water from the bathtub*
• er vandoor gaan *run away*; *make off*
◆ zij is bij haar man weggelopen *she walked out on her husband*

wegnemen *take away*; *remove*

wegraken • zoekraken *get lost*
• flauwvallen *faint*; *pass out*

wegsturen • wegzenden *send away*; ⟨ontslaan⟩ *dismiss*
• verzenden *mail*; *dispatch*

wei, weide • hooiland *meadow*
• grasland *pasture*; *grass(land)* ★ het vee staat/loopt in de wei *the cattle is at the grass*
• kleine wei voor paard *paddock*
• speelwei *playground*

weigeren [**werkwoord**] *fail* ★ de remmen van de auto weigerden *the brakes of the car failed*
[**werkwoord + iemand/iets**] • niet toestaan *refuse*; *deny*; ⟨verzoek⟩ *turn down*
★ iemand de toegang weigeren *refuse a person admittance*
• niet willen doen *refuse* ★ weigeren iets te doen *refuse to do something*

weigering *refusal*

weiland *pasture*; *grazing*

weinig [**bijwoord**] *rarely*; *seldom* ★ zij is weinig thuis *she's hardly ever home*; *she is seldom at home*
[**voornaamwoord**] *little*; *not much* ★ we kunnen er weinig aan doen *there's little we can do about it* ★ hij dronk weinig *he didn't drink much*
[**telwoord**] *few*; *not many* ★ weinig leerlingen hadden een voldoende *not many students had a pass mark*

wekelijks *weekly*

wekken *wake*; *(a)waken*; *call*

wekker *alarm (clock)* ★ de wekker op zeven uur zetten *set the alarm for seven o'clock*

wel • tegenover: niet ★ ik denk het wel *I think so* ★ ik houd er wel van *I rather like it*; ‹met nadruk› *I do like it* ★ het is wel wat duur *it is rather expensive*
• tamelijk ★ het was wel leuk, hoor *it was quite pleasant, you know*
• versterkend *very* ★ dank u wel *thanks very much* ★ dat is wel zo aardig *that would be very nice|kind indeed*
weleens *ever* ★ heb jij weleens een dolfijn geaaid? *have you ever stroked a dolphin?*
welk [**voornaamwoord**] *which*; *what* ★ welke poes vind jij de leukste? *which cat do you like most?*
[**voornaamwoord**] *whatever*; *whichever*; *any* ★ welke cd je ook wilt, ik koop hem voor je *whatever cd you want, I'll buy it for you*
welkom *welcome!*
welnee *of course not*
welp • dier *cub* ★ de leeuwin beschermt haar welpen *the lioness protects her cubs*
• padvinder *Cub Scout*
welterusten *sleep well*; *good-night*
welvaart *prosperity*; *affluence*
wenden [**werkwoord + iemand/iets**] *turn*
◆ hoe je het ook wendt of keert *whichever way you look at it*
[**werkwoord + zich**] wenden tot *turn (to)*; *apply|turn (to)* ★ voor informatie kunt u zich wenden tot de informatiebalie *for information you can turn to the inquiry desk*
wending *turn* ★ een ongunstige/gunstige wending nemen *take a turn for the worse|better*
wenk • gebaar *sign*; ‹blik› *wink*
• aanwijzing *hint* ★ iemand een (stille) wenk geven *give a person a (gentle) hint*
wenkbrauw *eyebrow* ★ je wenkbrauwen fronsen *frown*; *knit your brows*
wennen *get used|accustomed to someone|something*
wens • verlangen *wish*; *desire* ★ een wens doen *make a wish*
• gelukwens *wish* ★ mijn beste wensen! *my best wishes!*
wensen • verlangen *wish*; *want* ★ wat wens je voor je verjaardag? *what do you want for your birthday?*
• toewensen ★ iemand alles goeds wensen *wish a person well*
wentelen [**werkwoord**] *turn*; *rotate*
[**werkwoord + iemand/iets**] *roll*; *turn*; *rotate* ★ de aarde wentelt zich om zijn as *the earth rotates on its axis*
wereld • aarde *world*; *earth* ★ over de hele wereld *all over the world* ★ een kind ter wereld brengen *bring a child into the world* ★ op de wereld *in the world*
• samenleving ★ de derde wereld *the Third World*

wereldbol *globe*
werelddeel *continent*; *part of the world*
wereldoorlog *world war* ★ de Tweede Wereldoorlog *World War II* ◆ de Eerste Wereldoorlog *the Great War*
wereldreis *journey around the world*; *world tour*
werk • arbeid *work*; ‹zwaar werk› *labour* ★ jongens, aan het werk! *to work, folks!*
• baan *employment*; *job* ★ Simon zoekt vast werk *Simon is looking for a regular job*
• product *work* ★ een knap stukje werk *a clever piece of work* ★ de verzamelde werken van Shakespeare *the (collected) works of Shakespeare*
werkboek *workbook*
werkelijk [**bijvoeglijk naamwoord**]
• bestaand *real*; *true* ★ wat is de werkelijke reden dat hij er niet is? *what is*

W

the true/real reason he is not here? • effectief *active*
[**bijwoord**] ★ ik weet het werkelijk niet *I really don't know*

werkelijkheid *reality*

werken • werk doen *work* ★ hij werkt erg hard *he works very hard* • functioneren *function*; ⟨van machine⟩ *work* ★ de nieuwe opzet werkt goed *the new set-up is functioning well* • beroep uitoefenen *work* ★ langer/korter gaan werken *work longer/shorter hours*

werkgever *employer*

werking • het functioneren *action*; *working*; *operation* ★ de roltrappen waren buiten werking gesteld *the escalators had been put out of action* • uitwerking *effect* ★ een heilzame werking hebben *have a wholesome effect*

werkloos *unemployed*; *out of work*

werkloosheid *unemployment*

werkloze *unemployed (person)*; *jobless (person)*

werknemer *employee*

werkstuk • vervaardigd stuk werk *piece of work* • scriptie ⟨school⟩ *paper* ★ je moet je werkstuk op tijd inleveren! *you have to hand in your paper in time!*

werktuig *instrument*; *tool*; *implement*

werkweek • *working week* • kamp *project week* ★ de klas ging met werkweek *the class had a project week*

werkwoord *verb*

werpen • gooien *throw*; ⟨met kracht⟩ *fling* ★ Wendy wierp de bal naar Susan *Wendy threw the ball to Susan* • baren ⟨hond⟩ *have puppies*; ⟨poes⟩ *have kittens*

wervel *vertebra* [meervoud: *vertebrae*]

wervelstorm *cyclone*; *hurricane*

wesp *wasp*

west *west* ★ West-Vlaanderen *West-Flanders*

westelijk *western*; *westerly* ★ in westelijke richting *in western direction*

westen *west* ★ ten westen van Montreal *(to the) west of Montreal* ★ het Wilde Westen *the Wild West* ◆ buiten westen zijn *be unconscious*

westers *western*

wet • wetmatigheid *law* ★ de wet van de zwaartekracht *law of gravitation* • voorschrift *law*; *act* ★ een wet aannemen *pass/enact a law*

weten • *know* ★ hij weet het *he knows* ★ zij is er niet, weet jij daar iets van? *she is not here, do you know anything about it?* ★ wist jij dat Elvis nog steeds leeft? *did you know (that) Elvis is still alive?* • weten te *succeed in* ★ hij wist zich te bevrijden *he succeeded in freeing himself*; *he managed to free himself*

wetenschap *science*

wetenschappelijk *scientific*

wettelijk *legal*

wettig *legal*; *lawful*; *legitimate* ★ wettig betaalmiddel *legal tender* ★ de gulden is in Nederland geen wettig betaalmiddel meer *the guilder is no legal tender anymore in The Netherlands*

weven *weave* ★ geweven textiel *woven textile*

wezen [**het-woord**] • schepsel *being*; *creature* ★ zie jij weleens buitenaardse wezens? *do you ever spot extraterrestrial/alien creatures?* • essentie *essence*; ⟨aard⟩ *nature* ★ in wezen is hij een goed mens *in essence he is a good person*
[**werkwoord**] *be*

whisky *whisky*; *Scotch*

wie [**voornaamwoord**] ⟨onderwerp⟩ *who*; ⟨wiens⟩ *whose*; ⟨na voorzetsel⟩ *whom*; ⟨keuze uit twee of meer⟩ *which* ★ van wie is dit? *whose is this?* ★ wie van hen? *which of them?* ★ aan wie moet ik dat geven? *to whom must I give it?*
[**voornaamwoord**] ⟨onderwerp⟩ *who*; ⟨wiens⟩ *whose*; ⟨voorwerp⟩ *whom* ★ de man van wie ik houd *the man whom I love*; ⟨spreektaal⟩ *the man that I love* ◆ wie zijn mond opendoet, wordt eruitgegooid *anybody that opens his mouth, is thrown out*
[**voornaamwoord**] *whoever* ★ wie er ook aanwezig is ... *whoever is present* ... ★ wie dan ook *whoever*; *anybody*;

anyone

wiebelen *wobble*; *wiggle* ⋆ ze zat op haar stoel te wiebelen *she was fidgetting/wiggling on her chair*

wieden *weed* ⋆ het onkruid uit de tuin wieden *do the weeding in the garden*

wieg *cradle* ⋆ van de wieg tot het graf *from the cradle to the grave*

wiegen *rock* ⋆ je stoel wiegen *rock your chair*

wiel *wheel* ⋆ een kist op vier wielen *a box on four wheels*

wielrennen *cycle racing*

wielrenner *racing cyclist*

wier *seaweed*

wierook *incense*

wiet *grass*; *weed*; *pot*

wij *we*

wijd [**bijvoeglijk naamwoord**] *wide*; *broad*; ‹van kleren› *loose (fitting)* [**bijwoord**] *wide(ly)* ⋆ wijd open *wide open*

wijden wijden aan *dedicate to*; *devote to* ⋆ een les wijden aan Shakespeare *dedicate a lesson to Shakespeare*

wijdte *breadth*; *width*; ‹van spoor› *gauge*

wijk • stadsdeel *neighbourhood*; *district* ⋆ zij wonen in een chique wijk *they live in a fashionable district* • rayon ‹van politieagent› *beat*; ‹van melkboer, e.d.› *round*

wijn *wine* ⋆ rode/witte wijn *red/white wine* ⋆ een glas rode wijn *a glass of red wine*

wijs *wise*; *sensible* ⋆ een wijze, oudere vrouw *a wise, older woman* ◆ ben je niet goed wijs? *are you out of your mind?*

wijsheid *wisdom*

wijsvinger *forefinger*; *index finger*

wijze *way*; *manner*; *fashion* ⋆ op deze wijze *in this way* ◆ bij wijze van spreken *in a manner of speaking*

wijzen [**werkwoord**] • aanwijzen ⋆ wijzen naar *point at/to* ⋆ je moet niet wijzen naar mensen *you should not point at people* • doen vermoeden *indicate* ⋆ dat wijst op een blindedarmontsteking *that indicates/suggests an appendicitis* [**werkwoord + iemand/iets**] *show*; *point out* ⋆ iemand op iets wijzen *point out something to a person*

wijzer ‹van klok e.d.› *hand*; ‹van barometer, e.d.› *pointer* ⋆ grote/kleine wijzer *hour/minute hand* ⋆ met de wijzers van de klok mee *clockwise*

wijzigen *alter*; *change* ⋆ zullen we die paragraaf wijzigen in een leesbaardere tekst? *shall we change that paragraph into a more readable text?*

wijziging *alteration*; *change* ⋆ een wijziging aanbrengen in iets *make an alteration in something*

wikkelen *wrap (up)*; ‹in verband› *swathe*; ‹van draad› *wind* ⋆ een krant om iets heen wikkelen *wrap a newspaper around something*

wil *will*; ‹wens› *desire*; ‹bedoeling› *intention* ⋆ met een beetje goede wil lukt het *with a little good will it'll work out*

wild [**het-woord**] • vrije natuur *wildness* ⋆ in het wild levende dieren *wild animals*; *wildlife* • dieren *game*; ‹prooi van jager› *quarry* [**bijvoeglijk naamwoord**] • in vrije natuur ‹van plant, dier› *wild*; ‹van mens› *savage* • onbeheerst *wild* ◆ er gaan wilde verhalen over je rond *wild stories are going around about you*

wildernis *wilderness*

wilg *willow*

willen [**werkwoord + iemand/iets**] • wensen *want*; *wish*; ‹graag willen› *like* ⋆ wat wil je voor je verjaardag? *what do you want for your birthday?* ⋆ ik zou graag een pannenkoek met stroop willen *I would like a pancake with syrup* • bereid zijn *be willing/prepared* ⋆ ik wil wel gaan *I'm willing to go* [**hulpwerkwoord**] *will*; *would* ⋆ help eens even, wil je? *give us a hand, will you?* ⋆ wil je me de boter aangeven? *could/would you pass me the butter please?*

wimper *(eye)lash*

wind • luchtstroom *wind* ⋆ fietsen tegen een harde wind in *ride a bike against a hard wind* ⋆ er waait een

harde wind uit het westen *there is a strong wind blowing from the west*
• scheet *wind*; *fart* ★ een wind laten *break wind*

windkracht *wind force* ★ windkracht 10 *wind force 10*
windsurfen *windsurf*; *go windsurfing*
winkel *shop*; *store* ★ hij heeft een winkel in sportartikelen *he runs a sports equipment store*
winkelcentrum *shopping centre*
winkelen *shop*; *go/be out shopping*; ⟨etalages kijken⟩ *window-shopping*
winkelier *shopkeeper*
winnaar *winner*
winnen • *win* ★ een spelletje winnen *win a game* ★ Ajax won met 3-0 *Ajax won by 3 goals to 0*
• verwerven *harvest*; ⟨kolen⟩ *mine*; ⟨land⟩ *reclaim*; ⟨tijd⟩ *gain*
winst *profit*; *gain*; *benefit* ★ het bedrijf heeft veel winst behaald *the company gained a large profit*
winter *winter* ★ 's winters *in winter* ★ in de winter *in winter* ★ in de winter van 1944/1945 *in the winter of 1944/1945*; *winter 1944/1945*
wintersport *winter sports*
wip • sprongetje *skip*; *hop*
• speeltuig *seesaw* ◆ in een wip *in no time*; *quick as a flash*
wippen • met sprongetjes bewegen *hop*; *bounce* ★ ze zit in haar stoel te wippen *she is hopping in her chair*
• spelen op de wip *seesaw*
wiskunde *mathematics*; ⟨spreektaal⟩ *maths*
wiskundig *mathematical*
wisselen • veranderen *change*; *exchange*; *vary* ★ haar stemming wisselt nogal vaak *her mood varies quite often* ★ van kamer wisselen *change rooms*
• uitwisselen *exchange* ★ van gedachten wisselen over iets *exchange views about something*
• geld ruilen *change*; *give change (for)* ★ een briefje van 20 euro wisselen *change a 20 euro note*; *give change for a 20 euro note*
wisselgeld *(small) change*
wisselvallig *changeable*; *uncertain*; *fickle* ★ wisselvallig karakter/weer *fickle character/weather*
wissen *wipe*; ⟨computer⟩ *erase* ★ een bestand op de harde schijf wissen *erase a file/document on the hard disk*
wit *white*
witbrood *white bread*
witlof *chicory*
witten *whitewash*
woede *rage*; *fury*
woedend *furious* ★ woedend zijn op/over *be furious with/about*
woelen *toss about* ★ de zieke lag maar te woelen in zijn bed *the sick man was tossing and turning in his bed*
woensdag *Wednesday* ★ op woensdag *on Wednesday*
woest • woedend *furious*; *mad* ★ de leraar was woest omdat veel leerlingen spijbelden *the teacher was furious because a lot of students skipped school*
• wild *savage*; ⟨zee⟩ *wild*; *turbulent*
woestijn *desert*
wol *wool* ★ een trui van wol breien *knit a pullover from/out of wool*
wolf *wolf* ◆ een wolf in schaapskleren *a wolf in sheep's clothing*
wolk *cloud* ★ een wolk schoof voor de zon *a cloud blotted out the sun*
wolkenkrabber *skyscraper*
wond *wound*; *injury* ★ ik heb een pleister over de wond geplakt *I applied a plaster to the wound*
wonder • mirakel *miracle*
• iets buitengewoons *marvel*; *wonder*

★ het is geen wonder dat je gezakt bent *it is no wonder you failed your exam* ◆ wonder boven wonder *wonder of wonders*

wonderlijk *strange*; *odd* ★ het is een nogal wonderlijk verhaal *it is a rather odd story*

wonen *live*; *reside*; ‹schrijftaal› *dwell* ★ onze buren wonen al 20 jaar in deze straat *our neighbours have been living in this street for 20 years*

woning *dwelling*; *house*

woonkamer *living room*; *sitting room*; *lounge*

woonplaats *address*; *(place of) residence* ★ zonder vaste woonplaats of verblijfplaats *without permanent residence or place of abode*

woord • *word*; *term* ★ met andere woorden *in other words* ★ onder woorden brengen *put into words*
• belofte *word*; *promise* ★ je woord houden/breken *keep/break your words*

woordenboek *dictionary*; *lexicon*

woordenlijst *vocabulary*

worden [**hulpwerkwoord**] *be* ★ er werd gedanst *there was dancing* ★ ik werd om twaalf uur opgehaald *I was picked up at twelve*
[**koppelwerkwoord**] ‹met bnw› *grow*; *get*; *turn*; ‹met bnw & znw› *become* ★ zij wilde altijd al lerares worden *she always wanted to become a teacher* ★ bleek worden *turn pale* ★ rijk worden *become rich*

workshop *workshop*

worm *worm*

worp *throw* ★ vrije worp *free throw*

worst *sausage* ◆ het zal mij worst wezen *I don't give a shit*; *I couldn't care less*

worstelen • ‹sport› *wrestle*
• vechten ‹ook figuurlijk› *struggle*; *wrestle* ★ met een probleem worstelen *wrestle/struggle with a problem*

wortel • plantenorgaan *root* ★ wortel schieten *take root*
• groente *carrot* ★ we eten worteltjes vanavond *we'll eat carrots tonight*
• ‹wiskunde› *root* ★ de wortel trekken uit 16 *find the square root of 16*

worteltrekken ★ het worteltrekken *extraction of the root*

woud *forest*

wraak *revenge*; *vengeance* ★ wraak nemen op iemand voor iets *take revenge on someone for something* ★ uit wraak *in revenge*; *out of revenge*

wrak *wreck*

wrat *wart*

wreed *cruel*; *brutal*

wreken *revenge*; *avenge* ★ je wreken op iemand *revenge yourself on someone*

wriemelen • krioelen *swarm*; *crawl* ★ de mieren wriemelen door hun mierennest heen *the ants crawl around in their ants' nest*
• bewegen *wriggle*; *squirm*

wrijven • strijken *rub*; *brush* ★ je in je handen wrijven *rub your hands*
• fijnmaken *grind*

wrijving *friction*; *controversy* ★ er ontstond enige wrijving tussen hen *some friction arose between them*

wrikken *prise*; *prize* ★ de inbreker wrikte het raam open *the burglar prized open the window*

wringen *wrench*; *wring* ★ wasgoed wringen *wring laundry*

wroeten *root*; *grub* ★ in de aarde wroeten *root about in the earth*

wrok *grudge*; *resentment*

wuiven *wave* ★ naar iemand wuiven *wave to a person*

wurgen *strangle*; *throttle* ★ het slachtoffer was gewurgd *the victim had been strangled*

x *x* ◆ de X van Xantippe *X as in X-mas*
x-as *x-axis*
XL extra large *XL*

y *y* ◆ de Y van Ysbrand *Y as in Yellow*
yahtzee *yahtzee*
y-as *y-axis*
yoga *yoga*
yoghurt *yoghurt* ★ een bakje Bulgaarse yoghurt met aarbeien *a bowl of Bulgarian yoghurt with strawberries*
yuppie *yuppie*

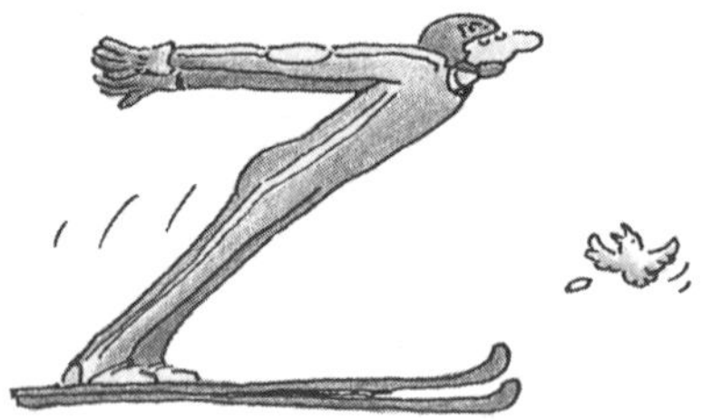

z *z* ◆ de Z van Zaandam *Z as in Zebra*
zaad • *seed*
• sperma *semen*; *sperm*
zaag *saw*
zaaien *sow* ★ in de tuin heb ik gras gezaaid *in the garden I sowed grass*
zaak • ding *thing*; *object*
• kwestie *affair*; *business*; *matter* ★ ter zake (komen)! *(get) to the point!*
• winkel, handel *shop*; *business* ★ een zaak drijven *run a business*
zaal *room*; ⟨schouwburg e.d.⟩ *hall* ★ de cabaretier kreeg de zaal aan het lachen *the cabaret artist got the whole crowd/house laughing* ◆ een volle zaal *a full house*
zaalsport *indoor sport*
zacht [**bijvoeglijk naamwoord**] • niet ruw *soft*; ⟨glad⟩ *smooth* ★ zachte huid *soft/smooth skin*
• niet luid *low*; ⟨kleur, geluid, licht⟩ *soft* ◆ zet die muziek toch wat zachter! *turn down the music!*
[**bijwoord**] *softly* ★ praat niet zo zacht! *don't speak that softly!*
zadel *saddle*
zagen [**werkwoord + iemand/iets**] *saw* ★ hij zaagt de plank doormidden *he saws the plank in two*
zak • verpakking *bag*; ⟨groot⟩ *sack* ★ een zak aardappelen *a sack of potatoes*
• deel kleding *pocket* ★ ik heb wat kleingeld in mijn zak gestoken *I put some change in my pocket*
• persoon *jerk*; *prick*
zakdoek *handkerchief*
zakelijk *business(like)*; *impersonal*; *down-to-earth*
zakgeld *pocket money*
zakken • dalen *sink* ★ de zon in de zee zien zakken *see the sun sink into the sea*
• lager/minder worden ⟨barometer, koers, water⟩ *fall*; *drop*
• niet slagen *do not pass* ◆ meer dan de helft van de leerlingen is gezakt *more than half of the students didn't pass that exam*
zakkenroller *pickpocket*
zaklantaarn *flashlight*; *pocket torch* ★ hij scheen met zijn zaklantaarn in zijn gezicht *he flashed his torch in my face*
zakmes *pocketknife*
zalf *ointment*; *salve* ★ ik moet elke dag mijn hand insmeren met die zalf *I have to rub that ointment on my hand every day*
zalm *salmon*
zand *sand*; ⟨vuil⟩ *grit*
zanger, zangeres *singer* ★ she is a great singer *zij is een geweldige zangeres*
zappen *zap*
zaterdag *Saturday* ★ op zaterdag *on Saturday*
ze • onderwerp *she*; *they* [meervoud]
• lijdend voorwerp *them* [meervoud]
zebrapad *zebra crossing*
zee • zoutwatermassa *sea*; *ocean* ★ op zee *at sea* ★ na uren varen kwam het schip in volle/open zee *after hours of sailing the ship came on the open sea*
• grote hoeveelheid ★ een zee van mensen *a mass of people* ★ een zee van tijd *oceans of time*
zeef *sieve*
zeehond *seal*
zeeman *seaman*; *sailor*
zeemeeuw *(sea) gull*
zeep *soap* ★ een heerlijk geurend stukje

Z

zeep *a wonderfully smelling bar of soap* ◆ om zeep brengen/helpen ‹spreektaal› *do someone in*

zeer [het-woord] *pain*; *ache* ◆ het doet zeer als je in de doornen van een roos grijpt *it hurts when you grab in the thorns of a rose*
[bijwoord] *very*; *(very) much*; *extremely* ★ zijn leugens zijn zeer ongeloofwaardig *his lies are very (much) unreliable*

zeeziek *seasick*

zegel [de-woord] *stamp*
[het-woord] *seal* ★ het zegel van een brief verbreken *break the seal of a letter*

zegen ‹godsdienst› *blessing* ★ moge Gods zegen op jullie rusten *may God's blessing be with you*

zeggen *say*; *tell* ★ dit heb ik al zo vaak tegen je gezegd *this I have been telling you so often* ★ mijn vriendin zei me dat ze gaat trouwen *my friend told me (that) she is getting married* ◆ wat zegt u? *(I beg your) pardon?*

zeil • ‹scheepvaart› *sail*
• vloerbedekking *lino(leum)* ◆ je moet alle zeilen bijzetten om de toets goed te maken *you have to pull out all the stops to do well in the test*

zeilboot *sailing boat*

zeilen *sail*

zeilplank *surfboard*; *windsurfing board*

zeker [bijvoeglijk naamwoord]
• vaststaand *sure*; *safe* ◆ het zekere voor het onzekere nemen *better be safe than sorry*
• overtuigd *certain*; *sure* ★ ben je er echt zeker van? *are you really certain of/about it?*
[bijwoord] *certainly*; *surely* ★ dat doe je toch zeker niet? *surely you won't do that?* ◆ ik weet het zeker *I know it for sure*

zekerheid • het zeker zijn *certainty*; ‹overtuiging› *confidence*
• veiligheid *security*; *safety* ★ sociale zekerheid *social security* ◆ ik wil zekerheid hebben *I want tot make sure*

zeldzaam • schaars *rare* ★ bij biologie leerden we over zeldzame diersoorten *in biology we learned about rare animal species*
• uitzonderlijk *exceptional* ★ zo'n hoog cijfer is zeer uitzonderlijk *such a high mark is very exceptional*

zelf *self* ★ ze hebben zelf hun eieren gekookt *they boiled their eggs themselves* ★ ik heb het helemaal zelf bedacht *I invented it entirely myself*

zelfmoord *suicide* ★ zelfmoord plegen *commit suicide*

zelfs *even* ★ zelfs de beste uit de klas begreep het niet *even the best in the class didn't understand it*

zelfstandig *independent* ★ iets zelfstandig doen *do something independently* ◆ zelfstandig naamwoord *substantive*; *noun*

zenden *send*; ‹alleen van goederen› *ship*

zender *broadcasting station*; *channel* ★ in Nederland zijn er publieke en commerciële zenders *in the Netherlands there are public and commercial channels*

zendtijd *broadcasting time*

zenuw • zenuwvezel *nerve* ★ het werkt op mijn zenuwen *it gets on my nerves* ◆ ik ben op van de zenuwen *my nerves are worn to shreds*

zenuwachtig *nervous*

zes *six*

zesde *sixth*

zestien *sixteen*

zestiende *sixteenth*

zestig *sixty*

zestigste *sixtieth*

zetten • plaatsen *put*; *set*; *place* ★ je handtekening/naam onder iets zetten *set/put your hand/name to something*
• bereiden ★ thee/koffie zetten *make tea/coffee*

zeuren *nag*; *pester* ★ hij zeurde net zo lang bij zijn moeder tot ze hem wat geld gaf *he nagged/pestered his mother into giving him some money*

zeven [werkwoord + iemand/iets] *sift*; *sieve*; ‹vloeistof› *strain* ★ de klontjes uit de bloem zeven *sift the lumps out of the flour*
[telwoord] *seven* ★ sail the seven seas *de zeven zeeën bevaren*

zevende *seventh*

zeventien *seventeen*
zeventiende *seventeenth*
zeventig *seventy*
zeventigste *seventieth*
zicht *sight*; *view* ★ langzaam kwam de koets met de prins en prinses in zicht *little by little the coach with the prince and princess came within sight*
zichtbaar • te zien *visible*
• merkbaar *noticeable*; *perceptible* ★ de verschillen worden nu pas zichtbaar *the differences are only now becoming noticeable*
zich(zelf) *himself*; *herself*; *itself*; *oneself* [meervoud: *themselves*] ★ deze kinderen kunnen zich prima vermaken *these children are perfectly able to enjoy themselves* ★ ze heeft zich(zelf) gesneden bij het aardappels schillen *she cut herself peeling potatoes*
ziek *ill*; *sick* ★ onze leraar is ziek geworden en heeft zich ziek gemeld *our teacher has been taken ill and reported himself ill*
ziekenauto *ambulance*
ziekenhuis *hospital*
ziekte *illness*; *sickness*; *disease* ★ ik heb een ziekte opgelopen in de tropen *I developed a disease/illness in the tropics* ★ de ziekte van Parkinson *Parkinson's disease*
ziel *soul*
zien [**werkwoord**] *look* ★ wat zie jij bleek! *you are looking pale!*
[**werkwoord + iemand/iets**] • *see* ★ ik zag hem door de deur komen *I saw him coming through the door* ★ de twee vrienden hebben elkaar al tijden niet gezien *the two friends haven't seen each other for ages now* ★ dat zullen we wel eens zien *we'll see*
• proberen *see* ★ ik zal zien of ik er op tijd kan komen *I'll see if I can be there in time* ◆ tot ziens *goodbye*; *see you later*; *bye-bye*
zigeuner *gipsy*
zij [**de-woord**] • kant ★ zij aan zij *side by side*
• vrouwelijk wezen *she*; *female* ★ is het een hij of een zij? *is it a he or a she?*
[**voornaamwoord**] • enkelvoud *she*
• meervoud *they* ◆ zij die mee willen, moeten hun hand opsteken *those who want to come along, must raise their hand*
zijde • stof *silk* ★ een blouse van zijde *a blouse of silk*
• zijkant ★ aan mijn linker zijde *on my left (side)*
zijkant *side*; *edge* ★ aan de zijkant *on the side*
zijn [**werkwoord**] • zijn *be* ★ zij is het huis aan het schilderen *she is painting the house* ★ van wie is die auto? *whose car is that?* ◆ wat is er? *what's up?*; *what's the matter?*; *what is it?*
[**hulpwerkwoord**] ⟨van tijd⟩ *have*; ⟨van lijdende vorm⟩ *have been* ★ zij is in Schotland geweest *she has been to Scotland* ★ ben jij uitgenodigd voor het feest? *have you been invited for the party?*
[**koppelwerkwoord**] • in hoedanigheid/toestand zijn ★ 2 maal 2 is 4 *twice 2 is 4* ★ zij is een Nederlandse *she is Dutch* ★ hij is zijn hele leven huisarts geweest *he has been a family doctor for his whole life*
• zijn te ★ dat huis is te koop *that house is for sale*
[**voornaamwoord**] ⟨m.b.t. persoon⟩ *his*; ⟨m.b.t. dieren, zaken⟩ *its* ★ is zij jouw of zijn vriendin? *is she your or his girlfriend?* ★ onze hond heeft zijn pootje gebroken *our dog broke its paw*
zilver *silver* ★ het zilver poetsen *polish the silver*
zilveren *silver* ★ een zilveren ketting *a silver chain*
zin • wil, lust *mind* ★ ik heb eigenlijk wel zin om te gaan *I have (half) a mind to go*
• betekenis, nut *meaning*; *sense* ★ wat je nu doet, heeft totaal geen zin *there is no sense at all in what you are doing now*
• ⟨taal⟩ volzin *sentence* ◆ ik heb er helemaal geen zin in *I don't feel like it at all* ◆ deze zin loopt niet goed *this sentence doesn't work*
zingen [**werkwoord**] • geluid voortbrengen *sing* ★ een liedje zingen *sing a song* ★ vals zingen *sing out of tune*

• zoemend geluid maken *hum*

zinken *sink* ★ een schip tot zinken brengen *sink a ship* ★ het stuk zeep zonk naar de bodem van de badkuip *the bar of soap sunk to the bottom of the bathtub*

zintuig *(organ of) sense*; *sense (organ)* ★ het zesde zintuig *the sixth sense*

zinvol *worthwhile*; *useful*; *advisable*

zitkamer *sitting room*; *living room*

zitten • gezeten zijn *sit* ★ hij kwam bij me zitten *he came and sat by me* ★ gaat u zitten! *sit down, please!*; *take a/your seat(s), please!* • zijn *sit*; *be* ★ waar zit die jongen toch? *where is that boy?* • bezig zijn met *be + ...ing* ★ ze zitten nu te eten *they are having dinner now* ◆ het zit in de familie *it is/runs in the family* ◆ je haar zit goed vandaag! *your hair holds wonderfully today!* ◆ onder de modder/het vuil zitten *be covered with mud/dirt* ◆ daar zit iets achter *there's more to it*

zittenblijver *repeater*

zitting • deel van stoel *seat*; *bottom* • vergadering *session*; *sitting* ★ zitting houden *be in session* ◆ zitting hebben in een commissie of in het bestuur *sit on a committee or on the board of directors*

zo • op deze wijze *so*; *thus*; *in this way*; *like this* ★ zo is het! *quite so!*; *that's right* ★ mooi zo! *well done!* • in deze mate *as*; *so* ★ die klas is zo groot dat ze er tafels en stoelen bij moesten zetten *that class is so big (that) they had to add tables and chairs* ★ is jouw oma net zo oud als mijn oma? *is your grandma as old as mine?*

zoals *(such) as*; *like*; *how* ★ ik wil mijn haar zoals Marie dat heeft *I want my hair like Mary has it* ★ het is verbazend zoals je op school vooruitgegaan bent *it's amazing how much progress you made at school*

zodat *so that*

zodra *as soon as* ★ zodra hij komt, beginnen we te zingen *as soon as he comes, we start to sing*

zoek *missing*; *gone* ★ het boek is zoek *the book is missing* ◆ op zoek naar iets gaan/zijn *be in search of something*; *look for something*

zoeken • trachten te vinden *look for*; *search for* ★ hij wordt door de politie gezocht *he is looked for by the police* • uit zijn op *look for*; ⟨geluk⟩ *seek* ★ iedereen zoekt op zijn eigen manier geluk *everyone seeks happiness in his own way*

zoen *kiss* ★ toen gaf ze me een zoen *then she gave me a kiss*

zoenen *kiss* ★ zullen we elkaar zoenen? *shall we kiss?*

zoet *sweet*; ⟨van water: niet zout⟩ *fresh* ★ Turks fruit smaakt heel erg zoet *Turkish delight tastes very sweet*

zoeven *zoom*; *whiz* ★ de limousine zoefde voorbij *the limo zoomed by*

zo-even *just now*; *a moment ago*

zogenaamd • zogeheten *so-called* • verzonnen *supposed* ★ zijn zogenaamde ziekte maakte dat hij thuis bleef *his supposed illness made him stay at home*

zoiets *such a thing*; *anything like it* ★ zoiets heb ik nog nooit gedaan *I have never done anything like it* ◆ zoiets geks heb ik nog nooit gezien *I never saw anything so crazy*

zojuist *just now*

zolang [**bijwoord**] *meanwhile* ★ zet de auto zolang in de garage *meanwhile, put the car in the garage* [**voegwoord**] *as long as* ★ zolang ik leef, zal ik van je houden *as long as I live, I will love you*

zolder *garret*; *attic* ★ kijk maar eens op

zolder! *look in the attic!*
zomer *summer* ★ in de zomer *in summer* ★ in de zomer van 2002 *in the summer of 2002*; *summer 2002*
zomervakantie *summer holiday(s)*
zon *sun* ★ de zon komt op/gaat onder *the sun rises/sets* ◆ tegen de zon in spelen *play with the sun in one's eyes*
zondag *Sunday* ★ op zondag *on Sunday*
zonde *sin* ★ een zonde begaan *commit a sin* ◆ wat zonde! *what a pity!*
zonder • *without* ★ zij kunnen niet zonder elkaar *they can't live without each other*
• zonder te ★ hij opende de deur zonder te kloppen *he opened the door without knocking*
• zonder dat ★ zonder dat hij het wist *without him knowing*
zonnebloem *sunflower*
zonnebril *sunglasses*
zonnen *sunbathe*
zonnestraal *sunbeam*
zonnig *sunny*
zonsondergang *sunset*
zonsopgang *sunrise*
zonwering *awning*; ‹Brits› *sun blind*
zoogdier *mammal*
zool *sole*
zoom *hem* ★ mam heeft een nieuwe zoom in mijn rok gemaakt *mum made a new hem in my shirt*
zoon *son*
zorg • verzorging *care* ★ met zorg *carefully* ★ zonder zorg *carelessly*
• bezorgdheid *concern*; *worry*; *anxiety* ★ grote zorgen over iets hebben *be worried sick about something*
zorgen • verzorgen *look after*; *take care of* ★ zij zorgt voor vier kinderen *she takes care of four children*
• het nodige doen *see (to)*; *take care (to)* ★ zorg ervoor dat je op tijd bent! *see (to it) that you are on time!*
• regelen *take care of*; *see to* ★ kunnen jullie zorgen dat de hele klas het weet? *can you see to it that the whole class will know?*
zorgvuldig • met zorg *careful*
• nauwkeurig *meticulous*; *precise* ★ hij koos zijn woorden heel zorgvuldig *he chose his words very precisely*
zot [**de-woord**] *fool*
[**bijvoeglijk naamwoord**] *foolish*; *silly*
zout [**het-woord**] *salt* ★ een mespuntje zout *a pinch of salt*
[**bijvoeglijk naamwoord**] *salt*; ‹gezouten› *salted* ★ hou jij van zoute haring? *do you like salted herring?*
zoutje *savoury snack*
zoveel *as much/many* ★ tweemaal zoveel *twice as much/many*
zowel ★ zowel Sandra als Loes zijn naar Canada geweest *both Sandra and Loes have been to Canada*; *Sandra as well as Loes has been to Canada*
zucht *sigh*
zuchten *sigh*
zuid *south* ★ Zuid-Afrika *South Africa*
Zuid-Amerika *South America*
Zuid-Amerikaans *South American*
zuidelijk *southern* ★ zuidelijke gebieden *southern areas*
zuiden *south* ★ ten zuiden van Chicago *(to the) south of Chicago*
zuidpool *south pole*; *antarctic*
zuigeling *baby*; *infant*
zuigen [**werkwoord**] *suck (on)* ★ op een snoepje zuigen *suck on a sweet*
[**werkwoord + iemand/iets**] • opzuigen *suck* ★ de pomp zuigt al het water uit de sloot *the pump sucks all the water from the ditch*
• stofzuigen *vacuum*; ‹spreektaal› *hoover*
zuil *pillar*; *column*
zuinig *economical*; *thrifty* ★ wij leven heel zuinig *we live very economically* ◆ hij is erg zuinig op zijn spullen *he is very careful with his things*
zuipen [**werkwoord**] *booze*
[**werkwoord + iemand/iets**] *drink*; *swill*; *guzzle* ★ die auto zuipt benzine *that car guzzles/eats up petrol*
zuivel *dairy produce/products*
zuiver [**bijvoeglijk naamwoord**] • puur ‹goud, water, lucht› *pure*; ‹waarheid› *plain*
• schoon, helder *clear*; *fresh* ★ een zuiver geweten *a clear conscience* ◆ het koor zong niet helemaal zuiver *the choir did not quite sing in tune*

[**bijwoord**] *purely* ★ het is zuiver toeval *it's purely coincidental*

zulk • zodanig *such* ★ ze had zulke mooie oorbellen in *she wore such beautiful earrings*
• (zo) groot *this*; *that* ★ zulke schoenen! *shoes this big!*

zullen [**werkwoord**] *shall* ★ we zullen nu onze mond houden *we shall shut up now*
[**hulpwerkwoord**] *shall*; ⟨verleden tijd⟩ *should*; *will*; ⟨verleden tijd⟩ *would* ★ ik zal morgen dat boek meenemen *I shall bring that book tomorrow* ★ zou je het leuk vinden om wat te gaan drinken? *would you like to go and have a drink?*

zuster • zus *sister* ★ dat is één van zijn zusters *that is one of his sisters*
• verpleegster *nurse*
• ⟨godsdienst⟩ non *sister*; *nun*

zuur [**het-woord**] • ⟨chemie⟩ *acid*
• maagzuur *heartburn*; *indigestion* ★ last van het zuur hebben *suffer from heartburn* ◆ augurken in het zuur *pickled gherkins*
[**bijvoeglijk naamwoord**] • ⟨chemie⟩ *acid*
• zurig *sour* ★ zuur worden *turn (go) sour* ★ de melk is zuur geworden *the milk turned sour*

zuurkool *sauerkraut*

zuurstof *oxygen*

zuurtje *acid drop*

zwaai *swing*; *sweep*; ⟨met armen⟩ *wave* ★ met een zwaai ging de deur open *with a sweep the door opened*

zwaaien [**werkwoord**] • groeten *wave* ★ de koningin zwaaide naar de mensen *the queen waved at the crowd*
• heen en weer bewogen worden *swing*; ⟨van takken⟩ *sway (from side to side)*
[**werkwoord + iemand/iets**] *swing*; *wave* ★ met zijn armen zwaaien *wave one's arms about*

zwaan *swan*

zwaar • veel wegend *heavy* ★ die boodschappentas is veel te zwaar voor mij om te dragen *that shoppingbag is much too heavy for me to carry*
• moeilijk ⟨beslissing⟩ *difficult*; ⟨taak⟩ *hard*; ⟨werk⟩ *heavy* ★ het examen Engels was erg zwaar dit jaar *the exam in English was very hard this year* ◆ het werk viel hem zwaar *he found it hard work*
• hevig *rough*; *violent*; ⟨aanval, storm⟩ *heavy* ★ een zware regenbui *a heavy shower* ◆ hij is een paar kilo te zwaar *he is a couple of kilos overweight*

zwaartekracht *gravity*; *gravitation*

zwabber *mop*

zwachtel *bandage*

zwager *brother-in-law*

zwak • niet krachtig *weak*; *feeble*; ⟨oude man, vrouw⟩ *frail* ★ in een zwakke gezondheid zijn *be in poor/delicate/frail health*
• bijna niet waarneembaar *weak* ★ ze sprak met een zwak stemmetje *she spoke with a faint little voice*

zwakte *weakness*

zwakzinnig *mentally handicapped*; *feeble-minded*

zwammen *drivel*

zwanger *with child*; *pregnant* ★ ze is zwanger van een tweeling *she is pregnant with twins*

zwart *black*

zwarte *black* ★ zwarten en blanken *blacks and whites*

zwartrijden [**het-woord**] *fare-dodging*
[**werkwoord**] ⟨zonder kaartje⟩ *dodge fare*

zwart-wit *black-and-white* ★ een zwart-wit film *a black-and-white film*

Zweden *Sweden*

Zweed *Swede*

Zweeds [**het-woord**] *Swedish*
[**bijvoeglijk naamwoord**] *Swedish*

Zweedse *Swede*

zweep *whip*; ⟨rijzweep⟩ *crop* ★ iemand met de zweep slaan *whip someone*

zweer *ulcer*; *sore*

zweet *sweat*; *perspiration* ★ de stratenmakers werkten zich in het zweet *the paviors worked themselves into a sweat*

zwellen *swell*; *inflate* ★ zij zwol van trots *she was swollen with pride*

zwembad *swimming pool*

zwembroek *swimming trunks*

zwemdiploma *swimming certificate/diploma*

zwemmen *swim* ★ gaan zwemmen *go for/have a swim*
zwempak *swimsuit*
zwemvest *life-jacket*
zwemvlies • bij dieren *web* ★ met zwemvliezen *web footed*
• voor mensen *flipper*
zweren [werkwoord] • ontstoken zijn ⟨van wond⟩ *fester*; *gather*
• zweren bij *swear to* ★ zweren bij God *swear to God*
[werkwoord + iemand/iets] *swear* ★ een eed zweren *swear an oath* ★ ik heb het niet gedaan, ik zweer het *I didn't do it, I swear*
zwerm *swarm*; ⟨sprinkhanen⟩ *cloud*; ⟨vogels⟩ *flock*
zwerver *vagabond*; *tramp*
zweten *sweat*; *perspire* ★ de hele klas had zitten zweten op het huiswerk *the whole class had been sweating over the homework*
zweven *float*; ⟨van vogel⟩ *hover*; ⟨zweefvliegtuig⟩ *glide* ★ een paar vliegers zweefden boven het strand *a few kites were floating/gliding over the beach*
zwijgen • niet spreken *be silent*; *keep silence* ★ opa heeft altijd over zijn jeugd gezwegen *granddad always kept silence about his childhood*
• geen geluid geven *keep silent*; ⟨van muziek⟩ *stop* ★ plotseling zweeg de muziek *suddenly the music stopped*
zwijn *swine* ★ een wild zwijn *a wild boar*
Zwitser *Swiss*
Zwitserland *Switzerland*
Zwitsers *Swiss*
Zwitserse *Swiss*
zwoegen *plod*; *slave*; *labour* ★ veel leerlingen hebben het hele weekend door gezwoegd op de examenstof *many students slaved away at the exam subject matter the whole weekend through*
zwoel *sultry*

Telwoorden

Hoofdtelwoorden

0	zero, nought
1	one
2	two
3	three
4	four
5	five
6	six
7	seven
8	eight
9	nine
10	ten
11	eleven
12	twelve
13	thirteen
14	fourteen
15	fifteen
16	sixteen
17	seventeen
18	eighteen
19	nineteen
20	twenty
21	twenty-one
22	twenty-two
23	twenty-three
30	thirty
40	forty
50	fifty
60	sixty
70	seventy
80	eighty
90	ninety
100	a/one hundred
101	a/one hundred and one
200	two hundred
1000	a/one thousand
1100	a/one thousand one hundred
10.000	ten thousand
een miljoen	a/one million
een miljard	a/one thousand million (Amerikaans: a/one billion)

Rangtelwoorden

1st	first
2nd	second
3rd	third
4th	fourth
5th	fifth
6th	sixth
7th	seventh
8th	eighth
9th	ninth
10th	tenth
11th	eleventh
12th	twelfth
20th	twentieth
21st	twenty-first
22nd	twenty-second
23rd	twenty-third
30th	thirtieth
100thh	hundredth

Breuken en andere getallen

$^1/_4$	a quarter
$^1/_3$	a third
$^1/_2$	half
$^2/_3$	two third
$^3/_4$	three quarter
$1^1/_2$	one and a half
0.45	nought point four five
2.5	two point five
$5 \times 5 = 25$	five times five equals twenty-five

Maten, gewichten en temperatuur

In veel Engelstalige landen gebruiken ze andere maten en gewichten dan bij ons. Ook de temperatuur wordt anders berekend dan bij ons. Hieronder kun je zien hoe je dit allemaal kunt omrekenen.

Lengtematen
1 **inch** (**in**) = 2,54 cm
1 **foot** (**ft**) = 12 inches = 30,48 cm
1 **yard** (**yd**) = 3 feet = 91,44 cm

Oppervlaktematen
1 **square inch** (**sq in**) = 6,45 cm^2
1 **square foot** (**sq ft**) = 144 square inches = 929,03 cm^2
1 **square yard** (**sq yd**) = 9 square feet = 0,836 m^2
1 **square rod** (**sq rd**) = 30.25 square yards = 25,29 m^2
1 **rood** (**ro**) = 40 square rods = 10,12 are
1 **acre** (**a**) = 4 roods = 40,47 are
1 **square mile** (Brits **sq ml**, Amerikaans **sq mi**) = 640 acres = 2,59 km^2

Inhoudsmaten
1 **cubic inch** (**cu in**) = 16,387 cm^3
1 **cubic foot** (**cu ft**) = 1728 cubic inches = 0,028 cm^3
1 **cubic yard** (**cu yd**) = 27 cubic feet = 0,765 m^3
1 **register ton** (**reg tn**) = 100 cubic feet = 2,832 m^3
1 **pint** (**pt**) = 0,568 l (Brits) of 0,473 l (Amerikaans)
1 **quart** (**qt**) = 2 pints = 1,136 l (Brits) of 0,946 l (Amerikaans)
1 **gallon** (**gal**) = 4 quarts = 4,546 l (Brits) of 3,785 l (Amerikaans)
1 **barrel** = 31,5 gallons = 119,2 l (Amerikaans)
1 **barrel petroleum** = 42 gallons = 158,97 l (Amerikaans - standaardmaat voor aardolie)

Gewichten
1 **ounce** = 28,35 g
1 **pound** = 16 ounces = 0,453 kg
1 **stone** (**st**) = 14 pounds = 6,35 kg
1 **quarter** (**qr**) =
(Brits) 28 pounds = 12,7 kg
(Amerikaans) 25 pounds = 11,34 kg
1 **hundredweight** (**cwt**) =
(Brits) 112 pounds = 50,8 kg
(Amerikaans) 100 pounds = 45,36 kg (**short hundredweight, cwt sh**)
1 **ton** (**t, tn**) =
(Brits) 2240 pounds = 1016 kg
(Amerikaans) 2000 pounds = 907,18 kg (**short ton, tn sh**)

Temperatuur
Hoeveel Fahrenheit is 25 °Celsius? Zo bereken je het:
(9/5 ... °Celsius) + 32 = ... Fahrenheit
bijvoorbeeld (9/5 · 25 °Celsius) = 45 + 32 = 77 Fahrenheit
Hoeveel °Celsius is 90 Fahrenheit? Zo bereken je het:
(... Fahrenheit - 32) · 5/9 = ... °Celsius
bijvoorbeeld: (90 Fahrenheit - 32) = 58 · 5/9 = 32,2 °Celsius

Klokkijken

12.00	**noon**/twelve **o'clock**
13.15	**quarter past** one
13.20	twenty (**minutes**) **past** one
13.25	twenty-five (**minutes**) **past** one
13.30	**half past** one
13.35	twenty-five (**minutes**) **to** two
13.40	twenty (**minutes**) **to** two
13.45	**quarter** to two
13.50	ten (**minutes**) **to** two
13.55	five (**minutes**) **to** two
14.00	two **o'clock**
14.05	five (**minutes**) **past** two
14.10	ten (**minutes**) **past** two
00.00	**midnight**

Een beetje Engelse grammatica

Zelfstandig naamwoord, meervoud en verkleinvorm
In het Engels wordt een zelfstandig naamwoord meestal in het meervoud gezet door er een **-s** achter te plaatsen:
1 house - 2 house**s** (huis)
1 market - 2 market**s** (markt)
De meeste uitzonderingen zijn gemakkelijk te herkennen:
1 victory - 2 victor**ies** (overwinning)
1 bus - 2 bus**es** (bus)
De Engelsen kennen geen echte verkleinvorm, zoals wij: een 'huis**je**' wordt bij hen gewoon een '**small** house'.

Lidwoord
Terwijl het Nederlands twee bepaalde lidwoorden heeft ('de' en 'het'), is er in het Engels maar één: **the.**
the bike of **the** girl - de fiets van het meisje
Het onbepaalde lidwoord ('een') komt in het Engels juist in twee vormen voor:
a gebruik je wanneer er een medeklinker op volgt:
a call, **a** great song
an gebruik je wanneer er een klinker op volgt:
a**n** evening, a**n** oval office

Bijvoeglijk naamwoord
Het bijvoeglijk naamwoord word in het Engels niet verbogen:
a big plane (een groot vliegtuig)
the big plane (het grote vliegtuig)
big planes (grote vliegtuigen)

Bijwoord
Engelse bijwoorden maak je door **-ly** te plakken achter een stam:
the absolute majority (de absolute meerderheid)
you are absolute**ly** right (je hebt absoluut gelijk)
Als het bijvoeglijk naamwoord eindigt op een **y**, dan moet je deze vervangen door een **i**:
a hast**y** answer (een haastig antwoord)
he answered hast**ily** (hij antwoordde haastig)

Persoonlijke voornaamwoorden

ik	I	**mijn boek**	my book
jij	you	**jouw fiets**	your bike
hij/zij/het	he/she/it	**zijn/haar zus**	his/her sister
wij	we	**onze ouders**	our parents
jullie	you	**jullie huis**	your house
zij	they	**hun auto**	their car

Engelse werkwoorden
Het vervoegen van Engelse werkwoorden is meestal heel simpel: voor de tegenwoordige tijd gebruik je altijd het hele werkwoord en alleen in de derde

persoon enkelvoud komt er een **-s** achter. Voor de verleden tijd komt er in alle persoonsvormen gewoon **-ed** achter het hele werkwoord. Dus:

	tegenw td	**verl td**
I (ik)	work (ik werk)	worked (ik werkte)
you (jij, u)	work	worked
he/she/it (hij/zij/het)	works	worked
we (wij)	work	worked
you (jullie)	work	worked
they (zij)	work	worked

Je maakt het voltooid deelwoord door **-ed** achter het hele werkwoord te schrijven: I have work**ed** (ik heb gewerkt).

Hulpwerkwoorden

	to be (zijn)		**to have (hebben)**		**to do (doen)**	
	tegenw td	**verl td**	**tegenw td**	**verl td**	**tegenw td**	**verl td**
I (ik)	am	was	have	had	do	did
you (jij, u)	are	were	have	had	do	did
he/she/it (hij/zij/het)	is	were	has	had	does	did
we (wij)	are	were	have	had	do	did
you (jullie)	are	were	have	had	do	did
they (zij)	are	were	have	had	do	did

Bij ‘to be’ en ‘to have’ in de tegenwoordige tijd worden het persoonlijk voornaamwoord en hulpwerkwoord vaak samengetrokken. Dan krijg je:

	to be	**to have**
I (ik)	I’m	I’ve
you (jij, u)	you’re	you’ve
he/she/it (hij/zij/het)	he’s	he has
we (wij)	we’re	we’ve
you (jullie)	you’re	you’ve
they (zij)	they’re	they’ve

TO BE

Engelse werkwoorden kun je op twee manieren gebruiken: met de normale vervoeging of samen met het hulpwerkwoord ‘to be’.

In het eerste geval duid je de normale gang van zaken aan:

> this is the office where I work (dit is het kantoor waar ik werk)

In het tweede geval wil je aangeven dat je op dat moment bezig bent. Je vervoegt dan ‘to be’ en gebruikt daarna het hele werkwoord, waaraan je **-ing** toevoegt (I am work+ing).

> I’m working now, but I will be ready soon (ik ben nu aan het werken, maar ik ben snel klaar)

TO HAVE

Alle voltooide werkwoordsvormen worden vervoegd met 'to have', ook als je in het Nederlands 'zijn' zou gebruiken:

we have left (wij zijn weggegaan)
I had fallen (ik was gevallen)

TO DO

Als je iets wilt tegenspreken wat iemand anders zegt, kun je 'to do' gebruiken, gevolgd door het hele werkwoord:

I dó think it's beautiful (ik vind wél dat het mooi is)

Op dezelfde manier kun je ook iets benadrukken:

I dó think it's beautiful (ik vind écht dat het mooi is)

De belangrijkste functie van 'to do' is echter die in ontkennende en vragende zinnen:

Ontkennende zinnen

Als je in het Nederlands een zin ontkennend maakt, plak je er gewoon 'niet' of een ander ontkennend woord in:

ik woon hier - ik woon hier niet

In het Engels gebruik je hiervoor meestal het werkwoord 'to do' met die ontkenning:

I live here - I do not live here

Maar als 'to be' wordt gebruikt, blijft dat gewoon zo staan in de ontkennende zin:

she is at home (zij is thuis)
she is not at home (zij is niet thuis)

Het is gebruikelijk om werkwoorden samen te trekken met 'not'. Dit is wat er dan gebeurt:

I do not *wordt* I don't
she does not *wordt* she doesn't

Dus ze worden aan elkaar geschreven en de o van not wordt vervangen door een apostrof (').

Hetzelfde gebeurt bij 'to have':

I have not *wordt* I haven't
he has not *wordt* he hasn't
we had not *wordt* we hadn't

Hetzelfde gebeurt ook bij de verleden tijd van 'to be':

I was not *wordt* I wasn't
we were not *wordt* we weren't

Vragende zinnen

De meeste vragende zinnen worden gemaakt met behulp van het werkwoord 'to do':

do you work here? (werkt u hier?)
does he like candy? (houdt hij van snoep?)

Je moet dus 'to do' vervoegen, dan komt het persoonlijk voornaamwoord en dan het hele werkwoord.

Als je antwoord geeft op een vraag, herhaal je meestal het hulpwerkwoord dat in de vraag wordt gebruikt:

- do you know that? (- weet je dat?)
- yes, I do *of* - no, I don't (- ja *of* - nee)

Vragende zinnen worden ook gemaakt met behulp van 'to be':

- are you from Holland? (kom je uit Nederland?)
- yes, I am *of* - no, I'm not (- ja *of* - nee)

Als iemand vraagt naar wat er op dat moment gebeurt, kun je weer de -ing-constructie gebruiken:

- is she baking cookies? (is ze koekjes aan het bakken?)
- yes, she is *of* - no, she isn't (- ja *of* - nee)

Vragende zinnen met een voltooid deelwoord maak je met 'to have':

- have you seen her? (heb je haar gezien?)
- yes, I have *of* - no, I haven't (- ja *of* - nee)

Onregelmatige Engelse werkwoorden

Hieronder vind je de onregelmatige tijden van de Engelse werkwoorden. Een aantal ervan heeft ook een regelmatige variant, die dan steeds eerst wordt gegeven (bv. 'bet').

hele werkwoord	o.v.t	volt. deelwoord	vertaling
abide	abode	abode	vasthouden aan, verdragen
arise	arose	arisen	ontstaan
awake	awoke	awoke	wakker worden
be	was/were	been	zijn, worden
bear	bore	borne	(ver)dragen
beat	beat	beaten	(ver)slaan
become	became	become	worden
begin	began	begun	beginnen
behold	beheld	beheld	aanschouwen
bend	bent	bent	buigen
bet	betted/bet	betted/bet	wedden
bid	bade	bidden	gebieden
bid	bid	bid	bieden
bind	bound	bound	binden
bite	bit	bitten	bijten
bleed	bled	bled	bloeden
blow	blew	blown	blazen, waaien
break	broke	broken	breken
breed	bred	bred	kweken, fokken
bring	brought	brought	brengen
broadcast	broadcast	broadcast	uitzenden
build	built	built	bouwen
burn	burned/burnt	burned/burnt	(ver)branden
burst	burst	burst	barsten
buy	bought	bought	kopen
cast	cast	cast	werpen
catch	caught	caught	vangen
choose	chose	chosen	kiezen
ling	lung	lung	zich vastgrijpen
come	came	come	komen
cost	cost	cost	kosten
creep	crept	crept	kruipen
cut	cut	cut	snijden
deal	dealt	dealt	(be)handelen
dig	dug	dug	graven
do	did	done	doen
draw	drew	drawn	tekenen, trekken
dream	dreamed/dreamt	dreamed/dreamt	dromen
drink	drank	drunk	drinken

hele werkwoord	o.v.t	volt. deelwoord	vertaling
drive	drove	driven	drijven, besturen
dwell	dwelt	dwelt	wonen
eat	ate	eaten	eten
fall	fell	fallen	vallen
feed	fed	fed	(zich) voeden
feel	felt	felt	(zich) voelen
fight	fought	fought	vechten
find	found	found	vinden
flee	fled	fled	vluchten
fling	flung	flung	smijten
fly	fled	fled	vluchten
fly	flew	flown	vliegen
forbid	forbade	forbidden	verbieden
forget	forgot	forgotten	vergeten
forgive	forgave	forgiven	vergeven
forsake	forsook	forsaken	in de steek laten
freeze	froze	frozen	(be)vriezen
get	got	got/gotten (VS)	krijgen, worden
give	gave	given	geven
go	went	gone	gaan
grind	ground	ground	malen, slijpen
grow	grew	grown	groeien, kweken, worden
hang	hanged/hung	hanged/hung	(op)hangen
have	had	had	hebben
hear	heard	heard	horen
hide	hid	hidden	(zich) verbergen
hit	hit	hit	slaan, raken, treffen
hold	held	held	(vast)houden
hurt	hurt	hurt	pijn doen, bezeren
keep	kept	kept	houden, bewaren
kneel	knelt	knelt	knielen
knit	knitted/knit	knitted/knit	breien
know	knew	known	weten
lay	laid	laid	leggen
lead	led	led	leiden
lean	leaned/leant	leaned/leant	leunen
leap	leaped/leapt	leaped/leapt	springen
learn	learned/learnt	learned/learnt	leren
leave	left	left	(ver)laten
lend	lent	lent	uitlenen
let	let	let	laten, verhuren
lie	lay	lain	liggen
light	lighted/lit	lighted/lit	aansteken, verlichten
lose	lost	lost	verliezen
make	made	made	maken

hele werkwoord	o.v.t	volt. deelwoord	vertaling
mean	meant	meant	bedoelen, betekenen
meet	met	met	ontmoeten
mow	mowed	mown	maaien
pay	paid	paid	betalen
put	put	put	leggen, plaatsen, zetten
quit	quitted/quit	quitted/quit	ophouden, verlaten
read	read	read	lezen
rid	rid	rid	bevrijden
ride	rode	ridden	rijden
ring	rang	rung	bellen, klinken
rise	rose	risen	opstaan, stijgen, rijzen
run	ran	run	rennen, lopen
saw	sawed	sawed/sawn	zagen
say	said	said	zeggen
see	saw	seen	zien
seek	sought	sought	zoeken
sell	sold	sold	verkopen
send	sent	sent	sturen, zenden
set	set	set	zetten, ondergaan
sew	sewed	sewed/sewn	naaien
shake	shook	shaken	schudden, beven
shave	shaved	shaved/shaven	scheren
shed	shed	shed	vergieten, storten
shine	shone	shone	schijnen, glanzen
shoot	shot	shot	schieten
show	showed	showed/shown	tonen
shrink	shrank	shrunk	krimpen
shut	shut	shut	sluiten
sing	sang	sung	zingen
sink	sank	sunk	zinken, tot zinken brengen
sit	sat	sat	zitten
sleep	slept	slept	slapen
slide	slid	slid	glijden
smell	smelled/smelt	smelled/smelt	ruiken
sow	sowed	sown	zaaien
speak	spoke	spoken	spreken
spell	spelled/spelt	spelled/spelt	spellen
spend	spent	spent	uitgeven, doorbrengen
spin	spun	spun	ronddraaien, spinnen
spill	spilled/spilt	spilled/spilt	morsen
spit	spat	spat	spuwen
split	split	split	splijten
spoil	spoiled/spoilt	spoiled/spoilt	bederven, verwennen
spread	spread	spread	(zich ver)spreiden
stand	stood	stood	staan

hele werkwoord	o.v.t	volt. deelwoord	vertaling
steal	stole	stolen	stelen
stick	stuck	stuck	steken, kleven
sting	stung	stung	steken, prikken
stink	stank/stunk	stunk	stinken
stride	strode	stridden	schrijden, stappen
strike	struck	struck	slaan, treffen, staken
strive	strove	striven	streven
swear	swore	sworn	zweren, vloeken
sweat	sweated/sweat	sweated/sweat	zweten
sweep	swept	swept	vegen
swim	swam	swum	zwemmen
swing	swung	swung	zwaaien, slingeren
take	took	taken	nemen, brengen
teach	taught	taught	onderwijzen
tear	tore	torn	scheuren, rukken
tell	told	told	vertellen, zeggen
think	thought	thought	denken
thrive	thrived/throve	thrived/thriven	voorspoed hebben
throw	threw	thrown	gooien
thrust	thrust	thrust	duwen, stoten
understand	understood	understood	begrijpen, verstaan
wake	woke	woke/woken	wekken, wakker worden
wear	wore	worn	dragen
weave	wove	woven	weven
weep	wept	wept	huilen, wenen
wet	wetted/wet	wetted/wet	nat maken
win	won	won	winnen
wind	wound	wound	winden, draaien
wring	wrung	wrung	wringen
write	wrote	written	schrijven

Prisma Basiswoordenboek
Engels